U0940931

甘肃发展年鉴

GANSU DEVELOPMENT YEARBOOK

2015

甘肃发展年鉴编委会·编

Gansu Development Yearbook Editorial Board

（第六期）

中国统计出版社

China Statistics Press

兰州新区经济发展局

Economic Development Board of Lanzhou New Area

兰州新区二号生态湖及人才小区
No.2 Ecological Lake and Talent Residence Community of Lanzhou New Area

水秦新路通新区
Shuiqin New Road Leading to the New Area

天高云淡
The sky is high, the clouds are pale.

腾飞的兰州新区
The Rapid Rise of Lanzhou New Area

新区在崛起
New Area is rising.

绚丽魅影
Glorious Phantom

新区在腾飞
New Area is at Takeoff

新区晨韵
Morning Scenery of New Area

金川集团股份有限公司
Jinchuan Group Co., Ltd.

富氧顶吹熔炼
Oxygen-rich Top-blowing Smelting

53万吨硫酸环保工程
530 Thousand Tons of Sulfuric Acid Environmental Protection Engineering

20万吨铜电解车间
200 Thousand Tons of Copper Electrolysis Plant

干净整洁的现代化厂区
Neal and Tidy Modern Factory

美丽的矿山公园
The Beautiful Mine Park

新建6万吨镍生产线
Newly Built 60 Thousand Tons of Nickel Production Line

▲ 甘肃省委书记、省人大常委会主任：王三运
Secretary of CPC Gansu Provincial Committee, Director of Gansu Provincial People's Congress: Wang Sanyun

▲ 1月13日，省十二届人大二次会议隆重开幕。
On January 13, the second session of the 12th Gansu Provincial People's Congress was grandly opened.

▲ 1月30日，王三运深入兰州市公安消防支队特勤大队，亲切看望慰问消防官兵，考察春节期间消防安全保障情况。
On January 30, Wang Sanyun went to Police Fire Brigade Special Service Group of Lanzhou City, cordially visited and saluted the fire officers and soldiers, and inspected the fire safety situation during the Spring Festival.

▲ 积极推进扶贫项目，扶贫开发与新农村建设结出惠民果。
Actively promote the poverty alleviation projects, the poverty alleviation and development and the new rural construction benefit the livelihood of the people.

《陇东能源基地开发规划》于1月29日正式获得国家能源局批复。▶
《Longdong Energy Base Development Planning》 was formally approved from the National Energy Agency on January 29.

▲ 11月24日，王三运、刘伟平会见阿里巴巴集团董事局主席马云。

On November 24,Wang Sanyun and Liu Weiping met the Chairman of the Board of Alibaba Group—Ma Yun.

▲ 11月4日，王三运在“双联”行动联系点武山县北顺村、车岸村进行调研并慰问群众。

On November 4, Wang Sanyun went to the contact-place of "Union Village Joint Household" action—Beishun Village and Che' an Village of Wushan County to research and convey greetings to the masses.

◀ 1月18日，王三运、刘伟平等省上领导与感动甘肃2013陇人骄子和提名奖获得者合影。

On January 18, Wang Sanyun and Liu Weiping together with the other provincial leaders took a picture with the glorious people who moved the Gansu people in 2013 and the nomination prize winners.

◀ 10月9日，第三届国际文化产业大会暨第七届甘肃省文博会在甘肃大剧院隆重开幕。

On October 9, the 3th International Culture Industries Conference cum the 7th Gansu Culture Expo was grandly opened at Gansu Grand Theatre.

▼ 兰新高铁全线运营通车，甘青新三省区迈入“高铁时代”。

The whole line of Lanzhou-Xinjiang Express Railway opened to traffic, Gansu, Qinghai and Xinjiang three provinces entered the "Express Railway Era".

甘肃省委副书记、省长：刘伟平
Vice Secretary of CPC Gansu Provincial Committee, Governor: Liu Weiping

7月15日，国务院正式批准设立兰州新区综合保税区。8月7日，省政府新闻办召开新闻发布会。
On July 15, the State Council officially approved the establishment of comprehensive free trade zone in Lanzhou New Area. On August 7, Provincial Government Information Office held the press conference.

5月14日，刘伟平在临夏州东乡县调研扶贫工作。
On May 14, Liu Weiping was researching poverty alleviation work in Dongxiang County Linxia Hui Autonomous Prefecture.

9月23日晚，第23届中国金鸡百花电影节国产新片展开幕式在兰州华影飞天影城举行。
In the evening of September 23 opening ceremony of the 23th China Golden Rooster and Hundred Flowers Film Festival Domestic New Film Exhibition was held in Lanzhou Flying Apsara Cinema.

临合高速公路线路施工全部完成。
Lin-He highway line construction fully completed.

5月22日，刘伟平在“淘宝网—甘肃馆”和苏宁云商调研。
On May 22, Liu Weiping was researching at the “Taobao—Gansu Pavilion” and Suning Commerce.

2014年，甘肃省首次为全省10万名特困残疾人发放生活补贴。
In 2014, Gansu Province gave living allowances to the province's 100 thousand special hardship disabled person for the first time.

金秋时节，敦煌鸣沙山月牙泉景区风光秀美，景色宜人，吸引众多游客前来体验独特的丝路风情。
Fall season, the beautiful and pleasant scenery of Mingsha Mountain and Crescent Lake in Dunhuang attracted many tourists come to experience the unique style of the Silk Road.

保障房让特困家庭圆了安居梦。
Affordable housing let the poor families realize their comfortable housing dream.

5月28日，亚洲合作对话丝绸之路务实合作论坛在兰州开幕。33个成员国中的29个国家政府高级官员和国家有关部委负责人及国内学术机构代表约200人出席了开幕式。
On May 28, Asia Cooperation Dialogue forum on Silk Road cooperation was held in Lanzhou. About 200 persons attended the opening ceremony including 29 senior government officials from 33 member states the head of the relevant ministries and commissions of the state and the representatives of the domestic academic institutions.

兰州兰石集团有限公司

Lanzhou LanShi Group Company Limited

7月28日，省委书记、省人大常委会主任王三运莅临兰石集团视察指导工作。

On July 28, secretary of CPC Gansu Provincial Committee, director of Gansu Provincial People's Congress Wang Sanyun went to Lanzhou LS group Co., Ltd. to inspect and guid the work.

3月26日，全省最大高技术钢结构加工中心在兰石新区高端装备产业园建成投产。

On March 26, the province's largest hightech steel structures processing center was completed and put into production in High-end equipment industrial park in LanShi New Area.

10月9日，兰石集团子公司兰石重装公司A股在上交所开市。

On October 9, A-stock of Lanzhou LS Heavy Equipment Co., Ltd.—the subsidiary of Lanzhou LS group Co., Ltd. opened in the Shanghai Stock Exchange.

W12LSZG-280×3000重型全液压四辊卷板机研制项目获年度中国机械工业科学技术奖—亚洲最大的大型全液压四辊卷板机。

W12LSZG-280 × 3000 heavy fully hydraulic four roller coiling machine R&D projects won the Annual Award of China Machinery Industry Science and Technology Award—Asia's largest large full hydraulic four-roll bending machine.

甘肃省统计局

Gansu Provincial Bureau of Statistics

甘肃省统计局党组书记、局长：樊怀玉

Party Secretary, Secretaryof Gansu Provincial Bureau of Statistics: Fan Huaiyu

8月25日，副省长郝远来省统计局调研第三产业运行情况。

On August 25, deputy governor—HaoYuan was researching the performance of the third industry at Gansu Provincial Bureau of Statistics.

6月15日，国家统计局第三次全国经济普查事后质量抽查组来甘肃开展工作。

On June 15, the third national economic census quality spot check group of National Bureau of Statistics went to Gansu Province to carry out work.

深入灵台县双联点开展慰问活动

Went to the Contact Place of "Union Village Joint Household" Action in Lingtai County to Carry out Condolences Activity

中国共产党甘肃省统计局机关代表大会隆重召开。

Organ Representatives General Assembly of Chinese Communist Party Gansu Provincial Statistics Bureau was solemnly held.

东方航空甘肃分公司

China Eastern Airlines Gansu Branch

7月6日，与兰州新区政府签订《兰州新区东航甘肃分公司运营基地项目投资协议》。

On July 6, signed 《Operation Base Project Investment Agreement between Lanzhou New Area and China Eastern Airlines Gansu Branch》 with Government of Lanzhou New Area.

12月11日，兰州新区东航甘肃分公司运营基地（东航国际广场）项目正式启动。东航甘肃分公司总经理邱晓镇、党委书记李友文，东航投资有限公司副总经理沈蕾，兰州新区管委会主任李睿出席仪式。

On December 11, the project of Lanzhou New Area China Eastern Airlines Gansu Branch Operation Base (Eastern International Plaza) was officially launched. General manager of China Eastern Airlines Gansu branch—Qiu Xiaozhen, party committee secretary—Li Youwen, deputy general manager of Eastern Airlines Investment Co., Ltd.—Shen Lei, director of Lanzhou New Area Administrative Committee—Li Rui attended the ceremony.

11月5日，赴 "联村联户" 行动联系点临夏县漫路乡漫路村，看望漫路村22户特困户。

On November 5, went to contact-place of "Union Village Joint Household" action—Manlu Village Manlu Township Linxia County to visit 22 households destitute families of Manlu Village.

12月11日，"绚丽甘肃"号飞机降落在兰州中川国际机场。

On December 11, Aircraft of "Gorgeous Gansu" No. landed in Lanzhou Zhongchuan International Airport.

5月27日，客舱部连续第十八年第十九次慰问兰州市儿童福利院孤残儿童。

On May 27, cabin department conveyed greetings to the orphans and disabled children of Lanzhou City Children's Welfare Institute consecutive 18 years Nineteenth times.

招商银行兰州分行
China Merchants Bank Lanzhou Branch

▲ 省委书记王三运来招商银行兰州分行调研。
Secretary of CPC Gansu Provincial Committee—Wang Sanyun was researching at China Merchants Bank Lanzhou Branch.

▲ 招商银行兰州分行行长毛国英赴兰州海关走访交流。
The governor of China Merchants Bank Lanzhou Branch—Mao Guoying went to Lanzhou Customs to visit and communicate.

▲ 招商银行兰州分行新区支行成立。
New Area Branch of China Merchants Bank Lanzhou Branch was opened.

▲ 年中工作大会
Mid-year Working General Assembly

▼ 新党员入党仪式
Join the Party Ceremony of the New Party Members

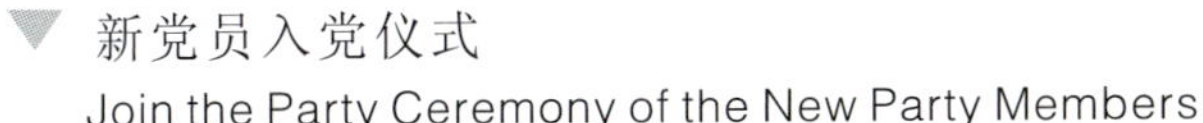

▼ 招商银行兰州分行兴隆山环保主题活动
Xinglong Mountain Environmental Theme Activity of Xinglong Mountain Environmental Theme Activity.

甘肃省农村信用社联合社
Gansu Province Rural Credit Union

4月3日，省委书记王三运来甘肃省农村信用社联合社考察指导工作。

On April 3, Secretary of CPC Gansu Provincial Committee —Wang Sanyun went to Gansu Province Rural Credit Union to guide work

1月22日，召开第二届社员代表大会第六次会议暨全省农村信用社2014年工作会议。

On January 22, the Sixth Meeting of the 2nd Associator Congress cum 2014 Working Conference of Gansu Province's Rural Credit Union was held.

荣获2014年全省“联村联户、为民富民”行动“民心奖”荣誉称号。

Won the honorary title of "Min Xin Award" in the action of "Union Village Joint Household, For and Enrich the People".

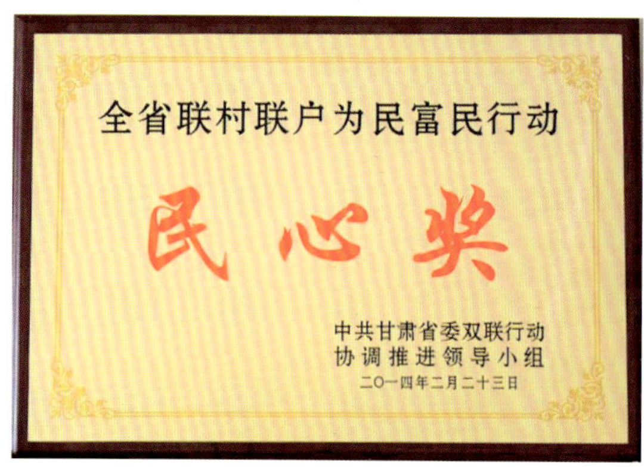

始终坚持服务“三农”、服务中小企业、服务县域经济的市场定位，连续七年荣获“省长金融奖”。

Always adherc to the market positioning of servicing "three rural", servicing SMEs, servicing county economy,and win the "Governor of the financial award" for seven consecutive years.

11月27日，省委副书记欧阳坚来甘肃省农村信用社联合社调研指导工作。

On November 27, vice secretary of CPC Gansu Provincial Committee—Ou Yangjian went to Gansu Province Rural Credit Union to research and guide work.

10月17日，省委第三督查组对甘肃省农村信用社联合社党风廉政建设主体责任落实情况进行实地督查。

On October 17, the third inspection teams of Provincial Party Committee conducted field inspection to the implementation situation of the main responsibility of honest government of Gansu Province Rural Credit Union.

7月1日，在会宁县召开全省农村信用社“三农”服务终端推广现场会，致力打造“百姓家门口的银行”破解农村金融服务“最后一公里”难题。

On July 1, held the "three rural" service terminal promotion site meetings of Gansu Province's Rural Credit Union in Huining County, committed to creating the "People's doorstep bank", cracked the "last kilometer" problem of rural financial services.

10月25日，与陕甘宁经贸文化促进会签订《甘肃省农村信用社联合社与陕甘宁经贸文化促进会战略合作协议书》。

On October 25, signed the《Gansu Province Rural Credit Union and Shanxi-Gansu-Ningxia Economic & Cultural Promotion Association Strategic Cooperation Agreement》 with Shanxi- Gansu-Ningxia Economic & Cultural Promotion Association.

甘肃省国家税务局

Gansu Provincal Office, SAT

省委常委、副省长咸辉调研国税工作。

Provincial Standing Committee, deputy governor Xian Hui was researching state tax work.

党组书记、局长韩月朝带队在兰州新区兰石重工调研装备制造业税收情况。

The party secretary and secretary of Gansu Provincal Office,SAT Han Yuechao was researching taxation situation of equipment manufacturing at LS Heavy Equipment Co., Ltd. in Lanzhou New Area.

举行税银支持小微企业发展合作签约仪式。

Held the Signing Ceremony of Taxes Silver Support the Development and Cooperationof Small and Micro Enterprises.

甘肃省地方税务局

Gansu Local Taxation Bureau

省委书记王三运深入兰州市城关区地税一局视察工作，在办税服务厅与纳税人亲切交谈。

Wang Sanyun went to the first bureau of Chengguan District Local Taxation in Lanzhou City to inspect the work, and kindly communicate with the tax payment officers in the Tax Service Office.

省长刘伟平深入兰州市城关区地税一、二局开展调研，与前来办税的纳税人员亲切交流。

Liu Weiping went to the first bureau and second bureau of Chengguan District Local Taxation in Lanzhou City to research, and kindly communicate with the tax payment officers that come to handle tax.

税法宣传

Tax Law Propaganda

甘肃滨河食品工业（集团）有限责任公司
Gansu Binhe Food Industry (Group) Co., Ltd.

采用特殊环境下高温陶坛储酒，极大的缩短了储酒时间。使酒中醇、酸、醛、酯、酮等众多香味成分达到新的平衡，不但能够排杂增香，而且能改进酒的风味。

Use ceramic altar to store wine in the special environment of high temperature , greatly shorten the time of wine storage. To make the wine alcohol, acid, aldehyde, ester, ketone, and many other aroma composition to reach a new equilibrium, will not only exclude coarse taste and increase scent flavor, but also improve the flavor of wine.

集团国风公司红酒生产线。甘肃的金张掖正处于北纬38°这一纬度带上，世界著名葡萄酒生产大国——法国也与河西走廊同处在一个适于生产、制造葡萄酒的纬度上。

Wine Production Line of Guofeng Company in Group. Zhangye in Gansu Province is located in the latitude belt with North latitude 38° ,the world's leading wine-produced country—France is also in the same latitude with the Hexi Corridor which suitable for the production and manufacture of wine.

作为目前国内唯一能够生产浓、清、酱、芝麻香等不同香型白酒的企业，甘肃滨河人的视域是无界的。具有全国领先水平的“九粮九轮”专利酿造工艺，就是“借力发展”的经典之作。

As the only company currently in domestic which can produce liquor with thick, clear, sauce, sesame, etc.,sight of Gansu Binhe human is unbounded.With a national leading level' s "Nine Kinds of Grain , Nine Times Fermentation" patented brewing process is the classic of "leveraging the development".

《甘肃发展年鉴》编纂委员会

Gansu Development Yearbook Editorial Board

编委（按姓氏笔划为序）

Editorial Board (In Order of Strokes of Chinese Surname)

《甘肃发展年鉴》编辑部

Gansu Development Yearbook Editorial Department

Editor-in-chief 主编	樊怀玉 Fan Huaiyu　刘克明 Liu Keming
Deputy Editor-in-chief 副主编	孙晓霖 Sun Xiaolin　陈波 Chen Bo 柳民 Liu Min　李强 Li Qiang 刘光华 Liu Guanghua　李冰玉 Li Bingyu 杨言勇 Yang Yanyong　殷吉平 Yin Jiping 祁圣德 Qi Shengde　李瑞虎 Li Ruihu 李兰生 Li Lansheng
Chief Design 总策划	陈波 Chen Bo
Chief Editor 总编辑	刘雅杰 Liu Yajie
Deputy Chief Editor 副总编辑	董平 Dong Ping
Execute Coordinator 执行编辑	郑萍萍 Zheng Pingping
Computer Editor 计算机编辑	霍斌 Huo Bin
Editor 编辑	陈雪霞 Chen Xuexia　赵冰 Zhao Bing 王抒一 Wang Shuyi　郑萍萍 Zheng Pingping 高燕妮 Gao Yanni　陈亮 Chen Liang 孙朝辉 Sun Zhaohui
English Translator 英文翻译	郑萍萍 Zheng Pingping　杨晓伟 Yang Xiaowei
Color Page Design 封面彩插设计	高双增 Gao Shuangzeng

编辑人员（以姓氏笔划为序）

Editorial Staff (in order to strokes of Chinese surname)

万国福 Wan Guofu	王新 Wang Xin	王抒一 Wang Shuyi	王海栋 Wang Haidong	邓立超 Deng Lichao	石岷 Shi Min
令军民 Ling Junmin	师晓军 Shi Xiaojun	刘雅杰 Liu Yajie	孙朝辉 Sun Zhaohui	苏海萍 Su Haiping	李焱 Li Yan
李忠东 Li Zhongdong	李新民 Li Xinmin	何涛 He Tao	何瑛 He Ying	张永明 Zhang Yongming	张晓红 Zhang Xiaohong
张爱玲 Zhang Ailing	陈亮 Chen Liang	陈家龙 Chen Jialong	陈雪霞 Chen Xuexia	周立荣 Zhou Lirong	郑萍萍 Zheng Pingping
赵冰 Zhao Bing	赵晓琴 Zhao Xiaoqin	徐功如 Xu Gongru	高燕妮 Gao Yanni	郭立平 Guo Liping	黄鹏 Huang Peng
董平 Dong Ping	蒋致平 Jiang Zhiping	覃海珍 Qin Haizhen	温琴 Wen Qin	路民生 Lu Minsheng	裴广群 Pei Guangqun
霍斌 Huo Bin					

编者说明

一、《甘肃发展年鉴》是由甘肃发展年鉴编委会编纂，中国统计出版社出版，国内外公开发行的大型综合性年刊。它以大量翔实可靠的资料，全面记载了甘肃政治、经济、法律及社会发展情况，是各级党政领导、经济管理部门、企事业单位、科研部门和中外投资者了解省情、市情、县情，进行科学决策、咨询和研究的重要工具书。

二、本年鉴是创刊以来的第六卷，全部为中英文对照版并配有电子版，主要记载2014年甘肃经济社会发展情况，但统计资料在时间上有所上溯。

三、本年鉴共分为三部分：第一部分共设13个篇目，即特载、大事记、概况、政治、法制、国民经济、建设测绘、交通通信邮政、财政金融、经济管理、社会事业、人民生活、地县概况；第二部分共设22个篇章，即：1.综合；2.国民经济核算；3.人口；4.就业和工资；5.固定资产投资；6.对外经济贸易；7.能源；8.财政、金融、保险；9.价格；10.人民生活；11.城市概况；12.资源和环境；13.农业；14.工业；15.建筑业；16.运输和邮电；17.批发和零售业；18.住宿、餐饮业和旅游；19.教育和科学技术；20.卫生、社会服务和社会保障；21.文化和体育；22.少数民族；第三部分以彩色插图的形式，介绍了甘肃省名优新特产品，部分机关、企业和事业单位。为方便读者使用资料，统计资料各篇前附有简要说明，篇章末附有主要统计指标解释。

四、本年鉴的体例分为篇目、分目和条目三个层次，以条目作为基本结构单元。条目标题均用黑体字加【 】。

五、与2014版《甘肃发展年鉴》相比较，本年鉴在内容上主要做了如下修订：将原“就业人员和职工工资”篇章名称改为“就业和工资”；将原“财政、金融、保险”篇章名称改为“财政和金融业”；将原“价格指数”篇章名称改为“价格”；将原“交通运输、邮电通信业”篇章名称改为“运输和邮电”；将原“卫生、社会福及其他”篇章名称改为“卫生、社会服务和社会保障”；“综合”篇章增加法人单位与产业活动单位的内容；根据各专业年报制度变化的新情况，对建筑业、人民生活等篇章的部分内容做了调整；对核算、能源、贸易等涉及经济普查的部分数据根据第三次经济普查结果进行了调整。

六、由于统计制度方法改革，有些统计指标的口径、包括范围和计算方法有所变化，使用时请注意。文稿中的数据由各单位提供，部分为初步统计数，如与统计表中不一致，以统计表为准。

七、本年鉴所使用的度量衡单位均采用国际统一标准计量单位，部分数据合计数或相对数由于单位取舍不同而产生的计算误差，均未做机械调整。

八、符号使用说明：年鉴各表中的“空格”表示该项统计指标数据不足本表最小单位数、数据不详或无该项数据；“#”表示其中的主要项；“*”或“①”表示本表下有注解。

本年鉴的编辑出版，得到省直各部门和有关企业事业单位的大力支持，我们对此表示诚挚的谢意！

编　者

2015年9月

Preface

I. Gansu Development Yearbook, edited by the Gansu development yearbook editorial board and published by china statistics press, is a large-scale domestic and international public offering comprehensive annual publication. It records comprehensively Gansu political, economic, legal and social development situation by the large amount of reliable data, and is an important tool to understand the situation of the province, city, county and conduct a scientific decision-making, consult and research for every level party and government leaders, economic management department, enterprise and public institution, research departments and domestic and foreign investors.

II. The yearbook is the sixth volume since founded, which is all the in Chinese-English and equipped with electronic version, records mainly Gansu economic and social development situation in 2014, but its statistics materials have traced back in time.

III. The yearbook contains the following three parts: The first part contains special set, events, overview, politics, legal, national economy, construction and mapping , transport, communication and post, government finance and financial, economy management, social undertaking, people's livelihood and county profiles 13 contents. The second part contains total 22 sections and chapters: 1.General Survey; 2.National Accounts; 3.Population; 4.Employment and Wages; 5.Investment in Fixed Assets; 6.Foreign Trade and Economic Cooperation; 7.Energy; 8.Government Finance and Financial Intermediation; 9.Prices; 10.People's Living Conditions; 11.General Survey of Cities; 12.Resources and Environment; 13.Agriculture; 14.Industry; 15.Construction; 16.Transport, Postal and Telecommunication Services; 17.Wholesale and Retail Trades; 18.Hotels, Catering Services and Tourism; 19.Education & Science and Technology; 20.Public Health, Social Services and Social Security; 21.Culture and Sports; 22.Minority. The third part introduces the known, new and special products in Gansu province, some organs, enterprises and public institutions by the forms of illustrations in color. For the convenience of using information for the readers, statistics have a brief introduction at the beginning of each part. In addition, explanatory notes on main statistical indicators are provided at the end of each part.

IV. The yearbook style is divided into contents, subhead and entry three levels, and entry as the basic structural unit. The entry titles are in bold and add 【】.

V. In comparison with Gansu Development Yearbook-2014, following amendments were mainly made in content of this yearbook: The Chinese name of "Employ and Wages" is changed. The original chapter of "Government Finance, Financial, Insurance" is changed with "Government Finance and Financial Intermediation"; the original chapter of "Price Indices" is changed with "Prices"; the original chapter of "Transportation, Post and Telecommunication" is changed with "Transport, Postal and Telecommunication Services"; the original chapter of "Health, Social Welfare and Others" is changed with "Public Health, Social Services and Social Security". The chapter of "General Survey" is added the data of corporation units and industrial active units. Adjustments are made to part contents of construction, People's living condition etc. chapters according to the new situation of changes to the professional annual-statements rules. Part of data of national accounts, energy, trades, etc. related to economic census are adjusted according to the Third National Economic Census.

VI. As the methods of statistical system reform, some of the caliber of statistical indicators, including the scope and computational method change and please note that when used. The presentation data is provided by the units and some are preliminary statistics, if they does not accord with the statistical tables to tables shall prevail.

VII. The units of measurement used in this yearbook are internationally standard measurement units, statistical discrepancies on totals and relative figures due to rounding are not adjusted in the Yearbook.

VIII. Notations used in the yearbook: (blank space) indicates that the figure is not large enough to be measured with the smallest unit in the table, or data are unknown, or are not available; "#" indicates a major breakdown of the total; and "*" or " ① "indicates footnotes at the end of the table.

The edit and publishing of Yearbook were strongly supported by the departments under the provincial leadership, relevant enterprises and public institutions. We express our sincere thanks!

Editor

September 2015

目　录

特　载

FEATURED ARTICLES

大事记

EVENTS

概　况

SURVEY

政　治

POLITICS

法　制

LOCAL LEGISLATION

国民经济

NATIONAL ECONOMY

建设 测绘

CONSTRUCTION, SURVEY & MAPPING

交通通信邮政

TRANSPORTATION TELECOMMUNICATION & POST

财政　金融

GOVERNMENT FINANCE AND FINANCIAL

经济管理

ECONOMY & MANAGEMENT

社会事业

SOCIAL UNDERTAKING

人民生活

PEOPLE'S LIVING CONDITIONS

地县概况

GENERAL SITUATION OF PREFECTURES AND COUNTIES

统计资料

STATISTICS

一、综合

General Survey

四、就业和工资
Employment and Wages

五、固定资产投资
Fixed Assets Investment

六、对外经济贸易

Foreign Trade and Economic Cooperation

七、能源

Energy

八、财政和金融业

Government Finance and Financial Intermediation

九、价格

Prices

十、人民生活

People's Living Conditions

十一、城市概况

General Survey of Cities

十二、资源和环境

Resources and Environment

十三、农 业

Agriculture

十四、工　业
Industry

十五、建筑业
Construction

十六、运输和邮电
Transport, Postal and Telecommunication Services

十七、批发和零售业
Wholesale and Retail Trades

十八、住宿、餐饮业和旅游
Hotels, Catering Services and Tourism

十九、教育和科技技术
Education & Science and Technology

二十、卫生、社会服务和社会保障
Public Health, Social Services and Social Security

二十一、文化和体育
Culture and Sports

二十二、少数民族

Ethnic Minority

附录

Appendix

特 载

甘肃省人民代表大会常务委员会工作报告

——2015年1月30日在甘肃省第十二届人民代表大会第三次会议上

甘肃省人民代表大会常务委员会副主任 孙效东

各位代表：

我受省人大常委会委托，向大会报告工作，请予审议。

2014年的主要工作

过去一年，在省委的坚强领导下，常委会紧紧围绕全省改革发展稳定大局，坚持党的领导、人民当家作主和依法治国有机统一，履行宪法法律赋予的各项职责，贯彻省十二届人大二次会议的各项决议，为推动人民代表大会制度与时俱进和全省经济社会平稳健康发展做出了积极努力。

一、加强和改进立法工作，充分发挥地方立法的引领保障作用

常委会全年共制定、修改地方性法规8件，审议批准兰州市和民族自治地方的法规、自治条例、单行条例6件，完成了年度立法计划。

（一）围绕经济战略平台建设，加强经济领域立法。修订《甘肃省道路运输条例》，审议批准《甘肃省东乡族自治县农村公路条例》，为加强道路建设管理、保障道路运输安全、维护道路运输市场秩序、促进道路运输业健康发展起到了积极作用。同时，对《甘肃省无线电管理条例（草案）》进行了调研、论证和初审。

（二）围绕文化战略平台建设，加强文化领域立法。常委会发挥立法主导作用，组织起草《甘肃省非物质文化遗产条例（草案）》，并进行了一审。审议通过了《甘肃省风景名胜区条例》。文化领域的这些立法，对华夏文明传承创新区和丝绸之路经济带甘肃黄金段建设，将起到积极推动作用。

（三）围绕生态战略平台建设，加强生态领域立法。修订《甘肃省农村能源条例》，制定《甘肃省辐射污染防治条例》和《甘肃省河道管理条例》，批准《兰州市南北两山绿化管理条例》、《甘肃省肃南裕固族自治县草原条例》。这些条例的制定与实施，为促进农村能源科学利用、有效防控辐射污染、加强河道管理维护、搞好国土绿化和草原生态建设，提供了重要法制保障。

（四）围绕改善和保障民生，加强民生领域立法。国家计划生育政策调整后，及时修正《甘肃省人口与计划生育条例》，对我省实施“单独两孩”政策作出法律规定。针对兰州城区集中供热存在的突出问题，顺应群众期盼，审查批准了《兰州市供热用热条例》。此外，还审查批准了《兰州市爱国卫生条例》、《甘肃省临夏回族自治州教育条例》。

（五）围绕廉政和国防建设，加强预防职务犯罪和民兵预备役立法。从加强反腐败制度建设的现实需要出发，适时把修订《甘肃省预防职务犯罪工作条例》，由预备项目调整为当年立法项目并颁布实施。着眼推进国防后备力量建设，审议通过了《甘肃省民兵预备役工作条例》。

二、加强和改进监督工作，着力保障经济社会平稳健康发展

常委会把促进经济社会发展计划有效执行作为监督重点，听取审议“一府两院”专项工作报告19项，对6部法律法规的实施情况进行了检查，对138件规范性文件进行了备案审查。

（一）加强计划预算执行监督。适时听取审议2014年上半年发展计划及财政预算执行情况的报告、2013年全省及省级财政决算草案的报告、2013年全省政府非税收入收支管理情况报告。适应发展新常态，审查批准了2014年地方政府债券收支安排及省级财政预算调整方案、2014年部分主要经济社会发展指标调整议案。重视审计监督，先后听取并审议了2013年度省级预算执行及其他财政收支的审计工作报告、审计决定落实情况的专项报告。在专题调研的基础上，听取审议了省政府2011年以来全省罚没收入收支管理情况的报告。

（二）促进经济社会转型发展。听取和审议省政府关于全省新型城镇化试点的报告，有针对性地提出加快编制省域城镇体系规划、推进城镇特色风貌建设、重视中小城镇建设等意见。开展专利法和我省专利条例实施情况的检查，听取和审议常委会的执法检查报告和省政府关于全省科技创新工作的报告，提出了加强知识产权保护、健全创新激励机制、促进科技成果转化、深化科技体制改革等意见。

（三）推动民生建设不断进步。紧紧围绕就业这个民生之本，在听取和审议省政府关于全省就业工作报告的基础上，专门召开联组会议，首次采取网络直播的形式，就全省就业问题开展专题询问，在社会上产生了良好反响。集中两个多月时间，对农产品质量安全法、甘肃省农产品质量安全条例和废旧农膜回收利用条例的实施情况进行检查，提出了加强监管体系建设、健全经费保障机制、加大监管和执法力度等意见。听取审议了全省地震重点监视防御区防震减灾工作情况的专项报告，围绕大气污染防治组织开展了陇原环保世纪行活动。

（四）保障司法行为规范公正。围绕加强依法治理和建设法治甘肃，在深入调研的基础上，听取并审议省法院、省检察院关于规范司法行为工作情况的报告和省法院关于全省法院民事执行工作情况的报告，提出了推进司法体制改革、加强队伍建设、提高办案质量等意见。

与此同时，高度重视人民来信来访工作，全年共受理来信1527件，接待来访987人次，并积极督促有关方面妥善解决了一批事关群众切身利益的问题。

三、加强和改进调研工作，努力服务全省改革发展稳定大局

常委会组成调研组，由领导带队，组织开展了多项专题调研。调研报告经常委会审议后上报省委，并转送省政府研究办理。

（一）着眼推进全面小康社会建设，专题对农村经营体制改革情况开展调研。采取上下联动、点面结合的方式，集中对农村土地承包经营、土地流转、新型经营主体培育发展、经营体制机制创新和产业结构调整等问题，进行深入调查研究，并形成专题报告，提出工作建议。同时，还就城镇空间布局、农业转移人口市民化和农民收入问题进行调研，有针对性地提出了大力发展现代农业、积极培育发展特色优势产业、进一步落实惠农政策、强化农民技能培训和劳务输转等对策建议。

（二）着眼推进生态屏障建设，专题对陇东黄土高原生态安全屏障保护建设情况开展调研。常委会组织力量，专题对陇东黄土高原生态安全屏障保护建设，以及平庆煤电化工和石油化工基地建设情况进行调研，针对陇东地区生态环境存在的突出问题，提出了加强流域综合治理、扶持重点生态工程项目、加大油区矿山环境恢复治理力度、加快陇东电力外输通道建设、制定出台资源开发生态补偿费征收管理办法等方面的意见建议。

（三）着眼推动现代服务业发展，专题对生产性服务业发展情况开展调研。围绕加快发展方式转变、推动产业结构转型升级，先后深入兰州、白银、天水、酒泉、嘉峪关等地和省直有关部门，专题对生产性服务业发展情况进行调研，提出了加快发展现代物流、金融保险、电子商务、信息中介等生产性服务业的意见建议。

四、加强和改进代表工作，积极创造代表依法履职环境条件

常委会高度重视代表工作，积极探索做好代表工作的有效方式和途径，代表工作取得新进展。

（一）深入开展双联“人大代表在行动”活动。紧紧围绕省委联村联户、为民富民行动这一中心任务，继续推进双联“人大代表在行动”活动，及时召开全省双联“人大代表在行动”暨代表履职工作推进会，总结典型经验，表彰先进模范，安排部署工作。全省各级人大精心组织，狠抓落实，着力构建长效机制，持续推进活动深入开展，代表参与率由2013年的76.6%提高到85%，活动成效明显提升。

（二）积极推进“人大代表之家”创建工作。在试点的基础上，狠抓“人大代表之家”创建工作。通过各级人大上下协作、互联共建，全省已建成“人大代表之家”1900多个，为代表深入学习交流、广泛联系选民、更好履职尽责创造了条件。同时，通过积极协调，在各级政府的支持下，适当调高了人大代表活动经费的保障标准。

（三）着力提升代表履职能力。采取走出去与请进来、边学习与边实践相结合的方式，重点围绕学习贯彻党的十八届三中、四中全会精神，围绕熟悉宪法法律及人民代表大会制度的相关知识，先后举办代表学习培训班3期，培训代表300多人次。特别是针对湖南衡阳贿选案，制定出台加强省人大代表选举工作意见，组织代表开展学习讨论，进一步增强了代表的政治意识、大局意识和法纪观念。邀请代表列席常委会会议、参加省人大组织的各种调研视察、执法检查活动。常委会还召开全省人大代表工作座谈会，就进一步做好代表工作进行总结交流和安排部署。

（四）不断提高代表建议办理质量。针对代表建议办理存在的问题，修订完善办理工作制度，组织代表视察重点办理工作事项，办理效率与办理质量明显提高。首次专题听取审议部分承办单位办理情况的报告，并进行满意度测评。截至7月底，省十二届人大二次会议期间代表提出的691件建议全部办理完毕。其中，所提问题得到解决或正在解决的589件，占80.3%；常委会领导和各专门委员会重点督办的14件代表建议已全部落实。常委会还组织协调在甘全国人大代表，积极向全国人代会提出议案和建议138件。其中，将甘肃列为国家中医药产业发展综合试验区和在兰州新区布局建设国家级现代石油化工产业基地两项建议，被列为全国人大常委会重点督办建议。对我省全国人大代表闭会期间提出的制止在祁连山自然保护区采矿探矿的建议，配合全国人大进行了专项督办。

五、加强和改进自身建设，不断提升履职能力水平

常委会注重理论学习，坚持改革创新，健全完善制度，狠抓作风转变，自身建设不断得到加强。

（一）适应发展新常态，强化理论学习和业务培训。着眼建设学习型、服务型、创新型和效能型机关，严格落实学习制度，不断丰富学习内容，积极创新学习方式，着力增强学习实效。全年举办各类辅导讲座、专题报告和集中学习30多次，常委会组成人员依法履职能力进一步增强，机关干部的服务保障水平不断提高。

（二）坚持改革创新，努力推进人大工作与时俱进。按照省委全面深化改革的总体部署要求，研究制定实施方案，对民主法制领域涉及人大工作的改革事项进行深入调研，结合实际提出具体的改革意见和措施，全面完成各项年度改革任务。同时，对如何做好新形势下的人大工作，从理论与实践密切结合的基础上，提出了一些具体意见和建议。

（三）弘扬宪法精神，广泛开展国家宪法日等宣传活动。在首个国家宪法日，专门召开座谈会，省委书记、省人大常委会主任王三运作重要讲话，就学习贯彻党的十八届四中全

会和习近平总书记重要批示精神，着力增强宪法意识、弘扬宪法精神、维护宪法权威、监督宪法实施提出明确要求。在人民代表大会成立60周年之际，举行庆祝大会，举办人大发展历程展和知识竞赛、有奖征文、专题讲座等系列活动，对宪法和人民代表大会制度进行了广泛深入宣传。

（四）积极探索实践，着力加强基层人大建设。在泾川县和兰州城关区开展加强乡镇、街道人大工作试点的基础上，召开全省乡镇（街道）人大工作座谈会，制定印发指导规范乡镇（街道）人大工作的系列制度文件，有力地推动了我省乡镇（街道）人大建设。同时，组织全省86个县（市、区）人大常委会主任参加全国人大集中培训，举办全省市州人大常委会秘书长培训班。各专门委员会也采取不同形式，加强业务工作的深入研讨与交流。

（五）狠抓整改落实，切实加强机关作风建设。常委会狠抓党的群众路线教育实践活动后续整改工作，不断巩固拓展教育实践活动成果。按照省委“3783”党风廉政建设主体责任体系要求，制定具体实施意见，认真抓紧工作落实。常委会机关继续深入开展联村联户行动、效能风暴行动、不作为慢作为专项整治和“素质提升年”、省级文明单位创建活动，干部队伍作风大为改进，服务保障水平明显提升。

此外，常委会认真履行重大事项决定权和人事任免权，全年共作出决定决议16件，任免国家机关工作人员132人次。

各位代表，一年来，省人大常委会各方面工作都取得了新的进展和成绩，这是省委正确领导的结果，是全体代表和常委会组成人员共同努力的结果，也是省政府、省政协、法检两院、全省各级人大和社会各界大力支持的结果。在此，我代表省人大常委会表示衷心的感谢！

各位代表，在总结回顾工作的同时，我们也清醒地认识到，常委会工作还存在一些不足和差距，主要是：围绕全省改革发展大局，在主动作为、充分发挥作用上还需要进一步加强；地方立法的主导作用发挥不够，立法质量有待进一步提高；宪法法律赋予的监督手段运用不够，监督实效有待进一步增强；服务保障代表的工作还不够到位，依法履职能力有待进一步提升。对这些问题，我们将在今后工作中努力加以解决。

2015年的主要任务

2014年是全面深化改革的关键之年，是全面推进依法治国的开局之年，也是全面完成“十二五”规划的收官之年，改革发展的任务重大而艰巨。省人大常委会工作的指导思想是：全面贯彻党的十八大和十八届三中、四中全会精神，高举中国特色社会主义伟大旗帜，以邓小平理论、“三个代表”重要思想、科学发展观为指导，深入学习贯彻习近平总书记系列重要讲话精神，认真落实省委十二届九次全委会议精神，切实履行宪法和法律赋予的职权，以对人民高度负责的态度，主动适应新常态，全面推进深化改革和依法治省，进一步坚定信心、锐意进取、开拓创新、扎实工作，为建设幸福美好新甘肃、努力与全国一道全面建成小康社会而奋斗。

一、全面深化改革，力求与时俱进

坚持党的领导、人民当家作主和依法治国有机统一，自觉把中央和省委的决策部署贯彻到人大工作的全过程、落实到依法履职的各方面，确保在思想上、政治上、行动上与中央和省委保持高度一致。认真贯彻落实中央全面深化改革和全面推进依法治国的决定及省委的两个实施意见，努力完成民主法制领域涉及人大的年度改革任务，制定出台省人大常委会贯彻落实省委依法治省意见的实施办法。认真做好省委人大工作会议筹备，推动全省各级人大工作当中一系列具体问题的有效解决。

二、改进立法机制，提高立法质量

坚持党委对地方立法工作的领导，在充分征求意见的基础上，适时调整本届常委会后三年的立法规划，合理确定立法项目。制定出台常委会立法规划年度计划编制办法、地方性法规草案起草的若干规定。健全完善公众参与立法，立法项目论证、评估、协商等制度。按照改革于法有据的要求，做好地方性法规的“立改废释”。进一步完善地方立法体制机制，充分发挥人大主导作用，突出创制性立法，推进科学立法、民主立法。今年拟制定、修订农村饮用水管理、社会救助和敦煌历史文化名城保护等12件法规，做好祁连山国家级自然保护区管理等6件法规预备项目的准备。及时审批兰州市和民族自治地方的法规、条例，适时开展赋予设区市立法权的工作，配套进行市州人大立法工作培训。

三、加大监督力度，增强监督实效

围绕“3341”项目建设工程、“1236”扶贫攻坚行动、丝绸之路经济带甘肃黄金段建设和就业、教育、医疗、社保等重点民生问题，不断创新监督方式，加大监督力度，增强监督实效。听取和审议省政府关于计划预算执行、国企改革、国有资产监管、农村金融创新、行政执法、法律援助和公安机关执法规范化建设等情况的专项报告，听取和审议省法院、省检察院关于推进司法公开等工作情况的专项报告，对其中社会关注的热点问题开展专题询问。进一步加强和改进执法检查，对森林法、水污染防治法和清真食品条例等法律法规的实施情况进行重点检查。围绕“十三五”规划编制和重大项目建设，深入开展专题调研。进一步加强和改进规范性文件备案审查工作。

四、创新思路举措，服务代表履职

认真落实有关代表工作的法律法规和政策规定，为代表履行职权搞好服务保障。继续深化双联“人大代表在行动”活动，更加充分地发挥代表在扶贫攻坚中的积极作用。进一步建好“人大代表之家”，为代表学习与工作全方位提供服务保障。健全完善代表参与常委会工作的长效机制，组织人大代表积极参与立法、检查、调研、视察等活动。进一步完善制度机制，提高代表建议办理质量。强化代表培训工作，不断增强培训的针对性和实效性。

五、加强学习提高，搞好自身建设

着眼新形势新要求，主动适应新

常态，始终把思想政治建设放在首位，深入学习贯彻习近平总书记系列重要讲话精神，认真学习和模范遵守宪法法律，坚定道路自信、理论自信、制度自信，增强依法履行职权的自觉性。进一步加强常委会领导班子和机关干部队伍建设，健全完善常委会议事制度和工作制度，着力推进常委会工作科学化、规范化、制度化。践行“三严三实”要求，严守政治纪律、政治规矩。继续在全机关扎实开展“双联”行动、效能风暴行动和“素质提升年”活动。加强与市州、县区人大的工作联系，努力形成合力推动工作。

各位代表，我们在新的一年里，面对新形势、新任务，务必要有新状态、新作为。让我们紧密团结在以习近平同志为总书记的党中央周围，在省委的坚强领导下，进一步凝心聚力，提振信心，扎实工作，锐意进取，努力为建设幸福美好新甘肃、与全国一道全面建成小康社会做出积极贡献！

甘肃省政府工作报告

——2015年1月28日在甘肃省第十二届人民代表大会第三次会议上

甘肃省省长　刘伟平

各位代表：

现在，我代表省人民政府，向大会报告政府工作，请予审议，并请省政协各位委员提出意见。

2014年工作回顾

过去的一年，面对严峻复杂的国内外经济形势和艰巨繁重的改革发展稳定任务，在党中央国务院的亲切关怀下，在省委的坚强领导下，我们深入贯彻党的十八大和十八届二中、三中、四中全会精神，认真落实省十二届人大二次会议确定的经济社会发展任务，牢牢把握稳中求进工作总基调和“三期叠加”的阶段性特征，一手抓“3341”项目工程建设，一手抓“1236”扶贫攻坚行动，统筹推进稳增长、促改革、调结构、惠民生、防风险各项工作，完成了省人大常委会批准调整后的各项预期目标。全省实现生产总值6835.27亿元，增长8.9%；固定资产投资7759.6亿元，增长21.1%；社会消费品零售总额2410.4亿元，增长12.6%；进出口总额86.5亿美元；一般公共预算收入672亿元，增长13.6%；城镇居民人均可支配收入20804元，增长9.7%；农民人均纯收入5736元，增长12.3%；城镇登记失业率2.19%；人口自然增长率6.2‰；居民消费价格总水平涨幅2.1%；单位生产总值能耗和主要污染物排放完成国家下达的控制指标。特别是结构调整取得了重大突破，三次产业结构调整到13.2：42.8：44，第三产业比重10年来首次超过第二产业；财政收入和城乡居民收入增幅均超过经济增长增幅，呈现出速度、质量、效益良性发展的好局面。

一年来，我们主要做了以下工作：

一、扎实推进改革开放，发展动力进一步增强

2014年是全面深化改革的元年。我们按照省委的统一部署，认真谋划和落实各项改革举措，进一步激发市场活力和发展动力。

简政放权力度加大。把转变政府职能和简政放权作为“先手棋”，整合组建省卫生计生委、省新闻出版广电局，省政府组成部门和直属机构各减少1个，指导市县完成政府机构改革任务。对省发展改革委、省交通运输厅、省农牧厅、省商务厅4部门“三定”方案作了调整优化。省级政府部门取消、调整和下放行政审批事项185项，对保留的事项减要件、减程序、减环节、压缩审批时限，平均办结时限缩短三分之一左右。发挥市场配置资源的决定性作用，完善省市两级公共资源交易体制机制，增强了招投标领域的透明度。推进工商登记制度改革，全省新增市场主体19.27万户，总量达到111.2万户，其中新增私营企业4.41万户，新增户数比上年增长90%。

国资国企改革稳步推进。按照以管资本为主加强国有资产监管的要求，制定国资国企改革意见和21项配套制度，以国资改革带动国企改革。按功能定位推进分类监管。选择5户省属企业分别在推进政企分开、理顺管理体制、健全现代企业制度、完善法人治理结构、规范发展混合所有制经济等方面进行改革试点，探索实践可复制可推广的成功经验。其余30户省属企业已制定“一企一策”改革实施方案。省直部门管理企业改制脱钩工作有序推进。

非公有制经济加快发展。出台30项支持非公有制经济跨越发展的政策措施，落实中小微企业税收减免政策，省级推出首批100个引入非公资本投资的混合所有制经济项目，组织开展民企陇上行活动，非公有制经济增加值占生产总值比重达到41%。

财税金融改革深入实施。全面公开财政预决算、部门预决算和“三公”经费预决算，全省“三公”经费支出下降30%。支持经济社会事业发展的省级财政专项由500项整合压减到227项。落实“营改增”试点政策，减轻市场主体税负10.3亿元，减负面达到98%。启动煤炭资源税从价计征改革。制定普惠金融发展规划，实现金融服务乡镇全覆盖，行政村覆盖率达到16.83%。全年实现直接融资603.32亿元。

城乡一体化改革步伐加快。在15个县和30个建制镇开展省级新型城镇化试点。出台户籍制度改革实施意见，合理确定了大中小城市及建制镇落户条件。48个乡撤乡改镇。全面实施城乡统一的居民养老保险制度，在1市4县区开展医疗保险城乡统筹试点。全面启动城乡居民大病保险工作。出台政策措施，保障进城务工人员随迁子女平等接受义务教育。农业

转移人口落户城镇13万人，全省城镇化率达到41.4%，比上年提高1.3个百分点。

农村改革继续深化。扎实开展土地经营权确权登记试点、土地承包经营权入股试点等各项农村改革，3个整县推进、28个整乡推进、55个整村推进试点任务全面完成。农村宅基地和集体建设用地使用权确权登记发证工作有序推进，农村宅基地使用权权属调查375万宗、调查率77.8%，集体建设用地调查6.12万宗、调查率75.28%。积极推进农村土地流转，新增土地流转面积238万亩，新增集体林权流转面积71.46万亩。启动4个县草地农业发展试点工作，在农牧互补、草畜良性互动和农业结构调整方面取得初步成效。培育新型农业经营主体，家庭农场发展到3627个，农民合作社发展到4.3万个。庆阳国有林场改革试点任务基本完成。

科技体制机制不断创新。兰白科技创新改革试验区获科技部批准，兰州新区科技创新城建设有序推进。出台科技成果奖励、科技成果登记管理、专利权质押融资等政策措施，新组建20家省级工程技术研究中心、7个省级农业科技园区。全年取得有效发明专利3252件，技术合同交易额达到115亿元。

社会事业领域改革统筹推进。促进教育公平，义务教育就近入学、职业院校分类招考、高校考试招生等改革稳步推进。省广电网络股份有限公司、甘肃新华书店飞天传媒股份公司完成股份制改造。在41个试点县深入推进公立医院综合改革，国家中医药综合改革试点示范省建设稳步推进，有效缓解了人民群众就医难就医贵的问题。顺利实施“单独两孩”政策。完善社会救助办法，在5个县区开展“救急难”试点，全省投入临时救助资金2.12亿元，惠及29.9万人次。

对外开放成效明显。出台丝绸之路经济带甘肃段建设总体方案，兰州新区综合保税区获批建设，武威保税物流中心封关运营，开通兰州至迪拜、第比利斯、新加坡3条国际航班和中欧货运班列“天马号”（武威至阿拉木图）。“丝绸之路（敦煌）国际文化博览会”列入国家“一带一路”建设战略规划，成功举办“亚洲合作对话丝绸之路务实合作论坛”、“中国—中亚合作对话会”、第二十届“兰洽会”、第四届敦煌行·丝绸之路国际旅游节、第三届中国·嘉峪关国际短片电影展、国际文化博览会等节会，累计有30多个国家、地区和国际组织参加，与意大利、伊朗、吉尔吉斯斯坦等国家的4个州及城市建立了友好关系，扩大了甘肃影响，形成了合作共识。举办环青海湖国际公路自行车甘肃段比赛、兰州国际马拉松赛等活动。全年与丝绸之路沿线国家达成经贸合作项目合同及协议83个，贸易额占全省进出口总额的比重由2013年的18%提高到23%。

二、沉着应对困难和挑战，经济保持平稳增长

认真落实国家稳增长一系列政策举措，积极应对下行压力，经济发展取得积极成效。

力促经济平稳运行。围绕农业增效、农民增收，积极推进种养业结构调整，加快发展特色农业和草食畜牧业，粮食生产实现“十一连丰”，总产量达到1158.7万吨，畜牧业增加值增长4.9%，农产品加工转化率提高1个百分点，农民人均纯收入比上年净增628元。加强工业运行调度，帮助企业解决煤电运等困难，落实小微企业税费减免政策，加大对规模以下转规模以上企业的扶持力度，促进工业止滑扭亏稳增，规模以上工业增加值增长8.4%。充分挖掘第三产业增长潜力，大力发展文化旅游业，支持电子商务等新兴业态发展，第三产业增加值增长9.5%，在生产总值中的比重提高2.2个百分点。

加快重大项目建设。坚持抓投资保增长，争取中央各类投资360.9亿元，增长9.53%；招商引资到位资金5835亿元，增长30%。开工建设高速公路592公里，建成300公里，实现所有市州和48个县市高速联通；开工建设二级公路1100公里，建成705公里。铁路建设取得突破性进展，投资规模和在建里程连续两年位居全国第一，全年续建和新开工铁路项目12个，在建铁路总里程2418公里，新增铁路运营里程798公里，兰新高铁开通运营。中川机场二期航站楼工程已建成，陇南成州机场可研获批。石羊河流域重点治理提前实现规划目标。实施重点水利工程项目33项，引洮供水一期建成通水试运行，引洮入潭、靖远双永供水主体工程基本建成。兰州城市轨道交通1号线一期工程全线开工建设。

推动重点区域发展。兰州新区全年实施产业项目112个、基础设施及其他项目155个，固定资产投资达到435亿元，增长44.4%。酒泉风电基地二期300万千瓦项目基本建成。陇东能源基地开发规划获批，全省煤炭生产能力达到6700万吨，电力装机容量达到4191万千瓦。加快建设关天经济区天水装备制造和电子信息产业基地，推动酒泉、嘉峪关融合发展，促进金昌、武威经济一体化。35个国家和省级开发区聚集功能显著增强，完成生产总值1350亿元，占全省比重达到19.75%。深入推进“两个共同”示范区建设，民族地区经济社会持续健康发展。

三、突出战略性新兴产业培育，结构调整取得新成效

把结构调整作为转型科学发展的着力重点，大力促进经济提质增效升级。

战略性新兴产业发展势头良好。实施战略性新兴产业总体攻坚战，在新材料、新能源、生物产业、信息技术、先进装备制造、节能环保、新型煤化工、现代服务业八个领域公开遴选首批重点扶持的16户骨干企业，采取聚焦政策、整合部门扶持资金、运用市场化股权投资、引导社会资金投入等综合性措施，扶持骨干企业加快发展。战略性新兴产业增加值增速达到17.2%，高于规模以上工业增加值增速8.8个百分点，占生产总值比重由2013年的7.2%提高到10%左右。兰石重装成功上市。光电、风电产业有了突破性进展，并网装机容量分别达到500万千瓦、1000万千瓦，分别居全国第一、第二位。

传统产业改造升级持续推进。坚

持以发展循环经济为抓手，以市场需求为导向，以调整产品结构为重点，深入实施“六个一百”企业技术创新培育工程，累计建成11条循环经济产业链，新培育循环经济示范企业24户。推进传统支柱产业延伸产业链，电解铝液直接加工转化率达60%以上，铜加工转化率达50%以上。积极化解过剩产能，全部关闭76处年产3万吨以下小煤矿，淘汰铁合金2.36万吨、电石10万吨、水泥80万吨、平板玻璃60万重量箱，全面完成国家下达的年度淘汰落后产能任务。

现代服务业健康发展。推进文化旅游深度融合，文化产业增加值增长25.65%，旅游综合收入增长26%。支持金融服务业创新发展，地方金融业加快发展，民生银行兰州分行挂牌营业，全省金融机构存贷比达到79.35%、提高6.26个百分点，全年新增贷款2231亿元，各项贷款余额1.1万亿元、增长25.54%，增幅位居全国第二位。省政府出台一系列政策措施，大力促进节能环保、电子商务、科技服务、保险服务、健康服务、养老服务等产业发展，进一步满足多样化的消费需求。建成淘宝“特色中国—甘肃馆”和线下实体馆，与阿里巴巴集团签署战略合作框架协议，电子商务市场交易额增长40%。发挥甘肃通道优势，积极打造兰州国际港务区等现代物流产业园区，推动物流业快速健康发展。加快8个大型商品交易市场建设，启动5个国家级公益性农产品市场试点。

四、大力推进扶贫攻坚，贫困地区面貌有了新变化

以集中连片特困地区58个贫困县为主战场，以“六大突破”为重点，加大扶贫攻坚力度，全省减少贫困人口140万人。在基础设施建设上，建成通建制村沥青（水泥）路1万公里，建制村通畅率达到70%，提高12个百分点；解决180万贫困人口安全饮水问题，贫困地区自来水入户率达到75%；贫困村动力电覆盖率达到80%；改造农村危房20万户。在富民产业培育上，加快发展牛羊养殖、马铃薯、中药材、林果、高原夏菜等特色产业，完成800个贫困村整村推进项目，扶贫对象人均纯收入增幅高于全省农民人均纯收入平均水平。在易地扶贫搬迁上，投入资金60.6亿元，实施易地搬迁4.68万户23.34万人。在公共服务体系建设上，新建改扩建乡镇幼儿园316所，消除中小学D级危房151万平方米，面向集中连片特困地区58个贫困县定向招录本专科学生8057名。实施贫困村卫生室建设项目1463个，通过民生实事项目招录1500名医学类大学毕业生到贫困乡镇卫生院工作。全省建成6625个行政村“乡村舞台”，覆盖率达到41.39%。在财政金融支持上，投入财政扶贫资金58.32亿元，增长41.5%。新建贫困村金融服务网点401个，贫困村互助资金协会发展到3944个，面向贫困地区的小额贷款产品达到20多种，以贫困户为主要对象的“双联”贷款、妇女小额担保贷款、扶贫贴息贷款等金融产品达到10种以上，贫困地区贷款余额增长25.05%。全年累计发放支农再贷款223.48亿元，办理再贴现113亿元，全年支农再贷款限额居全国第三位。在能力素质提升上，开展劳动力技能培训43.4万人，其中32.8万人获得职业资格证书，实施“两后生”学历培训教育22万人，贫困群众创业就业能力不断提高。

五、强化保障和改善民生工作，全面推进社会事业发展

尽心竭力保障和改善民生，省级财政下达339亿元资金，年初确定的10项23件为民实事全面完成。加强就业创业工作，应届高校毕业生就业率达到89.5%。新增城镇就业43.5万人。输转城乡劳动力538.6万人，创劳务收入815.6亿元。提升社会保障水平，城乡低保标准提高15%，农村五保户供养省级补助标准提高25.5%，企业离退休人员基本养老金提高10%，新农合和城镇居民医保政府补助标准由年人均280元提高到320元，城乡居民基本养老保险基础养老金由月人均60元提高到65元。首次为全省10万名特困残疾人发放生活补贴。新增养老床位1.36万张。新开工保障性住房和棚户区改造住房18.89万套，基本建成13.49万套，发放公共租赁住房补贴2.34亿元。加快推进灾后恢复重建，岷县漳县地震灾区城乡居民住房和公共服务设施恢复重建完成目标任务，岷县5·10雹洪灾后重建任务总体完成。强化污染综合防治，8个市州政府所在地空气质量达到国家二级标准，兰州市按新标准优良天数达到250天，同比增加57天。建成67个重点流域水污染防治项目，城市集中式饮用水源地水质保持稳定。强化固体废物污染防治，列入国家规划的重金属污染重点治理项目有26项建成运营。加快社会事业发展，11个县实现全国义务教育发展基本均衡县目标，农村义务教育学生营养改善计划惠及201万名学生。19.93万名家庭经济困难学生享受生源地信用助学贷款。新增22个硕士专业学位点、5个博士后科研流动站。丝绸之路联合申遗成功，麦积山石窟等5处遗产点列入《世界遗产名录》。金昌国家公共文化服务体系示范区通过国家验收。有69个华夏文明传承创新区项目列入国家文化产业重点项目。创新“双拥”工作机制，军地援建“双十工程”取得新成效。成功举办第十三届全省运动会、第八届全省少数民族传统体育运动会、第九届全省残疾人运动会暨第三届特奥会。制定实施食品安全监管责任问责、食品安全追溯管理和农产品质量安全追溯管理办法，强化全过程风险管控，食品药品监管进一步加强。质量监督工作进入全国先进行列。严格落实安全生产责任制，生产安全事故死亡人数下降2.3%，直接经济损失下降27%。加强灾害预警和应急调查，主要灾害易发区域灾害监测预警全覆盖，防灾减灾能力明显增强。完善立体化社会治安防控体系，深入开展校园安全、街面防控、道路畅通、服务提升、警务公开等服务民生专项行动，平安甘肃建设全面推进。强化基层运转保障，乡镇公用经费省财政补助由23万元提高到50万元，村公用经费省财政补助由0.8万元提高到1.5万元。

六、牢牢扭住整改任务的落实，深入推进作风建设

巩固和拓展党的群众路线教育实践活动成果，认真落实中央八项规定和省委“双十条”规定，建立责任制抓省政府整改方案的落实，坚持力度不减、措施不松。开展窗口服务、政策落实、行政执法等领域专项治理，着力整治不作为、慢作为、乱作为问题。加强督促检查，推动重大部署和重点任务落实，解决了一批事关群众生产生活的实际问题。整治惠农资金和城乡低保发放中的不正之风成效明显。加强法治政府建设，修订省政府工作规则，完善财政资金、政府投资、政府采购、公共资源交易等管理制度，健全办公用房、因公出国、公务接待等管理办法。自觉接受人大及其常委会的法律监督、政协的民主监督及社会监督、舆论监督，659件人大代表建议、767件政协委员提案全部办结。积极推进政务公开，现行320项行政审批项目已全部进驻省政府政务大厅，实行集中统一公开办理。提请省人大常委会审议地方性法规8部，制定政府规章6部。建立省政府法律专家咨询委员会。加强审计监督，政府系统纠正违规资金159.66亿元；强化行政监察，给予党纪政纪处分3612人，移送司法机关104人。

各位代表！

过去的一年，在外部经济环境错综复杂、内部经济结构性矛盾更加凸显、下行压力持续加大的情况下，取得这样的成效实属不易。这是党中央、国务院亲切关怀的结果，是省委坚强领导的结果，是省人大、省政协有效监督和大力支持的结果，是全省各族人民拼搏奋斗的结果。在此，我代表省人民政府，向全省各族人民，向各民主党派、工商联、人民团体和社会各界人士，向驻甘人民解放军、武警官兵和中央驻甘单位致以崇高的敬意！向所有关心支持甘肃发展的中央各部委、兄弟省区市、港澳台同胞、海外侨胞和国际友人表示衷心的感谢！

在肯定成绩的同时，我们清醒地认识到，我省经济社会发展仍面临一些突出困难和问题。主要是：经济下行压力持续加大，经济增长动力转换困难增多，投资增长势头减弱，消费拉动乏力，外需支撑不足；原材料工业占比较大，市场需求不足，企业生产经营困难增多；战略性新兴产业比重低，服务业发展水平不高，非公有制经济规模小，中小微企业融资难、融资贵的问题还没有得到有效解决，推动企业成为真正创新主体的成效还不大，多层次的资本市场不健全，经济增长的内生动力不足；城乡基础设施薄弱，铁路和高速公路密度小，通村公路尚未实现全覆盖，发展的瓶颈制约仍然突出；资源综合利用率低，环境保护压力大，生态建设任务重，可持续发展能力不强；城镇化发展质量不高，城乡居民收入水平低，扶贫攻坚难度加大，扩大消费的任务艰巨；优质教育、医疗资源不足，养老、文化、体育等公共服务业发展滞后，不能满足人民群众需求；转变政府职能、推进依法行政、提升服务能力还有大量工作要做。对这些问题，我们一定高度重视，切实增强紧迫感和责任感，采取得力措施加以解决。

2015年主要任务

2014年是全面深化改革的关键之年，是全面推进依法治国的开局之年，也是全面完成“十二五”规划的收官之年，做好经济社会发展工作意义重大。政府工作的总体要求是：深入贯彻落实党的十八大和十八届三中、四中全会以及中央经济工作会议精神，以邓小平理论、“三个代表”重要思想、科学发展观为指导，深入学习贯彻习近平总书记系列重要讲话精神，认真落实习近平总书记视察甘肃重要指示，围绕省第十二次党代会部署，坚持稳中求进工作总基调，坚持以提高经济发展质量和效益为中心，主动适应经济发展新常态，保持经济运行在合理区间，把转方式调结构放在更加重要位置，着力推进改革攻坚，着力强化创新驱动，着力加强风险防控，着力抓好扶贫开发，着力保障改善民生，着力推进依法行政，促进经济平稳健康发展和社会和谐稳定，奋力加快全面建成小康社会进程。

经济社会发展主要预期目标：生产总值增长8%左右，固定资产投资增长20%左右，社会消费品零售总额增长12%左右，进出口总额增长7%左右，一般公共预算收入增长10%左右，城镇居民人均可支配收入增长9%左右，农民人均纯收入增长11%左右，城镇登记失业率控制在4%以内，人口自然增长率控制在7.3‰以内，居民消费价格总水平涨幅控制在3%以内，单位生产总值能耗和主要污染物排放完成“十二五”控制指标。

上述预期目标体现了新常态的趋势性、稳增长的必要性、调结构的紧迫性。我们将正视和积极应对新常态下面临的新情况新变化，坚持改革创新，抢抓发展机遇，用足用好国家支持政策，坚定信心，主动作为，狠抓落实，全面完成2014年的主要预期目标，并力争在实际工作中比预期目标完成的更好些，为努力同全国一道全面建成小康社会奠定坚实基础。

重点抓好十个方面的工作：

一、坚定不移深化重点领域改革

按照省委部署，围绕使市场在资源配置中起决定性作用和更好发挥政府作用，坚持问题导向，加快推进全面深化改革部署落实。

加快转变政府职能。省政府将进一步简政放权，深化行政审批制度改革，再取消、调整和下放一批行政审批项目，同时加强事中事后监管。指导市县政府做好“接、放、管”工作。推进省政府部门行政权力清单和责任清单、省级财政专项资金管理清单、政务服务网“三张清单一张网”建设，提高服务群众、服务企业、服务社会的能力。扩大政府购买服务试点范围，创新公共服务提供方式，依托社会力量更好地为群众提供优质高效的公共服务。加快推进事业单位分类改革，探索推进检验检测认证机构整合和改革。按照机构编制和财政供养人员“两个只减不增”的要求，坚持总量控制、余缺调剂，严控机构编制。加快推进全省公共资源交易法治化、智能化、标准化建设，营造规则统一、公开透明、服务高效、监督规范的公共资源交易市场环境。

深化国资国企改革。认真落实省委省政府《关于进一步深化国资国企改革促进企业发展的意见》，省属国有企业全部完成公司制改革。扎实推进酒钢等5户企业改革试点。有序推进“一企一策”改革，进一步完善现代企业制度。启动国有企业外部董事占多数的规范董事会建设。完成国有企业负责人薪酬制度改革。有序推进省直部门与管理企业改制脱钩。鼓励民营资本参与国企改革，发展混合所有制经济。更好发挥企业家作用。完善省属企业国有资本收益收缴管理办法，适当提高资本收益上缴公共财政比例。加强国有企业对外投资监管。

深化财税金融体制改革。落实深化预算管理制度改革的实施意见，使预算更加科学、更加透明。建立地方政府债务管理及风险预警机制，省市县三级政府性债务全部纳入预算管理。进一步缩减省级财政专项类别，盘活存量资金，大幅整合部门管理的专项资金，全面实施“三公开”制度，落实权责发生制政府综合财务报告制度改革方案，从制度上规范资金管理和运行，提高资金使用效率。继续落实“营改增”各项政策，进一步减轻中小微企业税负。创新竞争性领域财政资金投入方式，设立财政参股的技术创新驱动基金、战略性新兴产业创业投资引导基金、贷款融资担保基金，吸引社会资本投资科技创新、产业结构调整优化等重点领域。加快地方金融体系建设，设立民营银行和地方法人保险公司，推进农村信用社改革，加快发展村镇银行和扶贫资金互助社。加快建设多层次资本市场，加强企业上市培育工作，积极推进各类中小企业集合发债，大力引进和发展各类投资基金，破解中小企业融资难、融资贵问题。强化地方金融机构监管，防范区域性金融风险。清理整治投资类公司和非融资担保公司非法集资行为，维护群众合法权益。巩固完善金融人才引进机制。

推进城乡发展一体化改革。在新型城镇化试点县镇推进户籍、土地、财政、商贸、社保、教育、卫生等方面的配套改革，研究建立财政转移支付、城镇建设用地增加与农业转移人口市民化挂钩机制，有序引导农业转移人口市民化。全面开展农村土地确权登记颁证，积极稳妥推进土地流转，基本完成宅基地和集体建设用地确权登记发证，组织实施集体经营性建设用地入市改革试点。深化农垦和供销社改革，促进农工商融合发展，增强服务农业和农村发展的能力。

深化社会事业领域改革。加快教育领域综合改革，继续推进考试招生制度改革，完善鼓励社会力量办学制度，加快覆盖城乡的学前教育建设，深化职业教育集团化办学体制改革，抓好职业教育助推城镇化改革试验区建设。围绕提升服务地方经济社会发展能力，进一步调整和优化高校、职业学校的专业结构和布局结构。进一步推进城乡居民健康素养提升工程。全面推行县级公立医院综合改革，探索建立医保支付、多点执业、分级诊疗、双向转诊机制，引导优质医疗资源有序下沉，加强乡镇、社区医生的业务培训，更好地方便群众就医。全面推进和完善城乡居民大病保险制度，使大病患者能得到及时救治。深化文化体制改革，建立健全国有文化企业监管体制机制。

创新社会治理体制机制。以法治理念推动社会管理改革。全面实行社会组织直接登记，推进行业协会与行政机关脱钩，更好发挥社会组织在社会管理中的作用。推广“民情流水线”、“三维数字”社会管理等新型管理服务模式，提供更多的便民利民服务。建立市场主体信用信息公示制度，构建社会信用体系，促进诚信社会建设。

深化生态环保领域改革。划定生态保护红线，实行最严格保护措施。探索建立生态补偿机制。加快张掖、甘南国家主体功能区建设试点示范工作，促进生态保护和资源有序开发。开展节能量、碳排放权、水权、排污权交易试点，用市场化方式推进资源高效集约利用。全面推进集体林权制度综合配套改革和国有林场改革。

二、加快推进经济结构调整

坚持市场要活、创新要实、政策要宽，以创新支撑和引领经济结构调整，推动经济提质增效升级。

实施科技创新驱动。健全完善科技创新政策支撑服务体系，发挥企业创新主体作用，加强产业技术创新联盟建设，完善产学研协同创新机制。推动兰白科技创新改革试验区建设，加快张江兰白科技创新改革试验区技术转移中心建设，支持北京大学在兰州新区设立技术转移中心，推进兰州新区科技创新城建设。加大知识产权保护力度。围绕市场人才需求，进一步完善科技人才引进机制，深入实施高层次人才创新创业行动计划。完善科研院所、高校科研人员与企业人才流动和兼职制度，推进科研成果使用、处置、收益管理和科技人员股权激励改革试点，健全科技人员服务农民和企业激励机制，激发科技人员创新创业积极性。完善科技成果转移转化服务体系，加快兰州科技大市场建设，形成有利于创新成果产业化的新机制，推进科技成果资本化产业化。

大力发展现代农业。坚持以农民增收为核心，按照稳粮增收、提质增效、创新驱动的总要求，提高农业综合生产能力。科学规划和深入推进农业结构调整，扶持特色优势产业在适宜地区加快发展，建设国家级育种制种基地。提升名优特农产品质量，加强品牌建设。把发展草食畜牧业作为结构调整的重点，开展粮改饲和种养结合模式试点，促进粮食、经济作物、饲草料三元种植结构协调发展，新建600个标准化养殖场，推进35个现代畜牧业示范县建设。继续推进国家级旱作农业、高效节水农业示范区建设和中低产田改造，新修标准化梯田100万亩，推广全膜双垄沟播技术1500万亩，推广高效农田节水技术1000万亩，粮食总产量稳定在1100万吨以上。继续做大做强林果、蔬菜、马铃薯、中药材等特色优势产业，新增特色优势产业种植面积100万亩，加大惠农政策落实力度，完善农业产业化服务体系，加快先进实用农机具推广应用，加强动植物疫病防控。支持种养大户、家庭农场和农民专业合作社发展，培育和引进有实力的农产品精深加工企业，完善农产品销售流通网络，大力发展农村电子商务，推动农村一二三产业融合发展，农产品加工转化率提高到50.5%。

加快培育战略性新兴产业。全力打好战略性新兴产业发展总体攻坚战，支持战略性新兴产业骨干企业做强做大，培育产业集群发展新优势。加快重点区域战略性新兴产业培育，推进金昌有色金属新材料产业区域集聚发展试点，加快生物质材料、有色金属新材料等创新创业示范园建设，推进省级工程研究院建设，争取国家批准兰州市生物医药集聚发展实施方案。围绕扩大需求，大力实施养老健康家政、信息、旅游、住房、绿色、教育文化体育六大领域消费工程，推进兰州、白银和敦煌等国家信息惠民试点城市建设，打造陇东南养生保健旅游基地，助推现代服务业加快发展。力争战略性新兴产业增加值增速达到15%以上，占生产总值的比重达到12%以上。

打造传统产业新优势。用循环化发展理念，依靠创新驱动，加快兰州、嘉峪关、金昌、白银、天水等老工业基地调整改造。支持实施一批技术装备提升、主导产品升级换代、大宗原材料深加工、资源综合利用、信息技术与制造技术融合等技改项目，推动有色、石化、冶金、建材、食品等传统支柱产业延伸产业链，力促传统产业提质增效升级。继续做好钢铁、水泥、电解铝等行业化解过剩产能工作，完成国家下达的淘汰落后产能任务。加快推动兰州石化公司搬迁改造前期工作，争取早日实施搬迁。

促进非公有制经济加快发展。切实落实省政府支持非公有制经济发展的政策措施，再推出一批鼓励和吸引社会资本参与投资运营项目，保障非公有制经济平等获得公共资源和特许经营资源权益。支持非公有制企业建立工程技术研究中心，培育一批科技创新型中小微企业。健全完善服务体系，创造非公有制经济发展的良好环境。

三、深入实施“3341”项目工程

抢抓国家政策机遇，进一步提高项目谋划建设水平，发挥投资对经济增长的关键作用。

用足用好政策性战略平台。充分利用三大政策性战略平台，瞄准三大基础建设和四大产业方向，用足用好国家政策，创新重点领域投融资机制，完善政府和社会资本合作模式，谋划实施一批带动当前投资增长、利于长远可持续发展的重大项目。发挥政策性平台的聚集效应，吸引更多社会资本参与重大项目建设，激发各类投资主体创业兴业的积极性。加强招商引资，强化跟踪服务，营造招商引资的良好氛围，力争招商引资到位资金7000亿元，增长20%。

加快建设一批增强发展后劲的基础设施项目。开工建设高速公路5条700公里、续建11条1530公里，建成高速公路3条300公里、一级公路2条170公里；开工建设二级公路12条1130公里、续建16条1260公里，建成13条906公里。开工建设铁路3条380公里、续建8条1300公里，建成3条310公里。兰州中川机场二号航站楼春运前投入使用，全面开工建设陇南成州机场、敦煌机场扩建工程。着眼水资源高效综合利用，开工建设引洮供水二期等一批水利骨干工程。加快推进兰州至张掖三四线、天平铁路南延线、天水和平凉机场、白龙江引水工程等项目前期工作。加快信息基础设施建设，实现无线通信、广播电视网络全覆盖。继续做好重大基础设施项目的论证储备工作。

实施一批提升综合经济实力的产业项目。尽快开工建设酒泉至湖南±800千伏特高压直流输电工程。启动酒泉风电基地二期后续500万千瓦项目前期工作、新增装机300万千瓦，加快河西7个百万千瓦光电基地建设、新增装机100万千瓦，力争全省风电、光电并网装机容量分别增加300万和100万千瓦。谋划实施先进高载能及新能源相关产业项目，形成350万千瓦风电设备和60万千瓦太阳能电池及组件生产能力，提升新能源装备制造业配套发展水平，构建河西新能源产业体系。加快建设酒钢煤炭分质利用项目，开工建设瓜州常乐电厂调峰火电项目。加快陇东能源基地建设，争取将陇东地区列为国家大型煤电外送基地、陇东特高压直流外送工程列入国家电力发展规划并加快推动前期工作，开工建设华能正宁电厂2×66万千瓦火电项目。加大关天经济区发展规划实施力度，提升天水装备制造和电子信息产业竞争力。

加快兰州新区开发建设。加快推进兰州新区综合配套改革试验区建设。以高新技术、石油化工、装备制造、生物医药、电子信息、现代物流等产业规划为导向，面向国内外精准招商，高起点引进重大产业项目。引进有实力的营运商在兰州新区设立数据中心，加快推动云计算、大数据产业发展。支持兰州城区企业“出城入园”，推动市州“飞地经济”产业园建设。加快兰州新区综合保税区建设，力争6月通过验收并封关运营。积极争取设立自由贸易园区。开工建设兰州新区职教园区。继续完善道路、供水、供电、垃圾处理等基础设施，推进教育、科技、文化、卫生、商务等公共服务设施建设，打造具有一流服务水平的国家级新区。

统筹推进园区开发建设。加快各级各类园区规划编制，坚持按规划合理有序推进开发建设。探索实施企业参与管理、政企合理担责的开发区管理运营体制，依法依规探索设立开发区投融资公司，吸引更多社会资金参与开发区基础设施建设运营。发挥财政资金引导作用，加强与金融机构对接，帮助园区搭建融资平台，争取更多信贷支持。采取发行中期票据、企业债券和培育企业上市等方式，扩大园区直接融资额度。

四、深入推进“1236”扶贫攻坚行动

以集中连片特困地区58个贫困县为重点，实施精准扶贫，落实项目审批到县、资金整合到县的措施，强化县一级扶贫主体责任和省市监管责任。全年减少贫困人口100万人。

改善基本生产生活条件。建制村道路通畅率达到80%，贫困地区自来水入户率达到80%，贫困村动力电覆盖率达到90%以上。加强农田水利、应急抗旱、水土保持和流域综合治理工程建设。加快人口过万重点乡镇农贸市场建设。

培育壮大特色优势产业。实施集中连片特困地区产业发展规划，以市场为导向形成区域性主导产业，发挥好公司加农户的机制作用，加大科技、产业扶贫力度。加快贫困地区旅游资源开发，建设30个旅游扶贫试点村。在6个县开展光伏扶贫工程试点工作。选派千名科技人员到贫困地区、民族地区和革命老区提供科技服务，培养本土农技人才和农村科技创新创业人员，对发展富民产业做出贡献的科技人员、龙头企业法人给予奖励。落实支持民族地区发展的政策措施，推动民族民俗文化旅游、现代畜牧产业、商贸流通等特色产业发展。

继续实施易地扶贫搬迁。把易地扶贫搬迁与推进工业化、城镇化、农业产业化有机结合起来，完善工作方案，明确责任主体，加强省市县乡四级协调联动，落实各项扶持政策，在实施整体搬迁的前提下，尊重群众意愿，采取多种方式妥善迁置，支持整体搬迁农民下山入川、出村进镇、离乡进城。统筹集中安置点基础设施、公共服务等生产生活设施建设，加快培育和发展后续致富产业，切实做到搬得出、稳得住、能发展、可致富。

强化金融资金支撑。鼓励金融机构创新金融服务，探索符合贫困群众实际的抵（质）押金融产品，开展林权、土地承包经营权和宅基地使用权抵（质）押贷款试点，创新发展扶贫小额信贷工作，在贫困地区建设村级便民金融服务站2500家。创新财政扶贫资金投入方式，依法依规整合各类扶贫资金，完善统贷统还机制，撬动更多金融资金投入扶贫开发。拓宽农业保险险种和承保覆盖面，增强贫困农户应对自然灾害的能力。

提升公共服务保障水平。大力实施教育扶贫，落实国家贫困地区儿童发展规划，加快推进覆盖集中连片特困地区贫困县行政村的学前教育，贫困县学前三年毛入园率达到55%以上，消除中小学D级危房166.67万平方米。落实中等职业教育全部免学费政策，使有意愿的贫困家庭孩子都能接受免学费中职教育。继续提高高校招收贫困地区学生比例，让贫困家庭的孩子公平接受有质量的高等教育。坚持公共文化资源向贫困地区倾斜，构建覆盖贫困村的基本医疗卫生服务体系，提高基层公共文化服务能力。推进农村低保与脱贫政策有效衔接，编密织牢贫困人口基本生活安全网。

推进能力素质提升。整合各类培训资金，提高县级职校职业技能和实用技术培训能力，使贫困家庭劳动力至少有一人接受职业技能培训。完善激励机制，扶持培养农村致富带头人。创新培训方式，开展订单培训、委托培训、创业培训和技能鉴定上门服务，提高就业创业能力。加强农民教育，提升整体素质。加强乡村干部的培训教育，提高带领群众脱贫致富能力。

五、积极推进新型城镇化建设

加快实施新型城镇化规划，推进以人为核心的新型城镇化建设，城镇化率提高1.5个百分点左右。

抓好省市县规划衔接和试点工作的落实。以全省新型城镇化规划和省域城镇体系规划为指导，加快推进市县两级新型城镇化规划编制，实现城市、县城、重点小城镇控制性详细规划全覆盖。指导市县做好中心镇规划编制，增强规划编制的科学性和规划执行的严肃性。完成敦煌、玉门等7个县市经济社会发展规划、城乡规划、土地利用规划、生态环境保护规划"多规合一"国家和省级试点工作。抓好金昌市国家新型城镇化综合试点，为全国资源型城市转型发展提供可复制可推广的经验和模式。全面推进省级15个县、30个建制镇新型城镇化试点工作，发挥示范带动作用。

创新城镇建设投融资机制。采取特许经营、政府补助、政府购买服务等多种方式，引导社会资本参与新型城镇化建设，特别是城镇污水、垃圾处理、地下管网基础设施建设。完善市政基础设施价格形成、调整和补偿机制，使经营者能够获得合理收益，激发社会投资积极性。

统筹推进基本公共服务。通过财政支持或政府购买服务方式，完善教育、文化、卫生、体育、商贸、旅游、就业服务、生态环保等公共服务设施，增强县镇综合功能和吸纳就业能力。统筹城乡社会保障体系建设，加快基本医疗保障城乡统筹管理，保障进城务工人员随迁子女平等接受义务教育的权利，把其住房纳入城镇住房保障规划，做好进城务工人员的服务工作。

提升产业支撑能力。适应经济发展中高速增长的新常态，加快县域经济发展和城镇产业培育，吸纳农业转移人口就近充分就业。指导各地优化城镇产业布局和结构，把发挥资源优势与承接产业转移相结合，鼓励发展与城镇资源环境承载力相适应的资源加工型、劳动密集型产业和面向城乡一体化发展的服务业，打造特色农业强镇、现代工业重镇、商贸集散大镇、文化旅游名镇，实现农村富余劳动力就近就业260万人。

有序推进农业人口市民化。加快推进户籍制度改革，推进农业转移人口和其他常住人口在城镇落户。落实与转移农业人口相关的土地、草场、林地承包经营和宅基地、农房处置等政策，保障进城落户农民就业、就学、就医、住房、计划生育等合法权益，引导和服务农民有序向城镇转移。

六、努力建成国家循环经济示范区

2014年是实施《甘肃省循环经济总体规划》的收官之年，必须进一步加大工作考核力度，实现国家循环经济示范区各项目标任务。

实现循环经济基地建设目标。巩固提升已建成的金昌基地，建成其他6个基地，抓好循环经济十大示范工程创建，推进兰州和武威再生资源回收试点城市、酒泉和敦煌国家级区域性再生资源回收利用基地建设。加强督促检查和考核评价，强化资源产出、资源消耗、资源综合利用、废物排放等指标约束。

基本完成园区循环化改造。全面完成35个省级以上园区循环化改造任务。开展嘉峪关国家低碳工业园区试点，推进兰州经济技术开发区红古园区"城市矿产"示范项目建设。加强政策引导，优化园区产业布局，推进产业链延伸耦合、能源资源高效利用和废物"零排放"，努力增强园区可持续发展能力。

初步形成循环经济产业链。完善提高已建成的11条产业链，建成其余5条产业链。加强产业链关键技术研发，实施一批重大延链补链项目，加大产业链招商力度，推动传统产业向下游终端产品延伸发展。

培育循环经济示范企业。完成100户示范企业培育任务，争取一批企业跻身国家示范企业行列。支持企业加快应用新设备、新技术、新工艺，政府采购优先选用节能节水环保产品和再生利用产品。

全面完成节能减排目标任务。实施节能重点工程，加快火电、水泥、钢铁、石化等重点行业减排工程建设，完成黄标车、老旧机动车和燃煤锅炉淘汰任务。加快实施工业重点涉水行业减排和畜禽养殖有机肥加工减排工程。深化排污许可管理和工业企业环境保护标准化建设，强化污染排放总量控制和定量化管理。

七、加快华夏文明传承创新区建设

深入实施华夏文明传承创新区建设总体方案，坚持保护传承与创新发展并举，坚持文化事业和文化产业并举，促进文化大繁荣大发展。

推进文化传承创新发展。实施“历史再现”工程和历史名城名镇名村保护工程，完成嘉峪关文化遗产保护工程文物本体保护和遗产监测项目、重点区段长城保护加固工程，基本完成可移动文物普查工作，启动大地湾国家考古遗址公园、大堡子山遗址展示利用工程和省世界文化遗产管理监测中心建设，抓好《四库全书》复制保护与影印出版等古籍整理项目。加强对非物质文化遗产传承人、传统手工艺的活态传承，实施农耕食文化活动传承工程。编制完成兰州都市文化产业区发展规划，重点发展设计与文化创意、软件外包服务、文化科技、人才培训等文化业态，提升省会城市辐射带动能力。实施河西走廊文化生态区重大项目，加快敦煌国际文化旅游名城建设。加快陇东南文化历史区建设。

大力加强文化事业建设。完善公共文化服务设施，推进省图书馆和市州图书馆、文化馆、博物馆、青少年文化宫等项目建设，继续建设“乡村舞台”和农家书屋，实现县级城市数字影院和中央、省市县广播电视节目无线数字化全覆盖，加快企事业广播电视有线网络整合。继续打造“十个一”文化品牌工程。建立健全公共文化服务体系建设运营长效机制，各级政府分级负责购买公共文化服务，引导鼓励各类社会主体参与公共文化建设和服务。指导张掖市建成第二批国家公共文化服务体系示范区并通过国家验收。

加快发展新型文化业态。加快20个旅游大景区建设,促进文化与旅游、体育、科技等深度融合，加大文化产业聚集区扶持力度，培育数字内容、动漫游戏等新兴产业，加快发展文化集市，促进文化产业转型升级。推进敦煌国家级文化产业园、兰州国家级文化和科技融合示范基地建设。加快推进读者股份公司上市和媒体融合发展。落实好与阿里巴巴集团签订的战略合作协议。培育文化市场主体，扶持中小微文化企业发展。文化产业增加值增长25%以上，旅游综合收入增长25%。

八、推进国家生态安全屏障综合试验区建设

认真实施国家生态安全屏障综合试验区总体方案，积极探索内陆欠发达地区转型跨越发展、扶贫开发攻坚与生态文明建设相结合的路子。

实施重大生态工程。继续推进甘南黄河重要水源补给生态功能区生态保护与建设、敦煌水资源合理利用与生态保护等项目建设。争取国家支持实施祁连山生态保护与综合治理、“两江一水”流域综合治理、渭河源区生态保护与综合治理规划。实施好新一轮退耕还林还草工程，继续推进天然林保护、三北防护林、退牧还草、野生动植物保护及自然保护区建设等重点生态工程建设。落实国家生态保护补助奖励政策，加强草原生态保护。治理水土流失面积2000平方公里，完成营造林面积300万亩。

强化污染综合防治。深入实施大气污染防治行动计划，严格目标责任考核，探索建立大气污染防治长效机制，努力完成国家下达的大气污染防治年度任务。加强黄河干流、泾河、渭河、洮河等流域水环境保护和综合治理，改善水环境质量。加大饮用水源地保护和地下水污染防治，确保城乡饮用水安全。加强重金属污染土壤的修复和治理。探索开展环境污染强制责任保险，推行环境污染第三方治理。建立严格责任制，加强环境隐患排查和执法监管，高标准、严要求开展环保大检查，坚决打击环境违法行为。强化农村面源污染治理，加强规模化畜禽养殖污染防治，废旧农膜回收利用率稳定在78%以上，尾菜处理利用率提高到30%以上。

推进农村人居环境整治。加强对村庄规划的指导,强化规划的约束力。推动农村改厕、改圈、改灶、改庭院，开展农村垃圾专项治理，推进农村生活污水处理和垃圾分类收集处理，改善村庄卫生状况。加强农村周边工业“三废”排放和城市垃圾堆放监管治理，防止污染向农村延伸。建设150个美丽乡村示范村和1500个环境整洁村。

九、加快丝绸之路经济带甘肃段建设

深入实施丝绸之路经济带甘肃段建设总体方案，努力提升对外开放水平，以开放促开发、促发展。

构建交通物流网络。提升中川机场国际航空口岸对外运营水平，拓展国际快件和货运直航业务。加快敦煌、嘉峪关航空口岸对外开放。推进兰州铁路综合货场建设，提升兰州铁路枢纽对外开放水平。开通兰州至俄罗斯、哈萨克斯坦等国家的国际航班，实现中欧货运班列“天马号”常态化运营。发挥武威保税物流中心作用，加快国际陆港建设。

扩大经贸技术交流。积极支持企业走出去，在丝绸之路沿线国家开展产品展销和项目推介活动，扩大特色优势产品出口，对丝绸之路沿线国家出口额增长15%。支持企业扩大紧缺资源的进口。拓宽劳务合作渠道，建立面向中西亚及中东欧市场的劳务输转培训基地。办好第二十一届“兰洽会”等经贸节会，扩大宽领域多层次合作交流。

加强产业对接合作。支持企业面向丝绸之路沿线国家开展现代农业、有色冶金、装备制造、轻工建材、民族用品等领域的产业对接，参与资源开发、工程承包、生产销售基地建设，推动装备、材料、产品、技术、劳务、服务走出去。紧盯丝绸之路沿线国家市场需求，调整出口产品结构，通过承接产业转移、引进有实力的企业共同建设生产加工出口基地。

深化人文交流合作。推进华夏文明传承创新区与丝绸之路经济带融合发展，大力培育外向型文化企业，加快推进对外文化交流，在丝绸之路沿线国家举办“甘肃文化周”，拓展面向中西亚及中东欧的国际演出市场，实施“甘肃文化精品翻译工程”等文化走出去项目。加快推进中医药文化走出去，在丝绸之路沿线国家合作建立中医药文化传播推广和医疗服务机构。用好国家政策吸引丝绸之路沿线国家学生来甘留学。围绕建设丝绸之路沿线国家和地区的重要旅游目的地，打造具有丝绸之路特色的国际精品旅游线路和旅游产品，支持发展客源地旅游包机业务。筹办丝绸之路(敦煌)国际文化博览会，提升敦煌行·丝绸之路国际旅游节等节会的国际化水平。

十、着力推进和谐社会建设

坚持优先保障民生投入、优先安排民生项目、优先解决民生问题，让发展成果更多更公平惠及全省人民。

集中力量为民办实事。更加注重保障基本民生，全力办好10项27件实事：(1)实施城乡居民职业技能培训工程；扶持1万名高校毕业生就业。(2)提高城乡居民基本养老保险基础养老金政府补助标准；提高城市低保标准10%；提高农村低保标准11%，使一二类低保户实现政策性脱贫；提高农村五保省级补助标准40%；提高工伤人员伤残津贴标准10%；提高企业退休人员基本养老金标准10%；提高全省失业保险金标准10%；为困难弱势群体法律援助案均补贴1500元；提高计划生育特殊困难家庭扶助标准；为重度残疾人家庭发放护理补贴；实施残疾人康复服务“百千万”工程。(3)新建公共租赁住房4.08万套；实施棚户区改造9.81万户；实施农村危房改造14万户。(4)为58个集中连片特困地区贫困县乡村教师发放生活补贴；在58个集中连片特困地区贫困县2000人以上的行政村，依托现有小学建设幼儿园。(5)在58个集中连片特困地区贫困县县级医院建设重点专科；新型农村合作医疗和城镇居民基本医疗保险政府补助标准由人均320元提高到380元。(6)建设乡村（社区）文化体育活动中心。(7)解决126.58万农村人口安全饮水问题；建设1万公里建制村通沥青(水泥)路。(8)实施3.15万户15.4万人易地扶贫搬迁工程。(9)建设县乡便民市场；实施食品安全放心工程。(10)建设乡镇（街道）平安与便民服务综合信息平台。

加强就业和社会保障工作。全面落实更加积极的就业创业政策，加强创业孵化基地建设，完善创业就业服务体系和服务平台建设，加强高校毕业生、化解过剩产能失业人员、退役军人及随军家属、农民工、“零就业”家庭和残疾人等困难群体就业工作，新增城镇就业40万人，输转城乡劳动力500万人，应届高校毕业生就业率达到85%以上。扩大社会保障覆盖范围，实施全民参保登记计划，继续提高养老、医疗、工伤、失业保险待遇水平。落实国家关于机关事业单位工作人员养老保险制度和工资制度改革政策。加强城乡低保动态管理，做到应保尽保。做好医疗救助和基本医疗保险、大病保险的衔接，加快推进重特大疾病医疗救助。落实临时救助制度，继续做好“救急难”工作。落实国家住房保障逐步转向实物保障与货币补贴并举的政策，推进棚户区改造货币化安置，用政府购买服务等方式把符合条件的存量房转为公租房，使保障性安居工程惠及更多家庭。稳步推进岷县漳县地震灾后恢复重建。

统筹社会事业全面发展。实施第二期学前教育三年行动计划，加强农村学前教育和义务教育师资队伍建设，改善义务教育薄弱学校基本办学条件，促进义务教育均衡发展。加大民族地区教育基础薄弱县普通高中建设项目实施力度，加快普通高中多样化、特色化发展。大力发展以就业为导向的现代职业教育，深化产教融合和校企合作，培养社会需求的高素质技能型人才。加快教育信息化建设。深化高校综合改革，实施高校创新能力提升计划和基础能力建设工程，加快建设新的医学本科院校。加强继续教育、特殊教育和民族地区双语教育。加强紧缺卫生人才、全科医生和养老保健护理人才培养引进，实施少数民族地区全科医生特设岗位项目，积极发展惠及农村的远程会诊系统，加快村卫生室标准化建设，提升基层医疗服务能力。加快中医药综合改革试点示范省建设。加强计生服务和出生缺陷干预，提高出生人口素质。推进全民健身运动和竞技体育协调发展。加快建立社会养老服务体系，推进城乡社区日间照料中心建设。加强孤残儿童救助抚养与残疾人社会保障和服务体系建设。加强国防教育、“双拥”共建和民兵预备役、人民防空工作。支持工会、共青团、妇联、科协、残联等群团组织工作。发展外事、侨务、港澳台事务、测绘、参事、文史、地方志、红十字、档案管理等事业。

创新和完善社会治理。健全重大事项社会稳定风险评估机制、化解矛盾纠纷综合调处机制和基层维稳应急处置机制，推行依法逐级走访和网上受理信访机制，建立涉法涉诉信访依法终结制度，推动信访工作法治化。严格落实安全生产责任制，强化基层基础工作，整治各类安全隐患，促进安全生产形势稳定好转。强化食品药品安全目标责任管理，完善覆盖全过程和产业链各环节的食品药品监管制度，构建食品药品风险防控机制，确保人民群众舌尖上的安全。加强价格调控监管，规范市场秩序，切实维护消费者权益。完善防灾减灾体系，提高灾害应急预防能力。落实党的民族政策和宗教工作基本方针，坚定不移走中国特色解决民族问题的正确道路，促进民族团结、宗教和谐。加强普法工作，增强全民法治观念。推进平安甘肃建设，不断提升人民群众安全感和满意度。

各位代表!

编制“十三五”经济社会发展规划是2014年的一项重要工作。我们将问政于民、问计于民、问需于民、汇聚民智,科学论证规划的总体思路、主要目标和重点任务，认真谋划对经济社会发展和转型升级带动性强的重大工程、重大项目和重大措施，切实做到符合实际、尽力而为、量力而行，使规划真正成为指导未来五年全省经济社会科学发展的纲领性文件。

各位代表!

做好今年的改革发展稳定各项工作，必须加强政府自身建设。我们将按照“三严三实”的要求，加强纪律建设，严明政治纪律和政治规矩，认真践行党的群众路线，坚持为民、务实、清廉，自觉接受人大法律监督、政协民主监督和社会监督、舆论监督，做好人大建议和政协提案办理，加强法治政府、服务政府、责任政府、廉洁政府建设，以更加奋发有为的精神和勤勉务实的作风，努力开创转型发展和富民兴陇新局面。

牢固树立法治意识，提高依法行政能力。按照省委《贯彻落实〈中共中央关于全面推进依法治国若干重大问题的决定〉的意见》要求，把法治思维和法治方式贯穿于政府工作全过程，确保政府法定职责必须为、法无授权不可为。依法全面履行政府职责，健全依法决策机制，深化行政执法体制改革，加强和改进政府立法，强化对行政权力的制约和监督，全面推进政务公开，加强政府智库建设，健全决策咨询制度，提高决策科学化、民主化、法治化水平。完善学法用法制度，强化公务员法治培训教育，提高依法行政的能力和水平，加快建设职能科学、权责法定、执法严明、公开公正、廉洁高效、守法诚信的法治政府。

牢固树立宗旨意识，提高服务群众能力。始终把人民群众的期盼作为最高追求，拓展党的群众路线教育实践活动成果，健全深入了解民情、充分反映民意、广泛集中民智的工作机制，深入扎实开展“双联”行动。加强公务员管理和培训，不断提高公务员素质，推动政府工作人员转变工作作风,认真解决群众关切的利益问题，真心实意为人民群众办实事、做好事、解难事，提高人民群众的满意度。

牢固树立责任意识，提高破解发展难题能力。把加快改革发展和增进人民福祉作为第一责任，认真开展省委确定的“工作落实年”活动，加强对“十二五”规划目标任务落实的考核评估，进一步强化各级政府的责任担当，在保持经济健康发展、调整经济结构、优化公共服务、维护公平正义、扩大对外开放等方面积极作为，以“钉钉子”的精神推动各项工作落实。

牢固树立廉洁意识，提高拒腐防变能力。认真落实中央八项规定、国务院“约法三章”和省委“双十条”规定，严格执行党政机关厉行节约反对浪费等制度，全面落实党风廉政建设责任制,加强行政监察和审计监督，强化廉政风险防控，严肃查处各类违纪违法案件，树立清正廉洁的良好形象。

各位代表，困难和挑战考验着我们，责任和使命激励着我们，让我们紧密团结在以习近平同志为总书记的党中央周围，在省委的坚强领导下，凝聚起陇原儿女的智慧和力量，解放思想、开拓创新，万众一心、砥砺奋进，为建设经济发展、山川秀美、民族团结、社会和谐的幸福美好新甘肃而努力奋斗！

关于甘肃省2014年国民经济和社会发展计划执行情况及2015年国民经济和社会发展计划草案的报告（摘要）

——2015年1月28日在甘肃省第十二届人民代表大会第三次会议上

甘肃省发展和改革委员会主任　赵春

一、2014年全省经济社会发展计划执行情况

2014年，全省上下深入贯彻党的十八大和十八届三中、四中全会精神，牢牢把握稳中求进工作总基调，深入实施“3341”项目建设工程和“1236”扶贫攻坚行动，经济社会保持了平稳发展态势。初步预计，全省生产总值增长8.9%，固定资产投资增长21.1%，社会消费品零售总额增长12.6%，一般公共预算收入增长13.6%，城镇居民人均可支配收入增长9.7%，农民人均纯收入增长12.3%，城镇登记失业率2.19%，居民消费价格总水平涨幅2.1%，单位生产总值能耗下降5.1%。

（一）全面落实各项政策措施，经济保持平稳运行。积极对接国家扩大内需等一系列精准调控政策，加大对节能环保、电子商务、健康、养老等产业的扶持。全力争取国家支持，落实中央预算内投资144.8亿元。加强经济形势监测和重点企业生产调度，开展大用户直购电试点，减轻企业用电成本。扶持中小微企业和非公经济加快发展，“营改增”试点扩面以来减税10.3亿元，非公经济增加值占生产总值的比重达到41%。大力推进简政放权，推出首批100项鼓励和吸引社会资本参与投资运营的示范项目。

（二）加大项目建设力度，基础设施不断改善。重大基础设施项目加快建设，新增铁路运营里程798公里，在建铁路里程和投资规模连续两年位居全国第一；新增高速公路通车里程300公里，建成二级公路705公里；兰州中川机场二期扩建主体工程基本建成。引洮供水一期全线建成通水，积石山引水等水利工程加紧施工。风电、光电并网装机容量分别突破1000万、500万千瓦，《陇东能源基地开发规划》获批。全省“3341”动态项目库储备500万元以上项目3.8万个，160个省列重大项目超额完成年度投资计划。全省招商引资到位资金5835亿元，增长30%；采取BT、BOT、PPP等融资模式引进社会资本92.7亿元；利用外资4.6亿美元。

（三）加快改造升级步伐，推动产业协调发展。三次产业结构调整为13.2 ∶ 42.8 ∶ 44，第三产业比重首次超过第二产业。加快发展战略性新兴产业，出台战略性新兴产业发展总体攻坚战实施方案，进一步促进新能源等8大产业发展，战略性新兴产业增加值增长17.2%。推动传统产业改造升级和产业链延伸，电解铝液直接加工转化率达到60%以上，铜加工转化率达到50%以上。支持发展现代服务业，推进敦煌国际文化旅游名城建设，出台促进旅游业改革发展的意见，实现旅游综合收入780亿元。大力发展现代农业，粮食总产达到1158万吨，特色优势经济作物种植面积达到2540万亩，畜牧业增加值增长12.1%。

（四）加快循环经济发展，生态安全屏障建设积极推进。召开全省发展循环经济白银现场会，“四位一体”循环体系建设稳步推进，五大载体打造成效明显，省级以上开发区全部实施循环化改造，“十百千”示范工程积极开展。实行能耗强度和总量“双控”，发布两批《甘肃省节能环保产品推广名录》，节能减排指标完成国家下达的目标任务。生态安全屏障建设有序推进，敦煌水资源合理利用与生态保护等重大生态工程稳步实施，争取新一轮退耕还林还草任务65万亩，张掖、甘南列入全国主体功能区试点示范。

（五）全面深化体制改革，进一步扩大对外开放。深化重点领域和关键环节改革，省级政府部门取消、调整和下放行政审批事项185项，修订印发政府核准投资项目目录和管理办法，兰白科技创新改革试验区获批。加快完善市场监管体制，工商登记制度改革后新增市场主体19.27万户，出台进一步深化国资国企改革促进企业发展的意见，初步建成公共信用信息交换共享平台。推进城乡一体化发展，印发实施甘肃省新型城镇化规划，在15个县和30个建制镇开展省级新型城镇化试点，出台进一步推进户籍制度改革的实施意见。提升对外经贸合作水平，印发实施《“丝绸之路经济带”甘肃段建设总体方案》，成功举办第四届敦煌行·丝绸之路国际旅游节等节会；开通兰州至迪拜等3条国际航班和中欧货运班列“天马号”；兰州新区综合保税区获批建设，武威保税物流中心封关运营。

（六）切实保障改善民生，促进社会事业协调发展。减少贫困人口140万，易地扶贫搬迁群众23.34万人，180万贫困人口安全饮水问题和11.6万无电人口用电问题得到解决，建成通村公路1万公里，改造农村危房20万户。加快推进实施“十二五”支持藏区经济社会发展规划，争取国家制定支持临夏等特困民族地区发展的政策。三项基本医保覆盖面稳定在95%以上，城乡居民养老保险参保率达到97%，城乡低保标准均提高15%，全省推开大病医疗保险。建设改造学校291所、医疗卫生机构810个、地级三馆3个，建设社区、养老等设施55个。甘肃中医药大学（筹）、省图书馆扩建项目开工建设。新开工保障性和棚户区改造住房18.89万套。

二、2015年全省经济社会发展的预期目标和主要任务

2015年全省经济社会发展的主要预期目标是：生产总值增长8%左右，固定资产投资增长20%左右，社会消费品零售总额增长12%左右，一般公共预算收入增长10%左右，城镇居民人均可支配收入增长9%左右，农民人均纯收入增长11%左右，居民消费价格总水平涨幅控制在3%以内，城镇登记失业率控制在4%以内，单位生产总值能耗和主要污染物排放完成“十二五”控制目标。为了实现上述目标，全省重点抓好以下工作任务：

（一）定向精准加强项目建设，更好发挥投资拉动作用。一是用足用好国家政策。以国家推进“三个1亿人”城镇化为契机，加快城镇基础设施建设。抢抓国家鼓励社会投资等政策机遇，积极吸引社会投资。紧盯中央投资方向，加大水利、铁路等领域的项目储备。紧密对接国家清洁能源等7个重大工程项目包，争取更多支持。二是继续抓好重大项目建设。力争建成天平等3条铁路和徽县至天水等3条高速公路。开工建设银西等铁路、兰州地铁2号线一期工程、白疙瘩至明水等高速公路、陇南成州机场和敦煌机场扩建工程。开工建设酒泉至湖南±800千伏特高压直流输电工程，力争风电、光电并网装机容量分别增加300万和100万千瓦。争取将陇东列为国家大型煤电外送基地，加快陇东地区煤炭开发利用步伐。三是营造良好的投资环境。做好“3341”动态项目库的跟踪管理和考核评估。加强协同监管，建设投资项目在线审批监管平台。提高招商引资水平，积极开展精准招商。协调推进省列重大项目建设，组织好项目观摩活动。

（二）大力提升产业竞争力，加快转变发展方式。一是全力打好战略性新兴产业发展总体攻坚战。组织认定扶持发展的第二批骨干企业，启动实施战略性新兴产业配套企业行动计划，推进战略性新兴产业区域集聚发展。引导新兴产业创业投资基金加大投资力度。力争战略性新兴产业增加值增长15%以上。二是着力优化提升传统产业。鼓励上下游企业相互参股持股、深度合作，延伸有色、冶金、石化等产业链。制定全省重点产业布局调整和承接产业转移的指导意见。推动产业园区循环化、规模化发展。扩大大用户直购电范围和规模。有序推进兰州石化搬迁改造前期工作。实施全省煤化工产业发展规划。争取国家批复我省创建中医药产业发展综合试验区。三是提高创新驱动能力。用好技术创新驱动基金，推动以企业为主体的技术创新体系建设。推进兰白科技创新改革试验区和兰州新区科技创新城建设。加快推进微电子等5个省级工程研究院建设。四是加快发展循环经济。完成七大循环经济基地、16条产业链等建设任务，建成国家循环经济示范区。积极推进兰州市节能减排财政政策综合示范城市等国家试点示范工作。确保完成“十二五”节能减排降碳任务。

（三）积极推进农业提质增效，加快扶贫攻坚步伐。一是加强农业基础设施建设。争取国家资金支持，逐步启动实施祁连山、定西渭河源区和“两江一水”三大区域综合治理规划。力争完成石羊河流域综合治理等收尾工程建设任务，争取开工建设引洮供水二期、兰州水源地等项目。进一步巩固退耕还林成果。二是着力发展现代农业。提高粮食综合生产能力，加大对高标准农田建设等项目的支持，启动建设国家（甘肃）玉米制种基地。加大种养业结构调整力度，培育引进农产品加工营销企业，推动马铃薯、中药材等特色优势产业规模化、品牌化发展，推广全产业链草食畜牧业发展模式。三是大力推进扶贫攻坚。提高精准扶贫水平，减少贫困人口100万。易地扶贫搬迁15.4万人，解决126.58万农村人口安全饮水问题，建设通村公路1万公里，改造农村危房14万户，力争年末贫困村动力电覆盖率达到90%以上。

（四）加快培育新的消费热点，稳步扩大消费需求。一是积极培育消费热点。借助国家推动金融、信息等6大领域消费发展的机遇，加快培育新的消费热点。壮大电子商务等新型消费业态，培育县域特色农产品网络销售规模，引导餐饮住宿业连锁经营，打造一批体现甘肃特色的文化旅游服务品牌。二是改善消费环境。支持邮政、供销等大型流通企业搭建农村电商、社区服务网络。健全质量诚信报告、失信黑名单披露等制度，开展重点产品专项整治，严厉打击造假售假等违法行为。三是加快发展现代服务业。加快发展研发设计、检验检测认证等生产性服务业，培育发展金融租赁、服务外包等新兴业态。在中药材、清真食品、民俗产品等特色产品领域发展一批行业电子商务平台。编制全省物流园区发展总体规划。深入实施华夏文明传承创新区建设总体方案，加快20个旅游大景区建设。积极发展健康、养老等生活性服务业。

（五）统筹推进重点领域改革，增强经济发展的动力。一是创新行政管理制度。进一步取消、调整和下放行政审批事项，同步加强事中事后监管。加快建立覆盖到县的“三张清单一张网”。逐步建立市场准入负面清单制度。二是推进投融资体制机制改革。创新重点领域投融资体制机制。改革竞争性领域财政资金投入方式，支持设立各类投资基金。力争获批组建我省首家民营银行。三是推进现代市场体系建设。加快开展省属国有企业改革试点。稳步推进资源性产品价格改革。推进公共资源交易市场化改革。推进社会信用体系建设。四是推进新型城镇化建设。研究制定贯彻落实国家“三个1亿人”城镇化实施方案的意见。全面推进15个县、30个建制镇省级新型城镇化试点工作。完成敦煌、玉门等7个县市“多规合一”国家和省级试点。五是完善生态文明制度体系。开展主体功能区规划市县空间落地试点。健全自然资源资产管理和监管体制，研究划定生态保护红线。探索建立节能量、碳排放权、排污权交易制度，推行环境污染第三方治理。

（六）进一步扩大对外开放，推动区域协调发展。一是加快“丝绸之路经济带”甘肃黄金段建设。推进实施“13685”总体方案，拓展与“丝绸之路经济带”沿线国家务实交流合作的渠道。建成兰州新区综合保税区，争取敦煌机场等口岸尽早对外开放。新开辟兰州直飞圣彼得堡等国际航线。进一步提升“兰洽会”等节会的国际化水平。二是加快实施“走出去”战略。支持省内企业开发省外、境外矿产资源，依托我省石化、有色、钢铁等产业基础，在中西亚国家合作建立生产加工基地。扩大农业、中医药领域对外合作。三是推动区域经济协调发展。推进兰白经济区承接产业转移示范区建设，推动东部4市协作发展，促进酒嘉、金武区域经济一体化发展。加大对民族地区的支持力度。加强跨省区经济合作。

（七）加大社会事业建设力度，促进民生持续改善。一是加强社会事业建设。加强公共文化供给，抓好各级重点公益文化设施建设。促进教育公平，加强中等职业学校、民族地区普通高中基础建设，改善义务教育薄弱学校基本办学条件。推进县级医院和乡镇卫生院建设，完善基层中医药服务网络，加强全科医生队伍建设。二是千方百计扩大就业。落实好更加积极的就业政策，认真做好高校毕业生、失业人员、农民工等重点群体就业工作。大力开展农民工职业技能培训，加快兰州新区职教园区建设。三是提升社会保障水平。继续提高城乡居民养老保险基础养老金省级补助标准和城乡低保标准。完善居民大病保险和医疗救助制度。四是做好价格调控监管。确保市场价格基本稳定。五是加快推进灾后重建。加快岷县漳县地震灾后重建，基本完成小城镇、重灾村和集中安置点配套基础设施建设，抓好地质灾害治理、生态修复、产业恢复重建。

（八）认真做好“十三五”规划编制工作，保障长远发展。总结“十二五”总体规划实施的成效和经验，做好19项重大课题研究，科学规划我省“十三五”发展的主要目标和重大任务，编制形成规划基本思路和规划纲要基本框架。

关于2014年全省财政预算执行情况和2015年全省及省级财政预算草案的报告(摘要)

——2015年1月28日在甘肃省第十二届人民代表大会第三次会议上

甘肃省财政厅厅长　张勤和

一、2014年全省财政预算执行情况

2014年，全省一般公共预算收入672.2亿元，同比增长13.6%，其中省级196.2亿元，同比增长13%。全省一般公共预算支出2538.4亿元，同比增长9.9%，其中省级589亿元，同比增长24.6%。

全省政府性基金预算收入359.5亿元，其中省级118.4亿元。全省政府性基金预算支出363.7亿元，其中省级75.8亿元。

全省国有资本经营预算收入7.4亿元，其中省级7.36亿元。全省国有资本经营预算支出4.9亿元，其中省级3.8亿元。

(一)财税体制改革扎实推进。围绕财税体制三大改革任务，出台《进一步加强财政管理的意见》，对全省推进财税体制改革、加强财政管理做了全面的安排部署。深入推进预算管理制度改革。出台深化预算管理制度改革、加强政府性债务管理、政府向社会力量购买服务的实施意见，以及财政专项资金管理、清理规范税收优惠政策、加强预算绩效目标管理等制度办法。省市县三级全面公开了政府预决算、部门预决算和“三公”经费预决算。大力清理、规范、整合专项资金，严格控制新增专项。盘活存量，清理收回结余结转资金23亿元，用于义务教育、创新驱动发展等重点方面。规范政府性债务管理，建立风险预警和考核机制，全面开展存量债务清理甄别工作。有序推进税制改革。进一步扩大营改增试点范围，全省试点企业达到2.74万户，减免企业税负10.3亿元，减负面达到98%。落实调整成品油等部分产品消费税、停征成品油价格调节基金政策。启动煤炭资源税从价计征改革，清理规范涉及煤炭、原油、天然气的收费基金。调整完善财政管理体制。健全县级基本财力保障机制，明确省市县三级政府的保障责任，强化市级财政对省直管县财政的业务指导和监管职能。结合资源税从价计征改革，调整完善省与市县资源税分成比例。同时，积极开展国库现金管理，实现增值收益3.3亿元。政府综合财务报告试编试点范围扩大到14个市州本级、25个县区。制定政府向社会力量购买服务指导性目录，在省级部门选取10个项目开展试点。

(二)争取中央支持成效明显。2014年，中央财政下达我省各类补助资金1777亿元。中央代理发行我省地方政府债券113亿元。同时，争取中央在扶贫搬迁、退耕还林、地质灾害综合防治、养老服务产业发展、兰州市大气污染治理和节能减排综合示范城市建设等方面给予了倾斜支持。

(三)重点支出得到有力保障。“十大惠民工程”23件为民办实事事项全面完成，省级下达资金339亿元。积极筹措资金，支持交通、水利、城市基础设施等重点项目建设，推进循环经济、节能减排、污染治理和生态建设，支持兰州新区、两市两州、革命老区、民族地区等重点区域协调发展，支持完成保障性住房建设任务。将乡镇公用经费省级补助标准提高27万元，达到50万元；将村级公用经费省级补助标准提高7000元，达到1.5万元。整合资金10亿元，设立产业投资引导基金，采取股权投资等方式，吸引社会资金投入，支持战略性新兴产业发展。财政贴息31亿元，撬动金融机构发放双联惠农、牛羊蔬菜产业、妇女小额担保、下岗失业人员小额担保等贷款，强力支持扶贫开发、创业就业和特色优势产业发展。

(四)一般性支出控制严格。认真执行中央八项规定和省委“双十条”要求，修订党政机关差旅费、会议费、培训费、公务接待、因公临时出国经费管理等制度办法。省级清理压减各类奖励、节庆、展会经费50%以上，除党委、政府确定的综合性目标考核、科技进步、重大体育赛事等奖励事项外，其他活动财政一律不再安排奖励资金，节庆、展会原则上市场化方式运作。严格执行办公用房维修改造审批制度。从严控制公务用车采购。全年全省“三公”经费支出比2013年下降30.1%，会议费下降42%。

(五)财政绩效管理取得新进展。强化对预算编制、预算执行全过程的监督。集中开展了城乡低保、贫困村整村推进、乡镇幼儿园、村卫生室建设等政策和资金落实情况的专项检查;组织进行了省直部门和交通、医药行业会计信息质量检查。在全省范围内深入开展了“小金库”专项治理。强化预算绩效管理，省级预算安排的支持经济社会事业发展专项均由部门申报绩效目标，部门自评率达到30%以上，在5个部门开展了整体评价试点。全面实施市县财政管理绩效综合评价，选取生态功能区转移支付、农业综合开发、科技创新服务等项目进行重点评价，并依据评价结果分配资金、安排项目。

我省财政工作面临的困难和问题主要是：财政收入增速趋缓与支出刚性增长矛盾更加突出；部分专项多头管理，项目重复安排、资金投入分散、使用效益不高；资金管理制度不够健全，预算执行约束力亟待增强，监管能力需进一步提升。

二、2015年全省及省级预算草案编制情况

2015年，随着经济发展进入新常态，全省财政收入呈现中低速增长，也面临不少减收增支因素。收入方面，全面推进营改增改革，落实小微企业发展财税优惠政策，“两权”价款大幅减少，直接影响财政收入增长。支出方面，落实津贴补贴政策，提高机关事业单位基本工资标准，保障城乡低保、养老、医保政府补助标准和企业退休职工基本养老金，推进公务用车和司法体制改革，实施创新驱动发展战略，支持铁路、公路、水利重大基础设施建设等方面，都需要加大财政投入，财政支出压力比往年更大，收支矛盾非常突出。

预算安排的思路：全省一般公共预算收入按照实事求是、积极稳妥的原则，与经济社会发展水平相适应，与财政政策相衔接，预计增长10%左右。全省一般公共预算支出安排贯彻积极的财政政策，创新思路，尽力而为，重点是保障改善民生，支持“1236”扶贫攻坚行动、创新驱动发展战略和重点项目建设。

(一)2015年财税政策措施。

1.深化预算管理制度改革。一是完善政府预算体系。加大一般公共预算、政府性基金预算、国有资本经营预算统筹力度，将地方教育附加、文化事业建设费、残疾人就业保障金、水利建设基金等11项政府性基金转列一般公共预算。二是改进预算控制方式。收入预算从约束性转向预期性，一般公共预算审核的重点由平衡状态向支出预算和政策拓展。按规定清理规范重点支出同财政收支增幅或生产总值挂钩事项。建立跨年度预算平衡机制。三是实行中期财政规划管理。在编制2016年预算时，同步编制2016—2018年财政和部门预算滚动规划。四是优化转移支付结构。增加一般性转移支付规模和比例，大力清理、整合、压减专项资金。五是提高预算编制完整性。按照《预算法》要求，将转移支付预计数、结余结转资金编入预算，提高年初预算完整性和到位率。健全部门预算标准体系，调整完善机关事业单位分类分档办法，进一步完善基本支出定额标准。将会议费、培训费、医保费等逐步细化到部门和单位。强化机构编制、资产管理与预算管理的有机衔接。六是清理盘活财政存量资金。一般公共预算资金结转两年以上的，作为结余资金管理，补充预算稳定调节基金。政府性基金结余规模较大的，调入一般公共预算统筹使用。严格规范财政专户管理。七是推进预决算信息公开。除涉密信息外，政府预决算支出全部细化公开到项级科目；所有使用财政资金的部门均应公开本部门预决算，逐步公开到基本支出和项目支出；公开省级财政专项资金管理清单。

2.促进经济平稳健康发展。扎实推进“3341”项目工程建设，加快交通、水利、城市基础设施等建设。推动兰州新区重大产业项目、综合保税区、市州“飞地经济”产业园建设，统筹推进重点园区开发。推进天然林保护、退耕还林等重点生态工程建设，支持大气污染、水污染和重金属污染防治，加快改善旅游基础条件。建立技术创新驱动基金，增加战略性新兴产业创业投资引导基金规模，吸引更多的金融资本、社会资金，支持高新技术改造提升、创新服务平台建设、科技成果转化、战略性新兴产业发展，促进产业转型升级。加快兰白科技创新改革试验区建设。推进营改增、资源税、环境保护费改税等改革，认真落实小微企业税收优惠政策和普遍性降费措施，减免涉及小微企业的行政事业性收费和政府性基金，清理取消不合法、不合理的收费项目。

3.着力保障和改善民生。加快教育文化事业发展。实施第二期学前教育三年行动计划，在58个集中连片特困地区贫困县2000人以上的行政村，依托现有小学建设幼儿园。全面改善贫困地区义务教育薄弱学校基本办学条件，为58个集中连片特困地区贫困县乡村教师发放生活补贴。促进职业教育资源优化整合，集中力量支持兰州新区职教园区建设。加快实施华夏文明传承创新区“1313”工程，推进重点文化工程项目建设，加强文化遗产保护，支持县文化馆、图书馆、乡村(社区)文化体育活动中心建设。支持甘肃中医药大学(筹)和甘肃体育馆建设。

完善医药卫生和社会保障制度。深化医药卫生体制改革，基本公共卫生服务经费政府补助标准从年人均35元提高到40元，新型农村合作医疗和城镇居民基本医疗保险政府补助标准由人均320元提高到380元，全面开展城乡居民大病保险，积极推开全省县级公立医院综合改革。推进机关事业单位养老保险制度改革，再次提高企业退休人员基本养老金标准10%，提高城乡居民基本养老保险基础养老金政府补助标准。提高工伤人员伤残津贴标准10%。提高全省失业保险金标准10%。提高城市低保标准10%，提高农村低保标准11%，使一二类低保户实现政策性脱贫。农村五保省级补助标准提高40%。为困难弱势群体法律援助案均补贴1500元，为重度残疾人家庭发放护理补贴，实施残疾人康复服务“百千万”工程。继续实施积极的就业政策，促进高校毕业生等重点群体就业。支持保障性安居工程建设。将村组干部年报酬省级补助标准提高50%，分别达到1.2万元、3600元。稳步推进岷县漳县地震灾后恢复重建。

4.推动扶贫攻坚和农业发展。全力推进“1236”扶贫攻坚行动。支持农村危旧房改造、通村道路建设，解决126.58万农村人口安全饮水问题。实施3.15万户、15.4万人易地扶贫搬迁工程。深入推进双联惠农贷款。落实贴息资金，支持发放移民搬迁、小额担保、牛羊蔬菜产业贷款。完善农业保险机制，扩大保险覆盖面。推进贫困片区中药材、马铃薯、草食畜、林果、蔬菜、现代制种等特色优势产业发展。设立风险补偿和融资担保基金，重点解决58个集中连片特困地区贫困县涉农中小企业融资难、融资贵的问题。支持“两后生”职业技能学历教育、农民工短期技能培训和“陇原巧手”实用技术培训。促进农业可持续发展。落实强农富农惠农补贴政策。推进现代农业发展，支持旱作农业、高效节水农业和草牧业可持续发展。实施土地治理项目，推进中低产田改造和高标准农田建设。深化农村综合改革，推进“美丽乡村”建设。支持推开农村土地确权登记颁证工作。

5.认真落实厉行节约反对浪费各项规定。严格落实“约法三章”要求，从严控制“三公”经费、会议费、维修购置费等一般性支出。推进公务用车制度改革。进一步规范节庆、展会、论坛、赛事等活动经费管理，严格落实审批制度。

(二)2015年全省和省级预算草案编制情况。

初步汇总的全省一般公共预算收入为740亿元，全省一般公共预算支出达到2800亿元左右。

省本级收入预计为220.9亿元，增长12.6%。加上中央财力性补助、市县上解、动用预算稳定调节基金、地方政府债券、调入资金后，支出预算安排为415亿元。

2015年预算安排保障重点：通过整合资金、盘活存量、争取中央支持、增加预算投入，重点支持保障和改善民生、“1236”扶贫攻坚行动、实施创新驱动发展战略、重点项目建设四个方面。

三、做好2015年预算执行

强化预算执行管理。坚持依法治税、应收尽收，不收“过头税”。加大“两权”价款清缴力度，确保非税收入及时足额入库。规范国库现金管理，积极稳妥开展国库现金运作。积极争取中央各类补助。严格执行人大批准的预算。完善支出管理机制，进一步提高预算执行的规范性、有效性、均衡性。清理规范税收等优惠政策，3月底前全面完成清理规范工作。违法违规的优惠政策一律停止执行，确需保留的按规定程序报批。规范政府债务管理。严格执行有关规定，建立规范的地方政府举债融资机制，实行规模控制。严格限定政府举债程序和资金用途，把政府债务分门别类纳入全口径预算管理。创新资金投入方式。改进资金投入方式，对竞争性领域的投入，引入市场竞争机制，一般采取股权投资、产业基金、财政贴息、以奖代补等方式，充分发挥财政资金杠杆作用，积极引导金融资本、社会资金加大投入，减少事前补助、直接补助等行政性分配。加强财政监督和绩效管理。自觉接受人大及其常委会监督，高度重视审计、监察和社会监督，积极整改存在的问题，注重健全机制，完善措施。加大对重大政策、重点项目和民生资金落实情况的监督检查力度。建立财政与审计信息共享机制。完善绩效考核体系。

甘肃省党政群团机构及领导人（2014 年）

省委及各部门

省委书记：王三运
省委副书记：刘伟平　欧阳坚
省委常委：罗笑虎　连　辑　吴德刚　泽巴足
　　咸　辉　张晓兰　虞海燕　李建华
　　傅传玉　冉万祥
省纪律检查委员会书记：张晓兰（女）
省委秘书长：李建华
省委办公厅主任：陈田贵
省直机关工委书记：李建华（兼）
省委组织部部长：吴德刚
省委宣传部部长：连　辑
省委统战部部长：冉万祥
省委政法委员会书记：泽巴足
省委政策研究室主任：李德新
省委保密委员会主任：李建华（兼）
省委党史研究室主任：杨元忠
省委老干部工作局局长：万鹏举
省档案局局长：赵国强

省人大常委会及各部门

主　任：王三运（男，汉族）
副主任：嘉木样·洛桑久美·图丹却吉尼玛（男，藏族）
　　孙效东（男，汉族）　周多明（男，汉族）
　　李　慧（女，汉族）　马青林（男，回族）
秘书长：张绪胜（男，汉族）
副秘书长：马　森（男，汉族）　明连成（男，汉族）
　　苏秦川（男，汉族）　董永芳（女，汉族）
法制委员会主任委员：田宝忠（男，汉族）
民族侨务委员会主任委员：张天理（男，汉族）
内务司法委员会主任委员：刘宝珍（男，汉族）
财政经济委员会主任委员：郑玉生（男，汉族）
农业与农村委员会主任委员：武文斌（男，汉族）
教育科学文化卫生委员会主任委员：庞　波（男，汉族）
环境资源保护委员会主任委员：王　义（男，汉族）
办公厅主任：马　森（男，汉族）
研究室主任：邹通祥（男，汉族）
代表工作委员会主任：李　峰（男，汉族）
法制工作委员会主任：马发明（女，回族）
财经预算工作委员会主任：何振中（男，汉族）
内务司法办公室主任：王禄维（男，汉族）
农业与农村办公室主任：范志斌（男，汉族）
教育科学文化卫生办公室主任：李宝堂（男，汉族）
环境资源保护办公室主任：张力学（男，汉族）

省政府

省　长：刘伟平
副省长：罗笑虎　咸　辉（女，回族）　郝　远
　　李荣灿　王玺玉　黄　强
省长助理：马世忠
秘书长：张生桢
办公厅主任：常正国

省政府组成部门

省发展改革委主任：赵　春
省教育厅厅长：王嘉毅
省科技厅厅长：李文卿
省工信委主任：李　平
省民委主任：沙拜次力
省公安厅厅长：马世忠（兼）
省国家安全厅厅长：张　峰
省监察厅厅长：王建太
省民政厅厅长：肖庆平
省司法厅厅长：杨景海
省财政厅厅长：张勤和
省人社厅厅长：贾廷权
省国土资源厅厅长：蒲志强
省环保厅厅长：王建中
省建设厅厅长：杨咏中
省交通运输厅厅长：康　军
省水利厅厅长：魏宝君
省农牧厅厅长：康国玺
省林业厅厅长：石卫东
省商务厅厅长：杨志武
省文化厅厅长：孙　伟
省卫生计生委主任：刘维忠
省审计厅厅长：武　毅
省政府外事办主任：王代喜

省政府直属特设机构

省政府国资委主任：马艾武

省政府直属机构

省地税局局长：吴仰东
省工商局局长：郭承录
省质监局局长：马　平
省新闻出版广电局局长：管钰年
省体育局局长：杨　卫

省安监局局长：郭鹤立

省统计局局长：樊怀玉

省宗教局局长：丁军年

省旅游局局长：何　伟

省粮食局局长：韩卫江

省政府法制办主任：白文晖

省政府研究室主任：张军利

省人防办主任：周应军

省扶贫办主任：（周兴福 2014 年 11 月转任省委农村工作办公室主任；任燕顺 2015 年 6 月任省扶贫办主任）

部门管理机构

省政府参事室主任：卢有治

省政府金融工作办公室主任：（陆代森 2014 年 8 月转任光大兴陇信托有限责任公司监事会主席；汤澜 2015 年 6 月任省政府金融办主任）

省机关事务管理局局长：马自学

省监狱管理局局长：万治贵

省公务员局局长：李德福

省食品药品监督管理局局长：高建邦

省政协及各部门

主　席：冯健身

副主席：德哇仓（藏族）　刘立军　张津梁

　　　　黄选平（回族）　栗震亚　张世珍

　　　　张景辉　　　　　李沛文　马文云（东乡族）

秘书长：石　晶

副秘书长：张海亚　赵祥明　王忠民

　　　　　钟进良（女）　薛陇平

　　　　　陈　强　杜尊贤

办公厅主任：王忠民

研究室主任：张永贤

委员工作委员会主任：白星伟

提案委员会主任：孙　杰

社会和法制委员会主任：盛世高

文史资料和学习委员会主任：张余胜

经济委员会主任：马艾武

人口资源环境委员会主任：刘吉银（9 月止）

科教文卫体委员会主任：杜孟嘉

民族和宗教委员会主任：邢永安

港澳台侨和外事委员会主任：黄周会

农业和农村工作委员会主任：高清和

大事记

大事记

一月

1日　省委书记、省人大常委会主任王三运在兰州看望慰问了节日期间执勤的公安民警。

2日　省委理论中心组集体学习会在兰州举行。会议集中学习了习近平总书记关于作风建设的重要论述，重温了中央政治局八项规定、党政机关厉行节约反对浪费条例以及省委“双十条”规定，书面学习了省委常委会党的群众路线教育实践活动整改方案。省委书记、省人大常委会主任王三运主持学习会并讲话。省长刘伟平、省政协主席冯健身等出席会议。

3日　省长刘伟平主持召开了省政府第35次常务会议，审议并原则同意了《甘肃省易地扶贫搬迁实施规划》、《关于贯彻落实〈国务院关于加快发展节能环保产业的意见〉的实施意见》、《甘肃省“十二五”石油和化学工业发展规划》、《甘肃省城镇燃气发展规划（2014—2020年）》、《甘肃省重点地质灾害防治专项规划（2014—2020年）》和兰州新区引进高层次人才支持政策；审议并原则通过了《甘肃省石羊河流域地下水资源管理办法》。

7日　省委常委会在兰州召开会议，传达学习了全国宣传部长会议精神，安排部署了全省宣传思想文化工作，研究讨论了全省第一批党的群众路线教育实践活动总结报告。省委书记王三运主持了会议。

省十二届人大常委会第十六次主任（扩大）会议在兰州举行。省委书记、省人大常委会主任王三运出席会议并讲话。

7～8日　省军区党委九届二次全体扩大会议在兰州召开。省委书记、省军区党委第一书记王三运出席会议并讲话。省军区党委书记、政委傅传玉代表省军区党委作工作报告，省军区党委副书记、司令员陈知庶讲话。

8～9日　省委书记、省人大常委会主任王三运分别到联系点省委巡视机构和省发改委，检查指导了党的群众路线教育实践活动。

9日　省长刘伟平主持召开了省政府与省总工会第十四次联席会议，决定提高省级劳模困难补助标准和农民困难劳模补助标准。

省十二届人大常委会第七次会议在兰州召开，决定任命罗笑虎、黄强为甘肃省副省长。

10日　全省农村工作会议在兰州召开。会议全面总结了2013年全省“三农”工作取得的成绩，深刻分析了农业农村发展面临的形势任务，安排部署了2014年和今后一个时期的“三农”工作，讨论了《中共甘肃省委甘肃省人民政府关于全面深化农村改革加快推进农业现代化的意见（讨论稿）》。省委书记、省人大常委会主任王三运出席会议并讲话。省长刘伟平主持了会议。

11日　全省安全生产工作会议暨省安委会2014年第一次全体会议在兰州召开。省委书记、省人大常委会主任王三运出席会议并讲话。省长刘伟平主持会议并就做好2014年安全生产工作作出了具体安排部署。

12日　省委常委会在兰州召开会议，传达学习了中央政法工作会议和全国统战部长会议精神，研究部署了我省政法、统战及党的群众路线教育实践活动等工作。省委书记王三运主持了会议。

15日　第一批党的群众路线教育实践活动开展成效征求意见座谈会在兰州召开。省委书记、省人大常委会主任王三运出席会议并讲话。

16日　省长刘伟平主持召开了省政府第37次常务会议，审议了关于2014年全省经济社会发展主要指标和重点工作任务分解意见。

13～17日　省十二届人大二次会议在兰州召开。大会通过了关于甘肃省人民政府工作报告的决议；通过了关于甘肃省2013年国民经济和社会发展计划执行情况及2014年国民经济和社会发展计划的决议；通过了关于2013年全省财政预算执行情况和2014年全省及省级财政预算的决议；通过了关于甘肃省人民代表大会常务委员会工作报告的决议；通过了关于甘肃省高级人民法院工作报告的决议；通过了关于甘肃省人民检察院工作报告的决议。

17日　省委常委会在兰州召开会议，传达学习了十八届中央纪委三次全会精神，研究部署了我省党风廉政建设和反腐败工作。省委书记王三运主持了会议。

20日　省委常委会在兰州召开会议，学习贯彻了习近平总书记重要讲话精神，研究部署了我省贯彻落实的意见和全省第二批教育实践活动启动工作。省委书记王三运主持了会议。

22日　全省党的群众路线教育实践活动第一批总结暨第二批部署会议在兰州召开。省委书记、省人大常委会主任王三运和中央第四督导组组长王太华出席会议并分别讲话。省长刘伟平、省政协主席冯健身等出席了会议。

省委书记、省人大常委会主任王三运在兰州主持召开了第二批党的群众路线教育实践活动市州委书记培训会。

23日　十二届省纪委三次全体会议在兰州召开。会议总结了2013年全省党风廉政建设和反腐败工作，研究部署了2014年主要任务。省委书记、省人大常委会主任王三运出席会议并讲话。省委副书记、省长刘伟平，省政协主席冯健身等出席了会议。

省委书记、省人大常委会主任王

三运，省长刘伟平，省政协主席冯健身率领省市慰问团，走访慰问了兰州军区、兰州军区空军、甘肃省军区、二炮56基地和武警甘肃省总队。

24日　省委常委会在兰州召开会议，传达学习了习近平总书记和刘云山、赵乐际同志在中央党的群众路线教育实践活动第一批总结暨第二批部署会议上的重要讲话精神，传达学习了全国组织部长会议精神，研究部署了我省的贯彻落实意见。省委书记王三运主持了会议。

25日　省委副书记、省政府党组书记、省长刘伟平主持召开了省政府党组会议。会议认真学习领会了习近平总书记在党的群众路线教育实践活动第一批总结暨第二批部署会议、十八届中央纪委三次全会上的重要讲话精神，按照王三运书记在我省会议上的讲话要求，研究了贯彻落实措施。

26日　省长刘伟平主持召开了省政府第38次常务会议，听取了关于我省资源型城市可持续发展规划编制情况的汇报；审议并原则同意了《甘肃省重污染天气应急预案》、《落实〈国务院关于取消76项评比达标表彰评估项目的决定〉意见》和关于2013年度甘肃省科学技术奖评奖意见；审议并原则通过了《甘肃省食品安全监管责任问责办法（试行）》、《甘肃省食品安全追溯管理办法（试行）》、《甘肃省农产品质量安全追溯办法（试行）》和《2014年度审计工作计划》。

29日　省长刘伟平到中科院兰州化物所羰基合成与选择氧化、省部共建有色金属先进加工与再利用等八个国家重点实验室调研。

二月

7日　省委在兰州召开会议，传达学习了习近平总书记在全面深化改革领导小组第一次会议上的重要讲话精神，安排部署了我省全面深化改革工作。省委书记、省人大常委会主任王三运出席会议并讲话。省长刘伟平、省政协主席冯健身等出席了会议。

省长刘伟平到引洮供水一期工程建设工地现场，实地调研工程建设进展情况，看望慰问了工程建设一线的干部职工。

8日　省委书记、省人大常委会主任王三运到甘南藏族自治州调研、看望慰问了民族宗教界代表人士，并主持召开座谈会，听取州各关负责同志的工作汇报，了解了甘肃经济发展、寺庙管理、维护稳定等方面的情况。

9日　省委书记、省人大常委会主任王三运到临夏州看望慰问了宗教界代表人士，并与他们亲切交流座谈。

11日　省政府第二次廉政工作会议在兰州召开。省长刘伟平出席会议并讲话。

12日　甘肃省科学技术奖励大会在兰州举行，表彰为我省科技事业和经济社会发展做出突出贡献的科技工作者。省委书记、省人大常委会主任王三运会见获奖者代表并颁奖。省长刘伟平出席会议并讲话。

省委常委会在兰州召开会议，决定成立中共甘肃省委全面深化改革领导小组，进一步研究部署了我省全面深化改革工作。省委书记王三运主持了会议。

13日　省委全面深化改革领导小组第一次全体会议在兰州召开。省委书记、省人大常委会主任、省委全面深化改革领导小组组长王三运主持会议并讲话。省委全面深化改革领导小组副组长刘伟平、欧阳坚等出席了会议。

14日　省长刘伟平主持召开了省政府第39次常务会议。审议并原则同意了《关于化解产能严重过剩矛盾的实施意见》；研究了关于我省加强防震减灾工作和撤乡改镇工作；分析研判了当前全省经济运行形势。

20日　党的群众路线教育实践活动第一批总结暨第二批部署会议在兰州召开，研究部署全省第二批教育实践活动。

22日　省长刘伟平到白银市调研了循环经济发展工作。

23日　2014年全省联村联户为民富民行动大会在兰州召开。会议表彰了“双联”工作先进单位和个人，部署了当前和今后一个时期的“双联”工作。省委书记、省人大常委会主任王三运出席会议并讲话。省长刘伟平主持了会议。

24日　全省第二批党的群众路线教育实践活动县市区委书记培训会在兰州召开。省委书记、省人大常委会主任、省委教育实践活动领导小组组长王三运出席会议并讲话。

27日　中央第五巡回督导组到我省督促检查党的群众路线教育实践活动工作。省委书记、省人大常委会主任、省委党的群众路线教育实践活动领导小组组长王三运与中央第五巡回督导组全体成员见面并交换了意见。

28日　省委常委会在兰州召开会议，传达学习了省部级主要领导干部专题研讨班精神，研究部署了我省全面深化改革等工作。省委书记王三运主持了会议。

省长刘伟平主持召开了省政府第40次常务会议，审议并原则同意了《关于贯彻落实中办、国办印发〈甘肃省人民政府职能转变和机构改革方案〉精神意见》、关于2014年省级预算内基建投资建议计划；研究提高了全省农村低保补助水平和岷县漳县地震受灾群众异地安置工作；审议并原则通过了《关于支持敦煌国际文化旅游名城建设若干政策意见》、《甘肃省注册资本登记制度改革实施方案》、《甘肃省无线电管理条例（草案）》。

三月

2日　省委书记、省人大常委会主任王三运，省长刘伟平在北京会见了国家开发银行党委书记、董事长胡怀邦，双方就进一步深化合作、共促发展进行了磋商交流。

3日　出席十二届全国人大二次会议的甘肃代表团在北京举行了全体会议，推选王三运为甘肃代表团团长，刘伟平、罗笑虎为副团长。会议审议了十二届全国人大二次会议主席团、秘书长名单草案；审议了十二届全国人大二次会议议程草案；传达了有关会议精神。

4日　省政府在北京分别与中国

工商银行、中国建设银行签署战略合作协议。省委书记、省人大常委会主任王三运，省长刘伟平分别与中国工商银行董事长姜建清、行长易会满，中国建设银行董事长王洪章、行长张建国举行会谈，并出席相关战略合作协议签约仪式。

5日　全国人大代表、全国人大常委会副委员长王胜俊参加了甘肃代表团审议政府工作报告。全国人大代表、省委书记、省人大常委会主任王三运，全国人大代表、省长刘伟平等参加审议并发言。

6日　受李克强总理委托，全国人大代表、中共中央政治局委员、国务院副总理马凯到甘肃代表团住地与代表们一起审议了政府工作报告。

7日　全国人大代表、国务委员王勇参加了甘肃代表团审议计划报告和预算报告。全国人大代表、省委书记、省人大常委会主任王三运主持会议。全国人大代表、省长刘伟平等发言。

8日　省委副书记、省长刘伟平与国家电网公司董事长、党组书记刘振亚在北京举行会谈。

9日　全国人大代表、省委书记、省人大常委会主任王三运，全国人大代表、省长刘伟平接受了人民日报、新华社、中央电视台、中国国际广播电台、英国路透社、俄罗斯阿尔法电视台、欧洲华文电视台、美国彭博新闻社、南非华侨新闻报等89家新闻媒体的采访，并回答了记者提问。

全国人大代表、省委书记、省人大常委会主任王三运就国家生态安全屏障综合试验区建设接受了光明日报记者的采访。

10日　全国人大代表、全国人大常委会副委员长王胜俊和甘肃代表团一起审议了全国人大常委会工作报告。

11日　中共中央政治局常委、中央书记处书记刘云山到甘肃代表团住地与代表一起审议了最高人民法院工作报告和最高人民检察院工作报告。省委书记、省人大常委会主任王三运，省长刘伟平等代表分别发言。

14日　省长、省依法行政工作领导小组组长刘伟平主持召开了省依法行政工作领导小组会议。

15日　省委书记、省人大常委会主任王三运在兰州市安宁区调研指导了第二批党的群众路线教育实践活动。

16日　省委十二届七次全委扩大会议在兰州召开。会议传达学习了习近平总书记重要讲话精神和全国两会精神，安排部署了我省贯彻落实的意见。王三运代表省委常委会向全委会报告了2013年干部选拔任用情况。会议对省委2013年度干部选拔任用工作进行了评议。省委副书记、省长刘伟平传达了全国两会精神、习近平总书记参加部分代表团审议时的重要讲话和刘云山、马凯、王勇同志参加甘肃代表团审议时的讲话精神。省政协主席冯健身等省领导出席会议。

省委书记、省人大常委会主任王三运在兰州新区调研。

17日　省委理论学习中心组在兰州举行报告会，邀请中宣部思想政治工作研究所副所长戴木才教授，就培育和弘扬社会主义核心价值观、弘扬中华传统美德作了专题报告。省委书记、省人大常委会主任王三运主持学习会并讲话。

19日　全省第二批教育实践活动督导组长会议在兰州召开。省委书记、省人大常委会主任王三运出席会议并讲话。省长刘伟平、省政协主席冯健身等出席了会议。

20日　省政府职能转变和机构改革动员电视电话会议在兰州召开。省长、省编委主任刘伟平出席会议并讲话。

21日　省委常委会在兰州召开会议，传达学习了习近平总书记在河南兰考县调研指导党的群众路线教育实践活动时的重要讲话精神，进一步安排部署我省第二批教育实践活动。省委书记王三运主持了会议。

省长刘伟平主持召开了省政府第41次常务会议。审议并原则通过了《甘肃省党政领导班子和领导干部安全生产目标责任考核办法》、《甘肃省贯彻落实〈加快发展建设国家生态安全屏障综合试验区总体方案〉的实施意见》和《甘肃省人民政府甘肃省总工会联席会议规则》；研究同意了“亚洲合作对话——丝绸之路务实合作论坛”和“中华文化四海行——走进甘肃”活动实施方案；研究了取消调整下放行政审批事项意见、调整企业退休人员基本养老金事宜和加强企业外派监事会工作；分析了1～2月全省经济运行情况。

22日　省长、省安委会主任刘伟平在兰州主持召开汇报会，向国务院安委会第一督查组汇报了我省安全生产工作。国务院安委会副主任、国家安监总局局长杨栋梁在会上作了重要讲话并反馈了对我省安全生产工作的督查意见。

25日　省长刘伟平到临夏州东乡县调研农村安全饮水工程工作。

27日　中央第一巡视组巡视甘肃省工作动员会在兰州召开。省委书记王三运主持会议并作动员讲话，中央第一巡视组组长杨松就即将开展的巡视工作作了讲话。中央巡视工作领导小组办公室有关负责同志就配合做好巡视工作提出要求。

党的群众路线教育实践活动市州委书记座谈会在兰州召开。省委书记、省人大常委会主任王三运传达了习近平总书记重要讲话精神。省委副书记、省长刘伟平传达了中央教育实践活动领导小组关于认真学习贯彻习总书记重要讲话的《通知》。省领导冯健身等出席会议。

30日　全省发展循环经济现场会在白银召开。省委书记、省人大常委会主任王三运出席会议并讲话，省长刘伟平就全省循环经济工作进行了具体部署，省政协主席、省循环经济示范区协调推进领导小组组长冯健身通报了中期评估结果。

31日　省委全面深化改革领导小组第二次全体会议在兰州召开。省委书记、省人大常委会主任、省委全面深化改革领导小组组长王三运出席会议并讲话。省长刘伟平等出席会议。

四月

1日　省委书记、省人大常委会主任王三运做客中央纪委监察部网站，就贯彻落实十八届中央纪委三次全会精神与网友在线交流。

省长刘伟平到省公共资源交易局

调研。强调，要充分发挥公共资源交易平台作用，最大限度实现对公共资源的优化配置。

31～3日　国务院妇女儿童工作委员会副主任，全国妇联党组书记、副主席、书记处第一书记宋秀岩到我省调研妇女工作。省委书记、省人大常委会主任王三运，省长刘伟平会见了宋秀岩一行。

2～3日　省长刘伟平在兰州市调研，为兰州如何更好地把握城市功能定位、更加有效地解决城市交通拥堵、做好城市污染防治和进一步加强改进城市管理开出“处方”。

3日　省委常委会在兰州召开会议，审议了《省委全面深化改革领导小组2014年工作要点》，并对全面深化改革、落实党风廉政建设责任制等工作作了进一步安排部署。省委书记王三运主持了会议。

2～4日　省委书记、省人大常委会主任王三运在兰州13家金融单位调研，并主持召开金融工作座谈会。强调，要抓住机遇，深化金融体制改革，主动作为，服务全省发展大局。

4日　省长刘伟平主持召开了省政府第42次常务会议。审议并原则同意了《关于2014年全省大气污染防治工作方案》、《甘肃省新型城镇化规划（2014—2020年）》、《关于建立政府法律专家咨询委员会的意见》；研究了兰州石化搬迁改造事宜和配备省民航机场管理局领导班子工作；进一步部署全省政府系统贯彻落实中央八项规定各项工作；研究贯彻落实了全国春季农业生产暨森林草原防火会议和全国计划生育工作电视电话会议精神的意见；同意调整全省最低工资标准和中国政府“友谊奖”候选人名单。

8日　省长刘伟平到酒泉、嘉峪关调研新能源发展工作。强调，要坚定信心，攻坚克难，破除制约，多方联动，加快新能源及新能源装备制造基地建设。

9日　省长刘伟平在嘉峪关、酒泉调研工业经济发展并主持召开了河西部分企业座谈会。强调，要主动作为，有效应对经济下行挑战，确保全年预期发展目标顺利实现。

11日　党政军领导王三运、刘粤军、李长才、刘伟平、冯健身等在省城兰州与省市党政机关、企事业单位干部职工、部队官兵及预备役人员参加义务植树活动。

省委书记、省人大常委会主任王三运，省长刘伟平对兰州市自来水苯含量严重超标一事作出批示，要求务必把群众安全饮水放在第一位，采取措施，迅速启动公共突发事件相关预案，查明原因，有效应对。

13日　省委省政府召开专题会议，对兰州“4·11”局部自来水苯超标事件处置工作进行再部署。省委书记、省人大常委会主任王三运，省长刘伟平强调，要科学处置兰州局部自来水苯超标事件，全力以赴让群众喝上安全水、放心水。

14日　省长刘伟平在兰州专题调研就业创业工作。强调，要完善政策、搭建平台、创新举措，确保完成2014年城镇就业目标。

15～16日　省长刘伟平到庄浪县、静宁县调研。强调，以扎实开展教育实践活动为动力，助力推动农村发展、农业增效、农民增收。

14～17日　省委书记、省人大常委会主任王三运到张掖市、酒泉市、嘉峪关三市调研，实地指导了第二批党的群众路线教育实践活动，就全面深化改革听取了意见建议，并检查指导了党风廉政建设工作。

17日　省长刘伟平主持召开了省政府第43次常务会议。审议了《关于贯彻落实国务院〈政府工作报告〉情况的报告》、《“丝绸之路经济带”甘肃段建设总体方案》；研究了省政府2013年度目标管理责任考核情况及2014年考核工作建议；研究了进一步深化改革推动非公有制经济跨越发展、政府向社会购买服务、加快发展养老服务业、调整全省失业保险金发放标准和工伤人员伤残待遇等工作。

18日　全省第一批党的群众路线教育实践活动单位整改落实工作推进会议在兰州召开。省委书记、省人大常委会主任王三运出席会议并讲话。省长刘伟平传达了中央教育实践活动领导小组《关于在教育实践活动中学习弘扬焦裕禄精神践行“三严三实”要求的通知》。

中央党的群众路线教育实践活动第五巡回督导组在兰州听取我省教育实践活动情况汇报，并向我省反馈巡回督导情况。中央第五巡回督导组组长、国家质量监督检验检疫总局原党组书记、副局长李传卿反馈巡回督导情况。省委书记、省人大常委会主任、省委教育实践活动领导小组组长王三运主持会议，并汇报了我省教育实践活动近期进展情况。

省政府第六次全体会议在兰州召开，分析研判了一季度全省经济社会发展形势，安排部署了下一阶段工作。省长刘伟平强调，要变压力为动力，全力以赴扭转增速下滑局面。

22日　省委书记、省人大常委会主任王三运在兰州部分金融单位进行调研。强调，要不断强化金融支撑作用，促进经济持续健康发展。

25日　在“五一”国际劳动节来临之际，省委书记、省人大常委会主任王三运与全省劳动模范代表座谈。强调，要大力学习和弘扬劳模精神，谱写中国梦甘肃美好新篇章。

省长刘伟平主持召开了省政府第44次常务会议。审议并原则同意了《定西师范高等专科学校整体并入甘肃中医学院实施意见》、《关于促进健康服务业发展的实施意见》、《关于做好新型城镇化试点工作的指导意见》；审议并原则通过了《甘肃省农村能源条例（草案）》、《甘肃省民兵预备役工作条例（草案）》；研究了利用国开行贷款加快全省棚户区改造工作。

28日　省委常委会在兰州召开会议，传达学习了中央政治局会议、全国党委（党组）中心组学习贯彻习近平总书记系列重要讲话精神座谈会议、全国文化体制改革工作会议、中央第二批教育实践活动推进会议精神，研究了当前经济形势，安排部署了全省经济发展、第二批教育实践活动等重点工作。省委书记王三运主持了会议。

29日　全省金融形势分析会议与

全省经济社会发展项目资金对接暨省长金融奖颁奖会议在兰州召开。省委书记、省人大常委会主任王三运，省长刘伟平，省政协主席冯健身出席了会议。

省委副书记、省政府党组书记、省长刘伟平主持召开了省政府党组会议，研究了贯彻落实省委常委会议精神、抓好当前经济工作和全省政府系统强化党风廉政建设责任落实的具体措施。

29～30日　省委书记、省人大常委会主任王三运到第二批教育实践活动联系点临夏州与和政县，实地指导教育实践活动。强调，要让标准真正高起来，让标杆真正树起来，确保群众全过程全方位满意。

五月

5日　省长刘伟平在兰州专题调研了我省小微企业发展税收优惠政策落实情况。强调，要不折不扣落实税收优惠政策，激发小微企业投资创业活力。

5～6日　十一届省政协委员学习培训班在兰州举行。省政协主席冯健身等出席培训班。

6日　中央党的群众路线教育实践活动视频会议召开后，省委随即对学习贯彻落实中央会议精神作出了安排部署。省委书记、省人大常委会主任王三运出席并讲话。

省长刘伟平在兰州会见了由台湾工业总会副理事长、台湾工商协进会监事会召集人、台湾玻璃工业股份有限公司董事长林伯丰率领的台湾企业界大陆经贸考察团一行。

9日　省长刘伟平主持召开了省政府第45次常务会议。决定启动我省不动产统一登记相关工作；研究了加快小煤矿关闭退出工作；听取了第二次全省土地调查数据成果汇报；审议并原则同意了《我省各级政府驻北京办事机构核查清理实施方案》和筹建文化产业基金。

12日　省长刘伟平到甘肃股权交易中心调研。强调，要加快推进股权交易中心高效规范运行，促进全省实体经济不断发展壮大。

13～14日　省长刘伟平到定西市和临夏州调研扶贫工作。强调，要科学精准推进扶贫工作，让贫困群众早日脱贫致富奔小康。

16日　省长刘伟平主持召开了省政府第46次常务会议。分析了2014年1~4月全省经济运行情况；审议并原则通过了《甘肃省农作物种业发展规划（2014—2020年）》。

省长刘伟平主持召开了省政府务虚会议，邀请11位专家学者，围绕丝绸之路经济带甘肃段建设和全省经济转型发展两大主题进行了交流，听取了大家的意见建议。

19日　省委理论中心组在兰州举行专题学习会，邀请中国工程院院士郝吉明，中央组织部部务委员、干部一局局长邓声明，分别就生态文明建设和新修订的《党政领导干部选拔任用工作条例》进行专题辅导。受省委书记、省人大常委会主任王三运委托，省委副书记、省长刘伟平主持学习会并讲话。

21日　省长刘伟平在庆阳市调研煤电化项目。强调，要高水平谋划和建设煤电化项目，助推转型跨越发展和富民兴陇大业。

22日　省长刘伟平到兰州淘宝网“特色中国——甘肃馆”和苏宁云商公司调研。强调，要多方联动促进电商产业健康发展，集中力量培育新的经济增长点。

19～23日　由全国人大常委会副委员长万鄂湘带队，全国人大常委会委员、全国人大内务司法委员会主任委员马馼任组长的全国人大常委会未成年人保护法执法检查组对甘肃省贯彻实施《未成年人保护法》的情况进行了检查。

23日　省委常委会在兰州召开会议，传达学习了习近平总书记和李克强总理对新疆乌鲁木齐市“5·22”暴力恐怖案的重要批示精神，以及中央纪委纪检监察机关“转职能、转方式、转作风”专题研讨班精神，研究部署了我省加强反恐维稳、推进纪检监察机关“三转”、强化意识形态领域引导管理等工作。省委书记王三运主持了会议。

全省党的群众路线教育实践活动视频会议在兰州召开。省委书记、省人大常委会主任、省委党的群众路线教育实践活动领导小组组长王三运出席会议并讲话。强调，要深入学习贯彻习近平总书记系列重要讲话和指示精神，确保教育实践活动取得群众满意的实效。省长刘伟平主持了会议。

24日　省长刘伟平主持召开了省政府第47次常务会议。原则同意了《甘肃省省域城镇体系规划纲要（2013—2030年）》、《深入推进行政审批制度改革意见》和对兰州市“4·11”局部自来水苯超标事件调查处理意见；审议并原则通过了《关于进一步深化国资国企改革促进企业发展的意见》、《甘肃省现代大型农机发展规划》；决定再次调整取消下放一批省级现行行政审批事项；研究部署了做好普通高校毕业生就业创业工作、省公共资源交易管理委员会办公室机构及职责移交和调整相关议事机构工作；同意成立省易地扶贫搬迁投资公司。

26日　省长刘伟平在兰州市调研节能环保产业工作。强调，要以培育龙头骨干企业为重点，推动我省节能环保产业做大做强。

27日　外交部和我省在兰州举行亚洲合作对话——丝绸之路务实合作论坛欢迎会。省委书记、省人大常委会主任王三运，省长刘伟平出席欢迎会。外交部部长助理刘建超，斯里兰卡民航部副部长吉坦加纳·古那瓦德纳分别致辞。29个国家的政府官员出席欢迎会。

省委书记、省人大常委会主任王三运，省长刘伟平，外交部部长助理刘建超在兰州会见了参加亚洲合作对话——丝绸之路务实合作论坛的国外代表团团长。

28日　由外交部和我省共同主办的亚洲合作对话——丝绸之路务实合作论坛在兰州举行。省委书记、省人大常委会主任王三运，外交部部长助理刘建超和亚洲合作对话务实合作论坛主席国巴林代表团团长埃里，泰国代表团团长初廷通·空萨，塔吉克斯坦外交部副部长佐西多夫分别在开幕式上致辞。省长刘伟平在闭幕式上致辞。中国政府亚洲合作对话高官、大使陈明明主持开幕式和闭幕式。

省长刘伟平在兰州与前来参加“亚洲合作对话——丝绸之路务实合作论坛”的乌兹别克斯坦驻华大使达尼亚尔·库尔班诺夫举行了会谈。

29 日　省委书记、省人大常委会主任王三运会见了来兰参加亚洲合作对话——丝绸之路务实合作论坛的斯里兰卡内阁部长萨拉特·阿穆努加马一行。

29 ~ 30 日　省长刘伟平到岷县、漳县调研灾后重建工作。强调，要像抓抢险救灾一样抓好灾后重建，保质保量按期完成各项任务。

六月

4 日　省长刘伟平在兰州专题调研了现代职业教育工作。强调，要以就业为导向，办好现代职业教育，为全省发展培养更多实用型人才。

4 ~ 5 日　省委书记、省人大常委会主任王三运到武威市调研群众路线教育实践活动和保持经济社会持续健康发展等问题。强调，要加强领导、精心指导、深入督导抓好教育实践活动，转变作风，深化扶贫攻坚、扩大开放促发展。

5 日　省长刘伟平在兰州专题调研了保障性住房建设和棚户区改造工作。强调，要提高认识，创新思路，完善举措，抢抓机遇，加快保障性安居工程建设。

5 ~ 6 日　省委书记、省人大常委会主任王三运到金昌市调研教育实践活动和改革发展工作。强调，要防止“十个忽略”，确保活动质量，全面深化改革，增强发展动力。

6 日　省委书记、省人大常委会主任王三运，省长刘伟平在兰州会见了中国气象局党组书记、局长郑国光一行。

省长刘伟平主持召开了省政府第48 次常务会议。研究贯彻落实了国务院常务会议精神；审议通过了《兰州新区综合配套改革试验总体方案》、《关于进一步加强财政管理的意见》、《关于抓住机遇加快推进铁路建设的意见》和《甘肃省利用国开行贷款开展棚户区改造项目实施办法》；研究了 2014 年“民企陇上行”活动筹备工作。

11 日　省长刘伟平在兰州会见了中国建设银行董事长王洪章一行。

11 ~ 12 日　省委书记、省人大常委会主任王三运到临夏州全程参加指导州委常委班子教育实践活动专题民主生活会。强调，要坚持抓常、抓细、抓实、抓深推进教育实践活动，坚持心诚、品正、行廉当“好官”，确保教育实践活动善始善终、善做善成。

12 日　省长刘伟平主持召开了省政府第 49 次常务会议。研究了兰州市“4·11”局部自来水苯超标事件相关责任人处理意见。

13 日　省委全面深化改革领导小组第三次会议在兰州召开，省委书记、省人大常委会主任、省委全面深化改革领导小组组长王三运出席会议并讲话。强调，要扭住“四个着眼”、避免“四个混淆”、抓好“四个深入”，有效履行各级各方面的工作职责，确保顺利完成全年各项改革任务。

省委书记、省人大常委会主任王三运，省长刘伟平在兰州会见了中国社会科学院院长、中国地方志指导小组组长王伟光一行。

14 日　第四届敦煌行·丝绸之路国际旅游节欢迎会在张掖市举行。省委书记、省人大常委会主任王三运，省长刘伟平，国家旅游局局长邵琪伟，全国政协常委、中国科学院院士、中国气象学会理事长秦大河出席欢迎会。

15 日　第四届敦煌行·丝绸之路国际旅游节在张掖市开幕。省委书记、省人大常委会主任王三运宣布旅游节开幕。省长刘伟平，国家旅游局局长邵琪伟，世界旅游旅行业理事会副主席让·克劳德·鲍姆加藤，亚太旅游协会前主席安栋梁分别致辞。

16 ~ 17 日　省长刘伟平全程参加了定西市委常委班子党的群众路线教育实践活动专题民主生活会。强调，要坚持经常抓、深入抓、持久抓，推动教育实践活动深入健康开展，取得推动改革发展、群众满意的实效。

19 日　省委书记、省人大常委会主任王三运，省长刘伟平在兰州会见了国家卫生计生委副主任、党组副书记、国务院医改办主任孙志刚一行。

20 日　省长刘伟平主持召开了省政府第 50 次常务会议，分析研究了 2014 年 1~5 月全省经济运行情况；研究了整合资源加快兰州新区和各市州共建产业园区工作；审议通过了《贯彻落实国务院关于加强城市基础设施建设意见的实施意见》、《关于进一步优化企业兼并重组市场环境的实施意见》、《甘肃省城乡居民基本养老保险实施办法》、《甘肃省高标准农田建设规划（2011—2020）》和《甘肃省取水许可及水资源费征收管理办法》；研究了第二十届兰洽会和中国—中亚合作对话会筹备工作和我省驻京办事机构核查清理工作。

21 日　省长刘伟平在天水会见了前来参加 2014 年甘肃省公祭中华人文始祖伏羲大典的各界宾客，并在欢迎会上致辞。

部分市州党风廉政建设责任制座谈会在定西市召开。省委书记、省人大常委会主任王三运强调，要始终抓好“六个同向发力”，全面落实党委主体责任和纪委监督责任，扎实推进党风廉政建设和反腐败斗争。

22 日　2014（甲午）年甘肃省公祭中华人文始祖太昊伏羲大典在天水市举行。全国政协副主席马培华宣布公祭大典开始。省委书记、省人大常委会主任王三运，中国国民党荣誉副主席林丰正，省政协主席冯健身等领导与海内外嘉宾共同出席公祭大典。省长刘伟平恭读祭文。

省长刘伟平在天水市调研。强调，要抢抓政府机遇，狠抓工作落实，全力推动经济社会平稳健康发展。

22 ~ 24 日　省长刘伟平到陇南市调研。强调，要加快电子商务发展，推进精准扶贫，抓好新型城镇化试点，落实各项惠民政策，确保完成 2014 年各项目标任务。

24 日　省委书记、省人大常委会主任王三运在兰州治安卡口点，检查反恐防暴工作，看望慰问值勤民警。

25～26日　省委书记、省人大常委会主任王三运到临夏州和政县参加指导县委常委班子教育实践活动专题民主生活会。强调，要突出整改落实的针对性、完整性、延伸性，扭住全面深化改革、加快小康进程、维护和谐稳定、党风廉政建设转化成果。

26日　2014年省区市经济形势分析座谈在兰州举行。国务院发展研究中心主任李伟出席并讲话。省长刘伟平致辞。

省长刘伟平在兰州会见了国务院发展研究中心主任李伟一行。

27日　省委常委会在兰州召开会议，传达学习了中央第五巡回督导组组长李传卿在白银市委常委班子专题民主生活会上的讲话精神，研究部署了我省进一步深化国资国企改革等工作。省委书记王三运主持了会议。

省委书记、省人大常委会主任王三运，省长刘伟平在兰州会见了香港文汇报董事长、社长王树成一行。

29日　中央党的群众路线教育实践活动第五巡回督导组向我省反馈巡回督导情况。中央第五巡回督导组组长、国家质量监督检验检疫总局原党组书记、副局长李传卿反馈情况。省委书记、省人大常委会主任、省委党的群众路线教育实践活动领导小组组长王三运出席情况反馈会并讲话。省长刘伟平等省委常委和中央第五巡回督导组副组长孙庆聚及巡回督导组成员出席了会议。

30日　省委书记、省人大常委会主任王三运在省直机关工委调研。强调，要着力树形象、强建设、建制度，不断提升机关党建科学化水平。

省委在兰州召开第二批教育实践活动第二环节推进会议。省委书记、省人大常委会主任、省委党的群众路线教育实践活动领导小组组长王三运出席会议并讲话。强调，要学习借鉴成功经验，用好批评武器，确保专题民主生活会开出高质量。

七月

2～5日　中共中央政治局常委、国务院副总理张高丽到宁夏、甘肃调研，并在兰州主持召开了陕西、甘肃、青海、宁夏、新疆五省区政府负责同志座谈会。

5日　全国政协副主席陈元在兰州会见了前来参加中国——中亚合作对话会的外宾代表。全国友协会会长李小林，省政协主席冯健身等参加会见。

省委书记、省人大常委会主任王三运，省长刘伟平在兰州会见了前来出席第二十届兰洽会和“民企陇上行”活动的全国工商联党组副书记、副主席黄小祥及全国工商联31个直属商会会长一行。

5～6日　中央第一巡视组组长杨松、副组长李宏向甘肃省委书记王三运传达了习近平总书记关于巡视工作的重要讲话精神，并反馈了巡视情况；杨松代表巡视组向甘肃省领导班子进行了反馈，王三运主持会议并作了表态发言。

6日　第二十届中国兰州投资贸易洽谈会和中国——中亚合作对话会在兰州开幕。全国政协副主席陈元出席会议并致辞。省委书记、省人大常委会主任王三运致欢迎词并宣布开幕。省长刘伟平主持了开幕式。中国人民对外友好协会会长李小林、商务部副部长高燕致辞。

第二十届兰洽会重点项目签约仪式在兰州举行。省委书记、省人大常委会主任王三运，省长刘伟平，省政协主席冯健身等出席。

7日　省委常委会在兰州召开会议，传达学习了习近平总书记在听取2014年中央巡视组首轮巡视情况汇报时的重要讲话精神、中央巡视工作领导小组第19次会议和部分省区市巡视工作座谈会以及中央第一巡视组巡视我省情况反馈会精神，研究讨论了我省学习贯彻和整改落实的意见，安排部署了履行党委党风廉政建设主体责任、深入推进反腐败斗争等工作。省委书记王三运主持了会议。

9～10日　省长刘伟平到定西市通渭县，全程参加了通渭县委常委班子教育实践活动专题民主生活会。

10日　“敦煌号”品牌旅游列车在兰州首发，省长刘伟平出席首发仪式并宣布发车。

11日　武警甘肃省总队在兰州召开宣布命令大会，武警部队政治部主任姚立功中将宣读国务院、中央军委命令。省委书记、省人大常委会主任王三运出席会议并讲话。武警甘肃省总队司令员尤寒波主持了会议，许世宏、邹建雄分别在会上讲话。

省长刘伟平主持召开了省政府第51次常务会议。审定了《甘肃省行政审批事项目录管理办法》、《甘肃省行政审批监督管理办法(试行)》、《2013年度省级预算执行和其他财政收支审计结果报告》、《2014年食品安全重点工作安排的意见》、《甘肃省河道管理条例（草案）》和《甘肃省风景名胜区条例（草案）》；研究了兰州至中亚西亚国际航线和2014年全省公务员和参照公务员法管理单位工作人员招录计划等事宜。

13日　省委书记、省人大常委会主任王三运在兰州会见了上海华信公益基金会执行理事长李光金一行。

14日　省委书记、省人大常委会主任王三运，省长刘伟平在兰州会见了中国光大集团总经理高云龙、副总经理吴少华一行。

15日　省委书记、省人大常委会主任王三运到省人民检察院调研。

16日　省委书记、省人大常委会主任王三运在兰州会见了最高人民检察院副检察长李如林、中国检察官教育基金会理事长王振川。

省长刘伟平在兰州主持召开了经济形势座谈会，听取了部分驻甘中央企业、省属企业、民营企业负责人和专家学者对当前我省经济形势、存在问题、应对举措的看法和建议。

17日　省委常委会在兰州召开会议，传达学习了习近平总书记在中央政治局第十六次集体学习时的重要讲话，研究讨论了《中共甘肃省委贯彻中央第一巡视组反馈意见整改责任分工方案》。省委书记王三运主持了会议。

省委理论学习中心组在兰州举行学习会，邀请中央社会主义学院党组书记、第一副院长叶小文，就学习贯彻党的民族宗教政策、做好新形势下民族宗教工作作专题辅导报告。省委书记、省人大常委会主任王三运主持学习会并讲话。省长刘伟平、省政协主席冯健身等出席报告会。

18 日　省委常委会在兰州召开会议，传达学习了全国优秀年轻干部培养工作座谈会和全国干部监督工作会议精神，研究分析全省上半年经济运行情况，安排部署下半年经济社会发展等工作。省委书记王三运主持了会议。

省长刘伟平主持召开了省政府第52 次常务会议。研究部署了中央第一巡视组反馈有关问题的整改工作；审议通过了《甘肃省省级党政机关办公用房清理腾退和整合调配实施方案》、《甘肃省省级党政机关办公用房管理办法》、《关于加快电子商务产业发展的意见》、《关于金融支持经济结构调整和转型升级的实施意见》和《关于甘肃省 2014 年上半年国民经济和社会发展计划执行情况的报告》；研究了关于举办第一届丝绸之路(敦煌)国际文化博览会有关工作。

21 日　省委在兰州举行餐叙会，邀请回族、东乡族省级离退休和在职领导干部共同庆祝穆斯林同胞的传统节日——尔德节。省长刘伟平出席餐叙会并讲话。

22 ~ 24 日　省委十二届八次全委(扩大)会议在兰州召开。会议深入学习贯彻了党的十八届三中全会精神和习近平总书记系列重要讲话精神，全面总结了 2014 年上半年省委常委会的工作，审议通过了《中共甘肃省委关于落实党风廉政建设主体责任的意见》，审议通过了《中国共产党甘肃省第十二届委员会第八次全体会议决议》。会议听取了部分市州党政主要负责人的述纪述廉述作风报告，递补朱亚丽、张旭晨为省委委员。省委书记王三运受省委常委会委托向全委会报告上半年的工作，并在会议闭幕时发表讲话。省委副书记、省长刘伟平通报了上半年经济运行情况，安排部署了下半年经济社会发展各项工作。

24 日　省委书记、省人大常委会主任王三运到省高级人民法院调研。

25 日　省长刘伟平主持召开了省政府第 53 次常务会议。审议通过了《甘肃省 2014—2015 年节能减排低碳发展实施方案》；研究了省发展改革委员会、省交通运输厅、省农牧厅、省商务厅等 4 部门职责和机构编制调整方案。

27 日　省党政军领导干部在兰参加了 2014 年军事日活动。省委书记、省人大常委会主任、省军区党委第一书记王三运出席活动并讲话。省长刘伟平等领导参加了活动。

29 日　省委常委会在兰州召开会议，传达学习了习近平总书记、李克强总理关于禁毒工作的重要指示精神和部分省区市教育实践活动工作座谈会精神，研究部署了全省禁毒和“扫黄打非”工作，并对进一步推进教育实践活动作出了安排。省委书记王三运主持了会议。

29 ~ 30 日　宁夏回族自治区党政代表团到我省考察，并就两省区开展合作进行洽谈。省委书记、省人大常委会主任王三运，省长刘伟平在兰会见了宁夏回族自治区党委书记、自治区人大常委会主任李建华，宁夏回族自治区主席刘慧一行并陪同考察。

30 日　省委、省政府和兰州军区在兰州举行庆“八一”军地座谈会。省委书记、省人大常委会主任王三运，兰州军区政委苗华分别讲话。省长刘伟平、省政协主席冯健身等出席座谈会。

八月

31 ~ 1 日　全省深化联村联户为民富民行动(庆阳)片区会在庆阳市召开。省委书记、省人大常委会主任王三运出席会议并讲话。

3 日　省委常委扩大会议在兰州召开，传达贯彻了《中共中央关于对周永康立案审查情况的通报》。省委书记王三运主持会议并传达中央通报，省长刘伟平、省政协主席冯健身等出席会议。

4 日　兰州石化公司炼油厂年产 30 万吨气体分馏装置发生泄漏起火事故。省委书记、省人大常委会主任王三运，省长刘伟平赶赴事故现场，传达了习近平总书记、李克强总理、张高丽副总理等中央领导同志重要指示精神，并就贯彻落实中央要求，做好应急救援工作作出了安排部署。

3 ~ 5 日　贵州省委书记、省人大常委会主任赵克志，省长陈敏尔率领贵州省党政代表团到我省进行考察，代表团先后到兰州、定西和白银市进行考察。省委书记、省人大常委会主任王三运，省长刘伟平，省政协主席冯健身等陪同考察。

6 日　中央党的群众路线教育实践活动第五巡回督导组向我省反馈巡回督导情况。中央第五巡回督导组组长、国家质量监督检验检疫总局原党组书记、副局长李传卿反馈情况。省委书记、省人大常委会主任、省委党的群众路线教育实践活动领导小组组长王三运出席情况反馈会并讲话，省长刘伟平等出席。

省委网络安全和信息化领导小组第一次全体会议在兰州召开。省委书记、省人大常委会主任、省委网络安全和信息化领导小组组长王三运出席会议并讲话，省长刘伟平出席。

7 日　省长刘伟平在兰州调研了部分地方金融机构。

8 日　省长刘伟平主持召开了省政府第 54 次常务会议，贯彻国务院常务会议精神，研究部署做好为农民工服务工作。审议了《贯彻落实国务院加快发展现代职业教育决定的实施意见》，研究了酒钢集团等 4 户省属企业审计查出问题整改落实工作。

10 日　省委书记、省人大常委会主任王三运，省长刘伟平在兰州会见了由全国政协常委、提案委员会主任，中央直属机关工委原常务副书记孙淦率领的全国政协提案委员会调研组一行。

11 日　省长刘伟平对省供销合作社进行了工作调研。

13 日　省长刘伟平在兰州会见了大唐集团公司董事长陈进行，双方就进一步深化合作达成了共识。

13 ~ 14 日　省长刘伟平在兰州专题调研了战略性新兴产业发展工作。

14 日　省委常委会在兰州召开会议，传达学习了习近平总书记在中央政治局讨论上半年经济形势和下半年经济工作时的重要讲话精神，研究部署了全省经济发展、党的纪律检查体制改革、教育实践活动和省级党政机关办公用房管理等工作。省委书记王三运主持了会议。

15日 省委全面深化改革领导小组第四次会议在兰州召开。省委书记、省人大常委会主任、省委全面深化改革领导小组组长王三运出席会议并讲话。省长刘伟平，省政协主席冯健身等参加了会议。

15日 省长刘伟平主持召开了省政府第55次常务会议，研究贯彻了习近平总书记在中央政治局会议讨论上半年经济形势和下半年经济工作时的重要讲话精神及省委常委会要求的具体举措；研究分析了7月份全省经济运行情况；进一步部署中央巡视组反馈问题的整改落实和国务院政策措施贯彻落实中存在问题的整改工作；审议并原则通过了《甘肃省能源领域大气污染防治工作方案》。

16日 甘肃省第十三届运动会在白银市开幕。省委书记、省人大常委会主任王三运出席了开幕式并宣布省运会开幕，省长刘伟平讲话，省政协主席冯健身等出席开幕式。

省委书记、省人大常委会主任王三运在白银市调研指导教育实践活动。

17日 省委书记、省人大常委会主任王三运，省长刘伟平在兰州会见了全国人大常委会委员、全国人大民族委员会主任委员李景田和前来我省参加中西部十七省(区、市)人大民族工作座谈会的代表。

18～19日 省长刘伟平到武威市开展“两手抓两手硬、双促进双落实”调研检查活动，实地察看了移民安置点、农业产业园、部分企业和装备制造产业园等情况。听取了武威市工作汇报并作重要讲话。

20日 甘肃省纪念邓小平同志诞辰110周年座谈会在兰州举行。省委书记、省人大常委会主任王三运主持会议并讲话。省长刘伟平，省政协主席冯健身出席了会议。

18～22日 省委书记、省人大常委会主任王三运在兰州开展了为期一周的“两手抓两手硬、双促进双落实”调研检查活动，实地察看了企业经营、重大建设项目、招商引资、民生工程和特色农业等情况。主持召开座谈会，听取了兰州市委、市政府的工作汇报，并作了重要讲话。

21～22日 省长刘伟平到金昌市开展“两手抓两手硬、双促进双落实”调研检查活动，实地查看了企业经营、建设项目、养殖基地和棚户区改造等情况。听取了金昌市和金川公司、八冶公司的工作汇报后作重要讲话。

22日 第二次人民法院信息化工作会议在兰州召开。最高人民法院院长周强出席会议并讲话，省委书记、省人大常委会主任王三运致辞。

23日 省委书记、省人大常委会主任王三运在兰州会见了文化部副部长、国家文物局局长励小捷。

21～24日 最高人民法院院长周强到甘肃省兰州市和甘南藏族自治州等地，调研法院工作。

24日 省委书记、省人大常委会主任王三运，省长刘伟平在兰州会见了农业部部长韩长赋一行。

26日 省委常委会在兰州召开会议，决定追授柴生芳同志“全省优秀共产党员”称号。省委书记王三运主持了会议。

省委书记、省人大常委会主任王三运在兰州会见了来我省考察生态环境建设的柬埔寨人民党高级干部考察团一行。

29日 全省职业教育工作视频会议在兰州召开。省长刘伟平出席会议并讲话。

九月

1日 省长刘伟平主持召开了省政府第56次常务会议。审议通过了省政府《关于战略性新兴产业发展总体攻坚战实施方案》、《关于进一步加强全省城乡规划工作的意见》、《敦煌市城市总体规划(2013—2030)》、《敦煌历史文化名城保护规划(2013—2030)》和《甘肃省标准化发展战略纲要(2014—2020年)》，中石油兰州石化分公司“8·4”泄漏火灾事故调查报告，《甘肃灌区农田高效节水技术推广2015—2017年规划》、《关于积极推进教育扶贫工程的实施意见》，研究确定了2014年度企业在岗职工工资指导线。

2日 省长刘伟平在兰州会见了联合国工业发展组织总干事李勇一行。

省长刘伟平在省政府国资委调研国资国企改革进展工作。

3日 省长刘伟平到临夏州调研了精准扶贫工作。

4日 省长刘伟平到兰州铁路局调研了铁路运行调度工作，听取了我省铁路规划及项目建设情况汇报。

4～5日 省政协主席冯健身带领“两手抓两手硬、双促进双落实”调研检查组到定西市开展调研检查活动。

5日 甘肃省庆祝第30个教师节暨先进表彰大会在兰州举行，省长刘伟平出席会议并讲话。

10日 省委书记、省人大常委会主任王三运到兰州一中、兰州理工大学，看望广大师生，并与省城师生共度教师节。

科技部与省政府在兰州举行2014年部省工作会商会议。省委书记、省人大常委会主任王三运，科技部党组书记、副部长王志刚讲话。省委副书记、省长刘伟平主持会议。省政协主席冯健身等出席会议。

11日 我省与科技部、上海张江国家自主创新示范区在兰州举行三方座谈会，共同商讨推动兰白科技创新改革试验区建设事宜。省委副书记、省长刘伟平，科技部党组书记、副部长王志刚出席会议并讲话。

12日 省委常委扩大会议在兰州召开。会议研究部署了党风廉政建设和反腐败工作。省委书记王三运主持了会议。省领导刘伟平、冯健身和在兰副省级以上领导干部参加了会议。

省长刘伟平主持召开了省政府第57次常务会议，研究部署了省政府全面深化改革工作；分析研判了1~8月经济形势；研究了“十三五”规划编制、在兰职业院校“整合入园”事宜；审议了《加快新能源汽车产业推广应用实施方案》；决定取消、调整和下放一批行政审批事项。

13日 省委常委扩大会议在兰州召开。会议传达学习了习近平总书记在中央财经领导小组第七次会议上的重要讲话精神，研究部署了我省深入实施创新驱动发展战略、加快推动科技事业进步等工作。省委书记王三运主持了会议。省领导刘伟平、冯健身和在兰副省级以上领导干部参加了会议。

15日 省委书记、省人大常委会主任王三运，省长刘伟平在兰州会见了中国光大(集团)总公司董事长唐双宁。

16日 中央党的群众路线教育实践活动第五巡回督导组向我省反馈巡回督导情况。中央第五巡回督导组组长、国家质量监督检验检疫总局原党组书记、副局长李传卿反馈情况。省委书记、省人大常委会主任、省委党的群众路线教育实践活动领导小组组长王三运出席情况反馈会并讲话。省领导刘伟平等及中央第五巡回督导组成员出席了会议。

光大兴陇信托有限责任公司揭牌暨“光陇通”——支持甘肃中小微企业发展计划启动仪式在兰州举行。省长刘伟平，中国光大(集团)总公司董事长唐双宁出席仪式并揭牌。

21日 省委书记、省人大常委会主任王三运到第二批教育实践活动联系点临夏州与和政县，就抓好教育实践活动整改落实、建章立制等工作进行了实地调研指导。

22日 甘肃省庆祝人民代表大会成立60周年大会在兰州召开。省委书记、省人大常委会主任王三运出席大会并讲话。省长刘伟平主持了大会。省政协主席冯健身等出席了会议。

省委书记、省人大常委会主任王三运，省委副书记、省长刘伟平在兰州会见了中国联通集团党组副书记、副董事长、总经理陆益民一行。

23日 甘肃省庆祝人民政协成立65周年大会在兰州召开。省委书记、省人大常委会主任王三运出席大会并讲话。省长刘伟平等出席会议。省政协主席冯健身主持了会议。

24日 第23届中国金鸡百花电影节在兰州举行。全国政协副主席卢展工宣布第23届中国金鸡百花电影节开幕，省政协主席冯健身及中国电影基金会理事长张丕民，中国文联副主席、中国影协主席李雪健，中国影协名誉主席李前宽，中国影协分党组书记、驻会副主席康健民等出席开幕式。省委常委、兰州市委书记虞海燕致欢迎辞。国家新闻出版广电总局党组成员、副局长童刚，中国文联党组成员、副主席、书记处书记夏潮分别致贺辞、讲话。著名表演艺术家王心刚、王晓棠及上千名中外电影艺术界嘉宾共襄盛会。

省委书记、省人大常委会主任王三运，省长刘伟平在兰州专门听取了平川区煤矿安全生产工作情况汇报。

省长刘伟平到定西市和通渭县调研指导党的群众路线教育实践活动。

26日 省长刘伟平主持召开了省政府第58次常务会议。会议进一步安排部署了中央第一巡视组反馈问题整改落实工作；审议了《关于推进文化创意和设计服务与相关产业融合发展的实施意见》及《关于加快发展对外文化贸易的实施意见》、《关于贯彻落实〈党政主要领导干部和国有企业领导人员经济责任审计规定实施细则〉的意见》、《甘肃省安全生产“党政同责、一岗双责”制度实施细则》、《甘肃省普惠金融发展规划(2014—2018)》、《关于进一步加强农村金融服务的意见》、《关于进一步完善县级基本财力保障机制的意见》；研究了提高乡镇及村级组织运转经费补助标准事宜。

第六届中国绿色发展高层论坛在兰州举行。省委书记、省人大常委会主任王三运当选中国十佳绿色新闻人物。

25～27日 省委书记、省人大常委会主任王三运到庆阳市开展“两手抓两手硬、双促进双落实”调研检查活动。

28日 甘肃省纪念陕甘边区苏维埃政府成立80周年座谈会在庆阳举行。省委书记、省人大常委会主任王三运，中央党史研究室主任曲青山，陕甘边革命根据地领导人亲属习远平，解放军总政治部宣传部副部长张常银，陕西省委副书记孙清云分别回顾了陕甘边革命根据地和边区苏维埃政府创建发展壮大的光辉历程，表达了对革命先辈的敬仰和怀念之情。省委副书记、省长刘伟平主持了会议。

陕甘边革命根据地的特点和历史地位学术研讨会在庆阳市华池县南梁镇举行。省委书记、省人大常委会主任王三运和与会者进行了深入的研讨和交流。省领导刘伟平、冯健身等出席了研讨会。

29日 省长刘伟平在庆阳市西峰区调研了生态建设和现代农业发展工作。

30日 省城各界在兰州市烈士陵园举行烈士纪念日公祭活动。省领导王三运、刘伟平、冯健身等出席了公祭仪式。

省委书记、省人大常委会主任王三运在兰州走访慰问了全省优秀共产党员柴生芳的家属以及革命老战士、劳动模范和道德模范代表。

十月

1日 省委书记、省人大常委会主任王三运到省公安厅检查指导国庆安保工作情况。

8日 省委常委会扩大会议在兰州召开。会议传达学习了中央党的群众路线教育实践活动总结大会精神和中央民族工作会议暨国务院第六次全国民族团结进步表彰大会精神，研究部署了我省贯彻落实的意见。省委书记王三运主持了会议。

9日 全省党的群众路线教育实践活动总结大会在兰州召开。省委书记、省人大常委会主任、省委党的群众路线教育实践活动领导小组组长王三运，中央第五巡回督导组组长、国家质量监督检验检疫总局原党组书记李传卿出席会议并讲话。省长刘伟平主持会议，并对贯彻落实会议精神作出部署。

省委书记、省人大常委会主任王三运，省长刘伟平，省政协主席冯健身在兰州会见了前来出席第三届国际文化产业大会暨第七届甘肃省文博会的海外嘉宾。

第三届国际文化产业大会暨第七届甘肃省文博会在兰州开幕。省委书记、省人大常委会主任王三运出席开幕式并宣布大会开幕，省长刘伟平和澳大利亚前移民及多元文化事务部部长、亚太总裁协会全球副主席尼克·博尔库斯致辞。省政协主席冯健身等国内文化企业的代表，以及500余名国际嘉宾出席了开幕式。

省长刘伟平在兰州会见了纳米比亚共和国奥希科托省省长彭达·雅·恩达科洛一行。

10～14日　省政协主席冯健身率全省项目观摩活动东南片区观摩团到庆阳市、平凉市、天水市、陇南市和兰州市观摩项目建设。强调，要全力谋求项目建设新突破，以项目的提质增效加快实现富民强市目标。

11日　省长刘伟平在临夏州会见了由福建省委常委、厦门市委书记王蒙徽率领的厦门市党政代表团一行。

11～14日　省委书记、省人大常委会主任王三运率河西片区项目观摩团到酒泉市、嘉峪关市、张掖市、金昌市、武威市和兰州市观摩项目建设。强调，要深入实施"3341"项目建设工程，扩投资、调结构、稳增长，不断做大经济总量、做优发展质量，努力为建设幸福美好新甘肃作出新的更大贡献。

11～14日　省长刘伟平率中南片区项目观摩团到甘南州、临夏州、定西市、白银市和兰州市观摩项目建设。强调，要立足自身资源优势，深入实施"3341"项目工程，围绕战略性新兴产业总体攻坚战谋划项目，以项目结构的优化升级推动经济结构的转型升级，促进全省经济持续健康发展。

14日　兰州新区兰石集团高端装备产业园项目正式建成投产。省委书记、省人大常委会主任王三运为兰石高端装备产业园投产启动按钮。省政协主席冯健身出席了投产仪式。

民政部部长李立国在兰州召开基层民政部门负责同志座谈会，了解2014年民政重点工作推进情况，听取我省市县两级民政部门负责同志关于基层民政部门在直接服务群众和落实民政政策中面临的问题及意见建议。

15日　全省第三轮项目观摩活动总结暨开发区工作会议在兰州召开。省委书记、省人大常委会主任王三运出席会议并讲话。强调，要抓好项目和开发园区建设，努力扩大经济总量、转变发展方式、调整产业结构、提高发展水平，为建设幸福美好新甘肃打下坚实基础。省长刘伟平、省政协主席冯健身出席会议并讲话。

16日　省委书记、省人大常委会主任王三运，省长刘伟平在兰州会见了中国民生银行董事长洪崎一行。

17日　省委常委会在兰州召开会议，传达学习了习近平总书记有关重要批示精神，以及全国党委秘书长会议和中宣部有关会议精神，研究部署了我省贯彻落实工作。省委书记王三运主持了会议。

省长刘伟平主持召开了省政府第59次常务会议。分析研究了全省前三季度经济运行情况；审议了《关于着力缓解企业融资成本高问题的实施意见》、《进一步加强危险废物监督管理意见》、《关于落实"宽带中国"战略加快推进宽带网络建设的意见》和《关于加快全省公路建设的意见》；研究推进地方政府工作部门权力清单制度建设，进一步深化行政体制改革等工作。

26日　省委常委扩大会议在兰州召开，会议传达学习了党的十八届四中全会精神。省委书记、省人大常委会主任王三运主持会议，传达习近平总书记代表中央政治局所作的工作报告和在全会第二次全体会议上的重要讲话，并就我省贯彻落实工作进行安排部署。省长刘伟平传达了《中共中央关于全面推进依法治国若干重大问题的决定》精神和习总书记就《决定（讨论稿）》向全会所作的说明。

28日　省委常委会在兰州召开会议。会议传达学习了党的十八届四中全会、中纪委十八届四次全会精神，研究部署我省贯彻落实意见。会议研究部署了意识形态领域的工作，审定了《关于进一步推进户籍制度改革的实施意见》、《甘肃省安全生产"党政同责、一岗双责"制度实施细则》和《关于加快推进人才工作创新发展的意见》。会议还研究了其他事项。省委书记王三运主持了会议。

省委省政府在兰州召开金融和科技挂职干部迎送会。省委书记、省人大常委会主任王三运出席会议并讲话。省长刘伟平主持了会议。

29日　全省第二批党的群众路线教育实践活动督导工作总结会在兰州召开。省委书记、省人大常委会主任、省委教育实践活动领导小组组长王三运出席会议并讲话。

省委书记、省人大常委会主任王三运，省长刘伟平在兰州会见了我省全国公安机关爱民模范集体代表和个人。

省委副书记、省长、省政府党组书记刘伟平主持召开了省政府党组会议，专题学习了贯彻党的十八届四中全会精神、国务院党组会议精神和十八届中央纪委四次全会精神，按照省委要求，研究部署了推进依法行政建设法治政府工作。

30日　省长刘伟平到永靖县刘家峡库区，实地调研了兰州市新建水源地项目。

31日　省委书记、省人大常委会主任王三运在兰州主持召开会议，研究部署了我省贯彻落实党的十八届四中全会《决定》实施意见起草工作。

省长刘伟平主持召开了省政府第60次常务会议。研究部署了开展环境保护大检查、启动以市场化方式发展养老服务产业试点、整合检验检测认证机构等工作；审议了《甘肃省现代职业教育体系建设规划》、省政府法律专家咨询委员会遴选聘任办法和法律专家咨询委员工作规则。

十一月

1日　省长刘伟平在兰州会见了印度驻华大使康特一行。

3日　省委书记、省人大常委会主任王三运到甘南卓尼县尼巴乡尼巴村、江车村调研指导工作，看望慰问群众。强调，要认真贯彻落实习近平总书记重要指示精神，全力促进尼江地区文明富裕，团结稳定发展。

3～4日　中央书记处书记、全国政协副主席杜青林到我省甘南州调研藏区工作。强调，要坚持依法治藏，增进群众福祉，积极推动藏区实现跨越式发展和长治久安。

省长刘伟平到通渭县和庄浪县双联点进行了工作调研。强调，要坚持改革创新，加大扶贫攻坚力度，不断总结经验，加快全面小康步伐。

4 日　省政协月协商座谈会在兰州召开。省政协主席冯健身出席会议并讲话。

4 ~ 5 日　省委书记、省人大常委会主任王三运到武山县双联行动联系点北顺村、车岸村进行调研并慰问群众。

6 日　省委书记、省人大常委会主任王三运在会宁主持召开了部分市县乡党委主要负责同志座谈会。强调，要深入学习贯彻习近平总书记重要讲话精神，切实履行好党风廉政建设党委主体责任。

省政协在兰州召开“加强委员联络服务、发挥委员主体作用”工作座谈会。省政协主席冯健身出席会议并讲话。

7 日　省委常委会在兰州召开会议，研究部署了华夏文明传承创新区建设、加强全省基层服务型党组织建设等工作。省委书记王三运主持了会议。

省长刘伟平主持召开了省政府第 61 次常务会议。审定了省政府工作规则修订意见；研究确定了进一步优化中小微企业发展环境的政策措施；部署了化解产能严重过剩矛盾工作；审议了国资国企改革试点方案和促进旅游产业改革发展意见。

10 日　省长刘伟平到省信访局调研，并接待了上访群众。强调，要坚持用法治思维和法治方式解决信访问题，不断提高信访工作的法治化水平，切实为群众排忧解难。

省长刘伟平在兰州会见了国家烟草专卖局党组书记、局长凌成兴一行。

10 ~ 11 日　省长刘伟平带领省促进战略性新兴产业发展部门协调会议成员，专题对在兰 9 家战略性新兴产业骨干企业逐一进行了调研。强调，要坚持改革创新，用市场化运作的方式，集中扶持一批战略性新兴产业骨干企业迅速成长壮大。

10 ~ 11 日　省政协主席冯健身到甘谷县、麦积区双联行动联系点调研。

11 日　省委书记、省人大常委会主任王三运到民勤县调研检查了环境保护工作。强调，要认真落实习总书记重要批示精神，切实解决影响环境安全的突出问题，努力实现人与自然和谐相处、经济与环境协调发展。

12 日　省委书记、省人大常委会主任王三运在武威主持召开了部分市县乡党委主要负责同志座谈会。强调，要打牢基本功，追求无愧感，抓住关键点，扎实履行党风廉政建设党委主体责任。

省政协主席冯健身在兰州主持召开了省政协十一届十四次主席会议，对省政协近期工作进行研究部署。

13 日　省委全面深化改革领导小组第五次会议在兰州召开。省委书记、省人大常委会主任、省委全面深化改革领导小组组长王三运出席会议并讲话。强调，要认真贯彻习总书记重要讲话精神，积极稳妥推进各项工作，确保我省全面深化改革取得务实成效。省长刘伟平，省政协主席冯健身出席了会议。

14 日　省委常委会在兰州召开会议。传达学习了习近平总书记关于深入推进平安中国建设的重要批示和深化平安中国建设会议精神，研究部署了深化平安甘肃建设、促进旅游业改革发展等工作。省委书记王三运主持了会议。

“时代楷模”柴生芳先进事迹主场报告会在兰州举行。省领导王三运、刘伟平等听取了报告。

省委书记、省人大常委会主任王三运，省长刘伟平在兰州会见了柴生芳同志先进事迹报告团全体成员。

17 日　省长刘伟平主持召开了省政府第 62 次常务会议。分析研究了 1~10 月全省经济运行情况；研究了我省开通中欧班列、加快多层次资本市场发展等事宜；审议了《关于改革全省公安交警管理体制的意见》和推进煤炭资源税从价计征改革意见。

19 日　省委书记、省人大常委会主任王三运在省文化系统调研。强调，要认真学习贯彻习总书记在文艺工作座谈会上的重要讲话精神，坚持以人民为中心，创作更多优秀作品。

17 ~ 19 日　省长刘伟平带领省促进战略性新兴产业发展部门协调会议成员，分别到白银市、天水市、酒泉市调研了 7 家全省战略性新兴产业骨干企业发展情况。强调，要将扶持政策转化为加快发展的压力和动力，充分发挥骨干企业的生力军作用。

20 日　省委书记、省人大常委会主任王三运在临夏主持召开了部分市县乡党委主要负责同志座谈会。强调，要抓住重点领域，完善制度，健全机制，集中整治，确保党风廉政建设党委主体责任落到实处。

省委书记、省人大常委会主任王三运到第二批教育实践活动联系点临夏州，实地调研指导了后续整改落实工作。

21 日　省委书记、省人大常委会主任王三运，省长刘伟平在兰州会见了第四次全省自强模范暨助残先进集体和个人表彰大会受表彰代表。

24 日　省政府与阿里巴巴集团在兰州签署战略合作框架协议。省委书记、省人大常委会主任王三运，省长刘伟平，阿里巴巴集团董事局主席马云出席了签约仪式。

省委书记、省人大常委会主任王三运，省长刘伟平在兰州会见了阿里巴巴集团董事局主席马云一行。

全省政府系统领导干部学习贯彻四中全会精神、加快法治政府建设专题讲座在兰州举办。省长刘伟平主持会议并讲话。

25 日　省委理论学习中心组在兰州举行报告会，邀请全国人大常委会副秘书长、机关党组书记王万宾，就坚持中国特色社会主义制度、全面推进依法治国问题作专题报告。省委书记、省人大常委会主任王三运主持报告会并讲话。省长刘伟平等出席。

27 日　省委在兰州召开“五人小组”会议，传达学习了习近平总书记在中央政治局常委会听取中央第二轮巡视情况汇报后的重要讲话精神和王岐山同志在中央第三轮巡视工作动员部署会上的讲话精神，听取 2014 年省委第二轮巡视综合情况汇报，研究部署了下一阶段巡视工作。省委书记王三运主持会议并讲话。

省长刘伟平主持召开了省政府第63次常务会议。审议了《开展城乡居民大病保险工作实施方案》；研究贯彻了全国“餐桌污染”现场会精神的措施、2015年省级预算和各地预算编制事宜；审议了《贯彻落实国务院〈关于加强审计工作意见〉的实施意见》、《甘肃省贯彻落实国务院〈计量发展规划（2013—2020）〉的实施意见》、《关于进一步加强统计工作的意见》和《关于加快发展现代保险服务业的实施意见》。

十二月

1日　中央办公厅、国务院办公厅联合督查组到我省就贯彻落实党中央、国务院重大决策部署情况进行了督促检查，并向省委、省政府反馈了督查情况。省委书记、省人大常委会主任王三运出席会议并讲话。中央办公厅、国务院办公厅联合督查组组长，住房和城乡建设部副部长齐骥反馈督查情况。省长刘伟平等出席了会议。

2日　省委常委会在兰州召开会议。传达学习了习近平总书记有关重要讲话精神，研究部署了持续抓好教育实践活动整改落实、召开2014年度省委常委班子民主生活会等工作。省委书记王三运主持了会议。

3日　省委书记、省人大常委会主任王三运在兰州市宣讲党的十八届四中全会精神，就全面推进法治建设有关问题向兰州市及兰州新区部分党员干部作了辅导报告。

4日　甘肃省宪法学习宣传教育座谈会在兰州召开，省委书记、省人大常委会主任王三运主持座谈会并讲话。省长刘伟平等出席了座谈会。

省委副书记、省政府党组书记、省长刘伟平主持召开了省政府党组会议，学习贯彻了习近平总书记在党的群众路线教育实践活动总结大会上的重要讲话精神及中央纪委机关中央组织部《关于开好2014年度县以上党和国家机关党员领导干部民主生活会通知》精神，研究讨论了《2014年度省政府领导班子民主生活会方案》。

5日　省委在兰州召开常委扩大会议。会议传达学习了中共中央关于周永康严重违纪案审查情况和处理决定的通报。省委书记王三运主持会议并讲话。在兰省级现职党员领导干部、离退休副省级以上党员干部参加了会议。

省长刘伟平主持召开了省政府第64次常务会议。研究了建立省级政府权力清单、省政府部门责任清单、省级财政专项资金管理清单和推进政务服务网建设“三张清单一张网”事宜；研究了申报设立中国（兰州）自由贸易园区、进一步加强和改进临时救助、鼠疫防控和防震减灾工作。

6日　省委书记、省人大常委会主任王三运，省委副书记、省长刘伟平在兰州会见了水利部党组副书记、副部长矫勇。

12日　省委在兰州召开常委扩大会议。会议传达学习了中央经济工作会议精神，研究部署了我省贯彻落实措施。省委书记、省人大常委会主任王三运主持会议，传达习近平总书记在中央经济工作会议上的重要讲话精神，并就我省贯彻落实工作作出安排部署。省长刘伟平传达了李克强总理在中央经济工作会议上的重要讲话精神。

15日　省长刘伟平主持召开了省政府第65次常务会议。决定修订政府核准投资项目目录；研究了1~11月全省经济运行情况;审议通过了《甘肃省节能环保产业发展规划（2014—2020年）》、《关于加快发展生产性服务业促进产业结构调整升级的意见》、《关于贯彻落实国家〈应对气候变化规划（2014—2020年）〉的实施意见》、《关于促进市场公平竞争维护市场正常秩序的实施意见》、《甘肃省能源发展战略行动计划（2014—2020年）》和《关于加强政府性债务管理的实施意见》。

16日　省委常委会在兰州召开会议。进一步学习贯彻党的十八届四中全会精神，研究部署全面推进依法治省等工作。省委书记王三运主持了会议。

19日　省委在兰州召开党外人士座谈会，通报了2014年全省经济社会发展情况，就当前经济形势和明年经济工作听取各民主党派、工商联负责人和无党派人士意见建议。省委书记、省人大常委会主任王三运主持会议并讲话，省委副书记、省长刘伟平通报了2014年全省经济社会发展情况，介绍了省委省政府关于明年经济工作的考虑。

22日　全省旅游发展大会在兰州召开。会议分析了我省旅游业发展形势，并就推动旅游业蓬勃发展和转型升级作出安排部署。省委书记、省人大常委会主任王三运，省长刘伟平，国家旅游局副局长霍克出席会议并分别讲话。

23日　省委常委会在兰州召开会议，研究部署了政府管理方式创新和省委党内法规建设等工作。省委书记王三运主持了会议。

26日　兰新高速铁路正式开通运营。省委书记、省人大常委会主任王三运宣布发车，省长刘伟平致辞。

省长刘伟平主持召开了省政府第66次常务会议，听取了贯彻落实全国政府秘书长和办公厅主任会议精神意见的汇报。

27~28日　省委十二届九次全委（扩大）会议暨全省经济工作会议在兰州召开。会议听取和讨论了王三运受省委常委会委托作的工作报告；审议通过了《中共甘肃省委贯彻落实〈中共中央关于全面推进依法治国若干重大问题的决定〉的意见》；审议通过了《中国共产党甘肃省第十二届委员会第九次全体会议决议》；会议递补了省委委员。省委书记、省人大常委会主任王三运，省委副书记、省长刘伟平出席会议并讲话，省政协主席冯健身等出席。

28日　省长刘伟平在兰州会见了中铝公司董事长葛红林一行，双方就进一步加强合作进行了深入交流。

29日　全省领导干部警示教育大会在兰州召开。省委书记、省人大常委会主任王三运出席会议并讲话。省长刘伟平、省政协主席冯健身等省领导出席了会议。

党政主要领导述纪述廉述作风大会在兰州召开。这是自省委出台“三述”《实施办法》后组织开展的第二次“三述”大会。省委书记、省人大常委会主任王三运出席会议并讲话。省长刘伟平等出席了会议。

30 日　省委议军会议在兰州召开。省委书记、省人大常委会主任、省军区党委第一书记王三运出席会议并讲话。省委副书记、省长刘伟平主持会议。省委副书记欧阳坚宣读省委、省军区党委《关于表彰党管武装好书记的决定》，省军区司令员刘万龙作工作报告，省委常委、省军区政委傅传玉就起草《着眼实现强军目标加强党管武装工作的意见》作了说明。

华夏文明传承创新区协调推进领导小组第二次（扩大）会议在兰州召开。省委书记、省人大常委会主任、协调推进领导小组组长王三运、省长刘伟平出席会议并讲话。

31 日　甘肃省国防动员委员会第六次全体（扩大）会议在兰州召开。省委书记、省人大常委会主任、省国动委第一主任王三运，省委副书记、省长、省国防动员委员会主任刘伟平，兰州军区副司令员、兰州军区国防动员委员会常务副主任彭勃出席会议并分别讲话。

概　况

甘肃省情

【甘肃概况】甘肃以古甘州（今张掖）肃州（今酒泉）两地首字而得名，由于陇山在境内绵延又简称陇。东邻陕西省，南与四川省、青海省接壤，西与新疆维吾尔自治区相邻，北与内蒙古自治区和蒙古国交界，东北部与宁夏回族自治区连接。闻名中外的古丝绸之路和新亚欧大陆桥横贯全境，使甘肃成为西北地区连接中、东部地区的桥梁和纽带，成为贯通东亚与亚洲中部、西亚与欧洲之间的陆上交通通道。全省辖12个市、2个自治州，86个县（市、区），省会兰州是西北重要的交通通讯枢纽，陇海、兰新、包兰、兰青和正在建设的兰渝铁路在此交汇，也是石油天然气管道运输枢纽、国家级西北商贸中心。甘肃是一个多民族省份，拥有汉、回、藏、东乡、土、满、裕固、保安、蒙古、撒拉、哈萨克等56个民族，其中裕固、保安、东乡族是甘肃的独有民族。2014年末，全省常住人口2590.78万人，其中少数民族人口240余万人。

【自然环境】甘肃位于黄土高原、青藏高原、内蒙古高原三大高原和西北干旱区、青藏高寒区、东部季风区三大自然区域的交汇处，总土地面积为42.58万平方公里，地形呈狭长状，东西长1655公里，南北宽530公里。地貌复杂多样，山地、高原、平川、河谷、沙漠、戈壁，类型齐全，交错分布，地势自西南向东北倾斜，大致可分为陇南山地、陇中黄土高原、甘南高原、河西走廊、祁连山脉、河西走廊以北地带六大地形区域。大部分地区气候干燥，属大陆性很强的温带季风气候。2014年，全省平均气温为8.7℃，较常年偏高0.6℃。年平均降水量为420.2毫米，较常年偏多5%，为近3年最少。甘肃是一个少林省区，据甘肃省第八次森林资源清查，全省森林覆盖率11.28%。

【矿产资源】新中国成立以来，经过六十多年的开发建设，甘肃已形成了以石油化工、有色冶金、机械电子等为主的工业体系，成为我国重要的能源、原材料工业基地。全省已发现各类矿产119种，新发现了海泡石粘土矿。其中已查明资源储量的75种，占全省已发现矿种的63%。已查明矿产资源以非金属矿产为主，其次是金属矿产和能源矿产。列入《甘肃省矿产资源储量表》的固体矿产96种、矿产地1357处（含共伴生矿产）。根据《2013年全国主要矿产资源储量通报》，全省资源储量居全国第1位的矿产有11种，分别是镍矿、钴矿、铂族金属、铂矿、钯矿、锇矿、铱矿、铑矿、硒矿、铸型用粘土、凹凸棒石粘土；居前5位的有32种；居前10位的有65种。

【特色产业】甘肃土地面积广阔，居全国第七位；牧草地面积占土地总面积的33%，为全国六大牧区之一；光热资源充足且昼夜温差大，具有发展特色农业和优质高效农业的有利条件。许多特色农产品，无论是种植面积还是产量在全国都名列前茅，特别是玉米制种、啤酒原料、马铃薯、酿酒葡萄、油橄榄、食用百合、瓜果蔬菜和草食畜产品等特色产品，品质优良，发展前景良好。甘肃还是全国药材主要产区之一。当归、黄（红）芪、党参、大黄、甘草等五种大宗中药材驰名中外。

甘肃是新中国成立后国家重点投资建设工业体系的区域之一。改革开放之后，特别是进入21世纪以来，全省上下认真贯彻落实“工业强省”战略，紧紧依靠并积极壮大传统支柱产业的发展，突出传统支柱产业的改造升级，石油化工、有色冶金、装备制造、食品医药等支柱产业呈现了良好的发展势头。

2012年，继上海浦东新区、天津滨海新区、重庆两江新区、浙江舟山群岛新区后，国务院批复第五个国家级新区——兰州新区。兰州新区位于兰州北部秦王川盆地，地处兰州、西宁、银川三个省会城市共生带的中间位置，是国家规划建设的综合交通枢纽，也是甘肃与国内、国际交流的重要窗口和门户，距兰州市区38.5公里，距西宁198公里，距银川420公里。规划面积806平方公里，辖永登、皋兰两县五镇一乡，现有总人口10万人。目前已经有包括中石油国家战略石油储备库、吉利汽车、三一重工在内的多家国内外大型企业落户新区。规划建设石化、高端装备、新能源新材料等七大产业集群以及高新技术产业等五大片区。经过5~10年的建设，兰州新区将发展成为甘肃省乃至西北地区跨越式发展的重要经济增长极，成为西部地区特色鲜明、功能齐全、产业聚集、服务配套、人居环境良好的现代化新区。

【历史文化】甘肃是华夏文明和中国古文化的发祥地之一，是传说中的三皇之首伏羲、五帝轩辕黄帝和女娲的生长地，故有“羲轩桑梓”之称。甘肃的大地湾文化距今约八千年，其后的仰韶文化、马家窑文化创造了彩陶文化的辉煌时代。中华民族的人文始祖伏羲、女娲和黄帝相传就生在甘肃，故有“羲轩桑梓”之称。周秦时期，甘肃的庆阳、天水又是周文化和秦文化的发祥地。汉武帝至昭帝间陆续设武威、张掖、敦煌、天水、安定、武都、金城诸郡，汉代的开边政策和张骞出使西域成功开通了丝绸之路。隋唐时期，贯穿甘肃河西走廊的丝绸之路进入了繁荣时期，甘肃成为我国联系西域各国和欧洲的重要通道，武威、张掖、敦煌成为经济文化繁荣的国际性贸易城市，整个河陇地区农桑繁盛、士民殷富，《资治通鉴》有“天下称富庶者，无如陇右”的记载。元代，全国创设省制，甘肃正式设省。明代长城由东向西穿越9省区后，抵达甘肃河西地区，嘉峪关成为大西北的重要关隘和前沿阵地，有“天下第一雄关”之称。海路开通后，随着全国经济政治文化重心的东移南迁，特别是气候和生态条件的变化，甘肃渐渐成为荒僻之地，晚清时期时任陕甘总督左宗棠曾奏称“甘肃地处边陲，土旷人稀，瘠苦甲于天下”。源远流长、底蕴深厚的甘肃历史文化，不断催生着时代精神，培育了《读者》、《丝路花雨》、《大梦敦煌》等一系列著名文化品牌。其中《读者》杂志成为全国发行量最大的期刊，被誉为“中国人的心灵读本”；舞剧《丝路花雨》、《大梦敦煌》享誉全球。

2013年，甘肃省“华夏文明传承创新区”建设获国务院正式批复。按照国家关于甘肃发展的战略定位和建设文化大省的总要求，甘肃确定了“华夏文明传承创新区”建设围绕“一带”，建设“三区”，打造“十三板块”的总体布局，简称“1313工程”。“一带”是丝绸之路文化发展带；“三区”是以始祖文化为核心的陇东南文化历史区、以敦煌文化为核心的河西走廊文化生态区和以黄河文化为核心的兰州都市圈文化产业区；“十三板块”是文物保护、大遗址保护、非物质文化遗产保护传承、历史文化名城名镇名村保护利用、民族文化传承、古籍整理出版、红色文化弘扬、城乡文化一体化发展、文化与旅游深度融合、文化产业发展、文化品牌打造、文化人才队伍建设、节庆赛事会展举办。“华夏文明传承创新区”是甘肃省继兰州新区之后，又一个摆到国家层面的战略平台，必将对中华民族文化传承创新和甘肃经济、社会、文化发展起到重大的推动作用和深远的影响。

【民族民间文化】甘肃节庆习俗丰富多彩。回族的古尔邦节、开斋节；藏族的正月十五晒佛节、五月采花节；哈萨克族的叼羊、“姑娘追”；土族的“纳顿”节、“二月二”跳神会等。甘肃饮食文化异彩纷呈。兰州牛肉面是最具特色的大众化经济小吃，声名远扬；以手抓羊肉为代表的清真风味食品，独特可口；糌粑、酸奶、奶茶、蕨麻米饭等藏族风味的食物，值得品尝；还有各种地方小吃，更是独具特色。甘肃民族歌舞多姿多彩。社火歌舞是广泛流传于甘肃民间的一种艺术，尤以兰州的太平鼓舞、武威的“滚鼓子”、张掖的顶腕舞、陇东的秧歌、天水一带的扇鼓舞、腊花等著称，还有莲花山花儿、二郎山花儿、河湟花儿、裕固族民歌等。此外，兰州微雕葫芦，平凉纸织画，庆阳牛皮影、香包、剪纸、刺绣，保安腰刀，天水雕漆漆器，酒泉夜光杯，卓尼洮砚，武威“铜奔马”等民间工艺品也久负盛名。

【旅游资源】甘肃的旅游资源既有石窟寺庙、长城关隘、塔碑楼阁、古城遗址、历史文物等文物古迹，又有青山绿水、高山草原、大漠戈壁、沙漠绿洲、丹霞奇观、冰川雪峰等独具特色的西部自然风光，还有以藏、回、裕固、保安、东乡等少数民族浓郁风情为特色的民族风情资源。丰富的文化遗产、独特的自然景观和多彩的民族风情，成为人们向往的旅游胜地，开发前景广阔。最具代表性的旅游景点：被联合国科教文组织列为世界文化遗产之一、被誉为“世界艺术宝库”和“世界现存佛教艺术最伟大宝库”的敦煌莫高窟，被称为“人文始祖”的羲皇故里——天水伏羲庙，“东方雕塑馆”之称的天水麦积山石窟，万里长城最西端的“天下第一雄关”——嘉峪关，中国彩陶之乡之称的临夏，中国藏传佛教格鲁派六大宗主寺之一的夏河拉卜楞寺，道教第一山崆峒山，中国的旅游标志——武威出土的汉代铜奔马，世界最大的室内卧佛寺——张掖大佛寺，泾川西王母宫、永靖炳灵寺石窟、永登鲁土司衙门旧址等构成了璀璨夺目的艺术长廊。近年发现的永靖恐龙足迹、和政古生物化石，是一、二千万年前中生代白垩纪的遗址。

国民经济运行

【全省经济运行的特点】2014年，面对严峻复杂的外部环境和持续加大的经济下行压力，省委省政府针对经济运行中的薄弱环节和重点领域，实施精准调度，狠抓国务院稳增长、促改革、调结构、惠民生、防风险各项政策措施的落实，全省经济呈现稳中有升，稳中向好的态势，全年生产总值比上年增长8.9%。

（一）“稳增长”扎实有效，经济运行稳中有升

在工业品价格持续下跌、市场需求仍然不足的情况下，省委、省政府出台了一系列稳增长的政策措施，下半年政策效应逐步显现，全省经济运行实现稳中有升。全年全省实现生产总值6836.82亿元，比上年增长8.9%。经济增长速度呈逐季加快的趋势，由一季度的7.9%逐季提高至全年的8.9%。

从三次产业看，第一产业增加值900.76亿元，增长5.5%；第二产业增加值2926.45亿元，增长9.2%；第三产业增加值3009.61亿元，增长9.5%。

1. 农业健康稳定发展，特色优势产业势头强劲

全年全省粮食总产量1158.7万吨，比上年增长1.7%，连续11年实现丰收。

农作物种植结构更趋优化，特色、设施农业发展迅速。全年全省新增特色优势经济作物142.04万亩，其中蔬菜、中药材、玉米播种面积分别比上年增长5.19%、9.50%和4.38%。蔬菜产量1705.19万吨，比上年增长8.01%；中药材产量99.37万吨，增长14.66%；园林水果产量425.23万吨，增长8.65%。

牛羊产业增长较快。2014年末，全省牛存栏522万头，比上年末增长5.2%；牛出栏185万头，增长5.0%。羊存栏2119万只，增长7.4%；羊出栏1222万只，增长7.9%。生猪存栏688万头，增长1.8%；出栏775万头，增长3.7%。

2. 工业经济稳定增长，新增企业带动明显

全年全省规模以上工业企业实现工业增加值2070亿元，比上年增长8.4%。规模以上工业增加值增速于4、5月份经历了较大幅度回落，在一系列提振工业政策措施促进下，下半年呈稳步增长态势。

新增企业对规模以上工业增长带

动明显。397户新增企业完成工业增加值98.5亿元，占规模以上工业总量的4.8%，比上年增长103.2%，拉动规模以上工业增长2.4个百分点，对规模以上工业增长的贡献率为29.2%。其中，146户新建投产企业完成工业增加值46.4亿元，占规模以上工业总量的2.2%，拉动规模以上工业增长1.2个百分点，对规模以上工业增长的贡献率为15.0%。

从重点支柱行业看，机械、冶金、有色、建材、食品行业工业增加值分别比上年增长13.7%、12.0%、10.8%、10.2%和8.7%，高于规模以上工业平均增速；石化、电力行业工业增加值分别增长8.3%和3.0%，低于规模以上工业平均增速，煤炭行业工业增加值与上年持平。

从工业企业规模看，小型企业（从业人员300人以下，20人及以上）实现工业增加值占规模以上工业的23.3%，比上年增长15.1%，高于全省平均增速6.7个百分点，对规模以上工业增长的贡献率为39.3%。

3. 固定资产投资稳中趋缓，第一、三产业投资增长较快

全年全省计划总投资500万元及以上项目和房地产开发共完成固定资产投资7759.62亿元，比上年增长21.1%，增速比上半年回落2.2个百分点，比前三季度回落0.6个百分点。其中，项目投资完成7038.15亿元，增长23.86%；房地产开发投资完成721.47亿元，下降0.44%。

从三次产业看，全年第一产业投资409.09亿元，比上年增长75.85%；第二产业投资3531.53亿元，增长8.83%；第三产业投资3819.01亿元，增长30.36%。

4. 市场消费保持平稳，主要商品零售额有升有降

全年全省实现社会消费品零售总额2668.33亿元，比上年增长12.6%。

全年全省批发业实现销售额4438.91亿元，比上年增长15.4%；零售业实现销售额2590.72亿元，增长13.6%；住宿业实现营业额93.07亿元，增长12.5%；餐饮业实现营业额496.07亿元，增长16.1%。

从限额以上企业主要商品零售情况看，粮油、食品、饮料、烟酒类（增长51.5%），家具类（增长37.1%），体育娱乐用品类（增长29.1%），化妆品类（增长13.2%）零售额增速较快；电子出版物及音像制品类（下降20.4%），煤炭及其制品类（下降15.6%），金银珠宝类（下降15.5%），文化办公用品类（下降4.3%）零售额下降。

5. 出口总额增长，进口总额下降

全年全省实现外贸进出口总额86.5亿美元，比上年下降15.4%。其中：出口总额53.3亿美元，增长14.2%；进口总额33.2亿美元，下降40.3%。

6. 金融机构存款较快增长，贷款增速逐步走高

年末，全省金融机构本外币各项存款余额13957.98亿元，比上年末增长15.64%。其中，单位存款6669.40亿元，增长18.05%；个人存款6886.02亿元，增长13.42%。

年末，全省金融机构本外币各项贷款余额11075.78亿元，比上年末增长25.54%，为年内最高增速，比上年末提高2.95个百分点。其中，短期贷款3913.44亿元，增长19.58%；中长期贷款6454.35亿元，增长26.40%。

（二）“调结构”稳步推进，转型升级成效明显

1. 第三产业增加值高于第二产业

全年全省第三产业增加值比上年增长9.5%，比生产总值增速高0.6个百分点。第三产业增加值占生产总值的比重为44.0%，比重高于第二产业1.2个百分点。

2. 非公有制工业企业较快增长

全年全省非公有制工业企业完成工业增加值458.2亿元，占规模以上工业总量的22.1%，比上年增长13.7%，增速高于规模以上工业5.3个百分点，对规模以上工业增长的贡献率为34.1%。

3. 节能降耗效果显著

全年全省规模以上工业能源消费量5110.11万吨标煤，比上年增长1.39%，为“十二五”以来最低增幅。预计全年单位生产总值能耗比上年下降5.1%。

4. 城镇化率继续提高

2014年，全省城镇化率达41.68%，比上年提高1.55个百分点。近年来，全省积极实施中心城市带动战略，把培育壮大中心城市摆在优先位置，加快县城和重点镇的规划建设，城镇化质量明显提高。

（三）“惠民生”持续加强，质量效益稳步提升

1. 财政收入稳定增加，财政支出保障有力

全年全省完成大口径财政收入1234.24亿元，比上年增长11.59%。完成公共财政预算收入672.67亿元，增长13.63%。其中：税收收入增长17.29%，非税收入增长4.07%。完成上划中央收入562.38亿元，增长9.30%。完成公共财政预算支出2541.49亿元，比上年增长9.91%。其中，交通运输、医疗卫生与计划生育支出分别增长25.86%和11.43%。

2. 居民消费价格涨幅稳定，八大类商品和服务价格“六升一平一降”

全年全省居民消费价格总水平比上年上涨2.1%，自8月份以来连续五个月累计涨幅保持在2.1%。12月份，居民消费价格总水平同比上涨2.4%，环比上涨0.6%。

八大类商品和服务价格“六升一平一降”。全年全省食品类价格上涨3.6%，衣着类价格上涨2.4%，家庭设备用品及维修服务类价格上涨2.2%，娱乐教育文化用品及服务类价格上涨1.4%，医疗保健及个人用品类价格上涨1.2%，居住类价格上涨1.5%，交通通信类价格与上年持平，烟酒类价格下降0.1%。

3. 城乡居民收入继续增加，就业形势保持稳定

全年全省城镇居民人均可支配收入20804元，比上年增长9.7%，其中工资性收入增长8.7%，经营性收入增长14.3%，财产性收入增长11.3%，转移性收入增长10.0%。农村居民人均纯收入5736元，比上年增长12.3%，其中工资性收入增长12.8%，家庭经营现金收入增长10.1%，财产性收入增长25.3%，转移性收入增长16.3%。

全年全省城镇新增就业43.5万人，与上年基本持平。城镇登记失业率为

2.19%，低于上年末 0.16 个百分点。

【经济运行中需要关注的问题】

（一）工业方面

一是工业生产者价格降幅扩大。全年全省工业生产者价格总体呈现先降后升再下行的态势，由年初同比下降 5.7% 上升至 7 月份上涨 0.7% 后，逐月跌至 12 月份的年内最低点，同比下降 7.1%；12 月份环比下降 1.5%。全年工业生产者出厂价格总水平同比下降 3.3%，降幅比前三季度扩大 0.8 个百分点；工业生产者购进价格总水平同比下降 2.4%，降幅比前三季度扩大 0.6 个百分点。

二是企业利润下滑加剧，亏损额上升加快。全年全省规模以上工业企业实现利润总额 233.16 亿元，比上年下降 18.6%。全省规模以上工业亏损企业 532 家，亏损面为 27.8%，比上年扩大 3.4 个百分点。亏损企业亏损额达 119.5 亿元，增长 42.1%，比前三季度上升 9.0 个百分点。

三是部分重点行业工业企业仍处困境。受煤炭下游行业生产低迷，煤炭行业产能过剩等因素影响，全省煤炭需求增速放缓，传统旺季生产不旺，库存增大，货款拖欠严重。随着水泥行业新增产能的集中释放，全省水泥行业产能过剩矛盾日渐凸显，加之周边省份水泥产品流入，供过于求的矛盾将更加突出。铁合金、电解铝等高载能行业企业产能利用率不高，部分处于停产、半停产状态，产品价格处于与成本倒挂状态。

（二）投资方面

一是工业投资增速持续回落。全年全省工业投资 2665.98 亿元，比上年增长 14.21%，低于项目投资 9.65 个百分点，为年内最低增速。项目投资中改建和技术改造项目完成投资 282.30 亿元，下降 3.16%，仅占项目投资的 4.01%。

二是到位资金低位徘徊。全年全省固定资产投资本年到位资金 7474.90 亿元，低于固定资产投资 284.72 亿元，仅比上年增长 2.79%，低于固定资产投资 18.32 个百分点。按构成分，国内贷款增长 5.71%，自筹资金增长 5.44%，国家预算资金下降 9.05%，债券、利用外资及其他资金下降 1.81%。

（三）收入方面

城乡居民收入增速回落，收入水平与全国差距拉大。全年全省城镇居民人均可支配收入增速比上年回落 0.8 个百分点，农村居民人均纯收入增速比上年回落 1.0 个百分点。城乡居民收入与全国差距拉大，分别由上年的低于全国平均水平 7990 元和 3788 元拉大到 8577 元和 4156 元。

【对策建议】

（一）盘活机遇，做大做强实体经济

甘肃经济同全国一样正处于增速从高速向中高速换挡、结构从失衡向优化再平衡转换的特殊时期，经济增长下行压力更加具有挑战性，保持经济稳步增长，需要依赖实体经济。甘肃要实现与全国一道进入全面建成小康社会的目标任务，必须结合自身的条件与优势，深入研究“全面深化改革”、“新丝绸之路经济带建设”、“新一轮西部大开发战略”等发展战略举措，全面梳理，切实用好、用活、用足各项优惠政策，全力以赴，做大做强实体经济，推动经济稳定发展。

（二）大力扶持，促进工业提质增效

加快用高新技术和先进技术改造提升石油化工、有色冶金、煤电化工等传统工业产业，确保工业经济快速增长；大力发展以信息、生物、新能源等为代表的高新技术产业，加快构建战略性新兴产业体系，促进产业结构调整优化，加快转型升级步伐；进一步加强对省内企业互保共建的引导，帮助协调解决企业生产经营过程中的困难和问题，在金融信贷、技改资金、要素保障等方面加大扶持力度，增强产业竞争力，提升工业经济效益。

（三）狠抓项目建设，确保投资稳定增长

坚持增量优化与存量改造并举，走创新驱动型投资发展道路，正确引导资金投向，进一步优化投资结构。抢抓国家推出的包括信息电网油气等重大网络工程、健康养老服务、生态环保、清洁能源、粮食水利、交通、油气及矿产资源保障工程等 7 大项目包的机遇，抓紧谋划对接项目，集中推动一批可以有效拉动内需、有利于优化经济结构和提升产业层次水平的重大项目，促进经济持续稳定增长。转变观念，积极推广 PPP 融资模式，选择具有稳定现金流的公用事业行业，引入社会资本，增强地方政府融资平台的造血功能，大力发展基础设施项目建设，为经济后续发展打好基础。

（四）提高城乡居民收入，激活消费需求

在经济发展新常态下，驱动经济发展的“三驾马车”中，消费的驱动作用特别需要进一步提升。城乡居民收入不断增长是促进消费的关键，当前甘肃城乡居民收入偏低，与全国的收入差距不断拉大。要把握住城镇化和消费需求变化带来的机遇，切实采取有效措施，提高居民收入水平，提升消费能力，增强消费对经济增长的推动作用。

（董　平　郑萍萍　王抒一）

国土资源

【土地资源】

（一）土地利用现状

根据甘肃省第二次全国土地调查、2013 年度土地变更调查，截止 2013 年 12 月 31 日，全省土地总面积 4258.89 万公顷（63883.34 万亩），其中含宁夏自治区飞地 5322.53 公顷。主要地类面积及构成情况为：

耕地 537.88 万公顷（8068.25 万亩）占 12.63%；

园地 25.86 万公顷（387.95 万亩）占 0.61%；

林地 610.35 万公顷（9155.17 万亩）占 14.33%；

草地 1420.78 万公顷（21311.55 万亩）占 33.36%；

城镇村及工矿用地 75.09 万公顷（1126.39 万亩）占 1.76%；

交通运输用地 25.35 万公顷（380.32 万亩）占 0.59%；

水域及水利设施用地 74.81 万公顷（1122.08 万亩）占 1.76%；

其它土地（沙地、裸地等）1488.7 8万公顷（22331.63万亩）占34.96%。

（二）耕地和基本农田保护

全省耕地保有量和基本农田保护面积均超过《甘肃省土地利用总体规划（2006—2020年）》确定的6989万亩和5725万亩的目标，连续15年实现耕地占补平衡。永久基本农田划定按照“依法依规、确保数量、提升质量、落地到户”的要求，建立了基本农田图、表、册；设立了基本农田保护标志牌；签订了基本农田保护责任书；完成了基本农田数据库。全年落实基本农田5866.48万亩，比规划目标多141.48万亩。

（三）土地整理与复垦开发

全年投入土地整理开发资金20.42亿元，其中，中央新增建设用地有偿使用费2.83亿元；中央财政支持东部百万亩土地整治重大项目资金3亿元，省留新增建设用地有偿使用费1.5亿元、省留开垦费1.92亿元，共安排土地整理复垦开发项目117个，切块市州新增费5.8亿元、耕地开垦费5.37亿元。

为及时恢复2013年以来因地震、暴洪灾害损毁的耕地，2014年从中央新增建设用地有偿使用费中确定专项资金1亿元，用于安排定西、天水、陇南、甘南、临夏、白银、平凉、庆阳8个市州土地复垦项目29个，复垦面积7.67万亩。

全年验收各类土地整理开发项目323个，完成总投资16.98亿元，建设总规模129.3万亩，新增耕地12.24万亩。完成梯田建设54万亩。与其他部门共同建设高标准基本农田151万亩。

甘肃东部百万亩土地整治重大工程项目自2013年启动以来，2013年5个子项目已全部完工，建设规模5.98万亩，投资1亿元；2014年25个子项目，建设规模41.76万亩，投资7.90亿元。已到位资金4.65亿元（含中央资金3亿元）。

（四）建设项目用地预审

全年完成用地预审项目126个，其中报部初审项目9个，省级预审项目117个。项目涉及投资2002.11亿元，项目用地总面积10200.34公顷，其中，农用地4433.32公顷（含耕地2993.37公顷），建设用地1500.05公顷，未利用地4266.97公顷。

（五）建设用地审批

全年审查审批用地项目991个，总面积7216.10公顷，其中农用地4673.83公顷，含耕地3534.89公顷；未利用地1388.88公顷；建设用地1153.39公顷。

（六）土地供应

全年供应建设用地4142宗，供应总面积16841.23公顷，其中，以招标拍卖挂牌方式供地6019.86公顷；以协议方式供地520.72公顷；以划拨方式供地10299.65公顷；以租赁方式供地1宗、面积1公顷。截至2014年底，土地市场动态监测与监管系统显示，全省供地率为73%，比上年度提高近20个百分点，居全国第14位。

全年土地出让合同价款191.79亿元，其中，以招标拍卖挂牌方式出让176.94亿元，以协议方式出让14.85亿元。

【矿产资源】

（一）矿产资源现状

全省已发现各类矿产119种，新发现了海泡石粘土矿。其中，已查明资源储量的75种，占全省已发现矿种的63%，未查明资源储量的44种，占全省已发现矿种的37%。已查明矿产资源以非金属矿产为主，其次是金属矿产和能源矿产。列入《甘肃省矿产资源储量表》的固体矿产96种、矿产地1357处（含共伴生矿产，下同），其中固体燃料矿产地215处，黑色金属矿产地151处，有色金属矿产地296处，贵重金属矿产地362处，稀有稀土分散元素矿产地38处，化工原料非金属矿产地85处，冶金辅助原料非金属矿产地46处，建材及其它非金属矿产地164处。大型规模矿床116个、中型213个、小型1028个。勘探阶段266个、详查阶段303个、普查阶段788个。

根据《2013年全国主要矿产资源储量通报》，全省资源储量居全国第1位的矿产有11种，分别是镍矿、钴矿、铂族金属、铂矿、钯矿、锇矿、铱矿、铑矿、硒矿、铸型用粘土、凹凸棒石粘土；居前5位的有32种；居前10位的有65种。

（二）矿产资源勘查

全年开展基础调查项目51个，其中，新开18个、续作33个。投资1.56亿元，其中中央财政出资1.02亿元，地方财政出资5390万元。开展矿产勘查项目535个，投入地勘资金21.77亿元，其中中央财政出资1.09亿元，地方财政出资3.16亿元（省级勘查基金1.8亿元，并带动地勘单位及企业投入7727万元），社会资金投入17.52亿元。全年完成钻探872056米，槽探1101413立方米，坑探46407米。

基础地质调查情况：开展区域地质调查项目7个，投入资金1640万元；区域地球物理调查项目7个，投入资金3854万元；区域地球化学调查项目2个，投入资金300万元，完成调查面积9000km^2；其他类地质调查项目3个，投入资金455万元；开展矿产远景调查项目32个，投入资金9350万元，其中中央财政投入3960万元、地方财政投入5390万元。

全年新增查明矿产资源储量的矿种主要有煤、铁、钨、金。其中新增煤炭资源量11.1亿吨，铁矿石资源量0.11亿吨，钨资源量0.9万吨，金资源量为22.6吨。2014年度完成阶段性勘查的矿产地共17个，其中大型1个，中型10个，小型6个；新发现矿产地5个，其中大型1个，中型3个，小型1个；提高规模级别矿产地2个。

（三）矿产开发利用

全省共有各类非油气持证（采矿许可证）矿山3476个（国土资源部发证21个，省国土资源厅发证473个，市级发证576个，县级发证2406个），其中大型55个、中型76个、小型1298个、小型矿山（生产规模低于小型矿山规模上限的十分之一）2047个。全年开采矿石总量（原矿量）1.25亿吨，实现工业总产值309.59亿元，从业人数16.65万人。

全省共设置探矿权1348个，其中，国土资源部发证279个，省国土资源厅发证1069个。

（四）矿业权价款及补偿费征收

全年探矿权、采矿权价款及使用费入库22.86亿元。矿产资源补偿费征收6.46亿元，省厅直接征收5.31亿元，各市州征收1.15亿元。其中石油、煤炭、镍、铅、锌、金等矿种征收额居前列。

【地质环境】

（一）地质灾害防治

全年共发生地质灾害82起（其中达到统计标准32起），受灾人数2398人，直接经济损失3590.8万元。全年发布预警信息43次，其中二级8次、三级33次、四级2次。

地质灾害防治投入资金3.26亿元，其中中央财政2.26亿元，省财政配套资金1亿元。安排地质灾害治理项目22个。编制了《甘肃省重点地质灾害综合防治体系建设方案》（2014—2020）获得国家7年专项资金重点支持资格。

舟曲“8·8”特大山洪泥石流灾害灾后重建26个地灾防治综合治理项目，除锁儿头滑坡治理工程正在施工收尾外，其他工程项目已全部完成竣工验收并移交地方；东乡族自治县县城特大滑坡灾害灾后恢复重建地质灾害综合治理项目已全面完成；岷县“5·10”特大冰雹山洪泥石流灾害防治工程全部竣工；岷县、漳县6.6级地震灾后重建地质灾害治理工程已全面进入施工阶段，资金投入4.8亿元，安排治理项目37个。

（二）矿山地质环境保护与地下水勘查

全省3187家矿山企业建立了矿山地质环境恢复治理保证金，专户存储保证金2.65亿元，返还矿山企业保证金2451万元。国家投入1亿元用于白银市平川区资源枯竭城市煤矿塌陷区治理，投入8000万元用于玉门油田地质环境恢复治理。

开展了全省地下水动态监测和矿泉水调查评价工作。对庆阳、平凉、天水、兰州、定西等地区进行了地下水勘查、城市供水现状调查及远景评价，对兰州新区进行了浅层地温能调查评价。

（三）地质遗迹保护

全省共有地质公园32个，其中国家级10个，省级22个。2014年，临潭冶力关和宕昌官鹅沟升级为国家级地质公园。国家下达地质公园建设资金1440万元，用于平凉崆峒山地质公园建设。省级财政全年共安排地质遗迹保护经费2000万元，用于敦煌雅丹、张掖丹霞等7个地质公园的保护与建设。

防震减灾

【地震震性】2014年甘肃共发生MS≥2.0级地震100次。其中，2.0~2.9级地震82次，3.0~3.9级地震14次，4.0~4.9级地震4次，最大地震为11月15日发生的景泰4.9级地震。2014年地震活动在时间分布上比较均匀，其中1月、8月和12月地震活动频次相对较高，在10~12次，7月份地震活动水平较低仅4次，其余月份地震频次在6~10次；3.0级地震分布12月份最多为4次，4、5、9、10、11月份均有3.0级地震2~3次，其余月份无3.0级地震发生。地震活动在空间上分布延续以前的格局，2.0级以上地震主要集中分布于祁连山地震带西段、东段和古浪周围及甘东南地区；3.0级地震主要分布在祁连山地震带和甘东南地区。

【监测预报】进一步完善了全省地震台网运行管理机制，实施了所有强震动台站19次远程检查和部分现场巡检，维修改造地震监测仪器设备40台套。本年度，共速报省内及周边地区39个有感和破坏性地震，满足了地震应急工作的实际需求；测震台网、前兆台网、强震动台网、信息网络运行率分别达到96.3%、98.9%、90%、99%，在全国地震观测资料质量评比中甘肃有29台项获前三名，继续位居全国前列。

年初以来，全省各级地震部门强化地震重点危险区震情跟踪与分析研判，开展了持续6个月的短临跟踪，丰富完善临震预报指标，严格执行宏观异常核实规程，注重基层和社会的群测意见，将地矿、气象等部门水位、水井、降水等资料应用于震情研判，组织有关专家开展了显著异常落实40次。加强与中国地震局和周边省区信息共享，及时通报重大震情和短临预报意见，强化科研成果应用，组织震情会商80多次、联合会商7次，及时向省委、省政府上报震情趋势意见及15次有感和破坏性地震震后趋势判定意见。

【灾害预防】加强全省重大建设工程抗震设防要求和地震安全性评价监管，开展了省内丙级安评资质单位的检查、重新审核、认定工作，注销3个丙级资质，新认定了1个丙级资质，进一步规范了安评资质管理。加强抗震设防要求行政审批，本年度，审批确认重大建设工程抗震设防要求110项，各市县地震部门确认一般建设工程抗震设防要求1400项，确保了各类建筑达到了抗震设防要求。

实施农村民居地震安全工程，全省地震系统联合建设等部门组织开展了农村工匠培训8000多人次。本年度，各地区依托灾后恢复重建、危旧房改造、新农村建设等项目，新建抗震安全农居22.4万户。目前，全省已建成抗震安全农居308.4万户，占全省农居总数的62%。

【应急救援】加强全省地震应急预案动态管理，本年度指导修订了各级各类地震应急预案700多件，特别是酒泉、嘉峪关、天水、兰州、张掖、平凉等市实现了预案城乡全覆盖；加强省地震灾害紧急救援队建设，开展了理论实务和操作技术培训，配发了2200件（套）救援器材和专用救援车。省测绘地理信息局向我局无偿提供了全省基础地理信息，省卫生计生委提供了全省人口数据，及时更新了地震应急救灾基础数据库。省抗震救灾指挥部信息通报系统、微型移动自动指挥平台和应急专题地震自动成图系统已完成搭建以及软硬件测试。本年度，兰州国家陆地搜救基地对省消防部队、省军区、省红十字会、省疾控中心等

800多名应急人员进行了救援技术、理念培训，同时对广东、山东、陕西、海南、河北、云南、青岛及甘肃省消防总队救援技术骨干400多人进行了专业地震救援技术培训，该基地效能得到充分发挥。

对各市州政府和省抗震救灾指挥部成员单位地震应急准备工作进行了全面自查和现场检查。分管副省长带队对兰州市学校、医院、社区及企业防震减灾工作进行了一次检查；省政府分管副秘书长召集省抗震救灾指挥部主要成员单位，对第一季度落实国务院、中国地震局和省委省政府防震减灾工作部署进行了一次督检；配合国务院抗震救灾指挥部工作组对甘南州、省地震应急指挥中心、兰州国家搜救基地、省救灾物资储备中心应急准备工作进行了检查；省抗震救灾指挥部组成两个检查组，对应急准备工作进行了实地现场检查；酒泉、陇南、张掖、甘南等市州政府开展防震减灾和应急工作检查。通过检查，有效促进了各层面防震减灾工作的措施与责任的进一步落实。

【科技创新】组织国家、省部级各类科研项目申报，20个项目得到资助；在研项目科技成果被及时应用于地震预报、灾后重建、应急救援等领域。依托“西部地球科学与防灾工程论坛”，举办了省地震学会学术年会及岷县漳县地震一周年学术研讨会，先后邀请了30多位国内外专家作了28场学术报告；与希腊地震工程学会、国际土力学和岩土工程学会地震岩土工程技术委员会、清华大学、中科院寒旱所等科研机构开展了学术交流活动。本年度已发表论文120篇，其中SCI10篇、EI15篇；石窟文物抗震防护技术对策研究项目获甘肃省科技进步二等奖。省科技厅大力推广防震减灾设施技术及产品推广应用，开展防震柜、墙、逃生通道等系列产品并在河西市县建立了5个示范点，大力推进科技成果应用于防震减灾工作。

【法制建设和科普知识宣传】省十二届人大常委会第十一次会议对省地震局代省政府和省人大常委会调研组所作的关于全省加强地震重点监视防御区防震减灾工作情况报告、调研报告进行了一审。全省地震系统完成了第四轮防震减灾行政执法主体资格和执法证书清理换证工作，目前全省拥有行政执法人员365人，行政执法监督人员96人，地震及有关部门在地震观测环境保护、地震安全性评价等方面开展了联合行政执法150多次，推动了防震减灾各项工作规范实施。

省委宣传部与省地震局共同举办了中央和地方媒体防震减灾情况通报会，省委宣传部、省人大常委会教科文卫委员会分别与省地震局编印出版了《地震应急避险手册》和《防震减灾科普读本》。全省宣传、教育、卫计、地震等部门及各新闻媒体，充分利用各种宣传平台，开展了形式多样、内容丰富的防震减灾知识宣传，特别是在省防震减灾宣传周期间开展了大型集中科普宣传100多场次、发送手机短信150多万条、电影专场50多场次、刊发稿件900多篇、电视消息500多条、专题新闻70多条、地震应急疏散演练300多场次，受教育人数覆盖面明显拓宽，社会公众、中小学师生防震减灾意识明显增强，自救互救和应急避险能力普遍提高。本年度，新命名了省级示范学校13个、地震安全示范社区4个，省级防震减灾科普教育基地2个。

【专项工作任务落实】省抗震救灾指挥部举行了一次省市县三级地震应急演练，各级指挥员熟悉了程序、磨合了机制，应急处置能力明显提高。省防震减灾工作领导小组各成员单位各负其责，全力完成防震减灾工作任务，取得明显成效。省民政厅加强地震应急救援物资储备，投资1000多万元采购了8大类物资，充实了73个救灾物资储备库；省建设厅组建了震后房屋设施及重建工程评估专家队伍100多名，对1000多户农村危房改造质量进行了抽查，争取了中央财政支持的农村危房改造项目14万户、资金12多亿元；省水利厅组建了灾害综合抢险队伍2500多个、26万人，保证了震后第一时间实施抢险；兰州铁路局对地质灾害存在隐患的铁路5000多公里、桥梁1800座、隧道170多座、沿线水库40多座进行了排查，投资6000多万元进行了整改；省教育厅指导各市州对各类学校安全隐患进行了拉网式排查和风险评估，排查和评估学校达到了100%；武警甘肃总队坚持以专业力量为牵引、以非专业力量为支撑，积极探索力量优化、警民融合发展新思路，强力推进抢险救灾力量建设；甘肃公安消防总队14个支队、8个轻重型应急救援队，102个普通应急救援队建立了覆盖全省的“一键式”指挥调度体系和一处震情、多点响应、共同联动的地震灾害救援体制机制，并与我局建立了地震信息共享平台；省公安厅建立了随时调集200多名交警、120多名特警，以及领导分片包段、民警责任到人，交警为主、特警辅的应对地震灾害交通管治机制；省商务厅建立了40家地震应急商品供应企业；省粮食局建立了分布11个市州的5000万吨的成品粮油应急储备，确定了应急供应网点1300多个、配送中心120多个、加工企业130多个、储运企业120多个；省电力公司在每个市州建立了100人的应急抢修队伍，应急中心仓库储配了170多种应急物资。

【重点项目建设】省市两级政府投入专项经费1180万元，在天水、金昌分别组建了东西部两支区域性省级地震灾害紧急救援队。岷县漳县灾后恢复重建防震减灾项目建设，完成了重建区域活动断层调查评价、抗震设防地震动参数区划图编制、异地重建集中安置点场地地震安全评估和成果推广应用等重点工作。中国地震背景场探测工程甘肃分项、国家地震社会服务工程甘肃分项、中国地震科学台阵探测项目甘肃分项、兰州国家陆地搜寻与救护基地配套项目、台站优化改造等重点项目，完成了年度计划任务。

落实国家地震烈度速报与预警工程、地震电磁监测试验卫星工程、兰州国家陆地搜寻与救护基地二期等重大项目涉及甘肃部分立项工作，并完成立项评估、初步设计以及前期准备工作。中国地震局与甘肃省人民政府共同推进兰州城市圈防震减灾体系建设实施方案已经中国地震局和省发展改革委论证评审通过。成立“十三五”防震减灾规划编制领导和工作机构，完成了规划预研究报告编写并上报中国地震局。

（高菁菁）

气象

【气候评价】

（一）概述及总体评价

全省平均气温为8.7℃，较常年偏高0.6℃。年平均降水量为420.2mm，较常年偏多5%，为近3年最少。年日照时数偏少。连阴雨次数偏多，高温日数和干热风次数偏多，暴雨、冰雹、大风、沙尘暴、霜冻较常年偏少，其中局地强降水、暴雨（洪）等引发了泥石流、洪涝、山体滑坡等气象次生地质灾害。总体上看，2014年属于气候条件较好的年景，夏、秋粮喜获丰收。

气温全省年平均气温为8.7℃，较常年偏高0.6℃。全省年平均气温最低中心在乌鞘岭，为0.8℃，最高中心在文县，为15.5℃。全省各月平均气温与常年同期相比，12月气温偏低0.7℃，为近9年来最低，1、3、4、7、9和10月偏高，其中1月气温偏高1.8℃，为近4年同期最高，3月较常年同期偏高1.8℃，为1960年以来第3高，仅次于2013年和2008年，10月较常年同期偏高1.7℃，为近8年同期最高，其余各月接近常年。

降水全省年平均降水量为420.2mm，较常年偏多5%，为近3年最少。各地年降水量，酒泉市中北部为38～100mm，酒泉市南部，张掖市、武威市、白银市、兰州市、定西市、天水市中西部和陇南市北部为100～500mm，平凉市、庆阳市、临夏州、甘南州、天水市东部和陇南市东南部为500～736mm。年降水量最少中心在瓜州，为38.7mm，最多中心在正宁县，为736.1mm。与常年相比，张掖市中南部、武威市、兰州市南部、定西市北部、平凉市、庆阳市、临夏州西部、甘南州、陇南市西部偏多1～4成，金昌市、白银市中部偏多4～8成，酒泉市中南部和东北部、陇南市东北部偏少1～4成，全省其余大部地方接近常年同期。

日照2014年年日照时数，酒泉和张掖两市为2746～3561h，武威市为2731～3202h，白银、兰州、定西、平凉、庆阳五市、临夏州和甘南州为1412～2797h，天水和陇南两市为1688～2167h。

（二）主要气象事件及其影响

暴雨日数异常偏少，部分地方受灾严重。共有8站累计出现暴雨8站日，较常年偏少12站日，为1994年以来历史同期最少。夏季暴雨次数少，但强度大，部分地方损失严重，出现了大范围的强降水和局地暴雨天气过程。年内全省共有19站（次）达到极端降水事件标准，麦积站达到历史极值。暴雨导致的洪涝、滑坡和泥石流等次生灾害频发，给群众财产和基础设施造成了重大损失，陇东北部和陇南大部分县（区）的乡镇受灾严重。

冰雹出现日数偏少，但局地雹灾较重。全省共有27站累计出现冰雹46站日，较常年偏少43站日。主要出现在酒泉、武威、兰州、定西、临夏、甘南和庆阳等地。年内出现1次区域性冰雹。年内局地冰雹灾害频繁，酒泉、武威、兰州、定西、天水、庆阳六市和甘南州部分乡（镇）不同程度受灾，其中兰州市、定西市和庆阳市受灾严重。

干旱1月，全省大部分地方降水偏少7～9成，酒泉、张掖、武威市部分地方基本无降水。1月全省降水累计日数为61站日，较常年同期偏少247站日，为近22年最少年份。2013年9月18日至2014年1月31日，酒泉市未出现有效降水，旱象明显。东南部伏旱严重，自7月11日全省大范围降雨结束后，到8月初基本无区域性降雨过程，加之气温较高，土壤蒸发量加大，旱象显现。7月中旬至8月上旬，天水、平凉和庆阳市南部连续无有效降水日数为24～27天，加之高温天气偏多，出现较重干旱，受灾较重。

连阴雨连阴雨和区域性连阴雨次数均偏多。在河西大部和河东（全省75站）年内累计出现367次连阴雨过程，较常年偏多44次，为近6年最多，出现时段为4～11月，主要出现在夏季。河西大部出现1～4次，河东大部出现2～6次，其中陇中南部和甘南高原出现8～11次。与常年相比，河西东部部分地方、陇东北部部分地方、甘南南部个别地方偏少1～3次，省内其余大部分地方偏多1～3次。全年共出现区域性连阴雨天气过程13次，较常年偏多。

高温高温日数偏多。全省共有46站累计出现日最高气温≥32℃高温日数861天，比常年偏多88天。出现时段为5月中旬～9月中旬，集中出现在夏季（占全年总日数94%，较常年同期偏多89天），主要出现在河西、陇中中北部和陇南南部，其中敦煌全年累计出现日数最多（62天）。与常年相比，河西个别地方、陇中中部部分地方和甘南大部接近常年同期，陇东大部分地方和陇南北部部分地方偏少3～12天，省内其余地方偏多3～12天，其中灵台和宁县分别偏多25天和21天。全省共有19站出现日最高气温≥35℃的高温天气，累计出现104天（均出现在夏季），较常年同期偏少19天，主要出现在河西中西部、陇中北部和陇南南部个别地方。

大风年内全省共有60站出现大风天气，累计出现526次，较常年同期偏少34次，主要出现在河西、陇中大部、甘南高原和陇东大部分地方。

沙尘暴全省共有44站出现扬沙天气，累计出现182次，较常年同期偏少365次。年内全省共有71站出现浮尘天气，累计出现401次，较常年同期偏少391次。3月9～14日，全省出现持续大范围浮尘天气。年内全省共有20站累计出现沙尘暴35次(日)，较常年偏少68次（日），为连续第12个偏少年份，春季沙尘暴日数为近5年次少（2012年最少），主要出现在河西走廊部分地方和陇东部分地方。年内首次沙尘暴天气出现在1月13日(金塔、玉门镇)，末次出现在9月11日（金塔）。年内共出现4次区域性沙尘暴过程，较常年偏少，分别出现在2月24日、3月9日、3月11日和7月30日。

干热风干热风次数偏少，对农作物影响程度轻。年内（夏季）全省共有28站累计出现干热风352次（日），较常年偏少54次（日），为近6年最少。主要出现河西、陇中北部和陇东北部，其中河西大部出现18 ~ 25次，瓜州和敦煌最多，分别为40次和36次。

霜冻晚霜冻次数偏少，部分地方受灾较重。年内全省各地均出现晚霜冻（4 ~ 5月），累计出现2783次，较常年同期偏少506次，为近4年最少。受晚霜冻影响，河西个别地方、陇中北部个别地方和陇东部分地方的农作物不同程度受灾，其中陇东个别地方和陇南北部个别地方受灾较重。

寒潮寒潮、强降温次数偏少，部分地方出现低温冻害。年内全省有一半地方均出现寒潮和强降温天气（出现站数均为40站），累计出现寒潮29次（日），较常年偏少29次（日）。累计出现强降温107次（日），较常年偏少46次（日）。寒潮、强降温出现时段主要集中在初春3月和仲春4月。

雪灾2月、4 ~ 6月出现不同程度雪灾，对交通运输、农牧业生产造成了不同程度影响，河西西部个别地方和陇中部分地方受灾，陇中个别地方受灾较重。

【气象服务】气象防灾减灾服务气象工作写入2014年省委1号文件和省政府工作报告。省政府主持召开全省气象防灾减灾暨人工影响天气工作会议，安排部署气象灾害防御工作，对上年度市州政府气象灾害防御工作进行绩效考核。省气象局参加省政府防灾减灾工作落实情况检查，代表省气象灾害防御指挥部，对各市州政府目标任务完成情况进行实地考核。83个市、县（区）成立气象灾害防御指挥部，85个市、县（区）将气象工作纳入对地方政府的绩效考核。组织召开25个部门和单位参加的气象灾害预警服务联络员会议，与省红十字会签署了部门合作协议，多部门预警会商机制进一步完善。气象事业“十二五”规划的两个重点建设项目列入省级财政预算。气象事业发展规划纳入全省“十三五”重点专项规划。全省气象灾害造成的损失为历年最少。

决策气象服务针对年内出现的“6·18”等4次区域性暴雨、4月23~24日等3次区域性大风、沙尘暴及10月10~12日等3次寒潮强降温、降雪等重大灾害性天气过程，全省气象部门及时向各级党委政府提供决策气象服务，为公众和各行各业提供预报预警服务，共启动重大气象灾害应急响应117次，发布预警信号2010次，报送决策服务材料5373期。各级领导批示381人次，其中省级领导批示15人次。

气象为农服务与农牧部门合作开展“直通式”气象服务，全省共纳入“直通式”气象服务对象13054个。建立气候中心与农试站协同开展为农服务机制。依托“三农”服务专项，发挥现代农业气象示范县引领带动作用，提升县级现代农业气象服务能力。建成2个全国标准化气象为农服务县（市、区）、19个标准化农村气象灾害防御乡（镇）。

重大社会活动气象服务圆满完成“第十三届环青海湖国际公路自行车赛”、“兰洽会”、“兰州国际马拉松赛”等重大活动期间预报服务。

人工影响天气服务全年共实施飞机人工增雨作业25架次，增水量约9.833亿立方米。地面作业1364点次，耗弹量37224发（枚）。建设集气象信息共享、人影潜势预报、冰雹灾害预警、人影业务管理于一体的“省级人工影响天气综合业务平台”。自主研发的“冰雹云CINRAD/CC和CINRAD/CD雷达预警及防雹作业指挥系统”获国家版权局《计算机软件著作权登记证书》，系统在甘肃、新疆、云南、吉林、山西、青海、宁夏等省区投入业务应用。开展了小陇山林场救火人影增雨、“相约陇南两当共圆幸福中国梦”西部民歌邀请赛人工消减雨等保障服务。

【气象现代化和深化气象改革工作】气象现代化建设省政府出台《关于加快推进气象现代化的意见》，成立推进气象现代化建设领导小组，印发了《甘肃省气象现代化工作考核指标体系和评价办法》。14个市州政府出台指导性意见，12个市州政府成立领导机构。省局制定了《气象现代化工作实施方案》和落实省政府加快推进气象现代化意见任务的《分工方案》。省局、各市州局成立了全面深化气象改革领导小组办公室。各市州局、省局各直属业务单位出台了本单位的工作方案。

深化气象改革结合甘肃实际，印发《中共甘肃省气象局党组关于全面深化气象改革的实施意见》，下发《贯彻中共中国气象局党组关于全面深化气象改革的意见主要任务分解表》。在专题学习调研的基础上，编制《气象服务体制改革实施方案》、《气象业务科技体制改革实施方案》和《气象管理体制改革实施方案》。

预报预测系统建设全省24小时晴雨预报准确率为87.6%，最高和最低气温预报准确率分别为73.4%和76.1%。年度短期气候预测质量位居全国前列。组织开展格点化预报业务试验，完成极端天气气候事件监测业务系统本地化应用。组建西北区域数值预报中心，制订《区域中尺度模式业务化准入实施工作方案》。组织开展“西北区强对流天气预报预警系统”、“陇南市自然灾害监测预警指挥系统”、“现代天气预报编辑发布与服务系统”和“县级预报预警平台”推广工作，参加全国县级预报综合业务平台推广应用视频会并做典型发言。

综合观测系统建设完成航危报改革和地面高空业务一体化改革，全面完成历史实时数据一体化和高性能计算机系统建设。继续推进山洪地质灾害防治气象保障工程，建成国家级新型自动气象站2套、能见度仪20个、称重式降水、气溶胶、紫外线观测设备各1套。陇南新一代天气雷达完成基础设施建设。完成16市、县（区）暴雨洪涝灾害风险普查工作，建立普查信息数据库，加强中小河流洪水和山洪地质灾害气象风险预警服务。完成了81个山洪灾害防治县级非工程措施建设项目的初步验收。扩大农村气象灾害预警信息发布系统——“村村响”大喇叭建设范围，进一步提高预警信息覆盖区域。

【应对气候变化工作】参与编写

“积极应对气候变化，加强气象防灾减灾，推进生态文明建设”的“陇原大讲堂”宣讲报告，完成甘肃省历年气候变化简图和“认知甘肃气候，服务经济社会”宣传册等。向省政府上报“甘肃生态文明建设应高度重视气象防灾减灾和应对气候变化工作的建议”等决策服务材料。向中国气象局提交“在河西内陆河流域生态治理中加强应对气候变化工作”等全国两会提案。发布2013年度《甘肃省气候变化监测公报》。针对兰州新区建设、兰州大气污染治理及甘肃新能源发展提供气候可行性论证和技术支撑。

【科技创新工作】完善科研管理办法，扎实推进科研项目全程管理。召开全省科技创新驱动现代气象业务发展研讨会。《中国干旱气象科学研究计划实施方案》通过专家论证，行业专项重大项目“我国北方干旱致灾过程及机理”获立项、批复。全年组织申报各类项目93项，获甘肃省科技进步二、三等奖各1项。组织参加“第八届全国气象行业职业技能竞赛暨第四届全国气象行业天气预报职业技能竞赛”，取得历史最好成绩。

【气象法规建设与社会管理】《甘肃省气象灾害风险评估管理办法》经省政府第68次常务会审议通过。完成全省气象行政许可项目和省局2000—2013年规范性文件清理工作。开展防雷综合治理，全面推进防雷工作规范化发展。完成3项地方标准的制定并对社会发布。召开全省气象服务工作会议，全面推进气象科技服务的规范化管理。以《气象法》颁布十五周年及第一个国家宪法日为契机，广泛开展气象法律法规宣传。

（李春亮）

政　治

组织工作

【理论武装工作】坚持在紧贴大局、靠前站位中谋划推进领导干部理论武装工作，切实用中央精神和省委重大决策部署统一思想。一是部务会带头学习贯彻中央精神。始终把中央精神统一思想认识、指导推进组织工作作为首要任务来抓，部务会以高度的政治自觉带头学习贯彻中央精神，围绕学习十八届三中、四中全会精神、十八届中央纪委三次全会精神等中央和省委重大决策部署，先后组织开展了14次专题学习和座谈讨论，及时传达学习、全面准确领会中央和省委精神，研究提出贯彻的具体措施，切实把中央和省委的部署要求落实到组织工作中，使组织工作始终与中央重大决策部署和省委中心工作同步发力、同频共振。二是认真开展集中培训和干部轮训工作。指导各级党校、行政学院把学习贯彻十八届三中、四中全会和习近平总书记系列重要讲话精神作为核心内容，提出17个学习主题，统筹抓好全省集中培训工作，举办地厅级干部研讨班4期。坚持把干部轮训与常规培训有机结合起来，全年轮训各级各类干部17.7万人，其中县处级以上干部2.6万人；举办选调生培训、妇联干部培训、残联干部培训等各类培训班13期，培训干部499人，选派干部参加中央“一校五院”培训131人，参加全国组干学院等单位调训22批188人次。三是围绕中心工作开展专题培训。紧盯中央和省委重大决策部署，研究制定《干部教育培训服务“1236”扶贫攻坚行动的意见》，围绕推动“3341”项目工程、“1236”扶贫攻坚行动和双联行动等积极开展专题培训，省级开展培训52个班次、2613人。制定加强甘南州基层干部双语培训工作方案，加大支持力度，指导教材编写，开展专门培训，切实提高民族地区干部维护稳定、谋划发展的能力。结合“双联”行动、“1236”扶贫攻坚行动和加强基层干部培训，整合资源组建甘肃乡村干部培训学院，采取多种形式培训村干部4.4万多人次。四是探索创新干部教育培训新机制。围绕提高干部教育培训质量，整体谋划全省干部教育培训品牌资源建设，加强与中国延安干部学院的合作共建，切实发挥红色革命历史遗址在干部教育培训工作中的示范引领作用，在会宁、哈达铺、腊子口、西湖街道建立延伸教学基地4处。依托省电大网络在线平台，开设党员教育视频课堂，配套上线600多个专题1000余学时的模块化课程资源。

【党的群众路线教育实践活动】按照中央和省委的部署，认真研究、周密部署，严密组织、盯紧抓实，确保教育实践活动顺利开展、扎实推进。一是精心做好谋划部署和组织指导工作。第二批教育实践活动开展以来，省委组织部高度重视，省委常委、省委组织部部长吴德刚同志投入主要精力，调查了解情况，研究谋划工作，指导推动落实。省委组织部机关抽调60多名业务骨干参与教育实践活动的组织协调、指导联络、督查落实等工作。坚持超前考虑、科学谋划，在深入总结第一批活动经验做法的基础上，认真制定第二批《活动方案》，紧抓每一环节的时间节点，提早分析研究，及时进行策划，适时召开会议作出安排部署。继续实施分类指导，根据第二批活动单位特点，分类制定指导意见和实施方案，及时推广基层开展活动的好经验好做法，推动教育实践活动健康平稳有序开展。二是始终扭住关键节点强化督促检查。坚持从整体上把握好教育实践活动的进度节奏，牢牢盯住关键环节聚焦发力，在学习教育、征求意见、谈心谈话、召开民主生活会等环节，深入分析可能出现的倾向性问题，研究制定严的标准和措施，先后召开30多次领导小组办公室主任会议、联络员会议以及有关同志参加的工作会议，提出开展督促检查的重点和措施，并把从严督查贯穿教育实践活动全过程，认真把好重点环节质量关，切实把规定动作做到位、自选动作做扎实，以强有力的督促检查工作确保教育实践活动的质量。三是立足解决突出问题务求取得实效。坚持问题导向，聚焦“四风”问题开展专项整治。在继续抓好第一批教育实践活动整改任务落实的基础上，认真落实中央提出的“7+4+10”专项整治任务，组织开展“专项整治月”，集中开展城乡低保清理、扶贫资金使用监管、软弱涣散党组织整顿等专项整治。分层次分领域指导市县领导机关、教育系统、卫生计生部门、省属企业和乡镇（村组）解决脱离群众、盲目决策、侵占群众利益等方面的突出问题。

【选人用人工作】抓住新修订《干部任用条例》学习贯彻的有利契机，注重长远考虑，健全完善制度，努力构建选好人用好人管好人的制度机制。一是抓好《干部任用条例》的学习宣传贯彻。下发通知对全省学习贯彻《条例》作出安排部署，提出了专题学习、专题宣讲、专题培训、专题宣传、专题检查“5个专题”的具体措施。部班子成员分别深入14个市州进行政策宣讲，举办培训班对市州党委组织部长、部机关副处级以上干部进行专题培训。加大舆论宣传力度，在《甘肃日报》、《党的建设》、《甘肃组工网》刊发了《条例》问答46问，对《条例》精神进行广泛宣传和深入解读。二是不断健全完善干部工作相关政策制度。围绕贯彻落实新修订《条例》，研究制定《甘肃省省管领导班子和领导干部综合分析研判办法》、《甘肃省省管干部任免规程》、《关于改进和完善省直机关处级干部选拔任用机制的指导意见》、《省管干部退休谈心谈话办法》、《省管副厅级单位副职任免程序》等政策文件,在干部选拔任用、日常管理等方面，从制度层面作了进一步规范。三是加强年轻干部和“三方面”干部培养选拔工作。召开年轻干部培养机制工作座谈会，对探索完善优秀年轻干部培养机制进行安排部署。制定出台了《关于干部“逢提必下”的实施方案》，进一步完善干部实践锻炼制度。选派12名地厅级干部、20名少数民族干部到中央国家机关和兄弟省市挂职，选派8名党外县处级干部到县区挂职，安排中央国家机关选派的30多名干部到甘挂职。结合换届工作，从省市县乡机关选派2234名年轻党员干部到贫困村和后进村担任书记、第一书记或常务副书记。四是进一步完善公务员管理制度。会同有关单位研究制定省直机关公开遴选公务员、公务员面试考官管理等方面的政策性文件，研究起草了《甘肃省艰苦边远地区基层公务员考试录用办法》。会同有关单位先后组织开展了从优秀村干部中考录乡镇机关公务员、全省公务员“四级联考”、基层政法机关定向招录等工作。

【干部管理监督工作】坚持问题导向，强化监督检查，推动干部管理监督各项制度规定的落实。一是认真落实从严管理干部各项措施。建立健全干部经常性提醒教育制度，提醒干部自觉遵守组织人事纪律和廉政准则。严格执行个人有关事项报告制度，组织省管干部报告2013年个人有关事项，委托有关单位随机抽取进行了查询核实。与各市州、县（市）区101名党委组织部长签订《组织部长履行干部选拔任用工作责任承诺书》，对全省领导干部和公务员(含参公人员)的干部档案组织开展集中审核。二是开展选人用人监督检查。认真贯彻省委的部署要求，制定了《省委组织部贯彻〈中共甘肃省委关于落实党风廉政建设主体责任的意见〉的实施办法》。配合中组部完成2013年度省委干部选拔任用“一报告两评议”工作，安排开展全省“一报告两评议”工作，并逐一向各地各单位反馈结果，提出改进措施。三是加大对违规违纪问题的查处力度。进一步严明干部人事工作纪律，专门下发《通知》作出安排。建立干部选拔任用纪实制度，制定《甘肃省省管干部选拔任用工作纪实办法（试行）》，对干部选拔任用工作程序、重要情况、特别情况纪实作了详细规定。进一步规范举报受理工作，畅通电话、短信、网络、信访“四位一体”举报平台，全年受理各类举报169件（次),其中涉及选人用人问题的58件，严格按照有关规定和干部管理权限进行了办理。四是深入开展选人用人不正之风专项整治。突出抓好整治超职数配备、党政干部在企业兼职工作，严格执行出国审查审批制度，提出了加强“裸官”管理的意见，对全省副处级以上干部配偶已移居国（境）外情况进行了摸底，对属于“裸官”范围的干部提出了处理意见。对干部调动工作后未及时迁转关系人员进行集中清理。加强干部档案信息工作力度，出台《省管干部档案任前审核细则》，启动省管干部人事档案专项审核工作。五是从严从实抓好中央巡视组和中组部选人用人专项检查组反馈问题的整改落实工作。针对中央巡视组反馈的有关组织人事问题，及时制定整改方案，狠抓整改落实。组织13个检查组，对12个市州及所辖20个县区和12个省直单位选人用人工作集中开展了专项检查，对检查中发现的问题进行了通报，并逐一向被检查地方和单位党委（党组）进行了反馈，提出了整改要求。

【党的建设制度改革】紧紧围绕加强党的执政能力建设、先进性和纯洁性建设这条主线，坚持改革创新，扎实推进党的建设制度改革。一是健全完善推进改革的制度机制。研究制定《党的建设制度改革专项小组工作规则》，明确了主要任务和15个成员单位的工作职责。根据工作领域和职责分工，成立9个改革推进小组和1个联络工作小组，进一步明确各自任务，细化工作责任，加强统筹协调，抓好督查落实，聘请10名党建专家担任改革顾问，构建了理论研究、分工推进、统筹协调的“三位一体”制度机制。二是科学谋划推进改革的主要任务。围绕党建制度改革重点难点问题，制定了26个调研选题和《全省组织工作调研计划》。经过反复征求意见，结合甘肃实际，研究制定了《深化党的建设制度改革实施方案》，从深化组织制度、干部人事制度、党的基层组织制度、人才发展体制机制等6个方面，提出29项改革举措。出台了《党的建设重要改革举措实施规划（2014年—2020年）》，细化实化《实施方案》,提出了105项主要改革举措。结合中央改革要点，研究制定专项小组《2014年工作要点》，梳理出7个方面22项重点工作。同时建立工作台帐，确定了2014年要完成的61项改革措施，明确了改革的主要任务、时间表、路线图。三是扎实推进改革措施落地见效。坚持以问题为导向，增强改革的针对性和实效性。先后出台关于选人用人、干部管理、干部监督、基层组织建设、干部考核、人才引进等方面的工作制度32项，有力提升了组织工作规范化水平。

【基层党建工作】以创建基层服务型党组织为主题，充分发挥基层党组织推动发展、服务群众、凝聚人心、促进和谐的作用，统筹推进基层党建工作。一是着力加强基层服务型党组织建设。继续抓好“民情流水线”工程的深化拓展，指导基层党组织针对不同群体开展不同类型的个性化便民服务活动。积极探索推行街道、社区大工委制和社区网络化管理，不断拓展联系服务群众的工作半径。全省有85个街道实行大工委制，357个社区实行大党委制，建立118个商务楼宇党组织，994个社区实行网络化管理，覆盖率达到84%。组织动员12684个机关和企事业单位党组织与12615个双联村党组织开展结对共建。推行机关在职党员社区报到服务制度，在职党员开展服务1.83万次。二是深化拓展基层党建工作机制创新。建立基层党建工作联系点制度，为省委常委和党员副省长确定了24个联系点，示范带动各级建立基层党建联系点3600多个。开展对市州、县区和乡镇党委书记抓基层党建工作述职评议考核，改进完善“条块结合、以块为主”的指导工作机制。批复8所高校党代会方案，指导兰州大学、兰州理工大学和甘肃广播电视大学召开党代会。研究制定了加强乡镇干部队伍建设、加强基层服务型党组织建设、加强和改进事业单位党的建设工作、加强社区党组织建设等一系列政策文件，深入推进基层党建改革，推动基层党建工作常态化、长效化。精心组织指导民主生活会，认真审核138家单位方案和对照检查材料，并对各单位民主生活会精心全程指导把关。三是组织指导村“两委”换届工作。坚持“三有三好”选任标准，指导各地做好村“两委”换届选举工作，圆满完成了村党组织换届工作。换届后，大专以上文化程度村党组织书记比上届提高了25%，致富带头人和专业合作组织负责人比上届提高了7%。对4311个软弱涣散基层党组织进行了集中整顿，99.9%的村实现了转化提升。

【人才工作】坚持党管人才原则，创新体制机制，加强项目管理，积极引进人才，进一步提升人才对全省经济社会发展的推动作用。一是谋划推进人才工作创新发展。筹备召开全省人才工作会议，全面总结了近年来创新人才工作的典型做法和成功经验，深入分析了影响和制约人才发展的体制机制障碍，代省委、省政府草拟了《关于加快推进人才工作创新发展的意见》，围绕解决人才工作“聚焦不准”、“机制不活”、“服务不周”、“保障不力”等问题，提出了加强和改进人才工作的新措施、新办法。围绕省委重大发展战略创新人才工作机制，引进各类急需紧缺人才1.37万人。二是扎实做好引进金融和科技人才来甘挂职工作。推进金融干部挂职工作长效化、机制化、平台化，在省委的高度重视下，积极争取中央金融机构和科研院所的支持，坚持柔性引进120名金融人才、20名科技人才来甘挂职服务，实现14个市州和86个县区金融人才全覆盖。同时，争取26名“博士服务团”成员到甘肃挂职服务，引进18名外省“两院”院士作为“特聘科技专家”开展工作。同时，做好对各类人才的协调联系和服务保障，会同有关部门启动“省内高层次人才信息库”、“省外高层次人才信息库”、“海外高层次人才信息库”和“甘肃人才网”的建设工作。三是切实加强重点人才项目管理推进。深入推进“双联”行动人才支撑计划，实施“乡镇干部农技推广提升计划”，培训乡镇干部3401人。继续实施“陇原青年创新人才扶持计划”，安排1000万元专项资金，支持100名有发展潜力的青年学术技术骨干和10个具有较强创新能力的青年学术技术团队。安排100万元专项资金，组织2期100名农村“两癌”贫困妇女开展了创业技能和康复能力培训。全面贯彻落实“三区”人才支持计划，选派2800名青年教师、960名科技人员、70名社会工作专业技术人才、1500名文化工作者到“三区”县服务，采取多种方式为“三区”输送医疗卫生人才，建立省内医院对口帮扶关系。

【联村联户为民富民行动】围绕全面落实省委提出的“六大任务”，统筹抓好部机关“双联”工作。稳步推进项目建设，主动协调对接落实饮水、修路、用电等方面的项目60多个。持续推动智力扶贫，组织涉农院校、专家学者和技术人员开展农业技术培训18次，培训1800多人次，协调教育部直属单位和有关企业为环县、舟曲县农村中小学捐赠棉衣15163套。切实加强产业培育，协助实施产业发展规划，协调有关高校与环县签订帮扶协议，大力发展养羊、设施瓜菜、小杂粮种植等产业，在环县高寨村新引进500头奶牛，建成无公害蔬菜基地1000多亩，优质苹果400多亩，继续引导拱坝乡“双联”村扩大中药材、核桃、苗木、花椒等特色优势产业种植规模。进一步夯实基层党建工作基础，投入210多万元维修改建联系村村级活动场所，派出3名机关优秀年轻干部担任联系村第一书记，深入开展机关党支部与联系村党支部结对共建活动，指导联系村党支部开好组织生活会。有计划组织机关干部进村入户，引导干部走出机关、走近群众、改进作风。积极发挥环县组长单位职责，先后6次召开“双联”行动部署会、现场推进会和项目对接会，进一步完善联络员等工作制度，统筹有关单位步调一致开展工作。2014年省委组织部“双联”工作被省委“双联”行动领导小组评为全省“双联”行动先进组长单位“组织奖”。

（周宇）

宣传工作

【推进思想理论建设】一是强化党员领导干部的学习。努力为省委常委会集体学习和省委中心组学习做好服务，把学习贯彻讲话精神与解决全省改革发展中的重大理论和现实问题相结合，采取专家辅导、重点发言、交流讨论等方式方法组织开展学习。省委常委会安排集体学习习近平总书记重要讲话45次，省委中心组以作风建设、培育和践行社会主义核心价值观、生态文明建设、民族宗教工作、全面深化改革和依法治国等为主题，组织集体学习10次，举办“富民兴陇”系列讲座12次，在引导领导干部深刻领会讲话核心要义和思想精髓的同时，有力地带动了全省的学习。

二是深入开展党的十八届三中、四中全会精神主题宣传活动。中央全会结束后，及时制定下发宣传报道方案，组织各级各类媒体开设“全面深化改革进行时”、“全面推进依法治国”等专题专栏，刊发系列言论评论，推出权威访谈和系列深度报道，全面准确地宣传解读全会的重大意义、总体要求和战略部署，充分反映各地各部门学习贯彻的实际行动，大力宣传全省推进全面深化改革、加强法治建设的重大举措和进展成效，形成强大声势、形成整体效应、形成浓厚氛围。广泛开展三中、四中全会精神宣讲活动，制定宣讲方案，编写宣讲提纲，培训宣讲骨干，省级领导干部带头赴双联点和基层宣讲近70场，组建省委宣讲团和各级宣讲队伍，深入全省乡镇、社区、企业、高校开展宣讲活动1500多场（次），受教育干部群众60多万人次，推动中央全会精神不断入脑入心。

三是深化理论研究阐释。组织开展“理想信念月月谈”活动，围绕学习贯彻习总书记系列重要讲话精神，组织社科理论界专家系统研究、联合攻关，在中央和省内重要报刊推出重头理论文章23篇，其中在人民日报、光明日报、经济日报等中央重点报刊发表7篇。在省内重点党报党刊开设理论专版，连续刊发了一批学习体会文章、评论、访谈，帮助广大干部群众深化认识理解，引导学习不断深入。

【提升舆论引导能力和水平】一是深入持久做好省委重大决策部署宣传。组织媒体大力宣传省委“两手抓两手硬、双促进双落实”的总体要求，宣传丝绸之路经济带甘肃黄金段建设的规划蓝图，重点围绕“3341”项目工程、国家循环经济示范区建设、“1236”扶贫攻坚行动、“3783”主体责任体系构建等重大部署，策划制定专门宣传方案，通过多种宣传手段和形式，进行全方位、多角度、立体式的宣传报道，形成正面强势。认真做好党的群众路线教育实践活动宣传，总结宣传“尼江”经验，中央主要媒体刊播甘肃活动稿件193篇，省属主要媒体刊播稿件2700多篇。继续抓好双联、效能风暴、先锋引领等行动的宣传，其中双联行动方面安排省属主要媒体自4月下旬起至年底，每季度推出10个先进单位、20位先进个人的典型事迹，助推“双联”行动深入开展，起到了很好的示范引领作用。

二是浓墨重彩开展重大节会和活动宣传。精心做好全国、全省“两会”宣传报道，全国“两会”期间，中央、香港主要媒体共刊播甘肃报道350余篇（条），省属媒体刊播各类稿件2140余篇，《人民画报》推出专刊。全力以赴做好亚洲合作务实论坛宣传工作，人民日报在开幕式当天以两个整版刊发丝绸之路经济带甘肃特刊，会同有关部门圆满完成宣传片摄制、展板制作、文艺演出三项任务。精心组织公祭伏羲大典宣传，甘肃卫视现场直播，央视《新闻联播》播发了消息。

三是积极妥善做好敏感期和突发事件舆论引导。针对“3·14”涉藏敏感期、“六四”敏感期和暴恐案件等，及时对舆论管控和引导提出要求，启动舆论引导应急响应，实行应急值班制度和零报告制度，实现整体舆情平稳。兰州“4·11”局部自来水苯超标事件发生后，立即启动应急报道机制，会同兰州市和有关方面及时发布权威信息，加强舆情监看和回应，确保事件得到稳妥处置。

四是有力有效推进媒体融合与管控。认真贯彻中办、国办《关于推动传统媒体和新兴媒体发展的指导意见》，深入开展调研，制定出台全省《实施意见》。按照中央部署，深入开展打击新闻敲诈和假新闻专项行动，清理整顿中央新闻单位驻甘机构，依法依规分别注销和缓验两家记者站，取消一家网站地方频道开办资格。

五是加大对外宣传力度。制定出台了《关于进一步加强和改进对外宣传工作的实施意见》。拓宽渠道，创新载体，先后组织开展“中央主要对外媒体丝路行”、“香港传媒学子甘肃行”等活动，邀请中央对外和境外媒体记者330余批、1200多人次，刊发稿件9000多篇，完成拍摄电视专题片40多集，整理推荐近200个采访点的6条采访支线。

【意识形态工作】一是加强分析研判和辨析引导。组织力量深入部分市州、省直部门和高校调研，联合省直相关部门分析研判，全面了解掌握意识形态领域现状。大力开展中国特色社会主义和中国梦宣传教育，面向群众组织开展了主题征文、巡回演讲、文艺创作、图书出版等活动。对社会上出现的西方宪政民主、新自由主义等错误思潮，及时发声，有力引导，帮助干部群众明辨是非界限。在“3·14”、“六四”等敏感期和重要时间节点，加强舆情分析研判，积极有效应对。

二是加强藏区舆论引导。省委出台加强藏区舆论宣传工作的意见。加大对涉藏宣传工作的指导和支持，建成137家藏区藏传佛教寺庙书屋，开办甘南州藏语广播节目，依法清缴非法卫星接收设备4900套，筹建涉藏官方网站，筹办甘肃日报藏文版。

三是加强互联网管理。成立省委网络安全和信息化领导小组及办公室。制定新闻网站宣传管理考核办法，对省内新闻网站和中央新闻网站地方频道进行审检，关闭有违规行为的网站11家。建立涉藏、涉穆斯林网站、重点微博客等数据库，与兰州军区建立铲除网上暴恐音视频的协作机制。开展打击网上恶性政治类谣言等专项行动，处置有害信息1300余条。妥善应对十余起涉甘网上重大突发舆情，没有出现造成影响的舆情事件。

四是加强高校思想政治工作。省领导带队，组织、宣传、教育部门参与，采取点面结合、自查和督查结合的方式，对省内41所高校思想政治工作进行专项调研，形成了详实的调研报告。举办了4期哲学社会科学教学科研骨干研修班，对196名“两课”教师进行了培训。组织编写了《大学生社会主义核心价值观读本》，作为全省高校“两课”重要辅导教材。召开了全省高校党建工作会议，开展了“高校师生暑期红色之旅”、“中国梦·我的梦”大学生演讲比赛等活动。指导省高校工委制定了进一步加强高校宣传思想工作的实施意见。

五是加强扫黄打非斗争。以打击政治类、民族宗教类，特别是藏独、疆独和三股势力非法出版物等为重点，先后组织开展“清源”、“净网”、“秋风”、“固边”专项行动，收缴各类非法出版物30.5万件，查办案件90余起，维护了全省意识形态领域安全。

【培育和弘扬社会主义核心价值观】一是深入开展公民道德建设。推进诚信制度化建设，召开三次“共筑诚信、德润陇原”诚信“红黑榜”新闻发布会，发布“红榜”企业386家、“黑榜”企业164家，同时公布了对“黑榜”企业的惩戒措施。推进志愿服务制度化建设，成立省志愿者服务联合会，组织开展“邻里守望 情暖陇原”、省直机关万名党员志愿服务等活动。命名全省首家“雷锋学校”，组织开展“弘扬延安精神，争当陇原雷锋”系列活动。继续开展了最美人物、身边好人、陇人骄子、道德模范等评选活动，推出了柴生芳、樊锦诗等一批先进典型，组织开展道德模范走进道德讲堂等宣传活动。重点挖掘和宣传了柴生芳的先进事迹，推树为全国“时代楷模”，组建报告团在全省巡回报告17场，实现市州全覆盖。实施未成年人思想道德建设“金种子”工程，面向未成年人组织开展“美德少年”评选表彰、“做一个有道德的人”、“网上祭英烈”等主题活动。

二是广泛开展精神文明创建。细化完善文明程度指数测评体系，组织开展文明程度指数测评排序工作，指导兰州、金昌、嘉峪关、庆阳四市争创全国文明城市。组织开展第十二批省级文明单位和先进工作者评选表彰活动。深化农村“五星级文明户”创评活动，启动实施道德信贷工程，对获得“五星级文明户”的家庭，在农村小额贷款中给予政策优惠和便利条件。以“做文明有礼的甘肃人”为主题，组织实施了文明餐桌、文明交通、文明旅游三大行动，革除陋习、倡导新风。在平凉泾川县举办文化科技卫生“三下乡”集中示范活动，捐助项目、物资、资金共计3.2亿多元。

【网上舆论工作】一是壮大网上主流舆论。围绕丝绸之路经济带甘肃黄金段建设、“3341”项目工程、“1236”扶贫行动、“3783”责任主体构建等全省中心工作，突出习总书记系列讲话、十八届三中四中全会精神、社会主义核心价值观、群众路线教育实践活动等重大主题，开辟70余个专题专栏，主动设置议题，组织开展了大规模宣传，做大做强网上正面宣传。建立要闻推送制度，每天筛选重大选题的正面稿件5篇左右，通过全国和全省网宣即时指挥平台，向中央主要新闻网站、地方重点新闻网站和省内网络媒体推送转载。推出“话陇点睛”微信公共账号推送涉甘正面新闻资讯。健全信息发布和政策解读制度，打造“甘肃发布”网络发布平台，开通以来在腾讯等六大微博发布信息14500余条，拥有粉丝420万余人，转发和评论65万余条。

二是健全网络管理制度。制定出台《关于进一步规范网站管理工作的通知》、《新闻网站日常宣传管理考核办法》等管理制度，全面开展网站新闻信息内容管理人员登记备案工作，规范新闻媒体和网站重要时政民意调查活动，规范博客、微博客、微信等账号名称和注册信息，加强网站图片频道管理和新闻跟帖管理。严格执行网站备案登记和审批制度，积极开展全省新闻网站年检年审工作。开展打击网络传播淫秽色情及低俗信息、“剑网”2014等专项行动，处理不良信息4274条，关闭网站42家。

三是加强网络队伍建设。按照《甘肃省“百千万”网络评论员管理办法》，从省直机关选聘评论员160人，从市州选聘3205人，同时申请开通绿色通道账号21个。开设原创网评专栏，启用网评指挥平台，建立“日光组”加“月光组”网评一级响应机制，积极组织网评员开展跟帖、评论，发表原创评论2400余条，及时有效地引导了舆论。

【华夏文明传承创新区建设】一是以“历史再现”工程为牵引，推动文化遗产保护利用。着眼于使甘肃辉煌灿烂的历史文化遗产活起来，策划实施以建立不同投资主体、不同规模、不同类型博物馆为主要内容的“历史再现”工程，反复论证，数易其稿，形成《总体方案》，已报省政府。认真贯彻落实刘延东副总理重要批示精神和省委省政府主要领导批示要求，完成《陇东南地区先秦文化资源调查评估报告》，提出陇东南地区先秦文化资源保护与开发的工作思路，大地湾国家考古遗址公园等重大项目启动建设。文化资源普查和分类分级评估工作全面展开并取得阶段性成果。“丝绸之路：长安—天山廊道路网”联合申遗获得成功，世界文化遗产点达到7处，与北京并列全国第二。敦煌雅丹地貌申报世界地质公园和世界自然遗产工作取得进展。莫高窟保护与利用工程全部竣工，入选“首届全国十佳文物保护工程”，以数字化展示为核心的游客服务中心正式运行。嘉峪关文化遗产、长城、拉卜楞寺等文物保护工程顺利实施。历史名城名镇名村“保护更新示范区”试点有序推进。《甘肃省非物质文化遗产条例(草案)》已完成向社会征求意见。

二是以“乡村舞台”建设为牵引，推动文化事业发展繁荣。落实《甘肃省“乡村舞台”建设方案》，组织召开4次现场推进会，完成6625个年度试点和推广任务，撬动各级财政、成员单位和社会资金16.88亿元投入农村文化事业。按照标准化均等化要求，加强公共文化服务体系建设，农家书屋、户户通、农村电影放映等惠民工程巩固拓展建设成果，全省公共图书馆、文化馆(站)和美术馆免费开放继续推进，13个市州级三馆开工建设，以数字化图书馆建设为突破口的公共文化服务信息化步伐加快，以“千台大戏送农村”、“精品剧目惠民演出季”、“百姓文化广场惠民演出”等流动文化服务项目蓬勃开展。认真学习贯彻习近平总书记文艺工作座谈会重要讲话精神，在文艺界广泛开展“深入基层、扎根人民”主题实践活动。全面实施“十个一”文化品牌打造工程，出台戏剧大省建设规划和影视剧品牌建设规划纲要，“敦煌画派”、“西风烈·绚丽甘肃”原创歌曲、“纪录片大省”和西部电影工程等品牌建设有效推进，文艺精品不断涌现。电影《甘南情歌》、陇剧《西狭长歌》、歌曲《老百姓的爱》获“五个一工程”奖，作家叶舟创作的短片小说《我的帐篷里有平安》获第六届鲁迅文学奖，纪录片《丝路花雨》、歌剧《貂蝉》广获好评，《腊月的春》、《卓尼土司》、《甘露》等主旋律小制作励志片反响良好。大型纪录片《河西走廊》完成拍摄，将在央视播出。大型情景剧《又见敦煌》、西部电影《丝路公主》等启动制作。甘版图书《甘肃青海四川民间古藏文苯教文献》被李克强总理出访英国时作为国礼赠送。银艺合作实现突破，甘肃演艺集团与兰州银行、省歌舞剧院与省农村信用社分别达成合作协议。

三是以“文化集市”建设为牵引，推动文化产业持续快速发展。成立甘肃新华文化集市商贸有限公司等6家企业，建成188个文化集市，搭建了覆盖全省的生产销售网络，成功举办首届“甘肃省文化集市”。培育合格市场主体，积极筹备西北影视集团、西北华数集团和甘肃文化产权交易所。深入推进文化与旅游、金融、科技、农业等产业融合发展，突出抓好大景区建设，省委、省政府召开全省旅游发展大会，出台《关于促进旅游业改革发展的意见》，省旅游产业发展领导小组印发《关于加快推进文化与旅游深度融合的实施意见》；贯彻落实文化部财政部《关于深入推进文化金融合作的意见》，研究制定全省文化金融合作的实施意见；启动农耕食文化活态传承工程，构建甘肃农耕食文化综合体和传承体系，搭建甘肃特色农产品电子商务平台。加大招商引资力度，利用深圳文博会、兰洽会、国际文化产业大会暨省文博会等节会平台，引进嘉峪关华强文化科技园、丝绸之路小镇、敦煌国际艺术品交易中心等一批大项目。

四是以敦煌国际文化旅游名城建设为牵引，推动“三区”协调发展。省政府印发《规划纲要》，出台支持敦煌名城建设若干政策意见和省直部门任务分解方案，领导小组办公室先后5次召开调度会，督促和推动省直厅局包抓包挂的49个项目全面完成9项，38项取得实质性进展。在省委省政府主要领导的高度重视和指导推动下，丝绸之路（敦煌）国际文化博览会申报工作取得成功，正式列入国家《丝绸之路经济带和21世纪海上丝绸之路建设战略规划》。敦煌文化产业园区获批成为第五批全国文化产业示范园区。航空口岸经国务院同意列入2014年度口岸开放审理计划。申报国家级现代农业示范园区获得农业部同意，列入增补名额。敦煌文化发展投资基金已完成名称核准，丝路文化产业基金已进入审核阶段。敦煌学院建设完成了基础设施改造提升、基础教育规划布局等工作，与省内3所高校建立了战略合作关系。敦煌自然历史文化资源保护利用、智慧城市平台、世界敦煌学中心、博物馆聚落等战略工程顺利推进。借鉴抓敦煌的做法和经验，把兰州作为传承创新区建设和文化产业发展的重点，深入调研论证，编制完成兰州都市文化产业区规划纲要。天水文化旅游深度融合发展规划纲要、国家级陇东南中医养生保健旅游创新区建设规划等正在修改完善。

五是以对外平台和品牌打造为牵引，推动文化走出去。成立了“甘肃省文化翻译中心”。启动了厦门“敦煌大视窗”、北京“盛世南宫”两个对外文化交流展示窗口建设，在迪拜建立对外文化经贸平台。舞剧《丝路花雨》先后在英国伦敦、法国巴黎、德国法兰克福等地成功商演。组织开展“百集电视片走进非洲”活动，首批制作《印象敦煌》系列电视纪录片50部已成功首播。在韩国首尔、法国巴黎成功举办“甘肃文化周”。

【文化体制改革】一是精心谋划顶层设计。成立文化体制改革专项小组，召开5次工作会议，传达学习中央和省委精神，研究部署全省文化体制改革工作。根据省委和中宣部总体部署，制定《甘肃省深化文化体制改革实施方案》、《2014年全省文化体制改革和发展工作要点》，明确了新一轮改革的任务书、路线图和时间表。

二是进一步完善文化管理体制。按照政企分开、政事分开原则，进一步理顺文化行政管理部门与所属文化企事业单位的关系，省属各文化企业加快去行政化步伐，党政领导不再兼任文化企业负责人。切实转变文化管理部门职能，加大简政放权力度，省文化厅调整文化市场行政审批制度，将全部6个事项由前置审批改为后置审批，同时除保留涉外演出审批外，其余许可事项均下放到市县文化部门；省新闻出版广电局取消7项行政审批事项、下放3项，保留的30项全部进入政务大厅，实现一个窗口服务、一站式审批。

三是加快推进文化企事业单位改革。省广电网络股份有限公司全面完成股份制改革，与阿里巴巴集团合作共建“飞天”云计算中心。省广电总台整体改革效果显现，甘肃卫视全天收视率排名由31位升至28位，收视增幅和市场份额增幅均超过40%，全国覆盖人口达7.09亿人，全台2014年经营性收入预计完成4.12亿元，增速38.7%。甘肃日报社改革工作启动，经过近半年的调研论证，形成深化改革的《总体方案》，已经省委深改小组审议通过，实质性改革工作已经启动。把读者出版集团改革作为重中之重来抓，组织力量开展前期调研，拟定了改革方案，正在修改完善当中。同时，抓好读者出版集团读者出版传媒股份有限公司上市工作，目前已完成预披露。

【作风建设】严格贯彻中央八项规定和省委“双十条”规定，建立了一批细化落实各项规定的制度和办法，做到用制度管人管事管长效。加强调查研究，组织实施了省委常委会重点课题调研，开展了宣传思想文化重大课题专项调研和创新案例评选表彰活动，增强了工作的针对性、实效性和创新性。落实省委“3783”主体责任体系要求，制定印发落实省委党风廉政建设主体责任意见的《实施办法》，严肃整治公职人员违规经商办企业等问题，督办查办群众信访件52件。继续抓好“双联”工作，安排实施民生保障、产业发展等帮扶项目15个，涉及资金2588万元。以“双联”行动中涌现出的先进人物和感人事迹为素材，会同有关部门完成“中国梦·凡人善举天天看”微纪录电影第二批100部摄制工作。深化党的群众路线教育成果，紧盯整改落实，完成阶段性整改任务11项，专项整治任务20项。

（张娜）

统战工作

【统一战线】通过一系列学习恳谈会、座谈会、培训班、研讨班，集中抓了习近平总书记系列重要讲话精神的学习贯彻，自觉地用讲话精神武装头脑、指导实践、推动工作。把学习习近平总书记系列重要讲话精神同贯彻落实党的十八届三中、四中全会精神紧密结合起来，进一步加深对全面建成小康社会、全面深化改革、全面依法治国、全面从严治党深刻内涵和内在关系的理解，不断提高对经济发展新常态、重构政治生态、作风建设永远在路上等一系列重大问题的认识，广大统一战线成员对以习近平同志为总书记的党中央治国理政的雄才大略由衷地赞同和拥护。支持各民主党派和无党派人士开展坚持和发展中国特色社会主义学习实践活动，推动非公有制经济人士开展理想信念教育实践活动，引导全省宗教界开展倡导和践行社会主义核心价值观活动，使他们对中国特色社会主义的道路自信、理论自信和制度自信不断得到增强和坚定。

【民主党派参政议政】广大民主党派成员和无党派人士自觉履行参政议政职能，在深入调查研究的基础上，利用政党协商、政协协商、政府协商等多种途径，积极建言献策，为省委省政府的重大决策提出了一大批有价值的意见建议。探索开展“一家牵头、多家参与”的联合调研模式，有效地提高了调研成果的质量。依托党外知识分子联谊会和留学人员联谊会等平台，组织无党派人士就有关重大问题开展调研，拓宽了参政渠道。

【藏区发展稳定】研究出台省委《关于进一步加强藏区工作的若干意见》，有针对性地解决藏区工作面临的突出问题。把反分裂斗争教育纳入藏区党的群众路线教育实践活动之中，编写《对十四世达赖和达赖集团不能抱有任何幻想》教育读本，着力澄清藏区各种模糊认识，引导党员干部和僧俗群众在政治上进一步同十四世达赖和达赖集团划清界限。深化藏区“双联”行动，建立单位联系寺庙、干部联系僧人制度，在同僧人的密切接触中，解疑释惑、加强教育引导。制定藏传佛教教职人员3年政治培训方案，2014年培训2400余人。发挥寺庙工作办公室作用，探索建立寺庙僧人户籍制度，抓好僧尼持证住寺、寺庙定员管理、宗教活动审批、寺庙财务管理、寺管会班子考评等制度的落实，指导大部分寺管会完成换届。指导藏区党委政府不断加强群众工作、积极化解各类社会矛盾，甘南尼、江两村的历史纠纷大为缓解。协调督促落实藏区“十二五”发展规划，继续推进省内对口支援藏区工作，使全省藏区继续保持了经济发展、民生改善、宗教和顺、社会稳定的良好局面。

【宗教领域】针对伊斯兰教领域出现的“去中国化”的倾向，以贯彻第二次中央新疆工作座谈会精神为契机，在深入调查研究的基础上，以省委、省政府两办名义制定下发《关于进一步加强伊斯兰教工作的若干意见》，鲜明提出坚持我国伊斯兰教中国化的根本方向，依法坚决取缔“达洼”宣教活动，明确依法管理的各项具体措施，得到俞正声主席的充分肯定，中央统战部和国家宗教局转发全国借鉴。探索建立同民族宗教领域专家学者联系制度，开辟了统战工作的新领域。

【民族工作】抓住贯彻落实中央民族工作会议精神的难得机遇，着力研究解决民族工作中的重大问题。结合筹备召开全省民族工作会议，调研起草了省委省政府《关于进一步做好新形势下民族工作的意见》，对促进各民族交往交流交融、建立各民族共有精神家园、支持民族地区加快发展、积极探索城市民族工作等一系列重大问题作出安排部署。采取多种形式加强民族团结进步宣传教育，加强和改进对少数民族流动人口的服务管理，开展《民族区域自治法》颁布实施30周年纪念活动，营造了各民族交往交流交融的良好氛围。推进“两个共同”示范建设，着力解决涉及民族宗教因素的突出问题，加强对民族乡和少数民族散居地区的支持，充分发挥“两个共同”建设的示范效应。

【工作探索】探索拓展党外代表人士培养途径，在继续办好培训班、着力提高培训实效的同时，同组织部门沟通选派党外干部到有关县区挂职。探索建立高等院校、科研院所民主党派工作联系点，加强对党外后备人才的培养。与省委组织部等六部门联合下发《关于加强县级工商联建设的实施意见》，推动基层工商联提升工作能力。开展律师行业统战工作调研，探索新社会组织统战工作途径。积极推进理论创新和实践创新，有3篇调研成果和1项工作受到中央统战部表彰。围绕深化民主法制领域改革，开展协商民主、基层治理等重大问题的调研，引导统战工作更多地关注现实问题。

（刘小燕）

甘肃省人民代表大会

【甘肃省第十二届人民代表大会第二次会议】 2014年1月13日至17日，甘肃省第十二届人民代表大会第二次会议在兰州召开。会议听取和审议了省政府作的甘肃省人民政府工作报告、省人大常委会作的甘肃省人大常委会工作报告、省高级人民法院院长梁明远作的甘肃省高级人民法院工作报告和省人民检察院检察长路志强作的甘肃省人民检察院工作报告；审议了甘肃省发展和改革委员会主任赵春关于甘肃省2013年国民经济和社会发展计划执行情况及2014年国民经济和社会发展计划（草案）的报告（书面），甘肃省财政厅厅长张勤和关于甘肃省2013年财政预算执行情况和2014年全省及省级财政预算（草案）的报告（书面）。

会议表决通过了甘肃省第十二届人民代表大会第二次会议关于甘肃省人民政府工作报告的决议，关于甘肃省2013年国民经济和社会发展计划执行情况及2014年国民经济和社会发展计划的决议，关于甘肃省2013年财政预算执行情况和2014年省级预算的决议，关于甘肃省人大常委会工作报告的决议，关于甘肃省高级人民法院工作报告的决议，关于甘肃省人民检察院工作报告的决议。

在本次会议期间，代表们认真履行宪法、法律赋予的职责，围绕全省工作大局和本地区经济建设、政治建设、文化建设、社会建设、生态文明建设及人民群众关心关注的问题提出建议686件，其中以代表团提出108件，代表个人或联名提出578件。代表们提出的建议，在大会闭会后通过专题交办会分别交有关承办单位在法定时限内办结答复代表，并向省人大常委会报告办理情况。

【甘肃省人大常委会会议】甘肃省第十二届人民代表大会常务委员会第七次会议，于2014年1月9日在兰州召开。省人大常委会副主任嘉木样·洛桑久美·图丹却吉尼玛、孙效东、周多明、李慧、马青林，秘书长张绪胜及委员共54人出席了会议。省人大常委会咨询员崔玉琴、张开勋，省人民政府副省长李荣灿，省高级人民法院、省人民检察院负责人，省人大各专门委员会组成人员，省人大常委会各工作部门负责人列席了会议。会议会议听取了省人大常委会秘书长关于甘肃省第十二届人民代表大会第二次会议筹备工作情况的报告；审议了省人大常委会2014年工作要点；审议通过了省人大常委会工作报告（稿），将提交省十二届人大二次会议审议；审议通过了甘肃省第十二届人民代表大会第二次会议列席范围；审议通过了甘肃省第十二届人民代表大会第二次会议议程、日程（草案），甘肃省第十二届人民代表大会第二次会议主席团和秘书长名单（草案）、主席团常务主席名单（草案）、主席团执行主席分组名单（草案）、大会副秘书长名单（草案）；审议通过了甘肃省第十二届人民代表大会常务委员会代表资格审查委员会关于代表变动情况和补选代表的代表资格审查报告及公告。会议决定任命罗笑虎为甘肃省人民政府副省长，黄强为甘肃省人民政府副省长；任命黄维民为甘肃省人民代表大会常务委员会办公厅副主任，尚宏梅为甘肃省人民代表大会常务委员会民族侨务办公室副主任，汪振江为甘肃省人民代表大会常务委员会农业与农村办公室副主任，穆忠勤为甘肃省人民代表大会常务委员会代表工作委员会副主任。会议还通过了省高级人民法院和省人民检察院提请的有关人事任免事项。

甘肃省第十二届人民代表大会常务委员会第八次会议，于2014年3月25日至26日在兰州召开。省人大常委会副主任嘉木样·洛桑久美·图丹却吉尼玛、孙效东、周多明、李慧、马青林，秘书长张绪胜及委员共53人出席了会议。省人大常委会咨询员崔玉琴、张开勋，省人民政府副省长黄强，省高级人民法院院长梁明远，省人民检察院检察长路志强，省人大各专门委员会组成人员，部分省十二届人大代表，省人大常委会各工作部门负责人，省政府有关部门负责人，各市、州人大常委会负责人，部分省人大常委会立法顾问和立法联系点负责人列席了会议。部分由各民主党派和群众团体推派的公民旁听了全体会议。会议传达了十二届全国人大二次会议精神；审议通过了《甘肃省道路运输条例》、甘肃省人民代表大会常务委员会关于修改《甘肃省人口与计划生育条例》第十八条的决定；审议了《甘肃省无线电管理条例（草案）》；审议了省人大内务司法委员会关于《甘肃省道路交通安全条例》贯彻执行情况的调研报告。会议通过了省人大常委会关于接受刘永富辞去甘肃省副省长职务的请求的决定，关于接受冉万祥辞去甘肃省副省长职务的请求的决定，报甘肃省第十二届人民代表大会第三次会议备案；会议还通过了省高级人民法院和省人民检察院提请的有关人事任免事项。

甘肃省第十二届人民代表大会常务委员会第九次会议，于2014年5月27日至29日在兰州召开。省人大常委会副主任嘉木样·洛桑久美·图丹却吉尼玛、孙效东、周多明、李慧，秘书长张绪胜及委员共52人出席了会议。省人大常委会咨询员崔玉琴、张开勋，省人民政府副省长黄强，省高级人民法院院长梁明远，省人民检察院负责人，省人大各专门委员会组成人员，部分省十二届人大代表，省人大常委会各工作部门负责人，省政府有关部门负责人，各市、州人大常委会负责人，部分省人大常委会立法顾问和立法联系点负责人列席了会议。部分由各民主党派和群众团体推派的公民旁听了全体会议。会议审议通过了甘肃省人民代表大会常务委员会关于批准《兰州市南北两山绿化管理条例》的决定，关于批准《甘肃省肃南裕固族自治县草原条例（修订）》的决定；审议了《甘肃省农村能源条例（草案）》、《甘肃省民兵预备役工作条例（草案）》。会议听取和审议了省人民政府关于全省罚没收入收支管理情况的报告，审议了省人大常委会调研组关于全省罚没收入收支管理情况的调研报告；听取和审议了省人民政府关于甘肃省2014年地方政府债券收支安排并相应调整省级财政预算的报告，审议了省人大财政经济委员会关于甘肃省2014年地方政府债券收支安排并相应调整省级财政预算的审查报告，作出了关于批准2014年地方政府债券收支安排并调整省级财政预算的决议；听取和审议了省人大常委会调研组关于全省深化农村经营体制改革情况的调研报告。会议通过了省人大常委会关于接受张广智辞去甘肃省副省长职务的请求的决定，报甘肃省第十二届人民代表大会第三次会议备案；会议还通过了省高级人民法院和省人民检察院提请的有关人事任免事项。

甘肃省第十二届人民代表大会常务委员会第十次会议，于2014年7月28日至31日在兰州召开。省人大常委会副主任嘉木样·洛桑久美·图丹却吉尼玛、孙效东、周多明、李慧、马青林，秘书长张绪胜及委员共51人出席了会议。副省长郝远，省高级人民法院院长梁明远，省人民检察院负责人，省人大各专门委员会组成人员，部分在甘十二届全国人大代表、省十二届人大代表，省人大常委会各工作部门负责人，省政府有关部门负责人，各市、州人大常委会负责人，部分省人大常委会立法顾问列席了会议。省上各民主党派和群众团体推派的公民旁听了全体会议。会议审议通过了《甘肃省农村能源条例》、《甘肃省民兵预备役工作条例》；审议了《甘肃省预防职务犯罪工作条例（修订草案）》、《甘肃省风景名胜区条例（草案）》和《甘肃省河道管理条例（草案）》。会议听取和审议了省人民政府关于甘肃省2014年上半年国民经济和社会发展计划执行情况的报告，省人民政府关于2013年全省及省级财政决算草案和2014年上半年财政预算执行情况的报告，省人民政府关于2013年度省级预算执行和其他财政收支情况的审计工作报告；审议了省人民政府关于2013年全省政府非税收入收支和管理情况的报告（书面），省人大财政经济委员会关于2013年省级财政决算的审查报告（书面）；通过了《甘肃省人民代表大会常务委员会关于批准2013年省级财政决算的决议》。会议听取和审议了省人民政府关于全省科技创新工作的报告，审议了省人大常委会调研组关于全省科技创新工作情况的调研报告；听取和审议了省人大常委会执法检查组关于检查《中华人民共和国专利法》和《甘肃省专利条例》贯彻实施情况的报告。会议决定任命夏红民为甘肃省人民政府副省长；会议还通过了省高级人民法院和省人民检察院提请的有关人事任免事项。

甘肃省第十二届人民代表大会常务委员会第十一次会议，于2014年9月22日至26日在兰州召开。省人大常委会副主任嘉木样·洛桑久美·图丹却吉尼玛、孙效东、周多明、李慧、马青林，秘书长张绪胜及委员共48人出席了会议。省委常委、副省长咸辉，省高级人民法院院长梁明远，省人民检察院检察长路志强，省人大各专门委员会组成人员，部分省十二届人大代表，省人大常委会各工作部门负责人，省政府有关部门负责人，各市、州人大常委会负责人，部分省人大常委会立法顾问列席了会议。省上各民主党派和群众团体推派的公民旁听了全体会议。会议修订通过了《甘肃省预防职务犯罪工作条例》，通过了《甘肃省风景名胜区条例》和《甘肃省河道管理条例》；通过了甘肃省人民代表大会常务委员会关于批准《甘肃省临夏回族自治州教育条例（修订）》的决定；审议了《甘肃省放射性污染防治条例（草案）》。会议听取和审议了省人大常委会执法检查组关于检查《中华人民共和国农产品质量安全法》和《甘肃省农产品质量安全条例》贯彻实施情况的报告，审议了省人大常委会调研组关于现代服务业发展情况的调研报告（书面）；听取和审议了省人民政府关于就业情况的报告，并在分组审议的基础上，召开联组会议，对就业工作情况进行了专题询问；听取和审议了省人民政府关于全省地震重点监视防御区防震减灾工作情况的报告，审议了省人大常委会调研组关于全省地震重点监视防御区防震减灾工作情况的调研报告（书面）；听取和审议了省高级人民法院关于全省法院开展民事执行工作情况的专项报告，审议省人大常委会调研组关于法院开展民事执行工作情况的调研报告（书面）；听取和审议了省人民政府关于省十二届人大二次会议代表建议办理情况的报告，审议了省高级人民法院关于省十二届人大二次会议期间代表建议办理情况的报告（书面）和省人民检察院关于省十二届人大二次会议代表建议办理情况的报告（书面）；听取和审议了省交通运输厅、省农牧厅关于省十二届人大一次、二次会议代表建议办理情况的报告，并对办理情况进行了满意度测评。会议审议了甘肃省第十二届人民代表大会常务委员会代表资格审查委员会关于个别代表变动情况的代表资格审查报告（书面），表决通过了关于个别代表变动情况的代表资格审查报告及公告。会议任命马建华为甘肃省人民代表大会常务委员会教育科学文化卫生办公室副主任，免去吕发成的甘肃省人民代表大会常务委员会研究室副主任职务，王学居的甘肃省人民代表大会常务委员会民族侨务办公室副主任职务；会议还通过了省高级人民法院和省人民检察院提请的有关人事任免事项。

甘肃省第十二届人民代表大会常务委员会第十二次会议，于2014年11月25日至28日在兰州召开。省人大常委会副主任嘉木样·洛桑久美·图丹却吉尼玛、孙效东、周多明、马青林，秘书长张绪胜及委员共45人出席了会议。省委常委、常务副省长罗笑虎，省高级人民法院院长梁明远，省人民检察院检察长路志强，省人大各专门委员会组成人员，部分省十二届人大代表，省人大常委会各工作部门负责人，省政府有关部门负责人，各市、州人大常委会负责人，部分省人大常委会立法顾问列席了会议。省上各民主党派和群众团体推派的公民旁听了全体会议。会议审议通过了《甘肃省辐射污染防治条例》；通过了甘肃省人民代表大会常务委员会关于批准修订《兰州市供热用热条例》的决定；通过了甘肃省人民代表大会常务委员会关于批准《兰州市爱国卫生条例》的决定；通过了甘肃省人民代表大会常务委员会关于批准《甘肃省东乡族自治县农村公路条例》的决定。会议听取和审议了省人大常委会执法检查组关于检查《甘肃省废旧农膜回收利用条例》贯彻实施情况的报告；听取和审议了省人民政府关于全省新型城镇化试点工作情况的报告，关于2013年度省级预算执行审计决定落实情况的报告；听取和审议了省高级人民法院关于全省法院规范司法行为工作情况的报告，省人民检察院关于省人民检察院规范司法行为工作情况的报告；审议了省人大常委会调研组关于人民法院、人民检察院规范司法行为工作情况的调研报告，关于甘肃省陇东黄土高原生态安全屏障保护建设情况的调研报告；审议了省人大常委会关于省十二届人大二次会议代表建议办理情况的报告。审议通过了甘肃省人大常委会关于召开甘肃省第十二届人民代表大会第三次会议的决定。会议任命张清为甘肃省人民代表大会常务委员会内务司法办公室副主任，免去王家勋的甘肃省人民代表大会常务委员会农业与农村办公室副主任职务，免去靳来舜的甘肃省人民代表大会常务委员会法制工作委员会副主任职务；会议还通过了省高级人民法院和省人民检察院提请的有关人事任免事项。

甘肃省第十二届人民代表大会常务委员会第十三次会议，于2014年12月23日在兰州召开。省人大常委会副主任孙效东、周多明、马青林，秘书长张绪胜及委员共45人出席了会议。省委常委、常务副省长罗笑虎，省高级人民法院院长梁明远，省人民检察院检察长路志强，省人大各专门委员会组成人员，省人大常委会各工作部门负责人，省政府有关部门负责人列席了会议。会议审议通过了甘肃省第十二届人民代表大会常务委员会关于批准《甘肃省人民政府关于提请审议调整2014年全省经济社会发展部分主要指标的议案》的决议。

【地方立法】加强和改进立法工作，充分发挥地方立法的引领保障作用。常委会全年共制定、修改地方性法规8件，审议批准兰州市和民族自治地方的法规、自治条例、单行条例6件，完成了年度立法计划。一是围绕经济战略平台建设，加强经济领域立法。修订《甘肃省道路运输条例》，审议批准《甘肃省东乡族自治县农村公路条例》，为加强道路建设管理、保障道路运输安全、维护道路运输市场秩序、促进道路运输业健康发展起到了积极作用。同时，对《甘肃省无线电管理条例（草案）》进行了调研、论证和初审。二是围绕文化战略平台建设，加强文化领域立法。常委会发挥立法主导作用，组织起草《甘肃省非物质文化遗产条例（草案）》，并进行了一审。审议通过了《甘肃省风景名胜区条例》。文化领域的这些立法，对华夏文明传承创新区和丝绸之路经济带甘肃黄金段建设，将起到积极推动作用。三是围绕生态战略平台建设，加强生态领域立法。修订《甘肃省农村能源条例》，制定《甘肃省辐射污染防治条例》和《甘肃省河道管理条例》，批准《兰州市南北两山绿化管理条例》、《甘肃省肃南裕固族自治县草原条例》。这些条例的制定与实施，为促进农村能源科学利用、有效防控辐射污染、加强河道管理维护、搞好国土绿化和草原生态建设，提供了重要法制保障。四是围绕改善和保障民生，加强民生领域立法。国家计划生育政策调整后，及时修正《甘肃省人口与计划生育条例》，对全省实施“单独两孩”政策作出法律规定。针对兰州城区集中供热存在的突出问题，顺应群众期盼，审查批准了《兰州市供热用热条例》。此外，还审查批准了《兰州市爱国卫生条例》、《甘肃省临夏回族自治州教育条例》。五是围绕廉政和国防建设，加强预防职务犯罪和民兵预备役立法。从加强反腐败制度建设的现实需要出发，适时把修订《甘肃省预防职务犯罪工作条例》，由预备项目调整为当年立法项目并颁布实施。着眼推进国防后备力量建设，审议通过了《甘肃省民兵预备役工作条例》。

【监督工作】加强和改进监督工作，着力保障经济社会平稳健康发展。常委会把促进经济社会发展计划有效执行作为监督重点，听取审议“一府两院”专项工作报告19项，对6部法律法规的实施情况进行了检查，对138件规范性文件进行了备案审查。一是加强计划预算执行监督。适时听取审议2014年上半年发展计划及财政预算执行情况的报告、2013年全省及省级财政决算草案的报告、2013年全省政府非税收入收支管理情况报告。适应发展新常态，审查批准了2014年地方政府债券收支安排及省级财政预算调整方案、2014年部分主要经济社会发展指标调整议案。重视审计监督，先后听取并审议了2013年度省级预算执行及其他财政收支的审计工作报告、审计决定落实情况的专项报告。在专题调研的基础上，听取审议了省政府2011年以来全省罚没收入收支管理情况的报告。二是促进经济社会转型发展。听取和审议省政府关于全省新型城镇化试点的报告，有针对性地提出加快编制省域城镇体系规划、推进城镇特色风貌建设、重视中小城镇建设等意见。开展专利法和专利条例实施情况的检查，听取和审议常委会的执法检查报告和省政府关于全省科技创新工作的报告，提出了加强知识产权保护、健全创新激励机制、促进科技成果转化、深化科技体制改革等意见。三是推动民生建设不断进步。紧紧围绕就业这个民生之本，在听取和审议省政府关于全省就业工作报告的基础上，专门召开联组会议，首次采取网络直播的形式，就全省就业问题开展专题询问，在社会上产生了良好反响。集中两个多月时间，对农产品质量安全法、甘肃省农产品质量安全条例和废旧农膜回收利用条例的实施情况进行检查，提出了加强监管体系建设、健全经费保障机制、加大监管和执法力度等意见。听取审议了全省地震重点监视防御区防震减灾工作情况的专项报告，围绕大气污染防治组织开展了陇原环保世纪行活动。四是保障司法行为规范公正。围绕加强依法治理和建设法治甘肃，在深入调研的基础上，听取并审议省法院、省检察院关于规范司法行为工作情况的报告和省法院关于全省法院民事执行工作情况的报告，提出了推进司法体制改革、加强队伍建设、提高办案质量等意见。

【专题调研】加强和改进调研工作，努力服务全省改革发展稳定大局。常委会组成调研组，由领导带队，组织开展了多项专题调研。调研报告经常委会审议后上报省委，并转送省政府研究办理。一是着眼推进全面小康社会建设，专题对农村经营体制改革情况开展调研。采取上下联动、点面结合的方式，集中对农村土地承包经营、土地流转、新型经营主体培育发展、经营体制机制创新和产业结构调整等问题，进行深入调查研究，并形成专题报告，提出工作建议。同时，还就城镇空间布局、农业转移人口市民化和农民收入问题进行调研，有针对性地提出了大力发展现代农业、积极培育发展特色优势产业、进一步落实惠农政策、强化农民技能培训和劳务输转等对策建议。二是着眼推进生态屏障建设，专题对陇东黄土高原生态安全屏障保护建设情况开展调研。常委会组织力量，专题对陇东黄土高原生态安全屏障保护建设，以及平庆煤电化工和石油化工基地建设情况进行调研，针对陇东地区生态环境存在的突出问题，提出了加强流域综合治理、扶持重点生态工程项目、加大油区矿山环境恢复治理力度、加快陇东电力外输通道建设、制定出台资源开发生态补偿费征收管理办法等方面的意见建议。三是着眼推动现代服务业发展，专题对生产性服务业发展情况开展调研。围绕加快发展方式转变、推动产业结构转型升级，先后深入兰州、白银、天水、酒泉、嘉峪关等地和省直有关部门，专题对生产性服务业发展情况进行调研，提出了加快发展现代物流、金融保险、电子商务、信息中介等生产性服务业的意见建议。

【代表工作】加强和改进代表工作，积极创造代表依法履职环境条件。

常委会高度重视代表工作，积极探索做好代表工作的有效方式和途径，代表工作取得新进展。一是深入开展双联“人大代表在行动”活动。紧紧围绕省委联村联户、为民富民行动这一中心任务，继续推进“双联”“人大代表在行动”活动，及时召开全省“双联”“人大代表在行动”暨代表履职工作推进会，总结典型经验，表彰先进模范，安排部署工作。全省各级人大精心组织，狠抓落实，着力构建长效机制，持续推进活动深入开展，代表参与率由2013年的76.6%提高到85%，活动成效明显提升。二是积极推进“人大代表之家”创建工作。在试点的基础上，狠抓“人大代表之家”创建工作。通过各级人大上下协作、互联共建，全省已建成“人大代表之家”1900多个，为代表深入学习交流、广泛联系选民、更好履职尽责创造了条件。同时，通过积极协调，在各级政府的支持下，适当调高了人大代表活动经费的保障标准。三是着力提升代表履职能力。采取走出去与请进来、边学习与边实践相结合的方式，重点围绕学习贯彻党的十八届三中、四中全会精神，围绕熟悉宪法法律及人民代表大会制度的相关知识，先后举办代表学习培训班3期，培训代表300多人次。特别是针对湖南衡阳贿选案，制定出台加强省人大代表选举工作意见，组织代表开展学习讨论，进一步增强了代表的政治意识、大局意识和法纪观念。邀请代表列席常委会会议、参加省人大组织的各种调研视察、执法检查活动。常委会还召开全省人大代表工作座谈会，就进一步做好代表工作进行总结交流和安排部署。四是不断提高代表建议办理质量。针对代表建议办理存在的问题，修订完善办理工作制度，组织代表视察重点办理工作事项，办理效率与办理质量明显提高。首次专题听取审议部分承办单位办理情况的报告，并进行满意度测评。截至7月底，省十二届人大二次会议期间代表提出的691件建议全部办理完毕。其中，所提问题得到解决或正在解决的589件，占85.2%；常委会领导和各专门委员会重点督办的14件代表建议已全部落实。常委会还组织协调在甘全国人大代表，积极向全国人代会提出议案和建议138件。其中，将甘肃列为国家中医药产业发展综合试验区和在兰州新区布局建设国家级现代石油化工产业基地两项建议，被列为全国人大常委会重点督办建议。

【决定重大事项】常委会认真履行重大事项决定权，全年共作出决定决议16件。

【人事任免】常委会依法履行人事任免权，全年共任免国家机关工作人员132人次。

【信访工作】常委会高度重视人民来信来访工作，全年共受理来信1527件，接待来访987人次，并积极督促有关方面妥善解决了一批事关群众切身利益的问题。

【自身建设】加强和改进自身建设，不断提升履职能力水平。常委会注重理论学习，坚持改革创新，健全完善制度，狠抓作风转变，自身建设不断得到加强。一是适应发展新常态，强化理论学习和业务培训。着眼建设学习型、服务型、创新型和效能型机关，严格落实学习制度，不断丰富学习内容，积极创新学习方式，着力增强学习实效。全年举办各类辅导讲座、专题报告和集中学习30多次，常委会组成人员依法履职能力进一步增强，机关干部的服务保障水平不断提高。二是坚持改革创新，努力推进人大工作与时俱进。按照省委全面深化改革的总体部署要求，研究制定实施方案，对民主法制领域涉及人大工作的改革事项进行深入调研，结合实际提出具体的改革意见和措施，全面完成各项年度改革任务。同时，对如何做好新形势下的人大工作，从理论与实践密切结合的基础上，提出了一些具体意见和建议。三是弘扬宪法精神，广泛开展国家宪法日等宣传活动。在首个国家宪法日，专门召开座谈会，省委书记、省人大常委会主任王三运作重要讲话，就学习贯彻党的十八届四中全会和习近平总书记重要批示精神，着力增强宪法意识、弘扬宪法精神、维护宪法权威、监督宪法实施提出明确要求。在人民代表大会成立60周年之际，举行庆祝大会，举办人大发展历程展和知识竞赛、有奖征文、专题讲座等系列活动，对宪法和人民代表大会制度进行了广泛深入宣传。四是积极探索实践，着力加强基层人大建设。在泾川县和兰州城关区开展加强乡镇、街道人大工作试点的基础上，召开全省乡镇(街道)人大工作座谈会，制定印发指导规范乡镇（街道）人大工作的系列制度文件，有力地推动了乡镇（街道）人大建设。同时，组织全省86个县（市、区）人大常委会主任参加全国人大集中培训，举办全省市州人大常委会秘书长培训班。各专门委员会也采取不同形式，加强业务工作的深入研讨与交流。五是狠抓整改落实，切实加强机关作风建设。常委会狠抓党的群众路线教育实践活动后续整改工作，不断巩固拓展教育实践活动成果。按照省委“3783”党风廉政建设主体责任体系要求，制定具体实施意见，认真抓紧工作落实。常委会机关继续深入开展联村联户行动、效能风暴行动、不作为慢作为专项整治和“素质提升年”、省级文明单位创建活动，干部队伍作风大为改进，服务保障水平明显提升。

甘肃省人民政府

【省政府全体会议】第五次全体会议。1月17日，省委副书记、省长刘伟平随即主持召开省政府第五次全体会议，就《政府工作报告》确定的各项目标任务作出具体安排部署。会议指出，要落实中央关于不以GDP增长率论英雄的要求，坚持正确的考核导向，实行分类指导，迅速、科学、有序推进工作落实，确保顺利完成各项目标任务，促进全省经济社会持续健康发展。

会议指出，全省改革发展任务十分繁重。在省委的坚强领导下，全省各级政府要乘势作为，凝心聚力狠抓落实。要在充分认识面临的形势和既定发展任务上统一思想，在科学总结近几年成功发展经验的基础上坚定信心，在切实把握和用足用好难得发展机遇上积极作为，将各项目标任务不折不扣、坚定不移地落到实处。

会议强调，顺利实现各项目标任务，必须抓主抓重。一要围绕转方式调结构抓落实。着力加快现代农业发展，进一步提升特色优势产业的发展质量和水平。着力推动工业提质增效升级，千方百计增强工业拉动作用。着力发展现代服务业，提高服务业就业比重。二要围绕改革开放抓落实。深入推进行政审批制度改革，深化经济领域的重点改革，强力推进对外开放。三要围绕项目建设抓落实。深入实施"3341"项目工程，认真谋划项目，破解融资难、用地难等瓶颈制约，加快项目建设进度。四要围绕扶贫攻坚抓落实。抓紧制定"六大突破"实施方案，加快通村道路和安全饮水工程建设进度，加大易地扶贫搬迁力度，做好富民产业培育，促进农民增收。五要围绕新型城镇化建设抓落实。尽快完成全省新型城镇化规划和省域城镇体系规划的编制报批工作，统筹开展新型城镇化试点。六要围绕民生保障抓落实，千方百计提高群众收入，充分发挥民生工作兜底保障作用，认真做好灾后恢复重建工作，实施好10项23件为民实事。

会议强调，各市州各部门要明确责任、完善机制，有计划、有步骤、分层次地推进工作落实，加强运行调度，确保各项工作进展达到时间进度要求。要加强上下左右协调沟通，形成工作合力。要完善督查机制，改进督查方式方法，避免重复、多头、交叉督查。同时，要进一步加强自身建设，做到勤学善谋、令出必行、廉洁勤政，以优良的作风保障各项工作顺利推进。

会议还就做好春节前保障市场供给、妥善安排困难群众生活、维护社会安全安定、抓好春耕备耕、搞好节日期间廉洁自律等工作提出了具体要求。

第六次全体会议。4月18日，省政府召开第六次全体会议，分析研判一季度全省经济社会发展形势，安排部署下一阶段工作。省委副书记、省长刘伟平在会上强调，各级各部门要坚定信心、克难奋进，坚持改革创新，变压力为动力，打好主动仗，补齐短板，赶上进度，全力以赴扭转增速下滑局面，为实现全年各项目标任务、保持良好发展势头奠定坚实基础。

刘伟平指出，全省一季度经济运行情况不容乐观，GDP等主要经济指标增速低于预期，但就业、城乡居民收入、物价等重要指标也有许多积极变化。各级各部门既要看到复杂严峻的国际国内经济形势叠加的影响，使得外部市场和金融环境趋紧，经济下行压力加大，对实现全年经济社会发展预期目标带来的危机感和紧迫感，坚决克服用外部原因掩盖自身工作不实不力的现象；要看到进一步开拓市场和增加投入强度仍存在巨大潜力，准确把握经济运行中的积极因素，用足用好十分难得的政策机遇，凝心聚力应对经济下行挑战。

刘伟平强调，各级各部门各省属企业必须按照党的十八届三中全会的总体部署，认真落实省委关于全面深化改革的各项举措，找准用足政策的结合点，选准转型升级的着力点，抓主要矛盾、抓关键环节，采取务实管用、标本兼治的举措，强力推进促改革、调结构、惠民生各项工作，千方百计促进经济社会平稳健康发展。一要把深化改革作为推动经济平稳健康发展的关键举措，继续加大简政放权力度，突出抓好国有企业改革，激发非公经济和小微企业发展活力。二要把转方式调结构作为提质增效升级的重要支撑。要下决心加大农业转方式调结构工作力度，加快推动现代农业发展。要着力抓好工业结构调整和优化升级，有进有退调整产业结构，促进传统优势产业转型增效升级，提升新能源及新能源装备制造业的整体竞争力。要进一步挖掘第三产业潜力，推动文化与旅游深度融合，加快养老、健康等生活服务业和物联网、信息产业、现代物流等生产性服务业发展。要高度重视消费对稳增长的重要拉动作用，扩大消费规模，促进电子商务等新兴业态发展。三要把保障和改善民生作为促进经济发展的稳固根基，保持就业平稳向好势头，加快为民实事实施进度，推进扶贫攻坚，加快岷县漳县地震灾后恢复重建。四要把项目建设作为挖掘发展潜力的重要抓手，坚定不移地推动项目带动行动，做到前期工作进度要快、项目建设进度要快、资金保障跟进要快。五要把对外开放作为借力发展的战略选择，以经贸文化旅游合作为先导，以产业对接提升为支撑，以完善综合交通体系为保障，努力打造成为丝绸之路的黄金通道、向西开放的战略平台、经贸物流的区域中心、产业合作的示范基地、人文交流的桥梁纽带，积极构建国家向西开放的重要门户和次区域战略合作基地。六要把加强社会管理作为保障发展环境的重要内容，高度重视重要领域、重点场所的公共安全，扎实做好安全生产、食品药品安全监管工作，严密防范大气污染、水污染等环境安全事件，加强社会治安防控，健全完善应急预案，保障群众身体健康和生命安全。

刘伟平要求，各地各部门要强化担当精神和执行能力，集中精力抓好各项工作的落实。要靠实责任抓落实，改进作风抓落实，督促考核抓落实，认真落实教育实践活动中建立起来的各项改进作风的制度，把重点工作目标化、目标任务责任化、责任落实具体化，确保工作一环紧扣一环地推进，一招紧跟一招地落实，努力完成全年各项目标任务。

第七次全体会议。7月22日至24日，省政府召开第七次全体会议（与省委十二届八次全委扩大会议套开）。省委副书记、省长刘伟平通报上半年经济运行情况，并对下半年经济社会发展各项工作进行了安排部署。

刘伟平指出，2014年以来，面对国内外复杂严峻的经济形势和持续加大的下行压力，省政府按照省委对经济工作的要求，坚持月调度、季分析，并采取分部门、分行业召开省长办公会和现场调研指导等方式，研究解决经济运行中遇到的突出问题，综合施策促进稳增长，千方百计培育新的增长点。经过各级各部门各企业的奋发努力，上半年，全省经济运行实现了止滑企稳，呈现出稳中有升的向好迹象，生产总值增速扭转了上年以来逐季下滑的趋势，经济运行中的积极变化增多。但发展中还存在一些不容忽视的突出问题，实现全年经济增长预期目标面临很多困难。

刘伟平强调，全省上下一定要按照省委的要求，统一思想、坚定信心，顶住压力、保持定力，竭尽全力、抢抓机遇，准确把握改革发展的平衡点，准确把握实现全年目标与谋划长远发展的平衡点，准确把握促进经济发展与改善民生的结合点，以增强投资为主动力、以项目建设为主抓手、以结构调整为着力主方向、以政策平台为主攻点，精准发力、定向施策，更多依靠市场力量、更多运用改革办法，下功夫用足用好国家微刺激政策、承接东部产业转移、向西开放三个重大机遇，抓住投资、消费、开放三个发力方向，做好深化改革、结构调整、改善民生、稳定增长、营造良好发展环境五项重点工作。各级各部门要坚定不移深化改革，继续推进行政审批制度改革，深化国企改革，着力促进非公经济发展。要持之以恒加快结构调整，当前要突出扶持工业企业对产品结构进行调整，长远要注重产业结构调整，使一、二、三次产业和各产业内部结构以及所有制结构更趋合理。要千方百计改善民生，促进城乡居民持续增收，加快为民实事的实施进度，加大扶贫开发力度，有力有序推进灾后重建工作，完善社会保障体系，加强物价监管。要全力以赴稳定增长，力争全年经济增速能够进入合理区间。要多措并举营造良好发展环境，扎实做好安全生产工作，加强防灾减灾，强化环境保护，严格食品药品市场监管。

刘伟平强调，不唯 GDP 不是不要 GDP，经济工作仍然是中心工作，发展仍然是第一要务，各级各部门要切实增强抓落实的责任感和紧迫感，提高组织经济发展的能力和水平，加强对目标任务完成情况的督促检查，巩固和扩大作风建设成果，真抓实干，强化执行力，全力实现经济社会发展预期目标，加快全面小康建设进程。

【省政府常务会议】第 35 次。1 月 3 日，刘伟平省长主持召开。审议《甘肃省易地扶贫搬迁实施规划》；审议《关于贯彻落实〈国务院关于加快发展节能环保产业的意见〉的实施意见》；听取“十二五”石油和化学工业发展规划中期评估及规划调整情况汇报；审议《甘肃省城镇燃气发展规划（2014—2020 年）》；审议《甘肃省重点地质灾害防治专项规划（2014—2020 年）》；审议《甘肃省石羊河流域地下水资源管理办法》；审议兰州新区引进高层次人才支持政策；审议岷县漳县地震抗震救灾先进集体和先进个人名单；听取甘肃省领军人才任期考核有关情况的汇报；审议《甘肃省运动员、教练员参加国际国内比赛成绩奖励办法》；审议“第十届甘肃省优秀图书、音像制品及电子出版物”奖评奖结果；审议《2013 年国民经济和社会发展计划执行情况及 2014 年国民经济和社会发展计划草案的报告》；审议《2013 年预算执行情况和 2014 年全省及省级财政预算安排意见》。

第 36 次。1 月 10 日，刘伟平省长主持召开。宣布部分副省长、省长助理工作分工。

第 37 次。1 月 16 日，刘伟平省长主持召开。研究 2014 年全省经济社会发展主要指标和重点工作任务分解事宜。

第 38 次。1 月 26 日，刘伟平省长主持召开。审定《甘肃省资源型城市可持续发展规划》；审定《甘肃省重污染天气应急预案》；审定取消调整评比达标表彰评估项目的意见；审定 2013 年度甘肃省科学技术奖评奖意见；审定《甘肃省食品安全监管责任问责办法（试行）》、《甘肃省食品安全追溯管理办法（试行）》、《甘肃省农产品质量安全追溯办法（试行）》；审定 2014 年度审计工作计划；审定模范军转干部、军转安置工作先进单位和先进军转工作者推荐意见。

第 39 次。2 月 14 日，刘伟平省长主持召开。审议省政府《关于化解产能严重过剩矛盾的实施意见》；研究加强防震减灾工作事宜；听取全省撤乡改镇工作情况汇报；听取 1 月份经济运行情况汇报。

第 40 次。2 月 28 日，刘伟平省长主持召开。研究贯彻落实中办、国办印发《甘肃省人民政府职能转变和机构改革方案》的意见；听取岷县漳县地震受灾群众异地安置工作情况汇报；审议《关于支持敦煌国际文化旅游名城建设若干政策意见》；审议《甘肃省注册资本登记制度改革实施方案》；审议《甘肃省无线电管理条例（草案）》；审议 2014 年省级预算内基建投资建议计划；听取全省城乡低保资金有关情况及 2014 年农村低保对象补助水平测算情况汇报。

第 41 次。3 月 21 日，刘伟平省长主持召开。听取外派监事会工作开展情况汇报；审议《甘肃省党政领导班子和领导干部安全生产目标责任考核办法》；听取 1~2 月份经济运行情况汇报；研究“中国—中亚合作论坛”与“兰洽会”筹办事宜；听取“亚洲合作对话—丝绸之路务实合作论坛”筹办情况汇报；研究“中华文化四海行—走进甘肃”活动筹办事宜；研究取消、调整和下放省级现有行政审批事项的意见；审定《省政府省总工会联席会议规则》；研究调整企业退休（职）人员基本养老金事宜。

第 42 次。4 月 4 日，刘伟平省长主持召开。审议《全省 2014 年大气污染防治工作方案》；听取省发展改革委与中石油规划计划部就兰州石化搬迁改造事宜会谈情况汇报；审议《甘肃省新型城镇化规划（2014—2020 年）》；研究贯彻落实全国春季农业生产暨森林草原防火会议精神的意见；听取全省政府系统贯彻执行中央八项规定情况汇报；研究省民航机场管理局领导班子配备事宜；审议《关于建立政府法律专家咨询委员会的意见》；研究调整全省最低工资标准事宜；研究 2014 年中国政府“友谊奖”候选人推荐事宜。

第 43 次。4 月 17 日，刘伟平省长主持召开。审议贯彻落实国务院《政府工作报告》情况的报告；听取省政府 2013 年度目标管理责任考核情况汇报；审议《“丝绸之路经济带”甘肃段建设总体方案》；审议省政府《关于贯彻落实党的十八届三中全会精神推动非公有制经济跨越发展的实施意见》；研究 2013 年度推动非公经济跨越发展先进市州和优秀企业表彰奖励意见；审议《关于政府向社会力量购买服务的实施意见》；审议《关于加快发展养老服务业的实施意见》；研究调整提高全省失业保险金发放标准和工伤人员伤残待遇事宜。

第44次。4月25日，刘伟平省长主持召开。审议《关于定西师范高等专科学校整体并入甘肃中医学院实施意见》；审议《关于促进健康服务业发展的实施意见》；审议《关于做好新型城镇化试点工作的指导意见》；听取关于利用国开行棚改贷款加快全省棚户区改造情况的汇报；审定2013年度省长金融奖表彰意见；审议《甘肃省农村能源条例（草案）》；审议《甘肃省民兵预备役工作条例（草案）》。

第45次。5月9日，刘伟平省长主持召开。审议《关于加快小煤矿关闭退出工作的意见》；听取关于第二次全省土地调查主要数据成果的汇报；审议读者文化产业基金筹建方案。

第46次。5月16日，刘伟平省长主持召开。听取1~4月份经济运行情况汇报；审议《甘肃省农作物种业发展规划（2014—2020）》。

第47次。5月24日，刘伟平省长主持召开。审议《甘肃省省域城镇体系规划纲要（2013—2030年）》；审议《关于进一步深化国资国企改革促进企业发展的意见》；审议《甘肃省现代大型农机发展规划》及《甘肃省农机专业合作社建设方案》；听取兰州市“4.11”局部自来水苯超标事件调查情况汇报；审议《关于深入推进行政审批制度改革的意见》和调整取消下放行政审批事项的意见；研究贯彻落实全国普通高校毕业生就业创业工作电视电话会议精神的措施；研究公共资源交易管理委员会办公室工作机构移交及调整相关议事协调机构事宜；研究筹建甘肃省易地扶贫搬迁投资有限责任公司相关事宜。

第48次。6月6日，刘伟平省长主持召开。研究贯彻国务院5月30日、6月4日常务会议精神的措施；审议《兰州新区综合配套改革试验总体方案》；审议《关于进一步加强财政管理的意见》；审议《关于抓住机遇加快推进铁路建设的意见》；听取2014年“民企陇上行”活动筹备情况汇报；审议《甘肃省利用国开行贷款开展棚户区改造项目实施办法》。

第49次。6月12日，刘伟平省长主持召开。研究兰州市“4·11”局部自来水苯超标事件相关责任人处理意见。

第50次。6月20日，刘伟平省长主持召开。听取1~5月份经济运行情况汇报；安排部署兰州新区发展“飞地经济”事宜；审议《贯彻落实国务院关于加强城市基础设施建设意见的实施意见》；审议《关于进一步优化企业兼并重组市场环境的实施意见》；听取第二十届“兰洽会”和“中国—中亚合作对话会”筹备情况汇报；审议《甘肃省城乡居民基本养老保险实施办法》；研究贯彻落实第六次全国军转表彰大会暨2014年军转安置工作会议精神的措施；审议《甘肃省高标准农田建设规划（2011—2020）》；审议《甘肃省取水许可及水资源费征收管理办法》；听取公祭伏羲大典筹备情况汇报。

第51次。7月11日，刘伟平省长主持召开。审议《甘肃省行政审批事项目录管理办法》和《甘肃省行政审批监督管理办法（试行）》；听取甘肃省体育馆项目建设情况汇报；审议《2013年度省级预算执行和其他财政收支的审计结果报告》；审议《关于2014年食品安全重点工作安排的意见》；听取省政府与中国南方航空股份有限公司合作开通兰州至中亚西亚国际航线补贴有关情况汇报；听取2014年全省公务员和参照公务员法管理单位工作人员招录计划有关情况汇报；研究贯彻落实第五次全国自强模范暨助残先进集体和个人表彰大会精神的措施；审议《甘肃省河道管理条例（草案）》；审议《甘肃省风景名胜区条例（草案）》。

第52次。7月18日，刘伟平省长主持召开。研究中央第一巡视组反馈有关问题的整改措施；听取全省党政机关办公用房清理腾退工作汇报；审议《关于加快电子商务产业发展的意见》；审议《第一届丝绸之路（敦煌）国际文化博览会实施方案》；审议《关于金融支持经济结构调整和转型升级的实施意见》；审议《关于甘肃省2014年上半年国民经济和社会发展计划执行情况的报告》。

第53次。7月25日，刘伟平省长主持召开。审议《甘肃省2014—2015年节能减排低碳发展实施方案》；审议省发展改革委、省交通运输厅、省农牧厅、省商务厅等4部门职责和机构编制调整方案；审定全省2014年享受政府特殊津贴候选人名单及第五批全国杰出专业技术人才和专业技术人才先进集体推荐名单。

第54次。8月8日，刘伟平省长主持召开。贯彻国务院常务会议精神部署做好农民工作服务工作；审议《贯彻落实国务院加快发展现代职业教育决定的实施意见》；听取全省69家代管县级供电企业地方国有产权无偿划转有关情况的汇报；听取酒钢集团等4户企业审计查出问题整改情况汇报；听取海航集团有限公司退出甘肃机场集团有限公司重组有关情况的汇报；研究工业强省考核奖励事宜；研究建立参事工作联络员制度事宜；听取省第十三届运动会组委会关于省第十四届运动会申办城市票决情况的汇报。

第55次。8月15日，刘伟平省长主持召开。审议贯彻落实中央政治局会议精神的报告；听取1~7月全省经济运行情况汇报；审议《关于国务院政策措施贯彻落实中存在问题整改工作方案》；听取中央巡视组反馈问题的整改落实情况汇报；审议《甘肃省能源领域大气污染防治工作方案》。

第56次。9月1日，刘伟平省长主持召开。研究贯彻落实《中共中央、国务院转发〈国家发展和改革委员会关于上半年经济形势和做好下半年经济工作的建议〉的通知》精神的措施；审议《关于进一步加强全省城乡规划工作的意见》；审议《敦煌市城市总体规划（2013—2030）》和《敦煌历史文化名城保护规划（2013—2030）》；审议《甘肃省标准化发展战略纲要（2014—2020年）》；听取全省建设项目环评审批及“未批先建”项目清查情况汇报；审议《甘肃省辐射污染防治条例（草案）》；听取光大兴陇信托公司董事、监事推荐人选审核情况汇报；审议《关于战略性新兴产业发展总体攻坚战实施方案》；听取中石油兰州石化公司“8·4”火灾事故初步调查情况汇报；听取省公航旅集团审计反映问题整改情况汇报；审议《甘肃灌区农田高效节水技术推广2015—2017年》；审议《关于积极推进教育扶贫工程的实施意见》；审定2014年省“园丁奖”及教育系统5个国家级奖项评选推荐名单；研究确定2014年度企业工资指导线；审定2014年“敦煌奖”候选人名单；审定全国民族团结进步模范集体和模范个人推荐名单。

第57次。9月12日，刘伟平省长主持召开。安排部署省政府全面深化改革工作；听取1~8月份经济运行情况汇报；听取全面建成小康社会监测工作情况汇报；研究“十三五”规划编制事宜；审议《加快新能源汽车推广应用实施方案》；研究在兰职业院校“整合入园”事宜；审定省属监管企业负责人2013年度薪酬兑现方案；研究取消、调整和下放行政审批事项相关事宜。

第58次。9月26日，刘伟平省长主持召开。安排部署中央巡视组反馈问题整改落实工作；审议《关于进一步推进户籍制度改革的实施意见》；审议《关于支持兰州转型跨越发展的意见》；审定《关于加快人才工作创新发展的意见》；听取甘肃省领军人才补充选拔工作情况汇报；审议《关于推进文化创意和设计服务与相关产业融合发展的实施意见》和《关于加快发展对外文化贸易的实施意见》；研究4所高校更名、升格及设置事宜；审议《关于进一步完善县级基本财力保障机制的意见》；研究提高乡镇及村级组织运转经费补助标准事宜；审议《关于贯彻落实〈党政主要领导干部和国有企业领导人员经济责任审计规定实施细则〉的意见》；审议《甘肃省安全生产“党政同责、一岗双责”制度实施细则》；审议《甘肃省普惠金融发展规划（2014—2018）》；审议《关于进一步加强农村金融服务的意见》；审议与阿里巴巴集团《战略合作框架协议》；研究申报追授定西市临洮县原县委副书记、县长柴生芳同志“全国模范公务员”荣誉称号事宜。

第59次。10月17日，刘伟平省长主持召开。听取前三季度经济运行情况汇报；审议《关于进一步加强危险废物监督管理工作的意见》；审议《关于着力缓解企业融资成本高问题的实施意见》；审议《关于落实“宽带中国”战略加快推进宽带网络建设的意见》；审议《关于加快全省公路建设的意见》；听取关于推进地方政府工作部门权力清单进一步深化行政体制改革座谈会主要精神及贯彻意见的汇报。

第60次。10月31日，刘伟平省长主持召开。听取开展环境保护大检查工作情况汇报；审议《甘肃省养老服务产业发展基金试点工作实施方案》；研究整合检验检测认证机构事宜；审议《甘肃省现代职业教育体系建设规划（2014—2020年）》；审议省政府法律专家咨询委员遴选聘任办法和法律专家咨询委员工作规则。

第61次。11月7日，刘伟平省长主持召开。审议公航旅集团等5户省属国有企业改革试点方案；审议《关于促进旅游业改革发展的意见》；审议《关于进一步优化中小微企业发展环境的意见》；研究4项一般性转移支付增量资金分配意见及省军区国防教育博物馆布展经费补助意见；审议省政府工作规则修订意见。

第62次。11月17日，刘伟平省长主持召开。听取1~10月份经济运行情况汇报；研究兰州市请求协调解决的有关问题；审议《关于改革全省公安交警管理体制的意见》；研究实施煤炭资源税从价计征改革事宜；研究开通中欧班列事宜；审议《关于加快多层次资本市场发展的指导意见》。

第63次。11月17日，刘伟平省长主持召开。研究2015年省级预算和各地预算编制事宜；审议《贯彻落实国务院〈关于进一步加强审计工作的意见〉的实施意见》；审议《甘肃省贯彻落实国务院〈计量发展规划（2013—2020年）〉的实施意见》；审议《关于进一步加强统计工作的意见》；研究贯彻全国“餐桌污染”现场会精神的措施；审议《甘肃省开展城乡居民大病保险工作实施方案》；审议《关于加快发展现代保险服务业的实施意见》。

第64次。12月5日，刘伟平省长主持召开。研究建立“三张清单一张网”事宜；听取全省鼠疫防控工作情况汇报；研究申报设立中国（兰州）自由贸易区事宜；研究加强防震减灾工作事宜；听取贯彻落实国务院《关于全面建立临时救助制度的通知精神》、进一步加强和改进临时救助工作意见的汇报；审议《甘肃省棚户区改造国家开发银行贷款项目运作调整方案》。

第65次。12月15日，刘伟平省长主持召开。听取1~11月经济运行情况汇报；审议《甘肃省节能环保产业发展规划（2014—2020年）》；审议《关于加快发展生产性服务业促进产业结构调整升级的实施意见》；审议《关于贯彻落实国家〈应对气候变化规划（2014—2020年）〉的实施意见》；审议《关于促进市场公平竞争维护市场正常秩序工作的实施意见》；审议《甘肃省政府核准的投资项目目录（2015年本）》；审议《甘肃省能源发展战略行动计划（2014—2020年）》；审议《关于加强政府性债务管理的实施意见》；审议《关于深化预算管理制度改革的实施意见》；审议《甘肃省省级财政专项资金管理办法》。

第66次。12月26日，刘伟平省长主持召开。研究贯彻落实全国政府秘书长和办公厅主任会议精神的措施；研究金川公司投资广西防城港镍铜冶炼项目责任追究案件处理意见及解除严志坚同志行政警告处分、给予杨映祥行政开除处分事宜；研究给王祯等同志记功事宜；研究落实津贴补贴政策的意见。

【省政府办公厅工作】2014年，在省委、省政府的坚强领导下，省政府办公厅紧紧围绕改革发展稳定各项工作，以抓落实为重点，积极履行沟通协调、审核把关、督促落实、服务保障等职责，进一步加强思想、政治、业务、作风建设，努力为政府服务、为部门和基层服务、为群众服务，取得了积极成效。

一是重视理论武装，切实加强思想政治建设。坚持用党的最新理论成果武装头脑。着眼于提高理论素养和运用理论解决实际问题的能力，坚持把深入学习党的最新理论成果作为领导班子建设的首要任务。班子成员在列席省政府党组学习会的同时，严格执行修订后的党组中心组学习制度和研讨交流制度，先后安排11次专题学习研讨活动，并通过组织专题辅导、集中研讨等方式，深入学习党的十八大、十八届三中、四中全会、习近平总书记系列重要讲话精神，认真贯彻落实习近平总书记和李克强总理对办公厅工作的指示批示，力求全面系统地把握深刻内涵和精神实质，用中国特色社会主义理论武装思想头脑，保持政治定力，坚定中国特色社会主义道路自信、理论自信和制度自信。同时，坚持理论联系实际的学风，把理论学习同贯彻落实省委省政府重大决策部署结合起来，同履行抓落实职责、推动工作结合起来，同增强班子成员党性修养、改造世界观结合起来，在学中干、在干中学，力求把学习的成果转化为“三办”工作的能力，体现到履职尽责的具体实践中。

严格党的政治纪律和组织纪律。坚决执行“四个服从”，自觉地在思想上政治上行动上同以习近平为总书记的党中央保持高度一致，坚决防止“七个有之”的现象，维护党的团结统一和党中央的权威。严格执行民主集中制，重要事项都由班子集体研究决定，做到了民主决策。认真组织开好党的群众路线教育实践活动专题民主生活会，用好批评与自我批评武器，认真分析查找问题，有针对性地整改落实，增强了班子凝聚力和战斗力。指导机关基层党组织开展了党章再学习教育、群众路线教育实践活动“回头看”、“强党性守纪律”主题党日、落实“两个责任”对照检查等专题组织生活会，并通过分管领导到会指导和讲党课、机关党委派员参加会议、《办公厅机关党建》及时报道等形式，督促机关基层党组织落实了“三会一课”制度。深化先锋引领行动，通过组织开展“党员志愿者服务队”等活动，引导党员干部在强化自身素质、锤炼党性修养、积极干事作为上当先锋、树样板、做引领，省政府办公厅机关党委被省直机关工委评为“先进机关党委”，办公厅系统有7个党支部、78名党员被评为优秀党支部和优秀党员，受到表彰奖励。

二是围绕中心工作，以抓落实为重点，充分发挥参谋助手作用。积极建言献策，着力提高服务决策的实效。围绕省委省政府确定的全省经济社会发展重大调研课题，从拟定调研提纲、组织调研力量、选择调研课题、整理调研成果等方面，协助省政府领导同志深入开展调查研究。组织了丝绸之路经济带甘肃段建设、经济转型发展、发展战略性新兴产业、加快服务业发展、农村土地承包经营权流转、国家级三大战略平台深入推进、深化国资国企改革、全面建成小康社会、新型城镇化建设、民生托底制度、职业教育、学前教育、城乡居民大病保险等方面的调查研究，积极为省政府科学决策积极建言献策，调研成果分别被吸收到“丝绸之路经济带”甘肃段建设总体方案、战略性新兴产业发展总体攻坚战实施方案、加快发展生产性服务业促进产业结构调整升级的实施意见等政策文件之中。聚焦工作重点、社会焦点、基层亮点，加强政务信息报送，强化舆情信息的搜集、整理和研判，编报各类政务信息1064条、被国务院办公厅采用77条、被国务院和省委省政府领导批示46条、《舆情参阅》200余期。

提高办文质量和效率，充分发挥以文辅政的作用。严格收文办理程序，认真做好来文审核、签收、登记、分办工作，加快收文运转节奏，“八小时”之内收到的公文做到办理不过夜，“八小时”之外收到并需呈请领导指示批示的文件电报，在第一时间报告分管领导，力求公文安全高效运转，全年共收办文件4788件。认真落实“行文确有必要、讲求实效”的要求，围绕上情下达、下情上报、横向函商等工作，切实加强文件、讲话等各类文稿的起草和审核把关，努力提高文稿质量，力求完整准确地体现上级机关的精神和发文意图、确保与现行政策法规衔接，立足省情实际增强针对性和可操作性。全年共办理发文737件，对中央和省委出台的一系列政策措施，都按照省政府常务会议和领导同志的批示要求，及时协调相关部门认真论证研究、广泛征求意见，研究提出贯彻实施意见。

加强综合协调，确保各项工作有条不紊运转。对需要政府研究决策的重大议题、事项，注重“上接天线、下接地气”，左右沟通听取各方面的诉求建议，形成一致意见，为提高决策的质量和效率提供了有效服务。对省政府重大活动做到早介入、早准备、早安排，协调有关部门承担了第20届中国兰州投资贸易洽谈会、第四届敦煌行·丝绸之路国际旅游节、亚洲合作对话——丝绸之路务实合作论坛等重大节会活动和环青海湖国际公路自行车赛甘肃段比赛、省第十三届运动会等重大体育赛事的筹备和服务工作。切实加强会议方案报批、会议材料审核、会前协调准备、会议文件起草、议定事项督办等各项服务工作，承担了17次省政府党组会、2次省政府全体会、32次省政府常务会、63次省长办公会、40多次专题会议以及省政府领导主持召开的其他会议的会务工作。加强应急管理工作，着力增强应急信息报告时效性，完善应急预案体系，推进应急平台建设，提高了应急处置能力；共编发《甘肃省值班信息》471期，其中上报国务院86期，中央和省委省政府领导批示200余件次；协助省政府领导有效处置了“4·11”兰州市局部自来水苯超标、“9·6”环县农用车侧翻事故、古浪县小反刍兽疫疫情、酒泉市人间鼠疫疫情、“11·4”兰渝铁路兰州市桃树坪隧道坍塌事故等一批突发事件。

加大督查力度，推动决策部署有效落实。先后两次配合国务院督查组，就全省稳增长促改革调结构惠民生政策措施落实情况进行督查。对全省经济工作会议和城镇化工作会议明确的41项重点工作先后开展了3次综合督查。对省政府工作报告确定的重点工作任务和省政府全体会、常务会、党组会、省长办公会，以及省政府领导调研讲话中有明确时限要求的工作，及时进行了跟进督查。对省政府领导批示交办的全省简政放权等重要事项进行了专项督查。为民办实事项目进展情况做到了按月汇总反馈。创新督查方式，借鉴安全生产大检查“四不两直”（即不发通知、不打招呼、不听汇报、不陪同接待，直奔基层、直插现场）的方式，对2010年至2013年贫困村整村推进、棚户区改造、县乡农贸市场建设项目进行督查，对发现的问题，督促责任部门提出措施、限期整改，对涉及违纪违法的线索，及时移交监察机关处理，有效促进了工作落实。努力提高建议提案办理质量，及时转办国家和省“两会”建议提案1529件，建议提案办结率和答复规范率均达到100%。同时，充分发挥监察机关行政监察和审计部门专项审计的监督作用、统计部门民意调查的辅助作用、新闻媒体的舆论监督作用以及第三方机构的专业评估作用，整合各方资源，形成工作合力。五是深化信息公开，增强政府公信力。突出抓好行政权力运行、财政资金、公共资源配置、公共服务、公共监管等5个重点领域信息公开工作，切实加强省政府重大决策部署解读宣传，审核并在“中国·甘肃”门户网站发布各类政策解读信息330条；发行《甘肃省人民政府公报》36万份，刊发各类文件290件。认真做好网民留言的办理工作，共收集、整理有效留言1180条，办结答复830条，连续两年被人民网评为“全国网民留言办理工作先进单位”。改版升级中国·甘肃门户网站，加强网站内容保障工作，全年发布信息19032条，日均访问量达4万多人次，中国·甘肃门户网站在中国社科院组织开展的“第九届中国特色政府网站评选”活动中位居第14名，较2013年前移11名次。

三是强化运行保障，优化政务服务环境，增强为民服务的实效。推进管理方式创新。加强电子政务建设，有序推进全省政府系统电子政务内网建设，全省政府系统电子公文传输暨公文智能管理和会议通知报名系统、省政府重要决策和重大安排部署督查督办评估系统建成运行，基本建成基于云计算的省级电子政务公共平台，促进了政府系统信息共享、业务协同；自2014年7月1日起，非涉密文件上报下发进行无纸化传输。高度重视保密工作，完善保密管理制度，推进工作专网和涉密计算机技防系统建设，保密防范能力不断增强。积极探索机关物业、生活服务、会议服务、绿化、供热等后勤保障购买社会服务，认真落实老干部政治生活待遇，提高了服务保障水平。切实加强信访、保卫工作，妥善处理各类上访事件，为机关工作正常运行营造了良好环境。

加强干部队伍建设。严格执行中央和省委关于机关干部选拔任用的规定，坚持德才兼备、以德为先的用人标准，不断完善选人用人机制。采取分职位、分层面、分批次的办法，遵循民主推荐、组织考察、党组研究决定的程序环节，根据工作需要和队伍建设实际，选拔任用优秀干部，有效地调动了工作积极性，共调整补充处级干部36人，提拔使用科级干部35人，轮岗交流处级干部11人、科级干部11人。采取“考试考核，积分定岗”的选拔办法接收军队转业干部，充实了干部队伍。完善干部考核评价机制，注重把平时考核与年终考核结合起来，强化考核结果的运用，奖优罚劣、奖勤罚懒，努力营造让想干事的有机会、干成事的有地位、干部健康成长的良好氛围。

提升政务服务效能。大力推进政务服务中心标准化、制度化和规范化建设，28个省直部门面向企业和公众的320项行政审批事项进驻省政府政务大厅实行统一集中公开办理，实现了一个窗口服务、一站式审批。指导市县政务服务体系建设，省市两级政府网上审批及电子监察平台已投入运行，企业和公众办事更加便捷、高效。省政府政务大厅全年共受理各类行政审批及服务事项43357件，实现了限时办结。

扎实推进“双联”行动。在省政府领导的指导和支持下，组织办公厅188名干部组成13个联村小组对13个贫困村和331户贫困户开展帮扶，帮助编制和完善“两规划一计划”，指导帮助发展畜禽养殖、设施农业等富民主导产业，协调实施以辅路架桥、危旧房改造、“两委”场所建设为重点的基础设施项目，村容村貌明显改善，农民收入较快增长。同时，积极履行省直联系通渭县组长单位职责，统筹指导省直联村单位开展工作，完成通渭县“双联”行动和省直联村单位督查考评工作。办公厅获得了2013年度全省联村单位“民心奖”，13个联系村“双联”工作年终考核均为“优秀”。

四是持之以恒加强作风建设，着力推进反腐倡廉工作。认真落实中央八项规定和省委“双十条”规定。坚持抓实、抓细、抓具体，改进调查研究、会风文风、公务活动、新闻宣传等工作，服务质量和效率明显提升。调查研究做到了统筹安排、科学选点、轻车简从，提高了实际效果。按照省委统一部署，全省性会议实行计划管理，会议数量、规模、规格得到了有效控制。省政府领导及办公厅班子成员参加节会、庆典和纪念活动按照“统一安排，从严控制，精简节约，讲求实效”的原则，严格按程序报批后统筹安排。认真落实省政府及办公厅精简规范公文的有关规定，采取有力措施，努力精简压缩公文数量，省政府及办公厅发文在2013年减少17.8%的基础上，2014年与上年基本持平。新闻宣传进一步规范，各类文字报道篇幅、广播电视新闻播报时长都严格控制在规定的范围之内。认真贯彻《党政机关厉行节约反对浪费条例》，以建设节约型政府机关为目标，进一步规范了政府集中采购、公务活动费用支出、公务接待、办公用房管理等工作，配合完成了党政机关办公用房清理工作，督导推进了办公用房腾退调配工作。规范了公务用车编制管理，开展了公务用车制度改革前期准备工作。严格执行公务接待费、差旅费、培训费、会议费等资金管理办法，省政府办公厅“三公经费”支出同比下降57.66%。

狠抓教育实践活动整改任务的落实。紧密结合实际，对查摆出的10方面25个问题，认真分析，逐项研究，区分轻重缓急和难易程度，有针对性地制定整改措施，明确责任单位、责任人和完成时限，一项一项整改、一个一个攻坚，取得了明显成效。制定和修订完善了涉及公文办理、会议承办、学习交流、政务督查、信息公开、政策解读、应急管理等方面的制度21项，基本形成作风建设的长效机制。特别是倡导树立工作“事故”意识和质量“精品”意识，结合效能风暴行动，集中力量开展不作为慢作为突出问题专项整治，健全了首问责任、服务承诺、限时办结、失职追究等效能建设8项制度，进一步提升了服务效率和质量。建立了公文会议办理季通报、重点工作任务完成情况季检查、工作纪律执行情况周抽查、学习情况月抽查等常态化监督检查机制，形成了敬业守责的倒逼机制。

着力推动反腐倡廉工作。贯彻省委《关于落实党风廉政建设主体责任的意见》和“3783”主体责任体系建设要求，印发了办公厅党组《落实党风廉政建设主体责任实施办法》，在办公厅召开的12次党组会议中有9次研究反腐倡廉相关工作，班子成员在分管范围内对反腐倡廉批示131件，对2014—2017年惩治和预防腐败体系建设工作任务进行了分解细化，切实把党风廉政建设要求融入办文、办会、办事等实际工作之中，做到党风廉政建设与业务工作同部署、同落实、同检查、同考核。党组书记与党组成员、厅级干部及有关处室（单位）负责人，党组成员与分管处室（单位）负责人，纪检组长与办公厅重点部门、重点岗位干部，处室（单位）主要负责人与处内干部职工，分别进行以党风廉政建设为主要内容的约谈，并层层签订党风廉政建设责任书，新任党员领导干部分别签订《廉政承诺书》，确保靠实反腐倡廉责任，层层传导压力。同时，通过集中辅导、邀请专家讲座、参加廉政大讲堂、观看廉政警示教育片、组织廉政考试、任职廉政谈话、发送廉政短信等形式，深入开展了党性党风党纪教育和反腐倡廉教育。进一步加强审计监督，成立审计处，完善了内部审计监督机制。深入贯彻落实党内监督条例，坚持党员领导干部报告个人有关事项、述职述廉、民主测评、诫勉谈话、任前廉政谈话等制度，推动了党内监督制度规范化。加强重大事项决策、资金管理、干部人事工作等用权行为监督，全年共监督项目评审、项目招投标17次，监督考察干部74人。对11个省政府驻外办事处落实党风廉政建设责任制、执行纪律、作风建设、人事财务管理等情况进行督查内审。支持纪检监察机构履行监督职能、查办违纪违规案件，对公职人员违规经商办企业问题进行了专项整治，523名公职人员作出不从事不参与经商办企业公开承诺。共办理来信来电来访举报和上级纪检监察机关转办专项治理案件9件，给予党内严重警告处分1人，党内警告处分2人。

（李辉）

外事侨务港澳事务

【综述】2014年，甘肃省外事侨务港澳事务工作在省委、省政府的正确领导和中央有关部委的有力指导下，深入贯彻党的十八大和十八届三中、四中全会及中央外事工作会议精神，全面落实全国地方外办主任会议、全国侨办主任会议和省委、省政府的工作部署，紧紧围绕推进向西开放和丝绸之路经济带甘肃黄金段建设，创新工作思路，强化工作举措，改进工作作风，狠抓工作落实，圆满完成了各项工作任务，为服务国家总体外交和全省经济社会发展做出了积极贡献。

【服务大局】为深入贯彻落实习近平主席共建“一带一路”伟大战略构想，加快向西开放步伐和推进丝绸之路经济带黄金段建设，先后与外交部、全国友协在兰州共同成功举办了“亚洲合作对话丝绸之路务实合作论坛”和“中国—中亚合作对话会”。尤其是“亚洲合作对话丝绸之路务实合作论坛”，是“一带一路”构想提出后，我国首次举办的大型国际性专题论坛，意义重大，影响深远。积极组团参加“第二届中国—中东欧国家地方领导人会议”、“太湖文化论坛—巴黎会议”、“第四届中法地方政府高层论坛”、“第一届中国—新西兰市长论坛”和“第二十四届东欧经济论坛”等国际会议。配合有关部门圆满完成“第二十届兰治会”、“2014(甲午)年公祭中华人文始祖伏羲大典”、“第四届丝绸之路国际旅游节”、“第三届国际文化产业大会暨第七届甘肃省文博会”等大型节会的外事保障任务。

【外事管理】严格执行中央“八项规定”和省委“双十条规定”，积极探索和建立外宾团组来访对口接待机制，出访来访规范有序，成效明显提升。全年，共办理各类因公出国团组452批1626人次、签证500余份；接待外宾团组800余批4800多人次，办理来甘外国人邀请511批1514人次、来华留学人员签证470人次，审核申报各类国际会议15批。制定出台《关于加强境外甘肃公民和企业机构安全保护工作的意见》，进一步强化了公民出国旅游、留学、访问和企业开展海外业务的安全保护措施。进一步加强对境外媒体记者采访的服务和管理工作，与上海市外办签署《上海—甘肃外国记者管理信息交流合作备忘录》，全年有近30批100多名境外记者来甘采访和拍摄。

【项目外事】围绕构建“大外事”格局和推进“项目外事”，各地各部门各单位结合各自实际，充分发挥主观能动作用，采取有效措施积极推进，取得良好成效。兰州市成为我国省会城市加入上合组织睦邻友好委员会唯一一家成员单位；临夏州通过友城渠道，大力推动清真食品进入国际市场，与伊朗签署清真食品互认协议；省商务厅在伊朗和白俄罗斯开展投资项目和特色商品推介活动，达成一批项目合作协议，签约金额达1.3亿美元；省文化厅组织《丝路花雨》剧组赴欧洲执行“中华风韵”文化演出，在韩国首尔举办“甘肃文化周”活动等等，进一步提升了甘肃的影响力；省卫计委积极组织实施国家援助马达加斯加医疗项目，并大力推进中医药“走出去”，使甘肃成为唯一被国家卫计委确定的“中国—乌克兰中医药合作”

执行省份；兰州大学、西北师范大学、甘肃农业大学和中科院寒区旱区研究所、省水利科学研究院、省自然能源研究所等单位，充分发挥自身优势，积极承担国家部委安排的各类涉外培训任务；金川集团公司、酒钢集团公司、白银集团公司、省建投集团总公司等企业，着眼完善产业结构和布局，积极拓展海外市场，提升国际化经营水平，进一步增强了企业发展活力。在第二十届兰洽会上，全省企业与境外（含港澳台）企业签约投资项目20个，签约额131.68亿元；签订9个向西开放进出口投资合作合同项目，合同总金额超过10亿美元，涉及伊朗、蒙古、哈萨克斯坦、吉尔吉斯斯坦、乌兹别克斯坦等国。

【民间外交】进一步加大国际友好城市工作力度，促成与吉尔吉斯斯坦奥什州、庆阳市与意大利克布拉罗拉市、临夏市与伊朗库姆市建立友好城市关系，使全省友城总数达到48对，其中省级友城24对，市县级友城24对。友好城市伊朗库姆省和马来西亚吉兰丹州分别荣获全国友协颁发的“对华友好城市交流合作奖”。成功举办第九期甘肃省国际交流员研习班，共有来自19个国家的29名交流员参加研习，进一步扩大了友城间的交流合作。注重发挥省友协、省海协、省友联会的作用，积极开展民间对外友好交往工作。先后选派56名大学生、中学生赴日研修；邀请日本前参议院议长、日中友好会馆会长江田五月成功访甘，承办了第十七届全国地方友协工作交流会。年初，成立了甘肃省民间组织国际交流促进会，并与有关单位共同举办了“丝绸之路古毯艺术座谈会”、“中阿民间艺术交流会”，出席“首届中蒙民间对话会”。

【侨务工作】积极争取国务院侨办的支持，落实了第二期40名东干人子女汉语国际教育专业本科学历班项目，并提供资金578.4万元；先后选派29名汉语教师赴东南亚开展华文教学和“2014中华文化大乐园—金边营”活动，受到当地侨胞和华人社团的欢迎。围绕推进实施“1236”扶贫攻坚行动，协调争取港澳同胞、海外侨胞的爱心捐助2000多万元，为全省贫困山区修（改）建学校20所、卫生院8所、水窖2000眼，并在定西市临洮县、临夏州积石山县、庆阳市镇原县实施水源项目3个，有效解决了当地5800多人的饮水安全问题。牢固树立为侨服务意识，筹资276万元，解决了部分贫困归侨侨眷的生产生活困难，并对下岗失业的归侨侨眷进行再就业培训；组织2批医疗队分赴兰州、陇南两地，为1600多名归侨群众免费送医送药。全年，共受理归侨侨眷来信来访97件次，办结率96.7%；接待海外侨胞21批294人次。

【港澳事务】进一步加强与国务院港澳办、中央政府驻港澳联络办和港澳特区政府驻京办的联络协调，国务院港澳办应邀担任了“2014年（甲午）公祭中华人文始祖伏羲大典”的主办单位，给予多方面的大力支持。全年，先后有港澳青年英才团、第21届内地高校优秀澳门学生访问团、香港入境处考察团、澳门学者同盟考察团、香港电影代表团等港澳团组来甘访问交流，促进了双方在经贸、教育、文化、旅游等方面的交流合作。加强对在甘港澳企业的服务工作，深入重点港资、澳资企业实地调研，了解项目实施情况，征求服务意见建议。

【自身建设】坚持从落实各项规章制度入手，狠抓机关自身建设，以工作作风转变，促进各项工作落实。组织干部职工认真学习《习近平谈治国理政》和《中共中央关于全面推进依法治国若干重大问题的决定》，严格落实依法行政要求，自觉接受社会监督。建立和完善了机关管理48项规章制度，想方设法改善干部职工的工作条件，在机关营造了公平、公开、公正和积极向上的浓厚氛围。积极为干部的成长成才创造条件，先后邀请中央外办、中联部、外交部的领导和专家学者作国际形势报告和道德讲座，选派35名干部到国家部委学习锻炼、出国研修和参加省委党校、行政学院及省直机关工委举办的各类培训；与省商务厅共同举办了为期3个月的俄语培训班，共有来自省直各厅局、大型国有企业的100多名干部职工利用业务时间参加培训，为全省储备了一批俄语专业人才。坚持把“双联”点建设作为机关干部联系群众、服务群众的直接抓手，先后筹措资金380多万元，在两个帮扶村实施了道路硬化、危房改造、特色经济林种植、人饮工程和改善办学条件，并协调澳大利亚侨胞魏基成先生捐赠御寒棉衣1万件，使两村的面貌和群众的生活发生了可喜变化。

（魏琨铭）

中国人民政治协商会议甘肃省委员会

【全体委员会议】十一届二次会议1月12日至16日在兰州举行。会议应出席委员588名，实到委员562名。会议听取并审议了省政协主席冯健身代表省政协常务委员会所作的工作报告、省政协副主席黄选平代表省政协常务委员会所作的提案工作情况报告；审议通过了政协第十一届甘肃省委员会第二次会议政治决议、政协第十一届甘肃省委员会第二次会议关于省政协常务委员会工作报告的决议、政协第十一届甘肃省委员会第二次会议关于省政协常务委员会提案工作情况报告的决议、政协第十一届甘肃省委员会第二次会议提案审查委员会关于提案审查情况的报告。

省委书记、省人大常委会主任王三运，省委副书记、省长刘伟平分别出席“政协委员话改革促发展”和“打造丝绸之路经济带甘肃黄金段”两个专题协商议政会，与委员们深入交流。王三运强调，要深入贯彻落实中央关于全面深化改革的一系列决策部署，树立大局意识、机遇意识、责任意识，真正把全面深化改革的思想根基筑牢固、突出问题研究透、举措办法理清楚，正确、准确、有序、协调推进各项改革。刘伟平希望各位委员继续发挥优势，积极建言献策，共同为推动丝绸之路经济带建设作出贡献。省政协主席冯健身主持闭幕会议并发表讲话，要求全省各级政协组织和广大委员，全面落实中央、省委决策部署，在围绕中心、服务大局上有新作为，在推动全省加快脱贫致富奔小康上有新成效，在破解民生难题、增进百姓福祉上有新建树，不断推进人民政协协商民主。会议期间，委员们列席了第十二届甘肃省人民代表大会第二次会议，听取并讨论了省政府工作报告及其它重要报告，并通过大会发言、专题协商议政会、小组讨论和提交提案等方式，围绕全省经济、政治、文化、社会、生态建设中的重大问题和群众普遍关心的热点难点问题，积极协商议政、建言献策。大会收到委员发言材料129篇，张鸣实、杨利亚、魏其奎、杨小燕等39位委员，分别就强化生态文明建设考核、实现战略西进重振丝绸之路、提高粮食综合生产能力、加强重点乡镇城镇化建设等问题分别作了大会口头发言和专题议政会口头发言。大会共收到提案858件，立案810件，占提案总数的94.4%。省党政军领导应邀出席开、闭幕大会。在甘十二届全国政协委员，十一届省政协专兼职副秘书长，省政协各部门负责同志，省委组织部、统战部副部长等列席会议。

【常务委员会议】第4次会议1月10日在兰州召开。101名常委会组成人员出席会议。会议审议通过了关于召开政协第十一届甘肃省委员会第二次会议的决定、政协第十一届甘肃省委员会常务委员会工作报告及报告人、政协第十一届甘肃省委员会常务委员会关于十一届一次会议以来提案工作情况的报告及报告人、有关人事事项；听取了副省长郝远关于省政府对省政协2013年提案、建议案、调研视察报告和社情民意信息批示与办理情况的通报，省委办公厅关于2013年党委部门办理政协提案情况的书面通报。省政协主席冯健身主持开幕会并在闭幕会上发表讲话，副主席刘立军主持闭幕会。

第5次会议1月15日在兰州召开。102名常委会组成人员出席会议。会议审议通过了政协甘肃省第十一届委员会第二次会议政治决议（草案）、政协甘肃省第十一届委员会第二次会议关于常务委员会工作报告的决议（草案）、政协甘肃省第十一届委员会第二次会议关于政协甘肃省十一届一次会议以来提案工作情况报告的决议（草案）以及政协甘肃省第十一届委员会提案委员会关于政协甘肃省十一届二次会议提案审查情况的报告（草案）。省政协主席冯健身主持会议。省委常委、省委政法委书记泽巴足应邀参加会议。

第6次会议6月19日至20日在兰州召开。96名常委会组成人员出席会议。会议审议通过了省政协《关于加快实施创新驱动战略有关问题的建议案》和有关人事事项。省政协主席冯健身主持开幕会并在会议结束时发表讲话。省委常委、常务副省长罗笑虎通报了全省1~5月经济社会发展情况，省政协副主席张津梁就省政协《关于加快实施创新驱动战略有关问题的建议案》起草情况作了说明。常委们就甘肃加快实施创新驱动战略这一主题，积极议政建言。会议共收到发言材料36篇，杨利亚、杜孟嘉等12位常委和有关调研组代表分别就搭建创新平台优化外部环境、推进全省产学研结合技术创新体系建设等作了大会发言。省委常委、省委统战部长冉万祥应邀参加会议。省政协副主席刘立军主持闭幕会。

第7次会议9月11至12日在兰州召开。97名常委会组成人员出席会议。会议审议通过了省政协《关于推动我省非公有制经济跨越发展的建议案》和政协甘肃省第十一委员会任免名单。省政协主席冯健身主持开幕会并在会议结束时发表讲话，省政协副主席张津梁就省政协《关于推动我省非公有制经济跨越发展的建议案》起草情况作了说明。常委们紧紧围绕推动全省非公有制经济跨越发展，提出了许多富有建设性的意见建议。会议共收到发言材料39篇，赵一红、郭承录等12位常委和有关调研组代表分别就营造良好发展环境着力推进特色发展、切实破解推动非公经济跨越发展瓶颈等作了大会发言。省委副书记欧阳坚，省委常委、省委政法委书记泽巴足，副省长李荣灿应邀参加会议。省政协副主席刘立军主持闭幕会议。

【专门委员会工作】提案委员会全年共收到提案875件，审查立案830件并全部交办完毕。加大省委省政府领导阅批督办、主席会议成员领衔协商督办、有关部门现场督办和对口协商督办落实力度，提高提案工作成效。协调省委、省政府、省政协办公厅联合下发《关于加强提案办理协商提高提案工作科学化水平的意见》，深化提案工作制度化机制。组织召开省政协“推进‘1236’扶贫攻坚行动提案办理”月协商座谈会，形成《关于进一步推进“1236”扶贫攻坚行动的建议》。赴兰州、嘉峪关、临夏开展做好全省学前教育工作等提案调研活动，形成调研报告报省委省政府。参与省政府“战略性新兴产业发展情况”专题调研、省政协“推动我省非公有制经济发展和深化国有企业改革”重点视察。配合全国政协提案委开展“加强黄河上中游生态环境保护”调研。

社会和法制委员会参与省政协“推动我省非公有制经济发展”调研和“深化国有企业改革”视察活动，形成了相关调研报告提交省政协十一届七次常委会议。就“充分发挥城市社区在社会治理中积极作用”开展调研并组织召开省政协月协商座谈会，形成了《关于加强社区建设发挥社区作用有关问题的建议》，王玺玉副省长作出批示。赴天水、临夏等地就实施依法治国基本方略中存在的突出问题进行调研，就全省残疾人法规政策贯彻落实情况进行调研视察，形成相关调研报告报省政府。积极开展立法协商，参与制定《关于创新协商民主机制推动协商民主建设实施方案》。组织委员对《中共甘肃省委党内法规制定工作五年规划纲要（2014—2018）》等征求意见稿提出修改意见。配合省人大常委会法工委开展建立立法协商机制调研。协助全国政协社会和法制委员会开展在甘专题调研。认真督办《关于加强农民工职业技能培训》等4件重点提案。

文史资料和学习委员会为纪念西部大开发15周年和扶贫开发30年，开展《西部大开发纪实·甘肃卷》有关史料征集工作，收集史料500余篇、文字400多万、图片226张并报送全国政协。与省史志办协同促进《保安族百年实录》、《东乡族百年实录》、《裕固族百年实录》征集编纂工作，收集图片近600张、50万字。为纪念抗日战争胜利70周年，征集有关抗战史料25万字、图片60余张，初稿已报送全国政协编印，以《陇原抗战锋火》为名的省内文史资料第79辑已付印。完善《中国西北戏剧经典唱段》（1~5集）并再版发行，打造精品农家书目。充实《凉州会谈》重大历史题材开发利用实施方案，报请省委省政府作为华夏文明传承创新项目。筹备省政协文史馆建设，完成评估论证、选择馆址等前期工作。

经济委员会牵头开展省政协“推动全省非公有制经济跨越发展”重点视察，赴酒泉、嘉峪关等市县视察调研座谈，形成了《关于推动非公有制经济发展情况的视察报告》提交省政协十一届七次常委会议，起草《建议案说明》。深入部分省属国有骨干企业，就“深化国有企业改革建立现代企业制度”进行调研，并在此基础上召开省政协“深化国有企业改革建立现代企业制度”月协商座谈会，报送了《关于深化国有企业改革建立现代企业制度的建议》，副省长黄强批示相关部门研究采纳。赴兰州、白银两市4县区，参与省政协“加快我省实施创新驱动战略有关问题”调研，形成了相关调研报告提交省政协十一届六次常委会议。协助办公厅组织召开全省经济发展形势协商座谈会，形成了《省政协全省经济发展形势协商座谈会报告》。完成全省循环经济领导小组组长会议的协调服务工作。赴兰州新区和兰石集团公司调研视察并召开座谈会，组织好委员界别活动。

人口资源环境委员会赴定西、陇南、甘南开展省委省政府“关于甘肃国家生态安全屏障综合试验区建设调研”中有关江河源头的专题调研，并形成调研报告报省委省政府。组织召开省政协“推动甘肃国家生态安全屏障综合试验区建设”月专题协商会议，形成《关于我省推动国家生态安全屏障综合试验区建设有关问题的建议》报省委省政府。通过《甘肃政协信息》报送的《推进甘肃国家生态安全屏障综合试验区建设的几点建议》被全国政协采用并专报国务院领导参阅。赴临夏、陇南开展省政协“推动我省非公有制经济跨越发展”重点视察，并形成相关视察报告提交省政协十一届七次常委会议。参与省政协“深化国有企业改革建立现代企业制度调研”并提交调研报告。赴张掖市开展“在我省推广使用低比例高清洁车用甲醇汽油”调研，提出相关意见建议。重点办理主席督办提案4件、专委会督办提案4件。

科教文卫体委员会赴兰州、白银等地牵头开展省政协“关于我省推动创新驱动战略”专题调研，形成相关调研报告，提交省政协十一届六次常委会议。开展“兰州都市文化产业发展问题研究”专题调研，并组织召开省政协“兰州都市文化产业发展问题研究”月协商座谈会，形成《关于兰州都市文化产业发展问题研究座谈会建议》，省长刘伟平、副省长夏红民分别作出批示。就《全民健身条例》贯彻落实情况赴金昌、天水调研，形成调研报告报送省委省政府，省委常委、副省长咸辉作出批示。就贯彻落实《关于推进华夏文明传承创新区建设的实施意见》《华夏文明传承创新区建设总体方案》情况进行督查，形成相关督查报告报省委省政府。组织召开专题协商座谈会，就甘肃省中医学院升格为甘肃中医药大学进行专题协商，为党政决策提供参考。

民族和宗教委员会深入甘南、临夏、张家川等州县就民族地区基层医疗卫生机构改革和卫生事业发展开展调研，并组织召开省政协“加快我省民族地区基层医疗卫生事业发展”月协商座谈会，形成《加快我省民族地区基层医疗卫生事业发展的建议》报省委省政府，省委常委、副省长咸辉作出批示。就民族地区职业教育发展情况开展调研，形成《关于我省民族地区职业教育发展情况的调研报告》报送省委省政府，省长刘伟平、副省长咸辉分别作出批示。对全省农村宗教事务管理情况开展专题调研，分别向全国政协民宗委和省委省政府报送了《关于甘肃省加强农村宗教事务管理的调研报告》。提交《关于在藏传佛教寺院开展政治法律及文化知识学习教育活动的提案》等3件提案。走访看望少数民族和宗教界代表人士，召开反映社情民意座谈会，收集民族宗教界委员意见建议，并通过《甘肃政协信息》分别反映。开展以体察民情、助推双联为主要内容的委员界别活动。在甘南州碌曲县西仓乡唐龙多村蹲点参与维稳工作20多天。

港澳台侨和外事委员会按省政协统一部署，在分管副主席带领下，会同省政协机关双联办，确定了省政协双联工作18个贫困县141个产业培育、投资项目及结对帮扶166人，汇编印制了《省政协2014联村联户为民富民行动项目册》，先后赴广东、北京开展双联项目推介活动，积极联系动员省政协港澳委员、外省甘肃商会和企业家来甘投资兴业，助推双联行动。邀请香港贸促会组织10名企业家来甘实地考察双联项目，召开项目推介会4次，加大推介力度。广东碧桂园公司、清华大学校友会、香港卓富集团等11家企业分别与省政协帮扶的麦积区、甘谷县、康县、静宁县、平川区、灵台县等联系村结成了帮扶对子。邀请港澳委员及企业家，来甘开展《丝绸之路甘肃行》省情考察活动。提出提案9件，完成主席督办提案3件、委员会督办提案2件。

农业和农村工作委员会赴庆阳、天水开展省政协“关于我省推动创新驱动战略”专题调研，形成相关调研报告提交省政协十一届六次常委会议。赴金昌、武威就省政协“推动我省非公有制经济发展情况”开展视察，形成视察报告提交省政协十一届七次常委会，并提交大会发言。深入武威、张掖、平凉、天水就全省农村土地流转情况开展调研，并组织召开省政协“推进我省农村土地流转”月协商座谈会，形成《关于推进我省农村土地流转的建议》报省委省政府。参与省委全面建成小康社会有关问题调研活动，就贫困地区基础设施建设情况形成《天水陇南基础设施建设情况的调研报告》报省委。分别完成对分布式光伏发电产业的调研和对“衣循环”工作的调研。

【重要活动】隆重庆祝人民政协成立65周年9月23日甘肃省庆祝人民政协成立65周年大会在兰州隆重举行。省委书记、省人大常委会主任王三运，省委副书记、省长刘伟平出席会议，省政协主席冯健身主持大会。同日，省政协召开庆祝人民政协成立65周年理论研讨会。省政协主席冯健身出席会议并讲话，省政协副主席张津梁主持会议。研讨会共收到论文128篇，并对其中31篇获奖论文和优秀组织单位进行了表彰，部分与会代表紧紧围绕“协商民主与人民政协履职能力现代化建设”作了交流发言。召开甘肃省人民政协理论研究会第二届会员大会暨理事会，审议通过《甘肃省人民政协理论研究会章程（修订）》、第二届甘肃省人民政协理论研究会名誉会长、会长、副会长、秘书长、常务理事、理事等名单。全国政协社法委副主任、十届省政协主席陈学亨出席会议，省政协副主席张津梁、秘书长石晶出席会议并讲话。

深入开展“联村联户为民富民”行动，认真贯彻落实全省“双联”行动大会和扶贫开发工作会议精神，充分发挥政协优势特点，着力做到“五个注重”。一是注重强化组织引导，坚持主席会议成员带头，强化各部门和全体干部“双联”责任，深入开展机关“双联”行动，扎实开展“委员助推‘双联’行动”，委员参与率达80%以上。二是注重培育主导产业，帮助联系村进行全产业链帮扶，所联系的40个贫困村全都形成了富民产业。三是注重增强致富能力，邀请农牧业专家在联系村开展农业技能培训，组织镇村干部和农户赴外地观摩考察，提高产业发展能力。四是注重动员社会帮扶，为联系县梳理筛选一批帮扶项目，召开广东省甘肃商会和甘肃省港澳委员“双联”项目推介会、参加北大经济学院学员投融资对接推介会，加大推介落实。广东碧桂园集团、香港卓富集团、北京实创集团等一批知名企业与联系村结成帮扶对子。五是注重总结推广典型，召开“双联”行动“产业培育攻坚年”现场会，总结交流全省各级政协组织和机关各部门帮扶产业发展的好做法好经验，加强示范带动。全省“委员助推双联行动”中共捐款捐物7372.9万元，帮助争取项目2159个，发展特色产业973项，落实资金7.18亿元，帮办实事11963件，举办各类培训班2689期，组织劳务输出16.8万人，提出意见建议1790件。省政协联系村农民人均纯收入平均为4867.7元，比2013年增长21.3%。省政协机关连续第二年获得全省双联行动“民心奖”。

积极推进协商民主探索建立月协商座谈会制度。为深入贯彻党的十八届三中全会精神，发挥人民政协协商民主重要渠道作用，根据全国政协开展协商座谈会做法，结合甘肃实际情况，建立月专题协商座谈会制度，并印发《关于建立月协商座谈会制度的意见》，要求紧扣全省经济社会发展中的突出矛盾和问题，每月选择1个专题，由有关专委会牵头，组织约50名相关界别委员和专家学者进行协商讨论，形成以界别为基础、专题为内容、座谈为主要方法的协商形式。一年中按照《2014年月专题协商工作计划》，分别围绕推进“1236”扶贫攻坚行动、充分发挥社区在社会中的积极作用、加快民族地区基层医疗卫生事业发展、推进国家生态安全屏障综合试验区建设、加快农村土地流转等专题，召开月协商座谈会9次，邀请各民主党派、党外人士、各界别委员和有关部门负责同志，真诚协商，议政建言。会后就相关专题分别向省委省政府报送的7个建议案，得到省委省政府领导的重视和批示。

加快实施创新驱动战略专题调研。4月至5月，由省政协主席会议成员分别带领3个调研组，分赴兰州、白银、武威、嘉峪关、庆阳、天水等9个市州及有关县区，重点围绕科技人才队伍建设、科技成果转化、科技体制改革等问题，深入54家企业高校、科研院所、高新技术产业园区、科技孵化基地和现代农业生产基地实地调研，并委托其余5个市州政协就当地有关问题开展同步调研，形成3个调研报告和建议案草案并召开省政协十一届六次常委会议进行专题研究讨论，经会议审议形成了省政协《关于加快实施创新驱动战略有关问题的建议案》，从加强科技人才队伍建设，为创新驱动战略实施提供人才保障；以要素整合配套为重点，推进产学研协同创新；突出科技体制创新重点，增强科技创新活力等3个方面提出35条意见建议。

推动非公有制经济发展重点视察。8月，由5位省政协副主席分别带领视察组深入10个市州和有关县区、企业开展视察，了解各地贯彻落实省委省政府《关于推动非公有制经济跨越发展的意见》情况，听取进一步推动非公有制经济发展的意见建议，并委托其他4个市州政协就地开展视察，形成5个调研报告和建议案草案并召开省政协十一届七次常委会议进行协商讨论，针对非公有制经济各项扶持政策落实不到位、经营管理体制相对落后、自主科技创新较少、整体环境不优等问题深入研究讨论，形成了省政协《关于推动全省非公有制经济跨越发展的建议案》，提出9个方面28条意见建议。

深化国有企业改革专题调研。8月，由5位副主席分别带队深入10个市州和有关县区、企业就“深化国有企业改革建立现代企业制度”进行专题调研，同时委托其他4个市州政协就地开展调研，形成5份调研报告和4份协同调研报告，并召开了省政协“深化国有企业改革建立现代企业制度”月协商座谈会，邀请省委省政府相关领导、省政协委员、专家学者和省委省政府相关部门负责人50多人，研究讨论全省国企改革中存在的问题，并提出对策建议。在此基础上，形成了省政协《关于深化国有企业改革建立现代企业制度的调研报告》，从9个方面提出意见建议，供省委省政府决策参考。

【重要文件】常委会工作报告（2014年1月22日）（摘要）

一、2013年工作回顾。坚持以邓小平理论、“三个代表”重要思想和科学发展观为指导，认真贯彻落实中共十八大、十八届二中、三中全会、习近平总书记系列重要讲话和省第十二次党代会精神，切实加强协商民主建设，深入开展党的群众路线教育实践活动，不断解放思想，积极开拓进取，政治协商、民主监督、参政议政取得新成绩，为推进我省转型跨越、富民兴陇宏伟大业作出了新贡献。

（一）加强思想理论建设，夯实履行职能的思想政治基础。着眼营造浓厚氛围，突出示范带动。主席会议成员赴20个县区深入宣讲党的十八大精神，党组成员和部门领导给机关各支部作辅导25次。着眼提高政治自觉，突出理论学习。组织政协委员和机关干部全面学习领会中共十八大、十八届三中全会和习近平总书记系列重要讲话精神，在全省政协系统开展学习习近平总书记系列重要讲话专题征文活动。着眼保证学习实效，突出集中培训。分别举办省政协机关干部培训班、新任省政协委员培训班，集中学习中共十八大精神、人民政协基本理论和基本知识；强化集体学习制度的落实，机关18个党支部共开展集体学习100余次，邀请专家学者作专题讲座4次。着眼有效服务大局，突出学以致用。专题传达学习习近平总书记视察甘肃时的重要讲话，学习省委第十二次党代会、省委十二届六次全委会议等重要会议精神，以“改进机关工作作风、助推富民兴陇大业”为主题开展专题研讨，组织党员干部到红色教育基地接受革命传统教育、到基层一线接受省情民情教育460人次，进一步强化了对省情的认识和全省工作大局的把握。

（二）紧紧围绕全省工作大局，深入调研视察、广泛议政建言。围绕推进新型城镇化建设开展重点调研。形成了《关于加快我省新型城镇化建设进程的建议案》。围绕深入推进循环经济示范区建设开展重点视察。向省委省政府报送了《关于加快推进我省循环经济示范区建设的建议案》。全力助推项目建设。举办“3341”项目工程专题议政会，报送的省政协领导主旨报告，省委省政府主要领导作了批示。开展建设丝绸之路经济带甘肃黄金段战略构想专题研究。形成了《甘肃省丝绸之路经济带建设战略构想研究报告》，研究成果被《中国经济社会论坛》杂志2014年第1期重点专题报道。广泛开展专项调研视察。各专委会分别就投融资体系建设和金融业发展、中药材产业发展、物流产业发展及物流中心建设、甘南陇南扶贫开发、酒泉嘉峪关市现代农业发展创新等，开展调研视察，提出意见建议。

（三）认真践行履职为民理念，着力促进社会和谐稳定。着力推进扶贫攻坚，深入开展“双联”行动。一年来主席会议成员人均进村入户8次，累计190天；充分发挥牵头协调作用，指导督促帮扶部门开展“双联”行动，帮助联系县区、乡村理思路、谋发展；向省委报送了《关于推进“双联”行动向纵深发展的调研报告》，省委省政府主要领导专门听取汇报，作出重要批示。广大政协委员各显其能，倾情助推。在省政协十一届二次常委会议上发出倡议，号召全省各级政协组织和广大委员开展“聚力扶贫攻坚、助推‘双联’行动”，全省共有11000多名委员投身“双联”行动；贯彻落实省委实施“1236”扶贫攻坚行动的决定，召开全省政协系统“委员助推“双联”行动”现场会和“聚力扶贫攻坚、深化‘双联’行动”工作会，总结推广好做法、好经验，对助推行动进行再动员、再部署。一年来，全省各级政协组织和政协委员在“双联”行动中协调落实各类项目4534个、帮扶资金17亿元，帮助发展特色产业1505项，组织农民开展技术培训27万人次，帮助协调输转农村剩余劳动力25万人次，捐资捐物1.1亿元，帮办好事实事16625件，资助贫困学生7929人次，调解矛盾纠纷5172起，形成并提交涉及农村基础设施建设、发展富民产业、完善公共服务体系等方面的提案1822件、意见建议10007条。情系困难群众，投身抗灾救灾。我省冬春连旱、岷县漳县重大地震和天水、陇南等地连续暴洪、泥石流等自然灾害发生后，省政协迅即行动，主席会议成员深入一线视察灾情，慰问困难群众；省政协机关干部为岷县漳县地震灾区捐款12万多元；广大委员有的奔赴一线开展抗灾救灾，有的慷慨解囊支援受灾群众，彰显了强烈的大爱意识和大局观念。关注民族地区经济社会发展，促进民族团结、宗教和顺。就甘肃省藏传佛教与社会主义社会相适应、民族地区经济跨越发展、保持社会和谐稳定深入调查研究，向全国政协和省上有关部门提出建议，得到全国政协专委会有关领导的充分肯定，省政府领导批示有关部门研究采纳。

（四）坚持求实创新，推动经常性工作活跃有序开展。着力提高提案质量，增强办理实效。全年立案交办的799件提案全部办复完毕，提案作为政协一项全局性工作的作用得到充分体现。重视运用社情民意信息反映民意、集中民智、建言献策。全年共收集社情民意信息187篇，编发《甘肃政协信息》50期，转送有关部门17篇。省委省政府领导对我省岷县漳县地震灾后重建、“3341”项目工程建设、国家生态屏障试验区建设以及“两江一水”综合治理规划实施等12篇信息作出22次批示。开展立法协商，对5部法律法规草案提出修改意见。就推动科技进步与创新召开对口协商座谈会，积极探索协商民主新形式。完成《保安族百年实录》文史资料专辑汇编工作，发挥存史资政、团结育人的作用。加强政协新闻宣传工作，综合运用报刊、广播、电视、网站等多种形式宣传履职实践，营造政协事业发展的良好社会氛围。

（五）深入开展群众路线教育实践活动，不断提高履职能力和水平。注重领导以身作则、发挥引领作用，党组主要负责同志先后10多次主持召开党组会、领导小组会，及时研究问题，提出指导意见；党组成员和部门负责同志带头落实学习任务，带头开展调查研究，带头听取意见建议，带头查摆“四风”问题，带头开展批评和自我批评，带头做到即知即改，有效推动了教育实践活动深入开展。注重加强跟踪督导、推动任务落实，成立机关督导检查组，着力做到注重抓两头、注重抓一把手、注重运用省内外的好经验、注重即知即改解决存在的问题，确保教育实践活动按要求推进。注重广泛征求意见、深入查找问题，坚持面对面和背靠背相结合，广泛听取各方面意见建议，通过主席会议成员赴基层调研、召开座谈会、向省直部门和省政协委员发函、深入“双联”点征询、登门拜访离退休老干部、向市州发放调查问卷和自己摆、互相提、集体找、反复查，党组共征求到意见建议115条，查摆出“四风”方面8个突出问题。注重严把关键环节、敢于动真碰硬，召开专题民主生活会，党组成员针对征求到的意见和查摆出的问题，深入开展批评和自我批评，提出批评意见33条，收到了思想见面、红脸出汗、鼓劲加油的效果。注重突出政协特点、明确努力方向，针对查找出的问题，深入分析主要原因，提出了在思想理论水平上有新提高、在联系党外代表人士上有新机制、在提高建言献策质量上有新成果、在推进协商民主上有新进展、在开展委员助推双联上有新成效、在聚焦作风建设上有新形象、在提升机关服务能力上有新举措的整改措施。注重坚持即知即改、狠抓整改落实，着力精简会议、文件、简报，与上年相比均减少20%左右。开展办公用房、越野车、会员卡、借用公款专项清理，清退出办公室27间，实现会员卡零持有。加大干部培养使用力度，一批年富力强的优秀干部走上领导岗位，干部队伍结构有效改善。在整改突出问题的基础上，把教育实践活动成效体现在建章立制上，对《省政协界别活动实施意见》等5项制度，进行了修订完善；重新制定了《进一步改进会风文风的规定》等10项制度，干部作风有了明显转变，工作效率得到显著提高，自身建设得到切实加强。

二、2014年主要工作任务。

（一）深入学习贯彻十八届三中全会和习近平总书记系列重要讲话精神，切实把思想和行动统一到中央和省委的决策部署上来。

（二）围绕全省中心工作调研视察，为推动我省改革发展议政建言。

（三）坚持维护群众切身利益，为促进民生持续改善积极作为。

（四）全面推进人民政协协商民主，充分发挥协商民主重要渠道作用。

（五）不断巩固群众路线教育实践活动成果，切实加强自身建设。

十一届二次会议政治决议（2014年1月16日）（摘要）

会议认为，2013年是我省经济社会事业实现好中求快发展的一年。面对复杂多变的宏观环境和艰巨繁重的改革发展稳定任务，省委省政府团结带领全省各族人民，认真贯彻落实中央决策部署和习近平总书记系列重要讲话精神，紧紧围绕科学发展这个主题和加快转变发展方式这条主线，牢牢把握稳中求进、好中求快总基调，抓主抓重，奋发有为，全省呈现出经济平稳增长、民生持续改善、社会和谐稳定、开放不断扩大、发展动力增强的良好态势。会议认为，省政协及其常委会认真贯彻落实中共十八大、十八届二中、三中全会、习近平总书记系列重要讲话和省十二次党代会精神，牢牢把握团结民主两大主题，紧紧围绕省委省政府中心工作议政建言，政治协商、民主监督、参政议政取得新成绩，为推进我省转型跨越、富民兴陇宏伟大业作出了新贡献，实现了十一届省政协工作的良好开局。会议认为，2014年是我省全面深化改革的开局之年。中共十八届三中全会《决定》阐明了全面深化改革的指导思想、目标任务和重大原则，是新的历史起点上全面深化改革的科学指南和行动纲领。省委十二届六次全委会议全面贯彻三中全会精神，紧密结合我省改革发展实际，制定了贯彻落实三中全会决定的《意见》，确定了我省全面深化改革的战略重点和主攻方向，体现了全面深化改革的政治态度和行动自觉。委员们一致表示，要把全面贯彻落实十八届三中全会和省委十二届六次全委会议精神作为义不容辞的责任，争做全面深化改革的坚定支持者、积极建言者、主动实践者，在推动我省全面深化改革的伟大实践中展示新形象、彰显新作为。会议强调，2014年是实施“十二五”规划的关键一年。全省各级政协组织和广大政协委员要深入学习贯彻习近平总书记系列重要讲话精神，切实把思想和行动统一到中共中央和中共甘肃省委的决策部署上来，更加坚定中国特色社会主义的道路自信、理论自信和制度自信，不断巩固参加人民政协的各党派团体和各族各界人士的共同思想政治基础；要准确把握稳中求进、改革创新这一核心，紧紧围绕省十二次党代会和省十二届人代会二次会议确定的目标任务，选择事关我省全面深化改革和转型跨越发展的重大问题，深入调研视察，广泛协商议政，积极献计出力；要坚持以人为本、履职为民，高度关注关系人民群众切身利益的民生问题，坚持抓好“聚力扶贫攻坚、助推双联行动”，为促进群众脱贫致富作出积极努力；要牢牢把握团结和民主两大主题，充分发扬民主，广泛增进团结，集中各界智慧，为我省改革发展凝聚强大力量；要站在党和国家工作大局和政协事业发展全局的高度，深入推进人民政协协商民主，充分发挥人民政协在协商民主建设中的重要作用；要以巩固党的群众路线教育实践活动成果为主线，认真贯彻习近平总书记在十八届中央纪委三次全会上的重要讲话精神，紧紧抓住群众反映强烈的突出问题、作风建设的薄弱环节、关系政协履职水平的关键方面，扎实推进政协自身建设。会议号召，全省各级政协组织、政协各参加单位和广大政协委员，要紧密团结在以习近平同志为总书记的中共中央周围，在中共甘肃省委的坚强领导下，坚定信心，凝聚共识，锐意进取，扎实工作，为推进我省政协事业新发展、夺取全面建成小康社会新胜利、建设幸福美好新甘肃作出新的更大贡献！

王三运在甘肃省庆祝人民政协成立65周年大会上的讲话（2014年9月23日）（摘要）

我们一定要站在党和国家工作全局的高度，认真学习领会，全面贯彻落实，切实把思想和行动统一到习近平总书记重要讲话精神上来，更好地发挥人民政协这一中国特色政治组织和民主形式的独特优势，广泛凝聚各方面的智慧和力量，不断开创人民政协事业持续发展的新局面。要准确把握人民政协积累的宝贵经验。要准确把握人民政协肩负的职责使命。要准确把握我国协商民主的丰富内涵。改革开放特别是党的十八大以来，中共甘肃省委高度重视人民政协工作，紧紧围绕发挥政协的优势和作用，作出了一系列决策部署，着力推进政治协商、民主监督、参政议政制度建设。全省各级政协组织深入贯彻落实习总书记系列重要讲话精神，坚持在继承中发展、在发展中创新，立足新的起点推进协商民主，谱写了我省人民政协事业的新篇章。一是积极主动服务大局。二是自觉做到履职为民。三是牢牢把握“两大主题”。四是切实推进制度创新。五是更加注重自身建设。当前，我省正处在加速转型、深化改革的关键时期，迫切需要我们在实践中把握规律、大胆探索，充分发挥全省各级政协组织和广大政协委员的重要作用，团结一切可以团结的力量，凝聚一切可以凝聚的智慧，激发一切可以激发的活力，形成推动发展、攻坚克难的强大合力，创造无愧于时代的光辉业绩。一要着力完善协商民主制度机制。我们要更好地坚持中国特色社会主义制度的优势和特点，充分发挥人民政协作为专门协商机构的重要作用，积极拓展协商民主的内容载体，探索创新协商民主的机制方式，确保党委政府工作推进到哪里、政协工作就跟进到哪里、协商民主就开展到哪里，不断提高人民政协协商民主的制度化、规范化、程序化水平。要切实把握协商重点，始终把人民群众作为协商民主的重点，涉及一个地方人民群众利益的事情，要在这些地方的人民群众中广泛商量。二要着力发挥人民政协独特优势。要切实发挥人才荟萃、智力密集的优势，多研究推动转型升级的深层次矛盾和问题，积极投身打造经济、文化、生态三大战略平台、建设丝绸之路经济带黄金段、实施“3341”项目建设工程的实践，带头投资兴业、牵线搭桥、招商引智，在推动科学发展上作出新贡献。三要着力巩固民主和谐生动局面。要千方百计营造民主氛围，按照“不打棍子、不扣帽子、不抓辫子”的“三不”方针，大力倡导平等讨论的氛围，鼓励委员畅所欲言，对不同的甚至是尖锐的意见要听得进，对反对的甚至是批评的意见要容得下，让各界各党派人士愿意讲话、敢讲真话，把政协建设成为各方面交流、交锋、交融的重要平台。四要着力推进政协履职能力建设。要强化思想建设，深入学习中国特色社会主义理论体系，认真践行社会主义核心价值观，全面贯彻中国共产党关于人民政协的一系列方针政策，进一步增进对中国特色社会主义的政治认同和思想认同。要强化能力建设，尊重和保障政协委员的各项民主权利，进一步优化委员构成，着力提高政治把握能力、调查研究能力、联系群众能力、合作共事能力，在报效国家、服务人民的实践中建功立业。五要着力加强党对政协工作的领导。各级党委要高度重视人民政协工作，按照总揽全局、协调各方的原则，把政协工作摆上重要议事日程，及时研究解决政协工作中遇到的实际困难和问题，努力形成党委高度重视、政府大力支持、政协积极作为、各方协同配合的工作格局。

冯健身在十一届二次会议上的讲话（2014 年 1 月 16 日）（摘要）

省委省政府对开好这次会议非常重视。全省各级政协组织和广大委员，要深入贯彻中共十八大和十八届二中、三中全会精神，全面落实省委的决策部署和政府工作报告确定的奋斗目标，发扬优良传统，发挥特点优势，认真履行职能，服务改革发展，以更加奋发有为的精神、更加求真务实的作风、更加富有成效的工作，为与全国同步建成全面小康社会、建设幸福美好新甘肃作出不懈努力。

一、全面深化改革，是顺应时代要求的重大抉择，是破解发展难题的现实需要，是实现转型跨越发展的必然要求。要把全面贯彻落实中央和省委关于全面深化改革的重要决策部署，作为 2014 年的头等大事，紧紧围绕实施创新驱动战略、非公有制经济跨越发展、深化国有企业改革等我省全面深化改革的重点难点问题，深入调查研究，积极议政建言。

二、实施“1236”扶贫攻坚行动，是省委贯彻落实习近平总书记等中央领导同志对我省扶贫开发工作指示要求的重大决策，是深入推进新一轮扶贫开发、加快全面建成小康社会进程的实际行动和重要举措。要充分发挥人才密集、联系面广的优势，把履职尽责与联系群众结合起来，把服务扶贫攻坚与开展委员助推双联行动结合起来，努力为贫困地区富民产业发展献计出力，主动为贫困地区招商引资牵线搭桥，倾情为困难群众多办实事好事，在推动全省加快脱贫致富奔小康上有新成效。

三、“三农”问题是全党工作的重中之重，也是我省与全国同步建成全面小康社会的焦点和难点。要重视研究粮食安全、坚持和完善农村基本经营制度、农产品质量和食品安全、加快推进现代农业发展、增加农民收入、加强农村社会管理等深化农村改革的重要问题，尽力提出可行管用的意见建议，在服务“三农”上有新业绩。

四、推进新型城镇化建设，是新一届中央领导集体作出的重大战略部署，是促进经济持续健康发展的重大举措，对于我省加快推进城乡一体化、推进产业转型升级、推进扶贫开发，具有重要意义。要把议政建言的着眼点放在推进农业转移人口市民化、城镇建设用地集约化、建设资金保障多元化、城镇布局形态最优化、城镇规划建设特色化、城镇管理水平科学化等重点工作上，在加快推进我省新型城镇化上有新贡献。

五、健全社会主义协商民主制度，充分发挥人民政协作为协商民主重要渠道作用，是中共十八大、十八届三中全会对人民政协提出的新要求。要站在党和国家工作大局和政协事业发展全局的高度，认真谋划、全面部署和深入推进人民政协协商民主，规范协商内容程序，探索协商形式，增加协商密度，提高协商实效，推进协商工作制度化，着力提升履职能力，奋力开创我省人民政协事业新局面。

六、深入开展党的群众路线教育实践活动，是新形势下党要管党、从严治党的重大决策，充分体现了我们党正视和解决自身问题的政治勇气和加强作风建设、密切联系群众的坚定决心。要认真贯彻习近平总书记在十八届中央纪委三次全会上的重要讲话精神，把巩固群众路线教育实践活动成果作为加强自身建设的重要工作，强化整改落实，完善长效机制，大兴密切联系群众之风，大兴求真务实之风，大兴艰苦奋斗之风，大兴勤俭节约之风，努力做履行职能、合作共事、发扬民主、为民服务、清正廉洁的模范。

冯健身在十一届六次常委会议上的讲话（2014 年 6 月 20 日）（摘要）

一、要深入学习领会习近平总书记在两院院士大会上的重要讲话精神，把思想和行动统一到我省实施创新驱动战略上来。发挥政协优势，认真履行职能，为大力实施创新驱动战略、实现我省经济社会转型跨越发展发挥积极作用、作出新的贡献。

二、要全面贯彻习近平总书记在两院院士大会上的重要讲话精神，为实施创新驱动战略、推动科技创新积极献策出力。第一，要认真做好《建议案》的修改完善和意见建议的转化落实工作。一是对大家提出的意见建议要认真整理，仔细研究，在修改完善《建议案》时充分吸收。二是对有些重要建议要转化为提案、社情民意信息，报送省委省政府和省直有关部门决策参考。三是对这次会议形成的建议案中的意见建议，要跟踪调研视察，了解意见建议的研究采纳情况，促进更多的建言献策成果体现在省委省政府的决策部署中，转化为深入实施创新驱动战略的思路和措施。第二，要把推进科技体制改革作为调查研究的重点。今后，要紧紧围绕深化科技体制改革这一热点难点问题，深入实际、深入基层，认真开展调查研究，提出科学合理、可行可用的意见建议，供党委政府决策参考。第三，要把推动有关法律法规、政策的落实和相关建设项目的实施，作为我们服务于创新驱动战略实施的有力抓手。我们要本着大力支持、积极推动创新体系建设的精神，充分运用委员视察这一履行职能的重要形式，组织相关界别的委员开展视察，向省委省政府和有关部门提出咨询建议，促进相关政策、法规的落实，推动科技创新工作的发展。

三、要充分发挥界别优势，为实施创新驱动战略、推动科技创新贡献力量。第一，全省各级政协委员尤其是科技、经济、教育、农业等相关界别的常委和委员，要牢固树立抓经济必须抓科技、抓科技必须抓创新的意识，认真践行科学技术是第一生产力的思想，积极主动地投身实施创新驱动战略、推动科技创新的实践，立足本职岗位，充分发挥自身优势，面向市场需求和经济建设主战场，关注和研究科技创新的重要问题，在促进产学研有机结合、提高自主创新能力、破解制约我省经济社会发展的科技难题等方面取得新的成果、作出新的贡献。第二，在相关单位或部门担任领导职务的委员，要把科学技术是第一生产力的理念贯穿于领导工作的各个方面，落实在经济工作的各个环节，在完善科技创新的政策法规体系、探索产学研有机结合的机制、落实好发展规划和政策措施、搞好协调服务、营造良好创新环境等方面发挥应有的积极作用。第三，在教育科研战线工作的委员，要面向企业、面向经济社会发展对高等院校、科研院所的需求，把为企业培养人才、解决企业技术难题、攻克相关产业共性技术和关键技术，作为教育科研的重要内容，主动与企业结合，为确立企业在科技创新中的主体地位提供智力支持和技术支撑。第四，在生产一线的委员，要不断增强创新意识，把企业发展与综合经济实力增强的立足点建立在依靠技术创新上，建立在科技进步上，走自主创新之路，为科技创新贡献实实在在的力量。

冯健身在十一届七次常委会议上的讲话（2014 年 9 月 12 日）（摘要）

这就要求政协组织把非公有制经济发展作为一项长期课题，高度重视，认真研究，持续关注。一是发挥智力密集优势，为非公有制经济发展建言献策。我们要充分发挥人民政协人才荟萃、智力密集的优势，围绕完善落实政策、优化发展环境、健全服务体系、拓宽融资渠道、加强非公有制企业人才队伍建设、提升非公有制企业竞争力等问题，继续深入开展调研、视察、研讨、论证，通过提案、建议案、反映社情民意信息等多种方式，及时提出具有综合性、全局性和前瞻性的意见建议，为党委、政府科学决策提供依据。二是发挥渠道畅通优势，形成促进非公有制经济发展的强大合力。注重发挥工商联、经济界等与非公有制经济联系密切的界别优势，主动贴近服务，及时反映非公企业的愿望和诉求。进一步深入研究我省非公企业家队伍的构成状况，根据经济结构和社会阶层发生的新变化，把更多的非公企业家团结起来，把更多的非公经济代表人士吸收到政协组织中来，形成促进非公有制经济发展的强大合力。三是发挥位置超脱优势，努力营造非公有制经济发展的良好环境。全省各级政协组织要充分发挥位置超脱的优势，组织广大委员，围绕政策落实和环境优化的问题，有效地进行民主监督，协助党委和政府解决非公有制企业发展中遇到的新情况、新问题。要及时总结非公有制经济发展的成功经验，充分运用报刊、电台、电视、网络等媒体，大力宣传委员中的非公企业家干事创业、服务社会的先进事迹，对经济贡献大、吸纳就业多、公益捐赠多、企业形象好的优秀委员企业家，要大张旗鼓地表彰奖励，使他们政治上有荣誉、社会上有地位，不断增强全社会理解、关心、支持、参与非公有制经济发展的共识，为非公有制经济发展营造健康的思想和舆论环境。四是发挥岗位引领优势，争做推动非公有制经济发展的表率。促进非公有制经济发展，企业家是主体，是中坚力量，政协委员中的广大非公企业家要充分发挥岗位引领优势，珍视荣誉，勇担责任，正确处理好个人、企业和社会三方面的关系，把自身发展与全省发展结合起来，把个人带头致富与促进共同富裕结合起来，坚持提高素质，做实业兴省的“先锋队”；坚持遵纪守法，做诚信经营的“带头人”；坚持志存高远，做勇攀高峰的“好榜样"；坚持致富思源，做富而思进的"实践者"，努力为推动我省经济发展、构建和谐社会作出更大贡献。

（郭巍丽　罗锋波）

甘肃省工商业联合会

【思想政治工作】加强思想政治工作，引导非公有制经济人士学习贯彻党的路线方针政策是工商联的基本任务。组织省市两级工商联党组书记、专（兼）职副主席、机关干部、商会会长、新生代企业家参加了四期中央统战部和全国工商联联合举办的"学习贯彻十八届三中全会精神主题培训班"。省工商联组织执常委、商会会长、民营企业家约250人，举办了十八届三中全会精神专题辅导讲座。认真组织第三届工商联大讲坛，邀请北京大学副校长、著名经济学家刘伟教授做《中国经济增长与深化改革》的主旨专题报告，人数达到1500余人，帮助民营企业家开拓视野，提高素质。组织学习了党的十八届四中全会公报和习近平总书记关于公报起草的说明，进一步增强了非公企业参与深化改革和依法治企的信心。

按照中央统战部和全国工商联的部署要求，组织召开了以"四信"为主的理想信念教育实践活动电视电话会议。制定下发了《深入开展非公有制经济人士理想信念教育实践活动实施方案》。开展了"五个一"和诚信企业活动，帮助企业解决实际问题，提升企业对政府的满意度。"五个一"活动得到了全国工商联的充分肯定。对活动中涌现出的甘肃省浙江企业联合会等10家先进集体和甘肃天庆房地产集团有限公司党委书记、董事长韩庆等12个先进个人进行了表彰。通过深入商会和非公企业开展理想信念教育实践活动，使广大非公经济人士的"信念、信任、信心、信誉"意识显著增强。

省工商联与省发改委、省工信委等部门共同举办了首届"甘肃骄傲——2014年度甘肃十大经济人物"评选表彰活动。推荐4名优秀非公企业家参加了2014年全省非公经济十大杰出企业家评选活动，集中宣传了非公经济人士的典型事迹，营造了崇尚创业的良好氛围。推荐了2名优秀非公企业家参加省委宣传部主办的甘肃省"最美人物"评选活动；推荐全国工商联水产商会蔡志清会长为省非公企业产业扶贫的先进典型；推荐兰州市七里河区、平凉市静宁县、张掖市甘州区3家县（区）级工商联为全国工商联"活力基层典范"。通过树立和宣传典型，进一步带动和促进非公经济代表人士健康成长。

【经济服务】在传统招商方式的基础上，省工商联利用打造的国内第一个手机政务微官网，建立"甘肃总商会"微官网在微信平台进行全方位招商，开创了移动互联网招商新模式，取得了良好的招商效果。甘肃总商会微信公众号也因功能强大，服务创新，贴近市场需求，被全国自媒体联盟评为2014年最有价值的十大微信公众号。向各市州印发了全联31个直属商会及全国1835家知名民营企业简介和联系方式；同时筛选了14个市州的220个产业项目，根据与全联31个直属商会和220个会长企业的关联强度，制作了项目对接表，供市州在招商活动中精确对接，点对点招商，不断提高招商效率。

在甘肃省委、省政府的精心指导和全国工商联的全力支持帮助下，以承办全国工商联直属商会会长联席会为契机，集中组织大商会、大民企入甘，深度进行项目洽谈和对接落地。有力地推动了民企陇上行活动的深入开展。第二届民企陇上行活动共完成签约项目1233个、合同资金2938亿元，到位资金479亿元，项目涵盖一、二、三产业。省委书记王三运在省民企陇上行专项行动领导小组《2014年省"民企陇上行"活动总结》上批示："工作很有成效。得益于各方面的努力和务实作风。盯住项目、追踪落地、巩固平台、持续加力，千万防止小胜即满，更不可让心血凝成的宝贵机制弱化"。

全国工商联31个直属商会、省工商联45个直属商会与20个贫困县分别签订了对口产业开发战略合作协议，不断加大贫困县产业开发力度。商会定点对口帮扶模式，是甘肃扶贫工作的创新，在全国开创了先河，甘肃也成为全国工商联直属商会确定的唯一对口帮扶地区，帮扶效果显著。据统计，全国工商联商会及甘肃商会、执委企业家对口帮扶20个贫困县共完成签约项目142个、合同资金352亿元、到位资金47亿元。在"兰洽会"开幕当天，全国工商联水产业商会靖远综合项目启动仪式在靖远县进行，成为"兰洽会"的一大亮点，该项目一期投资10.8亿元，包括水产示范养殖、文化旅游和古城建设等，项目建成后，可带动6000户农民脱贫致富，安排就业人数2万多人，创造产值100多亿元。

【参政议政】习近平主席在访问中亚时，提出共同建设"丝绸之路经济带"的战略构想，省工商联以此为切入点，积极与甘肃农业大学联合成立了区域经济课题组，就如何发挥丝绸之路黄金段的区位优势和资源优势，系统研究了丝绸之路经济带、河西走廊生态经济区、兰州新区等经济区建设发展情况，形成了《推进丝绸之路经济带，打造甘肃黄金段的调研报告》，为党委政府制定政策提供了科学依据。4月，配合全国工商联王钦敏主席带领调研组，对中小微企业技术创新展开调研。以此为契机，强化了与省直相关部门的协作，通过深入市县、商会、企业调研，了解中小微企业技术创新的现状和存在的创新能力弱、人才短缺、融资难融资贵、扶持政策落实不到位等突出问题，从扩存量、促增量、优结构等三个方面提出了意见建议。根据省政府《关于经济转型发展问题研究》部署安排，省工商联分四个小组开展了"优化非公有制经济发展环境，推动非公有制经济加快发展"专题调研中"保障非公有制经济合法权益"的子课题调研。深入8个市州、23个商会和68家会员企业进行了重点调研，围绕规范执法、行政效能和服务水平、投诉和查处机制、"三门"和"三乱"等问题展开调研并提出意见建议，受到政府及相关职能部门的高度重视。

【组织建设】会员队伍不断发展壮大。2014年全省各级工商联现有会员78447个，比2013年增加6666个，增长9.3%。其中：企业会员24194家，增加3083个，增长14.6%；团体会员1504个，增加60个，增长4.2%；个人会员52749个，增加3523个，增长7.1%。在会员队伍中，企业会员和团体会员的比例增幅较快，科技型、新兴产业、中介机构会员的占比逐步加大，会员队伍结构有一定改善。

强力推进基层组织建设。与六部门联合出台了《关于加强县级工商联建设的实施意见》，进一步明确了新时期县级工商联建设的目标责任。制定印发了《甘肃省工商联会员发展和组织建设五年规划》、《甘肃省工商联“五好”县级工商联建设工作实施方案》及考评标准和办法，特别是在平凉召开了全省组织工作现场经验交流会，强力推进基层组织建设。“一个设立、五个有”的基础目标基本完成，“五好”县级工商联建设得到了市县两级党委政府的高度重视，覆盖面不断扩大。

【商会工作】全省新增商会组织63家。省工商联协助成立了省女企业家商会等6家商会，正在筹备3家农业产业化行业商会。坚持开展兼职副主席轮值制度，鼓励引导兼职副主席积极参与工商联重大活动。庆阳市制定了专兼职副主席分工负责制度和“四个一”工作责任制度（负责组建1个商会、组织开展1次活动、联系指导1户企业、协调分管1项工作）。兰州市采取主题座谈、项目观摩，实地考察等形式，开展“主席（会长）活动日”，引导支持非公经济人士参与创新平台和项目投资建设。

【履行社会责任】以“双联”活动和开展光彩事业为重要平台，积极引导非公企业家参与扶贫开发，履行社会责任，自觉践行社会主义核心价值体系。庆阳市引进台商在镇远县、正宁县、庆城县实施10万亩牡丹育苗项目。甘南州组织20家民营企业发展农业产业化项目，辐射带动周边农牧村500多个，惠及基层农牧民群众15万余人。甘肃省宁波商会开展“甬商助双联”行动，投资约1000万元帮助白银市平川区建设标准化养殖小区。8月与省委统战部和省光彩会在酒泉市共同举办的2014“光彩陇原行”暨“智慧陇原行”大型活动，共筹得公益捐款1035万元，签约项目达90.27亿元。

（崔明瑞）

甘肃省总工会

【理论武装】精心组织职工群众和工会干部深入学习贯彻习近平总书记系列重要讲话精神，深刻理解对工人阶级和工会工作提出的新思想、新要求。省总本级开办甘肃职工大讲堂8期，2000多名干部职工聆听，举办工会干部主体培训班和特色培训班22期。在全省组织开展“中国梦·劳动美·我与改革创新”主题演讲比赛千余场次，参与职工8万多人。省总领导班子带头深入基层，宣讲习近平总书记系列重要讲话精神特别是关于工人阶级和工会工作的重要论述，开展职工队伍状况、重点工作等调研，加强对经济形势、劳动关系领域新情况等研判，深入思考和主动破解矛盾问题，努力把学习成果转化为推动工会工作创新发展的强大动力。

【职工技能素质提升活动】紧跟省委省政府重大部署，围绕“3341”项目工程和“1236”扶贫攻坚行动，推进各级各类劳动竞赛，全省开展劳动竞赛的单位达8385个，参加职工98.09万人，创造了显著经济、社会效益。深入实施百万职工职业技能素质提升活动，制订甘肃省职工优秀技术创新成果、技能比赛两个《奖励办法》，开展99项通用工种、252项特殊工种（项目）的比赛，参赛职工达50多万人（次）。评选表彰职工优秀技术创新成果138项，命名推广职工先进技术操作法28项，5个项目在第九届“海峡两岸职工创新成果展”获2金、3银好成绩。举办技术精英演（展）示活动650场次，观摩人数7万多人次；技能培训班1000余期，培训职工约10万人次。通过技能大赛，有5个单位、24名职工分别获得“甘肃省五一劳动奖状、奖章”，126名选手成为“甘肃省技术能手”、1333名职工成为“甘肃省技术标兵”。

【劳模管理服务工作】开展劳模进校园宣讲“中国梦·劳动美”活动，组织全国、省劳模面向青少年宣讲中国梦、劳动美，弘扬劳模精神、劳动精神。表彰全国和省级五一劳动奖状、奖章、工人先锋号184个，省级五一巾帼奖99个。推动大幅提高省级困难劳模补助标准，向省级劳模1311人次发放困难补助金1050万元，向全国劳模690人次发放“三金”498万元，组织了310名全国和省级劳模赴外省休养，在全社会营造了“劳动光荣、劳模崇高”的良好氛围。

【维护职工合法权益】坚持主动依法科学维权，强化源头参与，推进“六五”普法宣传教育，举办全省工会劳动法律知识竞赛，促进了全省企业和职工群众学法、懂法、用法。深化企事业单位民主管理工作，开展厂务公开民主管理工作调研检查，推进集体协商、劳动安全卫生专项集体合同工作。全省建立职工代表大会制度企事业单位5.43万个，建制率94.62%；建立厂务公开制度的5.33万个，建制率92.92%。签订集体合同1.78万份，工资专项集体合同1.59万份，女职工专项集体合同1.71万份。重视维护职工群众安全健康权益，协调建立安监、人社、卫计等部门联动机制，健全工会劳动保护监督检查体系，开展安全隐患排查工作，推动企业安全生产形势持续好转。全省参与“安康杯”竞赛的企事业单位2643家、班组4.27万个、职工83.98万人。参加安全生产检查7.89万次，共查出事故隐患和职业危害2.19万个，整改1.92万个。

【帮扶救助困难职工】推进困难职工帮扶中心规范化建设，帮扶中心在全省市县两级实现全覆盖，建立企业帮扶工作站（点）520个、乡镇（街道）、社区帮扶工作站527个，6个县区帮扶中心升级为职工服务中心。加强困难职工电子档案规范化、动态化管理，对全省纳入档案的22.6万户、60多万名困难职工实行经常性救助和跟踪服务。认真开展困难职工帮扶慰问，筹措"两节"慰问款物9061.6万元，慰问困难企业823户、困难职工和劳模家庭106309户。开展工会就业援助月、阳光就业和民营企业招聘周活动，举行专场招聘会204次，提供就业服务13万多人次，就业技能培训4194人次，创业指导4963人次，提供小额担保贷款234人次、196万元。

【打基础增活力】实施攻坚活动，创新组织形式，加强区域性行业性工会联合会、联合基层工会组建，全省基层工会数达到3.59万个，涵盖单位数达到7.68万个，会员数达到357万人。制定新形势下加强基层工会建设的《实施意见》和基层组织建设《工作规划》，推动"双亮"行动、"四权"落实成为职工和会员满意工程，使基层工会工作逐步科学化、规范化。加强产业工会工作，在制定行业劳动标准和劳动定额、促进工资集体协商、组织劳动竞赛等方面发挥了较好作用。

【"五项活动"、"六件实事"】精心组织开展工会干部最新理论武装、劳模进校园宣讲"中国梦·劳动美"、建设幸福美好新甘肃劳动竞赛、困难职工和农民工技能培训、基层工会建设攻坚"五项活动"，集中力量为职工群众办好事办实事，取得了明显的阶段性成效。督促企业为职工体检48万人次，参加互助保障职工累计达44.6万人次，培训困难职工和农民工1万多人（次），建成"职工书屋"280多家，开展"中国梦·劳动美·工会情"送文化下基层慰问演出100多场次，培训工会干部1500多人。

【践行党的群众路线】巩固党的群众路线教育实践活动成果，突出专项整治，解决实际问题，不折不扣执行中央八项规定和省委"双十条"规定，及时清理超标公务用车、办公用房，会议、文件明显精简，"三公"经费明显下降。联系基层、联系职工制度进一步落实，"进企业、访职工、办实事、促发展"活动深入开展。大力推进"双联"行动，协调落实通村公路等项目资金825万元，启动500亩核桃产业实验林项目，向58个国家级贫困县总工会下拨资金600多万元专项用于农民工技能培训。

【女职工工作】深化女职工提素建功活动，推进女职工组织建设，开展"女职工关爱行动"和"职工红丝带健康行动"，维护女职工特殊权益。召开全省工会女职工工作经验交流会，总结工作，推广典型。评选表彰甘肃省"五一巾帼奖"99个，选树全国女职工示范学校3所、省级女职工示范学校5所。关注职工婚恋和家庭问题，筹办甘肃职工"陇上情缘"网站，举办鹊桥联谊活动241场次，参与职工1万多人。

【全省工会劳动法律知识竞赛活动】为了贯彻党的十八届三中、四中全会以及习近平总书记系列重要讲话精神，更加广泛深入地开展法律宣传教育，进一步提高广大职工群众的法律素质和维权意识，省总工会在全省范围内开展了劳动法律知识竞赛活动。活动开展以来，各级工会按照统一部署，周密安排，精心组织，广大职工积极响应，广泛参与，各地各单位围绕工会法、劳动法等22个涉及职工切身利益的法律法规知识，层层比赛、层层选拔，涉及企业1000多家，覆盖职工100多万人。经过7场半决赛角逐，金川集团公司工会代表队获得一等奖，天水市总工会、兰州铁路局工会获得二等奖，省经贸工会、白银市总工会、武威市总工会获得三等奖。授予省电力工会、嘉峪关市总工会、甘南州总工会等6个单位优秀组织奖，授予金昌市总工会经济工作部部长薄文凌等3人优秀组织者。

（冯继波）

党史研究

【"双联"行动】认真贯彻落实省委"联村联户、为民富民"行动战略决策，组织干部分批驻村入户，了解生产发展情况，为联系村争取"整村推进"项目，硬化路面2.3公里，整修道路12公里，为贫困户赠送面粉2000多斤，防寒衣物300余件，受到群众的好评。连续3年被省委考核组评为"双联"工作先进单位。

【纪念活动】一是参与了甘肃省纪念邓小平同志诞辰110周年座谈会，并在《甘肃日报》《党的建设》等重点报刊发表了《邓小平关怀甘肃发展大业》等纪念文章。二是承办了甘肃省纪念陕甘边区苏维埃政府成立80周年座谈会。省委、省政府领导和中央国家机关、军队系统和有关省市领导人、陕甘边区苏维埃政府领导人亲属代表以及来自全国各地的党史专家学者和论文作者代表共120人参加会议。座谈会回顾了陕甘边革命根据地和边区苏维埃政府创建发展壮大的光辉历程和历史贡献，充分表达了对革命先辈的无限敬仰和怀念之情。三是举办了陕甘边革命根据地特点和历史地位学术研讨会。来自中央有关部委和全国各省市的党史、党校、大专院校和部队院校系统的80余名代表参加了会议。省委书记王三运主持研讨会并作了总结发言。会议深入研讨了陕甘边革命根据地的主要特点及其在中国革命历史上的重要地位，深刻揭示了"两点一存"的主客观原因和历史贡献，取得了认识上、理论上的重大突破，产生了高水平的研究成果。四是配合陕甘边区苏维埃政府成立80周年纪念活动，先后在《甘肃日报》《陇东报》组织刊登学术论文和重点发言20篇；组织摄制的《陕甘星火》电视纪录片，在甘肃卫视黄金时间播出，受到社会各界好评，该片荣获"第20届中国电视纪录片长片十佳作品"奖。协助拍摄了《南梁记忆—纪念陕甘边区苏维埃政府成立80周年》电视专题片。

【宣传教育】发挥党史工作优势，扎实推进党的群众路线教育实践活动。按照省委统一部署要求，组织处以上干部深入全省40多个单位，为8000多名党员干部进行"共产党员的理想信念"、"红军长征在甘肃的群众工作"等党史专题宣讲。撰写的《群众路线在陕甘边革命根据地的实践》一文在全省党的群众路线理论研讨会上获得特别奖。党史宣传教育效果显著提升。拓展舆论阵地，加大宣传力度。先后考察了民乐县河西解放纪念馆、临夏市胡廷珍烈士纪念馆、宁县王孝锡烈士纪念馆等场馆建设利用情况，为命名第五批党史教育基地提供了依据；确定了高台等4县党史部门为全省党史宣教“六进”活动示范点；编印了《甘肃党史工作》7期，该期刊是唯一在第13届全国党史期刊工作会议上重点交流的内刊。加强新闻报道，扩大党史影响。在《甘肃日报》、《百年潮》、《甘肃工作》、《党的建设》等报刊发表文章24篇。印发《党史工作信息》26期，进一步加强了对基层工作的指导力度。在网络新闻媒体刊载党史信息、新闻报道等800余篇、图片150余幅、视频10余部。重视新兴媒体，增强育人实效。升级改版了“甘肃党史网”站，开办了“红色陇原”甘肃手机频道，发布党史信息136条，受到广大青少年的青睐，增强了党史育人的实效。

【编撰与出版】一是完成编撰《中国共产党甘肃历史（第二卷）》、《刘冰与甘肃》、《中国共产党甘肃历史二卷简明读本》初稿。二是编撰出版了《两当兵变研究》、《参加过西路军斗争的老一代共和国将帅》、《甘肃省抗日战争时期人口伤亡和财产损失》等6部书籍。三是编辑出版了《纪念陕甘边区苏维埃政府成立80周年—陕甘边革命根据地的特点和历史地位学术研讨会文集》、《纪念刘志丹》、《纪念谢子长》文集和《刘志丹》、《谢子长》画册等5本书籍，编印了《红色记忆——纪念陕甘边区苏维埃政府成立80周年》画册。四是编撰出版了《革命历史是最好的营养剂——甘肃的红色年轮》、《旱作农业的一场革命——全膜双垄沟播技术的推广》等3本党史资政专题。五是内部出版了《周仁山同志诞辰百年纪念文集》、《计划生育政策在甘肃的初步推行》，编印了《甘肃工作文献汇编》，完成了《甘肃工作文献选编》(1949—2013)编辑工作。

【课题研究】一是完成了省社科规划项目《甘肃红色资源在创先争优中的作用研究》，已通过审核并颁发结项证书。二是完成了省社科立项课题《甘肃红色文化弘扬的对策研究》，为华夏文明传承创新区建设提供了重要依据和理论支撑；完成省社科立项课题《邓宝珊与陕甘宁边区关系研究》部分工作，形成了25万字的书稿。三是完成中央党史研究室《改革开放实录》丛书中的《石羊河流域治理》、《真理标准讨论在甘肃》、《甘肃“两西”建设与扶贫开发》3个专题编写工作。

【征集与审核】一是认真落实中央党史研究室“三山一地”座谈会议精神，完成并上报三年党史资料征编规划，编辑《陕甘革命根据地口述史资料丛书》书稿；征集了《陕甘革命根据地的重要会议研究》、《陕甘革命根据地重要战役战斗》、《中共党史辞典人物篇》等专题资料；抢救拍摄图片1000余幅，录音录像10余盒。二是审读《中国共产党平凉历史》（二卷）、《李培福传》、《南梁春晓》等14本党史书籍；审读《南梁说唱—红色故事》、《烽火陕甘宁》、《血样的年华》等4部影视剧本；审定《南梁纪念馆新馆布展方案》、《马锡五审判方式陈列馆布展方案》。

【红色文化】一是牵头成立红色文化弘扬工作领导小组，制定《华夏文明传承创新区建设红色文化弘扬板块方案》、《华夏文明传承创新区建设项目、活动、奖项对接工作指南》（红色文化弘扬部分），确保了红色文化弘扬工作按计划、高效率稳步推进。二是牵头成立革命遗址文物普查工作领导小组，制定《甘肃省革命遗址文物普查方案》、《甘肃省加强革命遗址、革命文物保护工作的意见》，推动了全省革命遗址、文物保护工作的健康发展。三是制定了红西路军相关纪念馆布展顶层设计“一综十二专”实施方案。启动了网上“红色纪念馆”建设工作。

（苏英）

老干部工作

【两项待遇】认真落实理论学习、走访慰问、情况通报、参观考察等各项制度，切实加强离退休干部思想政治建设。组织老同志深入学习党的十八大和十八届三中、四中全会精神，学习习近平总书记系列重要讲话精神，深化思想认识，坚定理想信念，不断增强对中国特色社会主义的道路自信、理论自信、制度自信，始终与中央和省委保持高度一致。创新组织设置，丰富活动形式，离退休干部党支部战斗堡垒和思想阵地作用得到充分发挥。进一步健全完善离休干部生活待遇与经济社会发展水平相适应的增长机制，及时落实中央调整离休干部护理费、企事业单位离休干部病故一次性抚恤金标准政策，研究出台调整离休干部无固定收入遗属生活困难补助费标准政策，红军时期、抗战时期、解放战争时期离休干部无固定收入遗属生活困难补助费分别提高250元、250元和200元，惠及人数达6029人。健全帮扶机制，加大帮扶力度，扩大帮扶面，重点解决困难地区、困难单位和有特殊困难老同志的实际问题。对全省72名享受省级医疗待遇和315名有特殊困难的老同志进行了走访看望和帮扶慰问，帮扶资金达40多万元，让老同志切实感受到组织的关怀和温暖。

【作用发挥】充分发挥老同志政治、经验、威望优势，在全省深入开展“同心共筑中国梦”和“传递正能量、同心促改革”主题实践活动，引导广大老同志为党和人民事业增添正能量。学习宣传全国离退休干部先进集体、先进个人典型事迹，通过示范引领、典型带动，引导老同志为建设幸福美好新甘肃贡献智慧力量。省关工委组织“五老”人员以“双讲、双十、双百、双千”为载体，突出抓好“三个品牌”、办好“六件实事”、开展“九项活动”，老同志蕴藏的正能量得到充分释放，自身价值得到充分彰显。

【阵地建设】积极适应老干部队伍结构、需求变化，大力加强学习活动阵地建设。深入开展示范性创建达标活动，全省已挂牌命名示范性老干部活动中心61个、老年大学15所。结合建国65周年，以歌颂党、歌颂祖国、歌颂改革为主题，组织离退休干部开展了文艺演出、书画摄影等一系列有影响、有规模、有声势的活动。打造老干部网络精神家园，搭建“甘肃离退休干部之家”网络互动平台，引导广大老干部运用新型网络阵地积极发声，展示风采，丰富精神文化生活。

【服务管理】创新服务理念，完善服务方式，丰富服务内容，提高服务质量，在全省范围深入开展“老干部服务年”活动，满足老同志多层次多方面的需求。兰州市依托虚拟养老院，为老干部提供就餐、家政等便捷服务。酒泉市依托社区老年人日间照料中心，以个性化、亲情化服务满足高龄、“空巢”老干部多元需求。嘉峪关市依托“12345”民生服务热线，打造生活、医疗、综合三大服务体系，实现老干部工作与社会化管理的有效对接。武威市开展“建档联责承诺服务活动”，通过进家入户、结对帮扶等方式，为老干部提供“全方位、零距离、家政式”服务，真正做到老干部急时有人助、难时有人帮、病时有人管，离退休干部服务管理常态化机制进一步健全完善。

【调研宣传】围绕老干部中心工作和重点难点问题，创新调研方式，拓展调研深度，开展“利用社会资源、整合社会力量做好老干部工作问题”课题研究，为全省老干部工作转型发展、科学发展拓宽思路、提供启示。加大老干部工作督查力度，对全省14个市州、26个县区市、12个省直单位的老干部工作进行了全面督查，有力推进了重点工作任务落实。认真抓好信息宣传工作，通过新闻媒体、专报简报、刊物网站等载体，大力宣传重点工作和创新亮点，全年共在《中国老年》、《中国老年报》刊登稿件13篇，其中头版头条5篇，《甘肃日报》刊登14篇，“甘肃组工网”上传信息50条，“甘肃老干部工作网”上传信息500条，有效扩大了老干部工作的影响力。

（贾世玮）

法 制

地方立法

【省人大常委会立法】2014年，常委会着眼全省经济社会发展大局，坚持科学立法民主立法，注重立法决策与改革决策相结合，充分发挥地方立法在全面深化改革中的引领和推动作用，积极开展地方立法。全年共制定、修改地方性法规8件，批准兰州市法规和民族自治地方单行条例6件。

（一）制定、修订的地方性法规（8件）

1.《甘肃省道路运输条例》

2.《甘肃省人口与计划生育条例》（修改第十八条）

3.《甘肃省农村能源条例》

4.《甘肃省民兵预备役工作条例》

5.《甘肃省预防职务犯罪工作条例》（修订）

6.《甘肃省风景名胜区条例》

7.《甘肃省河道管理条例》

8.《甘肃省辐射污染防治条例》

（二）批准兰州市制定、修改的地方性法规（3件）

1.《兰州市南北两山绿化管理条例》

2.《兰州市供热用热条例》

3.《兰州市爱国卫生条例》

（三）批准民族自治地方制定、修改单行条例（3件）

1.《甘肃省肃南裕固族自治县草原条例（修订）》

2.《甘肃省临夏回族自治州教育条例》（修订）

3.《甘肃省东乡族自治县农村公路建设管理条例》

公安

【维护社会稳定】认真落实反恐防暴工作措施，组织开展严打暴恐活动专项行动，落实内部单位安全管理责任制和危爆物品实名管理，加强全省重点目标、要害部位内部安全保卫，快速稳妥处置了中川机场客机涉恐备降、兰州火车站疑似爆炸物等突发案（事）件，组织开展跨区域、多科目、高强度的实警实装演练拉练300余次，发放《公民防范恐怖袭击手册》等宣传材料86万余份。全力维护藏区大局稳定，深入开展藏区僧尼社会化管理，扎实推进民警驻寺服务管理，全面落实重点人分级分层管控措施，确保各类民俗活动平稳有序举行，实现了省内藏区安全安定。严厉打击“法轮功”等邪教组织违法犯罪活动，查破了一批“法轮功”、“门徒会”及其他冒用宗教名义邪教案件，依法打击非法制贩宗教出版物活动，捣毁了制贩、藏匿窝点，查缴了一批非法宗教出版物及其印刷设备。着力维护网络公共安全，以网上造谣诽谤、贩枪贩毒、传销诈骗和制作传播淫秽色情信息等违法犯罪活动为重点，有效查处一批网上有害信息，净化了网络环境。及时排查化解信访问题，中央政法委、中央巡视组和公安部交办的重点信访案件全部办结息诉。

【打击违法犯罪】深入开展社会治安严打整治、严厉打击“黄、赌、毒”，“黑、拐、抢”犯罪活动，通过破命案、打黑恶、管小案、禁毒品、查黄赌、控网络，持续强化打击力度，公安机关起诉、提请逮捕人数同比分别上升15.3%、3.3%，抓获各类逃犯9070名，社会安全感不断增强。深入推进打黑除恶专项斗争，打掉黑社会性质组织9个、恶势力团伙126个。坚持命案必破，实行命案快速勘验、快速抓捕，对疑难案件组织专班、集中会诊，现行命案破案率达97.6%。扎实开展“两抢一盗”等侵财类“小案”专项攻坚行动，破获侵财案件17359起；深化打击涉假、传销、诈骗等经济犯罪专项行动，破获经济犯罪案件2278起，挽损3.5亿元。加大毒品案件攻坚力度。组织开展了百城禁毒会战，破获毒品案件数、抓获犯罪嫌疑人数和缴获海洛因数，同比分别上升5.8%、5.6%、198%。9月，侦破“6·13”公安部特大毒品目标案件，抓获犯罪嫌疑人10名，缴获海洛因85.2公斤，是建国以来甘肃一案缴获海洛因数量最大、抓获犯罪嫌疑人最多的案件。集中整治社会治安突出问题，部署开展“打四黑除四害”、缉枪治爆、扫黄打非等专项行动，破获“四黑四害”案件1386起、涉枪涉爆案件410起、黄赌案件7213起，收缴大量枪支弹药、管制刀具和危爆物品，有效净化了社会治安环境。

【公共安全管理】不断完善立体化社会治安防控体系建设，累计建成乡镇街道视频监控点位2.09万个、边界道路卡口486个，整合视频资源12863路。加快道路交通安全防控体系建设，设置交通安全执法服务站点187处，534处治安卡口、69处高速公路和自建的400处视频监控全部接入全省机动车缉查布控系统，1943公里高速公路路段实现网上巡逻。加强对重点部位、敏感区域定点巡逻、武装守控，累计投入警力12万余人次，全省未发生个人极端暴力事件。开展“降事故、保安全、保畅通”百日攻坚和预防重特大事故等专项行动，对324处隐患路段强化治理，查纠各类交通违法行为510万余起，全省道路交通安全形势平稳。深入开展“清剿火患”、重大火灾隐患集中整治等专项行动，扑救火灾6028起，抢救疏散被困人员1.68万名。圆满完成了张高丽等中央领导来甘视察警卫任务28批次和兰州国际马拉松赛、天水伏羲文化旅游节、第23届金鸡百花电影节等大型活动安保任务813次。

【公安改革】主动对接国家层面出台的改革举措，着力解决长期制约公安事业现代化发展的体制机制问题，制定实施了一系列改革性文件。有序推进公安行政管理改革，出台了《甘肃省进一步推进户籍制度改革的实施意见》，在全省实施差别化落户政策，建立居住证制度，健全人口信息管理制度，统一了城乡户口登记管理，为推动城乡发展一体化创造了有利条件。积极推进警务机制改革，制定了《关于深化派出所警务运行机制改革的意见》和《关于深化城区社会面巡逻机制改革的意见》，厘清了派出所的职责定位和主要任务，明确专业队和派出所的分工协作，建立案件统一管理机制；首次明确划分了巡逻责任区，分级分类确定了巡逻工作标准要求，综合开展打防管控和服务群众各项勤务。稳步推进公安内部管理体制改革。下发了《关于加强公安派出所建设的通知》，从警务运行机制改革、人员编制、基础设施、经费保障和装备建设等方面，解决了全省公安派出所一系列突出问题；出台了《关于改革全省公安交警管理体制的意见》，建立了"责、权、利"相统一的道路交通安全管理机制，全面提升全省道路交通管理的效能和服务保障水平。全面细化公安执法制度，制定了案件公开告知和群众监督评价制度、案件预审工作制度、案件归口统一管理制度、案件办理全过程监督制度和涉案财物统一归口管理制度等五项制度，进一步规范了公安机关执法活动。积极探索改进公安民警招录体制，制定实施分年度为派出所调剂增加警力的措施办法，着力缓解基层警力严重不足的问题。扎实推进全省公安工作绩效考评体系改革，制定了《市州公安机关重点业务工作绩效考评办法》和《实施细则》，使绩效考评更趋科学合理、客观公正，促进全省公安机关更有效地履行法律职责。

【自身建设】以第二批党的群众路线教育实践活动为契机，推出了公安交通管理10项便民利民措施，开展了校园安全、街面防范、道路畅通、提升服务和警务公开"服务民生五大行动"，从校园周边巡逻守护、社会面防范整治、保持道路畅通、缩短证件办理期限及证件、案件办理公开告知等方面，进一步提升了公安机关便民利民的实效。制定了《2014年全省公安机关党风廉政建设和反腐倡廉工作意见》等办法，切实推进党风廉政建设主体责任落实。出台《甘肃省公安机关领导干部经济责任审计评价工作指导意见》，完成领导干部经济责任审计33个，占任务总数的64.7%。实施甘肃省公安厅《关于加强甘肃警察职业学院建设的决定》，将甘肃警察职业学院打造成为提高公安民警整体素质和战斗力的主阵地。

（任志成）

法院

【概况】全年全省法院受理案件215331件，审结203163件，分别比上年增长12.07%和9.26%；其中省法院受理3328件，审结2985件。

【刑事审判】依法审理刑事案件。审结刑事案件20234件，比上年增长20.13%。严厉打击严重危害社会治安、危害人民群众生命财产安全的犯罪，审结故意杀人、抢劫等暴力犯罪、黑社会性质组织犯罪等案件5201件，其中处五年以上有期徒刑、无期徒刑、死刑的1231人。依法惩治经济犯罪，审结走私、非法集资、金融诈骗等案件915件，审结受骗人数4000余人的大圣生物科技有限公司集资诈骗案，为被害人追回损失9000余万元。依法惩治职务犯罪，审结国家工作人员贪污贿赂、挪用公款、渎职侵权犯罪案件817件，判处934人。加强人权司法保障，坚持罪刑法定、疑罪从无和非法证据排除规则，坚决防范和纠正刑事冤假错案，对被指控犯故意杀人罪的陈琴琴、犯爆炸罪的谢克雄、张彦国及其他42名被告人依法宣告无罪。严把死刑案件事实关、证据关、法律关，上报最高人民法院复核的死刑案件核准率居全国高院前列。

【民商事审判】依法审理民商事案件。审结各类民商事案件129642件，比上年增长10.47%。审结涉及人身损害赔偿、婚姻家庭、劳动就业、教育医疗等与人民群众切身利益密切相关的民事案件74477件，其中婚姻家庭、抚养继承纠纷案件40351件，工伤、医疗、道路交通事故等人身权纠纷案件13040件，劳动争议、追索劳动报酬纠纷案件3155件；审结金融借贷、公司诉讼、合同纠纷、企业破产等商事案件54997件，其中审结买卖合同纠纷10560件，审结与银行、金融机构有关的借款类纠纷案件16404件；审结著作权、商标权、专利权和植物新品种权纠纷等案件168件，成功审理敦煌种业先锋良种有限公司与酒泉通盈种苗有限公司植物新品种权追偿纠纷案，开创植物新品种追偿权赔偿的先例；民商事案件调撤率达46.63%，成功调解、判处涉及兰州市轨道交通建设项目的3起土地租赁纠纷案件，保证了重点建设工程的顺利进行。

【行政审判 国家赔偿】审结行政诉讼案件1880件，其中判决撤销、变更、确认行政行为违法或无效、责令履行法定职责的190件。依法审理了杨兰芝等人诉兰州市城关区政府房屋征收补偿系列案件，推进了元通大桥等重点建设项目。受理非诉行政执行案件1934件，裁定准予执行1366件，执结标的2730万元。开展行政案件相对集中管辖试点工作，加大诉权保护。支持和监督行政机关依法行政，省法院二审行政诉讼案件行政机关负责人出庭率达到了90%以上。公开发布《行政审判白皮书》，规范行政执法行为，促进法治政府建设。审结国家赔偿案件46件，决定赔偿金额40.08万元，妥善审理了张美华等5人诉天水市公安局麦积分局行政赔偿案，网络热炒的"微博少年"杨忠申请张家川县公安局刑事司法赔偿案。

【执行工作】受理执行案件43842件，执结39759件，到位金额38.06亿元。扎实开展涉民生案件专项执行活动，执结案件1245件，到位金额6543万元。开展"转变执行作风、规范执行行为"专项活动，集中清理立案一年以上未结积案12630件，执结

2361件，到位金额4.5亿元，受到最高人民法院的表扬。召开全省第五次解决执行难联席会议，与25家协作单位共同签署《共筑诚信惩戒失信合作备忘录》，联合实施信用惩戒措施。参与发布甘肃省诚信“红黑榜”，将2334名失信被执行人纳入“黑名单”。与公安、检察机关联合开展“集中打击拒不执行法院判决裁定犯罪行为专项行动”，依法拘留1251人，追究刑事责任62人。进一步深化执行联动机制，建成“点对点”司法查控网络，查询被执行人信息1.7万余条，冻结资金6亿元。

【司法为民】一是进一步扩大司法公开。建成集审判流程公开、裁判文书公开、执行信息公开“三大平台”于“一网”的甘肃法院司法公开网，向社会公众公开10类70余项信息，向案件当事人公开4类100余项审判信息，实现了裁判文书网上可查阅、审判执行信息网上可查询、诉讼材料网上可收转、信访投诉网上可受理、诉讼文书式样网上可下载。全省法院裁判文书上网位居西北五省区首位，知识产权案件裁判文书上网公开率达到90%以上。开通法院官方微博、微信，推行庭审网络直播，召开新闻发布会，发布“全省法院十大案件”、知识产权保护、行政审判十大案例，举办“公众开放日”，创新公开方式。二是进一步落实便民措施。推进诉讼服务中心建设，增设案件查询系统，推行远程视频立案、开庭、接访，全省107个法院设置了远程视频接访室，其中省法院视频接访群众560余人（次），跨省接访云南、湖南、陕西等地信访群众36人（次）。畅通民意沟通渠道，在甘肃法院网上设立“院长信箱”、“给大法官留言”栏目，方便群众表达诉求。法院为经济确有困难的当事人缓、减、免诉讼费522.11万元，省法院发放司法救助金198万元。三是进一步保障特殊群体合法权益。重视对妇女、未成年人的司法保护，全省法院成立妇女儿童维权合议庭、维权岗113个，设立未成年人案件综合审判庭机构5个、未成年人合议庭57个，实行专案专办和优先立案、优先开庭、优先执行的工作机制。四是进一步加强“双联”工作。为永靖县关山乡联系点协调落实项目21个、项目资金1584万元，争取社会力量给358名贫困学生发放救助金43.97万元，帮助群众建立百合销售网店，举办法制讲座12场（次），调处纠纷32起，先后组织359名干警驻村蹲点总计5385天。

【司法改革】一是全面推开行政案件异地管辖。制定行政诉讼案件异地管辖暂行办法，除省政府和省直行政机关为被告的案件由兰州市中级人民法院管辖外，其他县级以上行政机关为被告的行政诉讼案件，统一由被告所在地以外中级法院管辖；兰州铁路运输法院作为全国首批试点法院，开展集中管辖其他地区基层法院一审行政案件试点工作，实现司法管辖区域与行政区划的适当分离。二是顺利启动办案责任制改革。在试点法院建立新型合议庭办案机制，在人民法庭推行法官办案责任制，规范院长、庭长审判管理监督权，完善合议庭阅卷、评议制度，明确主审法官主持庭审、签发裁判文书的权力，实现“让审理者裁判，由裁判者负责”。三是健全落实错案责任追究制。完善错案责任追究的规定，把8类因故意或重大过失导致裁判执行结果错误、造成严重后果的案件，纳入错案范围，明确认定程序、责任主体、责任追究方式，健全违法审判的制度“红线”。四是完善落实人民陪审员工作机制。新增人民陪审员2197人，总数达到4045人，提前完成最高人民法院部署的“倍增计划”；与省司法厅、财政厅联合制定《关于人民陪审员管理工作暂行规定》《人民陪审员经费管理办法》，规范人民陪审员选任、培训、参审、考核工作，落实人民陪审员办案补助和培训费用。五是稳步推进涉诉信访改革。制定《关于涉诉信访案件终结程序的规定》，统一终结原则、终结范围、终结程序，设立法律问题解决到位、执法责任追究到位、解释疏导到位、司法救助到位的“四位”终结前提，并建立逐级呈报、省法院终结合议庭统一办理、审委会讨论决定的制度，确保终结案件办理质量。协调成立“兰州民声法律服务中心”，探索建立律师作为第三方参与化解涉诉信访的新机制。六是不断优化“双语”法官培养机制。由省委政法委牵头，省法院、省检察院、省公安厅、省司法厅联合制定《关于进一步加强全省少数民族地区政法干警双语培训工作的意见》；组织兰州大学、西北民族大学等高校和青海、西藏等省区藏汉双语专家，编写《宪法教程》等10部藏汉双语教材，填补了藏汉双语法律培训教材的空白。七是积极推进法院信息化建设。制定《关于进一步加强全省法院信息化建设工作的意见》、《全省法院信息化建设三年发展规划》。目前，已建成覆盖全省三级法院和人民法庭的四级专网及282个科技法庭、46套远程视频提讯系统，建成互为备份、连接全省法院的高速信息专网。省法院建成数据汇集平台和审判信息、执行指挥、综合集控、新闻发布等“一个平台”、“四大中心”，实现了案件管理信息化、司法公开和司法评估、拍卖网络化、立案庭审数字化、执行信访远程化、办公流转无纸化、楼宇管控智能化。

【作风建设】省法院对56个中、基层法院、84个人民法庭贯彻遵守中央“八项规定”、省委“双十条”及法院干警“五个严禁”、“十个不准”情况开展了明查暗访，现场查纠86人，实名通报典型问题35起。制定《关于落实党风廉政建设主体责任的意见》《干警谈心谈话办法》《纪检监察工作规则》，推行“一案双查”，开展逐级约谈，落实主体责任，促进司法廉洁。

（李雨珊）

司法

【监狱管理】加强“四防一体化”建设，着力落实干警一日工作流程等监管安全制度，开展消防安全进监所活动，认真排查整治安全隐患，保持了监管场所持续安全稳定。积极探索罪犯教育改造社会化方式，加强罪犯心理矫治，广泛开展监区文化建设，调动了罪犯改造积极性，提高了教育改造质量。深入推进执法规范化建设，社会广泛关注的监狱减刑、假释、暂予监外执行等刑罚执行重点环节规范、透明。加强监狱企业生产经营管理，推进产业结构调整，实现提质增效，全年完成收入4.27亿元，比上年增长4.76%。

【戒毒工作】认真做好废止劳教制度后续工作，坚持场所、机构、人员、编制全部用于强制隔离戒毒，实现了劳教工作向强戒工作的平稳顺利转型。开展经常性场所安全稳定形势研判和应急演练，狠抓安全隐患整改，连续6年实现“六无”。健全完善强制隔离戒毒人员诊断评估办法，奠定了分级分段矫治管理基础。创新戒毒工作方法，在省女子强戒所和兰州市强戒所率先开展中医按摩戒毒研究试点工作，探索形成甘肃司法行政戒毒模式。

【社区矫正】开展社区矫正执法规范化建设年活动，制定社区矫正衔接工作意见、社区矫正实施细则等制度，规范了社区矫正执法工作。完善同公、检、法等部门的协作机制，加强了社区矫正各个环节的密切衔接，形成了工作合力。加强社区矫正管理，白银、庆阳、嘉峪关等市探索建立阳光心理工作室、彩虹之家、阳光康复中心和社区服刑人员教育培训基地，落实了监督管理、教育矫正、社会适应性帮扶任务，提高了教育矫正质量，全省在册社区服刑人员14537名，当年接收9809人，比上年增加1473人，再犯罪率为0.08%，低于0.2%的全国平均水平。

【法治宣传】围绕“增强全民法治观念，服务全面深化改革”、“12·4”国家宪法日等主题，开展系列法治宣传教育活动，推动了全民学法用法尊法守法。制定《甘肃省“法律七进”活动指导标准》，推进了法治教育规范化、常态化。创新方式方法，组织实施法治文化建设“一地一品工程”，庆阳的“巧儿说法”、酒泉的“菜单式普法”等普法品牌效果良好、深受群众欢迎。建立全省少数民族法治宣传教育基地，强化藏汉双语普法骨干培训，在“3·14”藏区维稳敏感期开展法治宣传月活动，积极参与尼江地区维稳法治宣传，促进了藏区社会稳定。深化法治创建活动，命名191个全省民主法治示范村和92个全省民主法治示范社区。

【法律援助】深入贯彻落实法律援助工作条例，全面完成提标扩面任务，全年共办理法律援助案件3.3万多件，比上年增长23.1%。全力推动法律援助工作政府责任落实，省政府把法律援助列入2015年为民办实事项目，案均补贴1500元，较上年平均1071元提高了429元。法律援助工作覆盖面进一步扩大，在全省88个看守所普遍设立法律援助工作站。加强法律援助工作宣传，拍摄法律援助公益广告宣传片，在省电视台6个频道播出，广泛宣传法律援助制度及工作成效，营造了社会各界关心重视支持法律援助工作的浓厚氛围。

【为民服务】制定推进全省公共法律服务体系建设实施意见，全力打造集律师、公证、法律援助为一体的“一站式”市县司法局法律服务中心94个，建成村（居）司法行政工作室4755个，全面消除了无律师县、无公证员县。律师、公证、司法鉴定、基层法律服务办案量分别达4.92万件、12.5万件、1.39万件、4.34万件，比上年增长10.4%、6.2%、6.3%、10.5%，办案质量显著提升。依法加强法律服务行政监管，部署开展专项检查活动，暂缓考核4家律师事务所、注销28名律师执业证，给予2家司法鉴定所行政处罚、注销34名司法鉴定人资格，规范了法律服务市场秩序。人民调解工作不断加强，全面推广“四联单”制度，规范人民调解工作，发展壮大专业性、行业性人民调解组织，化解矛盾纠纷24.5万件、同比增长7.6%，调解成功率98%。加强安置帮教工作，落实帮教措施，帮教12492人、安置12292人，帮教率、安置率达99%和98%。积极组织厅局机关和基层监所党员干部进村入户，围绕“六大任务”、打造“三大工程”，多方筹措资金，帮扶联系村改善道路、住房、饮水、校舍等基础设施，新建法治文化广场2个。各级司法行政机关在双联点开展的“双联法律服务直通车活动”成为全省双联行动中的创新品牌。

【“两化”建设】以资源换投资，与中国移动甘肃分公司合作，吸引投资5500万元，争取中央财政支持3000万元，年初部署、年内实施、年末建成“智慧司法”信息化平台，完成硬件建设和软件部署任务，将内网建到县、外网建到乡，初步实现省市县乡四级司法行政机关和全部监狱、戒毒单位网络互连互通、资源整合共享。以标准促规范，建立健全涉及重要部门、关键岗位、重点环节的工作标准82项，完善公务车辆管理、公务接待、会议管理等执行落实中央八项规定方面的制度20多项，制定罪犯减假保、戒毒人员收治探访和法律援助、社区矫正等规范执法执纪行为方面的流程30多项，初步建立了便于执行、便于监督、便于问责的制度体系，各项工作奋斗有了目标、落实有了抓手，考核有了标准、检查有了依据。

【党风廉政建设】扎实推进群众路线教育实践活动深化整改工作，在全系统部署开展“增强党性、严守纪律、廉洁从政”专题教育活动，“四风”顽疾得到有力整治，纪律作风不断强化。认真贯彻省委“3783”主体责任体系，制定实施意见，建立监狱、戒毒所主要负责人“三述”制度，厅党委主要领导、分管领导与各部门、各单位“一把手”开展个别谈话和集体约谈，层层传导责任压力、推动主体责任落实。发挥纪委监督职能，对14名拟提拔使用的干部进行廉政情况审核监督，防止了“带病提拔”。加强审计监督和执法监督，对10名原监狱、戒毒所主要负责人进行了离任经济责任审计，对各监狱、戒毒所执法活动开展4次专项督查，依法收监10名保外就医罪犯。落实“零容忍”的铁律，对违规经商办企业的9名干警给予纪律处分、5名干警给予诫勉谈话，对履职尽责不到位的5名干部进行组织处理，对违法犯罪的1名干警予以“双开”，严明了党的政治纪律、组织纪律，发挥了惩处一个、教育一片的作用。

（王小楠）

省政府法制工作

【依法行政】2014年3月14日，组织召开省依法行政领导小组会议，对依法行政工作进行全面部署，调整充实省依法行政工作领导小组，将成员单位扩充至34个，涵盖省政府所有组成部门和重点执法部门。研究制定依法行政年度工作要点，制定依法行政考核标准。严格督查考核，各级政府把依法行政工作纳入政府目标责任管理，层层签订责任书，严格进行考核，做到年初有部署、年中有督查、年底有考核。并对考核结果进行通报，有力地推进了依法行政工作落实。

【依法决策】坚持法制审查制度，对政府重大决策由政府法制机构从合法性、适当性、可行性和法律风险等方面进行法制审查和咨询论证，提出法律建议。对省政府216件重要行政行为、重大投资项目、行政合同和政策文件审核把关，从而保证了重大决策合法有效。建立政府向社会力量购买法律服务机制，在全省推行政府法律专家咨询制度，制定了遴选聘任办法和工作规则。建立了全省首个政府法律专家人才库，遴选370名法律专家入库，聘请17位知名法学专家和律师组成省政府法律专家咨询委员会，举行了聘任仪式。全省已有兰州、天水、酒泉、平凉、定西、临夏、嘉峪关等7个市州建立政府法律专家咨询制度，聘任了政府法律专家咨询委员。

【政府立法】突出重点领域立法，增强立法的指导性。围绕省委省政府中心工作，加强对全面深化改革、农业综合开发、交通运输、社会保障、环境保护、安全生产等重点领域立法，用立法引领和推动改革，确保改革在法治轨道上有序推进。坚持开门立法，增强立法的民主性。采取网上征求意见、实地考察调研、座谈论证、组织听证等多种方式，广泛征求和听取各方面意见。对征集到的意见建立了采纳情况说明和反馈制度，最大范围集中民智，反映民意。探索开展立法评估，增强立法的执行性。开展了立法前和立法后评估。实行立法发布制度，增强立法的公开性。在立法通过后及时召开新闻发布会向社会公开发布，并在《甘肃日报》和省政府网站全文刊登，向社会宣传。对现行有效的214件地方性法规、164件省政府规章进行全面清理，共修订地方性法规9件、废止1件，修订政府规章2件、废止1件。省政府提请省人大常委会审议出台地方性法规8部，出台政府规章4部。

【行政执法管理】不断深化行政执法体制改革，依法审查批准10个市州的39个县区在城市管理领域开展相对集中行政处罚权工作。嘉峪关市、定西市和兰州新区综合执法试点工作取得进展，嘉峪关市组建了综合执法局，整合14项行政执法职能，并将工商、质监、食药监三局合一，组建市场监管局，在全省率先建立大市场监管新体制。定西市将县区执法职能延伸到乡镇和街道。兰州新区探索大综合执法路子，打破行业、部门和领域界限设立综合行政执法机构。强化行政执法资格管理，全面改革持证执法工作方式，把资格审查、教育培训、人员考试和证件管理纳入网络化管理，建立行政执法人员资格考试题库。采取随机抽取试题的“一人一卷”和电脑阅卷考试模式，有效促进了执法人员学法，提高了执法人员素质，全省第四轮持证执法工作已全面完成。严格规范执法行为，全省共审核确认行政执法主体资格10580个，行政执法人员资格114814名，行政执法监督人员资格5950名。全面开展行政处罚案卷评查活动，明确评查内容和评查标准，省市抽查行政执法案卷都在20%以上，有效规范了执法行为。在全省范围开展乱收费乱罚款专项治理工作，对无法定依据或违反法定程序、不按法定行为种类和幅度实施处罚、下达或变相下达罚款指标等9种行为进行了治理。完善行政执法与刑事司法衔接机制，对多领域行政执法行为开展专项监督活动，开通试运行“两法衔接”信息平台，实现了行政执法与刑事司法“网上衔接、信息共享”。

【规范性文件管理】严格落实规范性文件“四级政府、三级备案”工作机制，加大备案审查情况核查和通报力度。县市区政府共审查报送备案的规范性文件213件，纠正5件。市州政府共审查报送备案的规范性文件358件，纠正12件。省政府共审查报送备案的规章2件、规范性文件263件，通过下发意见书、责令整改等方式纠正违规文件2件，督促协调制定机关自行撤销或修改后重新发布6件。

【行政复议】全年全省各级行政复议机关共收到行政复议申请975件，其中：受理908件，不予受理或作其他处理67件。在审结的840件中，维持（含驳回）565件，纠正119件，通过调解、和解、撤回申请等终止143件，作其他处理13件，办理国务院最终裁决复议案件2件。通过复议审理，维持行政机关行政行为的占67.3%，撤销行政机关违法或不当行政行为的占14.2%，以和解、调解等方式结案的占18.5%。在张掖、酒泉、平凉三市开展以相对集中行政复议权为主要内容的复议委员会试点工作，成立行政复议委员会，统一受理办理行政复议案件，有效整合了行政复议资源，提高了办案质量。

【依法行政宣传】进一步深化学习效果，不断提升领导干部依法行政的意识和能力。组成5个宣传调研组，由省法制办领导带队深入10个市州、19个县市区，集中开展四中全会精神宣传。坚持定期举办法制专题讲座制度，分别邀请国务院法制办袁曙宏副主任和北京大学法学院王锡锌副院长，就学习四中全会精神，推进法治政府建设，举办了2期专题讲座，省市县三级政府共计24000余人聆听报告。在《甘肃日报》开设“法治政府建设”专栏，通过省政府政务网和法制信息网加载法制信息1.5万余条，营造良好法治氛围。

（蒲海）

国民经济

发展和改革工作

【规划编制实施】加强前期研究和调研论证，编制并报请省委、省政府印发《“丝绸之路经济带”甘肃段建设总体方案》，丝绸之路（敦煌）国际文化博览会、兰州作为主要节点城市等纳入国家“一带一路”战略规划。经过积极对接争取，国家发改委印发《加快甘肃转型发展建设国家生态安全屏障综合试验区总体方案》，及时编制了实施意见和2014年实施方案。全面启动“十三五”规划编制工作，起草了规划基本思路框架，已完成18项规划前期重大课题研究。加快推进新型城镇化建设，报请省政府出台《甘肃省新型城镇化规划（2014—2020年）》，配合开展了全省15个县和30个乡镇新型城镇化试点。

【农业生态建设】报请省政府印发实施《甘肃省高标准农田建设规划》。加快重大项目建设，引洮供水一期工程实现试通水，积石山引水、引洮入潭、靖远双永供水工程主体基本建成，引洮(博)济合等项目加紧实施。引洮供水二期、引哈济党等12个工程纳入全国172项重点推进重大水利工程范围。下达巩固退耕还林成果资金8.3亿元、退牧还草资金2.3亿元，争取新一轮退耕还林还草建设任务65万亩。张掖市、甘南州列入全国主体功能区试点示范城市。

【交通项目建设】抢抓机遇加快推进铁路建设，中川至马家坪铁路基本建成，兰新第二双线甘肃段通车，兰渝、天平、宝兰客专、兰州至中川机场、敦格5条铁路加紧施工，干武二线、额哈铁路、兰州至合作铁路开工建设，全省铁路投资规模和在建里程连续两年位居全国第一，新增铁路运营里程798公里。成县至武都、瓜州至敦煌高速公路建成通车，新增高速公路通车里程300公里，建成二级公路705公里，改建农村公路1万公里。兰州中川机场二期扩建工程新航站楼基本建成，陇南成州机场预可研获批，天水军民合用机场、新建平凉机场前期稳步开展。兰州城市轨道交通1号线一期工程全线开工建设。

【能源项目建设】酒泉至湖南±800千伏特高压直流输电工程核准工作加快进行，酒泉千万千瓦级风电基地二期、敦煌等7个百万千瓦级光电基地加快建设，甘肃列入国家6个光伏扶贫工程试点省区，分布式光伏发电项目启动实施，生物质发电项目实现零的突破。全省风电并网装机容量突破1000万千瓦，居全国第2位；光电并网装机容量突破500万千瓦，居全国第1位。《陇东能源基地开发规划》以及新庄煤矿、马福川煤矿项目获批，刘园子等煤矿建成，陇东地区油气田产能建设、庆阳区块煤层气开发等列入国家今明两年开工的重大建设项目。

【灾后重建和城镇基础设施】岷县漳县地震灾后重建取得阶段性成果，100亿元中央财政补助资金全部到位，重建项目开工1776项，完成投资118亿元，占规划总投资的73.8%。岷县5·10雹洪灾后重建任务总体完成，301个重建项目已建成279个，累计完成投资21.3亿元。永靖刘盐八库区地质灾害综合治理项目已落实中央投资7.3亿元，到位资金3亿元。全省完成城镇基础设施投资72.3亿元，新增城市道路367公里，新增城市集中供热面积4327万平方米，新开工县城及城市供水厂12个。全省开工建设保障性住房和棚户区改造18.89万套、开工率100.1%；基本建成13.49万套，基本建成率113.3%。

【资金争取和投资管理】争取中央预算内投资144.8亿元。利用外资4.6亿美元，其中国外贷款3.5亿美元，外商直接投资1.1亿美元。公航旅集团、甘肃电投、张掖城投等7家企业债券获批，融资总规模110亿元。建立完善“3341”项目建设工程动态项目库，共录入投资规模500万元以上项目3.8万个。推出了首批100项鼓励社会资本参与建设营运的示范项目。加强重大项目协调服务，组织开展项目观摩活动，全年160个省列重大项目完成投资1573.1亿元，占年度投资计划的105.8%。做好项目稽察工作，先后派出27个稽察组，稽察项目173个，涉及投资108亿元。

【产业结构调整】一是培育壮大战略性新兴产业。报请省政府出台《战略性新兴产业发展总体攻坚战实施方案》，加快发展新材料、新能源、生物产业、信息技术、先进装备制造等8大新兴产业，筛选确定了重点扶持的第一批16户骨干企业。2个国家企业技术中心和3个国家地方联合工程实验室获国家批准设立，新认定32个省级工程研究中心。金昌列为国家第一批区域战略性新兴产业集聚发展试点，争取专项资金3亿元。新材料创投基金获批设立，全省国家财政参股的新兴产业创投基金达到4只，基金总规模11亿元，累计投资4.6亿元，带动社会投资22亿元。二是改造提升传统产业。组织编制《全省煤化工产业发展规划》，酒钢1000万吨煤炭分质利用项目一期工程开工建设。兰州石化搬迁兰州新区前期工作全面启动。加快嘉峪关、金昌、白银、天水4个老工业基地调整改造步伐，兰州市七里河区纳入全国城市老工业区整体搬迁改造试点。报请省政府出台化解产能严重过剩矛盾的实施意见，对淘汰类高耗能企业严格执行差别电价、阶梯电价政策，全省淘汰铁合金2.36万吨、电石10万吨、水泥80万吨、平板玻璃60万重量箱，关闭退出小煤矿

76座，完成了国家下达的任务。三是加快发展现代服务业。加快健康与养老服务工程建设，有序推进天水、张掖全国综合养老示范基地建设，加快开展酒泉国家服务业综合改革试点。加强经贸流通基础设施建设，实施了7个粮食仓储扩建项目，建设了5个物流业转型升级、12个农产品冷链物流、3个农产品批发市场升级改造项目。争取国家下达甘肃小麦、棉花等农产品进口配额2.75万吨。

【价格调控监管】发挥价格调节基金作用，扶持建设747个蔬菜、肉食直销店，建立蔬菜、猪肉和食盐储备制度，完善社会救助和保障标准与物价上涨挂钩联动机制，预计全年居民消费价格上涨2.1%，低于年度调控目标。加强价格和收费管理，公布了全省行政事业性收费和涉企行政事业性收费项目目录，取消、放开22项收费项目，降低18项医疗服务基准价格。推进生产领域建立差别化价格制度，修改完善直购电交易细则，调整水资源费标准和火电上网电价。加强市场价格行为监管，开展了商业银行收费等5项专项检查，查处价格违法案件497件，涉及金额4265万元。认真开展成本调查和定调价前的成本监审，价格监测和价格认证工作进一步加强。

【重点领域改革】编制了《经济体制和生态文明体制改革规划（2014—2020）》，制定了2014年改革工作要点和实施方案，建立了专项改革小组工作台账。行政审批制度改革方面，省级发改部门取消行政审批事项5类86项，下放市州或部门行政审批事项5类26项，保留的6项行政许可事项全部进驻省政府政务大厅；报请省政府修订印发了政府核准投资项目目录和管理办法、政府投资项目管理办法；牵头制定了同步下放建设项目审批核准权限加强部门协同监管的意见，简化前置性审批；落实国家涉外体制改革措施，制定了外商投资项目核准和备案管理办法、境外投资项目备案管理办法。价格改革方面，资源性产品、交通、医药和医疗服务价格改革有序推进，居民用水、用气、用电阶梯价格制度加紧建立健全。市场监管体制改革方面，初步建成公共信用信息交换共享平台，启动编制全省社会信用体系建设规划；报请省政府即将出台《甘肃省促进市场公平竞争维护市场正常秩序工作实施意见（2015—2020年）》，提出了10个方面54项改革任务。其他改革方面，正在编制全省公务用车制度改革总体方案；庆阳市国有林场改革试点顺利推进；农村电力体制改革进一步深化，69家代管县级供电企业产权划转工作有序推进，将归属省电力公司管理。

【保障改善民生】建设改造各级各类学校291所、医疗卫生机构810个、地级三馆3个，实施了4个旅游景区、8处国家文化遗产地保护项目，建设社区、养老和县级体育场等设施55个。敦煌莫高窟保护利用工程投入使用，甘肃科技馆主体工程完工，省人民医院、省佛学院搬迁项目加快实施，甘肃中医药大学、省图书馆扩建项目开工建设，兰州新区职教园区前期工作积极推进。争取国家资金支持，建设了张家川等12个县基层就业和社会保障服务中心。报请省政府出台《甘肃省易地扶贫搬迁实施规划（2013—2018年）》，全年易地扶贫搬迁投资总规模达60.6亿元，安排102个项目，建设集中安置点546个，搬迁群众4.68万户23.34万人。安排以工代赈资金3.2亿元，支持了乡村道路、河道治理等项目建设。农村安全饮水工程加快实施，年内将解决180万农村人口和28.9万农村学校师生饮水安全问题。争取国家补助资金12.2亿元，对14万户农村危房进行了改造。采取独立光伏供电和大电网延伸两种方式，分别解决了8.8万、2.8万无电人口用电问题。争取中央预算内投资15.4亿元，加快推进实施“十二五”支持藏区经济社会发展规划。

【循环经济和节能减排】召开了全省循环经济白银现场会。“四位一体”循环体系建设稳步推进，五大载体打造成效明显，七大循环经济基地加快建设，35个省级以上开发区全部实施循环化改造。“十百千”示范工程积极开展，兰州经济技术开发区红古园区入选国家城市矿产示范基地，定西市、甘南州入选国家生态文明先行示范区。积极落实节能目标责任制，实行能耗强度和总量“双控”，对节能目标进度滞后地区报请省政府进行了督办。大力发展节能环保产业，向社会发布了2批《甘肃省节能环保产品推广名录》。兰州市入选节能减排财政政策综合示范城市。兰州新区甘肃省节能环保产业园完成选址。争取中央预算内投资8.8亿元，支持156项节能重点工程、城镇污水垃圾处理设施等项目；安排省级十大重点节能工程配套和循环经济发展专项资金9060万元，支持实施49项节水、资源综合利用等项目，带动投资64亿元。全省单位生产总值能耗、能耗总量、单位生产总值碳排放指标完成了国家下达的目标任务。

（郭晓冬）

农业

【综述】2014年以来，在省委、省政府的正确领导下，全省各级农牧部门全面落实各项强农惠农富农政策，认真组织实施“365”现代农业发展行动计划，着力提升粮食综合生产能力，大力发展特色优势产业，深入推进农业农村改革，全省农业农村经济持续向好。

【粮食生产】大力发展旱作农业和高效节水农业，认真组织实施了1000万亩国家级和500万亩省级旱作农业示范区建设，推广全膜双垄沟播面积1528.7万亩，创建粮棉油高产万亩示范片280个，推广高效农田节水技术1016万亩。进一步调整结构，压夏扩秋，着力加强农业抗灾减灾能力，粮食综合生产能力进一步提升。

【特色产业】全力推进50个牛羊产业大县和35个现代畜牧业示范县建设，在张掖、临夏、庆阳3个市州组织开展了省级现代畜牧业全产业链试点，新建和改扩建养殖场737个。在环县、临夏、会宁、古浪4个县开展了草地农业试点工作，新建3000亩牧草种植基地和61个规模养羊场，年出栏肉羊1.69万只，新增畜产品加工能力3万吨。年末，全省牛存、出栏分别为522.02万头、185.12万头，同比增长5.2%和5.0%；羊存、出栏分别为2119.41万只、1222.31万只，同比增长7.4%和7.9%；生猪存、出栏分别为687.79万头、775.49万头，同比增长1.8和3.7%。新建各类规模养殖场（小区）814个，累计达到8514个，畜牧业增加值达到182.16亿元，同比增长5.27%。水产品产量1.43万吨，同比增长3%。壮大提升优质林果、设施蔬菜、马铃薯、中药材、现代制种和酿酒原料等特色产业。加快推进1000万亩优质林果基地建设，突出抓好苹果标准园创建。全力组织实施马铃薯脱毒种薯工程，种植面积稳定在1000万亩以上，力争实现马铃薯脱毒种薯高质量全覆盖。大力发展设施蔬菜生产，稳步发展中药材生产，进一步加强国家级制种基地建设。新增特色优势经济作物面积100万亩。新增特色优势经济作物面积142.04万亩，全省蔬菜产量达1705.19万吨，同比增长8.01%；水果产量209.45万吨，同比增长9.1%；马铃薯总产237.89万吨，同比下降2.74%，中药材产量99.37万吨，同比增长14.66%。

【现代农业】新型职业农民培育工程扎实推进，累计培训农民109万人次。农机装备总量持续增长，全省农机总动力达到2480万千瓦。重大动植物疫病防控水平显著提升，口蹄疫等重大动物疫病免疫密度达到98%以上，小麦条锈病、蚜虫等重大病虫防控处置率达到90%以上，病虫害危害损失率控制在5%以下。农产品贮藏加工能力明显增强，龙头企业数达到2470个，对行业骨干企业扩大生产规模和技术工艺改造择优给予了贴息扶持，采取以奖代补形式解决了部分农户小薯、次果的出路问题，建成各类贮藏设施3286座，农产品加工转化率达49.5%。农业科技支撑能力明显提升，推广测土配方施肥面积5204万亩，完成秸秆腐熟还田和土壤综合改良培肥技术实施面积135万亩，完成农机化新技术推广面积1520万亩，新增2万户农村沼气用户，科技对农业经济增长的贡献率达到52.7%。积极衔接争取并组织实施雨养农业、高效节水农业、草食畜牧业、循环农业、生态农业、建立粮草兼顾结构试点等专项方案。着力创建农业产业化示范基地，不断增强市场开拓能力和对农民增收的带动能力，农产品加工转化率提高到50.5%。继续支持农民专业合作社发展，加强大型农产品批发市场、大宗农产品集中产区多功能物流中心建设，逐步健全农产品物流体系。认真实施农机装备提升工程，农机总动力达到2640万千瓦，强化农业设施装备支撑能力，加快推进“丝绸之路经济带”沿线地区的农业产业化经营，进一步加强农业对外交流与合作，扩大农产品出口。

【农业农村改革】继续在凉州区等4县区开展试点，探索支持农民以承包经营权入股；指导陇西县农村土地流转交易市场规范运行；加快农村土地承包经营权确权登记颁证工作，衔接争取将甘肃纳入全国土地确权登记整省试点省份；继续探索推进农村集体产权股份制改革试点工作；组织在山丹等3县开展家庭农场检测试点工作。加快构建新型农业经营体系，创新合作社发展模式。深化种业体制改革，全面完成科企脱钩，推进育种资源向企业流动，加快商业化育种体系建设。新型农业经营体系建设稳步推进，新型农业经营主体蓬勃发展，全省50亩以上规模经营主体达17381个，规模经营面积达到518.9万亩。农民合作社达到39266家，增长33.8%，成员总数达到86.6万户。加快农村土地流转，流转土地917.3万亩，流转率19.1%。3个整县推进试点县完成确权登记面积118.1万亩，28个整乡推进试点完成116.8万亩，55个村级试点完成98万亩。

【农业生态保护】草原生态保护工作扎实开展，划定基本草原2.68亿亩，落实草原承包2.4亿亩，完成人工种草面积1592万亩，建成草原围栏300万亩，补播种改良退化草原153万亩，完成秸秆饲料化利用1430万吨。农业面源污染治理成效明显，尾菜治理面积235.5万亩，处理利用尾菜268.6万吨，处理利用率达27.6%，比上年增长4.5个百分点；建立废旧农膜回收网点2130个，回收企业达到231家，废旧农膜回收利用率75%以上。

【农产品质量安全监管】大力推行农业标准化生产，累计认证“三品一标”农产品1200个，生产面积占全省食用农产品生产面积的45%以上。积极推进农产品质量安全追溯工作，深入推进农产品质量安全专项整治，累计出动执法人员3万人次，检查生产经营企业1.1万家。畜禽产品和水产品检测合格率均为100%，没有发生重大农产品质量安全事故。

【养殖业转型升级】以50个牛羊产业大县为重点，继续组织实施3个市州现代畜牧业全产业链试点和35个现代畜牧业示范县建设，加快推进草地农业试点进程，加强农牧结合，加快推进现代畜牧业产业发展转型升级。深入推进科学养殖，继续开展畜禽标准化示范创建，新建600个标准化养殖场（小区），确保畜牧业增加值增长11%左右，肉蛋奶总产量达到170万吨。进一步做好重大动物疫病防控工作，确保不发生区域性重大动物疫情。大力发展特色渔业和休闲渔业，努力提升发展水平。

【农业科技推广应用】推广全膜双垄沟播技术1500万亩，推广高效农田节水技术1000万亩。继续抓好测土配方施肥、保护性耕作、农机农艺融合、健康养殖等先进适用技术推广。强化农业转基因生物安全管理工作。加大新型职业农民培育工程的实施力度，培训职业农民2.1万余人次。着力推进农村沼气集中供气，稳步推进农村沼气“进棚入园”。切实抓好废旧农膜回收利用和尾菜处理工作，废旧农膜回收利用率稳定在78%以上，尾菜处理利用率提升到30%以上。加快推进农业信息化，逐步实施信息进村入户工程，大力发展农产品电子商务。

【农民收入】全面推进依法行政，不断提升依法兴农、依法护农的能力和水平。深入实施农民收入倍增计划，全面落实各项强农惠农富农政策，健全政策支持体系，扎实开展“双联”

工作，进一步挖掘农业内部增收潜力，积极拓展非农增收空间。已落实中央和省级财政支农项目资金61.97亿元，整合省级涉农资金21.7亿元，新增牛羊和蔬菜产业贴息贷款98.7亿元，撬动社会资本70亿元投入农牧产业。农民人均纯收入5107.76元，同比增长12.3%。其中：家庭经营现金收入2455.87元，同比增长10.08%，工资性收入2485.09元，增长12.78%，财产性收入166.45元，增长25.29%，转移性收入628.59元，增长16.30%。

（王勤）

粮食

【基本情况】2014年，全省收购粮食69.6亿斤、同比增加3.8%，销售粮食74.5亿斤、同比增加6.9%。收购食用油11700万斤、同比增加28.7%，销售食用油22878万斤、同比增加54.8%。

截至到12月底，全省粮食综合库存同比减少1%，食用油综合库存同比增加17.9%。

全年全省国有粮食企业实现盈利2339万元、同比增加42%，盈利面达到95%、同比提高2个百分点，其中省直企业实现盈利1136万元，13个市州实现盈利。

【粮食流通】常态化运行有新的收获。全省粮油收购、粮油销售、稳定粮价等常态化工作趋稳向好。实现了收购和销售的双增长，市场粮油供应充足，全年全省收购粮食69.6亿斤、同比增加3.8%，销售粮食74.5亿斤、同比增加6.9%；收购食用油11700万斤、同比增加28.7%，销售食用油22878万斤、同比增加54.8%。继续强化260个监测点对重点地区和重点品种的监测跟踪，有效利用粮油价格周报、月报和适时启动日报的监测监控，特别是加强春节、国庆等重大节日期间的监测预警，动态反映价格行情，排除价格干扰因素，保障粮食市场稳定，与2013年同比，全省小麦、玉米、面粉、大米等价格稳中略涨，食用油价格基本持平。

【“粮安工程”】认真贯彻落实《甘肃省人民政府办公厅转发省粮食局关于粮食收储供应安全保障工程建设实施意见的通知》（甘政办发〔2014〕25号）精神，着力推进“粮安工程”。实施了粮食系统灾后恢复重建、省级预算内5000吨粮库建设、“危仓老库”维修改造、农户储粮专项建设、仓储管理信息化建设、粮政信息化管理平台、省级财政军供网点维修改造等项目，总投资近1.7亿元。在全国1000亿斤仓储设施建设规模中，甘肃争取到仓容建设计划14亿斤，居全国产销平衡区第二位。启动全省国有粮食企业土地变性确权工作，省直酒泉库、白银区属库2个企业作为试点正在稳妥推进。

【宏观调控能力】按照省政府2014年新增省级储备要求，2014年底省粮食局、财政厅、农发行联合下达了落实计划。市县储备粮同比增加1.5%，储备油同比增加5.4%。到12月底，粮食综合库存同比减少1%，食用油综合库存同比增加17.9%，奠定了宏观调控的物质基础。同时，认真贯彻落实刘伟平省长关于储备粮要建立动态经营、滚动发展机制的重要指示，动态经营新增省级储备粮油，引导了市场消费预期，稳定了粮食市场价格，补充了省内短缺粮源，开辟了一条企业增强经营活力的渠道。

【产业化发展】开展了一批以小杂粮精深加工、清真食品、放心粮店、主食厨房、物流配送、产业园区为主的产业化项目，投资近7亿元启动和建设了13个项目，包括兰州焦家湾粮油批发市场提升改造项目、嘉峪关粮食物流中心项目、清水民天粮油储备公司异地扩建项目、秦安民泰粮油储备公司“退城进郊”项目、甘谷粮油购销公司“退城进郊”项目、张掖主食产业园区项目、定西通渭县金晟源小杂粮精深加工扩建项目、定西西源粮库大型粮油食品综合批发市场项目、平凉嘉宸大厦项目、庄浪粮油批发市场项目、平凉粮油公司玉米物流项目、泾川放心粮油食品加工配送项目、临夏清真放心食品工程等。同时，全省建设了365个放心粮店、5个主食厨房。

【国企改革】在全省粮食行业开展了深化粮食流通体制改革调研活动，组织召开了深化改革研讨会，并确定2014年为深化企业改革年。向省政府、省国资委多次报送了专题材料，从有利于省级储备粮安全和粮食安全省长责任制落实、加强宏观调控、稳定粮食市场和粮油价格、省属粮食企业国有资产监管和保值增值等方面，提出了继续实行粮食部门“管人、管事、管资产”有机统一管理模式的意见。与省国资国企改革推进工作领导小组研究确定了改革的基本框架，即承担政策性业务为主的企业定性为公共服务类、维持目前管理模式，经营性业务为主的企业实行改制脱钩。全年全省国有粮食企业实现盈利2339万元，同比增加42%，盈利面达到95%。

【依法管粮】组织粮食流通市场监督检查，全省共出动检查人员7713人次，检查企业10846个次，查处违法违规案件302例，有效维护了正常的粮食流通秩序。开展了全省粮食库存、省级储备粮油库存、地方储备粮规模落实三类检查，彻底摸清、查明了家底，进一步筑牢规范管理、数量真实、质量良好、储存安全的坚实基础。联合省教育厅开展了中小学生爱粮节粮教育社会实践基地创建工作，4个市州初步完成了5个省级基地的创建，省皋兰粮油储备库获得全国爱粮节粮“节约之星”殊荣。组织开展了“世界粮食日”、“全国爱粮节粮宣传周”、“粮食科技宣传周”等活动，活动期间全省共设立宣传点437个，发放宣传资料60多万份，扩大了影响力。狠抓安全生产监管，维修改造直属企业储粮库区的用电线路和消防设施，给市州统一配置自给式压缩空气呼吸机，持续开展安全检查，安全生产形势稳定向好，全省粮食系统没有发生安全生产事故。

【“双联”工作】积极履行组长单位职责，不断完善工作机制，想方设法筹资90多万元，为三个联系村实施帮扶项目，硬化道路2300米，修建衬砌灌溉渠道1065米，配备农户科学储粮仓504套，通过扶持培育养殖示范户带动新扩建标准化羊棚109个，修建生活垃圾归集点7个，争取旭坪村梯田改造修建项目列入永靖县2015年农业综合开发小岭乡高标准农田建设规划，为0~3岁适龄婴幼儿发放了营养包，建设和维修了村委会，创建了文化活动室，增添、增订、购置了书籍、图书、棋牌等文体用品。

【党的建设和党风廉政建设】继续巩固党的群众路线教育实践活动成果，开展了后续整治，落实了两方案一计划和市州提出事项。研究制定了局党组落实党风廉政建设主体责任的实施意见，明确局党组主体责任8项、局纪检组监督责任5项、机关党委责任4项、党支部责任5项、主要负责人第一责任5项、班子成员领导责任5项，并认真落实主体责任，对直属单位落实情况开展了督查。强化廉政风险防控，组织局系统查找廉政风险，建立健全制度，规范权利运行，坚持用制度管权、管事、管人。从严抓好执纪监督，明令禁止公款宴请、送年货节礼等铺张浪费行为，全年没有接到群众反映机关工作人员不作为慢作为、惠农资金管理使用违纪违规、公职人员违规经商办企业等方面的问题。

（贾峰）

林业

【总体情况】2014年全省完成营造林总面积218025公顷（含有林地和灌木林新封4000公顷），在营造林总面积中：人工造林152502公顷（其中灌木林造林面积10888公顷），无林地和疏林地新封育面积61523公顷，有林地和灌木林地新封4000公顷。

在营造林总面积中林业重点工程完成100073公顷（人工造林36518公顷，无林地和疏林地封育59555公顷，有林地和灌木林地封育4000公顷），其中天然林资源保护工程营造林43796公顷，（人工造林8203公顷，无林地和疏林地封育32260公顷，有林地和灌木林地封育3333公顷），退耕还林工程营造林面积6835公顷，（人工造林4637公顷，封山育林2198公顷）三北防护林建设工程营造林面积49442公顷，（人工造林23678公顷，无林地和疏林地封育25097公顷，有林地和灌木林地封育667公顷）。

2014年全省完成森林抚育情况：完成低产低效林改造面积3227公顷，未成林抚育作业面积99526公顷/次，中、幼龄林抚育面积155904公顷。2014年全省林木种苗生产情况：全年林木种子采集量6096吨，苗木产量296332.39万株，全省育苗面积49340公顷，其中本年新增23224公顷。

【生态屏障建设】根据省委、省政府总体部署及省厅确定的年度林业重点工作任务，年初省厅与各市州签订了目标责任书，对各项重点工作进行了细化安排，靠实责任，明确任务。各地、各单位抢抓春秋季造林的有利时机，认真组织实施林业重点生态工程，突出重点区域、重点地段造林绿化，大力开展义务植树活动，造林面积不断扩大，造林质量明显提高。全省完成营造林任务218025公顷；完成义务植树9355.4万株，新建义务植树基地420个；完成道路绿化9366公里，江河沿岸绿化376公里。防沙治沙力度不断加大，沙化土地封禁保护区试点工作稳步推进，实施封禁面积88700公顷。认真组织实施国家木材战略储备生产基地建设试点，张家川、民乐、漳县等2013年试点任务全面完成。

【林业投资】以建设国家生态安全屏障综合试验区为契机，研究提出了23个争取国家和省上支持的政策及项目建议书，积极争取项目资金。全年共落实中央和省级林业建设资金64.84亿元，其中中央投资47.93亿元，比2013年分别增长11.97%和31.91%。国家安排全省林业重点工程建设和造林补贴建设任务164533公顷，较2013年增加营造林任务18380公顷；其中新一轮退耕还林工程建设任务43333公顷，任务量在全国排名第三；国家将环县等6个沙区县（区）纳入第二期沙化土地封禁保护补助试点范围，安排中央投资6000万元。制定印发了《推进国家生态安全屏障综合试验区建设林业工作方案》，组织完成了《“十三五”林业发展规划编制大纲》调研论证工作。加强林业项目库建设，已储备林业基础设施建设、科技推广等项目534个，提升了资金投入的针对性、精准性和时效性。全省森林管护和生态效益补偿面积达到8194000公顷，年补偿资金9.9亿元。森林抚育、森林保险、造林和林木良种补贴等工作有序开展。林业国际合作成效显著，9个在建外资项目进展良好，新增外资项目4个。

【创新发展】深入学习贯彻中央关于全面深化改革的《决定》和省委贯彻落实的《意见》，结合实际制定印发了《全面深化林业改革实施方案》，明确了深化改革的指导思想、目标任务、工作要求和主要措施，对深化林业改革作出了全面部署。组织编制了《甘肃省推进生态文明建设林业规划（2014—2020年）》，制定了《甘肃省林业生态红线划定方案》，提出了全省林地和森林、湿地、沙区植被、物种四条林业生态保护红线的意见。集体林权制度综合配套改革有序推进，截止2014年底，全省累计流转林权219660公顷，办理林权抵押贷款33.04亿元，组建农民林业专业合作社1775个，农民利用承包林地造林257800公顷。积极发展经济林果、林下养殖等林下经济，兴办农家乐和森林人家2400户，实现林下经济产值64.95亿元。印发了《关于促进民营林场发展的指导意见》，积极培育新型林业经营主体。按照国家的批复方案和省上要求，制定了《庆阳市国有林场改革试点实施细则》，对试点任务进行了分解细化。庆阳市国有林场改革试点已经完成，国家确定将甘肃列入2015年全面推开国有林场改革省份。

【资源保护体系】坚持依法治林，认真开展林业立法、普法、执法工作，《甘肃民勤连古城国家级自然保护区管理条例》正式纳入省人大立法计划。组织全省林业系统52人参加了全国林业行政执法骨干培训，提高了执法能力。按照省政府确定的2014年度全省森林覆盖率达到11.72%的目标要求，研究制定了《森林覆盖率目标责任考核办法》，印发了考核实施方案和考核细则，组织完成了对市州森林覆盖率增长目标任务的考核工作。提请省政府办公厅下发了《关于进一步加强建设项目依法使用林地的通知》，强化了建设项目使用林地的监管。按照国家林业局和省政府安排，积极开展了非法侵占林地和在自然保护区违规开发建设项目清理工作。全省共审核审批征占用林地项目195项，查处各类林政案件2950起，查处率99.43%。制定了《甘肃省林地年度变化和林木采伐遥感监测试点工作方案》，针对性地开展了卫片执法试点工作。森林防火力度进一步加大，开展了“森林防火宣传月”和“森林防火宣传周”活动，重点火险期派出5个督查组对各地防火措施落实情况进行了督查，组织开展了培训演练及森林防火能力建设。组织实施了国家级自然保护区管理能力提升工程，开展了祁连山国家级自然保护区和武都裕河、玉门南山2个省级自然保护区范围及功能区划调整工作。沙尘暴预警监测、林业有害生物防治、野生动物疫源疫病监测防治、生态破坏事故防控等应急工作有序开展，林业应急处突综合能力显著提高。

【林业富民产业】充分发挥地域优势，不断优化产业结构，努力延伸产业链，全面推进以经济林果为重点的林业产业建设，着力巩固和提高千万亩优质林果基地建设成果，有效带动了农民增收致富。全省新增特色经济林果面积64787公顷，占年度计划任务40000公顷的162%；完成经济林果提质增效83180公顷，占年度计划任务80000公顷的104%。组织成立了经济林果产业技术协作组，健全完善了覆盖全省的以林业工作站和林业技术推广站为主体的林果产业科技服务体系。组织开展了国家林业重点龙头企业申报工作，陇南市祥宇油橄榄开发有限责任公司、甘肃绿源农林科技有限公司被国家林业局认定为首批国家林业重点龙头企业。通过积极争取，落实省列林果产业发展专项资金3700万元，在42个县区和单位实施示范基地建设；落实省级财政油用牡丹发展专项扶持资金500万元，加快了油用牡丹产业发展进程。经过精心谋划和筹备，2014年11月4日省委、省政府在平凉泾川召开了全省现代林果产业建设现场会，观摩典型，交流经验，进一步推进林果产业健康快速发展。积极参加2014年青岛世园会参展工作，甘肃以“羲皇故里，寻根访祖”为主题的“始祖园”获得世园会室外展园竞赛金奖。

【基础设施建设】林业棚户区（危旧房）改造工程稳步实施，2009—2014年实施的32882户林业棚户区（危旧房）改造任务，已基本建成29306户，占建设任务的89%；主体竣工26115户，竣工率84%；实现入住21718户，入住率达到70%。积极争取国有林场建设资金，落实公租房建设任务5000户，中央投资2.1亿元，已全部开工建设，基本建成3012户，完成了省政府下达的建设任务。落实国有贫困林场扶贫中央资金1580万元，及时分解落实到兰州、白银等13个市（州）及白龙江林业管理局、小陇山林业实验局的41个林场。在203个国有林场、自然保护区、苗圃、森林公园实施的240处饮水安全项目已全部完工，基本解决了林区7.28万人的饮水安全问题。天保工程区社会保障水平进一步提高，94个天保工程实施单位中，已有57个纳入同级财政全额供给或参照事业单位平均工资标准供给，在岗林业职工的工资达到了当地事业单位平均工资标准。五项社会保险参保率缴费率普遍提高，林区职工的生产生活条件得到明显改善。

【行业建设】加大党的群众路线教育实践活动整改任务落实力度，涉及“四风”方面的10个突出问题已得到全面整改；其它方面的27个具体问题，已有23项整改到位，其余的4项正在抓紧攻坚整改。经过民主测评，群众满意度达98%以上。林业科技支撑更加有力，共争取各类林业科研、推广项目77项，落实经费3031万元，向国家林业局申报2015年林业科技项目38项。坚持依法办事，林业行政审批项目由原有的38项减少到28项，减少率达26.3%，全部入驻省政府政务大厅办理，提高了效率，方便了群众；全年共受理行政许可事项557件，按规定时限已办结537件，办结率96.4%。严格落实中央八项规定和省委“双十条”规定精神，精简文件简报、整合压缩会议、规范调查研究、加强车辆管理，有效减少了三公经费支出。厅系统共压缩会议80场次，精减文件简报980份，削减“三公”经费256.67万元，分别同比减少36%、18%、17%。林业信息化建设进一步加快，开通运行无纸化办公系统。省厅被评为“全国林业网站群建设十佳单位”，甘肃林业网荣获“全国十佳省级网站”，小陇山林业实验局党川林场荣获“全国十佳专题网站”。

【联村联户】紧紧依托“1236”扶贫攻坚行动，充分发挥林业特点优势，以增加农民收入为核心，以发展富民特色产业为重点，创新扶贫模式，完善帮扶措施，想方设法帮助贫困群众“挪穷窝”、“拔穷根”、“改穷业”。联户干部累计入户3286人次，宣传政策628次，发放宣传资料9080份，参加群众7510人次；收集民情民意149条，调处矛盾纠纷22起；组织果树栽培、家禽养殖等科技培训69场次，培训农户4357人次。认真组织实施富民项目，在28个贫困村完成荒山造林487公顷，经济林果新植补植628公顷，道路绿化26.7公里，培育苗木33公顷，有效缓解了联系村户行路难、吃水难、环境差的问题。着力加强“双联”工作督导检查，严格落实驻村联络员制度，确保了“双联”工作稳步有序深入开展。

【林业公租房建设】根据《甘肃省2014年保障性安居工程建设目标任务分解计划》通知，下达林业系统公租房建设任务5000套。截止2014年12月底，中央下达专项投资21045万元（主体工程17353万元，基础设施3692万元），建设任务全部开工，基本建成3012套；建设任务覆盖兰州市、白银市、张掖市、庆阳市、平凉市、陇南市、天水市、定西市等8个市，白龙江林管局、小陇山实验局和省林业站管理局、安南坝自然保护区管理局、盐池湾自然保护区管理局、祁连山自然保护区管理局、太子山自然保护区管理局、莲花山自然保护区管理局等9个省林业厅直属单位；惠及178个国有林场、林业工作站、苗圃、林区（保护区）管护站、点，计划2015年全部建成并陆续投入使用。

【新一轮退耕还林】2014年，国家启动新一轮退耕还林还草工程。下达甘肃省新一轮25度以上坡耕地退耕还林任务4.33万公顷。省林业厅提出了任务分解建议，经与省发改、财政、农业、国土等部门会商一致后，2014年11月下达至8个市州43个县区。同时，甘肃省还制定印发了新一轮退耕还林合同、作业设计规范，开展了退耕还林工程3S技术、谷歌卫星图片等方面的应用研究，积极推进全省新一轮退耕还林信息化管理。

【集体林权综合配套改革】截止2014年底，甘肃省林下经济种植面积34.86万公倾，其中经济林果24.18万公倾，林下种药材2.68万公倾，林下培植食用菌0.5万公倾，林下培育种苗花卉1.47万公倾；发展林下禽类养殖891.41万只，林下种草舍饲养畜84.59万头（只），林区特种养殖38.31万头（只），兴办森林人家2400多户，建成各类林下经济产品加工企业230个。2014年全省实现林下经济产值64.95亿元。有80个县（市、区）、11家银行开办林权抵押贷款业务，累计抵押林地面积19.58万公顷，发放贷款33.04亿元。全省累计流转林权面积21.97万公顷，实现流转金额4.54亿元。全省已组建林业合作社1775个。

【林业外资项目】2014年甘肃省实施的林业外资项目共12项，其中，政府间双边合作项目3个；国际金融机构（亚行）贷款项目1个；国际金融机构（全球环境基金GEF）赠款项目1个；国际组织援助（日本小渊基金）项目7个。项目总投资8973.3万美元（折合55634.5万元人民币），利用外资2009.88万美元（折合1.25亿元人民币）。其中：亚行贷款甘肃林业生态发展项目共组织营造经济林1160.66公顷，占项目经济林总造林任务17977.5公顷的7%。截止2014年底，项目已累计营造经济林18265.5公顷，占项目经济林总造林任务17977.5公顷的102%；组织营造生态林677.03公顷，占项目生态林总造林任务的18%。

（陈瑱）

水利

【概况】2014年共落实各类水利项目投资计划114.13亿元，其中中央投资76.33亿元，分别较2013年增长13.2%和7.8%，再创历史新高。解决了规划内180万和规划外26.83万农村人口的饮水安全问题，发展高效节水灌溉面积6.67万hm^2，治理水土流失面积2017km^2，新修梯田10.54万hm^2，新增农村水电装机容量15万kW。

【水政】《甘肃省河道管理条例》经省人大常委会审议通过，于2014年12月1日起施行；《甘肃省石羊河流域地下水资源管理办法》经省政府常务会议通过，于2014年3月1日起施行；《甘肃省取水许可和水资源费征收管理办法》经省政府常务会议通过，于2014年8月1日起施行。9月9日，省财政厅、发展改革委、水利厅、人民银行兰州中心支行联合制定了《甘肃省水土保持补偿费征收使用管理办法》。《甘肃省农村饮用水供水管理条例》立法调研工作启动。推广武威市水政执法网格化管理做法。开展了黄河兰州河道专项执法检查和“六打六治”打非治违专项行动，查处水事违法案件796件，化解省内外水事纠纷160件。

【水资源】2014年全省总供水量120.80亿立方米，其中地表水工程供水90.62亿立方米，占75%；地下水工程供水27.86亿立方米，占23%；其他水源供水2.32亿立方米，占2%。全省总用水量120.80亿立方米（含非常规水源2.32亿立方米），其中生产用水113.77亿立方米（第一产业用水98.73亿立方米，第二产业用水12.54亿立方米，第三产业用水2.50亿立方米），占94.2%；生活用水4.69亿立方米，占3.9%；生态环境用水2.34亿立方米，占1.9%。覆盖省、市、县三级的“三条红线”指标体系正式建立。2013年度实行最严格水资源管理制度通过国家考核，用水总量控制、用水效率控制、水功能区水质达标率及制度体系建设四项考核指标达到控制要求。完成了黄河、黑河、石羊河等主要河流年度水量调度任务。编制完成了《全省水资源保护规划》、《甘肃省地下水超采区评价报告》、《甘肃省水资源公报》和《水资源管理年报》。印发了《甘肃省实行最严格水资源管理制度考核办法》。甘肃省国家水资源监控能力建设项目加快推进。全年征收省级水资源费20044万元，下达省级水资源费18365万元。

【水利规划】配合黄委补充完善了《黑河流域综合治理规划》。补充完善了《甘肃省地表水过度开发和地下水超采区治理规划》，并上报水利部汇总。组织建立了全省水利项目库及扶贫项目库，督促加强项目前期工作。成立了甘肃省水利厅水利发展“十三五”规划编制工作领导小组，向水利部和流域机构报送了全省水利发展“十三五”规划思路报告。

【前期工作】省政府成立了省重大水利工程项目前期工作协调推进领导小组，省水利厅会同省发改委制定印发了《甘肃省重大水利项目前期工作推进方案》。

列入国家172项节水供水重大水利工程范围的引洮二期工程项目建议书已由国家发改委批复，水利部已将工程可研报告审查意见报送国家发改委。黄河干流甘肃段防洪治理工程可研报告已通过水规总院审查。引哈济党工程项目建议书即将进入国家发改委审批程序。白龙江引水工程规划报告及环境影响、对下游的影响分析、重大工程技术问题研究、水资源配置等专题报告已上报水利部。民勤红崖山水库加高扩建工程项目建议书由国家发改委批复。马莲河水库、青走道水库项目建议书正在编制。

引黄济临工程可研报告已经省发改委批复，初设报告已经审查。引大济西、甘肃中部生态移民扶贫开发供水工程规划报告已经水规总院审查。完成了引洮供水一期工程概算调整工作，省发改委已批复。完成了敦煌生态规划灌区改造及河道规束项目可行性研究报告及初步设计审批工作。配合水利部完成引洮济合工程初设审批工作。

【基本建设】重点水利工程。引洮供水一期工程7#隧洞胜利贯通，总干渠、干渠、支渠及配套工程全部完成，全线通水试运行，开始发挥效益。靖远双永供水工程已完成17座泵站、净水厂、调蓄水池、渡槽主体工程建设任务。古浪黄花滩水利骨干工程全部完工并试通水运行。盐环定扬黄续建工程供水主管线、县城支管线及蓄水工程建成运行。积石山引水、引洮入潭、引洮（博）济合、引洮一期会宁北部供水、天祝县石门河调蓄引水、南阳山片下山入川生态移民供水工程、兰州新区供水引大渠道除险加固等项目年度建设任务全面完成。

石羊河流域重点治理。年度建设任务完成，蔡旗断面过水量3.08亿立方米，青土湖形成了22km² 季节性水面，地下水位埋深小于3m的旱区湿地面积达106km²，流域生态环境稳步向好。

敦煌水资源合理利用与生态保护。年度建设任务基本完成，党河、疏勒河灌区节水改造力度加大，党河水库下泄水量增加到1.06亿立方米，月牙泉周边地下水位下降趋势减缓。

黑河流域综合治理。黑河调水年度任务全面完成，莺落峡累计来水21.9亿立方米，正义峡累计下泄水量13.02亿立方米，东居延海保持水域面积40.8km²，实现连续10年不干涸。

病险水库（水闸）除险加固。庆阳市巴家咀大型水库完成除险加固任务并通过验收，新出现险情的双塔大型水库通过水利部安全鉴定复核，正在编制初设报告。嘉峪关市大草滩、山丹县李桥2座中型水库完成建设任务，新出现险情的高台县小海子中型水库完成初设复核，正在进行初设批复。新出现险情的12座小（1）水库完成初设审批11座，开工8座。50座重点小（2）型病险水库中，已完工的46座通过财政部、水利部绩效评价；新增列的4座完工3座。56座一般小(2)型病险水库完工55座。列入全国规划的37座大中型病险水闸全部批复，开工建设33座，完工23座。

中小河流、江河主要支流和内陆河治理。列入全国2013—2015年规划的162个中小河流治理项目前期工作已全部完成，启动实施110个、完工65个，新建、加固堤防1239km、护岸216km。31个江河主要支流和内陆河治理项目稳步推进，其中新建项目21个、续建10个，计划治理河长489km，建设堤防376km，保护27.42万沿河居民和1.59万hm² 农田防洪安全。

山洪灾害防治等项目。2013年天祝县冰沟、平凉市纸坊沟、清水县东干沟、积石山县刘集河等4条重点山洪沟道治理任务完成80%，2014年建设任务前期审批工作基本完成。2013—2014年洪水风险图编制项目建设管理工作有序推进。全省抗旱规划建设项目全面启动，65处抗旱引提调水源建设项目和5座小型水库的审查、招标等工作全面展开。国家防汛抗旱指挥系统二期工程甘肃项目启动实施。

【饮水安全】省政府将解决180万农村人口的饮水安全问题列为为民兴办的23件实事之一，项目在12个市（州）、68个县（区）和省农垦公司11个农场、省林业厅203个林场实施，年内建成集中供水工程1457处、分散供水工程1.1万处，解决了规划内180万农村人口的饮水安全问题，全省农村自来水普及率达到75%。在临潭、临夏、武山、两当、山丹、通渭、东乡7县通过国开行贷款3.8亿元，解决了规划外26.83万农村人口的饮水安全问题。实施了9个“千村美丽”示范村项目，配套建设入户设施2392套。

【农村水利】创新采用项目申请、立项要件核备、设计施工总承包、电子地图四至坐标定位管理、建后移交制等“五项制度”，河西走廊国家级高效节水灌溉、中东南部地区特色农业节水项目建设规模和质量明显提升，全省新发展高效节水灌溉面积6.67万hm²。组织实施了12处灌区节水改造，12处大型泵站更新改造，59个小型农田水利重点县、5个牧区节水灌溉示范、4个规模化高效节水项目建设，恢复改善灌溉面积1.83万hm²。“五小水利”工程建设进度加快。2013—2014年冬春农田水利建设任务全面完成。

【旱情及抗旱】农作物受旱面积85.89万hm²，受灾面积56.27万hm²，90.68万人、39.76万头畜出现饮水困难。全省以人饮安全为重点，实行旱情信息动态管理，采取“四级联报”和周报制；全面检查农村饮水工程运行状况，确保工程及管网正常运行；发挥抗旱服务组织作用，积极开展拉运送水，协调部队给水团在肃南县牧区打井4眼，累计解决了49.26万人、31.32万头牲畜的临时饮水困难。以抗旱保收为重点，完成春灌38.53万hm²、夏灌98.67万hm²、秋灌63.03万hm²、冬灌86.33万hm²，全膜双垄沟播面积102.67万hm²，挽回粮食损失41.47万吨，保障了旱区群众生产生活用水。

【汛情及防汛】汛期发生11次大范围强降水过程，全省12个市州46个县区199个乡镇34.14万人受灾，农作物受灾面积4万hm²，水毁堤防17.86km、灌溉设施122处。汛前，省防指、省水利厅先后发出紧急通知31次，派出32路工作组对水库、重点河段、重点防洪城市防汛工作开展检查；督促各地落实行政首长负责制，严格备案和审批水库调度计划，完善水情报送机制。汛期对上下游水库水电站实行联合调度，突出强化预测、预报、预警、预防、预案“五预”能力，各地坚持24小时值班值守，启动县级应急响应229次，派出抗洪抢险工作组393次，发送预警短信1.6万条，疏散转移群众237.06万人，减淹耕地7.72万hm²，避免粮食损失40.60万吨，保障了群众生命财产安全。

【灾后水利恢复重建】岷县“5.10”暴洪灾害灾后重建16个堤防项目完工14个。秦州区娘娘坝镇“7.25”特大暴洪灾害灾后重建防洪工程完成主体工程建设任务。岷县漳县6.6级地震灾后重建179个项目，已完成初设批复134项，开工建设113项，完工49项。

【水土保持和梯田建设】实施了

国家水土保持重点建设工程、国家农业综合开发水土保持项目、全国坡耕地水土流失综合治理工程、中央预算内投资水土保持工程和甘肃省梯田建设项目，治理水土流失面积 2017km²，新修梯田 10.54 万 hm²（其中 47 个梯田建设重点县新修梯田 10.07 万 hm²）。

【农村水电】完成小水电代燃料项目 6 个，水电新农村电气化建设项目 14 个；41 座农村水电增效扩容改造项目加快建设，12 座老旧水电站改造任务完成；新增农村水电装机容量 15 万 kW。

【水利改革】成立了厅全面深化水利改革领导小组及办公室，制定印发了《甘肃省深化水利改革方案》。

水行政审批制度改革。现行行政审批事项已由 21 项减少为 12 项，全部进驻省政府政务大厅集中受理，在原办理时限基础上一律压缩 15%。按照权责一致和分级管理原则，调整下放了部分农村饮水安全项目、小型农田水利项目、高效节水灌溉项目、生产建设项目水土保持方案审批权限，并实行水利建设项目招标备案分级管理。

水权改革。水利部将甘肃确定为全国水权改革的 7 个试点省份之一，省委省政府重要改革举措实施规划明确提出，在疏勒河流域进行水权试点，进一步明晰水权，搭建水权交易和管理平台，开展行业和用水户间水权交易，探索完善水权及水资源管理制度建设。疏勒河流域水权试点方案通过水利部审查。酒泉、张掖、武威、白银、平凉、兰州等 6 市同步推进水权改革，编制了工作方案，正在开展初始水权核定工作。嘉峪关市及酒钢公司开展了水权交易尝试。

水价改革。国家发改委、财政部、水利部、农业部将民勤等 5 县（区）列为全国农业水价综合改革试点县，省政府成立了水价改革试点领导小组，试点方案经水利部、省政府批复实施，试点工作全面启动。省水利厅、省发改委选择疏勒河灌区开展灌溉用水超定额累进加价改革试点工作。武威市全面实施差别水价。

水利管理改革。研究提出了水管单位内部管理和经营分离，实行单独核算，推行绩效管理的意见。在武都区、白银区、凉州区开展了小型农田水利设施产权制度改革试点。基层水利服务体系建设基本完成，全省组建县级水利工程建设管理站、质量监督站、基层服务站及抗旱防汛服务队 1286 个。

水利投融资体制改革。省水务投资有限责任公司班子组建并全面运营，按照省政府要求全面负责引洮二期工程的前期工作及建设管理，开展了全省农村饮水安全项目国开行贷款、资金的归集拨付等工作。加快项目投融资进程，控股的天水城区供水工程、兰州新区石门沟 2 号、3 号水库开工建设，与兰州新区和山丹、秦安、张家川、庄浪、清水等县签订了水务一体化合作协议，探索实行政府与社会资本合作开展供水水源、供水运营、管网建设、污水处理等工程建设运营。国资国企改革工作有序推进。

【库区移民】审核了黄河干流堤防工程、小盘河水库、黑河黄藏寺水利枢纽、张掖红山湾水库等 12 个水利水电工程移民安置规划。积极稳妥落实大中型水库移民后期扶持政策，改善库区和移民安置区基础设施。贫困移民避险解困试点方案批复实施，积极引导扶持移民从事特色种植业和养殖业，拓宽增收致富途径。

【水利信息化建设】中小河流水文监测系统项目加快建设，岷县漳县地震灾后恢复重建水文设施项目开工建设。基层水文站网不断完善，水文服务领域不断拓宽。水利信息共享互用平台上线运行，抗旱防汛骨干网改造完成，水资源监控能力建设、库区移民信息管理、水利普查成果应用与展示等信息系统开发工作进一步加快。

【水利科技】开展了水利部科技推广计划和“948”计划、省科技计划项目申报工作。配合水利部完成了 3 个科研计划项目验收工作。开展了水利科研成果评审奖励工作，31 个水利科技项目获得省水利科技进步奖，4 个项目获得甘肃省科技进步奖。推广了灌区一体化智能量水及节水等 10 项水利技术项目，水利部批复在甘肃设立了 3 个水利技术推广示范基地，水利科技推广服务体系进一步完善。

【对外合作与交流】与澳大利亚开展了水资源技术交流活动，引进了全渠道控制系统技术。完成了水利行业利用外资情况的调查工作。参加了中欧水资源管理交流平台有关活动。配合世界粮食计划署（WFP）官员对景电灌区 WFP3355 项目的实地考察。完成了 2 项科技部国际科技合作计划项目。

（李国荣）

工业和信息化

【工业经济运行】2014 年，全省工信系统全面落实省委省政府关于促进工业平稳较快发展的决策部署，努力克服经济下行压力，积极推动工业稳定增长。全省全部工业实现增加值 2263.2 亿元，同比增长 8.7%；规模以上工业实现增加值 2070.0 亿元，同比增长 8.4%。轻工业实现增加值 328.1 亿元，增长 8.1%；重工业实现增加值 1741.9 亿元，增长 8.5%。规模以上工业企业产品销售率 94.3%，比上年提高 0.8 个百分点。全年原油加工量 1446.4 万吨，下降 6.9%；粗钢产量 1074.0 万吨，增长 4.8%；钢材 1108.1 万吨，增长 8.5%；水泥 4925.5 万吨，增长 11.6%；十种有色金属 347.7 万吨，增长 7.4%。规模以上工业企业实现利润总额 233.2 亿元，比上年下降 18.6%，其中国有及国有控股企业实现利润 167.2 亿元，下降 21.1%。规模以上工业亏损企业亏损额 119.5 亿元，比上年增长 42.1%，其中国有及国有控股亏损企业亏损额 93.3 亿元，增长 46.7%。

【生产要素保障】2014 年，全省生产原煤 4753.0 万吨，增长 5.1%；省外调入煤炭 3400 万吨，增长 3.03%。累计实现发电量 1241.1 亿千瓦时，增长 3.3%；全社会用电量 1095 亿千瓦时，增长 2.07%，其中工业用电量 854.38 亿千瓦时，增长 1.55%；全年实际外送电量 155.43 亿千瓦时，增长 21.56%，创历史新高。全省铁路货物发送量 6450.3 万吨，增长 0.9%，其中兰州铁路局管内甘肃货物发送量5035.5万吨，下降0.9%。全省供应成品油499.57万吨，下降1.1%，天然气22.67亿立方米，增长5.7%。

【工业固定资产投资】2014年，全省工业完成固定资产投资2665.98亿元，增长14.21%。其中，采矿业完成投资401.42亿元，下降11.23%；制造业完成投资1358.90亿元，增长22.24%；电力、热力、燃气及水的生产和供应业完成投资905.66亿元，增长17.57%。实施省列重大工业项目27个，累计完成投资764.26亿元，基本建成或部分建成4个；实施1000个高新技术改造提升传统产业重点项目，有253个项目顺利竣工，其中争取国家相关专项资金4.27亿元，支持68个产业升级、技术研发和军民结合重大项目建设；新建续建承接产业转移项目1411项，总投资5372.91亿元，当年引进资金到位额1517.32亿元，累计引进资金到位率56.3%。

【产业结构调整】省政府制定出台了《关于化解产能严重过剩矛盾的实施意见》，省工信委向工信部上报了《甘肃省关于部分产能严重过剩行业在建项目产能置换方案》，全面摸底了解产能严重过剩行业现状和项目建设情况，对违规建成或在建项目按相关要求，及时报国家发展改革委和工信部申请认可或备案。全省电解铝初级加工转化率已达到60%以上，铜加工转化率达到50%以上，新型干法水泥比重已达到97%。省政府出台了《关于进一步优化企业兼并重组市场环境的实施意见》，围绕健全完善体制机制、加大财税金融支持力度、优化要素资源配置、发挥产业政策引导作用和加强改进协调服务等5个方面，提出了21条政策措施，支持兰石集团成功兼并重组兰驼集团、航天科技集团510所成功兼并重组兰州真空设备公司，甘肃稀土集团与内蒙古包钢稀土集团签署了重组框架协议。培育区域性重大循环经济产业链，组织实施了平凉煤电化冶，庆阳煤电化冶材和石油（天然气）化工，白银煤电化冶材和军民结合化工，嘉峪关煤电冶加和金昌煤电冶化材等7条千亿级循环经济产业链实施方案，积极承接引进关键补链、延链项目，提升传统产业竞争力。支持企业提升创新能力，实施技术创新项目625个，研发新产品新技术300多个，省级以上企业技术中心突破200家，新产品产值率达到25%。会同省环保厅、省质监局、省食品药品监督局、省统计局编制下发了《甘肃省工业结构调整负面清单及能效指南（2014年版）》，引导工业结构调整、转型升级。2014年，全省非公有制企业完成工业增加值458.2亿元，增长13.7%，占全省规模以上工业增加值的22.1%。高技术产业完成工业增加值52.0亿元，增长15.6%，占全省规模以上工业增加值的2.5%。

【经济增长点】实施战略性新兴产业项目542个，建成投产311个，全年战略性新兴产业增加值增长17.2%，高于规模以上工业增速8.8个百分点。以物联网技术应用带动信息产业发展，召开全省物联网产业发展恳谈会，搭建以“物联时代”为主题的物联网体验馆，推动与中国电科集团、中国电子集团等央企合作，支持物联网技术在安防、交通和物流领域示范应用。全年实施140个重点电子信息产业项目，推动10个集成电路产业项目建设，支持天水华天电子集团投资70亿元的集成电路高端封装及产业化和新型功率器件封装研发及产业化等项目纳入到国家集成电路产业投资基金重点支持范围，全年电子信息产业实现主营业务收入103.14亿元，增长30.42%以上。加快陇药及养生保健产业发展，实施亿元以上重大陇药产业项目25个，建成投产11个；推动26个以甘肃大宗药材为原料的保健产品开发，已取得4个保健食品文号，完成4个药膳配方饮片样品；安排陇药专项资金4028万元，支持47个新产品研发，其中22个在研产品进入临床研究阶段，2个产品正在申请新药证书；支持陇西中医药循环经济产业园、渭源工业集中区和兰州新区生物医药产业园三大产业基地建设，已入驻企业94家；全年规模以上陇药工业企业实现主营业务收入96.12亿元，增长14.43%。推动汽车产业发展，省政府出台了《甘肃省加快新能源汽车推广应用实施方案》，明确了全省新能源汽车推广应用的主要目标、重点任务和保障措施；省财政厅出台了《甘肃省新能源汽车补贴资金管理办法》，对购买、使用纳入中央财政补助范围的纯电动汽车、插电式混合动力（含增程式）汽车及燃料电池汽车的法人消费者和个人消费者，给予一定额度补贴；争取工信部支持，将兰州市和平凉市列入全国第二批甲醇汽车试点市，各项试点工作有序展开。促进现代物流产业发展，开行西部货物快运列车、中亚货运班列和集装箱班列。

【中小企业发展】省政府出台了《关于进一步优化中小微型企业发展环境的意见》，围绕营造中小微型企业发展政策环境、融资环境、创业环境、创新环境提出了24条扶持措施，创造有利于大众创业、万众创新的政策环境。省政府办公厅出台了《甘肃省加强涉企收费管理减轻企业负担实施方案》，省财政厅、省发展改革委向社会公布了省级15项涉企行政事业性收费、24项政府性基金目录清单，开展治理乱收费乱罚款专项行动。支持218户小微企业通过技术改造实现“小升规”，新增工业增加值48亿元以上，拉动工业增长2.4个百分点。推进全省中小企业公共服务平台网络建设，14个市州、90个省级以上中小企业均已建成中小企业服务平台，累计服务中小微型企业17418户，中小微型企业创业孵化基地入孵企业1645户，出孵企业182户。拓宽中小微企业融资渠道，全省融资担保机构达到366家，新增融资担保额316.90亿元，其中为近1.3万户中小企业提供担保228.8亿元，占全省新增融资担保额的72.2%；支持“三农”经济担保额65.5亿元，占到20.7%；支持高新技术产业担保额8.2亿元，占到2.6%。积极引导中小企业利用新三板上市融资，已有10家企业签订上市培育协议，其中7家已成功挂牌，3家企业正在进行上市辅导。2014年，全省中小企业实现工业增加值927.98亿元，增长10.26%。

【国防科技工业】推动中核甘肃核技术产业园区重大项目取得重大突

破，项目建设“路条”已获国家国防科工局批复，前期工作已全面展开。404厂铀转化生产任务创历史最高水平，基本建成面向中亚的我国进口天然铀周转储备基地。504厂铀浓缩三期工程全面进入试运行，四期工程按计划推进。推进高分辨对地观测系统数据接收站建设，《高分辨对地观测系统甘肃数据应用中心总体建设方案》获国家国防科工局批复，绘制完成甘肃省、兰州市、兰州新区、石羊河流域等高分辨遥感影像图，开展舟曲自然灾害应急指挥等高分辩遥感技术应用服务。推进军民结合产业发展，5户军工骨干企业与相关市州在兰洽会上签约项目总投资达到18.2亿元，兰州真空设备有限责任公司、兰州电源所等6家单位列入全国重点民口配套单位名录，兰州高压阀门有限责任公司和兰州三磊电子有限公司产品顺利进入全军武器装备采购信息网。2014年，全省国防科技工业增加值增长13.64%，高于全省规模以上工业增速5.2个百分点。

【工业节能和循环经济】2014年，全省淘汰落后产能铁合金2.36万吨、电石10万吨、水泥80万吨、造纸4.4万吨、平板玻璃53万重量箱、稀土0.65万吨，提前一年完成国家下达的“十二五”工业淘汰落后产能计划。设立省级专项资金3000万元，在国家实行财政奖励的15个淘汰落后产能工业行业之外，对碳化硅、小化工、淀粉、制砖和石灰等高耗能、高污染淘汰项目进行奖励。安排1亿元专项资金，支持了146个工业节能节水和循环经济项目，加强对年耗能10万吨标煤及以上重点用能企业节能监测和预警监控，在220户企业开展了能效对标活动，争取工信部批复《嘉峪关市国家低碳工业园区试点实施方案》。新培育循环经济示范企业24户，累计建成11条循环经济产业链。抓好资源综合利用，全年综合利用工业固体废渣1870万吨，综合利用产品产值达90亿，享受减免税5.8亿元，分别比上年增长20%、15%和14%。

【信息化与工业化融合】落实工信部《信息化和工业化深度融合专项行动计划（2013—2018年）》，明确了甘肃“两化”深度融合的路线图和时间表。积极开展互联网与工业融合创新试点工作，利用“互联网+”模式促进传统工业行业在资源共享协同、规模化定制、智能绿色生产、用户体验、营销和融资等方面融合创新。落实国家智能制造3年专项行动计划，争取国家级工业云、工业大数据、工业电子商务集成创新试点。组织企业积极申报国家两化融合管理体系贯标试点、互联网与工业融合创新试点，推动甘肃银光聚银化工公司、金川集团公司、天水华天微电子公司列为了国家级“两化”管理体系贯标试点。会同甘肃电信推进全省数字企业建设，基本建成5000家数字企业。推动阿里巴巴集团与省政府签署战略合作框架协议，在云计算大数据等领域开展合作，为促进信息消费提供服务和支撑。支持中国移动（甘肃）数据中心、甘肃广电网络兰州新区数据中心、西北中小企业云计算服务平台、甘肃省云计算软件研发应用中心等一批云计算平台建设，扶持物联网感知交通公共信息服务平台、北斗卫星导航及位置服务平台等一批物联网平台发展。

【信息化】全力落实“宽带中国”战略，深入实施信息畅通工程，加大光纤宽带网络和移动通信网络建设力度，统筹提高城乡宽带网络普及水平和接入能力。2014年，全省三大运营商和省广电网络公司完成固定资产投资70.23亿元，电信业务总量完成260.17亿元、增长21.99%，通信主营业务收入完成162.52亿元、增长1.79%；全省城市4M带宽覆盖率100%、8M带宽覆盖率85%、20M带宽覆盖率50%，农村4M宽带覆盖率45%，行政村光缆通达率70%，有线电视网络实现100G传输宽带、网络覆盖用户比例达到85%；移动电话用户达到2058.66万户，固定电话用户达到341.30万户，互联网宽带用户达到213.90万户，移动互联网用户达到1668.84万户，3G移动电话用户达到835.52万户，4G移动电话用户突破百万。推动信息消费试点，先后争取兰州、嘉峪关、白银、敦煌四个城市被工信部列为国家信息消费试点城市，加快实施兰州市民卡工程、西北中小企业云计算服务中心、嘉峪关社会管理创新信息化、白银市中小企业信息化综合服务平台、敦煌市智慧旅游等一批重点项目。推动“三维商城”、淘宝“特色中国 甘肃馆”、“秀宝网”、“陇萃堂”等电子商务平台做大做强，拓展完善兰州市三维数字社会服务管理平台功能。

（陶英平）

建材工业

【基本情况】2014年甘肃省规模以上建材工业企业完成主营业务收入294亿元，同比增长4.3%，增速较上年下降29.5个百分点。完成工业增加值118亿元，同比增长10.2%，在全省主要工业行业中排名第四，高于全省平均水平2.2个百分点，工业增加值比重占全省工业的5.8%。主要产品产量继续增长，其中新型建材增长大都高于传统建材。全年实现销售收入264.92亿元，同比增长4.5%。实现利润总额16.1亿元，同比减少16.5%，其中水泥制造业实现利润12.45亿元，同比减少7%。生产水泥4926万吨，同比增长9.91%，增幅比全国平均增幅高出8.14个百分点，在全国省区直辖市中增幅排名第五，产能发挥率81%；散装水泥完成1898.33万吨，散装率35.85%；平板玻璃538万重量箱，同比下降10.29%；商品混凝土1832万立方米，同比增长18.63%；天然花岗石建筑板材1430万平方米，同比增长74.24%；水泥混凝土电杆14.64万根，同比增长37.15%；累计生产瓷质砖2309.6万平方米，同比下降7.28%；陶质砖759万平方米，同比增长7.77%；纤维增强塑料制品54.83吨，同比增长136.74%；石膏板7984.05万平方米，同比增长291.2%。全省新型墙材完成66亿标砖，占墙体材料比重64%。

投产的新型干法水泥生产线有49条，新型干法水泥熟料生产能力3800

万吨（水泥5000万吨），2014年又投产2条生产线，增加水泥熟料生产能力300万吨。目前祁连山在甘水泥熟料产能已超过1700万吨，约占全省新型干法水泥熟料产能的46%，祁连山集团总的水泥产能已达到2800万吨，在甘青藏水泥市场发挥着重要的作用。甘肃海螺、中材白银、甘肃京兰、白银寿鹿山、兰州红狮也已发展壮大，成为甘肃水泥工业的主力军。

【主要工作】一是加强经济运行监测，开展行业服务、自律、协调工作。从2011年三季度开始行业协会根据水泥企业要求，开展水泥行业市场分析及经济运行协调工作，分别在白银、兰州、临夏、定西地区重点水泥企业召集水泥市场分析及营销工作座谈会，共商解决水泥出现的供大于求、价格不断下滑的突出问题。水泥行业提出控制生产总量和错峰生产设想，缓解水泥企业库存压力和市场供大于求的突出矛盾。进一步采取做好销售工作和提高企业经济效益的措施。把行业发展的质量和效益放在首位，抑制水泥产能严重过剩。近几年将水泥市场分析及经济运行协调工作作为协会的一项重点常态工作，每月定期召开例会，发现问题及时开会研究解决，遏制了兰州水泥商砼站蓄意欠款和水泥行业经济效益不断下滑的趋势，此项工作得到企业认可取得明显效果。

2013年根据水泥企业普遍反映的周边省份水泥企业三无产品进入甘肃兰白地区、低价倾销、扰乱甘肃水泥市场的情况，协会于5月27日向省工信委专题进行了汇报并提出明确建议。引起省工信委和省政府领导的高度重视，于2014年6月中旬至10月底，在全省范围内对建筑用钢材和水泥等建材产品质量开展了一次专项执法打假行动，省公路运输管理处加大了对超限运输车辆的打击力度，取得了较好的效果。8月5日由省建材协会组织协调，与省工信委召集市级相关部门在白银召开经济运行分析会，对各单位的打假查处情况与参会单位做了沟通交流。

二是协助配合省工信委、省发改委、省质监局等政府部门开展工作。2013年协助、配合省政府部门完成了节能目标任务考核验收、申报淘汰落后产能项目审核、水泥企业差别电价认定、在建、待建水泥生产线进行现场核查、资源综合利用减免增值税的认定审核、质检化验人员培训、生产许可证换发考核、水泥企业质量管理、经济运行分析等工作。

三是深入开展行业调研工作。协会及时研讨解决行业企业的重点难点问题，做好有关重点企业的调研工作。积极向政府反映甘肃省水泥行业存在产能过剩危机的问题，提出水泥适度发展，控制总量，加大淘汰落后力度等建议。经过调研，协会向省政府提出了《关于平凉海螺公司水泥窑协同处置城市垃圾情况的调研报告》和《关于加快建材非金属矿勘查及其产业发展的调研报告》，建议在市州所在地和旅游城市利用现有水泥窑建设协同处置城市生活垃圾项目16个；提出对成矿条件较好的8个市州的非金属矿资源开展系统性调查和甘肃省加快发展非金属矿产业的建议。两个调研报告引起省政府研究室和省长的重视。

（罗松）

商务

【概况】2014年甘肃省社会消费品零售总额2410.4亿元，比上年增长12.6%。按地域分，城镇实现社会消费品零售总额1927.9亿元，其中城区实现社会消费品零售总额1427.4亿元，增长13.4%；乡村实现社会消费品零售总额482.4亿元，增长13.1%。

2014年，全省共有限额以上批发和零售贸易业、住宿和餐饮业法人企业2103个，年末从业人数144439人。其中，批发业法人企业573个，年末从业人数31000人；零售业法人企业911个，年末从业人数67015人；住宿业法人企业280个，年末从业人数23855人；餐饮业法人企业339个，年末从业人数22569人。

批发和零售贸易业企业商品购、销、存总额限额以上批发和零售贸易业企业商品购进总额3862.9亿元，商品销售总额4457.7亿元（其中批发3279.9亿元、零售1177.8亿元），年末库存总额271.0亿元。

进出口总额进出口总额86.5亿美元，比上年的102.81亿美元下降15.43%。出口总额出口总额53.31亿美元，比上年的46.79亿美元增长14.24%，占全省GDP 6835.27亿元的4.8%（汇率按6.1428计算），占全国出口额的0.23%。进口总额进口总额33.18美元，比上年的56.02亿美元下降40.33%。出口商品市场出口商品销往185个国家（地区）。进口商品市场进口商品来自79个国家（地区）。

技术进出口技术进出口总额1012万美元，比上年的1005万美元增加0.7%。签订引进技术和进口设备合同项目4个，比上年减少2个；合同金额1012万美元，比上年的1005万美元增加0.7%。

【市场秩序建设】2014年，全省各级行政执法部门共出动执法人员704060人次，检查各类市场52536个次，检查生产经营主体397747多个，受理和查处侵权假冒案件14027件，涉案金额3708.70万元，移送案件456件，捣毁制假售假窝点193个。公安机关共立各类侵权假冒犯罪案件318起，抓获犯罪嫌疑人296名，涉案金额5458余万元。检察机关批捕涉嫌侵犯知识产权案件14件28人，涉嫌生产销售伪劣商品案件38件63人；审查起诉涉嫌侵犯知识产权案件34件54人，涉嫌生产销售伪劣商品案件192件291人，深挖侵权假冒案件背后的职务犯罪线索5件5人。全省法院共受理侵权假冒刑事案件263件299人，其中，制售假冒商品案件235件265人，审结228件258人，侵犯知识产权案件38件45人，审结37件44人。全省各级行政执法机关公开行政处罚案件信息1595件。

强化综合行政执法工作，严厉打击侵权假冒违法行为。一是强化综合行政执法工作。联合省公安、工商、质监、新闻出版、食品药监和通讯管理等部门，制定下发了《甘肃省开展电视购物专项整治工作的通知》，赴甘肃省广电总台对其开展电视购物广告专项整治工作情况，以及中视广联媒介监测网通报甘肃卫视频道、经济频道、都市频道播出7条违规电视购物广告问题进行了督导。整治期间，全省共监测各类电视购物广告1986条次，其中药品、保健食品、医疗器械、化妆品等广告1282条次。涉嫌违法违规广告339条次。责令停止发布涉嫌违法的电视购物广告232条，约谈涉嫌发布违规电视购物广告的媒体单位9家。二是强化信息报送，加强宣传。在甘肃商务网创建了"甘肃打击侵权假冒工作网"子网站。向中国打击侵权假冒工作网报送信息170条，其中139条被采用。三是严厉打击侵权假冒违法行为。省打击侵权假冒领导小组行政执法成员单位2014年共立案5051件（其中：办结案件4963件、涉案金额2629万元；已送司法机关129件、涉案金额440万元）；公安机关破获案件263件，抓获犯罪嫌疑人235人，涉案金额1384万元；检察机关批捕案件36件，批捕69人，起诉案件179件，起诉253人；审判机关受理案件62件，审结案件48件，判决46人。

加强药品流通管理。一是制定下发了《甘肃省中药材流通追溯体系建设工作方案》，在建设目标、实施步骤、支持重点、项目招标、加强管理等方面提出了具体要求。二是积极参与淘宝网特色中国甘肃馆的建设。三江源、陇萃堂、巨馨农业、岷草堂、惠森、渭水源等近30家与陇药有关的实体企业入驻线上馆。积极动员省内中药材企业入驻线下馆，目前已有奇正藏药、中天药业、惠森、渭水源、旭康药业等近十余家企业入驻线下馆，对"陇药"品牌的形成和宣传起到积极的作用。

【市场体系建设】着力构建农产品流通体系。县乡农贸市场为民办实事工作基本完成。大型商品交易市场进展顺利。大宗农产品主产区标准化冷链仓储设施建设项目成效明显。

全面推进再生资源回收体系。贯彻全省循环经济现场会议精神，起草印发了《2014年甘肃省再生资源回收体系及商务领域循环经济建设工作方案》，组织省工信委、国资委、环保厅、科技厅、建设厅等部门有关同志及省内专家对甘肃省循环经济示范区再生资源回收体系建设进行调研，对困扰相关部门多年的废钢铁、废纸、废塑料等5种重点废旧商品回收利用率的问题提出有针对性的意见建议。

着力探索公益性大型农产品批发市场建设。2014年，甘肃被财政部、商务部列为全国公益性大型农产品批发市场建设试点。在对全省部分大型商品交易市场和农产品一级批发市场进行调研的基础上，多次组织召开相关座谈会，完成了《实施方案》的起草工作，并及时报送商务部财政部审核备案。组织专家开展评审论证，从8个大型商品交易市场中遴选确定2个农产品市场开展公益性市场建设试点。创新投融资机制，以政府股权投资方式保障市场公益性功能的发挥。

【商贸服务管理】认真开展餐饮业厉行节约促进转型发展。坚持经常性检查，指导和落实餐饮企业实行节约、杜绝浪费，全省餐饮业厉行勤俭节约、反对铺张浪费工作取得明显成效，餐饮领域奢华消费势头和"舌尖上的浪费"得到了有效遏制，群众文明消费、理性消费观念正在形成。会同相关市州和行业协会成功举办了中国·兰州大众美食文化节、首届中国·兰州国际拉面博览会、第二届中国·临夏—马来西亚·吉兰丹州—伊朗·库姆市清真食品与民族用品展销会暨"清河源杯"全国清真名优风味小吃大奖赛、甘肃餐饮企业百姓消费体验月活动、庆阳市地方特色风味小吃展销会、金张掖名优特色小吃展销会、兰州美食大众消费新区行、嘉峪关市消费促进季之"食惠雄关"美食节、金塔县第五届胡杨文化旅游节名优产品展销会及美食烧烤节等活动，刺激和扩大了当地餐饮住宿消费，为推进全省餐饮住宿行业健康、稳定和持续发展起到了积极作用。

积极推进养老服务产业发展。甘肃被确定为以市场化方式发展养老服务产业试点省份。通过对嘉峪关、酒泉、天水等家政服务重点市州的调研，出台了《甘肃省养老服务产业发展基金试点工作实施方案》，经甘肃省人民政府第60次常务会议研究讨论通过后，抓紧筹备实施。通过开展养老服务产业发展试点工作，各级商务部门将积极探索一批多元化发展的居家养老服务体系，努力使城市居家养老服务网络实现全覆盖，调动社会资本积极参与试点和老年人消费的积极性，推动家政服务与养老服务业发展。

认真做好成品油经营管理工作。对全省1177家成品油经营企业进行了年检，其中：中石油961家（停歇业183家）、中石化74家（停歇业5家）、社会加油站142家（停歇业5家）、批发企业69家，掌握了全省成品油经营企业基本情况和发展现状，规范了企业经营行为。加强《成品油零售批准证书》申领的前期审核工作，严格把关，办理成品油零售证书19份；办理经营单位投资主体发生变化的以及办理加油站名称和负责人变更的11家，办理加油站规划确认25家。

【对外经济合作】对外投资。2014年度全省在境外设立及追加投资的境外企业26家，中方协议投资额19913万美元；全年对外实际直接投资22568万美元，比上年的15527万美元增长45%，位列全国第二十七位。投资领域涉及有色金属矿采选业、石油和天然气开采、房地产、加工制造、批发零售、文化体育和专业技术服务等行业。投资的主要国别（地区）是：南非、中国香港、美国、加拿大、秘鲁、澳大利亚、加纳、法国、伊朗、安哥拉、吉尔吉斯斯坦、哈萨克斯坦、德国、老挝、印度尼西亚、沙特、意大利、埃塞俄比亚、缅甸，其中，埃塞俄比亚、安哥拉、缅甸、伊朗为新增投资国家（地区）。投资方式以新设和收购兼并为主。截止2014年底全省对外投资存量为315952万美元。

2014年对外承包工程新签合同额29040万美元，比上年的51950万美元下降44%；完成营业额33939万美元，比上年的30915万美元增长10%。

接受经济援助。2014年，共执行多双边无偿援助项目11项，完成执行额62.3万美元。主要项目有：联合国儿童基金会援助的有条件现金转移支付项目，新西兰援助的安定区新集乡农贸市场建设项目和广河县庄禾集镇蓝水河农贸市场建设项目，伊斯兰国际救援组织援助的定西市安定区小额信贷项目、平凉市崆峒区小额信贷项目、永靖县新寺乡水窖建设项目、永靖县杨塔乡水窖建设项目、永靖西山和平凉西阳供水项目、安定香泉乡雨水集流项目、开斋节食品发放项目和宰牲节肉食发放项目。

【招商引资】2014年全省招商引资项目完成情况。省外投资情况：共执行新建、续建省外（包括境外与国内省外）招商引资项目4644个，到位资金5835.31亿元，比上年增长1329.35亿元，增长率30%。其中，国内省外项目4579个，到位资金5713.14亿元，比上年增长1289.38亿元，增长率29.15%；境外及外资企业再投资项目65个，到位资金122.17亿元，比上年增长39.97亿元，增长率48.63%。新建项目2588个，到位资金2515.12亿元；续建项目2056个，到位资金3320.19亿元。省内地区间投资情况：全年共执行新建、续建省内区外项目776个（比上年增加73个），到位资金622.11亿元（比上年增加144.93亿元，同比增长30.37%）。其中，新建项目472个，到位资金354亿元；续建项目304个，到位资金268.11亿元。

第二十届中国·兰州投资贸易洽谈会于2014年7月6日至19日在甘肃国际会展中心成功举办，分“投资贸易洽谈期”和“商品贸易展销期”两期进行。（其中7月6日~8日为投资贸易洽谈期，7月15日~19日为商品贸易展销期。）本届兰洽商会，共有30个国外代表团，13个驻华机构代表团，国内13个部委代表团、27个省区市和副省级城市代表团、5个港澳台代表团、5个专项活动代表团参会参展，参会境内外企业超过1000多家，参会宾客2.5万多人，展会影响力和国际化水平明显提升。展会活动内容注重实效，围绕共建丝绸之路经济带，突出向西开放和与中西亚国家的务实合作，紧抓国内产业加速转移等有利机遇，结合全省资源优势，开展了宽领域、多层次的经贸洽谈与交流合作。其间，共组织投资贸易洽谈、论坛研讨、文化旅游推介等活动40多场，成功举办了千名陇商回家乡《对话甘肃》主题活动，“聚焦陇原·共谋发展”—浙商陇上行专题活动，甘肃承接产业转移系列对接活动，“民企陇上行”活动，中国—中亚合作对话会务实合作论坛，“侨资企业西部行”活动，“百名台商陇上行”活动，以及中国（甘肃）循环经济国际博览会等会议论坛和形式多样的投资贸易促进活动。还举办了中国兰州大众美食文化展销会，第二届中国（兰州）国际鼓文化艺术周暨中国兰州国际民间艺术周等丰富多彩的文化交流活动。这一系列活动充分体现了兰洽会的国际性和开放性。特别是结合丝绸之路经济带甘肃段建设，创新设置了丝绸之路国际展区，加大与丝绸之路沿线国家经贸交流合作，中亚五国、伊朗等沿线21个国家120户企业参会参展，与甘肃签订了超过10亿美元的贸易和投资合作项目，实现了向西开放“零”的突破，进一步提升了兰洽会国际化水平。本届兰洽会共签约合同项目1299个，签约总额6511.53亿元，比上届兰洽会增加382.44亿元；总成交商品贸易21.05亿元，其中签约贸易额18.02亿元，现场销售3.03亿元，进馆观众累计46万人次。

（于清）

烟草专卖

【综述】2014年，全省烟草专卖商业系统销售卷烟89.94万箱，同比增长3.09%；实现税利37.9亿元，同比增长12.5%。

【专卖管理】卷烟打假。充分发挥“政府领导、烟草牵头、部门配合、联合办案”机制的作用，印发《甘肃省联合打击走私烟草专卖品违法犯罪活动工作制度》，烟草部门与公安、海关联合办案的工作机制进一步巩固；制定《甘肃省烟草专卖商业系统打假打私大要案件和专项行动奖励办法》，相关各方参与卷烟打假的积极性进一步提升。主动协调当地公检法部门和毗邻市县烟草部门，共同开展市场监管和案件查破工作，区域性协作进一步加强；积极搭建卷烟打假情报信息平台，注重信息线索的收集、分析、运用，信息化手段在打假破网中的作用日益明显。加强与交通、邮政、网监等部门的合作，物流运输环节和互联网贩销假烟的监控力度不断加大。全年共查获假烟案件201起，涉案假冒走私卷烟114.48万支，破获较大规模网络案件9起，移送司法机关逮捕12人，拘留15人，判刑29人。其中，武威市局和嘉峪关市局联合侦办的“6·20”网络案件，与重庆“2·16”特大网络售假贩私卷烟案案情关联，涉案人员交织，为确保办成大案要案，“6·20”专案组积极发挥跨区域协作机制，与重庆市公安、烟草达成联合办案协议，这是甘肃省侦办的首起利用互联网贩销假烟网络案件。

卷烟市场监管。全面推行“APCD”市场检查方法，优化监管资源配置，提高市场检查效率，促进市场管理从一般性检查向重点问题监管转变、从市场上发现问题向带着线索处理问题转变、从查处案件本身向延伸案件经营转变。坚持“守土有责、守土尽责”，扎实开展卷烟市场清理整顿，先后组织开展“陇剑2号”和“陇剑3号”专项行动，有效遏制了扰乱卷烟市场秩序的突出问题。以打击非法流通为重点，开展全省系统“冬季会战”专项行动，市场秩序保持了规范有序，全年卷烟市场净化率要达到97.6%以上。坚持许可证准入监管与后续监管并重的原则，开展2014年全省烟草专卖许可证管理工作专项检查，重点解决“人证不符”、“证照不符”、证件转让及无证经营等问题。

依法行政。扎实开展“三创三征”法治烟草建设主题活动，普遍建立法治烟草建设专版专栏，广泛征集涉法涉诉典型案例，积极参加“3·15”、“12·4”宣传活动，营造了良好的法律宣传氛围。强化行政制度体系建设，新建修订《制度管理规定》、《规范性文件管理办法》、《管理规范审查细则（试行）》等485件制度办法，“程序严密、制约有效”的制度建设机制初步建立。制定《甘肃省烟草专卖商业系统法律风险防控体系建设指导意见》，法律风险防控体系建设工作稳步推进。

内部监管。扎实开展卷烟非法流通治理，严格规范“两烟”生产经营秩序，先后下发《督办函》、《协查通知》11份，制定《甘肃省烟草专卖商业系统卷烟经营问题及认定标准》，印发《关于进一步加强卷烟零售客户举报投诉工作的通知》，组织开展规范经营专项检查2次，对辖区内工商企业卷烟打扫码执行情况开展专项检查6次，有效防范了内部人员违规行为，维护了零售客户的合法权益。加强烟叶合同签订、烟苗发放移栽和烟叶收购工作的实地监督核实，有效防范了超计划、无合同种植和收购烟叶问题的发生。

【卷烟经营】卷烟销售工作。始终坚持“总量控制、稍紧平衡”方针，深入分析经济发展中出现的新情况、新变化和新趋势，突出市场运行调控，积极组织适销货源，科学把握投放节奏，确保了供求平衡、节奏均衡、库存合理、价格坚挺。组织编写《零售终端市场信息分析应用手册》，收集整理应用案例，构建了全省市场信息分析应用框架，营销人员市场信息分析应用能力持续提升。加强卷烟投放分区、分类、分品牌调控，强化重点卷烟规格价格监测，优化全省1%零售样本点监测网络运行管理，全省市场条价指数保持99.8以上，盒价指数保持100。坚持稍紧平衡，关注尊重各结构卷烟需求，确保市场状态良好。着眼满足市场与引导消费的有机统一，尊重市场实际，加大适销货源组织力度，提高供需吻合度，客户订单需求满足率83.30%，同比提高7.93个百分点；加强市场消费引导，积极为结构提升创造条件。

重点品牌培育。完善精准营销手段和策略，加强工商协同营销，开展精准营销、网上营销、文化营销、事件营销和喜庆营销，营销形式和内容不断丰富。加强品牌发展态势分析研究，制定《关于进一步加强卷烟品牌培育相关工作的意见》，不断加大市场选择品牌力度，全省卷烟品牌结构和布局持续优化。形成《品牌引入退出管理办法》，规范品类管理、品牌引入、品牌评价及退出等工作，对市场基础好、发展潜力大的重点品牌，倾斜营销资源，重点加以培育；对市场认同度低、采取营销措施仍然动销慢的滞销品牌，调整退出市场。围绕事前宣传、事中评估、事后总结三个方面加强营销活动过程管理，营销活动实效性不断增强。

营销网络建设。把零售终端作为培育品牌的重要平台，按照“软硬兼备、遍布城乡、示范引领”的建设思路，坚持数量与质量并重、硬件与软件并重、建设与维护并重的原则，扎实推进现代终端建设向乡镇客户、中小客户、食杂店客户延伸，终端建设和运行水平全面提升。全省建成现代零售终端1.86万户，比重达到17.1%。制定《全省现代终端资源管理办法》，积极搭建全省统一、规范有序、公平竞争的品牌培育平台，现代终端资源得到有效开发利用。全面吸收近年来行业发展的最新成果，深入优化“135”工作法，通过问题倒逼机制，积极优化工作程序和作业流程，不断丰富工作法的内涵和外延，形成了“135”工作法应用规范，营销人员工作法应用水平不断提升。

客户服务。坚持以“按需服务”为核心，大力实施标准化服务，重点解决货源供应、营销指导、库存管理、信息沟通及客户抱怨化解等问题；大力实施个性化服务，重点帮助现代终端增强品牌培育、信息采集、消费跟踪的能力；大力实施亲情式服务，从硬件设施改造、营销技能培训、亲情关怀服务等方面重点帮扶困难零售客户；大力实施增值性服务，重点推广网上自主支付、贷记卡办理等金融增值服务。积极开发运用客户经理现场移动营销系统，服务客户的时间和质量得到有效保证。2014年，零售客户户均毛利2.39万元，同比增长7.8%；客户满意度88分，列行业第4位。

物流建设。全面推行物流非法人实体化运作，按照“明晰职能、授权经营、目标考核、精益管理”的总体思路，构建统一的组织管理体系、高效的业务流程体系、健全的现代物流标准体系、精确的物流费用管控体系和卓越的绩效考核体系。加快精益物流建设，全面推广“1445”精益物流工作法，逐步实现了精到服务、精化流程、精确核算、精准运营和精细管理，单箱物流费列烟草行业第5位。全面推行纸质卷烟包装箱循环利用工作，返还省内工业包装箱43.2万箱，占总量的86%，完成国家局下达计划的2.2倍。同时，在行业率先开展跨省包装箱循环利用工作，返还陕西中烟包装箱1.5万箱。加快推进物流项目建设，兰白临区域物流配送中心单体完工。

【烟叶产销】认真落实“严控面积、坚守红线”要求，全年种植烟叶3.33万亩，签订烟叶收购合同1838份，户均种烟面积18.12亩，同比增长1.22亩。全年收购烟叶0.37万吨（7.32万担），上中等烟叶比例78%，收购均价18.75元/千克，收购等级合格率81%。扎实开展推进现代烟草农业建设，2014年，全省工商注册的烟农合作社由11个整合至9个，入社农户增加至715户，同比增加260户。发展50～200亩家庭农场19个，同比增加3个，种植面积0.3万亩、增加0.12万亩，收购量1.11万担，占收购总量的11.4%；20～50亩种植专业户400个，种植面积1.03万亩，占总面积的31%。全省建成育苗工场5个，供苗能力1.58万亩，占全省供苗总量的47.4%，同比增加0.57万亩；建成5座以上密集烤房群87处、798座，占烤房总量的38%。扎实开展特色优质烟叶研究开发，立足烟区生态特点，明确烟区主要虫害的田间消长规律和主要病害的发生规律，建立了烟叶病虫害精准综合立体防控技术。成功实现烟蚜茧蜂人工筛选和繁殖的本地化，效果明显，成本大幅度降低，社会、生态和经济效益显著。狠抓烟叶质量安全性评价与控制研究，以成熟度为中心抓好关键栽培技术研究，开展烟叶成熟采收、密集烘烤关键技术研究和开发，特色烟叶生产技术体系建设得到扎实推进。扎实开展精益烟叶生产，努力实现技术精良化、作业精准化、管理精细化，制定《2014年度烟叶生产精益管理工作实施方案》和《2014年特色优质烟叶精益生产技术方案》，开发示范面积3000亩。建立烟田肥力、气象等资料档案，搭建生产技术、气候变化、病虫害情报发布信息平台，加强育苗工场、密集烤房智能化控制，制定以烟为主的耕作制度，举办育苗、移栽、大田管理、烘烤等各类培训班80余场次，累计培训3000多人次，烟叶生产质量和水平进一步提升。

【企业管理】深入推进精益管理，积极导入精益理念，以快速响应市场、消除各种浪费、提升效率和效益为主要目标，以精益营销、精益物流、精益烟叶和精益专卖为重点，逐步将精益管理的理念和方法延伸到各个领域，采取试点先行、整体推进的方式，确定6家试点单位，分别抓好精益营销、精益物流、精益烟叶和精益专卖试点工作，为全面推广精益管理积累了经验，精益管理工作受到了国家局的通报表扬。深入推进综合管理体系建设，运用标准作业、可视化管理、防差错等精益工具，重新审视和优化管理流程，综合体系适宜性、充分性和有效性不断增强，执行率达到95.33%。深入推进对标管理，围绕提升效益和效率，从岗位、流程、环节等方面加强精益控制，14项卷烟对标指标中有9项指标同比提升，提升率达到64.29%，五项重点费用同比下降20%。深入推进创新管理，健全完善创新机制，规范创新流程，加大创新投入，全年全省系统共计开展创新项目210项，其中省局立项23项。9个创新项目获得省局科技进步奖。西北烟草质检站通过了中国合格评定国家认可委员会的认可。深入推进财务管理，坚持以增收和节支为重点，完善预算定额标准，增强预算管理刚性，盘活存量资金，优化存款结构，超额完成国家局下达的任务，拉动税利增长2.9个百分点。深入推进基层创优活动，7家单位通过了优秀市级局（公司）创建达标验收。深入推进安全管理，严格落实安全生产责任制，进一步强化红线意识、底线意识、担当意识和戒惧意识，完善管理制度，加强安全教育，落实安全责任，14家市州公司全部通过了安全生产标准化二级达标评审。

【信息化建设】加快实施"十二五"信息化一期项目建设，启动统一技术平台升级改造，升级改造基层站点网络系统，为基层站点开展业务提供了更加优质的网络运行平台；更新扩容计算与存储资源，实现硬件资源的统一管理、灵活配置、快速部署和动态调整，降低了硬件采购数量、运营成本及管理风险；建设改造卷烟营销执行系统、零售终端营销管理系统、专卖内管信息系统、统一移动应用平台等业务系统，为重点业务开展提供了有力支撑。健全信息安全防护体系，完成信息系统安全等保整改项目主体工程，开展全省系统信息安全检查和应急演练，加强日常维护，确保了信息系统稳定高效运转。在坚持"大集中、一体化"技术路线的同时，建立健全基层单位自主开发机制，利用信息技术着力强化工程项目监督管控，保障工程建设合法合规。

【党建工作】坚持以十八届三中全会精神武装头脑、指导实践、推动工作。把学习全会精神与实践"三大课题"、提升"五个形象"结合起来，积极推进管理体制、运行机制和人事用工制度改革，全面提升行业深化改革的形象；转变发展方式，促进提质增效，全面提升行业科学发展的形象；认真履行控烟规划，全面提升行业控烟履约的形象；坚持把规范作为发展的"生命线"，全面提升行业规范管理的形象；继续强化班子和队伍建设，全面提升行业干部队伍的形象。把学习全会精神与深入开展群众路线教育实践活动、解决"四风"问题结合起来，始终坚持"照镜子、正衣冠、洗洗澡、治治病"的总要求，紧紧围绕为民务实清廉的主题，聚焦"四风"，深入开展批评和自我批评，广大党员干部宗旨观念明显增强，作风明显改进，联系服务群众、推进改革发展能力明显提升。把学习全会精神与加强领导班子建设、提高队伍素质结合起来。严格干部管理教育，严格干部选拔任用，严格干部监督管理，加大干部交流力度，加大巡视工作力度，加大审计监督力度，加大廉政风险防控力度，干部职工队伍素质明显提升。

【社会公益】积极参与"双联"行动、对口帮扶、灾后重建等工作，为"双联"村和帮扶点办实事289项，较好地履行了社会责任，被中共甘肃省委双联行动协调推进领导小组授予"民心奖"。

（毕耜栋）

海关

【基本情况】2014年兰州海关监管货运量152.2万吨，货值19.6亿美元，税收入库14.5亿元，加工贸易备案22.5亿美元。查验率6.4%、查获率19.6%，转关核销率100%，报关单结关率100%。监管航班998架次，增长44.8%；人员10.8万人次，增长13%；征收行邮税16.8万元，查获反宣品83份，出入境航班和旅客人数均创新高。备案加工贸易手册73份；备案金额22.5亿美元，同比增长58.1%；核销结案手册116本，手册到期核销率100%。关区在册企业1803家，新注册企业432家。

【通关改革】深入推进通关无纸化、分类通关、区域通关改革。一是推进通关无纸化改革，与106家企业签约开展无纸化申报，无纸化报关单占报关单总量的73%。二是深化分类通关改革，除"属地申报、口岸验放"报关单外，实现关区分类通关业务全覆盖，分类通关报关单占关区总量的96.8%，通关效率进一步提升。三是深化区域通关改革，39家企业享受便利，区域通关货运量、货值分别占关区总量的71.6%和63.2%。四是优化监管查验机制，统一查验指标考核口径，调整"双查率"指标，规范查验作业流程，监管查验效能得到提升。

认真做好简政放权工作。落实海关总署关于简政放权、转变职能部署，清理规范行政审批事项，取消4项行政审批事项，下放3项非行政审批事项，简化3项内部审批权限，制订涵盖关税、加工贸易等9个领域62项行政职权权力清单。

全面推进关检合作“三个一”工作。主动加强与检验检疫部门协调沟通，上线运行“一次申报”系统，协商确定11家企业，对符合条件的报关单实行“三个一”模式试点。

做好上海自贸区监管创新制度推广复制。开展14项创新制度政策宣讲，确定“仓储企业联网监管”、“智能化卡口验放”、“集中汇总纳税”及“简化无纸通关随附单证”等4项监管创新制度复制推广，在武威保税物流中心应用“智能化卡口验放”监管方式。

【打击走私】一是积极开展“绿风”专项行动，立案侦办走私犯罪案件1起，查扣檀香紫檀木约7吨，案值400万元。全年行政案件立案4起，案值总计4751.73万元，涉税529.6万元；调查终结3起，罚没款入库263万元，补缴税款22万元。二是深化反走私综合治理，健全缉私工作联系配合机制，印发甘肃省打私办成员单位联系配合办法，以及打击农产品走私联合行动方案，加强各成员单位联系配合，提升打私整体效能。

【服务地方发展】

（一）推进海关特殊监管区域和场所建设。加强向海关总署的汇报沟通，多方协调地方相关单位，加快海关特殊监管区域和场所的审批和规划建设。兰州新区综合保税区7月15日获批；武威保税物流中心10月13日封关运行，兰州国储石油保税仓库6月18日挂牌运营。

（二）促进口岸开放和建设。促进提高兰州机场航空口岸国际客货运能力，国际航线增开至11条；推进敦煌机场航空口岸正式对外开放和马鬃山陆路边境口岸复通关；参与嘉峪关机场航空口岸开放调研论证，支持兰州、嘉峪关、武威国际港务区规划建设；与兰州市政府协商推进国际快件监管库建设，促进地方跨境电子商务发展；协调商务厅、检验检疫局等部门，向甘肃省政府提出推进电子口岸建设的意见建议。

（三）开展政策调研和宣传。一是开展“送政策、解难题、提建议、促发展”兰州海关服务行活动，关领导带队赴酒泉、金昌、武威、定西等市州以及20多家主要进出口企业调研，宣传政策措施，听取意见建议，研究解决问题。二是举办全省企业政策培训班，多次派员赴地方和企业开展海关业务培训，介绍海关政策法规，方便企业享受优惠措施。

（四）落实促进外贸稳增长措施。一是落实总署促进外贸稳增长具体举措，制定兰州海关支持外贸稳定增长30项、促进进口6项、推动跨境电子商务发展7项措施并抓好落实，鼓励企业充分利用政策红利，促进外贸稳定增长。二是加强与口岸海关联系配合，畅通货物转关渠道，简化海关监管手续，提供通关便利。确保2列中欧“天马号”班列顺利转关出境。

（五）海关机构筹建工作稳步推进。积极与地方政府和相关部门沟通协调，推进海关机构筹建。驻中川机场办事处5月份开关运行，金昌海关办公楼基建工程基本完成，天水办事处筹建工作正在积极推进。就设立驻兰州新区综合保税区和武威保税物流中心海关监管机构等工作，配合地方有关部门开展调研论证。

【基础建设】一是开展“精细化管理年”活动，细化分解工作任务，制定目标责任书和任务分解表，开展制度体系的“立改废留”工作，细化业务流程，明晰工作职责，修订完善各类制度和规程17项，16项具体任务如期完成。二是组织2013年度和2014年中行政执法大检查，及时通报检查情况，督促相关部门对照问题剖析整改；开展自由裁量权底数摸底调研，规范行政执法。三是加强工作计划安排、日常督办督查，开展跟踪检查和通报反馈，坚持重点工作一事一督办、大项工作跟进督办、滞后工作“警示催办”，提高工作执行效率。四是围绕提升海关治理能力专题开展调查研究，7篇论文获评中国海关学会、天津分会优秀论文。

【廉政建设】落实廉政建设两个责任，内控机制建设进一步完善。（一）落实廉政建设两个责任。一是印发惩治和预防腐败体系2013—2017年实施计划，制订下发两个责任实施措施，修订党风廉政建设责任制实施细则，2次考核通报主体责任落实情况，抓好责任传导。二是督促落实“一岗双责”，分解党风廉政建设和反腐败重点工作任务78项；召开党风廉政工作会议18次，开展专题学习、讲座、警示教育、专项整治活动11次。三是认真开展“一案双查”，对1项业务执法不规范问题进行责任追究，对1名涉案违纪人员予以纪律处分，并召开警示教育大会，强化全员廉政思想防线。

（二）健全内控管理机制。一是加强内控机制建设，实施风险等级管理，设立内网“内控机制建设”专栏，明确关区57个高风险节点，443个中低风险节点。二是开展内控前置审核，对科技应用等6个事项进行前置审核，提出审核意见26条。三是加大HL2008系统应用力度，建立通报和跟踪问效机制，全年处置异常数据411条，系统应用补税2.7万元

（三）积极开展督察审计。一是开展执行中央八项规定、厉行节约各项措施落实情况，以及“三公经费”、会议费和培训费、罚没财物管理等专项督察，对办公用房出租出借、发票管理情况进行执法监察。二是制定本级财务审计监督4项制度，加强对基建工程的审计监督，发现问题及时纠正，全年核减节约经费170余万元。三是畅通网络、举报箱等举报、投诉案件线索渠道，规范线索收集和处置程序。

（四）推进政风行风建设。一是聚焦“四风”问题，开展窗口单位工作态度作风专项整治、政风行风问卷调查，行风政风进一步改进。二是加强对各级干部的监督，146名党员干部做出自查承诺，登记公示49名处以上领导干部配偶子女从业情况。三是开展“六个严禁、六个一律”专题教育整治活动，组织全体人员签订承诺书，自查问题23个，逐一落实整改。

（洪天晖）

旅游

【总体情况】2014年，全省共接待国内外游客12660.2万人次，实现旅游综合收入780.2亿元，分别较上年增长25.62%和25.8%。A级旅游景区215家，其中5A级3家，4A级67家；旅行社514家，其中经营出境业务旅行社31家，赴台旅游组团社3家；导游人员10584人。

【重大旅游决策】2014年12月1日，甘肃省委、省政府出台《关于促进旅游业改革发展的意见》。《意见》提出，甘肃省将全力推动旅游业深化改革创新，实现甘肃省由旅游资源大省向旅游产业强省转型升级，把甘肃建成丝绸之路黄金旅游带和国内外知名的旅游目的地。全省将重点实施创新景区管理体制、建立多元投融资机制、推进旅游综合改革、推进区域旅游一体化、推进政府职能转变和简政放权、培育壮大市场主体等6项改革举措，启动旅游发展环境优化工程、大景区建设工程、旅游发展空间拓展工程、旅游名城名镇名村名街建设工程、旅游扶贫工程、旅游品牌提升工程6大工程，以实现全省旅游业转型升级。

【国内旅游】2014年，全省共接待国内游客12655.3万人次，实现国内旅游收入779.57亿元，分别比上年增长25.7%和25.96%。

全省落实旅游整合宣传资金约4000万元，重点在中央电视台、《读者》杂志、《中国旅游报》、甘肃卫视、《甘肃日报》等核心媒体投放形象宣传；新开拓上海、西安、广州等地的高铁宣传和机舱电视等媒体平台；发挥携程、乐视等网络平台的传播效应，扩大网络宣传营销的覆盖面；利用“敦煌号”旅游品牌列车开行，组织各市州旅游部门开展列车车体和车厢宣传，组织旅行社团队为新开旅游列车输送客源；成功举办第四届敦煌行·丝绸之路国际旅游节；策划推出欢乐冰雪游、文化观光游、多彩民俗游、温泉养生游、兰新高铁丝绸之路游等冬春季旅游产品；通过《读者》杂志发行500万张“敦煌卡”，策划发放3万本《丝绸之路自驾车旅游护照》，刺激旅游市场，拉动旅游消费；借助西北五省旅游协作区、黄河推广联盟、长城推广联盟等平台和兰洽会、文博会等节会，努力将丝绸之路、黄河文化、长城文化等旅游产品向省外、境外推介，参加国际旅游交易会、西洽会、广东旅博会、乌洽会、新疆冬博会等节会，在长三角、珠三角、环渤海以及重庆、四川、陕西等重点客源市场城市开展宣传促销。

【乡村旅游】研究制定《甘肃省乡村旅游发展规划》，着力打造民俗风情、丝路风貌、古村落再现等6大乡村旅游产品体系，推出农耕文化体验游、历史文化名村（镇）体验游等6个精品旅游线路，初步形成景区辐射型、通道景观型、城郊休闲型、农业观光型、养生保健型等五种乡村旅游扶贫模式。截至2014年底，全省建成旅游专业村447个，农家乐9115户，带动就业人员9.45万人，乡村旅游消费收入46.5亿元，创建全国休闲农业示范县4个，休闲农业示范点9个，全省464个贫困村列入国家实施乡村旅游富民工程重点村。

【入境旅游】2014年，全省接待入境过夜游客48750人次，比上年下降50.1%；实现外汇收入1017.14万美元，比上年下降50.1%。

2014年，参加国家旅游局组织的“2014年美丽中国之旅主题宣传推广活动”、阿拉木图国际旅游展、欧洲、美加宣传推广活动、澳新“美丽中国、古老长城”旅游带联合推广活动和第九届海峡两岸台北旅展；自主组团赴韩国参加哈拿多乐专业旅游展会，在韩国首尔、釜山举办甘肃旅游产品推介会；6月在facebook启动十个甘肃旅游栏目；在甘肃旅游政务网首次开设甘肃旅游网外文网页；继续投入在香港地铁、大公报、台湾公交车、东森新闻台、韩国首尔地铁站等媒介的广告宣传；组织德国、塞浦路斯、哈萨克斯坦、吉尔吉斯斯坦、白俄罗斯5个国家参加丝绸之路旅游产品展销会；积极参加“第十七届海峡两岸旅行业联谊会”、敦煌“聚焦丝绸之路经济带，甘肃对外经贸合作发展研讨会”、新疆中国国际“丝绸之路”国际旅游发展会议、西安丝绸之路国际旅游博览会、厦门海峡两岸旅游博览会、中美省州旅游战略合作会议。

【旅游市场监督管理】2014年，全省开展检查行动1222次，出动检查人次6167次，联合公安、工商等部门检查510次，参与单位162家，共检查企业数1630个。2014年，全省各级旅游质监执法机构共接到旅游投诉375件，比上年增加24件，受理277件，结案277件，结案率100%，赔偿金额72128元。

2014年，从服务企业、方便群众的需要出发，进一步简化旅行社、导游证、领队证审批，以及星级饭店评定程序；改进执法工作方法，提高工作效率和质量，推进和加强执法机构建设和队伍建设，健全和完善工作制度，加大旅游市场秩序检查和执法检查力度，全力维护良好的旅游市场秩序；根据出境旅游市场出现的游客滞留、出境名单表不规范、领队人员不尽责等问题，召开全省出境旅游业务培训会议，规范出境旅游行为；在全省旅行社中全面启用根据《旅游法》修订的新版旅游合同示范文本。

【旅行社管理】深入推进旅行社质量等级评定工作，通过加强等级标准宣传，强化品牌，标准化管理教育，调动旅行社申请评定质量等级的积极性，兰州市2014年完成12家旅行社质量等级评定工作，敦煌市已完成旅行社质量等级标准的制定，试点开展等级评定工作的条件已基本成熟。2014年审批设立旅行社19家，经国家旅游局批准经营出境游组团社9家，注销旅行社13家，截至2014年底，全省共有旅行社514家，其中出境游组团社31家，赴台游组团社3家。

【导游员管理】全省导游人员普遍接受岗前培训和年审培训，各级旅游监管、质监执法机构坚持在景区开展导游执业行为检查，通过对导游人员管理制度的落实，全省导游人员业务素质明显提高，游客满意度较高。截至2014年底，全省共有导游人员10584人，其中特级导游1人，高级导游64人，初级导游10123人，全年新办理导游IC卡843人，年审导游IC卡5587人。

【旅游饭店管理】2014年，省市星评委进一步加大对星级饭店复核检查力度，对服务不达标的13家星级饭店提出整改要求，对经营管理不善的2家星级饭店取消星级标志，保障星级饭店服务品质。截至2014年底，全省共有星级饭店366家，其中五星级4家，四星级57家，三星级185家，二星级109家，一星级11家。绿色旅游饭店65家，其中金叶级3家，银叶级62家。

【旅游商品管理】举办丝绸之路旅游产品展览会暨第四届中国玉文化展销会，11个境外国家和地区、国内14个省区市、全省州14个市州共260个单位和企业参展，展会交易额突破3亿元，成为全省规模最大、市场化运作最为成功的一届展会；2014年甘肃旅游商品大赛共收到152件参赛作品，9个系列的参赛作品分获金银铜奖，4个系列的作品获得创新设计奖；第六届中国国际旅游商品博览会上，庆阳岐黄文化传播有限责任公司研发的《丝绸之路》佣娃系列作品荣获银奖，白银林兰铜艺文化发展有限责任公司研发的铜镇尺作品荣获铜奖，酒泉夜光杯厂生产的甘肃酒泉牌夜光杯荣获博览会“最佳必购商品奖”。

【旅游安全与应急管理】研究起草《甘肃省旅游安全管理办法》、《甘肃省旅游突发公共事件应急预案》、《甘肃省旅游行业消防安全管理办法》、《甘肃省旅游行业消防安全应急预案》、《甘肃省旅游行业防震减灾应急预案》等安全管理制度，积极推动旅游安全管理长效机制建设；研究修订《旅游安全监管承诺书》、《旅行社旅游安全目标责任书》；省、市（州）、县（市区）三级旅游主管部门完成承诺书的签订，市（州）和县（市区）旅游主管部门完成和全省511家旅行社目标责任书的签订，进一步提高旅游安全监管责任和主体责任意识，明确旅游安全管理责任；根据天候变化和境外旅游市场情况，及时发布汛期旅游安全、出境旅游安全等安全提示，提示广大旅游者根据有关情况注意旅游安全防范；全省511家旅行社完成责任保险投保工作，水上、高空、高速、探险等高风险旅游项目责任保险投保工作已普遍启动；全面开展“旅游公共安全保障工程”、“安全生产三项行动”、“六打六治”打非治违专项行动、“水上安全检查”、“汛期安全检查”、“消防隐患检查”等专项安全检查行动。

【旅游便民惠民服务】2014年2月，甘肃省旅游局整合全省12301旅游服务热线，在全省范围内统一咨询投诉电话号码、加大12301宣传推广力度、实现12301一站式旅游服务，充分发挥12306集政策咨询、服务指南、举报投诉、收集意见建议为一体的综合平台服务，为游客提供全方位全天候服务。

【旅游投资】全省共开工建设项目665个，总投资2295.83亿元，实际完成投资331.93亿元，比上年增长29.97%。2014年全省大景区在建旅游项目146个，总投资844.1亿元，实际完成投资77.1亿元；其中，新开工大景区项目61个，总投资135.3亿元，实际完成投资23.6亿元。全年累计争取国家各类项目资金11542万元，比上年增长38.33%。

【旅游景区建设】下发《关于调整4A级旅游景区质量等级评定管理工作权限的通知》，组织市（州）开展A级旅游景区年度自查检查与复核工作，全年创建国家4A级旅游景区工作取得突破性进展。对市（州）推荐的25家创建4A、3A级景区的景区，严格按照评审程序进行评审，共有21家景区分别达到国家4A、3A级景区。全年晋升和新增A级景区32家，全省A级总数达到215家。

【旅游行业精神文明建设】全省旅游企事业单位普遍开展“游客为本，服务至诚”核心价值观学习教育活动，向国家旅游局推荐了19名“最美导游”候选人，其中4人入围全国“百名最美导游”候选名单。10月29日，在甘肃省委召开的培育和践行社会主义核心价值观推进会上，嘉峪关市、平凉崆峒山景区、甘肃丝绸之路国际旅行社、甘肃公航旅服务公司、甘肃阳光大厦和甘肃行家旅行社导游王劲超等荣获践行社会主义核心价值观先进单位和个人。

（张萌）

滨河食品工业（集团）有限责任公司

【基本情况】甘肃滨河食品工业（集团）有限责任公司成立于1984年，现为中国白酒工业100强，甘肃省重点工业企业60强。滨河集团核心产业是白酒和葡萄酒，年生产能力分别达到2万吨和1万吨，产品主要有九粮液、九粮春、滨河粮液、陇派系列白酒、九味国香芝麻香型系列白酒、九粮天脉系列白酒、九粮国风酱香白酒、国风系列干红葡萄酒。集团在具有显著地域优势的甘肃张掖、四川蒲江、贵州茅台镇均建有优质原酒酿造基地，是目前国内唯一能够生产浓、酱、清三种香型白酒的企业，其生产工艺技术达到全国白酒行业领先水平。其中由滨河集团独创的“九粮九轮发酵工艺”，得到中国白酒专家组的集体鉴定和高度评价，若干关键工艺获得国家专利，成就陇酒唯一香型——九粮香型。

【辉煌滨河】滨河牌系列产品畅销全国20多个省市，多次荣获“甘肃名牌产品”、“陇货精品”、“消费者信赖的中国十大白酒质量品牌”等荣誉称号，其中九粮液、九粮国风系列白酒、国风系列葡萄酒于2006年成功入驻北京钓鱼台国宾馆，成为国家宴饮品牌之一。1995年，前身甘肃滨河酒厂被国内贸易部评为“中华老字号”荣誉称号；1999年，集团被中国食品工业协会评为“中国食品工业优秀企业”；2003年和2005年，集团被甘肃省人民政府分别评为“全省2003年度优秀企业”、“甘肃省优秀非公有制企业”；2004年，集团被中国食品工业协会授予“2002~2003年度中国食品工业质量效益先进企业奖”；2006年，集团被中华全国总工会授予“全国五一劳动奖奖状”；2007年，滨河集团被中国人民共和国人事部、中国轻工业联合会、中华全国手工业合作总社评为“全国轻工业先进集体”、“全国轻工业先进集体荣誉称号”；2008年滨河牌商标被认定为中国驰名商标，并第四次蝉联甘肃省著名商标。

【至诚致胜】创业伊始，滨河集团就一直把“诚”作为创业的精神圭臬。诚心做酒，诚信经营，坚持“人至诚、酒至醇、业至远”的经营理念。滨河集团秉承中国文化中“诚信立业”的理念，在追求效益的同时，坚持更为深远的文化诉求，让集团的发展获得更为持久的内驱力。良性的业态结构是公司发展的基础。多年来，滨河集团一直把打造合理的业态结构作为发展的内在推动力。集团拥有全资、控股和参股企业20个，其中酿酒生产基地3个，饮料、塑料瓶盖、豆制品、包装纸箱等生产厂各一个，酿酒葡萄基地、酿酒高粱基地、云杉育苗基地各一个，商贸公司8个，企业技术中心1个，形成了“贸、工、农、科”协调并进的发展模式。同时，滨河集团也十分注重回馈社会。多年来，集团捐献的扶弱济困、捐资办学、抗灾救灾和社会公益事业捐款等累积达500万元以上。

【创新驱动】通过常年摸索，不断改进，滨河集团已成为国内目前唯一能够生产浓、酱、清等不同香型酒的企业，有大批从事酿酒生产、科研的技术员工和管理人员，生产工艺达到全国白酒行业领先水平。其中，“九轮发酵工艺”某些关键技术已经获得国家专利。拥有自主技术能力，使滨河集团在发展过程中获得了巨大的主动性。

标准是科技成果转化为生产力的桥梁和催化剂。没有标准就无法完成生产的规模化，也无法完成科技成果向生产力的转化。在2003年由国内著名白酒大师沈怡方、曾祖训等专家组成的鉴定委员会通过的具有多项国内首创的“九粮九轮”酿造工艺科研成果的基础上，滨河集团于2008年顺利完成了香型技术参数标准的定型和配套设施建设，同年7月报质量技术监督部门审定，经白酒专家组和质量技术监督部门的实地考察，认定按该标准生产的产品其酒体内涵和口感具有鲜明独特的风格，各项理论指标和综合指标均符合国家标准，准予备案，企业标准号为Q/BHJT010–2009。该标准于2008年8月1日备案，2009年1月1日实施。经过两年的后续观测和市场验证，表明该香型工艺技术理论的设计和推论是严谨而缜密的，香型风格是稳定而上乘的，不仅赢得了市场的考验，而且越来越受到广大消费者的青睐追捧。

【抢占先机】在国家宏观政策和行业自身问题的影响下，高端白酒市场持续低迷，行业进入新一轮的调整期，是回归理性、回归消费者、回归大众消费方向的调整，是地方大众酒品牌强势崛起的机遇。在这样的大环境下，适应大众口味的九酿滨河诞生了。九酿滨河是滨河企业针对陇酒市场开发的大众酒战略新品，不仅拥有和高端滨河九粮液系列一样的品质，更重要的是拥有和大众酒一样的价格。谁抓住了价格机会，谁就把握了新环境下的财富脉搏。而且，随着生活水平的提高，健康如今成为人们最关注的问题，消费者出于对健康的考虑，对刺激性小、口感纯净的中低度白酒需求增大，更注重产品的品质和饮用体验。九酿滨河遵循独有的“粮—艺—香”法则精心酿造而成，实现绵柔九倍的极致享受。选九粮原料、经九粮工艺、成九粮香型，三大环节，环环相扣；境、选、配、曲、艺、窖、师、调、标，九大因素，缺一不可。“粮—艺—香”法则成就了九粮香型白酒的与众不同，造就了九酿滨河无法复制的九倍绵柔。

兰州兰石集团有限公司

【综述】兰州兰石集团有限公司在致力于科学发展，努力提升经济效益的同时，始终以强烈的社会责任感和使命感主动承担社会责任，以回报社会为己任，积极参加社会公益活动，支持慈善事业，企业品牌形象得到了全方位提升，赢得了社会广泛认可，彰显了“共和国长子”的奉献精神，为推进和谐社会建设进程做出了积极的贡献。

【“出城入园”】为全面贯彻落实省委区域发展战略、市委市政府“1355”发展总体思路和“再造兰州”战略，发挥组织实施城乡工业布局调整，加快产业调整和土地资源的有效整合，发挥兰州“率先、带动、辐射、示范”的中心作用，实现兰州经济跨越式发展。兰石集团积极响应省委省政府、市委市政府号召，紧紧抓住兰州西客站建设和七里河老工业基地调整改造的历史性机遇，快速高效推进出城入园搬迁改造。兰石集团实施老工业区搬迁改造有利于兰州新区的开发建设和甘肃装备制造业振兴发展；有利于产业聚集、新型城镇化和区域协调发展；有利于国家重点建设项目兰州西客站的建设和功能发挥；有利于兰州市城市功能的优化完善，特别是交通拥堵和环境污染问题的解决；有利于兰石集团拓展发展空间、增加改造投入、调整产业结构、实现创新跨越发展；有利于扩大就业、改善居住条件、保障和改善民生。

【缴税纳税】兰石集团作为甘肃省省属企业，近年来，不断克服世界经济复苏缓慢、国内经济下行压力加大、行业增速下滑等不利因素，出色完成出城入园艰巨任务，实现营业收入从40亿向60亿的跨越，增速位居全省工业企业第一，被誉为全省国企改革发展、转型升级的标杆，连续多年被评为甘肃省纳税百强企业。2001—2015年6月，兰石集团累计上缴税款16.44亿元，为甘肃省地方经济发展做出了巨大贡献。

【救灾捐赠】履行社会责任是企业的现实使命，每一次重大灾难，兰石集团都挺身而出。2008年以来，兰石集团共向社会累计捐款1056.10万元。先后派员参加了四川汶川大地震、青海玉树地区地震、甘肃舟曲地区特大泥石流灾害、岷县漳县发生6.6级地震的抢险救灾活动。其中在甘肃舟曲地区特大泥石流灾害中，兰石预备役抢险救灾应急分队队长陆立贵被省委、省政府、省军区授予“舟曲抢险救灾模范”称号。在兰州百合公园黄河堤坝抢险救援中被七里河区委、区政府授予“抗洪抢险英雄本色”称号，并授予锦旗。

【帮扶藏区】2010年，在甘肃省委省政府关于开展对口帮扶支持藏区工作的号召下，兰石集团认真贯彻会议精神，落实对口帮扶支持甘南州合作市，详细制定具体帮扶计划并逐项加以实施，取得了良好的效果。整体托管合作市热力公司，彻底解决了1万多户家庭、4万余居民的采暖问题。极参与合作市第二热力公司的建设和设备制造安装。2011年11月，兰石集团捐资5万元为合作市第二中心小学和索嘎多玛中心小学购买了电脑和字典等学习用具，进行实物助学。

【联村联户】自2012年省委开展“联村联户、为民富民”行动以来，兰石集团确定的“双联”对象共有7个行政村，2015年3月省委又增加了第三铺乡城墙湾村（232户、852人）新增10户特困帮扶户。三年来，兰石集团发挥自身优势，结合帮扶村实际，认真宣传党的方针政策、国家的法律法规，深入了解了当地村民意见和诉求，帮助和解决了一些实际问题；开展帮扶项目，切实促进发展，提高了收入水平；化解矛盾，帮助提高了村干部管理能力；加强党的基层建设，发挥农村党员模范作用，创新发展思路，培养带动了一批致富典型，“双联”工作取得了明显效果。集团先后投入360余万元大力开展基础设施建设，为村民提供便利。发挥兰石产业优势，大力开展特色帮扶。依托集团所属的职业技术学院对联系村117名贫困户“两后生”进行技能培训，目前已有18名学生实现定向就业。先期帮扶的7个“双联”村，由2011年底人均纯收入2650元，到2014年人均纯收入达到4450元，贫困人口由2011年底的69%下降到2014年的6.6%。

【和谐企业构建】从2006年开始，兰石每年举行“爱心一日捐”活动，截止2013年“爱心一日捐”共捐款471.74万元。用于资助公益事业，彰显兰石集团的企业风范。集团坚持以人为本，关爱员工，惠及民生的宗旨全力实施惠民工程，最大限度解决职工关注的热点、焦点、难点问题，先后共资助困难职工29批，累计帮扶1928人次，帮扶金额186.2万元，有效的解决了职工的困难，促进了企业的和谐发展。

（韩晓铭）

金川集团股份有限公司

【综述】2014年，面对前所未有的复杂严峻形势，金川公司在省委省政府的正确领导下，采取“增、达、压、限、抓”综合举措，协调推进稳增长、调结构、促发展、惠民生工作，实现稳中有进。公司位列中国企业500强第89位，中国制造业500强第31位，有色金属行业第4位，获中华宝钢环境奖。

【生产组织】立足市场需求变化，精心安排和组织生产经营。实现营业收2004亿元，比上年增长8.42%；完成工业总产值778亿元，增长13.2%；实现利税总额40.1亿元，增长67.1%，其中税金33.8亿元、增长102.1%，利润6.3亿元，下降39.1%；生产有色金属及加工材124万吨，增长9.6%；生产化工产品303万吨，增长35.8%。

【资源战略】金川地质找矿规划全面启动，Ⅱ矿区1#矿体西延800米以下、F17以东1050米以下地质找矿进展顺利。龙首矿中西采区24行采场周边盲矿体探矿有成果。肃北南泉金银多金属矿地质找矿有突破。矿山地测工作有改进。矿权管理实现在线运行。古巴、印尼红土镍矿项目前期论证抓紧进行。在拟收购必和必拓西部镍业工作中积累了经验、锻炼了队伍。龙首矿、二矿区通过国家绿色矿山验收。

【项目建设】通过抓早抓好项目前期工作和明确责任主体，重点项目建设加快，完成投资47.6亿元。二矿区深部开采工程启动。离子膜烧碱二期、30万吨PVC、铜镍矿伴生铂族金属和铜阳极泥稀贵金属高效综合回收利用等项目正常实施。广西矿产铜冶炼项目建成投产。西藏雄村铜矿、南非思威铂矿、梅特瑞斯金森达铜矿、墨西哥巴霍拉齐铜矿项目抓紧推进。争取到国家各类项目建设资金2.3亿元。

【营销贸易】及时调整营销贸易策略，推进营销贸易单元改革，管理有所加强。积极争取电钴国家收储和镍精矿加工贸易政策。全面实施金属物料管理。适时开发满足客户需求的不同品级、不同规格的电解镍、电积镍产品。实现了由单一销售产品向集成营销产品、技术、服务、文化的转变。

【资本运营】省政府批准设立国有独资金川控股，甘肃稀土股权划转，新的集团架构初步建立。境内外合作领域不断拓宽，与神雾集团合作开发利用冶炼炉渣，荷兰托克入股广西金川公司增资协议正式签署。股改上市有序推进。对外股权投资1亿元。招商引资到位资金10亿元。

【科技创新】紧贴生产工艺的32项采选冶生产技术改造与工艺流程优化重点项目有效实施，部分项目取得阶段性成果和结论，推动了工艺改进和指标提升。镍电解活性硫化镍除铜等21项科研项目进展顺利。装备技术提升、节能减排和新产品研发积极开展。工程技术人员作用充分发挥。获得专利授权269项。

【结构调整】编制完善了循环经济、有色金属新材料和配套科研项目规划。镍增产增盈挖潜改造项目同比增加镍产量6000吨。30万吨铜材深加工和氢氧化镍钴镍盐生产线建成投用。电池材料、合金产品产销两旺。镍铜冶炼炉系统余热发电项目并网发电。二、三厂区天然气利用项目主体工程完工。

【深化改革】制定全面深化改革总体方案。重组设立了政工部、群工部、组织人事部和军工部。信息与自动化业务实行整合。部分管理职能优化调整，内设机构和班组设置精简归并。离退休人员实行集中管理。中小学总校移交金昌市。

【企业管理】先算后干、效率效益优先理念深入人心，市场意识进一步增强。具有金川特色、符合现代企业制度要求的集团管控和落实运行机制全面确立，狠抓工作落实的氛围浓厚。精细化管理取得阶段性成果。审计风控力度加大，监督检查成效明显。安全文化建设、设备设施管理、质量管理和全面预算管理等工作有效开展。产品可比总成本降低6.5亿元。万元产值能耗同比下降3.5%。固废处置率、二氧化硫利用率、废水处理率，分别达到100%、96.2%和100%。

【社会责任】全力支持地方经济社会发展，在城市基础设施和新农村建设等方面做出了积极努力，地企合作更加紧密。充分发挥人才、技术、设备、信息优势，带动周边企业共同发展。加强对贫困地区农民工培训，促进农村富余劳动力转移。双联行动深入推进，实施帮扶项目28项，投资972万元。环保投入15.3亿元，厂区、市区环境质量进一步改善。

建设 测绘

住房和城乡建设

【住房保障】保障性安居工程建设。2014年，省政府与国家保障性安居工程协调小组签订住房保障工作目标责任书：全省新开工建设保障性住房和棚户区改造住房18.89万套、基本建成保障性住房和棚户区改造住房11.9万套，被列为省委省政府2014年度为民办实事项目。完成情况：全省开工建设保障性住房和实施棚户区改造18.89万套，开工率为100.1%；基本建成保障性住房和棚户区改造安置住房13.49万套，基本建成率为113.33%，全面完成保障性住房建设和棚户区改造任务。落实中央和省级补助资金79.1183亿元。认真贯彻落实省政府关于抢抓国家开发银行金融贷款支持棚户区改造的政策机遇，做好棚户区改造贷款项目审核工作。截至年底，全省棚户区改造国家开发银行贷款合同签订额度108.58亿元。

保障性安居工程监督管理。为进一步维护住房保障目标管理责任书的权威性和严肃性，建立横向到边、纵向到底的住房保障责任制，着重从三个方面强化责任落实。一是落实住房保障目标管理责任书考核机制。8月7日至17日，分别由省发改委、财政厅、建设厅、国土厅、民政厅和省政府督查室组成6个考核组，对全省14个市州、57个县市区的2014年新建项目和基本建成项目进行了检查考核。共检查新建项目231个，占下达项目计划任务549个的43%；检查基本建成项目145个，占下达项目计划任务338个的43%。二是落实保障性安居工程月调度和半月报告机制。各市州政府每半月向省保障性安居工程建设领导小组办公室及相关部门上报一次建设进度，并对报告数据的真实性、完整性负责。三是落实保障性安居工程建设巡查机制。先后对14个市州、86个县市区保障性住房建设和棚户区改造进展情况进行了专项督查。同时，根据住房城乡建设部的工作部署，建立了保障性安居工程建设长效巡查机制。住房城乡建设部巡查组历时9个月、先后8次开展专项巡查工作，逐一对各地申报确定的年度保障性住房建设和棚户区改造项目进行巡查暗访。

住房保障工作规划研究。为稳步推进公共租赁住房和廉租住房并轨运行，会同省发改委、财政厅联合下发了《关于加快推进公共租赁住房和廉租住房并轨运行的通知》。为贯彻落实《住房和城乡建设部关于做好2014年住房保障工作的通知》精神，加快探索保障性住房共有产权管理的模式，决定在白银、武威、平凉等市建立共有产权住房试点，制定了《保障性住房共有产权实施方案》。为争取国家开发银行对棚户区改造的贷款支持，建立了省级棚改贷款统借统还平台，成立了省扶贫开发和棚户区改造有限公司，全力做好棚户区改造融资贷款工作。省住房和城乡建设厅组建了棚户区改造联审领导小组，成立了棚户区改造项目联审工作小组，建立完善了棚户区改造联审工作制度和工作流程，加强对棚户区改造贷款项目的组织领导和统筹协调；参考外省棚户区改造工作先进经验，向省政府报送了《关于规范棚户区改造贷款省级融资平台的报告》，对改组省级融资平台、明确责任义务、做好融资保障等问题提出了合理化建议。

住房公积金管理。2014年，全省新增缴存人数7.2万人，缴存职工人数达到180.67万人；新增缴存额174亿元，缴存总额1013.88亿元，缴存余额达到637.44亿元，同比增长15.9%；新增住房公积金个人贷款109亿元，个人贷款总额490.48亿元，个人贷款余额达到281.52亿元，同比增长31.5%；个贷发放率为44.16%，同比提高5.35%；个人贷款逾期额为989.51万元，个贷逾期率0.35‰，低于国家控制线1.5‰以下；实现增值收益9.01亿元，增值收益率为1.41%。

市场监管。为开展非法集资风险排查，转发了《甘肃省打击和处置非法集资工作领导小组关于开展非法集资风险排查活动的函》，对涉及建设行业的非法集资情况进行了全面排查；根据处置非法集资部际联席会议要求，下发了《关于进一步做好非法集资风险防范和化解工作的通知》。为做好商品住房使用重大质量安全事故应急处置工作，编制下发了《甘肃省建设厅商品住房重大安全质量事故应急预案》。全面贯彻落实住房城乡建设部《房屋登记办法》和《房屋登记簿管理试行办法》，完成了机构改革后各市州、县房屋产权发证机构的变更核定工作。按照住房城乡建设部《关于作好房屋登记审核人员培训考核工作（试行）的通知》，完成了2014年全省房屋登记官培训考核工作，共有311名房屋登记审核人员参加了培训和考试。

国有土地上房屋征收与补偿。在广泛开展宣传学习《国有土地上房屋征收与补偿条例》和《甘肃省实施〈国有土地上房屋征收与补偿条例〉若干规定》的同时，指导各地加快成立房屋征收部门和房屋征收实施单位，明确征收主体责任。为全面调查了解国务院《国有土地上房屋征收与补偿条例》和《甘肃省实施〈国有土地上房屋征收与补偿条例〉若干规定》的贯彻执行情况，推进房屋征收工作依法有序开展，根据住房城乡建设部要求，在全省范围开展了国有土地上房屋征收工作调研活动。为做好国有土地征收现场突发事件处置工作，编制印发了《甘肃省住房和城乡建设厅国有土地上房屋征收群体性事件应急预案》。

物业管理。截至2014年底，全省物业服务企业1720家、物业管理从业人员65027人、服务项目7186个、管理面积17660.99万平方米。其中，住宅项目5524个，管理面积13493.89万平方米（5万平方米以上的住宅小区1203个，管理面积6640.51万平方米）；办公楼项目1156个，管理面积2835.25万平方米；商品营业用房项目301个，管理面积700.48万平方米；工业仓储用房项目39个，管理面积230.69万平方米；其它项目158个，管理面积404.67万平方米。

【城市规划】规划编制。甘肃省城镇体系规划编制：根据住房城乡建设部审查意见，组织对规划纲要进行了修改、补充和完善，并于12月公示。城市总体规划修编：兰州市第四版城市总体规划于8月底经住房城乡建设部复核后呈报国务院待批。张掖市总体规划于4月21日经省人民政府批复实施、敦煌市总体规划已报省政府待批。平凉市、白银市城市总体规划纲要通过省城乡规划建设委员会的审查。定西市、天水市、玉门市启动了总体规划修编工作。省域城镇风貌体系规划：组织编制完成了省域城镇风貌体系规划。名城名镇名村规划：敦煌历史文化名城保护规划通过省城乡规划建设委员会正式审查。为加快建立名城名镇名村“保护更新示范区”，对全省名城名镇名村传承创新提供示范，优选了12个历史文化名镇，作为下阶段工作的重点扶持对象并拨付专项资金。组织对青城镇历史文化名镇保护规划进行了审查。协助省电力公司取得“酒泉—湖南±800千伏特高压直流输电工程穿越长江三峡风景名胜区、陕西汉中朱鹮国家级自然保护实验区”湖北、陕西、重庆、湖南四省市的建设项目选址意见书。邀请同济大学建筑设计研究院、甘肃省建筑设计研究院分别开展兰州新区职教园区规划编制工作。

新型城镇化试点工作。国家发改委等11部门联合下发了《关于开展国家新型城镇化综合试点工作的通知》，金昌市被初步确定为国家新型城镇化综合试点市。按照新型城镇化工作的总体要求，为推进规划体制改革，委托规划设计单位开展了“多规合一”调研和有关技术标准的制订，并率先在敦煌、高台、静宁、康县、永昌县、玉门市、华亭县等7个试点县市推开“多规合一”编制。同时，敦煌市、玉门市被确定为国家“多规合一”试点城市。为进一步加强对“多规合一”试点工作的指导，组织完成了《甘肃省新型城镇化试点“多规合一”课题研究和规划标准体系编制（征求意见稿）》和《甘肃省镇域城乡统筹总体规划暨“多规合一”技术导则（草案）》。按照中央城镇化工作会议及省委、省政府推进全省城镇化工作总体要求和先行试点的安排部署，对全省重点镇的规划建设及推进城镇化工作进行了专题调研。

【建筑业】建筑市场服务与管理。为进一步规范、调整房屋建筑和市政公用工程建筑业企业资质审批工作，印发了《关于进一步规范和调整建筑业行业管理事项的通知》（甘建建〔2014〕20号）；再次梳理公开建筑业企业资质办理流程，将办理时限压缩至14个工作日；调整资质审批受理方式，凡属省住房和城乡建设厅直接审批的二级总承包、专业承包及部分一级专业承包建筑业企业资质的申请材料，从2014年1月1日起，一律实行政务大厅集中受理、统一上网向社会公示和公布；企业所有的资质变更事项，均采取网上申报、网上受理、按时办理。督促指导市州改革三级建筑业企业资质审批监管工作，提高行政审批效率。2014年，共初审16家企业报住房城乡建设部申请一级资质，已通过审批企业6家；省住房和城乡建设厅审批资质172家，其中总承包升级企业55家、专业承包企业升级25家、新办商砼企业49家；市州新审批企业资质314家，其中三级总承包企业158家、三级专业承包资质119家、劳务资质37家；市州审核并报请省住房和城乡建设厅批准二级总承包资质70项、专业承包116项；市州审批三级企业总承包资质156项、专业承包资质104项；办理资质变更企业179家477项。

工程招标投标管理。2014年，由省建设工程招标投标管理办公室监管进入省公共资源交易平台的招标工程共264标段次，工程中标总价120.51亿元。其中依法公开招标工程234标段次，工程总造价107.3亿元；依法邀请招标工程30标段次，工程总造价13.21亿元。

工程安全质量监督。2014年，全省共监督工程9595项（同比下降7.4%，其中省列重大项目32项）、建筑面积10685.86万平方米（同比增长11.7%）、市政基础设施工程总长度432.99万延米（同比增长25.8%）、工程造价2752.65亿元（同比增长16.4%），监督覆盖率99.3%。竣工项目2493项，一次性竣工验收合格率99.6%。2014年度甘肃省建设工程“飞天奖”评选出飞天奖54项、飞天金奖5项。

工程造价监管。完成了《甘肃省党政机关办公用房维修改造工程消耗量定额》《甘肃省建筑工程概算定额》、《甘肃省安装工程概算定额》及相配套的地区基价编制工作。完成了住房城乡建设部交办的《房屋建筑与装饰工程消耗量标准》木结构工程和保温、隔热、防腐工程两章初稿修订和水平测算工作。开展了《甘肃省农村建筑工程预算定额》省内外调研并提出编制方案，启动编制工作。完成了2014年甘肃省工程造价咨询企业执业诚信评价活动有关工作。参加评价的咨询企业116家，评出18家优秀、54家良好、40家合格、4家不合格。完成53家造价咨询企业新申办资质和资质延续的核查、评审，其中上报住房城乡建设部晋升甲级咨询企业3家；完成外省造价咨询企业进甘备案10家。组织专家审核并上报了甘肃省10家咨询企业参加中国造价协会优秀企业评选的材料，其中甘肃省有4家企业被评为中国造价协会先进企业。完成了甘肃省建筑业企业规费标准核定，颁发《甘肃省建设工程费用标准证书》五批1278家、颁发外省入甘建筑业企业参加投标的《甘肃省建设工程费用标准证书（临时）》789家、核定外省入甘建筑业企业承揽工程项目规费标准并颁发相应《甘肃省建设工程费用标准证书（外省入甘）》125项。完成了《甘肃省建设工程招标控制价备查管理办法》规定工程项目的招标控制价备查31项。

【城市建设】基础设施建设。2014年，全省完成市政公用设施建设固定资产投资376.04亿元，其中16个设市城市完成274.34亿元、65个县城完成101.70亿元。配合省发改委、财政厅争取中央预算内城市污水及垃圾处理资金共9.9611亿元，其中污水处理项目37项，安排预算内投资4.2075亿元；垃圾处理项目18项，安排预算内投资1.3825亿元；污水管网以奖代补资金4.3711亿元。截至年底，全省16个设市城市用水普及率达到94%，较2013年增长2%；燃气普及率达到80.22%，较2013年增长3.22%；污水处理率达到81.25%，较2013年增长5.87%；生活垃圾无害化处理率达到47%，较2013年增长5.32%；建成区绿地率达到28.12%，较2013年增长1.74%；人均公园绿地面积达到11.76平方米，较2013年增长2.24平方米；人均城市道路面积达到14.02平方米，较2013年增长1.46平方米。全省65个县城用水普及率达到89.09%，较2013年增长2.06%；燃气普及率达到48.80%，较2013年增长3.34%；污水处理率达到41.17%，较2013年增长19.32%；生活垃圾无害化处理率达到57%，较2013年增长5%；建成区绿地率达到11.87%，较2013年增长1.2%；人均公园绿地面积达到6.94平方米，较2013年增长1.16平方米；人均城市道路面积达到12.31平方米，较2013年增长0.51平方米。全省设市城市（县城）共建设污水处理厂92座，其中已建成运行的污水处理厂55个（污水处理能力154.75万吨/日），已建成试运行的污水处理厂31个(污水处理能力22.1万吨/日)，在建污水处理厂6座（分别为定西市新区、兰州市新区、宕昌县、文县、镇原县、酒泉市第二污水处理厂），全省城市污水处理率达到81.25%、县城污水处理率达到41.17%；全省共建设城市（县城）生活垃圾无害化处理厂86座，其中已建成运行的生活垃圾无害化处理设施共78座（设计处理能力为8550吨/日），在建8座（设计处理能力为2726吨/日）。运营与在建的污水处理厂和垃圾处理厂已全部覆盖16个设市城市和65个县城。全省共有国家园林城市2个、国家园林县城4个、国家城市湿地公园2个、甘肃园林城市10个、甘肃园林县城16个、甘肃园林城区1个；国家级风景名胜区（麦积山、崆峒山、鸣沙山—月牙泉）3处、省级风景名胜区21处。

下发《甘肃省住房和城乡建设厅关于开展2014年度供水水质督查工作的通知》，对全省供水设施的水质进行了全面督察。根据住房城乡建设部要求，制定了《甘肃省城镇供水规范化管理考核办法（试行）》，对全省城镇供水设施运行状况和相关制度落实情况进行考核。全面开展涉及住房城乡建设系统的油气输送管线等安全专项排查整治。进入供暖期后，对兰州市、临夏州冬天供暖工作进行了专项督查。

【村镇建设】村镇规划编制。2014年计划新编行政村村庄建设规划2400个，实际完成1760个，完成率73.5%。结合全省新型城镇化试点工作以及省委、省政府改善农村人居环境的行动计划和美丽乡村建设活动，展开了全省村庄建设规划和县域村庄布局规划的编制。截至2014年底，已完成县域村庄布局规划编制的县共计38个。按照住房城乡建设部《关于做好2014年村庄规划、镇规划和县域村镇体系规划试点工作的通知》要求，酒泉市肃州区总寨镇按期完成了全国镇规划编制的试点。指导列入中国传统村落第一批名录的传统村落完成了规划大纲及纲要的编制，组织编制列入中国传统村落第二批名录的传统村落保护发展规划。开展了宜居小镇、宜居村庄示范创建工作，共推荐宜居小镇2个、宜居村庄7个。

村镇建设管理。按照住房城乡建设部《关于做好2014年全国特色景观旅游名镇名村示范工作的通知》，推荐了10个镇（村）申报第三批全国特色景观旅游名镇（村）。在国家已公布甘肃省13个中国传统村落的基础上，组织遴选上报了基本符合条件的自然村、行政村110个，非物质文化遗产76个。开展了全省传统民居及建造技术的初步调查工作，成立了省级传统民居专家委员会，利用省内建筑设计研究机构和高校的专业技术人才资源优势，对全省传统民居及建造技术进行初步调查，甘肃省传统民居谱系编制工作已经展开。组织开展了全国重点镇增补调整工作，对申报全国重点镇的资料进行了补充完善，甘肃省全国重点镇从42个增加到142个。

农村危房改造。2014年，省政府确定实施20万户农村危房改造任务。截至年底，全省危房改造实际开工21.72万户，实际竣工20.36万户，其中争取2014年中央危房改造计划14万户（含建筑节能示范户1.8万户），占全国总量266万户的5.26%；共下达农村危房改造资金165562.2万元，其中中央资金122200万元，省级补助资金46662.2万元。

【建筑节能与科技】绿色建筑与建筑节能。全省新建建筑施工阶段执行建筑节能强制性标准比例达到98%。完成2014年既有居住建筑供热计量及节能改造任务375万平方米，拨付国家奖励资金12474万元、省级补助资金4500万元。根据《住房城乡建设部办公厅关于开展2014年度建筑节能与绿色建筑行动实施情况专项检查的通知》(建办科函〔2014〕627号)，组织全省开展了2014年度建筑节能和绿色建筑行动专项检查。调整甘肃省建设工程与建筑节能新技术、新产品备案工作，取消了供热计量装置的备案，并根据住房城乡建设部《关于印发〈民用建筑供热计量管理办法〉的通知》（建城〔2008〕106号）精神，要求供热企业、建设行政主管部门填补取消供热计量装置等产品备案后的空白。组织开展“节能宣传周”建设领域的节能宣传活动。编印下发《绿色建筑与建筑节能常识》宣传册、《绿色建筑与建筑节能小知识》宣传彩页。

建设科技。新组建成立了甘肃省建设科技专家委员会并印发了《甘肃省建设科技专家委员会工作规程》（甘建科[2014]160号）。会同省财政厅印发了《甘肃省住房和城乡建设厅 甘肃省财政厅关于组织申报2014年建设科技和建筑节能项目的通知》（甘建科[2014]111号），首次通过网络组织项目申报。完成2014年度甘肃省科技进步奖的推荐工作，2个项目获得省科技进步二等奖，3个项目获得省科技进步三等奖。

【勘察设计】为落实勘察设计质量专项治理工作要求，组织全省勘察设计单位和施工图审查机构对质量及管理情况进行了自查，对全省施工图审查机构质量管理情况进行了检查，抽查了部分项目的审查质量情况。完成了全省340家勘察设计单位的资质集中检查工作和统计年报的收集、审核和报送工作。对19家勘察设计企业跨省注册人员在岗执业情况提出了整改要求。完成了特大型重点建设项目的初步设计审批工作。贯彻落实省政府办公厅关于进一步加强全省建设工程抗震设防工作的通知要求，开展了既有重要公共建筑和市政基础设施的抗震性能普查；修订印发《甘肃省住房和城乡建设系统地震应急预案》，按预案要求组建了甘肃省首届震后房屋建筑应急评估专家队、市政公用设施应急评估专家队、环境卫生处理专家组、建筑垃圾处理专家组、灾后恢复重建规划专家组；组织震后房屋建筑应急评估专家队骨干成员参加了业务培训。

【工程建设标准管理】确定了《城市生活垃圾填埋场施工技术规程》、《城市主干道人行通道浅埋暗挖施工技术规程》、《建筑同层排水系统施工验收规程》、《绿色建材评价标准》、《广播电视网络设施建设标准》、《绿色办公建筑评价标准》等21项标准和《家庭无障碍标准设计》、《抗渗混凝土结构后浇带超前止水构造》、《机械缠绕整体型玻璃钢化粪池、污水池》等9项标准设计的编制计划。对《湿陷性黄土地区抗疏力稳定土路面基层技术规程》、《混凝土结构加固技术规程》、《被动式太阳能建筑技术规程》、《庆阳地区回弹法预拌混凝土抗压强度验收技术规程》、《绿色建筑施工与验收规范》、《钢筋直螺纹连接技术规程》、《HF永久性复合保温模板现浇混凝土建筑保温体系技术规程》、《湿陷性黄土地区建筑灌注桩技术规程》、《绿色公共建筑能耗标准》、《绿色居住建筑能耗标准》、《绿色公共建筑检测标准》、《绿色居住建筑检测标准》、《绿色公共建筑设计标准》、《绿色居住建筑设计标准》、《甘肃省城市基础设施专项规划编制导则》、《硬泡聚氨酯外墙外保温工程技术规程》等16项标准组织进行了审查、报批与备案。完成了对《湿陷性黄土地区建筑灌注桩》、《住宅厨房、卫生间组合变压式耐火排烟气道》、《HF永久性复合保温模板现浇混凝土建筑保温体系构造》等3标准设计的审查、报批。根据住房城乡建设部标准定额司的安排部署，重点对2009年以前（含2009年）发布的地方标准共计39项进行了复审，继续有效的7项、需修订的23项、停止使用的9项。

加强国务院《无障碍环境建设条例》和《甘肃省无障碍建设条例》的宣传贯彻，安排部署全省创建无障碍环境市县工作。贯彻落实国家《无障碍设计规范》等技术标准，加强项目规划、施工图审查、工程竣工验收等环节的监督管理。积极实施全省重度贫困残疾人家居环境的无障碍改造，并在改造资金上予以补贴。按照住房城乡建设部办公厅和工业信息化部办公厅“关于开展2014年光纤到户国家标准贯彻实施情况监督检查工作的通知”要求，协调省通信管理局安排布置各市（州）先期开展自检自查工作。

【建设稽查执法】《甘肃省建设行政执法条例》（以下简称《条例》）自1月1日起施行后，召开了新闻发布会，编写了《条例》释义并印发全省，制定了《甘肃省建设行政处罚程序规定》等配套办法。2014年，共办理各类案件30件（其中住房城乡建设部转办14件），涉及卫星遥感图斑4件、城乡规划和勘察设计15件、质量安全和建筑市场8件、房地产和住房公积金7件，办结20件，对3家责任单位实施了处罚；全省共受理举报1951件，立案调查1763件，结案1688件，罚没金额3390.19万元。全省共开展专项检查650次，发出整改通知书和执法文书4208份。

（彭强）

测绘

【地理国情普查】甘肃省第一次全国地理国情普查领导小组办公室（以下简称“甘肃省普查办”）制定了《甘肃省第一次全国地理国情普查实施方案》《甘肃省第一次全国地理国情普查总体设计》以及《甘肃省第一次全国地理国情普查质量管理办法》等规章制度。争取国家测绘地理信息局支持完成甘肃省11.08万平方千米的普查任务，无偿提供全省普查区域所需的最新高分辨率航天航空影像数据及150套内业解译软件，并直接支持陇南、庆阳两市普查经费2460万元，省财政厅落实普查经费1.47亿元，省、市两级普查部门和普查任务承担单位收集了民政、水利、林业、国土、交通等部门大量专题资料数据。省普查办召开业务会议20多次，组织成果质量培训6批次17期，培训普查员2386人次；普查成果检验机构严格执行“两级检查，一级验收”制度，开展了11轮过程质量监督检查，组织了27次作业现场监督指导和检查，确保了普查成果质量。2014年，甘肃省普查办组织17家省内外测绘资质单位2000多名普查人员全面推进普查工作，共完成普查区域的影像底图生产以及兰州、武威、金昌、张掖、酒泉、嘉峪关、庆阳、陇南8市31.5万平方千米内业数据采集与外业调查核查工作。

【地理国情监测】甘肃省测绘地理信息局坚持“边普查、边监测、边应用”的原则，利用兰州新区20年（1993—2014年）的5期普查成果，开展了区位优势、建设变化动态监测、建设与规划对比等综合分析工作，将最新普查成果及分析报告及时提供给兰州新区管委会，在兰州新区规划和建设中得到广泛应用。同时，重点围绕丝绸之路经济带生态安全屏障的发展战略，启动实施了“典型样区冰川与积雪变化监测”、“张掖黑河湿地国家级自然保护区湿地资源调查与动态监测”、“兰州市城市历史变迁与扩展”、“河西走廊绿洲沙漠化动态监测”、“黑河流域湿地动态监测分析”、“兰州市土地利用与土地覆盖变化监测”等6个首批地理国情监测项目，其中两个项目已基本完成。

【数字城市建设】数字天水、兰州地理空间框架建设项目建成并通过国家级验收，项目成果广泛应用于地质灾害防治、气象管理、基本农田保护等领域。嘉峪关完成建设任务并通过省级验收，整体运行良好。金昌、张掖、酒泉基本完成建设任务。白银市开展了“数字白银”数据库的维护和更新。兰州、天水积极推动数字城市向智慧城市转型升级。数字平凉建设已被平凉市政府纳入“智慧平凉”建设总体规划。

【“天地图·甘肃”建设】甘肃省测绘地理信息局积极推进国家、省、市三级节点数据融合和系统同构，开创省市一体化的建设新模式，建设成本下降了10%，并在全国得到推广应用。嘉峪关、张掖、白银、甘南、陇南、平凉、武威7市完成市级节点建设，并接入国家主节点。“天地图·甘肃”广泛服务于政府科学决策、重大工程建设和社会百姓民生，为全省社会治安综合管理以及兰州市民情流水线工程、自行车服务点分布、车辆单行道路段、地铁线路和我喜欢的牛肉面等提供了测绘地理信息服务和数据支撑。国家测绘地理信息局将“天地图·甘肃”（兰州、张掖）作为“天地图·中国行”宣传推介活动的重点进行宣传推广，人民日报、新华社等20多家平面和网络媒体共刊发新闻稿件30多篇。

【地理信息产业】甘肃省测绘地理信息局组织全省测绘地理信息系统认真学习贯彻《国务院办公厅关于促进地理信息产业发展的意见》精神，深入宣传地理信息产业发展的良好基础和美好前景，为产业发展营造良好的舆论氛围和发展环境。按照《国务院办公厅关于促进地理信息产业发展的意见》和《国家地理信息产业发展规划》要求，组织起草了《关于促进全省地理信息产业发展的实施意见》，征求省发改委等53个省直部门、市（州）政府、高等院校和行业单位意见，修改完善后报省政府，12月，经省政府办公厅审核批准后印发实施，为产业发展提供了政策保障。

【行政审批改革】甘肃省测绘地理信息局按照甘肃省政府《清理核实行政审批项目等事项实施方案》要求，深入推进行政审批制度改革，依法清理整顿测绘地理信息行政许可项目，取消3项审批项目，保留7项审批项目。进一步简政放权，把丙级测绘资质审批权下放到已成立测绘地理信息局的天水、庆阳两市，把丁级测绘资质审批权全部下放到市（州）测绘地理信息行政主管部门。同时，按照省政府要求，在省政府政务大厅设立了服务窗口，全年办结涉密测绘成果审批件716件，接受各类咨询49次，办结率100%，被省政府评为“优秀服务窗口”。

【行政执法】甘肃省测绘地理信息局落实部局合作精神，加强测绘地理信息行政执法队伍建设，为1258名市（州）、县（区）测绘地理信息管理人员及国土资源执法监察人员办理了测绘地理信息执法证。酒泉市测绘地理信息主管部门和市国家安全局签订了《地理信息领域反间防谍协作机制协议》，并成立了工作领导小组，建立了联合执法协作机制，及时制止3起涉军涉外违法测绘行为；甘南州全年开展行政执法检查63批（次）。

【统一监管】甘肃省测绘地理信息局开展了测绘地理信息市场信用信息评级工作，对253家资质单位进行了信用评级和公布，其中：信用A级2家、信用B级251家。完成了全省测绘资质年度注册和测绘资质复审换证工作，截至2014年底，全省共有资质单位330家，其中甲级13家、乙级58家、丙级101家、丁级158家。各市（州）开展了永久性测量标志管护和巡查工作，其中庆阳市排查登记各类测绘标志840个，托管了380个测量标志，并对受损坏的140个测量标志进行了维修保护；临夏州实地查看控制点100多个，水准点5个，维修测量标志12个。

【法制宣传】甘肃省测绘地理信息局积极组织开展8·29测绘法宣传日活动，全省14个市（州）测绘地理信息主管部门200多家测绘资质单位共5000多人参与宣传活动，散发宣传单25万多份，发送公益短信200多万条，悬挂横幅2000多条，制作宣传短片10余个。省市县三级测绘地理信息行政主管部门积极开展“六五”普法工作，深化“法律六进”活动，进一步加强全省测绘地理信息系统依法行政法制教育。

【省市基础测绘】甘肃省测绘地理信息局按照“十二五”基础测绘规划的总体要求，扎实推进基础测绘工作，完成了酒泉、临夏和民勤测区航空摄影4.45万平方千米，整合处理了1：1万地形图2476幅约6.19万平方千米，更新酒泉测区1：1万数字地形图4600平方千米。市（州）基础测绘工作稳步推进，兰州市完成1：500数字地形图测绘105平方千米；庆阳、金昌、陇南等市完成航空摄影320平方千米；张掖、酒泉完成全市域数字地形图测绘；定西市完成城区周边发生较大变化区域的补测和修测。

【重大基础测绘项目】甘肃省测绘地理信息局争取国家支持藏区基础测绘、2014年度边少地区基础测绘等项目资金1000多万元。完成了岷县漳县地震灾后恢复重建项目、新农村建设测绘保障服务示范项目等建设任务。开展“尼江地区”地形图测绘，完成了甘南州卓尼县尼巴、江车两村1：500、1：1000、1：5000三种比例尺地形图测绘，为两村建设项目规划提供了测绘地理信息支撑。

【现代测绘基准体系建设】甘肃省测绘地理信息局完成全省卫星定位连续运行基准站网120个站点建设任务并开通试运行，基准站网已向150多家单位1000多个用户提供定位基准和精准位置服务。完成了国家现代测绘基准体系基础设施建设一期工程的天祝站、肃北站、阿克塞站、酒泉站、镇原站、天水站等6个基准站的施工建设、设备安装与调试，各单站建筑工程已通过国家现代测绘基准工程项目部的验收，均被评定为优质工程。

【地图审核管理】全年受理审核《甘肃省地图》、《甘肃省交通旅游图》、《甘肃省开发区分布图》、《中国西北游出发在兰州地图》等16批件地图，核发审图号16个。甘肃省测绘地理信息局利用互联网地图监管系统与全国联动监管，研判地图服务类网站地图图片4674条，研判信息点（POI）5491条，对甘肃省备案的网站涉及的地图进行了清查。联合军队、保密等部门及项目单位对“兰州市2.5维电子地图”进行安全评估，对该图的地理信息内容、属性和位置精度进行了技术审查和保密审查，审查图域面积达500平方千米，数据量达到100GB。

【地图市场监管】甘肃省测绘地理信息局联合工商、新闻出版等部门开展地图市场专项治理，重点对民国时期和新中国成立至1975年期间编制、出版、印刷的涉及南海诸岛、钓鱼岛及其附属岛屿等敏感区域的地图进行了专项检查，对发现的20多册“问题地图”进行了封存处理。对兰州国际马拉松赛、第二十届“兰洽会”等重大活动使用地图情况进行了全程监管，共检查各类地图200多幅，查处“问题地图”5处，有效规范了全省地图市场秩序。天水市对涉及地图业务的12家单位138家流动摊点开展地图市场巡查。

【国家版图知识宣传教育】成功举办了“美丽中国”第二届全国国家版图知识竞赛省级比赛，来自12个市（州）、8所高等院校的20支代表队约100名选手参加比赛，兰州市代表队获得一等奖，甘肃矿区等5个代表队分别获二、三等奖。在省级比赛的基础上，组织参加了全国总决赛，获得了优胜奖。全省有6家单位34名个人在“美丽中国”第二届全国国家版图知识竞赛和少儿手绘地图大赛中获奖。

【测绘地理信息成果管理】完成2013年测绘成果目录汇交工作，共汇交目录2256项，从中遴选了804个项目向社会进行了公布，供社会各界查询使用。甘肃省测绘地理信息局联合甘肃省国土资源厅、省安全厅、省国家保密局对全省地勘行业开展涉密绘成果和地质资料的使用和管理专项检查，抽查了9家涉密测绘成果和地质资料使用单位。按照省国家保密局的要求，完成全局保密普查统计工作，对局系统涉密网络及计算机进行了专项整改，完成基础测绘和专题地图资料的密级鉴定工作。积极推广电子地图“数字水印”系统，对涉密测绘成果数字产品提供嵌入水印信息（版权信息和用户信息等）。

【测绘地理信息成果应用】甘肃省测绘地理信息局为“3341”项目工程、“1236”扶贫攻坚计划、丝绸之路经济带黄金段建设、甘肃东部百万亩土地整治等重大项目及社会百姓民生提供了优质高效的测绘地理信息服务，全年为400多家单位1000多人次提供测绘地理信息成果分发服务，累计提供各种比例尺地形图8871幅，提供测绘基准成果1487个，以及大量的影像数据和高程数据。兰州市为轨道交通项目建设等提供1：2000数字地形图310平方千米；临夏州为临夏县北塬片10万亩高标准基本农田整治项目提供480平方千米航摄影像数据；张掖市为有关单位提供基础测绘成果24次。

【应急测绘保障】甘肃省测绘地理信息局向省地震局提供了全省1：5万乡界数据资料、1：1万城区数据和60万条地名地址，为抗震救灾辅助决策系统建设提供基础地理信息数据支撑。白银市为景泰县地震抢险救灾工作编制了灾区大比例尺抗震救灾专用地图；庆阳市购买了无人机和应急测绘保障车，建成市级地质灾害联合预警预报信息平台；天水市建成地质灾害信息管理系统并在全市国土系统推广使用。

【科技创新成果】坚持“科技兴测”战略，积极争取国家测绘科技公益资金236万元，大力开展科技自主创新，科技创新成果获得省部级以上科技奖7项。“面向信息化测绘的省级基础地理信息服务体系研究与建设示范”科技项目通过国家测绘地理信息局验收，项目成果总体技术已达到国内领先水平，项目荣获中国测绘科技进步二等奖。“测绘地理信息档案信息化技术研究与应用示范”国家级公益专项获国家测绘地理信息局批准立项。联合兰州交通大学组建的“甘肃省地理国情监测工程实验室”获甘肃省发改委批准，并积极申报了“寒区旱区生态地理信息国家测绘地理信息局重点实验室”。

【行业单位科技创新】甘肃省测绘行业单位依托工程项目，积极开展科技创新攻关，甘肃省基础地理信息中心完成的甘肃省公安厅警用地理信息工程荣获2014年全国优秀测绘工程奖金奖；天水三和数码测绘院完成的平凉市崆峒区农村集体土地确权登记发证项目获2014年全国优秀测绘工程奖银奖。全行业共有37个项目获得了甘肃省测绘学会科技进步奖或优秀工程奖，其中：科技进步奖14项（一等奖4项、二等奖5项、三等奖5项），优秀工程奖23项（金奖5项、银奖8项、铜奖10项）。

【党风廉政建设】组织召开党风廉政建设工作会议，安排部署全年党风廉政建设工作，同时局党委与机关各处室、直属各单位签订了党风廉政建设责任书，严格执行党风廉政建设主体责任制，落实“一岗双责”制度，严格督查落实效果。全省测绘地理信息系统深入开展反腐倡廉警示教育，加强对领导干部的理想信念、党性党风党纪、从政道德和岗位廉政教育。

【“双联”行动】认真贯彻落实省委“双联”工作部署，充分发挥专业技术优势，建设了甘肃省测绘地理信息局“双联”点综合信息系统，为大石乡的新农村建设、城镇化建设以及“三农”科学管理提供支撑。积极筹措400多万元为两个“双联”村修建硬化村级道路和村委会办公场所；筹措30多万元作为“双联”帮扶基金，划拨“双联”基金6万元到村，扶持两村栽种行道树3600株；认真落实干部驻村蹲点制度，全年安排59名“双联”干部分5批次22组进村入户帮扶。

（伏黎明）

交通 通信 邮政

交通运输

【交通运输发展情况】截至2014年底，全省公路总里程达到13.8万公里，其中高速公路3300公里，二级公路7492公里，农村公路12.07万公里，公路网密度达到32.43公里/百平方公里。全省70%的建制村通了沥青（水泥）路，乡镇汽车站达到1222个，建制村汽车停靠站达到13164个，覆盖全省96.8%的乡镇和78.1%的建制村。全省营运性车辆达到35.58万辆，全年公路运输总周转量完成1015.5亿吨公里，同比增长22%，增速位居全国第二。全省航道通航里程达到913.77公里，营运航线27条，营运船舶442艘。全省民用机场8个，执飞航线80多条，通航城市达到70多个。全省邮政局所1466个，快递企业（品牌）33家，快递网点782个，乡镇非公快递网点267个。

【重点项目建设】全年完成交通固定资产投资604亿元，同比增长30%。召开了全省公路建设推进会，全面加快公路建设步伐，建成成县至武都、瓜州至敦煌、临夏至合作3条高速公路300公里，结束了甘南藏区没有高速公路的历史，全省所有市州和48个县区通了高速公路。开工建设高速和一级公路1000公里，其中高速公路3条592公里，一级公路7条408公里；建成二级公路11条705公里，开工二级公路13条1100公里；建成建制村通畅工程10657公里。其他交通基础设施建设项目同步推进，中川机场二期扩建航站区工程基本完成，庆阳机场航站楼主体工程、陇南成州机场控制性工程试验段和敦煌机场扩建前期工作有序开展。建成陇南道路运输信息中心等8个运输枢纽项目，开工建设平凉快速客运中心等14个运输枢纽项目。黄河大峡、乌金峡库区航运工程完成通航，龙湾至南长滩航运工程一期完成。岷漳地震灾后交通重建进展顺利。

【交通扶贫攻坚】提请省委、省政府召开了全省交通扶贫攻坚农村公路建设现场会，制定了落实会议精神促进农村公路发展的实施意见。对农村公路建设专项规划进行了完善，将撤并建制村、移民村、3.5米农村路加宽等纳入基础数据库。加强试点示范和经验推广，以18个扶贫攻坚试点市县为重点，为交通扶贫提供示范；与省人民检察院联合推广陇南市农村公路通畅工程建设“四个一工程”典型经验。充分发挥省交通投资管理公司的资金保障和14个农村公路建设督导组及27名挂职干部指导帮扶作用，全省2市18个县区实现了所有建制村通沥青（水泥）路。全年建成乡村汽车停靠站点1560个，农村客运车辆达到1.06万辆，农村客运班线3177条，乡镇通客车率达到99.8%，建制村通客车率达到87.7%。“双联”行动扎实开展，联系点基础设施、产业培育、基层组织建设成绩突出，三年目标基本完成，在省委“双联”办组织的年度考核暨三年总结评估中，省交通运输厅被推荐为省级组长单位“组织奖”。

【交通运输改革】制定了省交通运输厅《全面深化交通运输系统改革的实施意见》，建立三级公路建设管理体制，与武威、天水等五市签订省市共建协议，“省市共建、以市为主”的国省干线公路建设模式正式确立。多轮驱动交通投融资模式取得成效，争取国家投资力度不断加大，省公航旅集团和省交投公司实现筹资目标，地方政府交通融资平台作用显现，与中交建的合作进一步推动。高速公路养护市场化、国省干线公路养护专业化、农村公路养护社会化试点工作稳步推进。交通运输国资国企改革取得突破，组建甘肃交通建设集团公司，制定了厅属企业改制脱钩工作实施方案，省公航旅集团、省机场集团公司改革试点方案已经省政府常务会研究通过。事业单位分类改革进展顺利，规范理顺了二级收费公路管理和高速公路路政管理体制。

【交通运输依法行政】《甘肃省道路运输条例》和《关于加强非法超限超载货运车辆治理工作的通告》分别由省人大和省政府发布实施，《甘肃省交通建设工程质量安全监督条例（送审稿）》已上报省政府，修订了《甘肃省交通行政处罚裁量权使用规则》，交通运输法规体系进一步完善。深化行政审批改革，行政许可项目精简为13项，并全部入驻省政府政务大厅办理。继续推进公路建设审批职能下放，取消公路施工养护需中断交通或绕行的许可事项，精简下放农村公路通畅工程、公路运输站场前期审批，改进重点公路建设招投标行政监督。组织开展公路执法专项整改活动，推进基层站所建设和队伍整训，建成行政执法人员和执法证件管理系统，对交通运输行政执法单位开展了执法评议考核。完善了路政执法体制机制，政府主导、部门配合的治超机制进一步形成，建立了公路养护、收费运营和执法管理联动机制，路产路权维护、保通保畅保安全成效明显。运政、海事、交通质监部门加大行政执法监督力度，道路运输及建设市场秩序进一步规范。政府信息公开内容不断扩大、实效不断增强。

【综合运输体系建设】开展了甘肃省综合交通运输体系发展战略规划研究，与西北五省（区）交通运输厅合作完成了《丝绸之路经济带交通运输发展战略研究（初稿）》，“两网”规划调整工作顺利进行，省道网规划已上报省政府待批。加强与周边省区衔接，与新疆、青海等省区达成了省际间重点通道公路接线协议。开通了兰州至迪拜和第比利斯2条国际航线，打通了甘肃乃至西北五省到中亚、西亚的交通要道，新增航线23条、加密20条，完成旅客吞吐量755.72万人次，同比增长15.45%；货邮吞吐量4.87万吨，同比增长12.54%。邮政普遍服务能力和水平不断提升，业务总量累计完成13.5亿元，同比增长18.7%；快递业务量完成2655万件，同比增长48.5%。道路运输的基础作用充分发挥，重大节假日运输有效保障。结合兰渝、宝兰、兰新铁路建设和中川机场改扩建，完善国家公路运输主枢纽项目布局，启动中川综合运输枢纽建设。兰州市水上公交正式开通，改造升级公交站点、班线和城市交通枢纽，“公交都市”建设取得积极进展。各种运输方式在发挥比较优势的同时，运输潜能进一步挖掘，组合效益进一步凸显，具有甘肃特色的综合运输体系正在加快形成。

【交通项目建设质量】围绕“品质交通”建设，树红线、强监管，立标准、严考核，狠抓项目管理，大力推进标准化建设，先后召开了重点项目建设座谈会和现场观摩会，省厅印发了改进项目管理的“17条意见”，落实质量责任制。将交通运输工程交易目录项目全部进入省级公共交易平台，全面落实信用评价考核制度，杜绝了严重失信企业进入甘肃交通运输建设市场。推行提前委托交工检测制度，将工程质量检测关口前移，实行动态跟踪检测，将工程质量隐患和问题解决在萌芽状态。严格落实工程质量“三挂钩”制度，对涉及工程质量问题的领导干部进行了严肃问责。全省重点公路建设项目工程质量中间总体抽检合格率达到95.2%，比2013年上升0.5个百分点。

【交通运输综合服务】大力开展“平安公路”创建活动，创建标准化养护路段7958公里、实施养护维修工程2855公里，安保工程772公里，高速公路路面使用性能指数平均大于90，普通国省干线公路路面使用性能指数平均大于80，公路路况质量和安全保障能力得到提升。加强高速公路运营管理，推进创优提质，加大收费、救援、服务区、公众信息四大窗口建设，完成ETC电子不停车收费二期工程，实现了市州一级高速公路电子缴费银行代办业务受理网全覆盖，高速公路和二级收费公路全年征收车辆通行费73.28亿元，同比增长14.5%。强化民生服务措施，积极落实鲜活农产品“绿色通道”和重大节假日小型客车免费通行政策，全年减免通行费10.4亿元。加强道路运输管理，运输市场秩序进一步规范，圆满完成春运、国庆等重点时段群众出行及重大节会和救灾物资运输任务， 全年公路运输完成客运量3.62亿人，旅客周转量229.02亿人公里，货运量5.08亿吨，货物周转量992.6亿吨公里。加快推进全省道路客运联网售票工作，24个一级客运站和19个二级客运站实现联网售票，覆盖全省14个市州中心城区和17个县；按期开通12328交通运输服务监督电话。

【交通运输安全生产】坚持红线意识和底线思维，认真研判行业安全生产形势，着力强化安全监管，深入开展“平安交通”建设，实施重点行业“六打六治”行动，狠抓打非治违、安全隐患排查治理、安全生产大检查“三项行动”，对道路运输、公路工程和水上交通等重点行业进行安全专项整治，积极查找和整改各类安全隐患和问题。强化三基建设，全力推进交通运输企业安全标准化，兰州客运中心和陇运快客公司安全生产工作经验被国务院安委办向全国推广。全面加强应急保障能力建设，成功承办了全国公路交通警地联合应急演练，积极做好交通运输应急突发事件处置，行业安全生产形势保持平稳态势。

【党风廉政建设】按照从严治党的要求，认真贯彻落实省委构建和实施党风廉政建设“3783”主体责任体系要求，以责任归位促进责任到位，健全完善党风廉政建设的工作体制和运行机制，制定了落实党风廉政建设主体责任的实施办法，重新修订了党风廉政建设考核办法，加大了督查频率和考核力度，落实“一案双查”制度。大力支持纪检监察部门“三转”和履行监督责任，严肃查办了一批违纪违法案件，保持惩治腐败高压态势，促进了党风廉政建设主体责任和监督责任落实。

道路运输

【场站项目建设】全省完成站场投资8.25亿元，占年计划的100%。计划安排的9个国家级枢纽项目中，6个已开工建设，3个正在抓紧实施；计划安排的4个省级枢纽项目中，1个已建成，1个已开工，2个已完成前期；计划安排的23个区域级枢纽项目中，7个已建成，7个已开工，6个已完成前期，正在办理开工建设手续，2个正在进行初设，1个已停建（民勤县道路运输信息站暂停实施）。计划安排的11个乡镇客运站、2967个行政村停靠站项目及13个老旧车站维修改造项目正在组织实施。

【道路运输应急保障】圆满完成2014年春运工作，开展了“情满旅途”活动，确保了重大节假日期间重要物资运输和旅客安全便捷出行；顺利完成了第四届“敦煌行·丝绸之路国际旅游节”和“丝绸之路经济带建设暨国际卡车集结赛”等重大活动保障工作；做好了“阳光在线”栏目等媒体答复工作。2014年，共收到人民群众来信来访239件，已答复223件，其余正在责成有关单位限时办结，省道路运输应急指挥中心共接到投诉、咨询及求助等电话5000多起，全部得到有效处置，未发生一起群体性上访事件。

【行业安全生产】成立安全生产事故处理工作小组，明确行业安全管理工作要点，严格开展质量信誉考核和企业安全生产标准化评估工作。深入开展“客运安全年”、“四打四治”等安全专项整治活动，全面落实长途客车凌晨2时至5时停运及落地休息制度和接驳运输制度，重点对800公里以上客运班线开展了逐车逐线排查工作。督促市州做好危险货物液体罐车紧急切断装置安装督查工作。加强反恐维稳综合治理工作，全面加强源头安全监管，落实企业主体责任。

【综合运输体系建设】以“公交

都市”创建为试点，加快兰州国家“公交都市”和武威、庆阳省级“公交都市”示范工程建设；以农村公路建设为先导，坚持“车头向下”，推广农村租约客运试点和“先行先试”做法，深入推进农村客运发展；以武威金沙物流园区发展模式为借鉴，充分释放现代物流产业聚集效应，继续抓好平凉东运、酒泉亚飞甩挂试点建设，探索推进农村物流发展模式和长途客运小件运输（底仓运输）试点工作。

【依法行政】继续深化行政审批制度改革，制定实施全行业依法行政工作规范，结合新颁布的省道条，认真梳理行业政策文件，加快推动城市公交、出租车等立法进程；组织开展全省“文明执法、满意运政”主题实践活动和执法评议评查交流会，深入推进庆阳西峰区运管分局“三基三化”试点建设，加快全省运管机构“四统一”进程；完善省市县运政执法队伍机制建设，探索综合执法模式，规范自由权裁量标准，加快“罚缴分离”制度贯彻落实，全面提升运政执法队伍素质和运政执法装备水平。

【信息化建设】开展运政系统数据清理，建成网上政务大厅，实现网上年检审和运政业务一站化办理；落实交通运输部5号令，建成省级道路运输动态服务平台，督促市州和企业加快建设车辆动态监控管理平台；完成了省道路运输应急指挥中心系统搬迁升级和北斗物流云位置服务平台建设，国家交通运输物流公共信息平台甘肃节点项目工可通过省厅审查；加快驾培计时计程管理系统推广应用，与省交警总队实现了车辆数据、教学数据共享，启动了全省机动车性能检测站和二级维修企业联网改造工作，部分市州已经实现联网运行；“12328”系统实现并网建设，各市坐席位置已全部确定，短号码已在全省范围内开通；启动联网售票系统项目建设工作，全省14个市州中心城区和17个县区一二级汽车客运站实现了联网售票功能。

【行业文明服务】结合行业发展实际，深入开展全省运管系统整风肃纪专项整治工作，对“9个方面，68个突出问题”进行了整改提升；组织实施甘肃汽车客运站优质服务竞赛，指导市州开展评选优秀驾驶员、寻找最美的哥的姐、先进人物事迹宣讲等文明创建活动。嘉峪关蓝海出租车公司被中华全国总工会授予“工人先锋号”称号，兰州创业者出租有限公司牟俊昌车队被表彰为全国出租汽车行业和谐劳动关系创建活动第二批优秀车队。

铁路

【基本概况】兰州铁路局地处西部铁路枢纽，跨越甘肃、宁夏两省（区），处于亚欧大陆桥在我国境内的重要区段，以兰州为枢纽，东连西安，西通乌鲁木齐，南接西宁，北往银川。截止2014年末，兰州铁路局管内（含控股合资公司）营业里程4195.4公里，管辖甘肃省内营业里程2965.7公里，是西北交通运输和经济建设的大动脉。

兰新高铁12月26日全线胜利开通，局管内高铁营业里程721.4公里，其中管辖甘肃省内高铁营业里程672.9公里，成为路局建设发展史上的重要里程碑，标志着兰州铁路局正式跨入高铁时代。

【客运服务】结合“丝绸之路经济带”建设规划，成功开行“敦煌号”旅游列车，精心打造“飞天馨路”、“敦煌之星”高铁服务品牌。高品质开行区域旅游列车，有力助推了旅游、文化、商贸、物流等区域经济产业的优化升级。

【货运改革】以“实货制”运输为核心，取消传统订车模式，对所有货运需求敞开受理，实行“一口价”办理。开行了“西部货物快运”列车，业务受理覆盖管内所有县级以上地区，实现了与全路货物快运互联互通。落实国家“一带一路”战略，积极开行武威至阿拉木图“天马号”中欧班列，发送货物1501.9吨，开行兰州北至大朗、嘉峪关至上海集装箱直达列车，全面促进集装箱运输上量。

【铁路工程建设】兰渝铁路、宝兰客专、天平铁路等在建项目和干武二线、兰合铁路、兰州铁路综合货场新开工项目顺利推进，银西铁路即将开工建设，张掖三四线、平凉至庆阳、吴忠至中卫城际铁路、定中定银增建二线等项目正在准备可研工作。天水至夏官营段自闭改造、兰州北货物装卸线工程等运输急需配套项目已建成投产。全年完成建设投资489.66亿元，新增线路营业里程729公里，铁路建设步入了快速发展的轨道。

【多元经营开发】大力发展站车商贸、广告传媒、餐饮旅游、建筑施工等经营业务，积极拓展金融保险、信息服务、能源资源等经营领域。全局完成运输营业收入272.07亿元，实现利润41.7亿元；非运输企业完成经营收入61.9亿元，实现利润0.8亿元。

【旅客运输】2014年兰州铁路局旅客发送量完成3264.0万人，同比增加216.6万人，增长7.1%。其中：甘肃旅客发送量完成2579.5万人，同比增加146.0万人，增长6.0%。旅客周转量完成377.92亿人公里，同比增加0.66亿人公里，增长0.2%。其中：甘肃旅客周转量完成326.47亿人公里，同比减少4.85亿人公里，下降1.5%。

【货物运输】2014年兰州铁路局货物发送量完成8666.9万吨，同比减少1129.8万吨，下降11.5%。其中：甘肃货物发送量完成5035.5万吨，同比减少44.3万吨，下降0.9%。货物周转量完成1582.24亿吨公里，同比减少68.21亿吨公里，下降4.1%。其中：甘肃货物周转量完成1265.82亿吨公里，同比减少14.34亿吨公里，下降1.1%。

（齐振　陈掖）

东航甘肃分公司

【基本情况】东航甘肃分公司成立于2003年，基地设在兰州中川机场，其前身历经民航中川场站、民航甘肃管理局、中国西北航空甘肃公司，是中国东方航空股份有限公司实施联合重组后在西部地区组建的第一家分公司，也是目前甘肃唯一的一家央企基地航空公司。

【机队航线】甘肃分公司现执管空客A320型飞机7架，经营20余条国内航线，3条国际航线（兰州—首尔、兰州—新加坡、兰州—台北）。东航在甘肃省内通航6个机场，以兰州、敦煌、嘉峪关、庆阳、金昌、张掖为航点，直达北京、上海、广州等20余个大中城市，在此基础上，依托东航强大的航空运输网络,可方便、快捷中转全国乃至世界各地。

【专业队伍】甘肃分公司现有员工1300人，拥有着一批技术精湛、作风过硬的航空专业管理团队。其中专业飞行人员70余名，机务维修280余名，乘务空保170余名，运行控制60余名，营销服务人员340余名。多年来，东航甘肃人已实现安全飞行20周年，保持了连续20年无机组人为原因事故征候、连续12年无人为原因飞行严重差错的良好安全记录；空中服务已连续保持了40个月零投诉的业内骄人纪录；甘肃飞机维修部具有对A320飞机国内最高级别的8C检维修能力。

【企业文化】东航甘肃分公司扎根甘肃这片热土，始终把自身的发展与甘肃的经济发展紧密结合起来，为甘肃省的对外开放提供空中桥梁，为各方人士的出行提供交通便利。站在历史新时期，东航甘肃分公司作为唯一一个进驻甘肃大地的航空央企，坚持“东航甘肃·甘肃东航”的发展定位，在甘肃大地充分践行东航“客户至尊、精细致远”的核心价值观，秉持“严谨高效、激情超越”的企业精神，对内统一共识，凝聚力量，超越自我，创新发展，对外品牌营销，资源共享，构建纽带，共赢发展，通过与甘肃省政府建立战略合作关系，致力于打造甘肃人自己的航空公司，助推甘肃经济跨越发展。

【社会责任】将履行央企的社会责任放在重要位置。积极参加各种抢险救灾，主动捐助善款；热心“双联”活动，定点帮扶临夏县漫路乡漫路村；主动参与社会公益事业，连续17年18次探望兰州市福利院、“走进社区”慰问困难家庭、团员青年拣拾白色垃圾等，“爱在东航”的红色马甲已逐步深入市民心中。多年来，分公司曾先后获得过“全国民航航空安全奖杯”、“全国民航安全飞行先进单位”、全国“安康杯”竞赛优胜企业、全国“五一巾帼标兵奖”、甘肃省“诚信单位”、甘肃省“扶贫先进单位”、甘肃省“文明单位”等荣誉称号。

通信

【发展概况】全省完成电信业务收入165.5亿元，按可比口径测算同比增长7%；完成电信业务总量264亿元，同比增长18%；完成固定资产投资70.4亿元；全省电话用户总数2400万户，其中固定电话用户341.3万户，移动电话用户2058.6万户；固定互联网用户224.5万户，移动互联网用户1668.8万户，FTTH用户29.5万户；完成697个行政村通宽带建设任务。

【“宽带中国”战略】牵头起草并形成了《关于落实“宽带中国”战略加快推进宽带网络建设的意见》，经省政府第59次常务会议审议通过后，以省政府办公厅180号文件印发实施。这是甘肃省关于实施“宽带中国”战略方面的第一个专门文件，对加快宽带网络建设具有重要的指导、规范和促进作用。制定印发了《关于落实宽带中国战略深化共建共享工作的指导意见》，成立全省农村宽带建设发展协调推进领导小组，积极争取工信部支持，并获批实施农村宽带应用和网络建设示范总体工程—甘肃省示范项目。

【通信基础设施建设】组建了各市州通信业共建共享协调管理办公室和市州通信工程质量监督分站，指导其对接当地住建部门，开展全省驻地网小区摸底和台帐建设，动态掌握各地光纤到户工作进展情况，建立了有效的协调管理机制和光纤到户通信设施验收备案机制。主动对接省建设厅等部门，明确建立联系沟通机制、召开联席会议等事宜，并联合对4个市州2个县贯彻落实光纤到户国标情况开展专项检查。

将铁塔公司和广电网络公司纳入共建共享成员单位，积极协调铁塔公司开展新建基站及室内分布系统工程，并组织基础电信企业与铁塔公司开展建设需求对接工作。组织省、市两级电信企业签定《规范驻地网建设推进共建共享自律协议》，修订出台了《甘肃省电信基础设施共建共享租费参考标准》。加大重点场所建设协调力度，组织实施了新建兰渝铁路兰州至广元段、天水至平凉铁路沿线通信基础设施共建共享和兰州市轨道交通1号线通信管线迁改工作，并对重点场所和重点项目落实共建共享情况进行了专项检查。

【农村通信建设】召开村村通工程建设专题会，通报工程建设进展情况以及存在的问题，督促运营企业加快建设进度，确保完成建设任务。2014年，697个行政村通宽带任务全部完成，各公司申报2015年行政村通宽带数量共2150个。

【互联互通管理】做好网间结算、互联割接、码号开放等基础互联互通工作，保障网间基本业务通信畅通，认真做好网间垃圾短信、非法主叫号码传递、网间用户投诉等违规业务及网间故障投诉。进一步落实网络运行安全，组织开展网间应急话务转接演练。继续执行互联互通例会制度，定期通报交流相关工作，及时协调解决问题，研究探索互联互通新技术新问题。

【电信市场监管】推动监管力量下沉，适时调整完善市州总经理联席会议机制，通过联席会议协商处理矛盾和问题，规范市场营销、业务宣传以及渠道推广等行为。健全规范校园迎新多部门联动协调处置机制，组织签订省、市两级规范校园迎新活动自律公约，联合教育、工商等部门对3个市州14所院校开展现场巡查，依法通报批评了存在问题的企业，及时叫停制止了部分市州运营企业跟寄SIM卡等问题，基本守住了校园迎新“2+2”底线要求。

【电信服务质量监管】以社会营销渠道管理为重点推进电话用户实名登记，组织基础电信企业签订规范代理渠道管理自律公约，建立违规代理商“黑名单”管理、电话用户真实身份信息登记用户申诉和媒体调查督办机制，委托第三方对全省14个市州622个营业网点进行了抽查暗访，重点检查了问题较为突出的地区，依法对三家电信企业给予了行政处罚。督促企业落实资费公示和明码标价要求，围绕信息服务业务、电信资费等开展重点拨测，定期汇总分析并通报通告用户申诉受理情况和典型案例，妥善受理处理用户申诉和咨询589件。

【互联网行业管理】全省累计备案网站主体6883个，其中甘肃接入的有4041个，强化互联网站备案管理人员培训，开展互联网站备案信息准确率抽查，网站备案率和备案信息准确率分别达到100%、80%。强化接入企业管理，依法查处为未备案网站提供接入服务等违规行为，下发未备案网站域名173个，依法关闭违规互联网站3个，清理整顿7家涉嫌违规的经营性互联网站。配合有关部门开展打击暴恐音视频、“伪基站”、网络侵权盗版、整治互联网重点领域广告等专项行动。

【网络信息安全管理】一是推进技术手段建设，依托IDC/ISP系统自建网站安全、网站分类等系统，完成IDC管理系统数据对接和移动互联网恶意程序监测系统二期工程建设，健全信息安全工作机制，充分利用技术平台做好信息安全保障。二是完成2013年度省级基础电信企业网络与信息安全责任考核，启动2014年考核工作，通过中期专项检查、组织网络安全防护检查信息安全技术手段测试等具体措施，督促企业健全组织机构、提升技术能力。三是强化网络安全治理，深入开展移动互联网恶意程序治理专项行动，依托监测系统加强恶意程序监测、研判，并对重点恶意程序进行处置，累计处置手机病毒URL 307个、IP 121个。强化网络安全状况监测分析和预警，累计报送网络安全事件28.9万余起；重点加强省内政府网站和重要信息系统网络安全事件监测和处置，累计处置网络安全事件370起；多次开展木马僵尸网络控制端IP主机专项打击行动，成功处置“网宿科技”等木马僵尸网络控制端14个，处置木马僵尸网络和飞客蠕虫事件共计4.6万余起，完成10个单元网络安全风险评估，开展了业务系统网络安全检查和源代码测评。举办了网络安全技术高级培训班，开展了全省网络安全技术竞赛和网络安全应急演练。

【应急通信保障】一是理顺应急通信管理机制，对接部省应急通信保障预案，研究制定《应急通信保障工作预案（试行）》。进一步完善全省通信行业应急通信联动机制，协调企业开展了平凉、张掖、天水本地网网间应急话务自动转接演练，督促企业制定了第三方应急话务转接方案。二是强化应急保障队伍建设，协调省移动公司启动一类应急保障队伍筹建。先后开展了应急通信保障综合演练、应急指挥装备机动拉练测试、本地网乡镇一级应急通信信息报送演练和业务培训等。三是加强应急通信手段建设，研究制定《应急通信装备管理维护使用办法（试行）》，整合现有应急通信技术装备资源并加强维护管理，先后完成应急指挥系统功能联调测试及动中通、静中通应急指挥车辆配置和设备测试。

【通信工程质量管理】强化通信工程质量和行业安全生产监督管理，配合部完成全省通信工程质量联合检查，每季度开展通信工程质量监督及安全生产检查，组织实施了省内通信工程建设项目招标投标专项检查、通信管线安全隐患清理整顿以及“三电”设施安全保护、检查工作，启动了电信企业城市地下通信管线信息普查。

【通信队伍建设】加强行业人才队伍建设，规范职业培训与鉴定工作流程，累计完成各类鉴定1694人次；规范通信专业技术职务任职资格评审，687人参加了初中级通信职业水平考试，33人申报高级通信工程师。

【依法行政】按照放宽准入条件加强后续监管的要求，加快推进广电与电信业务双向进入，及时向省广电网络公司发放了业务经营许可证。建立省局权力清单，梳理行政许可事项目录、通信建设资质资格认证服务项目目录并进行公示，研究制定了通信业支持非公经济发展的意见措施，优化和简化部分业务办理程序，推动部分业务实行网上办理。全年发放本地增值电信经营许可证20家，备案跨地区经营许可证14家，完成65家本地企业和210家跨地区企业许可证年检；核配本地网局号、短号码、SP代码等15个，备案各类号码420个。

【作风建设】省局领导班子整改方案和专项整治方案中的各项整改措施逐项落实到位，废止了14件内部管理制度和规范性文件，在改进机关作风、加强基础管理、引领行业发展等方面新建制度17件。在改进监管方式、加强手段建设等方面开拓思路、创新做法。持之以恒贯彻落实中央八项规定，在改进调查研究、精简会议活动、厉行勤俭节约、规范公务接待、加强经费管理等方面都有明显改进。强化落实主体责任，着力抓责任压力传导，加强工作统筹协调，狠抓制度执行和议定事项落实，强化规章制度执行力，完善督查督办工作制度。

（田卫国）

邮政

【基本概况】2014年全省邮政行业业务总量完成13.5亿元，同比增长18.7%；业务收入完成16.4亿元，同比增长8.8%。其中，快递业务量完成2655万件，同比增长48.5%；快递业务收入完成5.1亿元，同比增长25.6%。在“双十一”期间，快递业务量连续一周日处理量突破60万件，最高达70万件，比上年同期上升50%。

【行业发展环境】全省邮政管理部门积极与地方相关部门沟通，为行业发展创造环境。制定出台了关于提升快递末端投递服务水平、推进快递服务制造业和快递服务与电商发展的实施意见，促进快递业发展。嘉峪关、武威、定西、平凉、陇南五市局共出台行业发展相关政策10件。酒泉局积极和市工业园区管委会协调，将快递园区项目建设列为招商引资项目，已有企业拟投资6300万，计划建设42万平方米的酒泉市快递分拨中心，市内规模以上快递企业入驻。各局都积极帮助企业解决“最后一公里”难题，在快递车辆通行、社区便捷揽投等方面取得进展，“快递＋便利店”模式的嘿客店、智能快件箱等新型揽投模式已开始探索运行。

大力推动“快递下乡”工作。各地不同程度的出台了扶持支持协调推进实施电商与邮政快递业融合发展的相关政策。全省乡镇非公快递网点已经发展到267处，比上年同期增长了3倍。乡镇非公快递网点覆盖率由2013年的6.7%增长到2014年的21%。

【依法行政】全省邮政管理部门检查普遍服务营业场所1188处，开展执法检查3304人次，给邮政企业下发普遍服务质量的通报文件54份，下发责令整改通知书241份。11个市州局共实施邮政普遍服务行政处罚25起，处罚额共23.4万元。开展快递市场、集邮市场和邮政用品用具市场检查和协调服务4718次，检查单位1433个，出检人数20285人次，纠正一般违法违规行为1698次，下发整改通知书169份，实施行政处罚85起，罚款19万元。全省的邮政普遍服务行政执法实践探索和理论研究工作，走在了全国前列。

严格依据《政府信息公开条例》，及时、准确、全面、主动地公开各类政府信息。行政审批、备案信息已分季度全部在省局政务网站公开；所有邮政普遍服务营业场所的服务信息已在14个市州邮政管理局政务网站公开。

开展全行业第一次统计专项调查。对全省范围内邮政企业、快递服务企业的基本情况，经营与规模情况、安全与事故情况以及村邮站、便民服务站和信报箱的数量进行位置信息和相关影像信息采集，全面掌握行业发展现状及布局，开展统计数据评估，建立机构信息及地理信息数据库。

【保障行业安全】与市州局、省邮政公司以及全省网络型重点快递企业签订了《安全生产责任书》、《禁毒工作责任书》，进一步明确了工作职责。在省局修定下发了《甘肃省邮政业突发事件应急预案》的基础上，指导市州局制定本辖区的邮政业突发事件应急预案。

积极与相关部门联合开展寄递渠道安全监管工作，经过协调与公安、国安等部门联合成立了甘肃省邮路寄递物品安全监管办公室。同省国家安全厅在快递企业比较集中的联合弘快递物流园建立了快件寄递安全检查工作站，依托先进的检测手段和设施，严把出入关口，有效保障了寄递渠道安全。庆阳局发现并协助公安、国安侦破了一起邮购枪支配件组装枪支的案件。省局视频监控中心已将重点快递企业的分拨中心接入视频监控系统，可实时监控。

全省邮政管理部门围绕国家安全、生产安全、用户信息安全三个重点，加大检查频次和力度，拓展检查范围和深度，严厉查处违反安全规定的行为，对安全隐患不迁就，不姑息，做到零容忍，牢固树立安全发展是邮政业健康发展的“底线”和“红线”意识。

【普遍服务保障监督】邮政基础设施建设扎实推进。加强对市州邮政管理部门的指导，积极推动空白乡镇局所补建工作。全省532处空白乡镇补建邮政局所已竣工496处，竣工率93.2%；已验收442处，验收率83.1%；已移交392处，移交率73.7%；已运营340处，运营率63.9%。2014年西部和农村地区邮政普遍服务基础设施局所整修项目、网点翻建项目、车辆购置以及邮政机要通信基础设施建设项目正在稳步实施。

邮政业“扫黄打非”工作机制进一步完善，全省14个市州局全部成为当地“扫黄打非”领导小组成员单位。出动执法人员1256人次，共抽查邮政、快递企业收寄场所2267处（在显著位置公示禁限寄宣传语的有2157处）、传达查堵口径3852人、检查签订的收寄验视责任书2524份；抽查邮政报刊发行企业15个、抽查报刊亭211处、抽查接办目录333个，检查报刊经营者签订的责任书196份，查缴非法出版物4种。扎实开展“清源2014”、“秋风2014”、“固边”、“校园周边治理”等专项行动。专项行动主要针对邮政图书报刊市场进行集中检查清理，严厉打击非法出版物经营活动，严防非法出版物通过邮政渠道寄递。

【规范市场秩序】扎实推进规范与清理快递企业经营范围工作。约谈企业负责人30人次，走访重点快递企业12家，重新审核和登记法人快递企业84家。各市州快递企业基本情况已全面摸清，并建立了完整的台账，省会兰州的直营工作已基本完成，其他13个市州的直营工作也在积极推进中。

积极开展“3.15诚实守信、共建和谐集邮市场”主题宣传活动，指导各市州局通过在当地主流媒体刊发报道、在集中交易市场和经营门店悬挂横幅、组织召开座谈会、咨询会等方式，扎实开展宣传活动。接待咨询用户300多人次，发放《邮政法》、《集邮市场管理办法》等法规宣传单以及企业宣传彩页5000多份。协助公安机关查处通过邮路寄递渠道贩卖假邮票案件一件，协助公安机关破获一起通过邮寄渠道贩卖假邮票案件，涉及甘肃部分案值50万元。

【服务质量监督检查】严守“两条红线”，加大邮政普遍服务质量日常巡查的力度。重点对2014年计划开办邮政汇兑业务的322处局所开展监督检查，现已实地监督检查局所322处，已开办汇兑业务的局所有146处。

委托第三方专业调查机构对全省11个市州网络型快递公司开展服务质量测试和满意度调查。在全省快递行业联合开展了星级企业评定工作，首批评选出“3A”级快递企业4家，“2A”级快递企业11家。

【党风廉政建设】加强全行业党组织建设，各市州邮政管理局均成立了党支部。积极加强非公有制经济党建工作，指导兰州市5个快递公司成立党支部并纳入省局机关党委管理。白银、张掖、定西、平凉4市局共有6个非公快递公司成立了党支部。

开展跨省纪检监察部门互查工作。按照国家邮政局要求，由甘肃局牵头组织，陕西、甘肃、宁夏、青海和新疆五局交叉检查，检查结束后，都与所在局及时沟通，指出存在问题和整改意见，交流工作体会和经验，促进共同提高。

（徐洁）

财政　金融

财政

【财政预算执行情况】2014年，全省一般公共预算收入672.7亿元，完成预算的102%，同比增长13.7%，其中省级收入196.6亿元，完成预算的100.2%，增长13%。全省一般公共预算支出2541.5亿元，完成预算的95%，增长10%，其中省级590.1亿元，完成预算的86%，增长24.8%，主要是中央年底下达资金无法形成支出。全省政府性基金预算收入359.5亿元，完成预算的116%，下降4.1%，主要是国有土地使用权出让收入减少29.9亿元，其中省级118.4亿元，完成预算的109.8%，增长9.9%。全省政府性基金预算支出365.1亿元，完成预算的76%，下降5.8%，主要是2013年中央补助可再生能源电价附加21.6亿元，2014年没有这项补助，其中省级75.8亿元，完成预算的62.4%，下降16.7%。全省国有资本经营预算收入7.4亿元，其中省级7.36亿元。全省国有资本经营预算支出4.9亿元，其中省级3.8亿元。全省社会保险基金预算收入526.5亿元，其中省级173.7亿元。社会保险基金预算支出439.8亿元，其中省级136.6亿元。

【财税体制改革】围绕财税体制三大改革任务，出台《进一步加强财政管理的意见》，对全省推进财税体制改革、加强财政管理做了全面的安排部署。深入推进预算管理制度改革。相继出台《深化预算管理制度改革的实施意见》、《加强政府性债务管理的实施意见》、《省级财政专项资金管理办法》、《政府向社会力量购买服务的实施意见》和清理规范税收优惠政策、加强预算绩效目标管理等制度办法，为深化财税体制改革提供了制度保障。进一步完善预决算公开工作机制，省市县三级全面公开了政府预决算、部门预决算和“三公”经费预决算。坚持先有预算、后有支出的原则，严格执行各级人大批准的预算，有效控制了预算追加事项。大力清理、规范、整合专项资金，严格控制新增专项。盘活存量，清理收回结余结转资金23亿元，用于义务教育、创新驱动发展等重点方面。规范政府性债务管理，建立风险预警和考核机制，全面开展存量债务清理甄别工作。有序推进税制改革。营改增试点进展顺利，范围扩大到交通运输、邮政、电信以及部分现代服务业，全省试点企业达到2.74万户，减免企业税负10.3亿元，减负面达到98%；全面实施进一步支持小微企业发展的增值税、营业税和企业所得税优惠政策，惠及企业12.4万户，全年减免税10亿元。落实调整成品油等部分产品消费税、停征成品油价格调节基金政策。启动煤炭资源税从价计征改革，清理规范涉及煤炭、原油、天然气的收费基金。调整完善财政管理体制。健全县级基本财力保障机制，明确省市县三级政府的保障责任，细化保障措施，强化市级财政对省直管县财政的业务指导和监管职能。在保证市县既得利益的前提下，结合资源税从价计征改革，调整完善省与市县资源税分成比例。同时，积极开展国库现金管理，实现增值收益3.3亿元。推进国库集中支付电子化和公务卡管理制度改革，政府综合财务报告试编试点范围扩大到14个市州本级、25个县区。制定政府向社会力量购买服务指导性目录，在省级部门选取10个项目开展试点。

【中央支持】抢抓政策机遇，积极谋划对接，全力争取中央政策和资金支持。2014年，中央财政下达甘肃各类补助资金1808元，增加163亿元，有力支持了全省经济社会发展，其中：均衡性、生态功能区、民族地区和县级基本财力保障转移支付508亿元，增加49.4亿元。中央代理发行甘肃省地方政府债券113亿元，增加21亿元，并以较低利率在全国首期发行。经国务院批准再次提高甘肃省干部职工津贴补贴标准。同时，争取中央在扶贫搬迁、退耕还林、地质灾害综合防治、养老服务产业发展、兰州市大气污染治理和节能减排综合示范城市建设等方面给予了倾斜支持。

【重点支出】在省级财力有限，中央补助增幅趋缓的形势下，大力整合、筹集资金，优化支出结构，全力保障重点支出和民生事项。集中财力办大事。“十大惠民工程”23件为民办实事事项全面完成，省级下达资金339亿元。筹措资金299亿元，有力支持交通、水利、城市基础设施等重点项目建设；投入93.5亿元，支持循环经济、节能减排、污染治理和生态建设；安排76.4亿元，支持兰州新区、两市两州、革命老区、民族地区等重点区域协调发展；拨付57.8亿元，支持文化、旅游、物流等现代服务业发展。补助113.3亿元，支持完成保障性住房建设任务。增加资金4.4亿元，将乡镇公用经费省级补助标准提高27万元，达到50万元；将村级公用经费省级补助标准提高7000元，达到1.5万元，较好地保障了基层正常运转。充分发挥财政资金的引导放大作用。整合资金10亿元，设立产业投资引导基金，采取股权投资等方式，吸引社会资金投入，支持战略性新兴产业发展。财政贴息31亿元，撬动金融机构发放双联惠农、牛羊蔬菜产业、妇女小额担保、下岗失业人员小额担保等贷款，强力支持扶贫开发、创业就业和特色优势产业发展，有效促进城乡居民增收。

【一般性支出】认真执行中央八项规定和省委“双十条”要求，修订党政机关差旅费、会议费、培训费、公务接待、因公临时出国经费管理等制度办法，建立厉行节约反对浪费长效机制，规范公务支出管理。省级清理压减各类奖励、节庆、展会经费50%以上，除党委、政府确定的综合性目标考核、科技进步、重大体育赛事等奖励事项外，其他活动财政一律不再安排奖励资金，节庆、展会原则上市场化方式运作。严格执行办公用房维修改造审批制度，按评审论证结果安排补助资金。从严控制公务用车采购，除特种专业技术车辆外，停止采购一般公务用车。通过以上措施，有效控制了一般性支出，全年全省“三公”经费支出比2013年下降30.1%，会议费下降42%。

【绩效管理】强化对预算编制、预算执行全过程的监督。集中开展了城乡低保、贫困村整村推进、乡镇幼儿园、村卫生室建设等政策和资金落实情况的专项检查；组织进行了省直部门和交通、医药行业会计信息质量检查。在全省范围内深入开展了“小金库”专项治理。强化预算绩效管理。省级预算安排的支持经济社会事业发展专项均由部门申报绩效目标，部门自评率达到30%以上，在5个部门开展了整体评价试点。全面实施市县财政管理绩效综合评价，选取生态功能区转移支付、农业综合开发、科技创新服务等项目进行重点评价，并依据评价结果分配资金、安排项目。农村综合改革示范试点绩效考核全国第一，“美丽乡村”、“一事一议”绩效考核名列前茅，获财政部奖励资金1.6亿元。

（魏巍）

国家税务

【税收收入情况】2014年，全省完成国税收入590.78亿元，比上年增长12.33%。全年税收收入运行主要呈现三个特点：一是税收均衡发展，一季度完成计划的26.27%，上半年达到53.01%，三季度完成76.79%，全年完成101.16%；二是地方增速突出，中央级增长9.03%，地方级增长29.13%，地方级增速快于中央级20.1个百分点；三是主体税种全增，增值税、消费税、企业所得税、车辆购置税分别增长18.67%、2.91%、17.61%、11.66%。全年税收增长源于五大因素。一是2013年税收收入较2012年基数降低；二是兰州石化公司等省内重点支柱企业的带动作用；三是营改增等税制改革顺利实施；四是部分企业享受税收减免优惠政策到期；五是金川集团公司消化库存、减少购进等特殊原因。

【税收法治】落实行政审批改革，清理确认公开78项审批事项，做到清单之外无审批。清理出29个有执法风险的规范性文件，废止了全文或部分条款。查处打击涉税、发票违法案件679起，查处违法发票49.67万份，捣毁假发票窝点8个，打掉犯罪团伙3个。

【税收政策落实】按时完成了铁路运输和邮政服务业、电信业营改增试点扩围，全年实现改征增值税20.77亿元。将国家新出台的各项政策调整落实到位，为全省28.54万户纳税人免征增值税4.9亿元；为20093户小微企业减免企业所得税3975万元。认真落实各项税收优惠政策，全年减免（退）税73.49亿元。省局落实小微企业所得税优惠政策的做法得到李克强总理批示肯定。

【税种管理】部署开展增值税专项核查，查补税款199.79万元，进项税转出336.86万元。重点加强农副产品收购发票管理和发票代开管理。圆满完成企业所得税汇算清缴工作，参加汇算清缴67，786户，汇算面达到100%。加强车购税管理，稳步推进出口退（免）税企业分类管理，构建内控外防预防和打击骗税体系。

【纳税服务】落实国务院简政放权部署，增值税、消费税减免审批权限全部下放到县（区）局，取消了初次领购普通发票实地核查等15个进户执法项目。落实《全国县级税务机关纳税服务规范》，统一办税流程。全面推广“免填单”系统，涉税业务县域“同城通办”全面实现。扎实推进“便民办税春风行动”，创新服务项目，推出“宣传服务套餐”、便民办税平台等措施550余项。

【税收征管】制定下发了税收风险管理工作规划和工作方案，确定了风险分析识别和风险应对的重点项目，建立了涉及4大类50项税收风险识别指标体系，以及涵盖6大类76项风险特征指标的风险特征库。推送风险任务涉及纳税人20417户，补税4.1亿元。采取省局到税务分局“四级”联动、组建专业化评估团队的模式，大力加强和规范纳税评估，全年累计评估纳税人14566户，入库税款35221.12万元。

【大企业税收服务与管理】理顺大企业管理机制，省、市两级国税局成立了大企业税收管理领导小组，8个市局成立了直属税务分局。制定了列名大企业认定标准并确定首批20户列名管理企业，实行“属地入库，统一管理，分级负责”管理。组建了石油化工、电力热力、有色金属等7个重点行业团队。对中国石油、建设银行、农业银行等6户企业集团实施全流程税收风险管理，企业补缴税款1.43亿元。

【国际税收管理】强化反避税管理，完善了反避税案件集体分析、集体审议制度，推进案件调查规范化，全年补税652万元。稳步推进非居民税收管理，全年入库税款7792.97万元。有效提升协定执行水平，加强税收征管协作，加强“走出去”企业税收服务与管理，加强外事管理工作。

【税务稽查】全年共查补入库收入67631万元。加大税收违法案件曝光力度，向社会公告公布标准，明确惩戒措施，借助“红黑榜”发布会曝光黑榜企业名单。

【电子税务管理】开发完成了《甘肃省国税局单点登录系统》，实现了“一次配置、单点登录、随意切换”。完成了“甘肃国税云平台”的建设，数据资源的利用率、灵活性、安全性得到了全面提升。完成了“甘肃国税”安卓客户端系统的二次开发，实现了12366短信服务平台数据资源的共享。

【政务管理】持续深化巩固第一批教育实践活动成果，省局建立健全7大类41项制度，完成了省局机关制度汇编。修订和完善了信访、涉税舆情等分类应急预案。对5个市（州）局安全及办公政务工作组织开展督导检查。强化税收宣传，开通了“甘肃国税”官方微信平台。

【财务管理】加强市县国税局财务组织建设，新设财务科3个，财务股13个，财务组77个，并配齐了财务人员。严肃财经纪律，严格控制差旅费、出国费、公务接待费、公务用车、会议费、培训费的开支范围和开支标准。稳妥推进津补贴规范工作，全系统106个三级以下预算单位津贴补贴全部规范到位。

【政府采购】落实政府采购信息公开制度，在系统内部互联网站开设“政务采购信息”专栏，及时公布政府采购工作的具体情况。2014年，省局采购办组织完成了52项政府采购项目，执行采购预算2691.12万元，实际采购金额2039.45万元，节约资金651.67万元，资金节约率为24.22%。

【教育培训】制定下发了全省国税系统人才队伍建设规划、人才库建设实施方案等4项制度。组织开展分级分类教育培训，共举办各类培训班1049期，培训干部14634人次。制定干部在职自学管理办法和网络学院管理办法，鼓励干部开展在岗学习。

【执法督察与内部审计】按照“三年一轮”的做法，对平凉、庆阳等五市国税局实施了税收执法督察。全年共查处58个重点问题，通过执法督察和疑点核查纠正违规税收执法行为5802个，补缴税款700.6万元，追究责任6328人次。全年共组织实施内部审计项目103个，比上年增长28.75%。

【党的群众路线教育实践活动】前后接续开展教育实践活动，各级领导班子及个人认真制定和落实整改措施，修订完善了各类制度，省局整改任务全面完成。认真开展“三清三察三审”（办公用房清理、公务用车清理、基本建设清理；察访“门难进、脸难看、事难办”的现象，察访不依法行政、办事效率低下的现象，察访“吃拿卡要报”的现象；审计三公经费、审计会议经费、审计专项资金）专项整治，全系统停建基建项目22个；清理腾退超标办公用房19700平方米，“三公经费”及会议费压缩16.02%。

【纪检监察】落实党组主体责任和纪检监察部门监督责任。制定出台警示提醒、训诫督导、责令纠错工作制度。推广使用甘肃国税内控管理辅助平台，开展廉政风险排查。强化案件查处，全年共查处违法违纪案件14起，给予党纪政纪处分18人，司法机关查处5起6人。组织开展了6轮明察暗访，发现问题428个，涉及责任人294人。

【税务文化】持续加强思想政治建设、国税文化建设和文明创建，组织开展了“强党性守纪律”主题党日活动，继续开展“善读书、净心灵、强素质”全员读书活动，建设完成哈达铺“甘肃国税系统税务文化教育基地”。支持机关工会、共青团、妇委会按照各自的章程独立开展工作，制定了《关于鼓励各类职工文体兴趣小组活动健康开展的办法》。

（李莉）

地方税务

【税收收入情况】2014年，全省地税系统共组织各项税费收入757.77亿元，比上年增长13.1%。其中：地方税收完成461.46亿元，增长14.8%，剔除“营改增”减收的31亿元同口径增长24%；社会保险费完成275.83亿元，增长10.3%；其它收入完成20.44亿元，增长11.4%。

【税收收入特点】一是地方税收占GDP和财政收入的比重双双提高，调控聚财职能稳步提升。地方税收占生产总值的比重为6.9%，比2013年提高0.5个百分点；占大口径财政收入的37.4%，比2013年提高2.3个百分点；地方级税收占公共财政预算收入的60.3%，比2013年提高2.1个百分点。二是减税政策发挥积极作用，减负效果明显。落实“营改增”政策减少地方税收31亿元；落实结构性减税政策和税收优惠政策减免地方税收28亿元，其中，减免小微企业和个体工商户税收3.5亿元。三是地方级税收稳定增长，地方政府实得财力不断增加。中央级税收入库56.07亿元，增长14.1%；地方级税收入库405.39亿元，增长14.9%。地方级税收中，省、市、县级税收分别增长17.6%、13.9%和18.1%。四是主体税种收入规模持续扩大，小税种稳定较快增长。营业税、企业所得税、个人所得税、城市维护建设税和教育费附加五项主体税种累计入库353.72亿元，占地方税收总量的76.7%，增长13.5%；资源税、房产税、印花税、土地增值税等地方小税种累计入库107.74亿元，增长19.1%。五是第二产业税收增幅逐步回升，第三产业税收持续增长。第二产业税收增幅由一季度末的9.7%逐渐回升至年末的14.9%，共入库231.44亿元，占地方税收总量的50.2%；第三产业税收始终保持15%左右的增幅稳定增长，共入库230.02亿元，占地方税收总量的49.8%。六是公有经济税收拉动力减弱，非公经济增速加快。公有经济入库地方税收184.06亿元，占地方税收的比重为39.9%，增长6.3%，对地方税收的增收贡献率为18.4%，比2013年降低20.5个百分点；非公经济入库地方税收277.39亿元，占地方税收的比重为60.1%，增长21.2%，增幅比2013年提高0.6个百分点。七是地区之间发展不平衡，收入差距拉大。受项目投资拉动，投资集中度较高的市州地方税收增幅均超过全省平均水平，对全省地方税收的增收贡献率达到40.5%；受工业产品价格持续低位运行影响，税源较为单一的市州地方税收增幅低位运行；税源较为丰裕的地区，抵御波动能力较强，地方税收保持稳定较快增长，对全省地方税收增收贡献率达到60.4%。

【税收法治】坚持“税收法定原则”，加强税收规范性文件审查、报备、管理。清理涉税违规政策、涉税行政审批事项。深入开展法制宣传教育，2014年省局荣获全国“六五”普法中期先进单位荣誉称号。严格落实税务行政审批制度改革。严格执法资格管理。严把合法性审核关。做好税务行政复议工作，全年全系统共审理2件行政复议申请。

【税收政策落实】加强税收优惠政策落实，全年全系统共为小微企业减免税收32074.09万元。按期完成“营改增”试点纳税人信息移交，截止2014年6月，全系统共移交铁路运输业纳税人30户、邮政服务业263户、电信业308户，涉及营业税收入6亿元。

【税种管理】规范营业税管理。加强委托代征工作，夯实城建税征管基础。开展2013年企业所得税汇算清缴，完成2013年度年所得12万元以上个人所得税自行纳税申报。做好煤炭、原油资源税改革。加强土地增值税清算，认真开展“以地控税”试点，加强存量房交易、契税、城镇土地使用税、耕地占用税日常管理。

【纳税服务】深入开展“便民办税春风行动”。认真推行涉税事项前移。加大“12366”纳税服务热线宣传力度，强化窗口服务人员教育培训及纳税人政策培训辅导。开展“优秀办税服务厅”及“办税服务明星”评选工作。纳税诚信建设成效显著。

【税收征管】加大税收数据监控分析平台建设与推广、数据交换平台建设力度。开展税收风险管理机制建设，推广运行财税库银横向联网系统，开展纳税评估、信息化征管质量考核，完成推动非公经济发展相关工作。

【大企业税收服务与管理】认真开展大企业税收风险识别和内控调查，分集团、分事项全流程开展税收风险管理，完成了总局定点联系企业数据采集、分析和报送工作。

【国际税收管理】加强外商投资企业税收分析和非居民税收监控税收管理、关联交易监控力度，强化加大反避税调查工作。加强外籍个人所得税管理、国际税收宣传。认真开展外商投资企业联合年检，2014年全系统共年检外商投资企业205户，占应检户数的100%。

【税务稽查】全省安排企业自查1163户，自查收入26346万元；实施检查2244户，结案1937户，查补税款21624万元、滞纳金1471万元、罚款4598万元，共计27694万元。狠抓稽查制度建设，全面开展税收专项检查、高风险重点税源企业风险分析检查、税收秩序专项整治。深入打击发票违法犯罪活动，及时受理和查处举报案件。建立稽查协作机制，开展总局部分定点联系企业税收风险分析和税收检查工作。

【电子税务管理】稳步推进“涉税事项办理电子档案管理系统”、数据监控分析平台、数据共享平台、网上纳税服务平台建设。认真做好网络安全、运维基础工作，2014年科技信息处被甘肃省信息协会评为“全省信息化工作先进单位”。

【政务管理】全年共处理各类来文15065份、来电663份，审核封发文件1051份，共归档文书文件969件、电子公文4106件。共起草完成各类材料共64篇（次）。编发信息110期，被省委、省政府和国家税务总局采用信息16篇，其中1篇被国务院办公厅采用。督办完成人大代表建议和政协委员提案共4件。共接收、办结信访信件6起。共收明传电报和密码电报406份，妥善处理涉税网络舆情事件3起。推进政务公开，做好会务、机关财务管理工作。加强应急值守。

【财务管理】科学编制财务决算。严格执行政府采购制度，加强基建项目和资产处置管理。严格项目审批程序，完成全系统银行账户清理工作。强化预算管理，严格控制“三公经费”和“公务用车运行维护费”支出。加大对基层单位的经费补助力度。

【政府采购】严格执行政府采购制度。按照2014年政府采购目录，省局信息化设备、稽查软件运维、财务软件运维等政府采购项目成交9项，严格组织项目专家进行单一来源论证。

【执法督察与内部审计】不断完善督察内审工作机制，稳步开展税收执法督察，积极探索开展跟踪督察和后续审计工作。认真履行领导干部经济责任审计、系统内财务审计工作，2014年完成对4个市州局7个县区局2013年度税收执法重点督察、2个市州局跟踪督察和后续审计、3个市州局原局长离任经济责任审计、3个市州局2014年内部财务审计。

【党的群众路线教育实践活动】强化沟通衔接，督促第二批教育实践活动各活动单位步调一致、严肃认真开展。圆满完成第二批教育实践活动动员大会及总结大会相关事宜。深入推进总局党组和省委布置的专项整治活动，完成教育实践活动后期工作。

【纪检监察】开展廉政风险防控机制建设、纪检监察同级监督试点、警示教育周活动。进一步强化干部作风建设。认真开展公职人员经商办企业核实整改，以及“不作为、慢作为、乱作为”专项整治。严肃查办违法违纪案件，共接到信访举报投诉34起，直接查办5起，向各市州转办29起。做好省纪委约谈、述职述廉和专题汇报。

【税务文化】大力培育和践行社会主义核心价值观。组织开展甘肃地税组建20周年纪念活动。建成全国文明单位13个、国家级精神文明建设先进单位8家、省级文明单位标兵14家、省级文明单位39家、省级精神文明建设工作先进单位27家，获得市州级以上文明单位荣誉称号的比例达到100%。

（徐明霞）

中国人民银行兰州中心支行

【货币信贷】紧紧围绕贯彻稳健货币政策和支持地方经济发展两个中心任务，研究制定金融支持“丝绸之路经济带”甘肃段建设、战略性新兴产业发展等指导意见，举办战略性新兴重点企业银企对接会，开展省级银行业金融机构落实信贷政策情况综合评估，灵活运用差别存款准备金等货币政策工具，引导金融机构盘活存量、用好增量，加大对“3341”项目工程等重点领域的金融支持力度。及时向总行反映甘肃实际，积极争取总行连续5次调增甘肃地方法人金融机构年度信贷规划，全年规划较上年增长121.65%，有效引导地方法人金融机构加大支农支小信贷投放力度。截至年末，甘肃省金融机构本外币各项贷款余额11075.78亿元，增长25.54%；全年新增贷款2231.21亿元，创历史新高。

金融扶贫攻坚成效显著。在全省14个贫困县启动创建“金融扶贫示范县”活动，与陕宁青省区人民银行建立了六盘山区、秦巴山区和四省藏区等“三大片区”金融扶贫合作机制，组织召开了六盘山片区扶贫开发金融服务工作会议和金融支持甘肃革命老区扶贫开发座谈会，出台了金融支持六盘山片区扶贫开发和甘肃革命老区经济发展的意见，探索形成了集中连片特困地区扶贫开发金融服务区域合作模式。截至年末，全省“三大片区”各项贷款余额达到3312.06亿元，新增681.1亿元，占全省贷款余额的30%。

薄弱环节融资渠道进一步拓宽。制定了缓解企业融资成本高问题的实施意见，运用支农支小再贷款、再贴现和差别准备金等政策工具，引导金融机构支持三农、小微企业等薄弱环节发展。截至年末，全省涉农贷款余额4141.87亿元，较年初增加807.94亿元;小微企业贷款余额2405.35亿元，增长30.37%。不断扩大非金融企业债务融资规模，全年全省企业通过交易商协会注册累计发行债券389亿元，增长8.9%，2家企业成功发行保障房私募债41亿元，有效缓解了保障性住房建设资金不足困难。

货币政策工具管理进一步加强。不断完善再贷款、再贴现操作规程和监督管理细则，引导金融机构加大对农业地区、贫困地区、灾区的金融支持，争取总行调增甘肃支农再贷款限额20亿元。全年全省发放支农再贷款223.48亿元，向2家城市商业银行发放支小再贷款15亿元，办理再贴现113.01亿元，涉农、中小企业和中小金融机构持有票据再贴现金额占全省的90%以上。认真落实定向降准和“三农金融事业部”改革考核政策，共增加相关金融机构可用资金约27.5亿元。按照总行推进利率市场化改革安排部署，做好辖内地方法人金融机构合格审慎评估工作，兰州银行成为全国首批85家地方法人基础成员之一。

跨境人民币业务稳步推进。制定甘肃省跨境人民币业务发展的指导意见，建立完善跨境人民币业务非现场监管制度，开展跨境人民币业务现场检查，促进了跨境人民币业务规范发展。2014年，甘肃省跨境人民币业务实现实际收付310.11亿元，增长111%，参与跨境人民币结算的企业和金融机构数同比分别增长54.2%和43.8%。

【金融稳定】积极配合省委省政府做好甘肃省全面深化改革相关工作，及时跟踪国开行、农发行等银行在甘分支机构改革发展情况，全面反映人民银行推动金融改革的举措及成效。成立存款保险工作领导小组，制定存款保险突发风险事件应对预案，组织做好《存款保险条例（草案）》征求意见工作，按日监测全省存款类法人金融机构流动性状况，确保了存款保险制度改革在甘肃的顺利实施。加强对全省70家“三农金融事业部”的日常监测及现场督查，全年各项经营指标比上年度均有提高，涉农贷款占比同比提高12.85%，试点工作进展良好。

风险监测评估切实加强。围绕实体经济、地方融资平台、地方法人银行机构、影子银行风险4个重点领域，在全省开展金融风险大排查，调查了390家非金融企业债务融资及偿债能力风险状况，跟踪白银市地方政府平台违规融资、天水星火机床厂信贷违约情况，开展互联网金融、商业银行表外业务、房地产信贷风险等专项调查，掌握金融风险状况。加强金融风险定期监测报告及压力测试量化评估，对全省113家银行业金融机构同业业务规范情况及15家农村合作金融机构稳健性状况开展现场督查评估，进一步提升了金融机构运营的稳健性。

风险防范能力进一步增强。在全省地方法人银行业金融机构推广流动性风险突发事件专项应急预案，指导市州中心支行围绕跨市场交叉性金融风险等开展突发金融风险事件应急演练。组织全省市州中心支行开展打击非法集资宣传教育，配合省金融办、省工商局通过账户核查系统，对全省3825家投资公司的账户情况进行摸底，对辖内金融稳定再贷款现状及资产质量进行全面清查，妥善处理解决部分市州遗留问题。

【外汇管理】积极推进货物和服务贸易、资本项目等外汇管理制度改革，有效落实外债转贷款、跨境担保、境外直接投资、境外放款等改革措施，促进了贸易投资便利化。研究制定外汇政策支持兰州新区综合保税区建设的指导意见，提出了4个方面15条具体支持措施，充分发挥了外汇管理在促进对外贸易、拓宽投融资渠道和服务实体经济发展的积极作用。争取国家外汇管理局将甘肃2014年短期外债余额指标调增至7200万美元，支持金川集团开展跨国公司外汇资金集中运营管理业务，涉外企业外汇融资渠道进一步拓宽。

积极转变外汇监管模式。打破经常项目与资本项目管理边界，建立外汇主体监管新模式，将全省50家国际收支和货物贸易跨境收支规模较大的企业纳入敏感企业样本库，建立外汇局与重点企业联系人制度、分局与支局联系人制度，有效提高分支局对异常情况的快速反应和处置能力。加快外汇管理和服务应用平台建设，开发了外汇政策法规管理系统，开发了全省外汇人员信息库，实现了互联网站甘肃省分局子网站成功运行。

有效防范跨境资金风险。加强跨境资金双向流动监测预警，将93家企业列入重点监测对象，监测非贸易外汇业务数据11万笔，向银行发布异常纠改信息600余条，对18家进出口企业和银行机构资本项目外汇业务进行了现场核查，有效防范外汇资金流动风险。创新外汇现场检查方式方法，探索开展非现场分析，解决违规线索发现难、取证难的问题，填补了检查手段的空白。组织开展打击虚假转口贸易专项检查，全年共检查银行分支机构86家，发现违规线索311条，涉及违规金额2.67亿美元，处罚银行分支机构17家，查处金融机构外汇违规案件22起，处罚金额83万人民币。加强执法合力，与兰州海关缉私局签署《打击走私和外汇领域违法犯罪合作备忘录》，与税务部门签署了加强服务贸易监管《合作备忘录》。

【金融管理】高效履行法律赋予的金融管理职责，全年共受理89个金融机构加入人民银行金融管理与服务体系申请，对32家机构开展了现场核查，对62家机构开展了年度综合评价。全省共收到金融机构报送重大事项991项，比上年同期增加170项。全面启动新一轮综合执法检查，制定了《2014～2017年综合执法检查工作规划》，组织对116家分支机构开展综合执法检查。对55家金融机构及工商企业开展专项执法检查，对违法违规行为较为严重的机构给予行政处罚102.29万元。

金融消费权益保护工作稳步推进。进一步完善金融消费权益保护工作管理制度，在全国首批试点开通了“12363”咨询投诉电话，在全省市县级商业银行网点布放了“12363”电话公示牌。全年共受理金融消费咨询1040起，受理投诉135件，办结率均达到100%。创新推出“融合宣传”模式，深入开展金融知识宣传普及工作。组织召开银行业金融机构消费权益保护工作座谈会，指导各市州中心支行与相关部门签订《金融消费权益保护公约》，设立金融消费权益保护中心，形成了多方联动的金融消费保护工作局面。

反洗钱工作有效性不断提升。扎实开展“洗钱风险防控年”活动，深入推进地方法人机构洗钱风险评估和金融机构客户分类管理，指导工商银行、中国银行、农业银行成立了反洗钱中心，对光大银行、人保财险等24家机构的160多家分支机构开展了反洗钱专项现场检查。制定甘肃省保险业金融机构反洗钱风险控制指引，强化对保险金融机构的监管。全年协助省公安厅、检察院、禁毒办等部门完成反洗钱行政调查和案件协查19起，调查可疑账户300多户，涉及可疑交易资金约30多亿元。

新闻宣传和网络舆情工作成效显著。利用报刊媒体和互联网子网站等渠道，积极宣传金融政策和金融支持地方经济发展成效。《金融时报》多次对全省金融支持扶贫攻坚、小微企业金融服务等工作进行了宣传报道。配合总行完成的图解新闻《一图读懂存款保险》被中央网信办采用。完善政务公开工作机制，加强政务公开法律审核，确保政务公开流程合法、合规，积极拓宽政务公开渠道，指导辖内分支机构利用微信等新媒体，提升政务信息公开覆盖面。及时公开贷款卡年审、人民币银行结算账户等办事指南，依法行政透明度和群众满意度进一步提升。

【金融服务】围绕推进金融统计标准化，全面实施地区社会融资规模统计，积极推进存贷款综合抽样统计试点。圆满完成了第三次甘肃省银行及其他金融业经济普查工作。深入推进甘肃省县域经济金融数据库建设，依托数据库构建了甘肃省县域金融生态环境评价指标体系，开展县域金融生态环境评估，拓宽了数据库应用领域。及时完成了企业景气、企业家问卷、银行家问卷、民间融资调查，增强了经济调查反映的灵敏性和时效性。积极开展“丝绸之路经济带”建设、普惠金融等领域特色研究，成功举办2014首届中国西北金融高峰论坛。

支付体系建设进一步推进。通过全省上下协力攻关，顺利实现了中央银行会计核算数据集中系统（ACS）在甘肃成功上线运行。制定深化农村支付服务环境建设实施意见，开展农村手机支付特色业务试点，引导涉农银行机构在在甘南藏区、陇南秦巴山区布放“三农金融服务流动车”，在武威市建设重点市场“电子化交易与非现金结算系统”，填补了少数民族和偏远地区的金融服务空白。推动助农取款服务点实现“多功能服务、多卡种受理”。累计设立助农取款服务点21019个，同比增长60.6%。清算系统实现了100%安全运行，全年清算笔数达3734.48万笔，金额达31.68万亿元，分别增长39.56%和17.42%。

征信体系建设步伐进一步加快。大力推进中小企业和农村信用体系建设，平凉和庆阳分别被总行确定为国家级小微企业和农村信用体系建设试验区，自主研发的小微企业和农户信用信息管理系统已在庆阳市和定西市推广应用。作为试点省份，53家小额贷款公司和融资性担保公司在全国率先以互联网方式接入征信系统。在全省推广应用中征应收账款融资服务平台，目前成交金额8.8亿元，提高了小微企业融资能力和应收账款利用效率。

国库职能作用进一步拓展。全面实施国库会计标准化管理，进一步提升国库会计核算质量。开展国库参与财政部门存款账户核准管理制度创新试点，建立商业银行代理国库业务综合考核评价机制。财税库银横向联网（TIPS）业务覆盖面不断扩大，电子缴库业务量占税收收入比重达到61.5%。在兰州、白银两地试点运行财税库银横向联网电子退更免业务，成功实现了省级财政支出联网，有效提高了资金运行效率，共有11个市州、43.16亿元的涉农惠民财政专项补助资金实现了直拨到户。

货币发行管理进一步加强。严肃发行基金调拨纪律，及时将发行基金调拨、摆布到位。对全省12个市州中心支库和33个县（区）支库进行了发行库安全管理突击检查，发行库规范化管理水平不断提升。召开了西部六省（区）货币发行工作座谈会和甘肃省各银行业金融机构人民币净化工程座谈会，积极督促全省各银行业金融机构落实冠字号码查询工作任务，金融机构ATM机和柜台冠字号码可查询比例均达到100%。全面加强反假货币综合治理，建立省级银行业金融机构反假货币联络机制。

金融信息化水平进一步提高。推进省级数据中心建设，建成了金融应用基础平台，系统可靠性和资源利用率进一步提高。自主研发的“甘肃省县域经济金融数据库系统”获2013年度全国银行科技发展三等奖，并被推荐在全国范围内推广。在全省部署了网管统一监控系统，开展业务网环境治理，确保了网络和信息系统的安全稳定运行。指导银行业机构完成金融IC卡受理环境改造，POS、ATM全面关闭金融IC卡降级交易，非接机具占比明显提高，试点城市金融IC卡公共服务领域应用推广取得较好效果。组织召开全省信息安全联席会议，加强银行业信息安全等级保护、网上银行漏洞、机房动力环境检查，确保银行业信息安全。

（陈蓝萍　巩月明）

金融办

【基本情况】得益于“十二五”以来经济的快速发展，全省存贷款指标相继突破万亿元大关。2014年末，全省贷款余额11075.78亿元，同比增长25.54%，全年新增贷款2231.21亿元；存款余额13957.98亿元，增长15.64%。同时，在全国资本市场整体较为低迷、股票融资受到较大抑制的情况下，甘肃债券融资依然保持了快速增长。2014年，全省实现1户企业上市，3户企业在新三板挂牌融资，1户企业已过会等待正式发行，6户企业进入材料审核阶段，实现债券融资551亿元，增长30.69%。

【人才引进】2012年，省委、省政府着眼于强化人才保障、破解发展短板，从中央金融机构引进了61名高层次金融人才到甘肃挂职。为巩固和扩大引进金融人才成果、建立长效化的人才引进机制，在省委、省政府的直接推动和各方面的共同努力下，2014年又从全国各大金融机构顺利引进了第二批120名金融挂职干部。与第一批相比，不仅引进数量翻了近一番，人才引进范围也从中央金融机构扩大到全国性主要金融机构，从以银行业为主扩大到证券、保险、资产管理、股权交易等各类金融业，挂职单位也从各级政府扩大到省属企业，而且实现中央金融机构挂职干部在县域的全覆盖，极大地改变基层金融工作力量不足、基础薄弱的局面，必将为推动全省金融创新发展提供更为坚实的制度和人才保障。

【金融扶贫】一是扩大贫困地区资金投放。全年新增支农再贷款限额20亿元，占全国限额增量的十分之一，全省支农再贷款限额达到170亿元，位列全国第三。二是推出一批金融扶贫产品。积极落实省政府与国家开发银行签署的金融扶贫开发战略合作协议，努力为贫困地区基础设施建设和产业发展提供融资支持。通过整合财政支农资金，以贴息、政策性担保、保险补贴等方式，引导金融机构创新推出了一批金融惠农品牌产品。截至12月末，全省“双联惠农贷款”余额92亿元，较上年增加25亿元，“牛羊蔬菜贷款”余额214亿元，较上年增加153亿元，农户小额信用贷款余额267亿元，较上年增加59亿元。三是创新金融扶贫方式。加快农业保险发展，目前全省已开办马铃薯等10个政策性农业险种，参保农户近300万户。已在定西市启动中药材保险试点，建立了财政补贴支持、银行配套贷款、保险公司提供风险保障的综合保障机制。临夏州村级产业发展互助社实现贫困村全覆盖，累计发放借款7.2亿元，惠及农户9.6万户。庆阳市开展金融支持产业扶贫试点，发放贷款4910户、1.1亿元。在陇西县开展畜草产业小额贷款保证保险试点，累计为172户养殖户的4000万元贷款提供了保证保险。从探索盘活农村存量资产入手，稳妥推进“三权”抵押贷款试点。林权抵押贷款试点已顺利开展，农村土地承包经营权抵押贷款也在部分市县进行了有益尝试。

【农村金融服务】一是加大政策支持。为贯彻落实中央和省委、省政府一系列加强农村金融工作的决策部署，2014年以来出台了《甘肃省普惠金融发展规划》、《关于进一步加强农村金融服务的意见》，完善了支持农村金融发展的政策体系，推出了破解农村金融发展难题的重点措施。二是健全农村金融服务体系。通过积极引导金融机构下沉服务，目前农业银行、工商银行、邮储银行网点已实现县域全覆盖，甘肃银行、兰州银行正在加快推进县域网点建设，邮储银行网点在乡镇已覆盖66%，农村信用社网点已实现乡镇全覆盖，并建成村级便民服务点2863个。三是积极运用资本市场服务“三农”发展。加大涉农上市企业培育力度，全省拟上市后备资源库中涉农企业达40家，基本覆盖各市州，其中宏良皮业即将发行上市，众兴菌业已上报审核材料。通过贴息、增信等手段，引导涉农中小企业发行集合债券，目前敬业农业等6家企业符合发行条件，预计发债总规模3.5亿元。在一系列扶持政策的推动下，涉农信贷投放继续保持了快速增长的态势，全省涉农贷款余额4141.87亿元，同比增长24.32%，当年新增807.94亿元。

【金融业发展】在强化金融人才保障、破解薄弱环节融资难题的同时，紧抓机遇、强化合作、争取支持，推动金融业实现全面发展。深化银地合作，同中国工商银行、中国银行和中国建设银行签订了合作协议，全省已同包括四大国有商业银行在内的8家全国性金融机构达成战略合作。大力引进全国性股份制商业银行，民生银行兰州分行正式挂牌运营。依托兰州银行，成立了甘肃首家科技支行。召开全省经济社会发展项目资金对接会议，17家在甘银行业金融机构共与省内1379个项目达成2634亿元融资合作意向，现场签约1719亿元。完善银政企对接机制，建立网上对接平台，将对接活动由过去的定期对接改革为经常性对接，努力为金融机构、地方政府和企业打造一个更为便捷有效的合作平台。抓住国家发展民营银行的机遇，积极向上申报争取，启动了全省民营银行试点工作。推动地方法人保险机构组建工作，目前正在落实牵头出资企业。加快市州城投债发行步伐，截至年末全省发城投债的市州增加到9个，比上年增加4个。加大保险项目资金对接力度，争取保险资金投资省内基础设施建设和产业发展，全年实际到位资金达62.99亿元。

甘肃保监局

【保险业基本情况】2014年，全省实现原保险保费收入208.44亿元，比上年增长15.7%，增速提高2.23个百分点，总体实现平稳较快增长。其中，产险公司保费收入85.41亿元，增长19.42%；人身险公司保费收入123.03亿元，增长13.26%。累计发生赔付支出84.42亿元，增长25.74%。其中，产险公司赔款支出40.97亿元，增长20.93%；人身险公司赔款及给付支出43.45亿元，增长30.64%。全省保险市场主体达到24家，其中产险公司12家，寿险公司12家；保险专业中介公司31家。

【保险市场发展特点】经营效益提升。在行业经营费用管控力度加大和赔付成本有所上升的情况下，2014年全省产险公司实现承保利润6.53亿元，比上年增长27.75%，承保利润率为9.14%，高于全国平均8.36个百分点，较上年提高0.54个百分点，连续6年实现盈利。

寿险业务结构出现积极变化。一是保障型险种快速发展。保障型普通寿险比上年增长104.72%。其中新单保费增长836.93%，占比同比提高16.76个百分点。健康险增长29.67%。普通寿险占寿险业务的比重为36.62%，比上年提高16.74个百分点。二是缴费结构持续改善。一年期以上新单期缴业务中，长期险产品占比有所提高。3年期和5年期占比为29.2%，较上年下降6.22个百分点，10年期及以上占比为70.36%，较上年上升8.14个百分点。

服务民生领域实现突破。在农业保险方面，全省新增4个品种，中央财政补贴品种由原来的8个增至10个。地方性财政补贴品种新增两个，其中，中药材产值保险在全国率先实现了农业保险对自然风险保障向市场风险保障的拓展。在大病保险方面，截至2014年12月底，在庆阳、定西、金昌三个试点地区累计为528.3万城乡居民提供了3.12亿元的大病保险风险筹资，累计赔付4.59万人次，赔付金额1.81亿元，为缓解城乡居民高额医疗费用负担，解决因病致贫、因病返贫问题，推动全民医保改革发挥了积极作用。落实国家关于扶贫开发的金融扶持政策，指导公司进一步推动小额人身保险业务发展，累计为全省277万低收入农民提供了1396.5亿元的风险保障。

【服务工作】突出抓好服务，做消费者权益的保护者。一是加大服务质量监管力度。继续加大未决赔案清理力度，分析各产险公司理赔环节平均工作时效，找准影响车险理赔结案周期、导致案件久拖不决的症结和原因，提出针对性的解决思路，提高理赔服务质量。开展兰州市车险理赔服务质量现场测评，向社会公开测评结果。探索建立全流程的人身险服务评价体系，将人身险服务从承保、理赔、保全等各个环节纳入可量化、可评价的监管体系，实现各公司在一个统计口径下、一个评价标准下的横向比较。二是创新服务方式。积极探索农业保险共享政府农村信息平台，提高农业保险信息化水平。建立2个交通事故快速处理中心。指导中国人寿甘肃省分公司开展普惠金融试点，逐步探索搭建起以保险农村营销服务部为主渠道，农信社金融便民点、个体工商户、驻村（社区）代表为补充的农村保险服务便民网点体系。

【重点领域保险】突出重点领域，做推动发展的先行者。一是农业保险创新驱动，满足三农生产生活需要。农业保险新增开办冬小麦、棉花2个中央财政补贴险种，中药材、苹果2个地方财政补贴险种，累计实现原保险保费收入6.31亿元，比上年增长12.13%。在全国率先启动中药材产值保险试点，承保当归、黄芪、党参面积共8.77万亩，保险金额1.9亿元，将风险保障从传统的保自然风险向保市场风险拓展，创新理赔定价方式、查勘定损方式，将保险保障与农户信贷结合。因2014年中药材种植遭受灾害影响，承保公司支付中药材保险赔款3810万元，简单赔付率将近300%。马铃薯保险实行两种承保模式，在推动产品满足差异化需求上迈出步伐。开展畜草产业小额贷款保证保险试点，解决养殖户融资难题，累计投放4886万元，缓解了农户贷款难问题，为贫困地区强化农村金融服务做了有益探索。二是认清形势有的放矢，挖掘责任保险需求潜力。采取"一险一策"分类指导原则，对有效需求高、配套政策比较完善的重点险种，进一步完善产品服务和业务运作模式；对目前有效需求不高、相关配套政策措施有待完善的险种，重点是加大政策引导、社会宣传和组织推动的力度；对市场相对分散的新型责任保险，引导公司创新产品和服务，提高保险服务内涵价值。2014年，全省责任险实现保费收入3.45亿元，比上年增长20.98%。三是发挥保障服务民生，推动健康养老保险发展。总结保险业参与大病保险试点取得的积极成绩，并向省政府提出七条具体工作建议，为大病保险争取良好的发展环境。积极与省医改办等部门协调，促成全省六部门联合向三个试点市政府下发《关于继续做好2014年大病保险工作的意见》，推动大病保险试点工作健康发展。协同配合省医改办修改完善《甘肃省大病保险考核管理办法》，明确资金拨付、考核指标结构等细节，使大病保险考核工作制度化、透明化，减少人为干预。落实《甘肃省人民政府关于加快发展养老服务业的实施意见》，提出具体落实要求，及时指导公司落实有关政策措施，积极推动行业参与养老服务业发展。四是创造环境积极协调，引导保险资金参与项目建设。通过提供信息精选对接实体，协调开展推介考察洽谈，建立省级保险公司同保险资产管理公司及保险公司总公司的沟通汇报和信息衔接机制，搭建资金对接平台，积极促成保险资金参与全省重大项目建设。全年，与平安集团、太平集团和人保资本签约对接6个项目，签约额度131.99亿元，到账资金62.99亿元，签约额和落地资金均超过前三年总和，对推进项目建设提供了积极的保险资金支撑。

【风险防范】突出风险防范，做健康发展的预警者。在原有条块预警和分类监测体系的基础上，推出了融服务、合规、风险和发展四分类的监测体系，利用自动化手段提升非现场监管效能。制定财产险市场风险排查方案，动态监测和预警市场重要监管指标，对指标异常市场主体或区域适时采取监管措施。指导相关人身险公司完善内控制度，加强资金管理风险识别、预警，开展退保风险应急演练，平稳推进满期给付和退保工作。有效防范部分产险公司应收保费率过高，部分寿险机构的退保和满期给付开始出现大幅度上升的风险压力。加强行业案件风险管理，制定《甘肃保险业重大案件应急预案》，开展行业培训，完善了相关工作制度。

突出依法行政，做市场秩序的维护者。建设"法治型机关、法治型处室”，实行“查处分类、审监分离”，保证依法行政。制定了行政处罚自由裁量标准、行政许可审监分离程序等10多项有关议事决策和工作制度，开展效能监察。清理规范性文件，保留有效规范性文件数量由101件减少到6件。进一步规范了市场监管行为，明确了监管执法程序和责任，为更好地开展监管工作提供了执法保障。严厉查处保险公司违法违规问题，累计派出1557人次，开展了客户信息真实性、银保业务、反洗钱等6个统一检查，针对举报案件开展了16个专项检查。抽调骨干力量，全力做好农业保险、大病保险和中介市场清理整顿“三大战役”的市场检查工作，对存在违法违规问题的10家不同保险主体给予了行政处罚，累计罚款152.4万元；处罚机构19家次，处罚责任人16人次。

（李瑞红）

甘肃银监局

【概况】截至2014年末，全省银行业总资产达到19139.89亿元，比上年增长17.84%；总负债达到18373.41亿元，增长17.24%；全省银行业金融机构各项贷款余额达11077.58亿元，增长25.55%；各项存款余额13648.05亿元，增长15.57%。

【党的建设】按照中央的部署和银监会党委的要求，紧紧围绕整治“四风”问题，一手抓第一批教育实践活动“两方案一计划”的整改落实，一手抓第二批教育实践活动的扎实推进，从更深层次全面推动党的建设。深入学习党的十八大和十八届三中、四中全会精神，特别是习近平总书记系列重要讲话精神，不断用党的最新理论成果武装头脑、指导实践、推动工作。建立健全《基层联系点制度》、《党员谈心谈话制度》、《“三会一课”制度》等各项党内生活制度。严格干部监督管理，突出选优配强各级领导班子，推进干部上下交流。强化党风廉政建设党委主体责任和纪委监督责任，严格落实中央八项规定，进一步严格会议计划管理，精减文件、简报，规范出差出访和公务接待，各项工作受到银监会督导组充分肯定，群众满意度测评为“好”的占比达到99%以上。

【银行业改革转型】按照银监会的部署和要求，及时成立了改革领导小组，制定了《银行业改革工作规则》，明确了改革的重点、路径、时限和责任。督促农业发展银行准确把握政策性业务范围和边界，加强农业以及社会薄弱环节的信贷支持；支持开发银行坚持开发性金融机构定位，进一步完善开发性金融运作模式，加大对重点领域和薄弱环节的支持力度；推进国有商业银行增加基层网点，拓宽业务领域，进一步增强服务县域经济的能力；研究邮储银行二类支行改革中出现的新情况、新问题，有序推进二类支行改革；引进民生银行在兰州设立分行，鼓励和支持甘肃银行、兰州银行在全省市县（区）设立营业网点；推动农村合作金融机构股份制改造，加快农村商业银行组建步伐，培育和发展新型农村金融机构。鼓励和支持民间资本投资入股金融机构和参与金融机构重组改造，指导做好农村合作银行、农村信用社改制工作。同时，按照“成熟一家，审批一家”的原则，着力培育村镇银行，在确保全省现有16家村镇银行、4家农村资金互助社稳健运营的基础上，支持兰州银行发起设立2家村镇银行。大力实施基础金融服务“村村通”工程，督促设立便民金融服务点2537个，行政村简易便民服务网点和流动服务网点10799个，利用移动终端、乡村超市POS终端、自助设备等技术，使各类电子机具对行政村覆盖率达到85%，实现全省金融机构空白乡镇全覆盖。严格落实“双线”风险防控责任制，督促银行业金融机构建立覆盖非信贷和表外资产的全口径分层次的质量分类、资本占用和风险报备等制度，加强内源式资本补充，推进并表全面风险管理。

【服务经济发展】紧紧围绕全省“十二五”规划和“3341”项目工程，推动省政府出台了《关于金融支持经济结构调整和转型升级的实施意见》、《关于金融服务“三农”发展的若干意见》、《关于多措并举着力缓解企业融资成本高问题的指导意见》、《关于优化金融发展环境的通知》等8份文件，进一步理顺银政、银企关系，改善了金融生态环境。

推动经济结构调整和转型升级。坚持有扶有控的监管政策，引领银行业机构紧紧围绕“优化增量、盘活存量”，积极支持有色冶炼、石油化工、装备制造等传统产业的改造升级和新能源、新能源装备制造、新材料、生物医药和信息科技等战略性新兴产业发展，在保障重点行业信贷资金需求的同时，推动化解产能过剩。截至2014年末，全省银行业金融机构投向道路运输、能源生产、水利等重点项目和基础设施建设的资金达3152.07亿元，比年初增长21.33%。

支持小微企业发展。推动专营支行建设，搭建小微企业金融服务平台，探索推行“银行+商会+商户”新型贷款模式，促进银企对接。通过放宽小微企业贷款存贷比要求、降低小微企业贷款风险权重等差异化监管政策，并结合地方经济发展特点，创新研发符合小微企业专属担保方式，推出“惠企通”、“陇药通”等多种小微企业融资服务品牌，满足小微企业多种信贷需求。截至2014年末，全省银行业金融机构小微企业贷款余额2465.68亿元，比上年末增长31.75%。

提升“三农”金融服务水平。持续推进“金融服务进村入社区”工程，督促银行业金融机构通过增设分支机构、设立流动服务站、布放“三农”自助设备，进一步扩大“三农”基础金融服务覆盖面。持续推进“阳光信贷”工程，开展信用村、信用户评级，简化贷款流程，加大农户小额信用贷款推广力度。持续推进“富民惠农创新工程”，积极推广微贷技术，探索土地承包权、宅基地使用权等抵质押融资试点，进一步破解农村地区贷款难、贷款贵问题。截至2014年末，全省银行业金融机构涉农贷款余额4138.29亿元，比上年末增长24.23%。

【重点风险管控】按照《银监会办公厅关于做好2014年不良贷款防控工作的指导意见》，加强对重点区域、重点行业和重点客户的风险排查。在平台贷款风险防控方面，加强全口径风险管理，健全和落实台账制度，持续关注负债率偏高、财政实力相对较弱的市县级平台，有效缓释了平台贷款风险。在房地产贷款风险防控方面，认真落实房地产调控政策，严格开发企业和合格土地储备机构“名单制”管理，定期开展压力测试，加强了风险管控。在流动性风险管理方面，认真执行商业银行流动性风险管理办法，主动加强负债管理，开展流动性压力测试，提高了流动性风险管理的专业性、前瞻性和精细化水平。在案件风险防控方面，继续保持高压态势，层层签订案防工作责任书，开展对案件风险尤其是员工异常行为情况的动态排查，全面推进物防、技防、人防建设，全辖银行业金融机构实现了零案件目标。在信息科技风险防控方面，成立信息科技监管处，组织开展信息科技监管评级和软硬件产品缺陷信息排查，组织开展网络应急切换演练，确保了全辖银行业 IT 系统的平稳运行。

【监管效能建设】深入推进简政放权，按照银监会的部署和要求，坚决取消下放的 3 类、13 项行政许可事项，认真做好取消行政许可审批项目的落实和下放管理层级行政审批项目的衔接工作。着力规范审批行为、统一标准和流程，对同质同类准入事项协调一致，下放内部审批权限，减少行政许可审批环节，简化社区和小微银行行政审批流程。扎实推广银监局版 EAST 系统应用，从系统部署、数据规范采集、技术分析支持等方面扎实开展推广应用，使检查效率和质量大幅提升。严格数据质量管理责任制，建立关键指标确认制度，完善异常变动报告制度，推进数据质量监管联动，开展数据质量《良好标准》评估，初步建立了“统一领导、分级负责、严格考核、监管约束、培训辅导”五位一体的数据质量管控体系。进一步前移准入监管关口，在机构筹建初期就提前介入，全方位指导新设机构做好筹建工作，提升监管效率。组织开展金融知识进村入社区活动，参加“政风行风热线”直播，建立健全消费者权益保护处理机制，使群众投诉处理满意率达到 90% 以上。

（孙国泰）

招商银行股份有限公司兰州分行

【综述】资产负债规模稳步扩大，经营效益大幅攀升。截至 12 月末，分行全折资产总额 428.68 亿元，较年初新增 59.86 亿元，增幅 16.23%。全折自营存款时点余额 365.62 亿元，较年初新增 85.56 亿元，增幅 30.55%。全折自营存款日均余额 348.20 亿元，较年初新增 49.92 亿元，增幅 16.74%。全折自营贷款余额 204.52 亿元，较年初新增 15.37 亿元，按管理口径折算，含非标管理余额达 233.39 亿元，较年初新增 37.29 亿元，增速达 19.02%。2014 年，分行实现营业净收入 15.78 亿元，同比增幅 20.44%，净利息收入近 12.34 亿元，同比增幅 17.70%。非息收入 2.78 亿元，同比增幅 44%，实现考核利润 5.97 亿元，同比增幅 30%，利润增幅创造了历史最好水平。

新兴业务渐入佳境。投行业务，债券承销一枝独秀，全年注册 73 亿元，发行 58 亿元。同业业务，“核心 + 卫星”理财模式直扑前沿，充分发挥强大的资金通路功能，不仅自身快速完成任务，也为分行其他业务发展提供有力支撑。全年累计实现净收入近 6200 万元。公司业务，创新产品，落地有声，公司一卡通、现金管理 C+ 结算套餐、互联网“E+ 账户”平台、国内信用证、供应链金融等业务一经推向市场，纷纷显现优势，有效绑定客户，提升客户黏度。票据业务，巧借同业资金，搭建轻型资产，创新组合产品。不仅规模大幅增长，全年直贴、转帖累计发生 1360.2 亿元，而且实现净利润 8013 万元，超额完成总分行计划。此外，黄金租赁、结构性存款、存汇盈等新兴产品在经营实践中也被广泛运用，有效带动了全行存款、利润、中收的增长。

“两小”业务进展顺利。2014 年，分行充分发挥 5 个异地营销团队作用，深入当地市场，加大了对庆阳果脯、果汁产业，永登苦水玫瑰产业，陇西药材产业，高原夏菜、制种行业、油橄榄等省内特色优势产业的信贷支持，大力推动了药贷通、小微企业置业贷、结算流量贷、POS 贷等融资产品。小企业和小微企业在客户批量拓展等各项指标方面均居总行前列，创造了历史最好水平。

信用风险管理逆流而上。2014 年，共压缩、退出潜在风险客户 95 户，涉及授信金额 11.83 亿元。全年无新增不良，并实现双降。不良贷款较年初减少 2418 万元，余额 4471 万元，减幅 35.09%；不良率 0.22%，较年初下降 0.14 个百分点。

机构建设成效显著。2014 年是分行历史上成立网点最多的一年，在各级干部员工的努力下，顺利完成 10 家机构建设，以“小而密”的形态，顺应了客户对网点体验的需要，也扩大了招行的服务影响力和辐射范围，为全行的业务发展建立了更多的营销“根据地”。

【资产负债业务】负债方面，坚持“存款立行”。在重点产品和特色业务推动下，对公存款稳步增长，分行人民币对公存款日均增量（总行考核口径）49.78 亿元，完成总行计划的 142.23%。储蓄存款，通过市场推介活动与营销竞赛活动拉动，迎难而上，艰难开拓。储蓄存款年日均余额 114.11 亿元，较年初新增 2.83 亿元。资产业务方面，深挖大客户潜力，全面提升战略客户的综合贡献度。为企业搭建融资平台，进一步深化了和重点战略客户的合作，客户综合贡献价值不断提高。小企业业务“整合职能、突出重点、提升效率、强化管理”，从客群建设、授信政策、产品支持等各方面进行了全面的布局和安排，以资产业务为基础，进一步加强客群管理和资产质量管理，健康、有序的做好各项业务的组织推动工作。截至 12 月末，分行小企业贷款余额 22.39 亿元，较年初增加 1.97 亿元。零售信贷条线遵循总行“做强小微、做大零售”的战略指导思想，齐心协力，攻坚克难，坚持以本地市场为依托，辐射省内重点区域，将产品创新和大数据营销相结合，分支联动，实现交叉互补促进业务的共同发展。截至2014年末，分行管理口径零售信贷总余额57.81亿元，较年初增加11.46亿元。

公司业务。开创了根据客户实际需求及和同业竞争需要灵活设计对公财富管理产品的新通道，从融资租赁业务、现金管理类业务、对公财富管理三个方向拓展中间业务的新思路，在正常销售总行创设的常规及集合产品同时，分行自主创设代推介产品金额64500万元，在对公理财受存款增长压力、同业竞争愈加激烈的形势下增加了分行中收渠道。

国际业务。考核与激励并重、将内保外贷业务作为国际业务增收的主要渠道、重点企业单证结算业务常抓不懈、抢抓机遇大力推动存汇盈业务发展。年内实现国际业务中间收益1483万元，较去年同期增加341万元，同比增长29.86%，并成功推行了金川财务公司结售汇业务正式上线。

同业金融业务。在中间业务推动中以“力拓客群，夯实基础，加强创新，防范风险”为导向拓展业务，条线累计实现非息收入2100万元，完成分行计划的105%。其中：黄金租赁业务实现租赁费收入1201万元，实现重大突破。

【客群建设】批发条线。截至2014年末，分行对公新开户1718户，同比增加692户；对公有效户7106户，较上年增加1405户，按收入折算有效户4123户，净增585户；批发产品交叉销售率4.57个/户，较上年提升0.47个；批发活跃客户1825户，较上年增加471户，活跃客户占比由2013年末的36.73%提升至52.98%。

零售条线。截至2014年末，分行新增超高端客户6户，新增私人银行客户17户，新增钻石客户40户，新增金葵花客户794户，新增金卡客户2405户，新增大众客群15902户。此外，新增代发有效客户20915户，新增信用卡22331户，新增资金归集客户25901户，手机银行推荐下载70683户，新增跨境通54户，全面完成全年任务计划。

【企业文化】在有效传承招银文化核心内容的基础上，结合分行的新形势、新任务，在文化的落地和实践过程中重拳出击，积极探索招银文化在兰州本土落地生根的运行体系和实施办法，让理念变成员工的行为习惯。一是弘扬战略文化。通过会议和办公文件和内部刊物等形式明确分行的战略思想和“轻型银行”转型方向，进一步强调战略文化，坚持走特色化经营道路。二是传承创新文化。建立创新文化运行体系和创新奖励评审机制，从制度上将创新文化有效传承和发扬。三是深化服务内涵。重视服务文化建设，服务升级，宣导招行最朴素的价值观。坚持以客户为中心，尊重和关爱客户，发现客户的需要，满足客户期待与梦想。四是强化合规文化。深刻诠释稳健发展的内涵，不仅“稳”，也必须“健”，确保分行经营业绩跨越发展的同时，风险管理也逆流而上，实现质量和效益双丰收。五是倡导关爱文化。分行帮困扶贫送温暖工作逐步迈向经常化、人性化、制度化、社会化的发展轨道。

（沈建强）

甘肃省农村信用社联合社

【基本情况】甘肃省农村信用社联合社是甘肃省人民政府2005年组织全省87家县（区、市）农村信用合作联社和甘肃省农村合作金融结算服务中心入股组成的，对全省农村信用社（农村信用合作联社、农村合作银行、农村商业银行）履行管理、指导、协调和服务职能的地方性金融机构。

甘肃省农村信用社联合社内设22个职能部门、6个区域稽核审计中心，下辖10家农村商业银行、12家农村合作银行、65家农村信用合作联社、1家结算中心等88家法人机构，共有机构网点2246个，从业人员19339人，企业和自然人股东287889户。

【业务发展】甘肃省农村信用社联合社成立以来，积极引导全省农村信用社坚持以服务“三农”为宗旨，以改革创新为动力、以加快发展为己任，以提高效益为中心，大力弘扬“诚信、创新、敬业、兴农”的甘肃信合精神，大力推行“1235”战略、企业文化战略和人才强社战略，大力实施“金融服务进村入社区”、“阳光信贷”和“富农惠农金融创新”三大工程，全面推广农户小额信用贷款、农户联保贷款、妇女小额担保贷款、草食畜牧业和设施蔬菜产业贷款等业务，创新研发“五宝四通”支农支小特色信贷产品；推出了“整贷零偿”、“园区产品集合”和“动产质押”等20多种小微企业融资服务品牌，积极推行“信用社+商会+商户”的新型贷款模式，有效解决了“三农”发展和中小企业贷款难的问题。成功搭建了人力资源管理系统、稽核审计系统、信贷管理系统等七大服务平台，为各项业务的快速发展提供了强有力的科技支撑。

自主研发了集小额现金存取、转账结算、账务查询、存折补登、密码修改、代收代付、自助贷款等功能为一体的三农自助服务终端，荣获“2012中国国际金融展”最高奖——“金鼎奖”；开通了手机银行、自助银行、微信银行、POS收单等电子业务渠道，已累计布放各类电子机具49139台，三农服务终端2864台，消灭了全省金融服务空白乡镇。发行了8种飞天系列卡，累计发行飞天借记卡2096.4万张、飞天公务卡3.17万张。

深入开展了“双联”行动和双精准扶贫工作，全力支持抗灾、救灾及灾后重建活动，积极投身社会公益事业，多次发起并参加各类捐资、赞助、捐建、援建等活动，很好地承担和履行了企业的社会责任。

省联社经历了发展速度最快、经营效益最好、面貌变化最大、行业形象最佳的10年黄金发展期，全面实现了规模、质量与效益的协调发展，为“富民兴陇”和甘肃经济转型跨越发展做出了重要贡献，连续7年荣获甘肃省政府“省长金融奖”。

经济管理

国资监管

【国有资产保值增值】2014年，37户省属监管企业全年完成营业收入5046.19亿元，比上年增长13.80%；实现利润总额82.46亿元，增长12.27%；上缴税金140.36亿元，增长30.69%；完成工业总产值2557亿元，增长13.16%；实现工业增加值509.11亿元，增长6.59%；资产总额达8164.62亿元，增长8.65%；所有者权益3018.39亿元，增长4.90%。

【国有企业改革】强化顶层设计。省委省政府出台了《关于进一步深化国资国企改革促进企业发展的意见》（以下简称意见），明确了深化国资国企改革的指导思想、基本原则和目标任务，成为指导全省深化国资国企改革的基本遵循和顶层设计。狠抓组织推动。成立由黄强副省长任组长、省直13个部门为成员单位的国资国企改革推进工作领导小组，统筹推进改革任务落实。健全完善配套制度。出台了21项意见、办法和方案等配套制度，其中省政府办公厅出台3项，省国资国企改革推进工作领导小组出台2项，省国资委出台16项。坚持试点先行。确定5户企业进行改革试点。其中，省公航旅集团、省机场集团重点探索功能类和公共服务类企业理顺管理体制、分类监管的改革路径，省国投集团重点探索“国资委—国有资本投资运营公司—实体企业”三级架构国有资本管理运营模式，酒钢集团重点探索竞争类企业提质增效升级的新方法，八冶集团重点探索规范员工持股、转换经营机制的新路径。深化省属企业收入分配制度改革。起草了《省属企业负责人履职待遇业务支出管理办法》，制定了《省属监管企业副职负责人业绩考核和薪酬支付过渡管理办法》，实现新老薪酬制度的平稳过渡。深化企业三项制度改革，持续推进厂办大集体企业改革、解决企业职教优教退休教师待遇问题，全面维护职工合法权益，为企业改革发展提供了良好环境。

【国有资本运营】围绕资源、资产、资本、资金“四资”联动，强化资本运作理念，加快资源资本化、资本证券化步伐。加大省属企业上市培育力度，10月9日兰石重装上市发行，成为省政府国资委成立以来全省第一家首发上市的省属企业；白银公司、陇神戎发等企业首发上市通过证监会预审核；金川集团、华龙证券正在进行上市辅导。其余12户进入上市准备阶段的省属企业，积极推进规范管理、上市辅导、申报发行等各项工作；对暂不具备上市条件的省属企业，加快推动股份制改革，纳入全省上市后备企业资源库，创造条件上市；华龙证券股份有限公司正式成立，天马物流股份制改革积极推进。加大融资力度，省国投集团完成100亿元中期票据兑付；靖远煤电35亿元定向增发获证监会审核通过；甘肃电投21.8亿元定向增发进入报审程序。2014年省属监管企业完成融资1405.37亿元，其中间接融资1069.57亿元，直接融资335.8亿元，融资规模不断扩大。加大招商引资力度，向社会发布了首批《省属企业引进非公资本招商引资投资项目名录》，推出60个项目吸引非公资本参与合作，引入民营资本28.07亿元；央企签约项目累计开工108个，建成投产27个，累计到位资金1860.02亿元。

【产业结构调整】加快推动传统产业升级。13个省列重点项目中有5个建成投产，15个省政府国资委跟踪督导重点项目中有3个建成投产，成为企业新的经济增长点。酒钢集团1000万吨煤炭分质利用项目顺利推进，金川公司200MW光伏发电项目投产，省电投公司风电项目运行正常，兰电股份公司民勤县红沙岗49.5兆瓦试验风电场项目风电机组现陆续吊装，兰石集团装备制造产业园建成投产，兰州兰电、三毛集团等企业进入设备安装阶段。加快推动整合重组。酒钢集团与新疆广汇集团合作组建了甘肃宏汇新能源科技有限公司，共同投资煤炭分质利用项目；甘肃稀土与包钢稀土签订了合作《框架协议》，北方稀土整合重组方案经国家工信部备案；甘肃电投辰旭生物科技公司与乐山市瑞和祥生物制药公司重组，兰州电机与中国北车永济电机寻求战略重组，实现优势互补；兰石集团重组兰驼集团、金川控股重组甘肃稀土、省保障房投资公司重组省扶贫棚改公司，酒钢集团、甘肃电投等加大亏损业务清理、低效无效资产处置力度，推动资源向主业集聚、向优势项目集中。加大科技创新力度。金川集团与全国20所高等院校、科研院所建立了协同创新中心。白银公司“铜冶炼废渣资源化循环经济系统的关键技术集成研究及示范”通过验收。稀土集团成功研发了一批具有国际先进水平的重大技术成果，获得8件发明专利授权，8项科技成果中1项达到国际领先水平、4项国际先进水平、3项国内领先水平。兰州电机股份公司2兆瓦风电机组研发项目列入国家高技术研究863计划，已完成风场调试和部分安装；长城电工完成核电1E级开关设备等26项新产品开发项目；金川集团开发了羰基镍粉、高纯阴极铜等新产品，新产品销售收入占比超过20%。

【对外合作交流】加大国际合作和市场开拓力度，“走出去”质量不断提升。白银公司成功收购南非斯班—黄金公司20%股份，成立了中外合资融资租赁公司，改善了财务结构，降低了经营风险。金川集团南非思威铂矿等海外项目进展顺利，白银公司与哈萨克斯坦铜业公司签订了63万吨铜金属量、10万吨锌金属量精矿长期供货合同，提高了企业资源保障能力。兰石集团在青岛、新疆开工建设大型钻采设备，与土库曼斯坦国家天然气康采恩、国家地质集团康采恩签订价值5.4亿元出口合同，长城电工通过配套央企境外项目将产品销往乌孜别克斯坦、塔吉克斯坦等中西亚国家，八冶公司、三毛集团相继开拓了俄罗斯、南非、缅甸等新兴市场，海外市场拓展取得了新的成效。

【国有资产监管】落实以管资本为主加强国有资产监管的要求，推动出资人职能到位，提升国资监管效能。推动省级经营性国有资产监管集中统一监管。省政府出台了《省直部门管理企业改制脱钩工作实施方案》，明确了直接脱钩、改制后脱钩、改制后退出国有序列、关闭注销退出市场、委托监管等5种脱钩方式，要求按照“谁主管、谁负责”的原则，2017年前全部完成改制脱钩。确定的14个省直部门中，3个部门管理的企业已移交省政府国资委统一监管，其余11个部门正在制定完善改制脱钩方案，推动改制脱钩前期准备工作。优化国资监管方式。出台了《省属监管企业分类监管的意见》，明确了企业分类方法、基本类别、功能定位、监管内容，实施分类监管和考核，完成了省属监管企业的功能分类。清理国资监管规范性文件，废止25份、修订13份，制定18项配套制度，联合省监察厅、省审计厅出台了《甘肃省省属国有企业重大事项监督管理暂行办法》。加强监事会监督与产权监督、财务审计监督、纪检监察监督，形成监督整体合力。制定了《省政府国资委履行出资人职责审批事项清单（试行）》，明确了22类45项出资人职责事项。修订完善企业章程，明确公司治理结构各层级职责边界，建立健全协调运转、有效制衡的法人治理结构。

【国企党建工作】完成了省属国有企业第二批教育实践活动。19户委管班子和管理党组织关系企业开展以“为民务实清廉”为主要内容、以“正风肃纪树形象，提升管理促发展”为载体的教育实践活动，解决各类突出问题541项，新出台规章制度392项，修订规章制度379项，废止规章制度190项，职工群众对学习实践活动的满意度平均达到99.1%。强化国有企业党建改革创新。在白银公司等6户企业总结推广“党组织政治核心作用与法人治理结构有机结合”试点经验，在建立中国特色现代国有企业制度上取得了新进展。适应国有企业改革发展的要求，对企业45个软弱涣散党支部进行了集中整顿，夯实了基层组织建设基础。持续推进党员队伍建设“双培养”工作，省电投等5户企业开展了党员职业生涯设计培养试点工作，把党员培养成骨干和把骨干培养成党员的比例分别达到63%和85%，比2013年分别提高了3个和5个百分点。企业思想政治建设和群众工作不断加强。利用主流媒体强化了对深化国资国企改革、稳增长促发展、党的群众路线教育实践活动的宣传报道，营造了有利于国资国企改革发展的良好氛围。加强企业民主管理，开展岗位练兵和技能比赛，维护职工合法权益，扎实推进职工素质工程，积极开展帮困救助，有效调动了各方面积极性，为企业改革发展凝聚了正能量。

（闫志恒）

工商行政管理

【工商管理工作改革】2014年，全省工商系统全面推进工商登记制度改革，在全国率先出台了《市场主体住所（经营场所）登记管理的指导意见》，全面实行注册资本认缴登记制和企业年报公示制，稳步推进“先照后证”改革，深度助推各项改革措施“落地生根”，12月底全省市场主体存量达到111.2万户，比上年增长20.96%。商事制度改革开局良好，走在全国前列。服务经济发展水平全面提升，深入实施“阳光行政”，依托“工商云平台”实现工商业务90%在网上流转、行政许可100%在网上运行，工商管理逐步向依法监管市场和服务经济社会发展转型。

【机构改革】在全国率先完成了流通领域食品安全监管职能划转工作，共划转人员编制1625人，占总数的14.8%，机构102个，资产经费2007万元。在省政府规定的时间内，全部完成了市、县工商部门的分级管理改革任务，成为全国工商系统最早取消垂直管理的省份之一。主动适应分级管理和商事制度改革新形势，在深入调研的基础上，提出了“重构十大机制”的工作思路，以改革推进转型，在转型中提升工商的地位和形象，为系统指明了工作方向，理顺了各层级之间的关系，保障了商事制度等一系列重大改革的顺利推进。

【法制建设】积极开展普法宣传和法治培训，省局荣获全国“六五”普法中期先进单位称号。建立了与法院、财政、民政、农牧等部门的信息共享机制。对全省系统执行的法律依据、行政审批事项、行政强制措施、执法主体和人员进行全面清理确认，编制行政职权目录，绘制行政职权流程图，明确执法程序和执法责任。制定《工商行政管理机关行政处罚自由裁量权实施规则》，对规范行政处罚方面的自由裁量权适用原则、定级程序、情节认定和疑难概念等做出了统一规定，提出总体要求。积极探索行政处罚案件异地交叉核审工作方式，通过法制核审工作的流程再造、不同办案机构之间的相互交流，促进执法行为规范，减少和杜绝了执法风险。推行廉政风险防控电子监察管理系统，将行政审批、行政执法纳入风险管理、实行实时监控、预警提示、风险纠错、绩效考评，确保权力规范、阳光运行。在省局网站公布执法主体、法律依据、执法职权、监督举报电话以及投诉途径和方法；在所有服务窗口全面实行挂牌亮证上岗、“限时办结制”和“一站式”服务。

【反垄断与反不正当竞争执法】2014年，全省共查处各类经济违法案件14639件，案值11685.74万元，收缴罚没款3863.51万元。立案查处各类不正当竞争案件843件，案值6.64亿元，罚没款243.82万元。认真开展不正当竞争行为集中整治专项执法行动。制定下发《甘肃省工商行政管理局集中整治不正当竞争突出问题专项行动实施方案》，成立集中整治不正当竞争突出问题专项行动工作领导小组，集中整治社会关注度高、反映强烈的仿冒、虚假宣传、限制竞争、商业贿赂等突出问题。继续开展打击“傍名牌”执法行动，严厉查处仿冒侵权行为。加大工程建设、土地出让、产权交易、医疗购销、政府采购和教辅资料等领域和行业商业案件的查办，坚决打击在市场交易活动中的商业贿赂行为，特别加强对药品、医疗器械生产经营企业和医疗机构的监督检查，严查医疗购销领域商业贿赂案件。

【打击传销活动】会同省综治办、公安厅等13个部门联合部署在全省范围内组织开展严厉打击整治传销集中行动。省局与公安厅共同研究，将天水、平凉、金昌、武威、兰州、白银、庆阳七个城市作为重点地区进行集中整治。集中查处以“1040”工程、爱心互助、慈善、宗教、改革创新等为幌子从事传销的违法犯罪行为，全省工商机关共查处传销案件18件，其中移送公安机关13件，捣毁传销窝点96个，清查遣返传销人员1890人。

【直销监督管理】省局及时向各市、州工商局下发了《甘肃省工商行政管理局关于开展直销市场检查和直销企业履行责任督导工作的通知》，各市、州工商局先后对16家直销企业在甘设立的分支机构和345个加盟店、服务网点、87个专卖店进行全面检查。强化对直销企业的行政指导，省局先后对举报投诉较多的一些直销企业在甘分支机构进行了行政约谈和提醒告诫，通报有关情况，指出存在问题并提出整改要求。2014年以来，先后对16家申请直销（含扩区）企业进行了核查，已有16家直销企业在甘肃设立分支机构，且经营比较规范。

【消费者权益保护】全年共受理消费投诉14925件，挽回经济损失1546万元。一是健全消费维权制度体系。制定《消费维权行政约谈制度》，首批对汽车4S店强制搭售商业保险、通讯运营商包月套餐月底清零等开展行政约谈。制定《举报销售假冒伪劣商品违法行为奖励办法》，设立100万元举报奖励资金。二是开辟消费纠纷多元化解决途径。完善消协与法院的消费纠纷诉调对接机制，组建消协律师团和消费维权志愿者队伍。指导消协组织针对自来水苯超标、供暖不达标、房屋中介服务不透明、银行和保险业服务不规范、移动运营商侵害用户个人信息等问题，开展商品和服务社会监督，通过向主管部门发出《监督建议函》、组织约谈、新闻曝光等手段强化整改。三是加大消费教育引导力度。加强与传统媒体和新媒体的合作，大张旗鼓宣传解读新《消费者权益保护法》。创办《消费维权在身边》电视栏目，及时公布消费维权典型案例，适时发布消费警示。开展“消费安全进校园”活动，创新完善在政府主导下的“六位一体”消费教育引导新机制。

【市场规范管理】启动流通领域商品质量抽查检验工作，推行“统一规划、分级组织、结果共享”的工作机制，年内已抽检商品4大类24个品种1898个批次，抽检结果及时向社会公布，并依据抽检结果组织开展了不合格商品市场清理工作。在全国率先开展了以市场主体随机抽查和重点检查为特点的抽查监管改革试点，共抽查市场主体23535户，抽查率为5.6%。集中开展为期3个月的清查整治专项行动，目前已查处案件60起，涉嫌犯罪移交公安机关案件16起，变更登记事项的260户，对超范围经营、发布虚假广告、地址不符或查无下落的企业列入经营异常名录，实施重点监管。

先后开展农资打假保春耕、“双打”行动、“2014红盾网剑行动”及钢材市场、保险市场等一系列专项整治行动，查处不正当竞争案件1558件、农资违法案件551件、侵犯知识产权和假冒伪劣商品案件488件。深入推进“守重”企业推荐公示工作，39户企业被公示为全国“守重”企业，644户企业被确定为全省“守重”企业。

结合工商体制调整，转变监管职能，不断创新监管执法体系，各项工作取得了显著成效。积极配合做好交易市场清理规范、打击走私贩私、“扫黄打非”、禁毒防艾、反邪教、校园周边环境整治等综合治理行动。牵头开展“平安市场”、“平安企业”创建活动，配合做好“两个共同”示范县建设。

【市场主体注册登记】按照国务院统一要求，及时报请省政府印发了《甘肃省注册资本登记制度改革实施方案》。全面清理行政许可及行政备案管理事项，取消和下放行政审批及备案事项6项，只保留17项，并将2001年以来清理的84项及执法主体向社会公示。推进工商注册便利化，实现工商登记业务100%在网上流转，行政许可、行政审批100%在网上运行，开通“企业名称自主查询系统”，推行《企业名称预先核准通知书》就近属地领取制度，探索实行“独任登记制”，办证时限缩短到3至5个工作日。免收登记类、证照类等各种行政性收费，取消个私协会团体会费，真正做到了“零收费”。推出企业名称自助查询、网上核准等便利措施，办证时间由15个工作日缩短至3～5个工作日，取消所有工商收费。适时以专题培训班、新闻发布会等形式，密集开展政策宣传解读工作。

【非公经济】起草并提请省政府印发《关于贯彻落实党的十八届三中全会精神推动非公有制经济跨越发展的实施意见》，重点围绕资源配置、特许经营、国企改革以及资金人才和技术等方面，提出了30条具有针对性和可操作性的政策措施，解决了非公经济发展中的权利平等、机会平等、规则平等问题。组织召开全省服务小微企业发展现场会，参与制定省政府《关于进一步优化中小微型企业发展的意见》，搭建政银企协调联系平台，帮助解决融资难、融资贵问题，为小微企业营造了良好的政策、融资、创业和创新环境。牵头推进“个转企”工作，2014年全省“个转企”2126户，是前3年总和的1.5倍。积极参与和精心组织开展“民企陇上行”、“千名陇商回家乡”等招商引资活动，第二十届“兰洽会”工商系统组织的非公企业签约项目251个，金额达到380.73亿元。组织开展非公经济宣传月、“甘肃银行杯”非公经济好新闻评选、“艰苦创业、成就梦想”全省非公企业先进事迹报告会、“兰州银行杯”2014全省非公经济十大杰出企业家候选人推荐及评选等一系列宣传活动，营造了助推非公经济跨越发展的舆论氛围。

【广告监督管理】打击虚假违法广告，建立警示、公告、流转平台。2014年实现了广告审批业务的网上办理，广告登记的办理由7个工作日缩短到3个工作日。全年开展了4次虚假广告专项整治，打击和处置非法集资，严格集资贷款类的广告登记、刊播，及时查处涉嫌非法集资广告。省局向兰州市经济检查分局移交19起非法集资广告案件，截止2014年底，全省工商系统共查处广告违法案件568件，罚没款217.39万元。省局广告处全年立案查处10件虚假违法广告案件，罚没款8.35万元，有效遏制了虚假违法广告的势态。充分发挥与媒体开展告诫约谈会的作用，全年召开媒体集体约谈会3次，个别媒体约谈10次，现场检查指导2次，收到媒体单位整改保证书6份，较好地履行了监管职责。

【商标管理】全省商标管理工作坚持以认真贯彻《国家知识产权战略纲要》和《关于加快实施商标战略推进甘肃经济发展的意见》精神为主线，深入推进“商标兴省”战略实施，积极探索推动商标监管服务“五个支撑体系”建设，建立省、市（州）、县（区）、所四级分别以驰名、著名、知名、注册商标培育保护为主的分层分类监管服务工作机制，积极支持帮助甘肃特色商标注册、创牌和保护工作，努力提升甘肃特色商标品牌档次，服务地方经济发展。突出增量提质，全省新增注册商标2852件。全省已拥有的有效注册商标中，中国驰名商标57件，地理标志证明商标54件，甘肃著名商标881件。优化服务指导，组织举办了高层次《商标法》培训班，多形式开展了高规格《商标法》宣传工作，续展和认定甘肃省著名商标213件。加强对驰、著名商标企业的回访工作，指导和帮助企业建立健全商标管理制度，规范商标使用行为，指导开展商标权质押融资等工作，组织十多家企业参加第六届中国国际商标（品牌）节及2014中国商标年会。规范开展了驰名商标推荐认定工作，全年向总局商标局推荐认定12件驰名商标，认定4件。全年向商标局申请地理标志证明商标9件，成功注册5件。强化专用权保护，以驰名商标、涉外商标、地理标志商标为重点，严厉打击侵犯注册商标专用权行为。先后跨省、市协调保护“条山”、“大禹”等中国驰名商标和“雪顿”、“滨河九粮液”等著名商标专用权。加强对商标代理机构的监管服务，帮助代理机构建立和完善内部自律制度，及时纠正误导和侵害商标申请人合法权利的行为。全省共备案商标代理机构35个，新增3个。积极配合省委宣传部开展了“绚丽甘肃”标识和管理制度制定工作。

【信息化建设】2014年，积极构建以信息公示、信用监管为核心的新型监管体系，建成运行统一的市场主体信用信息公示系统，11.5万户企业公示了年报信息，占到75.33%，居全国首位，比全国平均水平高出近40个百分点。全面提升信息化保障能力，照统一规划、统一标准、统一建设、统一管理的“四统一”原则，加大信息化建设统筹力度，完成了省、市、县、所四级网络的升级扩容和设备更新改造，工商专网实现了光纤全接入，采用向社会购买服务的方式，利用“云技术”实施“云桌面”项目，与工商业务全面融合，推动了全省“信息一体化”的平台建设，为各项改革提供了技术支撑。

【党风廉政建设】一是建立责任体系。落实省委“3783”主体责任，制定了《落实党风廉政建设党组主体责任纪检监察部门监督责任意见》，结合省局实际细化并提出“5985”主体责任体系。纳入领导班子和领导干部目标管理，与工商业务工作同部署、同落实、同检查、同考核。二是分解靠实责任。突出选人用人管人、项目资金管理、登记注册、执法办案和作风建设等重点环节和部位，制定《党风廉政建设主体责任分解方案》，通过图表式分责、网格式覆盖，将“两个责任”细化为8个方面62项，做到管人与管事相结合、抓业务与抓党风廉政建设相结合，形成了横向到边、纵向到底的抓责任落实的工作格局。三是构建责任传导机制。建立省局党组定期向省委报告落实主体责任情况，省局纪检组及时向省纪委请示重要问题、报告重要事项，省局机关处室定期向省局党组和纪检组报告履行党风廉政主体责任情况等向上传导机制。强化省局党组谈话提醒、廉政约谈、考核评价、责任追究等向下传导机制。四是强化考核问责。按照“有权就有责、权责要对等”的要求，层层签订廉政建设责任书。实行“一票否决”制度，把主体责任落实情况作为党风廉政建设责任制考核的重要内容，做到“真兑现”、“硬挂钩”。建立“一案双查”制度。

【反“四风”工作】贯彻落实中央“八项规定”和省委“双十条”规定，制定了改进作风“十不准”要求，清理超标办公用房324平方米、公务用车3辆。减少因公临时出国（境）2批12人。下发《进一步严明各项制度和工作纪律切实改进工作作风的通知》，加强对窗口单位人员的管理。制定《关于落实党风廉政建设党组主体责任纪检监察部门监督责任的意见》，通过图表式分责、链条式传导、网格式覆盖、倒逼式追责等形式，细化了省委3783主体责任内容；突出选人用人管人、项目资金管理、登记注册、执法办案和作风建设等重点部位和环节，实化了主体责任到位；完善反腐倡廉教育、权力运行约束、违纪案件查办等机制，强化了主体责任保障。2014年，省局机关大力压缩公务接待费、车辆运行费、因公出国费和会议费支出，分别比上年下降61.9%、4%、82.6%和54.8%。

【“双联”工作】牵头制定了《甘南州牦牛产业发展规划》，从整体上推动甘南及夏河县的产业扶贫开发。对省局联系的5个村，根据不同村情确定了不同帮扶方式，帮助改善了水、电、路、教育、养老等基础设施条件，重点发展了旅游、种植、养殖、劳务等相关产业，2014年以来共为“双联”

村引入资金1127万元，发展项目21个。市县工商部门双联工作也扎实推进，成效明显。

（白春鸣）

审计

【审计成果】2014年，全省共审计和审计调查项目6869个，查出违规资金159.66亿元，损失浪费资金1.13亿元，核减工程投资13.57亿元。通过审计处理，已上缴财政资金25.38亿元，促进增收节支81.62亿元。向各级党委、政府和上级审计机关提交综合报告、专题审计报告、调研、信息4569篇（次），被采用和批示2269篇（次）。向被审计单位提出审计建议10520条。向司法和纪检监察等部门移送案件线索41件，涉案人员19人。向有关部门移送事项85件。

【跟踪审计政策落实情况】加强组织领导，整合审计资源，成立全省稳增长、促改革、调结构、惠民生政策措施落实情况跟踪审计工作领导小组，对省本级和酒泉等9个市州本级及所属12县区进行了跟踪审计。至2014年末，共审查部门、单位512个，审核项目资金102.06亿元，实地检查重点项目和企业529个。第三季度审计查出问题222个，已整改193个；项目审批环节多时限长等21个涉及行政体制改革的问题正在逐步整改落实，对项目未开工建设、未招投标等8个问题正在督办问责、加强和改革管理。

【财政审计】2014年，全省共对1126个部门和单位的预算执行情况进行了审计，省审计厅重点对华亭等6个省直管县财政收支及转移支付情况、兰州等3市6县区交警等4部门罚没收入情况、省地税局税收征管和省财政厅组织的省级预算执行情况、大中型水库库区基金征缴及提灌电费补助资金使用情况、惠农贷款贴息及其他财政贴息资金落实情况等进行了审计，代表省政府向省人大常委会提交了《2014年度省级预算执行和其他财政收支情况的审计结果报告》及审计整改情况的报告，并向社会进行了公告。审计报告和公告引起被审计单位的高度重视和社会各界的广泛关注。

【民生项目审计】全省审计机关普遍开展了对社保、教育、医疗、住房等民生项目以及交通、能源、资源、环境等基础设施建设项目的审计和审计调查。把扶贫专项资金审计作为全省审计机关年度必审项目，下发了《关于进一步加强财政专项扶贫资金监督管理的通知》，加大审计监督力度，提高资金使用效益。经省政府同意，在静宁县先行试点设立城关、界石铺两家乡镇审计办事机构，推动各项惠民富民强民政策落到实处。已完成三合乡等四个乡镇2013度财政财务收支全面审计工作。审计资金总额12333万元，查出违规违纪资金257万元，管理不规范资金1764万元，收缴财政资金27万元，处以罚款1.5万元，提出审计建议29条。乡镇审计机构的设立，延伸了审计覆盖面，有效推动了各项惠民富民政策的落实。根据审计署统一部署，加强城镇保障性安居工程持续监督，针对审计发现的问题，提出了建议并跟踪督促整改落实。

【经济责任审计】进一步完善工作机制，研究制定了《甘肃省党政机关主要领导干部离任经济责任审计交接办法》和《关于贯彻落实党政主要领导干部和国有企业领导人员经济责任审计规定实施细则的意见》。按计划推进市州、县区党政主要领导干部履行经济责任和管理机构编制情况“双审”工作，审计厅对白银等3市和会宁等20个县进行了审计。全省共对1810个党政部门、事业单位和国有企业的1942名领导干部进行了经济责任审计，查出违规资金105.52亿元，损失浪费资金1769万元。为了促进审计整改、深化审计成果，与省纪委、省委组织部、监察厅建立经济责任审计联合约谈问责机制，对2013年实施审计的23个县区46名领导干部进行了约谈，有力推动审计整改落实，增强了审计监督的权威性。通过审计，对促进区域经济社会发展、提高公共资金使用效率、推进体制改革、严肃机构编制纪律、加强干部监督管理发挥了重要作用。

【投资审计】广泛运用专项审计和审计调查手段，加大对交通、能源、资源、环境、灾后重建等重大项目的审计力度，全省共对2476个项目进行了审计，项目投资额271.03亿元，核减投资额13.15亿元，查出问题金额41.19亿元。省审计厅对省引洮供水一期工程项目概算情况进行了审计，对石羊河流域重点治理项目建设及绩效情况审计调查，对东乡县地质灾害灾后恢复重建、岷县“5·10”特大冰雹泥石流灾害灾后恢复重建及岷县漳县“7·22”地震灾后恢复重建等项目进行了跟踪审计，对康临高速公路、金昌机场、引大入秦工程、两当起义纪念馆及旧址改造建设项目、甘肃省妇幼保健院保健医疗综合楼工程、甘肃省肿瘤医院门诊住院综合楼工程、甘肃会展中心建筑群项目能源中心及市民广场工程、甘肃黄河剧院拆除重建项目等重大项目进行了竣工决算审计，并对全省铁路建设配套资金管理使用情况进行了专项调查。通过审计，规范了项目管理，促进了投资效益的提升。目前，正在对全省国家级经济技术开发区建设运营情况进行审计调查。

【其他审计】加强企业、金融等审计，维护区域经济安全。重点对酒泉钢铁（集团）有限责任公司等6户省属国有控股企业2012至2013年度有关经营情况的专项审计调查，针对存在的问题，提出了完善重大事项的决策程序及后续监督，进一步加强内部管理，建立现代企业制度等建议。以“摸清情况、揭示问题、规范管理、提高效益”为目标，完成了对省工信委2012年至2013年度专项资金管理使用和效益情况的审计调查，并对白银、天水等市县200多个中小企业进行了伸延审计调查，促进主管部门规范和完善管理，提高资金使用效益。根据审计署授权和省政府交办，共审计国外贷援款项目17个，共审计项目单位60个，延伸审计单位14个，出具了无保留意见的审计报告15份。认真履行统领社会审计的职能，对甘肃天一永信会计师事务所等10家社会中介审计机构出具的26份审计报告质量进行调查和核查，向省政府报送《2013年社会审计报告质量核查综合报告》。同时，加强内部审计业务指导，推进政府审计、内部审计和社会审计协调发展。

【交办事项审计】省审计厅努力克服审计人员少、任务重的矛盾，统筹兼顾，抽调业务骨干，积极配合省纪委、省政府办公厅、省政府法制办、省政府督查室等开展案件调查、执法检查、专项整治和重点工作督查，并完成了省委、省政府和有关部门交办、委托的省委组织部党员干部培训基地、省政府驻天津办事处等20多个项目审计。

【党风廉政建设】省审计厅党组认真履行主体责任，健全完善工作机制，精心研究安排部署，细化分解工作任务，扎实开展廉政教育、风险防控、内部监督、专项整治等各项活动，狠抓反腐倡廉任务落实。加强对市、县第二批教育实践活动开展情况的指导，深入基层调查研究，认真抓好党的群众路线教育实践活动中发现问题的整改，征求到的240条40类意见和问题，已经全部整改。巩固教育实践活动成果，结合需要长期整改的问题，建立完善了相关规章制度，健全落实改进作风长效机制，进一步规范党务、政务、财务管理，严防四风问题反弹回潮。严格厅机关财务、办公用房、车辆等后勤管理，加强对厅机关办公用房、车辆配置进行全面自查、清理和规范，确保用房不超标、车辆不超配。2014年，省审计厅公务车运行费下降23.71%，公务接待费下降55.65%。厅班子成员严格贯彻执行中央“八项规定”、省委“双十条”和审计纪律“八不准”等规定，厉行勤俭节约，改进工作作风，以文明、务实、清廉作风保障了各项审计工作任务的顺利完成。

【“双联”行动】省审计厅党组认真贯彻省委、省政府有关“联村联户、为民富民”行动的决策部署，紧盯全面建设小康社会目标，不断推动“双联”行动向纵深发展。2014年，多渠道争取资金931.785多万元，实施村社道路硬化、梯田改造、田间道路、危房改造等项目8个，大力推进“双联”村基础设施建设。立足当地实际，筹措资金227万元，为联系村社群众赠送地膜种籽、优质种羊、新疆核桃大枣树苗，引进山东济宁百草中药材有限公司实施中药材试验种植，推广种植药用芍药、桔梗、金银花、党参等药材，帮扶引导群众积极发展增收致富产业。据初步统计，2014年联系村人均收入达到3506.8元，比上年增长25%。积极帮助群众解决生产生活困难，两次请省肿瘤医院27名专家到联系村开展义诊活动，协助村“两委”积极排查调处各类矛盾纠纷，组织开展“星级文明户评选”等活动，大力开展劳动力技能培训，完善乡村文化活动设施，着力促进联系村经济社会协调发展。同时，认真履行组长单位职责，加强协调联系、督促检查和评比激励，推动各成员单位发挥部门优势做好帮扶工作，切实推进静宁县“双联”行动向纵深发展。

（梁馨予）

统计

【统计服务】一是准确把握经济走势。全省各级统计部门密切关注经济运行走势，深入分析运行特点。进一步深化细化月度国民经济运行情况分析报告，及时发布经济运行情况；省局每季度列席省委常委会参与汇报经济形势，每月向省政府常务会汇报全省经济运行情况。每月召开省直部门经济形势分析会和重点企业座谈会，深入分析研判全省经济运行态势，为省委省政府出台稳增长、调结构、惠民生的政策措施提供了依据。二是积极开展课题研究。全系统围绕中心工作和重大决策部署，撰写了一批专题分析和课题研究，受到各级党政领导的充分肯定和高度重视。省局有16篇统计分析得到省级领导批示。完成重点课题15篇。各市州也有一批专题分析，受到当地党政领导的重视和批示。三是加大信息服务和统计宣传力度。全年向省委、省政府办公厅报送信息211篇；为“两会”代表、委员编印发送资料2000余册；甘肃省统计内外网共编发各类稿件6000多篇，取得西部省份第一的好成绩。接受各类新闻媒体采访10余次，召开第五届“中国统计开放日”活动媒体座谈会，解读统计数据，加强政府信息公开工作，推进政府统计更加透明公开。四是加强重点领域监测。加强“3341”项目工程统计监测，及时掌握项目投资动态和进程。密切关注30户重点工业企业运行，开展工业经济问卷调查，强化工业经济运行监测。加强全面建成小康社会统计监测的培训指导和部门协调，及时向省委省政府汇报监测工作，按照全国统一标准方案和东中西部地区差异化评价方案，圆满完成省市两级2010—2013年全面建成小康社会统计监测工作，顺利实现新旧指标体系和监测工作的平稳过渡。五是加大社情民意调查力度。完成第二批党的群众路线教育实践活动群众知晓率和满意度调查、兰州“4·11”自来水苯超标事件、中央“八项规定”和省委“双十条”规定贯彻落实情况等重大民意调查。

【统计改革】一是主动推进省级统计改革。制订战略性新兴产业统计监测方案，参与全省战略性新兴产业第一批骨干企业调研和认定，建立16户重点战略性新兴企业统计台账；开展甘肃省农业现代化发展统计监测；进一步完善循环经济统计、文化产业统计、服务业统计调查制度。二是推进国家改革部署。积极开展GDP核算改革。根据国家局方案和路线图，开始实行统一核算地区生产总值过渡工作，逐步实现省、市、县GDP相衔接；改革其他营利性服务业增加值核算方法，进一步完善GDP核算办法。稳步推进投资改革试点。适应国家统计局投资统计改革要求，选定白银区开展试点，与国家同步并行摸索方法、总结经验，举办大规模全省改革培训，以期积极稳妥推进改革。扎实开展网上零售统计准备工作。进一步完善电子商务背景下贸易经济统计方法，将限额以上贸易企业网上零售额纳入联网直报；积极与第三方电商平台协商进行统计合作与培育，利用普查资料全面系统掌握规模以下电商企业情况，为全面开展电子商务统计奠定基础。农村统计顺利纳入联网直报。将农业报表纳入国家联网直报统一平台，实现了农村统计数据处理流程的再造。

【经济普查】经过各级普查机构和全体普查员的努力，顺利完成“三经普”普查登记、数据审核验收，开展了现场登记工作检查督导。扎实开展事后质量抽查工作，全力配合国务院经普办在甘肃的事后质量抽查工作，全面检验全省普查工作质量；认真核实汇总分析普查结果，做好普查结果的发布准备工作。

【“四大工程”】积极拓展联网直报。完成农村统计联网直报环境的搭建工作，实现乡镇及以上农村社会经济相关报表的联网直报。一套表审核统一规范。制度《甘肃省统计质量管理办法》，规范数据审核流程，严格数据审核，实施专业对联网直报企业划片分工包干，开展常规化平台数据监测工作。适时掌握一套表上报情况，提高数据质量。不断加强名录库建设。严格执行“四上”企业调查单位名录库管理审批流程。按月审核、及时更新，提高部门资料交换频率，充分发挥名录库在统计调查中的重要作用。数据采集处理系统功能完善。不断完善国家联网直报系统运维制度，提升系统的安全防御能力确保稳定运行，根据省级统计专业的特定需求进行设计，搭建涉密单位数据处理环境，建设和完善经济普查相关数据库。优化软件处理和局域网环境。

【统计建设】一是省政府高度重视统计工作。为进一步加强全省统计工作，省政府下发《甘肃省人民政府关于进一步加强统计工作的意见》，为加强统计工作奠定了基础。二是统计法治建设。全省加大统计执法力度。根据省政府通知要求，开展全省统计违法行为自查自纠活动；按照国家局要求开展联网直报中违法违规和不规范报送专项整治工作；省市县三级统计机构密切协作，相互配合，开展统计违法行为检查和查处，全省共检查单位4931个，发现统计违法行为309起，依法查处114起，结案76起。依法维护县级统计机构单设。在县级机构改革中，及时向省政府和国家统计局书面报告，向有关市州长致信重申《统计法》、《甘肃省统计管理条例》之规定，依法保持县级统计机构单设。加强统计法治宣传教育。在全系统开展“六五”普法工作；强化全系统执法骨干培训；对部门开展统计知识和统计法律讲座；市县两级统计部门也充分利用多种方式进行了深入有效的统计法制宣传。三是信息化建设。成功有力地保障了第三次经济普查现场采用手持PDA调查工作。在做好联网直报系统维护处理工作的基础上，完成农村社会经济调查、重点服务业调查、文化产业有关调查的技术支持。四是统计作风和行风建设。认真贯彻落实中央“八项规定”和省委“双十条”规定，巩固党的群众路线教育实践活动成果，整章建制，继续突出整治“四风”，严格精文减会。大力倡导厉行节约、反对浪费，严格经费管理，“三公”经费零增长。把作风建设与统计行风建设紧密结合，与14个市（州）统计局、局机关各处室第一责任人签订《统计行风建设承诺书》。把统计行风建设贯穿于统计业务工作之中，通过内强素质，外树形象，大力弘扬符合科学发展观和“三严三实”要求的统计行风。

【部门统计】各级各部门不断加强统计工作，充分发挥部门统计职能，不断完善统计各项建设，加强部门沟通协调，构建部门共享机制。省发改委按季召开经济形势分析会，省工信委按月召开30户重点企业生产运行座谈会，加强对工业生产、价格、货物运输、用电量、企业效益和库存等方面的监测工作。省商务、财政、国税、地税、工商等部门积极与省统计局联合开展外商投资企业联合年检工作。省商务厅积极与省统计局合作完善贸易数据信息交换制度，并共同完成了第二十届兰洽会的统计工作。工信、国土、水利、环保、住建、商务、农牧等部门积极与统计部门协作配合，完成了2014年全省循环经济统计工作。省科技厅与省统计局联合完成了2013年甘肃科技进步统计监测工作。与兰州海关衔接进出口统计工作，进一步完善信息资料报送制度。

（邱建安）

煤矿安全监察

【矿井情况】2014年初，全省共有各类矿井273处，年内整合关闭矿井102处，新增建设矿井7处，截止2014年底共有各类矿井178处。按隶属关系划分：中央在甘煤矿企业18处；原国有重点煤矿14处；地方国有煤矿36处；乡镇煤矿110处。按矿井性质划分：生产矿井103处，生产能力4993万吨/年，其中：中央在甘煤矿企业11处，生产能力2140万吨/年；原国有重点煤矿12处，生产能力1383万吨/年；地方煤矿80处，生产能力1470万吨/年；新建矿井18对，设计生产能力3231万吨/年，其中：中央在甘煤矿企业7处，设计生产能力2580万吨/年；地方国有煤矿5处，设计生产能力540万吨/年；乡镇煤矿6处，设计生产能力111万吨/年；扩建矿井53处，设计生产能力885万吨/年，其中：原国有重点煤矿1处，设计生产能力300万吨/年；地方国有煤矿2处，设计生产能力60万吨/年；乡镇煤矿50处，设计生产能力525万吨/年；改建矿井4对，设计生产能力216万吨/年，其中：国有重点煤矿1对，设计生产能力180万吨/年；乡镇煤矿3对，设计生产能力36万吨/年。按井型划分：年生产能力大于等于120万吨的大型矿井25处，生产能力6650万吨；年生产能力大于30万吨小于120万吨的中型矿井19处，生产能力1130万吨；年生产能力小于等于30万吨的小型矿井134处，生产能力1545万吨。

【煤矿生产】全省共生产原煤4752.98万吨，比上年增长1.55%。其中：中央在甘煤矿1903.42万吨，增长5.67%，占40.05%；原国有重点煤矿1826.07万吨，增长6.81%，占38.42%；市县国有煤矿509.85万吨，增长22.71%，占10.73%；乡镇煤矿513.64万吨，下降31.88%，占10.81%。

【**事故情况**】2014年，全省共发生煤矿死亡事故13起、13人，与上年相比增加3起，上升30%，少死亡1人，下降7.14%，事故死亡人数、百万吨死亡率以及较大及以上事故起数均控制在国务院安委会下达的降幅指标以内，煤矿安全生产形势总体平稳，死亡人数为历史最低水平。具体呈现以下特点：一是煤矿安全生产控制指标实施进展情况较好。全省各类煤矿共发生死亡事故13起、13人，死亡人数与上年相比下降7.14%，占全年控制指标的38.24%，控制在国务院安委会下达的降幅指标以内。共生产原煤4752.98万吨，增长1.55%。煤矿百万吨死亡率为0.252，控制在国务院安委会下达的降幅指标以内，低于全国平均水平。二是有效遏制了较大以上事故和瓦斯事故。全省未发生较大及较大以上事故，比上年减少1起、4人；未发生瓦斯事故，控制在国家能源局下达的2起、8人指标以内。三是原国有重点煤矿事故总量比上年下降。原国有重点煤矿全年共发生死亡事故4起、4人，比上年减少1起、2人，分别下降20%和33.33%。四是市县国有煤矿事故总量比上年下降。市县国有煤矿企业未发生死亡事故，比上年减少1起、1人。五是大部分市州安全生产状况稳定。全省10个产煤市州中，酒泉、张掖、武威、金昌、陇南、甘南、庆阳等7个市州未发生煤矿死亡事故，安全生产状况稳定。

【**煤矿安全监察**】一是突出监察重点，监察执法成效显著。突出“4个6”的监察重点，科学制定监察执法计划，组织开展两节、两会、国庆、十八届四中全会等重点时段和重要时期的大规模重点督查和重点监察；先后配合国家安全监管总局、国家煤监局杨栋梁、李万疆、杨富、宋元明等领导开展对甘肃安全生产督查工作和安全生产政策的宣贯工作；配合国家安监总局督导巡视组对全省开展为期1个月的督导巡视工作。制定《煤矿安全生产暗查抽查工作制度》，积极组织开展暗查暗访活动；全年共监察矿井245处652矿次，监察覆盖率100%，计划完成率117.9%，执法计划超额完成；查处一般事故隐患1974项，完成整改1692项，隐患整改率95%；查处重大事故隐患6项，完成整改6项，重大隐患整改率100%；下达执法文书1497份，实施行政处罚172次，责令停产整顿企业20个，实施经济处罚134次，对13起伤亡事故认真进行了调查处理，事故时限结案率100%。

二是抓实“四个阶段”，确保全年安全稳定。以推进“双七条”贯彻落实为重点，通过谈心对话促安全，确保一季度的安全稳定。以专项整治为重点，开展专项监察推安全，确保了上半年安全稳定。积极组织开展全省煤矿建设项目、应急管理、安全生产许可证、煤矿《七条规定》、煤矿机电设备安全管理、煤矿作业场所职业危害防治和全省煤矿汛期安全生产工作专项监察等7个专项监察，确保上半年的安全稳定。以“六打六治”为重点，强化重点督查强安全，确保三季度安全稳定。召开全局监察执法工作座谈会，全面安排部署了下半年工作。派出六个重点督查监察组，以“六打六治”为重点，自8月开始开展为期4个月的重点督查和监察专项行动，确保三季度的安全稳定。以隐患排查治理专项行动为重点，围绕“三个目标”保安全，实现全年安全稳定。与省上有关部门共同制定全省隐患排查治理专项行动实施方案，成立行动领导小组，抽调40多名监察业务骨干，全面参加专项行动和综合督查任务，确保全年安全稳定。

三是强化宣传教育，全力推进新《安全生产法》学习宣贯。印发《关于认真学习宣传和贯彻落实新〈安全生产法〉的通知》，提出10条要求和举措。召开全局学习宣传贯彻新《安全生产法》专题视频会议，征订购买相关书籍和宣传挂图，在省局、分局办公楼张贴悬挂；编辑刊出学习宣传专题板报，在《甘肃日报》上发表局主要领导的署名专题文章，在《中国安全生产报》、《中国煤炭报》和官方网站上发表刊登了相关新闻报道；动员号召煤矿安全监管部门、各级各类煤矿企业踊跃参加新《安全生产法》系列知识竞赛活动；对部分煤矿企业宣贯工作的落实情况进行抽查；及时将新《安全生产法》提出的新要求贯彻落实到监察执法工作实际，着力推动新《安全生产法》的贯彻落实。

四是坚持求实创新，监察执法效能明显提高。深入开展“精细化监察年”活动，不断完善监察促动、经验带动、教训推动工作思路，推动工作落实，提高执法效能。强化执法监督，组织四个季度的3次执法监督。积极组织开展煤矿安全监察执法监督工作检查活动，组织分局之间进行互检和交叉检查；开展全省第四轮持证执法的各项工作，组织执法人员完成了法律知识考试。按照半年检查、全年考核要求，对各单位、各部门三个责任制落实情况进行检查考核。

五是强化监督检查，监管责任有效落实。严格落实总局关于建立健全“三级五覆盖”的要求，加大对市县党委、政府及其监管部门监管责任落实督查力度，推动各级党委的领导责任、政府的监管责任、企业的主体责任落实到位。督促平川区和白银市党委、政府逐级落实重点产煤县区攻坚战责任和包片督导责任。积极组织全省各产煤市州安全监管部门、重点产煤县区政府负责同志以及中央在甘和省属煤矿企业主要负责人和相关负责人参加全国事故警示教育视频会议；组织开展事故落实情况的专项督查，确保事故处理到位。

六是强化安全基础，深入推进整顿关闭。大力推进煤矿整顿关闭、资源整合和兼并重组。积极配合相关部门做好工作，加强了对停产整顿矿井的巡查监察；强力推进煤矿关闭工作，对省政府公告关闭的76处3万吨小煤矿及时吊销了煤矿安全生产许可证，积极工作、强化督促，确保关闭到位。从严执行安全准入标准，严格落实煤矿建设项目安全核准和两个“三同时”工作，严把安全设施设计和职业病防护设施设计审查与竣工验收关口。严格落实安全许可证颁发管理办法，加强动态管理。不断加强安全培训工作，先后举办煤矿企业负责人、管理人员职业安全健康管理培训班2期247人；举办全省煤矿职业危害因素监测人员培训班2期194人；举办注册安全工程师继续教育培训班1期共76人；举办煤矿安全培训机构师资培训班1期70人。

七是坚持惩防并举，党风廉政建设取得新的成效。强化“四风”问题整改落实，紧紧围绕“两方案一计划”，全面完成了整改方案所列32条问题和整治方案所列19条整治内容，修订完善制度15项、新建制度18项；开展了整改落实工作“回头看”，教育实践活动取得明显成效。严格落实“八项规定”，大力压缩“三公经费”、会议费，各项费用同比明显下降，其中接待费同比下降17.4%，车辆运行费同比下降5.8%，会议费同比下降47.4%。对省局机关办公楼的104间办公用房进行摸底调查，对超标办公用房进行调剂清理和整改。着力加强廉政教育，拒腐防变思想不断加强。组织开展了“六个一”系列活动为主要内容的第5个“警示教育周”活动；开展“学思践悟”系列重要文章学习活动；各分管领导和纪检组长分别对分管部门处级以上干部开展了廉政谈话。着力加强制度建设，制定了《贯彻落实〈建立健全惩治和预防腐败体系2013—2017年工作规划〉实施方案》、《关于贯彻落实党风廉政建设主体责任和监督责任实施办法》、《关于进一步加强岗位廉政教育工作的通知》、《规范权力运行制度监督检查办法》等4项制度，党风廉政制度体系不断健全完善。着力加强廉政监督，落实监察执法廉政工作带队人负责制度，强化事前教育、事中监督和事后汇报。充分发挥特邀廉政监督员作用，召开廉政监督员座谈会5次，发放《廉政情况问卷调查表》70多份。收回《监察日志》259份，《廉政监督卡》88份，《问卷表》70份，均未发现监察员有违纪违规问题。

八是统筹协调推进，全局各项事业全面发展。在监察执法工作取得积极进展的同时，全局各项事业协调发展、同步推进。“双联”工作的有序开展；国家煤监局下达甘肃的四个煤矿安全课题圆满结题；安全生产许可证网上申办系统顺利运行；老干部工作开拓创新、形式多样、有声有色；安全技术协会积极开展工作，完成了3A社团组织级别审核、票据网络升级，煤炭志编纂工作完成大纲编写，得到总局认可表扬并在全国推广；成功举办甘肃省第十届煤矿救援技术竞赛，组织靖煤集团救援大队参加第十届全国矿山救援技术竞赛并取得了模拟救灾项目三等奖。

（赵鹏）

安全生产

【总体情况】2014年，全年共发生各类生产安全事故5058起，与上年基本持平；死亡1542人，比上年下降2.3%；受伤3599人，上升6%；直接经济损失8397.3万元，下降27%。全省生产安全事故总死亡人数和较大事故起数实现“双下降”，主要控制指标低于国家下达的指标，形势总体稳定。

【安全生产责任体系】围绕贯彻落实省委省政府《关于进一步加强安全生产工作的意见》，省委办公厅、省政府办公厅出台《甘肃省安全生产“党政同责、一岗双责”制度实施细则》，《甘肃省党政领导班子和领导干部安全生产目标责任考核办法》，增补了省安委会成员单位，明确了48个成员单位的工作职责，进一步细化了各级党委、政府、部门和企业的安全生产职责范围、责任形式、考核内容、保障措施，走在了全国前列，受到国务院安委会充分肯定。全省14个市州、大多数县区制定了实施细则和工作制度，将安全责任落实到部门、落实到基层、落实到企业。安全生产综合监管、行业监管、属地监管的责任进一步加强，“管行业必须管安全、管业务必须管安全、管生产经营必须管安全”的工作机制基本形成。各级政府将安全生产考核纳入经济社会总体考核之中，把责任落实情况作为政绩考核的重要指标，加大考核权重，安全目标管理和责任考核制度进一步完善。

【煤矿安全】治本攻坚取得成效。各级各部门各单位按照“全覆盖、零容忍、严执法、重实效”的要求，加大检查督查力度，深化事故隐患排查治理，大力开展打非治违专项行动。采取企业自查自改、部门督促落实、政府挂牌督办的方式，整改消除了一大批事故隐患。推动煤矿安全治本攻坚，全省76处3万吨及以下煤矿全部关闭退出。道路交通、工矿、建筑施工、油气管道、特种设备、消防、农机、水利、电力、旅游、铁路、民航等行业领域扎实开展隐患排查治理行动，整改隐患9.64万个，整改率为94%。同时，全省组织开展了为期5个月的“六打六治”专项行动，采用联合执法、巡回执法、跨地区跨部门执法等方式，累计组织各级各类执法检查组1468个，检查企事业单位和场所10686处，关闭非煤矿山54户，完成无主尾矿库隐患综合治理41座，关闭其他非法违法和不具备安全生产条件的生产经营单位106户，注销安全生产许可证13户，责令停产整顿74户，有力地打击和震慑了非法违法行为，规范了安全生产秩序。

【改善安全基础】各地各部门各有关单位坚持预防为主、标本兼治、重在治本的原则，加大安全投入，推进标准化建设。煤矿行业持续推进安全质量标准化和井下“六大系统”建设，严把停产停工、复产复工验收，严格落实领导带班下井和全员培训制度。非煤矿山坚持危险性较大设备设施检测检验制度，积极推广应用超前钻探、中深孔爆破、机械铲装等技术，改造设备、优化工艺，提升矿山安全水平。危险化学品行业和领域持续加强“两重点一重大”监管，不断推进化工企业出城入园，提升企业本质安全水平。烟花爆竹行业严格流向监管，加大仓储设施改造。冶金等工贸行业积极开展涉氨制冷、粉尘防爆和有限空间作业场所专项治理，大力推进安全生产标准化建设，截至2013年底，共有1590家企业达标。职业健康监管工作稳步推进，660家企业完成了职业病危害防治评估，全省初步建成了重点用人单位职业卫生档案。交通运输、建筑施工、特种设备、消防、水利、教育、旅游、电力等18个重点行业，按照《全省重点行业（领域）公共安全保障工程实施方案》，加大投入，精心组织，全面实施，取得了一定成效。

【安全监管能力建设】各市州认真落实省委省政府《意见》精神，保障安全生产专项经费，加大对安全监管能力建设的支持力度。安监部门落实中央资金3140万元，为14个市州、86个县市区配备各类执法装备2085台套。省财政列出专项资金，为省、市、县三级安监部门配备执法用车65辆。14个市州应急指挥平台和15个省级应急救援基地建设稳步推进。86个县市区全部成立了安监执法机构，天水、庆阳、定西等市所有乡镇设立了安监站，配备了专（兼）职工作人员。安全生产资格考试网络管理系统建设顺利实施，省级中心通过验收，市州分中心及企业考点建设全面启动。临夏、酒泉率先建成应急救援指挥系统。结合开展党的群众路线教育实践活动，全省安监系统切实加强宗旨意识、责任意识、大局意识、服务意识教育，监管人员的政治素养、业务素质和廉政意识明显改进，监管能力、执法水平进一步提高。

【安全生产宣传教育】全省上下围绕“强化红线意识、促进安全发展”主题，广泛开展了“安全生产月”活动。在安全生产宣传咨询日当天，刘伟平省长在《甘肃日报》发表署名文章，黄强副省长亲临现场进行指导，各市州、各有关部门及重点企业设立咨询点，进行宣传咨询。省委宣传部、省安监局组织省内主流媒体、新闻单位开展“安全陇原行”系列宣传报道活动。采取新闻发布会、安全警示教育、“阳光在线”等方式，引导社会舆论、营造安全氛围。省安监局创刊《生产与安全》杂志、白银市创办《白银安全生产》月报，免费向社会发放；甘南州在州电视台开设安全宣传专栏；临夏州开展安全生产进宗教、进寺院活动，利用宗教场所进行宣传教育。安全培训工作进一步加强。围绕宣贯新《安全生产法》，省安委办邀请国家安监总局有关领导进行电视电话专题讲座，省、市、县三级政府及安委会成员单位负责同志、全体安监干部和重点企业主要负责人共3000余人参加学习；省安监局在省委党校举办两期县处级安监干部培训班，对全局处以上干部进行了轮训；兰州、白银邀请专业人员对600多名安监执法人员进行了执法业务培训；其它市州也开展了各类业务培训，全省安全生产领导能力、监管能力、执法水平得到提高。全年培训企业主要负责人、安全管理人员、特种作业人员85600人次，企业的安全管理水平得到提升。

（季普东）

质量技术监督

【推进质量发展】一是确立质量强省发展战略。省政府办公厅印发了《甘肃省贯彻实施质量发展纲要2014年行动计划》。结合全省质量发展工作需要，省政府召开质量发展领导小组会议，将省推进质量振兴工作领导小组更名为省质量发展领导小组，由省长担任组长、分管副省长任副组长，24个省直部门为成员单位。二是强化质量工作考核。对庆阳、张掖两市进行质量工作试点考核，增加第三方社会评价考核机制。牵头组织省发改、环保、建设等20个部门及有关行业专家组成4个质量工作考核组，对全省市、州政府质量工作进行了考核并接受了国务院对甘肃省质量工作开展首次考核。三是深化质量激励工作。长城电工天水电器集团有限责任公司、兰州高压阀门有限公司、甘肃第七建设集团股份有限公司等3家企业荣获2014年度省政府质量奖，全省14个市州和80%以上的县级政府出台了质量奖励政策。庆阳、兰州两市获批筹建“全国质量强市示范城市”，临夏市批准筹建“甘肃省质量强县（市、区）示范城市”。四是强化质量统计分析和质量诚信体系建设。牵头组织省发改委、省建设厅等11个省直部门共同起草编写《甘肃省质量状况分析报告》。加快甘肃省企业质量信用档案数据库建设，完成企业质量信用信息数据的录入和审核；修订印发省质监局《关于印发甘肃省企业质量信用等级评价管理办法的通知》，完善了企业质量信用等级评分细则，2014年共有143户企业被认定为质量信用等级A级企业。

【品牌战略】2014年，有146户企业的160个产品获得甘肃名牌产品称号，名牌产品总数累计达到454个，名牌产品对全省经济发展的贡献率超过了34%。加大区域品牌培育力度，天水市电工电器、陇西县中药材、武都区油橄榄、兰州市七里河区百合、榆中县高原夏菜等5个产业区获批筹建“全国知名品牌创建示范区”；定西市安定区“全国马铃薯产业知名品牌创建示范区”通过现场验收；有7个园区获批筹建“甘肃省知名品牌示范区”。

【特种设备安全保障】开展特种设备打非治违、隐患排查治理、安全大检查“三项行动”，严格落实“四个一律”、“六个一批”的工作措施。全系统共检查企业4210家，检查设备13631台（套），整治违法违规案件832起，查出隐患2654处，督促整改2601处，整改率98%。加强重点设备监管。车用气瓶电子信息化监管工作、起重机械安装监控试点工作及老旧电梯安全评估工作正式启动，完成17400余只车用气瓶电子标签的粘贴及数据录入工作，对15台100吨以上的通用门式起重机安装了监控装置，制定出台了甘肃省地方标准《在用电梯安全评价规范》（DB62/T 2451—2014），对兰州市88台老旧电梯进行了安全评估。强化特种设备安全基础建设。起草完成了特种设备安全监管“一岗双责”、重大隐患“挂牌督办”等工作制度送审稿，研究制订了《甘肃省特种设备安全监管信息化建设升级改造实施方案》，启动了全省特种设备作业人员考试机构核定工作，国家风电设备质检中心、国家节能换热器质检中心基础设施建设全部到位。

【产品质量监督】组织相关质检机构对省内3409家生产（流通）企业的4591批次工业产品实施了产品质量监督抽查，总体产品质量合格率为90.4%。组织了岷县、漳县地震灾后重建物资、妇女儿童用品和液化石油气中添加二甲醚等3次专项监督抽查。对于监督抽查中出现的不合格产品和企业，依据相关法律法规，依法采取公告、曝光、整改、处罚和约谈等后处理措施。组织有关质检机构对全省建材、机械、冶金3大行业开展了质量状况调查和产品质量专项抽查工作。共对省内865家生产企业的1356批次工业产品实施了行业质量状况调查和专项抽查，总体产品质量抽查合格率为73.3%。加强重点产品风险监测。在2013年对中空玻璃、汽柴油等9种产品开展风险监测的基础上，对可能涉及有害化学物质、功能安全、结构安全和可靠性的一次性塑料餐具、移动电话用锂离子蓄电池、絮棉纤维制品、聚苯乙烯泡沫塑料保温板、水泥等5种产品，共监测了省内330家生产（经销）企业的435批次产品，总体监测项目指标符合率为82.6%。通过深入分析产品质量安全风险因素，形成产品质量安全风险分析报告，分送有关企业及各级政府和行业主管部门。

【计量管理工作】组织开展“计量惠民生、诚信促和谐”工程，全省共培育856家具有全行业示范作用的诚信计量自我承诺示范单位，其中商店超市362家、医疗机构291家、配镜行业86家、其它行业117家。继续开展集贸市场最大称量500kg（含）以下的在用小型衡器免费检定工作，全省免费检定集贸市场1128家，在用衡器183379台件，其中检定100kg以下的在用衡器共计152598台件，检定100kg至500kg的在用衡器共计30781台件。提请甘肃省政府于12月5日发布了《甘肃省落实国务院〈计量发展规划〉实施意见》。核发计量器具制造、修理许可证11份；核发计量器具型式批准证书12份；核发计量标准考核证书355份，社会公用计量标准68份；核发法定计量技术机构授权证书9套；核发专项计量检定机构授权8套；核发定量包装商品生产企业计量保证能力合格证书15份。

【执法打假工作】2014年度共出动执法人员17209人（次），检查各类生产企业4169余家，查处不合格企业275家，办理各类案件458起，涉案金额1139.32万元，督查督办大案要案14起，移送司法机关12起，捣毁非法加工生产窝点3个，在相关媒体公开行政处罚案件信息16条。以“质监利剑”和“双打”专项行动为主，组织全省质监系统稽查机构开展各类专项执法打假13个。联合农牧、工商、公安、商务等有关部门，开展农机具产品、建筑用钢材、学生床上用品、机动车安全隐患大检查、违法生产销售使用“伪基站”等专项整治6个。组织开展“质检利剑”化肥重点区域执法打假集中行动，在白银市共同举办了“诚信经营、打假护农”全省化肥重点生产企业质量诚信承诺书签字仪式。强化12365投诉举报处置工作，2014年共接听消费者咨询、投诉、举报共2179件；处理9起产品质量争议，为消费者挽回损失259.12万元。

【行政审批】合并减少3项行政许可，取消所有非行政许可审批事项。13项行政许可和1项服务事项，全部进入省政府政务大厅并实行电子审批，公布行政审批权力清单。制定出台《甘肃省质量技术监督局行政审批受理中心人员轮岗规定（试行）》、《甘肃省质量技术监督局行政审批AB角工作制实施规定（试行）》等4个规章制度。

【地理标志产品保护】开展地理标志资源普查工作，开展《中国地理标志产品大典甘肃卷》编纂工作，新增“环县皮影”、“庆阳香包”、“庆阳苹果”、“民勤羊肉”和“成县核桃”5个地理标志保护产品，启动河西走廊葡萄酒国家地理标志产品加贴工作，完成地理标志产品“兰州百合”、“文县绿茶”、“红川酒”地方标准的修订工作。

【标准化战略】提请省政府印发了《甘肃省标准化发展战略纲要（2014—2020年）》。省政府成立甘肃省实施标准化发展战略领导小组，全年共审批发布地方标准161项。全年批准发布循环经济地方标准20项，累计批准发布循环经济地方标准121项。指导和督促各级各类示范试点项目建设，建立国家级农业标准化示范区108个，省级农业标准化示范区164个；建立国家级服务业标准化试点7个，省级服务业标准化试点16个；国家级循环经济标准化试点项目通过国家标准委和国家发改委立项，成为甘肃省首个国家级循环经济标准化试点项目。加强企业标准化工作，全年企业产品标准备案452项（包括复审有效标准），确认标准化良好行为26户，完成“采标”10户31个产品。积极推进标准化专业技术委员会建设，全年批准成立省级标准化技术委员会2个，甘肃省省级专业标准化技术委员会达到9个。

【工业产品生产许可证管理】2014年甘肃省质量技术监督局发放工业产品生产许可证104张证书、生产企业89家；发放省级不予行政许可决定书22家；配合审查部现场审查34家。发放食品相关产品生产许可证企业18家，不予许可1家。组织开展2014年度证后监管专项检查，共抽查了88家获证企业。积极与省食安委办公室协调，将食品相关产品的监管责任纳入全省食品安全目标责任。组织开展了食品相关产品的专项整治行动和危化品常压车载罐体、配车用罐体生产企业专项检查，对全省5家获证企业进行现场检查，取消2家企业的车载罐体的生产许可资格。

【认证认可管理】截止2014年底，全省取得资质认定的实验室共576家，证书699张；取得资质认定证书的机动车安检机构65家。共审查、审批申请实验室资质认定的组织139家，通过审查批准131家，未通过审查不予许可8家，发放证书123张，审查批准机动车安检机构资许可15家，发放证书15张。全省共有强制性产品认证证书1196张，企业242家；获得各类管理体系认证证书3136张，各类食品农产品认证证书1541张。

【技术机构建设】加强项目建设。2014年甘肃省质量技术监督局共投入技装技改经费3790万元，国家风电设备质量监督检验中心（酒泉实验室）已竣工，国家节能换热设备质量监督检验中心（甘肃）、国家塑料建材产品质量监督检验中心（甘肃）、项目建设进展顺利，国家计量器具型式评价中心已开始办理前期建设手续。新增定西马铃薯及其制品、中药材、酒泉太阳能光伏3家省级质检中心。强化科研工作。全省质监系统科技计划项目立项14项，《金属量器大容量自动检定装置的设计》项目获得国家质检总局科技计划项目立项，《桩基静载荷测试分析仪校准方法研究》等2项获得甘肃省科技计划项目立项，《甘肃省制造业质量竞争力对经济结构转型的影响力研究》等11项获得甘肃省质量技术监督局科技计划项目立项。

【质监体制改革】全省质监系统完成分级管理体制调整改革工作，实行属地管理。向省编办上报甘肃省质量技术监督局各直属事业单位分类意见。成立甘肃省整合检验检测认证机构工作领导小组，领导小组办公室分别设在省编办、省质监局。制定全省检验检测机构整合意见和全省质监系统检验检测机构整合的意见，指导各行业主管部门有序推进整合工作；选择特种设备、建材行业以及庆阳市开展检验检测机构整合试点，先行先试，总结经验，逐步推进。经省编办批复同意撤销稽查局，在机关增设执法督查处，撤销甘肃省质量技术监督局宣教中心，成立省质监宣信中心，并完成宣信中心和执法督查处组建工作。

【扎实推进“双联”工作】2014年，制定下发了《加强和深化双联和扶贫攻坚工作要求的意见》。筹措资金106万元用于村级组织活动中心、文化广场、通社道路等基础设施建设，中药材、食用菌、核桃种植、牛羊养殖等致富产业扶持。安排机关和直属事业单位干部职工561人次进村入户，参与完成核桃嫁接1.01万株、搬运地栽木耳菌棒1.2万袋、安装香菇大棚24座。选派8名优秀年轻党员干部到联系村担任党支部副书记，为基层捐赠电脑12台、打印机1台、沙发6套、茶几4张。

【党风廉政建设】继续严格执行中央“八项规定”精神和国务院“约法三章”，把党风廉政建设纳入总体工作规划，召开党风廉政建设会议，制定甘肃省质量技术监督局党组关于落实党风廉政建设主体责任的意见。完成对定西市质监局，省特检院、纤检院、计量院的离任审计。强化执纪监督，加大惩治违纪违法行为的力度，不定期开展明察暗访和突击抽查，初步解决组织机构代码扎堆办证、服务窗口效率低下等问题。严肃查处违纪违规问题。核实信访问题6件，初核2件，立案调查1件，对1名县处级干部给予了行政处分，发挥了查办案件的震慑作用。

（王泽济　何文涛）

食品药品监督管理

【概况】2014年，甘肃省食品药品监管系统机构共有1686个；人员编制10450名，监管人员占总人口比例达到万分之四。甘肃省食品药品监管局内设机构14个，人员编制112名。现有监管服务单位21万多家。其中，药械生产企业225家，经营使用单位8983家；食品生产企业2026家，经营企业13万家，持证餐饮服务单位5万余家；保健食品生产企业32家，经营企业11390家；化妆品生产企业13家，经营企业12466家。

【食品药品监管体制改革】省政府办公厅下发《关于进一步加强全省食品药品监管体系建设的通知》，推动落实食品药品监管各项改革措施，突出抓好基层监管机构人员到位、素质提升、能力建设等重点任务落实。全省食品药品监管系统实际到位人员8000多名，基层监管机构人员到位70%以上，省市县乡四级监管机构全面履行职责。召开基层监管机构建设现场会，推广庆阳市基层监管机构建设经验，全面推进基层监管工作，保持了监管机构的系统性，统一权威的监管体系在深化改革中得到巩固和加强。

【重要政策法规制定实施】1月26日，省政府第38次常务会议审议通过《甘肃省食品安全监管责任问责办法(试行)》、《甘肃省食品安全追溯管理办法(试行)》和《甘肃省农产品质量安全追溯办法(试行)》。5月12日，甘肃省食品药品监管局制定出台《关于严格食品安全监督管理的若干规定(试行)》，明确了30条最严格食品安全监管措施。制定实施《甘肃省食品安全追溯管理办法(试行)》、《甘肃省食品安全信用管理规定》、《甘肃省食品监管飞行检查办法》等制度；以建立风险管控机制为重点，制定实施《甘肃省药品质量安全风险评估工作制度》、《甘肃省药品生产企业质量控制实验室管理指南》等制度。制定实施《甘肃省食品药品行政处罚案件信息公开制度》、《甘肃省食品药品违法行为举报奖励办法》等制度，推进行刑衔接机制有效运行。修订和完善规范性文件，部分市州出台了食品药品安全督查督办制度、约谈制度、集体聚餐管理办法、舆情监测制度。

【食品安全监管】甘肃在全国率先建立实施最严格的监管制度，率先开展转基因食品专柜销售，全面禁止生产经营使用散装食用油、散装食醋和散装酱油。实施网格化、“痕迹化”监管和“外置化”管理。餐饮环节“明厨亮灶”工程实施率已达70.7%，全省有6万多户食品生产经营者加入信息平台，食品追溯率达到70%。全省创建10个示范县（市、区）、20条示范街（区）、50所示范学校（托幼机构）食堂和181家示范店。组织实施国家监督抽检和风险监测2390批次；省级监督4945批次，不合格439个批次，合格率为94.02%。在全国率先开展农村食品市场专项整治，部署开展乳制品、肉制品、白酒、饮料、儿童食品、学校及校园周边、农村“四打击四规范”、节日性食品、“两超一非”、餐用具洗消保洁及餐饮单位使用罂粟壳等各类专项治理。圆满完成“亚洲合作对话（ACD）——丝绸之路务实合作论坛”等29项重大活动的食品安全保障任务。全省共检查食品生产经营和餐饮服务单位110余万户次，捣毁售假窝点84个，查处案件6227件、案值337万元，查处不符合食品安全标准的食品数量15.5万公斤，查处使用非食用物质和滥用食品添加剂数量915.03公斤，停业整顿912户，取缔无证经营1028户，吊销许可证117户，移送司法机关案件14件，罚没金额 1633 万元，受理和处理消费者申诉和举报 1996 件，为消费者挽回经济损失 624.09 万元。

【药品安全监管】通过实施药品安全风险控制计划，严格落实企业药品质量安全主体责任，推进药品生产企业质量控制实验室规范化建设，突出抓好药品制剂生产、医用氧生产、疫苗等高风险品种、中药材中药饮片、医疗机构制剂、特殊药品、诊断试剂、网上购药、分类管理、电子便民查询平台等方面的工作。强化技术监督部门支撑作用，完善药品抽验管理，注重药品抽验靶向性，促进药品不良反应监测贴近监管实际。突出监管质量考核，将案件质量、检验质量、企业监管水平、风险防控能力及上级督查问题整改等五个方面作为考核的基本内容，促进监管工作规范有序、扎实推进。全省药品制剂生产企业检验项目自检率达到 98%。80% 的中药饮片生产企业配备了高效液相色谱仪。全省地产中药材硫磺熏蒸问题得到全面控制，中药材中药饮片质量大幅提升。充分利用检验、监测数据信息开展针对性监督检查，发挥技术监督的最大效能。不良反应监测系统注册用户 8490 个，比上年增长 92%。上报药品不良反应病例报告 19425 份，其中新的和严重药品不良反应报告增长 43.1%，严重病例报告增长 66.9%。全省共查处案件 2388 起，罚没款 828.3 万元，曝光 1689 起，缴销《药品生产许可证》3 张、《医疗机构制剂许可证》6 张，收回《药品 GMP 证书》3 张。约谈地方政府和监管部门 20 人次，约谈生产经营单位 40 家，通报整改问题 300 多个，促进了各方责任和重点工作的落实。

【医疗器械监管情况】甘肃省食品药品监管局以医疗器械“五整治”专项行动为主线，以问题产品为重点，开展对隐形眼镜、注射用透明质酸钠产品、贴敷类产品的专项治理，强化体验式销售医疗器械行为监管，规范医疗器械广告发布行为，以日常监管、投诉举报、虚假广告监测、质量公告、不良事件监测等为线索，采取重点排查、专项协查、飞行检查等措施，全面净化医疗器械市场秩序。强化无菌和植入性医疗器械高风险医疗器械经营使用监督检查、定制式义齿专项检查、急救室手术室用医疗器械专项检查等专项监督检查。特别是针对急救室手术室用医疗器械开展的专项治理，较短时间内在查处违法违规产品、规范临床用械方面取得了良好效果。全省检查单位 23768 家（次），立案查处违法违规行为 447 起，结案 362 起，收缴罚没款 291.81 万元；没收违法产品 31455 件（箱、盒、瓶），货值金额 49.3 万元；查处黑窝点 13 个，案件协查 233 件，查处违法广告 152 起；吊销医疗器械经营许可证 6 家，停产停业整顿 11 家，责令整改 797 家，移交卫生部门查处案件 2 件，联合公安部门查处案件 13 起。核实近三年注册产品申报资料 57 个，完成抽验 258 批次；查扣无注册证隐形眼镜 510 付，没收无证经营隐形眼镜 4472 付、隐形眼镜护理液 622 瓶。联合公安部门现场查扣“场能治疗仪”5 台，坐垫 24 付，多功能理疗仪及超长电磁波理疗仪 14 台，货值金额 12.4 万余元。立案查处违法违规生产企业 4 家，责令停产企业 5 家，联合公安部门端掉制假窝点 4 个。对部分医疗机构使用的心电图机、B 超、X 光机等设备进行了在线检测，共检测 286 台次。对监测发现的“倍安康腰椎专用治疗仪”、“大长今腰椎专用治疗仪”和“唐延腰椎治疗仪”等 152 起违法违规发布行为移交工商管理部门处理。

【监管能力建设】2014 年，全省落实中央补助地方能力建设专项资金 1.52 亿元，实施 6 个市州食品安全检验检测能力建设项目 9600 万元，推进县级食品药品安全检验检测资源整合。省财政投入专项经费 1.37 亿元，主要用于市县检验检测、基层执法装备等能力建设。各级地方政府普遍加大投入力度，全省食品药品监管工作得到有效保障。争取实施省政府为民办实事项目，完成投资 4200 万元，建成 4200 家零售药店便民电子查询工程。与中检院签署共建合作协议，推进技术支撑体系建设。完成省市县三级信息化硬件平台和省市两级视频会议系统建设。

【作风建设】结合第一批群众路线教育实践活动整改和第二批群众路线教育活动开展，甘肃省食品药品监管系统全面组织开展“站稳为民监管立场、筑牢保障安全底线”大讨论活动，巩固扩大群众路线教育实践活动成果，一批群众关注的热点难点问题得到有效整改。先后召开 2 次全系统会议进行专题部署，制定落实党风廉政建设主体责任实施意见和惩防体系五年规划，建设省市县三级行政审批电子监察系统，落实“一把手”不分管人事财务、纪检组长不分管监管业务等要求，培训全系统纪检监察干部 160 多人。受理群众举报 13 件，已调查核实 11 件，诫勉谈话 2 人，行政记过 1 人。先后派出 16 个工作组到基层督导检查，行政相对人满意度达到 99.7%。各级监管部门高度重视党风廉政建设和反腐败工作，开展廉政风险排查和警示教育，强化执纪监督，加强政风行风建设，中央“八项规定”、省委“双十条”规定和作风建设各项要求得到全面落实，有效保障食品药品和监管队伍“两个安全”。

【食品药品技术监督战略合作】中国食品药品检定研究院党委书记、副院长李波与甘肃省食品药品监督管理局局长、党组书记高建邦共同签署《食品药品技术监督战略合作协议》。双方今后将在检验检测体系能力建设、实验室建设、人才队伍培养、信息交流共享、科学研究等方面开展广泛深入的合作，全面提升甘肃省食品药品检验检测能力。开展共建合作后，中国食品药品检定研究院将协助甘肃建设生物制品检验重点实验室，建设牛羊肉基因检测实验室，建设中药材检验重点实验室，建立甘肃省道地药材的物种资源电子标本馆，建设重离子加速器治疗肿瘤装置检测实验室，承担全国重离子加速器治疗肿瘤装置的标准提高、日常在线监测等任务。还将建立互联互通机制，共享信息资源，共同申请、承担、参与国家级科研项目。

（郭廷成）

社会事业

科技

【概况】2014年，全省共登记省级科技成果657项，技术市场合同交易额达到115.23亿元，争取国家类科技计划项目899项，获资金11.26亿元，安排省级科技资金3.8亿元。全省专利申请受理12020件，同比增长9.5%；专利授权量5097件，同比增长7.6%；有效发明专利3252件，同比增长19.8%；每万人口发明专利拥有量1.26件。综合科技进步水平排在全国第19位，比2013年上升1位，科技对经济增长的贡献率达到50%。

【科技体制机制改革】一是转变科技计划管理方式。按照全省经济社会发展需求明确目标任务，紧紧围绕产业链的优化升级开展科技工作，建立科学合理的项目形成机制和储备机制，项目承担方式上鼓励以企业为主体的产学研结合，项目立项和验收上以完成“六个一百”企业技术培育工程为重点任务，加大项目支持强度。2014年立项数较上年度减少15.4%，单项支持强度达到50万元。二是突出科技奖励导向作用。按照新修订的科学技术奖评审细则，开展了企业技术创新示范奖和优秀科技创新企业家奖的评审，更加突出参评项目对全省经济的贡献。2014年度科学技术奖获奖项目中，企业主要参与完成的项目占78.4%，8项技术发明奖全部由企业主要参与，6项由企业牵头完成。三是完善科技创新评价机制。按照过渡时期省级科技成果管理办法，明确了科技成果登记的规定，取消了计划内项目的鉴定，加强了对企业自主创新项目科技评价的支持和服务。在自然科学研究系列职称评定中，突出科研能力、创新成果等指标。在省级工程技术研究中心和重点实验室评估过程中，全面推行以科技成果转化、效益产出、对经济社会贡献度等作为科技创新成效的重要指标，对28家省级工程技术研究中心和10家重点实验室进行限期整改，对6家省级工程技术研究中心实施摘牌。四是改革技术类无形资产管理。出台专利权质押融资办法，对专利权质押贷款贴息、担保奖励、评估费补助等作出明确规定，进一步拓宽专利权质押融资渠道，帮助中小微企业解决融资难问题，推动金融与贴息补助政策的协调配合。

【产学研用协同创新】一是着力完善成果转化配套政策。出台了《甘肃省科技成果管理办法》、《〈甘肃省科技奖励办法〉实施细则》、《甘肃省科技计划项目公示办法（试行）》、《甘肃省中小微企业专利权质押融资办法》、《甘肃省专利奖励办法》等一批政策措施，科技成果转化制度设计不断优化。二是国家重点实验室服务地方能力进一步加强。着力促进国家重点实验室科研成果在全省的应用推广，组织8个在甘国家重点实验室积极参与省级重大科技专项申报，启动首批4项国家重点实验室成果转化项目，在甘肃科技创新公共服务平台和兰州科技成果交易周上进行发布推介。中国农科院兰州兽医研究所畜疫病病原生物学国家重点实验室和中农威特生物科技股份有限公司合作的“口蹄疫O型灭活疫苗”实现了成果转化，经济效益达2.05亿元，上交利税742.11万元。三是产学研结合有力推动重大项目建设。积极推荐“运用核技术辐照甜高粱推广种植项目”、“郝氏炭纤维复合材料项目”等观摩项目，注重企业与高校、院所研发合作，促进成果转化，部分项目获得多项专利，有的达到了国内同行业领先水平。四是技术市场快速发展。技术市场合同交易额继续保持较快增长，比上年增长15%以上。共发布各类科技成果和转化需求708项，有效促进了成果转化，加速知识流动和技术转移。“兰州科技大市场”建设正式启动，通过展示、推介、挂牌、拍卖、转让等方式，进行公开技术交易，促进产学研合作，推动技术成果产业化和商品化。兰州西北技术交易市场有限公司跻身国家级技术转移示范机构，成为全省第7个国家技术转移示范机构。

【科技创新平台建设】一是兰白科技创新改革试验区建设稳步推进。科技部批复同意支持甘肃开展兰白科技创新改革试验区建设试点。积极借鉴自主创新示范区经验，组织召开科技部、甘肃省、张江示范区三方座谈会，张江兰白试验区技术转移中心挂牌成立。省科技厅与兰州、白银、兰州新区分别召开兰白试验区建设联席会议，全力加快建设步伐。二是打好战略性新兴产业攻坚战。为第一批16户骨干企业编制了技术路线图。围绕8个战略性新兴产业凝练组织科技项目85项，安排资金1.12亿元。组建2个面向战略性新兴产业发展，开展科技创新活动的创新平台，组建11家服务战略性新兴产业的省级工程技术研究中心。启动实施“品牌引领工程”和“专利导航工程”，促进知识产权与战略性新兴产业发展深度融合。三是深入实施“六个一百”企业技术培育工程。新建省级工程技术研究中心20家，省级重点实验室22家。以提高企业技术创新能力为核心，支持95项具有前瞻性的新技术、新工艺、新产品研发。支持5家科技“小巨人”企业和科技型中小企业开展科技创新，积极扶持科技中介机构为中小企业发展提供中介服务。四是科技与金融结合日趋紧密。省科投公司与多家金融机构签订“战略合作协议”，促进科技与金融紧密结合、加大对科技型中小企业的信贷支持力度。全年累计受理科技贷款申请97项，为24家科技型企业贷款1.28亿元，对97家企业进行尽职调查，为20家企业提供科技担保金额1.1亿元。目前，按照整体工作安排，正在积极研究设立技术创新驱动基金，发挥好财政资金杠杆的放大作用，撬动社会资金支持科技型企业发展。五是科技创新城建设进展顺利。为推进兰州新区建设，省科投公司出资1亿元发起设立了兰州新区创新城公司，落实合作意向30多项。科技创新城一期规划总面积445亩，计划投资25亿元，目前已正式开工建设。六是开展碳排放权交易。按照甘肃温室气体减排目标，启动建立甘肃省碳排放权交易中心（所），开展碳抵消产品补偿交易、排放权配额交易、节能环保技术交易等，倒逼高耗能产业加大科技创新投入，提高先进适用技术的推广应用，促进产业转型升级。

【企业创新能力】一是优化科技资源配置。省级科技计划主要聚焦经济社会重大需求，突出企业技术创新主体地位设置省级科技计划体系，全年安排资金3.80亿元，支持企业的科技研发资金占到了当年可用于支持企业科技资金的73.13%。安排资金1.01亿元，对全省经济社会发展具有战略性、关键性、前瞻性的十个重大技术领域组织实施科技重大专项。二是创新能力不断增强。新建生产力促进中心6家，科技企业孵化器3个，白银科技企业孵化器获国家级孵化器认定。全省已建成生产力促进中心98家，当年服务企业4753家；各类科技企业孵化器17个，孵化面积40万平方米，在孵科技型中小微企业978家。新建5个科技创新服务平台，全省总数达到14个。新建10个企业重点实验室（含培育基地），其中2个属于循环经济领域。组织金川公司、省电力公司风电技术中心等5家企业积极申报企业国家重点实验室。全省现有国家实验室1个、国家重点实验室8个、省部共建国家重点实验室培育基地2个，省级重点实验室86个。三是高新技术企业认定管理更加规范。联合省财政厅、国税局、地税局共同公布了通过年度认定及复审企业名单。全年受理147家高新技术企业认定申报材料，其中134家高新技术企业通过科技部认定，目前全省共认定高新技术企业271家。四是营造浓厚的创新创业氛围。组织2014年全省科技活动周、第三届中国创新创业大赛（甘肃赛区）、甘肃省第五届大学生创新创业大赛、科技企业孵化器与创业导师进校园以及全省青少年参与科技创新网络知识竞答等活动，积极推介优秀科普作品，加强科技宣传和科技培训，突出展示科技创新的重大成果，营造有利于创新的社会氛围。

【科技成果惠民工程】一是科技惠民示范工程技术应用成效明显。按照“一县一项目一产业”的要求和布局，整合资金1亿元，省、市、县三级联动，在国务院确定的58个贫困县（市、区）组织实施科技惠民示范工程项目60项，共引进新技术150项。新技术引进、推广平均完成率达到100%，科技成果转化和先进适用技术示范推广力度显著增强。二是国家科技惠民计划项目取得实效。“甘肃省定西市道地中药材产业化推广及惠民示范工程”提高了中药材产量和质量，大幅增加了药农的经济收入。“甘肃省民勤风沙危害防治与生态产业培育科技富民应用示范”优化了项目区生活燃气和冬季采暖能源供给，加强了项目区生态系统的稳定性。“敦煌市洪水资源利用和生态农业综合技术示范推广项目”加速了敦煌绿洲边缘重点风沙口防治工程进度，延伸了当地区域节水型产业链条，培育了一批造林技术骨干和生态产业发展带头人。三是可持续发展实验区建设取得进展。启动了麦积区、金川区、凉州区、庄浪县等4个县（区）建设省级可持续发展实验区，支持兰州新区创建国家可持续发展实验区。全省已有国家级可持续发展实验区2个，省级可持续发展实验区11个。四是着力推动陇药产业发展。配合制订《甘肃省促进陇药及保健品产业发展的若干政策》，组织实施了“肝素钠系列产品研发及产业化”、“党参不定芽催发技术研究与示范”、“河西沿山冷凉灌区黄芪GAP种植技术研究与产业化示范”等一批创新项目，支持培育中医药产业自主创新能力，推动陇药产业健康快速发展。

【农村科技创新创业】一是加强农业科技园区建设。出台《甘肃省农业科技园区管理办法》，启动肃州、甘州、永昌、庆城、靖远、榆中、徽县等7个省级农业科技园区建设工作。积极支持酒泉、张掖申报国家农业科技园区。目前全省建有国家农业科技园区3个，省级农业科技园区10个。二是推进现代种业发展。制定《甘肃省现代种业科技发展规划（2014~2020年）》，加强企业为主体的育种创新体系建设，组建了“国家种子加工成套装备工程技术研究中心”，组织实施国家级、省级种业及种业装备相关科技重大项目25项。三是大力实施科技富民强县项目。重点围绕地方特色产业培育需求，申请获批12项国家科技富民强县项目，资助经费2225万元，省级富民强县项目立项28项，资助经费300万元。四是扎实做好“双联”工作。与省委“双联”办联合召开了中央在甘和省直科研单位“双联”工作推进会，积极做好联系康县、正宁县、古浪县“双联”工作，编辑了《科技特派员服务“双联”行动实践与探索》、《十八届三中、四中全会涉农政策解读》两本口袋书并发放“双联”户。扶持康县农家客栈改造工程受到省委“双联”办及多家省级媒体关注和好评。

【专利事业发展战略】一是推动知识产权运用。制定实施《2014年甘肃省知识产权战略实施推进计划》，首次将知识产权计划项目列入省级科技计划。培育知识产权优势企业53家，累计89家。二是加强知识产权保护。着力提升专利执法成效，全年累计出动执法人员471人（次），检查各类市场150个、商品3.8万余件（套），处理各类专利案件265起，其中办理专利侵权纠纷36起，查办假冒专利案件229起。三是提升知识产权服务水平。新增2家国家级知识产权服务机构，完成专利申请初审24645件，新增专利电子申请注册用户695家。扩大专利代理人资格考试覆盖面，考试报名通过人数比上年增长74.2%。充分发挥“12330”维权援助功能，积极拓展知识产权服务领域和业务范围。

【科技人才队伍建设】一是引进

国家高层次人才来甘挂职。着眼解决甘肃国家级和省级开发区缺乏科技人才、缺乏谋划高科技项目人才的短板，引进20名科技人才来甘挂职，为破除重大发展瓶颈提供智力支撑。二是加强科技特派员工作。紧密结合省委新农村人才保障工程和“双联”工作，深入推进科技特派员基层创新创业行动，开展优秀科技特派员巡讲活动，申请获批国家科技特派员创业培训基地2家，国家科技特派员创业链4家，国家科技特派员创业基地5家，目前全省共有12733名科技特派员服务于基层一线。三是推动“三区”科技人员队伍建设。围绕“三区”（边远贫困地区、边疆民族地区和革命老区）支柱产业大力引导科技成果的转移和转化，向全省58个贫困县和2个片外县选派“三区”科技人员833名，培养本土科技人才120名。四是认真做好科技人才推荐工作。推荐国家创新人才推进计划17项，青年拔尖人才支持计划5项。推荐2014年享受政府特殊津贴人员3名，国家百千万人才工程人选1名，“西部之光”访问学者2名，“陇原青年创新人才扶持计划”4名。

【科技合作与交流】一是深入推进工作会商。省科技厅与兰州市政府召开深化厅市工作会商会议，重点在推进兰白试验区建设、创业孵化等科技服务业发展、兰州国家级文化和科技融合示范基地建设等方面加强合作，推动省、市科技资源紧密结合。二是加强与丝绸之路经济带沿线国家科技合作。按照丝绸之路经济带科技合作的工作安排，举办雨水积蓄利用、生物质能源转化、干旱区生态恢复、太阳能应用技术等4期在甘发展中国家技术培训班，共培训丝绸之路沿线和非洲国家学员78人。积极推动与以色列、巴基斯坦、吉尔吉斯斯坦等国的务实合作。三是促进省际、省校合作交流。积极开展科技援青、科技入滇活动，深入推进甘肃省和北京大学在科技创新领域的交流合作。四是国际合作项目和基地建设成效明显。全年共获科技部国际合作计划立项19项，获得项目资金3986万元，同比增长78%。推荐3家省属院所、企业积极参与科技部国家国际科技合作基地评审，目前已有11家机构被科技部认定为国际科技合作基地，在西部地区名列前茅。

【依法行政与作风建设】一是依法行政不断加强。全面推行政务信息公开，健全公众参与、专家论证、风险评估、合法性审查和集体讨论决定的重大事项决策机制。承接国务院下放行政审批项目2项，完善实验动物审批事项相关制度和程序规则，对办理要件、程序和时限等做出明确规定并进行公开发布，提高审批效率，法制机关建设取得新成效。二是工作作风持续转变。严格遵守中央八项规定、省委“双十条”规定，强化内部管理，持续改进作风，坚决杜绝“四风”问题发生。认真开展“不作为、慢作为”专项整治行动，严肃查处科技管理、科技服务、科研开发等过程中存在的质量不高、效率低下等问题，提升了科技管理效能。三是党风廉政建设成效明显。按照省委的安排部署，制定了《中共甘肃省科学技术厅党组关于落实〈中共甘肃省委关于落实党风廉政建设主体责任的意见〉实施办法》、《甘肃省科技厅党风廉政建设巡查暂行办法》和《甘肃省科技厅廉政约谈暂行办法》，修订完善了《甘肃省科技厅行政权力廉政风险点和程序预防措施》，以制度的形式将党风廉政建设和反腐败工作的监督检查、执纪问责固化为一种新常态。

（荣良骥　刘军）

教育

【基本情况】2014年，甘肃教育系统聚焦改善教育发展条件，提升教育发展水平，增强教育发展活力，优化教育发展环境，保持了教育持续健康发展的良好势头。全省共有幼儿园3471所，在园（班）幼儿62.01万人，较2013年增加7.03万人。民办幼儿园1586所，在园（班）幼儿24.61万人，学前教育毛入园率70%，较2013年增长3.85个百分点。全省共有小学8979所，在校生180.24万人；初中1538所，在校生97.09万人。小学和初中适龄儿童净入学率分别为99.8%和96.73%，小学适龄儿童净入学率比2013年提高0.02个百分点，初中适龄儿童净入学率比2013年下降2.31个百分点，九年义务教育巩固率87%。全省共有普通高中402所、中等职业学校244所，在校生分别为65.44和26.26万人，高中阶段毛入学率90%，较2013年提高5个百分点。全省共有高等学校43所，其中普通高校38所（本科16所、高职专科22所），独立学院5所；成人高等学校6所；培养研究生单位14所（普通高校10所、科研机构4所）。普通高校在校生45.23万人，成人高校在校生9.15万人，研究生2.91万人；高等教育毛入学率28%，较2013年提高2个百分点。小学、普通初中、普通高中、中等职业学校生均校舍建筑面积分别为7.48、10.1、12.98和16.21平方米，分别比2013年增加0.28、1.11、0.62和2.01平方米。普通高校教育教学行政办公用房面积572.29万平方米，图书3333.44万册，比2013年增加173.07万册。

【教育综合改革】稳妥推进考试招生制度改革，研究制订甘肃省深化考试招生制度改革实施方案、甘肃省教育厅关于开展义务教育学区制改革的指导意见，修订完善全省普通高中学业水平考试方案和综合素质评价方案，制定外来务工人员子女参加高考政策；规范调整高考加分政策、优化征集志愿办法，最大限度满足考生求学愿望；实施招收农村学生专项计划，拓宽农村学生升学渠道；推行义务教育免试就近入学，实行九年一贯对口招生；推行中高职五年一贯制招生，完善“2+2+1”、中职学生对口升学和单独招生制度，中职学生升学通道更加畅通。普通高职和本科院校录取中职毕业生2.14万人，录取率79.2%。促进城乡义务教育资源均衡配置，通过“全面改薄”，整合教育项目资源，为学校配备必要的教学仪器设备、课桌椅、图书、体育及生活设施，全省消除中小学D级危房151万平方米，投资13.64亿元，完成岷县漳县灾后教育重建任务308个，义务教育薄弱学校办学条件得到明显改善。研究制订县域内义务教育学校教师校长交流轮岗指导意见，统筹配置城乡教师资源。采取组建教育集团、学校联盟、名校办分校、强校托管弱校等措施，在破解上学难、大班额、择校热等问题上取得重要突破。创新农村学校教师补充机制，统筹实施普通高校毕业生就业项目、基层服务项目和“特岗教师”招聘计划，按学科及专业需求进行精准化招录，进一步解决农村学校师资总量不足和结构不合理等问题。全年招聘教师7003名，其中“特岗计划”招录3349名，“民生实事”项目招录3000名，其他项目补充654名。深化人才培养模式改革，试行普通高校学分转换，在兰州市安宁区高校联盟基础上开展高校思政理论课跨校选课试点，实现学分互认、课程互通。深化职业教育人才培养模式改革，强化职业教育学生技术技能和人文素质培养。加强中小学教材管理，成立甘肃省基础教育课程教材专家委员会。推进义务教育育人方式改革，推行中小学生考试成绩等级加评语的评价方式，开展中小学教育质量综合评价改革实验，确定平凉市等七个省级实验区开展实验。

【学前教育】全省新命名18所省级一类幼儿园，省级示范园达到51所、省级一类园达到105所，优质学前教育资源有效扩大。成立全省学前教育专业指导委员会，强化智力支撑、教研指导。启动《3~6岁儿童学习与发展指南》实验区工作，省、市、县和幼儿园四级联动，扎实开展科学保教实验试点。开展以“落实《指南》，科学保教”为主题的全省学前教育宣传月活动，营造学前教育发展的良好氛围。制定《甘肃省幼儿园办园行为规范》、《甘肃省托儿所幼儿园卫生保健管理实施细则》，进一步规范学前教育管理。

【特教与扫盲】启动特殊教育三年提升计划，累计投资3.6亿元建设特教学校41所，着力提高“三类”残疾儿童义务教育普及率。完善部门各负其责、社会共同参与的关爱服务体系和工作格局，关爱农村留儿童，最大程度保障残疾儿童受教育权利。

【高等教育】2014年普通高校招生录取考生22.92万人，高考录取率77.1%，再创历史新高。共有376所省外院校医学类专业在甘肃录取2.09万人，较上年增长38.2%。积极推动高等教育布局和专业结构调整与建设，张掖医专并入河西学院，定西师专并入甘肃中医学院，平凉医专升格甘肃医学院，甘肃中医学院更名甘肃中医药大学，兰州商学院更名兰州财经大学，并获得全国院校设置评议委员会一次性评审通过。围绕丝绸之路经济带、华夏文明传承创新区、“3341”项目工程等重大战略平台，优化调整专业结构，新设文化产业管理、电子商务、物联网工程等38个本科专业，新增硕士专业学位点22个、博士后科研流动站5个，建立“环境地质与灾害防治”甘肃省联合培养研究生示范基地，护理、林业与审计3个硕士学位点填补了甘肃空白。

组织高校广泛开展高校互访、高校访企业、访科研院所、访政府“四访”活动，促进高校人才培养、科学研究、学科建设与地方经济社会需求深度融合。着力加强教学研究，提升内涵质量，评选教学成果190项，入选长江学者3人、飞天学者51人（特聘教授27人、讲座教授24人）。争取国家自然科学基金项目425项、社会科学基金项目95项；获2014年度甘肃省科学技术奖26项，其中，自然科学奖项目4项，占全省获奖总数的80%；立项156个省级高校科研项目；评选科技进步奖132项、社科成果奖269项；高校协同创新中心攻关产业科学技术23项，成立创新战略联盟5个。协调下达省级财政支持高校重大项目、高职院校实训项目经费10.67亿元，支持高校科研创新与成果应用。

【教师队伍专业化发展】完善“三纳入两渗透一否决”师德师风建设长效机制，开展新教师宣誓仪式等6项配套活动，启动实施“甘肃教师学苑”、“陇原优秀教师群英馆”建设活动，推进师德师风建设常态化。推进教师队伍专业化发展，启动实施陇原名师助力贫困县优秀青年教师成长计划、百千万乡村教师素质提升计划、万名乡村校长能力提升计划、教师人文素养提升工程、中小学教师信息技术应用能力提升工程等“三计划两工程”，遴选金色教苑基地26个、金钥匙导师286人，建立陇原名师工作室40个，省、市、县、学区、校五级教师培训管理体系初步形成。“国培”、“省培”等教师培训项目培训教师、校长14.3万人次，占专任教师总数58%。落实乡村教师生活补助，实现58个集中连片贫困县全覆盖，惠及乡村教师14.1万人。

【体育艺术教育和语言文字工作】开展“三个千所示范校”（千所中小学德育示范学校、千所快乐校园示范学校、千所省级语言文字规范化示范校）创建活动，各创建完成200所。出台《甘肃省贯彻落实国务院办公厅关于进一步加强学校体育工作的实施意见》、《甘肃省学校体育三年行动计划》和《省教育厅关于推进学校艺术教育发展的实施意见》。推动青少年校园足球运动、中小学“一校一品”体育特色建设和每天一小时校园体育活动。重视艺术普及带动，组织“全国农村学校艺术教育实验县”艺术普及活动，推进高雅艺术进校园系列活动。加强社会实践和校外教育，教育部将甘肃确定为校外教育综合试点省份，在13个县（市、区）开始试点。落实2540万元建设127所乡村学校少年宫。组建10529个社区和村家庭教育指导服务点，初步构建了覆盖全省的中小学家庭教育指导服务体系。实施全省中小学心理健康教育特色学校争创计划，确定50所学校为首批创建学校，创建A级标准化心理咨询辅导室27个。开展第17届“推普周”活动，举办第二届“中国汉字听写大会”甘肃赛区比赛和“语言文字文化大篷车送教下乡活动”，在三市五县区举办活动25场，150所学校师生受益。

【民族教育】在甘南州建设115所藏汉双语幼儿园，通过与兄弟省区开展对等招生，为民族地区培养双语人才。14所省级示范性高中对口招收400名民族地区高中生，少数民族高层次骨干人才计划招收硕士、博士216名，甘肃——天津藏区“9+3”免费职业教育项目招生880名。推进实施“三区”人才支持计划教师支教专项计划，1400名支教教师全部到岗。制定阿语学校、高中民族班和高校少数民族学生管理办法。加强民族地区师资培训，累计培训970人次。甘南州义务教育寄宿生生活补助标准由1650元/生/年提高至1915元/生/年，部分县区提高到1950元/生/年。

【民办教育】鼓励扶持民办幼儿园发展，制定《甘肃省普惠性民办幼儿园认定和管理办法》，培训民办幼儿园教师5500人、园长300名，全省民办幼儿园达到1586所。规范民办学校办学行为，积极开展民办学校年度检查、招生简章和广告备案、教育质量督导、依法办学培训。全省新建各级各类民办学校(含非学历培训机构)140所，全省民办学校达到2753所，年培训人数达到55.4万人次。

【深化职业教育改革】研究制定《2015年全省职业教育重点工作实施方案》和《关于整合办学资源优化中等职业教育布局结构的指导意见》。进一步扩大职业院校办学自主权，将全省中等职业教育专业设置权下放学校。积极筹建甘肃资源环境职业教育集团、甘肃电子商务职业教育集团等7个省级行业性职教集团，推进产教融合、校企合作。

【教育信息化建设】加快推进“三通两平台”建设，建成甘肃基础教育资源公共服务平台、甘肃教育管理平台，建成“班班通”班级5000个。为民族地区1032所学校5000个班级配置“畅言智能语音教具”。建成全省中小学生学籍等5个管理信息系统，提高学校管理科学化水平。甘肃被教育部确定为全国第一个“运用信息化教学创新理论促进义务教育优质均衡发展试验研究”项目推广省份。投入3672.41万元，为全省157所中小学和中专学校配备成套教学仪器、图书资料、实验实训等设备，进一步改善了农村学校教育教学条件。

【教育对外合作交流】西北师范大学与波黑新建一所孔子学院，举办甘肃省第三届国际文化产业大会敦煌论坛、“丝绸之路经济带”主题征文活动。进一步规范外事管理，印发《甘肃省教育外事管理规定》和《甘肃省自费留学服务中介管理办法》。全年派出留学人员962人，来甘就读留学生1131人，国际组织志愿者培训英语教师550名。

【实施教育精准扶贫】制定《关于积极推进教育扶贫工程的实施意见》，启动实施贫困地区残疾学生就学保障工程、技能人才教育培训工程等十大教育扶贫工程。实行集中连片特困地区贫困县免费中等职业教育。扩大农村学生上大学的机会，在58个集中连片特困地区贫困县共录取考生12.78万人，比上年增加8657人。其中，面向集中连片特困地区58个贫困县定向招录本专科学生8057名，比上年增加6133人。“211”以上高校农村自主选拔专项计划录取340人。6所地方高校农村专项计划录取1022人。扎实推进“双联”工作，着力提升“双联”县镇教育发展能力，建设“双联”县镇幼儿园35所，安排519万元开展“双联”点中小学教师培训和信息化建设。推进“双联”点文化建设，投入135万元建成社区学习中心22个，协调74.4万元建设村委基层党组织活动场所。组织开展种植、养殖和劳动技能等专项培训，支持特色产业发展，进一步促进农业增效和农民增收。

【大学生就业】实施大学生就业指导6项行动计划，积极引导高校毕业生面向基层和中小微企业、非公单位和艰苦边远地区就业。成立甘肃省大学生创业指导师专家团队，举办大学生就业创业大讲堂，组织省级招聘会92场、高校招聘会210场。落实城乡低保家庭高校毕业生求职补贴制度，为城乡低保家庭高校毕业生9019人和残疾毕业生126人发放求职补贴9145万元。2014年，全省普通高校(含研究生培养单位)毕业12.68万人，应届高校毕业生就业率达到89.5%。

【学生资助】为19.93万名家庭经济困难学生发放生源地助学贷款11.04亿元，位列全国第三。拨付国家各类奖助学金9.51亿元，比2013年增加1.48亿元，惠及学生43.87万人次。中职教育免学费补助资金4.39亿元，惠及中职生14.45万人。落实学前一年教育资助金1140万元。其他各类资助计划和基金会项目为3.8万名家庭经济困难学生及教师发放资助金8317.5万元，争取香港言爱基金会捐助5000万元。

【校园安全管理】出台《甘肃省中小学幼儿园安全管理办法》。加入“安全教育实验区”，开展平安校园创建活动、“护校安园”专项行动，对高校食堂、学生公寓等后勤设施进行重点排查，整治校园及周边安全隐患。针对性开展安全教育，编发《甘肃省中小学幼儿园安全管理工作手册》等安全知识读本25万余册，制作并发放安全警示牌、温馨提示600套。加强节假日和重要敏感期值班值守，积极应对突发事件，维护教育系统安全稳定。

【社会主义核心价值观教育】认真实施省委“24字人知人晓工程”，把社会主义核心价值观融入大中小学各学科课程标准、教材编写、考试评价。制订《全面深化基础教育课程改革落实立德树人根本任务实施意见》，纳入省委、省政府未成年人思想道德建设“金种子”工程。组织开展“播撒‘金种子’，立德树新人”、“传承华夏文明，书写绚丽甘肃”等主题活动30余项，编发《大学生社会主义核心价值观学习读本》，确保社会主义核心价值观真正进教材、进课堂、进头脑。

【党风廉政建设】健全党风廉政建设制度体系，制定对下约谈制度、厅管主要领导干部“三述”制度、廉政考试、廉政谈话、廉政档案等18项制度，着力形成不想腐、不能腐、不敢腐的有效机制。制定惩防体系规划，修订厅机关、直属单位和省属高校廉政风险防控管理办法，梳理职权133项，查找风险点110个，研究制定防控措施175条。认真落实“三转”，积极推进驻厅纪检监察机构职能转变，建立了教育系统纪检监察业务骨干人才库，实现厅系统纪检监察机构人员全覆盖。依法履行审计监督职责，健全财务管理内控制度体系，完成审计项目9项，审计金额14.3亿元。

【党的群众路线教育实践活动】认真做好教育系统第二批党的群众路线教育实践活动行业指导，组建成立全省教育系统第二批教育实践活动省教育厅（高校工委）指导组，深入指导16所高职高专和14个市州。市州提出的50项需省教育厅协助整改的具体事项已基本整改完成。加强政风行风建设，严格落实高考招生工作禁令，推进“阳光招生”工程，实现高考违纪数量、涉考信访数量两个“大幅下降”。解决“阳光在线”节目听众反映的突出问题41件，回访满意度100%。将教育乱收费治理工作纳入教育督导和政府考核重要指标，对7类教育乱收费进行专项整治，教育乱收费信访举报量同比下降48%，信访举报实名反馈满意率在80%以上。

（华伟　张金　何昱锡）

文化

【公共文化服务体系建设】13个市州级图书馆、文化馆、博物馆开工建设，8个市州数字图书馆建成使用，完成了5个市级数字图书馆、667个乡镇综合文化站、201个街道社区文化中心设备配备。建成6625个“乡村舞台”。全省112个博物馆、所有公共图书馆、文化馆、美术馆和乡镇综合文化站实行免费开放，受益群众近400万人次。金昌市创建第一批公共文化服务示范区顺利通过国家验收，张掖市创建第二批示范区，酒泉市“图书漂流志愿服务活动”、定西市“百姓舞台”等示范项目创建正在有力有序推进。积极争取国家支持为58个贫困县配送流动图书车，首批29辆流动图书车已经配送到位，有效解决了边远贫困地区群众看书难问题。同时，全省联动开展的“千台大戏送农村”、“精品剧目惠民演出年”、“百姓文化广场惠民演出日”、“银艺合作——文化惠民演出年”等文化惠民活动得到群众赞誉；以“大讲堂”、“大舞台”、“大展台”为载体的文化志愿服务活动有声有色，全省共举办各类文艺演出900余场次，受益群众达100万余人次。各市（州）组织文化科技卫生“三下乡”活动，服务群众达11万余人次。

【文艺创作演出】歌剧《貂蝉》参加第二届中国歌剧节，获剧目奖、表演奖、优秀舞台奖等6个奖项。话剧《天下第一桥》获国家舞台艺术精品工程重点资助剧目，陇剧《西狭长歌》荣获“五个一工程”奖，秦腔《麦积圣歌》、话剧《天下第一桥》获文华剧目奖。秦腔《大秦文公》获第七届西北五省区秦腔艺术节优秀剧目奖、优秀表演奖、优秀编剧奖。秦腔《轩辕大帝》获第七届秦腔艺术节优秀剧目特别奖。深入实施“敦煌画派”创作工程，开展“朝圣敦煌”系列活动，推出了一批艺术特色鲜明的美术作品。“朝圣敦煌”全国美术大展、张芝奖全国书法大赛等美术展览成功举办，甘肃省第二届“梅馨杯”百姓小品艺术节、甘肃省第三届声乐比赛圆满闭幕，公祭伏羲大典的规模和影响力进一步提升。文化艺术科学理论研究成果丰硕，针对全省文化事业、文化产业发展的对策性研究取得了新的突破。

【文物保护】莫高窟崖体加固工程被评为首届全国十佳文物保护工程，莫高窟数字展示中心正式运行，张掖大佛寺、天水玉泉观、武山水帘洞石窟群等18项文物保护工程竣工，夏河拉卜楞寺、榆中青城古民居等20余项文物保护工程开工实施，早期秦文化、河西走廊、冶金遗址等40项考古调查与发掘项目进展顺利，并取得重大成果。丝绸之路申遗圆满收官，麦积山石窟、炳灵寺石窟、锁阳城遗址、悬泉置遗址、玉门关遗址成功列入《世界遗产名录》，大地湾遗址、锁阳城遗址等10处大遗址被列入国家大遗址保护“十二五”专项规划，敦煌、山丹、凉州等7市（县、区）境内重点区段长城保护及防洪工程开工实施或已竣工，嘉峪关文化遗产保护工程进展顺利。

【非物质文化遗产保护】成功申报国家级非物质文化遗产项目7个，申请国家和省级非遗保护专项资金累计3310万元。成功举办第七届“中国原生民歌大赛”，积极推进敦煌文化生态保护区、陇东南农耕文化生态保护区申报，组织非遗传承人参加了第三届中国非物质文化遗产博览会、年俗文化展示周、丝绸之路经济带沿线国家旅游文化展等多项全国性非遗展示展演活动，全方位介绍和展示甘肃非物质文化遗产项目，提高了群众积极参与非遗保护的意识。

【文化产业发展】组织参加深圳文博会、兰洽会、西部文博会、甘肃文博会等平台，推介文化项目和文化产品，全省69个重点文化产业项目入选《2014中国文化产业重点项目手册》。夏河藏文化产业园、卓尼“老坑洮砚”创意文化产业园等8个项目入选2014年度全国文化产业重点项目库。园区基地建设步伐加快，兰州创意文化产业园等7个项目入选国家文化产业示范基地，南特数码等3家动漫企业被认定为国家动漫认证企业。敦煌历史文化名城建设步伐加快，敦煌国家级文化产业示范园区申报成功，《敦煌神女》驻点演出水平和效益进一步提升，旅游实景驻场演出剧目《又见敦煌》正在积极打造。动漫产品《敦煌传奇》、“敦煌行·丝绸之路国际旅游节”节会演出、休闲网吧等一批文化与相关产业融合产品不断涌现，带动了社会的文化消费，激活了地方文化产业。

【文化市场管理】深化行政审批制度改革，落实行政执法责任制。对行政审批事项进行了清理、合并、调整，7项审批事项由前置审批改为后置审批。加强文化市场综合执法队伍建设，提高行政执法水平。认真组织全省文化市场技术监管与服务平台的应用推广，省级和部分市级监管与服务平台已完成上线，有效发挥了监管作用。推行文化市场“阳光执法”工作，推进执法权运行的公开化、规范化、透明化。

【对外及港澳台文化交流】舞剧《丝路花雨》赴欧洲执行“中华风韵”文化交流活动，先后在英国、法国、德国成功商演7场，尤其在贵州省的演出，受到了贵州观众和贵州、甘肃两省领导的高度评价。以“欢乐春节”活动为平台，张掖市肃南裕固族歌舞团、甘南藏族歌舞团等艺术团组分赴泰国、日本进行演出，在韩国先后举办了“甘肃文化周”、“甘南藏文化千幅唐卡”展览、“中国文化日—多彩民族风”等文化交流活动，精彩地展现了甘肃独特的民族文化魅力。来访活动和学术交流研讨项目频繁，第二届国际鼓文化艺术周、第三届国际文化产业大会等成功举办。2014 年，全省组织实施对外对港澳台文化交流出访项目 63 起，人员 266 人次，来访 7 起，198 人次。

【文化体制改革】加强行业立法，文化法规体系逐步完善，《甘肃省非物质文化遗产保护条例》通过了省十二届人大第 12 次会议的讨论，《敦煌历史文化名城保护条例》列入 2015 年人大立法计划出台项目。积极推动飞天剧院等经营性文化事业单位转企改制。着力解决省直文艺院团转企改制遗留问题，积极协调落实改革政策，推进转企文艺院团内部管理体制和运行机制改革，促进公司管理规范化。着力培育市场主体，省直八大院团开拓市场能力得到加强，全年演出 1617 场，其中公益性演出 134 场。

（张尚保）

卫生

【概况】2014 年，个人卫生支出比重连续 4 年低于 40%，新农合覆盖 1922.95 万人，参合率稳定在98%以上，人口自增率 6.1‰，人民健康水平持续提高，促进了经济社会持续健康发展和民生改善。

【医疗改革】一是公立医院改革取得积极进展。坚持公立医院“315”改革模式，会同 5 部门制定《关于推进县级公立医院综合改革的意见》，在试点县市建立财政补偿和医疗服务价格调整补偿为主的科学补偿机制。二是全民医保体系不断健全。新农合人均筹资水平提高到 410 元，在全国率先实现“一卡通”以户为单位全覆盖，发卡率达 98%。新农合部分住院病种分级诊疗试点工作和大病保险试点工作取得初步成效，大病保险制度惠及 25616 人次，实际报销比提高 13%，分级诊疗和大病保险工作在全省全面推开，医疗保障能力进一步提高。三是基本药物制度进一步巩固完善。完成基本药物品种、常用低价药品的集中招标采购及议价工作，中标药品平均降幅 29.48%，网上集中采购药品平均配送率达 90% 以上。四是人才队伍建设取得新突破。组织遴选了 6 个住院医师规范化培训基地，配合完成 420 名免费医学生的录取工作，完成全科医生转岗培训 910 人。选拔 1531 名大学生到乡镇卫生院工作，举办 10 项全省卫生行业技能大赛，2 人荣获全省“五一劳动奖章”。选派 501 名医护人员到国（境）外、近 2000 名医护人员到省外、近 3000 名医护人员到省内上级医疗卫生机构进修学习。与省委组织部、省财政厅、省人社厅联合启动了第二轮省市县乡村五级中医师带徒和第三轮村医中医适宜技术培训活动。县级医院重症监护室建设取得重要进展。五是医疗秩序持续好转。坚持依法治理和调保机制相结合，行政、司法和社会组织联合预防处置医疗纠纷取得成效。患者维权工作取得新的进展，省级受理医疗纠纷数量明显下降，人民调解成功率在 90% 以上，医疗秩序总体向好。六是健康服务业加快发展。放宽社会资本举办医疗机构条件，鼓励医师到基层多点执业，促进优质资源平稳有序流动。探索建立医疗机构与养老机构合作新模式。

【公共卫生】一是积极做好计划免疫工作，常规免疫接种率均在 99% 以上。艾滋病疫情继续保持低流行状态，6 个国家级艾滋病综合防治示范区和 2 个省级示范区覆盖 900 万人。建成慢性病综合防控国家示范区 3 个、省级示范区 4 个。主动防控大骨节病、克山病，联防联控布病，地方病防治成效显著。二是妇幼健康服务年系列活动圆满完成，甘肃获得全国妇幼健康大赛团体三等奖。重大公共卫生妇幼服务项目进展顺利，为 58 万农村妇女进行了“两癌”筛查，为 18 万农村夫妇开展了免费孕前优生健康检查，为 22.74 万名农村住院分娩孕产妇提供了补助。三是卫生应急保障能力显著提升，组建 13 支省级卫生应急队伍和 1 支国家急性传染病防控队伍，妥善处置兰州自来水苯超标等突发事件，依法、有序、有效地控制和扑灭了酒泉 3 起人间鼠疫疫情，H7N9 禽流感等疫情得到有效应对。四是全面开展地方食品安全标准立项和跟踪评价工作，完成 362 项企业标准备案工作，食品安全风险监测覆盖 80% 以上的县级行政区域。五是大力推行公共场所卫生监督量化分级管理，累计检查各类公共场所 4609 家，查处医疗机构违法案件 1166 件，卫生计生综合监督工作进一步加强。六是爱国卫生工作取得新进展。成功创建国家卫生城市 2 个、国家卫生县城 1 个，省级卫生城市、村镇和单位 504 个。农村自来水普及率提高到 66.1%，卫生厕所普及率提高到 66.8%。

【医疗服务】一是医疗质量管理工作进一步规范。2014 年依托 30 个省级医疗质量控制中心，制定了一系列医疗技术标准，开展质量督查和技术准入审核，构建医疗质量管理网络。二是国家临床重点专科、省级临床医学中心和重点学科建设工作有序开展。对 15 个国家临床重点专科、12 个省级临床医学中心、66 个省级重点学科进行了考核复评。三是医师资格考试和医师多点执业工作顺利开展。四是医疗机构和医疗服务的评审评价和监督检查工作取得实效。对各医院执行 22 项核心制度、“四八”排队、中医药等方面的工作进行综合考核。五是护理管理、院前急救和院内感染控制工作有序开展，评选表彰了 215 名“优秀护士”和 53 名“优秀护士长”，制定了《甘肃省〈院前医疗急救管理办法〉实施细则》，建立了全省医院感染监控网。六是县级医院能力得到提升。将县级医院重点专科建设列入 2015 年省政府为民办实事项目，9 所县医院被国家卫计委列入全国首批提升综合服务能力建设单位。七是城乡医院对口支援及与天津省际间对口支援工作成绩斐然，2014 年组织 80 名天津专家、

224名省内专家对口支援69所县级医院和8所相对薄弱的三级医院。省级9家医院继续开展对甘南州州县两级重症监护室建设的对口支援工作。

【万名医师支援农村】2014年度，全省共有1337名卫生专业技术人员参加万名医师支援农村卫生工程项目，周期一年，覆盖14个市（州）80个县的70个县医院（包括7个中医院1个妇幼保健院）和350所乡镇卫生院。全省共抽调78支医疗队、428个医疗小组。其中：支援县级医院的医疗队78个，共270人，支援乡镇卫生院的医疗小组350个，共1067名。同时，为提高藏区医技人员水平，从各市州上报的卫生支农队员中选调26名医技人员对甘南藏族自治州的乡镇卫生院进行支援。

【公共卫生服务均等化】2014年人均基本公共卫生服务经费补助标准由30元提高至35元。免费为城乡居民提供11类43项基本公共卫生服务。进一步扩大服务覆盖面，提高服务规范程度和居民感受度。注重将基本公共卫生服务、促进健康服务模式与医疗服务相结合，积极应用中医药预防保健技术和方法，大力推广中医药适宜技术。城乡居民健康档案电子建档人数2541.72万人，高血压患者电子建档人数134.32万人，糖尿病患者电子建档人数25.87万人。

【中医药】持续推进中医药综合改革试点示范省建设，积极开展中医药先进、示范市县创建活动，中医药特色优势逐步释放，为全国探索了模式，积累了经验。中医药"名医"、"名科"、"名院"战略有效实施，综合医院中医药工作得到加强。中医药产业与健康服务业等相关产业融合发展。积极争取创建国家中医药产业发展综合试验区，中医药相关产业开始辐射到经济、生态、文化等领域。陇东南国家中医药养生保健旅游创新区建设稳步推进。购买北京养生堂养生节目1000期，免费在县级电视台养生栏目播放。

【人口与计划生育】稳妥有序实施"单独两孩"政策，开局良好，全省共受理单独夫妇再生育申请4826对，审批4619对。计划生育利益导向示范区建设进一步深化，全省已建成示范市11个、示范县市区79个、示范化陇家福·幸福寓所2884个。启用"两非"案件信息管理系统，初步形成跨省跨区域综合治理出生人口性别比的联动机制。继续开展流动人口计划生育服务管理"双百"推进工程，流动人口基本公共服务均等化取得新进展。全员人口信息系统不断完善，为省综治办提供了数据支撑。

【健康素养】村级三件事顺利推进，为6.8万户家庭开展了中医6项保健及食疗技术培训，推进健康文化墙建设和健康沙龙活动，发放"健康保健工具包"180万个，培训184.5万多人。对上年调查的高血压、糖尿病、高血脂症、白血病、肾病等5种大病，发动群众开展大病干预，减少患病人数，切实减轻群众看病负担。将骨质疏松、妇女乳腺疾病、慢性阻塞性肺疾病、痛风和青少年近视等5种大病（症）确定为专题研究病种。

【对外交流】国家卫生计生委和国家中医药局分别确定甘肃为唯一中乌（克兰）和中吉（尔吉斯斯坦）中医药合作执行省份，商务部和国家中医药局把甘肃确定为中医药服务贸易6个试点省之一。先后在乌克兰、吉尔吉斯斯坦和马达加斯加建立了岐黄中医学院，为当地培养中医人员100多名，在马达加斯加建立了中医中心，在吉尔吉斯斯坦等国家的中药注册工作正在进行，以医带药为甘肃中药出口创造了条件。

【卫生计生保障能力】一是争取和实施了一批卫生基础建设项目，投入10.15亿元，建设2306个医疗卫生项目，建成连接1.8万个医疗卫生机构的甘肃省卫生信息专网。二是依法行政工作稳步推进。配合完成了《甘肃省人口与计划生育条例》修订工作，积极推动《甘肃省精神卫生条例》和《甘肃省鼠疫防治条例》立法进程。落实卫生计生法律法规监督检查，维护了群众的健康权益。三是援藏工作成效明显。近3年累计选派700多名医疗卫生人员到藏区开展技术支援，投入专项资金3.45亿元，促进了藏区卫生事业发展。四是坚持正面宣传，持续释放正能量。组织在省内外巡演《百合花开》等6部剧目，电影《甘南情歌》获中宣部"五个一"工程奖，在央视六台3次播放。电影《记忆6.26》获得第十五届中国人口文化奖。

【党风廉政建设】认真履行党组党风廉政建设主体责任，扎实推进卫生计生系统惩防体系建设，坚决打击药品购销领域的商业贿赂和不正之风。严格责任追究，严肃查处违纪违法行为，以"零容忍"态度惩治腐败。巩固党的群众路线教育实践活动成果，落实24项整改任务，建立反对"四风"的长效机制，落实行风建设"九不准"，作风建设持续走向深入。

【"双联"工作】2012~2014年，省卫生计生委和省红十字会、省计划生育协会共29个处、19个直属单位21名厅级、163名县处级、299名科级及以下干部共联系9个县（渭源、静宁、景泰、卓尼、玛曲、和政、临洮、镇原、徽县）17个村612户贫困户。组织编印了《中医适宜技术进家庭》、《卫生惠民政策小读本》等宣传材料和《双联工作手册》、《双联民情日记》、《民情联心卡》等，发至所有联系村和每位联系户手中。三年来，委系统各联村联户组共帮办实事910多件，共投入资金9533.245万元。其中：基础设施建设方面，自来水入户率达到100%；解决通电2704户，"双联"户通电率达到100%；村道硬化率达到78%；改造危房238户，砖混砖木结构住房覆盖率达到67.7%。产业发展投入126.9万元，协调"双联"惠农贷款66万元，技能培训投入50多万元。学校建设投入150多万元，医院（村卫生室）建设投入766.2万元，文化体育设施投入270多万元，村级综合服务中心投入403.6万元。落实"八个全覆盖、五件实事"604项，投入3967.1万元，解决上学、看病、养老等问题241件，投入2627.5万元。使联系村基础设施建设和村容村貌都发生了较大变化。

（路杰）

民政

【概况】2014年，全省民政系统紧紧围绕“建立更加公平可持续的社会保障制度”、“积极应对人口老龄化，加快建立社会养老服务体系和发展老年服务产业”、“健全防灾减灾救灾体制”、“创新社会治理体制”、“推动军民融合深度发展”五个方面，积极深化民政改革，加快推进民政转型发展。全省民政事业专项资金达到110.6亿元，比2013年民政事业专项资金净增7.1亿元，增幅达6.87%。其中，争取中央财政安排资金84.8亿元，比2013年净增5.6亿元，增幅达7.02%。

【救灾和防灾减灾工作】2014年，甘肃相继遭受洪涝、风雹、低温冷冻等多种灾害，共造成14个市（州）、85个县（市区）1062.89万人受灾，遇难失踪9人，倒损房屋2.02万间。灾害发生后，迅速派出工作组查核灾情，指导救灾工作，先后下拨救灾资金5.27亿元，其中争取中央救灾资金4.35亿元，协调省级配套资金9187万元；共调拨帐篷510顶，折叠床350张，棉被5200床，棉衣4500件、防雨布1200条、照明灯200个，有效保障了受灾群众基本生活。大力争取中央救灾物资，全年争取民政部在甘肃代储帐篷3000顶、棉被4万床、苫布3000张、场地照明灯50台，调拨省内棉帐篷2000顶、棉被4000床、折叠床4000张。同时争取省财政列支物资采购经费500万元，向多灾易灾地区代储（调拨）了部分救灾物资，在12个市州及25个县市代储帐篷7820顶、折叠床2000床、棉衣被2.2万床、睡袋3000条、防雨条2000条、单衣500件。报请省政府下发了《关于切实加强和规范自然灾害救助工作的意见》，从八个方面对灾害救助进行规范，指导各地明确救灾责任、健全报灾机制、完善救助政策，提升了自然灾害救助工作规范化水平。认真落实《甘肃省综合防灾减灾责任体系》，进一步建立完善部门协同、上下联动、社会参与、分工合作的综合减灾救灾机制，分别与省气象局签订了《关于深化气象防灾减灾工作的合作协议》、与省地震局签订了《关于防震减灾合作框架协议》，实现了信息互联共享。

【社会救助工作】通过超前谋划、周密部署、跟踪督导等办法，圆满完成了为民办实事任务。全省城市低保指导标准达到345元，月人均补助水平达到298元，保障人数为87万人；农村低保指导标准达到2193元，月人均补助水平达到116元，保障人数为330.6万人。农村五保供养省级补助标准达到2510元，市、县配套资金分散供养标准每人每年不低于600元。认真贯彻落实《社会救助暂行办法》，全面建立了“一门受理、协同办理”机制，畅通救助申请和受理渠道，细化工作流程，及时受理、转办申请救助事项，确保困难群众求救有门、求救有助、受助及时。连续两年在全省开展城乡低保清理规范工作，累计调整或清退的低保对象达到34.91万人次，其中：通过动态管理，家庭经济收入和人员变化后，将家庭人均收入高于低保标准的低保家庭退出保障范围的有3.12万户8.12万人；通过入户调查和信息核对，对家庭人均收入增加或减少的低保家庭，调整保障类别和补助水平的有9.05万户23.54万人；通过专项清理整治，清退关系保、人情保等错保对象1.25万户3.25万人；查处违规违纪问题237起，处理直接责任人92人，追缴低保资金55.9万元。省、市、县三级全部成立了低收入居民家庭经济状况核对机构，先后落实全省各级核对机构人员编制278名，累计对29万人新申请低保对象家庭进行了核查，其中6668名不符合条件人员退回了申请，核查率达到100%。以重特大疾病医疗救助工作为重点，全面规范医疗救助工作，2014年全省实施医疗救助448.06万人次、支出资金9.6亿元。以国家全面建立临时救助制度为契机，加强和改进临时救助工作，细化救助内容、明确救助程序、规范审批权限，2014年全省共支出临时救助资金1.26亿元，累计救助城乡困难群众10.4万户次。

【社会福利事业】截至2014年底，全省各类养老服务机构共有3782家，养老床位增加至8.49万张，每千名老年人拥有床位达到23.4张。将“建设1100个城乡社区老年人日间照料中心”纳入为民办实事任务，全省共完成1451个（其中城市100个，农村1351个），超计划完成351个，社区养老服务设施已覆盖45%的城市社区和21.8%的建制村。出台了《关于加快推进全省居家养老服务网络平台建设的实施意见》，全省80岁、90岁、100岁以上老年人每年分别享受300元、720元、1200元的高龄补贴。全年为2.2万多名孤儿下拨基本生活费1.3亿多元。年度实施重度残疾儿童救助抚养872名，在全国儿童福利工作会议上介绍了经验。在兰州、武威、庆阳三地试点建立了“婴儿安全岛”。认真开展“神华—爱心行动”、“福康工程”、“福彩助残”等活动，完成各类手术650多例，配发各种康复辅助器具1600多件，5家单位“明天计划”项目受到全国表彰。全省126家慈善超市达到规范化标准。2014年福利彩票销量达到46.54亿元，同比增加13.54亿元，增幅为41%，筹集公益金11.5亿元。

【双拥优抚安置工作】紧紧围绕强军目标，注重统筹经济建设和国防建设，坚持富民与强军相统一，全面落实双拥、优抚和安置政策，积极推动军民融合深度发展。积极推动军地共建兰州新区、华夏文明传承创新区、国家生态安全屏障综合试验区“三大战略平台”，不断拓展双拥创建的深度和广度；围绕双拥文化建设，推动军地共创“丝绸之路双拥文明线”。全面落实优抚政策，提高部分优抚对象抚恤和生活补助标准，下拨抚恤和生活补助资金4.19亿元。以推动新型优抚对象医疗保障制度落实为核心，着力解决优抚对象医疗难问题，及时下拨医疗补助资金3560万元。将优抚对象全部纳入城乡医疗保障体系，参保参合率达到100%。全面推行优抚对象医疗费用“一站式”即时结算服务，为优抚对象就医看病提供便利。广泛开展烈士纪念活动，共组织烈士公祭54次、主题教育1712次，参与人次达51.1万。认真落实退役士兵接收安置工作，共接收2013年冬季退役士兵9863人。积极开展退役士兵职业教育和技能培训，年度培训5828人，推荐上岗就业4954人。切实落实退役士兵安置经费，全年争取中央和省级财政安排下拨退役士兵安置经费4513万元，其中退役士兵一次性经济补助2438万元、培训费2075万元。按时完成了年度军休人员的审定和接收安置任务。认真落实军休人员的各项待遇，全年下拨军休人员经费5.13亿元，军休人员工资、各项津贴补贴、取暖费等得到及时足额发放。

【社会组织管理】围绕建设平安甘肃，紧贴民政职能任务，扎实开展社会治理和窗口服务工作。推进社会组织直接登记，优先发展协会商会类、科技类、公益慈善类、城乡社区服务类社会组织，2014年全省共新成立社会组织1917个（省级新成立90个），增长率达13.1%，其中直接登记636个（省级直接登记42个），全省直接登记率达33%（省级直接登记率达47%）。进一步下放审批权限，将非公募基金会和异地商会审批管理权限下放到县区一级。取消了社会团体、基金会分支机构、代表机构的登记审批，由其自主设立、自负其责。取消了法律规定自批准之日起即具有法人资格的社会团体及其设立分支机构、代表机构备案。压缩工作时限，将社会组织登记注册时限从60个工作日缩短为35个工作日，将备案时限从20天缩短为7天。认真开展社会组织评估工作，全年评估省属社会组织91家，累计已评535家，占省属社会组织总数的57.5%。

【基层民主政治和社区建设】认真贯彻《甘肃省实施〈中华人民共和国村民委员会组织法〉办法》和《甘肃省村民委员会选举办法》，提早谋划部署，严密组织实施，圆满完成了第八次村委会换届选举工作。指导各地健全和完善了社区党组织领导下的居民自治机制，全面推行社区党组织、社区居委会、社区服务站“三位一体”的社区组织体系和管理运行机制。全省新建城市社区综合服务设施41个，同比增长3.4%，社区综合服务设施覆盖率达到94.7%；建成社区服务综合信息平台的地区（县级市）10个，占全省城区（县级市）的47.6%。完成中央社区服务设施建设项目15个，总投资1200万元，其中省级配套资金400万元。扎实推进和谐社区建设示范单位创建活动，对创建的2个示范城区、10个示范街道、35个示范社区进行了命名表彰。

【区划地名和边界管理工作】加强调研论证，指导各地做好县改市、改区的前期准备工作，对全省符合设镇条件的37个乡进行调研，完成了对兰州、张掖、陇南、庆阳共29个乡的调研审核。印发《关于开展第二次地名普查的通知》，并组织召开全省第二次全国地名普查电视电话会议，对普查工作作了安排部署。按照《甘肃省人民政府办公厅关于做好第三轮县级行政区域界线联合检查工作的通知》要求，完成了40条县级行政区域界线的联检工作。联合四川省召开了甘川线第三轮界线联检第一次联席会议，指导毗邻各县（市区）展开了界线联检工作。筹备召开了甘青平安和谐边界创建活动第三届经验交流会，示范县总数达到23个。

【婚姻、收养和殡葬服务管理工作】出台《关于党员干部带头推动殡葬改革的实施意见》，明确了党员干部带头推动殡葬改革的主要内容，为全省全面深化殡葬改革提供了支撑。联合省发改、公安、财政等11个部门出台《甘肃省公墓管理暂行办法》，进一步完善了殡葬改革政策体系。深入开展“酷暑送清凉”、“寒冬送温暖”活动，全省累计救助流浪乞讨人员3.8万余人次，其中未成年人2600余人次。认真做好实时在线登记业务，全省共办理国内结婚登记20万对，离婚登记2.48万对。

【联村联户行动】坚持“联村联到根上、联户联到心上”和“联村盯节点、联户看增收”的帮扶理念，突出务实创新，强化主体责任，在全力抓好庄浪等4县8村“双联”帮扶工作的同时，认真履行组长单位职责，统筹协调省直联系庄浪县各成员单位，发挥部门优势，积极推进“双联”行动向纵深发展，“双联”行动取得了阶段性成效。继续筹措资金480万元，为8个联系村每村安排60万元用于资助建设村级活动场所及互助老人幸福院配套工程。全力为联系村争取村内主巷道路面硬化、产业路修建、排洪沟整修、解决人畜及灌溉用水等项目，落实项目资金800多万元，使村容村貌焕然一新。为联系的4县8村筹拨300万元妇女小额担保贷款基金，帮助他们发展特色经济，切实通过自身努力尽快富裕起来。扶持新兴村种植2200亩果树苗，创建300亩民政厅苹果种植示范园。投入资金114.7万元，为联系村220名残疾人免费装配助残康复辅具255件（具），组织专家巡回义诊12场次1234人次，发放宣传单1万余份。

【群众路线教育实践活动】注重建章立制抓整改，及时废止《民政信访月报制度》等7项，修订《公务接待暂行办法》等20项，结合实际新建7项制度。制定了全省性民政会议管理、精简和规范文件简报规定，会议、文件、简报同比分别减少25.6%、19.3%和45.2%。注重厉行节约抓整改，共压缩“三公”经费67万余元，厅机关会议、公务接待、因公出国费支出同比下降15.9%、40.1%和19.3%。全面开展办公用房专项清理，清理出办公用房14间357平方米。注重公开承诺抓整改，厅党组成员从严守政治纪律、改进文风会风等10个方面作出了“加强作风建设十项公开承诺”，对社会组织登记、老年人优待证办理、网上报考社会工作师资格、假肢和矫形器生产装配企业资格认定、伤残等级评定、涉外收养登记、涉外婚姻登记等7项社会服务性事项，压缩审批时限30%以上。

（钟伟）

体育

【群众体育】一是继续推进全民健身工作“三纳入”，一些地区“三纳入”工作又有新发展，水平较2013年有新的提高。全省共成立市级体育单项协会组织239个，比2013年增加

21个，全年培训各级社会体育指导员6672名。以校园足球活动为重点，积极开展阳光体育科学健身校园活动，校园足球布点扩展到11市256所中小学，注册学生5280名。开展游泳救生员、游泳、跆拳道、健美操等项目鉴定，鉴定人数311人，获国家职业资格280人，为广大人民群众科学健身提供了组织保障和技术支撑。二是积极开展“全民健身日”及“全民健身在陇原”系列活动。全国露营大会、体育舞蹈、健身秧歌、街舞、轮滑等体育赛事丰富多彩，各级累计开展规模性全民健身活动2500多次，参与人数近700多万人次。组队参加全国首届社会体育指导员素质大赛，获得3金4银4铜、团体总分第12名的好成绩，位列西北地区第一，并获“优秀组织奖”。积极落实各级公共体育场馆设施免费开放或低收费开放政策。初步形成以篮球、乒乓球、羽毛球等热门健身项目为主的体育健身热潮，极大地丰富了人们的体育文化生活。三是圆满完成省政府100个乡镇及社区体育健身中心惠民工程，带动各级政府投入1亿多元，新增体育场地面积30多万平方米，直接受益群众100万人以上。全省建成1800个行政村“一村一场”，26个国民体质测试与健身辅导站，15个社区多功能公共运动场，1个全民健身场地和180条健身路径。国民体质测试与健身辅导站实现全覆盖。四是以徒步穿越、民族体育为带动，全省体育品牌赛事此起彼伏。成功举办了第三届金昌国际青少年生存训练营、临潭冶力关中国拔河公开赛、甘南玛曲格萨尔赛马大会、中国汽车越野拉力赛等41项群众体育品牌赛事。组队参加了第七届全国健身气功竞赛功法交流比赛大会、全国高等院校健身气功比赛和全国健身气功站点联赛，集体项目获得二等奖1个、三等奖12个，个人项目获得二等奖2个、三等奖6个。组织举办了2014年“谁是球王”中国足球民间组织争霸赛甘肃赛区比赛和全省青少年足球冠军联赛。各项品牌赛事的影响广泛，辐射和带动作用日趋突显，有力地推动了全民健身事业的发展。五是成功举办全省第八届民运会、第九届残运会暨第三届特奥会。与省民委在庆阳市举办了全省第八届民族运动会；与省残联在白银市举办了第九届残疾人运动会暨第三届特奥会；在参赛韩国仁川第二届亚洲残疾人运动会上，甘肃省乒乓球运动员连浩夺得TT9~TT10级团体金牌。六是积极开展国民体质监测工作。抽调60名检测人员，在兰州、武威、天水组织开展全国第四次国民体质监测，历时3个月，对6~69岁人群体育健身活动和体质状况抽测9091人，数据全部符合要求，纳入了国家数据库。掌握了全省国民体质状况的最新资料，也为全国的监测工作提供了详实的依据。

【竞技体育】成功举办第十三届省运会。全省14个市、州和省体校共15个代表团1624名运动员参加了青少年组田径、射击、自行车等12个大项的比赛；26个代表团和16支代表队（其中包括12个市州、5所高校和25个企事业单位）的2014名运动员参加成年组田径、游泳、网球等18个大项比赛。共产生金牌608枚，其中：青少年组483枚，成年组125枚。29个代表团(队)获得“体育道德风尚奖”，393名裁判员和丁芙蓉等131名运动员获个人“体育道德风尚奖”。本届省运会集中展示了全省四年来竞技体育发展所取得的最新成就。田径、射击项目的省成年纪录和青少年纪录多次被改写，涌现出了一批优秀体育后备人才。

参加亚运会取得新突破。2014年亚运会是甘肃体育健儿为国争光，展示陇原儿女奋发向上的精神风貌的良好机遇。在第十七届韩国仁川亚运会上，代表国家参赛的甘肃运动员王祯、罗晓玲、李文娟、逯艳、彭娜、叶尔兰别克·卡泰、贾超风、徐睿、孟磊，不畏强手、顽强拼搏，在自行车、摔跤、曲棍球比赛中，获得了1金3银2铜的好成绩。其中王祯和叶尔兰别克·卡泰所获得的金牌和铜牌是中国运动员在历届亚运会山地越野车和自由式摔跤项目上取得的最好成绩。

参加全国比赛成绩优异并成功举办了多项高水平赛事。在组织参加全国锦标赛、全国冠军赛、亚洲杯等成年组各类国内（国际）比赛中，甘肃优秀运动员共获得30个第一名，25个第二名，28个第三名。青少年比赛9个第一名，8个第二名，8个第三名（包括亚运会成绩）。2014年全省举办了全国女子曲棍球冠军赛、全国BMX小轮车冠军赛第一、二、三站比赛、第四届兰州国际马拉松赛暨全国马拉松积分赛、全国男子曲棍球冠军赛、敦煌全国沙滩排球巡回赛、第十三届“环青海湖”国际公路自行车赛（甘肃赛段）、嘉峪关铁人三项世界杯赛和全国铁人三项冠军杯赛（第三站）等7项高水平赛事。

【体育人才培养】积极实施高原人才开发计划，举办了2014年甘肃省大中专院校中学田径运动会暨“高原人才开发计划”青少年选拔赛、全国青少年户外体育活动夏令营，组队参加第四届田径耐力项目高原地区对抗赛、阳光体育全国青少冰雪冬令营、全国体育传统项目学校比赛、全国青少年“未来之星”阳光体育大会等比赛，取得了优异成绩，达到了锻炼队伍，挖掘人才的目的。首次创建命名21所省级青少年体育俱乐部，兰州一中、金昌市二中、定西一中、天水麦积区区府路小学被国家体育总局和教育部命名为国家级体育传统项目学校。省体校、兰州市体校、嘉峪关体校和靖远县体校被命名为新周期奥林匹克曲棍球单项基地。省体校、兰州市体校和定西市体校被命名为新周期奥林匹克长跑、竞走、投掷单项基地。

【体育文化】2014年，全省依托“一带一区”建设和全省独特的历史文化和少数民族传统体育文化资源，抓住建设“丝绸之路经济带”建设机遇，加快“甘肃丝绸之路体育健身长廊”建设，积极打造体育文化旅游产业链。通过举办体育赛事，进一步加强了体育与旅游、文化的互动融合，推动体育服务业、竞赛表演业健康发展，在全省范围逐步形成了以户外运动为主要内容的健身休闲业发展格局，扩大了体育人口，拉动了体育消费。

【体育彩票】2014年，各级体育彩票销售部门及时调整工作思路、转变经营模式、开拓销售渠道、提升服务水平，全省电脑彩票网点总数达2058个，增加338个，开拓社会渠道网点154个。全年体育彩票累计销售27.39亿元，占全省彩票市场份额的36%，同比增长25.2%，募集体彩公益金超过7亿元，创造了甘肃体育彩票新纪录。有8个市州超额完成销售任务，兰州、庆阳、陇南、定西、临夏、平凉6市年度销量均过亿元。

【体育产业】认真学习贯彻国务院《关于加快体育产业发展促进体育消费的若干意见》，深入分析全省体育产业发展的现状，召开体育产业发展研讨座谈会，多次征求省直相关部门、市州和专家的意见，起草《关于贯彻国务院加快体育产业发展促进体育消费的实施意见》，明确了全省今后十年体育产业工作的指导思想、基本原则、主要任务、政策措施等。局系统直属产业单位创新经营理念，扩大经营范围，在狠抓管理、挖潜改造、提高效益、服务健身方面取得了显著成效。兰州体育馆、体育接待站、体育开发经营公司、体育旅行社、清水训练基地等五家产业单位，全年经营性收入总计达3763万元。

【体育设施】第六次全国体育场地普查圆满完成实地抽查、数据录入上报等工作。经普查，全省现有各类体育场馆30282个。其中室内体育场总数864个，室外体育场总数29418个。场地面积2891.74万平方米，人均1.12平方米。

（徐斌）

广播电影电视

【基本情况】新闻出版：2014年，甘肃省新闻出版局所属企业从业人数4717人，资产总额320484万元，比上年增加38545万元，增长13.7%，负债总额214106万元，比上年增加35177万元，增加19.66%，所有者权益106377万元，比上年增加3367万元，增长3.27%，营业收入320171万元，主要从事图书、报纸、期刊、电子出版物出版发行，场地、房屋租赁，印刷器材、纸张等批发零售等工作。

广播影视：2014年，甘肃省有广播电台2座，电视台4座，广播电视台79座，调频转播发射台630座，电视转播发射台2235座，建成广电微波传输网2965公里，广电有线传输干线网4.82万公里。全省有线电视用户206.41万户，其中数字有线电视用户197.03万户。全省共办广播节目91套，电视节目107套。全省广播和电视综合覆盖率分别为97.89%和98.35%。全省广播影视系统2014年总收入28.26亿元，实际创收收入15.46亿元。

【舆论导向】始终坚持团结稳定鼓劲、正面宣传为主的方针，积极践行和传播社会主义核心价值观。统筹省内党报党刊、电台电视台及所属新媒体，大力宣传党的十八大、十八届三中、四中全会和习近平总书记系列重要讲话精神，全面宣传省委十二届六次、八次、九次全委（扩大）会议和全省经济工作会等重要会议精神，紧紧围绕“丝绸之路经济带”甘肃黄金段建设、“3341”项目工程、“1236”扶贫攻坚行动、华夏文明传承创新区建设、“双联”行动等重大决策部署，同频共振、聚焦发力，形成舆论宣传声势。各市州新闻媒体也通过大量真实、生动、权威的报道，正确引导社会舆论，取得了良好效果。

【体制改革】按期顺利完成省级新闻出版、广电机构整合和职能调整任务，实现了思想融合、业务融合和队伍融合的目标。14个市州和甘肃矿区也已全部完成文化、新闻出版、广电机构的整合工作。制定印发了《甘肃省新闻出版广电局深化行政审批改革实施方案》，全年共取消、调整减少审批项目7项，承接1项，主动部分下放3项，全局行政审批项目精简为30项，全年共办理行政审批事项5252件。

【精品创作】深入挖掘全省独具特色的历史文化资源，积极推进华夏文明传承创新区古籍整理出版工程，全年共整理出版《四库研究书系》等重点图书278种。《甘肃青海四川民间古藏文苯教文献》作为国礼，在李克强总理访问英国时赠予了牛津大学波德林图书馆。《读者》荣获“中国最美期刊”称号，与《甘肃社会科学》共同入选“中国百强社科期刊”。制定出台了《甘肃省影视剧品牌建设规划纲要（2014~2016）》和《甘肃省影视精品专项资金管理办法》，完成了系列“西部片”剧本的征集。数字电影《甘南情歌》荣获中宣部“五个一工程”奖，《腊月的春》荣获第六届澳门国际电影节“金莲花优秀影片大奖”。纪录片《敦煌伎乐天》荣获“2013CCTV年度大奖”，《探秘渭河源》和《北上·长征在哈达铺》被总局评为优秀纪录片，主抓创制的大型纪录片《丝路花雨》、《黄土大塬》、《西北望崆峒》在中央电视台播出。《红领巾蓝书包》等3档少儿广播栏目获总局广播创新创优节目奖。

【惠民工程】深入全省14个市州开展了大调研活动，为加快构建覆盖广泛、城乡一体的新闻出版广电公共服务体系提供了可靠依据。制定了广播电视村村通户户通工程长效运维实施方案和监管方案，为群众更换户户通故障设备12763台。省、市州新闻出版广电部门积极协调落实专项资金，及时补充更新农家书屋出版物。完成全省第一批137个藏区藏传佛教寺庙书屋建设任务和129个非藏区藏传佛教寺庙书屋建设前期摸底工作。建成固定农村电影放映点72家，在建158家，更新放映设备300套。全年共放映农村公益电影19.67万场次，观众达1946万人次。在全省深入开展“书香陇原”全民阅读活动，举办了首届飞天出版传媒杯全民阅读“爱我甘肃、传递文明”征文大赛。全省27个家庭荣获总局首届“书香之家”称号。完成了20个台站发射机的补充更新及附属设施建设任务，对地球站和15个广播电视监测点设备进行了更新改造，新建广播电视监测点26个。完成西新工程五期中央台藏语广播节目调频覆盖设备的安装，开设了甘南州藏语广播频率。

【产业发展】全年申报各类产业项目24项，争取专项资金4437.4万元。新建县级城市数字影院8个、影厅21个，全省城市数字影院总数达57个、影厅254个，全省城市电影票房收入达 2.368 亿元，比上年增长 45.6%。成功举办了第三届中国·嘉峪关国际短片电影展。文化集市实现销售总额 3 亿元，实现利润 8000 多万元，带动 1.5 万农户参与并受益，文化集市建设荣获 2014 年度全省宣传思想文化工作创新奖。省广电总台产业经营收入达 4.49 亿元，比上年增长 50.93%。读者集团完成营业总收入 7.6 亿元，“读者”品牌价值继 2013 年首次突破百亿元后再创历史新高。省广电网络公司实现营业总收入 9.2 亿元，比上年增长 34.02%。全年省级新闻出版广电产业实现营业收入 59.73 亿元，较上年增加 11.27 亿元，增幅达 23%。新闻出版广电系统非公经济持续发展，已成为推动全省新闻出版广播影视产业发展的重要力量。

【行业管理】深入开展打击假报刊、假新闻、假媒体、假记者和新闻敲诈专项行动，依法对违规印刷发行企业、记者站给予了行政处罚和查处。组织开展全省“扫黄打非·2014”专项行动，全年共查办各类案件 99 起。省“扫黄打非”办公室、省互联网信息办公室、省邮政管理局等单位被授予全国“扫黄打非”先进集体。开展集中清理整治非法卫星地面接收设施专项行动，收缴、置换非法卫星电视接收设施 4900 套。全省各级严格执行节目审查制度，全面落实安全播出各项措施，确保广播电视安全播出和传输。积极开展公益广告制作播出宣传活动，甘肃新闻出版广电局被评为全国广播电视公益广告优秀组织单位。开展清理网上暴恐音视频专项行动、色情低俗网络剧和微电影集中整治行动。全省政府机关软件正版化任务圆满完成，是全国市县级政府机关全面完成软件正版化任务的四个省之一。

（王发存）

环境保护

【综述】全省 14 个市州所在地城市环境空气质量达到国家二级标准的 8 个，占 57.1%；达到国家三级标准的 6 个，占 42.9%，影响城市环境空气质量的首要污染物为可吸入颗粒物（PM10），全省平均值为 0.097 毫克 / 立方米，同比上升 6.6%，在国家年均值二级标准之内；全省监测的 49 个断面中，有 42 个按功能区达标，同比持平，占总数的 85.7%。黄河 9 个监测断面水质均优于或达到功能类别，与上年相比，污染综合指数除青城桥断面无变化外，其余各断面均略有下降。全省集中式饮用水源地共设监测点位 103 个，水质情况保持稳定。

【新《环境保护法》实施准备】制定实施《关于印发学习宣传〈中华人民共和国环境保护法〉实施方案的通知》，邀请环境保护部专家来甘肃进行专题讲座。对照新《环境保护法》对建设项目环境管理提出的新要求，全面组织开展了“未批先建”项目规范工作。组织召开全省依法推进环境保护“三个加快工作”督办会，对新法的贯彻落实、环境违法行为查处、“未批先建”项目整改工作进行督促。与省委组织部举办全省新法专题培训班，各地进一步了解新法的内容，提高了认识。

【污染减排】明确减排重点，强化工作措施，靠实减排责任。推动减排项目实施，组织召开全省污染减排工作促进会，强力推动重点行业和领域减排工程建设。采取以奖代补形式，安排 1.42 亿元省级环保专项资金，对全省 465 个重点污染减排项目给予了资金支持。加强督查预警，对全省 70 多个县区 137 个年度污染减排重点项目进行了专项督查，对工作进展缓慢的地区和 59 个重点减排工程实施了预警监控和限期整改。经环保部初步核定，2014 年全省化学需氧量排放量 37.32 万吨，比上年下降 1.56%；氨氮排放量 3.81 万吨，比上年下降 2.64%；二氧化硫排放量 57.56 万吨，比上年增加 2.43%；氮氧化物排放量 41.84 万吨，比上年下降 5.55%。

【环评管理】协助有关部门开展《全省煤化工产业发展规划》、《甘肃省“十二五”综合交通发展规划》等 7 个重点行业和重点区域的规划环评工作，切实推进兰州新区规划环评工作进度。积极做好省列重大项目环评服务，经多次向环境保护部协调汇报，兰州石化整体搬迁进入兰州新区项目得到充分肯定与支持，酒泉至湖南特高压直流输变电工程等项目顺利通过审批，国电兰州热电厂异地扩建工程等项目环境影响报告书通过了技术评估。认真推进“3341”项目工程实施，全省重点推进的 80 个重大项目中，已完成环评审批的 59 个；省上督导、市州重点推进的 80 个重点项目中，已完成环评审批的 50 个。不断下放行政审批事项，对城市基础环保设施、农业设施、引水配水工程、110 千伏输变电工程等环境影响较轻的项目不论投资规模均下放市州审批，并将市州审批权限扩展到总投资额 1 亿元的项目。严格建设项目竣工环保验收管理，制定实施《关于进一步加强建设项目试生产阶段环境监管工作的通知》，确保建设项目“三同时”和竣工环保验收制度落实到位。

【大气污染防治行动计划】印发《甘肃省 2014 年度大气污染防治工作方案》、《甘肃省大气污染防治行动计划实施情况考核办法（试行）》等文件，进一步落实工作责任，强化绩效管理。按照“1+4+9”的治污模式，下达省级大气污染防治“以奖代补”资金 1.5 亿元，重点实施工业污染治理、机动车尾气防治、燃煤锅炉污染整治、环境监管能力建设等项目。特别是省市联动，巩固和扩大兰州市大气污染防治成果，争取中央专项资金和安排省级大气污染防治专项资金，对重点污染源企业实行驻厂执法、在线监控、视频监视和工况监管，利用无人机对削山造地、砖瓦窑、小化工、小煤炉、垃圾焚烧等污染源进行空中巡查，严厉查处各类环境违法行为。兰州市全年优良天数达到 250 天，同比增加 57 天，达标率 68.5%。省政府制订实施《甘肃省重污染天气应急预案》，各地也相继出台了重污染天气应急预案，确保在发生重污染天气情况下，最大限度减少污染危害。实施环境空气质量预警，对全省 14 个市州空气质量状况进行了预警通报。全面完成燃煤锅炉、黄标车和老旧机动车淘汰任务，全年淘汰燃煤锅炉 1653 台，淘汰黄标车和老旧机动车7.6万辆。

【环境监管执法】内蒙古腾格里工业园区沙漠污染问题发生后，迅速组织对沿沙漠7市（州）21个县（区）的213家排污企业进行了“拉网式”排查。严肃查处环境违法行为，组织开展了挂牌督办企业行政执法后督察、环境保护专项执法检查、全省饮用水源地及城市自来水厂隐患排查、环保专项行动等执法检查，对违法排污企业采取挂牌督办、集中曝光、约谈和后督察等形式，督促落实地方政府和相关部门的环境监管责任以及企业的环保主体责任，逐步解决危害人民群众健康的环境违法问题。切实提升环境执法水平，组织开展全省环境执法实兵演练暨环境监察业务大比武活动，全省环境监察机构均应用了环境行政处罚自由裁量辅助决策系统。2014年，全省共出动执法人员3.39万人，检查企业和建设项目1.07万家，立案查处企业763家，罚款金额1577万元，追缴排污费625万元，停产整治164家，取缔关闭96家。

【突出环境问题的解决】着力做好重金属污染防治，严格落实《重金属污染综合防治“十二五”规划》，列入国家规划的32项重点治理项目，已建成投运26项，完成率81.3%。城镇集中式地表饮用水水源地水质中，重金属污染物监测达标率100%，地表水国控断面和重点区域水环境、大气环境中重金属污染物监测均达标。积极推进水污染防治，认真抓好《重点流域水污染防治“十二五”规划》实施，纳入规划的153个项目，已建成67个。组织各地对乡镇级以上集中式水源地环境情况进行排查，开展了县级以上城市集中式饮用水源环境状况评估，逐步建立集中式饮用水水源地环境管理档案。不断强化危险废物环境管理，报请省政府出台了《关于加强危险废物监督管理的意见》，建成危险废物管理信息系统，实现了电子废物拆解处理、危险废物转移的全过程监管。危险废物规范化管理督查考核总体抽查合格率79.3%，考核成绩位居西北前列，全国第13位，实现了年度目标。稳步推进土壤修复治理，编制完成了《甘肃省土壤环境保护和综合治理方案》，通过专家评审。

【农村环境保护】联合省财政厅完成了2013年度全省国家重点生态功能区转移支付绩效评估考核工作。加强自然保护区管理与建设，调整了玉门南山自然保护区功能区划，完成了裕河自然保护区晋升国家级的相关工作，启动了岷县双燕、阿夏和多儿自然保护区的调整、晋升工作。甘肃祁连山国家级自然保护区经国务院批准调整了功能区划。切实推进国家级生态文明建设示范区创建，庆阳、张掖、平凉市以及敦煌市、两当县先后启动并开展创建工作。深入实施农村环境连片整治，按照国家农村环境连片整治示范工作要求，精心组织项目实施，全省农村环境连片整治已涉及85个片（线），1655个行政村，占全省行政村总数的10.2%，受益人口约330万人。积极创建生态乡镇、生态村，认真指导各地生态乡镇、生态村创建工作，目前共有71个乡镇被环保部命名为国家级生态乡镇，280个乡镇被命名为省级生态乡镇，462个村被命名为省级生态村。

（徐延文　陈静荣　闫进锋）

档案

【档案事业发展】贯彻中央办公厅、国务院办公厅《加强和改进新形势下档案工作的意见》，省委、省政府办公厅印发了《加强和改进新形势下全省档案工作的实施意见》，从建立档案事业现代治理体系、健全覆盖全社会的档案资源体系、创新档案资源开发利用体系、提升档案科学管护安全体系、完善档案事业发展保障体系等方面规范了全省档案事业发展。省档案局制定了《档案文化建设三年规划》，推动档案文化产品从静态、固态向动态、多媒体发展。启动甘肃档案信息中心建设项目，加快构建以省档案局为主导、省档案馆为龙头、市州档案馆为支点的全省档案数字化网络平台，电子文件中心、电子档案中心、数字档案馆“三位一体”建设正在起步。

【档案工作基础】一是档案资源建设成效显著。省档案馆征集到两枚汉代官方档案——汉简和一批历史档案，使全国馆藏档案年代提前到汉代。接收省司法厅、省民政厅、省公证处、省新闻出版局等省直部门到期档案5.6万卷（件），整理入库3万卷（件）。二是档案数字化转换步伐加快。全年扫描档案250万幅，录入目录50万条。积极开展数字化档案的查阅利用，全年为5000多人次查档3万多卷次。三是档案科研工作取得新进展。成立了全省档案科技项目评审委员会，完善科技项目评审工作程序。2个项目获得国家档案局立项，1个项目通过结题验收。四是档案经费保障更加有力。全年落实县级档案馆项目资金1836万元，国家重点档案抢救保护中央补助资金380万元，省级抢救保护补助费和档案馆库维修费400万元。在全省一般性支出压缩5%的情况下，省档案馆财政预算净增464万，增幅为24%，争取其它项目资金1521万元，实现了大幅增长。

【档案工作典型】推广华池等地民生档案工作先进经验，指导西和县创建全国社会主义新农村建设档案工作示范县，在会宁、武山、景泰等县区开展“双联”行动建档试点，树立119个乡镇、1036个行政村档案工作示范点，农业农村档案工作全面推进。积极开展示范档案馆室创建活动，指导兰州市档案馆晋升为国家一级综合档案馆，华池县、皋兰县、永登县、兰州市城关区档案馆晋升为国家二级综合档案馆。指导各地和检察、移动、电投、靖煤等系统树立档案工作省特级单位52个。在全省档案系统开展争创“双十先”活动，推选兰州、酒泉、庆城、临泽、静宁、两当等6个市县档案馆为全国最美档案馆。

【档案业务指导】省档案局制定出台《甘肃省档案网站管理办法》《甘肃省档案网站规范化建设实施办法》，全省档案网站得以规范。加强与省改革办、省纪委、省发改委、省财政厅、省建设厅、省安监局等部门的合作，规范了改革档案、廉政档案、中介组织档案和重大工程项目档案的管理。指导省属国有企业制定文件材料归档范围和保管期限表，加强了高校、会计师事务所档案工作的调研和指导。指导14个市州、86个县区市制定了档案馆收集档案范围实施细则。推动临夏市宗教档案的规范管理，督促甘南州加强对“尼江事件”等维稳工作文件材料的建档指导，档案工作在促进社会稳定中的作用明显提升。

【档案文化项目】省档案局筹办的《甘肃记忆》、《历史将永远铭记》两个主题展览样本正在初审。《党和国家领导人与甘肃》电视专题片已进入后期制作阶段。《近代甘肃政要施政文献选编》、《甘肃民族宗教档案文献选编》初稿已经完成。完成省简牍馆《汉简》、镇原县《秦铜诏版》、张家川县《契文砖》3个中国档案文献遗产名录项目的申报。13个文化项目的开发研究稳步推进，档案文化建设成效明显。

【档案法制】省档案局联合省人大科教文卫委、省政府法制办组成4个档案执法检查组，对全省14个市州和100多个单位实施档案法情况进行了档案行政执法检查。组织开展“档案与档案法制知识竞赛”活动，省内外参与人员1.8万多人，其中有10个外省（区、市）单位参加了竞赛活动，全省档案法治意识不断增强，档案工作的社会影响力进一步提高。

【党风廉政建设】省档案局健全了党风廉政建设主体责任制，印发《中共甘肃省档案局党组关于落实党风廉政建设主体责任的实施办法》。落实党风廉政建设工作约谈制度，局党组书记多次约谈有关处室主要负责同志，强调党风廉政建设，强化党性教育，严守政治纪律。加强制度建设，完善局党组、局长办公会议议事规则，对重大问题实行个别酝酿、会议决定、民主决策。重大项目一律实行招投标，纪检机构全程参与监督。建立重大事项请示报告制度，实行重要事项逐级报告制，局馆重要活动、重要事项、重要会议、重要接待等工作按职责进行了请示报告。

【机关作风建设】一是严格执行中央八项规定，进一步压缩会议和文件简报，全年会议费用下降44.6%，公务接待费用下降51.3%，车辆购置和运行经费下降25.2%。大力提倡勤俭节约风尚，实施后库太阳能建设和机关节能饮水机项目，严格控制办公经费支出。二是整顿机关作风，制定《违反工作纪律教育追究办法》，加强工作纪律的约束力和执行力。通过教育整顿、督查督办、跟踪问效，坚决整治了部分存在的庸懒散漫现象。三是深化“双联”工作，出资10万余元为三个联系村购买发放优质橄榄树苗3万株，特色产业进一步加强；投资270万元修建的马半山村7公里公路已建成通车，投资35万元修建甘家沟村2.5公里田间道路完工，投资780万元的朱能村通村公路建设也已收尾；出资40万元修建的甘家沟村饮水工程已开工，投资20万元的马半山村饮水工程已投入使用；出资10万元建立助学基金，为3个联系村考上大学的贫困学生进行资助；全年共组织11批80余人次进村入户开展工作。

【思想理论武装】把强化学习作为坚定理想信念、谋划统筹工作、提升能力素质的有效途径，先后认真学习了党的十八大、十八届三中、四中全会、习近平总书记系列重要讲话精神等党的最新理论成果和省委十二届八次、九次全委会议精神，达到融会贯通、武装头脑、指导实践的效果。对照习近平总书记“五个坚持”标准和“三严三实”要求，开展“五对照五检查五强化”活动，在全省档案系统开展“学政治、学法律、学业务、学先进”活动，增强了学习的针对性和实效性。

（梁鹰）

文物

【华夏文明传承创新区建设】2014年，省文物局按照文物保护和大遗址保护板块分方案及实施意见全力推进重点项目实现重大突破：丝绸之路申遗历时八年圆满收官，麦积山石窟、炳灵寺石窟、锁阳城遗址、悬泉置遗址和玉门关遗址成功列入《世界遗产名录》，全省世界文化遗产地增至7处。以莫高窟数字展示中心为亮点的敦煌莫高窟保护利用工程竣工，崖体保护维修工程入选首届全国十佳文物维修工程。显著提升了莫高窟游客承载量和展示利用水平。启动全省长城保护规划编制工作，嘉峪关、金塔、山丹等省内重点区段长城加固维修工程陆续竣工或正在实施；大地湾国家考古遗址公园建设各项前期工作基本就绪；大堡子山遗址及墓群展示利用工程获准立项。

【文化遗产“历史再现”工程】省文物局围绕进一步探索甘肃丰富多样的文化遗产资源展示利用新方式，科学有效地发挥其应有价值功用和综合效益的总体目标，编制完成了《甘肃文化遗产“历史再现”工程实施方案》并报请省政府办公厅印发实施。文化遗产“历史再现”工程以文化遗产有效保护为基础，以遗产展示和文化传承为核心，以博物馆建设为载体，全面展现了甘肃的历史文化风貌，探索性地提出了博物馆分类和设立标准，确立了到2020年基本建成华夏文明传承创新区博物馆集群的发展目标。

【文物保护】正式公布了全省第七批59处全国重点文物保护单位及所有470处省级文物保护单位保护范围，完成了全省第七批全国重点文物保护单位记录档案编制和报备工作。天水玉泉观文物建筑、武山水帘洞石窟群等一批全国重点文物保护单位文物保护维修工程竣工，兰州五泉山太昊宫修缮、景泰永泰城址保护加固等文物保护工程开工实施。编制了《甘肃省全国重点文物保护单位集中成片传统村落整体保护利用工作实施方案》，榆中青城古民居保护工程开工实施。省级文物保护单位兰州白塔山白塔纠偏、天水纪信祠保护维修、张掖东仓保护维修、民勤东镇大庙修缮等文物保护工程相继实施。

【考古工作】以早期秦文化考古调查项目为重点的主动性考古项目持续推进，甘谷毛家坪遗址考古发掘获得重大发现；张家川马家塬战国墓地、泾川佛教窖藏遗址、河西走廊早期冶金遗址、马鬃山玉矿遗址发掘工作继续实施。省文物考古研究所与中国社会科学院考古研究所合作对马家窑遗址进行了首次科学发掘，与中国科学院古脊椎动物与古人类研究所合作开展了张家川石峡口旧石器遗址发掘工作。全年配合基本建设开展考古调查53项，勘探面积28万平方米，清理墓葬99座，出土文物781件。

【第一次可移动文物普查】2014年，全省可移动文物普查工作有序开展，走在全国前列。根据初步调查结果，全省文物系统国有单位收藏文物600318件（套），非文物系统国有单位收藏文物或疑似文物94956件(套)。省普查办组织专家完成了全省非文物系统国有单位收藏文物或疑似文物认定工作，共认定文物26069件（套），其中18113件(套)文物纳入普查范围。截至2014年12月31日，全省采集登录文物信息数据155767条，占总量的24.5%，采集登录量位居全国第三。

【博物馆与社会教育管理】截至2014年底，全省博物馆纪念馆总数由193座增至201座，成为全国博物馆大省之一。省文物局全年新批准设立8座行业（民办）博物馆，7座博物馆纪念馆新馆建成开放，8座博物馆纪念馆展厅和库房实施了改扩建或维修改造。开展了全省民办博物馆藏品建账建档工作，促进了民办博物馆规范化管理。省文物局修订印发了《甘肃省文博单位陈列展览方案审核办法》并据此对13座博物馆纪念馆的陈列展览设计方案进行了审核论证。全年全省各级各类博物馆共推出新陈列展览10个，改造提升陈列展览11个，举办临时展览53个，接待观众600余万人次，其中青少年观众260万人次。组织开展“四进”（进社区、进校园、进企业、进军营）活动200余次，接待观众1754万人次。全省各级各类博物馆纪念馆以未成年人教育为抓手积极打造公共文化服务品牌，省博物馆“亲子快乐营系列主题活动”入选中国博物馆优秀教育项目示范案例。

【文物科研与科技保护】2014年，设在敦煌研究院的国家古代壁画与土遗址保护工程技术研究中心、古代壁画与土遗址保护国家文物局重点科研基地、甘肃省古代壁画与土遗址保护重点实验室运行顺畅，多场耦合实验室建设项目全面启动。省博物馆与相关高校联合研发的《基于分布式虚拟环境的数字博物馆关键技术研究》项目通过省科技厅组织的成果鉴定，达到国内先进水平。敦煌研究院和省博物馆分别被国家文物局确定为文物保护装备发展平台项目建设单位和全国首批智慧博物馆建设试点单位。敦煌研究院制作完成了莫高窟、榆林窟、西千佛洞等14个洞窟的实景虚拟漫游节目。一批馆藏青铜器、彩陶、书画和出土文物得到科技保护修复。

【文物安全与法制建设】2014年，全省文物安全形势保持总体平稳，馆藏文物安全无事故，盗掘古遗址墓葬的违法犯罪活动较之上年有所减少。省文物局修订完善了《甘肃省文物安全突发事件应急预案》、《甘肃省文物局文物安全目标责任考核办法》，相关工作更具有针对性、操作性和可行性。进一步强化文物安全工作长效机制，加强文博单位安防、消防、防雷设施建设，会同公安部门加大防范和打击文物犯罪力度。文物保护员队伍建设日趋规范化，省文物局对全省文物保护员情况进行了调查摸底，督促各地落实了文物保护员报酬并建立了文物保护员档案，评选表彰了99名全省优秀文物保护员。组织开展古城保护中文物违法与消防安全专项督查工作，针对敦煌市、甘州区、凉州区和麦积区等4个被督察区域在督查中暴露出的安全隐患和违法违规问题，协调当地政府和文物部门进行了整改；依法督办了发生在敦煌、嘉峪关、肃州、甘州、榆中等市县的9起文物违法违规案件,有力地维护了法律尊严。进一步建立和完善地方性文物保护法规体系，积极配合省人大开展《甘肃长城保护决议》和《甘肃永靖炳灵寺石窟保护条例》立法调研工作并完成了法规初稿。

【文物宣传】省文物局配合丝绸之路申遗成功，协调省政府新闻办在兰州召开了申遗成功新闻发布会。在《甘肃日报》、《中国文物报》等媒体连续刊发专版文章专题介绍全省新增世界文化遗产及其重大意义，与《丝绸之路》杂志共同推出世界文化遗产丝绸之路甘肃专刊。与中国文物学会在敦煌共同主办了“丝绸之路文化遗产保护研讨会”，在天水举办了“世界文化遗产丝绸之路甘肃论坛”。选调全省精品文物参加文化部、国家文物局和西北五省区政府在国家博物馆联合主办的《丝绸之路展》。纪念早期秦文化考古调查研究项目实施10周年，省文物局与陕西省文物局、北京大学在京联合举办《秦与戎——早期秦文化考古十年成果展》，展出文物613件（套），向社会各界展示了早期秦文化考古十年来的丰硕成果。

【对外交流】第四届文化财产返还国际专家会议在甘肃成功举办，发表了《敦煌宣言》。甘肃文博单位与美国盖蒂保护研究所、日本东京艺术大学、瑞士贝奇基金会、英国诺丁汉—特伦特大学等机构在文化遗产地游客承载量研究、洞窟无损技术分析等方面的合作取得阶段性成果。围绕丝绸之路经济带建设、中法建交50周年、甘肃省与日本秋田县缔结友好关系30周年、敦煌研究院建院70周年组织开展或参与赴法《中国汉代文物展》、赴日《秋田县·甘肃省缔结友好关系30周年纪念文化交流展》、赴蒙古《丝路拾珍——中国敦煌文化艺术展》、赴台湾《光照大千——丝绸之路的佛教艺术特展》、赴香港《敦煌·说不完的故事》等文物外展，提升了全省文化影响力。

【党的群众路线教育实践活动】围绕学习贯彻省委《关于落实党风廉政建设主体责任的意见》，制定了《甘肃省文物局落实党风廉政建设主体责任实施办法》。局机关新制订或修订规章制度25项，通过建章建制防控廉政风险。廉政风险防控关口前移，在深入排查廉政风险点的基础上，协调驻省文化厅纪检监察部门全程参与监督省直文博单位文物保护工程和建设工程招投标以及直属事业单位人员招考等社会关注度较高的工作，确保程序规范、结果透明，杜绝违纪违规现象。进一步加大省直文博单位项目实施和专项经费管理使用监管力度，按照“监督跟着资金走”的原则，加强对项目财务管理的日常监督，发现问题及时整改。认真耐心接待群众信访问题，配合有关部门及时调查处理信访事项。持续推进效能风暴行动，深入开展“双联”活动，进一步增强了干部职工的群众观点，转变了工作作风。

（刘木子）

民族事务

【民族团结进步宣传】围绕“促进民族团结进步，实现共同繁荣发展”的主题，坚持以问题为导向，以开展“六进”活动为主要抓手，进一步创新形式、搭建载体、抓点扩面、丰富内容，组织动员各级党政机关、学校企业事业单位等，广泛深入开展了全省第11个民族团结进步宣传月活动。本着民族团结教育从娃娃抓起的理念，积极建议有关部门把民族团结宣传教育纳入全省未成年人思想道德建设“金种子”播撒工程，落实民族团结进步教育进学校、进课堂。大力营造民族团结宣传的文化氛围，成功举办了第二届全省少数民族书画摄影唐卡作品展、甘肃少数民族美术作品展、“西域阳光”甘青宁少数民族美术作品联展、“陇原民族情”三下乡活动等，以增强文化共同意识。及时弘扬和发挥典型引领作用，顺利评选推荐出席国务院第六次表彰大会的全国民族团结进步模范集体19个、模范个人26名，出席第七次全省民族团结进步表彰大会模范集体100个、模范个人200名。同时，甘肃第二批全国民族团结进步创建中获示范街道社区1个、示范学校1所和教育基地1处。指导肃南、阿克塞两县成功举办了成立60周年庆典活动，为两县协调落实庆典项目104个资金11.9亿元，以生动的发展、变化成果展示，推动民族团结进步创建活动实体化。坚持宣传教育与民族团结进步创建活动规范化结合，积极探索制定《甘肃省民族团结进步创建活动实施办法》、《甘肃省民族团结进步模范评选表彰办法》、《甘肃省民族自治地方逢十周年庆典活动管理办法》，建立了甘肃民族工作蓝皮书制度，组建了甘肃省民族工作咨询专家库，完善了民族团结进步创建的科学谋划和顶层设计。

【民族地区扶贫攻坚】针对少数民族和民族地区经济发展中的特殊困难和突出问题，甘肃省民委制定出台了贯彻实施“1236”扶贫攻坚意见的方案，着力整合民委资源助推民族地区扶贫攻坚。结合“十二五”规划最后攻坚期的实际，加强协调，深入推进“十二五”民族地区经济社会发展规划及3个民族专项规划的全面实施。开展了“十二五”民族规划中期的评估，启动了“十三五”规划编制的前期工作。张掖市已编制《肃南县裕固族特色村寨保护与发展规划》，抓住机遇，积极开展了裕固族特色村寨的保护与发展的各项研究与谋划。制定实施了少数民族劳务技能特色培训“出彩工程”，年内已完成培训各类技能人才2.2万人，有效填补了少数民族和民族地区劳动力培训中对特色技能培训的空白。抓住省委、政府在兰州新区部署市州“飞地经济”的思路，调研并编制上报了兰州新区甘肃民族经济产业园建设规划，拟以民族自治州、县组团方式，开展集中服务，支持民族地区发展“飞地经济”。制定全省“千家培育百家壮大”工程实施方案，有4家企业已入选国家民委“百家壮大”企业扶持重点。2014年，全省少数民族发展资金、“兴边富民”等各类专项资金达到2.24亿元，省政府增设少数民族发展配套资金1000万元，36个民族乡（镇）发展资金由每乡（镇）20万元增加到100万元，少数民族文化事业专项补助资金增加到1000万元，省级配套民族贸易企业网点建设和民族特需商品定点生产企业技改专项资金500万元，发挥了民族专项资金“拾遗补缺”和“四两拨千斤”的作用。2014年，全省民族地区农牧民人均纯收入达到4500元，较2013年增加470元，有26.5万人实现稳定脱贫。

【“双联”行动】落实年度联系村帮扶项目5个、资金270万元。完成联系村特困户危房改造28户，建立村级产业发展互助社3个。2014年，三个联系村人均纯收入达到3000元，较2013年增长16.7%，同时，召开协调推进会议2次，对省直“双联”11个单位工作情况进行3次督查，全面落实了张家川县省直联村单位“双联”工作。

【少数民族特色文化传承发展】深入推进华夏文明传承创新区民族文化板块工作，指导、协调、督查市州实施了一批传承、展示和发展民族文化的重点项目。在庆阳市成功举办了全省第八届少数民族传统体育运动会。启动实施了甘肃省民族语言类文化资源普查和分类分级工作，有序推进了东乡族古籍手抄本《古兰经》数字化、《中国少数民族古籍总目提要（甘肃卷）》图片增选、词条补轶、编辑校订等工作。指导成立了甘肃省保安族文化研究会，编辑出版了《藏族文化知识简明读本》。

【少数民族流动人口服务与管理】组织协调省公安厅、省民政厅、省人社厅、省卫计委、省地税局、省工商局等8个部门，深入全省14个市州对新疆籍少数民族流动人口的服务管理工作进行了全面的调研摸底，形成了专题报告，并起草了《甘肃省新疆籍少数民族流动人口服务管理暂行办法》。同四川、西藏、青海、宁夏、陕西、新疆生产建设兵团和辽宁等共同签署了以少数民族流动人口服务管理为主的涉及民族因素矛盾纠纷跨区域联动协作协议，着力探索建立民族工作跨区域联动协作机制。国家民委在全国部分省市区少数民族流动人口服务管理体系建设试点工作现场会上介绍和推广了甘肃经验。会同有关部门制定《甘肃省公墓管理暂行办法》，印发《甘肃省清真餐饮企业准则》等6项地方标准，成立甘肃省清真食品行业协会，组织开展“两节”前后全省清真食品专项整治活动。共检查各类商户1万余家，查处问题商户200余家。

【民族工作调研】在全省范围内

组织开展各项大调研活动，形成各类专题调研报告30多篇，所反映的困难问题和提出的意见建议得到了国家民委的高度重视。牵头开展《国务院办公厅关于进一步支持甘肃经济社会发展的若干意见》贯彻落实情况的监督检查，撰写的情况报告受到中央领导的高度重视。及时深入“尼江”地区调研，研究制定了《省民委关于配合支持“尼江”两村团结发展工作方案》，编制了“尼江”法制教育和民族团结进步创建活动专项规划。高度重视对重大现实问题的研究，关于《伊斯兰教在中国本土化研究》课题获得国家社科基金资助立项。承担的国家民委课题任务《甘肃民族工作概览》、《西北城市民族工作问题调查研究》及时完成结项。

（包玉才）

宗教事务

【宗教工作法治建设】一是积极推进宗教工作法治建设。为深入贯彻落实《中共中央关于全面依法治国若干重大问题的决定》精神，依法管理宗教事务，制定完善《宗教内部资料性出版物申请审核程序》、《宗教慈善基金会设立申报程序及监管制度职责》等6项宗教事务管理制度规定。继续深化行政审批制度改革，清理下放行政审批项目1项，调整4项非行政许可审批项目为政府内部审批事项，新增国家宗教局下放涉密行政许可项目1项，行政审批项目由原来的25项减少到目前的16项。认真开展宗教类非法出版物的清查和普法宣传教育工作，2014年甘肃省宗教事务局被全国普法办表彰为全国宗教系统“六五”普法中期先进集体。

二是规范加强宗教活动场所管理工作。加大新设立宗教活动场所和改扩建场所的实地检查和审核审批工作，认真落实《大型宗教活动管理办法》，依法规范宗教活动秩序。

三是扎实推进宗教工作信息化建设。进一步完善基础数据库信息，完成与国家宗教局数据库导入工作。与13个市州、18个县区宗教工作部门建立工作网，实现了文件信息和基础数据资源共享。朝觐报名网站受理报名人数72285人，并及时向社会公布。局政务门户网站公开有关宗教事务方面依法审核、审批、备案等办事流程，公开服务承诺。

四是加强“三支队伍”培训工作。研究制定《2014年~2018年宗教工作“三支队伍”培训规划》、《2014年宗教工作“三支队伍”培训计划》和《关于进一步加强“三支队伍”培训工作的制度》，建立“三支队伍”培训工作台账、基础数据库和“三支队伍”培训专家库，入库专家、学者及政府行政工作人员87名。

五是进一步完善“三个专项”工作。巩固认定备案工作成果，进一步对换发证、教职人员社会保障工作开展“回头看”，不断推进工作落实。制定出台《关于进一步加强宗教活动场所财务监督管理工作的意见》，深入推进宗教活动场所财务监督管理工作。着力推进全省宗教活动场所“七证一户”（建设工程规划许可证、土地使用证、消防安全合格证、建筑质量验收合格证、房屋所有权证、宗教活动场所登记证、组织机构代码证和银行账户）办理工作，“七证一户”办证率达到88%。

【宗教重难点问题解决】佛教、道教工作方面：深入开展藏传佛教寺庙反自焚专项斗争，制定《关于进一步做好藏传佛教寺庙管理工作的意见》，对问题突出的藏传佛教寺庙开展清理整顿工作，加大对寺庙和僧人的教育管理。在甘南州碌曲县和武威市天祝县开展经师评聘试点工作。指导甘南州和武威市完成任期到届的藏传佛教寺庙寺管会换届工作，指导甘南州5位活佛转世工作及第六世赛仓活佛时轮灌顶法会活动。对全省藏传佛教寺庙管理情况、抵御境外分裂势力利用藏传佛教进行渗透活动、寺庙学经班情况和僧人养老等多个课题进行了专题调研，为领导科学决策提供依据。

伊斯兰教工作方面：开展伊斯兰教门宦问题调研，着力解决香源堂和北庄门宦的管理问题。调研起草《甘肃省伊斯兰教教职人员培养办法》和《甘肃省伊斯兰教宗教活动场所经学班管理办法》，试点开展伊斯兰教教职人员任职聘用工作。与云南、贵州、四川、宁夏、青海、新疆建立7省区伊斯兰教协作配合工作机制。有效抵御“达洼”宣教渗透活动。认真贯彻《关于进一步加强穆斯林朝觐组织服务管理工作的意见》精神，制定《关于进一步加强朝觐培训工作的意见》，规范名额分配，加大行前培训力度，圆满完成2014年度穆斯林群众赴沙特朝觐工作，受到国家宗教局、中国伊协和中国朝觐总团的充分肯定，并在全国范围内通报表扬。

天主教、基督教工作方面：积极开展地下神职人员教育转化和地下主教、神职人员的思想稳控工作，天主教领域保持平稳和谐。妥善处置陇南市西和县天主教堂非法开办幼儿园及兰州市小沟头天主教堂教产事件。开展天主教天水教区地下势力情况调研，全面掌握天主教天水教区地下势力综合治理基本情况。有效防范“佘山朝圣”。进一步巩固依法治理基督教私设聚会点工作成果，实现基督教私设聚会点治理工作常态化。

【调研工作】根据中央第二次新疆工作座谈会和第五次西藏工作会议提出的新要求，为推进重点工作落实、破解宗教领域存在的突出问题，局机关组织6个调研组，先后深入全省14个市州、40多个重点县（市、区）、180多处宗教活动场所，围绕《宗教事务条例》贯彻落实情况、甘南州藏传佛教寺庙社会化管理和基层宗教团体建设等12项重点工作进行专题调研，并形成专题调研报告。

【服务引导工作】一是深入宣传宗教政策法规。积极开展宗教政策法规“六进”、法律“七进”活动和“宗教政策法规学习月”及以“教风”为主题的和谐寺观教堂创建活动，制定下发《创建和谐寺观教堂活动考评办法》及《关于2014年开展以“发挥正能量，共筑中国梦”为主题的宗教政策法规学习月活动的通知》等文件。提高《甘肃宗教》办刊质量，扩大赠阅范围，充分发挥杂志和局政务网站的宣传作用。省佛协在全省藏传佛教寺庙及广大僧尼中开展了“崇尚节俭、反对攀比、虔心持戒、利乐众生”倡议活动。

二是指导宗教界加强思想文化建设。支持佛教界开展讲经交流活动，继续推进道教文化建设和藏传佛教教义阐释活动。进一步推进伊斯兰教界开展讲新“卧尔兹”活动，8月在临夏州举办了以“和谐、和平、中正”为主题的全省“卧尔兹”演讲大赛。指导基督教界以纪念三自爱国会成立60周年为契机，深入推进以“和谐·奉献”为主题的神学思想建设。指导天主教界开展民主办教研讨活动。积极开展宗教界爱国主义教育基地评报工作，以陇南哈达铺清真寺等宗教爱国主义教育基地为平台，在宗教界大力开展爱国主义教育。

三是团体院校建设不断加强。各宗教院校加强学员思想政治教育和日常管理，积极探索宗教院校教师资格认定和职称评审聘任工作，不断加强师资队伍建设和教学管理水平，积极开展中短期培训，倡导教职人员学历教育。省佛学院招收30名初级学衔试点培训班学员。兰州伊斯兰教经学院积极开展对外培训工作，为陕西、海南两省培训52名教职人员。制定《省宗教团体驻会班子成员和事业编制工作人员考核暂行办法》和《省宗教团体负责人及事业编制工作人员定期汇报工作及请销假相关规定》，理顺省天主教和省基督教两会事业编制人员与驻会宗教界人士之间关系。规范工作程序，完善内部管理，加强境外宗教团体及个人友好访问和外事交流活动。

四是积极开展“宗教慈善周活动”。围绕“慈爱人间·五教同行”活动主题，鼓励引导全省宗教界集中开展一系列公益慈善活动，共募集善款1233万元。协调澳大利亚国际儿童慈善基金会和香港九龙城基督教浸信会等国际慈善组织来甘肃开展捐资助学和医疗义诊等活动，资助榆中和镇原等地贫困学生125名。省伊协在委员中开展“办实事、做好事”活动，先后“办实事、做好事”181件，筹措资金为东乡县春台乡中心小学捐款20万元。

五是推进宗教活动场所书屋建设。积极协调省委统战部、省新闻出版局等部门对书屋建设工作进行督促检查，2014年已全面完成甘南、武威、临夏等市州155处宗教活动场所书屋配套建设。

【工作作风建设】一是深化党的群众路线教育实践活动。在2013年修订完善《关于进一步密切联系宗教界人士和信教群众工作的制度》等10余项制度规定的基础上，又制定《机关办公用品管理制度》、《省宗教局公文处理规则》和《机关工作人员请销假及考勤制度》等管理办法。继续聘请宗教界10名效能监督员和民评代表，不断加强作风评价和社会监督。继续改进调查研究、精简会议活动、减少文件简报和厉行节约等要求，确保中央八项规定和省委“双十条”规定的常态化落实。局机关公务接待经费比上年减少36%，会议经费比上年减少48%，除服务朝觐群众需要外，无因公出国经费，车辆维修使用经费与2013年持平。

二是加大“双联”帮扶工作力度。2014年“双联”工作主要落实各类帮扶资金1200余万元，开展了通村公路、道路亮化、家庭养殖、危房改造、教职人员培训、北庄小学学生寄宿楼建设等扶贫工作，先后组织局机关干部25批次100余人次赴“双联”点开展工作。

三是加强机关党风廉政建设。制定《建立健全惩治和预防腐败体系2013—2017年实施方案》、《中共甘肃省宗教事务局党组关于落实党风廉政建设主体责任的实施办法（试行）》和《党风廉政建设责任制考核办法》，以及廉政专题民主生活会、廉政风险提示提醒和个人操办婚丧喜庆报备等10项廉政制度。

（张健）

人民防空建设

【人防组织指挥能力】着眼有效履行“战时应战、平时服务、应急支援”使命任务，全省各级人防部门积极开展室内防空袭演练、应急拉动、紧急疏散、联合组训和专业队整组训练等活动，省人防机动指挥所参加了甘肃省预备役高炮师的军事演习，完成了机动指挥所跨区域拉动演练任务。酒泉市人防办开展20余次人防机动指挥所与地面应急指挥中心联合演练；张掖市人防办邀请党政军领导现场观摩市县人防机关室内演练；天水市人防办与天水市预备役旅开展短波电台联合组训；兰州市、庆阳市、金昌市、白银市、临夏市人防办积极指导在校学生、社区群众开展紧急疏散演练。

【人防工程整体布局】2014年，全省新审批人防工程项目17个。各重点城市人防办一手抓项目建设，一手抓质量管理，严把立项设计、施工监理、竣工验收等各个关口，确保了人防工程符合战术技术要求。省人防办举办了第五期人防工程监理培训班，培训监理人员325名。进一步健全完善人防联审报批制度，2014年，审批防空地下室面积是2013年的2.3倍。

【人防平战结合效益】积极开发利用已建人防工程。永昌县二期人防工程对外出租并投入使用，庆阳市、嘉峪关市人防办坚持重大节日安全检查制度，确保了人防工程处于良好的战备状态。加快推进“防空防灾一体化”建设，各重点城市人防办向开展人防工作的社区配发手摇警报器、便携式警报器，指导在校学生、社区群众开展人口紧急疏散演练，酒泉市人防办利用人防地面应急指挥中心保障市政府重大会议40余场次。2014年，全省共新增人防工程平战结合利用面积23万平方米，为社会提供就业岗位6800多个，目前，全省有2000余个人防工程已落实了挂牌管理制度。

【人防依法行政水平】进一步健全完善人防法规政策，经省政府法制办审批备案，省人防办向各重点城市人防办下发了《甘肃省人防监理行政许可资质管理办法》。进一步加大人防行政执法力度，着力解决影响制约人防发展的重点难点问题，兰州市人防办开展执法检查13次，解决未经审批随意拆除人防工程问题3起；庆阳市人防办与市建设局开展联合执法检查；张掖市人防办聘请律师、社会监督员协助开展依法行政；武威市人防办加强与市审改办、规划局、建设局、法制办的协调，将人防行政许可纳入到市上并联审批之中；酒泉市人防办对人防行政许可事项进行全面清理规范。

【人防工作宣传教育】把人防宣传教育工作摆在突出位置，以“五进”为有力抓手，广泛宣传人防政策法规、防空防灾知识等，营造了良好的人防建设环境。省人防办在酒泉市举办了全省“9·18”警报试鸣暨人防战备拉动演练活动，规模大，规格高，既展示了人防实力，也树立了人防形象。张掖市人防办规范社区人防工作，编印了10多种防灾减灾知识读本，建立了20多种宣传教育进社区工作台账；酒泉市人防办分别在酒泉电视台和移动手机报开通了“人防法律法规”宣传专栏和“人防常识”宣传专题；陇南市人防办利用手机信息平台向市县党政军群发送人防信息30次12万条；定西市渭源县人防办投资38万元在城区建设一条人防文化宣传长廊。省人防办、兰州市、合作市人防办被国家人防办表彰为宣传教育先进单位。

【人防机关“准军事化”建设】认真落实中央八项规定和省委“双十条”规定，全面加强党风廉政工作的领导，落实党风廉政建设主体责任和“一岗双责”，形成一级抓一级，层层抓落实的良好工作格局。健全稳定人防机构，甘南州、临夏州人防机构已成立，平凉市、敦煌市、玉门市人防办工作力量进一步加强。财务物资管理不断规范，为人防建设提供有力的资金保障，各级地方财政负担人防建设经费得到较好落实。2014年，省人防办、嘉峪关市、酒泉市、天水市、白银市人防办被省国动委表彰为国防动员建设先进单位。

【党的群众路线教育实践活动】认真对照“两方案、一计划”，从完善管理制度入手，坚持“废、改、立”，建章立制，转变作风，重新制定了机关25项管理制度。各重点城市人防办建立健全领导小组，制定实施方案，细化目标责任，落实“照镜子、正衣冠、洗洗澡、治治病”的总要求，对照“四风”表现，认真开展批评和自我批评。本着边学边改、边查边改、即知即改的原则，健全各项制度，改进作风，提高效率。通过深入开展教育实践活动，全省人防系统党员干部的理想信念进一步坚定，为民务实清廉的形象进一步树立，为加快推进全省人防事业深度融合发展奠定了基础。

【“双联”行动】认真履行组长单位职责，在宁县组织召开了双联行动工作座谈会和协调推进会。主动与省直相关单位衔接，切实抓好7个帮扶项目落实，全年协调帮扶资金1300万元，落实到位资金950万元。省人防办投入10万元编制了联系村村庄建设规划，并结合修建宁县人防疏散基地，协调新建了村部文化广场和小学校舍。选派思想素质好、工作能力强的同志到联系村担任支部第一书记。各级人防部门把落实“双联”行动作为推进人防融合式发展的重要平台，与人防地面应急指挥中心建设、人口疏散基地建设、防空防灾知识教育等业务工作结合起来，深入调研论证，积极开发帮扶项目，实现了“双联”行动与人防工作的“两不误、两促进”。

（史永康）

妇女工作

【落实《甘肃省贯彻落实男女平等基本国策实施意见》】一是召开联席会议第一次会议，加大《实施意见》的执行落实力度。二是推动社会性别主流化进程，协调将基本国策宣传教育纳入省委党校主体班次授课内容，并形成了长效机制。三是完成《甘肃省性别平等促进条例》2014年立法调研任务，并继续纳入省人大常委会2015年立法调研计划，为《条例》出台打好坚实基础。四是着力维护农村妇女土地承包权益，协调省农牧厅、国土资源厅、民政厅，在农村土地承包经营权确权证上，增加了配偶及家庭成员登记栏，有效地保障了妇女平等权益。

【维权工作机制】一是维权平台打造成绩显著。实现了“四个全覆盖”，即：全省113个法院普遍建立妇女维权合议庭，实现全覆盖；市州妇联依托民政救助站或其它载体建立家暴庇护所51个，实现全覆盖；省市县妇联建立法律援助工作站193个，实现全覆盖；县级妇联普遍建立婚姻家庭纠纷人民调解委员会，实现全覆盖。二是维权能力建设有力推进。落实经费170万元，层层举办维权维稳骨干培训班，全省培训1500余人，加强了维权维稳骨干队伍建设，进一步提高了妇联系统维权维稳能力。三是维权服务力度不断加大。成立甘肃省妇女儿童维权专家团，吸收法学、社会学、心理学、司法实务等方面专家26名，充实了专家维权力量。健全关爱留守妇女儿童工作体系，深入开展关爱服务，落实经费200多万元，新建“儿童快乐家园”7所、“留守妇女阳光家园”200所。实施“中国妇女法律援助行动”，办理法律援助案件69件，为受援人挽回经济损失344万元。

【妇女儿童发展规划】一是坚持会议推进。召开妇儿工委全体会议和统计监测工作会议，对“两规划”推进落实工作进行安排部署，对有关统计监测指标进行讲解说明，推动“两规划”指标落实。同时，配合省统计局编制完成了《2013年甘肃省妇女儿童发展规划统计监测报告》。二是加强督导。督促市州和成员单位提高思想认识，加强责任担当，推进任务落实，孕产妇死亡率、婴儿和5岁以下儿童死亡率、学前3年毛入园率、高中阶段毛入学率、供水受益人口比例等13项指标提前达到2015年中期目标。三是深入调查研究。开展出生缺陷防治工作调研，形成了调研报告，提出了加强三级干预、建立防控体系、开展监测评估、加大救助力度等对策措施，为全面推进出生缺陷防治工作提供了科学依据。

【特殊妇女儿童群体关爱】一是倾心关爱“两癌”贫困妇女。对200万农村妇女进行了免费普查。连续举办2期创业技能和康复能力培训班，100名“两癌”贫困妇女接受就业能力培训、免费义诊和康复知识学习。多渠道落实“两癌”贫困妇女救助资金2187.4万元（其中，全国妇联、中国妇基会“贫困母亲两癌救助专项基金”733万元），救助贫困妇女3406人。二是深入开展“消除婴幼儿贫血”行动。以“双联”行动为依托，创新开展“为0~3岁儿童免费捐赠营养包”行动。共收到捐款1770万元，累计完成36批次158万盒营养包的配送任务，省妇联获得“中国儿童慈善奖——项目创新奖”荣誉。通过协调争取，新增“消除婴幼儿贫血”行动项目县13个，落实资金716万元，33245名儿童受益。同时，争取雀巢公司支持，向1333名孤残和贫困婴幼儿送去了价值751.68万元的配方奶粉4000箱。三是扎实做好春蕾助学活动。实施“春蕾计划”，新争取资金240.8万元，救助学生1715名。历年累计资金达5600多万元，建设春蕾学校和幼儿园52所，受益中小学生11.6万名，帮助2400多名大学生顺利完成学业，省妇联荣膺“中国儿童慈善奖——春蕾芬芳”集体奖。四是认真实施政府购买社会服务水窖项目。首批落实资金500.09万元，修建水窖2435眼、校园安全饮水工程4处，解决了贫困山区4000户30000名群众和学校师生的吃水用水困难。

【妇女小额担保贷款】一是统一思想抓还款。强化月报统计、督促检查和工作约谈机制。2014年到期贷款162.7亿元，还贷率达到98.6%。二是落实政策抓规范。与省财政厅、省人社厅、人行兰州中心支行联合下发《关于进一步完善小额担保贷款政策的通知》，对贷款对象、担保基金放大倍数、财政贴息比例等进行重申和界定，严格执行、规范运作，最大限度发挥“妇小贷”活跃农村金融市场、促进妇女就业创业的作用。三是破解难题抓推进。一方面，积极应对政策调整，协调省财政厅将由县级财政承担的25%贴息资金，通过以奖代补形式由省财政承担不少于15%。另一方面，破解制约工作持续推进和中央财政贴息资金滞后的难题，当年新增贷款11.85亿元，“妇小贷”工作进入增速放缓但质量、效益提升的新常态。以“妇小贷”模式发放的贴息贷款，如“双联”惠农贷、牛羊蔬菜贷等全年共贷出211亿元，“妇小贷”服务“三农”的功能在倍增。

【妇女劳务经济】一是项目驱动。实施农民工劳务品牌培训项目，落实资金600万元，培训贫困妇女1万名，职业技能鉴定合格率为96%。实施贫困妇女种养基地、现代巾帼农业科技示范基地、三八林示范基地项目，落实资金160万元，在普及农业科技、培育增收产业、联结农户和市场中发挥了重要作用。承办全国妇联六盘山片区贫困县妇女骨干、新型职业女农民、第五期巾帼家政骨干3个培训班，进一步提升了基层妇联干部和妇女骨干带领妇女脱贫致富的能力。二是狠抓输转。举办“陇原妹”进京就业创业集中输送行动，全年向省外输出“陇原妹”60万名。其中，向北京输转家政服务员1800名。三是调研对接。专程赴省政府驻深圳劳务站，深入广州市、惠州市等地的劳务派遣公司、甘肃籍妇女集中就业的企业，就“陇原妹”输转、权益保障、劳务基地创建、经纪公司运作模式等，开展实地调研，寻找妇联工作与社会化劳务工作的对接点，对进一步做大做强“陇原妹”劳务品牌进行破题。

【特色家庭工作品牌】一是“平安家庭”纳入全省社会治理工作范畴。联合省综治委下发《关于进一步深化“平安家庭”创建活动的实施意见》，将“平安家庭”创建纳入全省社会治理工作大局，增强了“平安家庭”创建工作的实效性和影响力。二是“五好文明”家庭建设成果丰硕。精心组织开展全国“五好文明”家庭评选推荐工作，向全国妇联报送候选家庭的事迹材料和影像资料，全省2户家庭获评第九届全国“五好文明”家庭标兵，20户家庭被评为全国“五好文明”家庭。三是“陇原月嫂”家庭服务工作有力推进。依托“陇原月嫂”培训基地，培训初、中、高级月嫂10000名，为满足更多家庭需求，做大做亮“陇原月嫂”品牌奠定了坚实基础。同时，开展养老及健康服务培训，培训养老护理员350名，为开辟新的家庭服务领域进行了有益探索。

【“妇女之家”建设】省级新增妇女工作专项经费251万元，达到1251万元，实现了妇女人均1元目标，有效破解了妇女工作经费投入不足的问题。安排妇女工作经费200万元，建设省级标准化“妇女之家”200个，使省级示范点达到1010个，引导、带动各级妇联抓点带面、深化创建，市、县两级分别建设示范点1288个、4261个。依托机关、企事业单位、两新组织中的“党员之家”、“职工之家”等活动阵地，挂牌建设“妇女之家”185个，有效延伸工作手臂，扩大组织覆盖。以“妇女之家”为载体，借势借力开展宣传教育、技能培训、维权帮助、关爱服务等活动34858场次，参与妇女达到180多万人次。

（赵芳）

残疾人事业

【助残民生项目】2014年，全省各级共投入近5亿元实施为残疾人办实事项目，比上年增加了一倍多。其中，实施农村贫困残疾人危房改造14750户、为7万一级重度残疾人发放护理补贴、首次为10万特困残疾人发放生活补贴，甘肃成为西部唯一建立残疾人“两补”制度的省份。残疾人教育就业扶贫“百千万”工程取得预期成效，扶持5000名贫困残疾学生，各级特教学校在校生达2385人，全国高校录取甘肃残疾考生267名。集中扶持80家残疾人就业单位、奖励50名残疾人企业家，扶持1万名残疾人创业，高层次培训1万名残疾人，全省新增残疾人就业5910人。成功举办全省残疾人职业技能竞赛、特教学校青年教师教学基本功大赛，建成省人才市场残疾人就业服务大厅，扶持创建13个国家级残疾人职业培训基地，14个市州和35%的县级就业服务机构达到规范标准。残疾人就业保障金地税代征、财政代扣步入规范化。争取引进实施一批国家财政及社会慈善康复救助项目，通过全省康复定点机构实施国家财政

“七彩梦行动计划”和彩票公益金康复项目，为4424名贫困残疾儿童实施人工耳蜗植入、肢体矫治康复等手术及训练服务，为6000多名残疾儿童适配辅助器具，近万名残疾儿童通过康复融入正常生活；实施复明手术4.5万例，其中免费2.3万例、争取香港慈善机构捐助3000例；对1万名盲人进行定向行走训练；为3000名精神病患者免费提供服药医疗；为重度贫困残疾人安装假肢、验配辅具13060件。实施贫困残疾人家庭无障碍改造1279户；为23922人发放残疾人机动轮椅车燃油补贴622万元。省残疾人福利基金会募集各类善款善物折合2400多万元，开展残疾儿童助养、基层康复服务等慈善公益项目23个。

【康复服务】全省残疾人康复机构建设取得历史性突破，省级三大康复机构在全国率先全部建成国家区域中心，示范带动全省各级各类康复机构为120万残疾人提供康复服务，康复工作专业化、网络化建设水平进一步提高。省康复中心引进前沿康复技术、增设特色科室，门诊总量同比增长41.38%，组织医疗队18次到基层筛查病员25.4万人，再次荣获“全国百姓放心示范医院”；中国残联与省政府签订协议，全力支持省残疾人辅助器具资源中心创建国家西北区域中心、德国奥托博克医疗集团在华区域中心和“一带一路”国际康复援助基站；省听力语言康复中心独立分设为县级事业单位，率先在全国残联系统开展人工耳蜗调试，收训听障儿童康复率达到94.6%，综合康复成效跻身全国前五名。同时，狠抓市县康复服务工作，以中国残联康复人才培养基地为依托，培训各级康复骨干2000余名；在武警甘肃总队医院联合设立省残疾人脑瘫手术治疗中心，增设兰州、武威、甘南和临洮、陇西、山丹、高台等市县机构为国家项目定点康复机构，成立省康复中心医院金昌分院、白银分院、礼县分院，新建成白内障无障碍县市区31个，39家市县康复服务机构投入运行。兰州新区省残疾人综合服务基地加快建设进度，省听力语言康复中心和残疾人托养服务中心服务设施即将投入使用，省残疾人辅助器具资源中心综合服务大楼即将开工建设。成功举办全省康复护理技能大赛、残疾人康复科学技术奖年度评审等活动，层层开展了“国际爱耳日”、“全国爱眼日”、“全国麻风病日”和“全国孤独症日”等康复宣传咨询活动，进一步普及了残疾预防和康复知识。

【扶贫攻坚】“1236”扶贫攻坚行动为契机，协调推动扶贫部门将贫困残疾人优先纳入扶贫大局、倾斜落实扶贫政策，残疾人扶贫实现从救济“输血”向挖潜“造血”的转变。据统计，全年各级用于残疾人扶贫和生活补贴的资金达4.7亿多元，直接受益残疾人38万人，其中实现脱贫10万人，通过“双联”行动帮扶近8万人。各级残联投入保障金5000万元，建立扶贫就业基地200多家，举办各类残疾人农业科技培训100多期，培养“种养加”技术能手和省级农业科技示范户近千名，带动近10万残疾人增收；省残联在“双联”点会宁县丁家沟乡投入1540.8万元，办实事150余件，被省委“双联”行动协调推进领导小组评为优秀单位、授予“民心奖”。在国务院扶贫办、中国残联组织的《农村残疾人扶贫开发纲要（2011~2020年）》执行情况考核评估中，甘肃位列全国第三。同时，推动有关社会保障和公共服务政策落实，使44.8万残疾人优先纳入低保、实现应保尽保，农村贫困残疾人生活救济救助覆盖率达100%，残疾人新农合参合率达98.2%、新农保参保率达98.5%。

【权益保障】省政府办公厅印发《甘肃省特殊教育提升计划(2014~2016年）》，参与制定涉及残疾人权益保障的9个省级规范性文件，在残疾人教育就业、康复医疗、保障救助、志愿助残等方面作出一系列特惠政策安排。积极推进残疾人参政议政，148名残疾人、残疾人工作者及亲友代表进入各级人大代表、政协委员行列。及时协助相关部门办理有关人大代表、政协委员建议、提案任务。推动发挥省残疾人法律救助领导小组及其办公室职能，为残疾人提供法律救助服务150多次。积极应对和协调解决残疾人免费停车位落实、全国首位盲人考生录取等维权信访问题，维护了残疾人权益和社会稳定。

【残联组织】扎实开展省市县乡四级残联人、财、物调查和政府购买残疾人服务调查，持续强化资金资产管理、内部审计监督、项目绩效评估等工作，各级残联的基础管理更加规范、项目数据更趋完善、务实作风进一步形成。全省1352个乡镇（街道）全部建立了残联组织、专职理事长达到61.2%，82%的乡镇（街道）、社区专职委员纳入政府公益性岗位。全省助残志愿者达到40万人，志愿者组织发展到2300多支。各级残疾人专门协会推动实施一批社会关注度高的助残实事。精心组织开展全省残疾人基本服务状况和需求专项调查，圆满完成临洮全国试点工作。召开全省“基础管理建设年”及专项调查工作推进会，实施协会监督和第三方评估，在全面完成国家调查任务的同时，科学实施全省专项调查“两扩一开发”工作，先后在全国相关会议上介绍经验。全省近4万名调查员进村入户，对90多万持证和疑似残疾人进行了摸底调查。

【助残社会宣传】召开第四次全省自强模范暨助残先进集体和个人表彰大会。树立了刘大铭、王旭东、苏兰萍等一批全国、全省自强模范和助残先进典型。组织开展第24次“全国助残日”、全国自强与助残先进事迹巡回报告等大型社会宣传活动，社会反响强烈。全省在各级各类媒体刊登残疾人事业新闻稿件8000多篇条，其中中央和省级主要媒体宣传报道600多次，形成了全方位、多形式、不间断宣传残疾人事业的良好格局。残疾人文化体育丰富活跃，成功举办全省残疾人书法绘画摄影和小说散文诗歌大赛，舞蹈《浪尖上的人们》被中央电视台《舞蹈世界》授予“舞蹈全民星特别荣誉奖”，8件新闻作品在中国残联残疾人事业好新闻评选中获奖。成功举办全省第九届残运会暨三届特奥会，实现了与省运会“同城举办、同样精彩”。连浩等一批优秀运动员在亚残运会等国际赛事上摘金夺银。

（党永贵）

机关事务管理

【党政机关办公用房清理】按照省委部署，在省纪委监察厅的牵头下，组成省直党政机关办公用房专项清理办公室，坚持边清理边整改、边督导边纠正的原则，圆满完成了省直114个部门、1041个下属事业单位和14个市州的办公用房清理工作。为加强省级党政机关办公用房管理，切实提高省级党政机关办公用房使用效率，研究制定了《甘肃省省级党政机关办公用房清理腾退和整合调配实施方案》，经省委第90次常委会议通过后印发实施。按照先简单后复杂、先机关后基层、先兰内后兰外和先腾退移交后整合调配的思路，分两个阶段对省级党政机关办公用房进行整合调配。对125个省直单位的15.4万平方米违规使用的办公用房清理腾退工作进行了督导，已有91个单位腾退4.24万平方米的房屋，调配给有关单位使用；有10个单位正在腾退1.72万平方米的房屋；因租期未到、租金还贷等原因，26个单位9.44万平方米的房屋暂未腾退。同时，会同省审计厅对34个省直单位上报的经营性房产进行了专项审计调查。

【公务用车制度改革】按照《省直机关事业单位越野车集中统一管理使用办法》，对省直机关事业单位的越野车进行了摸底调查，研究起草了《省直机关事业单位越野车集中统一管理实施方案》。按照任务分工，就车辆处置、保留车辆集中统一管理、公务租车纳入政府采购等方面提出了相关办法和方案。

【国有资产规范化管理】加强资产监管力度，完成了省直各部门和驻外办事处2013年度资产数据年报年审工作，审核资产总额约48.89亿元，其中固定资产原值约25.19亿元。规范做好国有资产处置管理，对省人社厅、省工商局、省科技厅等7个部门符合报废条件的12台车辆、109件办公设备进行了处置。有效解决了部分单位资产挂账、数据虚高的问题。根据业务需要，增选了两家报废汽车和电子产品回收机构进入资产管理中介机构备选库。从严控制办公用房租用，批准省人社厅、省森林公安局、省文明办和省民族研究所等4个单位租用办公用房2882平方米，租赁经费117.5万元。

【节约能源资源管理】着力加强对节约型公共机构示范单位创建工作的指导检查和扶持督促，对14个市州的创建单位给予每个市州10万元的高效照明产品，首批28家国家级示范单位和第二批33家省级示范单位已正式公布并授牌，对第三批省级创建单位进行了实地评价验收。加大节能改造扶持力度，完成了2014年省级公共机构节能项目的初审、筛选、实地调研和下达工作。启动国家机关办公建筑能耗在线监测系统建设工作，选定了9家省直单位15栋建筑作为建设单位，编制了实施方案，下达了项目安排资金。尝试开展能源审计工作，对省委党校、省广电总台等5家单位进行了能源审计，同步开展了能源计量器具调查和水平衡测试。积极推广节能新产品新技术，编印《公共机构节能新产品新技术》宣传资料，下发各地参考选用。加强节能宣传培训和交流工作，广泛组织节能宣传周活动，开展能源紧缺体验和绿色低碳出行等活动。落实2014年公共机构节能远程教育工作，下达参训名额300人。

【邓园维修改造工程】继续推进邓园维修改造，协调兰州市办理了建设工程规划许可证，全面完成了土建及景观工程，竣工验收为合格工程。邓宝珊将军生平事迹展览馆、邓园艺术馆布展装修基本完成。按照“发展文化产业、整体对外出租”的思路，制定了邓园建筑群对外出租招商方案，进入公开招商环节。

【住房管理服务保障】加快办理部分住宅产权证，完成了符合条件的通渭路高层住宅楼个人产权证发放和未领取预收办证款结余款项住户的退款工作。做好指定范围服务对象的住房服务保障工作，定期召开公安、物业、房管部门联席会议，强化小区安全管理，强力做好整改，努力提高服务保障水平。努力提高普通住宅管理水准，组建物业公司，在宁卧庄小区率先开展物业化服务。加强应急维修改造，先后对山字石小区供水管道、旧大路和一只船小区水电暖管道、宁卧庄小区配电室等进行了应急抢修维修，保障了住户基本生活。实施住宅安全管理工程，认真落实24小时值班制度，定期对设备设施进行安全运行检查，有效保障了住宅小区的安全和平稳运行。

【协会工作】召开了贯彻落实十八届三中全会精神和两个条例推进节约型机关建设暨协会二届四次理事会议、全省市州机关后勤第十次联席会议，对贯彻落实《机关事务管理条例》、《党政机关厉行节约反对浪费条例》进行了安排部署。加强驻省会城市办事机构管理，按照国管局要求，配合省政府驻京办开展了各地政府驻北京办事机构的核查清理工作，向各市州、省直部门下发了各级各部门驻省会城市办事机构情况调查的通知，集中汇总了全省驻外办事机构基本情况。

（刘馨蔚）

人民生活

城镇居民

2014年是甘肃发展进程中不同寻常、较为特殊的一年，在新常态下，面临错综复杂的国际国内经济形势和经济增长下行的巨大压力，肩负繁重的改革发展任务，全省上下团结一心，顶住压力，克难进取，关注民生，城镇居民人均可支配收入跃上两万元大关。

【城镇居民收入】2014年，全省城镇居民人均可支配收入达到20804.0元，比上年增长9.7%。

工资性收入稳步提高。全省城镇居民工资性收入14489.4元，比上年增长8.7%，拉动可支配收入增长5.5个百分点，对可支配收入增长的贡献率为63.1%。工资性收入增长的主要原因：一是部分市县继续发放“科学发展业绩考核奖”和“机关事业单位工作人员应休未休假补贴”；二是全省最低工资标准上调，调整后的全省一类、二类、三类、四类地区，月最低工资标准均达到1200元以上；三是机关事业单位工作人员正常晋升并兑现职务工资；四是提高高温补贴发放标准、延长发放时间；五是调高了全省机关事业单位职工冬季取暖费补贴标准。

经营性收入大幅增长。全省城镇居民经营性收入1488.3元，比上年增长14.3%，高于城镇居民人均可支配收入4.6个百分点，在四大项收入中涨幅最快，贡献率最高。主要得益于政府加大对小微企业发展的扶持力度，出台一系列税收优惠政策，为小微企业发展降门槛、除障碍。实施取消注册资本限制、取消企业年检制、取消执照地址限制等政策以来，一定程度上刺激就业并拉动经营性收入增长，非公经济发展速度明显加快，带动作用日益增强。

财产性收入快速增长。全省城镇居民财产性收入406.2元，比上年增长11.3%，高于城镇居民人均可支配收入1.6个百分点，拉动可支配收入增长0.3个百分点，对可支配收入增长的贡献率2.2%。近年来，城镇居民收入水平不断提高，家庭财产存量不断增加，理财投资意识逐步增强，加之受到央行降息、股市升温等多重因素影响，红利收入增长79.7%，极大地拉动了城镇居民财产性收入增长。同时租赁市场不断发展，投资渠道日益广泛，租金收入成为另一大收入来源，出租机械、专利、版权收入大幅增长。

转移性收入平稳增长。全省城镇居民转移性收入5668.5元，比上年增长10.0%，高于城镇居民人均可支配收入0.3个百分点，对可支配收入增长的贡献率28.1%。主要政策如下：一是调整全省城镇居民最低生活保障标准和补助水平，月人均补助水平提高15%；二是提高企业退休人员基本养老金水平；三是继续发放机关事业单位离退休人员高龄补贴；四是上调全省城镇居民医保财政补助标准；五是调整企业伤残人员伤残津贴、生活护理费和工亡职工供养亲属抚恤金水平。

【生活消费】2014年，全省城镇居民人均消费支出达到15507.0元，比上年增长10.6%。在收入增长的拉动作用下，八大类消费全面增长，居民消费总体从追求数量型向追求质量型转变，从生存资料支出向发展资料、享受资料支出转变。

基本生活性消费增长较快。基本生活性消费中，居住消费支出增速最快，达到11.6%，比上年增加184.5元。住房私有化以及物业管理的社会化，使居住类消费成为居民的重要开支；食品消费支出增速次之，为10.6%，比上年增加548.6元。随着城镇居民生活水平的不断提高，人们在饮食上更加注重食品的科学性、营养性及多样性，豆类、干鲜瓜果类、糖果糕点类增势明显，分别增长27.9%、25.1%、24.6%；衣着消费支出也快速增长，为10.2%，比上年增加177.7元，居民衣着消费逐渐从经济实惠型向品牌化和个性化转变。

服务性消费增势明显。城镇居民生活用品及服务支出1122.1元，增长19.4%，在八大类消费中增长最快。快节奏的生活，打破了长期以来封闭式自我服务的消费模式，家庭服务成为居民消费新热点；其他用品和服务支出449.6元，增长10.6%。主要是由于近年来金价一路下跌，各类黄金饰品消费升温。同时居民消费观念逐渐改变，追求高标准、享受型的生活方式已成为普遍现象，美容美发等杂项消费不断增加。

发展性消费稳步增长。一是城镇居民交通通信支出1649.3元，增长9.7%。近年来，全省道路交通建设、通信事业快速发展，家用汽车和通信设备逐渐普及，有效促进相关费用不断增加；二是城镇居民教育文化娱乐支出1680.2元，增长8.6%，随着城市经济的日益发展，知识的快速更新，要求人们不断提高自身的文化素质，人们也越来越重视对教育的投入；三是医疗保健支出1188.8元，增长6.4%。国家严控初见成效，医疗服务费用下降11.2%，提高了居民的消费预期和消费信心，进而刺激消费需求增长。

（张文芳　堵绍彤）

农村居民

【农村居民收入】2014年，甘肃认真贯彻中央和省委、省政府对“三农”工作的重大决策部署，按照稳定政策、改革创新、持续发展的总要求，坚持以保障和改善民生为抓手，不断增进农民福祉，农村居民的收入来源日益多元化，生活质量稳步提高。2014年，全省农村居民人均纯收入为5736元，比上年增长12.3%。

务工收入增加，工资性收入的主导地位逐渐巩固。随着非农就业比重的提高，以及工资水平的较快上涨，农村居民工资性收入为2485.1元，比上年增长12.8%，占纯收入的43%，所占比重继续提高，工资性收入的主导地位进一步巩固。一是农村劳动力输出方式、薪酬标准有所变化。近年来，全省经济发展形势良好，本地用工需求有所增加，多数企业提高了工资水平，农民务工积极性高涨，农村富余劳动力可以选择在本村附近打工，使农民务工环境进一步扩大，收入增长明显。同时，年底各部门联合开展了农民工工资支付情况大排查活动，使农民工被拖欠工资及时得到发放，确保了工资性收入的增长。二是乡村公职人员收入不断增加。近年来，全省连续出台增资政策，使乡村干部、乡村教师工资标准都有很大幅度的提高，同时，各类补贴政策涉及面变广，充分惠及乡村公职人员、乡村教师等低收入群体。三是高度重视劳动力培训，为扩大创业、就业铺平了道路。近年来，全省各级政府把劳动力的培训和素质提升作为扶贫的根本性举措来抓，统筹实施“三支一扶”、“进村进社”、“大学生村官”、“特岗教师”、“西部计划”等基层服务项目，使大量农村居民得到了短期技能培训，就业门路不断拓宽，拉动了收入的增长。

农业稳定发展，家庭经营增收渠道有所拓宽 。2014年，甘肃农村居民家庭经营现金收入为2455.9元，比上年增长10.1%。其中，第一产业家庭经营现金收入增长4.7%，第二产业家庭经营现金收入增长79.9%，第三产业家庭经营现金收入增长39.4%。一是粮食增收，拉动第一产业收入平稳增长。近年来，全省加大科技增粮的实施力度，充分挖掘科技增产潜力，注重集成技术创新，大力推广小麦全膜覆土穴播技术、玉米全膜双垄沟播技术，为粮食稳定增产提供了重要保障。2014年，全省粮食继续增收，实现“十一连丰”，人均农业收入增长6.2%。二是特色农业产销两旺，凸显优势。全省各类特色产业出现产销两旺的良好势头，以苹果产业为例，在2014年全国产量减少，收购价格上涨的情况下，全省产区果农销售收入大幅增加。同时，进入年底，全省经济作物销售势头回暖，蔬菜价格小幅上涨，并随着天气转冷，蔬菜产量减少，价格继续攀升，带动了农户收益的增加。三是非公经济迅速发展，带动第三产业收入增加。随着甘肃市场全面开放，非公经济受政策支持，发展势头强劲，在大力落实国家各项优惠政策的基础上，甘肃相继出台许多支持农民自主经营、创业发展的优惠政策，激发了农民创业积极性，批发零售、小型住宿餐饮、租赁、服务业等市场空前活跃。2014年，全省农村居民批发和零售业收入增长53.7%，成为推动家庭经营收入增长的最直接因素；交通运输和仓储和邮政业增长30.7%。

土地管理趋于科学规范，财产性收入多样化。全省农村居民人均财产性收入为166.5元，比上年增长25.3%，其中转让土地经营权租金净收入增长87.3%，是财产净收入稳步增长的主力。主要原因是近年土地流转规模不断扩大，管理进一步规范，特别是随着全省“设施农牧业+特色林果业”主体生产模式的强力推进，设施农牧业的集中连片建设，鼓励土地承包经营权向专业大户、家庭农场、合作社、农业企业流转，为农民财产性收入增添了新的来源，带动农民财产性收入快速增加。另外，红利收入、闲置房屋出租收入、出租机械等收入都为财产性收入的增长起到了助推作用。

保障措施涉及面变广，转移性收入增长稳定。随着城乡一体化进程的推进，政府加大了对农村居民的财政转移支付力度，财政补贴支出逐年增长，养老、低保等社会保障标准持续提高，各级财政对农民的粮食直补、农资综合补贴、良种补贴、农机购置补贴等均已及时发放到位，同时，2014年人均基本公共卫生服务经费补助标准有所提高；涉农专业学生、经济困难学生学费标准降低等政策补贴都为农村居民转移性收入的持续增长提供了支撑。2014年，全省农村居民人均转移性收入为628.6元，增长16.3%。

【**生活消费**】农村居民消费能力逐步增强，生活质量不断提升。2014年，全省农村居民人均生活消费支出达到5272元，比上年增长8.7%。

饮食观念更新，食品消费结构优化。全省农村居民人均食品烟酒消费支出比上年增长10.1%。食品类增长2.5%，其中，肉类、禽类、干鲜瓜果类的消费支出增长较多，分别增长20.8%、23.1%和21.8%。人均蛋类、奶类消费支出分别增长14.3%和14.8%；谷物类下降8%；薯类下降21.6%。膳食结构继续向营养、科学型发展。同时，随着生活水平的提高和消费观念的改变，农村居民饮食服务增长38.4%，其中其他在外饮食支出增长45.3%。

住房条件改善，居住消费加快。随着收入水平的提高，农户改善居住条件的需求迅速增加，农村居民居住消费支出增长11.2%，其中住房维修及管理支出增长14.1%，反映出农村居民注重生活环境、提高生活质量意愿积极明显。

信息产品广泛普及，交通和通信更加便捷。近几年，随着收入水平的进一步提高和乡村道路的不断改善，农村居民用于改善交通工具的支出继续呈快速增长态势，拥有汽车的家庭户数也不断增加，摩托车在农村迅速普及，拉动了农村居民对交通工具的消费需求。2014年，全省农村居民人均交通通信消费支出比上年增长4.8%。其中，交通费支出增长14.8%，交通工具使用及维修支出增长7.5%。科技的发展日新月异，互联网设备、移动通信工具已在农村广泛普及，通信类支出增长17.4%，其中通信工具和通信服务分别增长5.6%和22.7%。

教育负担减轻，文化生活质量不断提升。近年来，随着减免农村义务教育学杂费，以及对农村义务教育阶段贫困家庭学生“两免一补”政策的实施，农村居民的学杂费支出持续减少，负担减轻，增速放缓。2014年，全省农村居民人均文化教育娱乐服务支出比上年增长12.8%。外出旅游、休闲娱乐逐步成为全省农村居民生活新时尚，文化娱乐支出增长15.4%，文化娱乐服务增长23.3%。

新农合逐渐普及，医疗保健支出相对稳定。随着生活质量的提高，农村新型合作医疗体系不断完善，农村医保覆盖面不断扩大，使越来越多的农民受惠，健康保健问题也成为农民关注的重点。2014年，全省农村居民人均医疗保健消费支出增长3.2%。

（陆柳亨）

人力资源和社会保障

【**就业情况**】2014年，全省城镇新增就业43.5万人，比上年增长0.2%；高校毕业生平均就业率89.5%，比上年提高1.3个百分点；全省城镇登记失业率2.19%，全省就业形势稳中有升。

全省共组织开展各类职业技能培训110.1万人，其中：就业技能培训36.7万人，当期实现就业28.4万人，就业率77.4%；创业培训5万人，当期成功创业3.8万人，创业率76%；岗位技能提升培训1.7万人；劳务技能培训66.7万人。全省共开展职业技能鉴定35.56万人，比上年增长15.04%，获证32.82万人，获证率92.3%。完成城乡居民职业技能培训民生实事任务。开展短期劳务品牌培训4万人，城乡“两后生”职业技能学历教育培训22万人。实施省级农村创业和技能带头人示范性培训。甘肃省人力资源和社会保障厅自筹资金，在全省75个贫困县举办农村创业和技能带头人示范性培训班450期，培训农村创业和技能带头人4.5万人，其中3.6万人获得职业资格证书，当期实现输转2.8万人。开展职业技能培训鉴定维权上门服务。省市联合组建专门工作小组，先后赴山东等10个省市甘肃籍务工人员较为集中的重点企业和园区开展职业技能培训鉴定上门服务。全年累计上门服务19.25万人，获证17.9万人，获证率93%。加强职业培训基础建设。全省新增国家级高技能人才培训基地3个、省级高技能人才培训基地2个、国家级技能大师工作室4个、省级技能大师工作室4个，中央及省级财政共投入补贴资金2022万元。

统筹实施高校毕业生民生实事工程和各类基层服务项目。通过统一考试选聘8000名高校毕业生到基层教育、卫生、农牧、社保、文化、旅游等事业岗位服务；通过双向选择引导2000名城乡低保家庭和就业困难毕业生到市县所属企业服务；选拔7999名高校毕业生到基层服务。深入实施离校未就业高校毕业生就业促进计划，全省实名登记应届离校未就业高校毕业生86747人，已实现就业75713人；发放求职补贴，会同省财政、教育等部门，共向省内43所高校的9145名毕业生每人一次性发放求职补贴1000元（其中，低保家庭毕业生9019人，残疾毕业生126人）。

深入落实各项积极就业政策。全省共支出就业资金16.97亿元（含小额担保贷款贴息4.41亿元），共有57.14万人次享受职业培训、社会保险和公益性岗位等补贴；积极开展就业援助活动，共帮助15.8万名失业人员和5.2万名就业困难人员实现就业；共帮助2380户零就业家庭中的2621人实现就业。2014年12月末，全省企业岗位用工总数345822个，与2013年12月末相比，净减少岗位用工8089个，岗位用工流失率2.29%，企业用工总体稳定。

加强就业创业服务平台建设，新审批认定省级创业孵化示范基地（园区）25个，其中甘肃联创科技孵化园股份有限公司被认定为国家级创业孵化示范基地。继续开展创业型城市创建活动，白银、张掖、平凉、金昌4市和陇西、临洮2县通过省级创建创业型城市评估验收。积极推动创业项目库和创业专家库建设，累计收集创业项目2463个，入库专家462人。开通了甘肃就业网和甘肃就业微信公众服务平台，为各类就业创业者提供便捷服务。加大资金支持力度，全年新发放小额担保贷款49.52亿元，共吸纳带动就业21.1万人，其中吸纳安置下岗失业人员8503人。通过加强政策引导，优化创业环境，放宽市场准入，全省市场主体首次突破100万户，达到111.2万户，新增19.27万户，比上年增长20.96%。

深化省际劳务合作及区域协作，努力提高劳务输转的组织化程度和服务保障能力，累计与16个省市区签订劳务合作协议。全省共输转城乡富余劳动力538.6万人，其中省外输转232.4万人（含境外就业2.2万人），占43.1%，省内输转306.2万人，占56.9%；创劳务收入815.6亿元，比上年增长15.1%。

【**社会保障体系**】不断扩大社会保障覆盖面。全省五项社会保险参保1410.78万人次，综合参保率95.57%，其中：城镇职工基本养老保险参保298.76万人，参保率99.95%；城镇基本医疗保险参保630.88万人，参保率97.96%；失业保险参保162.35万人，参保率90.05%；工伤保险参保175.13万人，参保率98.16%；生育保险参保143.66万人，参保率80.53%。城乡居民基本养老保险参保1240.13万人，参保率97.17%。社会保险基金累计结余586亿元。

稳步提高社会保障待遇水平。全省企业退休人员基本养老金、失业保险金、企业工伤人员伤残津贴月人均增幅10%。城乡居民社会养老保险基础养老金达到每人每月65元；城镇居民基本医疗保险政府补助标准由280元提高到320元，全省城镇职工和居民医保住院医疗费政策范围内报销比例平均达到81%和70%，结合大额医疗补助，最高支付限额平均达到22.37万元和8万元。

积极健全社会保障政策体系。启动全省机关事业单位养老保险制度改革，研究制定《甘肃省城乡居民基本养老保险实施办法》和《甘肃省工伤保险基金省级统筹办法》，积极推进工伤保险省级统筹，制定出台了《甘肃省工伤康复管理暂行办法》、《关于进一步加强工伤认定工作的通知》，全省工伤康复、停工留薪期、辅助器具配置等工作进一步规范，工伤预防和工伤康复试点工作有序推进。全省共有13个统筹地区城镇基本医疗保险住院医疗费用实现直接结算，80%以上统筹地区门诊大病、个人账户门(急)诊等医疗费用实现直接结算。积极推进异地就医结算服务、城乡居民大病保险试点和医疗保险城乡统筹试点工作，1市4县区基本实现了城乡一体化管理。

【人事人才工作】全面完成943名领军人才任期考核，组织开展领军人才补选工作。实施国家"新世纪百千万人才工程"、国务院"政府特殊津贴"和"全国杰出专业技术人才和先进集体"评审推荐工作。制定出台《关于支持兰州新区引进高层次人才政策的意见》。积极推进专项人才开发配置计划实施工作。全年共争取实施国家留学人员及博士后资助项目67项，资助金额486万元。完成人社部"甘肃国家生态屏障综合试验区祁连山生态保护海外赤子科技智力行项目"的组织实施工作。中国兰州留学人员创业园新增孵化企业16家，引进博士以上海外高层次人才21人。全省新增博士后科研流动站5个，累计达到80个。全省共有16人入选国家"千人计划"特聘专家。

组织实施了2014年度全省考试录用公务员、高速交警系统人民警察及基层政法机关定向培养招录工作。制定出台《甘肃省省直机关公开遴选公务员实施细则(试行)》和《甘肃省适当降低艰苦边远地区基层单位公务员考录报考条件办法(试行)》。全面完成2013年度公务员定期考核工作。对全省各级政府工作部门所属参照公务员法管理事业单位进行全面清理。深入开展公务员四类培训，全省公务员远程网络培训平台顺利建成使用，组织开展以"诚信教育"为主题的远程网络培训，全省参训率98%。

出台了《关于进一步完善事业单位人事管理服务工作的意见》，组织开展事业单位公开招聘突出问题专项整治行动，对市州事业单位人事制度改革和人事管理工作进行检查评估。全省共有30582个事业单位实行聘用制，已完成核准备案岗位658111个，推行聘用制的单位和签订聘用合同的人员均达到99%。

县以下机关公务员职务与职级并行制度试点工作圆满完成并通过国家验收，顺利完成全省机关事业单位工作人员正常晋升工资工作和工人技术等级考核工作。核定省属其他事业单位绩效工资，2013、2014年绩效工资和离退休补贴全部兑现补发到位。调整提高全省机关事业单位工作人员及离退休人员取暖费补贴标准和津补贴标准。

制定《甘肃省乡村医生职称评定办法(试行)》、《甘肃省职业院校"双师型"教师职称评审实施办法》和《甘肃省关于进一步拓展文化艺术人才职称评审意见》。研究制定甘肃省引进急需紧缺人才职称评审职称资格的绿色通道。完善基层一线企业、节能环保专业、陇药开发专业、新闻出版藏语专业人员职称评审办法，拓展民营企业人员申报和评审渠道。与业务主管部门协作，调整修订7个专业高级量化评审条件。组织开展正高级工程师资格评审，评审通过155人。

全年共执行引进国外经济技术管理类项目53项，引进国外专家及专家组织负责人173人次；引进外国文教类项目20项，共获资助261.3万元；出国境培训项目14项，派出培训186人次；共受理办结各种外国人工作证件371件；来甘工作外国人451人次。在甘工作的4位外国专家荣获2014年"敦煌奖"、1名荣获国家"友谊奖"。

全面完成中央下达甘肃省510人的军转安置任务，其中计划安置297人、自主择业213人。按时完成全省3000多名自主择业军转干部退役金核算发放工作，调整提高2014年企业军转干部生活困难补助标准，平均每人每月增加360元。圆满完成第六次全国军转表彰评选推荐工作，甘肃省3名模范军转干部、2个军转安置工作先进单位、2名先进军转工作者受到全国表彰。

【城镇居民增收】研究制定《2014年全省城镇居民增收实施方案》，下发《关于切实抓好政策措施落实促进城镇居民收入持续稳定增长的通知》。会同省国资、妇联、团委、工商等部门对各市州、部分省属国有企业城镇居民增收政策措施落实情况进行督查调研，破解城镇居民增收难题。2014年，全省共落实增收政策措施16项，其中争取国家政策支持1项。全省城镇居民人均可支配收入20804元，增长9.7%。

【劳动关系】2014年，全省共检查用人单位4.13万户，涉及劳动者110.36万人，查结投诉举报案件9812件，结案率98%，补签劳动合同10.55万人，追发劳动者工资等待遇6.52亿元，督促参保缴费3953万元。有序推进农民工工资支付专项检查活动，共为4.33万名农民工追缴拖欠工资1.93亿元，清欠比例达到91%。全省劳动合同签订率93%。全省劳动人事争议案件结案率98.3%。

从2014年4月1日起调整全省最低工资标准，各类区最低工资标准平均上调14.9%。调整发布全省在岗职工工资增长调控目标，2014年度企业在岗职工工资增长上线为18%，基准线为14%，下线为6%。对企业和个体经济组织1997年以来执行的夏季高温津贴标准进行调整，室内和室外作业人员标准分别提高478%和335%，执行时间由3个月延长为4个月，差额拨款和自收自支事业单位参照执行。加强对劳务派遣和企业用工的规范指导，经营劳务派遣的单位由实施行政许可前的1100多家降至123家。推进劳动人事仲裁实体化建设，市州劳动人事争议仲裁院组建率达到86%，县区组建率达到52%。

【综合基础工作】全省"大就业"信息系统完成试运行；"五险合一"社会保险信息系统建设加快推进，编制全省建设工作方案、数据采集方案和采集办法《需求规格说明书》；全省发放社保卡704.4万张。完善优化全省城乡居民社会养老保险信息系统。加快推进基层平台项目建设，全年共实施12个县级、42个乡镇就业和社会保障服务中心建设项目，共争取中央和省级基建投资9272万元；新争取2014年中央财政补助地方人力资源市场信息网络系统建设项目1个，每个中央财政补助资金150万元。

全面落实党风廉政建设主体责任，制定出台实施意见，明确责任定位和职责分工，完善领导体制工作机制。

加快推进电子监察系统建设，排查廉政风险点，构建严密的廉政风险防控体系。继续严格落实中央“八项规定”和省委“双十条”规定，紧盯节点，持续加压，强化问责，认真督查，严肃开展专项整治活动，持之以恒纠正“四风”。按照人社部统一部署，在全省人社系统直接服务群众的12个方面近3000个窗口深入开展改进作风专项行动，持续开展效能风暴行动和民主评议工作，扎实开展不作为、慢作为专项整治，大力转变机关作风。

2014年，坚持把落实甘肃省委“联村联户，为民富民”行动与群众路线教育整改相结合，与全面深化改革相结合，与实施“1236”扶贫攻坚行动相结合，与创新社会管理相结合，与业务工作相结合，加大项目资金投入力度，自筹产业项目发展资金240余万元，整合项目资源，争取有关部门支持项目资金1091万元，着力解决13个帮扶村的道路、饮水、教育、医疗等方面的主要困难和问题，帮助特困户改善生产生活条件，增加联系户农民收入，13个联系村农民人均纯收入平均增幅17.1%。

（王露泉）

地县概况

兰州市

【现任主要领导】
中共兰州市市委书记：虞海燕
兰州市人大常委会主任：牟少军
兰州市人民政府市长：袁占亭
政协兰州市委员会主席：王冰
中共兰州市纪律检查委员会
书记：张建平

【基本情况】兰州是甘肃省省会，位于祖国西部三大高原交汇处，是全省的政治、经济、文化中心。兰州地处黄河上游、甘肃省中部及我国陆域版图的几何中心，是西陇海兰新线经济带的重要支撑点和辐射源，也是新亚欧大陆桥通往中亚、西亚和欧洲的国际大通道和陆路口岸。总面积1.31万平方公里。市区东西黄河穿城而过，南北群山环抱，属中温带大陆性气候。2014年末，全市常住人口366.49万人，户籍总人口321.64万人，非农业人口200.99万人，共有汉、回、满、藏、东乡、裕固等56个民族。现辖永登、榆中、皋兰3县和城关、七里河、安宁、西固、红古5区，有24个乡、37个镇、53个街道办事处。

【资源优势】兰州境内已探明各类矿床156处、矿种35个，主要有黑色金属、有色金属、贵金属、稀土和能源矿产等9大类。贯穿市域的黄河及其支流湟水、大通河等，水资源丰富，水量稳定，且冬季不封冻，可满足城市工农业用水和生活用水。兰州是黄河上游最大的水电发电中心，是全国工业用电成本最低的城市之一。兰州也是闻名全国的“瓜果城”，素有“看景下杭州、品瓜上兰州”之说，其中白兰瓜、白粉桃、百合、玫瑰、黑瓜子等土特产久负盛名，享有“中国玫瑰之乡”、“兰州百合甲天下”等美誉。兰州牛肉拉面是中国十大面食之一，被称为“中国牛肉拉面之乡”。兰州的旅游资源有着广阔的开发前景。兰州有陇右第一名山兴隆山，国家级森林公园吐鲁沟、石佛沟、徐家山等自然风景区，现存有我国保存最为完好的土司衙门鲁土司衙门、“天下黄河第一桥”百年中山铁桥和黄河母亲雕塑、水车博览园、文溯阁《四库全书》以及五泉山、白塔山、百里黄河风情线等人文景观，是著名的避暑旅游胜地。

【国民经济】2014年，全市实现生产总值1913.5亿元，比上年增长10.4%。其中：第一产业增加值53.6亿元，增长6.3%；第二产业增加值829.2亿元，增长9.1%；第三产业增加值1030.7亿元，增长11.8%。三次产业结构比为2.80 ：43.34 ：53.86。完成固定资产投资额1610.68亿元，增长22.31%。实现社会消费品零售总额944.86亿元，增长12.7%。完成地区财政总收入467.5亿元，增长18.4%；公共财政预算收入152.33亿元，增长22.36%；公共财政预算支出280.14亿元，增长15.61%。

【“三农”工作】全年粮食总产量47.23万吨，比上年增产0.8%。其中，夏粮产量17.99万吨，增产2.61%；秋粮产量29.24万吨，减产0.3%。粮食作物种植面积12.77万公顷，减少0.31万公顷；蔬菜种植面积6.25万公顷，增加0.36万公顷，其中设施蔬菜种植面积0.74万公顷，增加0.07万公顷；中药材种植面积1.1万公顷，增加0.32万公顷。年末大牲畜存栏9.07万头（只），比上年末下降3.03%；牛存栏5.01万头，增长0.53%；羊存栏67.3万只，增长8.64%；猪存栏37.2万头，增长1.91%。牛、羊、猪出栏分别为0.82万头、28.68万只和36.18万头，分别比上年增长8.53%、10.16%和4.06%。主要经济作物中，蔬菜产量271.3万吨，增产7.84%，其中设施蔬菜产量44.12万吨，增产13.87%；中药材产量2.89万吨，增产70.39%；园林水果产量15.35万吨，增产5.93%。

【产业转型升级】大力扶持现代服务业发展，开展“电子商务发展年”活动，引进中国网库建设甘肃电商谷，淘宝“特色中国·甘肃馆”落户兰州，与阿里巴巴达成合作意向，建成三维商城等本土电商平台，跨境电子商务实现零的突破，电子商务交易额增长61.2%。瑞鑫、毅德、北龙口等大型物流园区加快建设。万达广场等城市综合体投入运营。民生银行兰州分行挂牌营业。促进文化与旅游融合发展，大兰山、仁寿山、河口古镇、青城古镇、金城公园、石佛沟等景区建设呈现新亮点，旅游收入达到268.64亿元，增长30.09%，实现文化产业增加值51.3亿元，增长25.5%。坚持传统产业改造和新兴产业培育两手抓，实施“3+7”工业倍增计划，打造石油化工、有色冶金、装备制造三大千亿产业链和电子信息、生物医药、新能源、环保、建材、烟草、食品及轻工七大百亿产业链，新建成工业项目117个，新增产值193亿元。兰石重装成功上市。8家企业入围全省战略性新兴产业骨干企业，新增高新技术企业10家。

【城市建设】完成城市六大出入口和黄河风情线规划设计。轨道交通1号线一期工程全线开工建设，累计完成投资76.65亿元。加快完善“139”路网体系，南山路29公里实现通车，北环路加快建设。天水路下穿读者大道和白银路上跨安定门十字工程竣工通车。新建人行过街天桥20座。深安黄河大桥建成通车。开通运营公共自行车租赁系统和黄河水上公交。实施81条道路单向通行，形成22组交通微循环。积极谋划城市长远供水问题，开工建设城市水源地项目。完成雁滩南河道排污口截流治理工程。开展黄河风情线综合整治，完成中山桥至体育公园治理改造。新增城市绿地232.25公顷。启动城区地下管网普查工作。实施大规模棚户区改造，申请国家开发银行授信额度212亿元，到位71.2亿元，新开工建设棚户区和保障性住房2.9万套。启动“智慧兰州”建设，开通三维服务网。

【人民生活】全市城镇居民人均可支配收入23030元，比上年增长10.9%；城镇居民人均消费性支出17236元，增长9.5%；城镇居民家庭恩格尔系数为35%。农村居民人均纯收入8067元，增长13.4%；农村居民人均生活消费支出7297元，增长18%；农村居民家庭恩格尔系数为37%。

【扶贫开发】扎实推进扶贫攻坚和“双联”行动，全年整合投入各类帮扶资金5.92亿元，实施项目941个。实施设施农业、肉羊产业、土地流转、环境整治“四个千万”扶持政策，新增设施农业1.1万亩、肉羊24万只、土地流转18万亩，建成10个省级、20个市级美丽乡村示范村和85个环境整洁村。集中推进榆中北山中药材产业发展，新增种植面积5万亩，累计达到18万亩。开展农民技能培训10万人次。建成596公里通村公路，建制村通畅率达到93.1%。建成20个新型农村集中居住区，完成危房改造5000户。解决农村10.91万人饮水安全问题。建成农村文化活动室100个、全民健身场地207个、“乡村舞台”310个、城乡老年人日间照料中心100个、标准化卫生室32个。

【环境保护】完成100万平方米未供暖建筑改造，治理改造城区剩余870蒸吨燃煤小锅炉，实施2108蒸吨燃气锅炉余热深度利用项目。完成231个工业深度治理项目。淘汰黄标车和老旧汽车6.4万辆。二氧化硫、氮氧化物、化学需氧量、氨氮减排量分别完成年度计划的201%、113%、445%和295%。大气环境质量明显改善，城区优良天数达到313天，比上年增加14天，优质天数增加11天，轻度以上污染天数减少10天，成为兰州有监测记录以来优良天数最多的一年。进入冬季供暖期的三个月，全市城乡居民呼吸系统疾病就诊病例和就医费用，同比分别下降8.16%和20.49%。

【社会保障】城乡居民基础养老金、城镇居民医疗保险财政补贴和企业离退休人员月平均养老金分别提高到85元、320元和1650元。城乡居民社会养老保险参保率96.8%，7.8万名完全失地农民纳入养老保险。城市低保补助五区每人每月由407元提高到468元，三县每人每月由306元提高到352元。农村低保每人每年由1920元提高到2210元，五保补助每人每年由2800元提高到3310元。启用新农合“一卡通”，新农合参合率达到98%，人均政府补助由290元提高到330元。发放住房公积金贷款32.56亿元，解决1.2万户家庭购房资金需求。全市参加城镇职工基本养老保险人数为66.16万人，比上年末增长10.41%；参加城镇职工基本医疗保险人数为84.45万人，增长2.69%；参加城镇居民医疗保险人数为106.84万人，增长3.11%；参加失业保险人数为57.27万人，下降0.16%；参加工伤保险人数为46.18万人，下降0.22%；参加生育保险人数为45.52万人，下降0.2%；城乡居民社会养老保险参保续保人数为74.05万人。

【社会事业】全年科技成果478项，比上年减少1项。获得奖励184项，比上年增加8项。专利申请受理4288件，比上年增长9.8%；授权专利2139件，增长9.0%；授予发明专利权589件，增长4.1%。全年共签订技术合同2605项，减少14.28%；技术合同成交金额37.95亿元，增长18.4%。研究生教育招生比上年增长2.39%，普通高等教育招生增长6.91%，中等职业教育招生下降13.47%，普通高中招生下降1.65%，初中学校招生下降1.77%，普通小学招生下降0.29%，幼儿园在园幼儿增长9.31%。全市共有文化馆9个（不含省级），公共图书馆8个（不含省级），广播和电视综合人口覆盖率分别为99.64%和99.70%，分别比上年提高0.25和0.3个百分点。有卫生机构2394个，其中医院、卫生院167个；医院、卫生院拥有床位2.27万张，比上年增长5.72%；卫生技术人员3.09万人，增长7.68%。

城关区

【现任主要领导】

中共城关区区委书记：王宏

城关区人大常委会主任：高星

城关区人民政府区长：张永财

政协城关区委员会主席：冯广宸

中共城关区纪律检查委员会

书记：杨斌宏

【基本情况】城关区位于兰州河谷盆地东部，处在黄河唯一穿城而过的省会城市核心区，也是全国唯一的省、市、区三级党政军机关集于一地的县区，是名副其实的政治、经济、军事中心与决策指挥中心。区域总面积222平方公里，建城区面积63平方公里。行政管辖24个街道和152个社区、18个行政村。全区常住人口130.11万人，区内有汉、回、满、蒙古、藏、维吾尔等47个民族。市区平均海拔1520米，四季分明，气候温和，年均气温11.2℃，无霜期180天以上，平均相对湿度56%，是适宜夏日消暑纳凉的理想之地。区内有五泉山公园、白塔山公园、徐家山国家森林公园、兰州碑林等多处自然人文景区，更有水车博览园、黄河铁桥、百里黄河风情线等黄河文化胜境，具有西部山河之城、水车之都、丝路明珠的美誉。区内有兰州大学、中科院兰州分院、中国航天科技集团公司510研究所、中国农科院兰州兽医研究所等著名科研院所124家，其中国家级科研单位14个；有各类科技专业人才20万人，两院院士14名。城关区文化底蕴深厚，丝路文化、黄河文化、伏羲文化、宗教文化在这里交汇融合，孕育出独具特色的地域文化。《读者》、《丝路花雨》、《大梦敦煌》、兰州太平鼓等一大批文化艺术成果不断走出金城，发展成长为世界级的文化艺术精品。

【国民经济】2014年，全区实现生产总值662.3亿元，比上年增长9.94%。其中：第一产业增加值1.75亿元，增长6.25%；第二产业增加值112.13亿元，增长7.98%；第三产业增加值548.41亿元，增长10.44%。三次产业结构由上年的0.27:19.17:80.56

调整为2014年的0.26:16.93:82.8。非公有制经济增加值389.85亿元，占生产总值的比重为58.86%。文化产业增加值达到32.17亿元，增长25.43%，占生产总值的比重为4.86%。年末金融机构人民币存款余额4145.46亿元，比上年增长15.92%；贷款余额2896.35亿元，增长29.38%。实现股票交易额增长23.8%，保费收入增长13.8%。

【人民生活】全区城镇居民人均可支配收入24249.65元，比上年增长11.4%；农村居民人均纯收入20919.58元，增长13.5%。城乡居民收入比为1:0.86。城镇居民家庭恩格尔系数为37.02%，农村居民家庭恩格尔系数为37.8%。城镇居民人均住房面积29.3平方米，农村居民人均居住面积51.62平方米。在岗职工平均工资为56668元，增长10.23%。

【社会保障】全年城镇新增就业4.63万人，再就业培训1.69万人，培训后再就业1.18万人。城镇登记失业率为1.77%。征缴基本养老保险基金7.26亿元，失业保险费0.24亿元，基本医疗保险基金2.32亿元，工伤保险费597万元，生育保险费689万元。被征地农民养老保险参保人数达到9668人，其中4879人按月享受基本养老金。参加基本养老保险的企业达到2610户，参加城镇基本养老保险人数达到85900人，参加基本养老保险离退休人员数达到32000人，基本养老金发放额达到5.63亿元，基本养老金按时足额发放率为100%。完成“五险合一”工程，医保定点医疗机构覆盖面达到80%以上。发放低保、临时救助、大病救助、困难大学生救助、困难群众慰问等各类救助金6956万元，救助困难群众19.3万余人次。制定出台《虚拟养老院工作方案》，启动虚拟养老院选址重建工程，建成日间照料中心5家；建成城关区重度残疾人托养服务中心，完成200户残疾人家庭无障碍设施改造，为179名残疾人提供了免费居家服务，实现重度贫困残疾人居家托养“全覆盖”，被国务院残工委表彰为“全国残疾人之家”。

【环境保护】注重源头治理，不断强化监管，水污染防治工作得到有效推进，地面水水质达标率达到了100%。对违反环保规定，超标排放废水的45家企业依法进行严肃处理。完成固定声源监测314家，完成施工工地监测31家，在38条主次干道布点监测交通噪声105个，有效监控噪声。对已建成的“环境噪声达标区”进行布点监测，共布点监测区域环境噪声101个，达到了国家二类区域声环境质量标准。对全区31家汽车4S店的危险废物处置情况进行了检查，确保集中处置率达到100%，工业固体废物处置率达到90%以上，放射性同位素与射线装置辐射安全许可证持证率达100%。对国电兰州热电有限公司1#、2#机组进行脱硝、除尘改造监督工作，消减硝排放量2464吨、消减烟尘排放量190吨。二氧化硫、二氧化氮污染物浓度、降尘量、可吸入颗粒物浓度控制在要求范围内。完成了全区声环境功能区划定与调整工作，区域环境平均值、交通干线平均值均控制在55分贝、70分贝以下。黄河城关段水质达标率稳定保持在100%。

【社会事业】全面落实《城关区科技企业发展引导资金管理使用办法》，建成小微科技企业融资平台，基金规模达到2000万元，帮助3家科技企业成功融资各500万元。全年推荐申报国家级项目16项，8个项目获得立项，争取扶持资金700余万元。甘肃省科技计划项目19项、兰州市科技计划项目73项。区列科技项目44项，项目扶持资金1415.7万元。投入6698万元，创建义务教育标准化学校34所。10所中小学改扩建工程竣工4所、完成主体4所、基础施工1所，准备开工1所。探索以租赁方式，新开办1所公办小学（宁卧庄小学文兴分校）。6所中小学厕所改造工程全部完工并投入使用。率先在全省启动多种模式办学改革，新组建3个教育发展联盟、10个教育发展协作体和10对帮扶学校，实现优质教育资源全覆盖。组织开展了“三下乡”活动、“在职党员进社区”文艺汇演，组织参加金鸡百花电影节“电影歌曲大家唱”活动，开展第九届金城社区艺术节城关区群众文化队伍展演暨评审定级活动，组织开展第九届金城社区艺术节“彩绘童年”少儿绘画大赛，创建了金城社区艺术节和春节民俗文化庙会两项文化品牌。建立了城关区声乐、舞蹈、美术、非物质文化遗产文化艺术人才库，在册专业人员46名。投入390.25万元，分别建成了10家预防接种数字化示范化门诊及7家用于慢性病防治的“社区健康小屋”。国家各类免疫规划疫苗接种率均达到95%以上。辖区98家社区卫生服务机构与省人民医院及5家省、市大医院签订了“公立医院对口支援社区及双向转诊协议”，建立了“双向转诊绿色通道”。打造了17家区级社区精品中医馆，并将兰州中医骨伤科医院骨伤科成功打造为省级重点专科，在医院设置了中医基层指导科，对基层医疗卫生机构开展中医药业务指导；在区人民医院成立了中医管理科，医院门诊设立了中医科和标准化中药房。组织开展各项青少年体育竞赛活动15项次，为省市体工队、体校输送青少年体育后备人才36名；先后在雁北街道大教梁社区、安乐村社区、甘肃文理学院、兰州资源环境学院等地为社区居民、教师、学生测试12次，完成国民体质检测3100人；先后举办社会体育指导员培训班2期，培训合格叁级社会体育指导员145名；30条全民健身路径陆续投入使用。

七里河区

【现任主要领导】

中共七里河区区委书记：石镜如

七里河区人大常委会主任：郑元平

七里河区人民政府区长：魏晋文

政协七里河区委员会主席：巴怀亮

中共七里河区纪律检查委员会

书记：张君明

【基本情况】七里河区位于兰州市中南部，东与城关区交界，东南和榆中县接壤，南靠临洮县，西邻西固区、永靖县，北濒黄河。东西长21公里，南北宽33公里，总面积397.25平方公里。主要有煤炭、石英石、坩土、石灰石、沙矿、路标石等矿产资源。黄河流经区内15公里，地表及地下水年经流量300多亿立方米。现辖9个街道、2个乡、4个镇。有汉族、回族、东乡族、满族等45个民族，2014年常住人口57.04万人，人口密度每平方千米1436人。拥有独立科研和技术开发机构10个。西北最大的铁路货运编组站建在区内，312国道横贯东西，陇海、兰新、兰青、包兰铁路干线和甘川、宝兰等28条公路穿境而过，电信通讯、电视差转、金融、财税、商业住宅等各种服务功能齐全。

【国民经济】2014年，全区实现生产总值360.26亿元，比上年增长11.69%。其中：第一产业增加值4.89亿元，增长6.35%；第二产业增加值184.72亿元，增长11.03%；第三产业增加值170.65亿元，增长12.64%。完成公共财政预算收入11.22亿元，增长30.17%。完成全社会固定资产投资206亿元，增长16%。完成社会消费品零售总额166.6亿元，增长12.5%。

【“三农”工作】围绕三大水利灌区，培育核心蔬菜生产示范区，蔬菜种植面积13.2万亩，蔬菜产量23.6万吨。后山以冷凉型蔬菜种植为主；中部以精细特菜种植为主；近郊以特色品种种植为主，建立了八里镇芹菜、胡萝卜基地，黄峪乡绿萝卜基地，彭家坪镇花椰菜、西红柿基地。推广全膜双垄覆盖沟播栽培面积3.02万亩。新增设施农业1011亩，其中日光温室211亩、塑料大棚800亩。畜禽饲养量达到47.79万头只；肉、蛋、奶产量3.15万吨。以奶牛、小尾寒羊、肉鸡为主的规模养殖户达到562户，百合、牛奶的农产品加工量达到18.9万吨，产值达到4.1亿元。新发展农民专业合作社38家，新增农村土地流转面积2118亩。改造农村危房380户，建设乡村道路58条、86公里，农村公路养护里程达到217.96公里。实施人畜饮水和节灌配套等8个水利工程，解决了9个行政村、1.4万人安全饮水问题，新增有效灌溉面积600亩。在南出口6个村和水磨沟沿线10个村开展环境卫生连片整治，在全区所有行政村建立环境卫生长效治理机制。

【项目建设】全区共实施各类建设项目206个，其中投资过亿元的项目116个、10亿元以上的项目15个。新签招商引资项目101个，开工建设97个，引进到位资金280.05亿元；为兰州新区引进项目7个，引进到位资金6.2亿元。总投资61亿元的兰州国际商贸中心、总投资35亿元的天源一号、总投资35亿元的银滩金茂广场、总投资5.18亿元的三维数字推广中心等4个市列重大项目累计完成投资52.78亿元。30个区级重点项目已开工建设24个，累计完成投资49.87亿元。

【优势产业】大力调整种养殖结构，百合种植面积5.26万亩，产量达到254万公斤，推广双垄沟播面积3.02万亩，新增日光温室211亩、塑料大棚800亩，以奶牛、小尾寒羊、肉鸡为主的规模养殖户达到562户，特色产业收入占后山农民人均纯收入的70%以上。全区以百合、蔬菜、养殖为主的农业产业化经济组织达到439个，带动全区农民人均增收1500元以上。按照石佛沟国家森林生态公园旅游总体规划，全力加快基础设施建设，石佛沟游客服务中心已建成，新建人行步道700米，将军沟3条道路和大沟600米河道治理已完工，石佛沟、烂泥沟与兰阿公路的连接大道已开工建设。制作完成石佛沟旅游宣传片，成功举办石佛沟旅游推介会和第19届石佛沟“花儿会”。黄河母亲主题文化公园、华夏文明收藏文化博览园、黄河楼等10个文化旅游项目已完成前期手续办理。全年旅游接待人数443.8万人次，旅游总收入达到35.07亿元。

【人民生活】全区城镇居民可支配收入22157.29元，比上年增长11.3%，人均消费性支出16084.47元，增长6.52%，城镇居民家庭恩格尔系数为36.27%，比上年提高0.95个百分点。农民人均纯收入12296.84元，增长13.6%，人均生活消费性支出7732.1元，增长9.29%，农村居民家庭恩格尔系数为37.56%，比上年降低2.69个百分点。

【扶贫开发】整合投入各类资金1.73亿元，加快贫困村基础设施和公共服务设施建设，加大农民工劳务技能培训和劳务输转力度，扶持贫困村种养殖基地建设，21个贫困村全部实现脱贫，当年减少贫困人口8017人，人均纯收入达到7500元以上。

【环境保护】投资7430万元，改造26万平方米未供暖楼院设施。完成3个集贸市场供暖煤改电，拆除改造58处燃煤茶浴炉。继续实行扁平化网格管理“十百千”（由十名县级领导包网、百个区级部门进格、千名干部抓点）行动，形成大气污染综合治理扁平化网格管理常态格局。落实施工工地“六个百分百”（施工工地周边100%围挡，物料堆放100%覆盖，出入车辆100%冲洗，工现场地面100%硬化，拆迁工地100%湿法作业，渣土车辆100%密闭运输）和道路抑尘措施，加强二次扬尘管控，加大煤炭市场整顿，全市空气质量优良天数达到313天。新增经费2000余万元，增聘环卫作业人员700人，强化环卫作业队伍。新增投资5000万元，购置环卫作业车辆83台。开展文明志愿服务活动，实施“周末大扫除”和城乡结合部、铁路沿线、背街小巷、“三不管”楼院、集贸市场、排洪沟等六大整治工程。

【社会保障】新增小额担保贷款6572万元，带动就业1886人。新增城镇就业2.27万人，城镇登记失业率控制在2.6%以内。完成劳务输转2.1万人次，创劳务收入3.83亿元。城乡居民基本养老金补助标准提高40%，低保标准提高15%，医疗救助比例提高20%，公益性岗位最低工资标准每月提高150元，新型农村合作医疗补助标准每人提高40元，城乡居民社会养老保险参保率达99.45%，新型农村合作医疗参合率达99.68%。为城乡13.1万户次、29万人次，发放低保金7770.59万元。为五保户262人，发放供养金88.3万元。为重大疾病困难人员2084人，发放救助金1085.84万元。为残疾军人、老复员军人等发放优抚金486.8万元。新建4个社区老人日间照料中心、7个农村养老互助幸福院。已建成保障性住房1792套，新开工2420套，发放廉租房补贴667万元，享受补贴家庭达到4121户。

【社会事业】投资1400余万元，完成1所薄弱学校改造和19所学校配套设施建设。建成34所市级标准化学校和38所区级标准化学校。九年义务教育巩固率达到100%，高中阶段毛入学率达到99.1%。全社会科研经费支出8.2亿元，占生产总值的比重达到2.1%以上。新建1个乡镇体育健身中心和11条全民健身路径。完成2014兰州国际马拉松赛各项任务，成功举办第三届兰州百合文化旅游节、第十一届“百合之声”群众演唱会等活动。建成8所村级卫生所，为6个乡镇311个村组发放健康工具包1.8万套。取缔非法食品加工窝点13处，查处食品药品违法违规案件120起、产品质量案件32起。全年化解信访积案77件，排查化解各类矛盾纠纷4828件，进京非正常访、赴省集体访、赴市集体访和走访人数全面下降。破获刑事案件1954起，摧毁各类犯罪团伙19个，打击处理违法犯罪分子3519人；破获涉毒案件181起，缴获毒品20.1千克；破获各类经济案件159起，挽回经济损失1473.35万元。

西固区

【现任主要领导】

中共西固区区委书记：张国一

西固区人大常委会主任：王习军

西固区人民政府区长：钱承文

政协西固区委员会主席：周建湖

中共西固区纪律检查委员会

书记：杜书林

【基本情况】西固区位于甘肃中部，东南与七里河区和永靖县相邻，西北与红古区和永登县接壤，东北一部分与安宁区接壤，一部分以黄河为界，与安宁区隔河相望。东西长约31公里，南北宽约29公里，区域面积385.02平方公里。地势西南高，东北低，南北两山向河谷川区倾斜，海拔在1500米至2000米之间。西固城距兰州市中心约20公里。兰青、兰新铁路、公路均交汇于此，兰海高速贯穿于境，省道、区乡公路四通八达，交通十分便利。西固区是国家“一五”期间重点投资新建的大型石油化工基地之一，素有“西部石化明珠”之称。全区共有人口32.25万人，其中城镇人口26.6万人，由汉、回、满、蒙古、藏等27个民族。现辖4乡、2镇、9个街道。

【国民经济】2014年，全区实现生产总值292.96亿元，比上年增长1.58%。其中：第一产业增加值3.93亿元，增长6.75%；第二产业增加值193.25亿元，下降2.8%；第三产业增加值95.78亿元，增长12.54%。完成全社会固定资产投资201亿元，增长14%；实现社会消费品零售总额99.3亿元，增长12.3%；完成公共财政预算收入8.46亿元，增长28.8%。农民人均纯收入13014元，增长13.5%；城镇居民人均可支配收入25502元，增长11%。

【项目建设】全年征收土地3510亩、完成拆迁41万平方米，兰西铁苑棚户区改造、自流沟区域整治等76个项目顺利推进。兰州国际港务区总体规划和一期建设规划编制完成，东川铁路货运中心主线基本贯通，铁路集装箱中心站即将启动征地拆迁，谋划多年的西行线拓建改造工程启动建设。持续加强区内路网建设，完成了西固东西路、9#路改造，整治维修城区规划道路7条、6.1万平方米，西固城环形天桥基本建成，范坪路、寺柳公路和S070#路建设顺利实施。投资1.14亿元，完成金城公园和西固体育场改造。全年引进到位资金217亿元，项目当年开工率、资金到位率分别达75%和33%。

【优势产业】大力发展商贸物流业，引进实施28项投资亿元以上支撑项目，西港物流园、天毅汽车城等项目开工建设，鑫港、霖磊、甘肃物产三大物流园二期工程建设顺利推进。积极探索电子商务发展，空中易购西固公司等本土企业启动网售业务。着力开发沿黄文化旅游资源，对达川、河口文化旅游产业发展进行策划设计，编制《达川三江口城乡一体化总体规划》、《河口古镇文化旅游产业发展规划》和《十里黄河金岸规划》；投资5000万元，完成河口古镇修缮保护核心区建设。全年流转土地4000亩，启动实施2个千亩设施蔬菜基地建设，带动新增设施农业1100亩；建成10个千只规模、1个万只规模肉羊饲养基地，新增规模养殖场（户）20户。

【环境保护】持续开展市容环境整治大会战，清运铁路沿线、河洪道垃圾5万方，彻底清除较大脏源点100余处；投资6000余万元，新建、购置了一批环卫专业设施装备，城区机扫率达到75%。加大联合执法力度，依法拆除违法建设4.4万平方米，查扣处理“黑车”1000余辆，关停取缔无证照企业92家、捣毁“黑作坊”21处。创新建立“3+8”冬防工作模式，网格化管理不断创新和加强，城乡燃煤锅炉基本实现全清零。一级水源保护区治理工程全面推进，兰州城市水源地项目在西固顺利开工建设。完成生态防护林和经济林建设7400亩，城区新增绿地面积46公顷。投资2280万元，建成范坪一泵站改造等10项农田水利项目，大型泵站改造工程启动实施。整合资金7300万元，在13个村实施了美丽乡村建设和环境联片整治；全面推行农村环境卫生“30+X”经费奖补机制，农村环境卫生实现了有人管、有人干、有经费。

【社会保障】全年办理创业贷款4684万元，新注册企业1381户，比上年增长215%，新增就业1.6万人，城镇登记失业率控制在1.73%以内。实施“千人救助工程”，发放慈善、救助资金884.5万元，城乡低保标准提高15%。新建8个城乡老年人日间照料中心。开工建设保障房16.3万平方米，改造农村危旧房200户，为1096户低收入家庭发放廉租房补贴355万元。完成6处未供暖楼院供热改造，476户长期无暖居民过上了“暖冬”。着眼解决群众出行难问题，先后投运区域出租车300辆，建成农村公路17.9公里。扎实开展“双联帮扶主题月”活动，协调争取资金4000余万元，实施帮扶项目263项。完成农村人饮工程4项，基本实现了农村安全饮水全覆盖。

【社会事业】全年教育经费投入占财政支出比重达18.7%，实施教育基础设施项目84项，C级校舍危房实现全清零；创新制定了教育改革发展"十条"，高考上线率达97%，教育均衡发展通过省级验收。区医院门诊医技大楼开工建设，在全省率先推广全科医生家庭团队签约服务模式；创新建立了乡村医生收入、选聘、退养、考核"四项制度"，做实了农村医疗服务网底。精心组织"文化五进"活动，形成了更接地气的文化氛围。

【社会管理】全面打造"12348"维权枢纽站点建设，扎实开展了组团法律服务。着力强化矛盾纠纷化解工作，排查调处3113件、成功率达99%。信访"六项机制"成效显著，赴京非正常访、赴市集体访批数分别下降43%和86%。社会治安"大巡防"体系持续完善，设立3个全天候武装巡控点和区级快速反应分队，改造、安装高清探头730个，启动实施岸门多功能卡口检查站建设，刑事案件发案率下降17%。大力推进"楼院+网格"的社会扁平化管理模式，形成了以409个楼院为网底、311个网格为主体、69个社区为骨干、三维数字中心为综合平台的社会管理系统，初步建立了集城市管理、市民服务、应急处置等综合职能于一体的社会管理服务体系。扎实开展安全生产"十大专项整治行动"，事故总起数、死亡人数、直接经济损失分别下降67.6%、9.1%和63.3%。严厉打击各类食品药品违法违规行为，成功创建食品药品安全示范乡街2个。

安宁区

【现任主要领导】

中共安宁区区委书记：席飞跃

安宁区人大常委会主任：王永生

安宁区人民政府区长：雒泽民

政协安宁区委员会主席：

马玲媛（12月止）

黄晓玲（12月任）

中共安宁区纪律检查委员会书记：

宋锦荣（9月止）

李世祥（9月任）

【基本情况】安宁区位于兰州市近郊，黄河北岸，区名源自明代军事城堡安宁堡，取"安宁无患、不受侵害"之意，是古丝绸之路的必经地之一。安宁区素有"十里桃乡"之称，区内环境优美，三季有花，四季常青，黄河旅游风情线西段纵贯安宁区全境。总面积82.33平方公里，区辖十里店、培黎、孔家崖、西路、银滩路、刘家堡、安宁堡、沙井驿8个街道，共59个社区。全区户籍人口18.72万人，常住人口28.12万人，人口自增率1.96‰，总耕地面积2945亩。有西北师范大学、兰州交通大学、甘肃农业大学、甘肃政法学院等19所大专院校和科研院所，各类科技人才3万余人。

【国民经济】2014年，全区实现生产总值135.34亿元，比上年增长11.62%。其中：第一产业增加值0.34亿元，增长5.99%；第二产业增加值73.19亿元，增长9.09%；第三产业增加值61.81亿元，增长15.64%。三次产业结构比为0.25:54.08:45.67。全社会固定资产投资180亿元，增长15%；社会消费品零售总额64.5亿元，增长12.9%。公共预算财政收入10.32亿元，增长15.43%；城镇居民人均可支配收入22540元，增长11%。

【"三农"工作】以打造"特、亮、优"为突破口，促白凤桃品牌保护和现代农业开发。邀请省农科院果树所、省经作站专家对桃品牌保护及安宁堡仁寿山、银滩路街道赵家二沟农业综合开发进行了诊断，在仁寿山周边投入100万元，平整山、荒坡地200余亩，栽植桃树60余亩。拓展安宁区农业发展走向，围绕北山插花地的开发利用来寻找农业的突破口，在银滩路赵家二沟2700多亩的集体土地上投入了400万元，规划了"赵家二沟农业科技观光园"建设项目，该园区已建成了蓄水量达6万立方的小水池两座，铺设10kv的高压线路1公里，平整土地200余亩，栽植桃树2000多棵，种植40多亩高原夏菜。按照"一街一产业"的工作思路，依托各自区位、人文、生态等资源优势制定产业发展规划，凝练特色优势项目，做大做强街道（社区）集体经济。全区共有经济实体48家，各类资产总额达到12.8亿元。按照《安宁区集体经济产权制度改革及收益分配的指导意见》，银滩路宝兴庄社区的洁宝公司、李家庄社区兰州兴农商贸有限公司等10多家集体经济组织开始给所辖股民进行分红，实现了产权制度改革后首次分红，股份制改革稳步推进。集体经济持续发展，建成集体商铺7.3万平方米，移交4399平方米；沙井驿涉农社区亿嘉通现代仓储物流中心项目进展顺利；启动实施赵家二沟农业综合开发项目；持续推进桃树"上山进沟"平地种植工程。

【项目建设】全力推进北环路、深安大桥等全市重点城建项目征拆工作，保证了北环路西段的顺利建设和深安大桥的按时建成通车。7个省、市列重大项目进展顺利，省科技馆主体封顶；仁寿山生态文化旅游景区桃花源游客接待中心、文化广场、名人书画院等7个子项目和地下停车场基本建成；编制天斧沙宫景区修建性详细规划，初步完成核心景区游览道路平整和恐龙谷建设；安新大医院项目申报和工程建设有序推进；永新华兰州国际酒店主体封顶。远达·锦绣半岛、荣光·陇汇广场、安宁堡城中村改造重建安置小区等29个区列重大项目加快推进。招商引资工作成效显著，新签约项目46个，引进兰州国际义乌商贸中心等十亿元以上项目4个，江能医药电子商务大厦等1亿元以上项目9个，新建、续建招商项目78个，引进到位资金189亿元。城市基础设施建设稳步推进，基本打通了511#中段、578#北段、580#北段、524#等城区主要几条"断头路"，502#道路正式建成通车，建成30座移动式公厕，建成林荫化停车场2处，完成公共自行车租赁系统66个网点建设。

【环境保护】深入推进"五城联创"，集中力量开展城市脏乱差综合整治"百日会战"，取缔和规范马路市场4处，规范"五小"行业302家。狠抓扬尘污染专项整治，全面落实"六个百分之百"要求，严格管理全区

158个工地，扬尘污染得到有效管控。取缔拆除茶浴炉124台，完成131家重点餐饮企业清洁能源改造和油烟治理，超额完成年初确定的空气优良天数目标。强化城市精细化管理，完成S573#（华兴路）西段、B570#、T560#北段3条道路整治。投入资金2559万元，购置环卫设备和车辆，提高了环卫工作机械化作业水平。开展“修平百姓门前路，点亮百姓门前灯”行动，综合治理小街巷20条，为63条背街小巷安装路灯。对29条市政破损道路进行了整治维修。坚持多渠道添绿、多层次植绿，完成B579#路等8条城区道路绿化，建成1.2万平方米的小游园，城区绿地面积增加到806.8公顷，绿地率达到32.93%，人均公共绿地面积13.09平方米，顺利通过园林城市创建省级验收。黄河水上公交十里店码头和兰州港对开航班实现通航，建成黄河绿色出行健身步道工程试验段。

【社会保障】新增就业人数13570人。养老保险、职工医疗保险参保人数分别达到30087人、10478人，征缴基金分别达到8139万元、4032万元；生育保险参保人数9252人，生育保险基金征缴额190万元。工伤保险参保人数6987人，工伤保险基金征缴额192万元。全年享受城市低保的共79814人次，累计发放各类保障性资金2522万元。为5228名被征地群众办理了养老保险，全区参保率71.52%，99%以上的适龄群众已领取养老金；建成5个社区老年人日间照料中心；全面落实城市低保政策，完成提标扩面工作；为全区一二类低保人员和9169名妇女开展了免费专项体检；全面落实贫困家庭重特大疾病医疗救助“一站式”即时结算服务。加大保障房建设力度，调整优化城中村改造安置小区规划，新开工建设城中村改造安置楼9.4万平方米，基本建成15万平方米，分配1833套。新开工建设廉租房、公租房750套，基本建成980套，分配616套。

【社会事业】沙井驿“五校合一”项目、北京实验二小兰州分校完成主体建设，完成校安工程3084平方米。十里店小学与十里店第二小学实现“一体化办学”。顺利通过义务教育均衡发展省级评估验收。全区基本公共卫生服务项目补助资金提高到人均35元。建成安宁急救中心。首届“兰州科技成果交易周”在交通大学成功举办，组织253个科技对接项目，签约金额7.2亿元。获得各项国家专利327项。广泛开展全民健身活动，建成5个全民健身广场，圆满完成兰州国际马拉松安宁段赛事的组织工作。继续保持低生育水平，人口自增率为1.96‰，出生人口性别比为101.94。继续深化“平安安宁”创建活动，全面加强反恐工作，建成规范化公安派出所2个、反恐防控点3个。食品安全工作进一步得到加强，全区60%的餐饮店实现了“明厨亮灶”，建成全省首家食品药品安全事故急救药品储备库，创建食品药品示范门店86家。积极化解矛盾纠纷，全年接待群众来信来访2521人次，初访问题化解率达80%以上。建成安宁区诉前调解中心和法律服务中心，调解成功率达99%。

红古区

【现任主要领导】

中共红古区区委书记：韩显明

红古区人大常委会主任：常学明

红古区人民政府区长：武和谦

政协红古区委员会主席：张玉莲

中共红古区纪律检查委员会

书记：张学永

【基本情况】红古区东接西固区达川乡，西临大通河，南濒湟水与青海省民和回族土族自治县和甘肃省永靖县隔河相望，北部黄土山岭与永登县接壤，具有“承东启西”的经济地理优势。全区总面积567.66平方公里，总人口14.39万人，其中城市人口9.69万人，农村人口4.7万人，有回、满、东乡、藏、蒙古等18个少数民族。现辖1乡、3镇、4个街道，34个行政村，22个社区。区址所在地海石湾是亚洲第一龙——马门溪龙的故乡。区内属北温带半干旱大陆性半季风气候，地势平缓，四季分明，光照充足，气候温和，是夏季避暑休闲的胜地。境内有煤炭、石油、天然气、坩土、页岩、石英石等矿产，素有“八宝川”之称。煤田探明地质贮量达4亿吨，位居全省第3位，享堂峡蛇纹岩贮量3750万立方米，丰富的硅石、石灰石和硅矿石为本地生产水泥、硅系列产品提供了优质原料，是发展电力、冶金、建材、陶瓷及相关产业的良好地区。境内水资源丰裕，黄河两大支流大通河、湟水河流经全区，年径流量46亿立方米，水能资源估算为30.57万千瓦，转化潜力巨大。

【国民经济】2014年，全区实现生产总值105.98亿元，比上年增长16.09%。其中：第一产业增加值8.67亿元，增长6.6%；第二产业增加值69.38亿元，增长18.07%；第三产业增加值27.94亿元，增长12.09%。全社会固定资产投资额63亿元，增长20%；社会消费品零售总额25亿元，增长13.2%；公共财政预算收入2.56亿元，增长20.94%；城镇居民人均可支配收入达到18585元，增长10.8%；农民人均纯收入达到12978元，增长13%；万元生产总值综合能耗下降3.56%。

【项目建设】实施总投资146.5亿元的产业项目76个，其中亿元以上24个、10亿元以上4个，开工建设62个，完成投资45亿元。新引进各类项目45个，总投资74.41亿元，累计到位资金63.22亿元，完成兰州新区招商引资到位资金3亿元。总投资8亿元的国芳百合城、名都广场、东方佳苑城市综合体、东方物流园等一批项目启动建设，总投资1.22亿元的北区农贸物流市场、南区农贸市场、跃进街集贸市场完成新建改造，华龙盛世建材家居广场、中天健广场等5万多平方米商业面积投入运营；新增限上商贸和营利性服务业企业18家，落实补贴资金3000万元扶持小微企业600户。

【优势产业】2014年，经济区红古园区被批准为国家第五批“城市矿产”示范基地，将获得国家政策扶持资金1.5亿多元。总投资10.7亿元的庆丰10万吨铝板锭、雄泰16万吨铝棒、甘棠2万吨铝轧卷及5万吨铝板锭、新天地20万吨铝合金圆锭、金霸15万吨铝合金棒及5万吨铝型材、兴盛源再生资源纸箱制造等6个项目当年开工、当年建成、当年投产；总投资22亿元的兰亚20万吨铝型材一期、兴盛源废纸再加工制造、6.5万吨复原胶、1万辆报废汽车拆解加工等6个项目加快建设，总投资3000万元的东七路、东五路、张岗公路西段和金霸铝业铝水通道全面建成。连海开发区红古园区总投资19.7亿元的蓝天太阳能光热新材料产业园一期、连华煤业30万吨煤基还原剂二期、鑫杰建材20万方石英石板材、华氏建材5000万块免烧砖、窑街煤电瓦斯与尾气混合发电等20个项目建成投产，总投资39亿元的方大德国振动成型、泰然商贸120万吨精洗煤、窑街煤电10万方轻质发泡陶瓷保温板、海石矿产资源高效开采等30个项目进展顺利，这些重大项目为全区经济转型跨越发展打下了坚实基础。

【“三农”工作】全区投资1.74亿元，建成1000亩新特菜、1000亩优质果品、2000亩竹柳、3000亩核桃等千亩种植基地，新建扩建铭瑞小尾寒羊、志华正大生猪、新名汇良种奶牛等标准化规模养殖场39个，罗金台、金砂台2个大型绿色生态农业科技园建设初见成效；花庄镇9个村土地确权颁证工作基本完成，新发展省市级龙头企业14家，新增耕地2550亩、高标准基本农田5300亩、高效节水灌溉面积1万亩，改造加固干渠险段1公里，农业生产条件明显改善。

【城乡新貌】全区紧扣美丽红古建设总要求，高起点编制了城区8.9平方公里控详规划和2个新型城镇化发展规划。海石湾中心城功能日臻完善，实施了自来水厂扩容改造，并彻底解决了历史遗留债务，污水处理厂建成投入使用；惠及近2000人的虎头崖、幸福家园等3个棚户区改造项目启动实施；完成了滨河路北延、育英街改造、海石大沟整治开发二期工程；解决了南区860户居民多年来的供热难题，改造供热管网1000米、分户计量2万平方米。窑街旧城改造取得重大突破，浩门路、炭洞沟路等5条道路建成通车，拆迁整理荣鑫大道周边沉陷土地250亩，完成沉陷区二期整治绿化860亩，累计达到1080亩，沉陷区面貌发生了历史性改变。民海地区交通瓶颈加快破解，投资6.24亿元的海窑隧道、北环路路基工程全线贯通。全面推行城市管理网格化模式，实施了城区绿化亮化、“三不管”楼院改造、停车场位规范管理等市容市貌整治工程，开通了二路公交线，建成了民海公交换乘站，置换出租车92辆，整治“黑车”取得实效。冬防工作扎实开展，与民和县建立了环境保护联动机制，输入性污染问题得到有效遏制，空气质量优良天数达到310天。农村环境明显改观，完成109国道沿线“穿衣戴帽”3000平方米、绿化硬化2万平方米，新建改造农村公路56.8公里，安装路灯450盏，创建了青土坡等3个省市级“美丽乡村”、旋子等6个市级“环境整洁村”。

【社会保障】城镇新增就业4800人，完成职业培训2819人，发放小额担保贷款3575万元，打造了“河湟靓嫂”劳务培训品牌，输转城乡富余劳动力11977人，城镇登记失业率控制在2.25%以内。启动解决关乎9300多名失地农民切身利益的养老保险历史遗留问题，累计投资1.54亿元，将810名失地农民纳入保险范围，较大幅度提高了城乡居民低保、养老保险、新农合等10个方面社会保障标准，解决了上街、大砂等村2831人的安全饮水问题，改造农村危房600户，新建农村互助老人幸福院、社区日间照料中心各4个。

【社会事业】投资7638万元，实施了海石二小教学楼、区职教中心实训楼建设和海石湾幼儿园改扩建等项目，完成了18所标准化学校建设任务，改造C级危房3.89万平方米；为42所学校配备安保人员65名，义务教育安全校车实现全覆盖。投资1.65亿元，区体育中心建成投入使用，天韵七彩文化城建设和红古民间艺术馆改造提升工程全面完成，溪龙谷文化产业园、窑街煤电文化体育中心等项目加快实施；新建体育惠民工程1个、全民健身场地18个，成功举办了第三届全区运动会。改造提升了乡镇卫生院和村级卫生所，新建标准化村卫生所12个。全面实施“百合计生服务惠民”工程，完成省、市、区为民兴办实事44件。深入实施“六五”普法和“四五”依法治区规划，实现了一村社一法律顾问，新创建市级示范性司法所2个、依法行政示范点4个。积极创新社会治理，区三维数字社会服务管理中心和7个乡镇（街道）民生服务大厅投入运行，新建改造村社办公阵地8个，区、乡街、村社三级为民服务代理网络基本形成。破获刑事、毒品案件同比提高9.4%、75%，查处治安处罚案件同比提高16.9%，打掉了1个省级督办的恶势力犯罪团伙，破获了“7·21”特大抢劫案等一系列重大案件，新创建平安乡镇（街道）、平安单位6个，进一步巩固了二级无毒区创建成果，社会公众的满意度和安全感不断提升。

永登县

【现任主要领导】

中共永登县县委书记：魏旭昶

永登县人大常委会主任：保元德

永登县人民政府县长：杨平

政协永登县委员会主席：魏周菊

中共永登县纪律检查委员会

书记：赵承顺

【基本情况】永登县位于甘肃省中部，兰州市西北部，是古“丝绸之路”的重镇，河西走廊的门户。全县总面积5622平方公里，现辖11个镇、5个乡、10个居委会、200个村委会和1339个村民小组，2014年底户籍人口44.03万人。海拔高度在1500～3200米，2014年年均气温6.2℃，年总降水量381.5毫米，年日照时数2652.1小时，无霜期146天。全县耕地112.17万亩，其中水浇地31.16万亩。

【国民经济】2014年，全县实现生产总值97.73亿元，比上年增长13.11%。分产业看，第一产业增加值10.11亿元，增长6.41%；第二产业增加值48.61亿元，增长16.87%，其中，工业增加值39.94亿元，增长17.69%；第三产业增加值39.01亿元，增长9.1%。完成固定资产投资62亿元，增长21%。实现全社会消费品零售总额14.2亿元，增长13.4%。完成大口径财政收入7.91亿元，增长8.7%；一般预算收入3.47亿元，增长19.1%；一般预算支出17.96亿元，增长7.4%。城镇居民人均可支配收入14831元，增长10.6%；农村居民人均纯收入6382元，增长13.1%。城乡居民储蓄存款80.31亿元，增长9.6%。

【“三农”工作】全县玫瑰种植面积达到6万亩、红提葡萄0.7万亩、中药材2.2万亩、蔬菜12.12万亩、马铃薯22万亩、玉米15.29万亩，全县肉羊存栏数达32.26万只，土地流转6.2万亩，已经形成了苦水玫瑰、一月红提、金嘴娃娃菜、泉碱七山羊、生态猪、冷水鳟鱼、有机中药材、枸杞为主的农业产业发展新格局。规范和扶持农民专业合作社15个，认证昊业九天玫瑰、苦玫等甘肃著名商标2个，培育“金嘴娃娃菜”、“上川枸杞”、“七山羔羊”等地理证明商标3个，九香玫瑰系列产品率先实现全网络销售。培育发展羊场2个，村级集体经济实现“零”的突破。安装太阳能路灯1531盏，硬化群众健身场地6.63万平方米，新修乡村道路160多公里。改造中堡庄浪河桥等危旧桥梁3座，硬化农村公路281.3公里。完成2.57万农村人口饮水安全工程建设，实施高效节水灌溉面积3.6万亩，建成梯田1.6万亩，完成庄浪河治理9.21公里，重点小水工程项目38项，衬砌渠道48.16公里，新打机井12眼，维修塘坝7座。投入4900万元，顺利完成武胜驿镇火家台村、苦水镇苦水街村2个省级美丽乡村示范村和通远乡临坪村等3个市级美丽乡村示范村建设。投入3369.8万元，完成民乐乡黑龙村等23个村的市级环境整洁村建设项目和树屏镇东沟村等3个村的“省门第一道”环境整治项目。坪城乡横沟、高家湾村易地扶贫搬迁项目建成农户住房110套，中堡镇大岭直属社易地扶贫搬迁项目建成农户住房81套，中堡新村建成农户住房29套。

【项目建设】兰州红狮集团日产4600吨水泥干法生产线项目建成试产。恒利·嘉豪商住小区主体工程全部完工。回乡妹泡菜加工基地项目完成物流配送车间、办公楼、宿舍楼等一期建设任务，建成年消化5万吨蔬菜生产线1条。完成中马铁路、省道301线河桥连城段改造、兰州市天然气北高压输气干线工程、兰州至中川铁路建设等重点项目征地4174.69亩，拆迁农户501户、企业60家。兰州至中川高速树屏出口、省道201线养护维修工程竣工通车，301线海石湾至岗子沟公路路基工程基本完工。永窑公路升级改造项目可行性研究等前期工作已经启动，满秦公路完成前期工作即将动工。招商引资工作成效明显，在第20届兰洽会上，新签约各类外引内联项目69项，签约总资金达102.24亿元。投入920多万元，完成县城供热系统改造提升工程，维修改造县城“带病”锅炉10台和旧城区供热管网3372米，完成既有居住建筑节能改造“暖房子”工程3.72万平方米。

【园区开发】树屏产业园引进项目中兰州阳光炭素、华辉仓储物流、新元新型建材等6个项目建成投产，先锋管道制造、远东锦绣华府等项目完成工程主体，三圣特种建材、新型环保实木门等项目正在实施。产业园主干道路及张家沟道路建设、供水工程、天然气北上园区及110KV变电站工程等项目进展顺利，管委会至省道201线次干道路工程投入使用。大通河川产业园引进项目中通河港湾城市综合体和药水沟温泉建设项目进入土地招拍挂阶段园区连海路、纬二路道路完成土地报批、设计和征地工作，甘肃东欧混凝土搅拌站建成运行，益德废弃物循环利用项目即将完工。庄浪河川产业园引进项目中盛元加气块、海远塑胶波纹排水管等12个项目建成并投入使用，兰州国梁年产200吨玫瑰露酒、龙泉节水灌溉管材等12个项目开工建设，陕西亚能年产50万吨车用甲醇生产线等5个项目正在办理前期手续，庄浪河川产业园玫瑰产业园建设项目完成专家评审，并报市工信委备案。上川新能源产业园引进项目中全市首个光伏发电项目上海航天机电光伏项目实现并网发电，新疆特变电工、阳光电源项目完成环评、可研、土地预审等核准手续。永川产业园引进项目中龙源商品混凝土、武胜驿科技农牧种植养殖、鑫锋种植养殖项目建成运行，天源种植项目完成主体工程建设，永川有机肥料加工、农业科技3D展示园项目正在进行前期规划设计，永登高原牡丹种植基地流转土地9600多亩、种植牡丹500亩，生态农业特色种养观光园项目正在规划。

【社会保障】全县新增城镇就业3310人，输转城乡富余劳动力11.3万人，创劳务经济收入18.45亿元。“五险合一”平台作用发挥良好，各类社会保险参保扩面和基金征缴工作进展顺利。全面完成了城乡低保和农村五保复核提标工作，累计发放低保金5050万元，发放困难群众医疗救助金969.2万元，下拨专项救灾款677万元。建成农村老人幸福院28个。完全失地农民养老保险工作取得突破性进展，划拨失地农民养老保险补贴资金3061万元，参保人数达到973人。完成农村危房改造2000户。保障性安居工程建设步伐加快，54套惠民花苑公租房和135套棚户区改造项目正在加紧实施。认真实施“1236”扶贫攻坚行动，集中力量落实双联工作。整合专项扶贫资金6570万元，完成整村推进项目12个，安排互助资金村14个。实施双联帮扶项目330项，落实帮扶资金1.61亿元。为2164户农民发放“双联”惠农贷款1.315亿元，为273户妇女发放小额贷款1835万元，扶持龙头企业11家。

【社会事业】总投资3215万元，建成鲁土司衙门历史文化陈展一期项目，石家滩游客接待中心、吐鲁沟国家森林公园环保科研综合楼项目完成主体。建成市级旅游示范村1个。全年接待游客218万人次，实现旅游收入14.4亿元。完成了20个乡村全民健身场地和龙泉寺镇文化体育健身中心项目建设，全国重点文物保护单位集中成片传统村落——连城镇连城村整体保护工作启动实施，苦水镇争创全国文明乡镇工作通过初验，连城、通远、坪城、柳树等4个乡镇创建为省级文明乡镇，“百花”数字电影城建设项目进入设备安装阶段。争取国家投资8279万元，实施教育基础设施建设项目91个，完成建设面积5.84万平方米，新建乡镇中心幼儿园6所，消除C级危房项目学校9所。县级财力投入资金2000多万元，完成了27所农村学校危旧房改造和县城新城区中学、武胜驿中学、红城中学建设用地征地拆迁工程。发放乡村教师生活补助190万元，“两免一补”、“营养改善计划”全面落实。县、乡、村三级医疗机构均实行了基本药物零差率销售制度。民乐乡等2个乡镇卫生院业务用房和红城镇等3个乡镇卫生院职工周转宿舍建设项目竣工使用，13个村卫生室全面建成。新农合参合率达到98%以上，新型农村合作医疗基金支出1.09亿元，受益群众19.3万人次。新增造林面积2.2万亩，天然林资源保护工程管护21.89万亩，生态公益林管护35.87万亩，森林覆盖率达13.22%。

皋兰县

【现任主要领导】

中共皋兰县县委书记：宗满德

皋兰县人大常委会主任：辛秀先

皋兰县人民政府县长：杜宁让

政协皋兰县委员会主席：魏泽邦

中共皋兰县纪律检查委员会

书记：薛蕾

【基本情况】皋兰县，被誉为“名藩自古皋兰”。辖区属陇西黄土高原，地势西北高、东南低。最高海拔2445米，最低海拔1411米，年均气温7.4℃，年均降水量246毫米，年均蒸发量1675毫米，年日照2768小时，无霜期144天。气候温和，四季分明。县境与省城兰州、铜城白银和兰州新区零距离接壤，县城距兰州35公里、白银29公里、兰州新区23公里，是环兰州城市群建设的重要节点。交通通讯便捷，具有“一河六线”（黄河、兰白高速、国道109线、中川高速、水秦快速通道、包兰铁路、兰渝铁路）的交通关联优势。现辖6镇，户籍总人口14.48万人。国土总面积2136.69平方公里，耕地面积29.32万亩，其中水地面积15.25万亩，人均1.33亩。

【资源优势】皋兰县有丰富的矿藏资源，金属矿有金、银、锌、铜等，非金属矿有石英砂、大理石、花岗岩、粘土等，具有较大的开采价值。土地资源丰富，境内有大量可开发利用的土地，南部区域九合至什川共有近50万亩土地可供开发，三川口工业集中区有连片土地1万多亩，北龙口现代物流园有可开发利用土地近万亩，兰州新区辐射范围内也有大片可开发利用的土地。水电资源充足，黄河从南部穿境而过，引大入秦、西岔电力提灌、大砂沟电力提灌三大水利工程覆盖全县，拥有调蓄水库4座、自来水厂2座，安全饮水管网覆盖全县。拥有装机22万千瓦的小峡水电站和330KV变电站1座、220KV变电所1座、110KV变电所3座。

旅游资源得天独厚。东南部什川镇有“世外梨园”之美誉，以梨园景色、羊皮筏子、接官亭、骆驼石、大、小峡电站库区等景点吸引八方游客，被吉尼斯认证为“世界第一古梨园”，被农业部命名为“国家首批重要农业文化遗产”，被环保部授予“国家级生态乡镇”称号，2014年被评为国家4A级旅游景区。中部石洞镇有远近闻名的石洞寺，正在打造以什川百年古梨园为核心、什川至县城和什川至兰州为两翼、石洞寺森林公园为拓展的梨花谷，是著名的梨花之都。西南部九合镇与兰州接壤，有“万亩桃园”、“天斧沙宫”丹霞自然景观。北部黑石川乡地域广阔，有独特的高原风光。

【国民经济】2014年，全县实现生产总值41.8亿元，比上年增长17.68%，三次产业结构比为13.6:56.8:29.6。完成固定资产投资总额35.0亿元，增长23.0%。实现社会消费品零售总额10.37亿元，增长15.6%。完成地区性财政收入6.0亿元，增长18.3%，完成公共财政预算收入2.89亿元，增长20.2%。

【都市农业】2014年，积极提高科技助推作用，创新推广“双杆四膜”等实用技术15项，创建国家级农民专业合作社2个，认证国家农产品地理标志2个。加大软儿梨等特色农产品包装营销力度，农业经济效益明显提升。建立新品种、新技术试验示范点15个。引进试验示范新品种26个。加快畜禽品种改良步伐，规模养殖户累计引进大约克、长白、优质种羊等畜种1500余只，肉羊杂交改良1000多只。新增2000亩高原夏菜、2000亩白兰瓜、1000亩西瓜，特别是1080亩韭黄产业示范基地的建成，有效促进了种植结构的调整。经济作物播种面积19.02万亩，增长1.09%，蔬菜产量24.27万吨，增长6.16%；水果产量2.93万吨，增长4.62%。粮经比例由上年的42 ：58调整为40 ：60，经济作物提高2个百分点。

农业重点项目建设步伐加快。投资1.1亿元，完成西电大型泵站改造、农业综合开发等6项农业基础建设。投资近1亿元，完成整乡整村扶贫开发项目9个、“双联”帮扶项目136个，减少贫困人口1.95万人。投资3715万元，完成韭黄示范基地、标准化规模养殖场、万亩高产创建等9项农业重点项目建设。

【项目建设】全年落实招商引资33条优惠政策，共签约引进项目33个，其中投资亿元以上项目19个，合同引资94.5亿元，到位资金50.71亿元。积极对接产业政策和投资导向，实施各类政策性项目100个，建成75个。为兰州新区引进项目12个，到位资金5.18亿元。全力推进500万元以上政策性项目、亿元以上招商引资项目90个，完成投资64.3亿元。高效锅炉产业升级、100万吨棒材生产线、万吨复原胶生产线等40个项目建成投产，兰州生态文化创新城、久和汽配城等20个项目完成一期工程，甘肃鸿丰产业园、明发中科生态城等一批项目进展顺利。

【通道经济】积极搭建园区建设融资平台，与甘肃银行、兰州银行等3家银行签订战略合作协议，为35家入园企业落实贷款5.47亿元。突出做强工业做大物流，深入推进产业集群培育，完成投资65.6亿元，大力实施一批基础设施和重点项目，“一区五园”发展格局更加清晰，园区承载力、辐射力和对经济的拉动作用大幅提升。2014年底，“一区五园”入驻企业达到171家，完成生产总值30.5亿元，比上年增长18%，对全县经济的贡献率达到73%。

【城乡一体化】充分发挥规划引领作用，编制各类控详规划、专业规划和城市设计20多项，乡镇总体规划覆盖率达到100%。投资2.5亿元，完成了供热、城区污水管网配套改造等城建重点工程，县城污水处理厂投入运营，县城西通道路基全线贯通。投资5000万元，建成石洞寺森林公园、东湖公园、梨花谷二期工程，完成名藩广场、北辰路等主要街区绿化亮化。深入开展“节点城市管理提升年”活动，打造名藩大道、北辰路等3条严管街，县城主干道全部设置隔离带和绿篱带。全县城镇化率达到47%，比上年提高3.9个百分点。积极开展城乡环境综合整治，认真落实网格化管理模式，推进生态乡镇、美丽乡村、绿色社区、绿荫校园等创建工作。投资1900万元，建成5个省市美丽乡村。

【民生民利】全县城镇居民人均可支配收入12095元，增长10.9%；农民人均纯收入6512元，增长13.1%。突出做实民生，压缩“三公经费”和一般性支出，千方百计保障民生投入，全县财政民生支出达6亿元。全面落实强农惠农政策，及时足额发放粮食、农机等各类补贴1600万元。筹措补助资金8000万元，突破性解决历年被征地农民养老保险，实现全县被征地农民养老保险参保全覆盖。投资3.55亿元，完成了农村公路、农村危房改造、农村饮水安全工程等36项民生重点工程。投资8126万元，完成进村项目136项。全面落实“联村联户、为民富民”行动、“1236”扶贫攻坚计划各项任务，实现了整县脱贫目标。着力打造县域文化名片，永宏太平鼓队在国际非物质文化遗产节上荣获金奖，6个镇均建成“一村一品”群众性文化精品展演基地，城乡文明程度逐步提高。着力加强就业和社会保障，新增城镇就业2200人，输转城乡富余劳动力2.72万人次，创劳务收入4.5亿元。全面完成城乡低保提标，发放城乡低保金3031万元。

【环境保护】建立节能工作协调领导小组，实行工作问责和一票否决制。实行节能评估机制，严把高耗能项目审批关，累计备案项目52项，审查执行率达100%。将节能技术研发资金纳入财政预算，实施2项工业节能环保技改项目，3个企业开展清洁生产，其中1个企业被市工信委评为循环经济先进单位。争取省级节能专项资金250万元；向省市组织申报实施12项重点节能和循环经济项目。投资522.6万元，开展居民建筑节能改造。逐步更换燃气公交车、出租车，已淘汰老杂旧车辆138台。可再生能源占能源生产总量的比重达40%。投资2000万元完成石洞寺森林公园四期工程和梨花谷二期工程。完成林权流转1.7万亩，累计达到3.8万亩。新增造林面积0.4万亩，全县森林覆盖率达到14.31%。切实加强冬季大气污染监管，实行网格化管理模式，空气环境质量明显改善。

【社会事业】建立产学研相结合的技术创新体系，共争取到省市科技计划项目15项，扶持资金266万元，实施省科技惠农项目及其他省市科技项目13项。申报专利3件。引进新品种26个。举办农业生产技能和相关知识培训班320期，培训农民1.2万人次。开通“科技在你身边，信息早知道”手机信息栏目。投资1832.04万元配齐配全20所标校各类设备；投资1300万元完成68项学校辅助工程。8所新建幼儿园顺利开园招生，累计达到12所，覆盖了全县所有乡镇和规模较大的行政村。小学入学率、毕业率、升学率均为100%，20所标准化建设学校已全部通过市教育局评估验收。九年义务教育巩固率为98.34%。县中医院顺利建成并正常投入营运；成立县急救中心，购置覆盖全县的网络指挥系统，县域内急救体系已经形成；投资130万元采购气相色谱仪等水质监测设备；投资486万元新建6个村卫生所和石洞社区卫生服务中心、黑石卫生院中医药诊疗服务区（中医堂），为20个村卫生所配备了雾化治疗仪、脉通治疗仪等中医诊疗设备，6家乡镇卫生院全部通过中医特色验收，县镇村公共医疗设施更加齐全。启动“一卡通”服务，新农合参合率达98.57%，参合农民住院实际补偿比为70.8%，比上年提高13.95个百分点。每千人拥有病床2.44张，平均每万人拥有医生13.3人。广播人口综合覆盖率达98.4%；电视人口覆盖率达100.0%。投资630万元，新建石洞镇东湾村文化广场、什川镇上泥湾文化大院、什川镇电影固定放映点；为各镇文化站电子阅览室配备电脑42台（套），为5个贫困村配备电视5台，补充丰富了6个农家书屋，建设乡村舞台3个。积极参加第二十三届中国金鸡百花电影节“电影歌曲大家唱”活动、兰州国际民间艺术节暨鼓文化艺术周以及市县“乡村舞台”节目展演等活动。文化企业81家，文化产业增加值占生产总值比重达到1.34%，比上年提高0.26个百分点。

榆中县

【现任主要领导】

中共榆中县县委书记：甘培岳

榆中县人大常委会主任：黄宗利

榆中县人民政府县长：王林

政协榆中县委员会主席：谢志明

中共榆中县纪律检查委员会

书记：韩悌勇

【基本情况】榆中县现辖8镇15乡、4个社区、268个行政村，总人口44.5万人，其中非农业人口4.89万人，农业人口39.61万人。全县总面积3301.64平方公里，现有耕地103.1万亩，其中有效灌溉面积29.55万亩。全县海拔在1480～3670米之间，年均降雨量350毫米，蒸发量1450毫米，年平均气温6.7℃，无霜期120天左右。境内有兴隆山、马啣山、官滩沟、青城古建民居等旅游风景名胜区。县城地处兰州市东郊，西靠兰州市城关区，东邻定西市安定区，西南与临洮县交界，北隔黄河与白银市相望，区位优势明显，距兰州市区30公里。境内312国道、109国道及宝兰铁路、兰渝铁路通过，道路交通发达。

【国民经济】2014年，全县实现生产总值75.93亿元，比上年增长16.55%。其中：第一产业增加值14.46亿元，增长6.69%；第二产业增加值42.99亿元，增长19.53%；第三产业增加值18.48亿元，增长15.72%。三次产业比重由上年的18.0 ：61.2 ：20.8调整为19.04 ：56.62 ：24.34。固定资产投资总额96亿元，增长22.0%。地区性财政收入达到8.21亿元，增长34.26%，其中一般预算收入4.22亿元，增长20.22%。城镇居民人均可支配收入14691.44元，增长10.80%，农民人均现金收入5557.83元，增长13.20%。

【“三农”工作】巩固提升高原夏菜产业，获批筹建“全国特色高原夏菜产业知名品牌示范区”。加大双垄沟播玉米、商品马铃薯等旱作农业新品种推广，粮食总产量达到1.9亿公斤。大力推进北山中药材、百合种植，支持企业、合作社连片流转土地规模种植，全年新增中药材种植5万亩，总面积达到14.1万亩，百合种植达到2万亩。启动凤凰湾创意农业产业园项目，种植薰衣草等观赏类植物2000亩。加快畜牧业发展，积极争创全省牛羊养殖大县，新增养殖大户332户，年出栏各类畜禽62.31万头（只）。深入实施黄土高原治理项目，完成人工造林1万亩、荒山造林2.56万亩、封山育林4.87万亩，建成林业生态村镇9个，森林覆盖率达到10.8%。加强农村基础设施建设，完成通达通畅工程310公里，实施县城、川东农村饮水安全工程，解决了高崖、新营等11个乡镇3.4万人安全饮水问题。三电大型泵站改造、龛谷灌区配套工程完成年度任务，兴修梯田2.6万亩，新建高效节水灌溉2.14万亩，改善灌溉面积1.2万亩。农业产业化进程不断加快，新培育龙头企业3户、农民专业合作组织262家，新增土地流转10.6万亩，累计达到27.4万亩。

【项目建设】全年凝炼、包装项目68项，引进项目28项，到位资金87亿元。第二十届兰洽会签约项目17项，开工建设14项，到位资金19.8亿元。实施市列、县列重大项目24项，建成13项，开工建设5项，完成投资29.2亿元。全县人民关注、事关榆中发展的引洮工程榆中受益区项目开工建设，毅德商贸城一期、家盛市场开盘销售，县城综合市场、招待所棚户区改造等项目正在加紧推进，省中医学院和平校区、金阳高科搬迁等项目启动建设。加大项目资金争取力度，全年向上争取资金2.2亿元，实施政策性项目158项，有力保障了基础设施、特色产业等惠民工程建设。

【城市建设】投资1.2亿元完成“节能暖房”示范工程，累计改造既有建筑180万平方米。实施兴隆路、环城西路绿化景观工程，县城新增绿地14公顷，绿化覆盖率达到20.9%。加快城乡道路建设，总投资1.76亿元，完成一悟路改造和东金公路维修，盆地大道一期、环城西路南延段完成路基建设，兴黄路、石坮路、园小路建成通车，城乡路网逐步拉开。严格规范交通秩序，投资240万元，在县城主要路段划定临时停车泊位500个，安装隔离护栏1100米，交通环境明显改善。充实城管执法力量，公开招聘特勤人员40人，通过划片包干、定人定岗网格化管理，城市管理水平不断提升。结合文明城市创建活动，深入开展“洁净榆中”和“清洁家园”行动，限制燃放烟花爆竹，加强垃圾清理和街道保洁。实施孙家岔等9个农村环境整治工程，完成龚家屲、冯家湾等6个美丽乡村建设，人居环境不断优化。

【扶贫开发】积极落实省、市“1236”扶贫攻坚行动，有效整合“双联”工作力量，发挥各级联扶单位资源优势，投入资金2.67亿元，完成整乡整村推进项目11项，实施联扶项目398项，协调发放双联惠农贷款2.03亿元，惠及农户4157户，重点贫困村在收入水平、富民产业、基础设施、生态环境、公共事业等方面取得显著成效。开展农业实用技术培训3.17万人次，青壮年劳动力职业技能培训1.25万人次，“两后生”培训2070人。完成8.3万扶贫对象建档立卡工作，实现53个重点贫困村整村脱贫，减少贫困人口4.38万人。新注册成立扶贫互助社14个，累计达到42个，注入资金755万元，农村金融得到有益补充，有效解决了贫困农户生产资金短缺问题。中连川村级互助资金合作社、韦营乡村集体养羊场运行模式得到省市领导肯定，正在全市总结推广。

【环境保护】全县降尘月均为11.39吨/平方公里；空气可吸入颗粒物、二氧化硫毫克、二氧化氮年日均值分别为0.082mg/立方米、0.026mg/立方米和0.018mg/立方米。空气质量优良天数达到347天，优良率为95%。集中式饮用水源地水质达标率稳定保持在100%。区域环境噪声和道路交通干线噪声符合二类区环境要求。全年共出动环保执法人员1400余人次，检查企业720多家次，依法对62个建设项目进行了环评审批，对10个建设项目“三同时”制度落实情况进行了检查验收，环评执行率和“三同时”执行率均为100%。完成排污收费210万元，占计划任务的159%。受理各类环境信访事项75件，政协委员提案2件，已办结77件，办结率达到100%。向环境违法企业下达行政处罚决定书10件，已执行9件，收缴罚款29万元，其中申请法院强制执行1件，收缴罚款10万元。扎实推进大气污染治理工作，开展了以工业企业、燃煤锅炉、二次扬尘和面源污染治理等为主的冬季大气污染综合治理工作，使全县大气环境质量明显改善。

【社会事业】新增城镇就业3753人，技能培训1968人次，转移农村劳动力10.8万人次，创收20亿元。新建农村互助老人幸福院29个，将5711名完全失地农民全部纳入养老保险，征缴被征地农民养老保险金2.83亿元，发放养老金5470万元，城乡养老保险参保率达到97.98%。全面提高低保、五保补助标准，发放低保金7695万元，五保户供养金538.8万元，救助资金850万元，贫困残疾人生活补助204万元。争取科技项目资金414万元，落实科技富民项目54项，申请各类专利39项。投资5130万元，新建校舍3.5万平方米，消除C级危房3.8万平方米，建成银山、园子2个乡中心幼儿园，26所学校通过标准化学校验收。建成乡镇体育健身中心2个、村级文化室62个，配套全民健身路径40条。县中医院门诊楼建成投入使用，县疾控中心业务楼主体完工，建成标准化村卫生室23个。推行医疗救助与新农合“一站式”结算服务，新农合参合率达到97.33%。全面落实计划生育利益导向政策，人口自然增长率控制在5.51‰以内。强化矛盾纠纷排查，实行干部下访接访制度，面对面解决各类信访问题157件。集中开展食品药品专项整治行动，创建市级食品药品安全示范店36家。

嘉峪关市

【现任主要领导】

中共嘉峪关市市委书记：郑亚军

嘉峪关市人大常委会主任：祁永安

嘉峪关市人民政府市长：柳鹏

政协嘉峪关市委员会主席：焦玉兰

中共嘉峪关市纪律检查委员会

书记：边玉广

【基本情况】嘉峪关市位于甘肃省西北部，河西走廊中部，东临酒泉市，西连玉门市，南倚祁连山与肃南裕固族自治县接壤，北枕黑山，与金塔县、酒泉卫星发射基地和内蒙额济纳旗相连接。嘉峪关，是明代万里长城的西端起点，是明代长城沿线建造规模最为壮观，保存程度最为完好的一座古代军事城堡，是明朝及其后期各代，长城沿线的重要军事要塞，素有“中外钜防”、“河西第一隘口”之称。是甘肃省唯一不设下辖县区的地级单位。行政区划为嘉峪关市辖3个区、3个镇。境内地势平坦，土地类型多样。城市的中西部多为戈壁，是市区和工业企业所在地；东南、东北为绿洲，是农业区，绿洲随地貌被戈壁分割为点、块、条、带状，占总土地面积的1.9%。全市常住人口为24.13万人，城镇人口22.54万人，城镇化率为93.41%。

【国民经济】2014年，全市实现生产总值243.1亿元，比上年增长10.0%。其中，第一产业增加值4亿元，增长5.3%；第二产业增加值169.7亿元，增长11.3%；第三产业增加值69.4亿元，增长5.8%。三次产业结构为1.6 ∶ 69.8 ∶ 28.6。

【“三农”工作】2014年，嘉峪关市以双联行动为抓手，深化农村改革，扎实推进城乡一体化建设和“新三农”建设，创新思路，强化措施，狠抓落实，各项工作取得了新的进展，注重帮办实事，改善群众生产生活条件。凝聚各方力量，从群众最直接最紧迫最现实的问题入手，着力推进农村亮化、绿化、美化、硬化、净化工程。行动开展以来，实施帮扶项目300项，帮助农村居民办实事千余件，整修农村公路62.7公里，修建水渠39.4公里，危房改造230户，捐助春耕化肥300余吨、树苗9000余株，化解矛盾纠纷200余件，开展义诊6000余人次，举办各类文体活动227次。

坚持以工业理念发展农业，加快正大农牧产业化示范园、野麻湾高新农业示范园、文殊镇现代农业示范园区等项目建设，带动农业的集约化发展和现代化进程。加快发展现代特色农业，壮大现有农业产业化龙头企业，支持兴办一批新型农业加工企业，充分发挥农业产业结构调整的示范带动作用。全市共有农产品加工、畜牧养殖、食用菌等各类农民专业合作社186家，在促进农业规模化生产、引领农民参与市场竞争、优化城乡产业布局方面发挥了巨大作用。雄关区峪泉镇嘉峪关村、镜铁区文殊镇石桥村被确定为2014年度全省“千村美丽”示范村。示范村建设以“村村优美、处处整洁、家家和谐、人人幸福”为总体目标，以“基础设施完善、公共服务便利、村容村貌洁美、田园风光怡人、富民产业发展、村风民风和谐”为基本内容，打造可憩可游、宜业宜居、美化亮化的农村人居环境，形成一村一品、一村一韵、一村一景的美丽乡村格局。

【项目建设】2014年，嘉峪关市在建项目150个，计划总投资583.21亿元，其中：续建项目61个，计划总投资477.75万元；新开工项目89个，计划总投资105.46万元。

按行业划分：基础设施与生态建设项目15项，计划投资15.1亿元，主要是嘉峪关南站站前广场、饮用水水源地西气（油）东输（送）管网带下游水源井迁建、南湖文化生态园、城市园林绿化、嘉峪关至花海战备公路等项目；工业能源项目41项，计划总投资382.22亿元，主要是特色铝合金项目、中威斯高精铝合金铸造加工、嘉西光伏产业园110千伏送出工程及光伏发电等项目；民生项目28项，计划总投资17.87亿元，主要是有线电视网络双向改造工程、市酒钢三中新校区建设、社会福利三院联建及残疾人康复托养中心、正大新农村现代农业合作示范、野麻湾高新农业示范园区和城乡社区服务中心建设等项目；文化旅游及商贸项目25项，计划总投资88.8亿元，主要是华强文化科技产业基地、嘉峪关世界文化遗产保护与展示工程、嘉峪关草湖国家湿地公园、富力国际城市综合体、观礼古镇、天空之城、恒基美居文化产业博览园等项目；房地产项目41项，主要是富力花园、阳光金水湾、保障性住房建设等项目，计划投资79.2亿元。

【人民生活】全年城镇居民人均可支配收入26894元，比上年增长10.7%；城镇居民消费性支出17152.95元，增长9.76%；城镇居民家庭食品消费支出占消费总支出的比重为36.39%。农民人均纯收入13809.4元，增长11.8%；农村居民人均生活消费支出10373.42元，增长10.9%；农村居民家庭食品消费支出占消费总支出的比重为35.04%。

【扶贫开发】成立了由市委、市政府分管领导、农林、发改、财政、审计、农办等28个部门领导组成的嘉峪关市扶贫开发领导小组，制定《嘉峪关市贯彻落实省委、省政府〈关于深入实施“1236”扶贫攻坚行动的意见〉的实施方案》，根据项目管理规范性要求，由市扶贫办牵头建立和完善财政扶贫项目储备库，从调研论证、可研编制、执行程序等环节主动作为、提前介入，严格把好扶贫项目前期工作，切实做到扶贫项目科学化、规范化，有计划、有重点的优选储备了一批项目。认真落实2014年项目计划编制工作，结合实际，编制了《嘉峪关市精准扶贫项目建议书》和《嘉峪关市精准扶贫项目计划》，并上报省扶贫办。根据贫困人口意愿，通过精准扶贫培训、金融支撑扶贫，扶持贫困人口发展设施农业日光温室项目、畜牧养殖产业项目，不断挖掘贫困户的发展潜力，增强贫困户的发展后劲，从而提高了贫困人口的收入。嘉峪关市扶贫办及早谋划，向省扶贫办上报了嘉峪关市2014年第一批和第二批财政专项扶贫项目计划，共争取到项目资金160万元，其中第一批扶贫专项资金55万元、第二批扶贫专项资金105万元，用于扶持发展设施农业日光温室、畜牧养殖产业，实施精准扶贫培训和贷款信用担保贴息基金。举办了2014年精准扶贫锅炉工培训班，共培训锅炉工35人；举办2014年新型职业农民（农机维修、动物防疫检疫）培训班，计划培训60人。

【环境保护】全市从事环保工作人员97人，拥有各级环境监测站2个，监测人员58人，噪声功能区类别为4类，噪声功能区面积172.05平方公里，一年内空气质量达标天数296天。全市气象雷达观测站点1个，卫星云图接受站点1个，年平均气温8.2度，比上年偏高0.7度，年平均降水量72.2毫米，比上年偏少17.7%，气象自动观测站点14个。全年完成三北五期封滩育林工程1133公顷，完成农村人工造林面积53.7公顷，比上年增长77.9%，其中造林成活面积40.3公顷，开展全民义务植树65.4万株，比上年增长1.5%。

【社会保障】年末全市参加城镇职工基本养老保险6.88万人，比上年增长2.68%；参加城乡居民基本养老保险1.75万人，增长4.97%；参加城镇职工基本医疗保险8.57万人，增长2.2%；参加失业保险5.38万人，增长3.61%；参加工伤保险6.8万人，增长1.43%；参加生育保险7.14万人，增长15.64%；年末领取失业保险金人数1071人，比上年末增加123人。城镇居民得到政府最低生活保障4256人，下降19.57%；农村五保户供养51人，增长15.9%。

金昌市

【现任主要领导】

中共金昌市市委书记：吴明明

金昌市人大常委会主任：方银天

金昌市人民政府市长：张应华

政协金昌市委员会主席：李生伟

中共金昌市纪律检查委员会

书记：苏克俭

【基本情况】金昌市地处甘肃省河西走廊东段，祁连山北麓，阿拉善台地南缘。北、东与民勤县相连，东南与武威市相靠，南与肃南裕固族自治县相接，西南与青海省门源回族自治县搭界，西与张掖市民乐、山丹县接壤，西北与内蒙古自治区阿拉善右旗毗邻。全境东西长144.78公里，南北宽134.6公里，边界线总长486公里。2014年末，金昌市常住人口47.01万人，总面积8896平方公里，下辖永昌县、金川区，全市共有12个乡（镇），6个街道办事处。金昌因镍矿非常丰富而成为我国最大的镍钴和铂族金属生产中心，被誉为祖国的“镍都”。

【国民经济】2014年，金昌市完成生产总值245.64亿元，比上年增长7.8%。第一、二、三产业分别实现增加值17.41亿元、170.28亿元和59.96亿元，分别增长5.19%、7.9%和7.5%；完成固定资产投资247.16亿元，增长22.54%；实现社会消费品零售总额64.64亿元，增长12.63%；完成大口径财政收入48.47亿元，增长39.51%；地方财政收入17.99亿元，增长13.4%；城镇居民人均可支配收入26260元，增长10.4%；农民人均纯收入9900元，增长11.7%；实现进出口贸易总额19.59亿美元，下降48%。

【“三农”工作】农业播种面积总体稳定，全年农作物播种面积111.55万亩，较上年增长0.73%。农业种植结构不断优化，粮食作物播种比重由上年的64.77%降至62.71%，油料、蔬菜和药材播种比重较上年分别提高0.25、1.16和0.08个百分点；粮食作物呈现“夏减秋增”，夏粮面积下降6.31%，秋粮面积增长7.07%。全市粮食产量实现“四连增”，达到35.62万吨，增长1.01%。畜禽存出栏总体平稳，全年新建标准化养殖小区（场）21个，总数累计达到183个。全市畜禽总饲养量252.33万头（只），增长7.53%，其中：羊饲养量为125.42万只，增长10.49%。猪出栏7.69万头，增长3.51%；牛出栏0.89万头，下降5.95%；羊出栏37.16万只，增长10.27%；家禽出栏45.3万只，增长4.38%。农业现代化水平进一步提高，年末拥有农业机械总动力100.19万千瓦，比上年增长1.95%；机耕面积97.05万亩，增长0.05%；机播面积75.77万亩，增长0.49%；机收面积68.1万亩，增长1.58%。

【项目建设】重点工业项目进展顺利，金昌发电公司2×330兆瓦热电联产、金川集团公司30万吨铜材深加工、万隆实业10万吨无机纤维一期、300万只圆筒印花镍网扩建项目建成投产，金川集团公司40万吨离子膜烧碱二期、30万吨PVC、铜阳极泥贵金属综合回收、羰基镍及铂族金属原料制备、金泥16万吨干法乙炔、日升隆60万吨低温煤干馏、永昌县10万吨生物降解母粒及制品加工等项目稳步推进。金昌市被确定为国家新能源示范城市，光电建成并网180.5万千瓦，风电建成并网19.8万千瓦。基础设施建设逐步完善，金阿高速公路、金昌文化街、金川区薰衣草种植示范基地、金水湖景区观赏园、金昌商会大厦、紫金广场建成投运，太西煤金昌物流中心一期建成。招商引资成果丰硕，全年共实施招商项目316项，其中：新建项目160项，续建项目74项，已建成项目82项，引进到位资金201.28亿元，比上年增长10.8%。

【优势产业】2014年，金昌市实现工业增加值142.5亿元，增长7.64%，占全市经济比重的58%。镍、铜、合成氨、化肥、烧碱、磷酸铵肥和发电量产量增幅分别达到3.02%、13.34%、28.43%、3.99%、3.19%、11.8%和44.25%。镍网生产能力占全国的40%，成为全国最大的镍网生产基地。全年新增规模以上工业企业23家。

产业结构持续调整，文化旅游加快发展。2014年，全市三次产业结构比调整为7.1 ∶ 69.3 ∶ 23.6，第三产业比重较上年提高2.6个百分点。实现文化产业增加值2.24亿元，增长23.96%；旅游收入11.9亿元，增长29.4%。

【扶贫开发】2014年，全市脱贫人口达到8000人，其中：永昌县5600人，金川区2400人。全年发放涉农贷款98.49亿元；建成村级通畅公路23.8公里，乡村客运站、停靠点覆盖率达到100%；新改建维修渠道121.48公里，农村自来水入户率达到93%，饮水安全人口比重达到95%；贫困村动力电覆盖范围达到100%；大力实施“十村示范百村整治”工程，规划建设50户以上集中居住示范点25个，新建乡镇公租房小区6个，开工建设住宅楼2210套，改造农村危旧房3530多套。

【环境保护】2014年，全市工业废气排放量962.27亿标立方米，较上年增长20.16%；二氧化硫排放量10.51万吨，下降2.28%；氮氧化物排放量2.49万吨，下降7.29%。工业固体废物产生量1259.32万吨，增长1.16%；化学需氧量排放总量1.31万吨，下降0.55%；氨氮排放总量0.46万吨，下降4.81%；市区环境空气质量达标天数达到283天。全市单位生产总值能耗1.4167吨标准煤/万元，同比下降7.13%。城市污水处理厂集中处理率95.85%；城市生活垃圾无害化处理率100%；建成区绿地率32.39%，较上年提高0.45个百分点；建成区绿化覆盖率36.6%，较上年提高0.49个百分点；城市人均公园绿地面积19.38平方米；人均城市道路面积24.41平方米。

【社会保障】2014年，金昌市城镇新增就业人数26235人，全年共接收应届高校毕业生1799人。城镇登记失业人员4825人，城镇登记失业率2.92%。全年创劳务收入13.52亿元，劳务输转人数8.07万人。全市参加城镇基本养老保险的职工59954人；参加城镇失业保险人数72794人；参加城镇职工基本医疗保险人数118935人，参加工伤保险人数74027人；参加城镇职工生育保险人数37659人；城乡居民社会养老保险投保人数159881人。城乡居民基本医疗保险参保率分别达到97.57%和96.34%，城乡居民基本医疗保险实现并轨运行。全市城市低保对象15438人，发放低保资金6340.4万元；农村低保对象12637人，发放低保金3764.4万元。城市低保标准由每月306元提高到458元，月人均补差由271元提高到312元；农村低保标准达到每年2193元，农村低保月人均补助水平由101元提高到116元。

【社会事业】2014年，全年全市组织实施科技计划项目67项，安排市拨科技三项费240万元。共申报国家（省）级科技项目117项，批准立项13项，其中：国家级项目3项，省级项目10项；受理专利申请541件，已授权373件。

九年义务教育巩固率99.9%，高中阶段毛入学率99.7%，学前三年毛入园率90.6%，“三类”残疾儿童少年入学率93%，全市高中阶段毕业生性别差异系数102.68%，居民平均受教育年限10.1年。2014年全市参加高考5877人，二本以上上线2401人，上线率46.78%，较上年提高3.39个百分点。截至2014年末，全市已建成乡镇综合文化站12个，“农家书屋”174个，村文化室138个。全年图书馆共借阅图书近59万余册，接待读者60万余人次。全市现有中短波发射台1座，调频发射台4座，电视转播发射台8座；全市有线电视用户7.5万户，已转换数字电视用户7.5万户，数字电视转换率达到100%。广播和电视综合人口覆盖率分别达到98.59%和98.78%。全年城乡共组织放映公益电影1764场。全市共有各级各类医疗卫生机构557个。卫生机构拥有床位数2420张，每千人拥有床位5.15张。卫生专业技术人员3394人，其中：执业（助理）医师1311人，每千人拥有执业（助理）医师2.79人；注册护士1278人，每千人拥有执业护士2.72人。城市社区卫生服务机构覆盖率达到100%。孕产妇、婴儿和5岁以下儿童死亡率分别为59.97/10万、7.5‰和8.4‰；孕产妇住院分娩率100%；国家免疫规划疫苗接种率平均达到98%；婚前医学检查率38.58%。

（蔺彧）

金川区

【现任主要领导】

中共金川区区委书记：常家有

金川区人大常委会主任：李发祯

金川区人民政府区长：义战鹰

政协金川区委员会主席：徐峰

中共金川区纪律检查委员会书记：

郭炜（9月止）

胡艳芬（9月任）

【基本情况】金川区系金昌市人民政府所在地，是金昌市政治、经济、文化和社会活动中心，是新兴的工业城市，又是我国最大的镍钴生产基地和铂族元素提炼中心。东邻民勤，西靠山丹，南接永昌，北连内蒙古阿拉善右旗。区内常住人口23.19万人，总面积3019平方公里，辖2个镇和6个街道办事处，27个行政村，16个社区居委会。属于典型的温带大陆性气候，光照充足。

【国民经济】2014年，金川区完成生产总值187.4亿元，较上年增长7.7%，其中：第一产业增加值3.45亿元，增长5.61%；第二产业增加值146.24亿元，增长7.8%；第三产业增加值37.71亿元，增长7.23%。人均生产总值达80949元，增长7.4%；一般公共预算收入4.06亿元，增长15.37%；完成固定资产投资174.08亿元，增长25.81%；实现社会消费品零售总额45.29亿元，增长12.69%。

【“三农”工作】全年完成农作物播种面积20.71万亩，其中：粮食作物10.1万亩，经济及其它作物10.7万亩，粮食总产量达到6.84万吨，同比增长2.1%。现代农业步伐明显加快。金川现代循环农业示范园和金川现代畜牧循环产业园建设项目进展顺利，引进农作物优良品种30个，完成试验示范面积1.8万亩，农田节水示范面积11万亩，推广测土配方施肥技术17万亩；新增土地流转面积8.9万亩；新改建日光温室522座，塑料大棚2000亩；新建标准化养殖小区5个，申报省级标准化规模养殖示范场2个，认定家庭农场64个，累计扶持发展规模养殖户2805户、养殖大户345户，畜禽饲养量达到82.5万头（匹、只），增长4%；扶持发展产业化龙头企业达17家，各类专业合作社达到236个；新农村建设成效显著。动工改造农村危房1570户，硬化宅前道路7.7公里，硬化铺装5.4万平方米，建成文体广场1个，新改建各类渠道28公里，完成农村公路11.9公里，农村生产生活条件得到进一步改善。

【项目建设】全年共筛选确定建设项目139项，其中：新建项目94项，续建项目45项，开工建设114项。农林水利方面，石羊河流域治理、土地出让金用于农田水利建设、农村饮水安全工程、三北五期防护林、巩固退耕还林、公益林管护等项目已完工；中低产田改造、高标准农田建设示范工程、土地整理复垦、紫金花卉示范种植基地建设等项目全面完成年度建设任务。交通能源方面，福州路（武汉路至北环路）、经二路（武汉路至西宁路）已全面建成；陈油公路已完成涵洞、路基工程建设任务。城建及基础设施方面，2014年农村基础设施建设、28区马家崖城中村改造、天庆高岸子新村棚户区基础设施配套、龙云里标准化循环型社会综合服务中心配套设施建设、2013年农村环境连片整治等项目均已完工；西坡新村保障性住房、昌达花园公租房等项目进展顺利；天庆家园白家嘴棚户区改造、区中医院搬迁等项目正在开展前期工作。中小企业承载园区建设进展加快，园区一期基础设施已基本完工，企业建设初具规模，凯华环保、腾鑫金属、金宏光电器、石立方墙体建材等企业已初步建成，正在进行试生产；域福矿产资源、正能新材料、旷野牧歌、融汇文化等企业已完成厂房、办公楼主体建设；臻陇新能源、福鑫源保温节能材料等高新、环保项目入驻承载园区。目前，共审核入园企业38家，开工建设13家。同时，招商引资成效显著，全年共实施引资项目58项，引资总额35.29亿元，到位资金15.2亿元。

【人民生活】2014年，城镇居民人均可支配收入达28983元，比上年增长10.5%；农民人均纯收入11299元，增长12.3%。就业再就业工作成效显著，全年协调落实各类创业贷款5015万元，新增就业1.01万人，城镇登记失业率为3%以内。共输转城乡富余劳动力1.83万人次，实现劳务收入3.05亿元。

【环境保护】加大城区绿化建设力度，实施了金川区紫金花卉示范种植基地、新南园、新华路（金水桥至纵一路）两侧和新华路与河雅路什字景观带等绿地建设任务，完成了上海路、杭州路等6条7.6公里道路绿化建设。建成区绿地率达到33.1%，绿化覆盖率达37.4%，人均占有公园绿地达19.7平方米。不断加强环卫基础设施建设，完成公园路和宝光里市场2座公厕改造任务，建成2座简易式垃圾中转站，安装241个地埋式果皮箱，购置1台大型洗扫车和1辆吸污车，环境卫生综合整治能力显著提高。切实加大市容景观综合改造力度，清理、拆除不符合城市容貌标准的各类广告牌75块，设置公益广告2796块（处）。以创建全国文明城市为目标，不断提高城市管理水平。严格落实“门前四包”责任制，加大了道路清扫保洁、垃圾中转清运及无害化处理、公厕卫生管理力度，逐步建立市民文明习惯养成的长效机制。大力开展了人行道车辆停放秩序规范、马路市场治理、户外广告设置、店招店牌规范、违法建筑拆除、建筑垃圾清理等整治活动，城市形象大为改观。

【社会保障】城乡低保提标并轨，全年累计发放城市和农村最低生活保障金分别为3199.25万元和1020.47万元，发放医疗和临时救助金共计201.16万元，申报教育救助金和生活补助金37万元，切实解决了群众的实际困难。社会保险覆盖面不断扩大，城乡居民社会养老保险参保率达98.05%。建成城市社区老年人日间照料中心5个、农村“互助老人幸福院”15个，实现高龄补贴提标扩面。开工新建公租房1690套，分配入住廉租房225套。

【社会事业】全面实施科教兴区战略，以省级可持续发展实验区为契机，建立科技项目库，共申报科技项目37项，立项15项，科技工作取得新的突破。不断推进教育均衡发展，积极落实“两免一补一餐”政策，全年免教科书费69.2万元，为城市学生免除杂费111.71万元，落实寄宿生补助111.73万元；为农村中小学补助公用经费350万元，落实各级财政营养早餐资金155.07万元。八冶一小室外运动场改造工程、双湾镇天生炕分场学校锅炉房水厕新建及室外运动场改造工程、双湾镇中心幼儿园、中牌幼儿园、天生炕分场幼儿园建成并投入使用，高岸子新村幼儿园正在建设中，基本实现了农村学前教育全覆盖。深入推进医药卫生体制改革，区属53家医疗机构基本药物使用率达90%以上，人均公共卫生服务经费提高到35元/人，基本医疗及公共卫生服务水平不断提高。双湾镇敬老院及附属工程、区“三馆”、区就业和社会保障服务中心等项目进展顺利。《金川区志》首次出版发行。

（武恩洪）

永昌县

【现任主要领导】

中共永昌县县委书记：马国兴

永昌县人大常委会主任：李福学

永昌县人民政府县长：张政能

政协永昌县委员会主席：邓仕章

中共永昌县纪律检查委员会

书记：周英录

【基本情况】永昌县地处河西走廊东部，祁连山北麓，阿拉善台地南缘，东邻民勤、武威，西迎山丹，南依肃南、青海门源县，北与金川区接壤。县城距金昌市区50公里。全县辖6个镇4个乡，10社区，111个村民委员会。总面积7439平方公里，总人口23.82万人，其中城镇人口10.59万人。境内地形以山地高原为主，山地、平川、戈壁、绿洲相连，属大陆性季风气候，昼夜温差大，春季回暖慢。

【国民经济】2014年，全县完成生产总值58.24亿元，比上年增长8%，第一、二、三产业分别实现增加值13.95亿元、24.04亿元、20.25亿元，分别增长5.06%、8.82%、7.97%；完成固定资产投资73.08亿元，增长15.38%；实现社会消费品零售总额19.35亿元，同比增长12.48%；完成公共财政预算收入3.24亿元，增长21.26%。

【“三农”工作】加快推进“一区五园、一带多点”建设，清河现代循环农业产业园区培训中心建成使用，核心区完成年度建设任务，被评为省级农业科技园区；东河高效节水农业示范园、城郊标准化绿色蔬菜生产示范园、西河草食畜牧业和食用菌产业示范园建设步伐加快，河西堡金农现代农业示范点和东寨、六坝、水源日光温室示范点规模日益壮大。推广高效农田节水技术42.73万亩，新建日光温室943座、塑料大拱棚648座、食用菌棚171座，新改建养殖暖棚3548座，新增规模养殖户2628户。土地确权试点工作有序推进，全县流转土地30.51万亩，占家庭经营承包面积的54.82%。新建农民专业合作社434个，申报家庭农场125家，新增农业产业化龙头企业9家。各项惠农政策全面落实，农产品质量安全省级达标，小麦、辣椒、蚕豆获绿色食品认证，“永昌羊肉”完成地理标志省级评审。

【项目建设】组织实施重点建设项目98项，落实招商引资项目101项，到位资金30.24亿元。着眼于应对市场变化、增强支撑能力，坚持扩大增量与优化存量并举、打造平台与优化服务并重，“两区两园”基础设施不断完善，河西堡工业区防洪工程二期、上河湾330KV变电站、综合污水处理厂基本建成，铸造产业园规划通过评审；永昌工业区4条支线道路建成使用，园区信息平台投入运营，盘活闲置企业10家；焦家庄氟材料工业园区研发中心主体完工，入园道路建成通车；清河园区农畜产品加工园主干道建成通车，集中供水、道路绿化工程完成规划及施工图设计。重点工业项目稳步推进，正泰河清滩100兆瓦二期、三峡大寨滩50兆瓦二期光伏发电并网发电，培霖化工氟石膏综合利用项目建成试产，阳光澳洲生物降解母粒及制品加工、杰兰矿山设备、泰琦全氟乙基磺酰氟生产线、鑫亳中药材加工、京天福磷石膏资源化利用等项目进展顺利。加大旅游资源开发、基础设施配套和宣传推介力度，骊靬文化产业园、北海子湿地风景区建设有序推进；第三届骊靬文化国际旅游节成功举办；与意大利博拉市建立友好城市关系得到全国对外友协批准。骊靬古城和武当山景区分别被评为国家4A级、3A级景区，新城子油菜花景观荣获“中国美丽田园”称号。

【优势产业】文化旅游产业加快发展。骊靬文化产业园建设步伐加快，华夏骊靬影视城完成唐宫、仿古街主体工程，梵宫完成部分主体工程，骊靬文化陈列馆开展布展方案设计，游客接待中心正在进行内部装修，中国家庭传统文化体验村和骊靬大道罗马柱景观工程项目进展顺利，成功举办了中国·金昌第三届骊靬文化国际旅游节系列活动。北海子湿地风景区、圣容寺景区基础设施进一步完善，武当山宗教文化旅游区二期、武当山国际大酒店建设进展顺利。新城子镇油菜花景观获“中国美丽田园”称号，骊靬古城国家4A级景区和北武当山国家3A级景区获得批准。全年游客接待量122.7万人次，实现旅游综合收入6亿元，分别增长27%和26.1%。

【人民生活】2014年全县城镇居民人均可支配收入20055元，比上年增长10.1%；人均消费性支出11294元，比上年增长9.7%；城镇居民家庭恩格尔系数为31.8%，比上年减少1.4个百分点。农民人均纯收入9457元，增长11.4%；人均消费支出5808元，增长11.5%；农村居民家庭恩格尔系数32.5%。比上年减少3个百分点。城乡居民储蓄存款余额达到58.32亿元，增长12.3%。城乡居民的居住条件和生活质量进一步改善和提高，城乡居民人均住房面积分别达到32.4和36.8平方米。移动电话用户达到85.8部/百人，互联网用户达到19280户，占总户数的26.1%。

【扶贫开发】全年争取扶贫资金2202.35万元，实施扶贫开发项目55项，骊靬村易地扶贫搬迁项目顺利实施，贫困人口由9698人减少到4098人。完成职业技能培训3068人，输转6.24万人次，实现劳务收入10.3亿元。新改建渠道257公里，建成高标准农田1.32万亩、高产稳产田1万亩。建成通村道路68公里，改造升级农村电网143公里，完成8个村人饮工程。美丽乡村示范点建设成效明显，实施了6个乡镇13个村农村环境连片整治项目，建成集中居住点30个、公租房5704套、高标准农宅3454套，改造棚户区3120套。

【环境保护】全县工业二氧化硫排放量0.56万吨，工业固体废物产生量40.19万吨，较上年下降4.75%，工业固体废物综合利用率达到75.2%；化学需氧量排放总量0.84万吨，下降2.3%；城区环境空气质量二级和好于二级标准天数达到330天。全县单位生产总值能耗3.25吨标煤/万元，下降4.08%。城市污水处理率85%；城市生活垃圾无害化处理率96%；建成区绿地率30.2%；建成区绿化覆盖率31.8%。沙化土地封禁区保护、退耕还林、三北四期等重点林业生态项目进展顺利，完成人工造林1.54万亩、义务植树82万株，森林覆盖率达到27.22%。

【社会保障】全年新增城镇就业1.1万人，城乡居民社会养老保险、城镇居民基本医疗保险、新型农村合作医疗保险参保率均达到98.8%以上，城乡居民和企业职工养老金发放率达到100%；城乡低保提标扩面和清理规范工作全面完成，朱王堡、南坝、东寨、焦家庄4乡镇实现城乡低保并轨，农村五保供养标准提高510元，发放双拥优抚资金728.6万元、残疾人补贴413万元，建成互助老人幸福院28个、日间照料中心 2 个。

【社会事业】全年实施科技项目 33 项，科技计划项目总投资 12902 万元，安排科技三项费 613.5 万元。落实科技实验示范项目 33 项，引进推广实用技术 38 项；建立科技示范基地（点）8 个，聘请农民技术员 72 名；新培养科技示范户 610 户，带动发展特色农业产业化示范基地 9100 余亩，科技对经济的贡献率达到 52.9%；组织下派科技特派员 15 名，举办标准化种养殖培训班 36 期，受训人数 6100 多人次。职中实训楼、六中公寓楼、西沟小学餐厅、七中操场建成投用，永昌一小、河二小综合楼正在进行内部装修，朱王堡明德小学宿舍楼开工建设。县级公立医院改革稳步推进，城关、焦家庄等 6 个乡镇卫生院业务用房及附属设施建成投用；人口计生利益导向示范区创建工作稳步推进，“单独两孩”政策有效落实，人口自然增长率为 5.41‰。食品药品安全监管体系逐步健全，人民群众饮食用药安全得到有效保障。

公共文化服务体系示范区创建成果不断巩固。“全国文化先进单位”荣誉称号继续保留，9 个乡镇文化站评估定级工作全面完成，建成民俗博物馆 1 个、农民工文化服务点 10 个、乡村舞台 50 个，东寨镇乡村舞台受到央视等媒体关注，县电视台节目实现全市覆盖。建成乡镇及社区体育健身中心 2 个，实施“一村一场”农民健身工程 35 个。

（姚林）

白银市

【现任主要领导】

中共白银市市委书记：张智全

白银市人大常委会主任：宁金辉

白银市人民政府市长：汪海洲

政协白银市委员会主席：袁崇俊

中共白银市纪律检查委员会

书记：赵鹏程

【基本情况】白银市是全国唯一以贵金属命名的城市，正如其名一样，白银充满着神奇和魅力。据志书记载，白银矿藏的开采，始于汉代，明朝洪武年间，官方曾在现市政府驻地设立办矿机构“白银厂”，有“日出斗金”之说，白银缘此而得名。从“一五”计划开始，国家对白银地区有色金属资源进行大规模开发利用，拉开了白银开发建设的序幕，白银人民在荒漠戈壁上开拓出一片片绿洲，建起一座座工厂，一座工业新城迅速崛起，曾享有中国“铜城”盛誉。1956 年设县级市，1958 年升格为地级市，1963 年撤销，1985 年 8 月 1 日经国务院批准恢复建市。白银市地处黄土高原和腾格里沙漠过渡地带，海拔 1275 ~ 3321 米，年降水量 110 ~ 352 毫米，年蒸发量 2101 毫米，黄河流经全市 258 公里，流域面积 14710 平方公里。现辖白银、平川两区，会宁、靖远、景泰三县，全市共有 33 个乡，36 个镇，9 个街道办事处。辖区土地面积 2.12 万平方公里，2014 年末，常住总人口为 170.83 万人，其中：城镇人口 76.75 万人，乡村人口 94.08 万人，人口规模居全省第 9 位。

【资源优势】境内矿产资源比较丰富，具有点多、面广、储量大的特点，矿藏储量位居全省前列。有色金属矿种有铜、铅、锌、钴、金、银等。另外还有煤炭、石膏、石灰石、沸石、重晶石等，且矿石质量好，共生丰富的稀有贵重金属 30 多种，其中铟、铊、镉为省内唯一产地。煤炭保有储量在 12 亿吨以上，石膏储量 7000 万吨，石灰石储量 1 亿多吨。白银凹凸棒居全国第一，远景储量 10 亿吨；陶土居全省第一，远景储量超过 20 亿吨；伴生硫、耐火粘土、石膏、芒硝、石英石、硫铁矿居全省第五位，其中石英岩远景储量 3000 万吨。白银历史悠久，文化灿烂，是一片古老而神秘的土地。现已发现的新石器时代的文化遗址就有 16 处之多，汉墓群及北魏、唐、宋以来的石窟艺术，城堡建筑等历史遗迹散布在白银境内。1936 年 10 月，举世闻名的中国工农红军一、二、四方面军会师会宁县，在中国革命史册上写下了光辉的一页。建立在会宁县城的三军会师纪念塔、共和国将帅碑林、长征胜利景园，被国家确定为爱国主义教育基地。境内的黄河石林奇峰耸秀，怪石竞列，引人入胜；寿鹿山、屈吴山、哈思山、铁木山更加群星闪烁，美不胜收。白银既有浩瀚沙场，又有一马平川；既有塞外风光，又有江南毓秀。黄河、绿洲与沙漠同在，古刹、城堡与森林共存，是海内外旅游爱好者探险、漂流、攀岩、游乐的好地方。

【国民经济】2014 年，全市生产总值 447.64 亿元，比上年增长 8.8%。其中，第一产业增加值 56.22 亿元，增长 5.6%；第二产业增加值 225.62 亿元，增长 10.4%；第三产业增加值 165.5 亿元，增长 7.2%。三次产业结构为 12.63 ∶ 50.4 ∶ 36.97。全市实现工业增加值 179.72 亿元，增长 10.2%。其中规模以上工业增加值 161.05 亿元，增长 10%。完成固定资产投资 428.44 亿元，增长 21.71%。完成社会消费品零售总额 152.35 亿元，增长 12.8%。大口径财政收入完成 52.73 亿元，增长 4.74%。公共财政预算收入完成 26 亿元，增长 7.8%。公共财政预算支出 114.58 亿元，下降 2.68%。

【农村经济】黄河提灌农业是白银农业的主导，全市有效灌溉面积 149.26 万亩，占全市 461.4 万亩耕地总面积的 32.35%。粮食总产量突破 80 万吨，达到 83 万吨。新改扩建日光温室 1.04 万亩，瓜菜面积达到 99.14 万亩，实施“万吨农产品进京”工程，成为北京冬季蔬菜供应储备直供基地；生猪、牛、羊饲养量分别达到 170.8 万头、17.87 万头和 466.2 万只，肉蛋奶总产量 17.49 万吨，规模化养殖比例达到 78%，正大现代农牧等产业化项目建成运营；新增特色经济林 14.75 万亩。落实农机购置补贴资金 3910 万元，耕种收综合机械化水平达到 49%。土地流转面积达到 93.5 万亩；农民专业合作社总数达到 6130 家，居全省首位；龙头企业总数达到 343 家，农产品加工转化率达到 50%。推广全膜双垄沟播 143.4 万亩、高效节水示范灌溉 94.1 万亩，创建粮油高产万亩示范片 20 个，农作物良种覆盖率、畜禽良种普及率分别达到 95%、90% 以上。新增无公害农产品产地认定、产品认证

33个，“靖远黑瓜籽”获得国家地理标志保护产品认证，“陇郁香”亚麻油、“御液香”梨荣获国家级农产品金奖，“高原宏”枸杞、“条山”早酥梨和苹果荣获国家级绿色食品金奖，靖远农业科技园升级为省级农业科技园。

【工业经济】着力壮大“3+4”产业集群，60万吨尾矿制酸、凯宏建材生产线等项目建成投运，铜冶炼技术提升改造、锌冶炼资源综合利用、刘化集团年产25万吨硝基复合肥、恒大陶瓷等项目加快推进，电解铝液转化率达100%；加强工业运行调度，出台工业生产止滑稳增5条政策措施，28家企业进入全省直购电交易平台。全市煤炭、有色、电力、化工四大行业完成增加值123.76亿元，增长12.3%。积极培育战略性新兴产业，倚银石化装备生产基地建成投产，华电贾寨柯风电、北京万源五合风电、德祐光伏发电等项目建成并网，云计算产业园、500架无人机发动机和总装生产线、蓝通稀土高铁铝合金、碳纤维新材料、恒丰稀土多功能材料、尚德节能型电动机等项目顺利推进，稀土公司入选全省战新产业总体攻坚战首批骨干企业。

【项目建设】扎实开展“项目建设落实年”活动，全市在建项目860个，其中新开工项目608个。160个市列重点项目完成投资157.78亿元，21个项目建成投运。双永供水主干工程完工，引洮一期会宁北部供水工程实现通水，热电联产项目建筑主体基本完成，黄河石林二级公路、沿黄快速通道白银至水川连接线建成通车；凯斯瓷业高档墙地砖一期、中鑫石化清洁燃油等项目建成投运，晋江福源食品生产线、启明星高频无极灯二期扩建等重大项目进展顺利；矿田地质找矿取得新进展，新增铜铅锌金属量51.93万吨、金资源量10.23吨；亚行一期项目全面完成，总投资12.3亿元的亚行二期贷款项目完成谈判；干塘至武威南铁路增建二线、平堡黄河大桥及引线工程开工建设，包兰铁路扩能改造银川至兰州客运专线方案基本确定；引洮二期会宁供水工程项目建议书通过国家发改委批复，黄河白银段防洪治理项目可研通过水利部审查上报国家发改委待批，甘肃中部生态移民扶贫开发供水工程规划报告通过水利部水规总院审查。

【招商引资和园区建设】第20届兰洽会签约项目169个，开工率82.8%；与世界500强、国内500强、上市公司企业签约项目11个，签约资金284.3亿元；招商引资累计到位资金373亿元，增长35.87%。建立外贸促小育新项目库，申请贴息资金1774.2万元。白银高新区在全省35家工业园区综合考核中位列第三，白银工业集中区完成工业增加值150.4亿元，增长9.5%。

【商贸流通】银西工业园鼎丰物流一期工程投入使用，二期工程启动建设；中进大西北仓储物流园、靖远西北果蔬冷链物流中心动工建设；汽车商贸服务城26个4S店投入运营；国芳百货商贸综合体、义乌商贸城建成营运，金域观澜商贸综合体、靖远浙江商贸城等一批商贸综合体加快推进；新建和改扩建忠恒金地年鲜特色商品交易中心、白银粮油批发市场、五一街等农贸市场18个，农家超市260个；靖远县入选阿里巴巴“千县万村”计划，西北大磨坊、北方菜业等7家企业入驻“淘宝白银分馆”，电商企业达到41家，网络零售额增长26%。“新网工程”深入推进，恢复重建基层供销社7家。

【文化旅游】怡园·靖远古城、会宁汉唐二十四节气文化商业街、白银区黄河假日城等文化旅游开发项目加快推进；黄河石林列入全省20个大景区建设规划，调整了景区管理体制；靖远腾飞国际赛车场和滑雪场建成投运，成功举办全国汽车场地越野锦标赛；会宁被评为“中国文化旅游名县”，景泰被评为“中国最具魅力文化旅游名县”。全市实现旅游收入32.93亿元，增长24.6%；完成文化产业增加值6.25亿元，增长24.05%。

【非公经济】落实全省支持非公经济跨越发展的30项政策措施，拨付非公经济专项扶持资金3409万元，减免非公企业税收1.8亿元，新增非公经济主体1.64万户，增长35.09%，总量突破7万户，非公经济纳税19.77亿元。“康视达”眼镜被评为中国驰名商标，“金杞福源”、“赛诺生物”等16件商标被评为甘肃省著名商标。

【科技创新】兰白科技创新改革试验区获科技部批准；白银科技企业孵化器被认定为国家级孵化器，一期生物医药中间体产业园、二期装备制造业产业园建成12.5万平方米，入孵企业100家，拥有专利149件；全市万人发明专利拥有量达到1.03件，位列全省第三，完成技术合同交易额2.5亿元；与上海张江、杨浦及部分企业建立了战略合作伙伴关系，与兰州理工大学联合建设“白银新材料研究院”，与兰州大学合作共建“白银技术转移中心”，与西北师范大学合作共建“白银专家服务基地”，引进高层次创新创业人才（团队）12个，新增高新技术企业4家、科技型企业13家、省级工程技术研究中心1家、省级重点实验室1家；白银原点科技公司晋级全国创新创业大赛总决赛，甘肃稀土新材料、长通电线电缆两家公司入选2014年国家火炬计划重点高新技术企业。

【循环经济】实施循环经济项目151项，完成投资91.2亿元；成功举办全省循环经济现场会、循环经济国际博览会，白银循环经济发展模式得到认可推广；“双百工程”示范基地加快推进，靖远被列为全省循环经济示范县，平川地膜回收利用列入国家农业清洁生产示范县建设项目；单位生产总值能耗和主要污染物排放提前完成“十二五”控制目标。

【人民生活】城镇居民人均可支配收入20052.8元，比上年增长9.7%；城镇居民人均消费支出13403.1元，增长11.3%。农民人均纯收入5777.4元，增长12.4%，农村居民人均生活消费支出5050.5元，增长8.7%。居民家庭恩格尔系数（即居民家庭食品消费支出占家庭消费总支出的比重），城镇为35.4%，下降0.4个百分点；农村为42.4%，下降0.4个百分点。就业工作持续加强。年内城镇新增就业人数67196人，共有10977名失业人员通过各种渠道实现了再就业，年末城镇登记失业率为2.29%。组织输转城乡富余劳动力30.5万人，创劳务收入44.3亿元。

【民生保障】各级财政投入改善民生和社会事业资金85.96亿元，占财政支出的75%，比上年提高2个百分点。省、市确定的32项惠民实事全部办结。落实扶贫专项资金1.77亿元，实施易地扶贫搬迁5335人，5个乡镇46个村实现整体脱贫，减贫人口7万人。新增城镇就业6.72万人，发放小额担保贷款4.6亿元，帮助1.08万失业人员实现再就业，劳务输转30.5万人，创劳务收入44.35亿元。建成城乡社区老年人日间照料中心78所，新增养老床位960张。城乡低保标准和补助水平提高15%，发放城乡低保资金5.45亿元；发放农村残疾老人和高龄老人补贴698.7万元，发放孤儿基本生活费1199.8万元，发放残疾人补贴和危房改造资金4289万元，发放城乡医疗救助、临时生活救助资金6746.98万元。争取国开行棚改贷款16.23亿元，开工保障性安居工程6546套，完成农村危房改造9300户。

【社会事业】制定出台了加快教育、卫生改革发展的意见，着力解决资源配置、人员待遇、质量提升等突出问题。新改扩建校舍32.2万平方米，消除危房20.9万平方米，改造寄宿制学校32所、薄弱学校37所，建成会宁、靖远特殊教育学校，新建幼儿园22所，改扩建农村小学附设幼儿园100所，实现了乡镇公办中心幼儿园全覆盖；投资6.5亿元的白银矿冶职业技术学院新校区建成使用，职业教育稳步提升。市第一人民医院住院部开工建设，新改扩建乡镇卫生院14所、标准化村卫生室195个，市儿童医院、市残疾人康复中心主体工程完成；新农合人均筹资标准提高到390元，参合率达到98.04%；为1614例白内障患者免费实施复明手术；为符合条件的372对夫妇落实“单独两孩”生育政策，人口自然增长率5.65‰。建成“乡村舞台”69个、“一村一场”农民体育健身工程69个、乡镇社区体育健身中心6个，开通全省市州级首家移动数字图书馆，平川孝和文化中心被民政部命名为弘扬中华孝道示范基地，成功承办省第十三届运动会、省第九届残疾人运动会暨第三届特奥会。

【环境治理】建成白银公司第三冶炼厂废水深度处理回用等4个重金属污染治理和东大沟流域6公里河道综合整治工程，减排重金属废水120万吨；建成工程减排项目15个、规模化畜禽养殖减排项目25个；秸秆饲料化利用率达到60.3%，地膜回收率达到76.3%；完成各类造林32.28万亩；投资1亿元的矿山环境治理工程三期项目开工建设；取缔关停不符合产业政策、污染严重的企业66个，淘汰落后产能353万吨，发展清洁生产企业33户，万元生产总值能耗下降到1.51吨标煤；市区空气质量优良天数达到309天。

（刘兆伟）

白银区

【现任主要领导】

中共白银区区委书记：李兰宏

白银区人大常委会主任：王青山

白银区人民政府区长：王琳玺

政协白银区委员会主席：关玉卿

中共白银区纪律检查委员会书记：刘正亮

【基本情况】白银区位于甘肃中部、白银市西部，黄河上游中段，地处陇西黄土高原西北边缘，地形总趁势西北高，东南低，平均海拔1946.5米。西与兰州市皋兰县接壤；南临黄河，与榆中县青城乡及靖远县平堡乡隔河相望；东与靖远县刘川乡毗邻；北与景泰县中泉乡为界。辖区东西长约47公里，南北宽约60公里，总面积1372平方公里。白银区属于中温带大陆性干旱、半荒漠气候区，总的气候特点是四季分明，光照充足，干旱多风，降雨稀少。多年平均气温8.07℃。年均降水量198毫米，年均蒸发量1997.1毫米。年均无霜期183.8天。现辖2乡，3镇和5个街道办事处，有45个行政村，35个社区居委会。有汉、回、满、蒙、土家、苗等22个民族，总人口28.9万人，其中城市人口22.9万人，农村人口6万人。区内有道教、佛教、伊斯兰教、天主教和基督教五个宗教。

【国民经济】全年实现生产总值197.77亿元，比上年增长8.9%。其中：第一产业增加值5.46亿元，增长4.9%；第二产业增加值117.19亿元，增长9.3%；第三产业增加值80.19亿元，增长8.6%。三次产业结构比为2.76 ：56.69 ：40.55。实现工业增加值100.06亿元，增长9.1%。地方财政收入完成6.35亿元，增长13.02%。实现社会消费品零售总额80.78亿元，增长13.8%。固定资产投资完成148.18亿元，增长22.72%。

【“三农”工作】引进蔬菜新品种50个，新技术10项，建立标准化生产示范区2500亩，新改建日光温室2000亩，新增高原夏菜2000亩，推广测土配方施肥技术2.5万亩；落实标准化养殖场（小区）任务5个，建设饲养规模为5000头的天博奶牛养殖示范园1个；苜蓿种植达到1500亩，推广畜禽新品种新技术5项；建成苹果标准化示范小区1个，面积600亩，示范带动果园标准化生产3000亩；武川枣园高接换种骏枣、小口枣优良品种500亩；新栽苹果1000亩、建成规模100亩以上的苹果园1个，连片新栽梨园2200亩；认定绿色产品1个，申报无公害农产品产地认定2个；申报省级尾菜处理利用专项资金扶持项目2个、废旧农膜回收项目1个、农村户用沼气200户；新建养殖小区联户沼气工程1处，供气50户；全区拥有省级农业龙头企业5家、市级6家，新申报认定市级农业产业化重点龙头企业3个（白银育晖畜牧养殖有限公司、白银市天胜农业综合开发有限公司、甘肃德福祥面业有限公司），发展各类农民专业合作社447家，建设合作经济组织示范点1个（庆和种植专业合作社）。

【项目建设】白银区共有12个项目列入市重点项目，完成投资18.03亿元。其中：新建项目3项，总投资73.27亿元，当年计划投资5.38亿元，完成投资1.18亿元；续建项目7项，总投资63.55亿元，当年计划投资18.6亿元，完成投资16.85亿；前期项目2项，估算总投资14亿元，正在办理土地手续和《控制性详细规划》审批等工作。安排实施重点项目50个，总投资131.96亿元，计划当年投资58.88亿元。截止10月底，完成当年投资35.64亿元。其中，工商项目11项，已开工11项，完成当年投资12.91亿元；农业项目8项，已开工7项，完成当年投资1.19亿元；基础设施项目25项，已开工18项，完成当年投资20.8亿元；社会事业项目6项，已开工3项，完成当年投资7422万元。

【优势产业】有色金属深加工：以白银有色集团有限责任公司为重点，以有色金属矿产资源和废旧有色金属拆解回收利用为核心，着重提高矿石回采率、原矿回收率、冶炼回收率、加工材成品率等利用水平，逐步形成铜、铝、铅、锌、锂、稀土及精细化工一体化产业链，有色金属粉体材料、高纯金属、高附加值压延加工产品、贵金属产品得到了有效发展，再生铜、再生铅等的高值利用得到了大幅提高。

建材：以中材甘肃水泥有限责任公司、一刀玻璃有限责任公司等企业为重点，加速淘汰小水泥、小玻璃、实心粘土砖等落后工艺和产品，通过推广应用新型干法窑外分解、窑尾余热发电及利用工业废弃物和生活垃圾等工艺技术，高强煤粉灰砖、高强承重砌块、建筑保温材料等利用工业固体废弃物生产新型墙体材料和新型“生态水泥”得到了有效推广。

装备设备制造：以中科宇能风电设备、中集华骏、甘肃新北重汽车改装、荣信电力钢绞丝生产等企业为重点，通过几年发展，风电成套设备制造、交通运输设备制造、电气机械及器材制造等专用设备制造业已出具规模。

精细化工：以银光公司TDI为核心，整合区内化工资源，开发聚碳酸酯、碳纤维、锂材料、电池材料、氟材料高纯氢氟酸（PC）、MDI、PVC、DNT、民爆产品，扩大HDI、PC、PVC建设规模，通过延伸上下游产业链，促进上下游配套，建设醋酸、甲醇、涂料和化肥等生产线，精细化工产品的比重不断提高，形成了白银特色精细化工支柱产业。

农畜产品加工：依托雨润肉制品、蒙牛乳业、鑫昊乳业、盼盼食品、德福祥面粉等知名企业，发挥区域农产品质量优良、特色明显的优势，形成了以蔬菜、瓜果为主的特色种植业，以养牛、养羊为主的畜禽养殖业，以特种畜产品生产、加工为主的产业体系。

【人民生活】全年城镇居民人均可支配收入23975元，比上年增长10.1%；城镇居民人均消费支出17190元，增长14.2%。城镇居民恩格尔系数（即居民家庭食品消费支出占家庭消费总支出的比重）34.17%。农民人均纯收入9490元，增长12%。农村居民恩格尔系数35.94%。

【扶贫开发】实施整村推进项目2个。四龙镇金山村整村推进项目，计划衬砌渠道1.4公里，硬化道路2.85公里，优质红富士苹果套袋300亩，到户贴息项目1个，建扶贫互助协会1个。强湾乡月亮湾村整村推进项目，计划衬砌渠道1公里，硬化村社道路1.4公里，维修窑沟泵房1座，新建管理房1间、进水池一座、倒虹吸700米、分水井5座、铺压过水涵洞波纹管80米，更换机电设备4台套，栽植优质核桃100亩，建扶贫互助协会1个，目前项目正在实施中。实施移民安置工程2个，专项投资48万元。四龙镇移民小区硬化道路工程项目，计划硬化道路1公里；武川乡东台移民小区硬化道路工程项目，计划硬化道路0.6公里。目前项目正准备实施。

实施5个村组道路建设项目，专项投资183万元，共硬化村组道路5.65公里。

【环境保护】全区大环境绿化完成5000亩。其中，王岘镇雒家滩大王沟片区完成1700亩、沿黄快速通道温井子水源周边片区完成3300亩。特色经济林建设完成12015亩。其中，武川乡5000亩、王岘镇1000亩、强湾乡2000亩、水川镇2000亩、四龙镇2015亩。白银市污水处理厂运行正常，共处理污水量986.9万立方米，实现COD减排3765吨、氨氮减排339.34吨。无害化处理生活垃圾10.9万吨、处理医疗垃圾185.106吨。全年燃煤锅炉治理资金累积投入745.7万元，22台燃煤锅炉改用清洁能源，年减少原煤消耗3.5万吨，减少二氧化硫240吨，减少烟尘300吨。

【社会保障】白银区城镇新增就业人数28045人，其中城镇下岗失业人员再就业5172人，城镇登记失业率为1.51%。开展创业培训806人，职业技能培训5932人，其中“两后生”培训791人。保障性住房工程“银馨家园”公共租赁住房一期项目，建成公租房51栋、2954套，总建筑面积20.93万平方米，完成投资4.65亿元；“锦华苑小区”二期公共租赁房项目建成公租房22栋、1212套，总建筑面积9.4万平方米，完成投资2.23亿元。失管小区改造项目8处，改造居民楼58栋。全年区级统筹城镇职工养老保险参保12821人，征缴养老保险费6242万元；工伤保险参保9411人，征缴工伤保险费183万元；生育保险参保9621人，征缴生育保险费257万元；失业保险参保8013人，征缴失业保险费354万元；城镇职工医疗参保17180人，征缴基金3208万元。城镇居民养老保险参保12933人，征缴保费484万元；城镇居民医疗保险参保86182人，征缴374万元；农村居民养老保险参保39549人，征缴保险费334万元。农村新型合作医疗参保65408人、筹集新农合资金2576.02万元。全区新型农村合作医疗平均参合率达到97.51%。发放最低生活保障资金9525万元，惠及城镇居民1.47万户、3.64万人；农村居民3361户、7948人。发放五保对象保障资金69万元，惠及五保对象285人。实施城乡医疗救助5884人次，发放救助资金762.5万元。

【社会事业】白银区拥有学校110所，在校学生48315人，教职工人数4385人，校舍建筑面积502803平方米。学龄儿童入学率100%；初中入学率100%；高中阶段毛入学率94%。2014年全区普通高校录取人数（包含三校生）达到3324人。全区实施国家、省、市级科技项目22项。其中，无污染湿法炼铅新工艺、采用中水回用的钛白生产新工艺、环保型教学用水溶性油脂笔、新型煤气熔冶炼炉直接还原铜冶炼渣生产高碳铁等9个项目获国家科技型中小企业技术创新基金项目立项支持；旱砂地枣树栽培技术培训与枣产业培育、白银市大肠癌筛查及防治研究2个项目获省级科技项目立项支持；优质农产品绿色防控技术集成与示范、企业资源规划（ERD）整体信息化建设、环保除尘用高效DW系列离心鼓风机中试及推广项目等11个项目获市级科技项目立项支持。2014年区列科技项目18项，辖区专利申请受理344件，社会研究与实验发展经费支出占地区生产总值的2.6%。全区拥有卫生机构197个。其中：医院9个，基层医疗卫生机构158个，专业公共卫生机构30个。各类卫生机构拥有床位2155张，卫生技术人员2796人，其中，执业（助理）医师843人。

（张宸豪）

平川区

【现任主要领导】

中共平川区区委书记：高云翔

平川区人大常委会主任：张福

平川区人民政府区长：胡建伟

政协平川区委员会主席：郝进义

中共平川区纪律检查委员会

书记：宋涛

【基本概况】平川区位于白银市中部偏北，腾格里沙漠边缘，南北大部分与靖远县接壤，东北与宁夏回族自治区海原县毗邻，东南与会宁县相接，西北与景泰县相界，地势东南高、西北低，由东南向西北倾斜。总面积2126平方公里，东西长91.5公里，南北宽75公里，由西北向东南呈一狭长地带，阶梯状多台阶地形。境内最高峰屈吴山南沟大顶，海拔2858米。最低处水泉乡野麻村红麻湾，海拔1347米，高低差1511米。旱平川与西格拉滩为盆地式缓坡地带。由西向东有甲盔山、水泉尖山、喀拉山、碑南泉、黄家洼、屈吴山构成区内山脉的骨架。境内陶瓷原料矿产丰富，尤其以粘土、长石、石英石、紫砂为主的陶瓷原料资源更是非常丰富，各类陶土的测算储量已达到40亿吨以上。旅游资源独特，境内有保存完整的黄湾汉墓遗址，始建于北魏的红山古寺，明成化十年修建的北武当山真武祖师庙，清乾隆时期的福寿山摩崖石刻。有水泉小堡子兵变战场遗址、下家台地下党活动遗址、红军会师纪念亭等历史遗迹，1936年9月，中国工农红军一、四方面军在平川区打拉池胜利会师。全区辖4乡3镇4个街道办，30个社区居委会，61个村民委员会，309个村民小组。居住着汉、回、满、蒙等11个民族。

【国民经济】全区实现生产总值75.18亿元，比上年增长9.9%。其中第一产业增加值2.69亿元，增长5.5%；第二产业增加值56.67亿元，增长11.7%；第三产业增加值15.82亿元，增长2.7%。三次产业结构比为3.6 ∶ 75.4 ∶ 21。完成大口经财政收入14.79亿元，下降2.2%。地方财政支出12.91亿元，增长5.5%，其中一般公共支出1.6亿元，增长2.5%。全区金融机构各项贷款余额62.88亿元，增长12.2%。各项存款余额98.07亿元，增长4.5%，其中城乡居民储蓄存款余额59.17亿元，增长12.8%。城镇居民人均可支配收入23797元，增长9.5%，农民人均纯收入为6162元，增长12.5%。农村居民人均消费支出5255元，增长2.8%。

【农业经济】全区农作物播种面积达到26.35万亩，粮食作物播种面积达到20.55万亩，粮食总产量达到3.75万吨，增长4.18%。夏粮产量0.95万吨，增长10.5%；秋粮产量2.8万吨，增长2.1%。油料面积1.11万亩，产量1300吨；蔬菜面积1.54万亩，产量4.9万吨；瓜类面积2.12万亩，产量6.4万吨；果园面积8770亩，水果产量3889吨；推广全膜双垄沟播6.1万亩。

全区以“联村联户，为民富民”行动为契机，全面改善民生。各联村单位因地制宜、因势利导，深入推进实施“村有一项特色产业、户有一座种养棚圈、人有一项致富技能”的“三个一”扶贫模式，帮助联系村实施了涉及基础设施、产业发展、公益事业等方面的项目，培育了番茄、菊芋、枸杞、大枣、生猪、蛋鸡和乡村旅游等主导产业。201个联村单位为61个联系村实施了67项基础设施建设项目，落实帮扶项目资金3689万元，累计达1.39亿元。年末大牲畜存栏1.34万头，羊出栏4.6万头，羊存栏7.8万只；猪出栏3.6万头，猪存栏3.7万头，鸡存栏27.98万只。全年肉类总产量达3528吨，蛋产量839吨，奶产量411吨。全区农业机械总动力达到27万千瓦，农村用电量达到9485万度，水地有效灌溉面积9.7万亩，梯田年末累计达到7.75万亩。

【工业经济】煤炭电力、陶瓷建材、农畜产品深加工、装备制造和高新技术等支柱产业迅速发展。全区规模以上工业总产值为127.18亿元，增长10.9%；规模以上工业增加值为42.78亿元，增长12.2%。

积极培育发展新材料、生物工程等核心竞争力的新兴产业，全力推动德宝稀土抛光粉、锂电池阳极材料、高频无极灯等高科技产业发展。积极培育以甘肃容和矿用设备集团为龙头的装备制造业发展。引导扶持企业增加研发投入，加大新产品、新技术开发和应用力度，提高自主创新能力，走科技含量高、经济效益好、资源消耗低、环境污染少的新型工业化路子。鼓励企业实施技术改造和自主研发，建立省级技术中心3个、市级2个，获得发明专利7项。加强政银企合作交流，共签约银企融资项目65个，融资总额11.74亿元，发放贷款10.75亿元。菁润生物科技、陇烨陶瓷等19家企业在甘肃股权交易中心成功挂牌。

【项目建设】全区固定资产投资63.47亿元，比上年增长22.13%。其中：亿元以上项目24个，完成投资额17.89亿元。工业投资30.42亿元，增长72.1%。环城北路、宝水快速通道、开发区南区基础设施建设、天然气利用、新乐雅陶瓷生产线等项目加快实施。建筑业单位11个；完成增加值13.34亿元，增长12.5%。房地产业单位有12个，完成投资2.63亿元，下降46.07%。竣工房屋面积16.3万平方米，竣工房屋价值为3.38亿元。房地产业销售额为4.14亿元，下降38%；销售面积为11.28万平方米，下降42.8%。房地产业单位从业人员340人，增长16.8%；房地产业单位从业人员劳动者报酬679.2万元，下降2.7%。积极建设城市生活垃圾、污水处理等一批城市基础设施改善项目，环境卫生明显改善。着力实施大水头沙河综合治理工程，形成了碧水穿城过、两岸新楼立的景象。

【教育卫生】教育教学质量持续提高，九年义务教育巩固率达到99.4%，高考二本上线率达到34.72%。全区共有中小学校幼儿园91所，中小学生数29671人。中小学及幼儿园教职工3418人。中小学占地面积107万平方米，中小学校舍建筑总面积21万平方米，中小学图书78.4万册。全区中小学有计算机4187台，固定资产总值6.3亿元。年末全区共拥有各类医疗卫生机构187个，其中医院9家，乡镇卫生院7家，社区卫生服务中心（站）15个，诊所（卫生所、医务室）55个，村卫生室98个，疾病预防控制中心1个，妇幼保健站1家，卫生监督所1个，卫生床位数1927张，卫生技术人员2179人，其中执业医师452人，执业助理医师120人，注册护士989人。全区新型农村合作医疗平均参合率达到98.1%。

【商贸文化】全区实现社会消费品零售总额170547.5万元，增长10.5%。批发业商品销售额36719.7万元，增长15%；零售业商品销售额184574.4万元，增长11.2%；住宿业营业额666.9万元，增长27.2%；餐饮业营业额56051.2万元，增长15.4%。打造农业观光休闲园区、文化休闲一条街、艺术陶瓷等文化产业，以黄河风情游、红色教育游、陶瓷工业游为重点，稳步推进旅游产业发展。5个“一村一场”、化工社区体育中心建成投入使用。高质量完成省十三运、残运会参赛工作，举办了第五届庆“五一”全民健身长跑比赛。奋威将军王进宝墓葬文化专著《忠勇千秋》出版发行。全国文明城市和省级文明区创建深入推进，孝和文化中心被国家民政部等七部委命名为弘扬中华孝道示范基地。

【社会保障】社会保障体系不断完善，综合保障能力不断提高。全区共有6783人参加了城镇养老保险，征缴养老保险费4640万元。全区共有233家各类单位的15273名职工参加医疗保险，征缴医疗保险费3846万元，为1944名住院职工参保患者支付医疗保险费2407万元，其中统筹基金支出1407万元，个人帐户基金支出1000万元，确保了参保患者的基本医疗需求。全区城镇居民基本医疗保险已实现参保45023人，全年共为4105人次参保患者支付城镇居民基本医疗保险费1628万元。全区共有186家单位的33026人参加了失业保险，征缴失业保险费1378万元。全区共有131家用人单位的10205人参加了工伤保险，征缴工伤保险基金214万元，为符合规定的83名参保职工支付工伤保险金213万元。全区共有156家用人单位的7408人参加了生育保险，征缴生育保险费98万元；为符合规定的224名女职工支付生育保险金70万元。

城市低保达到3953户10216人，全年发放保障资金4328万元；农村低保达到4920户16811人，全年发放保障资金2413万元。

（马国民）

靖远县

【现任主要领导】

中共靖远县县委书记：郑钰

靖远县人大常委会主任：陈其宝

靖远县人民政府县长：刘力江

政协靖远县委员会主席：雒联奎

中共靖远县纪律检查委员会

书记：高兴国

【基本情况】靖远县位于黄河中上游，地处甘肃省中东部，白银市腹地，东临宁夏海原县，西接白银区，南邻会宁县，北与景泰县、宁夏中卫市毗邻。东西长120公里，南北宽135公里。全县总面积5614.06平方公里，其中耕地面积117.06万亩。属黄土高原丘陵沟壑区和干旱草原区，地势东高西低，由南向北倾斜，分为川区、山塬区和黄河谷地三类地形，平均海拔1398米。属温带半干旱气候，年最高气温36.8℃，最低气温 -16.3℃，平均气温10.1℃，年无霜期212天，年降雨量343.4毫米，年日照时间2667.7小时，四季分明，日照充足。现辖3镇15乡，174个行政村，1126个村民小组，56个居民小组。全县有汉、回、满等9个民族，2014年底总户数14.1万户，总人口47.75万人。

【资源优势】靖远自古以来就是丝路商贸重镇，地处新丝绸之路经济带必经地段和“兰白核心经济区”开发重点区域，公路、铁路和黄河航运条件便利。黄河流经县境9个乡镇、154公里，流域面积100.49平方公里，拥有水能开发资源300万千瓦以上，风能、太阳能可开发面积150平方公里以上。煤炭、有色金属、石灰石、高岭土、坡缕石等矿产资源储量丰富，坡缕石储量达10亿吨，开发前景广阔。境内旅游资源极富特色，中国百大名寺法泉寺同陕西法门寺一脉相承，其石窟艺术与敦煌莫高窟极为相似，被评为国家3A级旅游景区和省级森林公园。154公里黄河风情线上，高山、峡谷等自然景观星罗棋布，黄河风情、名胜古迹、人文遗址、科技园区、森林公园、田园风光交相辉映，“农家乐”悄然兴起。以法泉寺、寺儿湾为主的石窟文化游，以乌金峡、河心岛为主的黄河风情游，以平堡特色观光、大坝高科技示范园为主的观光农业游，以虎豹口红西路军强渡黄河遗址为主的红色文化游，以哈思山、泰和山、屈吴山为主的森林生态游，以北城滩、黑城子为主的历史文化游等旅游线路极具开发价值，发展黄河文化旅游产业潜力巨大，前景广阔。

【国民经济】2014年全县实现生产总值63.42亿元，比上年增长8.3%。其中，第一产业增加值21.22亿元，增长5.8%；第二产业增加值18.98亿元，增长12.8%；第三产业增加值23.22亿元，增长6.7%，三次产业结构比为33.5 ：29.9 ：36.6。完成大口径财政收入5.61亿元，增长9.42%；公共财政预算支出23.33亿元，增长1.97%。年末全县金融机构各项存款余额70.37亿元，增长12.82%，金融机构各项贷款余额43.9亿元，增长18.46%。其中，短期贷款15.34亿元，增长1.61%；中长期贷款28.57亿元，增长30.04%。全年接待游客57.25万人次，实现旅游收入3.129亿元。

【农业】全年粮食总产量达到19.84万吨，增长2.51%。全年新建日光温室1600亩，改建日光温室3400亩；新建塑料大棚1800亩，改建塑料大棚1700亩。建成全钢架装配式土墙试验日光温室一座，建成日光温室和塑料大棚蔬菜标准化生产小区7个，新建和改扩建蔬菜标准化集中育苗中心4个。全年蔬菜种植面积达到16.66万亩（不包括薯类和复种面积），其中日光温室蔬菜面积达到6.33万亩。蔬菜总产量为89.78万吨，增长6.05%。充分发挥“靖远枸杞”、“小口大枣”、“靖远籽瓜”等品牌优势，促进林果产业蓬勃发展。当年完成造林面积8.07万亩。特色林果面积达到31.17万亩，其中：枸杞11.68万亩，文冠果12.53万亩，核桃1.74万亩，大枣3.3万亩，苹果1.92万亩。瓜类种植面积12.63万亩，中药材种植面积9.48万亩。以增加农民收入为目标，以提升畜牧产业化发展水平和市场竞争力为核心，通过加快生产方式转变、狠抓畜牧业产业化经营等工作，积极培育畜牧养殖特色优势产业，有效地加快了全县牛、羊、猪、鸡等优势产业的发展速度。2014年，全县已建成畜禽标准化规模养殖场441个，其中新增30个；出栏肉猪19.72万头，增长3.63%；出栏羊29.43万只，增长9.69%；出栏家禽132.72万只，增长3.74%。全年肉类总产量20782.42吨，增长4.70%；禽蛋10110.87吨，增长1.32%。

【工业】2014年，全县完成工业增加值8.06亿元，增长13.5%。其中，规模以上工业企业完成工业增加值3.33亿元，增长11.6%；规模以下工业企业完成增加值4.73亿元，增长15.5%。

园区建设有序推进。2014年，三大园区共完成基础设施投资15.25亿元，入驻企业41家，项目总投资444.71亿元，累计完成投资30.268亿元。其中：刘川工业园目前入驻企业13个，总投资410亿元，完成总投资18.7亿元，银三角中小工业园共入驻企业13家，其中4家企业已投产运行，9家正在建设中，招商引资额达19.11亿元；金三角生态农业科技创业园入驻企业15家，共16个项目，立项批复总投资为15.6亿元，全年完成投资1.568亿元。

重点项目建设稳步推进。2014年，全县实施新续建工业项目30项，总投资290亿元的百万吨铝合金产业链项目，一期50万吨电解铝生产线建设基本完成；总投资30亿元的甘肃凯斯瓷业有限公司高档墙地砖生产线项目，一期2条生产线已正式投产；投资15亿元的甘肃恒大陶瓷有限公司年产2450万平方米陶瓷砖生产线项目，一期2条生产线即将建成投产；投资5.5亿元的金达化工8×30000KVA密闭电石炉延伸10万吨石灰氮及2万吨双氰胺项目，已完成投资2.8亿元；投资15亿元的甘肃蓝通电缆有限公司稀土高铁铝合金电缆及特种电缆生产线项目，已完成场地平整，后续建设有序推进。

【商业】加快招商引资力度和项目建设进度，西北果蔬冷链物流中心、浙江商贸城、钟鼓楼地下商场等商贸物流项目开工建设。积极推进农村商品流通网络建设，升级改造欣峰商贸公司配送中心1个、乡镇商贸中心1个，改造农家店30家，建成益农农资公司配送中心1个，改造农家店30家，益农农资公司仓储面积达到2800平方米，配送店数达到400多个，“万村千乡”市场工程成果不断壮大。随着全县城镇化进程的不断推进，以及“万村千乡”市场工程成果不断壮大，有力地带动了全县消费品市场的发展壮大。全年完成社会消费品零售总额19.76亿元，增长14.59%。

【固定资产投资】2014年，全县共组织实施固定资产项目个数166个，其中本年新建项目86个，续建项目80个，完成固定资产投资73.36亿元，增长26.18%。不断创新工作思路，改进招商方式，拓展招商领域，狠抓责任落实，着力改善和优化投资环境，招商引资工作取得较好成效。在第二十届“兰洽会”上，共签约合同项目33个，签约资金总额129.62亿元。共实施招商项目95项，到位资金65.185亿元，增长65.87 %。

【民生保障】年末全县单位从业人员24813人，人均年劳动报酬37755元，增长8.16%。城乡居民收入继续增长，全年城镇居民人均可支配收入16566元，增长9.8%；农民人均纯收入6213元，增长12.4%。高度关注失业人群，就业和再就业力度加大，城镇新增就业7345人，共有1312名下岗失业人员通过各种渠道实现了再就业，年末城镇登记失业率2.84%。全县已参保城乡居民社会养老保险中农业人口登记226303人，参保率达95%；非农业人口已参保登记5342人，参保率达99%。新型农村合作医疗参合人数40.4551万人，参合率达到95.99%。全年共有3279户、7498人城镇居民得到政府最低生活保障救济，发放保障金1857.2万元；共有21200户、65166人农村居民得到政府最低生活保障救济，发放保障金7212.3万元。

【社会事业】靖远崇文重教，人文荟萃，科技、教育事业蓬勃发展，先后被评为“全国科普示范县”，“全国科技进步先进县”实现四连冠，靖远一中、二中、三中跻身省市级示范性高中，县职业中专被认定为省级重点中等职业学校。全年共实施科技计划项目13项，其中国家项目2项，省、市项目11项，全年获得专利授权34件。现有各类学校243所。在校学生人数65317人。学龄儿童入学率100%。2014年全县普通高校招生6379人。全县共有卫生机构202个（不包括个体诊所40个），其中县级卫生行政机构1家，卫生监督机构、新型农村合作医疗管理机构各1家，县级综合医院、中医院、疾病预防控制和妇幼保健机构各1家，民营专科医院1家，社区卫生服务中心1个，乡镇卫生院19个（含分院1家），村卫生室174个。全县医疗卫生机构实有床位1015张，其中县级676张、卫生院309张、社区卫生服务中心30张，全县平均每千人口床位数达到2.16张。全县医疗卫生机构共有在职职工934人（不含临聘人员），共有卫生技术人员833人。

（贾继仁）

会宁县

【现任主要领导】

中共会宁县县委书记：甘孝礼

会宁县人大常委会主任：刘汉宝

会宁县人民政府县长：王科健

政协会宁县委员会主席：宋维平

中共会宁县纪律检查委员会书记：高斌

【基本情况】会宁县素有“秦陇锁钥”之称，早在5000多年前的新石器时代，境内就有人类生息繁衍；汉武帝元鼎三年（公元前114年）设置祖厉县，距今已有2100多年的建县历史，是古丝绸之路的重镇。位于甘肃中部，白银市南端，东与静宁、西吉、海原三县接壤，南同通渭县毗邻，西连定西、榆中两县，北靠靖远县、平川区。南北长约140公里，北部东西宽约90公里，南部宽约50公里，总面积6439平方公里，耕地面积226.06万亩。312国道和平定高速公路穿越县城，将会宁融入兰州1小时经济圈；省道309线横贯东西、207线贯通南北，境内交通便利。西兰乌光缆穿境而过，通讯设施完备；具有丰富的土地资源、劳动力资源和近靠兰州的区位优势。县境群山连绵，梁峁交错，沟壑纵横，可概括为“七川八塬九道梁”，属典型的黄土高原丘陵沟壑区。平均海拔2025米，年降水量462.4毫米，年平均气温8.3℃，年极端最高气温32.4℃，极端最低气温-17.3℃，地面平均温度11℃，年无霜期155天。主要河流有祖厉河、葫芦河、清水河三条，祖厉河贯穿南北，在靖远境内流入黄河。地下水系分四个水文地质单元，即大豹子川、厉河、关川河、祖厉河等四个河谷。水资源短缺，地表水大部分苦咸，干旱是主要自然灾害，霜冻、冰雹、风灾、洪灾、病虫害也比较突出。现辖22个乡6个镇，300个村（居）委会。

全县有汉、回、东乡、藏、满、哈萨克、蒙古族等7个民族，年末常住人口为53.67万人，其中城镇人口13.17万人，占24.54%，自然增长率6.09‰。

【名优特产】会宁有独具特色的绿色产业。海拔适中、光照充足、环境无污染，发展绿色产业具有得天独厚的优势。经过多年的发展，培育形成了马铃薯、草畜、小杂粮、籽瓜、杏等特色产业，“懿隆”荞麦米，“三利”荞麦挂面、良谷米、胡麻油，“万里缘”杏仁露，“祁连雪”马铃薯淀粉等产品获得国家绿色食品认证，会宁被中国特产之乡委员会命名为“中国小杂粮之乡”和“中国肉羊之乡”，绿色产业开发具有坚实的基础和广阔的市场前景。

【国民经济】全年实现生产总值57.22亿元，比上年增长8.3%。其中，第一产业增加值16.27亿元，增长6.2%；第二产业增加值17.11亿元，增长12.4%；第三产业增加值23.84亿元，增长7.0%；三次产业结构比为28.4 ∶ 29.9 ∶ 41.7。按平均常住人口计算，人均生产总值10621元，增长9.2%。粮食总产量39673.3万公斤，增长9.28%；公共财政预算收入2.14亿元，增长45.68%。实现消费品零售总额21.02亿元，增长10.55%；固定资产投资65.65亿元，增长33.74%。

【四通情况】平定高速公路、国道312线、309线横跨东西，省道靖天路、定会路贯通南北。境内公路总里程达到4406.96公里，其中国道212.6公里，省道117.5公里，县道482.3公里，乡道404.16公里，村道3185.96公里，专用公路4.43公里。实现了乡乡通公路，100%的乡镇通油路，95.8%的行政村通公路，99%的行政村通汽车。110千伏输变电线路拉通。乡、村、社通电率均为100%。京—西—兰—乌光缆通信过境；全县宽带骨干网带宽达到2G。中继光缆达到7600纤芯公里，城域网光缆达到310纤芯公里，接入光缆达到1100公里。宽带用户达到12763户，并开始由县城向乡镇及自然村延伸，由政府向各行业领域拓展。乡乡通邮通电话，本地电话用户年末达40337户，年末移动电话用户达到354267户，电话普及率达到73.2部/百人。广播人口覆盖率97%，电视人口覆盖率92%。

【人民生活】全年城镇居民人均可支配收入13752.6元，比上年增长9.6%；城镇居民消费性支出10451.3元，增长11.7%；城镇居民家庭食品消费支出占消费总支出的比重为38%。农民人均纯收入4500.6元，增长12.7%；农村居民人均生活消费支出4812.1元，增长11.8%；农村居民家庭食品消费支出占消费总支出的比重为51%。城乡居民人均储蓄10111元，增长16.9%。

【社会事业】会宁自古崇文修德、尊师重教，仅明清两代就有进士20人、文武举人115人、贡生369人。自恢复高考以来，已向全国输送大学生9万余人，形成了领导苦抓、家长苦供、社会苦帮、教师乐教、学生乐学的“三苦两乐”会宁教育精神，获得“西北教育名县”的赞誉。全县共有学校395所，在校学生89828人。教职工总数8152人，其中专任教师7887人。适龄儿童入学率100%。年末全县共有卫生机构37个（不含个体诊所），床位2195张，比上年增长11.7%；卫生技术人员1037人，比上年增长8.47%。年内门诊就诊114.71万人次，入院人数5.57万人，出院病人5.51万人。卡介苗接种率、麻苗接种率、糖丸接种率、百白破接种率均达到100%；乙肝疫苗首针及时接种率98.58%、乙肝疫苗全程接种率为99.99%。5岁以下儿童死亡率为9‰，婴儿死亡率为8‰，孕产妇住院分娩比例达99.03%，孕产妇死亡率达17.1/10万。健康教育覆盖率以村为单位达到100%。

【社会保障】年末全县5724人城镇职工参加养老保险，征缴养老保险费3684万元，为2572名离退休人员发放养老金4877万元，增长13.44%。全县城乡居民278630人参加了养老保险，征缴养老保险费3216.43万元，为8.07万名60岁以上老人发放养老金6379.93万元。全县19453人城镇职工参加了基本医疗保险，征缴医疗保险费3442万元，为2333名住院职工参保患者支付医疗保险金1409万元，划转个人账户2369万元，报销比例为72%。农村居民479016人参加新型农村合作医疗，参合率98.61%，筹集资金18730.13万元，为52879名参合农民因病住院报销14484.98万元，报销比例为60.46%；城镇居民20414人参加了医疗保险，征缴医疗保险费99万元，为2257名住院居民患者支付医疗保险费806万元，报销比例为62%。参加失业保险人数为12025人，征缴失业保险费254万元，为43名失业人员发放失业金46万元。参加工伤保险人数为14346人，征缴工伤保险费365万元，为45名参保职工支付工伤保险金269万元。参加生育保险人数为10139人，征缴生育保险费59万元，为232名女职工支付生育保险金48万元。城市低保对象9997人，与上年基本持平。保障标准由每人每月245元提高到282元，提高15%；月人均补助水平达到262元，提高15%。发放保障金3144万元，比上年增长19%。农村低保对象116605人，与上年基本持平。保障标准由年人均纯收入不低于1907元提高到2193元，提高15%；月人均补助水平达到107元，提高6%。保障发放保障金15329万元，比上年增长10%。农村五保对象3533人，比上年减少72人。分散供养标准由年人均2600元提高到3110元、集中供养标准由年人均2800元提高到3310元，提高510元。供养发放五保供养金1101万元，比上年增长18%。城乡困难群众医疗救助151723例2167.89万元，其中住院救助20836例1660.2万元，例均救助796元。城乡困难群众临时生活救助1833户次282万元，户均救助1539元。

【旅游资源】会宁是古丝绸之路中西商旅要道，现存大量的历史文化遗迹。牛门洞新石器遗址出土的彩陶、磨制石器等文物，是甘肃仰韶文化马家窑类型、半山类型和齐家文化共存的见证；境内有古城遗址和以汉墓群为代表的古人类墓葬20多处，其中最具代表性的是筑于金代的郭哈蟆城和宋代的西宁城，属省级文物保护单位。省级森林公园铁木山，集文化遗产、人文景观和自然景观为一体，现存多处石窟和庙宇古建筑，地貌独特，森林葱郁，有“旱塬秀峰”之称。位于铁木山下的马明心教堂，始建于清乾隆年间，为伊斯兰哲赫忍耶门宦创始人马明心的创道传教遗址，是全国各地穆斯林进行宗教活动的主要圣地之一，有“小麦加”之称。会宁有光荣的革命传统。1936年10月，中国工农红军三大主力在会宁胜利会师，是中国革命走向胜利的转折点。会宁被列为全国30条红色旅游精品线路、100个红色旅游经典景区和20个重点红色旅游城市之一，成为享誉全国的红色旅游圣地。先后建成以“万分之一时间走完万分之一长征路”为主题，再现二万五千里长征艰辛悲壮情景的红军长征胜利景园，建成了目前国内规模最大、唯一全面反映长征历史的红军长征胜利纪念馆，建成了邓小平亲笔题名的中国工农红军一、二、四方面军会师纪念塔。会师旧址是全国首批百个爱国主义教育示范基地之一，是国家4A级旅游景区。红军会师楼被评选为“大国印记：1949～2009中国60大地标”之一，2010年8月，在“第六届中国旅游城市（县）发展大会”上被评为“中国优秀红色文化旅游名县”、“中国优秀红色旅游目的地”称号，提升了会宁的影响力。《会师山歌》作为甘肃省唯一入选歌曲，在北京举办的世界音乐教育大会上演唱。

（陈红霞）

景泰县

【现任主要领导】

中共景泰县县委书记：任文贵

景泰县人大常委会主任：郭永泰

景泰县人民政府县长：

张世军（6月止）

政协景泰县委员会主席：郭廷健

中共景泰县纪律检查委员会书记：

何朝霞（2月止）

张弼宏（2月任，11月止）

李忠琳（11月任）

【基本情况】景泰县位于甘肃省中部，东临黄河，西接武威，南邻白银、兰州，北依宁夏、内蒙古，地处黄土高原与腾格里沙漠过渡地带，为河西走廊东端门户。全县总面积5483平方公里。海拔1274～3321米。属温带大陆干旱气候，年均气温9.6℃，无霜期在163天左右。年降水量为239.1毫米。现辖6镇5乡，136个行政村，7个社区，总人口23.72万人。总耕地面积78万亩，其中水浇地42.9万亩，有天然草场522.8万亩。主要农产品有小麦、玉米、啤酒大麦、洋芋等；主要畜牧产品有羊肉、猪肉；特色产品有沙漠枸杞、大红枣、蜜瓜、蜂蜜、大接杏、早酥梨等。主要工业产品有水泥、石膏、石膏粉、石膏板、原煤、硅铁、电石、啤酒麦芽、面粉、配混合饲料等。

【基础设施】包兰（包头—兰州）、甘武（甘塘－武威）两条铁路在境内有11个火车站。公路以县城为中心，省道201线贯穿全境，308线西上武威至河西走廊，217线南通白银市，县城距中川机场不足百公里。境内电力充足，有220千伏输电线路1条，110千伏输电线路14条，35千伏输电线路8条，330变电所2座，年供电量60亿千瓦以上。大唐景泰电厂、兴泉风电一、二期的电力装机容量达到142万千瓦。兰成渝、涩宁兰、西气东输一、二线等6条油气管道穿越县境。景泰至中川高速公路试验段开工建设，黄河石林景区二级公路建成通车，龙湾至南长滩河段航运工程基本完成，硬化通村道路112公里，城乡交通体系日趋完善。中电泵站更新改造项目进展顺利，土地开发整理、红崖崖趟小流域水土保持综合治理等项目全面完成，衬砌渠道229.3公里，水利基础设施保障能力进一步增强。改造农村电网90公里，联合网络通信基站建设项目竣工投用，电力通讯设施明显改善。城区17.5平方公里控制性详细规划、北城区物流加工园7.5平方公里总规及控制性详细规划编制工作正式启动，改造车行道4公里，维修改造路灯424盏，新增公共绿地1.88万平方米，增加供热管网9.2公里，供热面积达到47万平方米。新建公共租赁房425套，完成棚户区改造148套、农村危旧房改造1300户。城区绿化覆盖率达24.1%，城区日供水能力达到7千吨以上。城市公共服务功能不断完善。

【资源优势】矿产资源丰富，石膏储量达 3.85 亿吨，居全国第二，石灰石 8 亿多吨，煤 3.8 亿吨，石英石 2000 多万吨，铜 200 多万吨，此外，金、银、锰、墨玉、陶土、蛇纹岩也有一定分布，地方工业主要有水泥、硅铁、麦芽、饲草料、石膏粉、煤炭六大行业。灌溉条件优越，境内有“中华之最”景电高扬程大型提灌工程两处，总装机容量 24.56 万千瓦，提水量 28.6 立方米 / 秒，是黄河上游重要的灌溉农业区。全县光热资源丰富，年日照时数为 2806.1 小时，日照百分率 64%，太阳年平均辐射量 147.8 千卡 / 平方厘米，年≥ 0℃的活动积温 3614.8℃，≥ 10℃的有效积温 3038℃，无霜期 238 天，是我国除青藏高原外光热资源最丰富的地区之一。景泰旅游资源奇特壮观，有被誉为“中华自然奇观”的国家地质公园黄河石林、“沙漠绿色宝岛”寿鹿山省级森林公园、有开凿于北魏时期的五佛沿寺石窟、有建于明代万历年间的永泰龟城、明长城及享誉“中华之最”的景泰川电力提灌工程等诸多自然和人文景观。《最后一个冬日》、《西部热土》、《汉血宝马》、《天下粮仓》、《雪花那个飘》、《花木兰》、《决战刹马镇》、《惊沙》、《爸爸去哪儿》、《地理中国》等多部影视剧曾分别在黄河石林、永泰龟城等处取景拍摄。

【国民经济】2014 年，全县完成生产总值 54.52 亿元，比上年增长 7%。其中，一、二、三产业增加值分别为 10.88 亿元、20.63 亿元、23 亿元，分别增长 5.1%、8.9%、5.7%。全县粮食总产量为 17.75 万吨，肉类总产量 1.69 万吨，全社会固定资产完成 77.78 亿元，增长 7.93%。完成大口径财政收入 4.59 亿元，增长 1.62%；完成社会消费品零售总额 13.74 亿元，增长 10.32%。城镇居民人均可支配收入达到 16522.1 元，增长 10%，农民人均纯收入达到 6748.4 元，增长 12.4%。全年接待游客 132.97 万人次，实现旅游综合收入 6.9 亿元，增长 16.6%。

【项目建设】全年实施中凯景泰寺滩风电场、高效农田节水技术推广等重点项目 116 个，投资总规模 168 亿元，涉及工业生产、现代农业、商贸流通、交通能源等领域。文化产业园等 13 个市列重点项目加快建设，寺滩黄崖坝综合开发等“八大项目工程”强力推进，落实国家各类项目资金 6.8 亿元。凝练储备重大项目 387 个，总投资 793 亿元。“3341”动态项目库储备项目 234 个，总投资 308 亿元。

【特色农业】全年完成农作物播种面积 63.25 万亩，粮食总产量达到 17.75 万吨。实施中央财政小型农田水利重点县、河西走廊沿黄灌区高效节水灌溉示范区建设等项目，建成小麦万亩高产创建示范片 3 个、高标准农田 1.1 万亩、旱作农业示范面积 13.04 万亩。新建改建高标准日光温室 2000 亩，新建塑料大棚 610 亩。新增优质梨、枸杞、文冠果、玫瑰、红枣等特色经济林 2 万亩，发展甘草、黄芪等中药材 1.8 万亩。实施省级现代畜牧业示范县建设项目，新建标准化规模养殖场（小区）33 个。农业机械化水平明显提升，农机总动力达到 58 万千瓦。农民专业合作组织发展迅速，新增 662 个，总数达 1722 个，其中国家级示范社 4 个，省级示范社 19 个。新增农业龙头企业 11 家，累计达到 32 家，实现销售收入 16 亿元。正大现代农牧产业化项目年度完成投资 2.95 亿元，年繁育种猪 1.5 万头。甘肃品高食品有限公司万吨冷链物流扩建项目建成运营，优质无公害冻猪分割肉远销 8 个国家。“1236”扶贫攻坚行动深入开展，落实专项扶贫资金 3635 万元，投入行业、社会扶贫资金 1 亿多元，实施整村推进项目 10 个，新建扶贫互助协会 67 家，培训“两后生”2700 人，减贫人口 9000 人，贫困面下降 4.2 个百分点。

【社会事业】新建教师周转宿舍 116 套、农村薄弱学校食堂 12 栋、乡镇幼儿园 2 所，维修改造中小学校舍 56 所，发放教育补助及助学贷款 3347.2 万元。“双联”行动扎实推进，帮办实事 1592 件，落实帮扶资金 797.5 万元。成功举办全国青少年校园足球联赛景泰赛区比赛和“丝路重镇·魅力景泰”全国书画展等活动，建成乡镇文化广场 2 个、基层文化大院 12 个，县体育场具备使用功能，群众性文化活动广泛开展。城区有线电视覆盖率达 100%。新建标准化村卫生室 37 个，新农合参合率达 96.89%，医疗卫生保障能力进一步增强。不断完善人口计生利益导向政策体系，落实奖励扶助资金 1028.6 万元，计划生育优质服务水平持续提升。完成劳动技能培训 11340 人、创业培训 550 人，城镇新增就业 6521 人，下岗失业人员再就业 1014 人。输转劳动力 5.5 万人，实现劳务收入 8.19 亿元。大力推行惠农政策“一册明”、“一折统”制度，发放粮食直补、农资综合补贴等惠农资金 2.26 亿元。城乡低保提标工作全面完成，发放社会救助、救济救灾等各类资金 8496 万元。建成农村互助老人幸福院 28 所、社区老年人日间照料中心 1 所，城乡居民社会养老保险参保率达到 99.6%。加大低保清理规范力度，清退不符合条件的低保对象 828 户 2362 人，新纳入保障对象 799 户 2353 人。深入开展“六五”普法工作，不断加强基层民主法制建设，创建省级民主法治示范村（社区）2 个，人民调解工作扎实推进，社区矫正工作经验在全市推广。

（尚立信）

天水市

【现任主要领导】

中共天水市市委书记：王锐

天水市人大常委会主任：柴金祥

天水市人民政府市长：杨维俊

政协天水市委员会主席：宋尚有

中共天水市纪律检查委员会

书记：李美华

【基本情况】天水市位于甘肃省东南部，是甘肃的“东大门”，东邻陕西省宝鸡市，北、西、南分别与平凉、定西、陇南接壤，总面积 1.43 万平方公里，现辖秦州、麦积两区和甘谷、武山、秦安、清水、张家川回族自治县五县，有 46 个镇，67 个乡，10 个街道办事处，有汉、回、满、蒙、藏等28个民族。

天水地处黄土高原南部沟壑区与西秦岭山脉结合地带，境内山脉纵横，地势西北高，东南低，海拔在1000～2100米之间，最高峰天爷梁，高达3120米；最低点牛背村，海拔760米。年平均降水量574毫米，年均日照2100小时，地跨长江、黄河两流域，以西秦岭为分水岭，北部地区为渭河流域；南部地区为嘉陵江流域。境内渭河流长约280公里，沿河接纳流域面积1000平方公里的支流有榜沙河、散渡河、葫芦河、藉河、牛头河。嘉陵江的主要支流有白家河、花庙河、红崖河等，流程较短，水量丰沛。

天水属华北、华中、蒙新和喜玛拉雅植物交汇处，树种成份复杂，森林资源丰富。现有森林总面积589.91万亩，天然林地主要分布在东部、东南部的陇山、西秦岭和关山林区。有木本植物87科224属804种，其中乔木312种，灌木437种，藤本55种，常绿植物122种。有野生药用植物660多种，其中常用药220多种。广阔的天然森林，繁衍了许多珍禽异兽，栖息着30多种野生动物，有国家一类保护的羚牛、梅花鹿、金猫、云豹等；二类保护的有羚麝、马麝、白臀鹿、斑羚、石貂、水獭、猞猁、猕猴、红腹角雉、兰马鸡、红腹锦鸡、大鲵、暗腹雪鸡、淡腹雪鸡、勺鸟、血雉、黑熊、秦岭红鳞鲑等。

天水因“天河注水”的传说而得名，有8000多年的文明史、3000年的文字记载史和2694年的建城史，是中华民族和华夏文明的重要发祥地之一。独具特色的历史文化主要有伏羲文化、大地湾原始部落文化、秦国早期文化、石窟艺术文化和三国古战场文化。境内古石窟、古建筑、古遗址、古墓群、古战场众多。有文物保护单位245处，风景旅游小区47个，景点228处，包括麦积山、大像山、水帘洞等古石窟6处，伏羲庙、兴国寺、南郭寺等古建筑50处，原始部落及秦汉古遗址86处，诸葛军垒、天水关、街亭等古战场遗址10余处等。位于市区西关的伏羲庙，是国内规模最大，保存最完整的祭祀人文始祖伏羲氏的场所。大地湾原始村落遗址距今8300年至4800年。麦积山风景名胜区1982年被国务院公布为全国第一批重点风景名胜区，2001年又被中央文明办、建设部、国家旅游局命名为全国文明风景旅游区示范点。中国四大石窟之一的麦积山石窟，素有“东方雕塑馆”美誉，现存194个洞窟，保存了十六国后秦至清代的泥塑和石雕7800余尊，壁画1300多平方米。

【国民经济】2014年，全市实现生产总值496.89亿元，比上年增长8.9%。其中：第一产业增加值90.65亿元，增长6.2%；第二产业增加值193.02亿元，增长11.3%；第三产业增加值213.22亿元，增长7.6%。三次产业结构比为18.3 ： 38.8 ： 42.9。规模以上工业企业完成工业增加值113.16亿元，增长10.5%。完成固定资产投资537.76亿元，增长21.42%。实现社会消费品零售总额224.28亿元，增长12.7%。完成大口径财政收入100.18亿元，增长15.75%；财政支出201.3亿元，增长5.19%。年末金融机构本外币各项存款余额898.21亿元，比上年末增长13.4%；金融机构本外币各项贷款余额475.1亿元，增长22.44%。

【农业和农村经济】全年农作物播种面积686.89万亩，比上年增长0.84%。粮食产量123.81万吨，增长5.13%。蔬菜种植面积101.5万亩，增长5.96%；总产量237.25万吨，增长9.27%。药材种植面积17.95万亩，增长6.59%；总产量3.63万吨，增长19.67%。水果总产量115.2万吨，增长9.54%。大牲畜存栏56.52万头，增长2.19%；牛存栏32.46万头，增长4.14%；猪存栏81.33万头，增长2.07%；羊存栏32.18万只，增长4.05%。牛、猪、羊出栏分别为10.24万头、89.4万头和12.72万只，分别增长5.02%、4.12%和7.31%。肉类总产量8.13万吨，增长4.27%。禽蛋总产量1.43万吨，增长4.23%。

全市坚持把项目建设作为加快产业发展、改善基础条件、增加农民收入的重要载体，抢抓政策机遇，积极谋划、争取和推进重点项目。市直农口部门贮备、申报重大项目176项，共争取国家和省上农业投资15.98亿元，增长18.55%。坚持以“百村示范、千村整洁、水路房全覆盖”为重点，分类分层布局，分段分步实施，山水田林路同步推进，不断改善农村生产生活条件和农村人居环境。省、市级40个示范村累计投入各类资金7.07亿元，改造危旧房21535间、危旧墙78.6万米，新建垃圾房（池、箱）3256个，栽植绿化树240多万株，建成整洁村360个，累计清理垃圾29.6万吨，整理路沟、边渠266公里。新建续建水利工程80多个，完成建设投资7.03亿元。兴修梯田34.03万亩，新增梯田化乡10个、梯田化村200个。新增有效灌溉面积1万亩，完成节水灌溉面积3.1万亩，建成堤防工程121.89公里，新建、续建农村饮水安全工程22处，解决了36万农村人口和5.53万师生的饮水安全问题。加快生态建设步伐，完成生态造林15.13万亩。加快农村能源建设，建成农村户用沼气1049户。加快农村道路建设，完成农村公路449条1351公里，通沥青（水泥）路的贫困村达66.07%，通班车的贫困村达74.88%。

【人民生活】全年城镇居民人均可支配收入18565元，比上年增长9.9%；农民人均纯收入4982元，增长13.6%。城镇居民人均消费性支出12353元，农民人均消费性支出5204元。城市人均居住面积25.66平方米，农村人均居住面积23.78平方米。城镇新增就业6.66万人，下岗失业人员再就业1.56万人，新增小额担保贷款4.1亿元。单位从业人员22.79万人，单位从业人员工资总额88.15亿元，增长5.35%。

2014年，全市民生支出164.07亿元，占财政支出的81.49%。省列10项23件、市列13件民生实事全面落实。“双联”行动实施帮扶项目842项，落实资金3.7亿元，发放“双联”惠农贷款和妇女小额担保贷款2.33亿元。克服财政困难兑现了机关事业单位人员政策性增资。争取扶贫专项资金3.27亿元，实施整乡推进项目7个、整村推进项目142个，异地扶贫搬迁

3852户1.97万人，减少贫困人口27万，233个村、13个乡镇实现整体脱贫。困难群众居住条件得到改善，争取棚户区改造贷款额度40.6亿元，新开工保障性住房和棚户区改造住房6606套，建成5257套，3934户群众入住保障房，发放廉租住房租赁补贴4492万元；实施农村危旧房改造1.28万户，受灾农村居民住房维修加固和原址恢复重建全部完成。

【项目建设】加快培育战略性新兴产业，20户企业列为重点培育对象，其中华天科技、长开公司、电传所公司、岐黄药业列入全省第一批重点扶持企业。实施千万元以上工业项目203个、完成投资102.5亿元，装备制造三大产业园完成投资46.2亿元，凯迪生物质能源发电项目建成运营，天水卷烟厂易地技改、张家川太极阿胶生产线二期、清水生态酿酒城技改扩建项目进展顺利，武山县干法水泥生产线、清水2×1000兆瓦火电项目有了实质进展，天水烟用包装印刷材料、通号集团铁路电缆产业升级、大型客机改货机等项目达成合作意向。天水经济技术开发区项目入园成效明显，第一批3户出城入园企业基本完成搬迁。企业自主创新能力增强，新增中国驰名商标3件、甘肃省著名商标16件、甘肃名牌产品10个，华天集团、天光半导体等企业的78件新产品（新技术）通过省级鉴定，长城电工天水电器有限责任公司获省政府质量奖。宝天高速街亭温泉出口、武山洛门至礼县二级公路全面建成，张家川县城至恭门火车站二级公路全线贯通。麦积至甘谷二级公路完成投资11亿元，占总投资的55%；引洮供水工程开工建设，落实投资6.2亿元，藉口水厂完成主体工程。中卫至贵阳天然气联络线管道天水段建成通气，750千伏输变电工程、社棠330千伏输变电工程建成投产。宝兰客运专线、天平铁路、十天高速天水段、310国道秦州至武山段升级改造、麦积全国综合养老示范基地、张家川富川水源工程和秦安小湾河水库等项目进展顺利。三年地质找矿行动初见成效，实施地质勘查项目74个，争取上级勘查资金1.56亿元。

【城乡建设】城市总体规划修编全面启动，“一县十镇二十村”新型城镇化试点有序推进，全市城镇化率达到34.06%。实施城建项目284个，完成投资70.13亿元。34个市级城建重点项目当年完成投资35.38亿元。成纪新城、颖川新城、东柯新城、三阳川新区、秦州新城规划和基础设施建设有序展开，赤峪路、藉河孙家坪大桥、瀛池大桥两侧匝道和大众路、合作南北路、皇城路、光明巷等道路维修全面完工，城区5条主干道右转弯车道改造竣工使用，改造巷道130条，补修人行道3.2万平方米，新建和改造城区公厕48座，成纪大道、峡口渭河大桥、社棠渭河大桥、藉河南路西延段、赤峪路西延段、麦积新城路网等项目加快建设，双桥人行便桥建成使用。中心城区2个音乐喷泉建成使用，王家磨滨河路和山水新城景观绿化、渭河北子堤生态公园项目顺利实施，新增城市绿地45.8公顷，城区绿化覆盖率达到35.7%。秦州古城西关历史文化片区和伏羲庙、纪信祠、玉泉观、贾家公馆、后街清真寺等重点文物保护维修加快推进。农村人居环境整治逐步开展，省、市级40个示范村投入资金7.07亿元，建成整洁村360个。落实门前“三包”责任制，整治车辆乱停乱放、沿街乱搭乱建等突出问题，搬迁了藉滨花鸟鱼虫市场，“三城”联创继续推进。

【社会事业】教育基础条件不断改善，实施基建项目825个，改造校舍41.26万平方米，市一中麦积校区加快建设，新建公办幼儿园33所，实现乡镇公办中心幼儿园全覆盖。共有普通高校5所（包括电大、工学院），在校学生4.54万人；中等职业学校18所（不含技工学校、教师进修学校），在校学生3.37万人；普通中小学校1667所（不包括739个小学教学点），在校学生48.92万人。小学学龄儿童入学率99.49%，初中学龄儿童毛入学率99.43%。取得科技创新成果107项，87项达到国内先进以上水平。新建省级工程技术研究中心2家、省级重点实验室3个。市文化馆、图书馆完成规划选址，市体育中心完成前期工作，新建村文化室125个、乡村舞台963个，建成体育惠民项目8个、村级农民健身项目180个。麦积山石窟“申遗”成功，清水李崖遗址被列为国家级文物保护单位，甘谷毛家坪遗址考古发掘取得重大进展。《大秦文公》、《轩辕大帝》分别获第七届中国秦腔艺术节“优秀剧目奖”、“优秀剧目特别奖”。《天水通史》出版发行。市妇幼保健院迁建、天水全科医师临床培训基地和儿童病区综合楼主体完工，建成标准化村卫生室214个，29个乡镇卫生院职工周转房项目全面竣工。落实计划生育“单独二孩”政策，人口自增率为6.08‰。

【社会保障】年末全市参加基本养老、失业、城镇职工基本医疗、工伤、生育五项社会保险人数分别达11.89万人、14.37万人、27.66万人、9.94万人和10.62万人。离退休人员8.23万人，养老保险基金支出19.13亿元，发放率100%。参加城镇职工基本医疗保险的农民工0.77万人，参加工伤保险的农民工4.02万人。各类企业劳动合同签订率94%。共有城市最低生活保障对象3.81万户9.55万人，累计发放低保补助资金3.03亿元；农村最低生活保障对象12.49万户40.32万人，累计发放低保补助资金5.39亿元。农村临时救济1.44万人。

秦州区

【现任主要领导】

中共秦州区区委书记：张明泰

秦州区人大常委会主任：文月平

秦州区人民政府区长：何东（回族）

政协秦州区委员会主席：宋丕林

中共秦州区纪律检查委员会

书记：毛更生

【基本情况】秦州区位于甘肃省东南部，扼陕甘川之要道，自古为陇右门户、战略要冲和商贸中心，是陇东南最大的交通枢纽和商品物资集散地，受西安、兰州两大城市的双向辐射，是联系西北与中原、西南的交通枢纽。国道310、316线、天宝、天定高速公路横贯境内。是秦人的发祥地，文物古迹众多，是人文始祖伏羲的诞生地，有“羲皇故里”之称。全区行政区域面积2442平方公里，城市建成区面积29平方公里，现辖10镇6乡，420个村民委员会，7个街道办事处，41个社区居委会，有汉、回、蒙、藏等10个民族。2014年末常住人口65.38万人，人口自然增长率6.44‰。

【国民经济】2014年，全区实现生产总值148.64亿元，比上年增长9.2%。其中：第一产业增加值11.86亿元，增长6%；第二产业增加值64.49亿元，增长10.5%；第三产业增加值72.29亿元，增长8.2%。实现规模以上工业增加值33.59亿元，增长10.5%。完成固定资产投资141.2亿元，增长20.1%。实现社会消费品零售总额70.83亿元，增长12.4%。完成大口径财政收入16.27亿元，增长10.56%；财政支出31.01亿元，下降1.13%。

【“三农”工作】2014年粮食总产量20.74万吨，比上年增长4.87%。新建以花牛苹果和秦州大樱桃为主的果园6.85万亩。建成规模养殖场14个，畜禽饲养量达130万头只。新建改造设施蔬菜大棚1700个，蔬菜面积10.83万亩。中药材种植5.03万亩，产值4633.8万元。新增机修梯田5.95万亩。建成南部农村饮水安全工程，解决6乡镇99个行政村10.68万人和68所学校1.05万名师生的饮水不安全问题。建成堤防工程23.85公里。完成村庄巷道硬化135公里，新建村村通水泥路134公里。整合资金3526万元，完成10个改善农村人居环境示范村和30个整洁村建设。部分乡镇垃圾收集、处理运行机制初步形成。完成13个整村推进和1个整乡推进建设任务，使12个乡镇321个村的7.1万户25.36万人受益。

【人民生活】全区城镇居民人均可支配收入19682元，增长10.9%；农民人均纯收入5482元，增长13.8%。城镇新增就业1.76万人，城镇登记失业率3.72%。其中下岗失业人员再就业3975人，困难人员再就业1315人，公益性岗位就业2256人，自主创业带动就业3000人。受理劳动监察案件37起，结案37起，清理拖欠农民工工资352万元。劳务输转11.06万人，其中组织输转人数6.64万人，创劳务收入16.29亿元。

【项目建设】2014年，实施招商引资项目84个，总投资170.74亿元；引进实施5000万元以上重点产业项目21个，其中投资上亿元项目19个，资金到位率52.38%；新建项目63个，总投资88.81亿元；续建项目21个，总投资81.93亿元。实施新签约项目63个，总投资88.8亿元，实际引进到位资金37.48亿元。主要项目有：投资6000万元的罗玉大樱桃果品市场建设项目，投资1亿元的牡丹镇千亩蔬菜生产基地建设项目，投资11亿元的秦州农业经济综合体建设项目等。实施续建项目21个，总投资81.93亿元，实际引进到位资金14.46亿元。

【城乡建设】组织实施了民生工程、城市品位提升工程、环境综合整治工程、文化旅游产业开发建设等4个方面13个重点项目的建设，累计完成投资10631万元。实施了城区巷道整修改造工程，整修改造30条巷道，投资约1380万元；人行道的铺设改造约4.5公里，改造面积2.5万平方米；山水嘉园至佳·水岸小镇段车行道建设并通车使用，投资约1500万元；城区28座公厕的提升改造，完成投资160万元，建成3座移动公厕。增建右转弯车道，完成投资约190万元。5600户农村危旧房改造已全部达到竣工验收标准，完成固定资产投资5.6亿元。羲皇大道两侧分车带绿化改造、城区16处自建花坛及40余处公共花坛苗木补栽、城区部分道路行道树栽植等工程，栽植苗木共30万余株，累计完成投资约659万元。城乡道路、桥梁亮化完成投资143万元。总投资3869.63万元的藉河风情喷泉工程，投入使用且运行正常。维修更换城市公共亮化设施1223个，城区路灯亮灯率保持在98%以上。积极配合秦州美丽乡村建设，为玉泉镇李官湾村，大门乡长官村、关峡村，太京镇马岐山村、田家庄村安装路灯75套。

【扶贫开发】加快推进全区扶贫攻坚进程，贫困人口由12.06万人下降到9.33万人。一是增加扶贫投入。扶贫攻坚总投入达5.46亿元，使贫困村基础设施条件得到明显改善，扶贫产业格局基本形成。二是产业扶贫连片开发。坚持把发展作为扶贫开发工作的基础，着力发展具有地域特色的林果优势产业，在贫困村新建各类果园1.5万亩，扶持培育扶贫龙头企业7家，带动了5000多户贫困群众发展富民产业的积极性。三是示范点建设成效显著。不断加大扶贫资金投入，整合各方力量，积极构建专业扶贫、行业扶贫和社会扶贫“三位一体”的大扶贫格局，打造整乡推进果品基地建设市级扶贫开发科学发展示范点。建成优质果园5.8万亩，人均果园面积1.6亩。新修梯田1000亩，建成砂化产业路20公里、硬化通村水泥路6条20公里、硬化巷道8公里，新修堤防600米、土地整理3000亩，培训果农8000人次，输转富余劳动力9500多人次。四是创新扶贫机制。推行政府和企业双重扶持的“公司+基地+农户+市场”产业扶贫模式，由政府牵头，选实力雄厚、管理水平高、发展前景好、信誉度高、主营业务与当地最适宜发展的产业相吻合的企业作为龙头企业，贫困户提供土地，政府提供项目，企业提供资金补助和技术指导，在贫困村组织农户建设产业基地，建成西秦山万亩果业片带1万多亩。

【社会事业】2014年，高考二本上线人数1240人，上线率34%。各类科技项目共51项，其中省级8项、市级16项、区级27项。组织鉴定验收科技成果20项。组织9项科技成果项目参加天水市2014年度科技进步奖的评审，有5项获奖。完成专利申请量120件，其中发明专利78件，外观设计专利41件，实用新型专利1件。举办各类科技培训班104期，培训农民1.27万人次，印发科技资料2万多份。年末共有区属医疗机构58家，区级综合医疗1个，公共卫生机构2个，专科医院2个，乡镇卫生院20所，社区卫生服务机构26个，其他卫生管理办事机构7个。床位数1958张（含民营医院床位数）。专业技术人员753人，其中执业医师211人（含助理）。

【社会保障】2014年，纳入城乡

居民养老保险统筹25.68万人，参保率达97.02%，续保率达94.52%。为全区5.44万名符合待遇享受条件的60周岁以上参保人员发放养老金3868.65万元，为符合条件的141名村干部发放养老保险待遇47.81万元。参加城镇职工基本养老保险统筹18992人。失业保险参保9768人。城镇职工基本医疗保险参保2.72万人，城镇居民基本医疗保险参保12.27万人，工伤保险参保0.56万人，生育保险参保1.54万人。最低生活保障对象有2.44万户、7.2万人。

麦积区

【现任主要领导】

中共麦积区区委书记：张智明

麦积区人大常委会主任：贾应珍

麦积区人民政府区长：成少平

政协麦积区委员会主席：杨续祥

中共麦积区纪律检查委员会

书记：吴方勇

【基本情况】麦积区位于甘肃省东南部，西秦岭北麓，渭河中上游，地处陕、甘、川之要冲，是甘肃省和天水市的“东大门”。全境东西长123公里，南北宽50公里，总面积3484平方公里。现辖12个镇、5个乡、3个街道办事处，379个行政村，28个社区居委会，有蒙、回、藏、维等17个少数民族。境内森林覆盖率52.6%，2014年降雨量466.9毫米，年均气温12℃，全年无霜期215天，夏无酷暑，冬无严寒，四季分明，景色秀美，素有陇上“小江南”之美誉。

境内已探明储量的矿产有50多种，主要有铅、锌、金、白云石、大理石、石英、云母、石棉等。野生动植物资源和药材资源种类繁多，珍稀动物主要有牛羚、大鲵、猕猴、金猫、水獭、林麝等。中药材200多种，主要有党参、当归、天麻、大黄、茴香等。盛产苹果、西瓜、桃、杏、板栗、核桃、花椒、木耳、生漆等干鲜土特产。境内旅游资源丰富，国家5A级风景名胜区——麦积山风景区就镶嵌在东南部的秦岭群峰之中，景区内有驰名中外的麦积山石窟，秦州“第一洞天福地”的仙人崖，享有“小黄山”美誉的石门，湾湾有景、步步留情的曲溪，荟萃珍奇物种的小陇山植物园；净土寺，蛟龙寺以及诗圣杜甫流寓秦州时的东柯草堂，国画大师齐白石题匾的双玉兰堂；牧马滩秦汉古墓葬等许多古遗址，古建筑，古墓葬，是甘肃东部最佳森林旅游避暑胜地和中外游客观光的旅游胜地。

【国民经济】2014年，全区实现生产总值142.3亿元，比上年增长8.7%。其中：第一产业增加值11.8亿元，增长5.65%；第二产业增加值75.6亿元，增长10.6%；第三产业增加值54.9亿元，增长7%。实现规模以上工业增加值54.2亿元，增长8.8%。完成固定资产投资86.6亿元，增长20.3%。实现社会消费品零售总额69.57亿元，增长10%。完成大口径财政收入12.7亿元，增长36.62%；公共财政预算收入4.4亿元，增长27.72%。城镇居民可支配收入18089元，增长10.2%；农民人均纯收入4965元，增长14%。

【农业和农村经济】2014年，全区粮食总产量17.2万吨，农业十大项目和17个科学发展观示范点建设全面完成，落实全膜双垄沟播玉米示范推广15.37万亩，颖川河流域综合开发实施项目投资6.3亿元，天水花牛苹果产业园万吨气调库及苹果检测分选生产线建成使用，园区“一纵三横”路网等基础设施启动建设，琥珀高原旱地无公害农产品示范园流转土地580亩。农业产业化步伐加快，新建果品基地3.95万亩、设施蔬菜1.22万亩、标准化养殖场14个，发展新型经营主体218家，流转土地1.39万亩，区级农业专项投入达3355万元。农村基础条件不断改善，完成生态造林2.6万亩，新修梯田2.63万亩，新建堤防32.3公里，甘泉等5处农村饮水安全工程建成供水，完成了唐家沟排洪渠治理。“以采代疏”采砂权出让招标基本完成，河道采砂秩序逐步规范。桃花苑放养鸡年出栏35万只，“花牛苹果”通过地理标志认证、荣获第十二届中国国际农产品交易会金奖，“元龙花椒”商标完成注册，“羲皇牌”众兴菌业、“陇上九龙山”禽业分获国家驰名、省级著名商标，“潘苹果”网络销售平台运行良好。

【项目建设】全年实施区列重点项目240个，完成投资63.51亿元。保障宝兰客专、天平铁路、成纪大道、麦甘公路、渭滨新城路网、机场片区土地储备、宝天高速街亭互通立交、中心大道东延段、天水商贸城、市体育中心等国家、省、市重点项目建设，备受关注的宝兰客专马跑泉主镇区征迁安置进入扫尾阶段。落实招商引资项目139个，到位资金58.04亿元。

【扶贫开发】深入推进“2613”扶贫攻坚行动，完成伯阳石门等整村推进项目14个，社棠、伯阳2镇30村基本脱贫，实现减贫3万人。“双联行动”深入开展，落实项目资金2.98亿元，累计发放双联惠农、农村妇女小额、农民专业合作社贷款5.3亿元，为龙头企业担保融资贷款1.54亿元。

【城乡建设】以“四区五城六线”为重点，大力推进旧城改造、新城开发、景区提升和美丽乡村建设，全年启动城镇化项目80项，完成投资23.64亿元。音乐喷泉、中立交排水改造提升建成使用，马跑泉市政广场完善了后续设施并开放，渭河城区段综合治理、秦麦高速出口、渭河三桥、兴陇路改造、华阳路建设基本完工，马跑泉公园提升改造及引水入园、颖川佳苑等项目加快建设，区府路西延段、麦积山大道启动建设，城区道路修补、路灯维修更换、绿化美化、排洪清淤、桥南供热管网、公厕改造等工程完工，财富阳光、恒顺江山悦、天庆国际、水岸明珠等项目进展顺利，花牛白崖等17个城中村改造有序实施，公园佳苑等宝兰客专13个集中安置区和123个小城镇项目加快建设。

【商贸旅游】商贸物流基础条件不断改善，金都购物广场、新亚购物广场二期、天豫商贸城、滨河广场、天庆国际、桥南副食品综合市场、天水城市蔬菜仓储分拣中心等项目加快建设，盛达广场建成招商，东柯河甘泉物流园列入交通运输部重点物流支持项目，“万村千乡”市场工程建成农家店、便民店50家，“潘苹果”北京体验店开业运营，天水农昕和森源公司电子商务开通，温泉度假酒店建成运营，麦积山石窟申遗成功。围绕“一廊、一区、两新城”建设，共谋划总投资约200亿元的文化旅游、产业培育、基础设施等项目36个，秦风民俗园、黄河雕漆文化产业园等19个已开工。新建改建农家乐23户，接待游客689.37万人次，实现旅游综合收入33.09亿元。落实非公经济扶持专项资金5882万元，为企业融资3.26亿元，推行注册资本认缴登记制，新增个体户2032户，私营企业309户。

【社会事业】实施科技试验、示范、推广项目96项，取得科技成果12项，成功创建省级可持续发展试验区。落实边远农村教师生活补助，教育工作通过省政府督导评估，市二中省级示范性高中通过复评，市九中学生宿舍楼等33个教育项目完工。争取到总投资6.05亿元的中小学改薄项目，一期工程全面启动。市一中麦积校区一期工程完成交接，总投资2.73亿元的二期工程即将动工。高考上线率位列全市第一。34个标准化村卫生室、甘泉卫生院职工周转房等项目完工，三阳医院投入运营，推行了新农合医疗保障和医疗救助一站式服务，落实“单独二孩”政策，人口自然增长率6.44‰。发展“乡村大舞台”文化社团153个，全国第一次可移动文物普查及全省文化资源普查工作有序推进，成功举办了卦台山民间祭祀活动，与上海浦东新区联合举办了文化艺术交流展示展演。承办了第13届环青海湖国际公路自行车赛麦积段赛事，举办了麦积山全国山地自行车邀请赛。

【社会保障】省、市、区列27件民生实事全面落实。全国综合养老示范基地4栋公寓主体完工，20个老年人日间照料中心、20条小巷道改造、37个农民健身工程建成使用，新建保障性住房2373套，发放廉租房补贴984.9万元，改造农村危旧房5550户。提高了城乡低保、农村五保标准，发放保障金1.26亿元。新农合政府补助标准人均提高40元，参合率95.33%。安置高校毕业生255人，发放高校毕业生贷款7800万元。新增城镇就业1.7万人。输转劳动力11.08万人，创劳务收入15.68亿元。追讨农民工工资920多万元。超额完成了城镇职工养老、失业、医疗、工伤及生育保险扩面征缴任务，城乡居民养老保险参保率达98%。9村573户整村易地重建项目基本完工，落实交通、水利、住房等各类重建资金4.31亿元。按政策落实了困难残疾人生活补贴、提高了在职职工住房公积金和财政供养人员取暖费补贴标准，兑现了科学发展观绩效奖和公休假补贴。

清水县

【现任主要领导】

中共清水县县委书记：刘天波

清水县人大常委会主任：赵云清

清水县人民政府县长：马越垠

清水县政协委员会主席：王新强

中共清水县纪律检查委员会

书记：马利民

【基本情况】清水县位于甘肃省东南部，天水市东北，陇山西南麓渭河支流牛头河流域，东界陕西省陇县、宝鸡、南连麦积、秦州两区，西接秦安，北临张家川回族自治县，距陇海铁路天水站40公里。古称上邽，以“清泉四注”而得县名，历史悠久，人杰地灵。系中原与西北的古通道，素有陇上要冲，关中屏障之称。早在五千多年前，人类先祖就在这里生息繁衍。县境内发现马家窑——齐家文化古遗址30多处，出土珍贵文物3000多件。是中华人文初祖轩辕黄帝的诞生之地、秦统一全国的发祥地、西汉名将赵充国的桑梓故里。北逐匈奴、西击诸姜的战斗号角，秦先祖非子、一代天骄成吉思汗等历史人物都在这片土地上留下足迹。2014年底，全县总户数为73609户，总人口32.68万人，其中农业人口30万人，占总人口的91.8%，少数民族有回、藏、东乡、土、苗等。全县总面积2012平方公里，辖6镇12乡，260个村民委员会，1118个村民小组，4个社区居委会。

清水县属黄土梁峁沟壑区，是西北黄土高原边缘地带十分难得的山川秀美、物华天宝之地。最高海拔2201米，最低海拔1112米，年平均气温9.7℃，年均降水总量501.1毫米左右，年日照时数2166.5小时，全年无霜期174天左右。夏无酷暑，冬无严寒，四季分明，气候宜人。境内有耕地130万亩，森林67万亩，荒山草坡18万亩；有地表水2.3亿立方米，地下水0.9987亿立方米，水源总量3.2978亿立方；矿产资源已发现有铁、锰、铜、铅、钼、白云石、大理岩、钾长石等14种。温和湿润的气候和丰富的土地资源、水资源、矿产资源和农林牧副产品资源，以及野生资源，具有广阔的深度开发前景和极大的市场开发潜力。是天水市生态旅游的后花园的重要水源保护地。汤浴温泉为全国十三大名泉之一。庞公玉石被誉为“中国一绝”。轩辕文化、先秦文化、汉唐文化、宋金文化交融聚汇，汤浴温泉、三皇谷森林公园、万紫山、石洞山等陇上名胜独树一帜，使清水成为陇坂脚下的一方人文厚土，炎黄子孙寻根问祖、观光旅游的一方胜地。

【国民经济】2014年，全县实现生产总值32.96亿元，比上年增长9.6%。实现规模以上工业增加值1.71亿元，增长16.4%。完成固定资产投资52.46亿元，增长20.27%。实现社会消费品零售总额6.71亿元，增长17.9%。完成大口径财政收入2.76亿元，增长22.1%。城镇居民人均可支配收入16792元，增长9.9%；农民人均纯收入4772元，增长13.6%。

【农业和农村经济】2014年，全县农作物播种面积102.19万亩，其中粮食作物67.34万亩。粮食总产量18.38万吨，增长6.4%。推广全膜双垄沟播玉米23万亩，种植脱毒马铃薯13.2万亩，新建干鲜果基地5.7万亩。建成标准化养殖小区20个，规模养殖场10个，畜禽饲养总量达431.19万头只。新建塑料大棚1200座，种植高原夏菜6.5万亩，完成生态造林4.39万亩，公路绿化14公里，建成堤防42公里，新修梯田3.5万亩，涉及

4.4万人的新城、山门农村饮水安全工程进展良好。建成高效节水灌溉工程1处，新增灌溉面积4200亩。扶贫攻坚成效显著。全年减贫2.15万人。草丰公路、马沟段堤防等基础设施重建项目相继建成，2157户分散重建户和1499户整村搬迁户住房重建竣工率分别达96%和79.9%，入住率达85%。

【工业经济】工业经济提质增效，园区建设初具规模。2014年完成规模以上工业总产值9.4亿元，比上年增长15.3%；销售产值9.09亿元。西部循环工业城和东部酒饮建材城建设进度加快，兴盛物流园和中小企业服务中心建成使用，天祥建材、汇涛蜂业、航鑫建材等项目建成投产，华盛农业、煜兴建材等项目进展顺利。骨干企业初步形成。通过积极实施“10强50户”工程，天河酒业、轩辕纸业、三义商砼等骨干企业运行良好，质量效益同步提升。

【第三产业】金河城市广场二期工程完成主体，兴盛物流园一期工程全面建成，物流配送中心通过市级验收，白驼、白沙等农贸综合市场建成使用。“万村千乡”市场工程加快实施，新建农家店10个，信息化改造店10个。注册成立首家电子商务公司，加盟商行26家，初步形成遍布城乡的电子商务运行网络。新增城乡各类商业网点226家，新发展大型超市3家。清水温泉国家4A级旅游景区创建进展良好，景区基础设施建设得到加强，敦煌行·丝绸之路国际旅游节第二届清水温泉消夏养生旅游节成功举办，接待游客64.8万人次，实现旅游综合收入2.2亿元，分别增长28.4%和28.2%。引进商业银行1家，发展行政村“三农”服务中心便民点23家，发放“双联”惠农贷款7815万元，草食畜牧贷款1869万元，扶贫双联惠农贷款1800万元。

【城乡建设】县城三轮总体规划修编正在完善，郭川宋川等15个灾后重建村庄规划编制全面完成。投资4.01亿元，实施城市建设项目27个。城区生活污水处理厂、西华路拓宽改造全面竣工，东城区集中供热、牛头河风情园开发工程进展顺利，丰盛路建设80户房屋征收全面完成，原财政局办公楼等7宗国有土地熟化和商务开发工作进展良好。大力整治城市环境，积极推进三城联创，全国县级文明城市创建获中央文明委提名。统筹推进17个小城镇市场和商业一条街建设，实施绿化、亮化工程，小城镇服务功能进一步加强。实施小泉峡节点绿化工程5处，47村3048户新居工程全面建成，县一中崩塌治理、红堡曹冯滑坡治理项目完成任务，“一事一议”财政奖补项目、红堡西城等4村农村环境连片整治示范项目全面完成。交通事业长足发展。草丰公路等11条228公里县乡主干线重建工程全面竣工，新修通村水泥路39条170.8公里，县城至山门等县道改造工程顺利实施，白沙等3个乡镇区域性交通综合服务中心投入使用。

【项目争取】筛选、储备各类重点项目108项，涉及投资171亿元；谋划入库“3341”项目359项，涉及投资620亿元；争取各类重点项目124项，落实项目建设无偿资金10.87亿元。中电投清水电厂工程取得省发改委“路条”，120兆瓦三峡风电项目完成测风，水务一体化经营战略合作成功签约，温泉地热环能勘查项目取得重大突破。实施各类重点项目114个，完成投资48.17亿元。西灵山等6个5万亩干鲜果示范区建设、易地扶贫搬迁等60个项目完成投资任务，天河酒业生态酿酒城技改扩建、东城区集中供热、2014年通畅工程等54个项目进展顺利。

【社会事业】制定全面改善贫困地区义务教育薄弱学校基本办学条件项目规划，教育教学质量稳步提升，高考二本以上上线率达24.2%。实施学校建设项目55个，竣工46个，消除D级危房2.4万平方米。全民健身活动全面开展，第13届环青海湖国际公路自行车赛清水赛段比赛圆满完成。科技创新步伐加快。新发展科技示范乡镇3个、示范村20个、示范户200户，转化科技成果8项，完成骨干培训5100人次，普及型培训6.3万人次。轩辕文化产业园建设加快推进，甘肃省轩辕文化研究会被省社科联评估为第一批标准化学会，西秦腔传奇歌舞剧《轩辕大帝》获宁夏银川第七届西北五省区秦腔艺术节优秀剧目特别奖，李崖遗址被列为国家级文物保护单位。新农合规范运行，县级公立医院综合改革稳步推进，国家基本药物制度进一步落实，全省中医药示范县创建进展良好，县医院整体迁建项目启动实施。疾病预防和妇幼保健工作成效明显，食品安全和卫生监督工作逐步加强，爱国卫生运动长效机制基本建立。

【民生保障】发放再就业贷款175万元，新增城镇就业4318人，城镇登记失业率控制在3.27%以内，城乡居民社会养老保险参保率达98.5%、待遇发放率达100%，城乡居民最低生活保障标准、五保户供养标准进一步提高，发放惠农补贴资金30项3.29亿元。输转劳务人员6.8万人、创劳务收入9.63亿元。开工建设保障性住房382套，为1071户城镇低收入家庭发放住房租赁补贴150万元，1750户农村危旧房改造、300户农村贫困残疾人危房改造全面建成。

秦安县

【现任主要领导】

中共秦安县县委书记：王东红

秦安县人大常委会主任：郭海军

秦安县人民政府县长：程江芬

政协秦安县委员会主席：高霆钧

中共秦安县纪律检查委员会

书记：杨仁义

【基本情况】秦安县位于甘肃省东南部，天水市北部，渭河支流葫芦河下游。属陇中黄土高原西部梁峁沟壑区，山多川少，梁峁起伏，沟壑纵横，是天水市的北大门和后花园，具有连接省城兰州，辐射天水地区西北部毗邻地区的重要节点作用。东西长约65公里，南北宽约50公里，总面积1604.1平方公里，地势西北高而东南低。全县属陇中南部温和半温润季风气候区，气候温和日照充足，降雨较少，干旱频繁。年平均气温为11.5℃，年平均日照时数为2054.4小时，年平均降水量400.2毫米左右。县辖5镇12乡，428个村委会，6个社区，1384个村民小组，常住人口52.27万人。年末耕地面积105.47万亩。

秦安县古称成纪，历史悠久，文化积淀深厚，旅游资源丰富。据史书记载，人类始祖女娲就出生在这里，是华夏文明重要发祥地之一，素有“羲里娲乡”之称。文物古迹众多，有距今约8000年的全国重点文物保护单位——大地湾遗址，是我国新石器遗址中年代最早、历时最长、层次最完好的一处。著名的“街亭古战场”和女娲庙，元代建兴国寺、明代建文庙大成殿和清代建筑群泰山庙等旅游景点，也是不可多得的历史文化瑰宝。

境内盛产苹果、桃、梨、脆瓜等。秦安蜜桃、秦安苹果、秦安花椒分别获得国家地理标志产品保护，其中秦安蜜桃“北京七号”桃荣获北京奥运推荐果品一等奖，并荣获“中华名果”称号。

【国民经济】2014年，全县实现生产总值47.8亿元，比上年增长9.2%。其中：第一产业增加值16亿元，增长6%；第二产业增加值11.5亿元，增长13.6%；第三产业增加值20.3亿元，增长9%。实现规模以上工业增加值3亿元，增长15.3%。完成固定资产投资39.8亿元，增长20.15%。实现社会消费品零售总额25.1万元，增长13.6%。完成大口径财政收入4.4亿元，增长62.66%。城镇居民人均可支配收入17620元，增长9.4%；农民人均纯收入5042元，增长13.8%。

【项目建设】2014年编制了总投资5.4亿元的全面改善义务教育薄弱学校项目规划，5.1亿元的大地湾国家考古遗址公园、3.2亿元的泰山庙斜坡地质灾害治理工程、1.9亿元的显亲河高峡水库项目正在开展前期工作，总规模16.3万亩的新一轮退耕还林工程、2.36亿元的农村公路建设项目立项实施，仁叶公路改造、小湾河水库等一批重点项目正在建设，750千伏输变电工程建成通电，宝兰铁路客运专线秦安段高架桥基本全线贯通。落实各类项目301项，总投资9.6亿元，其中国家投资8.1亿元。签订招商引资项目16项。

【城乡建设】2014年，新版县城总体规划通过专家评审，编制了10个美丽乡村和48个村庄建设规划，征收北坛、城南片区等区域548户住户和企事业单位建筑物6.6万平方米，完成城区道路铺油1.8公里、西滨河路等道路景观绿化工程2.4万平方米，维修改造城区道路和人行道4.4万平方米。城区供水改扩建二期、生活垃圾填埋场建成运行，兴国文化广场改造提升工程、南小河便民桥建设基本完工，秦南路拓宽改造、葫芦河生态公园三期、天然气引流入户等工程进展良好。加大城市管理力度，狠抓成纪大道、太白街等重点区域的严管整治，城区秩序有所好转。莲花、魏店、陇城等乡镇小城镇建设取得新进展。兴中路、侯王路王窑段全部硬化，云土路秦安段完成铺油，硬化农村道路72条193.4公里。新修梯田2.1万亩、堤防17.3公里，治理小流域35平方公里。郭嘉暖泉等9村环境连片整治项目全面完成。莲花桑川等美丽乡村示范村建设成效显著，农村公共服务运行维护机制试点工作顺利实施，改善农村人居环境行动扎实推进，硬化村庄巷道51.5公里，安装路灯320盏，建设垃圾处置点37处，聘用村级保洁员51名。以兴中路“一线两点”为重点，高标准推进行道树栽植和重点区域造林绿化示范工程，栽植行道树42万株、各类绿化苗木21万株，建设生态林1.9万亩，城乡环境面貌明显改善。428个行政村基本实现通达，225个行政村实现通畅，公路通车总里程1467.03公里。

【社会事业】2014年，年末共有各级各类学校338所，中小学生8.28万人，公办教职工6078人。校舍建筑面积55.4万平方米，危房面积12.6万平方米。建成标准化学校10所，消除D级危房2.38万平方米，17个乡镇中心幼儿园实现全覆盖。建立科技特派员示范基地利益共同体6个，科技特派员责任基地28处，建成首批试点乡镇11个，示范面积1500亩。对创建的柴家山桃专家大院、冯沟苹果专家大院等8个专家大院进行了充实完善。组织实施科技项目38项，争取科技经费279.8万元。鉴定科技成果13项，达国际先进水平1项、国内领先水平5项、国内先进水平5项、省内领先水平2项，获得市级奖励6项。凤山风景区成功创建为国家4A级旅游景区，秦安小曲《报春晖》获全国第八届曲艺节目优秀奖。广播覆盖率99.89%，电视地面接收站13.13万座，电视覆盖率99.87%。完成了卫生监督所实验综合楼建设，建成标准化村卫生室11个，县医院被列入全国500家重点扶持医院之一。共有各类卫生机构31家，其中，各级各类医院、卫生院、卫生分院24家，疾病预防机构1家，妇幼保健机构1家，卫生监督机构1家，新农合机构1家。共有在岗职工1113人，卫生技术人员965人，其中执业医师316人，助理医师50人，注册护士217人。

【社会保障】2014年，全县新增就业8030人。新增小额担保基金130万元，发放小额担保贷款3775万元。开展职业技能培训5904人，创业能力培训933人，城镇登记失业率2.19%。129个单位参加养老和失业保险，养老保险参保人数8365人，为4716名离退休人员发放基本养老金8204.02万元，失业保险参保人数8575人，为45名失业人员发放失业保险金52.5万元。参加城乡居民养老保险人数30.56万人，已享受城乡居民养老保险待遇人数7.96万人，发放养老资金6187.1万元；城镇职工参加医疗保险2.13万人，报销医药费3210万元；城镇居民参加医疗保险2.03万人，报销医药费584万元；参加工伤保险5252人，报销医药费35万元；参加生育保险9009人，报销医药费60万元；参加大额医疗保险1.64万人，报销医药费158万元。参加新型农村合作医疗人数56.41万人，参合率98.6%，参合农民补偿总人数105.5万人次，补偿总金额1.99亿元。供养五保老人3138人，有优抚对象1292人。为全县796名高龄老人发放生活补助费43.55万元。为477名孤儿发放基本生活费255.61万元。享受最低生活保障7.87万人，其中，享受城镇居民最低生活保障的9223人，发放最低生活保障金2871.26万元；享受农村最低生活保障的6.94万人，发放最低生活保障金9624.74万元。享受医疗救助政策人数8.77万人，发放救助金1586万元。

甘谷县

【现任主要领导】

中共甘谷县县委书记：贾忠慧

甘谷县人大常委会主任：令建民

甘谷县人民政府县长：申君明

政协甘谷县委员会主席：马骥

中共甘谷县纪律检查委员会

书记：谢辉

【基本情况】甘谷县位于甘肃省东南部，天水市西北部，渭河上游，东邻秦安县、麦积区，南接秦州区、礼县，西与武山县接壤，北与通渭县相连。南北长60公里，东西宽49公里，总面积1572.6平方公里。渭河由西向东横贯全境，南部山区为秦岭山脉西延，北部山区为六盘山余脉。平均海拔1972米，最低1228米（六峰镇觉皇寺村东），最高2716米（古坡乡大条梁）。现辖5个镇，10个乡，有405个村委会，9个社区。总人口63.36万人，其中农业人口56.26万人，人口密度403人/平方公里。

境内河流属黄河支流的渭河水系，河流总长131.1公里，平均径流8.29亿立方米，平均流量47.91万立方米。主要河流有四条，最大河流为渭河，属过境河，境内长度41.6公里，平均径流7.23亿立方米，其它三条主要河流为散渡河、古坡河和西小河。渭河北有陇海铁路东西延伸，境内有一个车站，路长37公里；渭河南有316国道（福州至兰州）和G30连霍高速（连云港至霍尔果斯）过境，境内路长分别为40和29.1公里。以316国道、秦甘、北甘、通甘四条交通大动脉为主线，县内有不同等级公路三百多条，总里程1458多公里的县、乡、村公路交错纵横，把甘谷和外地，城镇和乡村紧紧联系在一起，为市场经济的发展提供了极为有利的条件。

【国民经济】2014年，全县实现生产总值53.22亿元，比上年增长8.8%。实现规模以上工业增加值6.43亿元，增长11.2%。完成固定资产投资74.78亿元，增长20.18%。实现社会消费品零售总额26.51亿元，增长16.2%。完成大口径财政收入6.13亿元，增长41.45%。城镇居民人均可支配收入17727元，增长10.2%；农民人均纯收入5043元，增长13.4%。

【农业和农村经济】2014年，全县粮食作物播种面积72.77万亩；粮食总产量19.54万吨，增长5.12%。甘谷现代农业示范园扩容提质增效工程有序推进，新建全钢架无立柱蔬菜大棚1000座。农业支柱产业规模效益同步提升，种植蔬菜24.64万亩，新发展果品基地5.07万亩，新建标准化规模养殖场14个，蔬菜、果品、养殖业产值分别达7.5亿元、11亿元、8.3亿元。输转富余劳动力11.08万人次，创劳务收入15.72亿元。大力改善农业基础条件，惠及50村7万余人的东北人饮二期工程实现试通水，十里铺人饮工程主体完工，新建堤防24.5公里，新修高标准梯田6.1万亩，综合治理小流域45平方公里。完成植树造林2.2万亩、公路绿化160公里，天定高速公路沿线造林绿化被国家林业总局评为全国“三北”防护林优质工程。承办了顶凌覆膜、秋覆膜、梯田建设、春季造林四个现场会。积极探索沼气建设新模式，示范推广“进棚入园”沼气池68口，在新兴镇雒家村建成大型沼气集中供气站1处。发放补贴303万元，投放各类农机具2392台（套）。扶贫开发、“双联”行动协调推进，全面完成扶贫对象建档立卡工作，精准扶贫取得明显成效。争取财政扶贫资金5635万元，实施整村推进项目25个，8.35万贫困人口稳定脱贫。

【项目建设】2014年，全县实施重点新建续建项目133项，其中过亿元项目33项。750千伏输变电工程、中石油加油站、易地扶贫搬迁、旱作农业示范等93个项目全部建成，310国道升级改造、现代农业示范园、美丽乡村建设等40个项目完成年度建设任务。紧盯国家产业政策和投资导向，申报争取各类项目185项，规模总投资52.3亿元。人防应急指挥中心、保障性安居工程、县儿童福利院等116个项目下达投资计划，到位国家和省市项目资金6.56亿元。依托物流园区、工业园区招商平台，多渠道全方位开展招商引资，新签约汽车商贸城、仿古文化街（西区）等重大项目15个，总投资24.55亿元。招商引资新建续建项目到位资金35.12亿元，创历史新高。

【城乡建设】县城三版总体规划大纲通过专家评审，甘麦二级公路、富强路、冀城路两侧修建性详细规划和50个村庄建设规划完成修编，规划的龙头引领作用日益显现。着力破解征地拆迁难题，不断加快城区开发建设，县影剧院即将建成投入使用，仿古文化街（东区）、兰州银行办公楼主体完工，大像山公园湖心岛广场、文化坛、山门同步建设。全面完成了城区集中供热二期工程，新增供热能力40万平方米。筹资1200万元，新打城区供水水源井4口，改造了渭北片区供水管网，启动了城区供水水深度处理工程。富强东路、南环路、南滨河路西段改造工程全面完工，南滨河路东延段景观绿化工程完成年度任务，硬化治理城区小巷道52条10万平方米。磐安镇、六峰镇分别列为省、市级新型城镇化试点镇，安远、大石、礼辛、西坪等小城镇建设有新的突破和拓展。新建通村水泥路71条312公里，全县70%的行政村实现通沥青水泥路。深入推进“三城”联创活动，重拳打击抢修乱建行为，集中整治垃圾乱堆乱倒、车辆乱停乱放、沿街乱搭乱摆等突出问题，城市管理水平有了新的提升。

【社会事业】实施教育基建项目74个，改造校舍7.78万平方米，建成寄宿生食堂31个。一中教学楼竣工投用，综合体育场启动建设，二中实验楼基本完工，三中和金川初中教师周转房项目进展良好。新建西坪、大庄、八里湾、武家河、六峰镇金坪等5所中心幼儿园，公办幼儿园达24所。科技创新步伐加快，荣获国内先进成果9项、省级先进成果3项，连续8年荣膺“全国科技进步先进县”称号。

文体事业成效显著，毛家坪遗址发掘取得重大进展，累计清理春秋战国时期墓葬199座，发掘大型车马坑5处，出土各类文物1000余件，普查野外文物保护点183处，安远柳城遗址等15处列为县级文物保护单位。新建农村文化大院3处、“乡村舞台”175个，实施“一村一场”体育项目15个。组织民间武术爱好者参加了北京国际武术邀请赛、天水伏羲文化旅游节武术大赛等一系列赛事活动，进一步扩大了“武术之乡”影响力。积极推进医药卫生体制改革，加大医技人才培养和引进力度，加强医技基础设施建设，医疗卫生服务能力明显提升。中医院晋升为二级甲等中医医院，县急救中心全面建成，新兴卫生院迁建加快实施，新建规范化村卫生室30个，引进新办了西京医院等民营医院。与8家省级定点医院签订了新农合即时结报协议，制定并落实了新农合“二次补偿”制度，“先看病、后付费”诊疗服务模式在乡镇卫生院得到普遍推广。基本公共卫生服务、疾病预防控制和妇幼保健工作全面加强。

【民生状况】农村居民住房灾后重建全部竣工，改造农村危旧房1950户、残疾人危房150户，建立了农村低保民主评议和城市低保听证制度，城乡低保和农村五保标准分别提高15%和10%，发放保障金1.4亿元。实施医疗救助、临时救助6356人次，落实专项救助资金2021万元。发放救灾救济资金804万元、孤儿生活保障金272万元、抚恤补助资金1043万元、特困重度残疾人生活及护理补贴235.2万元，建成农村互助老人幸福院33个、城市社区日间照料中心2处。全面落实就业扶持政策，666名高校毕业生在县内行政事业单位稳定就业，新增城镇就业7719人。加大劳动保障监察执法力度，帮助625名农民工追讨工资580万元。采取“一事一议”办法，硬化村组巷道19.18万平方米。基本建成各类保障性住房626套5.8万平方米，开工新建568套5万平方米，完成棚户区改造96套，为2752户廉租住房家庭发放租赁补贴664万元。

武山县

【现任主要领导】

中共武山县县委书记：索鸿宾

武山县人大常委会主任：王永宏

武山县人民政府县长：马勤学

政协武山县委员会主席：颉卫星

中共武山县纪律检查委员会书记：苟钟灵

【基本概况】武山县位于甘肃省东南部，天水市西端，古“丝绸之路”咽喉要道。现辖6镇9乡，344个村委会，10个居委会，1602个村民小组，总人口48.27万人，总面积2011平方公里，耕地63.41万亩。武山是全国绿色农业示范县、全国蔬菜标准化生产基地示范县、全国科技进步县，中国韭菜之乡、全国武术之乡，甘肃省书画艺术之乡，素有陇上“玉器之乡”的称誉，是关中—天水经济区规划建设的三级城市。

武山县位于渭河上游，有分散在渭水南北的仰韶、马家窑和齐家文化遗址多达36处，属国家级文物保护单位的有始建于后秦的水帘洞石窟群，开凿于汉代，重建于明代的木梯寺石窟以及付家门、观儿下、西旱坪遗址和官寺古店等6处，县属文物保护单位20处。武山温泉为我国仅有的五家氡化矿泉之一，现有旅游馆、水疗楼、浴池、高尔夫球、网球、篮球等吃、住、行相对配套完善的各种休闲娱乐设施。水帘洞、温泉旅游度假村，草川大草原，卧牛山森林公园、木梯寺、老君山森林公园等旅游景点为人们旅游、疗养、避暑提供了绝好去处。木梯寺石窟、卧牛山森林公园成功创建为国家3A级旅游景区，水帘洞石窟保护设施、木梯寺安防工程等7个重点项目全部建成，新建农家乐50个。全年接待游客88万人次，创收3.7亿元，分别增长29%和32%。

武山县属温带大陆性半湿润季风气候区，冬无严寒，夏无酷暑，年降水量为533毫米，年均温9.5℃，年日照2124小时，无霜期186天，适宜各种生物生长。其中反季蔬菜名扬西北，韭菜、洋葱、胡萝卜、蚕豆、洋芋等运销20多个省、市或地区，已成为富民强县的支柱产业。矿产资源品种多，储量大，主要有蛇纹岩（又名鸳鸯玉，储量3.2亿立方米，居世界第二）、石灰岩（15亿吨，氧化钙含量达58%）、花岗石（15亿立方米）、白云石、滑石、大理石等非金属矿藏和钼、铁、铜、铅、锌、金等金属矿藏。

【国民经济】2014年，全县实现生产总值47.05亿元，比上年增长8.7%。其中：第一产业增加值17.76亿元，增长6.4%；第二产业增加值10.81亿元，增长13.6%；第三产业增加值18.48亿元，增长7.6%。实现全部工业增加值5.97亿元，增长15.1%。完成固定资产投资68.4亿元，增长20.3%。实现社会消费品零售总额19.09亿元，增长14.1%。完成大口径财政收入3亿元，增长22.1%；财政支出20.12亿元，增长12.5%。城镇居民人均可支配收入16801元，增长9.6%；农民人均纯收入4981元，增长13.7%。

【农业经济】2014年粮食总产量13.9万吨，增长4.4%。畜禽存栏104.1万头（只），增长7.8%。围绕产业培育、基础建设、公共服务、机制完善四个重点，大力开展双联行动，全县创建双联示范村36个，各级联村单位落实帮扶资金6900多万元，帮办实事580多件。完成了156个扶贫攻坚重点村调查摸底、12.2万贫困人口的识别确认和建档立卡等工作。新建通村水泥路79条276公里，86%的行政村通上了水泥路，全省交通扶贫攻坚农村公路建设现场会在武山县成功召开。建成农村安全饮水工程13处，解决了49村6.8万人的饮水安全问题。完成15个整村推进项目、5村305户易地扶贫搬迁项目和58村“一事一议”财政奖补项目，发展高效节水灌面2.1万亩，新建优质梯田3.92万亩、产业路90多公里、堤防35公里、沼气池100眼，农村生产生活条件得到极大改善。输转劳务人员10.9万人次，创收15亿元。扶贫工作成效显著，年内实现脱贫5.68万人。

【项目建设】2014年，全县争取国家和省级投资项目168项，到位资金7.8亿元。签约招商引资项目25项，到位资金32.74亿元。实施各类项目385项，完成投资76.9亿元。祁连山集团武山水泥生产线技改迁建项目完成环评、征地和“三通一平”等工作，重大项目争取实现了新突破。武山蔬菜产业科技示范园区完成投资4.13亿元，核心区建成投用，引进蔬菜新品种29种，育苗1150万株，建成示范区钢架设施棚500多座，示范效应初步显现。洛礼二级公路建成通车，打通了通往陇南的快速通道，极大地改善了沿线4乡镇10多万群众的生产生活条件。车岸灌区维修改造、山丹漆河至贺店堤防工程、农网升级改造、城区集中供热等192个基础设施建设项目和教育、卫生、水利、农村居民住房等59个灾后重建项目全面建成，甘肃东部百万亩土地整理武山片区项目、小型农田水利高效节水、天然气综合利用等52个项目完成年度建设任务，310国道升级改造、武漳公路、贺岷公路、西关渭河大桥等一批重点项目开工建设。

【城乡建设】武山大道西段景观工程、东关市场片区地下管网和地面硬化工程、洛门镇区“五纵一横”道路全面建成，棚户区改造、县养老院建设、县城排涝、垃圾收运等项目加快推进，渭河城区段综合治理前期工作取得重大进展，宁远新城、阳光水岸等8个住宅小区加快建设，新增住房2556套26万平方米，大城区建设初具规模。城关、洛门等6镇探索创新、率先试点，其余9乡因地制宜、有序推进。完成了红峪沟专项治理一期工程，建成新村10个、连片整治村6个，完成造林2.5万亩。

【社会事业】新建校舍5.1万平方米、教师周转房3255平方米、农村学校食堂33个，消除学校D级危房7066平方米，建成乡镇中心幼儿园11所，扶持发展民办幼儿园5所，实现了乡镇中心幼儿园全覆盖，落实各类补助和助学贷款1.23亿元。招考安置高校毕业生649人，新增城镇就业6089人，资助家庭经济困难学生4760人次，完成就业创业培训5.2万人次。完成县急救中心改扩建和洛门等4乡镇卫生院配套设施建设，建成村卫生室92个。大力实施基层中医药服务能力提升工程，全面实施“单独两孩”生育政策，全县人口自然增长率为7‰。获得国家专利40项，评审科技进步奖23项，荣获市级知识产权先进县称号。商标战略深入实施。培育注册商标40件，创建甘肃省著名商标2件。武山旋鼓获全国锣鼓大赛优秀奖，成功创建“中国民间文化艺术旋鼓舞之乡”，完成五朝梁广播电视台灾后恢复重建、农村气象广播“村村响”二期工程，建成马力、滩歌2个乡镇文化站，创建省级优秀乡村舞台15个，全民健身活动广泛开展。建成村级健身工程15个，在全国武术之乡比赛中获3金7银的优异成绩。

【社会保障】城乡医疗保险补助标准提高到340元，27种重大疾病纳入了新农合保障范围，为参合群众报销医药费1.39亿元。农村五保供养补助标准提高到3504元，城乡低保标准提高15%，发放养老金1.1亿元。全力兴办民生实事，为民承诺的10项29件实事有效落实。新建东顺、沿安2座35千伏变电站，架设送电线路21公里，完成54个村组农网升级改造。开通城区1路公交，新增农村客运线路36条，投入客运车辆60辆。建设保障性住房698套，发放廉租住房补贴463万元，改造农村危房3000户。建成农村文化休闲广场30个、农村互助老人幸福院20家。

张家川回族自治县

【现任主要领导】

中共张家川回族自治县县委

书记：刘长江

张家川回族自治县人大常委会

主任：李肖锋（回族）

张家川回族自治县人民政府

县长：马中奇（回族）

政协张家川回族自治县委员会

主席：关春生（回族）

中共张家川回族自治县纪律检查委员会

书记：赵东宏

【基本概况】张家川回族自治县位于甘肃东南部，陇山西麓，东依陕西陇县，南邻清水县，西接秦安县，北与华亭、庄浪两县接壤。总面积1311.8平方公里，东西长62公里，南北宽48公里。地势由东北向西南倾斜，最高海拔2659.4米，最低海拔1486米，平均海拔2011.4米。年平均气温8.5℃，无霜期163天左右，年平均降雨量593毫米。现辖3镇12乡，255个行政村，1275个村民小组，县人民政府驻张家川镇。

境内自然景观和文化遗址较多，主要景观有：五龙山、老龙潭、斩蛇崖、小麦积、五指山、青石崖、石人峰等，主要文化遗址有五龙山云风寺遗址、佛爷崖太极八卦图、二郎神脚印石、栓马桩以及宣化岗拱北、清真寺、正觉寺、花果山石窟、摩崖石刻、老庵寺、街亭古战场遗址、秦亭遗址、马家塬战国古墓遗址等。

境内植物有木本、草本、观赏和药用4大类，600多种。乔木类主要集中在东北部天然林区，有21目，32科，46属，84种，灌木类主要集中在东北部关山区，种类繁多；草木结构分为野生草本和人工牧草两大类，野生草本植物比较常见的有240多种，有31科、106属154种；观赏植物有70多种；药用植物包括野生和栽种两大类，中药材已达38科，124种，其中野生药材112种，栽种药材12种。珍贵动物9种，均属国家一、二、三级保护动物。铁、铜、铅、锌、水晶、长石、大理石、花岗岩等20多种矿产资源，储量丰富。

【国民经济】2014年，全县实现生产总值24.41亿元，比上年增长9.4%。其中：第一产业增加值6.15亿元，增长6.6%；第二产业增加值4.65亿元，增长12.6%；第三产业增加值13.61亿元，增长9.1%。实现规模以上工业增加值1.73亿元，增长15.3%。完成固定资产投资42.47亿元，增长20.25%。实现社会消费品零售总额6.47亿元，增长18.3%。完成大口径财政收入2.07亿元，增长15%；财政支出16.78万元，与上年基本持平。城镇居民人均可支配收入16500元，增长10%；农民人均纯收入4273元，增长 13.1%。

【农业和农村经济】2014 年农业总产值 10 亿元，比上年增长 7.9%。粮食总产量 12.38 万吨，增长 8%。高标准推进农村“六化”建设，当年新修梯田 2.15 万亩，梯田化率达 95.7%。建成马鹿梁农村饮水安全工程，规模化、跨乡镇、跨流域的集中式农村饮水安全工程达到 6 处，解决了 19.44 万农村人口的饮水不安全问题，在全省率先实现农村饮水安全工程通村全覆盖。扎实推进荒山荒沟造林绿化项目建设，新增造林 3.1 万亩，沟壑梁峁林带绿化率达 95%。农田道路、城乡清洁、耕作机械化水平得到显著提升。加快种植业结构调整，推广种植全膜双垄沟播玉米 12 万亩、马铃薯 10 万亩，大麻 1 万亩，新建钢架塑料大棚 300 栋，完成标准化果树建园 2000 亩。大力发展三大富民产业。申请注册清真餐饮品牌 2 个，新增餐饮店 2977 家，宾馆 245 家。县财政投资 1250 万元，在东部 6 乡镇 25 个贫困村建立扶贫互助资金协会，扶持养殖户 580 户，引进良种母牛 2060 头。畜禽饲养量 166.87 万头（匹、只），畜牧业产值 2.48 亿元。振兴发展皮毛加工贩运业，累计发展皮毛加工户 410 户，皮毛贩运户 2261 户。争取投入各类扶贫资金 3109 万元，完成龙山镇清水河流域等 3 个片带 13 个整村推进项目，当年减贫 2.39 万人。严格落实强农惠农政策，发放各类惠农资金 73 项 4.72 亿元。加大劳动力输转力度，输转富余劳动力 6.8 万人，创劳务收入 8.2 亿元。

【项目建设】大力实施“3341”项目工程，谋划项目 106 项，总投资 72.66 亿元。共争取到各类建设项目 193 项，到位国家省市投资 7.17 亿元。争取到财政专项和各类资金 166 项，到位资金 4.08 亿元。当年开工建设项目 104 项，累计完成投资 20.94 亿元，新开工建设项目 67 项，完成投资 6.61 亿元。易地扶贫搬迁、土地开发整理、龙山镇洪家堡子不稳定斜坡治理等一批项目全面建成。县城至恭门火车站二级公路完成工程的 90%，富川水源工程等项目完成年度投资建设任务。秦安（莲花）—张家川县—陇县（石槽沟）一级公路、关山水库等重大项目前期工作进展顺利。

【城乡建设】紧紧围绕建设陇上特色民族城的目标定位，编制县城总体规划（2011 ~ 2030）并通过市政府审定批复，县城控制区面积增加到 17.89 平方公里。县城基础设施不断完善，城区生活污水处理厂、南部路网、北滨河路基本建成。全面推进“七大项目”和“八个全覆盖”建设，城区集中供热工程投入运营，新增供热面积 84 万平方米，实现城区供热管网全覆盖。硬化 272 条小巷道，完成县城北山造林 6000 亩，绿化城区面积 1.2 万平方米。积极推进保障型住房建设，当年配售保障性住房 844 套，分配入住率达 80%。新增商品房供应面积 10.5 万平方米。实施龙山镇李山村等 13 村的易地扶贫搬迁工程，建成农村住宅 718 户，改造农村危旧房 1500 户。

【社会事业】大力改善教育基础条件，争取各类项目资金 8000 万元，新建续建教育基础设施项目 48 个，新增校舍面积 3.2 万平方米。全面实施义务教育阶段边远学校教师生活补助制度，为 3950 名教师提供免费早餐，为 3.6 万名农村义务教育阶段学生提供标准营养早餐。全力提升高中教育质量，高考各类本科上线 659 人，创高考历史最好成绩。医药卫生体制改革进展顺利，基层医疗卫生单位全部实现基本药物零差率销售。全面推行新农合“一卡通”工作，累计为 61.3 万人次报销新农合补偿资金 1.08 亿元。完成 6 个乡镇卫生院业务用房和职工周转宿舍建设，新建标准化村卫生室 30 个，城乡医疗卫生基础条件不断改善。重视和加强食品药品监管，在各乡镇成立食品药品监督管理所，建立了县乡村三级食品药品监管体系。巩固提升国家级计划生育优质服务县成果，省市下达的人口控制指标全面完成。加强非物质文化遗产保护，张家川“花儿”列入第四批国家级非物质文化遗产名录，完成全省文化资源普查和分类分级评估。积极排练提升音·舞·诗《关山月》，创作评审了大型电视剧《关山魂》剧本，回乡风情园成功创建国家 4A 级景区。

【社会保障】扎实推进“双联”行动向纵深发展，各级帮扶单位共帮办实事 155 件，落实资金 829.9 万元。全面落实积极的就业和再就业政策，城镇新增就业 3570 人。高度重视社会保障体系建设，扩大城乡居民养老保险保障范围，当年参保 12.1 万人，发放养老保险金 2305.2 万元。深入开展低保对象清理清查，全面完成低保提标提补，发放城乡低保资金 1.1 亿元。积极开展“一站式”即时结算试点工作，累计为 1.56 万人次发放城乡医疗救助资金 1092 万元。有效应对暴洪地质灾害，累计下拨救灾资金 954 万元，救助受灾群众 8.36 万人。

武威市

【现任主要领导】

中共武威市市委书记：火荣贵

武威市人大常委会主任：刘存禄

武威市人民政府市长：李志勋

政协武威市委员会主席：王扎东(藏族)

中共武威市纪律检查委员会

书记：李学民

【基本情况】武威，位于甘肃省中部，河西走廊的东端，是中国旅游标志——马踏飞燕的出土地。1986 年被国务院命名为全国历史文化名城和对外开放城市，2001 年 5 月经国务院批准撤地设市，2005 年被命名为中国优秀旅游城市，2012 年 10 月被命名为“中国葡萄酒城”。现辖凉州区、民勤县、古浪县和天祝藏族自治县，总面积 3.3 万平方公里，有 93 个乡镇、1125 个村民委员会、8 个街道办事处、71 个居民委员会。常住人口 181.36 万人，其中城镇人口 61.68 万人，乡村人口 119.68 万人，聚居着汉、藏、回、蒙等 38 个民族。

【国民经济】2014 年全市生产总值跨越 400 亿元大关，达到 405.97 亿元，比上年增长 9.1%。其中：第一产业增加值 94.7 亿元，增长 6%；第二产业增加值 172.89 亿元，增长 11.3%；第三产业增加值 138.37 亿元，增长8.3%。三次产业结构由2013年的23.4 ：43.6 ：33调整为23.3 ：42.6 ：34.1。完成工业增加值119.72亿元，增长11.4%，其中：规模以上工业增加值97.05亿元，增长10.8%。招商引资实际到位资金810亿元，增长37%。实现大口径财政收入36.68亿元，增长15.85%；公共财政预算收入22.18亿元，增长20.87%。实现社会消费品零售总额149.2亿元，增长12.6%。城镇居民可支配收入达到19036元，增长9.6%；农民人均纯收入达到7834元，增长12.5%。全市金融机构存款余额704.34亿元，增长16.4%；金融机构各项贷款余额527.61亿元，增长32.18%。居民消费价格指数101.6%。

【“三农”工作】农业种植结构进一步优化。全年完成农作物播种面积370.97万亩，增长1.16%。其中：粮食作物面积201.32万亩，增长1.2%；经济作物面积169.65万亩，增长1.11%。粮经比由2013年的54.2 ：45.8调整为54.3 ：45.7。粮食作物中，夏粮播种面积39.86万亩，下降11.7%；秋粮播种面积161.46万亩，增长4.98%。夏秋比由2013年的22.7 ：77.3调整为19.8 ：80.2。粮食产量105.5万吨，增长2.4%，其中：夏粮产量14.2万吨，下降0.3%；秋粮产量91.3万吨，增长2.8%。

主体生产模式强力推进。大力发展“设施农牧业+特色林果业”的主体生产模式，新建设施农牧业19.18万亩，累计达78.65万亩，户均2.1亩；新植特色林果业33.04万亩，累计达121.23万亩，人均0.78亩。新建规模养殖场（小区）358个，累计达2865个；发展规模养殖户1.22万户，累计达12.64万户。申报创建省级畜禽养殖标准化示范场9家。全年蔬菜产量达225.9万吨，水果产量达18.07万吨，其中葡萄产量达5.58万吨。肉类总产量达14.25万吨，增长5.28%。设施农产品外销量达到70%以上。实现种植业增加值60.38亿元，增长5.13%；畜牧业增加值32.49亿元，增长5.74%，占农业增加值的34.3%。

深入推进农村改革。大力培育多元化农业生产经营主体，农民专业合作社达6137家，入社成员6.93万户，占农户总数的19%。流转农村家庭承包耕地79.5万亩，占家庭承包经营耕地面积的22%，涉及农户12.84万户，占农户总数的35%。林权确权颁证工作全面推开。

【项目建设】全年实施500万元及以上在建项目953项，其中亿元以上项目311项。金色大道、荣生大道、天颐大道建成通车，民勤县城至红沙岗一级公路、天祝至青海互助二级公路建设进展顺利，干武铁路增建二线开工建设，北仙高速公路奠基。新改建农村公路1131.6公里。天祝县南阳山片“下山入川”生态移民小康供水工程建成通水，杂木河毛藏寺水库枢纽工程加快推进。京奥港30万吨高档饮品等一批重点工业项目竣工投产。全年完成固定资产投资549.76亿元，增长22.17%。其中：第一产业在建项目86项、完成投资40.27亿元、增长120.54%；第二产业在建项目437项，完成投资304.21亿元，增长12.72%；第三产业在建项目430项，完成投资181.19亿元，增长38.23%。

【优势产业】着力培育新兴产业和产业链经济，打造风光电装备制造、碳化硅新材料、电石、制药、包装、物流、农产品精深加工、液体经济、甜高粱、现代畜牧业等产业联盟和产业集群，大力推进工业企业出城入园，开创了“古浪鑫淼”、“黄羊河”循环经济发展模式。“武威酿造葡萄”和“民勤羊肉”荣获国家农产品地理标志登记认证。民勤县被列为国家知识产权强县工程试点县。大力推广甜高粱、山东黑牛等新技术、新品种，全市种植甜高粱达到12.42万亩。着力打造“丝绸之路经济带”武威黄金节点。甘肃首个海关特殊监管区——武威保税物流中心当年获批、当年建成运营，国际陆港产业园启动规划建设，甘肃首列中欧国际货运班列“天马号”顺利开通。积极发展现代服务业。黄羊公铁联运物流中心、莫高国际生态酒堡等项目基本建成，红星时代广场开工建设。新建续建万嘉国际广场等市场15个，建成黄羊河等大宗农产品冷藏储备项目4个。武威至兰州城际直达旅客列车开行。加快华夏文明传承创新区武威项目区建设，天马文化产业园摩天轮单体项目建成投运，天梯山生态文化旅游区、天祝冰沟河生态文化旅游景区开发等项目进展顺利，文庙修缮保护一期工程完工。

【扶贫开发】深入推进“1236”扶贫攻坚行动，全力实施“下山入川”工程，以基础设施建设、产业开发、移民扶贫为重点，落实财政专项扶贫资金4.52亿元，48个村实现整体脱贫，减贫12.65万人。新建天祝南阳山片松山滩、古浪黄花滩生态移民区圆梦新村等移民安置点13个，完成“下山入川”移民2.27万人。

【环境保护】坚持以节水造林治沙防污为重点，生态文明建设取得新成效。扎实推进石羊河流域防沙治沙及生态恢复项目、天保工程、中央财政造林补贴项目和省级财政防沙治沙项目、民勤沙化土地封禁保护补助试点项目。坚持机关干部职工义务压沙造林制度常态化，扎实推进全民义务植树活动，开展大规模秋冬季压沙造林活动。完成人工造林63.2万亩，封育36.6万亩。蔡旗断面过水量达到3.188亿立方米，民勤盆地地下水开采量控制在8506万立方米，青土湖形成水面22平方公里，地下水埋深小于3米的旱区湿地约106平方公里，提前6年实现国家规划确定的2020年生态治理目标。落实最严格的源头保护制度和节能减排目标责任制，实施大气污染防治行动和清洁水行动计划，全市空气质量优良天数329天，地表水水质达标率100%。

【社会保障】全市城镇新增就业3.88万人，应届普通高校毕业生就业率达到90%，城镇登记失业率控制在3.5%以内。对全市城乡低保对象进行全面复核，新纳入1.01万人。城市低保标准由294元提高到339元，农村低保标准由1907元提高到2193元，农村五保供养标准由2700元提高到3218元。新型农村合作医疗和城镇居民基本医疗保险政府补助标准由人均280元提高到320元。为6200名特困残疾人发放生活补贴744万元。发放救灾及社会救助资金6.2亿元。市第二社会福利院、市幸业养老中心等工程建设进展顺利，在城市和农村分别建成社区老年人日间照料中心7个和83个。基本建成保障性住房41573套，分配入住17993套。新建保障性住房42956套全部开工。实施农村危房改造、新房建设5.17万户，新建续建新农宅集中示范点69个。

【社会事业】新改建校舍16.7万平方米，消除D级危房8.83万平方米，建成幼儿园20所，实现全市乡镇中心幼儿园全覆盖。武威职业学院一期扩建项目有序推进，兰州交通大学新能源与动力工程学院、甘肃威龙葡萄酒专修学院在校生分别达到871人和630人。凉州职业中专创建国家中等职业教育改革发展示范校顺利通过省级评估验收。深化医药卫生体制改革，实现基本药物制度全覆盖，县级公立医院改革试点稳步实施。重离子治疗肿瘤中心暨荣华颐养园、市人民医院整体搬迁一期工程完成主体。新建改建妇幼保健院2所、急救中心2个、乡镇卫生院29个、标准化村卫生室227个。落实单独两孩政策，人口自然增长率控制在5.33‰。市级图书馆、美术馆实现了免费开放。市体育馆、影剧院、博物馆建设顺利推进。新建乡镇及社区文化体育健身中心9个。完善矛盾纠纷排查化解研判制度，矛盾纠纷化解率达到99%。

（丁锡斌）

凉州区

【现任主要领导】

中共凉州区区委书记：李世英（8月止）

凉州区人大常委会主任：沈开祥

凉州区人民政府区长：洪元涛

政协凉州区委员会主席：唐祜

中共凉州区纪律检查委员会

书记：徐宝成

【基本情况】凉州区位于甘肃省河西走廊东端，面积5081平方公里，辖19镇18乡、2个乡建制生态建设指挥部、8个城区街道办事处，全区有444个村民委员会3781个村民小组，38个社区居委会。有汉、回、藏、满等20多个民族，常住人口100.89万人，是甘肃省人口最多的县级区，是中国的历史文化名城和全国优秀旅游城市。地势西南高东北低，平均海拔1632米，地形分为三部分，西南部为祁连山地，中部为走廊平原，东北部为沙漠。属冷温带干旱区，是典型的大陆性气候，日照充足，温差大，无霜期为150天，宜于粮油作物的生长。

【国民经济】2014年，全区实现生产总值258.67亿元，比上年增长9.3%；完成工业增加值75.32亿元，增长10.4%，其中规模以上工业完成增加值62.1亿元，增长9.6%；完成固定资产投资280.5亿元，增长22.26%；实现社会消费品零售额77.83亿元，增长12.7%；完成大口径财政收入21.39亿元，增长16.49%；完成公共财政预算收入8.77亿元，增长21.76%。公共财政预算支出54.59亿元，增长20.28%；全年城镇居民人均可支配收入19804元，增长9.6%；农民人均纯收入9404元，增长12.3%。

【“三农”工作】全年实现农业增加值54.22亿元，增长6.1%。完成农作物播种面积167.82万亩，增加0.95万亩，增长0.6%。其中：粮食作物总播种面积106.12万亩，增长1.3%，经济作物播种面积61.7万亩，下降0.7%。全区粮食总产量68.19万吨；肉类总产9万吨；蔬菜总产量达到150.17万吨，较上年增加9.12万吨。肉类总产量9万吨，增长4.3%；奶产量1.06万吨，增长11.9%；全年水产品产量220.5万吨，下降18.63%；蔬菜产量150.17万吨，增长6.5%；中药材产量3.64万吨，增长3.3%。

年末大牲畜存栏38.31万头（只），比上年末增长3.6%；牛存栏37.48万头，增长5.2%；羊存栏100.4万只，增长8.16%；猪存栏80.31万头，增长1.6%。牛、羊、猪出栏分别为13.82万头、51.51万只和94.33万头，分别比上年增长4.8%、8.7%和3.8%。

年末农业机械总动力157万千瓦，比上年增长1.7%。大中型拖拉机4463台，增长7%，小型拖拉机53659台，增长1.4%，农用水泵12354台，增长1.7%，农村载重汽车7105辆，增长16.2%，农用化肥使用量（实物量）294317吨，增长10.4%。

【优势产业】人文旅游：凉州历史悠久，人文荟萃，史有“五凉古都，河西都会”之美称，以其“通一线于广漠，控五郡之咽喉”的军事战略要地和“车马相交错，歌吹日纵横”的商埠重镇为世人所瞩目。区境内有可供游览、观光、考古、研究的古建筑群、古遗址、古墓葬等160多处，馆藏文物4万多件，有举世闻名的珍贵国宝西夏碑、被称为陇右学宫之冠的文庙、始建于北凉时期被称为石窟之祖的天梯山石窟、西藏正式纳入中国版图的历史见证地白塔寺、中国旅游标志铜奔马的出土地雷台汉墓等一批国家级重点文物保护单位。2014年，全年共接待游客514.22万人次，实现旅游综合收入25.45亿元，较2013年分别增长24.83%和27.51%。

自然资源和农业资源丰富。凉州区自然资源比较丰富，素有“银武威”之称，有水源林和天然草场3公顷。出产鹿茸、麝香以及羌活、大黄、秦艽、干草、麻黄等多种药材。主要矿产有煤、石膏、萤石、花岗岩等。区内有四条内陆河，均发源于祁连山，年径流量10亿立方米，灌溉着本区绿洲的百万亩良田。区东部和北部有比较丰富的地下水可供提灌。凉州是河西地区重要的商品粮油基地，也是全省瓜果蔬菜生产基地和肉类繁育基地，独特的气候和良好的水土，为全区农业生产发展提供了得天独厚的有利条件，全区耕地面积145.5万亩，30万亩天然水源林和80万亩天然草场。农作物有小麦、谷子、玉米、高粱、洋芋、大豆等；经济作物主要有葡萄、胡麻、油菜等。还有西瓜、白兰瓜、苹果、瓜菜、葵花籽、烟叶等。农作物和经济作物品种多，品质优，久负盛名，远销省内外，部分产品还销往东南亚和俄罗斯，特别是无壳瓜子为世界所独有。葡萄酒更是以悠久的栽培历史、科学的酿造工艺、上乘的产品质量享誉全国，凉州被称为“中国葡萄酒的故乡”。以猪、牛、羊等养殖为主的畜牧业和以小麦、玉米、蔬菜等作物为主的制种业，呈现出蓬勃发展的景象。区内以皇台、荣华、莫高三家上市公司为龙头，已形成了酒类酿造、玉米淀粉、食品加工、轻工业造纸、建筑建材、医药化工、机械制造、印刷包装等20多个大类的地方工业体系，主要产品有白酒、葡萄酒、啤酒、熏醋、淀粉、糖类、药品、水泥、机制纸、亚麻纱、装饰材料、文物复制品等1000多种。皇台酒、莫高葡萄酒、云晓熏醋、西凉啤酒、红太阳面粉等名牌产品畅销全国。

【环境保护】全区有环境监测站1个，环境监察机构1个，环境监测和监察人员分别有11人和21人。全年完成环境污染治理项目55个，工业污染企业废水达标率达到87%。城市空气质量全年平均达到I级标准。

【社会保障】年末城镇职工医疗保险参保人数为4.88万人；城镇居民基本医疗保险参保人数为12.14万人，参保率达99.88%；年末新型农村合作医疗保险参保人数达74.38万人，参保率达99.84%。城镇职工养老保险参保人数达4.88万人；新型农村养老保险参保人数为44.1万人；参加失业保险统筹人员2.41万人。

【社会事业】全年区级以上科技成果21项，比上年增加7项。专利申请受理250件，比上年增长41.2%；授权专利110件，下降8.3%；授予发明专利权2件，下降8.4%。全年共签订技术合同28项；技术合同成交金额3亿元，增长11%。共有文化馆1个，公共图书馆1个，乡镇文化站37个。数字有线电视入户率和广播电视无线覆盖率分别达到43%和100%。共有卫生机构642个，其中医院、卫生院47个。社区卫生服务中心（站）14个。全区拥有床位2941张，卫生技术人员5760人。全年甲、乙类法定报告传染病发病人数3956例，报告死亡4人；报告传染病发病率495.16/10万，死亡率0.39/10万。运动场96个，室外全民健身路径59条，新建成农民体育健身工程行政村40个；全年经常性体育锻炼人数达到39万人次。

（张颖）

民勤县

【现任主要领导】

中共民勤县县委书记：费生云

民勤县人大常委会主任：潘从学

民勤县人民政府县长：黄霓

政协民勤县委员会主席：张尚忠

中共民勤县纪律检查委员会书记：俞天平

【基本情况】民勤县，地处甘肃省河西走廊东北部，石羊河流域下游，南依凉州区，西毗镍都金昌，东北和西北面与内蒙古阿拉善左、右旗相接，东西北三面环沙，阻隔着巴丹吉林沙漠和腾格里沙漠的合拢，是维护西北地区乃至全国生态安全的绿色屏障。现辖18个乡镇、249个村民委员会、12个居民委员会，常住人口24.11万人，其中城镇人口6.62万人，农村人口17.49万人；总土地面积15907平方公里。

民勤物产丰富，农作物种类繁多，品质优良。工业矿藏已探明的有储量10亿吨煤炭资源，还有晶质石墨、芒硝、石膏、铁、镍等多种具有较高开发价值的矿产资源。县内风光资源丰富，具有发展风电、光伏电等清洁能源产业得天独厚的地域优势。

【国民经济】2014年，全县实现生产总值64.05元，比上年增长9.1%。其中，第一产业增加值22.6亿元，第二产业增加值21.5亿元，第三产业增加值19.94亿元，分别增长6.4%、12.5%和8.6%。三次产业结构由上年的36∶33.4∶30.6调整为35.3∶33.6∶31.1。全县完成全部工业增加值15.21亿元，增长13.3%。其中：规模以上工业增加值10.18亿元，增长12.9%。实现大口径财政收入4.14亿元，增长18.56%；公共财政预算收入2.75亿元，增长22.14%。实现社会消费品零售总额18.96亿元，增长13.2%。金融机构存款余额113.29亿元，增长18.93%；金融机构各项贷款余额100.33亿元，增长39.21%。

【“三农”工作】全年完成农作物播种面积77.14万亩，其中：粮食作物播种面积22.73万亩，增长14.05%，粮食总产量达13.4万吨；经济作物播种面积51.91万亩，下降1.37%。粮经草比例由上年的26.6∶70.3∶3.1调整为29.5∶67.3∶3.2。新建设施农牧业0.98万亩、特色林果9.56万亩。畜禽饲养总量达到190万头（只），肉类总产量达到1.82万吨。新增农村土地经营权流转面积6.99万亩，累计达15.24万亩，完成特色林果确权颁证面积13.12万亩，共颁证发放《林权证》2.87万本。全年培育农业产业化龙头企业17个，发展各类专业合作组织691家。

【项目建设】重大项目有效落实，电力、交通、水利等基础设施建设不断加强，红沙岗百万千瓦级风电基地中广核400兆瓦风电场、330千伏送变电工程等项目建成投运，民勤（县城）至红沙岗一级公路加快推进，北仙高速公路武威至民勤段奠基。全年争取到位国家和省市各类资金18.47亿元，增长11.3%；续建和新开工项目140项，其中投资亿元以上项目55项。签约招商引资项目112项，实施招商引资项目132项，引进到位资金184.39亿元，增长29.71%。完成固定资产投资124.82亿元，增长22.43%。

【优势产业】加快工业园区基础设施建设，红沙岗工业园区和民勤工业园区当年完成基础设施投资2.9亿元。兴业300兆瓦光伏组件、华葉5000吨枸杞精深加工等项目建成投产，大唐、兰电各49.5兆瓦风电及汇能二期等288兆瓦光伏发电项目建成或并网发电，荣达60万吨电石、太原重工600台（套）风力发电机组、敬业公司搬迁扩建等项目进展顺利，西大窑煤矿兼并重组通过市上验收，复产复工有序推进。全年实施重点工业项目60项，其中投资亿元以上工业项目29项，完成工业固定资产投资78.76亿元。

累计发展以葡萄、红枣、枸杞为主的特色林果业40.53万亩，以日光温室、暖棚养殖为重点的设施农牧业12.69万亩。新建特色林果示范点20个，建成特色林果标准化示范点30个、园中园30个。新增甘肃名牌产品2个，认证“三品一标”农畜产品5个，红枣首次实现自营出口，“民勤羊肉”获批国家地理标志保护产品，有8个特色产品入驻淘宝网“特色中国·甘肃馆”。全年示范推广梭梭接种肉苁蓉5万亩，发展以梭梭接种肉苁蓉为主的沙产业1.8万亩。

【人民生活】城区污水再生利用、集中供热扩建、保障性住房建设、棚户区改造等项目顺利推进，县城客运中心建成投用，改造市政道路6.9万平方米，新（改）建给排水管网38.2公里，建设保障性住房7688套。开工建设新型农村社区15个、扩建4个，规划建设新农宅1.48万户。改造农村危旧房4300户，解决了农村1.19万人的饮水安全。建成通乡通村油路122.2公里，新（改）建电力线路77.24公里。新建村文化室和体育场各18个，建成农村广播电视差转站6个。县城瓜果蔬菜综合交易市场开工建设，建成乡镇商贸市场3个、商品配送中心1个、“万村千乡”市场工程农家店60个。

稳定和扩大就业工作成效明显，居民收入实现持续稳步增长。全年新增城镇就业5934人，城镇登记失业率控制在3.2%以内。完成职业技能培训4562人，创业能力培训720人，职业技能鉴定700人，安置公益性岗位406个。输转城乡富余劳动力6.0万人，实现劳务收入9.24亿元。全县城镇居民人均可支配收入16063元，较上年增长9.4%；农民人均纯收入8875元，增长12.4%。

【扶贫开发】年内共争取财政专项扶贫资金3665.6万元（其中易地扶贫搬迁项目资金2149.6万元），占目标任务3200万元的115%；实施整村推进项目5个，修建村社砂砾道路46.6公里，衬砌渠道9.3公里，建设新农宅280套，修建养殖暖棚207座、日光温室15座，种植饲草300亩、枸杞100亩，梭梭嫁接肉苁蓉210亩，引进种公羊505只，新建村级互助资金协会8个，完成自来水入户111户，贴息扶持龙头企业10家、农户1000户，培训“两后生”700人，完成科技培训1500人，架设农电线路4.04公里。落实精准扶贫措施，完成了10774户、4.22万人和38个贫困村的建档立卡工作。

【环境保护】蔡旗断面过境水量达到3.188亿方，较规划远期目标多2880万方；全面落实最严格的水资源管理制度和水政执法网格化管理责任，全县用水总量3.5810亿方，民勤盆地地下水开采量8506万方。中央分成水资源费和小型农田水利重点县完成年度建设任务并投入运行，建成三雷陶中、大滩东大等高效节水灌溉工程示范点35个、面积5.23万亩。红崖山水库加高扩建项目建议书获得国家发改委批复，当年完成清淤200万方。坚持造林、封育、管护并重，因地制宜，分类施治，合力推进生态屏障行动，全年完成工程压沙4.03万亩，人工造林16.18万亩，封沙育林（草）13万亩，通道绿化330公里，义务植树238万株。森林覆盖率12.55%，比2013年提高0.23个百分点。石羊河国家湿地公园、梭梭井沙化土地封禁保护补助试点等项目进展顺利。

【社会保障】全年城乡居民参加养老保险人数14.72万人，参保率达98.20%，发放养老保险金9053.6万元。年末全县共有7838人享受城市居民最低生活保障，月人均补助标准277元，月保障标准312元；27954人享受农村居民最低生活保障，月人均补助标准116元，年保障标准2193元。农村五保供养1417人，分散和集中年供养标准分别为3300元和3700元。全年城市、农村医疗救助分别为456人次和2718人次。社会救助体系进一步完善，各类社会福利性机构5个，床位1008张，收养和救助各类人员742人。县城老年公寓及重兴扎子沟等16个城乡社区老年人日间照料中心建成投用。全年参加新型农村合作医疗农民人数21.09万人，参合率达98.24%，新农合筹资标准提高到380元/人，筹资总额8014.31万元，政策范围内住院补偿比达85%。

【社会事业】县域义务教育发展基本均衡县通过国家评估认定，实验中学、新关幼儿园建成投用，新改建农村薄弱学校食堂4所、乡镇中心幼儿园3所。加大贫困学生资助力度，年内拨付农村义务教育阶段公用经费补助专项资金2059万元、农村义务教育阶段学生营养改善计划资金857.58万元。发放农村义务教育阶段家庭经济困难寄宿生生活费补助资金1266.75万元，资助学生22206人次；发放国家助学金687.18万元，资助学生5580人；为312名学前幼儿发放资助金9.36万元；为1964名贫困大学生申请办理助学贷款1115万元；通过“县长教育基金”资助贫困师生1581人。全年科技经费支出2460万元，实施科技项目49项，完成各项专利150项。县乡医疗机构全面推行“先看病后付费”诊疗服务工作。红沙岗（矿区）急救中心、蔡旗等4个乡镇卫生院业务用房及40个村卫生室建成投用。文化体育事业进一步发展，全县累计建成健身站点58个，建设村级体育场92个，全年举办各类体育竞赛11次。综合性文化期刊《胡杨》创刊发行。成功举办首届民勤小曲戏大奖赛等文化赛事活动。

古浪县

【现任主要领导】

中共古浪县县委书记：

马国荣（藏族）（2月止）

李万岳（藏族）（2月任）

古浪县人大常委会主任：薛华

古浪县人民政府县长：杨东

政协古浪县委员会主席：

倪天祯（10月止）

李健斌（10月任）

中共古浪县纪律检查委员会

书记：徐国鸿

【基本情况】古浪县地处河西走廊东端，为古丝绸之路要冲，隶属中国旅游标志之都——马踏飞燕的出土地甘肃省武威市，属国家集中连片特困地区甘肃58个县之一，也是甘肃中部18个干旱县之一。国土总面积5103平方公里，东南分别与白银市景泰县和武威市天祝县相连，西北与武威市凉州区接壤，北邻腾格里沙漠，是青藏、蒙新、黄土三大高原交汇地带。全县辖9镇10乡，259个村（居）委会，常住人口38.86万人，其中农业人口

35.36 万人。境内居住着汉、回、藏、蒙、苗、满、东乡、土、毛南、瑶等十多个民族。主要矿产资源有石灰石、煤炭、石膏、花岗岩、重晶石等，其中石灰石储量达 12.4 亿吨，具有较高的开采价值。

【国民经济】2014 年全县实现生产总值 39.76 亿元，比上年增长 8.2%。全部工业增加值 9.37 亿元，增长 14.2%。完成大口径财政收入 3.16 亿元，增长 18.15%；公共财政预算收入 1.83 亿元，增长 18.36%。社会消费品零售总额 15.13 亿元，增长 12%。城镇居民人均可支配收入 14589 元，增长 9.3%；农民人均纯收入 4507 元，增长 14.4%。

【“三农”工作】全县坚定不移推进“设施农牧业 + 特色林果业”主体生产模式，新建设施农牧业 5.46 万亩，累计达到 16.28 万亩，户均达到 2.12 亩；发展特色林果 8.07 万亩，累计达到 25.3 万亩，人均达到 0.71 亩。推广高效农田节水技术 55.31 万亩、旱作农业 25.43 万亩，特色优势产业在农业中所占比重达到 78%，主体生产模式初具规模。突出“规模化、区域性、多品种、高效益”发展方向，培育壮大草食畜牧业，以长庆现代农业产业园为龙头的特色产业基地迅速发展。新发展规模养殖户 4200 户，累计达到 2.79 万户。积极培育农业生产经营主体，新发展农民专业合作社 387 户。推进农村土地经营权规范有序流转，累计流转面积 12.2 万亩。强化农业科技服务，引进推广新品种 60 个、标准化种养技术 20 项，培训农民 10.3 万人次。农作物播种面积为 91.36 万亩，增长 0.07%。其中：粮食作物 56.27 万亩，减少 2.61 万亩；经济作物 26.97 万亩，增加 1.82 万亩。全县粮食总产量 19.21 万吨，增加 0.34 万吨。大牲畜存栏 7.85 万头（匹），增长 3.97%；牛存栏 5.32 万头，增长 5.35%；羊存栏 56.59 万只，增长 7.59%；猪存栏 19.41 万头只，增长 1.46%。全年肉类产量 1.91 万吨，增长 4.95%。

【项目建设】长庆现代农业产业园、城市棚户区改造、水土保持综合治理、农网改造升级等 76 个项目按计划完成年度建设任务。武威市驾驶员教育训练中心、干武铁路增建二线工程等项目进展顺利。鑫旺大道、黄花滩项目区主干道建成通车，黄花滩项目水利骨干工程、中小河流防洪治理工程竣工并发挥效益。成功引进了天域生物制药、东达蒙古王、北京世纪源博、广东达华科技等一批知名企业。实施招商引资项目 58 项，到位资金 109.18 亿元，增长 42.56%。全年共实施 500 万元以上项目 118 个，新开工 39 个，投产 26 个。全年完成固定资产投资 66.84 亿元，增长 21.71%。

【优势产业】实施重点工业项目 32 项，其中亿元以上项目 21 项，完成工业固定资产投资 24.64 亿元，增长 31.52%。鑫淼 40 万吨颗粒石灰氮、易源生物 5000 万中药饮片、傲农 24 万吨畜饲料生产线一期、振业 50 兆瓦沙漠光伏发电等 15 个项目建成投产；鑫淼电石炉废气综合利用发电、陇新能源西气东输压气站余热发电、达华 50 万亩节水灌溉设备、天赐 5000 吨白酒等 17 个项目加快推进。落实工业经济止滑稳增措施，深入推进重点项目互保共建和工业企业互为市场工作，工业经济健康平稳运行，新增规模以上工业企业 8 户。持续改善园区基础条件，新建园区道路 13.4 公里，供排水管 5.68 公里，架设供电线路 7 公里。“古浪鑫淼模式”入选全省循环经济发展典型案例，节能减排任务全面完成。全年全部工业实现产值 74.16 亿元，比上年增长 35.25%。其中，规模以上工业实现产值 51.75 亿元，增长 51.5%；规模以下工业实现产值 22.41 亿元，增长 7.2%。

【扶贫开发】全力实施“下山入川”工程，统筹推进双联富民和“1236”扶贫攻坚行动，全面实施精准扶贫，当年减贫 2.9 万人，完成生态移民 1.19 万人。通过整合项目、信贷扶持和群众自筹投入资金 2.15 亿元，全力加快生态移民暨扶贫开发黄花滩项目建设。圆梦新村社区建成住宅 1000 套，平整土地 6500 亩，完成田间配套工程 4000 亩，新建设施农牧业 3700 多座；阳光新村社区建成养殖暖棚 1040 座；3 号移民点完成 429 套住宅主体工程。按照国家扶贫对象识别办法和标准，对贫困村贫困户建档立卡，因户施策、精准扶贫。争取实施双联项目 89 项，总投资 8118 万元；各级联村单位兴办实事 200 件、帮扶资金及实物折价 411 万元，帮助双联户贷款 5483 万元、建棚 1131 座、发展特色经济林 3579 亩。着力改善农村基础设施，新改建渠道 106 公里、农村电网 134 公里。积极推进劳务输转，输转劳动力 9.2 万人，创收 13.16 亿元。

【环境保护】深入实施生态立县战略，依托生态功能区建设、天然林保护工程等重点项目，完成治沙造林 9.1 万亩，封山沙育林草 10.2 万亩，通道绿化 410 公里，农田林网建设 3100 亩，退耕还林补植补造 1.3 万亩。深化集体林权制度配套改革，完成沙漠生态林承包 5 万亩，流转林地 1.2 万亩，发展林下养殖 6.2 万只、梭梭接种肉苁蓉 3000 亩。全面落实石羊河流域治理措施，着力破解结构性缺水矛盾，水资源使用总量未突破控制指标。灌区节水改造工程年度任务全面完成，改建渠道 26.83 公里，新增高效节水灌溉面积 5.64 万亩。严格落实“五禁”规定和草原生态保护补奖政策，生态治理成果进一步巩固。

【社会保障】全县拥有各级各类学校 257 所，在校学生 63437 人，在校教职工 4571 人。九年义务教育巩固率达到 97.6%，高中阶段毛入学率达到 86.6%。高考二本以上上线率达到 26.39%。资助家庭经济困难学生 1.45 万人次。加快改善医疗卫生服务条件，改扩建乡镇卫生院，新建标准化村卫生室，“120”急救体系覆盖县乡两级。推进医药卫生体制改革，提高医疗服务保障水平，新农合参合率达到 98.19%，基本公共卫生服务补助标准提高到年人均 60 元。城镇新增就业 5863 人，城镇登记失业率控制在 3.47% 以内。全面开展农村低保复评调整和城乡低保、五保提标工作。加大救济救灾力度，发放各类救助资金 1.36 亿元。

（胡东山）

天祝藏族自治县

【现任主要领导】

中共天祝藏族自治县县委

书记：张发基

天祝藏族自治县人大常务委员会

主任：王元林（藏族）

天祝藏族自治县人民政府县长：

李万岳（藏族）（2月止）

王英东（藏族）（2月任）

政协天祝藏族自治县委员会

主席：郭兴荣（藏族）

中共天祝藏族自治县纪律检查

委员会书记：曾荣祖

【基本情况】天祝，藏语称“华锐”，意为英雄部落。天祝藏族自治县是中华人民共和国成立后第一个实行民族区域自治的地区，是建国后由周恩来总理命名的第一个少数民族自治县，是全国仅有的两个藏族自治县之一。地处甘肃省中部、武威市南部、祁连山东端，素有河西走廊“门户”之称，面积7149平方千米。东有景泰县，西邻青海省门源、互助、乐都3县，南接永登县，北靠凉州区、古浪县，西北与肃南县交界。兰新铁路和连霍高速公路穿境而过。县城华藏寺镇东南距省城兰州143千米、中川机场80千米，西北距武威市135千米。全县辖9镇10乡，176个行政村，18个社区居委会。有藏、汉、土、回、蒙古等28个民族，常住人口17.5万人。其中少数民族占总人口的37.1%，藏族占少数民族人口的97.14%。人口自然增长率5.98‰。城镇化率达到36.62%。全县总面积7149.8平方千米，耕地面积31.97万亩，天然草原面积621.19万亩，森林面积410.2万亩，是石羊河流域6条内陆河（金塔河、杂木河、黄羊河、古浪河、大靖河、西营河）和黄河流域2条外流河（大通河、金强河）的重要水源涵养区和水源补给区。境内地势西北高，东南低，处于青藏高原、黄土高原和内蒙古高原交汇地带，海拔在2040米～4874米之间。地形以山地为主，山脉起伏，沟谷交错，草地广布，河流纵横。以乌鞘岭为界，岭南属大陆性高原季风气候，岭北属温带大陆性半干旱气候，年均气温-8℃～4℃，气候带垂直分布十分明显，小区域气候复杂多变。境内有以“天祝三峡”、天堂寺、石门沟、马牙雪山为代表的生态自然景观和以藏土民俗风情和藏传佛教文化为代表的人文景观。

【国民经济】2014年全县实现生产总值43.5亿元，比上年增长8.4%；实现工业增加值19.82亿元，增长12.5%；实现社会消费品零售总额19.74亿元，增长12.4%；完成公共财政预算收入3.44亿元，增长19.04%；城镇居民人均可支配收入19278元，增长10.5%；农牧民人均纯收入5050元，增长14.8%。城镇登记失业率控制在3%以内，人口自然增长率5.98‰。

【“三农”工作】强力推进“设施农牧业＋特色林果业”主体生产模式，建成特色农业生产基地49.1万亩，实现产值9.92亿元，占种植业总产值的83.4%。争取支农再贷款2.55亿元，落实惠农贷款贴息资金6645万元，发放双联贷款4.4亿元、双业贷款8.7亿元，形成了广覆盖、深融入的普惠模式，惠农贷款成为农业增效、农民增收的“及时雨”。新建设施农牧业5.13万亩，总规模达13.7万亩，提前实现农牧民户均3亩棚的目标。累计建成规模养殖场1056个，牛羊规模化养殖程度达到70%，良种化程度达到80%以上，重大动物疫病免疫密度达到98%。加强地方良种保护与扩繁，组建白牦牛核心群6群、岔口驿马保种场4个。引调种兔2万只，獭兔饲养量达到8.84万只。成功创建国家级“平安农机”示范县，农业机械化水平达到40.1%。深入实施“1236”扶贫攻坚行动，争取专项扶贫资金1.84亿元，落实藏区对口帮扶资金3713万元，实施整村推进、“下山入川”等项目52项，当年脱贫1.53万人，贫困面缩小到24.6%。投资3.16亿元，搬迁移民2495户10170人。开工建设南阳山片2号、3号和6号移民安置点，建成住宅732套，搬迁入住340户，建成设施农牧业1.62万亩，实现了住宅建设与产业培育、基础配套同步推进。扎实推进双联富民行动，衔接落实帮扶资金1.19亿元，实施双联富民项目202项，受益农牧民2.3万户。

【项目建设】2014年争取国家各类资金16.74亿元，比上年增长10.18%，其中落实藏区专项资金2.86亿元。实施各类项目195项，完成全社会固定资产投资116.2亿元，完成规模以上固定资产投资77.59亿元，增长21.8%。南阳山片生态移民小康供水工程、石门河调蓄引水工程初步通水运行，公安业务技术大楼、农网改造升级、棚户区改造等110个项目建成投入使用，天祝至互助二级公路、县城集中供热扩建、华藏小学等85个项目按计划顺利推进。雪峰源农产品冷链深加工暨物流园、中钢集团氮化硅结合碳化硅制品生产线、冰沟河文化旅游景区等118个项目开工建设，中瓷陶瓷高档内外墙砖生产线、天禾食用菌工厂化生产科技创业园等62个项目建成投产。

【生态建设】实施宽沟工业园区绿化、县城西山生态治理、G30通道绿化等27个造林绿化重点工程，完成人工造林3.53万亩、封山育林5.15万亩、通道绿化102公里、义务植树101万株、退耕还林补植补造4.08万亩。严格落实“五禁”规定和森林草原防火责任，生态资源保护进一步加强。认真落实草原生态保护补助奖励政策，兑现和投资年度补奖资金6429万元。投资4800万元，完成小流域综合治理、山洪灾害防治和节水灌溉等一批生态治理工程。

【城乡建设】编制完成武装部南片规划、县域村庄体系规划和南阳山片小城镇规划。投资1.38亿元，城区供水改扩建工程通水运营，集中供热扩建、城北区“三纵三横”市政道路等工程基本建成，武装部南片综合开发项目开工建设。强力推进保障性住房建设和入住工作，2014年保障性住房开工率达100%。放宽保障性住房入住条件，累计分配入住8086户，入住率达69.3%。投资1.6亿元，完成农村文化广场、乡村道路硬化、污水管网敷设等村镇基础设施建设项目13项。建成建制村通畅工程25条193.2公里，通畅率达到60.4%。全年完成城镇固定资产投资21.26亿元。

【旅游文化】积极发展生态民俗旅游产业，开工建设诺布林卡生态文化旅游景区、甘肃富源西部山水画写生创研基地和金艺民族工艺品加工等文化旅游项目，建成石门沟多功能旅游接待中心，圆满完成第四届敦煌行·丝绸之路国际旅游节天祝分会场各项活动。全年接待游客69.48万人次，实现旅游综合收入3.8亿元，增长26.25%。不断培育壮大文化产业，发展文化市场网点125家，文化企事业单位59家，完成文化产业增加值4335万元，增长25.02%。大力发展金融保险、信息产业、物流配送等现代服务业，引进甘肃银行设立支行，成立鑫隆小额贷款公司、中和农信农户自立服务社，扶持正阳公司、亿鑫光伏等4家企业在省股权交易中心挂牌。银行业金融机构各项存款余额达57.7亿元，增长14.1%，各项贷款余额达43.99亿元，增长41.04%。大力发展网络营销，藏酒、鹿茸、白牦牛肉等20多种产品实现网上销售。完成县城及部分乡镇移动4G信号覆盖工程。建成炭山岭商贸中心和赛什斯镇、松山镇农贸市场等一批商贸流通项目。

【社会事业】落实各类强农惠农资金3.05亿元，全年用于教育、医疗卫生、社会保障等民生的财政支出达到22.46亿元，占财政支出的80.36%。落实义务教育阶段“两免一补”、高中“三免一补”和营养改善计划专项资金4596万元。争取国投资金8596万元，实施教育项目24项。切实提高教育教学质量，高考录取率达到80.16%。成功创建全省中医药工作示范县，落实国家政策性补助资金6792.12万元，县医院门诊医技大楼、藏医院藏药制剂综合楼投入使用。稳步实施单独二孩政策，发放计生奖励资金595.3万元。努力拓宽就业创业渠道，发放再就业小额担保贷款9185万元，新增城镇就业5782人。新型农村合作医疗参合率、城乡居民基本养老保险和城镇居民基本医疗保险参保率分别达到98.62%、96.95%、100%。发放城乡低保、五保供养、临时救助等社会救助资金1.38亿元。

（张志强）

张掖市

【现任主要领导】

中共张掖市市委书记：毛生武

张掖市人大常委会主任：王开堂

张掖市人民政府市长：黄泽元

政协张掖市委员会主席：陈义

中共张掖市纪律检查委员会

书记：苟海龙

【基本情况】张掖古称甘州，西汉以“张国臂掖，以通西域”而得名，位于青藏高原和蒙古高原交汇的河西走廊中段，地贯东西、交通南北，历代为华夏咽喉之地，战略地位极为重要。总面积近4万平方公里，辖甘州区、临泽县、高台县、山丹县、民乐县、肃南县1区5县。2014年末全市常住人口121.33万人，其中城镇常住人口48.93万人，占总人口的40.33%。有汉、裕固、藏、蒙、回等38个民族。

【资源优势】张掖自古就有“塞上江南”、“金张掖”之美称。祁连山水源涵养区、黑河绿洲、荒漠戈壁三大生态系统交错衔接，雪山冰川、森林草原、七彩丹霞、田畴沃野、湿地候鸟、荒漠沙丘等地貌交相辉映，异彩纷呈，使张掖成为坐落在祁连山、黑河湿地两个国家级自然保护区之上的城市，被国家列为生态文明示范工程试点市。境内河流众多，阳光充足，土地肥沃，灌溉便利，是国家现代农业示范区，是全国最大的玉米制种区和重要的粮食、蔬菜、瓜果、油料和牛羊生产基地。也是全省以钨钼、铜、金、铁、煤、粘土、钾盐等矿种为主的金属、非金属矿产集中区和水能、光能、风能开发区。张掖既有“半城芦苇”的自然美景，也有“半城塔影”的历史风貌，文化沉积深厚，人文景观丰富，是国务院公布的国家级历史文化名城和中国优秀旅游城市。这里有全国最大的山丹马场，保存最完整的汉明长城，历史文化名山焉支山，名城骆驼城，有全国最大的室内泥塑卧佛张掖大佛、坐佛山丹大佛，有与敦煌莫高窟同时代的马蹄寺石窟群，还有红西路军烈士陵园和独特的裕固族、蒙古族、藏族风情等。

【国民经济】2014年，全市实现生产总值353.43亿元，比上年增长8%。人均生产总值29163元，增长7.9%。粮食产量132.62万吨，增长3.6%。完成工业增加值85.23亿元，增长6.9%。第三产业发展加快，成为推动经济转型发展最活跃的增长因素。第三产业增加值145.41亿元，增长9.6%，第三产业增加值占生产总值的比重达到41.1%，高于第二产业7.4个百分点。大口径财政收入48.07亿元，比上年增长19.95%，公共财政预算收入22.14亿元，增长32.37%。

【项目建设】2014年，全市完成固定资产投资275.7亿元，比上年增长21.5%。全年开工建设各类项目678项，项目投资完成229.12亿元，比上年增长26.2%。全年续建、新建亿元以上项目117个，完成投资108.77亿元，占项目投资总额的47.5%。房地产开发投资46.57亿元，比上年增长2.5%，其中住宅投资33.99亿元，下降9.5%。招商引资取得积极进展，全年签约招商项目252项，总投资1218.43亿元。落实到位资金338.32亿元，增长40.29%。其中省外资金328亿元，增长40.42%。

【农业经济】围绕玉米制种、马铃薯、高原夏菜、肉牛养殖等特色优势产业，建成产业化基地面积316万亩。2014年新开工投资上千万元的农产品加工重点龙头企业16户。年销售收入5000万元以上农产品龙头企业达到52户，农产品加工龙头企业年加工消耗农产品258万吨，农产品加工转化率为58%。种植结构调整力度加大，玉米制种面积下降，经济作物发展较快。2014年全市玉米制种面积72.92万亩，减少29.59万亩，油料面积38.23万亩，增加1.08万亩，蔬菜面积42.98万亩，增加4.69万亩，中药材面积22.62万亩，增加1.94万亩。畜牧业发展势头较好。年末大牲畜存栏80.77万头（只），比上年末增长4.4%，其中牛存栏增长5.1%，羊存栏增长9.1%。牛、羊出栏分别增长5.1%和7.3%。全年肉类总产量11.69万吨，增长5%，牛奶产量7.76万吨，增长6.2%。

【人民生活】2014年，全市城镇居民人均可支配收入17386元，比上年增长9.5%，城镇居民人均消费性支出15583元，增长10.3%，城镇居民家庭恩格尔系数为31.85%，比上年降低0.09个百分点。农村居民人均纯收入9489元，增长12.1%，农村居民人均生活消费支出8227元，增长12.3%，农村居民家庭恩格尔系数为37.55%，比上年降低0.11个百分点。

【社会保障】2014年末，全市城镇基本养老保险参保14.32万人，比上年末增加3.94万人，其中城镇职工基本养老保险参保10.73万人，城镇居民基本养老保险参保3.59万人；农村社会养老保险参保65.56万人，比上年末增加0.57万人；城镇职工基本医疗保险参保12万人，城镇居民基本医疗保险参保16.79万人。失业保险参保7万人，工伤保险参保7.88万人，生育保险参保7.14万人。各项社会保险基金总收入14.55亿元，各项社会保险基金总支出13.03亿元。年末参加新型农村合作医疗农民人数为95.2万人，参合率为99.62%，新型农村合作医疗基金支出总额34495.02万元。年末城镇居民最低生活保障人数为56521人，城市低保资金支出19863万元；农村居民最低生活保障人数为83295人，农村低保资金支出11603万元。各类收养性社会福利单位收养人数78人，各类收养性社会福利单位床位80张。

【资源环境】2014年全市总用水量为24.12亿立方米，其中：生活用水0.61亿立方米，工业用水0.57亿立方米，农业用水21.47亿立方米，生态用水1.47亿立方米。万元国内生产总值用水量为623立方米，万元工业增加值用水量为59立方米。全年空气可吸入颗粒物年日均值为0.079mg/立方米，二氧化硫年日均值0.025mg/立方米，二氧化氮年日均值0.019mg/立方米，空气质量优良（Ⅰ~Ⅱ级）率为94.0%，区域环境噪声平均值53.6dB，交通干线噪声平均值68.2dB，地面水质达标率100%，饮用水源水质达标率100%。

【社会事业】科技事业：全市共有科研机构5个，各类专业技术人员2.25万人。全年财政科学技术支出7222万元，比上年增长16.82%。全年共取得市、省级以上科技成果71项，获得奖励项目99项。受理专利申请714件，授权专利199件，授予发明专利权23件。全年共签订技术合同62项，比上年增加15项，技术合同成交金额11.07亿元，增长19.03%。

教育事业：全市普通高等教育招生5846人，在校生20139人，毕业生5467人。中等职业教育招生2616人，在校生9016人，毕业生2557人。学龄儿童入学率为100%，初中入学率100%，初中毕业生升学率90%。2014年，向全国各类高、中等专业院校输送新生14253人，高考录取率为91.15%。

文化事业：全市共有群众文化馆8个，公共图书馆7个，博物馆8个，档案馆7个，乡镇文化站60个，艺术表演团体2个。全年组织文艺演出和群众文艺活动435场，参加群众51.9万人次。广播综合人口覆盖率为98.58%，电视综合人口覆盖率为98.65%。有线数字电视有效用户14万户，网络电视用户10.74万户。

医疗卫生：全市共有医疗卫生机构1540个，卫生技术人员9667人，其中执业医师和执业助理医师2721人。医疗卫生机构床位7380张。

甘州区

【现任主要领导】

中共甘州区区委书记：张健

甘州区人大常委会主任：朱乔正

甘州区人民政府区长：张玉林

政协甘州区委员会主席：王洪德

中共甘州区纪律检查委员会

书记：杨翠琴

【基本情况】甘州区位于河西走廊中部，古“丝绸之路”南北两线和“居延古道”交汇点上，南枕祁连山，北依合黎、龙首二山，全国第二大内陆河——黑河横穿全境，形成了闻名遐迩的张掖绿洲，素有“塞上江南”之美誉，是张掖市委、市政府所在地，总面积4240平方公里。全区辖1个工业园区、18个乡镇、5个街道办事处。2014年末全区常住人口51.3万人，城镇人口23.48万人，城镇化率45.77%。

【资源优势】矿产资源：全区已发现并初步探明地质储量相对比较丰富的矿产资源有10种，分别是：煤、锰、铁、锌、铅、冶金用石英岩（硅石）、石膏、水泥用灰岩（石灰石）、砖瓦用粘土、建筑用砂石矿等。水资源：黑河、山丹河、酥油口河、大野口河等河流贯穿而过，年径流量24亿立方米，水能蕴藏量达2.2亿千瓦，地下水储量10亿立方米。旅游资源：甘州古迹甚多，景观奇特。既有西夏大佛寺、明代镇远楼、隋代木塔、黑水国遗址、唐代五松园遗址、古汉墓群等名胜古迹，又有丹霞地貌等绚丽的自然景观。现共有旅游景点30多处，其中张掖大佛寺、张掖国家湿地公园为国家4A级景区。

【国民经济】2014年，甘州区完成生产总值149.11亿元，比上年增长7%。其中：第一产业增加值33.81亿元，增长5.5%；第二产业增加值38.26亿元，增长4.2%；第三产业增加值77.04亿元，增长9.8%。完成固定资产投资97.02亿元，比上年增长19.76%，实现社会消费品零售总额73.81亿元，增长12.3%，大口径财政收入19.06亿元，增长18.34%，公共预算财政收入6.5亿元，增长55.83%。

【项目建设】全年开工建设各类项目200个，比上年增长11.11%，完成投资76.52亿元，增长25.26%。全年续建、新建计划投资上亿元的项目56项，完成投资44.22亿元，其中新开工建设25项，完成投资15.34亿元。

【现代农业】以国家现代农业示范区建设为统领，加快推进绿洲现代农业试验示范区建设，着力做大做强玉米、蔬菜、花卉制种及高原夏菜、现代畜牧业等特色优势产业。2014年建成农业产业化基地面积87万亩，占总耕地面积的90.2%。新开工投资上千万元的农产品加工重点龙头企业10家，市级以上农业产业化重点龙头企业61家，其中，农业产业化省级重点龙头企业21家，销售收入16.96亿元；农业产业化市级重点龙头企业40家，销售收入16.5亿元。全区制种玉米种植面积达到38.81万亩，蔬菜种植面积16.78万亩。大牲畜存栏34.31万头，比上年增长3.78%。

【人民生活】2014年全区城镇居民人均可支配收入17904元，比上年增加1546元，增长9.5%；城镇居民人均消费支出16685元，增长10.4%，城镇居民家庭恩格尔系数为30.53%，比上年下降0.02个百分点。农民人均纯收入10021元，比上年增加1062元，增长11.9%；农村居民人均生活消费支出8655元，增长11.8%，农村居民家庭恩格尔系数为37.16%，比上年下降0.47个百分点。

【社会事业】全区拥有科研机构5个，全年科学技术支出1163.88万元，比上年增长138.5%。全年共取得市、省级以上科技成果40项。全年获得奖励项目65项（省级1项，市级64项）。受理专利申请121件，授权专利68件，授予发明专利权11件。全年共签订技术合同26项，技术合同成交金额3.15亿元。年末全区普通高等教育在校学生20139人，职业教育在校生9016人。学龄儿童入学率达到100%，初中入学率达到100%。向全国各类高、中等专业院校输送新生5074人，高考录取率89.22%。全区共有艺术表演团体2个、文化馆1个，公共图书馆1个，博物馆1个，档案馆1个。广播节目综合人口覆盖率100%，电视节目综合人口覆盖率100%。在各类体育比赛中获得省级以上奖牌30枚。其中金牌16枚、银牌8枚、铜牌6枚。全区共有各类医疗卫生机构536个，其中综合医院10家。卫生技术人员4665人，其中注册执业医师1238人，执业助理医师226人，注册护士1443人，卫生机构拥有床位2942张。

【社会保障】年末全区参加城镇基本养老保险人数为69813人，比上年末增长0.8%，参加城镇居民基本医疗保险人数为95084人，增长2%，参加城镇职工基本医疗保险人数为58502人，增长4.1%，参加失业保险人数为35682人，增长2.2%，参加工伤保险人数为43319人，增长3.4%，参加生育保险人数为36998人，增长5.7%。全年各项社会保险基金总收入达到6.8亿元，各项社会保险基金总支出6.63亿元。年末参加新型农村合作医疗农民人数为347813人，参合率达到100%。全年新型农村合作医疗统筹基金支出11818.12万元，累积受益126.79万人次。全年城市医疗救助1170人次，农村医疗救助2428人次，民政部门资助农村合作医疗26166人，城市医保22769人。全区享受城镇最低生活保障的居民25152人，发放城市居民最低生活保障资金8908万元；全区纳入农村最低生活保障的居民21651人，发放农村居民最低生活保障资金3030万元。

肃南裕固族自治县

【现任主要领导】

中共肃南裕固族自治县县委

书记：李宏伟

肃南裕固族自治县人大常委会

主任：秦学仁

肃南裕固族自治县人民政府

县长：高林俊

政协肃南裕固族自治县委员会

主席：安玉冰

中共肃南裕固族自治县纪律检查委员会

书记：白勇

【基本情况】肃南裕固族自治县成立于1954年，因地处肃州（酒泉）以南而得名，是全国唯一的裕固族自治县。地处河西走廊中部，祁连山北麓一线，东西长650公里，南北宽120~200公里，总面积23887平方公里，东邻天祝藏族自治县，西接肃北蒙古族自治县，南与青海省相邻，北与武威、永昌、山丹、民乐、张掖、临泽、高台、酒泉、嘉峪关、玉门等14个县（市）接壤，是一个地大物博，美丽富饶的地方。境内草原广袤、土地肥沃、森林茂密、河流纵横、矿藏丰富，除明花乡属沙漠外，其余均系山地。平均海拔约3200米。祁连山主峰素珠莲及著名的“七·一冰川”即在境内。由于地势复杂，气候差异明显，全年平均气温3.6℃，日照时数3085小时。无霜期83天左右。动植物资源除原始森林和种类繁多的优质牧草外，还有100多种中药材和19种主要珍贵野生动物。全县辖2镇6乡、101个村委会、3个社区和9个国有林牧场，是个多民族聚居的少数民族县，境内居有裕固、藏、蒙古、回及少量的满、东乡、保安等共17个少数民族。2014年末全县户籍人口15118户3.8万人，按民族分，少数民族人口占总人口56.8%，其中裕固族占总人口的27.12%，汉族人口占总人口的43.2%。

【资源优势】矿产资源：截止2014年底，已探明的矿产27种，分布在228处。已探明的主要金属矿产有煤炭、铜、铁、钨、铬、锰等。非金属矿有萤石、石灰岩、石英沙、硫、粘土、石膏、石棉、磷镁、白云岩、玉石、芒硝、重晶石、大理石、矿泉水等16种32处。其中已探明的钨矿储藏量在全国单个矿山储藏量中排名前5位，储藏量达46万吨。

水资源：石羊河、黑河、疏勒河横贯全境，总流域面积为2.15万平方公里，水能蕴藏量达204万千瓦时，冰川蓄藏量159亿立方米，共有大小河流33条，年径流总量为43.11亿立方米，人均流量11.4万立方米，是河西绿洲灌溉的主要水源，具有很大的开发潜力和广阔的发展前景。

旅游资源：从人文资源看，既有建于北魏时期的马蹄寺、文殊寺、金塔寺等历史文化遗迹，又有裕固族等独特的民族风情和历史文化；既有可与敦煌莫高窟相媲美的石窟壁画艺术，又有博大精深的藏传、汉传佛教等宗教文化。从自然资源看，既有雪山冰川、又有大漠戈壁；既有草原森林，又有河流瀑布；既有幽谷深涧，又有绿洲平原。其范围之广，门类之多，在甘肃是罕见的，由此构成了得天独厚的旅游资源优势。玉水苑和冰沟丹霞成功创建国家4A级旅游景区，全县国家4A级景区达到5家。旅游功能进一步完善，特色精品景区创建工程步伐加快，知名度和品位不断提升，对游客的吸引力不断增强。

【国民经济】2014年全县完成生产总值28.86亿元，比上年增长9.8%。其中：第一产业增加值4.56亿元，增长5.2%；第二产业增加值19.12亿元，增长10.7%；第三产业增加值5.18亿元，增长9.4%。人均生产总值达到8.41万元。工业增加值17.66亿元，比上年增长10.7%，其中规模以上工业增加值15.3亿元，增长10%。固定资产投资36.2亿元，比上年增长21.4%，社会消费品零售总额3.78亿元，增长12.2%。大口径财政收入5.47亿元，比上年增长7.8%。公共财政预算收入3.17亿元，增长10.2%，公共财政预算支出12.54亿元，增长4%。

【新兴产业】着力推进产业多元化发展，珠峰公司5万吨高纯氧化镁生产线完成基建工程，恒盛、奥建等公司祁连玉石产业开发项目稳步实施，东圣矿业白银雕刻厂建成筹备生产，山东中能一期50兆瓦光伏发电项目并网发电，年内新增水电装机容量14.32万千瓦。玉石开发企业证照办理工作取得实质性进展，堉钰等5个祁连玉开发企业取得采（探）矿权，红石嘴、含水沟等4个蛇纹岩矿采矿权公开挂牌出让。与专业勘探机构合作，对玉石梁等4个矿区开展玉石资源勘查工作。

【项目建设】以11项重点工作及重点建设项目为抓手，项目建设稳步推进。2014年争取国家政策性投资项目154项，到位资金6.56亿元。创新招商引资方式，加大招商引资力度，签约资金105.3亿元，到位资金27亿元。实施重点项目90项，完成固定资产投资36.2亿元，比上年增长21.4%。结合“3341”项目工程和“十三五”规划编制，论证储备了一批事关长远发展的重点项目。完成裕固族博物馆、非遗保护中心、歌舞传承中心、游牧文化中心、索朗格赛马场等重点场馆建设，实施世行贷款小城镇开发、红湾综合市场、县城沿街建筑物立面改造等市政工程。投资2.37亿元，修建游牧民定居住宅1369套、农牧村危旧房改造90户。投资1.3亿元，完成人畜饮水安全、河西走廊高效节水灌溉、小水电以电代燃等水利工程，新增农田高效节水灌溉面积3万亩。实施无电地区电力建设工程，发放户用光伏设备1732套，延伸农牧村电网256公里，解决了2200多户6600多名群众的用电问题。投资8417万元，建成农牧村公路16条102公里，开工建设农牧村通畅工程道路11条99公里。投资2240多万元，实施隆畅河县城段防洪工程，新建和加固坝体7.7公里，县城防洪能力全面提升。新建和维修城区道路4.2公里，铺设供排水管道4.5公里、供热管道2.2公里，建成隆畅河跨河便民桥4座，县城新增绿地12.3万平方米。

【生态建设】争取国家重点生态功能区转移支付资金1654万元，落实草原生态保护补奖资金1.7亿元。实施天然林保护、三北防护林、退耕还林等重点生态工程，完成人工造林0.42万亩，封山（滩）育林1万亩，实现自治县成立60年来无森林火灾。加快推进天然草原修复治理，完成草原围栏80万亩，补播改良草原20万亩，防治草原虫鼠害34万亩，累计建成人工饲草基地11.8万亩。

【人民生活】全县城镇居民人均可支配收入17676元，比上年增长9.5%；城镇居民人均消费性支出17481元，增长10.8%，城镇居民家庭食品消费支出占消费总支出的比重为36.3%，比上年增加0.1个百分点。农民人均纯收入11973元，比上年增长11.9%；农村居民人均生活消费支出13354.1元，增长12.5%，农村居民家庭食品消费支出占消费总支出的比重为36.2%，比上年下降个0.2个百分点。全县新增就业1536人，城镇登记失业率为2.1%。

【民生保障】民生支出达到8.5亿元，占财政总支出的71%。省、市分解和县上承诺的各项惠民实事全部办结。实施12个供水网点44项人畜饮水安全工程，启动“千眼水窖”工程，解决了21个村1700多户6700多人和40多万头（只）牲畜饮水困难的问题。安排绿色畜牧业发展资金800万元，发放支持草食畜牧业贴息贷款4296万元，有效提升了富民产业发展能力。开工新建红湾寺镇、马蹄、祁丰等5个老年人日间照料中心。再次提高城乡居民基础养老金和低保标准，城镇低保月人均259元，农牧村低保年人均1907元。

【绿色畜牧业】制定出台《关于进一步加快绿色畜牧业发展的意见》，设立绿色畜牧业发展基金，通过奖励扶持、贴息贷款等手段带动传统畜牧业向现代畜牧业转变。积极推进畜产品加工企业改造升级，草原惠成牛羊肉精深加工改扩建项目完成车间主体，皇家牧场绿色食品开发生产线扩建工程完成前期工作。新建8个养殖小区、2000座共20多万平方米的养殖暖棚，建成储草棚160座，舍饲半舍饲养殖率达到65%以上。推进规模化经营，年内流转草原86万亩、土地2.3万亩，新组建专业合作社57家，出栏牛羊57万头（只），组织化销售细羊毛720吨。

【社会事业】出台《关于进一步加强教师队伍建设的意见》，完善教师队伍激励机制。认真落实15年免费教育、优秀大学生奖励、贫困大学生救助等教育惠民政策，大力改善学校办学条件，县一中、明花学校综合运动场竣工投入使用，建成8个学校心理健康教育室。制定《关于进一步加强卫生队伍建设的意见》，面向社会公开招录卫生专业技术人员23名，充实了医疗卫生技术力量。继续加强基层医疗卫生机构建设，建成白银、大河卫生院和祁林、铧尖卫生分院，新建西城、瓷窑口等25个村卫生室。进一步完善人口利益导向政策体系，健全完善人口综合治理机制，新型人口服务网络基本形成，人口自然增长率3.7‰。

文化产业实现增加值7072万元，比上年增长27.52%，占生产总值的2.45%。扎实推进公共文化服务体系示范区建设，认真组织开展群众性文化活动。博物馆、文化馆、图书馆、非遗保护中心等公共文化服务阵地全部免费开放，建成广播电视台虚拟演播室，新建8个“乡村舞台”、8个公共电子阅览室和3个群众文化体育广场。

民乐县

【现任主要领导】

中共民乐县县委书记：杨君

民乐县人大常委会主任：马多静

民乐县人民政府县长：张学勇

政协民乐县委员会主席：韩延琪

中共民乐县纪律检查委员会

书记：梁顺海

【基本情况】民乐县地处河西走廊中段，张掖市东南部，地势南高北低，地形分山地和倾斜高原两大类，总面积3687.32平方公里，海拔1589~5027米，年平均气温4.4℃，年平均降水量338毫米，无霜期117天，属温带大陆性荒漠草原气候。全县辖6镇、4乡、1个社区管理委员会、172个行政村、6个居民委员会。2014年末全县常住人口22.19万人，其中城镇人口7.1万人，占总人口比重31.86%；乡村人口15.09万人，占总人口比重68%。全县有汉、藏、回、蒙古、苗、裕固、维吾尔等12个民族。

【资源优势】县境内矿产资源丰富，有煤、铬、铁、石灰石、石膏、金、铜、粘土等，其中，原煤储量约2.6亿吨。境内有耕地92.8万亩，其中水浇地74.8万亩；有林地110万亩，其中水源涵养林100万亩，森林覆盖率19.2%。有大小河流13条，年地表水径流量4.2亿立方米，地下水总量2.5亿立方米。现有中小型水库7座，总库容7052.8万立方米，年有效灌水面积72万亩。

民乐历史悠久，文化灿烂，旅游资源丰富。因短距离大幅度地理落差，形成了由北到南包括荒漠戈壁、田园绿洲、森林草原、高山峡谷、雪山冰川等全景式的高原生态旅游景观。全县共有石窟、寺庙、雕塑、壁画以及汉墓群、烽燧等文物古迹105处，其中国家级文物保护单位1处，省级文物保护单位9处，有反映人类新石器时代生活、生产情况的东灰山、西灰山农牧业村落遗址；有魏晋时代的六坝圆通寺塔、童子寺；有明清以来的圣天寺、青龙寺、魁星楼、三台阁；有县城中心广场、民乐公园、海潮坝森林公园、扁都口风景旅游区等旅游景点。

【国民经济】2014年，全县完成生产总值41.77亿元，比上年增长9.5%。其中：第一产业增加值13.63亿元，增长5.9%；第二产业增加值15.38亿元，增长12%；第三产业增加值12.76亿元，增长9.7%。三次产业结构调整为33.17 ∶ 36.95 ∶ 29.88。社会消费品零售总额11.62亿元，比上年增长12.5%，大口径财政收入3.69亿元，增长0.5%，公共财政预算收入1.9亿元，增长12.94%。

【项目建设】2014年，全县累计完成500万元以上固定资产投资35.74亿元，比上年增长22.68%。其中：房地产业完成投资100226万元，增长0.34%。从项目计划总投资来看，全县上亿元的项目有18个，占项目总数的18.6%；亿元以下5000万元以上项目25个，占项目总数的25.8%；5000万元以下项目53个，占项目总数的55.6%。

【人民生活】全县农民人均纯收入8106元，增长12.6%。城镇居民人均可支配收入15724元，增长9.2%。年末全县城镇在岗职工人数14266人，在岗职工年平均工资43088元。

【农业经济】2014年，全县围绕蔬菜产业、特色林果业，加大工作力度，狠抓工作落实，设施农业迅速发展，新建设施大棚1345座，蔬菜产量明显增加，达到43374吨，比上年增长55.5%。全力推进现代畜牧业，突出“扩量、提质、增效、安全”，加快洪平路肉羊养殖示范长廊建设，培育知名品牌，努力形成养殖重点突出，产业布局合理，区域优势明显的发展格局，着力打造草畜产业大县，新建标准化养殖小区50个，扩建15个，全县大牲畜存栏7.44万头，比上年末增长6.3%。为了加快农业转型升级，将更多的劳动力从土地上解放出来，全县坚持依法自愿有偿原则，引导农村土地、林地承包经营权有序流转，鼓励和支持承包土地、林地向专业大户、家庭农场、农民专业合作社流转，发展多种形式的适度规模经营。全县整村流转土地的村已达16个，流转土地37.2万亩。认真落实各项强农惠农富农政策，整合涉农项目资金，加大现代农业发展扶持力度，着力提升综合生产能力。全县共出台支持农业发展的优惠政策12条，极大地调动了全县上下建设现代农业大县的信心。

【社会保障】年末全县城镇职工养老保险人数4858人，比上年增加233人；城镇职工医疗保险参保人数12129人，比上年增加1223人；年末城镇享受低保户数为2730户，人数为6989人，发放保障金2119万元。年末农村享受低保户数为11154户，人数为22435人，发放保障金3212万元。参加农村合作医疗的人数194963人，参合率99.51%。筹集资金7602.7万元，补偿人数529873人，补偿金额7834万元，其中住院人数27099人，补偿金额5482万元。

【社会事业】年末全县共有高（职）中2所，在校学生8105人，专任教师547人；初级中学11所，在校学生9561人，专任教师615人。完全小学172所，在校学生16834人。小学阶段学生入学率、巩固率、毕业率均达100%，15周岁人口初等义务教育完成率100%；初中阶段学生入学率99.8%，巩固率99.8%，毕业率98%，17周岁人口初级中等义务教育完成率95%。

全县有文化馆1个，歌曲文艺演出60场次。公共图书馆1个，藏书量53360册，书刊借阅册数24562册；文化站10个，村文化室203个，图书量294350册。博物馆1个，文物藏品8935件。电影放映机构13个，电影放映2432场次。广播电视台1座，村通播率94%。

全县共有卫生机构21个，卫生技术人员742人，其中执业医师192人，执业助理医师46人，注册护士190人。卫生机构床位1206张。全县共有篮球场15个，排球场3个，足球场1个。

临泽县

【现任主要领导】

中共临泽县县委书记：陈晰

临泽县人大常委会主任：李长喜

临泽县人民政府县长：冯军
政协临泽县委员会主席：李多瑛
中共临泽县纪律检查委员会
书记：许兴权

【基本情况】临泽县地处河西走廊中段。东邻甘州区，西接高台县，南依祁连山与肃南裕固族自治县接壤，北靠合黎山与内蒙古阿拉善右旗连界，总面积2727.29平方公里。全县地形呈南北高中部低分布，由东南向西北逐渐倾斜，分三个类型区：南部祁连山中部山区，中部走廊平原区，北部合黎山剥蚀残山区。全县辖7个镇、71个行政村、5个社区居委会、703个村民小组。2014年末常住人口13.57万人，其中城镇人口5.29万人。有汉、回、藏、蒙、裕固等11个民族。

【资源优势】矿产资源：全县海拔1380~2278米。境内山地占总面积20%，矿产资源丰富，已发现的矿种有锰铁、磁铁、石墨、玻璃用石英、钾长石、石膏、凹凸棒石粘土、膨润土、砖瓦用粘土、耐火粘土（红粘土），贵重金属有沙金。旅游资源：着力打造“中国枣乡、七彩丹霞、戈壁水乡、红色圣地”的旅游品牌，双泉湖垂钓园、香古寺、烈士陵园、天鹅湖、黑河烟林、昭武故地、城郊农家园等成为旅游休闲的好去处。

【国民经济】2014年，全县实现生产总值44.91亿元，比上年增长9.3%。其中：第一产业增加值13.78亿元，增长5.8%；第二产业增加值16.68亿元，增长11.4%；第三产业增加值14.45亿元，增长9.5%。人均生产总值33132元，比上年增长9.1%。实现社会消费品零售总额9.12亿元，比上年增长12.4%，大口径财政收入40028万元，增长32.98%，公共财政预算收入20005万元，增长33.35%。

【“三农”工作】全县粮食总产量15.91万吨，比上年增长3.19%。种植各类蔬菜7.84万亩，通过日光温室示范点建设，带动全县新建日光温室130亩，累计达到13184亩。发展设施葡萄3823亩，露地鲜食葡萄2523亩，酿酒葡萄1000亩，发展优质杂果2947亩，肉苁蓉、枸杞等中药材5000亩。以全省美丽乡村试点县建设为契机，新建小康住宅示范点7个，辐射带动新建小康住宅1047户。全县年内输转劳动力2.86万人，其中有组织输出1.48万人，实现劳务收入4.12亿元，比上年增长5.64%。

【项目建设】全年开工建设重点项目79项，其中投资上千万元的57项。全县完成固定资产投资35.08亿元，比上年增长22.5%。其中：第一产业投资4.92亿元，增长74.07%；第二产业投资10.25亿元，下降21.54%；第三产业完成投资19.91亿元，增长56.18%。润丰源种业公司2万吨种子加工、银先建材公司10万立方米商品混凝土、和顺元公司3000吨中药饮片加工和康园乳业公司年产2万吨植物蛋白饮料项目建成投产。升华农公司生物有机肥项目主体工程完工，宏鑫公司30万吨锰铁精矿湿法选矿、华兴铁合金公司12500千伏安2号特种合金炉和中沙圣蓉生物工程公司100吨肉苁蓉加工项目进展良好。

【优势产业】玉米制种产业：加快创建中国现代玉米种子产业示范园和全国一流现代化玉米制种示范基地，全面提升玉米制种产业发展核心竞争力。全县落实玉米制种基地20.61万亩，玉米制种产量达100995吨。奶肉牛产业：全县累计建成高标准奶牛养殖场9个，新建肉牛养殖小区（场）6个，累计60个，奶肉牛饲养量17.96万头。新发展各类规模养殖大户1208户，累计1.99万户，占总农户的37.2%。红枣产业：全县红枣栽植面积9.41万亩，年产量达到1.85万吨。随着红枣栽培规模的扩大，枣产品加工的领域不断拓展，开发出了饮料、保健品、食品三大系列的20个品牌的加工产品，年加工原枣1000余吨。现代设施农业：全年新发展设施农业2499亩，带动全县新建日光温室130亩，钢架拱棚2369亩，累计达到13184亩。特色旅游产业：继续加大丹霞大景区、七彩镇、昭武文化旅游风情园五湖假日酒店等旅游景区及配套服务项目建设力度，旅游标准化建设步伐加快。开通临泽旅游微信公众服务平台，进一步拓展旅游客源市场，旅游累加效应呈现。年内接待国内外游客171.6万人次，实现旅游综合收入9.37亿元，分别比上年增长73.86%和70.98%。其中丹霞景区接待游客突破70万人次，增长60.9%。

【人民生活】全县城镇居民人均可支配收入16466元，比上年增加1491元；农民人均纯收入10088元，比上年增加1084元。城镇居民人均住房使用面积38.8平方米，农村居民人均居住面积40平方米。全县移动电话用户183300户，比上年增长11.77%，互联网络用户19751户，增长9.57%。加快贫困人口脱贫致富步伐。2014年共争取涉及打井、安全饮水、道路建设、渠道衬砌等扶贫项目，资金116万元，项目涉及5个移民村社点。深入7个镇共培训农业实用技术人员7场次400人，92%的农村贫困劳动力至少掌握了1~2项实用技术，加快了脱贫致富步伐。

【环境保护】一批绿化美化工程完工，新增绿地10.74万平方米，城区人均占有公共绿地面积29.61平方米，比上年增加2.38平方米，绿化覆盖率42.5%，比上年提高0.5个百分点。大沙河流域综合治理工程荣获“中国人居环境范例奖”。主要污染物排放量低于控制指标，环境质量明显好转。大沙河流域综合治理生态恢复，退耕还林、防沙治沙、中央财政补贴造林等工程深入推进，被确定为国家沙化土地封禁保护补助试点县，全省集体林权制度股份制改革试点县。小泉子国家沙漠公园建设试点被国家林业局批复实施，绿洲生态环境进一步优化。2014年，完成人工造林3.6万亩，完成退耕还林工程补植补造0.12万亩，育苗面积0.52万亩。城区绿化共栽植各类树木69.95万株，种植移栽各类花卉25万株，国家园林县城创建进一步深化。

【社会保障】全县新增城镇就业4807人，有397名高校毕业生实现了就业，年末城镇登记失业率2.2%。城市和农村低保对象分别为4340和7727人。落实城乡低保、五保和重点优抚对象保障金3250万元，为1044户城镇低收入住房困难家庭发放住房租赁补贴142.18万元。98%的农业适龄人口纳入新农保范围，为17703名农村老人发放养老金1509.31万元。参加城镇职工养老保险3303人，发放2074名企业退休人员养老金3599万元；参加失业保险5907人，为579人次失业人员发放失业保险金439万元；参加城镇职工医疗保险11295人，为2073人次支付住院医疗费用1075万元；参加工伤保险7201人，为74名工伤职工支付保险费用385万元；参加生育保险7397人，为141对生育夫妇支付生育保险费用22.5万元。

【社会事业】全县各企业引进应用科技成果和技术16项，在"四化"村建设和科技兴农中，重点引进16项新技术和70个农、林、牧新品种，建立各类科技示范点12个。全县3~6岁幼儿入园率99.7%，小学适龄儿童入学率、巩固率均达100%，全县初中适龄少年净入学率达99.3%，巩固率达99.4%。2014年高考录取率98.4%，高于全省21.3个百分点，其中重点本科录取率为11.9%，二本及以上录取率为37.5%。全县有文化馆、图书馆、档案馆、博物馆各1个，新建、扩建村社区文化大院4个，累计达42个。广播电视台1座，广播电视覆盖率100%。有线数字电视用户17766户，入户率61%，全年放映电影790场次。年末全县共有各级各类医疗卫生机构137家，有卫生专业技术人员727人，床位778张。参加新农合121200人，参合率99.56%，年内为282801人次参合患者补偿4628.94万元。

高台县

【现任主要领导】

中共高台县县委书记：鞠毅

中共高台县人大常委会主任：杨建平

高台县人民政府县长：杨成林

政协高台县委员会主席：赵春

中共高台县纪律检查委员会

书记：关志强

【基本情况】高台县地处甘肃河西走廊中部，黑河中游下段。地势南北高、中间低，形如马鞍。总面积4425平方公里，城区面积3.67平方公里，全境海拔1260~3140米，气候属于大陆性温带干旱气候，全年无霜期151天左右，全年降水总量81.1毫米，年均气温8.9摄氏度，全年日照时数为3072.8小时。全县现辖7个镇、2个乡、136个村委会、9个居委会、1005个村民小组。2014年末全县常住人口14.49万人，有回、藏、维、彝、裕固、东乡等16个少数民族。

【资源优势】矿产资源：县境内已发现和探明的矿产资源有10多种。其中：芒硝储量544.4万吨，原盐储量132.1万吨，萤石储量59.6万吨，钾盐（KCl）储量261万吨。此外还有钛铁、蛭石、石英、重金石、石灰、煤炭等。文化旅游资源：境内文物资源丰富，历史悠久，北凉古都骆驼城遗址及墓群和许三湾古遗址及墓群被国务院列为国家文物保护单位。红西路军纪念馆创建为国家4A级景区，被列为"全国百家红色旅游经典景区"，大湖湾文化旅游风景区晋升为国家4A级景区，月牙湖公园被命名为"国家级全民健身户外活动基地"，湿地公园被国家住房和城乡建设部命名为"国家级城市湿地公园"。

【国民经济】2014年全县实现生产总值48.33亿元，比上年增长9.2%。第一、二、三产业分别实现增加值15.90、16.82和15.61亿元，分别增长5.6%、11.8%和9.7%。完成固定资产投资35.36亿元，比上年增长22.76%，实现社会消费品零售额10.65亿元，增12.43%，完成大口径财政收入5.41亿元，增长46.91%，地方公共财政预算收入2.34亿元，增长39.79%，公共财政预算支出15.02亿元，增长21.3%。

【项目建设】全年开工建设各类项目94个，完成投资32.07亿元，比上年增长21.3%。全年续建、新建计划投资亿元以上项目13项，完成投资13.25亿元，占固定资产投资总额的37.5%，其中新开工建设亿元以上项目8项，完成投资10.72亿元。高山新能源49兆瓦光伏发电项目、吉林能源交通59兆瓦光伏发电项目、聚合热力煤气发生炉项目、中心广场地下商城项目、黑河干流河道治理等重大项目完成年度建设任务并投入运行；骆驼城110千伏送变电工程、农网改造10千伏工程和农村公路通畅工程、农村饮水安全、农田水利高效节水灌溉等水利工程完工投入使用；六坝黑河大桥完成主体工程，建成通村公路128公里。

【新农村建设】农村环境连片综合整治项目深入实施，美丽乡村和新一轮16个新农村"四化"示范村建设进展顺利，完成投资2.38亿元，实施项目143个。结合农村危旧房改造，新建小康住宅1664户，建成连片20户以上小康住宅示范点5个，城乡生产生活环境进一步改善。坚持绿色发展取向，积极推动特色优势产业规模化经营、标准化生产，蔬菜、制种、番茄、棉花、马铃薯和葡萄等优势特色产业面积稳定在35万亩左右。发放农业扶持贴息贷款2.2亿元，全县蔬菜产业面积达到15.1万亩，其中高原夏菜12.21万亩，新建日光温室1315座、钢架大棚1346座；新建南华镇义和村5000只肉羊养殖小区、合黎镇黎山牧业公司千头牛场等各类养殖场区61个，新增养殖大户1195户，畜禽饲养总量达400.32万头（只）。加大科技推广力度，推广各类农业农机实用技术18项、高产优质品种250多个、新型机具1589台（套），建成宣化镇朱家堡村高原夏菜等农业科技示范点28个。绿色蔬菜产业园区建设稳步推进，累计完成投资3960万元。狠抓农产品安全工作，全县累计认定无公害农产品产地6个，认证"三品一标"农产品26个。土地流转深入推进，建成万亩流转示范区2个，全县累计流转耕地16万亩。加快劳务输转步伐，输转劳务3.06万人，实现劳务收入2.77亿元。

【城市建设】完成县城总体规划第四轮修编和骆驼驿风情小镇、垂钓园北侧、红色大道沿线等重点地段的建设性详细规划。加大城市基础设施建设，城区规划5段2.3公里道路建成投入使用，县府街西延伸段完成桥涵建设及路基铺垫。全年房地产开发完成商品住宅投资32942万元，比上年增长39.6%，房屋施工面积44.32万平方米，增长105.9%，房屋竣工面积13.97万平方米，增长0.08%，商品房销售面积13.02万平方米，增长38.8%。全县共建廉租房60套3000平方米，公共租赁住房999套43220平方米，城市棚户区改造配建房1500套135000平方米。

【旅游产业】宜居宜游产业不断壮大。汉唐文化商业街、商品东街文化商贸城、博物馆、游泳馆等项目全面建成，科技馆、中心广场文化商贸城、时代购物中心等项目建设进展顺利。积极融入全市大景区建设战略布局，提升发展活力，百鸟园、西游记主题雕塑建成投入使用，丽景度假村、五里香农庄等正在装修。不断加大对外宣传力度，成功举办了2014中国张掖·高台户外运动嘉年华、大湖湾文化旅游艺术节等重大节会活动，月牙湖垂钓园荣获“全国休闲农业创意精品推介活动创意优秀奖”，高台文化旅游品牌的吸引力、影响力不断提升。全年接待县内外游客118万人次，实现旅游综合收入6.45亿元，占全县GDP的比重达12.6%，比上年提高了3.2个百分点。

【人民生活】全县城镇居民人均可支配收入16426，比上年增加1486元，增长9.95%；人均消费性支出12215，增长10.4%，恩格尔系数31.92%。农民人均纯收入9536元，比上年增加1025元，增长12.04%；人均生活消费支出8475元，增长11.3%，恩格尔系数39.61%。

【社会保障】年末全县参加基本养老保险人数93108人。参加城镇居民基本医疗保险人数15755人，参加失业保险人数5389人，参加工伤保险人数9183人，参加生育保险人数7125人。全年征缴基本养老保险费1807万元，征缴城镇职工基本医疗保险费4857万元，征缴失业保险费746万元，征缴工伤保险费235万元，征缴生育保险费219万元。全县农民参加新型农村合作医疗122389人，参合率99%，共为13672名参合农民报销住院费用2391万元，平均报销比54.92%。年末全县低保户6679户、12846人，其中：农村低保户5034户、9218人。农村五保供养服务机构10个，集中供养五保对象458人。全年共发放城市低保金1437万元，农村低保金1227万元，医疗救助423万元，自然灾害生活救助380万元。

【社会事业】全年共筛选上报科技项目4项，评选出县级科技进步奖16项。深入实施文化体育惠民工程，建成城乡文化体育广场32个，乡村舞台5个。《文韵高台》、《黑水河畔》等书目结集出版。摄制的《夏宝云：怒放的生命》、《我给天鹅送“年礼”》等24件作品荣获省、市新闻作品奖项。文化产业实现增加值8387万元，比上年增长24.92%，占生成总值的比重为1.74%。年末共有各类医疗卫生机构163个，各类卫生机构拥有病床933张，每千人拥有病床位5.89张，卫生专业技术人员726人，其中执业医师和执业助理医师317人，执业护士409人，平均每千人拥有医师数1.99人，每千人拥有执业护士2.58人。年末共有各类学校26所，专任教师1813人，高级专业职称215人。学龄儿童入学率100%，初中升学率94.9%，高中升学率98.9%。

山丹县

【现任主要领导】

中共山丹县县委书记：赵学忠

山丹县人大常委会主任：李仲文

山丹县人民政府县长：刘晓云

政协山丹县委员会主席：马得胜

中共山丹县纪律检查委员会

书记：陆思东

【基本情况】山丹县位于甘肃省西部河西走廊中段，是张掖市的东大门，素有“走廊蜂腰”、“甘凉咽喉”之称。总面积5402平方公里，海拔1550~4441米，属大陆性高寒半干旱气候。全县辖2乡、6镇、110个行政村、6个居民委员会、755个村民小组。2014年末全县常住人口为16.34万人。县内有中牧公司山丹马场、山丹农场、山丹培黎学校等省、市驻丹企业和单位。

【资源优势】土地资源：山丹县土地总面积5402平方公里。可耕地85.71万亩，草地、荒地365.83万亩，耕地、草地占80.59%，为发展农牧业生产提供了有利条件。荒地资源丰富，面积达94.5万亩，若有水灌溉，发展潜力很大。

矿产资源：境内已发现矿种24种，各类矿产地54处，现已开发利用的有煤、粘土、铁、石灰岩、硅石、滑石、金、银、白云岩、花岗石等10种。通过对全县矿产资源的普查、详查，初步查明可开采的煤炭储量为4.03亿吨，白云岩3.85亿吨，耐火土2.86亿吨、高岭土1.5亿吨，硅石6700万吨、铁矿石449万吨、莹石56万吨。主要工业产品有水泥、硅铁、耐火材料、石油钻井泥浆助剂、焦炭、煤炭、白酒、植物油等。

水资源：全县水资源总量1.945亿立方米，自产自用水资源总量1.24亿立方米，其中地表水资源0.857亿立方米，地下水资源0.383亿立方米。境内河流有马营河、霍城河、寺沟河和山丹河以及大黄山浅山区的小沟小岔。

旅游资源：山丹历史悠久，文化灿烂，旅游资源丰富。南部有亚洲最大的马场——山丹军马场，景色别致，是领略草原风光的好去处，也是有名的影视外景拍摄基地。中部有被称为“丝路绿宝石”的焉支山，这里因西汉名将霍去病大败匈奴和隋炀帝西巡接见西域27国王公使而载入史册。东部有全省保存最完整的汉、明长城，被称之为“露天长城博物馆”。西部有大佛寺，为全国最大的室内泥胎坐佛。北部有著名新西兰国际友人路易·艾黎的陵园和捐赠文物陈列馆。

【国民经济】2014年，山丹县实现生产总值41.27亿元，比上年增长9.6%。其中：第一产业增加值8.69亿元，增长5.5%；第二产业增加值13.48亿元，增长11.6%，工业增加值7.47亿元，增长11.7%；第三产业增加值19.11亿元，增长9.5%。人均生产总值25291元，比上年增长6.6%。三次产业结构由上年的22 ：34 ：44调整为21 ：33 ：46。完成固定资产投资36.29亿元，增长22.66%，实现社会消费品零售总额10.72亿元，增长12.5%。大口径财政收入完成5.42亿元，增长40.67%，公共财政预算收入完成2.52亿元，增长25.42%。

【项目建设】全年开工建设各类项目125项，投资上千万元的重点项目106项，完成投资34.6亿元。围绕国家产业政策和投资导向，不断充实完善“3341”项目库，共入库项目938项，总投资651.17亿元。招商引资成效显著。全年引进项目25项，总投资178.9亿元，开工建设21项，落实到位资金56.1亿元。投资6.9亿元，续建新建城市项目25项，城镇化率提高到40.6%。新区建设顺利推进，新建道路2.4公里，艾黎国际大酒店投入运营，文化旅游创意中心主体完工，智行广场、三和园等项目进展顺利，城市污水处理厂建成运行。全力实施集中供热工程，建成换热站12座，敷设供热管网9.8公里，供暖面积32万平方米。加大旧城路网、公园绿地、美化亮化等基础设施建设力度，改造道路2.2公里、管网6.4公里，新增绿地17万平方米。新建商品住宅15万平方米，城市棚户区改造安置住房7万平方米，公租房3万平方米。以位奇镇新型城镇化试点为重点的6个小城镇建设成效显著，商贸物流、文化体育等公共服务设施不断完善，一大批美丽村镇在聚集二三产业、带动农村经济社会发展等方面的功能明显增强。

【“三农”工作】全年粮食再获丰收，完成播种面积63.9万亩，粮食总产量19.2万吨，油料总产量1.69万吨。大力发展节水、高效、绿色现代农业，建成马铃薯原种生产钢架网棚800亩，杂果林大棚520亩，双孢菇三代太阳能菇棚120亩。新建标准化养殖小区（场）12个，累计达到81个，畜禽总量274.2万头（匹、只），出栏156.85万头（匹、只）。健全完善农业社会化服务体系，累计发展各类农民专业合作经济组织778个，参加农户1.92万户。输转劳动力6.25万人，实现劳务收入9.5亿元。土地流转面积达到26.8万亩，农业综合机械化作业水平达到74%。大力实施生态保护工程，完成人工造林1.67万亩，新增特色经济林果1.05万亩，森林覆盖率29.3%。新建新农村绿化示范点8个。

【人民生活】全县城镇居民人均可支配收入16764元，比上年增长9.2%；城镇居民人均消费支出13471元，增长9.7%，城镇居民家庭恩格尔系数为37.18%。农民人均纯收入9307元，比上年增长12.6%；农民人均消费支出6892元，增长12.7%，农村居民家庭恩格尔系数为38.16%。

深入开展“双联”行动，争取帮扶项目154个、资金7亿元。大力实施“1236”扶贫攻坚行动，老军村、新开村等34个省县级扶贫开发整村推进示范点建设成效显著，全县贫困人口减少1.1万人，贫困面下降到2%。深入推进新一轮9个新农村“四化”示范村、30个环境整洁村和2个美丽乡村示范村建设，全县新建渠道74.6公里、通村道路120公里，改造危房3000户，农民生产生活条件进一步改善。

【社会保障】全县新增城镇就业6114人，安置下岗再就业人员2630名，登记失业率控制在2.32%。全县6165人参加失业保险，10906人参加城镇基本养老保险，23267人参加职工医疗保险，26494人参加居民医疗保险，103235人参加城乡居民社会养老保险。全年各项社会保险基金总收入14928.71万元，各项社会保险基金总支出17549.68万元。2014年末参加新型农村合作医疗农民人数为14.1万人，参合率为99.56%。全年新型农村合作医疗基金支出总额为4899.76万元，累计受益39.17万人次。全县抚恤、补助各类优抚对象739人，金额为973万元。城镇居民得到政府最低生活保障的人数为10117人，发放城镇最低生活保障金3856.6万元；农村居民得到政府最低生活保障的人数为17455人，发放最低生活保障金2587.2万元。年末拥有敬老院9所，床位数214张，收养人数167人。

【社会事业】教育事业：全县拥有中等专业学校1所，高级中学1所，普通中学5所，小学32所。小学学龄儿童入学率达100%；初中入学率达100%。2014年，全县向全国各类高等专业院校输送新生1726名，高考录取率达99.25%；向中等专业学校输送新生757名。

文化事业：全年实现文化产业增加值8738万元，比上年增长24.46%，占生产总值比重2.09%。2014年末，全县共有艺术表演团体1个，文化馆1个，公共图书馆1个，博物馆1个，广播电台1座，电视台1座。广播和电视综合人口覆盖率分别为90%和70%。《西部山丹》全年发行50期，累计发行554期。公共文化服务体系示范区创建工作通过文化部中期评估。建成26个农村文化小广场。成功举办全县农民电视春晚、第五届焉支山旅游文化艺术节暨首届甘肃省焉支山民歌大赛、中国健身名山——焉支山巾帼英雄登山赛等活动。

卫生事业：全县共设置各级各类医疗卫生机构217个。其中驻丹企业医疗机构6所，民营专科医院1所，民营综合医院1所，村卫生室115所，城乡个体诊所76所。年末全县卫生技术人员1171人，其中执业医师246人，执业助理医师106人，注册护士407人。医疗卫生机构床位1267张。

平凉市

【现任主要领导】

中共平凉市市委书记：陈伟

平凉市人大常委会主任：赵景山

平凉市人民政府市长：臧秋华

政协平凉市委员会主席：赵成城

中共平凉市纪律检查委员会

书记：高淑美

【基本情况】平凉市位于甘肃省东部，地处陕、甘、宁三省（区）交汇处，横跨陇山（关山），东邻陕西咸阳，西连甘肃定西、白银，南接陕西宝鸡和甘肃天水，北倚宁夏固原、甘肃庆阳，是古“丝绸之路”必经重镇，素有陇上“旱码头”之称。全市辖泾川、灵台、崇信、华亭、庄浪、静宁六县和崆峒一区，102个乡镇，3个街道办事处，1457个村民委员会。

总土地面积1.1万平方公里，海拔在890～2857米之间。全市常住人口209.23万人，其中城镇人口72.12万人。人口密度每平方公里187人。区域内有汉、回、蒙、满、朝鲜等20多个民族，民俗风情浓郁。

【资源优势】平凉是甘肃省主要农林产品生产基地和畜牧业、经济作物主产区，盛产小麦、玉米、谷类、荞麦、油菜、胡麻、林果、烤烟等，曾与庆阳地区以“陇东粮仓”闻名遐迩。旱作山区盛产胡麻、葵花、土豆、莜麦和豆类等；阴湿山区林草茂盛，是西北重要的畜牧业基地、皮毛集散地和各类中药材的重要产地。中药材主要有党参、黄芪、甘草、大黄、贝母、冬花等150多种。山药、百合、蕨菜、甲鱼等极具地方特色，皮毛肉类远近闻名。全市现有国家级地质公园1个，国家级森林公园1个，省级森林公园6个，总面积8.08万公顷，天然林面积102.45万亩，人工林面积386.45万亩，森林覆盖率30.38%。

矿产资源：市内的华亭煤田是鄂尔多斯聚煤盆地中煤层最厚的地段，总面积150平方公里，是甘肃省第一大煤田，煤层平均厚度达28.7米，探明总储量91.46亿吨，且煤质优良，具有高活性、高发热量、低灰、低硫、低熔点的特性，不仅是优质动力用煤，而且也是目前我国最好的气化用煤。

石灰岩资源：石灰岩主要是生产水泥、石灰和建筑石料。目前预测石灰岩总储量30多亿吨，探明储量约3亿吨，主要分布在崆峒区和华亭县；庄浪县卧龙石灰岩矿床为远景储量，约2亿吨。另外还有粘土、石英砂等，主要分布在华亭县安口镇一带，开采利用历史较早，主要用于生产日用陶瓷、高低压电瓷、灯泡等。

旅游资源：现已发现各个时期的古文化遗址465处，省级以上文物保护单位25处。其中“道教第一山”——崆峒山（崆峒区）、王母宫——西王母降生处的回中山（泾川县）、人文第一祖——伏羲氏诞生地古成纪（静宁县）、西周第一台——古灵台（灵台县）等历史遗址和西周青铜器（灵台县）、南宋银本位货币银合子、佛舍利金银棺（泾川县），被誉为“中华之最”。崆峒山道教文化、西王母文化、大云寺佛教文化、皇甫谧文化独具魅力。平凉也是祖国针灸学鼻祖、晋代医学家皇甫谧（灵台县），唐代著名宰相牛僧儒（灵台县），南宋抗金名将吴玠、吴璘（庄浪县），明代“嘉靖八才子”之一赵时春（崆峒区）的故乡。

平凉以国家重点风景名胜区、国家首批5A级旅游景区、国家地质公园的崆峒山为中心，以国家级森林公园云崖寺，王母宫、大云寺、柳湖、南石窟寺、龙隐寺、莲花台、龙泉寺、紫荆山、明代宝塔、李元谅墓等为网点的风景名胜、文物古迹星罗棋布，都是寻根访古、观光旅游、避暑休闲的好去处。

【国民经济】2014年，全市生产总值350.53亿元，比上年增长8%。其中：第一产业增加值85.07亿元，增长6.4%；第二产业增加值134.30亿元，增长7.5%；第三产业增加值131.15亿元，增长9.1%。人均生产总值为16776元，增长7.5%。三次产业结构为24.3 ∶ 38.3 ∶ 37.4。完成全部工业增加值97.23亿元，增长6.5%。规模以上工业增加值83.46亿元，增长5%。社会消费品零售总额完成152.71亿元，增长12.7%。全年大口径财政收入46.28亿元，增长9.4%；公共财政预算收入24.09亿元，增长19.1%。年末全市金融机构人民币存款余额623.62亿元，增长5.64%，人民币贷款余额398.20亿元，增长24.65%。全年接待国内外游客1090万人次，增长25.6%。旅游综合收入56.20亿元，增长26.0%。全市居民消费价格比上年上涨1.8%。

【“三农”工作】全年粮食播种面积519.69万亩，比上年减少4.6万亩；粮食生产实现“九连增”，全年粮食总产量114.52万吨，增产3.05%。年末大牲畜存栏88.26万头（只），增长3.12%。牛存栏和出栏分别为75.8万头和42.61万头，分别增长5.15%和5.29%；猪存栏和出栏分别为45.76万头和53.52万头，分别增长2.17%和4.14%；羊存栏和出栏分别为22.56万只和14.56万只，分别增长4.25%和5.28%。肉类总产量8.54万吨，增长4.53%。牛奶产量1.7万吨，增长4.94%。种植蔬菜89.06万亩，增长5.06%；蔬菜产量达到134.63万吨，增长7.38%。全市筹集“三农”资金20.4亿元，实施了461个奖补项目，27个农业综合开发项目，引导推广了全市农业保险工作。改造县乡道路154公里，建成通村硬化路966公里，建制村通畅率达到75%。编制完成了水资源综合规划，治理河堤120公里，新建农村饮水安全工程34处，解决了13.4万人的饮水安全问题。抓建市列城乡一体化试点乡镇7个、新农村试点村20个、“三清五改”示范村200个、省列“美丽乡村”示范村14个，改造农村危房2.01万户。

【项目建设】全年固定资产投资完成537.56亿元，增长21.39%。实施500万元以上各类建设项目1079项，完成投资499.15亿元，增长23.92%；5000万元以上投资项目411项，完成投资374.39亿元，下降1.13%；亿元以上投资项目113项，完成投资173.87亿元，下降40.98%；过10亿元投资项目7个，完成投资49.01亿元，下降27.18%。全年房地产开发投资完成38.4亿元，下降4.1%。住宅投资26.86亿元，下降19.84%。

【优势产业】深入实施现代农业“五个百万”增收工程，新建改扩建龙头企业32户，新增农业专业合作社411个，新组建家庭农场61个，农业生产组织化程度不断提高。扩大肉牛冻配改良、苹果矮化密植、设施种植等先进种养技术和高效生产模式推广应用，农业科技贡献率提高到52%。新建标准化养殖小区66个，全市肉牛饲养量、出栏量分别达到118.4万头和42.61万头。强力推进百万亩标准化果园提质工程建设，新植果园29.51万亩，年末果园面积152.48万亩，认证各类基地34.2万亩，全年水果总产达到110.61万吨，优果率提高到68%，“平凉金果”荣获全国驰名商标。建成蔬菜集中区15个，种植蔬菜89.06万亩，蔬菜总产量达到134.63万吨。积极实施百万亩马铃薯增收工程，推广脱毒种薯110.64万亩，产量达到18.75万吨。

【人民生活】全市城镇居民人均可支配收入达19086.1元，增长10%；城镇居民人均消费性支出13057.3元，增长13.5%。农村居民人均纯收入5395.2元，增长12.7%；农村居民人均生活消费支出5149.4元，增长10.3%。城乡居民人均储蓄存款余额达到19255元，增长15.49%。本年新增城镇就业3.69万人，下岗失业人员再就业1.61万人，年末城镇登记失业率3.63%。

【扶贫开发】扎实推进“1236”扶贫攻坚行动，完成了贫困村、贫困人口识别和建档立卡，实施整村推进项目69个，易地搬迁群众1328户6492人。125家省内外企业联系78个贫困乡村，各帮联单位投入资金1.2亿元，实施公共性、民生性帮扶项目2120个，帮办实事1.5万件，“双联”行动呈现出深化拓展、重点突破、常态长效的工作格局。全市完成减贫12万人，11个乡镇、137个村实现基本脱贫。新农合、城镇居民医疗保险政府补助标准人均提高到320元，城乡低保、农村五保供养标准分别提高15%和17.7%。落实财政补助资金6039万元，启动解决崆峒区被征地农民养老保险历史遗留问题，六县被征地农民养老保险工作全面推开。大力开发公益性岗位，安置就业困难人员5423人。加强农村劳动力就业服务和技能培训，输转劳务49万人，创劳务收入73亿元。

【社会事业】全年争取国家和省上科技项目18项，资金1218万元。国家项目4项，落实资金384万元；省列项目14项，落实资金834万元；安排实施市列科技项目10项，经费100万元。全市有各级各类学校1410所。各类学校在校学生达到38.46万人。小学、初中阶段学生入学率和毕业率均达到100%。本年度全市参加高考考生25642人，上线人数达23956人，上线率93.4%。年末全市有各种艺术表演团体8个，公共图书馆8个，博物馆8个。全市有广播电台8座，有线广播电视传输干线网络总长2460公里，广播电视卫星收转站47.36万座，广播综合覆盖率99.12%，电视综合覆盖率97.41%，有线电视用户8.74万户。年末全市有卫生机构(包括村卫生室、诊所)2815个。卫生技术人员10552人，执业医师和执业助理医师3800人，医院和卫生院有执业医师和执业助理医师2565人，注册护士3532人；医院、卫生院拥有床位11516张，医疗机构病床使用率70.16%。

【社会保障】年末全市有社会福利院4个，床位320张，在院供养122人；建立城镇社区服务中心14个。全市城镇就业25.46万人，比上年增加5075人。年末全市参加城镇职工基本养老保险9.99万人，比上年末增加1698人；参加城镇职工基本医疗保险11.20万人，增加1717人；参加城镇居民医疗保险17.06万人，增加8802人；参加失业保险8.69万人，减少139人；参加工伤保险8.78万人，减少4140人；参加生育保险6.4万人，增加1442人；城乡居民社会养老保险参保续保119.36万人。8个县(区)开展了新型农村合作医疗工作，年末参加新型农村合作医疗农民179.57万人，参合率为98.7%。全年新型农村合作医疗基金支出总额为6.57亿元，累计受益386.8万人次。全年5.36万城镇居民和21.64万农村居民享受政府最低生活保障。

【环境保护】全市6项主要污染物均控制在目标值之内，总控率达到100%。大气环境可吸入颗粒物年日均值0.101毫克/立方米，二氧化硫年日均值0.027毫克/立方米，二氧化氮年日均值0.04毫克/立方米。泾河地表水水质达标率90.9%，饮用水源水质达标率100%。区域环境噪声和交通干线噪声平均值分别为55分贝和70分贝。全市环保投资5.2亿元，污染源治理4.6亿元，生态环境建设和农村环保0.52亿元，环保能力建设580万元。

(马建峰)

崆峒区

【现任主要领导】

中共崆峒区区委书记：王大睿(8月止)

崆峒区人大常委会主任：周永盛

崆峒区人民政府区长：赵小林

政协崆峒区委员会主席：张新平

中共崆峒区纪律检查委员会

书记：赵久梅

【基本情况】崆峒区地处甘肃东部，六盘山东麓，东邻泾川、镇原，南依华亭、崇信，西与宁夏回族自治区的泾源、原州区接壤，北与彭阳、镇原县毗邻。在历史上为丝绸古道西进北上甘凉的第一座关隘重镇。亦为陕甘宁三省交通要塞和陇东传统商品集散地，素有“旱码头”之称。现为平凉市政治、经济、文化和交通中心，是一座新兴的工贸旅游城市。

全区辖13个乡、3个镇、3个街道办事处和1个示范区，有226个村、14个城市社区(居委会)。全区总土地面积1808.84平方公里，全区常住人口51.86万人，人口密度287人/平方公里，人口自然增长率6.04‰。

区域属陇东黄土高原丘陵沟壑区，境内西北高峻多山，东南丘陵起伏，中部河谷密布，平均海拔1540米。气候属半干旱、半湿润季风型大陆性气候。最高气温34.2℃，最低气温-12.6℃，平均气温10.1℃，年降雨量537.5毫米，日照2377.4小时，无霜期193天。

地下矿藏有煤、铁、铜、磷、石灰岩、水泥灰岩、白云岩、陶土、粘土、耐火粘土、石膏等13种12大矿点，其中水泥石灰岩和化工石灰岩品位较高，储量达5亿多立方米。地表水可利用量1.1亿立方米，地下水储量12亿立方米。植物资源1300多种，动物资源50多种。

区境内先后发掘出仰韶、齐家和商周文化遗址150多处，重点文物保护单位40余处，珍藏文物1300多件。崆峒玄鹤、太统屯云、龙泉滴珠、柳湖晴雪、宝塔曦照、东湖荷花、天坛月夜和浚谷烟村等十大景观闻名省内外。国家5A级风景名胜区、国家级地质公园、“天下道教第一山”——崆峒山，有八台九宫十二院四十二座建筑群，名胜古迹百余处，山势雄伟，烟波浩淼，林海幽深，建筑独特。

境内有240万千瓦火电厂1座，330、110千伏和35千伏等变电站15座，小水电站1座，企业自备电厂2座；750变电所是连接“西电东送”枢纽工程——750千伏高压输变电工程的核心站所。

【国民经济】2014年，全区实现生产总值89.76亿元，比上年增长8.6%。其中：第一产业完成增加值14.46亿元，增长6.4%；第二产业完成增加值23.31亿元，增长9.1%；第三产业完成增加值51.99亿元，增长9%。三次产业结构比为16.1 ∶ 26 ∶ 57.9，全区人均地区生产总值为21387.54元。全部工业增加值完成11.3亿元，增长6.4%。规模以上工业增加值8.75亿元，增长5%。实现社会消费品零售总额56.21亿元，增长12.3%。完成大口径财政收入5.79亿元，增长24.2%；公共财政预算收入3.64亿元，增长14.4%。公共财政预算支出完成21.69亿元，增长4.4%。年末金融机构各项存款余额249.82亿元，比上年末下降3.01%；金融机构各项贷款余额174.91亿元，增长23.6%。共接待游客500.85万人次，实现旅游综合收入25.3亿元，分别增长26.01%，26.06%。

【“三农”工作】2014年，全区粮食产量20.58万吨，比上年增长3.52%。年末大牲畜存栏17.36万头，比上年末增长6.44%。年末果园面积11.23万亩，水果产量7.33万吨。全区“三农”工作呈现出良好的发展态势，全区共实施重点农业项目62项，完成投资10.95亿元，较上年增长23.4%；区级财政支农资金达到3025万元，增长10.2%。充分发挥金融资源优势，加大信贷支农力度，新增涉农贷款5.21亿元，余额达到53.11亿元，增长10.88%；完成市级政策性农业保险签单投保37.8万元，赔付4.6万元。继续采取“整合资源办大事”的成功做法，先后整合“一事一议”、危旧房改造、道路硬化等项目资金1.16亿元。

【项目建设】辖区固定资产投资完成110.71亿元，增长22.53%，其中市、区固定资产投资完成110.44亿元，增长23.51%。围绕新型工业化发展、现代农业发展、城市规划建设管理、壮大旅游产业、改善民计民生、社会管理六个方面，全区实施重点建设项目240项，完成投资82.6亿元，其中新型工业化项目30项，完成投资6.98亿元；现代农业发展项目62项，完成投资10.75亿元；城市规划建设管理项目89项，完成投资57.7亿元；旅游产业项目17项，完成投资5.81亿元；民计民生项目32项，完成投资1.06亿元；社会管理项目10项，完成投资3398万元。

【优势产业】把特色产业开发作为促农增收的重要支撑，着力提升农业产业化发展水平。建成花所段沟等标准化肉牛养殖小区18个，肉牛饲养量达到40.4万头，玉米秸秆青贮转化利用率达到80%以上；新植果树经济林2万亩，果园面积达到11.23万亩；新建拱棚2376亩、日光温室180亩，全区设施蔬菜种植面积达到1.67万亩；推广旱作农业28.2万亩，粮食产量达到20.58万吨。

【人民生活】农村居民人均纯收入6691.3元，比上年增长11.7%；城镇居民人均可支配收入达17853.6元，增长9.9%，城镇居民人均消费性支出为12684.6元。

【扶贫开发】坚持扶贫开发与“双联”行动深度融合、纵深推进，在105个重点贫困村组建驻村工作队，实施整村推进项目7个、易地扶贫搬迁项目14个，搬迁贫困群众595户，贫困人口减少2.3万人，贫困面下降到7.9%。严格执行轮流驻村工作制度，117个联村单位4839名联户干部累计进村入户2.1万次，解决涉及群众切身利益的急难要事643件，化解矛盾纠纷642起，投入物资合计267.7万元，发放双联惠农贷款294户6409万元。大力发展劳务经济，依托“阳光工程”、“雨露计划”等项目，完成农民技能培训1.1万人次，输转劳动力8.1万人次，实现劳务收入11.5亿元。

【社会事业】全年共争取国家和省上科技项目3项，资金102万元；共有29项科技成果获得市级科技进步奖，本年度共评出区级科技进步奖18项，其中一等奖13项，二等奖5项。全区共有各级各类学校234所，在校学生72477人。九年义务教育巩固率达到88%，高中阶段毛入学率86.01%，本年度全区参加高考考生3361人，上线人数达3106人，其中重点本科上线419人。全区共有各种艺术表演团体2个，公共图书馆1个，博物馆1个，全区有广播电台1座，广播综合覆盖率达97%，电视综合覆盖率达99%。辖区各级各类医疗卫生机构569个，其中：医院20个，社区卫生服务中心（站）23个，乡镇卫生院（分院）19个，专业公共卫生机构27个，门诊部4个，村卫生室252个，个体诊所224个。实有床位3975张，其中：医院（含妇幼保健机构）床位3429张，乡镇卫生院床位546张。卫生技术人员3775人，其中：执业医师和执业助理医师1419人，注册护士1479人。医疗机构病床使用率为72.8%。

【社会保障】区属参加城镇基本养老保险人数达到23498人，失业保险人数11997人，职工医疗保险人数16173人，居民医疗保险人数73881人，工伤保险人数9107人，生育保险人数7613人。城乡居民基本医疗保险参保人数为22.91万人。共有10247户23875名城镇居民、8314户22203名农村居民得到政府最低生活保障。全区农村“五保”1273户人，4所农村敬老院集中供养149人。

【环境保护】全年环境污染治理完成总投资766.21万元。二氧化硫排放总量3400吨、化学需氧量排放总量8994吨、氨氮排放总量760吨、氮氧化物排放总量7268吨，均在市上规定的控制指标值以内。2014年完成污染减排化学需氧量200吨、氨氮30吨、二氧化硫400吨、氮氧化物1000吨。大气环境质量指标：可吸入颗粒物日均浓度0.081mg/立方米，二氧化硫日均浓度0.027mg/立方米，二氧化氮日均浓度0.040mg/立方米，城市空气质量优良天317天，86.8%。超标标8天，地表水水质达标率达到75%（Ⅲ）以上，城市饮用水源水质达标率达到100%，区域环境噪声平均值55分贝以内，交通干线噪声平均值70分贝以内。

（曹勇）

泾川县

【现任主要领导】

中共泾川县县委书记：李全中

泾川县人大常委会主任：贾仁全

泾川县人民政府县长：王廷佐

政协泾川县委员会主席：程永忠

中共泾川县纪律检查委员会

书记：景忠科

【基本情况】泾川县位于甘肃东部、陕甘交界处，全县辖14个乡镇、1个经济开发区，215个行政村，1466个村民小组，总面积1409.3平方公里，常住人口28.4万人。耕地面积67.8万亩，人均耕地2.1亩。历史文化悠久，建郡置县历时2100多年，以西王母文化、佛教文化、生态文化为代表的特色地域文化交相辉映、独具特色。自然条件优越，境内海拔930～1460米，年均日照1979.7小时，平均气温10.6℃，年降水总量529.9毫米，相对湿度71%，无霜期196天。区位优势独特，泾川居丝绸古道要冲，为华夏文明腹地，自古以来是西出长安通往西域的第一重镇。生态环境良好，全县水土流失治理程度达到82.4%，森林覆盖率37.15%。旅游资源丰富，是西王母降生地和西王母文化的发祥地，古泾州大云寺地宫出土的14枚佛祖骨舍利及石函、铜匣、银椁、金棺、琉璃瓶五重套函被评定为国宝级文物，南石窟寺、王母宫石窟为国家重点文物保护单位，王母宫——大云寺、田家沟生态风景区被评为国家4A级旅游景区。产业资源富集，果品、畜牧、蔬菜等特色产业开发初具规模，培育形成了特色鲜明的农村主导产业集群；全县可利用矿种主要有石油、煤炭、地热水、粘土、砂石等，其中煤炭石油资源丰富，开发前景广阔。

【国民经济】2014年，全县实现生产总值51.05亿元，比上年增长8.8%。其中：第一产业增加值18.11亿元，增长6.2%；第二产业增加值12.87亿元，增长11.2%；第三产业增加值20.06亿元，增长9.1%。三次产业结构比例为35.5 ：25.2 ：39.3。人均生产总值17999元，增长8.6%。大口径财政收入38567万元，其中公共财政预算收入31267万元。年末金融机构各项贷款余额42.3亿元，比上年末增长37.8%；各项存款余额70.77亿元，增长9.5%。

【“三农”工作】农村特色产业开发持续推进，全县新建果园5.2万亩，建成标准化肉牛、肉鸡养殖小区17个，牛、猪、鸡饲养量分别达到18.3万头、18.33万头、100.21万只，畜牧业产值4.55亿元。搭建日光温室210座、大中拱棚1050座，种植各类蔬菜16.07万亩，果品产量28.92万吨，实现果品产值11.34亿元，粮食产量17.05万吨，果、菜、畜牧等特色产业发展为农民增收提供了有力保障，农民人均纯收入5480元。农村改革纵深推进，规范流转土地2.1万亩，完成树种改优4万亩、林下种植3万亩，果树经济林确权颁证工作全面完成。美丽乡村建设建成党原高崖、玉都康家、汭丰郑家沟等一批省市列示范村，新农村建设的体量不断扩大，内涵明显提升，以交通、水利、生态治理为重点的基础设施建设不断加强，农村公路路网结构进一步优化，通畅通行水平明显提高，境内公路总里程达到1335公里，其中乡道11条158公里，村道248条829.6公里，乡（镇）及行政村通油路（水泥路）率为100%和84%。

【项目建设】全力实施重点项目，红河油田百万吨产能建设、城东综合开发、泾汭河河堤治理等市列“十大工程”、县列“十大项目”加快实施，固定资产投资完成59.74亿元，增长19.9%，实施500万元以上投资项目121个，完成投资58.93亿元，房地产开发投资0.81亿元。循环经济产业园基础设施建成投用，天纤棉业、家园陶瓷、华润陶瓷二期等项目加快实施，石油煤炭资源开发扎实推进，全年完成石油开采11.4万吨。

【文化旅游】全力推进重点景区建设，充分挖掘佛道文化、生态文化、红色文化资源，促进产业融合带动，广泛开展文化交流，举办丝绸之路与泾川历史文化学术研讨活动，整理编著《泾川佛教文化论》、《西王母民俗志》等著作，形成了一批较高层次的学术研究成果。大云寺·王母宫景区被列为全省20个大景区之一，大云寺文化产业园有限公司进入“全省文化企业30强”，注册成立了西王母演艺公司，联手打造了跨界时尚歌舞剧《女神·西王母》，高规格举办海峡两岸西王母故里民俗文化交流及“丝绸之路与泾川”学术研讨等活动，纪录片《大云寺地宫密码》在央视播出，扩大了泾川文化旅游的知名度和影响力。全年累计接待游客200万人次，实现旅游综合业务收入2.2亿元。

【扶贫开发】坚持扶贫开发整村推进与新农村建设相结合、与双联行动相结合，全力实施精准扶贫战略，全面发展贫困村教育、医疗、文化娱乐等社会公益事业。整合帮扶力量，持续推进扶贫攻坚行动，有31个村摘掉了贫困“帽子”，7.17万人实现了脱贫，贫困面由2011年的37.5%下降到2014年底的15.01%。党原小徐、荔堡原董等10个整村推进项目和304省道沿线新农村示范带建设加快实施，带动全县新建、改建小康住宅2658户，实施“三清五改”3152户。依托双联行动，持之以恒抓产业、促增收，全年减少贫困人口1.6万人，72.9%的贫困户培育了增收产业，贫困乡村群众生产生活条件得到不断改善。

【社会事业】教育、卫生、科技、文化等社会事业加快发展，公共服务均等化、普惠化全力推进，全年实施教师周转宿舍、教学生活辅助用房、幼儿园建设等教育基础项目30个，城乡办学条件进一步改善，教育教学水平稳步提升，全县各级各类学校235所，教职员工4111人，专任教师3757人，年末在校学生50340人，高考上线人数2779人，上线率93.0%，其中本科上线人数1904人，上线率63.7%。“乡村舞台”建设加快，城区数字电视改造升级工程全面完成。年末，全县文化广播电视站14个，乡镇综合文化站14个，广播综合覆盖率99.8%，电视综合覆盖率98.7%，广播电视户户通覆盖215个村，受益5.7万户。

【社会保障】坚持把改善民生作为各项工作的出发点和落脚点，大力实施民生工程，实施通乡通村油路建设，开建公共租赁住房，实施城区棚户区改造，农村危旧房改造，完成城乡低保、农村五保提标工作，实施紧缺人才引进、民生实事项目和基层服务项目，扩大就业和再就业，民生投入不断加大，2014年发放各类惠民资金2.13亿元，民生领域支出占到财政支出的75%以上，安置高校毕业生949人，新增城镇就业3700人，下岗人员实现再就业2100人。城镇居民医疗保险参保人数1.49万人，城乡居民社会养老保险参加人数19.3万人，参合率97.4%。国家基本药物制度和新农合分级诊疗制度全面落实，新型农村合作医疗参加人数29.3万人，平均参合率98%。

【环境保护】主要污染物排污总量明显减少。2014年末，全县化学需氧排放量4901吨，比上年下降5.6%；氨氮排放量169吨，下降2.3%；二氧化硫排放量830吨，下降1.4%；氮氧化物排放量471吨，下降1.9%；地表水水质达标率为75%，集中式饮用水源水质达标率100%，环保投资指数1.21%。

（王海峰）

灵台县

【现任主要领导】

中共灵台县县委书记：王学书

灵台县人大常委会主任：魏惠琴

灵台县人民政府县长：刘凯

政协灵台县委员会主席：边安玉

中共灵台县纪律检查委员会

书记：杨静福

【基本情况】灵台县位于陇东黄土高原南缘，地势西北高、东南低，海拔在890～1520米之间，其中县城海拔966.8米；年平均气温10.3℃，最高气温37.5℃，最低气温-16.8℃；年平均降水量710.5mm；年平均日照总时数2075小时，全年无霜期171天。境内有一塬（什字塬）一山（南部山区）两道川（达溪河、黑河川区），全境东西长78公里，南北宽40公里，总面积2038平方公里，属黄土高原沟壑区。东南与陕西长武、彬县、麟游、千阳、陇县接壤，西北与本省崇信、泾川县毗邻。全县辖5镇8乡1个街道办事处，4个居委会、184个行政村、1429个村民小组。2014年末全县常住人口18.32万人。民族以汉族居多，占96.7%，少数民族有回、藏、满、苗、蒙古族等。

【资源优势】矿产资源：已探明和预测煤炭资源地质储量约37亿吨。整个煤田地质构造简单，煤层赋存稳定，瓦斯含量低，开采技术条件相对简单，是陇东能源化工基地极其重要的组成部分。南部有丰富的油气资源。

人文旅游资源：有丰富的古商周遗存，原始先民居住遗址、古墓葬430多处，古城址6处，古生物化石点18处，博物馆文物藏量7629件，珍贵文物藏品数量之多之精居甘肃省基层博物馆之首，商周青铜器被誉为“中华之最”。曾诞生过西晋医学家、世界针灸医学鼻祖皇甫谧，唐代名相牛僧孺等杰出人物。1996年被省政府命名为“甘肃省历史文化名城”。丰厚的旅游文化资源构建起了灵台县商周历史文化和皇甫谧文化遗产旅游框架。主要人文旅游景点有古灵台、皇甫谧陵园、牛僧孺墓、圪瘩庙、密须古城遗址、文王画卦山等。同时，灵台位于古丝绸之路东段，处在“崆峒山—王母宫—法门寺—兵马俑”旅游热线上，周边地区旅游景点星罗棋布、古冢名刹随处可见，具有独特的区位优势和发展优势。

土地、森林资源：全县现有耕地76.74万亩，农民人均3.7亩，土壤肥沃，粮食生产优势明显，常年产量15万吨以上，素有“陇东粮仓”之美誉。全县林地面积179.9万亩，森林覆盖率34.97%，植被较好，先后被国家绿化委和国家绿色推介委员会授予“全国造林绿化百佳县”、“中国绿色名县”等称号。

【国民经济】全县实现地区生产总值32.9亿元，比上年增长6.8%。其中：第一产业增加值11.54亿元，增长6.4%；第二产业增加值8.1亿元，增长4.7%；第三产业增加值13.26亿元，增长8.4%。三次产业结构为35.1 ∶ 24.6 ∶ 40.3。人均生产总值达到17982元，增长6.6%。完成固定资产投资37.13亿元，增长17.32%，实现社会消费品零售总额10.78亿元，增长13.5%。大口径财政收入完成1.44亿元，增长3.1%，其中公共财政预算收入1.01亿元，增长5.8%。年末金融机构各项存款余额48.76亿元，比上年末增长12.1%；各项贷款余额24.78亿元，增长27.8%。

【“三农”工作】全县积极推广全膜双垄沟播技术，覆膜面积达到20.02万亩，农作物播种面积达到105.6万亩，其中粮食作物播种面积74万亩，粮食总产量达到19.43万吨，比上年增长2.27%。全县实施城乡面山绿化2480亩，造林面积达到2.31万亩，实施道路绿化14条150.5公里。全县投资1.55亿元，抓建新农村建设示范点10处，旧村庄改造示范点8处，千村美丽示范村2个，万村整洁村20个。新建文明生态家园600户，实施“三清五改”1020户，硬化道路12条8.9公里，新（改）建村部3处，新建文化广场4处，实施自来水入户295户。

【项目建设】年内开工建设各类项目97项，完成投资32.74亿元。其中：县上确定的80项投资500万元以上的重点项目开工建设76项，完成投资32.33亿元；列入全市“十大工程”重大项目23项，开工建设22项，完成投资21.34亿元。精准把握国家投资导向，论证储备前期项目318项，概算投资573.77亿元。持续加大招商引资力度，实施招商引资项目33项，协议引资292.65亿元，落实到位资金43.02亿元，增长38.64%。

【优势产业】全县农村主导产业开发成效明显，牛、果、菜三大产业优势逐步凸现。完成肉牛冻配改良4.21万头，牛饲养量达到18.1万头，出栏商品肉牛6.5万头，实现总产值24186.32万元；新植苹果园2万亩，累计达到22.67万亩，挂果面积达到7.36万亩，总产量达到5.37万吨，实现总产值21355.89万元；设施蔬菜面积达到0.65万亩，蔬菜种植总面积达到13.6万亩，蔬菜总产量达到18.26万吨，实现总产值36254.86万元。全县肉牛、苹果、蔬菜三大产业实现总产值达到81797.07万元，占全县农业总产值的51.2%。

全县煤炭资源开发取得新进展。邵寨煤矿设计年生产能力120万吨，估算总投资29.8亿元，已累计完成投资17.67亿元。

着力打造“针灸之都，文化灵台”旅游品牌，扩大宣传推介，开发旅游产品，发展民俗旅游，促进了全县旅游事业的平稳健康发展。全年接待旅游人数105万人次，比上年增长26.1%，旅游业总收入52600万元，增长26.1%。

【人民生活】全县城镇居民人均可支配收入15739元，比上年增长10.4%；人均消费支出13788.77元，增长15.01%；恩格尔系数为22.9%。农民人均纯收入5403.2元，增长12.5%；人均生活消费支出4579.58元，增长7.36%；恩格尔系数为32.03%。全县城镇单位从业人员年工资总额为38456.4万元，增长1.8%，人均年工资为44213元，月工资为3684元，增长2.1%。城乡居民储蓄存款余额358426万元，增长13.07%；人均储蓄存款15355元，增长12.38%。

【扶贫开发】全县开展了贫困人口建档立卡工作，实施了中台镇许家沟等9个整村推进项目，累计完成投资1.445亿元，实施“五改三建”430户，硬化村社道路11条16公里，建成水过面桥5座，购买基础母牛379头，配套修建温棚牛舍379座，发放扶贫贴息贷款2100万元,筹备建立扶贫互助协会12个，机修梯田3000亩，开展农业实用技术培训1800人次，开展“两后生”培训940人。通过项目带动和产业支撑，全县实现减贫0.95万人。

【社会事业】实施了城关中学整体搬迁工程、灵台一中教学楼等9个续建项目，均已竣工并交付使用；投资2500多万元，实施了城南幼儿园、职业中专实训室等新建项目7项，新建校舍8200多平方米，极大地改善了学校办学条件。乡镇中心幼儿园实现全覆盖，城乡、山塬、校区之间发展差距进一步缩小。全县高考一本上线310人，二本以上上线953人，上线率分别达到14%和43.2%，290名学生被“985”和“211”院校录取。新农合参合率达到99.8%，参合群众受益面达到95%以上。投资523万元建成西屯、龙门卫生院业务用房及职工宿舍，投资1522万元建成皇甫谧中医院和朝那、什字中心卫生院公租房154套，投资240万元新建了10个标准化村卫生所和1000座卫生厕所。皇甫谧文化园成功创建成为国家级中医药文化宣传教育基地，被确定为“世界针灸学会联合会针灸拜祖基地”和“国家中医师承皇甫谧针灸基地”。投资457.6万元，实施了县乡广播电视网络覆盖工程并实现全覆盖。对市县有线电视城域网进行了双向改造，完成双向网改造5000户。全县建成体育惠民工程2处，乡村舞台71处。

【社会保障】全县开展了城乡低保清理规范活动，全面完成了新农合、城乡低保、农村五保和干部职工门诊医药费提标工作。全县新增城镇就业2765人，考录安置高校毕业生419人，城镇登记失业率控制在了3.03%。全县新续建保障性住房752套，完成农村危房改造2100户，搬迁荆山周边地质灾害危险区群众139户，城乡住房困难群众安居问题有效解决。全县及时落实各项社会保险待遇，为29630名60岁以上城乡居民发放养老金2316.54万元，发放率100%；为农村低保人员发放低保资金3589.31万元，为城市低保人员发放低保资金966.46万元，为农村五保供养人员发放供养资金271.22万元。

【环境保护】全县积极争取省、市污染减排资金505万元，在星火等3个乡镇实施了畜禽养殖污染治理项目。累计削减化学需氧量2103.7吨，削减氨氮6.85吨，超额完成了污染减排量。争取国家投资590万元，在独店、上良等6个乡镇10个村实施了农村环境连片整治项目，有效解决了农村环境污染问题。积极开展了环境影响评价和环境质量监测，县城区空气质量级别属Ⅱ级，空气质量优良天数达到95%以上。区域环境、交通干线噪声平均值为53.7分贝和65.6分贝，低于控制指标55分贝和70分贝。达溪河灵台段水质符合地表水Ⅲ类水质标准，饮用水水质达标率稳定保持在100%。

（李德文）

崇信县

【现任主要领导】

中共崇信县县委书记：吕鹏举

崇信县人大常委会主任：章进录

崇信县人民政府县长：崔仁杰

政协崇信县委员会主席：刘志仓

中共崇信县纪律检查委员会

书记：景晓东

【基本情况】崇信县位于甘肃省平凉市东部，关山东麓，泾河之南。东靠泾川、灵台，西连华亭，北依崆峒区，南与陕西陇县接壤。总土地面积850平方公里，东西宽35公里，南北长41.5公里。全县辖2镇4乡2管委会，79个行政村，410个村民小组。常住人口10.31万人，农业人口8.25万人。地形呈西北高，东南低，海拔1085.4～1728米之间，关山支脉—唐帽山、老爷山屹立于西北部。地貌复杂多样，山地、台地、高原、河川交错分布，属黄土高原丘陵沟壑区。泾河支流—汭河、黑河、达溪河由西向东贯穿县境，形成狭窄的两塬三川五大区域。气候属暖温带半干旱大陆性气候，四季分明，2014年全年平均气温10.6℃，日照1969.5小时，无霜期171天，降水量546.4毫米。

【资源优势】崇信县境内自然资源丰富，条件较好。主要矿藏有煤炭、陶土、坩泥、石灰石、石英砂、矿泉水等，尤以煤炭资源最为丰富，现已探明储量18.3亿吨。宝（鸡）中（卫）铁路和省道泾（川）甘（谷）公路横贯全境，县内干线公路四通八达，油路通村率达到100%。县内西南山区天然次生林区植被良好，森林植被覆盖率达到了90%以上，有植被29科42属69种，境内野生动物共16目44科

118 种，全县森林覆盖率为 35.5%。

崇信县历史文化积淀深厚，独具魅力。县城北有闻名秦陇、具有一千多年历史的国家 4A 级旅游景区龙泉寺，西有风景秀丽的省级名胜区五龙山，有秀景天成的唐帽山森林公园，有直插云宵的人间仙山水泉岭和独具特色的世外桃源樱桃沟。有国家级文物保护单位武康王庙，有西周时期的古墓群和仰韶文化、齐家文化遗址及大量的唐文化遗迹，有革命烈士保至善故居、王震、彭德怀等革命将领的驻足宿营地等革命遗址，还有被誉为华夏第一槐的关河古槐，渭河以北最大的佛教圣树菩提树，奇特罕见的三义柏等古树名木。

【国民经济】2014 年，全县完成生产总值 27.9 亿元，比上年增长 3.7%，人均地区生产总值达到 27062 元。其中：第一产业增加值 6.2 亿元，增长 6.5%；第二产业增加值 16.3 亿元，增长 1.7%；第三产业增加值 5.4 亿元，增长 9%。三次产业结构为 22.3 ：58.5 ：19.2。全县工业增加值完成 15.1 亿元，增长 1.3%；规模以上工业增加值完成 14.5 亿元，下降 0.8%。固定资产投资总额达到 51.8 亿元，增长21.3%。社会消费品零售总额达到6.2 亿元，增长 12.2%。大口径财政收入完成 5.7 亿元，下降 1.5%；公共财政预算收入完成 2.7 亿元，下降 6.6%。

【“三农”工作】持续加大农业投入，县财政列支 2000 万元资金，设立了现代农业发展专项基金，全力扶持农业产业结构调整和农村经济发展。积极扩大肉牛养殖规模，新建改扩建肉牛养殖小区 7 个，创建省部级标准化畜禽养殖示范场 2 个，全县牛存栏量和出栏量分别达到 6.7 万头和 5 万头，玉米秸秆转化率达到 85% 以上。持续开展“果园管理质量年”活动，新植果园 2 万亩，完成果园综合管理 7 万亩，创建标准化示范园 3.5 万亩，果园面积达到 7 万亩，水果总产量达到 3 万吨。鑫塬果品有限责任公司与吉尔吉斯斯坦等国签订了 2000 吨的果品交易合同，首次出口优质苹果 80 吨，创汇 14.9 万美元，实现了全县外贸出口“零”的突破。加快蔬菜产业规模化、设施化发展，建成日光温室 122 亩，蔬菜大棚 1980 亩，培育了于家湾千亩蔬菜示范基地和方盛百万棒香菇生产基地，带动全县种植蔬菜 6.5 万亩。全年粮食播种面积达到 28.9 万亩，粮食总产量达到 6.3 万吨。

【项目建设】全年共实施各类 500 万元以上建设项目 138 项，完成投资 51.8 亿元，比上年增长 21.3%。五举煤矿、赤城煤矿、县城新区开发、县体育中心等十大过亿元项目，农业综合开发、河堤治理等 20 个市列“十大工程”项目和县医院住院综合楼、保至善烈士纪念馆等 45 个县级政府投资项目完成年度建设任务。华煤集团铁路运煤专线、彭大高速崇信连接线、关河水库等一批重点前期项目取得实质性进展，新论证储备项目 467 项，

【优势产业】坚持煤电产业优化升级与非煤产业发展同步推进，努力提高工业经济发展的质量和效益。崇信电厂铁路集煤站建成投入运营，百贯沟煤矿改扩建实现达产达标，新周煤矿洗煤厂及大柳、新窑、新柏煤矿综合治理和新安、新周、百贯沟等煤矿附属工程全面建成，嘉利、安利煤矿完成资源整合。鑫盛新型建材一期项目建成即将投产，非煤工业发展实现新突破。完成了周寨南部煤炭资源普查和北部塬区石油资源勘探。加强工业企业协调服务和调度管理，全年生产原煤 762.9 万吨，发电 50.5 亿度。推进节能减排和环境保护，全县万元地区生产总值能耗下降 7%。

抢抓省、市建设华夏文明传承创新区和中华崆峒养生地机遇，全力促进文化旅游养生融合发展。投资 1.1 亿元，实施文化旅游养生项目 6 项，龙泽湖被评为国家级水利风景区，“山水龙泉 · 养生崇信”旅游品牌知名度和影响力不断提升，全年共接待各类游客 85.2 万人次，增长 26%。

【人民生活】村社道路铺油硬化、乡镇幼儿园、保障性住房、易地扶贫搬迁、饮水安全、基本口粮田等十件实事全面落实，发放各类惠农资金 8954.2 万元，民生支出占到全县财政总支出的 81%。全县城镇居民人均可支配收入 21682 元，增长 9.1%；农民人均纯收入 5471 元，增长 11.2%。城镇居民人均生活消费支出 19808 元，食品消费占城镇居民人均消费支出的 25.8%；农村居民人均生活消费支出 7157 元，食品消费占农村居民人均消费支出的 21.8%。期末职工人数 16932 人，职工工资总额 98153 万元，平均工资 57969 元，下降 0.4%。全县金融机构各项存款余额为 29.3 亿元，比上年末增长 0.1%；各项贷款余额 17.2 亿元，增长 6.8%。城乡居民储蓄存款 19.8 亿元，增长 10.5%。

【扶贫开发】深入推进“1236”扶贫攻坚和“双联”行动，大力发展农村主导产业，着力改善农村基础设施条件，扶贫开发工作成效显著。实施了黄寨乡黄土村、新窑镇大兴村等 6 个省列和黄花乡水磨村等 2 个县列扶贫开发整村推进项目，投入“双联”帮扶资金 782 万元，完成了 15 个贫困村 1.97 万贫困人口的识别和建档立卡工作，措办实事 1262 件，实现减贫 5200 人。加大农村基础设施投入，整合资金 2 亿元，抓建新农村示范点 12 个、省列“美丽乡村”示范点 1 个，新建康居住宅 244 户，完成农村危房改造 700 户，安装太阳能路灯 367 盏。实施全省扶贫攻坚交通先行示范县、农网升级改造及 110 千伏输变电、土地整治等项目 33 项，鼻梁山至平头沟公路建成通车，硬化村社道路 63 公里，新修梯田 4.5 万亩，新建河堤 43 公里，造林绿化 2.8 万亩，治理水土流失 58.5 平方公里。

【社会事业】在全市率先实现了乡镇中心幼儿园全覆盖，农村小学“小班化教育”经验在全市推广，义务教育均衡县创建顺利通过国家评估认定。全县学龄儿童入学率达到 100%，高考上线率达到 90.6%。年末全县卫生机构数 20 个，乡村诊所 87 个，个体诊所 34 所，卫生机构人员 513 人。参加新型农村合作医疗人口 8 万人，参合率达到 99.7%。加快城乡文化体育设施建设，累计建成 7 个乡级文化站、83 个农家书屋和 40 个乡村级体育场。农村广播“村村响”“户户通”工程顺利建成，全县电视覆盖率为 98.6%，广播覆盖率为 98.6%。

【社会保障】不断扩大社会保障覆盖面，城乡低保、五保供养标准提高15%，新农合、城镇居民医疗保险政府补助标准由280元提高到320元，城乡居民养老保险基础养老金增加到65元，重点优抚对象、高龄老人、城乡孤儿生活补贴和重度残疾人护理补贴、困难家庭租房补贴等政策全面落实，累计发放保障救助资金9746万元，征缴各类社保基金4295万元。继续推行高校毕业生“支农、支教、支医、支企”政策，多渠道促进就业，应届高校毕业生就业率达到96%。全县城镇职工参加失业保险2782人，参加养老保险2227人，工伤保险3563人，生育保险3504人，医疗保险5141人，全县8700名困难群众享受农村低保，2041名城镇困难居民享受城市低保，五保供养人数340人。

【环境保护】全县主要污染物化学需氧量控制在4060吨以内，比上年下降0.7%；二氧化硫控制在11520吨以内，下降40.4%；氨氮控制在150吨以内，下降6.3%；可吸入颗粒物年日平均值控制在0.057mg/立方米以内；二氧化硫控制在4882吨以内，二氧化氮年日平均数浓度约为0.034mg/立方米。县城区空气质量二级和好于二级的优良天气达到345天，空气质量达标率为95%，地表水汭河崇信出境断面水质达标率达到83.3%，县城饮用水源水质达标率达到100%，县城区域环境噪声昼间平均值为52.1分贝，交通干线噪声昼间平均值为60.6分贝，环境质量状况优良。

（张文文）

华亭县

【现任主要领导】

中共华亭县县委书记：孟小金

华亭县人大常委会主任：闫学明

华亭县人民政府县长：王宏林

政协华亭县委员会主席：冯天祥

中共华亭县纪律检查委员会书记：高赫

【基本情况】华亭位于甘肃省东部、关山东麓，东临崇信县，西连庄浪县和宁夏回族自治区泾源县，南接张家川回族自治县和陕西省陇县，地处陕甘宁三省（区）交汇处。华亭历史悠久，北魏普泰二年立华亭镇，因皇甫麓有华尖山亭而得名。隋大业元年（公元605年）置华亭县。中华人民共和国成立后仍置华亭县。1958年12月撤县并入平凉市，1962年恢复华亭县至今。现辖5镇、5乡、1个街道办事处、1个省级工业园区，101个行政村，25个社区，总面积1183平方公里。2014年底，全县总人口18.87万人，总户数63673户，其中非农业人口9.7万人。

华亭属黄土高原丘陵沟壑区、温带湿润性气候，年平均气温8.5℃，降雨量553.5毫米，平均海拔1300米。森林覆盖率38.36%，境内河流年总径流量1.65亿立方米。境内林草丰茂，植被良好，野生中药材208种，天然林和人工林地180.11万亩，草场38.17万亩。现有耕地41.46万亩，粮食作物以小麦、玉米为主，盛产核桃、大黄、独活。“华亭大黄”、“华亭独活”、“华亭核桃”地理商标通过国家核准注册，建成了全国核桃种植标准化示范县，进入了全省养牛大县、药材种植大县和蔬菜大县行列。

华亭素有“煤城瓷镇”之称。主要矿藏有煤炭、陶土、坩泥、石灰石、石英砂等，其中煤炭储量33.74亿吨，占全省煤炭储量的40.2%，是全国13个重点产煤基地、西北3大矿区之一，也是甘肃煤电化运一体化综合开发的核心区。工业基础雄厚，先后建成了华矿、砚北1000万吨/年矿井、砚北600万吨/年选煤厂、华亭发电公司2×13.5千瓦煤矸石电厂、中煦60万吨/年甲醇厂等一批骨干企业，规模以上工业企业达到20户。2014年煤碳产量1510万吨，甲醇55.64万吨，发电量19.27亿千瓦时。

境内公路总里程658.8公里，有年吞吐量1000万吨的煤炭铁路专用线和140万吨的铁路集运站，辖区“七纵六横十四个出口”的路网框架初步形成，有中小水库5座，年供水能力2306万立方米。拥有装机容量1.5万门的国际国内程控电话通讯网移动通讯和供电网络覆盖全县。

人文古迹众多，现存古人类遗址64处，古墓葬群10处，石窟石雕19处，国家珍贵文物藏品39件。建成国家级森林公园莲花台和国家级3A级旅游景区莲花湖公园、双凤山公园、米家沟生态园，有五台山、石佛群、石拱寺、海龙洞、药王洞、仙姑山等旅游景点，是旅游度假的好去处。

【国民经济】2014年，全县生产总值达到49.43亿元，比上年增长2.4%。三次产业结构比为14.31：64.75：20.94，第一、第三产业所占比重分别比上年提高4.65和6.9个百分点。公共财政收入达到5.72亿元。

【“三农”工作】全力组织实施了粮食生产、产业开发、农技推广体系等10大类农业项目29个。新建肉牛养殖小区5个，完成黄牛改良3.1万头；建成高原夏菜标准园1处，在黎明川建成蔬菜集约化育苗基地1处，引进容器育苗、营养泥炭块育苗等集约化育苗技术；建成了7个千亩无公害标准化药材生产示范基地，无公害中药材种植技术得到了全面推广应用。修订完善了华亭县农村土地承包经营权流转管理暂行办法，明确了责任主体，全县6个乡镇开展了农村土地承包经营权确权登记颁证工作。完善了县、乡、村三级疫情监测网络，设立了动物防疫临时监督检查点，强化了动物疫病防控。水利改革试点工作顺利展开，全面完成了草原资源普查。多方筹资建设美丽乡村，土坯房消除面达到40%，村社道路、垃圾处理、绿化亮化、供水沼气等设施配套率达到90%以上。

【项目建设】全县完成固定资产投资129.7亿元。实施50万元以上项目320个，启动实施纪家庄、河南街等搬迁安置工程，20万吨聚丙烯项目进入关键建设阶段，上美商业广场、宏源大厦、尚亭国际、华庭明珠、居礼华亭等商住项目建设即将竣工投用，180万吨甲醇及烯烃转化、华亭发电公司二期等项目前期工作有序推进，庆华公司陶瓷生产、众一兴旺PE、PPR管材、兰煤机械等一批新型建材、装备制造项目进展顺利，天平铁路华亭段、运煤专线控制性工程进展良好，彭大高速、330KV尚家塬送变电等重大项目即将开工。

【人民生活】按照整合项目资金，集中力量办大事的思路，开工城镇建设项目95项，新建拓建街路14条24.1公里，改造棚户区4个，新增住房面积26万平方米。地下管网、集中供热、绿化亮化、城市景观、出行休闲等公共设施配套跟进，举办了广场文化月、百姓大舞台等大型文体活动，丰富了群众文化生活，城乡功能和品位有了新的提升。在认真组织实施山寨乡整乡推进、河西乡河西村、西华镇阳关村、安口镇前峰村、上关乡磨坪村和神峪乡寇家河村省列整村推进项目的同时，县上多方筹资，充分借鉴省列整村推进项目的建设内容、补助标准和管理模式，组织实施了2个县列整乡推进、2个县列整村推进、旧村改造和环境综合整治项目。

【扶贫开发】组织实施整村推进、基础设施建设、产业开发、技能培训等财政扶贫项目7类18个。充分发挥县、乡、村三级培训网络功能，举办草畜、核桃、药材、蔬菜等农村实用技术和劳务技能培训班25期3000人次。结合"联村联户、为民富民"行动，各级各部门发挥行业优势，积极为贫困村和特困户理思路、定计划、选项目、帮资金、解难题、办实事，年内稳定脱贫7600人，贫困面降低到15.9%。

【社会事业】精心实施职教中心迁建、体育运动公园新建、卫生基础设施完善、保障性住房等一批重点民生工程，县政府承诺的"十件实事"全面落实。全省中医药示范县创建通过验收，义务教育均衡发展顺利通过国家评估认定，在全省率先达到义务教育发展基本均衡。积极顺应新型城镇化发展趋势，推进拓建与改造双管齐下，大力实施"八纵五横两巷"街路工程，县城街路里程增加2.9公里，县城面积新增1.5平方公里。

【社会保障】新农合、城镇居民医保、城乡居民养老保险、城乡低保和农村五保供养补助全面提标，提高了企业退休人员基本养老金、失业保险金发放标准。实施各类保障性住房和棚户区改造1734套，改造消除危旧土坯房21364间，城乡困难群众住房条件明显改善。开展就业服务和职业培训，帮助1430名下岗失业人员实现再就业。再就业、城乡居民社会养老保险等社会保障覆盖范围不断扩大，职工五项社会保险确保率和发放率均达到100%，民生保障全面提升。

【环境保护】以"统筹协调、治理污染、强化监管和确保安全"目标为重点，不断强化监管措施，持续加大减排力度，二氧化硫、氮氧化物、化学需氧量、氨氮4项主要污染物排放量均控制在目标值之内。辖区内未发生重大环境事件和核与辐射安全事件，未发生严重的环境违法行为。全县城市空气质量保持良好，城区空气质量二级和二级以上天数达到250天以上，集中式饮用水源地水质达标率达到100%，汭河华亭段出境断面水质达标率达到75%以上，出境断面水质达到三类水质标准。对全县正在发挥减排效益的7个矿井废水处理站，3个生活污水处理站及相关企业除尘设施进行全方位、多角度监管，确保减排设施稳定运行，污染物达标排放。

（辛树军）

庄浪县

【现任主要领导】

中共庄浪县县委书记：陈铎
庄浪县人大常委会主任：陈亮
庄浪县人民政府县长：宋树红（回族）
政协庄浪县委员会主席：王兴
中共庄浪县纪律检查委员会
书记：徐永宏

【基本情况】庄浪位于甘肃中部，六盘山西麓，属黄土高原丘陵沟壑区，是国家六盘山特困片区扶贫开发重点县和甘肃省18个干旱贫困县之一。2014年，全县辖18个乡镇、1个街道办事处，293个村、3个社区，1521个社，总面积1553平方公里，总户数10.79万户，总人口45.08万人，其中农业人口41.14万人，人口密度为每平方公里290人。有耕地91.65万亩，农业人均2.21亩。境内有402道梁峁、2500条沟壑，海拔在1405～2857米之间，年降水量423.0毫米，年平均气温8.5℃，无霜期154天，林地面积4.09万公顷，森林覆盖率27.02%。人多地少，干旱多灾，资源匮乏，生态脆弱，制约着全县经济社会的快速发展。

【国民经济】2014年，全县生产总值35.57亿元，比上年增长8.5%。其中：第一产业增加值12.15亿元，增长6.8%；第二产业增加值9.44亿元，增长10.4%；第三产业增加值13.98亿元，增长9.0%。三次产业为34.16：26.55：39.29。人均生产总值9286元，增长8.5%。全社会固定资产投资完成42.39亿元，增长22.5%。社会消费品零售总额达到15.19亿元，增长13.2%。大口径财政收入完成1.66亿元，增长32.7%，其中公共财政预算收入完成9655万元，增长17.1%。

【"三农"工作】贯彻落实中央1号文件精神，狠抓特色产业开发、新农村建设和扶贫开发，基础设施建设全面加强，农村生产、生活条件大为改善。新植果园成活率高，以"赛园赛果"为抓手，有效提升了标准化管理水平，苹果产业效益大幅提高。扩大种薯繁育基地建设，"庄薯3号"品牌效应逐步凸显。加强标准化、规模化养殖小区建设，带动畜牧产业健康发展。稳步扩大设施蔬菜和育苗基地面积，果、薯、畜、菜、粮对农业产值的贡献率进一步提高。全年粮食总产量19.05万吨，增产5.8%；粮食平均亩产182.9公斤，增长3.6%；农业人均产粮459公斤，增长5.5%。大牲畜存栏13.61万头，下降2.4%；其中牛存栏7.9万头，增长6.5%。生猪年末存栏12.77万头，增长1.9%；出栏15.15万头，增长3.9%。肉类总产量1.45万吨。

【项目建设】全面完成了新徐路、文昌路改造，建成了南城区集中供热站和部分单位业务用房，光彩事业增添了县城环卫设施，老城区所有街道全部改造铺油，地下管网全部得到更新，南城区开发建设基本完成，新型城镇化试点积极推进，城市管理走在了全市前列，新农村建设成效显著。新修产业路1020公里，建成通村油路、硬化路183公里，完成了平天高速前期工作。全县自来水实现了通村和入户两个“全覆盖”。实施了农村电网改造、河堤治理、“三荒”造林和道路绿化工程，群众生产生活条件明显改善，项目建设持续成为拉动全县经济的主要力量。实施500万元以上项目148个，其中当年新开工125个，本年投产项目144个；项目建设投资39.36亿元，增长21.9%。

【优势产业】在14个乡镇栽植苹果11.6万亩，全县果园面积累计达到60.1万亩。新建养殖场10处，新增冻配改良点4处，完成肉牛冻配1.14万头，发展万头养牛乡6个、千头养牛村33个、百头养牛社78个、十头以上养牛大户1300户，肉牛规模饲养占饲养总量的比重达到55%。以繁育“庄薯3号”脱毒种薯为重点，在全县建立原种繁育基地5000亩，带动全县种植以“庄薯3号”为主的马铃薯产业基地45万亩，新建日光温室120亩，塑料大棚1970亩，带动全县种植蔬菜11.5万亩，一元主导、多元支撑的农业特色产业规模进一步扩大、效益进一步提高。完成旱作农业技术推广面积70万亩，实现了旱作农业技术适宜区、良种推广、玉米全膜双垄沟播、马铃薯脱毒种薯“四个全覆盖”。新建、改（扩）建万千红果蔬、大北农农牧、康源奶牛、宏达淀粉、恒江禽业、陲川红果品等龙头企业9户，市级以上农业产业化龙头企业32户。投资830万元，硬化村社道路9.5公里，砂化村社道路30公里,新修产业路30公里。

【人民生活】全县城镇居民人均可支配收入18752.1元，增长10.8%；农民人均纯收入4596.9元，增长13.9%。城镇居民人均生活消费支出17952.71元，增长17.5%；农村居民人均生活消费支出5661.03元，增长19.6%。城镇单位从业人员年人均报酬44269元，增长11.8%。城镇居民恩格尔系数为27.8%，农村居民恩格尔系数为29.6%。

【扶贫开发】抢抓全省实施“1236”扶贫攻坚行动机遇，组织实施六盘山片区区域发展与扶贫攻坚规划，把贫困重点乡镇、村作为主战场，瞄准贫困户和最迫切需要解决的问题，以持续增加贫困人口收入为核心任务，突出路、水、电、房等基础设施建设，整合项目资金，不断改善贫困乡村的生产生活条件，全年减少贫困人口2.8万人，贫困人口减少到10.75万人，减少20.7%。在全县17乡19村实施扶贫开发整村推进项目，在项目村培育果、薯特色产业和梯田、道路、危房改造等基础攻坚工程，改变了项目村生产生活条件；按照农民人均纯收入2300元的贫困标准，对贫困户和贫困村进行精准识别，了解贫困状况，做好贫困人口甄别建档立卡，推行贫困人口动态管理。以“双联”行动为契机，大力推进社会帮扶工作，省市单位双联落实帮扶项目708个，帮扶资金2373万元，帮建“双联产业示范园（基地）”252处，投放地膜、化肥、农药、良种等农资1800多吨，发放“双联”惠农贷款1831户1.12亿元。

【社会事业】新建中小学校舍7.6万平方米，县实验小学、第四幼儿园建成投用，乡镇中心幼儿园实现了全覆盖。建成了县消防大队综合楼和妇幼保健站业务楼主体工程，完成了乡镇卫生院业务用房和标准化村卫生室建设。被确定为“省级可持续发展实验县”，被命名为“国家计划生育利益导向政策体系示范县”、“全国防震减灾工作先进县”、“全省食品安全示范县”。各级各类学校233所，教职工5664人。新增建筑面积4.62万平方米，校舍建筑面积达54.53万平方米，图书158.63万册。全年文化产业实现增加值5900万元，增长25.41%，占生产总值的1.66%。通过实施农村广播电视“村村通”、“户户通”工程，全县广播、电视人口覆盖率均达到98.1%，有线广播电视用户达到10320户。年末共有各级各类卫生机构405个，病床位1750张，卫生技术人员1435人。接待游客60万人次，实现旅游综合收入1.2亿元。

【社会保障】圆满完成了年初承诺的“十件实事”，各项政策性惠农补贴全面落实到位，完善加强探索社会保障管理和体制创新，社会养老保险、城镇居民医疗保险和新农合基本实现了全覆盖。年末全县参加失业保险人数8996人，参加基本养老保险人数9231人，参加基本医疗保险的人数27803人。全年享受城镇居民最低生活保障4373人，发放最低生活保障金1364.1万元，比上年增长12.5%；农村低保58852人，发放保障金8218.5万元，增长17.2%。新型农村合作医疗参保39.91万人，参合率98.8%；医疗基金累计支出15460.18万元，增长16.5%。城乡居民社会养老保险参保24.93万人，参保率97.7%。为符合待遇享受条件的老人发放养老金4547.18万元，增长12.0%，发放率100%。

【环境保护】全县六项主要污染物均控制在目标值之内，总控率达到100%。大气环境可吸入颗粒物年日均值为0.032毫克/立方米，二氧化硫年日均值为0.017毫克/立方米，二氧化氮年日均值为0.018毫克/立方米。水洛河地表水水质达标率为85%，饮用水源水质达标率为100%。区域环境噪声和交通干线噪声平均值分别为55分贝和65.5分贝。

（王珍琴　李志荣）

静宁县

【现任主要领导】

中共静宁县县委书记：王晓军

静宁县人大常委会主任：张自杰

静宁县人民政府县长：徐毅

政协静宁县委员会主席：王智国

中共静宁县纪律检查委员会

书记：王发永

【基本情况】静宁县位于甘肃省东部，东、北与宁夏回族自治区隆德、西吉县接壤，西、南与通渭、秦安县毗连，西北与会宁县为邻，东南同庄浪县相依。县境南北长81公里，东西宽68.75公里，土地总面积2193.9平方公里。户籍总人口49.13万人，其中：非农业人口6.01万人，主要有汉、回两个民族，人口密度224人/平方公里。现辖5个镇、19个乡、1个街道办事处，

333个村民委员会、2322个村民小组，5个居民委员会、10个居民小组。

【国民经济】2014年，全县生产总值达到37.15亿元，比上年增长9.2%，第一、二、三次产业分别实现增加值14.44亿元、12.09亿元、10.63亿元，分别增长6.7%、10.6%、10.6%。人均地区生产总值8755元，增长9.1%。三次产业结构为38.9 ∶ 32.5 ∶ 28.6。完成固定资产投资63.59亿元，增长21.68%。实现社会消费品零售总额21.29亿元，增长12.7%。完成大口径财政收入2.58亿元，增长48.04%；其中：公共财政预算收入1.46亿元，增长41.6%。

【“三农”工作】畜牧、蔬菜等产业发展迈出了实质性步伐，年末大牲畜存栏15.87万头，肉类总产量达11230.98吨。蔬菜产量11.6万吨，增长5.17%。年末有效灌溉面积16.63万亩，保灌面积15.67万亩。苹果产业持续壮大，果品产量达到48.42万吨，比上年增产4.49万吨，增长10.22%。不断深化院地合作，挂牌成立了甘肃农业大学专家院，建成苹果良种苗木繁育基地300亩。支持扩大政策性农业保险，苹果投保面积达到7.6万亩，兑付理赔资金1985万元。积极发展苹果电子商务，成功登陆淘宝网“特色中国·甘肃馆”，在北京等大中城市设立静宁苹果直营店6家，新增贮藏保鲜能力3万吨。协调落实双联贷款等各类资金1685万元，扶持发展养殖企业（小区）25户、养牛示范户2500户，牛饲养量达到11.5万头，畜牧产业发展迈出了新的步伐。旱作农业稳步推广，突出良种良法配套，推广全膜玉米33万亩、洋芋32.3万亩，种植大蒜3.1万亩、瓜菜12万亩，粮食总产量达到21万吨，有效保障了全县粮食安全。

【项目建设】始终坚持抓项目夯基础不动摇，实施各类重点项目103项，完成投资63.59亿元。注重发挥优势，外引内扶，实施重点工业项目7项，皓天药业、地毯集中加工等6个项目建成投产，苹果脱水与膨化加工项目完成主体工程，完成投资6.1亿元，较上年增长7.9%。全县节能减排深入开展，加强重点行业、企业的节能监管和环境执法，实施四海食品废水处理、南城区集中供热锅炉烟气脱硫除尘和13个规模化畜禽养殖场污染治理等项目，单位生产总值能耗下降了4.4个百分点。道路建设实现突破，油铺硬化道路522公里，建成路基380公里，完成静秦公路改建，新修改造桥梁4座，建成汽车南站主体工程，新建行政村停靠点239个，通村道路硬化率提高了33.2个百分点。水利建设成效明显，城区居民供水改扩建二期工程开工建设，甘渭河调水工程和司桥牟沟水源地建成投入使用，及时化解了城区居民用水危机，全县农村自来水入户率达到93.6%。生态环境持续好转，完成造林11.57万亩，栽植行道树710公里，新增城市绿地4.4万平方米，新修梯田4.2万亩，整理土地2.7万亩，完成流域综合治理42平方公里。

【旅游商贸】编制了葫芦河流域金果养生园建设规划，建成了伏羲部落生态园一期工程和八里大路、曹务张□旅游养生示范村，新发展农家乐15户，全县旅游综合收入较上年增长26%。市场体系不断完善，建成“农家店”30个、农贸市场2处，发展快递公司11家，沣泰粮油储备库等项目进展较快，城乡市场更加繁荣。招商引资成效显著，引进落地项目28项，到位资金37.4亿元，增长42.7%。

【优势产业】截止2014年底，全县建成33.6万亩全国绿色食品原料（苹果、梨）标准化生产基地、1万亩良好农业规范（GAP）基地和18.4万亩出口创汇基地，基地认证规模达到53万亩，占全县果园总面积的52.4%。相继扶持建成了常津公司、恒达纸箱、鼎元纸业、通达果汁等贮藏营销型、包装配套型、加工增值型龙头企业40余家，年贮藏能力达45万吨，加工转化能力达7万吨，年纸箱生产能力3.1亿平方米。具有自营出口权的企业6家，果品畅销国内20多个大中城市和东南亚、俄罗斯、欧盟等国家和地区，成为全省果品出口创汇第一县。

【扶贫开发】紧紧围绕全省深入实施“1236”扶贫攻坚行动的战略机遇，全力开展产业扶贫、基础扶贫、科技扶贫、社会扶贫等扶贫到村到户工作。全年扶贫对象农民人均纯收入达到2440元，较上年增长15.3%，完成减贫人口2.2万人，贫困人口由16.09万人减少到13.89万人，贫困面由35.88%下降到30.88%。

【人民生活】2014年，全县城镇居民人均可支配收入17809.35元，增长9.5%；农民人均纯收入4748元，增长14.2%。全县从业人员年末人数23844人，增长1.98%；从业人员劳动报酬100423.6万元，增长14.09%。城乡居民人均储蓄存款达到9810.8元，增长19.22%。大力加强劳务工作，输转劳村劳动力10.17万人次，实现劳务收入15.3亿元。城乡居民的居住条件和生活质量进一步改善，城镇人均住房面积达到25.74平方米，农村人均住房面积达到21.19平方米。城镇化率进一步提高，达到19.8%，城镇承载能力进一步增强。

【社会事业】通过积极争取项目扶持，实施文屏教育园、学前教育推进工程、薄弱学校食堂建设、校安工程和教师周转房等五类建设项目33个，投资1.54亿元，新建校（园）舍总面积7.5万平方米。高考二本上线2656人。年末，全县各类学校在校学生80441人。适龄儿童入学率达100%；初中入学率达99.5%。积极推进医药卫生综合改革，规范新农合报销管理，强化医疗队伍建设，医疗保障和服务水平进一步提高。全县参合人数40.29万人，参合率98.19%，累计补偿参合患者75.69万人次1.39亿元；全县卫生机构总数563个，专业公共卫生机构3家。各行各业科技成果不断涌现，华夏文明传承创新区建设扎实推进，共争取文化惠民工程项目12个，项目资金640万元，已全部建成投入使用。数字影院已完成主体建设。乡村舞台共筹措资金1588万元，在完成24个项目试点建设的同时，完成了第二批建设任务125个。新增有线电视用户700户。年末全县共有公共文化机构29个，公共图书馆1所，农家书屋396个，博物馆文物藏品2325件，广播综合人口覆盖率99.2%，电视综合人口覆盖率达 97.2%。

【社会保障】2014 年，全县城镇登记失业率 3.19%，城镇新增就业人数 4756 人；参加城镇职工基本养老保险 11569 人，较上年增长 2.0%；参加城镇职工失业保险 11936 人，增长 7.2%；参加职工基本医疗保险参保 18583 人，下降 2.79%。低保进一步扩面提标，城市保障对象总数达到 2645 户 6708 人，保障面 12.6%。农村低保标准由 1907 元提高到 2193 元，保障标准提高 15%。拨付临时救助资金 350 万元，救助城乡困难对象 4300 人次。拨付农村医疗救助资金 1324 万元，救助患病家庭 2621 户 2941 人；拨付城市医疗救助资金 46.7 万元，救助城市患病家庭 101 人。农村五保供养工作水平进一步提升。

【环境保护】县城环境质量进一步提高，城市绿化覆盖率达到 34.2%。区域环境噪声和交通干线噪声分别控制在了国家规定的排放限值之内。节能减排深入开展，重点行业和企业污染治理不断加强，单位生产总值能耗达 1.8414 吨标准煤，降低 4.63 个百分点，主要污染物排放控制在目标值以内；森林面积达 56666 公顷，污水处理场集中处理率达 54%，工业二氧化硫排放量下降到 1524.68 吨，城区空气优良天数 350 天以上。

（薛红平）

酒泉市

【现任主要领导】

中共酒泉市市委书记：马光明

酒泉市人大常委会主任：詹吉有

酒泉市人民政府市长：都伟

政协酒泉市委员会主席：郭益寿

中共酒泉市纪律检查委员会

书记：王洁岚

【基本情况】酒泉地处河西走廊西端，南接青海，西邻新疆，北界内蒙古并与蒙古国接壤，总面积 19.2 万平方公里，年日照时数 3033 ~ 3317 小时，年平均气温 3.9 ~ 9.3 摄氏度，平均无霜期 118 ~ 159 天，属典型的温带大陆性气候。常住人口 111.19 万人，境内聚居着汉、回、蒙、哈萨克、裕固等 40 个民族，辖 1 区 2 市 4 县，分别为肃州区、金塔县、玉门市、敦煌市、瓜州县、肃北县和阿克塞县，有 64 个乡镇、65 个社区。境内和周边分布着玉门石油管理局、酒泉钢铁公司、四〇四核工业城等一批国有重点大中型企业。酒泉历史悠久，文化积淀浓厚，是敦煌艺术的故乡、中国航天事业的摇篮、全国首座千万千瓦级风电基地、我国石油工业和核工业的发祥地。

【资源优势】酒泉有丰富的风能和太阳能。据评估，酒泉市风能资源的理论总储量为 1.5 亿千瓦，可开发量 4000 万千瓦以上；风能资源可开发利用面积近 1 万平方公里，占全市总面积的 5.15%；10 米高度风功率密度均在每平方米 250 ~ 310 瓦以上，年平均风速 5.7 米 / 秒以上，年有效风速达 6300 小时以上，具有建设大型风电场的良好资源条件。太阳年平均日照时数 3000 小时以上，是全国最具开发潜力的清洁能源基地。有丰饶富庶、开发便利的水土资源，水资源可利用量 29 亿立方米。光热条件优越，农副产品种类多，量大质优，特别是粮食、棉花、蔬菜资源丰富，是全国、全省的商品粮棉基地、瓜果蔬菜基地和最具优势的对外瓜菜制种、花卉制种基地。矿藏种类多，储量大，品位高，有 5 个成矿带共有矿点 572 处，构成矿床 92 处，矿种 48 个。旅游资源得天独厚，全市境内已查明的文物景点 1153 处，其中国家级文物景点 14 处、省级 208 处，目前已开发利用 98 处。敦煌莫高窟、月牙泉、西汉胜迹、酒泉卫星发射中心等景区成为国内外游客向往的旅游目的地，敦煌文化、边塞文化和航天科技享誉海内外，酒泉曾被评为“最具人气的西部名城”，是中国优秀旅游城市。

【国民经济】2014 年，全市实现生产总值 620.2 亿元，比上年增长 7.8%。其中，第一产业增加值 81.7 亿元，增长 5.6%；第二产业增加值 292.5 亿元，增长 8.1%；第三产业增加值 246 亿元，增长 7.9%。财政收入 93.64 亿元，增长 9.6%。完成固定资产投资 1003.7 亿元，增长 21%；实现社会消费品零售总额 156.8 亿元，增长 12.6%。居民消费价格总水平上涨 2.4%。

【“三农”工作】坚持做精第一产业，认真落实强农惠农政策，全市财政投入农林水事务资金 18.27 亿元，比上年增长 4.8%。实施农林水利项目 485 个，新增日光温室、设施蔬菜、特色林果 10 万亩，设施农业达到 43 万亩，高效田占耕地面积的 60% 以上。特色农产品稳定增产，蔬菜、瓜类、水果、药材、经济作物制种产量分别为 178.1 万吨、44.7 万吨、24.1 万吨、10.3 万吨和 1.24 万吨，分别增产 7.8%、2.6%、10.5%、9.7% 和 13.8%。深入推进牛羊产业大县建设，畜牧业发展势头良好，猪、牛、羊饲养量分别达到 48.5 万头、25.2 万头和 649.9 万只，分别增长 3.1%、5.4% 和 8.5%，规模养殖占比达到 78%。农业产业化水平进一步提高，全市新建改建产业化龙头项目 13 个，各类农产品加工企业 303 家，加工量 160 万吨，加工增值率达 60%，辐射带动农产品生产基地 195 万亩，带动农户 15.65 万户。农民工资性收入达到 3089 元，增长 18.7%。

【项目建设】全年共开工建设项目 1974 个，比上年增加 813 个。其中，亿元以上项目 307 个，完成投资 519.3 亿元，增长 1.4%。全面推进基础设施建设，兰新高铁、瓜敦一级公路建成通车，酒航一级公路奠基，敦格铁路、白明高速加快推进，敦煌机场扩建、酒额铁路前期工作进展顺利。敦煌水资源合理利用与生态保护项目稳步实施，酒泉循环经济产业园等园区水资源引蓄工程开工建设，灌区续建配套、病险水闸加固、河道治理、湿地保护等项目全面完成。大力推进产业链招商，新增落地项目 124 个，在建项目达到 829 个，引进到资金 911 亿元。

【优势产业】全市已初步形成以温室蔬菜、名优果品、现代制种、啤酒原料、中药材等为主的节水高效特色产业带，高效特色产业面积累计达到 158.4 万亩，占全市农作物播种面积的 61.2%。以新能源为主首位产业实现工业增加值 73.2 亿元，比上年增长 5%，其中新能源产业实现工业增加值 69.7 亿元，增长 5.1%。风光电发电量达到 95.9 亿千瓦时，占全市发电量的 64%。装备制造、电力、石化、冶金、有色、建材、食品等传统优势产业实现工业增加值 193.3 亿元，占全市规模以上工业增加值的 95.3%，比上年提高 5 个百分点。以金融保险、房地产、科学研究、信息传输、租赁商务服务、居民服务为主的现代服务业快速发展，占第三产业的比重达到 60%。

【人民生活】全市投入惠民实事和民生资金 28.4 亿元，占总支出的 35.4%。城镇居民人均可支配收入 24651 元，比上年增长 10.1%；城镇居民人均消费性支出 19676 元，增长 9.3%；城镇居民恩格尔系数 31.5%，比上年下降 0.8 个百分点。农村居民人均纯收入 12142 元，增长 11.9%；农村居民人均生活消费支出 10323 元，增长 11%；农村居民恩格尔系数 34.7%，比上年下降 1.4 个百分点。全市电话普及率达到 120.2 部 / 百人，国际互联网用户 13.14 万户，普及率为 39.6%。

【扶贫开发】深入实施“联村联户、为民富民”和“1236”扶贫攻坚行动，加大扶贫开发力度，落实扶贫资金 3 亿元，实施“联村联户”和扶贫攻坚项目 600 个，输转移民乡村劳动力 3.3 万人，移民人均纯收入达到 4300 元，比上年增长 25%。移民乡村电话普及率达到 97%，有线电视覆盖率达到 98%，新农合参保率达到 98%。

【环境保护】城市污水日处理能力 10.6 万立方米，比上年增长 12.8%；城市污水处理率 84.2%，比上年提高 4 个百分点；生活垃圾无害化处理率达到 100%；集中供热面积 2381.7 万平方米，燃气普及率达 100%；城市建成区绿化覆盖率 35.5%，比上年提高 1.2 个百分点；人均公共绿地面积 12.8 平方米，增长 17.3%。全市建成烟尘控制区 9 个，总面积 96.3 平方公里，覆盖率 100%；建成环境噪声达标小区 9 个，环境噪声达标区面积 77.7 平方公里，覆盖率 100%。全年地表水质达标率 80%，饮用水质达标率 100%，区域环境噪声平均值 54.6dB（A），交通干线噪声平均值 67.3dB（A）。酒泉城区空气质量优良天数 310 天，占全年天数的 84.9%。万元生产总值能耗下降 4.25%。主要污染物化学需氧量排放量 2.84 万吨，下降 3.8%；氨氮 1252.7 吨，下降 7.2%；二氧化硫 3.48 万吨，增长 7.97%；氮氧化物 2.42 万吨，增长 4.7%。

【社会保障】全市社会保障和就业支出 12.3 亿元，比上年增长 1.5%。年末城镇基本养老保险、医疗保险、失业保险、工伤保险和生育保险参保人数分别达到 11.64 万人、27.69 万人、6.52 万人、8.85 万人和 6.24 万人。城乡居民社会养老保险参保率达 98.7%。城镇居民医保参保率和新农合参合率均达到 98%。年末有 14.18 万城乡居民得到政府最低生活保障救济，发放保障金 2.74 亿元，比上年增长 3.2%。

【社会事业】科技：全市财政投入科技经费 1.17 亿元，比上年增长 27.7%。全年引进新技术成果 263 项，申请专利 1507 项，授权专利 340 项，其中发明 7 项。签订技术合同 60 项，技术合同成交额 20.16 亿元，比上年增长 34.4%。

教育事业健康发展。全市初中教育入学率、学龄儿童入学率均达到 100%。初中学生辍学率 0.92%，小学学生辍学率 0.29%，分别比上年下降 0.08 和 0.1 个百分点。普通高校招生人数 2771 人，在校学生数 7797 人。普通中等专业学校、普通高中分别招生 3870 人和 7996 人。普通高校考生本科上线率 33.3%，普通高校录取学生 7555 人，录取率达 82.3%。

文化：全市完成文化产业增加值 14.76 亿元，比上年增长 43.3%。公共图书馆图书总藏量 52.81 万册，全年出版报纸 702 万份，出版杂志 1.4 万册，发行图书 640 万册。全年广播节目播出时间 20146 小时，广播人口覆盖率 99.1%；电视节目播出时间 39696 小时，电视人口覆盖率 98.94%。有线电视终端用户 32.74 万户，入户率达到 95.4%；数字电视用户数 23.03 万户，入户率达到 87.7%。

体育：全年向各类大专院校输送体育人才 100 名。在省级以上比赛中，全市共获得奖牌 89 枚，其中金牌 30 枚，银牌 29 枚，铜牌 30 枚。全市举办运动赛会 271 次，参加人数达 42.5 万人。全市共有 9.8 万名适龄学生达到《国家体育锻炼标准》。

卫生：截止 2014 年底，全市共有医疗卫生机构 983 个，其中医院 23 个。卫生机构床位数 5639 张，其中医院 4091 张卫生技术人员 6049 人，其中医生执业医师 1920 人、助理医师 506 人、注册护士 2299 人。

玉门市

【现任主要领导】

中共玉门市市委书记：雒兴明

玉门市人大常委会主任：张勇

玉门市人民政府市长：宋诚

政协玉门市委员会主席：张家明

中共玉门市纪律检查委员会

书记：顾正年

【基本情况】玉门是中国石油工业的摇篮，“铁人”王进喜的故乡。地处河西走廊西端，东临钢城嘉峪关和西部名城酒泉，西通旅游胜地敦煌，南接肃北蒙古族自治县，北达中蒙边境马鬃山口岸。东西长 114 公里，南北宽 112.5 公里，总面积 1.35 万平方公里。辖新老两个市区和 4 镇 9 乡。辖区内常住人口 16.41 万人，有回、满、藏、土、东乡等 32 个少数民族 1.68 万人。

【资源优势】玉门自然条件良好，境内有疏勒河、石油河、白杨河和小昌马河 4 条河流，年径流量 11 亿立方米，平均海拔 1500 米，年日照时间约 3269 小时，平均无霜期 154 天，年平均降水量 61.8 毫米。光照、水、土等自然条件得天独厚，人参果、韭菜、枸杞、葡萄、食葵、蜜瓜、辣椒、啤酒花、孜然等特色农产品享誉省内外。境内自然资源丰富，有富足的风、水、光能资源，蕴藏风能达 3000 万千瓦以上，石油、煤、石灰石、云母、石棉、硫磺、芒硝、重晶石、金刚石、食盐以及铁、锰、铜、金等 20 多种矿藏储量较大，开发潜力巨大。交通条件便利，兰新铁路双复线、兰新高铁、连霍高速公路、西油东送、西气东输管道、750千伏超高压输电线路横贯全境，历来是中原通往新疆、青海、西藏和连接蒙古、中亚、欧洲的重要通道，素有“塞垣咽喉，表里藩维”之美称。文化底蕴深厚，境内文物古迹、人文景观和自然景观众多，有县级以上保护景点144处，其中著名的有3700年前的火烧沟遗址、中国最早的伊斯兰教传播者吾艾斯拱北及汉长城遗址、五代时期昌马石窟、硅化木地质公园、“中国石油第一井”、赤金峡水利风景区和“铁人”王进喜纪念馆等文化旅游胜地。

【国民经济】2014年，全市实现生产总值123.6亿元，比上年增长4.8%，其中第一产业增加值9.6亿元，增长5.4%；第二产业增加值72.4亿元，增长5.4%；第三产业增加值41.6亿元，增长3.6%。三次产业比为8∶59∶33。完成固定资产投资240亿元，增长26%。实现社会消费品零售总额23.7亿元，增长12.5%。大口径财政收入达到9.4亿元，增长16.8%。

【“三农”工作】切实加大支农投入，财政投入扶持资金1500万元，为农户发放设施种植业、养殖业贷款2.3亿元。围绕“1235”产业发展目标，新建高标准日光温室2030亩、标准化规模养羊场区18个，新增肉羊20万只。着力打造4个酒泉市级和6个县级农业科技示范园区，流转土地累计达10.6万亩，铺筑农村公路142公里，改造农村危旧房2.24万户，新续建百户以上楼居式中心村4个。

【项目建设】全年实施重点项目238个，麻黄滩风电、浩海焦化、宇丰风机叶片、天汇宝煤焦油、中利腾晖光电、新蓝天氧化锌等115个项目完成建设任务。全年开展招商活动36次，引进项目125个，到位资金152亿元。

【优势产业】立足打造全国一流的新能源示范基地，强力实施首位产业攻坚行动，争份额、促核准、破瓶颈，重点实施能源项目38个，各类电力装机达到301万千瓦，其中风电装机240万千瓦，光电装机150兆瓦。华电麻黄滩40万千瓦、中核汇海4.8万千瓦风电项目建成并网，华能桥湾4.8万千瓦风电项目开工建设，中利腾晖30兆瓦光电项目建成运营，第一个分布式光电示范项目汉能屋顶太阳能发电项目建成运行。坚持把破解电网输出瓶颈作为新能源产业发展的突破口，拨专款保障支持，派专人驻点攻坚，麻黄滩330千伏升压站和东镇330千伏开关站建成投入运行，东镇水源变电站扩容改造、花海110千伏变电站、玉门镇至黄草营330千伏输变电工程进展顺利，全年风光电上网电量达到30亿千瓦时，风电企业效益逐年稳步提升。

【人民生活】全市城镇居民人均可支配收入23975元，比上年增长9.4%；农民人均纯收入11967元，增长12.6%。城乡居民储蓄存款余额达到52亿元，增长7%。城乡居民人均住房面积分别达到30.5平方米和34.9平方米。每百户拥有电话机72部、手机216部，互联网用户达到13862户。

【城市建设】新天地大厦、时代购物广场、城区绿化、玉泉湖景观带、昌盛大道水系景观带改造、“玉门”景观门等城建“十大工程”完成年度建设任务。玉门火车站建成运营，兰新高铁通车停靠玉门，玉门跨入高铁时代。投资1.5亿元的连霍高速新市区互通立交顺利立项，投资1.2亿元、可容纳5000人的体育馆投入运行。玉门被列为全国“多规合一”试点县市和全省新型城镇化试点城市。天然气入户6000多户，新增和改造绿地面积46万平方米，国家级园林城市创建完成省级初评。改造建设供热管网5公里，增设热源站点2个，新增供热面积10万平方米，居民生活环境进一步改善。

【扶贫开发】持续推进“双联”行动和“1236”扶贫攻坚行动，移民乡户均养羊30只以上，2000元以上高效田人均达到2.1亩。移民脱贫致富“321”目标全面实现，移民人均纯收入同比增长30%，移民乡通乡公路实现全覆盖，移民群众生产生活条件明显改善。

【环境保护】重点实施国家重点公益林保护、昌马水库库区水土保持等生态治理工程，完成人工造林2.01万亩。全市有自然保护区3个，保护区面积19.29万公顷，占辖区面积的14.3%。新市区污水处理率达到80.5%，生活垃圾无害化处理率100%，城市绿化覆盖率37%，人均公园绿地面积13.73平方米。加强石化、建化工业区节能减排综合治理，全市万元生产总值能耗较上年下降4.5%。

【社会保障】年末全市新增就业6368人，发放小额担保贷款5751万元，扶持5852人创业就业，安置高校毕业生224名，城镇登记失业率4.16%。健全完善社会保障机制，养老、失业、医疗保险实现全覆盖。建成社区老人日间照料中心4所、农村互助老人幸福院12所。加大惠民菜店建设、监管力度，惠民菜店达到20个。统筹1.7亿元，为民承诺的学校危旧房改造、通村公路、饮水安全工程等10件惠民实事全面落实。社会救助力度加大，全年为3.4万名城乡低保人员发放低保金6446万元。

【社会事业】全市拥有各级各类学校57所，在校学生数23517人，教职工1658人。高考二本上线率达到26.6%，录取率达78.7%。各类企业共实施科技项目60项，企业用于科技活动的经费支出达7718万元，其中研究与试验发展（R&D）项目38个，经费支出6223万元。城乡广播和电视综合人口覆盖率达100%，有线广播电视用户数3.2万户，入户率达87.6%。实现文化产业增加值9100万元，比上年增长21.3%。年末拥有卫生机构97个，其中综合医院1所，中医医院1所。卫生技术人员938人，病床814张。每千人拥有医生2人，病床5张。

敦煌市

【现任主要领导】

中共敦煌市市委书记：詹顺舟

敦煌市人大常委会主任：翟福林

敦煌市人民政府市长：贾泰斌

政协敦煌市委员会主席：曹理

中共敦煌市纪律检查委员会

书记：张朝晖

【基本情况】敦煌市位于河西走

廊最西端，甘、青、新三省（区）交汇处，境内东有三危山，南有鸣沙山，西面是沙漠，与塔克拉玛干相连，北面是戈壁，与天山余脉相接。总面积3.12万平方公里，辖7镇2乡，11个城市社区居民委员会，56个村民委员会，382个村民小组，包括青海油田公司敦煌生活基地在内，总人口18.85万人，城镇化率达62.07%。

【资源优势】矿产资源储量丰富，境内已探明的矿产有金属钒、金、锰、钨、铁和非金属花岗岩、石灰岩、白云岩、方解石、芒硝等矿种26个，已探明的矿产资源有金、银、钒、铁、磷、硫、石棉、芒硝等4大类（能源、金属、非金属、水气）26个品种，品位高、贮量大、易开采。已探明钒资源储量153.86万吨，占全国总量的5%，位居全国第四。钨初步探明的金属储量15.2万吨，白云岩资源储量约2亿吨，花岗岩（大理岩）资源储量约360亿立方米，石灰石资源储量约5亿吨以上。农产品特色鲜明，敦煌是甘肃省瓜果、棉花、蔬菜主要产地之一，全市耕地面积25万亩，以葡萄为主的优质林果面积21万亩，敦煌红地球葡萄、敦煌无核白葡萄被中国农学会葡萄分会评为“中华名果”，敦煌葡萄生产基地被中国果品流通协会授予“全国优质葡萄生产基地”称号。旅游资源得天独厚，敦煌境内现存各类文物景点241处，其中国家级重点文物保护单位3处（莫高窟、玉门关、悬泉置遗址），省级文物保护单位9处，市级文物保护单位35处，另有4A级景点3处（鸣沙山·月牙泉、阳关和雅丹国家地质公园），3A级景点5处（敦煌影视城、三危山景区、敦煌沙洲夜市、同舟岛景区和雷音寺），2A级1处，1A级1处，国家级水利风景区1处。特别是被称为“文化瑰宝”的莫高窟，在国内外享有盛誉，1987年被联合国教科文组织列入世界文化遗产名录。

【国民经济】2014年，全市实现生产总值99.5亿元，比上年增长13.57%。产业结构由上年的17.2∶32.9∶49.9调整为15.9∶31.9∶52.2。实现财政总收入9.63亿元，增长37.11%；社会消费品零售总额34.71亿元，增长12.65%；文化产业增加值8亿元，增长65.97%；全年共接待国内外游客506.78万人次，增长26.06%，实现旅游总收入48.05亿元，增长28.82%。

【“三农”工作】全市新增特色林果3.2万亩，新建温室大棚0.8万亩，种植优质瓜菜10万亩，建成千家万户肉羊养殖示范点12个，畜禽饲养总量突破200万头只，改造提升农家园、采摘园、农家客栈共85家。严格落实“四线三制”标准化技术规程，选聘118名科技人员充实到科技服务一线，培育酒泉市级以上示范合作社18家，流转土地1.6万亩，发展新型农业经营主体106家，新开辟省外定点销售市场4家。修建干支渠33公里，推广农田节水20万亩。突出田园特色，积极推进阳关镇、月牙泉镇重点小城镇和祁家桥等3个社区化管理示范村建设，改造农村危旧房450户，建成整村环境优美村15个，七里镇、莫高镇被列入全国重点镇，敦煌市被确定为省级“美丽乡村”试点县市，省级新型城镇化试点县市获批，即将列为国家试点。大力实施防沙治沙综合示范区和沙化土地封禁保护试点项目，完成造林绿化8800亩，义务植树47万株。

【项目建设】全市实施各类建设项目241个，完成固定资产投资151.33亿元，比上年增长39.24%。实施了休闲文化街区、千年敦煌、益旺国际、艺术家文化园、华夏大酒店等35个文化旅游项目，实现了续建和新建项目投资规模“双百亿”目标。国道215线过境段、瓜敦高速、阳关景区道路建成通车，敦格铁路敦煌段铺轨工程完工，国际航空口岸临时包机业务获批。建成并网和在建光热项目突破1000兆瓦。光电园区两个330千伏和9个110千伏升压站建成投运。海装风机制造和吉隆环保机械制造项目建成投产。鸿丰广发、中石建等一批年产200万平方米花岗岩板材加工项目开工建设，石材产能突破3000万平方米。投资1.1亿元，进一步完善了工业园区水、电、路等配套基础设施，光电园区服务中心建成投用。

【人民生活】全市城镇居民人均可支配收入25461元，比上年增加2141元；农民人均纯收入12791元，增加1287元。城镇居民食品消费支出占消费总支出的26.2%，下降0.93个百分点；农村居民食品消费支出占消费总支出的26.44%，下降0.95个百分点。城镇居民人均住宅建筑面积35.41平方米，增加0.02平方米；农村居民人均住房面积47.01平方米，下降4.03平方米。新改扩建各类公园、广场、绿地14处，新增城市绿地面积25万平方米，绿地率达到35%。

【环境保护】单位工业增加值用水量下降9.8%，单位生产总值能耗下降4.81%，二氧化硫、化学需氧量、氨氮、氮氧化物等约束性指标控制在省市下达范围内。空气质量优于国家二级标准，地面水质达标率为100%，饮用水源水质达标率为100%。区域环境噪声平均值和城市交通干线噪声平均值均小于目标值。

【社会保障】全市城乡居民养老保险、城镇基本医疗保险参保率分别达到97.1%和98.5%，新型农村合作医疗、居民基本医疗保险、城乡低保、五保供养标准平均提高15%。新开发公益性岗位35个，城镇新增就业人数6926人，发放再就业小额担保贷款0.5亿元，城镇登记失业率控制在3.4%以内。新建2个城市社区老年人日间照料中心和8个农村互助老人幸福院。开展城乡低保“保重点、促公正”清理清查专项行动，清理不符合条件的低保对象132户529人，新增符合条件的低保对象190户426人。开展贫困母亲、困难学生救助帮扶行动，2000多户困难家庭得到资助。救助各类困难群众4.85万人次，发放各类救助资金4285.67万元。

【社会事业】引进急需紧缺专业技术人才35名，实施国家和省市科技计划项目30个，申报专利276项。严格实行“就近入学、阳光分班”政策，义务教育均衡发展全省率先通过国家评估认定，西北师大敦煌学院正式建院招生，结束了敦煌没有大学的历史。组织开展“图书漂流”服务活动，实施体育惠民工程，建成乡镇文化体育健身中心2个，改造提升乡村舞台20

个。加强医疗卫生基础设施建设，改造提升乡镇卫生院2个，建成全省中医药示范市，全面落实人口计生利导政策，人口自然增长率控制在2‰以内。设立覆盖西四县的国家级残疾人语音听力定点康复机构。设立社会管理服务中心和73个服务站点，实现了城乡全覆盖。

肃州区

【现任主要领导】

中共肃州区区委书记：杨克忠（8月止）

肃州区人大常委会主任：王世万

肃州区人民政府区长：杨金泉

政协肃州区委员会主席：连德礼

中共肃州区纪律检查委员会

书记：杨晓东

【基本情况】肃州区位于甘肃省西部，河西走廊西段，是古丝绸之路上的重要历史文化名城，与现代驰名世界的中国航天城——酒泉卫星发射中心、世界闻名的敦煌莫高窟、“天下第一雄关”嘉峪关、中国最早的石油工业基地玉门油田、国家重要的核工业基地四〇四厂、西北最大的钢铁基地酒泉钢铁公司接壤紧邻。海拔高度1340～2200米，年平均气温8.8℃，年降水量97.9毫米，年平均日照时数3165.1小时。全区常住人口43.68万人，总面积3386平方公里，辖7个建制镇、8个乡，122个村；7个街道办事处，20个城市社区居委会。

【国民经济】2014年，全区实现生产总值195.87亿元，比上年增长7.8%。其中：第一产业增加值27.81亿元，增长6.18%；第二产业增加值91.06亿元，增长7.18%；第三产业增加值77亿元，增长9.3%。实现财政总收入13.28亿元，增长27.64%。500万元以上项目完成固定资产投资242.85亿元，增长27.3%。实现社会消费品零售总额66.3亿元，增长12.6%。年内共接待海内外游客365.49万人次，增长38.29%；实现旅游收入28.81亿元，增长43.22%。

【“三农”工作】全区坚持“四高四化”理念，突出“一区十园”重点，现代农业发展取得新成效。投资3300万元，配套园区基础设施，积极招商引企入园，新增入园企业28家，十大园区规模扩张，聚集带动作用日益凸显，成功承办了全省现代农业建设工作会。全区完成农业总产值58.35亿元，比上年增长12.1%。农作物总播种面积70.51万亩（包括复种），粮食总产量16.28万吨。新建日光温室小区36个，蔬菜种植面积20.28万亩。建成牛羊标准化养殖企业和养殖场86个，发展万元规模养殖户1.6万户，畜禽饲养总量达到861.17万头只，出栏510.61万头只。全年输转农村劳动力6.16万人，实现劳务收入8.41亿元。建成省级示范村2个，重点整治提升示范区9个，百户以上农民集中居住小区10个。实施病险水闸除险加固等水利工程，农业发展基础不断夯实，生产生活条件明显改善。

【项目建设】全区开工建设500万元以上项目632个，其中千万元以上项目421个，亿元以上项目88个，完成固定资产投资242.85亿元，比上年增长27.3%。巨龙物流港、东方商业广场、大敦煌农产品批发市场等商贸流通项目进展顺利。万象建材、永鑫新能源、正泰二期、中材三期、天马啤酒花加工等重大项目的建设，填补了肃州区行业空白和产业短板。加快推进光电产业发展，实施东洞滩光电示范园区重点区域道路、绿化、供水、通信等基础设施建设工程，园区承载配套能力进一步增强。330千伏升压站及输电工程建成并网运行，东洞滩成为全省电力输出条件最好的光电园区。

【优势产业】以国家现代农业示范区建设为重点，农业十大产业园区建设取得新成果，制种、蔬菜、草食畜三大特色优势产业规模化经营、产业化发展的带动力明显增强。蔬菜种植面积达到20.28万亩，制种面积达到28.22万亩，其中玉米制种16.6万亩，蔬菜制种及其他制种11.6万亩；以琉璃菊、甜叶菊、啤酒花为主的新型特色产业面积3.7万亩。区内风力、光热资源充足，石油、花岗岩、祁连玉等矿藏贮量丰富，形成了以新能源装备制造业为龙头，煤电能源、农产品加工、机械制造、生化制药、新型建材等为补充的新型工业体系，培育了风机总装、叶片、轮毂、塔筒等风电设备和白酒、夜光杯、家具、面粉等名优新特产品。

【人民生活】全区在岗职工年平均工资44325元，比上年增长14.19%。城镇居民人均可支配收入24858元，增长10.97%；城镇居民人均消费性支出20234元，增长9.91%。农民人均纯收入11748元，增长12.24%；农民人均生活消费支出10344元，增长11.54%。城乡居民储蓄存款189.2亿元，增长17.97%。居民消费价格总水平上涨2.4%。

【扶贫开发】深入开展“联村联户、为民富民”行动，将扶贫工作与肃州国家现代农业示范区、“一区十园”建设、双联工作有机结合，落实各项帮扶措施，促进农村贫困人口脱贫致富，农村困难群众生活条件明显改善。

【环境保护】加大环境综合整治力度，集中开展建筑工地、占道经营等六项专项整治，环境面貌明显改观。组织开展大气、噪音等环境污染整治专项行动，各项污染物排放指标控制在省市确定的目标范围内。年内新增绿地面积130万平方米，建成区绿化覆盖面积1819公顷，公共绿地面积1485公顷。城市供水综合生产能力12.4万立方米/天，城市污水日处理能力4万立方米。万元生产总值能耗下降3.8%。

【社会保障】社会保障能力不断增强，就业继续增加，低保提标扩面稳步推进。全年新开发就业岗位11636个，城镇新增就业10854人，城镇登记失业率3.03%。全区城镇基本养老保险参保人数3.09万人，农村社会养老保险参保人数15.32万人；城镇职工基本医疗保险参保人数2.35万人，工伤保险参保人数2.56万人，失业保险参保人数1.22万人，生育保险参保人数1.42万人。2014年，城市居民最低生活保障人数12499人，农村居民低保人数21001人，农村五保供养人数1169人。城市低保标准提高到352元，农村低保标准提高到2193

元，均提高 15%。城镇居民基本医疗保险参保人数 6.93 万人。农村新型合作医疗年末参合率达 99%。

【社会事业】积极组织企业、技术单位争取申报国家、省、市科技项目 33 项，其中国家级 6 项，省级 15 项，市级 12 项。成果专利稳中有增，全年评出肃州区科技进步奖 16 项。荣获市级以上科技进步奖 13 项，其中技术发明奖 1 项，一等奖 3 项，二等奖 4 项，三等奖 5 项；授理专利 509 件，其中，发明专利 199 件，实用新型 299 件，外观设计 11 件。年内新增校舍 1.8 万平方米，维修改造校舍 1.5 万平方米，消除危旧校舍 1.4 万平方米。"三馆一站"、全民健身广场和部分学校体育场馆免费向社会开放，各类文化体育活动广泛开展，群众基本文化权益得到保障。全区文化产业增加值 3.71 亿元，增长 27.05%。辖区内有各类卫生机构 258 个，其中医院、卫生院 31 家，卫生防疫站 2 个，妇幼保健所（站）2 个。医院、卫生院卫生技术人员 2187 人，其中执业医师和助理医师 1158 人。医院和卫生院住院床位数达到 2378 张，卫生服务覆盖率达到 100%。

金塔县

【现任主要领导】

中共金塔县县委书记：

郎吉忠（2 月止）

方学贵（2 月任）

金塔县人大常委会主任：王振宇

金塔县人民政府县长：任晓敏

政协金塔县委员会主席：李学年

中共金塔县纪律检查委员会

书记：孙向明

【基本情况】金塔县位于河西走廊中端北部边缘，古丝绸之路沿线，东北与内蒙古额济纳旗接壤，西与嘉峪关、玉门市毗连，南同肃州区、张掖市为邻，举世闻名的酒泉卫星发射中心坐落于县境内。辖区总面积 1.88 万平方公里，其中绿洲面积 180 万亩，现辖 10 个乡镇、89 个行政村，总人口 14.87 万人。县域南北环山，内居平山地带，地形开阔，地势平坦，源于祁连山冰川群中的黑河、讨赖河流经全境，多年平均径流量达到 14.5 亿立方米，境内有鸳鸯池、解放村、北河湾等水库 14 座，总库容量达 1.8 亿立方米，灌溉着金塔、鼎新两大绿洲。金塔县历史悠久、文化灿烂，旅游资源丰富，境内有国家级文物保护单位汉代大湾城、地湾城、肩水金关、长城烽燧等古城堡遗迹。省道 214 线和酒航公路贯横南北与国道 312 相连，嘉策铁路、清绿铁路和拟建酒航铁路贯穿全境，百公里内有通往全国各地的鼎新、嘉峪关和下河清三个机场，外进内出十分便利。通信网络覆盖城乡，设施完善；文化、教育、卫生、金融、商贸服务功能健全，经济发展保障有力。

【国民经济】2014 年，全县实现生产总值 69.9 亿元，比上年增长 8.5%。其中，第一产业增加值 18.1 亿元，增长 5.6%；第二产业增加值 22.5 亿元，增长 8.6%；第三产业增加值 29.3 亿元，增长 10.2%。人均生产总值为 4.7 万元。完成固定资产投资 86.8 亿元，增长 8.1%；实现社会消费品零售总额 10.7 亿元，增长 12.6%；财政总收入达到 3.4 亿元，增长 8.7%。

【"三农"工作】全县财政投入"三农"资金 2.1 亿元，增长 13.2%。坚持按照"创新农业、兴旺一产"的发展思路，大力提高农业科技创新、产业化经营、标准化生产、信息化服务水平，现代农业发展水平不断提高。积极优化种植结构，全县农作物播种面积 45.76 万亩，其中：粮食面积 12.21 万亩，棉花面积 8.73 万亩，蔬菜面积 10.27 万亩，制种面积 5.7 万亩，孜然、瓜类、药材等其它优质作物面积 8.85 万亩。养殖业发展势头良好，猪、牛、羊饲养量分别达到 11.33 万头、1.82 万头和 150.1 万只。大力发展劳务经济，全年开展农民工职业技能培训 4620 人，输转劳动力 31218 人，创劳务收入 4.5 亿元。

【项目建设】全县开工建设各类项目 155 个，其中亿元以上项目 13 项，完成投资 49.5 亿元，增长 1.2%；千万元以上项目 109 项，完成投资 35.1 亿元，增长 28.1%。金塔万晟光电、中科华宇、亿元矿业、东方浚昱、江西塞维等一批亿元以上项目陆续开工，大部分已建成投产。

【优势产业】金塔县地形开阔，地势平坦，县内光热资源、矿产资源、土地资源非常丰富。矿产资源县内已探明的主要有铜、铁、铅、锌、金、镁、钨、煤炭、芒硝、石膏、花岗岩你、硅、红柱石等 8 大类 50 多个品种，总储量达 20 多亿吨。特别是硅石、菱镁石、花岗岩等资源十分富集，发展硅铁合金、玻镁板和花岗岩板材等高载能产业有着得天独厚的优势。县上已确定以资源开发为基础的能源和高载能产业作为首位产业。全县已建的红柳洼光电产业区，装机规模达 179 兆瓦。引进的万晟 500 兆瓦多晶硅太阳能电池完整产业链项目，现已建成具备 150 兆生产能力的项目一期工程，全部项目完工后，将成为西北第一个太阳能光伏完整产业链，装机规模居全省第一。

【人民生活】全县城镇居民人均可支配收入 24543 元，比上年增长 10.6%；人均消费支出 19270 元，增长 9.4%。农村居民人均纯收入 12120 元，增长 11.5%；人均生活消费支出 10603 元，增长 11%。城镇居民家庭恩格尔系数为 31.2%，比上年下降 0.7 个百分点；农村居民家庭恩格尔系数为 35.3%，比上年下降 0.8 个百分点。全县城镇居民人均住房面积 39.7 平方米，农村居民人均住房面积 35 平方米。

【扶贫开发】全县投入扶贫专项资金 430 万元，重点实施了以砂石道路铺筑、危旧房改造、葡萄示范园区建设、贫困村互助资金试点项目，有效改善了移民乡村的生产生活条件。整村推进，改善基础设施条件。铺筑砂石道路 12 公里，新建小康住宅及危旧房改造 157 户，实施新农村建设示范点配套工程，对移民乡 3 个村 4 个点的 125 户居民点台渠、树沟进行硬化美化，架设路灯 60 盏，全乡 75% 的农户实现了住宅小康化。不断优化农业产业结构，培育形成了以葡萄、日光温室、畜牧养殖为主的优势产业。当年栽植葡萄 1500 亩，配套葡萄高低杆41000副，新建葡萄示范园区3个。各乡镇移民点共建设日光温室60座、拱棚100座、修建暖棚圈舍5座52间、调引良种羊810只，受益农户达到3250人。扎实开展技术培训。全年开展培训60余场次，其中农民科技培训9600人次、技能培训4300人次，培训“两后生”和“一村一名农民大学生”130人，输转劳动力4600人。

【环境保护】全县环保投资4491.6万元。城乡饮用水达标率分别为100%和90%，工业废气排放达标率95%，废水排放达标率96%，城区生活垃圾集中处理率达到100%。建成区绿化覆盖率达到41%，比上年提高1个百分点；城市人均公共绿化面积12.2平方米。

【社会保障】年末全县参加城镇基本养老保险11884人，城镇基本医疗保险26328人，失业保险2960人，工伤保险7040人。参加城镇居民医疗保险16839人。新型农村养老保险参保74427人，参保率达到97.5%。新型农村合作医疗参合人数114241人，参合率达到99.8%。新开工建设城镇保障性安居工程住房240套，其中经适房48套，棚户区改造及两限房192套。

【社会事业】全县组织实施各类科技项目23项，取得科技成果4项。全年引进各类农林牧渔新品种26个，新建农业科技示范园区13个。开展科技培训94场次，培训干部群众3.8万人次。科技成果转化率为80%，农业科技覆盖率达85%。全县城乡学前2～3年教育普及率分别达到99%和98%，义务教育阶段小学入学率、巩固率、普及率、毕业率均保持在100%，初中入学率、巩固率、普及率、毕业率分别达到100%、99.4%、100%和99.6%，高中阶段教育普及率达到96.4%。年末全县有文化馆1个，公共图书馆1个，博物馆1个，档案馆1个。广播和电视综合人口覆盖率分别达到98%和99.9%，数字电视入户率达到93.0%。年末全县共有卫生机构147个，卫生技术人员858人。

瓜州县

【现任主要领导】

中共瓜州县县委书记：马世林

瓜州县人大常委会主任：董生录

瓜州县人民政府县长：

方学贵（6月止）

张立东（6月任）

政协瓜州县委员会主席：李树生

中共瓜州县纪律检查委员会

书记：高生荣

【基本情况】瓜州县原为安西县，地处甘肃省河西走廊最西端，南望祁连，北枕大漠，南北与肃北蒙古族自治县相接，东连石油名城玉门，西邻旅游胜地敦煌，西北经猩猩峡与新疆哈密市接壤，总面积2.41万平方公里，辖5镇10乡，有74个行政村，467个村民小组，8个社区居委会。有汉、回、蒙、藏、满、东乡、裕固等21个民族，总人口14.82万人，其中城镇人口5.17万人，农村人口9.65万人。整建制移民乡镇6个，移民人口8.06万人，占全县总人口的54.4%。瓜州地域辽阔，物产丰富，县境东西长185公里，南北宽220公里，地形地貌复杂多样，山地、高原、平川、河流、沙漠、绿洲类型齐全，交错分布；地势南北高，中间由东向西渐低，海拔在1100～1500米之间；占县境面积8.5%的绿洲被戈壁、山地、丘陵分割为东、西、南三大块，西热东凉和南山地区多泉眼湿地的特点。境内少雨、干旱，平均年降雨量不足50mm，蒸发量却高达4000mm以上，昼夜温差较大，是典型的荒漠、半荒漠气候，适宜于小麦、棉花、蜜瓜、酒花等多种农作物的生长。疏勒河、榆林河两大水系流域面积分别达1.24万平方公里和0.57万平方公里，有各类水库、塘坝35座，总蓄水量2.5亿立方米，其中双塔水库库容达2.5亿立方米，是甘肃省最大的农业灌溉水库。境内建有国家级戈壁荒漠草地自然保护区，栖息着雪豹、金雕等国家一、二级保护动物30种。

【国民经济】2014年，全县实现生产总值68.7亿元，比上年增长1.4%。其中：第一产业增加值9.2亿元，增长5.5%；第二产业增加值37.4亿元，下降1.1%；第三产业增加值22.1亿元，增长4.5%。按常住人口计算，人均生产总值达到46356元。实现财政总收入9.8亿元，增长17.4%；社会消费品零售总额18亿元，增长12.5%。

【“三农”工作】全县农作物总播种面积57.7万亩，比上年增长0.1%。其中：粮食面积6.3万亩，下降9.4%，粮食总产量25398吨，下降11.5%；棉花面积12.2万亩，增长3.1%，棉花总产量11230吨，增长8.4%；瓜类种植面积11万亩，下降5.1%。全县人工造林2.78万亩，封滩育林1.5万亩，义务植树62万株。优质林木种苗繁育2080亩，其中新育1550亩。牛羊饲养量达到75.9万头（只），比上年增长6.9%。其中：牛饲养量2.45万头，增长5.1%；羊饲养量73.4万只，增长6.6%。

【项目建设】全县开工建设各类项目364项，其中建成亿元以上工业项目38个。农村安全饮水、玉布路、保障性住房等162个项目全面完工，草圣故里文化产业园、中电国际安北风电场等21个重点项目快速推进。年内重点申报了基础设施、民生保障等中央预算内投资项目48项，策划包装风光储、煤化工、装备制造等产业化项目320项，签约招商引资项目131项，全年完成500万元以上固定资产投资175.4亿元。

【优势产业】瓜州素有“世界风库”之称，瓜州风光资源富集，年风能有效利用时数达2300小时以上，全年日照时数达3360小时，有效积温3582.9℃，据可研论证，全县风能储量超过4000万千瓦，光电储量超过1000万千瓦，位居全国前列，具备发展风电、光电产业的优越条件。近年来，在甘肃省委、省政府“建设河西风电走廊，再造西部陆上三峡”的战略构想下，已经建成风电装机635万千瓦，成为“全国风电装机第一县”，荣登“中国新能源产业百强县”和“中国风能产业强县”。新能源产业成为引领瓜州经济发展的龙头，全县建成新能源企业25家，完成风电装机635万千瓦，光电装机10万千瓦。酒泉至株洲正负800千伏直流输变电工程、常乐火电厂4 x 100万千瓦调峰电源、750千伏输变电换流站等项目的建设投运，能源送出瓶颈将得到有效解决。风电二期第一批项目建成投运，风电二期第二批规划项目如期获批，瓜州县将开工建设320万千瓦风力发电、35万千瓦分散式风电、210兆瓦光伏等14个新能源项目，计划总投资807亿元，争取新能源年均装机120万千瓦，到2017年达到1000万千瓦，年均发电量将达到200亿度以上，实现产值110亿元以上。

【人民生活】全县城镇居民人均可支配收入22694元，比上年增长9%，人均消费性支出17334元，增长8.7%；城镇居民家庭恩格尔系数30.8%，下降2.1个百分点。农村居民人均纯收入11828元，增长11.9%；人均生活消费支出10791元，增长10.9%；农村居民家庭恩格尔系数为25%，下降3.2个百分点。

【扶贫开发】全县移民人均纯收入5388元，比上年增长31%，减少贫困人口12106人。争取财政专项扶贫资金4593万元，增加1107万元。实施整村推进项目26个，项目总投资15815.1万元，其中：安排扶贫资金2903.7万元，部门配套资金12911.4万元，每个整村推进项目村资金投入平均达到600万元以上。投入产业扶贫资金2180万元，扶持贫困户种植枸杞2000亩、大枣90亩、苜蓿1900亩，新建日光温室74座、新建拱棚33个，修建暖棚圈舍1832座，调引基础母羊12040只。6个移民乡共落实种植面积19.6万亩，新增0.44万亩，新增以枸杞、甘草、红枣为主的特色产业面积1.77万亩，移民乡肉羊饲养量达到20.5万只。全年实施基础设施项目18项，在6个移民乡完成危旧住房改造1076户，硬化道路66.5公里，衬砌渠道141公里，新打农用灌溉井6眼，栽植农田防护林4827亩，改良盐碱、板结土地3.1万亩。开展劳务技能培训3309人次，输转劳动力1.9万人次。

【环境保护】环境保护工作持续加强。全县自然保护区2个，其中国家级自然保护区1个，省级自然保护区1个，自然保护区总面积112.42万公顷，占全县国土总面积的46.5%。城区环境噪声达标区覆盖率100%，饮用水达标率100%，城市生活垃圾无害化处理率达到100%，城市污水处理率100%。城市人均公共绿地面积16.8平方米，城区绿化覆盖率36.68%。森林覆盖率5.24%。万元GDP能耗降低3.2%。

【社会保障】城乡居民社会养老保险全面实施，城乡居民社会养老保险参保6.34万人，参保率巩固在98%以上，养老金发放率达到100%。城乡居民养老保险待遇领取县级财政补贴达到10元/月的补贴标准。城镇登记失业率严格控制在3%以内。解决城乡最低生活保障居民4.7万人，落实农村五保供养待遇304人，发放低保金7031.4万元，有效保障了低收入群众的基本生活。工伤案件行政复议维持率和行政诉讼胜诉率均达到98%以上。

【社会事业】义务教育巩固率达到99.3%，初中“五合率”达到51.3%，高考录取率达到79.4%。学前教育进一步受到社会重视，城乡幼儿入园率达到100%。全年申报受理专利187件，增长31.69%，其中发明专利80件。储备科技成果鉴定项目7项，成功申报市级技术研发示范中心2个，科技特派员创新创业示范基地9个，瓜州昊泰生物科技有限公司申报“甘草加工工程技术研究中心”被认定“酒泉市甘草加工工程技术研究中心”，同时被确定为酒泉市创新型企业。锁阳城遗址列入世界文化遗产保护名录，电力公司北侧网球场等3个健身广场主体完工，自乐班、广场健身等群众文化活动有序开展。全县电视人口覆盖率达到98%，广播综合人口覆盖率达到100%。全县新农合参合人数9.9万人，参合率99.75%，筹资标准提高到390元，其中，新农合的补助标准提高到320元，个人缴费水平提高到70元。全县医疗费用累计报销13.68万人次、2680万元，住院实际补偿比达到54.3%，县域外就医比例17.29%。

肃北蒙古族自治县

【现任主要领导】

中共肃北蒙古族自治县县委

书记：席忠平

肃北蒙古族自治县人大常委会

主任：巴图巴依尔（蒙古族）

肃北蒙古族自治县人民政府

县长：胡晓华（蒙古族）

政协肃北蒙古族自治县委员会

主席：马宗国

中共肃北蒙古族自治县纪律检查委员会书记：

朱建军（7月止）

殷卫春（7月任）

【基本情况】肃北蒙古族自治县地处河西走廊西段，是甘肃省唯一的以蒙古族为主体的少数民族自治县，也是全省唯一的边防县。全县总面积66748平方公里，约占甘肃省总面积的六分之一，是甘肃省面积最大的县。周边与1个国家（蒙古国）、3个省区（新疆、青海、内蒙古）、10个县市接壤。辖地分南北两部分，现辖4个乡镇26个行政村2个社区。2014年末全县户籍人口1.20万人，其中蒙古族占38%，汉族占59%，回、藏、满、裕固等其他民族占3%。全县常住人口1.51万人，其中城镇人口0.85万人，农村人口0.66万人，城镇化率达到56.29%。

【资源优势】肃北县地域辽阔，矿产资源富集，已发现各类矿产41种。优势矿种有煤、金、铁、铜、锰、钨、铅、锌、银、菱镁等；矿产地260处，其中金属矿产地196处，非金属矿产地40处，煤炭矿产地24处，其中塔儿沟钨矿储量名列亚洲第三位，大道尔吉铬矿储量列全国第二位，别盖菱镁矿储量列全国第五位。境内党河、榆林河、石油河、疏勒河等四大河流水能蕴藏量200万千瓦，目前共建成水电站20座，总装机容量17.3万千瓦。风、光资源十分丰富，风能总储量为2000万千瓦，可开发量1000千万瓦以上，太阳能总辐射量是甘肃省最高的地区之一，年平均日照时数3300小时以上，目前风电装机有25万千瓦，光电装机有3万千瓦。全县有天然草场8304万亩，其中可利用草场7773万亩，占草原面积的93.6%。境内有冰川957条，其中透明梦柯冰川列入全省旅游重点开发项目，2005年被评为全国六大最美冰川之一。有野生动物的天堂——国家级盐池湾自然保护区，境内野生动物有174种。有景色迷人、文化底蕴深厚的五个庙石窟壁画，还有大量的岩画、壁画、城堡遗址和烽燧文化古迹等，现已发现的古文物遗址有75处，其中被列入省级文物保护的有7处，列入国家级文物保护的2处。民族氛围浓郁，拥有蒙古族风格的民族服饰，独具风情的民族歌舞和节庆活动，传统的民族饮食文化以及赛马、射箭、摔跤等体育运动久负盛名。

【国民经济】2014年，全县实现生产总值33.54亿元，比上年增长10.1%。其中：第一产业增加值0.46亿元，增长5.1%；第二产业增加值27.34亿元，增长11.1%；第三产业增加值5.74亿元，增长5.6%。固定资产投资74.83亿元，增长34.1%；社会消费品零售总额1.69亿元，增长12.5%；城镇居民可支配收入25032元，增长10.1%；农村居民人均纯收入18000元，增长11%；财政收入达到5.67亿元。

【“三农”工作】调引种畜2000头（只），扶持林下经济示范户9户，放养草原鸡5万只，千亩李广杏基地初成规模。牧农业科技示范园区养殖小区和54座新建高标准日光温室投入运行，全面完成园区育草基地复垦种植3050亩任务和西滩调蓄水库、石包城乡牧民定居新区供水工程、盐池湾乡安全饮水工程，修建牧区新型试点水窖61座、人畜饮水管线52公里，标准化棚圈牧区建成83座、农村建成66座。建成义务植树基地3个，新增林地面积1560亩。发放农资补贴和粮食直补资金128万元，受益农户937户。积极向上争取国家农机购置补贴资金110万元，发放县财政贴息贷款、草食畜牧业和设施蔬菜产业贴息贷款各1000万元。牧农村劳动力培训23场次，输转劳动力1513人次，劳务创收2170万元。

【项目建设】全年开工实施重点项目98项，争取国家和省级投资项目24项，累计下达资金8160万元。宝鑫矿业年产20万吨铁精粉项目即将试生产，镁科技公司年产4万吨电熔镁砂项目完成部分设备安装；中节能20万千瓦风电项目完成117台风机基础施工，10万千瓦调试并网；党河上游一级、二级水电站正在设备安装，党上七级水电站等项目开工建设。

【城市建设】全县投资2.1亿元实施20项重点工程，城镇化率提高到56.29%。县城集中供热和污水处理厂投入运行，环城路网基本完成建设，就业和社会保障服务中心及环境监测业务用房、县城客运中心、赈灾物资储备库、5000吨粮食储备库、商贸步行街综合楼、新建108套廉租房完成主体工程，144套公租房正在内部装修，和硕佳园、巴音小区、博伦小区和12栋外墙保温工程完成年度建设任务。东环路、肃阿路、紫亭湖绿化、水上公园湖底防渗等工程全部完成，新增城市绿化面积8.5万平方米，城市绿地率比上年提高1.3个百分点。

【人民生活】全县城镇新增就业253人，新增小额担保贷款基金50万元，发放小额担保贷款515万元。城乡低保再次提标，清退低保对象262人，全面落实社会救助政策，各类救助金、补助金、供养金按时足额发放。城乡居民养老保险缴费财政补助部分提高10%，基础养老金县级补贴月增加20元。落实公益性岗位人员社保、生活等补贴政策，原国企退休职工遗属生活费全部纳入财政预算，公务员医疗补助制度得到落实。为企业退休人员人均月增加生活费300元；为首次岗位设置以来，符合岗位内部等级晋升条件的38名专业技术人员，兑现了工资待遇；为全县800户牧民发放了便携式太阳能发电设备；为77名环卫保洁人员落实了防尘补助。

【社会事业】肃北中学实验楼、石包城乡幼儿园、党城湾镇幼儿园完成年度建设任务，蒙古族学校教学楼及蒙古族传统文化实训楼开工建设，义务教育均衡发展和县政府教育督导评估工作通过省级验收，教职工健康关爱和困难学生资助工作全面落实。新建华夏文明创新区肃北县展厅，“四馆合一”完成外墙装饰，军警民文化体育中心完成主体建设，搏骏马头琴文化传播研发有限公司演艺综合楼投入使用，图书漂流志愿服务活动首批6个图书漂流点建成运行。加强传统文物保护，对五个庙石窟、玉矿遗址等9个省级以上文物进行了初步保护。大型音乐舞蹈诗剧《雪山蒙古人》完成剧本创作、作曲、编导等工作。文化产业增加值完成3300万元，同比增长17.9%。县乡村三级公共卫生服务网络不断完善，鼠防实验室、石包城乡卫生院及周转宿舍、马鬃山镇中心卫生院、蒙医院蒙药制剂室、县医院急救中心、村级卫生室建设等项目有序推进，引进医疗专业技术人员3人，新农合参合率达99.83%。

阿克塞哈萨克族自治县

【现任主要领导】

中共阿克塞哈萨克族自治县县委

书记：黄从光

阿克塞哈萨克族自治县人大常委会

主任：何正军

阿克塞哈萨克族自治县人民政府

县长：银雁（哈萨克族）

政协阿克塞哈萨克族自治县委员会

主席：塞麦提（哈萨克族）

中共阿克塞哈萨克族自治县纪律

检查委员会书记：张琦

【基本情况】阿克塞哈萨克族自治县位于甘肃省酒泉市最西端，介于甘肃、青海、新疆三省（区）交界处。东与肃北蒙古族自治县接壤，北与敦煌市毗邻，南与青海省相连。西与新疆自治区相望。是一个以哈萨克族为主体，汉、回、维、藏、土、裕固、沙拉等十二个民族共同居住的少数民族自治县。现辖二乡一镇11个行政村，总人口9046人，其中少数民族人口3551人，占总人口的39.3%；

土地面积3.14万平方公里，其中天然草场面积98.64万公顷，占总面积的29.47%。城市道路硬化率、天然气入户率、自来水入户率、供电供热普及率、有线电视普及率、居民住房成套率均达到100%。县城绿化覆盖率达49.6%，人均公共绿地面积达41.8平方米。

【国民经济】2014年，全县完成生产总值14.85亿元，比上年增长14.29%，三次产业分别实现增加值0.51亿元、10.1亿元和4.23亿元，分别增长5.11%、20.62%和2.67%。三次产业结构比为3.5 ∶ 68 ∶ 28.5。人均生产总值达到165048元，增长12.6%。实现社会消费品零售总额1.65亿元，增长12.5%；完成财政总收入2.13亿元，增长19.31%。

【“三农”工作】稳步推进红柳湾生态农业示范园建设，蔬菜产量达到1100吨。大力发展设施养殖业，养殖规模达到2.5万头（只）。积极改良畜群结构，引进优质种畜1150头（只）。“三品一标”农产品认证顺利推进，“哈尔腾”牌哈萨克羊成为全市首个获得认证的畜产品。实施土地开发整理项目，复垦土地4800亩。引进种植蜜瓜、红枣等特色林果，实现了当年见效，种植结构不断优化。落实草原生态保护补助奖励政策，草原禁牧休牧1480万亩，发放草原奖补资金2903万元。

【项目建设】年内开工建设重点项目85项，实现固定资产投资32.5亿元，其中开工建设500万元以上项目64项，完成投资32.3亿元，比上年增长34.3%。全部开工项目中，亿元以上项目15个，千万元以上项目33个。从投资结构看，第一产业重点项目开工16项，完成投资0.93亿元；第二产业重点项目开工18项，完成投资14.33亿元；第三产业重点项目开工22项，完成投资0.97亿元。基础设施及民生保障类项目开工29项，完成投资16.15亿元。

【优势产业】培育壮大接续产业，恒亚水泥一期生产线顺利投产生产水泥80万吨，二期生产线正在进行设备安装调试。海源矿业一期生产线生产铁精粉24万吨，完成税收1766万元，二期生产线完成设备安装。深圳金钒20兆瓦金太阳光伏发电项目建成通过验收；华电9兆瓦光伏发电站建成并网发电。深圳金钒50兆瓦光热发电、华电三期49.5兆瓦风电、锋电新能源一期20兆瓦光电、正泰二期49.5兆瓦光电等项目完成前期工作。

【人民生活】全县城镇居民人均可支配收入25088元，比上年增长9.75%；城镇居民人均消费性支出20393元，增长6.91%。城镇居民恩格尔系数41.3%，比上年下降0.7个百分点。城市居民人均居住面积35.2平方米。农村居民人均纯收入达到19250元，增长11.02%；农村居民人均消费性支出9445元，增长9.99%。农村居民恩格尔系数38.6%，比上年下降2.2个百分点。农村居民人均居住面积41.4平方米。

【扶贫开发】组建各类农牧民专业合作社9家，带动贫困农牧户200余户，资产总额达865.5万元。培育贫困户加入的市级专业合作示范社4个，争取省级扶持的合作社2个。贫困户种植日光温室达127座，设施养殖规模达2万（头）只以上，培育规模种植户和养殖户28户。抓住草食畜牧业和设施蔬菜产业发展的贴息贷款政策以及引进奶牛扶持产业化发展的补助政策，重点在种畜引进、大场大户、合作社发展、肉牛肉羊等畜禽设施养殖、设施蔬菜业发展等方面给予补助和扶持。省上下达的贴息贷款扶持资金1000万元，共审批贷款103户，贷款额1010万元。培训各类农牧民技术人员3200人次，完成劳务输转500人，劳务收入达337万元。

【环境保护】加大造林绿化力度，建设防护林3条，植树造林1600亩，防沙固沙林930亩，打造绿色通道5公里。完善“一区四园”基础设施，完成《光热发电示范园规划》、《县域内铁路布局规划》编制，50万立方米调蓄水库建成蓄水，建设配套管网4.6公里。化学需氧量、氨氮、二氧化硫、氮氧化物等4项污染物排放总量分别为315.61吨、13.36吨、222.28吨和283.33吨，均在市上下达的控制目标之内。单位生产总值能耗较上年下降2.8%。

【社会保障】城镇职工养老保险、医疗救助、临时救助、取暖救助、贫困大学生救助、救灾救济和“三老一少”补助政策全面落实。新型农村合作医疗和城镇居民基本医疗保险补助标准由人均280元提高到320元。城乡居民低保标准上调17.8%，平均补差达到313元，五保年供养标准提高510元。拓宽城乡居民重特大疾病医疗救助范围，新增救助病种26种。多渠道解决就业263人。新建公共租赁住房102套，发放公积金贷款1600万元。

【社会事业】全县年末在校学生1739人。累积投资1500余万元，实施县中学教学楼内部维修及立面改造、标准化田径场建设，幼儿园电路改造和广播系统设施配备、县小学食堂及功能室设施建设。义务教育巩固率达到100%，残疾儿童入学率87.2%，高中阶段毛入学率99.2%，高考录取率92.3%。年末共有各级各类医疗卫生机构14个，卫生技术人员105人，病床总数82张，每千人拥有床位9张。卫生体制改革稳步推进，建立居民健康档案7192份，城乡居民健康档案率达到90%。举办各类群众性文化体育活动69场次。开展各类文体活动近50场次，其中常态化赛马会9期，广场周周乐9期，节庆文艺演出8场次。举办各类体育比赛10场次，送文化下乡10场次，邀请省杂技团开展文化惠民基层演出12场次。

庆阳市

【现任主要领导】

中共庆阳市市委书记：栾克军

庆阳市人大常委会主任：付振伟

庆阳市人民政府市长：贠建民

政协庆阳市委员会主席：张文礼

中共庆阳市纪律检查委员会

书记：李学宏

【基本情况】庆阳市位于甘肃省东部，习称“陇东”。东接陕西省的宜君、黄陵、富县、甘泉、志丹等县；北邻陕西省吴起、定边及宁夏回族自治区的盐池县；西与宁夏的同心、固原县接壤；南与本省的泾川县及陕西的长武、彬县、旬邑县相连。南北长207公里，东西跨208公里，总面积27119平方公里。辖庆城、环县、华池、合水、正宁、宁县、镇原7县和西峰区，116个乡（镇），3个街道办事处，58个社区。地形北高南低，海拔在885~2082米之间，中南部为黄土高原沟壑区，北部为黄土丘陵沟壑区，东部为黄土丘陵区；山、川、塬兼有，沟、峁、梁相间，高原风貌雄浑独特。全境有10万亩以上大塬12条。董志塬面积为136.47万亩，平均海拔1421米，平畴沃野，一望无垠，是世界上面积最大、土层最厚、保存最完整的黄土塬面，堪称“天下黄土第一塬”。地处东南部的子午岭，林木茂密，水草丰盛，其470多万亩次生林，为植被最好的水源涵养林，有“天然水库”之美誉。庆阳市为大陆型气候，四季分明，降雨量南多北少，2014年全市年平均降水量517.7~736.1mm，年平均气温8.8~10.4℃，年日照时数为2068.9~2460.9小时。

【自然资源】庆阳能源富集、物产丰富。庆阳是甘肃的石油天然气化工基地、长庆油田的主产区。已探明油气总资源量40亿吨，占鄂尔多斯盆地总资源量的41%，其中石油地质储量16.2亿吨。2014年陇东能源基地开发规划和“两个千亿级产业链”建设方案分别获得国家能源局和省政府批复，油气开发再上台阶，原油产量达到722.9万吨、加工量330.4万吨，庆阳石化600万吨炼油升级改造和天然气综合利用项目稳步推进。庆阳煤藏覆盖全市，煤炭开发步伐加快，3个区块完成普查、详查；刘园子煤矿建成投产，产煤50万吨；核桃峪煤矿“四井”贯通，甜水堡2号矿井即将建成；新庄、马福川2个矿井和正宁电厂获得国家发改委核准，环县电厂已列入省内火电建设规划。风电基地建设快速推进，毛井一期40万千瓦项目即将建成，毛井二期40万千瓦和甜水堡、紫坊、乔河3个5万千瓦项目取得“路条”。

庆阳素有“陇东粮仓”之美誉，盛产小麦、玉米、油料；荞麦、小米、燕麦、黄豆等特色小杂粮久负盛名，备受推崇。

庆阳地处全国苹果生产最佳纬度区，是农业部确定的西北黄土高原苹果优生带。红富士苹果、曹杏、黄柑桃、九龙金枣倍受消费者青睐。庆阳是甘肃优质农畜产品生产基地，早胜牛、环县滩羊、陇东黑山羊、羊毛绒等大宗优质农牧产品享誉国内外。庆阳是全国规模最大的白瓜籽仁加工出口和杏制品加工基地，是全国品质最优、发展面积最大的黄花菜基地，是国家有关部门和单位命名的“中国优质苹果之乡”、“中国黄花菜之乡”、“中国小杂粮之乡”和“中国杏乡”。庆阳还是中医药之乡，产有甘草、黄芪、麻黄、穿地龙、柴胡等300多种中草药，其中69种已列入《中华人民共和国药典》。

【民俗文化】庆阳市民俗文化源远流长，博大精深，风格鲜明，自成体系。在历史变迁过程中，保存完好并具有很强生命力的庆阳民俗文化资源艺术形式主要有香包、刺绣、民间剪纸、皮影、雕塑、石刻、草编、纸扎等工艺美术系列和陇东秧歌、道情（陇剧）、传统社火、地坑窑洞、婚丧习俗等，其黄土风情在全国独树一帜。

庆阳民歌享誉“黄土歌魂”。唱遍全国的《咱们的领袖毛泽东》、《绣金匾》、《军民大生产》等红色歌曲，是当地孙万福、汪庭有等农民歌手的佳作。评剧戏曲片《刘巧儿》，是依据陕甘宁边区时期华池县青年农民封芝琴争取婚姻自主的真实故事而创作的艺术精品。在陇东道情的基础上长期孕育而诞生的陇剧，堪为新中国剧苑的奇葩。庆阳剪纸巧夺天工，成为传承人类文明、解读远古文化的珪璧。以香包为代表的民间刺绣，文化底蕴深厚，蜚声四海。庆阳已被中国民俗学会命名为“周祖农耕文化之乡”、“香包刺绣之乡”、“徒手秧歌之乡”、“民间剪纸之乡”、“窑洞民居之乡”、“荷花舞之乡”和中国民间民俗文化调研基地。环县被命名为“皮影道情之乡”。道情皮影、香包刺绣、唢呐进入全国第一批非物质文化遗产保护名录。

【旅游资源】国家重大考古发现的“环江翼龙”和“黄河古象”古生物化石，均发掘于庆阳境内。标志中国旧石器时代肇始的华夏第一块旧石器，出土于华池县赵家岔。具有重大文物价值的境内新石器时代的仰韶、齐家文化遗址和历代古建筑、石刻、墓葬及古生物化石点有近千处。战国秦长城在华池、环县、镇原三县均有遗存。秦直道沿子午岭穿越正宁、宁县、合水、华池四县。开凿于北魏永平二年的北石窟寺为甘肃四大石窟之一。庆阳是甘肃唯一的革命老区。1927年，中国共产党在宁县建立了甘肃第一个农村党支部。1931年，刘志丹等建立了西北较早革命武装——南梁游击队。1934年，以刘志丹、谢子长、习仲勋等革命早期领导人创建了西北最早的陕甘边区苏维埃政权——南梁政府。以南梁为中心的陕甘边根据地是我党在第二次国内革命战争时期“硕果仅存”的革命根据地，后与陕北革命根据地连成一片，形成的西北革命根据地，为长征红军和党中央提供了落脚点和抗日战争的出发点。现存的华池“南梁政府”旧址、环县河连湾陕甘宁省委省政府旧址、山城堡战役等革命遗址，是国家、省、市分别确定的爱国主义和革命传统教育基地。近年来，市、县将南梁革命纪念馆、列宁小学、陕甘边区军委、苏维埃政府旧址、中国人民抗日军政大学七分校校部旧址和大凤川军民大生产基地旧址整体修复开发，建成国家AAA级红色旅游景区。2011年11月12日，庆阳市比评为“中国红色文化休闲名城和中国十大特色休闲城市”。

【国民经济】2014年，全市完成生产总值668.93亿元，比上年增长10.2%。其中：第一产业增加值80.62亿元，增长5.8%；第二产业增加值424.14亿元，增长11.4%；第三产业增加值164.17亿元，增长8.9%。三次产业结构由上年的13.2 ：62.4 ：24.4调整为12.1 ：63.4 ：24.5。完成规模以上工业增加值371.04亿元，增长11.2%。

【“三农”工作】一是积极顺应市场预期调整种植结构。全市农作物播种总面积990.47万亩，比上年增加

1.57万亩，增长0.2%，种植结构不断优化。一方面，粮食作物面积稳定增长，达到704.27万亩，比上年增长1.1%。夏粮186.57万亩，下降0.1%；秋粮517.7万亩，增长1.5%。在粮食作物内部的夏秋种植比由上年的26.8 ： 73.2调整为26.5 ： 73.5。另一方面，经济作物面积下降，共播种各类经济作物286.2万亩，下降2.1%，粮经结构由上年的70.4 ： 29.6调整为71.1 ： 28.9。二是粮食产量创历史新高。随着旱作农业技术推广成效显现，加之良好的气象气候条件，全年粮食总产量164.23万吨，创历史新高，比上年增产3.3%。其中，夏粮总产量40.88万吨，增长20.2%；秋粮总产量123.36万吨，下降1.3%。三是特色产业培育取得新成效。全市玉米播种面积326.94万亩，增长10.9%；蔬菜效益持续向好，蔬菜面积124.09万亩，增长1.5%，蔬菜总产量87.27万吨，增长7.1%；苹果产业规模不断扩大，效益节节走高，全年水果产量65.05万吨，增长12.5%；肉、蛋、奶产量分别比上年均有所增长。苗林产业发展看好，经济效益初步显现，全年育苗面积3.74万亩，增长3.0%；当年造林面积84.78万亩，增长120.4%。四是畜牧业生产形势看好。随着示范引导、扶贫攻坚和“双联”行动支持力度加大，全市养殖业呈现较快发展的良好势头。大牲畜存栏63.83万头，增长4.9%，其中，牛存栏38.56万头，增长5.2%；牛出栏16.55万头，增长5.1%。猪存栏42.56万口，增长1.8%；猪出栏40.62万口，增长3.8%；羊存栏187.14万只，增长7.6%；羊出栏73.83万只，增长8.0%。肉类总产量7.03万吨，增长8.3%。

【项目建设】2014年，市委、市政府继续深入实施“3341”项目工程，集中发力推进重大基础项目建设，是项目实施规模和建设体量最大的一年。一是投资总额持续增加。完成固定资产投资总额1122.57亿元，突破千亿元大关，增长17.8%。其中地方完成968.27亿元，增长21.5%；油田完成154.3亿元，下降1.0%。二是新开工项目个数倍增。全市500万元以上投资项目2459个，增长99.8%，其中新开工项目2104个，增长1.5倍，占全部项目的比重达85.6%。三是亿元建设项目增多。全市亿元以上项目103个，比上年增加37个，增长39.2%；亿元以上项目完成投资479.64亿元，占全部投资额的44.3%。

【消费市场】全年实现社会消费品零售总额164.0亿元，增长12.6%，消费市场总体呈现五大特点：一是新型业态与传统业态发展分化，网络零售越来越普及，对传统业态造成较大冲击；二是房地产、汽车、家电销售放缓；三是农村消费市场快速发展，增速高于城镇4.5个百分点；四是大众化消费逐渐升温，高端餐饮不断转型，大众化餐饮成为主流，文化旅游需求旺盛；五是信息消费带动作用进一步增强，4G技术促进产品和服务更新换代。

全市完成出口创汇总额7269万美元，下降16.0%。

【财政金融】全年完成大口径财政收入149.25亿元，下降3.2%。其中一般预算收入61.54亿元，下降3.4%。完成各项税收134.45亿元，增长2.0%。主体税种营业税、企业所得税、资源税分别增长2.4%、45.7%、28.9%，增值税、个人所得税下降6.2%、18.5%。全市财政支出完成185.68亿元，增长1.3%。一般公共服务、科学技术、社会保障与就业、卫生、城乡社区事务、农林水事务、住房保障支出分别增长8.5%、8.7%、6.9%、1.0%、5.9%、1.4%、116.02%，基本确保了公共支出需要。

全市金融机构各项存款余额669.31亿元，比年初增长11.6%。其中城乡居民个人储蓄存款余额449.13亿元，增长13.7%；各项贷款余额447.54亿元，增长32.5%。其中个人消费贷款52.09亿元，增长29.9%。存贷比为1 ： 0.67，当年新增贷款规模是存款的1.6倍。信贷投放的快速增长，进一步加大了金融对实体经济及民生等领域的支持力度。

【人民生活】全年城镇居民人均可支配收入为20637元，比上年，增长10.0%；农民人均纯收入为5499元，增长12.5%。年末全市单位从业人员185227人，增长6.4%。年末城镇登记失业率为1.95%。组织输转富余劳动力60.7万人，其中有组织输出32.61万人；劳务总收入达到109.29亿元，增长22.3%。

价格涨幅平稳，全年居民消费价格总水平上涨1.9%。商品零售价格总水平上涨2.2%；农业生产资料价格总水平上涨1.0%。

【社会事业】2014年末，全市事业单位各类专业技术人员43757人，其中，高级技术人员2174人。全年共组织实施农业、工业、医疗卫生和社会公益事业等各类国家、省、市科技计划项目259项，其中国列6项，省列18项，共投入科技经费3426万元。适龄儿童入学率99.83%，13~15岁儿童初等教育普及率达到99.59%，九年义务教育巩固率达到92.45%。全市大专以上高考录取人数22110人，比上年增长7.6%；录取率83.19%，比上年提高0.49个百分点。全市共有专业文化艺术表演团体9个，全年演出1648场次，观众220.69万人次；年末共有公共图书馆9个，藏书68.46万册；博物馆、纪念馆13个，文物藏量4.3万件；综合性档案馆9个，馆藏各类档案51.88万卷、30.17万件，资料7.93万册，照片2.4万张；文化站117个。全市有线电视用户增加到59893户，电视人口覆盖率达到100%。广播人口覆盖率达到100%。

全市医疗卫生机构总数1840个，比上年减少5个。年末实有医疗床位8253张，增长4.3%。全市共有卫生技术人员8773人，增长8.1%。

【社会保障】2014年末，全市参加城镇企业基本养老保险人数7.46万人，比上年末增加0.18万人。其中，参保职工4.84万人，参保离退休人员2.62万人。参加城镇基本医疗保险人数28.24万人，增加0.16万人。其中，参加城镇职工基本医疗保险人数14.09万人，参加城镇居民基本医疗保险人数14.15万人。参加失业保险人数8.26万人，减少0.01万人。参加工伤保险人数5.81万人，增加0.12万人。参加生育保险人数8.88万人，增加0.23万人。新型农村合作医疗参合率98.18%。新型农村合作医疗基金支出总额7.24亿元，累计受益216.97万人次。全市城市低保21262户、50648人，比上年末减少1873户，减少4873人；农村低保104484户、345379人，减少3141户。

【环境保护】全市有环境监测机构9个，自动监测设备3台，环境监测人员69人。全市废水中主要污染物化学需氧量排放量15000.90吨，比上年下降3.3%；氨氮排放量1776.76吨，比上年增长1.0%；大气中主要污染物二氧化硫排放量15763.07吨，比上年增加3.9%；氮氧化物排放量15830.46吨，比上年增加4.4%。全市用于环境保护的资金5.74亿元。

西峰区

【现任主要领导】

中共西峰区区委书记：章志兼

峰区人大常委会主任：赵海东

峰区人民政府区长：解平

政协峰区委员会主席：罗亚林

中共峰区纪律检查委员会书记：张恢

【基本情况】西峰地处甘肃省东部，泾河上游，位于董志塬腹地，北靠庆城县，南接宁县，西和镇原县毗邻，东与合水县相望，属陕、甘、宁三省区金三角地带。全区共辖2乡5镇3个街道办事处，100个行政村，956个自然村；3个街道办事处，15个社区，年末全区总人口37.95万人，按户籍分：非农业人口11.31万人，农业人口26.64万人。总土地面积996平方公里、149.45万亩。西峰系黄土高原沟壑区，海拔1421.0米，地势由东北向西南倾斜。地形呈一扇状，南北长约47.7公里，东西宽约34.8公里，塬面较为完整，地势平坦广阔，耕地以黑垆土为主，微碱性，土壤肥沃，疏松、保水保肥，垂直渗透力强。属半干旱大陆性气候，具有季风及黄土高塬气候的双重特点，冬春多干旱，夏秋雨水较多，暴雨多集中在七、八月份。主要农作物以小麦、玉米为主、并盛产谷子、洋芋、油菜，苹果栽培处于最佳纬度区，近几年已初具规模。什社小米以其色泽黄亮、营养丰富而成为具有地方特色的珍品，黄花菜被国家经贸委认定为“西北特级金针菜”。主要旅游资源有发掘多处的新石器时代仰韶文化、齐家文化遗址；北魏永平二年开凿的北石窟寺，二十世纪六十年代建设的巴家咀水库大坝，宽539米，高74米，肖金宋代金城寺砖塔、小崆峒山、南小河沟等自然景观以及以周祖农耕文化为主线的公刘庙、老洞山等历史遗迹。

【国民经济】2014年，实现地区生产总值170.3亿元，比上年增长7.4%。其中：第一产业实现增加值11.5亿元，增长5.4%；第二产业实现增加值100.0亿元，增长7.0%。在第二产业中，工业实现增加值83.6亿元，下降13.3%，建筑业实现增加值16.5亿元，增长22.3%；第三产业实现增加值58.8亿元，增长8.8%。三次产业结构比例由上年的6.4 ：63.0 ：30.6调整为6.8 ：58.7 ：34.5。按常住人口计算，人均生产总值达到44575.7元。全年粮食总产量完成12.84万吨，增长2.3%。社会消费品零售总额完成51.5亿元，增长12.2%。大口径财政收入完成11.38亿元，下降6.5%，其中一般预算收入完成6.09亿元，下降13.3%。全年财政支出24.57亿元，增长13.3%。金融机构人民币各项存款余额255.73亿元，增长13.5%。各项贷款余额204.88亿元，增长33.8%。

【“三农”工作】全年全区流转土地1.86万亩，实施产业开发项目96个，新建农民专业合作社20个，完成春季果树栽植4316亩，新建百亩以上集中流转苹果示范园13处，种植瓜菜16.55万亩，新（改）建标准化养殖小区23处，发展规模养殖户536户，有力的提升了产业富民增收的比重。通过建办农民专业合作社、家庭农场等合作经营性组织，努力形成“一村一品”的产业格局。目前，全区各示范村累计新栽果树5898亩、创建标准化示范园8处，发展规模养殖户525户。同时以通村道路、农电网改造提升、农村安全饮水等工程为重点，确保各示范村道路、农电及安全饮水覆盖率均达到100%，村庄绿化率达到35%以上。所有示范村共清理农户门前“三堆”8260方，清除村组道路杂草24.8公里，拆除旧庄基87处、废旧房屋26处，新建、维修公厕35座，安装垃圾箱350个，新建简易垃圾回收仓32处。

【项目建设】全年完成固定资产投资239.53亿元，比上年增长20.5%。其中亿元以上项目50个，完成投资106.44亿元，增长85.2%。68户房地产企业共计完成房地产开发投资30.9亿元，下降20.8%。其中：商品住宅投资20.3亿元，下降36.8%；办公楼投资4998万元，下降10.7%；商业营业用房投资61143万元，增长43.9%。商品房施工面积共计354.3万平方米，同比增长33.1%。商品房新开工面积146.7万平方米，增长54.3%。全年商品房销售面积43.4万平方米，下降0.7%。

【社会事业】全区共有各级各类学（协）会34个，其中专业技术（协）会10个，农村专业合作组织24个。截止年底已申报专利294件，其中发明专利228件，其中发明专利占78%。本年度选派科技特派员50名，分别进驻14户企业、15个农业专业合作社、6个养殖专业户和15个村组开展技术指导、技术服务。培育经济利益共同体5个，组建科技特派员服务团队3个。举办各类科技讲座、科技培训80余期，培训群众3000多人，发放科技宣传资料20000余份。年内开展大型科普宣传活动5次，发放宣传资料3.6万份，完成科普培训3.2万人次，开展各类培训53场次，培训技术骨干2160名。辖区内共有各类学校209所，教职工7712人，在校学生92891人。全年学前一年幼儿入园率达到了98.0%，适龄儿童小学入学率达到100.0%，初中入学率达到99.3%，高中阶段入学率达92.0%。普通高校录取2946人，录取率82.1%，二本以上进线人数932名（不含市直），进线率26.0%。辖区拥有卫生机构297个。实有医疗病床3151张，卫生技术人员3087人。全区开展住院单病种定额付费管理工作，区、乡级医疗机构对50种疾病实行了住院单病种定额付费管理。将27种疾病纳入了重大疾病保障范围，目前共落实保障政策 276 例 695.92 万元。各定点医疗机构读卡器、转账电话等机具布放率达 100%。

【人民生活】辖区全部单位在岗职工年工资总额达到 354521 万元，比上年增长 9.3%，年人均工资额 56722 元，增长 9.0%。城镇居民人均可支配收入 20651.8 元，增长 10.4%，人均消费性支出 15346.8 元，增长 9.6%。城镇居民家庭恩格尔系数为 30.4%，比上年下降 0.2 个百分点。农民人均纯收入 6798.6 元，增长 10.6%，人均生活消费支出 5711.4 元，增长 10.4%。农村居民家庭恩格尔系数为 39.9%，比上年下降 0.4 个百分点。

【社会保障】辖区参加基本养老保险的职工人数为 19471 人，其中离退休人员 16319 人；参加失业保险 40334 人；参加工伤保险 27848 人；参加职工基本医疗保险 47529 人；参加城镇居民基本医疗保险 53123 人。城市低保参保人数达到 5511 户、13945 人，发放保障金 5047.3 万元，比上年增加 150 万元，262 元。农村低保参保人数达到 3933 户、12813 人，发放保障金 1862 万元，比上年增加 292 万元，农村低保月人均补差 121 元。

【环境保护】城市环境质量 7 项指标全部在市上下达的控制指标之内。PM10（可吸入颗粒物）年均浓度控制在 73 微克 / 标立方米，二氧化氮年均浓度控制在 40 微克 / 标立方米，二氧化硫年均浓度控制在 60 微克 / 标立方米，集中式饮用水源地水质达标率 100.0%，地面水水质达标率控制在 85.0% 以上，区域环境噪声平均值控制在 55 分贝以内，交通干线噪声控制在 70 分贝以内。

庆城县

【现任主要领导】

中共庆城县县委书记：葛宏

庆城县人大常委会主任：刘建民

庆城县人民政府县长：辛少波

政协庆城县委员会主席：王超

中共庆城县纪律检查委员会

书记：何骁玲

【基本情况】庆城县位于甘肃省东部，地处陕甘宁三省区交汇地带，处祖国大陆版图的几何中心，泾河上游，东邻合水，西濒黑河，与镇原县相望，南与西峰毗邻，北与环县、华池接壤。全县辖 5 镇 10 乡 2 个办事处，常住人口 26.31 万人，总土地面积 2692.6 平方公里，山川塬兼有，区域经济特征明显。县城坐落于群山环抱之中，两水环绕，形似飞凤，又名“凤城”。庆城县是华夏农耕文化的发祥地之一，也是原陕甘宁边区的重要组成部分。

【资源优势】矿产资源丰富，尤以石油、天然气储量较大，现有长庆油田和中油庆化集团两大企业从事石油、天然气的开发利用。目前境内新打天然气探井 20 口，新增原油产能 45 万吨，原油产量达到 146 万吨，是长庆油田主产区。庆城县是国家农业部确定的“无公害果蔬”生产基地。盛产的红元帅、红富士苹果为部优产品；黄花菜被国家外经贸部命名为“西北特级金针菜”，远销东南亚和西欧；草畜产业发展较快，为陇东重要的肉制原料品供应地之一。庆城县是陇东农副产品加工贸易“旱码头”。以驿马、白马一线为主的农副产品精深加工企业蓬勃发展，外贸出口从无到有、由弱及强，形成了工业创办与出口创汇快速增长、城镇建设与区域经济协调发展、劳务就地输转与农民增收相互促进的良性发展格局。

【国民经济】2014 年，全县完成生产总值 105.2 亿元，增长 9.5%；农业增加值 8.87 亿元，增长 5.8%；地方规模以上工业增加值 8.34 亿元，增长 15.2%；城镇居民人均可支配收入 21902.9 元，增长 10%；农民人均纯收入 5439.5 元，增长 11.2%；社会消费品零售总额 24.87 亿元，增长 12.3%；大口径财政收入 6.6 亿元。

【项目工作】深入推进“3341”项目工程，全年实施 500 万元以上项目 347 个，其中亿元以上 13 个，完成投资 109.3 亿元，增长 24.1%，项目实施数量和投资规模都有了新突破。银西铁路获得国家批复，甜罗高速列入国家路网规划，茨子沟水库完成前期准备，重大基础项目取得新进展。特别是新区开发在政策调整中抢占先机，收储土地 2700 亩，拓展了城市发展和财政增收空间；移山填沟即将竣工，居民安置小区、公安消防交警业务技术用房顺利推进，“新城”建设拉开序幕。驿马 110 千伏变电站、南区集中供热、危旧房改造等民生项目全面完成，春池瓜尔胶、醋头醋等工业项目快速推进，药膳养生园建设、帝系王凤牌坊和鹅池洞维修加固等文化旅游项目顺利实施，项目带动投资导向、牵动经济走向、引领发展方向的作用进一步凸显。

【招商引资】依托两大园区，运用“五个招商”模式，借助“兰洽会”、“民企陇上行”等招商平台，招引项目 67 个，到位资金 42 亿元，比上年增长 34%。义顺园大厦等 26 个项目建成投用，驿马综合集贸中心等 33 个项目进展顺利，油田废弃物综合处理等 10 个项目签约落户。园区土地收储力度加大，路网建设更趋完善，引企入园富有成效，承载能力和集聚效应不断增强。田丰机械、甜龙工贸等招引企业建成投产，恒信达建材、春池公司等新型企业快速发展，长荣机械、居立门业等骨干企业发展壮大，地方工业整体实力不断提升。积极指导企业技改扩容，研发产品，提质升级，引导申报注册商标 15 件，长荣公司研发的节能环保加热炉被评为甘肃名牌产品，企业自主创新能力明显提升。

【农业生产】苹果产业大力实施“双十双万”工程，完成新栽 1.5 万亩，间伐改造 1 万亩，产量达到 12.34 万吨，预计销售收入 4.5 亿元，占到农民人均纯收入的 34%，农业首位产业支柱地位更加凸显。草畜产业加快实施“百村千社万户”工程，创建养殖专业村 5 个，新增规模养殖场（小区）35 个、规模养殖户 1562 个，种植牧草 6.39 万亩，草畜互动的助农增收格局初步形成。瓜菜产业稳步实施“十千万”工程，扩大基地规模，引进新优品种，种植设施瓜菜 1.09 万亩、露天蔬菜 13.9 万亩，本地菜市场占有率达到 30% 以上。苗林产业强力实施

“三川”整流域生态创建工程，创新培育模式，完善管护机制，组建专业合作社32个，辐射带动群众1760户，完成苗林结合培育15.9万亩，生态效应和经济效应初步显现。粮食生产喜获丰收，总产量达到15.69万吨。扶贫攻坚投入各类资金10.3亿元，实施整村推进8个，易地搬迁595户，减少贫困人口1.5万人，贫困面下降6个百分点，扶贫政策的惠民效应得到充分释放。

【基础建设】县城建设以完善功能、提升品位为重点，大力实施城区主次干道提质改造工程，整修拓宽道路7.5万平方米，新建便民货亭46座，安装仿古路灯146盏、电子监控21套，完善便民公厕、临时车位等配套设施，县城面貌焕然一新。全力打造风城国际城市“新名片”，民生百货、美食广场、购物超市入驻营业，地标性建筑的“商圈”效应已经显现。农村基础建设以改善条件、优化环境为重点，全面加快驿马、高楼、白马等乡镇城镇综合开发，大力推进“一乡四村”、“美丽乡村”和“环境整洁重点村”建设，新建、续建通村油路（水泥路）30条213公里，实施深井找水项目14个，建成农村安全饮水工程1083处，完成农网升级改造409公里、保护性耕作3.2万亩，新修梯田4.4万亩，改造中低产田4500亩，山区群众生产生活条件得到明显改善。创建国家、省级生态乡镇13个、市级生态村96个，农村人居环境不断优化。

【社会事业】加快科技成果应用推广，引进新技术11项、新品种21个，实施省级以上科技项目3个，顺利通过省级农业科技园区认定。推进教育资源均衡发展，完成84所薄弱学校、8所乡镇中心幼儿园和116所农村学校小伙房改造提升，高考二本以上进线率提高6.2个百分点，连续三年位居全市前列。继续深化医药卫生体制改革，建成标准化村级卫生室25个，落实基本药物零差价销售制度，让利患者356万元。完善利益导向政策体系，开展免费孕前优生健康检查和出生缺陷干预工作，稳定了低生育水平，促进了人口素质提高。加快文化旅游产业发展，成立农耕文化产业园区管理局，启动运营中医名医馆、养生馆，探索建立“以馆养馆、以山养山”新模式。不断扩大社会保障覆盖面，城乡低保、“五保”供养标准进一步提高，城乡居民养老保险参保率达到99.3%。鼓励引导160名大学生到民营企业就业，新增城镇就业8767人，输转富余劳动力4万人，实现劳务收入7.1亿元。省列、市列39件民生实事全部办结，有效解决了群众就医、入学、就业、饮水和住房等方面的实际困难。民族宗教、人事编制、工商质监、商务供销、粮食物价、老龄妇幼、史志档案等工作统筹推进，税务气象、金融保险、盐务邮电等工作取得了新成效。

环县

【现任主要领导】

中共环县县委书记：王谦

环县人大常委会主任：田建堂

环县人民政府县长：何英祥

政协环县委员会主席：朱芳明

中共环县纪律检查委员会

书记：高鹏程

【基本情况】环县踞陕、甘、宁三省（区）之交界，鄂尔多斯盆地之腹中，大西北经济圈之中枢，银（川）—（长）武大动脉纵贯全境，神府、宁东、华亭、彬长四大煤田分布四周，中石化、中石油、延长油矿开采区块均有分布。全县辖20个乡镇、1个旅游开发办、251个行政村，1487个村民小组，总土地面积9236平方公里，年末全县户籍人口35.23万人，其中：农业人口32.35万人；常住人口30.64万人。境内海拔高度在1200~2089米之间，年均降雨量569.4毫米左右，年平均日照时间2447.6小时。

隋朝置县以来，环县就是兵家必争之地。这里曾涌现出诸多仁人志士、英杰贤达，南宋王渊，明代魏镇、魏锟，晚清明将董福祥、张俊，道情皮影艺人解长春，农民诗人《咱们的领袖毛泽东》词作者孙万福等名人辈出。

环县是红色教育的传播地，传统光荣，民风淳朴。环县是1936年解放的革命老区，红军长征途经之地，原陕甘宁省委、省政府驻地，是陕甘宁根据地的重要组成部分、中国人民解放战争的总后方。第二次国内革命战争最后一战山城堡战役就发生在环县境内。

【资源优势】环县是绿色杂粮的原产地，品质优良，物美价廉。环县位于毛乌素沙漠与黄土高原的交汇地带，气候凉爽，干旱少雨，特殊的土壤、气候和降雨量造就了环县盛产荞麦、糜子、谷子、洋芋、燕麦等小杂粮和胡麻、葵花、黄豆、中药材等多种经济作物，质优品良，属绿色无公害产品。其中小杂粮产量居全省之首，被命名为“中国小杂粮之乡”。羊只饲养量居全省第二，是西北羊绒、羊毛、皮张和各种肉食品的主产地之一。

环县矿产资源丰富，境内有石油、天然气、石灰岩、煤炭、白云岩等多种矿藏。石油地质储量达5亿多吨，是长庆油田的主产区之一；优质石灰岩储量达2000多万吨，正在开发利用；白云岩储量达18亿吨，属特优品位；全县煤炭预测储量684亿吨，其中千米以浅整状煤田预测储量51亿吨，煤层气预测储量3480亿立方米。现已探明千米以浅整状煤田储量达16.47亿吨，甜水堡千米以浅煤炭储量2亿吨，构造简单，煤质优良，具备建设亿吨级煤田的条件。

【国民经济】2014年，全县实现生产总值79.58亿元，比上年增长10.2%；固定资产投资105.93亿元，增长22.3%；社会消费品零售总额13.06亿元，增长13.2%；大口径财政收入54601万元，增长2.5%；城镇居民人均可支配收入21650元，增长9.8%；农民人均纯收入4782元，增长13.2%。

【工业发展】煤炭资源开发取得重大突破，马福川煤矿获得国家发改委核准批复，甜水堡2号煤矿基本建成，环县燃煤电厂列入省内火电项目消纳建设规划。刘园子煤矿率先建成投产，在庆阳煤炭资源开发进程中具有里程碑意义。南湫20万千瓦风电项目全面建成，华电毛井一期40万千瓦风电场即将建成。马惠输油管线升级改造项目完成总工程量的90%，全年原油产量达到181万吨。

【基础建设】新修、续建通村油路25条568公里，新建漫水桥53座，全县农村道路通畅率达到44.2%。银西铁路获得国家批复。建成集中供水工程3处，新修集流场（窖）2962处、小电井217眼，解决了4.69万人的安全饮水问题。完成了城市防洪等专项规划编制，县城集中供热扩大了20万平方米，解决了1300多户群众的集中供暖问题。棚户区改造项目全面启动，建成654套廉租住房主体工程，治理巷道7条，新建公厕8所、规划设置停车场11处。东山新增绿化面积2500亩，建成老虎山水景公园，生态和社会效应逐步显现。新修梯田15.05万亩，累计达到163万亩。通过不懈争取，环县被列入第二批全国生态文明示范工程试点县，成功跻身国家农业综合开发项目县。实施扶贫整村推进项目14个，完成农村危旧房改造3000户，帮助370户、1554人圆了移民搬迁梦，有效改善了生产生活条件。

【农村经济】围绕发展种草养羊首位产业，投放贴息贷款2.45亿元，新发展养羊专业村74个，新成立养羊专业合作社43个，新增加养羊大户1万户，羊存栏达到150万只、出栏90万只，实现产值8亿元，农民人均创收超过2400元。投放饲草加工机械617台，青贮饲草56万吨。新种补种紫花苜蓿20万亩，其中地膜种草5550亩；荟荣草业公司收购加工紫花苜蓿2800吨，优质牧草商品化开始起步。新增设施瓜菜2000亩，平均亩产达到9000元。完成苗林结合培育25.5万亩，栽植旱地苹果4000亩。推广旱作农业130万亩，粮食总产达到38.06万吨。“龙影”获得“中国驰名商标”，成功注册了“环县羊羔肉”和“环县马铃薯”地理标志商标，向香港市场出口黑山羊40吨。甘牧源奶牛场养殖规模扩大到1100头，环县群众喝上了新鲜安全的纯牛奶。扶贫攻坚成效明显，当年脱贫50个村、2.52万人，贫困人口减少到10.27万人。

【环境保护】2014年环境保护工作进一步提高。经监测，地表水水质达标率91%，饮用水达标率100%，可吸入颗粒物0.104毫克/立方米，二氧化硫年平均值控制在0.016毫克/立方米，二氧化氮年平均值控制在0.025毫克/立方米；可吸入颗粒物、二氧化硫、二氧化氮全城区平均浓度均达到GB3095～1996《环境空气质量标准》二级标准。区域环境噪声等效声级52.8分贝，交通干线噪声等效声级64.7分贝，均低于平均标准。

【社会事业】新建、改建校舍4.8万平方米，消除D级危房2.6万平方米，县城思源实验学校和南关、北关、老城三个幼儿园秋季实现招生。完成27所幼儿园设备购置和144所村小学附设幼儿班改造，城乡适龄幼儿入园难问题基本得到解决。县医院门诊医技综合楼和急救后勤保障服务综合业务楼投入使用，完成了6个乡镇卫生院和26个村卫生所改扩建，购置大型医疗设备60多件，县乡医疗条件得到有效改善。顺利通过了计划生育利益导向体系建设省级示范县评估验收。启动实施灵武台民俗文化产业园工程，建成了曲子革命纪念馆，完成了山城堡战役纪念馆革命史料陈列布展。新建“乡村舞台”62个、“文化集市”5处，以“百姓大舞台”为主的群众文化生活日益丰富，南湫乡农民熊有堂登上“星光大道”，环县一中学生梁维月荣获“最美孝心少年”荣誉称号，凝聚了社会正能量。认真落实中央八项规定，“三公”经费较上年压减了25%。新增金融机构2家，净增贷款10.4亿元，提升了金融服务能力。深刻吸取“9.6”事故教训，扎实开展安全生产大整治百日攻坚行动，积极化解信访积案，理顺了交警管理体制，持续推进严打整治专项行动，严厉打击各类违法犯罪活动，社会大局和谐稳定。

【民生保障】办理人大代表议案、意见建议68件、办结率60.6%，办理政协委员提案52件，办结率65%。社会保障水平不断提高，建成县老干部活动中心和21处城乡老年人日间照料中心，完成社会养老服务中心公寓楼和综合服务楼主体工程，全年发放各类社会救助资金1.48亿元。社会养老保险基础养老金提高到70元，城镇居民医保补助由280元提高到320元，参合农民筹资标准由340元提高到380元，全年为16.6万人次报销医疗费9134万元。组织实施白内障复明和假肢安装手术114例，救助脑瘫儿、聋儿、智障儿和孤独症儿童10名，建成残疾人就业基地3个。继续实施“陇家福”雨露行动，积极帮助4601户计生家庭解决生活困难。补贴新建便民平价蔬菜店12个。帮助620户受灾户完成了住房维修和恢复重建。协调处理劳务纠纷159起，帮助农民工追讨工资1202万元。在116个村开展干部驻村服务试点工作，构建了县乡村三级政务服务体系，有效解决了联系服务群众“最后一公里”的问题。

华池县

【现任主要领导】

中共华池县县委书记：赵昌军

华池县人大常委会主任：王长清

华池县人民政府县长：张万福

政协华池县委员会主席：张刚宁

中共华池县纪律检查委员会

书记：孙明东

【基本情况】华池县位于甘肃省东部，东、北与陕西省志丹、吴旗、定边县接壤，西、南与环县、庆城、合水为邻，地形北高南低，海拔在1100～1780米之间。总土地面积3791平方公里，可耕地面积103.36万亩，其中山地占85.4%。全县共辖4镇11乡，111个行政村，9个社区，646个村民小组，4.37万户，总人口13.55万人。有汉、蒙、回、藏、维、苗、壮、满、侗、土家、彝、布依、朝鲜等13个民族。华池县为大陆型气候，四季分明，降雨量南多北少，2014年年降雨量579.5毫米左右，且多集中在7、8、9三个月。年平均气温8.8℃，年日照2154.5小时。华池县能源富集，煤炭、石油、天然气、风能十分丰富。油所蕴藏面积达到2200平方公里，储量达到8.6亿吨，2014年原油产量达到206.31万吨，天然气储量约3000亿立方米。风能储量极为丰富，紫坊畔、乔河风电项目正在做测风和前期准备工作。横跨县境东端的天然屏障子午岭林区原始次森林面积达150多万亩，号称陇东“天然水库”。华池县土地资源丰富，土层深厚，光照充足，适生作物品种繁多。发展粮、经、饲、果、菜种植业和畜牧业均具优势，前景十分广阔。白瓜籽、黄花菜、黑木耳、小杂粮等土特产品驰名陇上。华池是陕甘边区最早的革命根据地之一。1929年建立党组织，1931年建立了革命武装——南梁游击队。1934年刘志丹、谢子长、习仲勋等老一辈革命家在华池南梁创建了西北第一个陕甘边苏维埃政权——南梁政府，以南梁为中心的陕甘边革命根据地，是第二次土地革命战争后期我党“硕果仅存”的革命根据地，是党中央和中央红军长征的落脚点，是八路军奔赴抗日前线的出发点。现存的南梁革命纪念馆，南梁革命历史陈列馆是国家“AAA”级旅游景区，被国家、省、市确定为全国爱国主义教育示范基地。境内有寨子湾军委、政府旧址展馆，抗大七分校旧址展馆，军民大生产基地旧址和列宁学校旧址展馆等红色旅游景区39处。

【国民经济】2014年，全县生产总值104.93亿元，增长8.9%，人均生产总值78676元。其中：第一产业增加值5.21亿元，增长5.9%；第二产业增加值87.44亿元，增长9.3%；第三产业增加值12.28亿元，增长12.28%。三次产业结构比由上年的5.7 ：82.0 ：12.3调整为5.0 ：83.3 ：11.7。规模以上工业增加值（含石油）83.1亿元，增长9.5%。全县非公有制经济增加值12.03亿元，占生产总值比重为11.5%。全年用电量达到24509万千瓦时，增长10.3%。

【“三农”工作】加快农业产业结构战略性调整步伐，启动实施了羊产业发展“百千万”工程，草畜产业主导位置进一步凸显；川区全膜玉米种植实现全覆盖，种植全膜玉米35.3万亩，小杂粮20.33万亩，粮食产量实现“七连增”。全县粮食作物播种面积67.44万亩，粮食总产量达到13.36万吨，比上年增长0.6%。其中：夏粮播种面积7.74万亩，总产量达到2.33万吨；秋粮播种面积59.7万亩，总产量达到12.03万吨。林业生产大幅增长。年内完成荒山地造林面积18.99万亩；增长206.21%。育苗面积2.0万亩，下降2.4%，其中当年新增0.8万亩，下降32.2%。苗木产量8939万株，增长32.2%。果园面积5.93万亩，水果产量1.84万吨，增长13.6%。森林覆盖率27.86%。畜牧业生产在疫情之年平稳增长。大家畜饲养量7.43万头，增长7.4%，羊饲养量达到26.91万只，增长8.2%；猪饲养量7.46万头，增长2.3%；家禽饲养量36.59万只，增长10.1%。农业生产基础设施明显改善。全县水平梯田累计达到50.5万亩，化肥施用量1.53万吨，增长1.8%。薄膜使用量0.19万吨，增长26.9%。地膜覆盖面积35.5万亩，增长40.9%，棚膜面积0.81万亩，下降0.2%，日光温室0.11万亩，增长20.0%。农机力量明显增强。年末农业机械总动力16.2万千瓦，增长9.5%，轮式拖拉机800台，手扶拖拉机172台，旋耕机1089台，农用运输车5330台，脱粒机6074台。农业劳动生产率6.51万元/人。

【固定资产投资】实施500万元以上固定资产投资项目474个，完成固定资产投资额78.08亿元，增长21.6%。工业固定资产投资完成4.39亿元，下降4.4%。年内5户资质以上建筑企业产值达到11.5亿元，增长3.96%，实现增加值3.79亿元，增长11.5%。房屋施工面积271786平方米，增长11.85%，房屋竣工面积207706平方米，增长12.6%。

【人民生活】城乡居民收入稳步提高。2014年全县城镇居民人均可支配收入达到21940.8元，增长10%；农民人均纯收入达到5348.6元，增长12.1%。居民居住条件不断改善。全县共建成保障性住房174套，建筑面积1.17万平方米，投资额3.35亿元。其中：廉租房114套，建筑面积5700平方米，投资额1399.37万元。限价商品房60套，建筑面积6000平方米，投资额2102.5万元。全年共实施保障家庭467户，其中分配廉租房74户，兑现租赁补贴393户。年末城镇居民人均住房面积32.3平方米，农村居民人均住房面积20.8平方米，完成农村危旧房改造2700户。

【社会事业】2014年全县组织实施农业省列科技计划项目2项，共投入科技资金135万元。全县科技经费投入总额达到3686.56万元，占GDP（不含油田）比重1.71%，企业科技经费投入总额467.8万元。全县有各类学校141所。教职员工1937人，在校学生21077人，增长0.1%。学龄儿童入学率100%，高中阶段毛入学率89.8%，7~12岁儿童入学率100%，小学生巩固率100%，学前三年毛入学率82.92%。当年高考录取1261人，录取率90.33%。新建、改建校舍2.36万平方米，办学条件得到不断改善，全年教育经费支出2.22亿元。年末全县共有医疗卫生机构27个，共有卫生技术人员501人，下降3.5%，年末实有医疗床位546张，千人拥有病床4.0张。全县婴儿死亡率2.4‰，5岁以下儿童死亡率3.0‰。

全县有专业文化艺术表演团体21个，乡镇文化站12个，广播电视机构1个，调频转播台1座，卫星地面接收站1座，全县有线数字电视用户3300户。广播电视农村直播卫星用户16000户，村村通17000户，电视综合人口覆盖率达到100%。全县图书藏量达到32620册，馆藏档案54655卷。年内文化产业调查单位达到90户，当年新增企业14户，实现文化产业增加值1.2亿元，增长22.1%。全县有体育馆1个，乡村体育活动场地64个，全年共举办县级以上运动会10次。

【社会保障】城乡居民保险政策得到全面落实。年末参加城镇基本养老保险3046人，年末参加城镇居民基本医疗保险10403人，参加失业保险4709人，参加工伤保险2347人，参加生育保险5797人。全县共有综合性社区服务中心17个，各类收养性社会福利单位床位数571张，增长26%，共收养孤儿119人，发放救助金63.4万元。城乡居民医疗救助495人次，发放医疗救助金409.63万元。全县城镇低保户1638户、3565人，发放低保金1019.8万元；农村居民低保5525户、18976人，发放低保保障金2572.4万元。享受五保人数561人，发放五保金177.04万元。全县残疾人事业保障经费支出114.42万元。年内新型农村合作医疗支出总额3837万元，累计受益10.7万人次，其中：门诊统筹基金支出368.8万元，受益9.36万人次；慢性疾病和特殊疾病支出502.3万元，受益0.36万人次；住院补偿支出2698.6万元，受益0.9万人次。

【环境保护】环境执法力度加大。对辖区内12个采油作业区的油水井、输油管线、钻井现场、修井现场的环保措施落实情况进行了现场检查，对查处的13起环境违法行为提出了整改意见，并督促整改到位。查处环境违法行为5起，对典型的3起案件予以公开曝光，查处饮水环境违法行为6件。年内争取农村环境连片整治项目资金499万元，集中在悦乐镇等6乡镇7个村实施了以“生活垃圾收集转运、饮用水源保护、畜禽养殖污染治理、环境宣传”四大工程为主的中央农村环境连片整治项目，共新建砖混固定农业生产垃圾收集房8座、蓄粪池63座，配备垃圾转运箱115个，设置分类式垃圾箱650个，购置人力垃圾保洁车84辆；购置压缩式垃圾车5辆。全县废水排放量161.2万吨。废水中主要污染物化学需氧量排放量696.5吨；氨氮排放量113吨；大气中主要污染物二氧化硫排放量592.5吨；氮氧化物排放量113.6吨。

合水县

【现任主要领导】

中共合水县县委书记：柴春

合水县人大常委会主任：谢守成

合水县人民政府县长：沈文祥

政协合水县委员会主席：朱克勤

中共合水县纪律检查委员会

书记：王凤龙

【基本情况】合水县位于甘肃省东部，地处陇东黄土高原，东邻陕西省富县，西连庆城县，南接宁县，北靠华池县及陕西省志丹县，东西长138公里，南北宽80公里。合水地处子午岭山麓，境内地势山川相间，东北高，西南低，子午岭纵贯南北，将县分为东西两大部分，呈现出东水东流，西水西去之势，岭上有穿境而过的“秦直道”被誉为古代中国的高速公路，闻名暇尔；岭下有“小江南”之称的太白川，林草茂密。东北部为丘陵沟壑区，海拔1458~1682米，总土地面积2933.37平方公里（折合440.01万亩），其中耕地35.54万亩，林地346.35万亩，森林覆盖率69.94%。西南部分为高原沟壑区，海拔1190~1387米，系泾河上游地带，境内有县川河、马莲河、固城河、葫芦河四条河流，以子午岭为分水岭，马莲河、县川河、固河为泾河支流，葫芦河为洛河支流，年入境平均总径流量3.67亿立方米，水资源总量4.42亿立方米，有效灌溉面积4.9万亩。属温带大陆性季风气候，光照充足，雨量充沛，四季分明，气候宜人，年平均降水量562.8mm，年平均照日总时数2376.0~2491.6小时，年太阳辐射总量为128.15~131.45千卡/平方厘米；年平均蒸发量1460~1592mm，全年平均无霜期151~160天。全县辖8乡4镇，5个社区居委会，80个村民委员会、498个村民小组，总人口17.81万人，有汉族、回族、蒙古族、满族、东乡族、苗族、壮族、土家族、裕固族等9个民族，其中：农业人口15.3万人，常住人口14.77万人，城镇人口4.55万人，人口自然增长率7.14‰，城镇化率达到30.81%。

【资源优势】石油、煤炭等矿产资源丰富，已探明石油储量3.4亿吨，石油产能突破100万吨，煤炭总储量71.3亿吨、煤层气贮量2150亿立方米，平均可采煤厚度6.46米。苹果、黄花菜、白瓜籽、黑木耳、鹿茸久负盛名，誉满中外；甘草、麻黄、柴胡、远志、枣仁等150多种名贵中药材及核桃仁、花椒、槐米、稻米等土特产品倍受客商青睐；梅花鹿、狐、黄羊、野猪等140余种野生动物与200多万亩森林依栖相伴，生息繁衍。境内发掘仰韶、齐家文化遗址及文物点654处，其中列为省级保护的10处，地、县级保护的31处，馆藏各类文物3000余件；1973年境内出土的黄河象化石，是世界上发现最早、骨骼最大、个体保存最完整的剑齿象化石；国家AAA级旅游景点陇东古石刻艺术博物馆被誉为“可移动的敦煌莫高窟”。主要民俗文化有剪纸、香包、刺绣、根雕、皮影、面塑、石雕等，《合水面塑风俗》、《合水石雕艺术》、《合水编结技艺》和《合水民谣》被列入省级非物质文化遗产名录，《合水唢呐》《合水香包刺绣》被列入市级非物质文化遗产名录，被命名为省级“面塑之乡”。合水是南梁根据地和陕甘宁边区的重要组成部分，刘志丹太白起义、包家寨子会议等历史事件在境内发生，为中国革命做出了巨大贡献。

【国民经济】2014年，全县完成生产总值54.13亿元，比上年增长11.2%。其中：第一产业7.21亿元，增长5.6%，第二产业39.32亿元，增长13.6%，第三产业7.6亿元，增长7.7%；固定资产投资76.24亿元，增长20%；大口径财政收入3.04亿元，增18.3%；社会消费品零售总额8.79亿元，增长12.96%；城镇登记失业率为4%，全县万元生产总值能耗0.6843吨标准煤，万元生产总值能耗下降4%。

【“三农”工作】全县粮食产量达到102041.19吨，其中，夏粮25128吨，秋粮76913.19吨，夏秋粮面积比为30.2 ∶ 69.8。苹果、草畜、瓜菜和林业四大产业的支柱作用显现，新栽苹果0.5万亩，建成大中型冷藏库11座，苹果总产量达到10万吨，实现产值3.1亿元，收入10万元以上的果农超过900户。种植各类蔬菜18.33万亩，其中设施蔬菜1.24万亩，实现产值3.07亿元。种植紫花苜蓿1.2万亩，留存面积达到11万亩，完成玉米秸秆青贮25万吨，新建标准化养殖场28处，新增规模养殖户416户，全县猪牛羊饲养量达到59.47万（只），实现产值14042万元。完成苗林结合培育6.4万亩，流转林地2万亩，建成山地林业经济产业基地4个，实现产值5101万元。新建农民专业合作社73个，发放农机购置补贴387.9万元，投放农机具3070台（件）。开展农村劳动力技能培训6620多人次，劳务输转4.14万人次，实现劳务收入7.36亿元。

【项目建设】全年论证储备项目248个，完成前期43个；争取国家、省市各类项目和补助资金310项6.5亿元。开展招商活动13次，签约招商引资及启动民资项目33个，签约资金50.7亿元，到位资金22.3亿元，增长31.3%。开工实施亿元以上项目13个、500万元以上项目160个，西合二级公路、农村公路通畅工程、薄弱学校改造等事关发展全局和民生利益的重点项目取得重大突破。全县报批各类建设用地18宗2880亩，完成征地1496亩。

【工业经济】全县现有各类工业企业184户，其中规模以上企业5户（亚泰利冶炼公司、古象奶业公司、鼎诚商砼混泥土有限责任公司、振海塑业公司、瑞星商砼混凝土有限公司），个体工商户4065户。完成规模以上工业增加值9396万元，完成出口供货值5200万元，完成非公经济增加值10.01亿元，实现税金3286万元。境内预测煤炭储量71.3亿吨，煤层气储量2150亿立方米，煤层赋存稳定，角度平缓，瓦斯低，煤质优良，最优煤层厚度12.75米。争取到省煤炭勘探基金3.44亿元，新打探井33口。油气资源储量达3.4亿吨，累计钻井2411口。新打油（水）井191口，原油产量达到100万吨，新增产能42.5万吨，争取油田支地资金3000万元，实现石油税收3813万元。

【人民生活】年末全社会全部单位从业人员7822人，工资总额33475.7万元，人均月报酬3566.4元。农民人均纯收入5257元，增长12.1%；生活消费支出4999元，增长15.4%。城镇居民人均可支配收入19981元，增长9.2%。人均消费性支出16719元，增长24.4%。

【扶贫开发】坚持把双联行动与精准扶贫相结合，完成精准扶贫建档立卡，省市县乡3853名干部联系贫困户11942户，实现了干部帮联贫困户全覆盖。大力实施“1236”扶贫攻坚行动，完成投资4.7亿元，实施扶贫整村推进项目13个，易地扶贫搬迁151户，扶持1.02万人脱贫，贫困人口减少20.1%；扎实推进马莲河流域和瓦岗川两个贫困片带综合开发，完成投资3.01亿元，打通马莲河流域“一纵十七横”道路交通网络，开通硬化瓦岗川上山道路4条42公里，培育蔬菜、苹果、养殖专业村3个，群众生产生活明显改善。建成扶贫资金互助协会21个，发放双联惠农、下岗职工再就业、妇女小额担保等财政贴息贷款7943万元。积极争取合水籍在外创业成功人士李杰先生无偿投资4200万元建成铁李川新村，被国家和省市30多家新闻媒体采访报道。

【环境保护】全年削减化学需氧量419.38吨，削减氨氮27.18吨。城区二氧化硫浓度0.01125mg/立方米、二氧化氮浓度0.0225mg/立方米、可吸收颗粒物0.103mg/立方米，平均浓度达到《环境空气质量标准》二级标准；铁李川大桥地表水、新村水库饮用水水质达标率分别为100%，均达到《地表水环境质量》Ⅲ类标准；县城城区及交通干线环境噪声分别为53分贝、68.2分贝，平均等效声级符合《声环境质量标准》Ⅰ、Ⅳ类昼间标准。对板桥、老城、蒿咀铺、店子、肖咀5乡镇地下水、大气、声类进行了监测，均符合《地下水质量标准》Ⅲ类标准、《环境空气质量标准》二级标准、《声环境质量标准》Ⅰ类区标准。核发汽车环保标志证3310枚。

【社会保障】落实农村公路通畅工程、棚户区改造等政府主导型融资贷款5630万元，发放强农惠农资金1.33亿元，保证了扶贫、社保等重点支出，兑现了国家、省市规定的调标工资和科学发展业绩奖等津补贴，将公益性岗位工作人员工资由1020元提高到1200元，支付就业资金150.8万元，发放社会保险资金6983.62万元。全面完成了在县十七届人大四次会议上承诺的10件为民实事。新建各类保障性住房284套，完成农村危旧房改造1600户、残疾人危旧房改造180户。发放城乡低保、大病医疗救助等各类保障金5324万元，建成村级互助老人幸福院40个，为75岁以上老人进行了免费体检，为90岁以上老人每人发放生活补助1000元，为特困残疾人发放生活补贴175万元。新增城镇就业3880人，开发公益性岗位22个，安置高校毕业生142人。

【社会事业】科技入户工程成效显著，引进新品种48项，推广新技术22项，申报专利114件。投资6362万元，实施薄弱学校改造、教师周转宿舍等重点项目8类41处，新增校舍1.8万平方米。加强教育教学管理，顺利通过国家县域义务教育基本均衡发展评估认定。发放寄宿生生活补助、学生营养餐改善和困难学生资助资金1381万元，受益学生2.2万人次。医药卫生体制改革和卫生信息化建设稳步推进，全县医疗机构零差率销售药品3516.7万元，为患者让利600万元，为10.4万人次参合农民报销医药费3830.88万元。

正宁县

【现任主要领导】

中共正宁县县委书记：吴丽华

正宁县人大常委会主任：袁喜言

正宁县人民政府县长：张龙杰

政协正宁县委员会主席：梁环平

中共正宁县纪律检查委员会

书记：齐雪柏

【基本情况】正宁县位于甘肃省庆阳市东南部、子午岭西麓，属陇东黄土高塬沟壑区，东与陕西省黄陵县以子午岭为界，南与陕西省旬邑县、西南与陕西省彬县相邻，西与陕西省长武县以泾河为界，北与本省宁县相接。地形东高西低、东宽西窄，略呈三角形，东部为子午岭林区，中西部为平原沟谷宜农区。境内被支党河、嘉峪河、四郎河分割为四塬三川，平均海拔1460米，年均气温9.4℃，年降水量736.2毫米，无霜期169天左右。全县辖7镇3乡、94个行政村、7个社区居委会、677个村民小组。县域总面积1319.5平方公里，耕地43万亩。据公安年报统计，2014年底总户数76544户，户籍总人口24.23万人。其中，农业人口21.31万人，非农业人口2.92万人；男性人口12.74万人，女性人口11.49万人，出生人口4398

人，死亡人口1281人。

【资源优势】正宁煤炭资源富集，是全省区域战略布局“东翼”和庆阳建设中国能源新都的主战场，已探明煤炭储量25亿多吨，占全市储量的96%，宁正煤田核桃峪800万吨煤矿（实际能力为1200万吨，是全国特大型煤矿之一）即将建成。装机2×66万千瓦正宁电厂取得国家发改委核准，即将开工建设。罗川煤田勘探已全面完成。石油、天然气储量也比较丰富，开发前景十分广阔。

【国民经济】2014年，全县实现生产总值26.92亿元，比上年增长8.2%；完成大口径财政收入完成19274万元，增长17.91%；固定资产投资98.36亿元，增长20%；社会消费品零售总额完成11.99亿元，增长12.72%；城镇居民人均可支配收入完成19845.7元，增长8.9%；农民人均纯收入5841元，增长11%。

【“三农”经济】全年实现农业增加值9.09亿元，比上年增长6%。播种粮食作物27.61万亩，增长0.89%；粮食总产量90307吨，增长0.3%。经济作物，种植油料作物10.16万亩，增长3.5%；产量1.62万吨，增长4.9%。种植蔬菜7.59万亩，增长2.3%；产量14.18万吨，增长8.8%。种植烤烟2万亩，减少50%；产量5100吨，下降48.8%。种植中药村5.14万亩，增长2%；产量4.84万吨，增长4.9%。水产品产量172吨，增长29.32%。全县果园达到19.82万亩，水果产量10.18万吨，增长17.6%。其中苹果产量9.42万吨，增长18.8%。全年造林4.46万亩，新育苗木2.69万亩，四旁植树80万株，新栽苹果2.7万亩。全年猪、牛和羊出栏分别为2.58万头、0.73万头、0.97万只，分别增长3.6%、4.3%和6.6%。

【项目工作】“3341”项目工程深入实施，全年争取项目132个、资金7.8亿元，比上年增长20%；签约实施招商引资项目26个，到位资金20.51亿元，增长23.8%；实施500万元以上重点项目328个，是项目实施规模和建设体量最大的一年。核桃峪煤矿“四井”全线贯通，正宁电厂获得核准，迈出了大工业开发见效的关键一步；锦运、金牛公司等一批围绕大工业和农业产业的延链、扩链项目顺利推进，工业对经济发展的拉动作用逐步增强。客运服务中心、北区道路及排水、黄帝文化旅游景区建设等项目进展顺利，县城污水处理厂建成投用，省道303线正宁段改造全面竣工，嘉峪川引水枢纽及烟草基地灌溉和四郎河护岸工程主体竣工。县城新区开发和9个小城镇提质改造步伐加快，城镇化率达到29.79%。新修通村水泥路23条186公里，乡镇和行政村通等级路率均达到100%；新增自来水入户村11个，解决了5860人的饮水安全问题，自来水入户率达到69.4%。地方工业发展水平稳步提升，实施产业转移项目8个，创建小微企业121个，汇丰、金牛、锦运、奥神洲等企业初具现代企业规模。甘肃银行正宁支行挂牌运营，金融支撑地方发展能力明显增强。外贸经济强劲增长，实现出口创汇3900万美元，增长31%，出口创汇额占到全市一半以上。

【扶贫开发】进一步推进精准扶贫，有效融合“三位一体”扶贫机制的协调发展，以19个贫困村为主战场，坚持把产业富民作为改变农村贫穷面貌的有力抓手，增强农村自我“造血”功能，依托贫困乡村资源和区位优势，深入开展“培育产业促增收”活动，着力确保村有主导产业、户有致富门路，拓宽了群众创业致富路子。累计砂化村组道路31.3公里，衬砌渠道4550米，建过路管涵29处、箱涵1处，建漫水桥2座，加固土桥1座，新打机井1眼，维修机井2眼，建高位水塔1座，铺设自来水管线5公里，新修梯田800亩。扶持贫困农户新建优质果园500亩，发放机动喷雾器200台，为西坡乡高红村84户贫困户发放小尾寒羊720只。以“143”培训和“雨露计划”为依托，全年累计举办各类培训班20多期，培训农民技术人员1350人次。全年扶持减贫8300人，扶贫对象人均纯收入同比净增422元，贫困面下降到13.97%。

【环境保护】县城生活污水处理厂完成工程建设并投入运行；完成天马养猪场等5户畜禽养殖污染治理工程；发放机动车环保标志11316份；完成汇丰公司、锦运建材、东区供热公司3户企业环保标准化建设工作。全力推进生态县创建，全县10个乡镇、94个行政村均已通过市级生态乡镇、生态村命名。实施生态县新建、续建重点项目39个。累计查处建筑施工、商业网点、文化娱乐等方面的噪声污染12起，治理餐饮业油烟污染5起，处理环境信访案件27件。

【社会保障】按照省、市为民办实事任务要求，社会救助标准逐步提高。城乡低保标准提高15%，五保供养集中供养标准、分散供养标准均提高510元/年人。建成日间照料中心和互助老人幸福院11个，建筑面积1630平方米，使养老服务的硬件设施进一步强化；加大资金投入，落实老龄优待政策，为2432名80岁以上老年人发放高龄津贴39.9万元；积极落实孤儿救助抚养政策，为292名孤儿发放生活费233.04万元；积极资助农村低保、五保对象参加农村合作医疗工作，为33781人代缴参合资金69.8万元，参合率达到了100%。城镇基本养老保险参保5263人，基金支出3295万元；失业保险参保5786人基金支出12万元；城镇职工基本医疗保险参保11027人，基金支出1638万元；城镇居民基本医疗保险参保9097人；城乡居民社会养老保险参保12.81万人，参保率达到97%，基金支出2518万元，发放率100%；村干部养老保险参保352人，基金发放70人、17.3万元；被征地农民养老保险参保487人，发放养老金389人277万元。就业保障力度逐步加强，全县城镇新增就业6480人，城镇登记失业率为2.09%；输转农村富余劳动力6.354万人，创劳务收入9.621亿元。农村医疗合作覆盖逐步提高，全县参合人数达到了197467人，新农合参合率达到99.35%，共计补偿131136人次5827.3万元，基金使用率99.17%；摇号分配保障性住房281套，改造农村危旧房1700户；为全县745户城镇最低收入家庭2092人发放廉租住房租赁补贴153.13万元，实现了人均住房面积10平方米以下的城镇最低收入家庭应保尽保。

【社会事业】全年上报省科技厅项目7个，立项2个，论证储备后续科技项目12个。举办民族团结进步宣传月、科技活动周等大型科技宣传和送科技下乡活动6场次，举办大型科技下乡培训活动5次，举办技术培训班32期，培训群众5600多人次，骨干培训2100人，宣传群众5万人次。全县共有各级各类学校161所，在校学生25559名，在园幼儿8521名，学前一年毛入园率达到88%，初等教育阶段适龄儿童入学率100%，初级中等教育阶段入学率99.67%，高考二本以上进线人数447人，进线率为20.55%，教育系统共有职工2937人，其中专任教师2759人。改造薄弱学校33所，乡镇公立幼儿园实现全覆盖。建成乡村舞台39个、文化集市11个，组织开展文化下乡，惠及群众20多万人次。全县文化产业增加值实现1.02亿元，资产总额完成3.17亿元，文化产业法人单位机构数达到55家，从业人员达到7404人。着力打造红色革命教育游、陇上林海绿色生态游、罗川古城历史文化游、黄土风情与黄帝文化游四大旅游名片，全年累计完成旅游项目投资960万元，接待游客7.4万人次，同比增长7%；旅游综合收入3200万元，同比增长3%；新增旅游行业就业人员30人，旅游行业直接从业人员达到350人。全县拥有医疗卫生机构16个，床位457张；卫生技术人员495人，其中执业医师144人，执业助理医师56人，注册护士173人。

宁县

【现任主要领导】

中共宁县县委书记：马斌

宁县人大常委会主任：李百选

宁县人民政府县长：侯昌明

政协宁县委员会主席：刘政

中共宁县纪律检查委员会

书记：马光荣

【基本情况】宁县位于甘肃省庆阳市东南部，东倚子午岭，南通陕西，西临泾河和蒲河，北与庆阳市合水、西峰接壤，扼甘、陕、宁三省之要冲，是三省结合部人流、物流、信息流、资金流的窗口，具有显著的区位优势。全县总土地面积2653.38平方公里，耕地96.30万亩，辖18个乡镇、257个行政村，13个社区，2个工业园区，总人口55.2万人，常住人口40.19万人。年降水总量573.9mm，年均气温4.3℃，全年无霜期217天左右，属典型大陆性季风气候。海拔860～1760米，境内主要有九龙河，马莲河、泾河、蒲河等9条河流，土壤以黑垆土、黄绵土为主，是小麦、玉米、油料、黄豆等作物的主产区，素有“陇东粮仓”之美称，是中华民族最早开拓的区域之一。境内历史文化遗址众多，黄土地域文化深厚，香包、刺绣、剪纸、石雕等民俗文化产品享誉陇上。

【国民经济】2014年，全县实现生产总值63.37亿元，增长10.4%。其中：第一产业增加值14.36亿元，增长6.1%；第二产业增加值27.84亿元，增长14.4%，第三产业增加值19.50亿元，增长11.3%，三次产业结构22.7 ：43.9 ：33.4。完成工业增加值19.58元，增长16.5%，其中规模以上工业实现增加值4.08亿元，增长16.7%；完成建筑业增加值8.27亿元，增长9.2%；实现社会消费品零售总额24.24亿元，增长11.0%，完成大口径财政收入3.03亿元。城镇居民人均可支配收入18506.4元，增长10.9%，农民人均纯收入5466.9元，增长11.5%。

【“三农”工作】继续发展现代高效的农业种植技术，取得了粮食稳定增产的效果，2014年，全县农作物播种面积154.72万亩，增长1.5%，粮食播种面积100.71万亩，增长1.3%，粮食总产量达到25.85万吨，增长2.9%。其中：夏粮播种面积45.03万亩，与上年基本持平，产量10.94万吨，增长8.5%。玉米播种面积18.78万亩，增长11.6%，玉米总产量达到7.89万吨，增长8.5%。油料播种面积23.32万亩，增长0.2%，产量3.59万吨，增长9.5%。以万亩设施瓜菜基地建设、高原夏菜和无公害西瓜种植为重点，抓点示范，整体推进，蔬菜播种面积16.1万亩，增长3.2%，蔬菜产量15.08万吨，增长7.9%，瓜类播种面积9万亩，增长5.9%，产量达到35.96万吨，增长1.3%。以宁县富士苹果，曹杏，九龙金枣，黄干桃，核桃等为主的经济林果种植总面积25.89万亩，园林水果产量4.18万吨，增长17.1%，其中苹果产量2.48万吨，增长17.0%。林业建设稳步推进，生态环境日益优化，当年造林面积达到14.82万亩，封山育林面积4万亩，年末实有育苗面积3.49万亩，本年出售树苗463万株，当年苗木产量39797万株，成林抚育面积4.8万亩。规模化养殖，促进了畜牧业的快速发展。大牲畜存栏9.49万头，增长5.1%。其中：牛存栏9.37万头，增长3.7%；牛出栏4.91万头，增长6.6%。猪存栏9.95万头，增长2.4%；猪出栏9.23万头，增长3.8%；羊存栏10.51万只，增长6.6%；羊出栏3.96只，增长6.5%。肉类总产量1.37万吨，增长4.6%。

【项目建设】全年共实施500万元以上项目264个，完成固定资产投资185.88亿元，增长22.3%。投资40亿元的华能800万吨/年新庄煤矿即将建成投运，投资40亿元的华北分公司第三采油厂原油产能建设计划正在进行。宁南大型煤炭物流园已基本形成。融仓储、批发、联运、信息服务于一体的陇喜吉隆物流园实现了当年建成，当年盈利。落实了各项扶贫攻坚工程项目，完成宁长二级公路段各段连接线工程及省道改道工程。长庆桥工业集中区投资50亿元，完成了长庆路、集中供热、供排水等基础工程，建成投产企业5户。和盛工业园区新建石油机械制造等地企融合发展项目4个，实施恒大小微企业创业园，九龙钢结构等续扩建项目9个，完成投资2.16亿元。

【优势产业】煤炭石油资源开发持续推进，新庄煤矿一期矿井完成主井注浆，二期矿井正在实施水平巷道掘进工程；九龙川煤矿完成井筒检查施工；付家山、和盛煤田区块完成详查，新增煤矿探明量70亿吨。全县新建石油探产井45口，新增产能2.8万吨，原油产量达到10万吨。大力推进草畜、瓜菜、林果三大主导产业。新栽优质苹果4.23万亩，建成现代矮化密植苹果示范园1141亩，坚持走品牌发展之路，举办了首届金秋果会。大力推广两个“30+1”宁县肉羊养殖模式，以规模养殖场带动千家万户发展肉羊产业，新增养殖户2456户。主推“公司+基地+专业合作组织+农户”瓜菜发展模式，实施了“两川”万亩设施瓜菜提质增效工程，种植设施瓜菜1.69万亩，建成千亩高原夏菜示范点8个，全县种植瓜菜25.1万亩。

【扶贫开发】新修通村水泥路37条253公里，是之前三年的总和；完成农村危房改造2900户，实施易地扶贫搬迁项目37处；建成集中供水工程23处、小电井3500处，解决了8.6万人的饮水安全问题；全力推进农田水利建设，新增有效灌溉面积2100亩；实施了15个乡镇电网升级改造工程，改造线路176.2公里；新建村级卫生所37处、综合超市和农资店417个；改扩建村级综合文化活动室、文化广场、村部72处，有效改善了路、水、电、宅等基础条件。奋力实施“再造百万亩子午岭”工程，采取招商引资、合作组织联建、大户承包、农户自行经营等方式，完成苗林培育14.1万亩，续写了大地增绿、农民增收的新篇章。新建农民专业合作组织154个，扶持建办家庭农场21个，流转土地4万亩，提升了农业产业化经营水平。全县减少贫困人口3.03万人。

【保护环境】在全县各乡镇开展生态示范创建和农村环境连片整治项目，全县共购置发放垃圾桶7061个，保洁车、垃圾车118辆，垃圾转运箱112个，垃圾屋112座，铺设生活污水管网3400米，总投资5000万元的县城污水处理厂已投入运营。

【社会保障和社会事业】全面推行了科技特派员制度，引进推广先进实用新技术6项、种养新品种8种，申请专利101件，科技贡献率达到49.7%。实施校安工程、幼儿园提升改造、农村小学小伙房建设项目220个；持续开展“书香校园、洁净校园、艺术校园”创建活动，办学条件进一步改善，教育教学质量稳步提高，幼儿实现了100%入园。建成“乡村舞台”、“文化集市”87个，建办文化企业18个；开展了“美丽宁县”系列文化活动，举办了首届农民运动会、“舞动宁县广场舞”和“唱响宁县自乐班”活动，展示了新农村、新农民的精神风貌，掀起了全民健身新热潮。实施和盛医院综合住院大楼、乡镇卫生院附属设施、标准化村卫生所等卫生建设项目31个；深化医药卫生体制改革，落实了农村改厕、新农合“一卡通”、公共卫生服务均等化、疾控机构进医院等农村卫生服务“十个全覆盖”，报销新农合医药费1.41亿元。加强了乡镇食品药品监管力量，不断加大监督管理力度，保障了群众饮食和用药安全。扎实推进人口和计划生育利益导向、陇家福等工程，落实计生奖励资金1320万元，持续稳定了低生育水平。实施棚户区改造1375户，建设公共租赁房132套。规范完善了社会救助体系，发放低保、五保、医疗救助、临时救济等救助资金1.39亿元；建成了宁县社会福利院和18个老年人日间照料中心。

镇原县

【现任主要领导】

中共镇原县县委书记：李崇暄

镇原县人大常委会主任：薛渊

镇原县人民政府县长：

赵培军（4月任，6月因公牺牲）

政协镇原县委员会

主席：慕瑶（4月任）

中共镇原县纪律检查委员会

书记：王文剑

【基本情况】镇原县位于甘肃省庆阳市西南部，东临庆城县、西峰区，西接宁夏回族自治区彭阳县，南界平凉市泾川县、崆峒区，北靠环县。全县共辖7镇12乡、215个村民委员会、5个社区居委会、1991个村民小组。2014年末，总人口为52.08万人，其中，农村人口47.58万人；常住人口41.77万人，其中，城镇人口9.99万人，全年人口出生率为13.69‰，死亡率为6.48‰，自然增长率为7.21‰。镇原沃土平畴，物产称丰。全县小麦、玉米、药材、黄花菜、杏子、瓜菜、石油、煤炭等资源丰富，被农业部命名为“全国粮食生产先进县”；被国家外贸部命名为“镇原金针菜”；被国家林业局命名为“中国杏乡”；为“中国优质瓜果基地重点县”。东汉王符《潜夫论》蜚声中外，周铜剑、秦诏版、陶水管国内稀有；“文化大县”闻名遐迩、“教育大县”美名远扬，被文化部和中国书法家协会命名为“中国民间文化艺术之乡”、“中国书法之乡”。

【国民经济】2014年，全县完成生产总值64.69亿元，比上年增长10.2%；规模以上工业增加值10.4亿元，增长9.9%；固定资产投资101.54亿元，增长23.53%；社会消费品零售总额20.59亿元，增长13.13%；财政大口径收入4.59亿元、公共财政预算收入3.24亿元，分别增长18.89%和13.45%；城镇居民人均可支配收入19606.6元，增长8.93%；农民人均纯收入5062.3元，增长12.61%。

【扶贫攻坚】围绕持续增加贫困人口收入这一目标，突出“两流域、一片带、两乡17村”扶贫攻坚重点区域，以“双联”行动为载体，大力实施“特色产业、基础设施”两大攻坚战，贫困村、贫困户富民产业培育有序推进，农村公路通畅、饮水安全、用电质量提升和易地扶贫搬迁工程全面推进。不断创新扶贫机制，对贫困村、户进行倒排序，建档立卡，实行动态化管理，建立了精准扶贫长效机制。按照“143”技术到户机制，开展种植养殖、畜禽防疫、经营加工等技能培训191场次，培训农民14.3万人次。全年实施整村推进34个，易地搬迁466户，危房改造1500户，实现3.64万人稳定脱贫。

【产业开发】全力加快富民产业培育，特色产业规模持续扩大，效益不断提升，2014年末全县大家畜饲养量达到41.8万头，新增养羊户6950户，肉羊饲养量达到60.2万只，全县草畜产业快速发展。完成苹果新栽3万亩，苗林产业培育15.6万亩，瓜菜种植20.21万亩。大力实施稳粮增产行动，粮食总产达到39.2万吨。努力促进工业经济提质增效，金龙工业集中区三期基础建设全面完成，新入驻企业3户，集中区聚集平台效益明显增强；实施解语花、澳恺等企业新建、技改项目11个，完成投资5亿元；积极支持石油企业扩能上产，实现原油产量45万吨，征收涉油规费和支地项目资金9534万元。

【产业富民】以中盛公司为龙头，带动肉鸡产业跨越发展，引领全县现代畜牧业发展迈上了新台阶。经过两年努力，中盛公司全面实现了集“饲料生产—种鸡孵化—规模养殖—屠宰分割—熟食加工—有机肥生产—无害化处理”为一体的全产业链、全循环链、全价值链运作，年屠宰加工能力达到2400万只，累计完成投资12亿元，创造了生产经营快速发展的“中盛速度”，形成了多元产业链式开发大循环和多种产品吃干榨尽小循环的“中盛模式”，为全市乃至全省现代畜牧业发展打造了样板，开创了镇原县传统农业向现代农业转型升级的先河。建成养殖基地36个、投产27个，年内饲养肉鸡1300万只、出栏1200万只，实现产值10.8亿元，带动农民增收7200万元，完成了产品出口检验检疫、产品质量、清真食品等6大体系认证，吸引了省内外多地考察团和百胜、双汇等国内外知名企业前来考察、洽谈，充分展示了企业形象，提升了镇原知名度。

【项目建设】全县实施项目252个，完成投资122.6亿元。全国产粮大县、全省现代畜牧业示范县、庆镇二级公路、易地扶贫搬迁、镇原职专整体搬迁、孟坝新型城镇化建设试点等重点项目快速推进。进一步加大招商引资工作力度，共实施招商引资项目26个，完成投资32.5亿元，中盛公司3600万只肉鸡全产业链、孟坝商业步行街、盛发专业养殖生产加工等项目进展顺利。

【社会事业】城乡低保、五保供养、养老保险规范提标全面完成，高龄老人生活补贴和重度残疾人护理补贴落实到位，全年发放救助、优抚资金1.4亿元，建成日间照料中心15处，完成灾后重建218户，县城南山公墓区二期建设全面完成，民生保障水平不断加强。全面开展社会保障扩面征缴专项行动，社保覆盖面进一步扩大。创业就业工作扎实推进，全年城镇新增就业9155人。集中开展了劳动执法检查和拖欠农民工工资专项整治行动，为1856名农民工追讨拖欠工资2151.6万元。全力促进教育均衡发展，高考二本以上录取1917人，教育教学水平不断提升，实施薄弱学校改造、校安工程、农村学校小伙房等项目250处，新增校舍面积10.23万平方米。公立医院综合改革稳步推进，新农合累计报销医药费1.4亿元；县一院住院楼投入使用，中医院综合业务楼续建等工程全面推进。人口计生工作被命名为“国优县”，利益导向体系示范区和基层群众自治示范县通过验收。

定西市

【现任主要领导】

中共定西市市委书记：张令平

定西市人大常委会主任：牛兴民

定西市人民政府市长：唐晓明

政协定西市委员会主席：成柏恒

中共定西市纪律检查委员会

书记：陈尊峰

【基本情况】定西市位于甘肃省中部，取“安定西边”之意而得名，通称“陇中”，东接天水、西靠兰州、北邻白银，南连陇南，并与甘南藏族自治州、临夏回族自治州接壤，具有承东启西，南连北展的区位优势。全市总面积20330平方公里，耕地面积770万亩。现辖1区6县，分别为安定区、通渭县、陇西县、渭源县、临洮县、漳县、岷县；辖119个乡镇、2个街道办。市政府所在地安定区。

定西是古“丝绸之路”重镇，新欧亚大陆桥的必经之地，素有“甘肃咽喉，兰州门户”之称，距省会兰州98公里。陇海铁路，310、312、316、212等国道以及兰定、兰临、天定和平定高速公路贯通全境，县乡公路纵横交错，交通十分便利。兰定、兰临两条高速公路使定西、临洮成为省城兰州的1小时经济区域。目前正在建设中的兰渝铁路、宝兰客运专线将使定西的交通优势更加凸显。定西的土壤气候极适合中药材、马铃薯生长。产薯大县安定区被中国农学会命名为“中国马铃薯之乡”。定西是地道的中药材主产地，党归、党参产量分别占全国的70%和40%。岷县自古就有“千年药乡”之称，所产党归世称“岷归”，被列为国家原产地认证保护产品；渭源县被称为党参“故里”。定西境内有著名的新石器时代马家窑文化和青铜器时代齐家文化、寺洼文化、辛店文化遗址以及西起临洮绵延本市300余公里的战国秦长城遗址；有海内外李氏同胞寻根祭祖的“陇西堂”；还有一批以漳县贵清山、遮阳山国家4A级景区为代表的自然景区和被列入全国百个红色旅游经典景区的红军长征通渭“榜罗会议”和岷县“岷州会议”纪念馆等；有独具风格的渭源灞陵桥、气势雄伟的陇西威远楼。

【国民经济】2014年，定西市实现生产总值292.82亿元，比上年增长9.2%。其中，第一产业增加值73.61亿元，增长5.5%；第二产业增加值70.46亿元，增长11.7%；第三产业增加值148.75亿元，增长9.7%。三次产业结构为25.1 ：24.1 ：50.8，与上年相比，第二、三产业所占比重分别上升0.1个、2.1个百分点，第一产业所占比重下降2.2个百分点。实现社会消费品零售总额98.51亿元，增长12.5%。完成大口径财政收入38.33亿元，增长25.05%；完成公共财政预算收入21.54亿元，增长26.38%；实现公共财政预算支出180.26亿元，增长1.89%。

【项目建设】2014年，全市深入实施“3341”项目工程，紧盯国家政策投资导向，谋划生成项目5218个，总投资8276亿元。定西市被确定为第一批国家生态文明先行示范区，引洮二期工程项目建议书获国家批复。全年实施500万元以上项目1498个，比上年增加130个，其中亿元以上项目278个，增加87个。完成固定资产投资500.59亿元，增长21.1%。其中，项目投资456.4亿元，增长29.3%，房地产开发投资44.19亿元，下降

26.9%。引洮供水一期工程主干渠全线贯通，定西市支渠、城镇供水及部分农村供水工程同步试通水，已有66.27万城乡群众喝上了甘甜纯净的洮河水，全市人民期盼半个多世纪的引洮梦终于实现。

加大节会推介力度，强化跟踪服务，狠抓落地建设，第20届“兰洽会”签约项目152个，总投资614.93亿元，到位资金180.36亿元，到位率29.3%。全市实施招商引资项目420个，到位资金417亿元，增长40.1%。

【农业经济】2014年，全市紧紧围绕农业增效、农民增收目标及要求，积极应对低温、暴洪等自然灾害，全市农村经济稳定发展。全市粮食作物播种面积633.58万亩，下降3.31%；其中，夏粮播种面积102.57万亩，秋粮播种面积531.02万亩，夏秋比16:84。粮食生产实现七连丰，全年总产量达到158.66万吨，增长3.5%，其中，夏粮产量17.3万吨，秋粮产量141.36万吨；分别增长9.2%和2.9%。

【优势产业】全市以打造“中国薯都”和“中国药都”为重点，全力推动中医药、马铃薯产业转型升级，草食畜牧业和蔬菜产业发展壮大。全市播种马铃薯288.56万亩，产量60.96万吨（折粮）。落实马铃薯标准化生产基地259.8万亩，建立原种扩繁基地6.02万亩，一、二级种扩繁基地142万亩。组建马铃薯种薯行业协会，建成省级以上种薯综合标准化示范区3个，生产脱毒薯苗5.07亿株，生产原种7亿粒。种植中药材136万亩，产量达到29.02万吨。建立中药材标准化生产基地67万亩，种子种苗繁育基地5.15万亩。中药材静态仓储能力80万吨，年交易量90多万吨，完成交易额249.5亿元。康美西部中药城开工建设，陇西“全国中药材种植产业知名品牌创建示范区”获批筹建，甘肃陇西中医药产业研究院挂牌成立。畜禽饲养总量达到2440万头（只），增长19.4%，全年肉产量9.18万吨，增长3.8%；禽蛋产量9587吨，下降3.3%；鲜奶产量8534吨，增长4.1%。全市新增畜牧龙头企业26家，累计达69家；新开工建设规模养殖场（小区）480个，累计达1850个；培育发展养羊示范户2.05万户，新发展家庭养殖场2470个，累计达3770个；新培育养殖专业村210个，累计达336个；新发展专业合作社244个，累计达1175个。种植各类蔬菜54.7万亩，增长10.6%，产量达到69.25万吨，增长11.2%。

【工业经济】全市深入实施工业发展倍增计划，努力扭转工业经济下滑态势。全年实施千万元以上工业项目215个，其中甘肃招金难处理金精矿冶炼等45个建成投产，天信印务包装纸箱生产等170个完成年度建设任务，完成工业固定资产投资114.77亿元，增长14.8%。加快推进经济开发区和工业集中区循环化改造，积极承接产业转移，新入驻企业68户，园区完成投资138亿元，实现工业增加值28.5亿元，占全市工业增加值的67.2%。积极开展技术创新，不断改造提升传统产业，实施甘肃宏腾特种车辆加工改扩建等高新技术改造项目186项，组建市级工程技术中心111家，3家企业技术中心通过省级认证，全市规模以上工业企业基本实现工程技术中心全覆盖。市财政安排资金1000万元建立“助保贷”融资平台，全力助推小微企业发展。巨鹏食品、凯凯薯业、清吉淀粉、中天羊业等77户企业分别在省内外实现股权挂牌交易。

【扶贫攻坚】扎实推进“1236”扶贫攻坚行动，落实各项精准扶贫措施，全市有10个重点乡、139个重点村整体脱贫，减少贫困人口16.5万人，贫困面下降到26%。争取财政专项扶贫资金3.65亿元，较上年增长33.6%。制定出台配套政策22项，全面完成869个贫困村、83.92万贫困人口调查摸底和建档立卡工作。深化“双联”行动，建立“一村一业一单位、一户一策一干部”结对帮扶机制，共有1081个单位、4.15万名干部结对帮扶19.02万贫困户，实现了所有贫困户帮扶干部全覆盖。持续改善贫困村基本生产条件，通渭和临洮交通扶贫攻坚试点县建设快速推进，全市建成农村公路1019.5公里，行政村通畅率达到67%。实施重点水利工程19项，解决了10万人的饮水安全问题，农村自来水入户率达到70%。农村电网综合改造率和自然村动力电覆盖率分别达到86%和89%。易地扶贫搬迁贫困群众1.3万户6.8万人，改造农村危房2.39万户，新建农村户用沼气1740户。互助增信平台试点初见成效，新增贫困村互助资金协会156个、累计达到480个，资金总量达到9708.5万元，贫困群众贷款难问题得到有效缓解。完成贫困家庭“两后生”培训9000人，培训农村劳动力22.3万人，输转劳务68.15万人次，创劳务收入98.5亿元。

【灾后重建】全年共组织实施岷县漳县地震灾后重建项目1177项，完工397项，完成投资84.8亿元，占规划总投资的78.3%。6.88万户城乡居民住房重建和7.96万户维修加固任务如期完成，靖远异地安置点居民住房主体工程基本建成，灾区群众居住条件发生历史性变化。建成教育项目158个、卫生项目60个，完工率分别达到87.3%和89.4%。岷县梅川茶埠新区等7个小城镇、48个集中安置点及公共服务项目有序推进，水利、交通等基础设施项目启动实施。

【城乡建设】积极推进以人为核心的新型城镇化建设，坚持以城带乡，加快城乡一体化发展步伐。陇西县被列为全省新型城镇化建设试点县，安定区巉口镇、通渭县马营镇、漳县大草滩（殪虎桥）乡、岷县梅川（茶埠）镇被列为试点镇。加强城乡规划管理，定西市城市总体规划启动修编，村庄规划编制覆盖率提高到85%。实施各类城建项目257个，完成投资109.7亿元。市区实施项目72个，完成投资48.9亿元，城市功能日趋完善，城市品位进一步提升。新城区电网工程等项目建成投入使用，市文化艺术中心、体育馆、游泳馆等项目加快推进，市行政中心、市建设工程服务中心等单位实现整体搬迁，新城区聚集效应开始显现。旧城区西岩新村片区改造、南环路改造等项目完成年度投资计划，市区交通路改造工程建成投入使用，有效缓解了通行压力。各县城实施项目185个，完成投资60.8亿元，综合承载和辐射带动功能不断增强。修订完善棚户区改造规划，争取国开行贷款授信额度30.65亿元。市区新建过街天桥2座、公交站点65处，新开通连接新旧城区公交线路3条，新投放更换公交车75辆，大大方便了群众出行。加强生态文明建设，全力改善农村生产生活条件，实施农村环境连片整治项目47个，申报创建国家级生态乡镇2个、省级7个。新修梯田28.5万亩，新增水土流失治理面积350平方公里。实施重点林业工程26.6万亩，建设优质林果基地9万亩。实施土地开发整理项目21.57万亩，新增耕地2.87万亩。

【社会事业】狠抓教育教学质量提升，高考二本录取率29.5%，应届生上线率提高3.57个百分点。着力改善办学条件，改造新建校舍34.9万平方米，消除D级危房28万平方米，乡镇公办幼儿园实现全覆盖。引进重点师范院校毕业生47名，为20119名乡村教师发放了生活补助。积极申报筹建定西职业技术学院，定西师专建设甘肃中医学院定西校区工作进入移交阶段。全年科学技术支出11020万元。取得各类科技成果52项；认定登记技术服务合同45份，交易额1.97亿元，比上年增长29.1%。受理专利申请432件，授权专利199件，授予发明专利权17件。成功举办中国·陇西第三届世界李氏文化旅游节暨2014年全球李氏恳亲大会、马家窑文化国际学术论坛暨马家窑遗址发现九十周年纪念大会、2014甘肃·渭源大禹公祭大典等大型节会。全市文化产业实现增加值4.44亿元，增长24.37%；旅游综合收入15.5亿元，增长25%。深化医药卫生体制改革，完成市级卫生计生机构整合，市医院加入兰大二院医疗集团合作办院并迁入新址正式运营，通渭、陇西、临洮三县公立医院改革试点进展良好。年末全市共有医疗卫生机构2716个，其中，医院34个，乡镇卫生院137个，社区卫生服务中心（站）23个，村卫生室1961个，诊所（卫生所、医务室）264个。卫生技术人员9208人，医疗卫生机构床位13312张。

【社会保障】2014年财政用于民生方面支出97亿元，增长12.5%。千方百计扩大城乡就业，城镇新增就业3.08万人。新增小额担保贷款3.21亿元，扶持8300多人自主创业，带动就业1.68万人。年末全市参加城镇基本养老保险人数为9.36万人，增长8.42%；城镇职工基本医疗保险人数为14.87万人，增长1.55%；城镇居民基本医疗保险人数为16.37万人，增长4.09%；失业保险人数为8.38万人，增长1.53%；工伤保险人数为8.90万人，增长3.52%；生育保险人数为10.29万人，增长4.07%；农村社会养老保险人数为152.63万人，增长2%。全年各项社会保险基金总收入达到12.31亿元，增长8%，各项社会保险基金总支出12.18亿元，增长9.82%。年末全市参加新型农村合作医疗农民人数为235.26万人，参合率达到97.08%，较上年提高1.17个百分点。全年新型农村合作医疗基金支出总额为76223.66万元，增长12.08%；累计受益255.55万人次。全年发放城乡医疗救助资金9201.4万元，救助城乡困难群众61.72万人。全市享受城市最低生活保障的居民5.21万人，共发放城市低保金16555万元；全市享受农村最低生活保障的居民50.39万人，共发放农村低保金70165万元。

【人民生活】2014年，全市城镇居民人均可支配收入17217元，比上年增加1494元，增长9.5%；城镇居民人均消费支出11321元，增长28.4%；城镇居民家庭恩格尔系数为33.59%，比上年降低3.34个百分点。农民人均纯收入4600元，比上年增加515元，增长12.6%；农村居民人均生活消费支出4282元，增长3.13%；农村居民家庭恩格尔系数为40.26%，比上年降低2.66个百分点。全部职工年平均工资为40640元，比上年增加4163元，增长11.41%。在岗职工平均工资41499元，比上年增加4539元，增长12.28%。

（陈益民）

安定区

【现任主要领导】
中共安定区区委书记：郭维团
安定区人大常委会主任：郭景虎
安定区人民政府区长：赵众炜
政协安定区委员会
主席：景利军（12月止）
中共安定区纪律检查委员会
书记：贾记贤

【基本情况】安定区原名定西县，地处甘肃省中部、定西市北部，距省会兰州90公里，是定西市委、市政府所在地，为全市政治、经济、文化中心。全区辖12镇7乡2个街道办事处，共323个村（居）委会，2577个村民小组，年末常住人口42.43万人，其中城镇人口18.36万人，乡村人口24.07万人，城镇化率43.26%。安定区是中国西部贫困地区的代表，也是西部地区发展变化的缩影，是“中国马铃薯之乡”。近年来，在中央、省、市各级党委、政府的正确领导和亲切关怀下，全区上下紧紧围绕“率先科学发展、加快转型跨越、建设首善之区”的战略部署，着力提升马铃薯、畜草、劳务、蔬菜四大产业，全力突破项目建设、工业建设、城镇建设、招商引资四个重点，全面推进文化建设、社会建设、生态建设、党的建设四大工程，努力打造“中国薯都”核心区、绿色食品生产重点区、产业梯度转移承接区、扶贫开发试验示范区，全区经济社会呈现出平稳较快发展的良好势头。

【国民经济】2014年全区实现生产总值66.57亿元，比上年增长9.2%。其中：第一产业实现增加值11.96亿元，增长5.1%；第二产业实现增加值19.49亿元，增长13.3%，第三产业实现增加值35.12亿元，增长8.5%。人均生产总值14406元，三次产业结构比为17.96 ∶ 29.28 ∶ 52.76。完成投资109.31亿元，增长21%。完成大口径财政收入7.78亿元，增长23.28%；公共财政预算收入3.4亿元，增长20.85%。全年公共财政预算支出23.98亿元，增长3.04%。城镇居民人均可支配收入达到17830元，增长11.6%；农民人均纯收入4621元，增长12.5%。社会消费品零售总额32.36亿元，增长12.5%。

金融机构各项存、贷款余额分别达到178.45亿元和139.3亿元，分别增长12.33%和24.61%。

【“三农”工作】科学应对春季低温、夏季旱涝的影响，狠抓各项措施落实，着力稳面积、优品质、攻单产、提总产，粮食生产实现七连丰。全年共播种粮食作物164.16万亩，总产42.2万吨，分别占计划和任务的102.6%和136.3%。马铃薯总产量达到20.71万吨。种植蔬菜10万亩，总产量10.99万吨，其中新发展设施蔬菜大棚4300亩，总面积达1.5万亩，产量8.7万吨。马铃薯、玉米、蔬菜三大农业主导产业产值达15.48亿元，占全区农业总产值的72.4%。农民人均从马铃薯、玉米、蔬菜三大产业中获得纯收入分别达到770元、380元和138元。惠民政策全面落实。落实马铃薯、玉米农资、良种补贴62.09万亩1489.9万元。落实马铃薯、玉米保险59.94万亩和28万亩，共理赔44万亩1100万元。全区目前共有各类农民专业合作社492个，新增245个，现有会员11896人，农户入社率25%；带动农户38863户，占全区总户数的44.4%，成员人均收入达到6800多元；全区共有种植大户1133户，种植面积62344.47亩；共有加工经营大户94户，年经营销售收入12916万元；已注册家庭农场47家。全区累计土地流转面积达到30.7万亩，占计划的102.3%。农业环保明显增强。在农村投放各类节能设备12867台，回收废旧膜4695吨，回收率达到76.2%，完成尾菜处理利用19624吨，回收利用率达到25%。年末大牲畜存栏12.47万头，增长8.43%，其中牛存栏2.95万头，出栏0.98万头；猪存栏12.86万头，出栏14.68万头；羊存栏16.95万只，出栏10.8万只。

【环境保护】2013年12月1日至2014年11月30日，定西市区空气质量优良天数为343天，占监测天数94%；地表水水质达标率和集中式饮用水源地水质达标率均稳定保持100%。全年污染减排化学需氧量、氨氮、二氧化硫、氮氧化物等四项主要污染物消减量分别为1910.11吨、80.14吨、12吨和2.2吨，安排减排项目8个，督促甘肃扶正药业科技有限公司、定西市清源污水净化有限责任公司、定西祁连山商砼有限公司、甘肃现代草业发展有限公司、定西市稷丰粮油有限公司等5家企业开展了工业企业环境保护标准化建设，核发《排污许可证》2家。协调住建、教体、工信、畜牧、卫生、商务、民政、文广等部门及有关乡镇政府，联系4家环评单位，先后召开6次会议，印发《致全区各企业事业单位的一封信》300余份，督促198个建设项目开展环评工作，目前已办理了30家，正在办理的50家。依法关停严重违法酒吧1家，妥善处置各类环境信访和污染纠纷事件204件次，办结回复率达100%。对全区放射源使用单位进行全面排查，开展放射源安全专项检查47次，新查出五类密封放射源6台，建立了核与辐射应急工作机制。

【社会保障】全区城镇新增就业4669人，应届高校毕业生就业率达到86%；城镇登记失业率3.8%，保持了就业局势的基本稳定。城镇职工基本养老保险、失业保险、城镇职工基本医疗保险、城镇居民基本医疗保险、工伤保险、生育保险缴费人数分别达到10496人、12928人、23188人、48219人、13483人、15209人。严格落实社会保险内控管理制度。运用社会保险参保信息身份比对系统，及时转移城乡居民养老保险关系166人，城镇职工养老保险关系98人。认真落实工伤事故24小时快报制度，上报认定工伤事故19起，不予认定1起，工伤事故调查核实准确率100%，切实保障了工伤人员的合法权益。

【教育事业】全年规划新建团结、青岚、高峰、杏园、宁远、凤翔等6所农村幼儿园，规划建筑面积5520平方米，投资1200万元。全区公办幼儿园由2013年的23所增加到32所，19个乡镇实现中心幼儿园全覆盖。小学适龄儿童入学率达到100%，初中阶段入学率达到98.5%，九年义务教育巩固率达到96.49%，“三残”儿童少年入学率为92%。2014年完成中职招生1938人，高中阶段升学率为97.6%，高中阶段毛入学率为93.5%，职普比为3.6∶6.4。高考二本上线2604人，上线率达33.5%，比上年提高2.2个百分点，实现二本上线人数突破2500人大关的既定目标。年初联合民政、物价、安监等部门对全区4所民办高中，1所民办职业学校，16所民办幼儿园和14所校外培训机构进行年度检查，切实规范了民办学校管理。把常规检查和联合年检相结合，针对开学工作、学校安全、高中招生、幼儿入园等开展各类检查6次，不断规范民办学校办学行为。按照《甘肃省教育厅关于进一步规范民办学校办学许可证管理的通知》要求，规范办学许可证申报审批程序，对辖区内新开办的两所民办幼儿园进行登记审批。

（张冰艳）

通渭县

【现任主要领导】

中共通渭县县委书记：令续鹏

通渭县人大常委会主任：吕裕民

通渭县人民政府县长：邵志刚

政协通渭县委员会主席：陈维山

中共通渭县纪律检查委员会

书记：宗学谦

【基本情况】通渭县位于甘肃省东南部，定西市东侧，总面积2908.5平方公里，耕地面积183.28万亩。现辖6镇、12乡，332个村民委员会、10个社区居委会，2440个村民小组。全县矿藏资源丰富，主要有温泉地热、花岗岩、大理岩、安山岩、硅铁矿、高岭土等。通渭温泉日泛水量6000吨以上，地下200米处恒温113℃，地表水温53.9℃，富含钾、钠、锂、锶、硼、钙、铁、碘、硼酸、硫酸、氟、氡等32种元素和化合物，属国内少见的复合型富质高热矿泉，距县城8公里处有一温泉，山幽泉雅，可供人们治病、疗养、休闲。县内建有榜罗红军长征纪念馆、义岗红军烈士陵园、红军长征纪念碑等革命纪念建筑。鹿鹿山、尖岗山、清凉山是避暑、游玩的理想场所。

【国民经济】2014年，全县完成

生产总值34.39亿元，比上年增长9.6%，其中，第一、二、三产业增加值分别完成10.64亿元、4.24亿元和19.51亿元，分别增长6.4%、15.2%和10%，三次产业结构比为30.9 ：12.4 ：56.7。固定资产投资41.6亿元，增长21%。社会消费品零售总额7.23亿元，增长12.6%。大口径财政收入2.36亿元，增长45.96%；财政支出20.96亿元，净增1.27亿元，增长6.44%。金融机构人民币存款余额48.48亿元，增长14.09%；贷款余额37.36亿元，增长53.63%。

【“三农”工作】积极创建全国循环经济示范县，年内种植全膜玉米82.76万亩、马铃薯34.4万亩、中药材5.8万亩，新发展林果2.9万亩；持续推广全膜双垄沟播技术，完成秋覆膜80.2万亩。全县粮食总产达43.52万吨，增长4.8%，实现“八连增”。制定了畜草产业奖补扶持办法和金融支持草食畜牧业发展实施方案，落实奖补资金850万元、发放贴息贷款1829万元，新建规模化牛羊养殖场（小区）86个，发展规模养殖户4161户，青贮氨化饲草60万吨，年末牛存栏达4.67万头、羊存栏4.23万只；石滩草畜循环经济产业园新增投资1.2亿元，天耀草业公司草畜肥循环项目、春寅乳业公司千头奶牛养殖场建成投产，恒芮牧业公司屠宰加工项目、现代旱作循环农业研发服务中心基本建成主体工程。不断完善农业服务体系，争取到国家农业保险补贴资金1125万元，参保玉米39万亩、马铃薯32.2万亩、冬小麦18.6万亩；争取到农机购置补贴资金420万元，为788户农户补贴农机具1163台；新培育农村合作经济组织156个、家庭农场3个，流转农村集体土地5.2万亩、累计达24.9万亩。

【项目建设】坚持发展抓项目，落实前期经费500万元，论证储备项目374个、总投资461亿元，全部纳入市级“3341”项目库。争取到国家政策性资金11.2亿元、增长27.3%。实施500万元以上项目109个，完成投资41.6亿元。新签约招商引资项目35个，到位资金36.6亿元、增长45.3%。编制完成了《甘肃通渭风电基地规划》并通过国家能源局审批，规划建设风电场5个、总装机120万千瓦，义岗风电场一期20万千瓦工程开工建设；宝兰客专（通渭段）、马云二级公路建设进展顺利，通榜二级公路完成前期工作；引洮一期陇通农村供水通渭配套工程和利用国开行贷款解决农村安全饮水工程基本建成，正在进行试通水。加强项目管理，严格执行项目建设管理“四制”，把农村通畅工程和安全饮水工程作为全县“一号工程”，不断创新质量监管方式，项目建设质量明显提高。

【园区建设】县工业集中区发展规划通过省发改委批复，新增基础设施建设投资7300万元，完成了通祥路、一支路、二支路等道路建设及给排水、供电线路改造工程。新引进入园企业10户，实施工业项目25个、完成投资12.7亿元。乐百味公司苦荞麦茎叶提取黄酮循环利用等17个项目建成投产，正通再生资源公司新型墙体保温材料等4个项目完成车间主体工程，飞天食品公司粉丝生产废料及废水综合利用等4个项目完成前期工作。继续加大对工业企业的扶持力度，出台了促进杂粮产品加工业发展和加快电子商务产业发展的实施意见，投入技改资金1738万元支持伟东面粉公司等13户企业实施技术改造，扶持企业建立市级工程技术中心6个，新培育规模以上企业1户，通过ISO9001质量管理体系认证企业2户，争创省著名商标3个。

【三产发展】文化旅游产业快速发展，实施文化旅游产业项目5个、完成投资1.78亿元，天象文化综合体、悦心国际书画村三期工程加快建设，悦心游泳馆完成装饰工程，文化苑书画古玩交易中心、温泉度假区三期工程建成主体工程，榜罗会议旧址抢救性保护项目通过立项审批，成功举办了第四届书画艺术节暨书画频道进万家—走进通渭大型电视现场活动。现代服务业日趋活跃，全县新增物流快递企业6家、达到16家；新建乡镇农贸市场3个、“万村千乡市场工程”农家店72个，物流园陆老四商品配送中心等项目建设进展顺利；积极扶持非公经济发展，新增私营企业142户、个体户1127户。金融服务体系不断完善，甘肃银行通渭网点即将开业，平安人寿保险公司在通渭县设立分支机构，在乡镇便民服务中心设立了“三农”保险服务窗口，在44个行政村设立了金融便民服务点。完成第三产业增加值17.06亿元、增长10%。

【社会保障】县财政投入民生方面的资金达17.7亿元，占财政支出的84.6%。不断完善社会保障体系，全面开展了城乡低保提标和专项整治活动，城乡低保月人均补助标准分别由197元、99元提高到227元、115元；发放救灾救济和临时救助资金915万元，救助城乡困难群众11万人次。不断强化养老服务，城乡居民社会养老保险参保率达97.5%，为6.2万名城乡居民发放养老金4883万元；县财政配套资金1404万元，新纳入被征地农民养老保险592人、累计达1593人，发放养老金794万元；投资6700万元的颐园老年公寓项目启动建设，新建农村敬老院3处、农村互助老人幸福院15处。不断提升医疗保障能力，实行新农合部分病种分级诊疗，新农合、城镇居民医保人均补助标准分别提高12.5%、14.3%，为4.15万人次报销住院医疗费1.4亿元；为7721名城乡大病患者发放医疗救助资金2597万元。不断加强就业再就业工作，新增城镇就业4537人，安置高校毕业生360人。县财政筹资120万元，提高了代课教师、环卫工人等五类低收入人群工资标准。

【社会事业】高度重视教育工作，成立了县教育督导委员会，深入开展教育“规范管理年”活动，加大教研教改力度，教育教学质量稳步提升，义务教育巩固率达81%，高考二本上线率20.7%、同比上升2.15个百分点。加强教师队伍建设，组织培训校长和教师2540人次，投入资金582.7万元提高了乡村教师生活补助和班主任津贴。持续改善办学条件，投资1.07亿元实施教育项目52个，县职专整体搬迁项目完成投资7000万元，县第二幼儿园建成招生，新建乡镇幼儿园5所，实施薄弱学校改造13所、中小学校舍安全工程18所。重视解决贫困家庭学生上学困难，为4138名大学生办理生源地助学贷款2205万元，为3.96万名贫困大学生和中学生发放助学金2779万元。大力发展医疗卫生事业，县级公立医院改革稳步推进；投资9523万元，实施卫生项目13个，建成了8所卫生院业务用房和职工周转房，为全县医疗机构配备了价值4874万元的医疗设备282台，新建标准化村卫生室33所，培训基层医疗卫生技术人员926人次，基层医疗卫生服务能力不断提升。积极发展公共文化事业，建成"乡村舞台"12个、"百姓舞台"7个、村级文化广场2个。不断加强人口计生工作，各项优先优惠政策、单独两孩生育政策全面落实。

【扶贫开发】始终把扶贫开发贯穿于全县经济社会发展的各方面，制定了全面落实"1236"扶贫攻坚行动实施意见和全面推进精准扶贫工作实施方案，完成了2.85万户13.44万贫困人口的建档立卡工作。按照"一村一业一单位，一户一策一干部"的要求，实行"8741"结对帮扶模式，建立了精准识别、精准帮扶、精准脱贫、精准考核4个机制，明确了分年度脱贫目标。争取国家扶贫专项资金1亿元，实施整村推进项目15个、易地扶贫搬迁项目42个。注重提升贫困人口能力素质，培训农民11.5万人次；输转农村富余劳动力10.6万人、实现劳务收入15.4亿元。平襄、义岗、新景3个乡镇和40个村实现整体脱贫，全县减少贫困户5850户、贫困人口2.68万人，贫困面下降到26.9%。

（李迪）

陇西县

【现任主要领导】

中共陇西县县委书记：鲁泽

陇西县人大常委会主任：包志宏

陇西县人民政府县长：陈彦吉

政协陇西县委员会主席：张小平

中共陇西县纪律检查委员会

书记：马栩健

【基本情况】陇西县位于甘肃省东南部，定西市中部，总面积2408平方公里，辖9镇8乡，215个村，11个社区，1287个村民小组，总人口51.87万人，其中农业人口43.31万人，耕地面积117.69万亩，人均占有耕地2.72亩。近年来，陇西县委、县政府积极抢抓国家实施西部大开发、加快扶贫攻坚等政策叠加的有利机遇，坚持以科学发展观为指导，紧紧围绕建设和谐文明特色经济强县，全力打造"一都两中心"（中国药都、陇中现代物流中心、世界李氏文化中心）的目标定位，夯实城乡基础，提升特色产业，做大优势工业，发展现代物流，开发文化旅游，统筹推进经济建设、政治建设、文化建设、社会建设和生态文明建设，全县经济社会发展始终保持着"速度加快、质量提升、结构优化、民生改善"的良好态势。

【名优特产】陇西有"千年药乡"、"天下药仓"和"西部药都"之美称，是全国"道地药材"的重要产区之一，被命名为"中国黄芪之乡"和国家级中医药原料生产供应保障基地，陇西黄芪和白条党参通过了国家质监总局原产地标识认定。陇西畜产品加工历史悠久，被中国农学会命名为"中国腊肉之乡"，陇西腊肉通过原产地标识认定。其中金钱肉、口条、火腿被誉为"陇原三绝"，"足赤"、"陇原情"牌肉制品为地方名优产品，驰名陇上。

【国民经济】2014年，全县完成生产总值57.60亿元，比上年增长7.5%；固定资产投资108.81亿元，增长21.2%；规模以上工业增加值4.13亿元；社会消费品零售总额22.92亿元，增长12.6%；大口径财政收入8.56亿元，增长25.15%；城镇居民人均可支配收入17076元，增长9.3%；农民人均纯收入4989元，增长12.6%；金融机构人民币存贷款余额突破双百亿元大关，分别达到106.54亿元和101.1亿元，增长18.35%和29.08%。

【"三农"工作】2014年，全县农作物播种面积168.72万亩，其中：粮食作物播种面积119.5万亩，经济作物播种面积49.2万亩。粮食总产量达到22.21万吨，增长8.8%。中药材种植面积达到35万亩、产量8.83万吨，试点推广产值保险4.5万亩、兑付理赔资金2430万元。马铃薯种植面积稳定在38万亩、产量达到5.89万吨。引进投放基础母牛羊1.83万头（只），发展规模养殖3816户、标准化养殖场97个，玉米秸秆转化率达到48.8%，畜禽饲养总量达到560万头（只），肉蛋奶总产量达到1.49万吨。新建日光节能温室50座、推广全膜玉米65万亩，发展优质林果基地2万亩。加快农业经营体制改革，制定出台农业设施产权、畜牧设施产权、农村集体产权登记颁证和农村土地承包经营权流转交易办法，登记颁发产权证70多份，云田二十铺村和碧岩万沟村完成土地承包经营权确权颁证试点，新增土地流转面积5000亩、流转率达到16.9%，新培育发展农民专业合作社233个。争取农机购置补贴1080万元，补贴农机具4795台，主要农作物耕种收机械化水平达到34%。

【园区发展】积极应对经济下行压力冲击，以开发区平台聚集企业，以特色产业聚集项目，以园区循环化改造为主导，切实加大扶持引导和运营调度，筹措安排技改专项、基础配套资金7028万元，协调发放信贷资金24.5亿元，支持中天羊业、清吉公司分别在北京"新三板"和上海股权交易托管中心成功挂牌融资，甘肃物产集团兼并重组渭水酒业成立天马酒业公司重新启动生产，东兴铝业陇西分公司有望恢复生产。投入资金9.4亿元，建成园区道路12条8.7公里、桥梁3座，埋设各类管网24.1公里，中医药科技孵化中心建成投用；新引进入驻企业19家，实施循环化改造项目12个，园区"孵化"效应不断增强。铝产品由冶炼及初加工为主拓展到高强度合金管材、民用型材、汽车配件、高端军工等领域，蒸压加气混凝土砌块等新型建材产品投入生产。全面落实企业注册资本认缴登记制和年度报告公示制，新增私营企业399户、个体工商户1332户，非公经济产值达到108亿元，成为带动县域经济发展的"生力军"。

【项目建设】全县坚定不移实施项目带动战略，深入开展“3341”项目工程和“千亿元大招商”活动，筹措项目前期和招商引资经费817万元，谋划储备入库项目131个、总投资272亿元；争取到位政府性投资项目245个、财政性建设资金9.89亿元，增长17.3%；引进各类项目26个、总投资124.85亿元，到位资金41.88亿元、增长39.92%；第二十届兰洽会签约项目20个102.55亿元，签约资金居全市首位。开工建设投资额500万元以上的项目126个、总投资330.8亿元，完成投资109亿元、增长21.2%。建设亿元以上大项目37个、产业深度开发项目28个，高科技、新技术项目涵盖中医药、装备制造、新型建材和农副产品开发等多个方面。城乡固定资产投资分别完成95亿元和14亿元。

【社会事业】实施民生社会事业项目25个，完成投资16.1亿元，占完成投资总数的14.8%。学前儿童一年受教育率、三年入园率分别达到90%和53.8%，九年义务教育巩固率、初中毕业生升学率分别达到91%和97.8%，高考本科上线2716人、上线率39.3%。实施总投资2.3亿元的县一中教研综合楼、渭州九年制学校宿舍楼、思源实验学校等教育项目46个，完成投资1.47亿元，教学条件不断改善。4家县级公立医院2846项医疗服务项目收费价格全部调整到位，实施各类卫生项目9个、完成投资2119万元，新建村卫生室45个，妇幼保健院保健综合楼及业务用房完成主体工程。认真实施“驻村代办、强基为民”工程，干群关系进一步密切融洽。同时，侨务、兵役、档案、气象、体育、残疾人、民族宗教等其它各项工作都取得了新的发展和进步。

【社会保障】一是保障面不断扩大。安排各类民生保障资金12.9亿元，占财政总支出的51.8%，人均保障标准分别提高到每月285元和每年2193元、保障面达到9.8%和15.1%。县财政为2547名重度残疾人和计生“两户”家庭8714人代缴养老金112.61万元，城乡居民基本养老保险、城镇居民医疗保险、新型农村合作医疗保险参保参合率分别达到93.94%、100%和97.25%，发放养老金4925万元，报销医疗费用1.22亿元。二是积极促进就业创业。考录高校毕业生488人、推荐县内企业就业797人，开发公益性岗位1890个，新增城镇就业5055人，城镇登记失业率下降到3.23%。三是切实加快保障性安居工程建设，发放住房补贴102万元，建成保障性住房1052套、主体完工200套，改造农危房2910户。

【扶贫开发】扎实推进“1236”扶贫攻坚行动，突出“精准”扶贫和“造血”扶贫，整合投入涉农扶贫资金33.32亿元，实施整村推进等扶贫项目77个，权家湾乡王金岔村等15个贫困村和柯寨乡实现整体脱贫，全县减少贫困人口2.92万人、贫困发生率下降到26.7%，小康社会整体实现程度达到72.4%、较上年提高0.7个百分点。

（张力）

渭源县

【现任主要领导】

中共渭源县县委书记：吉秀

渭源县人大常委会主任：张亚农

渭源县人民政府县长：蔺红军

政协渭源县委员会主席：杨谦

中共渭源县纪律检查委员会书记：赵华

【基本情况】渭源县位于甘肃省中部，定西市西南部，顾名思义为古老渭河之发源地。这里山清水秀，气候凉爽，是旅游观光、避暑纳凉的好去处。这里土地肥沃，出产丰富，是文明全国的“马铃薯良种之乡”、“中国党参之乡”。

渭源县总面积2065平方公里，辖8镇8乡，217个行政村，1560个社，年末常住人口32.67万人，其中城镇人口6.59万人。耕地面积80.07万亩。

【国民经济】2014年，全县实现生产总值26.65亿元，比上年增长8.7%。其中，第一产业增加值9.53亿元，增长5.5%；第二产业增加值3.55亿元，增长12.6%；第三产业增加值13.57亿元，增长10%。人均生产总值7429.4元，增长5.13%。完成固定资产投资48.63亿元，增长21%；大口径财政收入2.82亿元，增长26.33%；公共财政预算收入1.56亿元，增长25.72%；公共财政预算支出19.26亿元，增长9.32%。年末全县金融机构各项存款余额49.43亿元，增长16.58%；各项贷款余额30.52亿元，增长61.24%。

【优势产业】加快推进规模化、标准化和集约化经营，建成农牧业科技示范点437个。充分发挥立地条件和成本优势，增加高山隔离区原种和一级种薯生产比例，协调推进繁育和仓贮体系建设，完成田地公司智能温室立体化改造，全县新建脱毒瓶苗生产车间1600平方米、千吨贮藏窖15座，发展原种田4万亩、一级种薯田27万亩，总面积稳定在40万亩左右。紧跟市场需求，调整种薯繁育品种，拓展种薯销售渠道，提高渭源种薯的市场占有率。突出保证中药材品质和完善加工流通体系两个重点，发挥好渭源县中药材科技示范园作用，积极开展中药材种植示范研究工作，强化科技支撑。推进中药材标准化种植基地认证工作，引进省内外制药企业建立标准化种植基地8万亩，建立种子种苗繁育基地4万亩，推广无公害种植20万亩，总面积保持在35万亩以上。新发展中药材加工企业15家，新增GMP车间认证企业10家，年加工能力达到4万吨以上。结合渭源物流园建设中药材仓储物流区，建成会川江能中药材批发交易市场，积极开拓电商销售渠道。全县新发展养殖企业（小区）197家，新增规模养殖大户3000户，巩固发展养殖专业村26个，新建南山放养虫草鸡规模养殖点76个，肉牛、肉羊、生猪、虫草鸡饲养量分别达到14万头、60万只、35万头、1000万只，肉蛋奶总产量达到4.5万吨。加强基础母畜扩群、品种改良、圈舍改建、饲草种植加工等工作，完成标准化圈舍改建8000间，种植优质牧草5万亩，青贮氨化18万吨，不断夯实畜牧业发展基础。规划建设渭源县畜禽交易市场和重点乡镇畜禽交易市场，新发展肉食品生产加工企业2家、饲草种植加工企业2家，进一步完善畜牧业发展链条。

【项目建设】认真解读国家宏观政策、产业导向和投资需求，增强储备项目的前瞻性和针对性。建立定期汇报衔接项目制度，及时捕捉项目信息，跟踪落实上报项目，使更多的项目纳入国家和省市盘子，争取到位国家项目资金7亿元以上。县财政安排前期经费800万元，重点围绕“1236”扶贫攻坚行动，谋划争取一批夯基础、增后劲的民生实事项目，切实形成“谋划储备一批、落实争取一批、开工建设一批、建成竣工一批”的梯次滚动推进机制。把招商引资作为培植财源、壮大投资、促进发展的“一号工程”来抓，重点围绕提升优势产业，充分挖掘和深入谋划一批具有渭源特色优势的招商引资项目。

【社会保障】年末全县城镇职工参加基本养老保险2724人，比上年减少941人，下降3.3%；失业保险8507人，比上年增加731人，增长8.6%；城镇职工医疗保险21883人，比上年增加472人，增长2.2%；工伤保险9189人，比上年增加1424人，增长15.49%；生育保险9939人，比上年增加437人，增长4.4%。参加新型农村社会养老保险202936人，参保率97.74%。参加新型农村合作医疗291931人，参合率97.12%，共计为505729人次，报销住院及门诊费用10014.32万元。享受城镇最低生活保障的居民为2300户，共计4212人，全年发放保障金1084.99万元；享受农村最低生活保障的居民25231户，共计79349人，全年发放保障金11466.21万元。年内新增就业人数3300人，净增就业人数838人，城镇登记失业人数610人，城镇登记失业率3.65%。

【社会事业】学龄儿童入学率100%，初中毕业生升学率68%，高中毕业生升学率75.66%，年内本科上线人数821人，本科录取率23.9%。县中医院整体顺利搬迁，并投入使用，217个村卫生室，县乡村公办医疗机构实现基本药物零差率销售全覆盖。全县医疗卫生机构25个，床位数1386张，卫生技术人员771人。年内门诊就诊人数48.58万人次，住院人数3.25万人次。孕产妇住院分娩率98.59%，婴儿死亡率3.1‰。2014年共申报专利15件，专利授权14件，组织申报市级以上科技计划项目17项，批复立项5项，其中国家级4项，省级1项。全年共实施科技项目9项。全年累计下派科技特派员63名。全县有线数字电视用户8000户，广播和电视综合人口覆盖率分别为97.1%和97.4%。

【人民生活】年末全县在岗职工10069人，年人均工资41489元，增长4.51%。城镇居民人均可支配收入16993元，增长9.5%。农民人均纯收入4535元，增长12.4%。全县共输出各类劳务人员7.63万人，实现劳务收入10.86亿元，增长15.9%。全县农村自来水入户率93%，新入户8510户，累计入户达到69262户。

【扶贫开发】突出精准扶贫，对所有扶贫对象建档立卡，因村施策、因户施法，将所有项目资金到村到户，直接用于扶贫对象，实现对贫困人口的精细化管理和对扶贫资源的精确化配置。借助“双联”行动，拓宽帮扶渠道，聚集帮扶资源，真正形成专项扶贫、行业扶贫、社会扶贫三位一体的“大扶贫”工作格局，力争扶贫对象人均纯收入增幅高于全县农民人均纯收入2个百分点以上，减少贫困人口2.19万人。

【环境保护】严格落实污染物总量控制与减排工作。通过3项工程治理措施（建成渭源国英特色畜牧业有限责任公司畜禽养殖废弃物污染治理工程、甘肃海盛马铃薯科技有限责任公司废水废渣治理项目、渭源县金蛋蛋马铃薯产业有限责任公司废水废渣治理项目）和1项监督管理措施（渭源县城区生活污水处理厂正常运行），全面完成减排任务，使主要污染物总控指标控制在市上下达的范围内。渭源县城区生活污水处理厂运行正常，运行率达100%，污水日处理量为0.36万吨左右，主要污染物达标率大于95%，自动在线监控数据达标率、联网率、在线设备运转率、数据有效传输率、响应率均达到100%；渭源县城区生活污水处理厂污泥及时运送县城垃圾填埋场无害化填埋，加强流域畜禽养殖污染治理，减少农业面源污染。开展流域重点工业企业检查，确保达标排放。通过以上各项措施，确保了渭河水质稳定达标。

（张文斌）

临洮县

【现任主要领导】

中共临洮县县委书记：石琳

临洮县人大常委会主任：王耀洲

临洮县人民政府县长：柴生芳（8月止）

政协临洮县委员会主席：陈永寿

中共临洮县纪律检查委员会

书记：南锡诚

【基本情况】临洮，古称狄道，位于甘肃省中部，定西市西部，东临安定区，北接兰州市，南连渭源县，西与临夏回族自治州东乡、广河、康乐县接壤。地处古丝绸之路要道，是黄河古文化的重要发祥地之一，素有“彩陶之乡”之称。全县总面积2851平方公里，耕地面积106.75万亩，辖18乡镇，6个社区、323个村委会，2378个村民小组，年末户籍人口54.79万人，常住人口51.17万人，其中城镇人口15.39万人，乡村人口35.78万人，城镇化率30.08%。临洮是省会兰州的南大门，县城距兰州市区80公里，是“兰白经济区”内重要节点城市。兰临、康临高速和212国道及省道309、311线穿境而过，定临、临康二级公路建成通车，是连接甘肃中南部与临夏回族自治州、甘南藏族自治州两个少数民族地区的必经之地和欧亚大陆桥经济带辐射圈内重点县区。黄河上游最大的支流—洮河，流经县内9个乡镇115公里，年过境水量46亿立方米，水质优良，无污染，属国家一级保护水系，水能资源可开发蕴藏量达32万千瓦。已建成和在建水电站24座，总装机容量达23万千瓦。洮河灌区有洮惠渠、新民渠等万亩以上灌区11个，现代设施农牧业发展条件优越。

【国民经济】2014年，全县完成地区生产总值57.08亿元，比上年增长10.8%，其中，第一、二、三产业增加值分别完成13.83亿元、17.65亿元和25.6亿元，分别增长5.5%、12.8%和12.4%。完成固定资产投资93.21亿元，增长21%。完成社会消费品零售总额17.01亿元，增长12.5%。完成大口径财政收入6.26亿元，增长25.07%；完成公共财政预算支出24.81亿元，增长9.22%。

【项目建设】继续推行重点项目县级领导责任制，安排前期费1000万元，论证储备300万元以上项目219个，争取各类项目217个、资金11.8亿元。开工建设重点项目216个，其中城区水源扩建、城投公司综合楼等94个全面建成，森源苗木市场、管道燃气输配等77个完成年度建设任务。实施灾后重建项目52个，累计完成投资2.58亿元，居民住房、教育卫生、农业畜牧等方面的41个项目完成建设任务，靳家泉集中安置点329户重建户已完工314户。扎实开展“千亿元大招商”活动，新引进鸿盛岩棉科技、轻舟装备制造等项目31个，新建和续建项目到位资金34.6亿元，增长30%。

【产业发展】县财政筹资1052万元，扶持新增产业示范村125个、潜力村130个，新建日光温室109座、塑料大棚6320亩，发展规模养殖小区106个、肉羊养殖示范户4560户，建立马铃薯原种繁育基地3900亩、一级种繁育基地4.5万亩，种植中药材13.92万亩，新增花木面积7000亩，推广旱作农业51万亩，粮食总产量达23.4万吨，特色产业助推农民增收的后劲持续增强。

【园区建设】规划建设了“一区（临洮经济开发区）四园（中铺工业园、洮阳高新技术产业园、王家大庄物流园和康家崖农副产品集散加工园）”的工业聚集发展平台，其中占地12.29平方公里的中铺工业园被纳入兰州高新技术产业开发区。县财政多方筹资2000万元，启动实施中铺工业园污水处理、供水扩容等基础设施项目20个，完成基础设施投资1亿元；新引进项目10个，新建、续建项目17个，建邦建材、招金贵金属等10个项目建成投产，完成固定资产投资12亿元。中铺工业园已累计引进企业35家，建成17家，实现产值20.7亿元、利税1.36亿元。

【文化旅游】沿洮文化产业带引进落户重点项目17个，完成投资10.7亿元，马家窑文化产业园、卧龙湾水镇、体育训练基地、洮源山庄等项目进展良好，大王庄主干道和商业带基本建成。实施了哥舒翰纪功碑修复和文庙修葺工程，文庙大成殿、林家坪遗址和洮惠渠被列为首批市级重点文物保护单位，成功举办了马家窑文化国际高端论坛，首次开展了马家窑遗址科学性考古发掘，省编办批复了甘肃临洮马家窑文化研究院，高标准摄制了《味道临洮》专题片，大型歌剧《貂蝉》成功巡演，承办了全省文化产业调度及文化体制改革工作会议。启动建设了甘肃南部农副产品冷链物流中心和隆晟物流项目，6家商贸流通企业由限下转为限上、105户个体户转为企业。

【城乡建设】高标准建成北大街、三易路等城市道路10条，硬化小巷道14条，洮河景观工程完成了亲水平台和滨河步道铺设。城区集中供热二期工程建成运营，集中供热实现了全覆盖，同步完成既有建筑节能改造20万平方米。动工建设了五爱花苑、城南家园等棚改项目，新建保障房273套，完成配售443套。扎实开展“城市精细化管理年”活动，全面推行“网格化”管理模式，城市形象明显改善，洮阳镇成功创建为“全国文明村镇”。全力抓好农村基础设施建设，实施易地扶贫搬迁项目19个、建成住宅1161套，召开全市易地搬迁项目建设现场会；抢抓被列为“六盘山片区交通扶贫攻坚示范试点县”机遇，新修农村道路28条144公里。

【社会事业】投资1.2亿元实施教育项目56个，新建及维修校舍5.78万平方米，高考二本以上上线2369人，上线率32.4%。在县乡两级医疗机构推行了绩效考核制度，建成了县医院综合业务楼和4个乡镇卫生院业务用房、28所村卫生室，人口计生利益导向示范区建设顺利通过省级验收。多渠道安置高校毕业生就业702人，为2035人发放小额贷款6575万元，当年新增城镇就业4498人。

【社会保障】扎实开展城乡低保清理规范工作，发放各类保障金1.13亿元；建成了县综合福利服务中心和3个乡镇中心敬老院，引进了国内知名的金太阳老年服务中心，召开了全市养老服务业现场推进会。

【扶贫开发】按照“规划到村、帮扶到户、责任到人”的思路，强力推进精准扶贫，实施各类扶贫项目43个，龙门镇及洮阳柯柁等24个村实现了整体脱贫，减少贫困人口2.03万人，成功跻身全省“金融扶贫示范试点县”和“精准扶贫示范县”。

（周桂花）

漳县

【现任主要领导】

中共漳县县委书记：党建中

漳县人大常委会主任：贯占渊

漳县人民政府县长：刘静

政协漳县委员会主席：包早福

中共漳县纪律检查委员会书记：李新定

【基本情况】漳县位于定西市南部，地处西秦岭和黄土高原过渡地带，东连武山，西邻卓尼，南靠岷县，北与陇西、渭源接壤。全县辖4镇9乡，136个村民委员会，5个居民委会，年末常住人口19.53万人，其中城镇人口4.91万人，城镇化率25.13%。境内有贵清山国家级森林公园，坐落于县城南70公里处，景区南北长7.5公里，东西宽2.5公里，面积62平方公里，由贵清山、贵清峡两部分组成，史称“贵清仙境，”被游人誉为“兼有华山之险，黄山之奇、峨眉之秀、九寨沟之美”，是镶嵌在丝绸之路黄金旅游线的一颗璀璨明珠。已一次性通过了国家旅游局AAAA级旅游风景区终评。

【国民经济】2014年，全县完成生产总值18.99亿元，比上年增长9.6%。其中：第一产业增加值5.68亿元，增长6.8%，第二产业增加值3.77亿元，增长12%，第三产业增加值9.5亿元，增长10.6%；全社会固定资产投资37.27亿元，增长21.2%；大口径财政收入2.55元，增长41.92%；财政支出19.19亿元，增长16.38%；社会消费品零售总额3.25亿元，增长12.6%。

【“三农”工作】2014年，全县建立各类农业科技综合示范点30个、无公害标准化种植基地26万亩，完成旱作农业示范5万亩，流转土地7.3万亩。新建塑料大棚、日光温室2000亩，推广种植高原夏菜5000亩，蔬菜总产量达13.7万吨。新组建农民专业合作社41个、规范提升14个。建成万亩优质核桃基地二期工程1.05万亩，累计达到1.7万亩。初步形成了设施集约农业、草食畜牧业、特色林果业齐头并进的现代农业发展格局。新建规模养殖场40个，新增养殖专业村17个、规模养殖户1200户。青贮氨化饲草3万吨，种植优质牧草2.25万亩。

【项目建设】2014年，全县组织实施各类项目151项，完成投资37.27亿元，增长21.2%。大力实施“3341”项目工程，落实前期经费800万元，论证储备500万元以上项目160个、总投资270亿元，其中完成前期编制80个、审批70个。争取到位国家政策性资金5亿元，增长15%。漳武公路完成铺油30公里。深入开展百亿元大招商活动，组团参加“兰洽会”、“民企陇上行”等招商节会，新签约项目26个、总投资99.2亿元，开工建设23个。全年实施招商引资项目41个，到位资金40.75亿元，增长35.7%。

【工业经济】2014年，加快实施工业发展“倍增计划”，全年完成工业增加值2.59亿元，增长10.7%。规模以上工业企业实现税收1.1亿元，工业企业税收对财政的贡献率达到44%。工业集中区发展规划通过省政府批复，新引进甘肃衡济堂、博达药业等5户企业入驻特色农产品加工园。祁连山水泥公司纯低温余热发电项目并网发电，三阳钢结构工程公司一期年产5万吨轻钢结构生产线建成投产，金地矿业公司年产5万吨红柱石精矿粉生产线带料试产。

【人民生活】全年城镇居民人均可支配收入16912元，比上年增长9.7%；城镇居民人均消费支出9751元，农民人均纯收入4430元，增长13.9%；农村居民人均生活消费支出4080元，下降5.4%。

【社会保障】统筹推进城乡社会保障体系建设，城乡居民养老保险综合巩固率达到95.24%，为60岁以上符合标准的城乡老人发放基础养老金1840万元，被征地农民养老保险工作稳步推进。城镇职工退休人员养老金月增资195元，实现十年连增。将城乡参保居民个人负担医疗费用超过5000元起付标准的，全部纳入大病保险再次报销。农村五保、城乡低保保障标准分别提高12%和15%，发放保障金8940.5万元。推动实现更高质量的就业，城镇新增就业3086人，其中高校毕业生600人，城镇登记失业率3.52%。努力培植财源，狠抓税收征管，完成大口径财政收入2.55亿元，较2011年净增1.65亿元，连续实现两年翻番。调整优化支出结构，重点保障灾后重建和社会事业、民生工程支出需求，财政支出达19.2亿元，较2011年净增11.35亿元。发放各类强农惠农富农资金6.3亿元，投入财政奖补资金1330万元，实施村级环卫照明等公益事业建设项目46个，新建保障性住房168套，发放廉租住房租赁补贴230户48.5万元，改造农村危房3180户。累计发放“双联”惠农、城乡创业妇女和城镇失业人员再就业贷款1.2亿元。

【社会事业】教育事业稳步发展，高考二本以上上线246人；其中应届168人，上线率分别提高1.73个百分点和7.23个百分点。筹资3000万元征收土地180亩，规划建设武阳中学、武阳三小，教学楼、综合楼等进行主体施工。武阳幼儿园实现秋季招生，城区幼儿入学难问题得到有效解决。县教育人才发展基金正式启动运行，列支33万元对全县优秀师生进行了表彰奖励。文化体制改革有序推进，组建成立文化市场综合执法大队，省广电网络有限责任公司漳县分公司挂牌运营。扶持发展文化事业，乡镇文化站、村文化室和农家书屋规范运行。医疗卫生保障机制不断健全，医疗机构标准化建设扎实推进，中医药服务能力进一步提高，公共卫生服务水平稳步提升，新农合参合率达到97%，“一卡通”实现全覆盖，累计补偿农民12.59万人次4867.6万元。成功创建国家计划生育优质服务县，“单独两孩”政策积极稳妥实施。完成乡镇卫生院院长竞争上岗和村医考聘工作，引进招录医疗专业技术人才81名，食品药品安全和公共卫生安全保障明显加强。人口和计划生育工作稳步推进，人口文化建设亮点纷呈，孕前优生健康检查全面开展，入户访视有效提升，成功创建全国利益导向政策体系示范县，人口自增率5.82‰。

【灾后重建】2014年，把居民住房建设作为灾后重建的首要任务和最大的民生工程，采取自建、联建、统建等方式，高标准、高质量完成16417户和16481户城乡居民住房重建维修任务，新建房屋全部达到上下圈梁构造柱抗震设防标准，群众住房条件发生翻天覆地的变化。180户省内异地安置住房主体完工，土地分配、户籍迁转、劳动力培训等工作有序推进。拨付到户国家住房补助资金7.17亿元，协调金融机构发放住房重建贷款6107户2.2亿元。采取双联帮建、邻里共建、整合危房改造项目等措施，有效解决2100户特别困难群众建房难题。

【扶贫开发】促进“双联”行动与扶贫攻坚深度融合，探索精准扶贫开发模式，建立“一村一业一单位、一户一策一干部”结对帮扶机制，成立68个贫困村驻村帮扶工作队进村帮扶。争取到位财政专项扶贫资金2727万元，实施整村推进项目9个，完成马泉乡整乡和7个整村脱贫试点，1.31万贫困人口实现脱贫。新建村级互助资金协会14个，累计达到42个，发放贷款380万元。整合扶贫贴息资金337.5万元，落实贷款6750万元。

【环境保护】人民居住环境质量进一步提高，大气环境质量中总悬浮微粒年日均值控制在国家标准之内，二氧化硫、氮氧化物年日均值控制在国家一级标准之内。城镇、农村饮用水水质达标率继续保持在100%。区域环境噪声和交通干线噪声分别控制在了国家规定的排放限值之内。2014年，投入资金419万元，开展农村环境卫生综合整治行动。实施农村环境连片整治项目4个，大草滩新联美丽示范村通过省级验收。新增水土流失综合治理面积31平方公里、梯田2万亩，新修堤防24.7公里，完成土地整理复垦1046公顷，清淤疏浚河道32公里，关停非法采砂企业3家。

（成春江）

岷县

【现任主要领导】

中共岷县县委书记：郭世杰

岷县人大常委会主任：杨水涛

岷县人民政府县长：梁德铭

政协岷县委员会主席：梅彦忠

中共岷县纪律检查委员会书记：杜万忠

【基本情况】岷县古称岷州，位于甘肃西南部，洮河中游，地处青藏高原东麓与秦岭陇南山区接壤区。岷县地理位置优越，区位优势明显，是定西市、天水市、甘南藏族自治州三市州的几何中心，自古就是“西控青海，南通巴蜀，东去三秦”的战略要地。全县辖9乡9镇、359个行政村，13个居委会。年末常住人口45.43万人，城镇人口8.01万人，城镇化率17.63%。总面积3500平方公里，耕地面积64.49万亩。

【资源优势】岷县有天然草场290万亩，占全县总土地面积的72.5%，主要以岷山红三叶草、岷山猫尾草为岷县两大特色优质草种。岷县盛产当归，红芪、黄芪、党参、大黄、贝母等中药材238种，素有“当归之乡”、“千年药乡”之称，尤以“岷归”驰名中外，被欧洲人誉为“中国妇科人参”。岷县水资源丰富，境内水系分长江、黄河两大流域，3个水系。有大小河流22条。水能蕴藏量32.56万千瓦，年发电量28.5亿度。黄河上游最大的支流洮河流经县内13个乡83.5公里。岷县文物殊多，古迹遍地，主要有“彩陶之乡”马家窑文化、寺洼文化、齐家文化等文化遗迹6处。岷县又称“花儿”故乡，在省内外颇有名气，是我国民间文化的一支奇葩，质扑敦厚，明快生动，每年花儿会期间，商贾云集，商贸活跃。被誉为中国“四大名砚”之一“归一砚”闻名中外；岷县二郎山国家级森林公园集自然景观与人文景观于一体，与城北玉女峰遥遥相对，山上三峰插天、绿树成荫。

【国民经济】2014年，全县实现生产总值31.53亿元，比上年增长10.2%。其中，第一产业增加值9.28亿元，增长6.3%；第二产业增加值7.48亿元，增长15.7%；第三产业增加值14.77亿元。三次产业结构为29.4 ：23.7 ：46.9。完成固定资产投资61.76亿元，增长21.4%。实现社会消费品零售总额9.9亿元，增长12.6%。城镇居民人均可支配收入17070元，增长9.8%；农民人均纯收入4351元，增长14.4%。公共财政预算收入2.18亿元，增长4.21%；公共财政预算支出32.69万元，下降18.54%。

【优势产业】中医药产业：全县种植中药材35.26万亩，比上年增加10万亩，总产量达8.63万吨，中药材标准化、规模化、机械化和多元化种植取得新的成效。西川工业园中医药加工聚集区正在加速形成，企业总数达到27户。年内完成中医药企业GMP认证2户、GSP认证3户。“岷县当归”获批甘肃省著名商标，当归种植系统申报为中国重要农业文化遗产。畜草产业种植以岷山红三叶、岷山猫尾草为主的优质牧草16万亩，新建养殖场（小区）41个，发展规模养殖户1198户，甘肃洮源生态农业科技开发公司等3个规模养殖企业加快建设。黑裘皮羊获得国家农产品地理标志认证，西湖水产养殖农民专业合作社被评为省级示范社。

【项目建设】年内争取到国家投资项目127项（不含灾后重建），到位中央预算内等各类项目资金6.02亿元。开（复）工投资500万元以上重点项目246项，当年完成投资73亿元。扎实开展“百亿元大招商”活动，累计引进投资项目102个，投资总额105.27亿元，当年到位资金49.96亿元，增长39.6%，其中新建项目54个，到位资金29亿元，增长38.4%。依托财政奖补政策和灾后重建，建成中寨、西寨、蒲麻、申都、禾驮5个乡镇农贸市场和闾井镇牲畜交易市场。

【园区建设】《岷县工业园区发展规划（2012 ~ 2020）》通过审批，园区环评上报待批，“一区四园”格局初步形成。南川中医药循环经济产业园总投资1.38亿元、涉及10条道路和2座桥梁的一期基础设施工程可研获批，纬四路西段道路已经建成，总投资8亿元的江能集团岷归综合产业园和总投资3.8亿元的九州通医药集团岷县中药材深加工综合产业园落地；进一步完善西川工业园基础设施，园区承载能力不断增强，新入驻企业9户。实施工业项目30个，完成投资7.2亿元。甘肃宏宇公司道地中药材提取加工项目、甘肃宏富公司商品混凝土生产线等4个项目建成投产

【灾后重建】把城乡居民住房重建作为重中之重，科学统筹、分类指导，统规自建、压茬推进。投入资金43.02亿元，45758户住房重建和35950户住房维修全部按期完成，1510户省内异地安置点住房主体建成。投资6.29亿元，建成标准化中小学、幼儿园106所。投资7800万元，建成卫生院业务楼17栋、卫生室22个，维修卫生院6所。按照高起点定位、一次规划、分步实施的原则，扎实推进重灾村、集中安置点和重点小城镇建设。27个集中安置点、10个重灾村住房按照设计风格基本建成。梅川、茶埠和寺沟3个小城镇建设深入推进，加快梅川、茶埠一体化建设，占地1100亩的梅茶新区一期工程17栋5万平方米的居民安置楼主体建成，完成投资1.3亿元，道路管网等基础设施前期进展顺利。

【社会事业】协调发展各类教育，九年义务教育巩固率达78%，高中阶段毛入学率达81.3%，高考二本以上上线612人，上线率为22.1%，中职毕业生一次性就业率达95%以上。全县乡镇中心幼儿园覆盖率达到100%。引进、补充教师322名，实施城乡教师竞聘交流和人事制度改革，通过公开竞聘向城区学校充实教师68名，教师队伍进一步优化。县一中和东关小

学分别被评为首批全省“德育示范校”和“快乐校园示范学校”。不断深化医药卫生体制改革，新农合定额付费制度、重大疾病补偿政策、重大疑难疾病异地即时结报政策和新农合“一卡通”有效落实，分级诊疗试点成效显著。组织举办第十四届洮岷花儿歌手大奖赛，“青苗会”入选第四批国家级非物质文化遗产代表性项目名录，国家级非遗项目数量名列全省前茅。

【社会保障】全力保障和改善民生，涉及的25项省市实事全部办结，办理电子民生事项11160项，办结率达99.94%。发放各类惠农资金9.2亿元，实施一事一议财政奖补项目34个。新增城镇就业4651人，高校毕业生就业1050人。新增小额担保贷款3700万元，扶持创业948人。收缴农民工工资保证金1379万元，清欠劳动者工资864人631万元。城镇职工各项社会保险、城镇居民医疗保险稳健运行，城乡居民社会养老保险参保率达95.7%，符合享受待遇人员待遇发放率达100%。全县新农合参合率达97%。启动城乡居民大病医疗保险，报销大病患者医药费713人次284万多元。全力保障困难群众基本生活，城乡低保保障标准提高15%，农村五保集中供养、分散供养标准分别提高15%、18%。发放重大疾病医疗救助金2480人918.33万元、临时生活救助金1875人104万元。筹措资金489.68万元，对全县1795户受灾困难群众和3130户农村一类低保户分别救助煤炭600斤、新型节能炉具1套，对1940户农村五保户每户安装碳纤维电热炕一座，困难群众越冬得到有效保障。着力提高低收入人群收入水平，为1139名代课教师、环卫工人、协警等低收入人员分别增加月工资100至200元，月工资额均达到1200元以上。建成保障性住房500套，配售（租）829套，发放廉租住房租赁补贴678户115.63万元，困难群众住房条件不断改善。

【扶贫开发】争取财政扶贫资金6214万元，实施扶贫项目27项。培训劳动力1.8万人次，输转劳动力10.09万人，实现劳务收入12.08亿元。制定出台《深化双联行动助推精准扶贫的意见》，创新扶贫方式，推进精准扶贫，加快贫困村水、电、路、房和公共服务设施建设，年内有28个贫困村整体脱贫，减少贫困人口3.49万人，贫困面由2013年的38.64%下降到30.85%。

（包建科）

陇南市

【现任主要领导】

中共陇南市市委书记：孙雪涛

陇南市人大常委会主任：杨全社

陇南市人民政府市长：陈青

政协陇南市委员会主席：任跃章

中共陇南市纪律检查委员会

书记：李东新

【基本情况】陇南市位于甘肃南部，东邻陕西，南接四川，地处中国大陆二级阶梯向三级阶梯的过渡地带，位于秦巴山区、青藏高原、黄土高原三大地形交汇区域，西部向青藏高原边缘过渡，北部向陇中黄土高原过渡，东部与西秦岭和汉中盆地连接，南部向四川盆地过渡，整个地形西北高东南低，西秦岭和岷山两大山系分别从东西两方伸入全境，境内形成了高山峻岭与峡谷盆地相间的复杂地形，是甘肃省唯一的长江流域地区。东邻陕西，南接四川，辖一区八县，全市共195个乡镇，其中129个乡、74个镇、4个民族乡，3201个村委会，其中60个城市社区。2014年末，全市总人口283.23万人，常住人口258.71万人，其中城镇人口68.95万人；人口自然增长率为6.27‰。全市分布着汉、回、藏、蒙等29个民族。总面积2.78万平方公里（合4187万亩），其中耕地面积829.52万亩。陇南处于北亚热带向暖温带的过渡地区，年平均气温10～15℃，年降雨量400～1000毫米之间，无霜期120～260天。海拔在550～4187米之间。境内地貌俊秀，气候宜人，雨量充沛、光照充足，森林覆盖率高，素有“陇上江南”之美称。

【资源优势】生物资源荟萃。自然生长的树种达1300多种，其中经济树种400多种，是甘肃森林覆盖面积最大、树种最多、植被最好的绿色走廊。其中经济林已形成一定规模，水土保持与增产创收相得益彰。也是甘肃唯一的油橄榄、茶叶、银杏等亚热带作物产地。武都区白龙江沿岸1300米以下川坝河谷区及半山地带为全国油橄榄最佳适生区，全市油橄榄年产量近5000吨，开发出油橄榄产品3个系列40多个品种。此外，还有木耳、香菇、猴头等食用菌及山珍野菜100多种，中药材1300多种。尤以红芪、纹党、大黄、当归、半夏最为著名，2014年中药材年总产量12.87万吨。

矿产资源富集。有铅、锌、锑、铜、锰、金、硅、重晶石、煤等金属和非金属矿34种，其中西成铅锌矿带为我国第二大矿体，已探明储量2400万吨；锑为我国第三大矿体，已探明金属储量14.9万吨；文县阳山金矿已探明储量300吨以上，是我国特大型金矿之一，有望成为亚洲最大的金矿。

水力资源丰富。市内河流纵横交错，有嘉陵江、白龙江、白水江、西汉水四大水系，大小河流3900多条，年径流量279亿立方米，人均用水占有量远远高于全国全省平均水平。水电开发潜力较大，目前的开发量极为有限，水电能源产业有很大的发展空间。

旅游资源独特。陇南不光山奇水秀，文化灿烂，而且历史悠久。《史记》记载，华夏人文始祖伏羲“生于仇池，长于成纪”，仇池就是现在陇南的西和县，至今伏羲崖还耸立在仇池山上；陇南是中国历史上第一个封建帝国秦王朝的发祥地，秦始皇先祖在陇南市的礼县繁衍生息数百年才奠定了雄立关中、定鼎中原、统一六国的千秋基业；位于陇南市成县的《西狭颂》摩崖石刻，是汉代“三颂”中保存最为完整的书法艺术瑰宝；宕昌哈达铺是中国工农红军的加油站和决定中国革命命运的转折点，宕昌哈达铺红军长征纪念馆被列为全国重点文物保护单位。比较著名的人文景区景点还有成县杜甫草堂、礼县先秦文化遗址、祁山三国古战场、西和仇池国遗址、阴平三国古栈道。

【国民经济】2014年，全市实现

生产总值262.53亿元，比上年增长9%。第一产业增加值66.22亿元，增长6.2%；第二产业增加值69.38亿元，增长10.5%；第三产业增加值126.92亿元，增长9.2%。三次产业结构比为25.23 ∶ 26.43 ∶ 48.34。实现工业增加值43.91亿元，增长10.1%。完成固定资产投资532.9亿元，增长21.4%；实现社会消费品零售总额72.27亿元，增长12.7%。进出口总额为2171万美元，增长120%。完成大口径财政收入49.27亿元，增长18.17%；公共财政预算收入为23.89亿元，增长25.19%；财政支出164.45亿元，比上年增长2.57%。全年金融机构本外币各项存款余额625.81亿元，增长9.9%。年末全市金融机构人民币各项贷款余额376.52亿元，增长22.8%。城镇居民人均可支配收入达17001.3元，增长9.3%；农民人均纯收入4023.7元，增长13.8%。

【“三农”工作】全年粮食种植面积为468.8万亩，比上年减少0.08%；油料种植面积34.2万亩，比上年增长3.73%；蔬菜种植面积55.7万亩，比上年增长2.28%。粮食总产实现八连增。粮食总产量达到111.5万吨，比上年增长5.17%，其中：夏粮38.9万吨，比上年增长5.66%；秋粮72.6万吨，比上年增长4.91%。全市农民人均纯收入达到4023.7元，同比增长13.8%。电子商务实现突破性发展。淘宝网“特色中国·陇南馆”开馆运营，全市开办网店5923家，实现销售总额7.71亿元，开辟了农民增收、农业增效和农村发展的新途径，闯出了一个贫困地区发展农产品电子商务的“陇南模式”。

【扶贫工作】全面落实“1236”扶贫攻坚行动各项措施任务，2014年全市农民人均纯收入达4023.7元，比上年增长13.8%。贫困发生率由34.06%下降到26%。特困片区扶贫攻坚强力推进。聚合人、财、物资源，将93%的财政扶贫资金用于特困片区；整合行业部门项目资金31.31亿元，是2013年整合资金的4.6倍。通过统筹资源，聚焦发力，特困片区面貌正在发生显著变化。探索形成电商扶贫新模式。大力发展电子商务，通过农产品网上销售，促进农民增收。全市累计开办网店近6000家，实现销售总额7.71亿元。扶贫部门重点实施了电商扶贫“三个一工程”。金融扶贫取得新突破。在全省率先启动农村物权抵押贷款交易试点工作，累计发放“三权”抵押贷款22亿元。累计发放双联惠农贷款2.26万户13.6亿元。积极探索整合邻近村互助资金共管共用的新模式，投入财政扶贫资金3515万元，新建扶贫互助社176个，累计建成528个，为贫困群众发展产业提供了有力支撑。

【项目建设】坚持领导干部包抓重点项目，1145个“3341”项目工程加快推进，完成投资580.7亿元。成武高速建成通车，成为连接北部六县和南部三县区的黄金大动脉，全市高速公路总里程达到220公里。十天高速、渭武高速试验段、成州机场建设进展顺利。武九高速、徽两高速和天平铁路南延线前期工作有序推进。国省干线联网路、国道二级公路改造顺利实施。市区长江大道东西延伸一期工程建成通车。硬化通村公路3000公里。自筹资金建成了武都五马至康县阳坝公路，为打造甘陕川旅游“金三角”生态腹地、推动沿线群众脱贫致富创造了条件。民生水利项目全面推进，解决了25万农村人口饮水问题。电网建设进一步加快，2个110千伏变电站顺利投运，成县农网改造实现全覆盖。信息化建设得到加强。积极融人长江经济带和成渝经济圈，对外交流、院地院企合作取得新进展，向南开放迈出实质性步伐，招商引资到位资金大幅增长。

【特色产业】陇南生物资源的丰富，境内自然生长的树种有1300多种，其中有花椒、核桃、油橄榄、茶叶、银杏等经济树种400多种，是甘肃唯一产茶区和全国油橄榄最佳适生区；有中药材1300多种，其中名贵中药材300多种，素有“天然药库”、“千年药乡”之称誉。有可利用天然草场990万亩，加之荒山荒坡、退耕地人工种草和大量的农作物秸秆，发展草食畜牧业具有优厚的资源；境内有山珍、食用菌100多种。这种复杂自然禀赋构成了资源的多样性，适宜多种动植物生长，天然地形成了发展经济林果、畜牧养殖、蔬菜、中药材、食用菌等农业特色产业得天独厚的优势和条件。

2014年，陇南市农业特色产业中核桃产量35834吨，产值39602万元，花椒产量21374吨，产值90106万元，中药材产量116619吨，产值109872万元，油橄榄产量4921吨，产值5806万元，茶叶产量1042吨，产值3908万元，苹果产量86833吨，产值28824万元，蔬菜产量518548吨，产值96748万元，蚕茧产量460.8吨，产值899万元，牛出栏9.31万头，牛产值355705万元，羊出栏16.99万只，羊产值8738万元。

【社会事业】学龄儿童入学率99.43%，适龄初中入学率86.91%。小学、初中、高中专任教师合格率分别为99.53%、98.93%、91.20%。全市普通高中招生1.72万人，增长1.78%；初中招生5.15万人，下降7.04%；小学招生2.94万人，下降16.16%。各类普通高校在陇南招生16058人，增长11.15%，各类普通中专在陇南招生3243人，同比下降24.26%。共有艺术表演团体9个，全年演出617场，观众达32.5万人次；文化馆9个；公共图书馆9个，藏书达91.2万余册；博物馆10个；文化古迹52处，其中：国家级8处、省级17处、市级27处；文物藏量9886件，其中：一级文物139件。广播和电视综合覆盖率分别为92.86%和95.68%；数字有线电视用户49483户，同比增长25.64%。全市有公立医疗卫生机构1071个，其中县级以上综合医院10个、中医院8个、疾病防控中心9个。拥有病床位7767张，共有卫生技术人员6993人，其中执业医师和执业助理医师2529人，注册护士1710人，药师（士）340人，技师（士）337人，其他2077人。

【社会保障】2014年末，全市登记失业人数9226人，下降4.64%；城镇职工医疗保险132005人，下降1%；城镇居民医疗保险163668人，同比增长10.6%；城镇养老保险52535人，同比增长0.03%；工伤保险63304人，下降8.11%。城镇居民最低生活保障对象6.29万人，发放低保金1.93亿元；农村低保对象46.82万人，发放低保金6.61亿元。

【环境保护】全市现有环境监测站10个。2014年主要污染物总量减排指标（二氧化硫、氮氧化物、化学需氧量、氨氮）均控制在省政府下达的污染减排计划指标以内，全市二氧化硫排放量13000吨，增长3.9%；化学需氧量36911吨，下降0.2%。空气质量优良指数达98.4%；地表水、饮用水达标率均达到100%；区域内环境噪声平均值为54.97分贝，交通干线噪声平均值63.41分贝。

（李荣）

武都区

【现任主要领导】

中共武都区区委书记：田广慈

武都区人大常委会主任：景学书

武都区人民政府区长：肖庆康

政协武都区委员会主席：曹永先

中共武都区纪律检查委员会

书记：贾周云

【基本情况】武都区地处甘肃东南部，白龙江中游，东与康县、成县、陕西省宁强县为邻；南与文县、四川省青川县接壤；西与宕昌、舟曲县相靠，北与西和、礼县毗连。公路交通东距陕西略阳184公里，南抵四川成都524公里，西到省会兰州458公里，北至天水市286公里，全区南北极长为100.8公里，东西最宽为76.2公里，总土地面积4683平方公里，辖36个乡镇684村13.32万户56.28万人。耕地面积69.85万亩，属南秦岭山系，地形复杂，素以"山大沟深"而著称。白龙江自西北入境，向东南流过。地势西北高，东南低，山脉多呈西北一东南走向，境内峰峦起伏，群山环绕，沟壑纵横，山势陡峻，城区海拔998米，境内由于群山环绕，山高谷深，构成了气候、土壤的垂直差异，农业生产条件也随平均海拔、坡向的不同，有明显的垂直变化，呈现"立体农业"的特点，自古就有着"天旱收高山，雨涝收半山，不涝不旱收沿川"和"一眼望四季"的说法。境内海拔600～3600米之间，年平均气温14.7℃，年日照时数1911.3小时，年降雨量400mm左右，无霜期210～240天，属亚热带半湿润气候。

【国民经济】2014年，全区生产总值完成85.87亿元，比上年增长9.3%。其中：第一产业增加值14.51亿元，增长7.1%，第二产业增加值19.41亿元，增长11.2%，第三产业增加值51.95亿元，增长9.2%；大口径财政收入达到11.02亿元，增长9.65%；公共财政预算收入4.16亿元，增长18.88%；粮食总产量达到17.81万吨，增长5.26%；农民人均纯收入达到3835.8元，增长13.4%；城镇居民可支配收入17855.1元，增长9.8%；社会消费品零售总额26.76亿元，增长12.6%；政策生育率达到87.23%，人口自然增长率为5.83‰。

年末金融机构各项存款余额168.3亿元，较年初下降0.8%；金融机构各项贷款余额135.97亿元，较年初增长17.8%。

【"三农"工作】基础设施和生态建设不断加快，武都区大力实施农村水、电、路和国土治理、房屋改造及村庄绿化、亮化、净化等工程，农村基础设施建设和生态文明新农村建设进一步加快。坚持新区开发与旧城改造同步推进，严格规划执法，编制完成了旧城西片控规、城区商业网点规划和80个新农村建设规划，坚决制止乱修乱建。加快吉石坝、江南片区和钟楼滩新区开发，滨江体育场升级改造工程启动实施，城区南山饮水工程即将建成，南山生态公园、江南公园、吉石坝路网等重点项目建设进展良好，西南小区、县门街、北峪河西堤路旧城改造项目，建设进展顺利，城市供排水、供热、供气、垃圾处理等基础设施配套工程同步跟进，吉石坝、江南片区、长江大道沿线重点区域绿化美化工程，抓紧实施，新增城市公共绿地面积7.4万平方里。启动了安化小城镇综合改革试点工作，通过整合项目、部门帮建、财政扶持、群众自筹等办法，建成美丽乡村42个。扎实开展城乡环境卫生秩序，集中整治，一些重点区域、重点部位脏、乱、差问题得到解决，城乡面貌明显改观。加强城市社区管理，成立了吉石坝、钟楼等4个街道办事处，外纳、马营、柏林3个乡撤乡建镇。

全年农作物播种面积完成121.38万亩，增长0.2%，其中：粮食作物播种面积81.69万亩，下降0.3%，粮食总产量178094.26吨，增长5.26%。

大牲畜存栏8.62万头，下降0.27%；猪存栏21.59万头，增长1.6%；羊存栏6.35万只，增长6.23%；鸡存栏57.76万只，增长3.96%。

【项目建设】城乡基础设施建设不断加快，项目建设取得新成效，全区共完成固定资产投资100.46亿元，增长4.18%。2014年全区确定的134项，当年竣工71项，完成投资43.3亿元，增长21.5%。严格执行政府投资项目预决算审核，代建管理等一系列办法，降低建设成本，全年共审核各类项目212个，节约资金1.13亿元。认真落实招商引资工作责任制，着力提高项目落地率，全年签约招商引资项目26个，签约资金53.54亿元，到位资金32.6亿元，增长183.1%。

【三产发展】2014年深入推进华夏文明传承创新区建设，全年实施重点文化项目8项，培育文化骨干企业65户，非物质文化博物馆、革命历史纪念馆建成开放，武都区被文化部评委"中国民间文化艺术之乡"。加强旅游产业开发，大力发展乡村旅游，启动建设乡村旅游示范村2个，千坝牧场旅游公路开工建设，万象洞旅游接待中心基本建成，姚寨沟、万象洞、裕河等景区节点工程稳步推进，主要景区景点无线网络实现全覆盖，全年接待游客168.92万人次，实现旅游综合收入7.93亿元。突出抓好商贸流通体系建设，南桥蔬菜批发市场、兴源商贸公司商品配送中心建成投用，吉石坝现代物流园、盘旋路果蔬市场、外纳农贸市场建设进展顺利，建成"万村千乡市场工程"，农家店70处，全区农家店数量达到435家，居全市第一。

【扶贫开发】扶贫开发成效显著，发展环境不断增强，进一步修订招商引资优惠政策，多次组团参加大型节会招商引资，全年签约招商引资合同项目26项，签约资金53.54亿元，到位资金32.6亿元。深入推进“1236”扶贫攻坚和“双联”行动，加大基础设施建设、富民产业培育、易地扶贫搬迁等工作力度，大力改善贫困村生产生活条件，全年实施扶贫整村推进项目24个，硬化126个村通村公路511公里，解决了96个村、5.6万人的安全饮水问题，当年减少贫困人口3.25万人，马街镇、汉王镇、两水镇有33个村实现整体脱贫。全面落实特色产业扶持奖励政策，着力扩大产业规模，全面新增土地流转面积6.6万亩，新植油橄榄6万亩、核桃2.6万亩、花椒1.5万亩，发展中药材10.6万亩、蔬菜16.9万亩。加快特色优势产业提质增效，完成核桃、油橄榄高接换优51万株、12万株、完成油橄榄高效节水灌溉面积1万亩，推广测土配方施肥75.6万亩、旱作农业5.4万亩，完成经济林综合管理173万亩。

【环境保护】加大环境执法力度，加强对城市大气污染、垃圾污染和噪声污染的综合治理，坚持“环保优先、生态立区”发展理念，精心实施退耕还林、荒山造林、天然林保护等工程，全面落实生态公益林，补偿政策，全年营造生态林2.44万亩，建成绿色通道125.2公里，完成义务植树215万株。切实加强生态环境保护，严格落实白龙江、北峪河沿岸等生态脆弱区封山禁牧措施，严厉打击乱砍滥伐、乱采乱挖行为，有效管护森林189万亩，裕河金丝猴保护区晋升国家自然保护区顺利通过国家林业局批审。加快新能源建设，全年新发展农村沼气1000户，推广节柴灶2000台、太阳灶956台、太阳能热水器800台。切实加强防灾减灾能力建设，扎实开展河道管理整治，积极推进灾害隐患点治理，不断提高灾害监测预警预报水平，全年完成土地整治项目4个，建成堤防13处19.5公里，治理水土流失面积7.08平方公里，城关新村社区被评为全国综合减灾示范社区。全面落实节能减排措施，强化对重点企业，重点污染源料的监管，规模以上企业万元增加值能耗降低18%，万元工业增加值用水量降低9%，废旧农膜回收利用率达到75%。

【社会保障】年末城镇单位从业人员20746人，共有4560名失业人员通过各种渠道实现了再就业，城镇登记失业率为3.8%。全区参加城镇职工基本养老保险6968人，征收养老保险4190万元；城镇失业保险5730人，征收失业保险金537万元；城镇职工医疗保险1.74万人，征收职工医疗保险费5140万元；城镇居民医疗保险5.29万人，征收居民医疗保险费233万元；城镇居民发放低保金4800万元；农村居民发放低保金13959万元；供养五保对象2195人，发放补助资金682万元。

【社会事业】学龄儿童入学率100%，初中入学率98.91%。小学、初中、高中专任老师合格率分别为99.6%、98.8%、94.57%，全区普通高考二本上线人数1118人，上线人数同比增加371人，上线率为27.65%。科技工作以农村经济结构调整为突破口，围绕“万元田”、“多千田”建设和特色产业开发，开展多种形式的技术服务和科技培训工作。新建各类科技示范点158个，培训乡村干部和农民技术人员3.08万人次。计划生育工作以巩固优质服务区为基础，积极实施“少生快富”扶贫工程建设，全区人口出生率为13.54‰。计划生育率为88.13%，人口自然增长率为6.71‰。卫生工作以建立新型农村合作医疗制度为重点，不断加强公共卫生体系建设，34所基层卫生院重建工程已经完工，医疗卫生体制改革全面实施，基层卫生院全部实行了国家基本药物零差率销售。

（宋春荣）

成县

【现任主要领导】

中共成县县委书记：李祥

成县人大常委会主任：段志俊

成县人民政府县长：李鹏军

政协成县委员会主席：张启仁

中共成县纪律检查委员会书记：

张巍（10月任）

吕红菊（10月止）

【基本情况】成县位于甘肃省南部的陇南市，东北与徽县接壤，西与西和相邻，南以西汉水为界与康县相望，东南与陕西省略阳县毗邻。属西秦岭余脉，地势呈西北高，东南低，海拔在750～2377米之间，境内多高山峡谷，地貌特征南北为山地，中部为丘陵。属暖温带半湿润气候，四季分明，冷暖适度，年均气温12.5℃。无霜期231天，年日照时数1451.6小时。年均降雨量443.8毫米左右，相对湿度70%。境内有犀牛江、东河、南河、洛河等“一江三河”丰富的水资源。全县辖12镇5乡，15个居民委员会，245个村民委员会，1472个合作社。总户数7.39万户，总人口26.8万人，常住人口为24.62万人，人口自然增长率为7.33‰。土地总面积1676.54平方公里，其中耕地41.03万亩，林地118.65万亩，天然草场15.5万亩。

【资源优势】成县自然资源丰富，是国家生态环境建设示范县和全省重要的商品粮生产基地。县内已知植物种类达1958种，动物种类54种。粮食作物主要为冬小麦、玉米、大豆、荞麦、薯类等；经济作物以冬油菜、大蒜和多种四季蔬菜为主；经济林果主要有核桃、柿子、樱桃、板栗等，还有天麻、茯苓、杜仲等名贵药材及千余种药用植物；有梅花鹿、豹、熊、画眉、红腹锦鸡等十余种珍稀野生动物。

成县矿产资源富集。境内初步探明的金属矿藏有铅、锌、黄金、白银、铁、锰等17种，尤以铅锌储量较大，为全国第二大铅锌矿带，其地质储量约1100万金属吨，目前已初步形成了以铅锌为主导，建筑建材、酒类酿造、农副产品加工、能源化工等为支撑的工业体系。

成县自然景观奇特。有国家级重点保护文物汉隶《西狭颂》摩崖石刻，古西汉栈道，风光峻奇；诗圣杜甫流寓同谷纪念地“杜少陵祠”，合山环水，景幽文蕴；南宋抗金名将吴挺陵园，历史蕴藏丰富；以及国家级森林公园鸡峰山和唐韵遗风裴公莲沼等人文景观和五龙山红色旅游景区，是处于麦积山、九寨沟、西安、汉中等多条黄金旅游链上的重要“驿站”。

【国民经济】2014年，全县实现生产总值46.67亿元，比上年增长9.1%。其中：第一产业增加值8.94亿元，增长6.0%；第二产业增加值19.41亿元，增长10.1%；第三产业增加值18.32亿元，增长9.3%。完成大口径财政收入8.79亿元，增长41.09%，公共财政预算收入3.77亿元，增长25.04%。完成固定资产投资64.98亿元，增长37.83%。完成社会消费品零售总额8.26亿元，增长12.7%。

【项目建设】全年实施总投资249亿元的“3341”项目156项，开工151项，建成77项，完成项目总投资79.8亿元。成武高速建成通车，十天高速和成州机场加快建设；投资1.8亿元新建水泥路371公里，全县通村路硬化率达到85%；完成农村人饮、农田水利、生态林项目17项；实施旧城改造、磨坝峡水库、城区供排水、供气管网、道路、商业综合体等城市项目51项，完成投资18.4亿元，建成城区道路14公里，初步形成了“七纵六横”的路网结构，建成区面积达到12平方公里；实施了城乡电网改造工程，推进了以规划编制、风貌改造、基础建设等为重点的小川镇综合改革试点。签约招商引资项目26个50亿元，到位资金33亿元。

【扶贫开发】坚持精准扶、合力帮，整合各种资源，多措并举抓投入。全年落实双联帮扶资金2.53亿元，为贫困村和农户办实事2300多件。整合各类项目资金2.73亿元，集中投向最贫困的鸡峰、二郎特困片区和其余贫困村，实施了群众最受欢迎、最得实惠的75条贫困村通村水泥路、3000户危房改造、2万人安全饮水工程、90个“一事一议”财政奖补项目和40余项公共服务项目；整合资金5554万元建成新农村和美丽乡村23个；建立扶贫互助协会12个。全年实现1.78万人整体脱贫，减贫率达到31.9%。

【产业发展】全年粮食播种面积50.31万亩，粮食总产量达到14.49万吨，比上年增长0.13%。夏粮5.43万吨、秋粮9.06万吨。肉类总产量达到9860.7吨，水产品产量达到145吨，禽蛋产量达到1434.3吨。初步形成了以核桃为主的主导产业和以草畜、蔬菜、中药材、蚕桑、烤烟为主的区域特色产业发展格局。生猪饲养量达到23万头，出栏商品猪12.3万头；牛饲养量2.94万头，出栏商品牛0.78万头；羊饲养量1.81万只，出栏商品羊0.68万只。蔬菜种植面积达到5.76万亩，蔬菜总产量达到10.37万吨。大力发展柴胡、党参、辛荑、天麻、黄芪、桔梗等药材品种，全县中药材种植面积达到2.78万亩，中药材总产量达到1.27万吨。加大“3+1”和“511”养蚕新技术、新模式引进推广力度，切实提高技术入户率，提高蚕茧质量水平。完成桑园综合管理0.77万亩，产鲜茧195吨。栽植烤烟0.56万亩，烟叶产量达到1034.1吨。引育西洋樱桃、油桃、金太阳杏、李子、葡萄、梨等优质果树苗木，新发展果园200亩，全县鲜果面积达到1.02万亩，鲜果总产量达到9970.7吨。

工业：建成投产了祁连山水泥公司第二条200万吨干法水泥生产线、祥峰金银花微波制茶等工业项目9项。节能降耗取得实效。全年完成工业增加值12.4亿元，增长6.9%。

服务业：发展网店627家，实现销售收入1.05亿元；建成了顺通电商物流园一期项目，加快推进了电子商务孵化园、农产品（核桃）交易中心建设；淘宝网特色中国陇南馆开馆上线运营，成县被阿里巴巴列入“千县万村”计划西部首个试点县，为电子商务“陇南模式”的形成发挥了示范引领作用。完成了重点景区修建性详规，景区设施逐步完善，对外影响不断提升，全年接待游客106万人次，同比增长27%；创旅游总收入5.4亿元，同比增长34.4%。完成文化产业项目投资1.9亿元，实现文化产业增加值6400万元。

【人民生活】城乡居民储蓄存款余额达到56.61亿元，同比增长15.6%。城镇单位从业人员年平均工资达到39310元，增长12.5%；城镇居民人均可支配收入17147元，增长8%；农民人均纯收入达到5529元，增长13.4%。

【社会事业】全年教育总投入达2.43亿元，实施幼儿园、薄弱学校建设等项目56个，在41所学校推行了校长竞聘上岗，筹资600万元兑现落实了教育质量奖、教师交通补贴和班主任津贴，新建教师周转房85套；全县普通高考二本上线率16.5%。建成了体育馆、县医院、中医院、综合福利院项目，深入实施基本公共卫生服务均等化，基本医疗保障水平不断提高。成功举办了“四国篮球邀请赛”，开展群众性文化体育演出活动80场次。取得省级科技成果1项。新增城镇就业3910人。县财政补贴720万元回购经适房200套；投资700万元解决了城乡33个村的饮水问题；发放干部职工取暖补贴2200万元；全面落实了社会保障、社会救助、医疗保险、住房公积金扩面提标政策；全年落实惠农资金2.55亿元；城乡居民养老保险参保率达98.5%。38件省市县实事全部兑现。全年民生投入达5.9亿元，占到全县财政总支出的41%。

（张宏军）

文县

【现任主要领导】

中共文县县委书记：苏彦君

文县人大常委会主任：韩平松

文县人民政府县长：张立新

政协文县委员会主席：马克武

中共文县纪律检查委员会书记：高玉龙

【基本情况】文县位于甘肃南陲，坐落在甘、川、陕三省交界处，地处秦巴山地，素有“陇上江南”、“甘肃西双版纳”、“大熊猫故乡”之美誉，既有北国之雄奇，又有南疆之灵秀。全县辖4镇16乡，305个村民委员会，7个社区，1305个村民小组。全县总户数8.9万户，总人口24.4万人，其中农业人口20.62万人，居住着汉、藏、回等7个民族，全县少数民族人口达到8642人。全县总土地面积4994平方公里，有耕地面积30.76万亩，其中水田1.33万亩，旱地29.43万亩，在旱地中有水浇地7.92万亩。全年农作物播种面积达到50.59万亩，其中粮食作物达到38.38万亩。粮食作物主要以小麦、水稻、玉米、薯类为主，经济作物及林果产品以蔬菜、纹党、花椒、核桃、茶叶、油橄榄为主。地理位置处于亚热带向暖温带过渡地带，素有“一山有四季，十里不同天”的特征，年平均气温15.5℃，无霜期305天，年均降雨450至800毫米，海拔550米至4187米。

【资源优势】一是水力资源富甲陇原，境内有“两江八河”和360多条溪流，年径流总量90多亿立方米，水能理论蕴藏量303万千瓦，其中可开发利用的达210万千瓦，目前已开发利用90.42万千瓦，占到可开发利用水能的43.1%。二是矿产资源富集，金属和非金属矿藏达20多种，种类多，储量大，品位高，已探明黄金储量300余吨，硅矿1亿多吨，铜金属储量5万多吨，重晶石矿3200多万吨，锰矿储量119万吨。三是旅游资源独特，有洋汤天池、白马藏族民俗村、阴平古道、白水江自然保护区等一批旅游景点，发展旅游业前景广阔，可与九寨沟、黄龙连成一条黄金旅游线。

【国民经济】2014年，全县实现生产总值达到23.13亿元，比上年增长8.8%。其中：第一产业增加值4.97亿元，增长6.8%；第二产业增加值7.83亿元，增长9%；第三产业增加值8.3亿元，增长10%。

完成工业增加值6.6亿元，增长11.1%，其中规模以上工业增加值4.5亿元，增长6%。实现社会消费品零售总额累计达到5.7亿元，增长12.8%。完成大口径财政收入3.7亿元，下降2.2%；公共财政预算收入2.02亿元，增长9%；财政支出14.5亿元，下降0.5%。金融机构各项存款余额为51.29亿元，增长9.4%；居民储蓄存款29.74亿元，增长16.1%；贷款余额40.69亿元，增长11%。

【项目建设】全年实施500万元以上项目105个（续建5项、新建100项），完成固定资产投资65.84亿元，比上年增长13.6%，建成了苗家坝水电站、橙子沟水电站、石鸡水电站、文县天然气管网铺设、文县影剧大厦等一批重点工程项目。从全年固定资产投资的完成情况看，基础建设投资是推动全县固定资产投资较快增长的主要原因，全年基础类项目累计完成投资33.81亿元，占到全县固定资产投资总额51.6%，同时项目建设推进较快，完工项目达89个，占到全县建设项目总数的84.8%。

【“三农”工作】全年粮食总产量达到74060吨，比上年增长7.1%，其中夏粮产量18066吨，比上年增长7.8%；秋粮产量55994吨，比上年增长6.8%；农业基础条件不断改善，全县大搞农田水利建设，全年兴修水平梯田0.37万亩，累计达到23.56万亩；新增有效灌溉面积0.17万亩，全县有效灌溉面积累计达到9.25万亩；人饮解困工程得到较好实施，累计解决了276个村4.89万户18.47万人的饮水困难问题；农业特色产业较快发展，全年农业特色产业总产值达到38471万元，比上年增长24.2%；扶贫开发和新农村建设稳步推进，全年完成了17个贫困村整村推进建设任务，年内减少贫困人口2.2万人；建成生态文明新农村48个，其中精品村7个、示范村9个、达标村24个、巩固提高村8个。全县造林面积达到5.1万亩，其中荒山造林1.45万亩，营造经济林3.65万亩；全县农作物播种面积达到52.59万亩，增长1.5%，其中粮食种植面积达到38.38万亩，增长0.5%；各类蔬菜种植面积5.6万亩，增长5.7%；蔬菜产量75421吨，增长9.3%；全县畜牧渔业稳步发展，羊出栏1.87万只，增长3.9%；猪出栏10.25万头，增长4.3%；水产品产量达到1114吨，增长11.4%。

【人民生活】全年职工平均工资达到40824元，比上年增长13.5%；全县城镇居民人均可支配收入达到16187.5元，增长7.8%；农民人均纯收入达到3455.9元，增长13.8%。

【社会保障】全年县级财政投入改善和保障民生方面的资金达到7259万元。城镇新增就业人员3517人，安置城镇退役士兵102人；企业退休人员养老金从每人每月1844元提到2032元；“五七工、家属工”等计划外用工人员的养老金从每人每月790月提高到890元；城镇职工团体大额医疗保险缴费标准由每人每年100元提到200元；职工大额医疗保险年度保额由17万元提到20万元。年末参加城镇基本养老保险的人数为6307人，参加城镇基本医疗保险的人数为27726人，参加失业保险的人数为4250人，城镇居民最低生活保障人数8626人，农村居民最低生活保障人数44934人，五保户供养人数1435人，参加农村合作医疗的人数191415人，参加农村社会养老保险的人数110860人。

【社会事业】优先发展教育事业，启动实施了省、市下达的30项教育基础设施项目；建成乡村学校食堂12个，改扩建幼儿园7所；高考二本上线人数达到301人，增长14.5%。科技事业有了新进步，全年共申请专利30件，申报中小企业创新基金项目4项，完成市级科技成果鉴定一项，建成科技示范点3处。大力发展卫生事业，完成了舍书等3所卫生院改扩建工程和梨坪、石坊2所卫生院职工周转房建设工程，建成村级卫生室25个。文化事业取得新成绩，完成了文广大厦、影剧院装修工程和第六次全国体育场地普查工作，建成体育惠民工程3个、文化广场8个。

（崔耀文）

宕昌县

【现任主要领导】

中共宕昌县县委书记：李平生

宕昌县人大常委会主任：陈社忠

宕昌县人民政府县长：李建功

政协宕昌县委员会主席：孙书诚

中共宕昌县纪律检查委员会书记：

刘永成（9月止）

薛统（9月任）

【基本情况】宕昌县位于甘肃南部，陇南地区西北部，东接礼县，南连武都，西邻舟曲，北靠岷县，地处青藏高原边缘和西秦岭、岷山两大山系支脉的交错地带，加之受岷江、白龙江等河流的长期冲刷、切割，境内境内山峦起伏，沟壑纵横，地形地貌异常复杂，山岳特征显著。地势由西北向东南倾斜，地形由山地、丘陵、河谷三大单元构成，南部多深山峡谷，北部多黄土梁峁。县境海拔在1138～4154米之间，平均海拔2300米，年平均气温10.0℃，年平均无霜期180天，年平均降水量635.5毫米，年蒸发量1180.9毫米，年平均日照时数2085.1小时，年太阳辐射量119.5千卡/cm²，境内气候温和，光照充足，冬无严寒，夏无酷暑，属大陆温带季风气候区。全县辖19个乡、6个镇、336个行政村，幅员3331平方公里，2014年户籍人口30.95万人，常住人口27.36万人，城镇人口5.63万人。

【资源优势】一是驰名中外的中药材，有当归、大黄、党参、红芪、丹参、柴胡等636种，尤以当归、党参、红芪、大黄四大药材质优量大，远销中外。二是种类繁多的矿产资源，已探明的矿产有锑、铜、铅、锌、金、铁等金属，石灰石、石膏、重晶石、煤、泥、炭、玛瑙等非金属。三是有珍稀动物金钱豹、香獐、鹿、熊、狐等。四是林副特产主要有野生蕨菜、松花蜂蜜、生漆、羊肚菌、花椒、核桃、柳编工艺品、手工地毯等。五丰富的旅游资源，主要旅游景点有：哈达铺红军长征纪念馆、素有“小九寨沟”之称的大河坝森林公园、官鹅自然风景区、南阳牛头寺、高庙山公园等。

【国民经济】2014年，全县完成生产总值18.9亿元，比上年增长9.8%，其中：第一产业增加值4.7亿元，增长6.6%；第二产业增加值5.4亿元，增长13.4%；第三产业增加值8.8亿元，增长9.1%；规模以上工业增加值达1.85亿元，增长28.1%；固定资产投资52.1亿元，增长50.4%；大口径财政收入2.73亿元，增长4%；公共财政预算收入1.65亿元，增长23.8%；公共财政预算支出20.66亿元，增长9.8%；社会消费品零售总额6.15亿元，增长12.6%；农民人均纯收入3234.4元，增长14.1%，城镇居民人均可支配收入16205.3元，增长7.73%。

【灾后重建】完成了全县8773户农村住房重建和28908户维修加固任务。结合新农村建设、美丽乡村建设，优化规划设计，建成了庞家乡庄子村和理川镇大舍沟村2个异地集中重建安置点。实施了村镇建设、公共服务、基础设施、生态建设、特色产业和地质灾害治理等6个方面灾后恢复重建项目171项，已竣工127项。

【“三农”工作】全面启动了理川、新寨、新城子藏族聚居区3个特困片区扶贫开发，集中实施了基础设施、产业培育、社会事业等各类项目314项，实施了8个易地扶贫搬迁安置点建设，完成了27个整村推进项目，全年减少贫困人口2.38万人，减贫率达到20.3%。整合各类资金2.65亿元，新建了哈达铺镇召藏村等22个生态文明新农村，巩固提升了城关镇鹿仁村等8个生态文明新农村。围绕特色产业提质增效，突出规模化发展和标准化生产，完成核桃高接换优6.38万株，新发展经济林果2.26万亩；成功举办了2014·中国陇南宕昌中药材产销对接洽谈会，签约项目20个，签约资金6.9亿元。狠抓劳务产业开发，开展劳务培训5.2万人次，完成职业技能鉴定4584人，输转劳务工10.1万人，创劳务收入15.1亿元。

【工业经济】沙湾电站基本建成并试运营发电，建成了竹院北金矿日处理2000吨原矿焙烧生产线，启动了九台春酒业公司生产线改扩建项目、福江源药业公司3000吨中药材饮片加工项目，工业各项经济指标保持了较好的增长势头。严格工业项目审批，防止高污染、高能耗企业在县内落户，保持了县域环境质量。

【项目建设】全年开工重点建设项目150项，竣工93项、在建57项，累计完成投资54.8亿元。交通建设上，实施通畅工程53项210公里，实施通达工程8项44.3公里，建成便民桥11座、建制村停靠站45个，临江铺至礼县白河公路改建完成了路基和配套防护工程；打通了狮子至竹院、贾河至兴化、贾河至木耳、贾河至理川等4条70.2公里联网路；积极做好协调服务，基本完成了兰渝铁路哈达铺火车站和渭武高速沙湾试验段征地拆迁任务。水利建设上，建成了良恭河流域韩院段和理川河流域八力段堤防工程，解决了25个行政村2.5万人安全饮水问题。全年签约招商引资项目20个，签约资金45.7亿元，到位资金32.2亿元。

【人民生活】完成了65所中小学校舍新建改建任务，其余15所完成主体工程。解决了25个行政村2.5万人安全饮水问题。完成了53个村通畅工程210公里、8个村通达工程44.3公里。完成了27个整村推进项目。新建了22个生态文明新农村，巩固提升了8个生态文明新农村。完成了哈达铺供水改建工程。县老年养护院已开工建设。

【社会事业】社会事业投入加大，民生支出占公共财政预算支出的75%以上。努力改善办学条件，实施教育续建、新建项目121项，新建校舍5.2万平方米；积极推动国民教育、民办教育、学前教育和职业教育，全县高考二本上线率15.21%。大力发展医疗卫生事业，县中医院门诊大楼和县第二人民医院已完成主体工程，23所乡镇卫生院完成附属工程；不断深化医药卫生体制改革，启动了整合卫生资源提升基层医疗能力试点工作。加大食品生产流通、餐饮服务、药品、医疗器械和化妆品等方面的监管，有效保障了公众饮食用药安全。扎实开展人口和计划生育工作，全县人口自然增长率为6.25‰，获得了全国计划生育优质服务先进单位称号。全面推进文化广电事业，新建村文化室15个、文化广场18个；完成了“户户通”接入市县台一、二期工程，19个乡镇210个行政村2.9万户收听收看到了市县自办台节目。民生保障政策全面落实，全年新增城镇就业3009人，完成了各项社会保险基金的征缴工作，清理规范了城乡低保。

【旅游开发】景区基础设施建设步伐加快，基本建成了官珠沟至鹅嫚沟景区翻山道路，完成了官鹅沟两河口游客服务中心主体工程，建成了官鹅沟鹿仁羌藏风情园，启动了哈达铺红色文化产业园区建设项目。积极发展中医药养生保健旅游，在中国药膳研究会专家的指导下，制作了60道特色药膳配方，建成了10家药膳馆，创新了旅游发展模式。通过积极争取，国土资源部批准了官鹅沟国家级地质公园创建资格，官鹅沟景区被列为全省重点建设的20个大景区之一，新城子乡大河坝、城关镇鹿仁等9个村被列入全国乡村旅游扶贫重点村。全年累计接待游客116万人次，实现旅游综合收入6.4亿元。

【电子商务】以农特产品网上销售为突破口，制定出台了鼓励和扶持电商发展的政策措施，建成了县电子商务交易中心和县、乡电商服务网点，开办网店685家，实现网上交易8661万元，为1883人创造了就业岗位。加快融资平台建设，注入启动资金1000万元，成立了宕昌县城乡投资发展有限公司,引进设立甘肃银行分支机构。加强政银企合作，强化协调服务，全县金融机构存款余额41.78亿元，增长14.51%；贷款余额19.74亿元，增长33.02%，存贷比达到47%。

（韩黎明）

康县

【现任主要领导】

中共康县县委书记：李廷俊

康县人大常委会主任：杜登芳

康县人民政府县长：文元旦

政协康县委员会主席：黄义成

中共康县纪律检查委员会

书记：易红斌（满族）

【基本情况】康县位于甘肃省东南部，地处秦巴山区南麓，陕甘川三省交汇地带，东邻陕西略阳县，南接陕西宁强县，西邻武都区，北隔西汉水（犀牛江）同成县相望，全县总面积2958.46平方公里，现有耕地总资源面积65.98万亩，实际使用耕地面积31.21万亩。全县共有21个乡镇、350个村、8个社区居委会，总人口19.9万人，其中城镇人口3.8万人，城镇化率为21.06%。人口以汉族为主，占总人口的99.7%，有回、满、壮、藏、蒙、瑶、维吾尔等少数民族。

康县地处西秦岭南侧陇南山中，地质构造为昆仑秦岭地槽褶邹地带，地势西高东低，起伏大，中部高，南北低；地貌形态上，山势陡峻，居中高山地。最高海拔2484.8米，最低海拔560米。境内气候属亚热带向暖温带过渡区域，雨量充沛，气候湿润，光照充足，年总降水量968.1mm，年均气温11.8℃，年总日照时数1801.5小时，无霜期213天。

【资源优势】康县素有甘肃“万宝山”和“陇上江南”之美称，是中国核桃之乡、中国有机茶之乡、中国黑木耳之乡，中国西北蚕桑重点基地县和全国经济林建设先进县、食用菌行业先进县。物产资源，境内物产资源丰富，有高等植物172科1000余种，特有经济林树种30余种，林木真菌96种；有天麻、杜仲等名贵中药材576种，市场走俏的农特产品达300多种，国家野生保护动物数百种。生态优势，境内青山绿水，现有森林约339万亩，活立木蓄积量1267.3多万立方米，全县森林覆盖率达到66.7%，林木绿化率高达70.4%。矿产资源，境内已发现的主要矿种有金、铜、铁、银、铬、铅、锌、钒、铀、锰、钼等金属矿产和砂、石、粘土、石灰石、水泥灰岩、硅石、蛇纹岩、石英砂，大理石、花岗岩、冰洲石、水晶石、滑石、磷等非金属矿产。金矿是县内优势资源，黄金储量丰富，已探明铜矿石资源储量448.8万吨，铁矿探明矿区资源量为43.61万吨。水利资源，全县共有一江十四河，水能蕴藏量（理论）9.98万kw，可开发量约占3.68万kw。人力资源，全县城乡劳动力资源总数13.47万人，其中乡村劳动力12.48万人。2014年输转城乡富余劳动力6.4487万人，创劳务收入12.48亿元。旅游资源丰富，主要有白云山森林公园、梅园沟、幽梦谷、海棠谷、龙神沟、红豆谷、清河、响水泉、白马关古城遗址、托河溶洞等等，县内有近百处自然和人文景观。距县城84公里的康县阳坝国家4A级自然风景区，已成为省内黄金旅游线路，其风光具有“陇上版纳”之赞誉，其中的梅园沟、红豆谷、清河原始森林更是景区之精华。近年来康县又荣获“中国最佳生态宜居宜旅游目的地”及“中国最美绿色生态旅游名县”荣誉称号。全年共接待游客110.9万人次，创旅游综合收入4.8亿元，增长34.1%。

【国民经济】2014年，全县实现生产总值16.46亿元，比上年增长9.7%。其中，第一产业增加值4.34亿元，增长6.96%；第二产业增加值5.2亿元，增长12.4%；第三产业增加值6.9亿元，增长9.2%。三次产业结构比为26.35 ：31.6 ：42.05，人均生产总值9128元。全年完成大口径财政收入2.64亿元，增长12.81%；公共财政预算收入1.31亿元，增长18.14%。年末各项存款余额41.2047亿元，比年初增长14.61%，其中储蓄存款余额24.3695亿元，增长17.89%；各项贷款余额22.669亿元，增长48.58%。全年实现社会消费品零售总额4.88亿元，增长12.6%。完成固定资产投资59.35亿元，增长19.75%。农民人均纯收入3730元，增长13.8%；全年城镇居民人均可支配收入16123元，增长7.8%。

【项目建设】全年实施市县列重点项目88项，完成投资47.71亿元，进一步改善了发展环境，夯实了发展基础。交通建设成效显著，成武高速、黑马关隧道等国省重点项目已建成通车，结束了康县境内没有高速公路的历史；五马至阳坝公路建成通车，加快了康南片区扶贫开发和文化旅游产业发展；全县实施交通新建项目69项，新建县际联网公路3条50公里，完成通畅工程51条269公里、通达工程5条21公里，建设便民桥10座，是近年来争取项目最多、建设里程最长的一年。农田水利建设快速推进，完成了12乡镇14个村农村安全饮水和阳坝河、铜钱河中小河流治理重点水利项目工程，开工了西汉水二、三期治理项目，水利保障能力不断增强。生态环境明显好转，完成水土流失治理面积20平方公里，新修梯田9029亩；完成植树造林3.4万亩。能源电讯基础夯实，改造10千伏线路35.76公里，0.4千伏线路20.536公里；全面完成了县内移动通讯4G网络升级改造，一些重要旅游景区节点实现了WiFi全覆盖。

【“三农”工作】整合各类项目资

金1.8亿元，全力实施“千村美丽、万村整洁”工程，新建各类新农村52个，已建成美丽乡村211个。把精准扶贫作为扶贫开发的最有效手段，围绕建设“全国扶贫开发示范区”，整合农村各类建设项目，全面落实“1236”扶贫攻坚行动。完成了145个贫困村16562户贫困户6.46万贫困人口建档立卡，启动实施了豆坪、阳坝、店子三个特困片区16个贫困村扶贫整村推进项目和阳坝镇干江坝等2个易地扶贫搬迁工程；全年累计减少贫困人口1.65万人，减贫率9.53%。康县被评为国家级农村劳动力转移就业示范县，被省委、省政府列入了全省8个精准扶贫工作示范县。特色富民产业提质增效，农民增收基础更加牢固。县财政自筹资金570万元，完成经济林综合管理94.46万亩、核桃高接换优72.34万株，核桃总产量达到8724吨，总产值10053万元，产量产值均创历史最好记录；鼓励各类茶叶专业合作社努力扩大生产，茶叶年产量达到615吨，产值2337万元；大力推广设施养蚕，新建标准化养蚕大棚19座，年产鲜茧221.5吨，实现茧款收入432万元；积极发展大鲵人工养殖，全县大鲵养殖户达到446户，存塘幼鲵达到8万余尾;大力推广食用菌袋料栽培技术，食用菌产量361吨，产值798万元，其中黑木耳产量154吨，“康县黑木耳”成为全国食用菌行业上榜品牌。

【工业发展】突出园区建设，培育产业集群，工业经济转型升级明显加快。全部工业实现增加值4.79亿元，比上年增长12.5%；其中：4户规模以上工业完成总产值14.25亿元，实现增加值4.38亿元，主营业务收入5.08亿元，利润总额1.98亿元，利税总额3.2亿元，产销率52.7%。规模以下工业实现增加值4150万元。突出园区建设，完成了王坝工业集中区发展规划市级评审，启动了控制性详规编制工作，累计完成园区征地344亩，入园企业已达11户，工业增加值2.63亿元，园区经济规模效应初步显现。恒丰核桃乳等一批新型工业项目建成投产。

【社会事业】全面落实乡村教师生活补助等各项教育惠民政策，投入教育专项资金3000万元，实施了10乡镇中心幼儿园建设和7所农村薄弱学校改造项目，办成了永兴中学民办学校；幼儿园入园率74.5%，小学学龄儿童入学率99.96%，小学毕业生普通初中升学率98.94%，高中阶段毛入学率达70.56%，高考二本上线率18.1%。不断深化医药卫生体制改革，巩固提升全省中医药先进县、乡村医疗机构标准化建设成果，建成了120指挥调度中心、30所标准化村级卫生室和21个农民健康示范村，新农合参合率达到97.8%。群众性文化体育活动蓬勃开展，在国家和省级以上刊物发表各类文艺作品97篇（幅），建成乡村文艺演出舞台18个，已建成“乡村舞台”172个，其中一类15个，二类42个，三类115个。文化产业实现增加值5836万元，从业人员768人，文化产业法人企业达40家。加快广播电视标准化建设步伐，实现了广播电视高清转换的历史跨越；加强对外宣传，全年省市电视台累计播出康县新闻284条，发布重要政务微博、微信7103条，携手央视成功组织“乡村大世界”走进康县拍摄活动，向全国人民展示了“美丽乡村·魅力康县”的良好形象。加快科技创新步伐，开工建设了康县科技馆，科技富民项目顺利实施；新型农业社会化服务体系建设与农村公共服务运行维护机制建设两项试点取得新成效，试点村已经分别覆盖114和244个行政村。巩固计生优质服务县创建成果，健全完善利益导向机制，全面完成了人口计生计划，稳定了低生育水平。

【社会保障】全县参加城镇养老保险人数5745人，城镇医疗保险人数16505人（其中职工人数8551人），参加失业保险人数2518人；城镇居民最低生活保障4380人，发放低保金1330万元。农村低保35922人，发放低保金5004万元；参加农村新型合作医疗16.8万人，参合率达97.8%；参加新型农村社会养老保险12.77万人，参保率达98.0%。不断加大保障性安居工程建设力度，新建各类保障性住房114套，发放廉租住房补贴906户103万元，顺利完成了520户廉租房配租配售。城镇新增就业3200人，安置复退军人56人，登记失业率控制在了4%以内。

（肖平）

西和县

【现任主要领导】

中共西和县县委书记：周自强

西和县人大常委会主任：宋小平

西和县人民政府县长：郝爱龙

政协西和县委员会主席：年高龄

中共西和县纪律检查委员会书记：王辉

【基本情况】西和县位于甘肃省东南部，西秦岭南侧，系长江流域西汉水上游。东临徽县、成县，南依武都、康县，西北与礼县交界，东北与礼县、天水秦州区接壤。行政区域面积为1861平方公里。境内地形由西北向南倾斜，南部为土石质山原峡谷区，北部为沟壑梁峁区，平均海拔1692米。平均气温8.4℃，无霜期149天至214天，日照时数1500～1800小时，年降水量451～734.7毫米。属大陆性季风气候。辖9个建制镇11个乡。行政村384个，2014年底全县人口42.84万人。

【资源优势】西和资源富集，被著名地质学家立四光称为“宝贝的复杂地带”。金属矿产资源丰富，有色金属有铅、锌、金、铜、铁等。县境东南部属全国铅锌矿第二大矿产带的西成矿带，探明储量521.7万吨，金属量14.93万吨；黄金矿散布全县。非金属矿产有大理石、冰洲石、陶土等。农副特产品有洋芋、柴胡，野生药材西贝母、淫阳霍等。是久负盛中的“中国半夏之乡”。加工业产品有亚麻、粉条、粉丝等，编织业产品、背篓、席等，手工艺品有泥塑、根雕及剪纸、刺绣等。主要旅游景点有仇池胜境，绚丽别致的自然景观，有“圭峰秋月”之称的八佛崖；有“九眼鼎沸”之称的九眼泉，晚霞湖（晚家峡水库），湖光山色，景色宜人。2007年西和县被中国民间文艺家协会命名为“中国乞巧文化之乡”。

【国民经济】2014年，全县生产总值完成27.54亿元，比上年增长

10.5%。第一产业增加值6.3亿元，增长6.7%；第二产业增加值8.25亿元，增长15.7%；第三产业增加值12.99亿元，增长9.0%。完成大口径财政收入4.63亿元，增长42.6%；完成公共财政预算收入2.2亿元，增长33.98%；固定资产投资66.28亿元，增长19.82%。加大中小微企业培育扶持力度，新增小微企业94户，个体户980户，全县实现全部工业增加值6.86亿元，增长16.6%，其中规模以上工业实现增加值5.02亿元，增长30.6%；社会消费品零售总额完成5.79亿元，增长12.8%。

【“三农”工作】在“1+5”现代农业发展模式带动下，特色产业规模和效益不断提高。规范提升市级示范社10家，民旺马铃薯专业合作社、和旺半夏合作社被评为国家级示范社。全县共流转土地12.6万亩，实施农民科技培训1.8万人次，新增绿色产品认证1个。全县特色产业快速发展，马铃薯、中药材、蔬菜种植面积分别达到41.5万亩、5.61万亩、4.98万亩，新发展经济林果2.01万亩，标准化殖场4家，完成核桃高接换优15.46万株、经济林综合管理52万亩。积极推广旱作农业新技术，全县粮食总产量达到17.45万吨。长道镇果蔬储运配送中心和姜席镇农贸市场建成投运，新建农家店50家。

【项目建设】深入贯彻全省“3341”项目工程战略，88个“3341”项目完成投资78.8亿元，十天高速公路西和段征迁任务基本完成。建成了姜席至礼县雷王至江口公路和西汉水杜河、赵沟大桥。新建通村水泥路31条175.5公里，实施了6条县乡道路维修改造。新建农村安全饮水工程68处，建成集中供水工程4处，有效解决了6.42万人的安全饮水问题。新修防洪河堤47.7公里，开工建设了西汉水卢庄至赵沟河堤治理和城区供水抗旱应急工程。抢抓国家坡耕地综合治理机遇，新修梯田3.57万亩、农路148.9公里。新建及改造农网线路13.2公里。

【扶贫开发】把扶贫开发与美丽乡村建设和“双联”行动有机结合，以大桥特困片区为主战场，实施整村推进项目31个，有效整合各类项目资金4.47亿元，全面加快基础设施建设和富民产业培育，大力发展公共服务事业，全县稳定脱贫3.16万人。在大桥特困片区打造美丽乡村示范村10个、重点村10个，全县建设达标村23个。精准扶贫、金融扶贫加快推进，扶贫对象建档立卡全面完成，组建贫困村互助资金协会55个。不断完善“双联”工作机制，各级联村单位共投入帮扶资金9500余万元，兴办宰事800余件，示范带动了全县“双联”行动纵深发展。

【环境保护】完成生态林建设1.56万亩、重点公益林44.65万亩。以晚霞湖景区、特困片区美丽乡村和乞巧文化经济带为重点，完成全民义务植树164万株，实施了4条文明长廊景观绿化工程。重金属污染防治完成8个子项目建设，一些重点区域得到有效治理。鼓励工业企业开展节能改造，投资3325万元的中宝公司寺儿沟矿山安全绿色信息化项目建成投用。加强生态环境保护，开展了矿山企业环保专项检查，治理了一批污染源。强化防灾减灾体系建设，完成地质灾害隐患点治理4处，山洪灾害监测预警系统不断完善。

【优势产业】成功举办了第六届中国（陇南）乞巧女儿节，开展了9项系列活动。在北京举办的乞巧女儿节与妇女发展国际论坛，把传承保护乞巧文化与推动妇女事业发展有机融合，进一步拓展了乞巧文化内涵、丰富了表现形式，提升了乞巧女儿节影响力。全县接待游客62.09万人次，实现旅游综合收入2.82亿元。

电子商务蓬勃发展。成立了县电商中心、县电商协会和各乡镇电商工作站，扶持推动电子商务集中突破。组建了西和乞巧文化产品旗舰店，建成42个“乞巧坊”刺绣协会，初步形成了“企业+协会+农户+网店”的文化旅游产品电商发展模式。全县网店总数达到827家，带动就业3000余人，实现网络销售总额1.36亿元，采取线上洽谈线下交易模式，完成大宗农特产品销售0.95亿元。全县物流快递企业达到28家、网点83个，网络覆盖率达到89.3%，电子商务发展环境不断优化。

【社会事业】学前教育和职业教育得到加强，教育质量稳步提升，高考二本以上上线556人，新建乡镇中心幼儿园10所，启动农村薄弱学校改造25所，教育基础设施不断改善。积极推行金穗惠农“一卡通”，全面实施普通门诊补偿、住院补偿和大病补偿保障机制，新农合参合率达到98.49%，新农合资金使用率达到88.5%。新建标准化村卫生室57所，医疗卫生服务保障水平得到新提升。深入开展计划生育优质服务和“陇家福”示范创建工程，人口计生利益导向政策体系示范区建设通过评估验收。扎实开展食品安全示范店创建、“明厨亮灶”工程和食用油等专项整治活动，食品安全监管力度进一步加大。加快地方台广播电视“户户通”工程建设，建成洞山、萝卜山等发射基站14处。大力发展公共体育事业，建成20个行政村农民体育健身工程。申报省市级科技计划项目4个。

【社会保障】省市分解落实的30件及县政府年初承诺的12件民生实事全部完成。办理人大代表建议30件、政协委员提案37件。新开工保障性住房50套，发放保障性住房租赁补贴126万元，390户林业棚户区改造任务全面完成。加大民生领域投入，社保五项支出7.95亿元，占公共财政预算支出的44.72%。为5644名困难群众发放医疗救助资金1596.32万元。五保供养标准提高到3110元/年。加大惠农政策落实督查力度，确保了各项惠农资金及时足额落实到位。扩大就业渠道，新增城镇就业4.25人。城镇人均可支配收入达16042.9元。

（孙玉峰）

礼县

【现任主要领导】

中共礼县县委书记：方新生

礼县人大常委会主任：李明

礼县人民政府县长：曹勇

政协礼县委员会主席：王作斌

中共礼县纪律检查委员会书记：李艾婷

【基本情况】礼县地处甘肃省东南部、陇南市西北部、长江流域嘉陵江水系西汉水上游，东邻天水、西和，西接宕昌、岷县，南连武都，北与武山、甘谷接壤。全县幅员面积4263.58平方公里，辖12镇17乡，11个社区568个村，全县总人口53.48万人。民族构成以汉族人口为主，占全县总人口的98.2%，另外还有回、藏、满、蒙、苗、彝等6个少数民族。境内海拔最高3312米，最低1080米，年均气温17.2℃，年降水量500.2毫米，全年日照17681小时，无霜期180～200天。礼县是国家扶贫开发工作重点县，有乡村人口46.85万人，占总人口87.60%，有耕地103.23万亩。礼县是全国苹果重点生产县、全省无公害苹果生产基地、牛羊产业大县和梯田建设大县，是省财政直管县和全省“双拥”模范县。

【资源优势】礼县矿产资源丰富，主要矿藏有金、锑、铅、锌和花岗岩等，已探明黄金储量230吨、远景储量400吨以上，花岗岩大理石地质储量400万立方米，远景储量1200万立方米以上。礼县畜牧产业开发优势得天独厚，有天然草场144万亩，载畜量达80多万个羊单位。礼县经济林果优势明显，现有苹果30.88万亩、核桃35.6万亩、花椒12亩，产业初具规模。礼县境内生物资源丰富，有大黄、当归、红芪、党生、半夏等中药材534种，大黄出口量曾占全国的56%，被誉为“中国铨黄”。礼县有乡村劳动力30.06万人，可提供输转劳动力13.24万人，劳务产业是农民增收的主渠道。礼县素有“秦皇故里，三国胜地”之美誉。旅游开发前景广阔，境内不仅有秦皇湖、大香山和上坪草原等自然景观，还有以秦人第一陵园大堡子山秦西垂陵园（国家重点文物保护单位）、诸葛亮“六出祁山”遗址祁山武侯祠（全国五大武侯祠之一）、发祥于周代的卤城古盐井为代表的先秦、三国等珍贵历史遗存。

【国民经济】2014年，全县实现生产总值27.49亿元，比上年增长10.4%。其中：第一产业增加值9.21亿元，增长6.5%；第二产业增加值8.09亿元，增长17.2%；第三产业增加值10.19亿元，增长9.0%。三资产业结构比为33.5 ：29.44 ：37.06。金融机构存款余额77.84亿元，增长14.81%，其中居民储蓄存款完成53.86亿元，增长21.01%；金融机构贷款余额完成32.0亿元，增长33.96%。

【“三农”工作】全年粮食总产量15.71万吨，增长6.58%。其中，小麦总产量7.39万吨，增长8.18%；玉米总产量2.96万吨，增长2.3%；洋芋总产量4.56万吨，增长7.6%。农业特色产业开发势头强劲，全年苹果产量达7.29万吨，增长11.81%；花椒产量达2100吨，增长17.32%；核桃产量达4480吨，增长20.27%，林果产业成为农民增收的重要支柱。畜牧产业稳步增长，全县畜牧业总产值完成3.77亿元，大牲畜存栏达14.48万头，增长6.78%；生猪存栏16.45万头，增长44.81%；肉类总量达16374.9吨，增长5.08%。劳务经济成效显著！全县全年累计输出劳务13.24万人，增长0.23%；实现劳务收入20.98亿元，增长6.6%，劳务输转成为农民增收主要渠道。

【工业发展】全县工业迎难而上，积极承接产业转移，加快企业转型升级，做大做强黄金、石材、农副产品、化工建材等工业主导产业，引进和扶持发展了一批优势工业企业，开工建设重点工业项目7项，龙源风力发电项目完成测风塔安装，陇南紫金矿业黄金冶炼厂完成项目中试和可研编制，青峰石材扩建迁建、鑫晟源大黄精深加工等工业项目进展顺利，工业经济持续快速发展。全年规模以上工业企业实现总产值10.99亿元，比上年增长16.58%。实现增加值4.77亿元，增长33.1%。在主要工业产品产量中，天然花岗石建筑板材634600平方米，下降30.3%。黄金3235公斤，增长55.4%，果汁和蔬菜汁饮料类2705吨，下降40.19%。中药材944吨，增长11.58%。

【项目建设】全年完成固定资产投资57.76亿元，比上年增长27.84%。全面加快交通、水利、能源、通信等基础设施项目建设，洛礼公路建成通车，十天高速、礼武公路进展顺利，建设县际乡际联网路253公里、农村公路通畅工程554公里，养护主干线道路614公里，新建建制村停靠站80个，全县公路通畅率提高到66.7%；新建堤防8处53.4公里，新增节水灌溉面积2.2万亩，建成集中供水示范点5处、农村饮水安全工程51处，解决了53村5.86万人的饮水安全问题；新发展生态林2.4万亩，新修梯田4.7万亩，治理小流域35平方公里，开发整理土地5038亩；改造农电线路47公里，开通移动基站105个，新建沼气池1250座，安装太阳灶4613台，实施节柴改灶2250户，完成32村农村环境连片整治，全县发展条件得到持续改善。

【社会事业】教育事业加快发展，13所乡镇中心幼儿园完成主体施工，57个义务教育薄弱学校改造计划食堂全面完工，北关小学、一幼改造工程、滩坪乡九年制学校等教育项目进展顺利。职业教育和学前教育快速发展，学前三年入园率达到60.9%，高中教学质量不断提升，高考二本上线率提高到23.6%，同比增长4.7%。科技事业取得新进展，承包科研项目10项，已验收4项。年内科技推广户达5362户，科技示范户达2763户。大力发展文化产业，完成文化产业增加值4787.55万元，增长24.97%。全县有乡镇文化站29个、568个农家书屋，甘肃秦文化博物馆通过国家4A级旅游景区评审，图书馆馆藏各类书籍13万册。大力实施村村通、户户通项目，广播和电视人口综合覆盖率有了较大提高，电视人口覆盖率达到98%。医疗卫生事业不断发展，县中医院迁建项目全面启动，沙金、湫山、上坪、洮坪4所卫生院完成主体施工，建成95个标准化村卫生室，新农合参合率达98.1%。全县共有医疗机构38个，乡镇卫生院29个，病床1150张，卫生技术人员960人，其中执业医师235人。落实各项节育措施4356例，计划生育率88.12%。

城乡一体进程加快。宽川、红河、祁山、永兴、永坪、中坝6乡撤乡建镇，投资25.1亿元，实施南城区滨河路、北城区滨河路、北城公园、西汉水五期风情线、商住小区等重点城建项目37项，推动城市提质扩容，礼县成功创建省级卫生县城。全力推进罗坝、永兴、祁山等重点小城镇建设，加快盐官镇综合改革试点步伐，启动实施基础设施、社会事业、文化产业等建设项目22项，完成投资1.8亿元，各项综合配套改革试点有序推进。整合各类资金5.79亿元，建设4个新农村及美丽乡村示范片带，建成63个美丽乡村。全县城镇化率提高到20.2%。

【民生保障】2014年，全县实现养老、失业、医疗、工伤等社会保险新扩面1222人，新增城镇就业4438人。2014年，全县职工年平均工资35476元，比上年增长6.6%；城镇居民人均可支配收入16060.3万元，增长7.9%；农民人均纯收入3923.1元，增长14.1%。健全完善社会保障体系，实施积极的就业政策，多方拓宽就业渠道，鼓励支持自主创业，积极稳妥解决大中专毕业生择业与城镇零就业家庭就业问题。加强医疗卫生与养老失业保障，完善城镇职工、居民基本医疗保险、新型农村合作医疗保障、大病医疗救助等制度。农村最低生活保障人数达81358人，城镇最低生活保障人数达9112人，参加基本养老保险职工数达6969人，参加基本医疗保险职工数达36764人，参加农村合作医疗保险的人数453171人。

（苏麟）

两当县

【现任主要领导】

中共两当县县委书记：梁英

两当县人大常委会主任：唐启荣

两当县人民政府县长：孙根林

政协两当县委员会主席：丁考顺

中共两当县纪律检查委员会

书记：刘小研

【基本情况】两当县位于甘肃省东南部，地处陕甘川交界的秦岭山区，属长江上游嘉陵江水系。北靠天水，西邻徽县，东南二面与陕西宝鸡、汉中相连。全县辖3镇9乡，116个行政村，4个社区，总人口4.9万人，其中：农村人口3.81万人。全县总面积1374平方公里，总耕地面积12.03万亩。最高海拔2738米，最低海拔773米，年平均气温11.3℃，平均降雨量630mm，无霜期193天，有一江七河八大水系，全长209.93公里。年径流量3377.2万立方米。粮食作物主要以小麦、玉米、黄豆为主；经济作物主要以油菜、葵花、瓜果、蔬菜为主；经济林果主要以核桃、板栗、苹果为主。

【资源优势】县境内有丰富的矿产资源，已探明的有金、银、铜、煤炭、陶土、大理石等10多种；有羚羊、獐子、水獭、大鲵、麝、锦鸡等珍稀动物；有红豆杉、铁杉、银杏、香樟、合欢、白皮松等珍稀树种；有油松、华山松、落叶松、红桦等用柴树种；出产鹿茸、麝香、猪苓、五灵脂、天麻、杜种、黄姜等中药材400多种。县内生态良好，森林覆盖率达74.1%，林木绿化率达82.5%。

【国民经济】全年实现生产总值6.01亿元，比上年增长8.5%。其中：第一产业增加值2.02亿元，增长6%；第二产业增加值0.81亿元，增长9.2%；第三产业增加值3.18亿元，增长10%，三次产业结构比为33.63 ∶ 13.45 ∶ 52.92。完成固定资产投资18.85亿元，增长25.1%；实现社会消费品零售总额2.05亿元，增长21.98%。年末金融机构本外币各项存款余额20.69亿元，比年初增加12573万元；金融机构本外币各项贷款余额11.45亿元，比年初增加18591万元。

【“三农”工作】整合各类涉农项目资金1.18亿元，站儿巷特困片区基本实现了建制村水泥路和安全饮水工程全覆盖。实施了7个村的整村推进和670户农村危旧房改造项目，完成异地扶贫搬迁42户188人。为218户贫困户发放了光伏发电设备，实施农网改造7.28公里，全县农村通电率达到了100%。对14个新建和19个巩固提升型美丽乡村示范点进行了以入户路、文化广场和公益设施为重点的建设，全县美丽乡村示范点累计达到95个。完成梯田建设1.3万亩，发展有效灌溉面积1.25万亩。建成农村人口饮水安全项目60处。完成生态林建设3000亩，实施了两太路、两云路65公里生态文明长廊建设工程，马家沟水土保持清洁型小流域综合治理工程和9个村的农村环境连片整治项目全面完成。对48个贫困村、3231户扶贫对象进行建档立卡。扎实开展“两后生”和“雨露计划”培训。各级双联单位继续为联系村帮助购买水泥，实施农户连户路及院落硬化6.5万平方米。开展核桃树高接换优，完成高接换优43.63万株。建成黄波菌业食用菌标准化生产流水线，新发展食用菌栽培609.7万袋。新发展育苗870亩。畜禽饲养量达到38.78万头（只），发展烤烟种植5200亩。新增土地流转面积1.51万亩，林地流转6294亩，完成生态林建设3000亩。县电子商务中心建成投用，全年发展电子商务网店364家，实现电子商务交易额690万元。全县粮食总产量达到3.8万吨，比上年增长5.6%。其中：夏粮1.19万吨，增长0.76%；秋粮2.61万吨，增长7.8%。水平梯田总面积10.78万亩，增长12.7%；农业机械总动力达到7.28万千瓦，增长10.58%。

【项目建设】争取到位各类项目140项，到位资金3.92亿元，徽县至两当高速公路建设方案已经确定。全年开工项目170项，完成投资19.33亿元，红崖河蚂蚱河段和权坪河段综合治理工程开工建设。实施西街、316国道香泉段风貌改造及广香西路排水管网工程，城区自行车公共服务系统投入使用。国家园林县城成功命名，国家卫生县城创建工作通过国家评审。站儿巷小城镇综合改革试点工作顺利推进。实施两当火车站升等改造、两温战备路、两党战备路、云屏至广金至放马坪公路及21项农村公路通畅工程和18项乡村道路硬化工程。全县县乡四级以上公路和行政村通车率达到100%，通村道路硬化覆盖面达到95%。

【旅游景点】两当县历史悠久，至今已有1500多年历史，文化底蕴深厚，有张果老“登真洞”、《王羲之家谱》、“两当兵变”遗址等珍贵人文资源；更有“琵琶秋水”、“天门锁云”、“香泉望月”等八大景观和灵官峡省级白皮松自然保护区、张家黑河省级自然保护区和云屏三峡自然风景区，风景秀丽，景色怡人。2014年为继续谋划实施大项目，推动两当以红色旅游为旗帜、生态旅游相配套的旅游产业的持续升温，投入1891.86万元，进一步加大景区建设。开展红色文化园区和云屏景区创建国家“4A”级景区工作，实施云屏景区重点节点打造及太阳寺两当兵变部队改编地接待服务设施建设、灵官峡果老洞景区浮雕墙建设工程。通过招商引资，实现了云屏景区的政企合作开发。成功举办了“相约陇南两当·共圆幸福中国梦”西部民歌邀请赛活动，旅游业对外影响力显著提升。云屏河水利风景区被评为国家级水利风景区，成功争创全国休闲农业与乡村旅游示范县。全县实现旅游收入2.21亿元，增长40%。

【工业发展】工业经济结构不断优化，助推工业经济稳步发展。以工业升级改造、城镇交通发展和生态文明长廊建设为主，有力的推动项目实施和加快工程进度。中金公司日处理450吨矿石生产线、招金矿业二期扩建采选项目进入试生产阶段，兴源中药饮片公司进入规模以上工业企业行列。2014年全县实现工业增加值0.66亿元，比上年增长8.4%，规模以上工业增加值完成2613.7万元。

【民生保障】2014年末，全县总人口4.9万人，出生率7.98‰，死亡率6.99‰，人口自然增长率0.99‰。常住人口4.9万人，其中城镇人口17819人，城镇化率为36.3%。城镇居民最低生活保障对象2097人、农村低保对象6718人。城镇居民人均可支配收入17262.4元，增长9.5%；农民人均纯收入3187.6元，增长13.9%。全国红色旅游发展两当兵变纪念馆一个，全县共有艺术表演团体1个，全年演出60场，观众达5万人次；文化馆1个；公共图书馆1个，藏书47000册，博物馆1个；文物古迹57处，其中：省级1处、市级2处、县级54处。极大的丰富了人们的度假休闲愉乐和文化生活。全年发放惠民资金1.25亿元，7个城乡社区日间照料中心及13个农村互助老人幸福院项目建成投用。实施农户连户路及院落硬化6.5平方米。

【社会事业】截止2014年底，学校总数44所。教职工440人。其中，普通中学专任教师158人，在校学生数2852人，小学专任教师338人，在校生2144人。学龄儿童入学率100%，初中升学率99.3%，高中升学率88.03%。全县有公立医疗卫生机构17个，其中：县级综合医院1个，乡镇卫生院13个，疾病防控中心1个。医院、卫生院床位数207床，医院、卫生院技术人员118人，其中：执业（助理）医师58人，卫生防疫人员49人。过境铁路1条，营业里程26公里，境内公路121条，其中国道1条、县道2条、乡道4条、村道114条、专道2条，通车总里程达900.235公里。有力保障了全县道路交通、教育文化、医疗卫生等事业的健康发展。

（胡豪）

徽县

【现任主要领导】

中共徽县县委书记：王强

徽县人大常委会主任：王瀚东

徽县人民政府县长：王建强

政协徽县委员会主席：辛晓尧

中共徽县纪律检查委员会书记：马智

【基本情况】徽县位于甘肃省东南部，西秦岭南麓，嘉陵江上游，东邻秦川，南通巴蜀，素有“陇上江南”之美誉。全县辖15个乡镇、213个村民委员会，总面积2722平方公里，耕地面积39.44万亩，年末总人口22.28万人。主要有汉族、回族、藏族、蒙古族、壮族、锡伯族、满族、畲族、土家族、苗族10个民族，以汉族为主，少数民族以回族为主，全县约1.1万人，分布在全县14个乡镇，有7个民族聚集村。境内海拔在700～2500米之间，南北为山地，中部为浅山丘陵，属北暖温带向亚热带过渡性气候，年均气温12.7℃，无霜期203天，全年降雨量778毫米。国道316线、省道江武公路及宝成铁路从县境内穿过。

【资源优势】徽县自然资源丰富。全县森林面积189万亩，森林覆盖率48%。境内有大小河流600多条，属长江流域嘉陵江水系，年径流量19.86亿立方米，水能资源蕴藏量14.76万千瓦，可开发量8.46万千瓦。现已探明的矿藏有铅、锌、铁、金、铜、汞、硫、砷石、大理石、石灰石等4大类22种矿产资源，储量丰富。全县主产小麦、玉米、大豆、油菜籽、稻米等粮油作物，盛产核桃、银杏、板栗、柿子、生漆、狼牙蜜等林副产品，出产杜仲、柴胡、黄芩、金银花、天麻等100多种中药材。全县有各类野生植物250多种，百年以上银杏树遍布全县。有野生动物200多种，其中有羚牛、红腹锦鸡、白唇鹿、长臂猿、梅花鹿、大鲵等珍贵动物10多种。旅游资源丰富独特。境内的三滩风景名胜区总面积约800平方公里，森林覆盖率达80%以上，保持着原始如初的自然风貌，高山草甸、峡谷溶洞、飞瀑流泉、云海日出、奇花异卉、珍稀动植物和人文古迹融为一体，是徽成盆地的绿色屏障和天然动植物乐园，也是闻名省内外的旅游胜地，被誉为陇上的“西双版纳”。险要的地理位置和优美的自然风光，自古以来就牵引着文人墨客的目光和脚步，形成了徽县厚重的历史文化积淀。诗仙李白在《蜀道难》中吟唱：“青泥何盘盘，百步九折萦岩峦”，抒发了诗人面对青泥岭之雄奇的感叹。诗圣杜甫寓居徽县栗亭，写下了《木皮岭》、《水会渡》、《白沙渡》等名篇，“始知五岳外，别有他山尊”的诗句使木皮岭名载史册。南宋名将吴玠抗金的蜀道要塞仙人关、闻名天下的青泥古道和具有重要历史文物价值的“新修白水路记碑”、佛爷崖唐代摩崖石刻、栗川郇庄宋代白塔等众多文物古迹，极具文化研究和旅游开发价值。

【国民经济】2014年，全县实现生产总值39.08亿元，比上年增长8.8%。其中：第一产业增加值11.17亿元，增长6%；第二产业增加值15.58亿元，增长9.9%；第三产业增加值12.33亿元，增长9.7%。三次产业结构由上年的28.1 ∶ 44.3 ∶ 27.6调整为28.6 ∶ 39.9 ∶ 31.5。

全年完成工业增加值8.84亿元，增长8.7%。其中，规模以上工业企业完成增加值6.8亿元，同比增长7.1%。全年粮食种植面积54.96万亩，总产16.8万吨。完成全社会固定资产投资47.3亿元，增长30%，其中：城镇固定资产投资47.2亿元，增长28.6%。大口径财政收入完成8.03亿元，比上年增长0.9%。社会消费品零售总额完成56059.8万元，增长12.7%。

旅游业：充分发挥“陇上江南”的独特资源优势，积极探索自然生态、人文景观和休闲娱乐相结合的特色旅游产业开发路子，初步形成了以三滩生态旅游为主体，以嘉陵江漂流、月亮峡度假村、银杏山庄特色农家乐为辅助的三滩风情旅游线。全年旅游接待总人次达83.84万人次，旅游业综合收入达3.89亿元，增长29.08%和36.97%。

【社会事业】一是科技创新能力不断增强。2014年获得市级成果1项，申请国家专利32件。二是各级各类教育全面发展。全县教育工作以巩固“两基”为工作重点，优化教育结构，调整教育布局，狠抓义务教育，提高教学质量，形成了幼教、普教、职教、成教全面协调发展的格局。2014年，全年适龄儿童入学率和初中入学率分别100%和98.6%，全县高考上线率达到86.52%。三是文化事业较快发展。全县有文化站15个，乡镇广播电视站15个，电视人口覆盖率98%。进一步巩固广播电视“村村通”建设成果，并努力向“社社通”延伸，完善广播电视传输网络，提高传输质量，扩大有效覆盖面。城区有线电视节目增至114套，城乡有线电视用户1.8万户，城乡人民文化生活水平得到显著提高。四是医疗卫生条件不断改善，医务人员队伍素质有所提高。年末全县共有卫生机构23（不含个体）个，其中：县级卫生机构6个，乡镇卫生院17个。有病床567张，卫生技术人员889人，其中执业医师183人。每千人拥有卫生技术人员4人，拥有病床2.5张，村卫生室覆盖率达100%。

【民生保障】年末全县总人口为22.28万人；按地域分：城镇人口7.5万人，乡村人口14.78万人。全县城镇居民人均可支配收入17152.2元，比上年增长8.2%。农民人均纯收入5632.1元，增长13.3%。单位从业人员年人均劳动报酬达到42204元。年末全县参加基本养老保险人数177006人，其中：参加城镇企业职工基本养老保险人数8098人，参加失业保险人数4005人；参加工伤保险人数4227人；参加生育保险人数2988人。全县享受城市低保的共5893人，累计发放保障金1288.5万元；农村低保25100人，累计发放保障金2417.6万元；特困群众大病医疗救助金965.2万元；抚恤事业费（不含退役安置费）593.9万元，社会临时救济费5202.2万元，五保供养资金197.2万元。

（周琳）

临夏回族自治州

【现任主要领导】

中共临夏回族自治州州委书记：周强

临夏回族自治州人大常委会

主任：韩季安（撒拉族）

临夏回族自治州人民政府

州长：马学礼（回族）

政协临夏回族自治州委员会

主席：吴家白

中共临夏回族自治州纪律检查委员会

书记：马天民（回族）

【基本情况】临夏回族自治州地处甘肃中部西南，北邻兰州市，南靠甘南藏族自治州，东连定西市，西接青海省，州府距省会仅150公里。全州土地面积8169平方公里，平均海拔2000米，最高处4636米，最低处1563米。年平均气温7.5℃，无霜期174天，年平均降雨量472.2毫米，属温带大陆性气候。全州有临夏市1个县级市，临夏县、康乐县、永靖县、广河县、和政县5个县，东乡族自治县、积石山保安族东乡族撒拉族自治县2个自治县，46个镇、78个乡、7个街道办事处，1150个行政村。常住人口200.44万人，州内聚居回、汉、东乡、保安、撒拉等民族。

【资源优势】一是古动物化石富集。近年发掘出土的和政古动物化石以其数量、品种、规模和完整程度占据了六项世界之最，刘家峡恐龙国家地质公园有世界上最大的恐龙足印化石群地质遗迹，具有重大的古生物地质遗迹保护价值和旅游开发价值，引起了国内外专家学者的广泛关注。二是民族风情浓郁。临夏回族自治州是国内穆斯林群众聚居区，是全国仅有的两个回族自治州之一。伊斯兰文化、儒家文化、道教文化、佛教文化等多元文化在这里交汇融合，特别是伊斯兰文化源远流长，民族风情浓郁，独特的文化背景、鲜明的生活习俗、风格迥异的民族建筑、色香味俱佳的清真小吃，形成了临夏五彩纷呈、极富吸引力的民族风情画卷。三是文化积淀深厚。临夏早在远古时期就有先民居住，州内以“马家窑文化”为代表的各类文化遗址众多，是我国新石器文化最集中、考古发掘最多的地区之一，现有各类文物遗址584处，因出土现珍藏于中国国家博物馆的“彩陶王”，被誉为“中国的彩陶之乡”。距今1600多年历史的炳灵寺石窟，是我国著名的十大石窟之一，也是第一批国家重点文物保护单位。临夏回族自治州是民歌“花儿”的发源地，被中国民间艺术家协会命名为“中国花儿之乡”。四是黄河风光奇特。临夏是大禹治水的源头，黄河文化在临夏源远流长，我国最早的地理书《禹贡》中记载：“大禹导河自积石，至龙门，入于沧海”。黄河两岸景色宜人，境内有国家4A级旅游景区黄河三峡，有西北最大的人工湖泊刘家峡水库，有炳灵丹霞地貌国家地质公园，有黄河中上游最大人工湿地太极岛。五是生态资源丰富。黄河流经临夏州102公里，全州水资源总量达336.15亿立方米，是黄河上游重要的水资源补给区。境内有中国第一座百万千瓦级水电站、国家首批工业旅游示范点刘家峡水电站，有国家4A级景区松鸣岩、莲花山、太子山自然保护区，是甘肃中南部森林生态观光游览胜地。

【国民经济】2014年，全州生产总值202.97亿元，比上年增长10.9%。其中，第一产业增加值35.23亿元，增长8.6%，第二产业增加值49.64亿元，增长12.2%，第三产业增加值118.1亿元，增长11.8%。三次产业结构17.36 ：24.46 ：58.18。工业增加值31.64亿元，增长12.9%，其中规模以上工业企业实现增加值19.49亿元，增长7.8%。完成固定资产投资263.73亿元，增长21.66%，社会消费品零售总额60亿元，增长12.8%。完成大口径财政收入25.4亿元，增长16%，公共财政预算收入14.2亿元，增长23.2%，公共预算支出155.5亿元，增长3.5%。城镇居民人均可支配收入13778元，增长9.2%；农民人均纯收入4127元，增长13.8%。

【“三农”工作】农业和农村发展形势喜人，农村基础条件显著改善。临夏州全年粮食播种面积197.61万亩，比上年增长0.06%，粮食总产量80.5万吨，增长5.6%。全年完成造林面积38.78万亩，比上年增长6.3%。新栽植花椒2.35万亩，啤特果5.56万亩，核桃7.94万亩，育苗3.66万亩。大牲畜年末存栏38.63万头，比上年增长2.61%，其中羊存栏151.07万只，比上年增长7.69%。肉类总产量56225吨，比上年增长5.50%。推广旱作农业168.47万亩，持续调优农业结构，新增蔬菜面积1.1万亩、特色林果16.9万亩、育苗3.7万亩、中药材1.3万亩。推进全省畜牧全产业链试点工作，新建规模养殖场102个、发展规模养殖户1010户。输转劳务49.34万人，实现劳务收入63.3亿元。有序推进农村土地流转，新增土地流转面积30.17万亩、累计达到51.47万亩。落实富民增收25条政策措施奖补资金5.9亿元。

【项目建设】全州共实施千万元以上重点项目556项、完成投资269.2亿元，其中亿元以上278项，完成投资179.25亿元。兰合铁路开工建设，即将结束临夏没有铁路的历史，引黄济临工程启动实施，即将圆临夏人民吃黄河水的梦想。双达高速公路、刘盐八库区地质灾害综合治理等重大项目开工建设。临合高速公路建成通车，州中医院迁建项目建成使用。市县快速通道临夏市段、永靖县黄河水电博览园、临夏县建制村通畅工程、和政县复兴厚中藏医药产业园、积石山县城区供水水源改扩建、东乡县国道213线改扩建、康乐中学、广河县三甲集皮毛交易中心等项目顺利推进，部分项目已建成使用。在狠抓基础设施项目的同时，更加注重谋划实施产业项目，全州实施重点产业项目87个，比上年增加16个，总投资达到132.3亿元，产业项目投资比重提高2个百分点，在调优项目结构、带动就业增收、放大项目效应上取得新进展。大力实施引强入临，坚持不懈地抓招商、重选商、引强企，成功引进蒙牛集团、中天健等知名企业，与康师傅集团、云南城投集团达成合作协议，招商引资的规模层次进一步提升。全州实施招商引资项目275个、总投资469亿元，到位资金187亿元，比上年增长36%。兰洽会签约项目158个，签约资金346.8亿元，到位资金70亿元，增长22%。

全年在建重大项目91个，本年完成投资127.77亿元，占固定资产投资的48.45%。其中本年完成投资超过2亿元的项目主要有兰州至永靖沿黄河快速通道建设项目（本年完成投资17.43亿元），兰州至郎木寺高速公路（临夏段）项目（本年完成投资11.68亿元），临夏海螺有限责任公司（本年完成投资6.78亿元），积石山县大河家水电站(本年完成投资4.13亿元)，东乡县国道213线永靖至东乡二期工程（本年完成投资3.86亿元）。

【优势产业】在一系列加快特色优势产业发展的政策措施下，临夏培育了一批特色龙头骨干企业，在一些行业和产品上取得了突破，形成了特色。制定出台加快发展旅游业的意见，全力落实三大旅游规划，大力发展假日旅游经济，黄河三峡、松鸣岩古动物化石地质公园纳入全省20个大景区，举办中国原生民歌大赛、中国和政古动物化石保护与利用学术研讨会、第十三届环青海湖国际自行车赛临夏赛段等活动，实现旅游综合收入30.7亿元，比上年增长26.1%，旅游接待人数725万人次，增长22.5%。大力推进商贸市场和绿色清真产业经济开发区建设，临夏市八坊虫草交易市场、永靖县古城新区商贸步行街、康乐良恒国际商业广场等项目建成使用。积极扶持清真食品、民族用品龙头企业，清真产业完成增加值10亿元，占工业增加值的比重达到31%。临夏绿色清真产业经济开发区已入驻企业66户，累计完成固定资产投资6.2亿元。新培育规模以上企业5户，累计达到56户。编制《丝绸之路经济带黄金段盛世伊园（临夏）建设方案》，参加伊朗库姆·中国甘肃经贸合作论坛，与伊朗伊斯兰研究与信息中心签订清真食品互认协议，在马来西亚吉兰丹州共同举办了国际清真美食节，在新疆霍尔果斯口岸设立临夏回族自治州办事机构。

【扶贫开发】深入实施“1236”和“4155”扶贫攻坚行动计划，农民收入净增501元，全州减贫14.5万人。大规模推进以水路房为重点的农村基础设施建设，新建农村公路693公里，通村道路通畅率达到87%，新修梯田14.4万亩，实施整村推进项目122个，建成95个，易地搬迁2371户1.56万人，改造农村危房1.4万户，解决了25万人的饮水安全问题，农村自来水入户率达到89%。完成560个贫困村，56.1万贫困人口的识别和建档立卡工作，建立驻村帮扶工作队。深入开展“双联”行动，各级“双联”单位协调落实项目242个，资金3.2亿元，捐资捐物2963万元。积石山县、东乡县国家级羊产业扶贫试点县项目和临夏县、东乡县国开行贷款项目顺利推进，东乡县光伏扶贫工程试点项目启动。

【人民生活】城乡居民收入持续增加，人民生活水平继续改善。全年城镇居民人均可支配收入13778元，比上年增长9.2%；农民人均纯收入4127元，增长13.8%。城镇居民人均消费支出11055.9元；农村居民人均消费支出4050.6元。全面落实各项惠民政策，扎实开展“查低保、纠偏差、促公正”活动，59.13万人纳入城乡低保，占总人口的27.28%，补助标准提高15%。进一步提升保障水平，农村五保供养标准由年人均2600元提高到3110元，新农合和城镇居民医保政府补助标准由年人均280元提高到320元，城乡居民基本养老保险基础养老金由月人均60元提高到65元，为特困残疾人月发放生活补贴100元。建成339所农村老人互助幸福院和84所城乡社区日间照料中心。新增城镇就业5.18万人。新开工棚户区改造9274套80.38万平方米，新建公共租赁住房5300套31.8万平方米。

【社会事业】全年共组织实施各类科技计划项目114项，其中国家级、省级20项，州级94项。取得科技成果25项，其中13项达到国内领先水平，12项达到国内先进水平，申请专利183件，发明专利21件。

全州拥有州级民族歌舞团、博物馆、文化馆、图书馆、美术馆、影剧院、民族文化艺术研究所、文化市场综合执法支队各1个；县（市）文化馆8个，公共图书馆8个，博物馆（纪念馆）16个，文物管理所6个，乡镇综合文化站123个，农家书屋1185个；建成文化信息资源共享工程县级支中心8个。全州广播人口覆盖率95.9%，电视人口覆盖率96.41%。

全年完成文化产业增加值4.03亿元，比上年增长25.58%；文化产业从业人员9238人，比上年增长2.9%；文化产业完成投资10.06亿元。

全年全州共举办各类群体活动650余场次，参加人数达90.5万人次；全省第八届少数民族传统体育运动会中，临夏回族自治州代表队参加了7个竞赛项目和2个表演项目，获得8枚金牌、15枚银牌，两个表演项目获二等奖；在全省第十三届运动会中，临夏回族自治州代表团参加了9个大项51个小项的比赛，共获得7枚金牌、9枚银牌。建成省政府体育惠民工程7个，村级体育健身场所90个。

【社会保障】全州参加失业保险的人数41078人，领取失业保险金的人数255人；参加基本养老保险的人数40220人；参加基本医疗保险的人数316032人，其中城镇职工106773人；新型农村合作医疗参合人数1586070人，参合率达98.76%；全社会低保户数187543户，其中农村135728户，城镇51815户；低保人数591346人，其中农村461068人，城镇130278人。

【环境保护】坚持集中整治和长效管理相结合，大力整治环境卫生、交通秩序、市场秩序，集中开展大气污染、水污染、农村面源污染大排查大整治活动，狠抓小砖窑治理、工业排污治理、河道治理、汽车尾气治理，积极推进集中供暖、煤改气等工作，临夏市空气质量优良天数达到318天，比上年增加8天。加大生态建设力度，推进植树造林和园林绿化，新建绿色通道775公里，完成荒山造林21.9万亩，森林覆盖率达到16.4%。实施美丽乡村示范村建设项目12个。

全州共有环境监测站9个，环境监测人员91人，境内自然保护区4处，面积达到1177.33平方公里。建成烟尘控制区1个，控制面积23平方公里，城市污水集中处理率59.76%，城市生活垃圾无害化处理率86.47%。全年完成工业污染治理项目13个，工业污染治理总投资5594万元。

（马百平）

临夏市

【现任主要领导】

中共临夏市市委书记：曹正民（回族）
临夏市人大常委会主任：马锋（回族）
临夏市人民政府市长：吴国峻
政协临夏市委员会主席：边旭东
中共临夏市纪律检查委员会
书记：穆涛（东乡族）

【基本情况】临夏市地处黄河上游，平均海拔1917米，距省会兰州117公里，为甘肃省西南部中心城市，是临夏回族自治州州府所在地和全州政治、经济、文化中心。临夏市区域面积88.6平方公里，辖4个镇41个行政村，6个街道办事处27个社区。全市总人口24.65万人，城镇人口15.53万人，常住人口28.10万人，人口密度为3172人/平方公里，临夏市居住着汉、回、东乡、保安、撒拉等18个民族，以回族为主的少数民族占总人口的52.9%，是国内回族人口最集中的地区之一。

【国民经济】2014年实现生产总值568028万元，比上年增长14.1%。三次产业结构由2010年的9.2∶19.7∶71.1调整为2014年的5.9∶19.9∶74.2。完成大口径财政收入78503万元，比上年增长31.0%。其中：公共财政预算收入完成39456万元，增长44.5%。全年公共财政预算支出206207万元，增长4.6%。全部工业企业实现增加值61453万元，增长20.0%，其中规模以上工业企业实现增加值39153万元，增长18.7%。完成社会消费品零售总额307746万元，增长13.0%。全年外贸进出口总额740.1万美元，下降22.9%。

【“三农”工作】坚持“农业稳市”战略和“产业富民”思路，全面落实“1236”扶贫攻坚和富民增收行动计划，大力发展现代城市农业。台湾创意农业临夏草莓示范园一期、八坊牧业万头牛养殖基地二期、佳源牧业良种羊繁育基地、慈王无公害蔬菜生产基地、后杨花卉苗木繁育基地等项目全面建成，着力提高农业生产增加值，成功示范推广鲜蔬果品立体栽培、无土栽培等高新技术，积极转变农业生产经营模式。不断加大土地流转力度，组建农民专业合作社19个，流转土地3031亩，农业发展的科学化、产业化、集约化水平不断提高，农民从富民产业中的收入稳步增加。2014年完成农业增加值33259万元，比上年增长5.2%。粮食总产量达23845吨，增长1.8%。肉类总产量4473吨，增长4.0%。

【项目建设】一是积极主动争取各方面的支持。军民街道路综合改造、北山根地质灾害、大夏河南岸污水管网改造等总投资14.6亿元的26个重点项目得到国家省上支持，全年共争取国家省上各类支持资金近10亿元，州委州政府解决发展资金近1亿元。二是项目建设势头更加强劲。全年共实施500万元以上各类重点项目116项，总投资达到521374万元，其中新开工74个，总投资244560万元，续建42个，总投资376814万元，是多年来实施项目规模最大、数量最多、成效最为显著的一年。三是招商引资取得重大突破。圆满举办了第二届清真食品节、旅游宣传推介会、牡丹观光旅游节、首届房交会、环青海湖自行车赛等国际性、全国性的大型展会节会，对外展示了临夏的良好形象，节会经济成为新的经济增长点。成功引进百益国际贸易中心、中天健广场、阿里清真产业物流城等重大产业项目8个，签约资金达105.5亿元，累计到位资金40.68亿元，招商项目履约率、资金到位率明显提升。

【优势产业】一是以东区商贸核心区为主的城市商业次中心初具规模，全市商贸业发展的规模聚集效应逐步显现。临夏穆斯林物流园区40亿元的6个招商引资项目进展顺利，华仕捷汽车城、环球汽车城已建成使用，南利家居城基本建成。临夏义乌国际商业广场全面建成。二是文化旅游产业发展的步伐明显加快。建成了东区民族风情步行街和新西路民族风情旅游商贸一条街，统筹推进八坊十三巷民俗民居保护工程，启动了东公馆商贸文化历史街区建设，深入挖掘包装州博物馆、东公馆丝绸之路藏品展、河沿头拱北等10多个精品文化旅游景点，东公馆、东郊公园成功升级为国家3A级景区。三是清真产业的发展雏形基本形成。加大政策引导扶持力度，帮助企业开展银企合作、招商引资、转产升级。兴强公司机织地毯生产线、八坊清河源熟食品生产线、牦牛骨调味品生产线等总投资2.7亿元的4个新上技改项目进展顺利。

【人民生活】坚持六个统筹的工作思路，突出解决民生问题，认真办理民生实事，强化社会保障能力，民生状况持续改善。城乡低保提标15%，落实惠民资金达4.3亿元，惠及群众27万人次。

城镇居民人均可支配收入13849元，比上年增长9.5%；城镇居民人均消费支出12701元，增长24.8%，城镇居民恩格尔系数33.0%。农民人均纯收入8310元，增长13.9%；农民人均消费支出7781元，增长30.4%，农村居民恩格尔系数31.7%。

【扶贫开发】扎实开展扶贫攻坚行动，深入推进“双联”行动，着力改善农村基础设施，全面落实富民增收政策。一是扶贫工作扎实推进。认真开展精准扶贫建档立卡工作，全面完成了20个贫困村、5892户、2.51万贫困人口的识别录入。全力实施扶贫开发项目，全年争取扶贫资金2562万元，实施整乡整村推进、美丽乡村建设、农业科技项目、劳务技能培训等扶贫项目22个，扶贫措施的落实更加坚定了贫困群众脱贫致富的信心和决心。二是“双联”行动纵深推进。整合各类涉农资金3000多万元，在每个村实施1~2个农村环境整治、道路硬化、渠道衬砌、文化广场建设等基础设施项目，兴办各类实事好事1.5万件，受益群众达9万多人次。三是惠农政策全面落实。发放粮食直补、农资综合补贴等32项惠农资金4804万元，加大政府担保力度，累计注入担保基金3550万元，发放“双联”贷款1485户8886万元，妇小贷532户3830万元，互助社借款1276户2455万元，有效缓解群众发展资金不足的难题。

【环境保护】年末全市共有环境监测站1个，环境保护监测人员5人。城市污水集中处理率81%，城市生活垃圾无害化处理率100%。化学需氧量（COD）排放量6498吨，氨氮排放量561吨，二氧化硫排放量3281吨，氮氧化物排放量264吨。

【社会保障】全力抓好社会保障，全面落实城乡低保、医保、养老保险等各项提标政策，充分发挥社会保障保基本、兜底线、可持续的作用。全市参加失业、养老保险的单位182户，参加失业保险的职工3709人，养老保险的职工3667人，参加职工医疗保险人数为13340人。农村合作医疗参合率98.13%，城市居民医疗保险参保率98.0%。全市累计发放低保资金2.54亿元，保障对象达79314人。

【社会事业】大力发展职业教育，扶持规范民办教育，全力普及幼儿教育，推进全市教育均衡发展。2014年全市共有各类学校127所，在校学生60334人，专任教师3703人。适龄儿童入学率、巩固率、毕业率均为100%。深化医药卫生体制改革，启动实施50种大病定额补助和市级86个、镇级46个病种分级诊疗制度，加快卫生基础设施建设，开工建设市医院整体搬迁、卫生监督所和妇幼保健站项目。2014年全市拥有各级各类医疗卫生机构19个，拥有床位数2042床，卫生技术人员1631人。不断完善公共文化服务设施，依托文化馆、图书馆、博物馆、纪念馆、村社区文化活动室，为群众搭建更加健全完善的公共文化服务体系。全年完成文化产业增加值12634万元，比上年增长25.4%；文化产业从业人员2019人，文化产业完成投资9957万元。

（刘旭光）

临夏县

【现任主要领导】

中共临夏县县委书记：安华山

临夏县人大常委会主任：高建平

临夏县人民政府县长：马正业（回族）

政协临夏县委员会

主席：王英山（东乡族）

中共临夏县纪律检查委员会书记：

唐芳（12月止）

吴新平（12月任）

【基本情况】临夏县位于甘肃省中部，临夏回族自治州西南部，黄河南岸。县境东西宽53.1公里，南北长59.85公里，总面积1212.4平方公里。地貌为青藏、黄土高原参半，多山沟，兼有塬、川。地势东北低、西南高，海拔1735~4636米。临夏县地处温带半湿润区和高寒湿润区的过渡带，属温带半湿润气候，具有大陆性、季风性山地气候特点，气候因素随地势高度变化十分明显。年均日照时数为2030.5小时，日照率为52%，全年太阳总辐射量128.4千卡/平方厘米，年平均气温7.6℃，无霜期170天左右，年降水量640.5毫米。现辖19个乡，6个镇，219个行政村，2101个村民小组，2个居委会，11个居民小组。

【国民经济】2014年，全县实现生产总值31.30亿元，比上年增长

15.2%。其中：第一产业增加值6.95亿元，增长6.6%；第二产业增加值5.34亿元，增长18.2%；第三产业增加值19.01亿元，增长17.8%。实现工业增加值2.79亿元，增长24.80%，其中规模以上工业企业实现增加值9619万元，增长23.00%。完成社会消费品零售总额5.52亿元，增长13.70%。完成大口径财政收入2.07亿元，增长25.89%，公共财政预算支出20.01亿元，增长8.21%。金融机构各项存款余额38.14亿元，比上年末增长15.19%；金融机构各项贷款余额为25.23亿元，增长42.15%。

【“三农”工作】全面落实各项惠民政策，发放惠农资金3.08亿元。年末实有耕地面积37.23万亩，完成粮食作物播种面积38.37万亩。以旱作农业为突破口，增加粮食产量，平均亩产达到452.05公斤，亩增20.83公斤，全年粮食总产量达到17.34万吨，比上年增长6.29%。全县完成造林合格面积9.42万亩，新育苗木15099亩，促进了林业生产的进一步发展和生态平衡。全年花椒产量1977.1吨，比上年增长5.87%，肉类总产量达到9121.22吨，增长5.38%，牛奶产量17545.92吨，增长10.35%，大牲畜年末存栏6.13万头，增长5.26%。结合全县农业生产实际，井沟、红台、榆林、漫路、民主、黄泥湾、路盘、新集、南塬、坡头、营滩、麻尼寺沟、土桥13个旱作区乡镇的95个行政村，843个自然村，25844户农户中完成玉米全膜双垄沟播栽培新技术推广110862亩。在旱作农业实施乡镇共计完成集中连片示范点32个，项目总投资888万元。

【项目建设】2014年，全县紧扣“3341”项目工程和“4 + 5 + 5”项目行动计划，实施重点建设项目72个，全年完成固定资产投资25.91亿元，比上年增长24.93%。其中：项目建设完成投资24.80亿元，增长24.75%，房地产业完成投资1.11亿元，增长28.90%。实施基础设施建设项目20个，投资114258万元，工业生产项目20个，投资53302万元，商贸旅游项目11个，投资18983万元，改善群众生活项目10个，投资42446万元，其他方面的项目21个，投资19035万元。以上72个重点项目进展顺利，完善了基础设施建设，有力地推动了城镇建设、工业发展、商贸活跃、旅游兴旺，促进了临夏县经济得到全面快速发展。

【优势产业】花椒、畜牧、水电、劳务、特色产业五大主导产业作为临夏县经济发展的依托，2014年农民从五大产业中获得收入达到2961.30元，占农民人均纯收入的71.24%，全年共创劳务收入12.74亿元，比上年增加1.26亿元，劳务人员人均创收入12829.81元，比上年增长10.98%，有效地拉动了农民收入的稳定增长。农民人均纯收入中从畜牧业得到的收入为663.00元，比重为15.95%；椒农农民人均收入中从花椒种植得到的收入为254元，比重为8.22%。全县已经建成电站22座，总装机容量4.41万千瓦时，年发电量13945.79万千瓦时。发展壮大无公害蔬菜，2014年种植蔬菜6.50万亩，蔬菜总产量64783.42吨，实现产值10833.55万元。文化产业得到快速发展，2014年底，文化企业投资额达到10106万元，比上年增长4.60%，文化产业法人单位29户，从事文化产业的人数1564人。文化产业增加值5412万元，比上年增长26.18%，占生产总值的比重比上年提高0.3个百分点，达到1.76%。尤其是砖雕产业得到较快发展，实现年收入1.91亿元，比上年增加0.28亿元。另外，葫芦雕刻、民间刺绣、布鞋加工、藏式家具等特色产业也得到较好的发展。

【人民生活】全县农村居民人均纯收入为4156.8元，比上年增长14.30%；城镇居民人均可支配收入为13774.6元，比上年增长9.10%。

【扶贫开发】针对西南山区流域广、面积大、居住分散的实际，按照“启动建设一片、带动发展一片、脱贫致富一片”的工作思路，整合各方面资金资源，实施完成了14个村的易地搬迁项目，有效改善了贫困乡村面貌。深入摸排贫困对象基本信息，扎实开展建档立卡工作，为精准扶贫提供了科学依据。集中实施了安家坡乡中寨村、韩集镇韩集村等13个乡镇、18个村整村推进项目，投资1.15亿元实施了麻尼寺沟乡关滩村、土桥镇的重台塬村、新集镇寺湾村的扶贫开发，打造了省州一流的扶贫开发样板村。多渠道争取金融资金、社会资金参与扶贫开发，累计发放“双联”贷款4430户7.66亿元。村级产业发展互助社吸纳注资1.75亿元，发放借款9730户1.35亿元。大力实施民生工程，投资2210万元改造危房1800户，发放城市住房租赁补贴771户164万元。贫困人口逐年减少，加快了脱贫奔小康的步伐。

【环境保护】2014年，化学需氧量排放量减少74吨，为2980吨，二氧化硫排放量为390吨，氮氧排放量40.5吨，氨氮排放量223.5吨。通过实施工程造林、天然林保护、滩涂治理等项目，生态环境有了明显改善。

【社会保障】全县年末优抚对象1130人，得到政府最低生活保障的城镇居民13531人，得到政府最低生活保障的农村居民94933人。参加农村新型合作医疗的人数达到317830人，占全县农业常住人口的98.94%。全县养老保险、失业保险参保人数达到8055人。参加城镇基本医疗保险人数达到33933人，其中：城镇职工参加基本医疗保险人数12741人，城镇居民参加基本医疗保险人数21252人。城乡居民社会养老保险人数22.2万人，参保率97%。

【社会事业】全年共实施交通重点项目5个37.17公里，本年完成投资10110.4万元，完成通畅项目75个，建设里程230公里，完成投资12334万元，乡村道路得到全面改善。

全县各乡镇、各村全部通电、通公路、通汽车、通邮、通电话，实现了“五通”。通电的户数77782户，占总农户的99.99%，通电话的户数32664户，占总农户的41.99%。

全县共有各类学校239所，教职工3365人，在校学生43737人。幼儿入园率62.07%，适龄儿童入学率100%，巩固率100%，九年义务教育巩固率80.06%。

全县共有医疗机构36个，床位1326张，专业卫生技术人员783人，其中乡镇卫生院28所，床位553张，专业卫生技术人员346人。村卫生室275个，个体诊所108个，村级卫生从业人员403人。全县基础免疫覆盖率100%，国家扩大免疫规划单苗接种率98.9%，人口自增率8.41‰，农村计划生育率95.64%。

（李红卫）

康乐县

【现任主要领导】

中共康乐县县委书记：乔跃剑

康乐县人大常委会主任：马学义（回族）

康乐县人民政府县长：雍桂英（回族）

政协康乐县委员会主席：

郭亚林（12月止）

石恒平（12月任）

中共康乐县纪律检查委员会

书记：赵玉海

【基本情况】康乐县位于甘肃省中南部，临夏回族自治州东南端，洮河下游西侧。地处黄土高原向青藏高原过渡的农牧交汇地带，境内海拔1898~3908米，年均气温6.6℃，年降雨量518.6毫米，无霜期137天。境内有耕地32.8万亩，野生中药材300多种，草场36.76万亩，林地55.53万亩，有松、柏、杨、柳、桦等200多个树种，木材储量达43.9万立方米。矿产资源丰富，现已探明方解石储量1800万吨、海洋古生物化石储量300万立方米，铜、金、石蜡等矿产资源储量大。旅游资源极为丰富。主要有药水峡森林风景区、莲花山国家森林公园、麻山峡、后墩湾风景区、西蜂窝寺、亥姆寺、白云寺、西拱北等自然和人文景区。药水峡由于受地质变化的影响，群峰突兀，山势陡峭，峡谷幽深，四季分明，气候凉爽湿润，孕育了典型而丰富的生物种群。东临临洮县、南接渭源县和卓尼县、西连和政县、北靠广河县。总面积1083平方公里，现辖5镇10乡，152个行政村，1个居民委员会，1621个村民小组。全县总人口27.24万人。有回、汉、东乡等9个民族，其中少数民族占56.4%，汉族占43.6%。

【国民经济】2014年，全县实现生产总值182568万元，比上年增长14.6%。其中：第一产业增加值48926.34万元，增长6.3%；第二产业增加值25261万元，增长19.3%；第三产业增加值108381万元，增长17.9%。实现工业企业增加值11897万元，增长25.2%，其中规模以上工业增加值6697万元，增长25.4%。完成社会消费品零售总额44670万元，增长12%。全年完成大口径财政收入15154万元，增长15.13%，公共财政预算收入9003万元，增长22.34%；财政支出161625万元，增长8.73%。年末全县金融机构各项存款余额322399万元，比上年末增长13.6%；金融机构各项贷款余额210732万元，增长30.94%。

【“三农”工作】2014年，成立了全县牛羊产业协会，“康美农庄”、“华昱牧业”、“康乐牛肉”直营店达30多家，年销售牛羊肉3万多吨。着力破解融资难题，金牛担保公司为910多家规模养殖企业（场、户）担保贷款1.8亿元，累计贷款总额达5.1亿元。成功举办了康乐县牛文化节暨第七届赛牛相牛大会，全方位宣传推介康乐牛产业，康乐牛肉品牌知名度不断提升。全县新建规模养殖场19个，发展规模养殖户140户。全县大牲畜存栏6.77万头，比上年末增长5.95%；其中牛存栏5.62万头，牛出栏2.44万头。肉蛋奶总产量7274.07吨，比上年增长5.05%，完成畜牧业增加值12467.77万元，农民人均牧业纯收入达到774元。全年作物播种面积34.24万亩，粮食作物26.18万亩，经济作物6.84万亩。全年劳务输转6.36万人次，劳务培训1.75万人，其中技能培训0.77万人。

【项目建设】全县实施500万元以上重点项目55项，总投资57.25亿元，其中：续建项目24项，总投资32.7亿元；新开工项目31项，总投资24.55亿元。24个续建项目中，康乐中学、良恒城市商业广场等18个项目建成投入使用，甘肃建筑职业技术学院康乐分院、盛世莲花文化体育中心等6个项目完成主体。31个新开工项目中，太子山总场棚户区改造、县城莲花山路改造等14个项目建成投入使用，教师安置房、老年人养护服务中心等17个项目完成年度建设任务。灾后恢复重建工作稳步推进，总投资2.21亿元的52个项目开工建设50项，其中城镇居民住房重建户、莲麓初中等26个项目完工，完成投资1.86亿元。全年完成固定资产投资187219万元，比上年增长22.96%。

【优势产业】2014年，全县坚持增绿增收并重、绿化美化并行，大力发展育苗产业，加大植树造林、荒山绿化，完成人工造林4.68万亩，新育云杉为主的各类苗木0.42万亩，使全县苗木留床面积达到6万亩。全县销售以云杉为主的各类苗木460多万株，销售收入1.6亿元。中药材种植面积3.75万亩，占农作物播种面积的10.95%，占经济作物总面积的54.82%，年产各类中药材15955.3吨。全县农家乐48家，莲麓镇足古川村成功创建为省级乡村旅游示范村。全年共接待游客57.5万人次，旅游综合收入2.33亿元。

【民生保障】2014年，全县农民人均纯收入4173.7元，比上年增长14.2%。完成2014年度企业退休人员养老金待遇调整任务，为409名退休人员平均每月增加养老金199元。参加失业保险人数1931人，失业保险费征缴73万元，为88名失业人员（其中包括77名原粮食企业改制人员）发放失业金和医疗补助金22万元。全县城乡居民养老保险参保85086人。收缴养老金3213.03万元。领取养老金人数30364人，发放养老金2237.35万元，发放率为100%。完成城乡居民养老金增资调整任务，平均每人每月增加养老金5元。

【扶贫开发】狠抓2013年景古安龙、五户汪滩、白王苏丰等14个整村推进项目的扫尾工作。全面启动实施了2014年的苏集镇苏集村、塔关村，八松乡那尼头村等23个整村推进项目。完成村组道路整修拓宽36.04公里，硬化5.7公里，新修便民桥1座，新建人饮工程4处，提灌1处，新建标准化暖棚102座，建立村级产业互助社4个，新建村文化卫生培训设施1处，完成危旧房改造重点户194户。举办以暖棚养畜、饲草青贮氨化、膜侧当归栽培、玉米间作套种等农业先进实用技术培训班18期次，培训农业实用技术人员2500人次，新修梯田3000亩，推广全膜双垄沟播技术种植32130亩。

【环境保护】2014年，全县化学需氧量排放量6810吨，二氧化硫排放量395吨，氨氮排放量都为115吨，氮氧化物排放量为65吨。主要污染物排放强度为6819.02千克/平方公里。各相关企业签订了减排责任书，明确了责任和指标，保证了四项减排指标的完成。

【社会事业】全年实现转移就业1234名，城镇新增就业人员5639名。新增小额担保贷款额1000万元，新增小额担保贷款基金180万元。卫生基础设施建设进一步加强。全年累计建成标准化村卫生室119所，标准化覆盖率78.3%。2014年，各级医疗机构零差率销售药品4300.48万元，群众受益645.07万元，其中县医院零差率销售药品3320.23万元，县财政累计拨付零差率补助资金498.03万元。新农合参合率为98.33%，较2006年提高了13.33%。新农合共为40.14万人次补偿医药费用8659.25万元，住院实际补偿比为62.32%，政策范围内住院费用报销比为75.55%，补偿重大疾病患者551人，补偿资金534.39万元，平均实际补偿比为68.86%。

（罗正强）

永靖县

【现任主要领导】

中共永靖县县委书记：赏进孝

永靖县人大常委会主任：赵贤章

永靖县人民政府县长：尹宝山

政协永靖县委员会主席：康建才

中共永靖县纪律检查委员会书记：

拜淑玲（回族）（10月止）

程建辉（12月任）

【基本情况】永靖县位于甘肃中部西南，临夏回族自治州北部，东界兰州市西固区、定西市临洮县，南濒黄河，与东乡、临夏、积石山县为邻，西毗青海省民和县，北望湟水，与兰州市红古区相望，全县东西长68.04公里，南北宽51.17公里，总面积1864平方公里，总耕地35万亩，其中山旱地22万亩，年平均降雨量260毫米，蒸发量在1500毫米以上，属大陆性、温带半干旱气候。辖17个乡（镇）、152个村（居）。年末全县总人口为20.78万人。其中：汉族17.94万人，回族2.18万人，其它少数民族0.66人。少数民族占总人口的13.67%。全县人口出生率11.74‰，死亡率6.11‰，人口自然增长率5.63‰。

【国民经济】2014年，全县经济社会发展呈现平稳运行、稳中有进的新态势。全年实现生产总值36.19亿元，比上年增长11.5%。分产业看，第一产业增加值5.67亿元，增长5.9%；第二产业增加值19.02亿元，增长11.7%；第三产业增加值14.66亿元，增长11.4%。全年完成大口径财政收入61241万元，增长0.87%，公共财政预算收入完成3.10亿元，增长15.56%，财政支出18.69亿元，增长17.39%。

【旅游资源】黄河流经县域107公里，形成炳灵峡、刘家峡、盐锅峡——黄河三峡，是国家“4A”级风景名胜区。旅游资源十分丰富，有炳灵寺石窟、刘家峡水电站、炳灵石林、恐龙国家地质公园4个国家级旅游景点，有炳灵湖、太极湖、毛公湖三座高峡平湖，有恐龙之乡、彩陶之乡、傩文化之乡、水电之乡等美誉。2014年接待中外游客264.45万人次，比上年增长20.31%，旅游总收入达11.47亿元，增长25.2%。旅游业收入占生产总值的比重达33.88%。

【项目建设】注重项目论证储备，强化争取和实施管理，全县项目建设成效显著。共实施500万元以上项目89个，全年完成固定资产投资586754万元，比上年增长22.8%。其中亿元以上项目30个，完成投资458952万元，比上年增长16.29%；亿元以下项目59个，完成投资127802万元，比上年增长53.74%。

【人民生活】全年城镇居民人均可支配收入13821.6元，比上年增长9.4%；农民人均纯收入4118.9元，增长13.8%。农村居民人均生活消费支出4112元，下降10.49%。农村居民家庭食品消费支出占消费总支出的比重为30.57%，下降3.02个百分点。

【教育卫生】全县共有各级各类学校166所，其中：完全小学90所，教学点54个，独立高中2所，独立初中11所，职业中学1所，九年一贯制学校3所，公办幼儿园5所。在校学生人数22483人，其中：高中5455人，初中5752人，小学11276人。全县适龄儿童入学率100%。2014年高考上省定二本线考生302人，比上年增加80人，同比增长36.04%。

全县共有医院、卫生院24所，病床数961张，专业卫生技术人员1028人。儿童建卡率98%，单苗单针次接种率98%以上。

【社会保障】全县参加城镇职工基本养老保险人数3614人，参加城镇职工基本医疗保险人数为14789人，参加城镇居民基本医疗保险人数为20279人，参加失业保险人数为7037人，参加工伤保险人数为7107人。全县参加城乡居民养老保险人数为9.92万人，参保率为96.5%。参加新型合作医疗农民人数14.17万人，参合率为99.59%。全县城市医疗救助333人，农村医疗救助2148人。全县城镇居民得到政府最低生活保障的人数为9372人，农村居民得到政府最低生活保障的人数38160人。年末全县各种社会敬老院5个，敬老院拥有床位196张，供养人员36人。

【环境保护】全县共有环境监测站1个，环境保护监测人员16人。境内自然保护区面积达到19500公顷。城市污水集中处理率64%，城市生活垃圾无害化处理率87%。全年完成工业污染治理项目6个。

（潘尚科）

广河县

【现任主要领导】

中共广河县县委书记：

马宗明（回族）（4月止）
赵廷林（回族）（9月任）
广河县人大常委会主任：马绍先（回族）
广河县人民政府县长：马东升（回族）
政协广河县委员会主席：马学成（回族）
中共广河县纪律检查委员会
书记：马志勇（东乡族）

【基本情况】广河，古称太子寺。地处陇西黄土高原丘陵沟壑地带，位于甘肃省中部，临夏回族自治州东南部，东与定西市临洮县隔河相邻，西接和政县，南连康乐县，北靠东乡族自治县。东西长45公里，南北宽13公里。地势自西南向东北倾斜。广河是临夏州的“东大门”，东跨洮河至兰州70公里，西距临夏州府40公里，省道兰郎公路和康临高速公路纵贯全境，兰临高速公路近邻而过。总面积538平方公里，辖3乡6镇，102个行政村，1121个村民小组。年末常住人口23.66万人，人口密度472人/平方公里。黄河一级支流洮河流经辖区，广通河纵贯全境。平均海拔1953米，最高的西南部大疙瘩，海拔2620米；最低的三甲集镇五户村，海拔1800米。广河属温带半干旱气候，年平均气温7.5℃，年平均降雨量427.7毫米，全年无霜期155天，平均日照2212.2小时。四季分明，气候宜人。

【旅游资源】广河历史悠久，文化底蕴丰厚。广河所处的地理位置特殊，早在汉朝时期，这里就是“丝绸之路”的一个重要驿站。闻名的“唐蕃古道”穿此而过。广河县境内自然遗存丰富，文物古迹众多，是新石器时代与夏商过渡期典型文化——齐家文化的发祥地，有马家窑文化遗址和蕴藏丰富的古动物化石遗迹。从被确定为国家、省级保护单位的齐家文化和半山瓦罐嘴马家窑文化遗址到发掘出的各类陶器，都在国内外享有一定声誉，有“齐家文化的摇篮”的美称。

广河民族特色明显，穆斯林风情浓郁。回族、东乡族等少数民族人口占总人口的98%，婚丧嫁娶、民俗礼仪、饮食起居、节日盛会等别具特色。全县有590余处清真寺和拱北，融汇回族砖雕、汉族木刻、藏族彩绘为一体，形成了独特的清真寺艺术风格，享誉西北，有“穆斯林风情大观园”的美誉。

【国民经济】2014年，广河县实现生产总值17.43亿元，比上年增长6.2%。其中：第一产业增加值3.05亿元，增长5.50%；第二产业增加值3.81亿元，下降6.3%；第三产业增加值10.57亿元，增长14.4%。三次产业结构由上年的20.0 ∶ 27.2 ∶ 52.8调整为17.48 ∶ 21.86 ∶ 60.66。实现工业增加值2.91亿元，下降5.3%，其中规模以上工业增加值1.55亿元，下降21.8%。实现社会消费品零售总额5.52亿元，增长11.00%。完成大口径财政收入2.11亿元，下降5.53%，地方财政收入0.98亿元，下降11.79%。年末金融机构存、贷款余额分别为25.80和26.27亿元，分别比上年末增长14.48%和35.34%。

【“三农”工作】全年完成农林牧渔及服务业总产值5.15亿元，比上年增长7.97%。粮食总产量10.8万吨，增长7.99%，肉类总产量2505.82吨，增长7.25%。全县推广完成旱作农业覆膜面积36.11万亩，其中全膜玉米30.51万亩，马铃薯5.6万亩，实现了适宜种植区全覆盖。推广种植脱毒马铃薯6.2万亩，占马铃薯种植面积的100%。建成高产创建万亩示范片25个，新修水平梯田1.78万亩，现有农田有效灌溉面积10.7万亩。全年农业机械总动力181119.9千瓦，比上年增长6.27%。新发展农民合作组织2个，新增联户养殖小区（场）15个，发展到206个，新增规模养殖户150户，发展到7957户。大力推进转移就业，劳务输转人数达到5.7万人次，实现劳务创收7.85亿元，共向长三角、珠三角地区输送未就业大中专毕业生及“两后生”16批2884人。实施林业重点项目8个，完成投资1000多万元。全面完成总投资340多万元的造林补贴、森林抚育植被恢复、荒山造林、良种补贴等项目和总投资500万元的黄土高原综合治理林业示范建设项目。

【项目建设】加大项目储备、申报、争取力度，强化项目建设管理，加快项目建设进度，确保项目质量和规范。全县共实施重点项目52项，总投资65.61亿元（完成固定资产投资31.16亿元），其中，续建项目21项，总投资23.91亿元；新开工项目31项，总投资41.7亿元。幸福佳苑经济适用房、县中医院、努萨花园住宅小区等21个续建项目进展顺利，完成投资8.09亿元；三甲集皮毛交易中心一期、北山绿化、兴达二期等31个新开工项目完成年度工作任务，完成投资23.7亿元。

【优势产业】突出皮革、毛纺优势支柱产业，促进工业经济良性发展。着力推进开发区循环化改造，在循环化改造的10个支持项目中，开发区道路建设、固体废弃物处理等8个项目完成年度建设任务。紧紧围绕园区建设、产业基础和资源禀赋，着手开展了台资产业园建设工作。依托洮河经济带建设，狠抓招商引资，引进合作项目24个，签约资金46.2亿元，到位资金21亿元，比上年增长34.9%。

【人民生活】全年农民人均纯收入4495元，比上年增长13.7%；城镇居民人均可支配收入13782元，增长9.3%。全力实施民生工程，加强水利基础设施建设，洮河堤防工程已建成堤防13.3公里，清淤渠道18条170公里，衬砌渠道25公里，建成提灌工程2处，维修谢家渠、永红渠、大坪渠等水毁段33处3公里，实现了夏田的适时灌溉。加大农村道路建设，东关至魏家咀、新庄至咀头等9条26.41公里通畅工程正在进行路基改造。投资1968万元实施“一事一议”项目道路21条93.8公里，拓宽改造道路22.5公里，修建便民桥3座。着力解决困难群众住房问题，投资2.11亿元，新建廉租房500套，实施棚户区改造800户，改造农村危旧房1150户，累计达4603户。全面完成城乡低保、农村五保、养老保险、医疗保险的提标工作，做到了应保尽保；建成农村互助老人幸福院37所，农村老年人日间照料中心10所，逐步实现老有所养。

【扶贫开发】大力推进精准扶贫，实施整村推进项目11个，易地扶贫搬迁562户。建立村级产业发展互助社89个，贫困户入社10997户，共筹集互助资金7973万元，发放借款7678户5721万元，发放“双联”惠农贷款

2494户1.18亿元，累计发放贷款近3亿元，受益群众达1.15万户。深入推进"双联"行动，省州县三级联系单位为联系村群众捐款捐物折合现金达150多万元，劝返失学儿童226名，协调修建道路3条7.8公里，协调落实项目7个，落实资金1150万元。投资180多万元，完成牛肉拉面、机械操作、电焊工等职业技能培训3347人次。全县贫困人口由2013年的5.78万人下降到4.18万人，减贫人口1.6万人，贫困面由27.3%下降到19.7%。

【环境保护】实现了县城污水处理厂在线监测设备与省环保厅联网。狠抓城乡环境综合整治，坚持集中整治和长效治理相结合，进一步改善和加强县城、三甲集等重点集镇基础设施、环卫力量，城乡环境面貌有了明显改观。着力加强生态建设，投资1011万元，对田家、果园山等10个山头进行了绿化，累计完成造林1.8万亩，完成梯田建设2.11万亩。扎实开展全县大气污染、水污染和农村面源污染大排查大整治活动，摸排登记燃煤锅炉29台，水污染企业14个，查出突出问题8个，已经整改5个。加强白色污染治理，投入资金150万元，回收废旧地膜1700吨，综合回收率达到86%。

【社会保障】以惠农资金"一册明、一折统"为抓手，以城乡低保、合作医疗等为重点，加强管理，规范程序，保证了各项惠民政策和资金的全面落实，发放各类补贴36项、3.47亿元。城乡低保实现了动态管理下的应保尽保，医保、养老保险制度基本实现全覆盖。全县参加城镇企业职工基本养老保险人数2255人，参加失业保险人数3316人，参加医疗保险人数6910人。企业离退休人员养老金发放率达100%。全县城镇参加低保2214户、4811人，发放最低生活保障金1693万元；农村贫困户参加低保19321户、59635人，发放最低生活保障金7768万元。新型农村合作医疗工作正常运行，参合率98.3%。新增城镇就业6006人，开发公益性就业岗位94个，城镇登记失业率控制在3以内。

【社会事业】全县有各级各类学校136所，中小学在校学生34364人。全面落实"两免一补"政策，基本实现了学生入学"零收费"。全面实施学生营养餐改善计划，2014年发放学生营养餐经费2081万元，受益32365人。发放农村义务教育阶段贫困家庭经济困难寄宿生生活补助费580.09万元，受益学生9292人次。全县高中招生考试五科合格率为11.9%，高考录取率为86.77%。

坚持实行县乡公立医院药品零差率销售。目前全县卫生机构14个，村卫生室96所，覆盖率达到100%。县内10家公立医疗机构共有医疗床位804张。

（范学华）

和政县

【现任主要领导】

中共和政县县委书记：李国辉

和政县人大常委会

主任：马祥辉（东乡族）

和政县人民政府县长：蒋建民（回族）

政协和政县委员会主席：蔡映山

中共和政县纪律检查委员会书记：

张丰忠（12月止）

张珂（12月任）

【基本情况】和政县位于甘肃省南部，古称"宁河"，总面积960平方公里，平均海拔2200米，年降雨量620毫米，年平均气温6.3℃。全县辖6镇7乡，122个村民委员会，县城距省城兰州市120公里，距州府临夏市30公里。总人口为21.31万人，其中：城镇人口5.46万人，乡村人口15.85万人。人口出生率为15.52‰，死亡率为7.63‰，人口自然增长率为7.89‰。全县人口城镇化率为21.23%。

【国民经济】2014年，全县实现生产总值14.04亿元，比上年增长17.4%。其中：第一产业增加值3.78亿元，增长6.1%；第二产业增加值2.95亿元，增长35.4%；第三产业增加值7.31亿元，增长15.7%。完成工业增加值1.18亿元，比上年增长61.2%，其中规模以上工业企业实现增加值9046.46万元，增长122.3%。固定资产投资32.93亿元，增长23.17%，社会消费品零售总额30868万元，增长12.5%。

【"三农"工作】全年完成农林牧渔业总产值55436.91万元，比上年增长9.77%。粮食播种面积16.06万亩，下降1.36%。其中：夏粮播种面积7.35万亩，下降16.6%；秋粮播种面积8.71万亩，增长16.76%。油料种植面积10.02万亩，比上年增长0.91%，药材播种面积1.35万亩，增长60.7%。

切实顺应群众期盼，全力保障改善民生。完成投资3142万元的财政"一事一议"村巷道路硬化105公里，建成投资4225万元的农村危房改造3500户，实施投资110万元的县城供水改扩建工程。建立了农民工欠薪应急周转资金和保证金机制，追回农民工欠薪314.58万元。

【项目建设】全年实施和储备争取项目166个，总投资189.8亿元，完成项目投资47.5亿元。其中：续建项目26个、投资39.2亿元，新建项目88个、投资105.6亿元，储备争取项目52个、投资45亿元。项目建设成果丰硕，投资144.8亿元的114个新、续建项目中，三北五期防护林、农村环境连片整治、兴苑二期廉租房、华丰农资配送中心、农网改造升级等91个项目已建成；鸿瑞佳苑二期等项目进展顺利。招商引资势头强劲，全年共实施招商引资项目49个，总投资107亿元，占项目总投资的73.9%，占固定资产投资额的78.8%。争取项目效果明显，投资5.77亿元的小峡水库项目列入水利部扶持临夏州水利扶贫重点项目和甘肃省抗旱规划，前川新区污水管网工程、五小水利专项等21个项目正在开展前期工作。

【优势产业】农业产业化步伐加快，按照一户企业带动一个产业、一个项目推进一个产业的发展模式，加大油菜、啤特果、中药材、畜牧养殖等特色产业培育扶持力度。依托星月菜籽油生产线等项目，巩固扩大油菜种植基地和新品种推广，带动油菜种植面积达到15万亩以上，油料产量24045.6吨，比上年增长2.13%。依托八八啤特果6万吨果汁饮料生产线及

1.5万吨果渣循环利用项目，扩大啤特果种植规模，新建啤特果基地1.53万亩，全年啤特果种植面积21565.5亩，产量12594吨。依托复兴厚中藏医药文化旅游产业园，建设2个千亩以上、3个百亩以上的中药材种植基地，带动全县中药材种植达到4.2万亩。依托养羊大县等项目，新建规模养殖场（小区）17个，全县规模养殖场达97个，规模养殖户达3825户，畜牧业增加值达到1.15亿元。

加快推进旅游业发展，松鸣镇吊滩村入选国家旅游局旅游扶贫重点村和全国29个特色民居村，松鸣岩——古生物化石地质公园大景区被列入全省20个大景区；成功承办了第七届中国原生民歌大赛、中国·和政古动物化石保护与利用学术研讨会、环青海湖国际公路自行车赛和政赛段和临夏州第二届花儿艺术节等一系列重大赛事节会活动，有效扩大了对外知名度和影响力，提升了和政的文化旅游人气。全年旅游接待总人数183.336万人次，比上年增长21.57%，旅游总收入75109万元，增长25.39%。

【人民生活】城乡居民收入持续增加。全年城镇居民人均可支配收入13652.3元，比上年增加1127.3元，增长9.0%；农民人均纯收入3873.1元，比上年增加479.1元，增长14.1%。城镇居民人均消费支出10013.5元；农村居民人均消费支出3434.2元。

【扶贫开发】大力实施“1236”扶贫攻坚行动和“4155”行动计划，全方位推进扶贫开发和富民增收。实施了投资1650万元的松鸣镇车巴、达浪乡郑家坪等11个村的整村推进项目，投资1.3亿元的925户易地扶贫搬迁工程。多渠道筹措资金落实富民增收25条奖补政策，发放互助社借款8418万元，新增“双联”惠农贷款2507万元，引进了甘肃银行，新设立了4个金融服务网点，全县信贷资金总量达到18.8亿元，比上年增长44.4%，其中发放涉农贷款14.9亿元。认真开展精准扶贫工作，在全省率先完成4.88万贫困人口的建档立卡。深入开展“双联”行动，协调落实项目161个，投资10.5亿元，为群众帮办实事964件。设立了“五助”基金，形成了“助贫、助学、助老、助残、助立”的社会扶贫氛围。

【环境保护】坚持集中整治和长效机制相结合，全面加强市容市貌规范管理，大力整治大气污染、水污染、农村面源污染，积极推进工业污染治理、河道治理，生态环境建设取得良好成效，旅游型城市形象有效提升。年末全县共有环境监测站1个，环境监测人员10人，城市污水集中处理率80%，城市生活垃圾无害化处理率95%。大力开展造林绿化工程，完成滨河路绿化美化带建设，人工造林4.53万亩，新建绿色通道58公里。

【社会保障】社会保障有序开展，全年发放民政保障资金1.46亿元，全面开展了“查低保、纠偏差、促公正”主题教育实践活动，清理不符合条件农村低保对象886户1723人、城镇低保对象140户162人，对符合条件的701户1748人按程序纳入了保障范围，切实做到了应保尽保和应退尽退。年末全县参加失业保险的人数3545人，参加基本养老保险的职工人数2823人，参加基本医疗保险的人数22344人，参加新型农村合作医疗人数168622人，参合率98.82%。全社会低保户数20165户，其中农村14623户，城镇5542户，农村低保金额6863万元，城镇低保金额4368万元。

【社会事业】认真落实《关于促进全县教育事业跨越式发展的实施办法》，免除高中学生学杂费课本费、幼儿保教费课本费，落实班主任补助和边远山区教师补助，发放中小学寄宿生生活补助共计1541.6万元，拨付中小学生营养餐专项资金1227万元，全县2.5万多名中小学生享受到了营养早餐。教育基础设施进一步改善，教学质量稳步提升，2014年高考二本录取率24.5%，高考成绩再创历史新高。中考600分以上学生达168人，占考生总数的13.3%。全年开展技能培训7200人，输转劳务人员5.32万人次，比上年增长0.57%，输转大中专毕业生及“两后生”2353名，创劳务收入7.036亿元，比上年增长24.53%。医药卫生体制改革深入推进，落实少生快富奖励扶助资金248万元。年末全县共有医疗卫生机构142个，病床463张，专业卫生技术人员588人。食品药品监督管理体制改革基本完成，各乡镇均成立了食品药品监督管理所，监督机制进一步健全。大力发展文化体育事业，组织开展了丰富多彩的群众性文化体育活动，实施了和政县全民健身中心和24个一村一场项目。

（孟小军）

东乡族自治县

【现任主要领导】

中共东乡族自治县县委书记：

高世太（回族）（9月止）

马生荣（回族）（9月任）

东乡族自治县人大常委会

主任：马福荣（东乡族）

东乡族自治县人民政府

县长：张忠学（东乡族）

政协东乡族自治县委员会

主席：刘玉源（汉族）

中共东乡族自治县纪律检查委员会

书记：马振华（东乡族）

【基本情况】东乡族自治县是全国唯一的以东乡族为主的少数民族自治县，是国列省扶的重点县。境内现辖5镇19乡，229个村民委员会，1893个村民小组，总面积1510平方公里，其中陆地面积1462平方公里。最高海拔2664米，最低海拔1735米，年平均气温为5~9℃，年降水量216~600毫米，年蒸发量1400多毫米，无霜期138天，气候特征是冬长夏短，春秋相连，无霜期短，日照丰富，降水量少，蒸发量大。全县经济以农业为主，主要农作物有春小麦、洋芋、玉米、油菜等。名牌产品有东乡洋芋，东乡手抓羊肉，唐汪大接杏，唐汪葵花籽，唐汪大红枣，河滩花椒，东乡天然地耳等。全县总户数达到5.59万户，农业户数5.37万户，年末常住人口29.57万人，其中城镇人口5.01万人，城镇化率16.94%。全县人口自增率为9.93‰，计划生育率为97.57%。

【国民经济】2014年，全县生

产总值150854万元，比上年增长14.2%。第一产业增加值4.10亿元，增长6.5%，第二产业增加值3.04亿元，增长16.1%，第三产业7.94亿元，增长17.8%。一、二、三产业的比重为27.18 ：20.17 ：52.65。固定资产投资22.89亿元，比上年增长20.53%，社会消费品零售总额19339.4万元，增长14.2%。大口径财政收入12268万元，比上年增长14.77%。年末金融机构各项存款余额230243万元，比上年末增长29.04%；金融机构各项贷款余额192835万元，增长81.25%。

【项目建设】坚持把项目建设作为加快发展的重要载体来抓，紧扣国家产业政策和投资导向，坚持发展抓项目不动摇，不断加大项目争取实施力度，全年共实施500万元以上项目91项，总投资89.18亿元。其中：续建项目35项，投资43.08亿元；新建项目56项，投资46.05亿元。折桥至百和公路、巴谢河堤防工程、汽车加气站等56个新建项目进展顺利，已完成投资15.09亿元，其中17个项目已全面完成建设任务。锁南至果园公路一期改建工程、幸福小区、农村公路路网改善等35个续建项目已基本完工。全县城乡面貌发生巨大变化，发展基础进一步夯实。招商引资续建和新签约项目共19项，签约资金25.45亿元，实施续建项目7项，到位资金3.31亿元。全力推进城镇园区建设，突出基础建设和旅游开发。2014年实施城镇基础建设项目14个，完成投资8400万元。投资1.5亿元的河滩盛世生态旅游度假村项目基本完成。在达板经济园区方面，以打造工业经济平台为目标，制定出台了17项扶持措施，加强招商项目的跟踪服务和落地建设，累计完成投资2.5亿元，达板凤凰山公园已建成，达板电站开始蓄水发电，钢结构生产线已投入生产。

【“三农”工作】“三农”工作紧紧围绕农民增收，农业增效，农村稳定，认真贯彻农牧稳州战略，全面落实各项惠农政策，全力加快富民产业培育，有力推进了农业产业化进程和农村经济的全面发展。2014年，全县粮食播种面积37.48万亩，粮食总产量88153.76吨，比上年增长4.11%。完成各类造林面积5.65万亩，育苗0.28万亩，其中本年新育0.01万亩。花椒产量234吨，比上年增长1.74%，水果产量11391.4吨，增长1.57%。新发展规模养殖场15个，使全县规模养殖场累计达到68个，新发展养殖大户150家，使50只以上养殖大户达960多户，落实能繁母畜奖补资金489万元。

【优势产业】大力推广脱毒马铃薯良种，培育脱毒苗305万株，新建马铃薯贮藏窖588座，加快品种改良步伐，全县25.52万亩马铃薯种植实现了良种化，人均马铃薯收入为239元，占农民人均纯收入的7.64%。认真实施国列羊产业扶贫试点县项目，“东乡手抓”商标被认定为2014年度甘肃省著名商标，已通过省州相关部门的调研指导和初步验收。加大劳务技能培训力度，加大对就业大中专毕业生、“两后生”和青年农民工的培训和转移就业力度，大力实施“东乡手抓”走出去工程。全年完成劳务培训7000人，输转劳务6.7万人次，实现劳务收入8.11亿元，在外发展以“东乡手抓”、牛肉拉面为主的清真餐饮实体102家，人均劳务收入达到892.7元，占农民人均纯收入的28.52%。

【人民生活】农民人均纯收入3130元，增长13.67%；城镇居民人均可支配收入13688元，增长8.8%。

【扶贫开发】重点实施了基础设施、产业培育、生态绿化、社会事业等12个项目，发展条件明显改善。启动龙泉中岭综合开发项目，实施道路、住房、饮水、暖棚养殖、村办公场所、学校等14个项目，完成投资3090万元。多渠道争取金融资金、社会资金参与扶贫开发，累计发放“双联”惠农贷款3579户、1.88亿元，妇女小额担保贷款3457户、9000万元。全县共建成村级产业发展互助社172个，归集互助金1.33亿元，发放借款8747户、7069.7万元。投资1.57亿元，实施整村推进项目21个，易地搬迁项目16个，农业综合开发项目3个。中石化集团以布楞沟流域为重点，投资1亿多元，援助实施农村道路、人饮、教育、旱作农业推广、生态林建设等一批项目。全县贫困人口从2013年底的10.92万人下降到8.36万人，贫困面下降9.08个百分点。

【环境保护】认真落实建设项目环境影响评价和环保“三同时”制度，对2014年开工的所有建设项目，全部进行了环境影响评价，严格控制污染物排放总量，加强企业监督管理，确保污染治理设施的正常运行，做到了达标排放。二氧化硫、氮氧化物、化学需氧量、氨氮四项主要污染物排放均控制在了州政府下达指标以内，有效杜绝了严重环境违法行为的发生。

【社会保障】围绕解决群众行路难、吃水难问题，狠抓“双试点”县项目建设，完成通村道路120条、559.1公里，提前一年完成了“三年规划”的目标任务，全县农村公路通畅率达到83%。总投资2.56亿元的农村饮水安全试点县项目，累计完成投资2.44亿元，完成入户3.53万户、18.98万人。围绕解决群众住房难问题，投资3055万元完成农村危旧房改造2511户，争取国家补助资金5189万元，实施保障房建设项目8万平方米。全县享受城镇低保的人员有12631人，发放落实保障金3712万元；享受农村低保的人员10.28万人，发放保障金1.39亿元；五保人员有3460人，发放保障金1076万元；孤儿1576人，发放保障金952万元。全县参加城镇职工养老保险955人，失业保险3179人，城镇基本养老保险150357人，基本实现了应保尽保。

【社会事业】全力实施“教育优先”发展战略，投资5992多万元，实施教师周转房、高级中学等项目建设，新建改扩建春台小学宿舍楼、瓦房小学教学楼、中岭小学教学楼等24所。投入2480多万元，新建改扩建乡镇公办中心幼儿园13所，实现了乡镇中心幼儿园全覆盖。现有各级各类学校240所，教职工3443人，现有学生50077人。九年义务巩固率为51.4%，高中阶段毛入学率为35.02%。不断加强文化设施建设，投入资金120万元建成东塬乡毛沟村文化广场、沿岭乡毛柴子村文化广场、龙泉乡中岭村文化广场。组建了70支农村业余演出队，在全县24个乡镇共演出96场次，丰富了文化生活，进一步激发广大群众热爱文化、创造文化的积极性。乡镇综合文化站达到24个，农家书屋229个。安装开通户户通41066户，架设光缆86公里，开通了东塬、河滩部分村社数字电视，数字电视用户1500户。全县广播、电视覆盖率分别为95.7%和98.2%。改善医疗办公条件，提升基本医疗和公共卫生服务水平，医疗保障水平不断提高。全县共有医疗机构35个，医务人员507人，病床415张，平均每千人拥有病床1.7张，新农合参合率98.56%，住院报销比例85%。

（唐占英）

积石山保安族东乡族撒拉族自治县

【现任主要领导】

中共积石山保安族东乡族撒拉族自治县县委书记：马国兴（东乡族）

积石山保安族东乡族撒拉族自治县人大常委会主任：喇正彪（回族）

积石山保安族东乡族撒拉族自治县人民政府县长：马邦才（保安族）

政协积石山保安族东乡族撒拉族自治县委员会主席：李耀林

中共积石山保安族东乡族撒拉族自治县纪律检查委员会书记：

张文梅（东乡族）（11月止）

马海明（回族）（11月任）

【基本情况】积石山保安族东乡族撒拉族自治县成立于1981年，是国列省列扶贫开发重点县，也是甘肃省唯一的多民族自治县，位于甘肃省西南部，地处黄土高原与青藏高原的过渡地带。东南与临夏县相连，西与青海省循化县接壤，北与青海省民和县隔河相望，东北与永靖县以黄河为界。东西长37公里，南北宽33公里，总面积910平方公里。地势西南高、东北低，海拔1735~4309米，平均海拔1787米。西南部为高寒阴湿地区，中部为二阴山区，东北部为高寒干旱山区，属典型的大陆性季风气候。冬春季干燥，夏秋季湿润，年平均气温6.3℃，年日照时数2278小时，年降水量667.2毫米，无霜期为158天。全县共有4个镇，13个乡，6个居委会，145个村民委员会。总人口26.36万人，有保安、东乡、撒拉、回、汉、土、藏、维吾尔、羌、蒙古等10种民族，少数民族人口占总人口的53.94%，其中保安族总人口18044人，占全国保安族人口的80.3%以上。

【资源优势】旅游资源独具特色。境内有积石雄关、禹王庙遗址、临津古渡、鲁班石等众多的历史遗迹和香水坪、吊水峡瀑布、盖新坪、黄草坪、大墩峡等自然景观。被联合国教科文卫组织评为世界民俗（“花儿”）采录基地。独特的保安、东乡、撒拉等民俗风情与风格各异的伊斯兰教、佛教、道教建筑交相辉映，形成了一幅幅色彩浓郁的民俗风情画卷。

水能、矿产资源丰富。黄河贯穿全县流程达42公里，境内水资源总量228.5亿立方米，对发展电站、提灌有得天独厚的条件。县域内黄河干流上已建成积石峡、炳灵（寺沟峡）水电站。县内石英石、花岗岩储量大、品位高。中药材种类繁多，野生和种植的药材达40余种，当地的当归、党参、黄芪、大黄、甘草被誉为“五大宝”，驰名全国，远销海外。

工艺品和土特产闻名遐迩。民族工艺品保安腰刀锻制技艺已列入国家首批非物质文化遗产保护名录。新开发的景泰蓝手杖剑、将军剑已获得国家专利，远销尼泊尔、印度、巴基斯坦等国家。黄河沿岸干旱山区栽植的花椒产量高、品质好、香味浓，已成为全县农村经济的支柱产业和特色产业。沿积石山麓的蕨菜资源丰富，质地脆嫩、色味俱佳，是纯天然的无公害绿色食品，年出口量达60吨以上。大河家生产的“鸡蛋皮核桃”获批国家地理标志产品。

【国民经济】2014年全县实现生产总值13.91亿元，比上年增长12.8%。其中：第一产业增加值3.47亿元，增长6.3%；第二产业增加值1.64亿元，增长20.3%；第三产业增加值8.8亿元，增长14%。全县人均生产总值5771元，比上年增长13.2%。三次产业结构比由2013年的26.03 ：12.69 ：61.28调整为2014年的24.94 ：11.76 ：63.30。固定资产投资213059万元，比上年增长22%，社会消费品零售总额3.86亿元，增长13.3%。完成大口径财政收入1.62亿元，比上年增长22.47%，地方财政收入1.05亿元，增长22.54%，全年完成财政支出18.26亿元，增长9.22%。金融机构各项存款余额23.04亿元，比上年增长7.4%；金融机构各项贷款余额17.70亿元，增长37%。

【农业经济】2014年，全年农作物播种面积为36.88万亩，比上年增长0.01%，完成农业总产值66482.09万元，增长10.74%，完成旱作农业25万亩，实现了适宜地区全覆盖。粮食产量105830吨，比上年增长2.66%，平均亩产371.69公斤，比上年增加7公斤，农民人均占有粮447.38公斤，增长2.5%。年末大牲畜存栏7.07万头，羊存栏17.34万只。肉类总产量4052.41吨，增长6.16%。

【优势产业】把产业培育作为优化经济结构、增加群众收入的重要措施，大力发展特色种植、草食畜牧业、林果业和劳务产业。投资2400万元打造大河家核桃产业园，新栽核桃3万亩、花椒1.3万亩，全县核桃、花椒总面积分别达到12万亩和30万亩，产量分别达到421吨和2137吨，使花椒、核桃成为主产区群众增收的主导产业。努力扩充畜禽总量，提升畜牧产业发展的规模和档次。积极推进全国羊产业发展试点县工作，新建规模养殖场（小区）14个，发展规模养殖户145户。把劳务产业作为增收第一产业，加大技能培训和有组织输转力度，完成劳务培训2.41万人次，其中技能培训9275人，输转劳务6.92万人，比上年增长1.76%，其中向东南沿海输送“两后生”1114人，实现劳务收入8.53亿元，增长18.78%。

【项目建设】2014年，积石山县坚持把项目建设作为加快发展的第一手段。2014年共实施各类重点建设项目172项，总投资198.02亿元，其中新开工项目119项，续建53项，累计完成项目投资31.34亿元。向上争取国家投资项目40项；全力开展招商引资，签约项目25项11.1亿元，当年到位资金4.81亿元。积石山饮水工程、大河家物流园区、积石山园丁苑住宅小区等项目进展顺利，华鑫捷汽车城、积石山生态园等47个项目建成投入使用。

【民生保障】2014城乡居民收入稳步提高，全县农民人均纯收入3498.4元，比上年增长13.4%。全面落实各项惠农惠民政策，落实各类惠农资金1.73亿元。硬化农村道路330公里，基本实现村村通水泥路的目标。县城区供水水源改扩建工程64万方蓄水池建成试蓄水，南部农村饮水安全工程基本完成。实施农村危旧房改造2060户，易地搬迁740户，发放廉租房补贴420万元，200户棚户区改造项目开工建设。县综合社会福利院建成投入使用，招收五保老人250名。多渠道解决就业问题，实现转移就业1114人，新增城镇就业5771人，城镇登记失业率在3.3%以内。

社会保障不断加强，2014年全县参加新型农村合作医疗人数186804人，参合资金1121万元，参合率99.25%。医疗参保人数15921人，参保金额1795万元。确定城市低保对象1984户、6065人，发放金额1943万元。农村低保对象18834户、72816人，发放金额10136万元。

【扶贫开发】积石山县坚持示范引领、典型带动，注重发挥试点工作的示范效应，全力推进新农村试点，带动整乡推进工作。建立贫困户识别认定机制，全面完成72个贫困村、8.63万贫困人口的识别登记和建档立卡工作，建立了驻村帮扶工作队。落实财政专项扶贫资金1.51亿元，比上年净增1464.4万元，整合投入资金9598万元，实施整村推进项目13个。全面实施精准扶贫，减少贫困人口2.53万人。

【社会事业】大力发展教育事业。新开工教育建设项目46个，民族中学完成主体工程，建成32所农村小学食堂。进一步优化教育资源。落实边远山区学校教师艰边津贴、班主任津贴。全县高考民族本科以上上线290人，省内外高校录取1532人，创历史最好水平。全力加快卫生基础设施建设，5所乡镇卫生院改造，29所村卫生室建设全部完成。加快文化体育发展，新建村标准文化室11个，乡镇综合文化站和村农家书屋实现了全覆盖。旅游景区建设力度不断加大。大山庄峡、大墩峡成功创建国家AAA级景区。全年接待游客35.02万人次，比上年增长29%，实现旅游收入1.45亿元，增长29.46%。

【环境保护】年末全县共有环境监测站1个，环境保护监测人员13人，建成农村户用沼气1000座，户均节约煤炭消费1.5吨，全年节约煤炭1500吨，削减二氧化硫36.8吨、氮氧化物6.76吨。县城污水处理厂稳定运行，削减氨氮21.62吨，填埋垃圾16500吨，生活垃圾得到了及时有效的处理。

（韩英明）

甘南藏族自治州

【现任主要领导】

中共甘南藏族自治州州委书记：

魏建荣（11月止）

俞成辉（11月任）

甘南藏族自治州人大常委会

主任：李钰

甘南藏族自治州人民政府州长：

毛生武（藏族）（11月止）

赵凌云（藏族）（11月任）

政协甘南藏族自治州委员会

主席：安锦龙（藏族）

中共甘南藏族自治州纪律检查委员会

书记：王勇（回族）

【基本情况】甘南藏族自治州是全国十个藏族自治州之一，地处青藏高原东北边缘，甘肃省西南部，甘、青、川交界处。全州总面积4.5万平方公里，处于青藏高原和黄土高原过渡地带，地势西北部高，东南部低。境内海拔1100～4900米，大部分地区在3000米以上。全州分为三个自然类型区，南部为岷迭山区，山大沟深，气候比较温和，是全省重要林区之一；东部为丘陵山地，高寒阴湿，农林牧兼营；西北部为广阔的草甸草原，是全省主要牧区。自治州成立于1953年，现辖7县1市，95个乡镇、4个街道办。其中：玛曲、碌曲、夏河、卓尼、临潭和合作6个县市是黄河重要水源补给生态功能区，土地总面积3.06万平方公里，占全州土地总面积的67.9%。舟曲和迭部两县位于长江支流白龙江上游，是长江上游“两江一水”流域水土保持与生物多样性生态功能区和长江上游重要的水源涵养林区。2014年，全州总人口72.34万人，州内有藏、汉、回、土、蒙等24个民族，其中：藏族人口40.05万人，占总人口的55.4%。全州常住人口70.18万人，其中：城镇人口20.33万人，城镇化率28.97%。州府合作市海拔2960米，年平均气温3.4℃，年降雨量651.5mm，没有绝对无霜期。

【国民经济】2014年全州实现生产总值114.92亿元，比上年增长6.7%。其中：第一产业增加值25.89亿元，增长5.1%；第二产业增加值28.30亿元，增长7.7%；第三产业增加值60.72亿元，增长6.8%。三次产业结构比由2013年的22.3 ：26.2 ：51.5调整为22.5 ：24.6 ：52.9。全州人均生产总值16421元，增长6.0%。全州完成全部工业增加值25.10亿元，增长7.3%。实现社会消费品零售总额33.42亿元，增长12.3%。完成大口径财政收入16.85亿元，增长5.7%。完成公共财政收入10.33亿元，增长10.6%。完成公共财政支出116.80亿元，增长6.9%。金融机构人民币各项存款余额为246.85亿元，增长12.1%；各项贷款余额为169.61亿元，增长22.1%。

【“三农”工作】全年全州农作物种植面积107.80万亩，比上年增长1.3%，粮、经、饲比重由2013年的50.0 ：36.7 ：13.3调整为49.6 ：38.2 ：12.2。全年粮食总产量8.86万吨，增长0.9%；油料总产量1.99万吨，下降0.3%；药材产量4万吨，增长14.0%；蔬菜产量1.97万吨，增长2.0%。全州各类牲畜年末存栏381.39万头、只，比2013年年末增加0.43万头、只，其中：大牲畜增加2.75万头；绵山羊减少2.70万只；猪增加0.38万头。肉类总产量6.88万吨，增长5.2%；牛奶产量8.70万吨，下降0.1%；绵羊毛产量0.21万吨，下降4.5%。全年安排农牧村危旧房改造12140户，已建成9500户。建成农牧村公共服务中心244个、“一池三改”户用沼气1450户。完成2013年1673户的易地搬迁和6个以工代赈骨干项目建设任务。新建牲畜暖棚2715座、标准化养殖小区46个，种植牧草12.8万亩，建设牦牛藏羊繁育核心群38个，良种率达到48.3%。全州连续8年没有发生重大动物疫情。全年中藏药材产量达到4万吨，建成青稞生产基地5万亩，推广杂交油菜8万亩，巩固提高蔬菜温棚800座，建设设施蔬菜科技示范区8个，建成粮油高产示范田5万亩，新增经济林果5000亩、苗木3000亩。新增专业合作社1442个、入社成员2.9万户，发放“双联”惠农贷款9.6亿元，惠及农牧民1.55万户。

【项目建设】全年全州完成固定资产投资178.22亿元，比上年增长1.9%。重点项目建设全面推进，全州共实施各类项目648个，其中亿元以上31个。兰合铁路开工建设，临合高速、宕迭、尕玛、夏河县城至机场二级公路建成通车，合冶、夏河至青海同仁二级公路加快建设，碌曲至河南县二级公路、玛曲至玛沁三级公路开工，建成村道78条735公里。“引洮入潭”完成主体，“引洮济合”、合作东二路商业街、夏河拉卜楞寺文物维修保护、州体育场改扩建和多功能体育健身中心等工程建设步伐加快。舟曲喜儿沟等4座水电站及110千伏代古寺、勾洁寺等送变电工程完工。新建通讯基站224个。迭部腊子口黑多村灾后重建全面完成，“7·22”地震灾后重建项目开工182个，完成108个，住房重建基本完成。夏河机场新增西安—夏河—拉萨航线，旅客吞吐量达到2.3万人，西宁经合作至成都铁路完成预可研，“两江一水”区域综合治理规划等项目争取工作取得进展。

【优势产业】文化旅游卓有成效，甘南良好的生态环境，造就了境内自然风光秀丽，民族特色浓郁，风土人情独特。甘南还是古丝绸之路唐蕃古道的重要通道，也是离内地最近的雪域高原。全州国家A级以上景区增至18个，星级饭店增至36家。成功举办了“九色甘南香巴拉·卓尼风情旅游艺术节”、“玛曲格萨尔赛马大会”、“冶力关杯中国拔河公开赛”等大型活动，拍摄发行了《卓尼土司》、《云中的郎木寺》等一批反映甘南风土人情的电影，《甘南情歌》荣获全国“五个一工程”奖，碌曲获得“中国锅庄之乡”、卓尼获得“中国洮砚之乡文房四宝特色区域”称号。自驾游等新业态快速兴起，全州游客突破500万人次，实现旅游综合收入22.58亿元，分别增长30.2%和32.4%。华夏文明传承创新区甘南板块启动实施，推进羚城藏文化、洮河风情文化、卓尼洮砚文化产业园和舟曲博峪民俗文化风情园等一批重点文化产业项目建设。全州文化产业增加值1.69元，占生产总值的1.5%。

实施特色畜产品加工项目34个，完成投资7.6亿元，夏河安多畜牧产业园建成投产，雪顿、燎原等企业改扩建项目完成主体工程。生产鲜冻畜肉5637吨、乳制品4287吨、黄金5415千克、水泥139.5万吨，发电量26亿千瓦时。

【人民生活】2014年全州城镇居民人均可支配收入16421元，比上年增长9.0%。城镇居民家庭恩格尔系数为36.2%，比上年下降2.5个百分点。农牧民人均纯收入4589元，增长12.2%。农牧民家庭恩格尔系数为44.1%，比上年下降8.7个百分点。个人存款119.19亿元，增长11.4%。年末固话用户6.06万户，增加1.01万户，增长20.0%。移动电话用户56.91万户，减少2.37万户，下降4.0%。互联网用户4.04万户，增加0.57万户，增长16.4%。

【扶贫开发】全年全州投入3.14亿元专项扶贫资金，把“双联”行动作为有力抓手，推进“1236”扶贫攻坚行动深入开展，年度脱贫目标全面实现，扶贫对象人均纯收入达到3784元，增长17.7%，减贫7万人，舟曲、玛曲两县及全州33个乡镇、200个重点村基本脱贫。生产生活条件加快改善，新建农牧村道路552公里，解决了28.7万人饮水安全问题，2029户11334人的易地扶贫搬迁工程开工建设，大电网延伸范围内无电地区电力建设工程全部竣工。新建扶贫资金互助社150个，发放贴息资金2840万元，撬动贷款5.6亿元。推进精准扶贫，284个新定贫困村和17.12万贫困人口完成建档立卡；投入2亿元到户资金，对1万户进行了精准扶持。全年输转劳动力13.6万人次，创收18.4亿元。

【环境保护】《甘南州生态文明先行示范区建设实施方案》获批实施，《甘南州主体功能区建设试点示范实施方案》、《甘南沙化草原综合治理总体规划》、《甘南州生态环境保护规划》编制完成。草原鼠害综合治理、沙化治理、牛羊育肥、奶牛养殖、暖棚建设等黄河生态保护与建设项目5个子项目顺利实施。草原保护全面加强，兑付补奖资金2.84亿元，划定草原禁牧区887万亩、草畜平衡区2855万亩，核减牲畜27万个羊单位，建设人工饲草地12.77万亩，修建舍饲棚圈4000座。落实天然林保护、重点公益林补偿、湿地生态效益补偿资金1.45亿元，管护天然林643万亩、公益林290万亩，退耕还林3.2万亩，封山育林3万亩，森林抚育4.8万亩，义务植树400万株。实施土地整治项目13个，新增耕地1863亩。完成舟曲拱坝河等中小河流治理项目7项，建设堤防69公里，综合治理无主尾矿库14座。生态执法全面加强，排查了2010年以来的所有建设项目，依法查处违规项目54个，淘汰燃煤锅炉15台。实施农牧村环境连片整治项目25个。创建了一批国家级、省级生态乡镇和省级绿色学校、绿色社区。

州政府所在地合作市饮用水水质达标率为100%；空气自动站运行联网率达到97.0%；环境空气质量优良天数341天，优良比例93.4%；SO2年均值0.012mg/立方米；NO2年均值0.013mg/立方米；PM10年均值0.064mg/立方米；区域环境等效声级范围在40.7～70.5

分贝之间；道路交通环境等效声级范围在57.9～74.8分贝之间。

【社会保障】全州城乡各项社会保险参保人数60.58万人，参保率86.8%。其中：城镇五项保险参保人数24.52万人，参保率92.7%。城镇五项保险参保人数中，城镇基本养老保险参保人数1.68万人；城镇基本医疗保险参保人数13.65万人，其中：城镇职工基本医疗保险参保人数6.98万人；城镇居民基本医疗保险参保人数6.67万人；失业保险参保人数2.83万人；工伤保险参保人数3.11万人；生育保险参保人数3.25万人。全年城镇五项社会保险基金征缴3.94亿元，增长12.7%，社会保险基金支出3.53亿元，增长11.1%。全州城乡居民社会养老保险参保人数36.06万人，参保率98.53%。全年征缴个人养老保险费0.33亿元，为7.59万名60周岁以上人员发放养老金0.64亿元。

全州城镇新增就业人数4986人。共安置大中专毕业生2937人，新增小额担保贷款额6585万元，新增小额担保贷款基金890万元。就业技能培训11723人，创业培训1225人。职业技能鉴定8288人。城镇登记失业率为3.55%，比控制目标低0.45个百分点。

全州新型农村合作医疗保险参保人数52.65万人，增长0.6%，参合率99.0%。全年新型农村合作医疗筹集基金1.97亿元，增长10.7%，人均筹资标准410元，增长20.6%。新农合基金支出1.76亿元，与上年持平。新农合补偿79.60万人次。“一卡通”正式运行。

年末全州共有3.86万人享受城市居民最低生活保障。16.84万人享受农村最低生活保障，农牧村五保供养4310人。全年城乡医疗救助16.5万人，临时困难救助1752人次，救助大病患者3628人次，救助流浪乞讨人员1646人次。全年农房保险共参保农户、僧舍5.65万户。手术救助唇腭裂儿童和疝气儿童13名。发放孤儿生活补助金资金585万元。为五保户、低保户和特殊困难群众提供免费殡葬服务36次。全州集中养育孤儿和重残儿童44名。全年全州新登记社会组织106家，其中社会团体105家，民办非企业单位1家，新建慈善超市3个。

【社会事业】全州共有各级各类学校492所。在校学生11.43万人。幼儿园164所，在园幼儿1.41万人。全州各级各类学校校舍面积达到145.84万平方米，危房面积4.83万平方米。开设藏文课的中小学142所，占全州中小学数的28.9%，实行藏汉“双语”教学的中小学生4.40万人，占全州中小学生数的39.2%。寄宿制学校236所，占全州中小学数的48.0%，寄宿学生8.39万人，占全州中小学学生数74.7%，其中义务教育阶段校内住宿和校外借宿学生6.69万人，高中阶段校内住宿生和校外借宿学生1.69万人。

全年研究与试验发展（R&D）经费支出768万元，占生产总值比重为0.07%。全年共推荐科技项目58项，受理42项，其中，6项已立项，落实资金409万元；完成技术合同交易额4100万元，登记科技成果5项；完成专利申请63项，其中电子申请量达到81.4%。全年完成规范化种植示范技术推广1000亩；繁育新一代良种牛200头；种植当归、党参、黄芪、柴胡、黄芩、黄芪、党参等药材2000亩；种植绿化云杉树苗120亩。

全年全州完成文化产业增加值1.69亿元，占GDP的1.5%。文化产业法人机构186个，增加43个，从业人员3183人，增加166人。年末全州有艺术表演团体8个，演出约240场，观众约36万人次。全州群艺（文化）馆9个，组织文艺活动73次，举办展览63个；博物馆（纪念馆）18个，藏品5891件、套；公共图书馆9个，总藏量31.05万册、件，接待读者约9.3万人次。

全州广播综合覆盖率100%，无线广播综合覆盖率89.98%。电视综合覆盖率100%；无线电视综合覆盖率87.31%。广播电视农村直播卫星用户15.29万户。有线电视用户3.40万户，比上年增加0.15万户。

年末全州共有医疗卫生机构917个，其中：医院30个，乡镇卫生院100个，社区卫生服务中心（站）14个，诊所（卫生所、医务室）89个，村卫生室541个，疾病预防控制中心10个，卫生监督所（中心）9个。卫生技术人员4125人，其中：执业医师和执业助理医师2907人，注册护士952人。医疗卫生机构床位2317张，其中：医院1605张，乡镇卫生院490张。

根据第六次全国体育场地普查结果，全州共有各类体育场地1230个，场地面积65.33万平方米，人均体育场地0.89平方米。

全年新发展二、三级社会体育指导员270名，申报国家级社会指导员2人，一级社会指导员30人。审批国家二级裁判员57名，国家二级运动员16名。新成立足球、锅庄舞、信鸽3个单项体育协会。全年建设农民体育健身工程150个；体育惠民工程4个，为县市、乡镇、村社区配发篮球架250付、健身路径30套、篮球80个、乒乓球台12付。

（蔡春辉）

迭部县

【现任主要领导】

中共迭部县县委书记：仁青东珠（藏族）

迭部县人大常委会主任：段庆发

迭部县人民政府县长：焦维忠

政协迭部县委员会主席：宝珠（藏族）

中共迭部县纪律检查委员会

书记：杨晓梅（女）

【基本情况】迭部县位于甘肃省南部，地处白龙江上游的甘肃和四川两省结合部，土地总面积5108平方公里。古称“叠州”，藏语的意思是“大拇指”，被称为是山神“摁”开的地方，境内重峦叠嶂，群山连绵，森林广袤，河流纵横，冬无严寒，夏无酷暑。白龙江横贯全境110公里，落差700米，平均坡降6.4‰，是县内最大的河流。大小支流30多条，水能蕴藏量80.74万千瓦；矿产资源20余种；木本植物种类60科、123属、314种；野生山野菜菌类130种；野生珍稀动物27种；药用植物有545种，其中著名的藏中药药用植物127种，主要有红景天、雪莲、冬虫夏草、贝母、猪苓、羌活、大黄、黄芪等。境内举世闻名的天险腊子口、俄界会议遗址、次日那毛主席旧居、崔古仓开仓放粮遗址、巧夺天工的大峡谷等人文、自然景观以及浓厚纯朴的民族风情形成了一道熠熠生辉的风景线。与驰名中外的九寨沟山水相连，是得天独厚的天然"氧吧"。全县辖11个乡镇、52个村委会、233个村民小组。全县总人口5.66万人，其中：藏族人口4.71万人，占总人口的83.2%。

【国民经济】2014年全县实现生产总值9.27亿元，比上年增长10.0%。其中：第一产业增加值2.26亿元，增长5.8%；第二产业增加值2.63亿元，增长8.8%；第三产业实现增加值4.38亿元，增长12.8%。实现社会消费品零售总额2.66亿元，增长13.1%。

【"三农"工作】紧围绕全州"168"现代农牧业发展行动计划，按照"大林、精牧、细农"总体思路，不断优化调整产业结构，特色农牧产业不断壮大，农牧业综合效益持续提升。农牧村土地经营体制改革顺利开展，全县农作物总播种面积为8.4万亩，其中粮食作物面积为5.92万亩，比上年增长11.86%；产量达10201吨，增长19.24%。各类牲畜存栏18.85万头（匹、只），育肥出栏牛羊1.79万头（只），牲畜总增率、出栏率、商品率分别达到42.79%、47.35%和32.22%。建成4000m^{2}贮草棚、3800m^{2}青贮窖和8000m^{2}暖棚，其中66座暖棚3840m^{2}建在偏远牧场，大幅降低了病畜、弱畜的死亡率。发放紫花苜蓿草籽15吨，种植牧草1.04万亩。全年免疫各类牲畜35.17万头（只），免疫密度达到100%。巩固提高日光温室和塑料大棚172座。农牧村土地经营体制改革顺利开展，全县农村土地经营权流转面积6300亩，占全县耕地承包面积的8.5%，流转土地农户1230户，同时筛选电尕镇电尕村和尼傲乡尼傲村开展了农牧村土地承包经营权确权颁证试点工作，建立土地台账4550亩，全县农作物播种面积8.40万亩，其中：粮食作物播种面积5.29万亩，产量8555吨；油料0.86万亩，产量1089吨；蔬菜0.27万亩，产量4558吨；中药材0.98万亩，产量1257吨。完成藏中药材种植5030亩，苗木种植12000亩，经济林果种植3000亩。

【项目建设】县腊子口路改造项目建成使用，电尕镇排水及道路工程和腊子口西路道路改建工程已完成建设，县滨江路改造工程完成总工程量的90%。县污水处理厂投入运行，城区集中供热工程一、二级管网、热源厂循环泵和1＃、2＃锅炉及5座换热站进行了全面升级改造。7个乡镇干部职工周转房完成主体工程。花园工作站和益哇乡办公用房建设项目完成主体工程。城区和北山防洪工程竣工验收。迭宕二级公路基本建成通车。迭九三级公路已立项，目前正在与九寨沟县协商具体走线问题。腊子口至桑坝公路和麻牙至多儿公路已开工建设。城市综合服务功能不断提升，县城中心区综合开发建设项目累计完成投资7216万元，城区污水处理率75%，供水普及率80%，城区生活垃圾日处理率93%，天然气连片燃气供应普及率7%。

【优势产业】全县是甘肃省南部最大的天然林区，是国家级天然林保护区。林地面积达到30.07万公顷，占全县土地面积的58.86%。森林覆盖率达到60%以上，植被覆盖率达到87%。培育的苗木质量超过原产地青海，在苗木市场极具竞争力，销量占州内销售市场的60%，品牌影响力不断扩大，在西部地区的销售总量稳步上升。随着种苗产业的发展，农民投资经营苗圃的积极性高涨，经营形式出现家庭独资经营、土地流转经营、合伙经营等多样化，培育种苗也出现多样化，有云杉、冷杉、柏树等造林绿化种苗，其中，云杉面积占全县苗木总面积的90%以上，还有花椒、核桃等经济林种苗，投入产出不断提高，育苗面积逐年扩大。全县水能资源也十分雄厚，其水域面积占全县总面积的0.9%。共有大小支流30多条，其中流域面积超过100平方公里的江河有15条，流域面积超过200平方公里的有2条。境内年平均自产水总量为15.92亿立方米，年平均入境水总量9.586亿立方米，年平均出境水总量24.936亿立方米。全县水能理论蕴藏量80.74万千瓦，可开发利用量为65万千瓦，人均拥有14.42千瓦，已形成以水电工业为主的新的支柱产业体系。境内举世闻名的天险腊子口、俄界会议遗址、次日那毛主席旧居、翠谷仓开仓放粮遗址、巧夺天工的大峡谷等人文、自然景观以及浓厚纯朴的民族风情形成了一道壮丽无比的风景线。2014年，全县旅游人总数37.7万人，旅游综合收入1.66亿元。

【人民生活】2014年，全县城镇居民人均可支配收入16623.71元，比上年增长9.49%；消费支出11960元，增长3%。农民人均纯收入4613.19元，增长11.9%；生活消费支出3176元，增长21%。

【扶贫开发】以扶贫攻坚统揽农牧村工作全局，瞄准"一个核心"、"两不愁"、"三保障"、"六大突破"的目标任务，整合各类资源，强化措施落实，实施精准扶贫，完成了4500人的减贫任务，贫困人口人均纯收入预计达到2811元，增长20%。按照"四步走"脱贫计划实现了益哇乡整体基本脱贫。全年共争取扶贫资金4780万元，先后实施了异地搬迁、整村推进、藏中药材种植、良种引进培育、经济林产业扶持、安全人饮、村组道路建设、"两后生"、一村一名大学生及贫困户普通技能培训、互助协会创建等项目，农牧村生产生活条件明显改善，农牧民致富能力不断提高。双联工作稳步推进，四级联村单位共帮扶各类项目181个，帮扶资金5335万元，帮办实事409件。

【环境保护】坚持保护与建设并重，大力实施"生态立县"战略，生态建设取得明显成效。生态产业园区规划获省发改委批复。完成了人工造林、封山育林、中幼林抚育、荒山造林、退耕还林成果巩固和国家级公益林落界工作。全县集体林权制度综合配套改革进展顺利，成立林业专业合作社15家，全面兑现集体重点公益林补偿资金，扎实推进生态产业培育，积极引导苗木产业和经济林果基地建设，完成义务植树40万株，栽植经济林苗木7.1万株。认真开展了3个连片整治示范村，积极申报国家级生态乡镇1个、省级生态乡镇4个、绿色社区1个、绿色学校2个，环保“三同时”执行率和污染防治设施正常运行率达95%以上，执行合格率达100%。累计开展环境监察360人次、检查单位78家，严肃查处了企业环境违法行为。全县耕地保有量1.15万公顷，基本农田0.92万公顷。

【社会保障】城镇新增就业人员509人，城镇失业人员再就业154人，职业技能、创业技能培训585人，职业技能坚定500人，城镇登记失业率控制在2.78%以内。完成各项社会保险参保3.49万人次，征缴各项社会保险费3076.12万元。基本养老保险职工2050人，征缴养老保险费1314万元；城乡居民社会养老保险实际参保24168人，个人缴费金额为105.19万元，发放职工基本养老金797.35万元，兑现居民医保待遇105万元，兑现职工医保待遇1540万元，为851位退休(职)人员调整了养老金标准，月增资10.50元，人均增资125.26元，人均养老金水平达到1135.13万元。为全县63名孤儿累计发放生活补助资金46.8万元，救助流浪乞讨人员265人，发放救助款11.4万元，民房保额由每户1万元提高至2万元。

【社会事业】把教育摆在优先发展的战略地位，以办好人民满意的教育为宗旨，学生宿舍楼、教师周转宿舍、学校大灶餐厅、幼儿园等项目进展顺利，全额落实2014年义务教育保障机制经费，下拨学生营养改善计划资金168万元，发放寄宿生生活补助1507万元，县政府教育督导工作顺利通过了州政府教育督导评估验收。医疗卫生事业健康发展，卫生服务能力明显增强，卫生监督管理明显强化。全县综合医院1个，民族医院1个，妇幼保健站1个，疾病预防控制中心1个，卫生监督机构1个，新型农村合作医疗办公室1个，乡镇卫生院12个，村医疗室52个，个体诊所15个。现有病床247张，每千人拥有病床3.1张，其中乡镇卫生院84张。现有卫生技术人员315人，每千人拥有卫生技术人员2.6人。农牧民新农合参合率达到99.92%，对6521名农牧民进行了三病普查，完成计划任务的107.6%。儿童基础免疫“五苗”合格接种率达100%以上，建卡率为100%。5岁以下儿童死亡率8.09‰，婴儿死亡率为8.09‰，新生儿死亡率6.47‰，全县无孕产妇死亡。2014年新农合筹资标准从2013年的人均340元提高到了380元。新农合实际补偿比例达66.9%，较上年提高3%；全县农牧民参合率为99.92%。

（桑杰次力怕巴）

合作市

【现任主要领导】

中共合作市市委书记：杨雄（藏族）
合作市人大常委会主任：党智（藏族）
合作市人民政府市长：周梅（藏族）
政协合作市委员会主席：周恒亮
中共合作市纪律检查委员会书记：陈生

【基本情况】合作市地处青藏高原的东南端，甘、青、川三省交界处，位于甘肃省西南部。东连卓尼，南靠碌曲，西接夏河，北倚临夏州和政、临夏两县，距省府兰州265公里，国道213线，省道306线中贯合作，形成了甘青川藏区与内地联系较为便捷的公路网络，是内地通往青海、西藏的枢纽。境内大部分地区海拔在3000～4000米之间，平均海拔2936米，年均气温3.8℃，没有绝对无霜期，属高寒阴湿地区，夏季受印度洋暖湿气流的影响，形成湿润凉爽的气候特征。市区四周山阜罗列、山清水秀，是西北高原一颗璀璨的明珠。合作藏语为“黑措”，意为羚羊聚居的地方，确是一方吉祥的热土，是夏季旅游避暑的圣地。全市总面积2670平方公里，辖6乡4个街道办，38个村民委员会，249个村民小组，8个社区（居委会）。2014年，全市常住人口人口9.3万人，其中：城镇人口5.9万人，占总人口的63.4%。

【国民经济】2014年，全市实现生产总值27.98亿元，比上年增长8.4%。其中：第一产业增加值1.89亿元，增长4.5%；第二产业增加值7.05亿元，增长20%；第三产业增加值19.04亿元，增长5.1%。三次产业结构比为6.75 ∶ 25.21 ∶ 68.04。全部工业实现增加值6.11亿元，增长21.8%。其中：规模以上工业实现增加值4.35亿元，增长23.5%。主要工业产品产量增加，全年生产干酪素2855吨，下降40.4%；奶粉1432吨，下降12.5%；黄金2695千克，增长51.9%。实现社会消费品零售总额11.4亿元，增长12.8%。完成大口径财政收入4.3亿元，增长14.1%；一般预算收入1.8亿元，增长22.1%；一般预算支出10.82亿元，下降12.2%。

【“三农”工作】围绕全市高原特色生态畜牧业发展规划，年内投入资金6871万元，加快推进犏牛繁育、犏雌牛（奶牛）养殖产业带建设，犏牛繁育带存栏适龄母畜4.8万头，能繁母畜比例达到68%，年内繁育出栏犏（公）牛、犏雌牛1.6万头，存栏犏雌牛5.5万头。新建养畜暖棚430座，养殖小区4个，成立专业合作社81个。组建犏牛繁育核心群10个，引进基础母畜3380头、黄种公牛785头。年末各类牲畜存栏28.69万头（只），牲畜总增率、出栏率、商品率分别达到37.35%、47.61%、44.34%。种植业结构进一步调整优化，农作物播种面积达12.1万亩，建成优质青稞高产示范田1.5万亩、青稞基地8700亩，种植藏中药材1万亩。深入推进扶贫攻坚行动，争取财政扶贫资金2635万元，整合行业部门项目资金7142万元，实施整村推进项目10个，新组建扶贫资金互助社7个，贫困人口减少3500人。深入开展“双联”行动，累计发放“双联”惠农贷款1.6亿元，各级“双联”单位协调落实帮扶项目98个、物资9958万元，中海油、平凉市落实藏区对口帮扶资金2946万元，发放各类强农惠农补贴资金8178万元。扎实推进农牧村综合改革，农牧村土地承包经营权确权发证试点工作顺利开展，完成流转土地2541亩。大力发展劳务产业，农牧民培训7550人次，输转5100人次，创劳务收入8170万元。

【项目建设】全年共实施各类建

设项目115个，其中投资亿元以上项目9个、千万元以上90个；完成重点项目前期工作13个，争取重点项目13个；争取落实各类专项资金4.5亿元。重点项目进展良好，临合高速建成通车，兰合铁路开工建设，合冶二级公路完成路基工程，“引洮济合”工程有序推进，东二路市场改造项目进入装修阶段，城区至园区央德公路、叉斗至吉昂和粮站山口至萨尼沙娄乡村公路全面启动，城区道路、乡镇职工周转房、护村护田河堤、中小河流治理、农网改造升级等项目完成年度建设任务。深入推进项目品质年活动，强化项目监督管理，实行县级领导包抓机制，大力整治和查处阻挠、破坏项目施工的违法行为，营造了良好的项目建设环境。广泛开展招商引资，积极参加“兰洽会”等各类招商节会，全年共签约各类招商引资项目9个，签约资金达14亿元。

【优势产业】全力扶持华羚、燎原等畜产品加工龙头企业“出城入园”，华羚公司酪蛋白营养粉精深加工、燎原公司乳制品生产线改扩建项目完成主体工程，全年生产干酪素2855吨、奶粉1432吨，畜产品加工业实现产值0.67亿元。大力发展绿色环保矿产业，早子沟、辰州矿业公司采选技改项目加快推进，采矿规模进一步扩大，矿产资源综合利用率不断提高，全年生产黄金2695公斤。全力打造高原生态旅游城市，加快当周草原国家级生态旅游示范区建设，实施了当周草原景区水上景观和植被恢复工程，当周神山藏文化国际生态旅游体验区步行木栈道建设项目全面启动，森林公园格河西南区域环境综合整治项目基本完成。积极参加各类旅游宣传推介活动，合作市旅游知名度不断提升，自驾游等新业态快速兴起，全年接待游客数首次突破百万人次，旅游综合收入达到4.7亿元，分别增长25%和28%。

【人民生活】全市城镇居民人均可支配收入16246元，增长9.2%；人均消费支出13456元，增长16.81%。食品支出占城镇居民家庭人均消费性支出的比重为38.75%，比上年上升0.61个百分点。农牧民人均纯收入4648元，增长11.6%；人均生活消费支出4106元，增长16.81%；食品支出占农村居民家庭人均消费性支出的比重为49.68%，降低6.15个百分点。城乡居民储蓄存款30.4万元，增长13.1%。

【扶贫开发】扶贫开发继续加快，争取各类扶贫资金2662万元，实施整村推进项目7个，实际完成投资1219.9万元。全年减贫目标全面完成，年内完成减贫人口0.35万人。投资1050万元实施完成勒秀乡罗哇村、吉利村、卡加道乡日加村、卡加曼乡格来村、那吾乡一合尼村、当周街道办南木娄村整村推进项目7个；为146名2013年度贫困户“两后生”发放补助24.9万元；开展2014年贫困户“两后生”及“一村一名大学生”技能培训180人，投资27万元；开展农牧民劳务技能培训350人，投资35万元；完成互助资金协会增资项目13个，投资115万元（新建2个，投资40万元）；完成2014年天津市政府援助合作市香巴拉文化广场维修及局部功能提升改造建设项目计划的制定工作，待项目资金下达后实施。

【环境保护】全市地面水水质达标率为100%。饮用水水源水质达标率为100%。可吸入颗粒物年平均值为0.064mg/立方米；二氧化硫年平均值0.011mg/立方米；二氧化氮平均值为0.012mg/立方米；优良以上空气质量达标率为97.75%。城区环境噪声平均值为54.7［dB（A）］，交通干线噪声平均值为68.3［dB（A）］。

全市全面启动国家生态文明示范工程试点市创建工作，加快推进城区生态环境修复与保护工程建设，完成面山造林绿化3000亩、绿色长廊工程1.8公里。大力实施甘南黄河重要水源补给生态功能区生态保护与建设、天然林保护、退耕还林、退牧还草等国家重点生态项目，完成人工造林2000亩、封山育林1000亩、退耕还林补植补造1074亩、黑土滩综合治理3.3万亩、人工种草2万亩，建设饲草料基地0.4万亩、半人工刈割草场26.5万亩，圈滩种草1.6万亩。

【社会保障】全年安置大中专毕业生176名，城镇新增就业人员565人。职业技能、创业能力培训636人，城镇登记失业率控制在3.6%以内。城镇企业职工基本养老保险参保人数为2994人，城镇职工基本医疗保险参保人数为6100人，城镇居民基本医疗保险参保27679人，参保率为97.76%。工伤保险参保人数达到3430人，生育保险参保人数4891人。全市共有城市低保对象3898户，12310人，占城镇居民总人口的21.3%。农村低保按照保主保重的原则向农村一、二类保障对象倾斜，确保一至四类保障对象月补助水平分别达到205元、160元、84元、58元，全市共有农牧村最低生活保障对象2481户，8777人，占农牧村居民总人口的27%，累计发放资金1059.5万元。

全市共有城市医疗救助对象832户2289人，代缴城市参保金14.42万元，救助城市居民119人，发放医疗救助资金52万元（其中大病救助80人，发放救助金48.2万元）；共有农牧村医疗救助对象2633户8953人，共代缴参合金53.72万元，共救助350名农牧民，发放医疗救助资金125.4万元（其中大病救助81人，发放救助资金82.8万元）。全市城乡医疗救助工作逐步得到规范，有效解决了城乡困难群众看病就医难的问题。

【社会事业】优先发展教育事业，全面启动幼儿园全覆盖工程，开工建设那吾乡、伊合昂街道等14所“双语”幼儿园，市第二幼儿园和5所乡村幼儿园、加茂贡中心小学、勒秀乡中心小学和仁多玛小学教学楼、宿舍楼等教育项目建成投用。落实义务教育阶段“两免一补”、高中免费教育和营养改善计划专项资金2493万元。全市教育教学质量管理提高三年行动计划全面完成，教育质量稳步提高，九年义务教育巩固率达到78.6%，高中阶段毛入学率达到76.6%。城乡医疗卫生服务能力不断提升，基本公共卫生服务均等化项目规范实施，疫病控制、妇幼保健、卫生监督等工作成效明显。积极改善基层医疗卫生条件，新建和维修村级卫生室29个，市中藏医院建设项目开工建设。新农合“一卡通”实现全覆盖，参合率达到98.8%，累计报销医疗费985万元，完成农牧民“三病”普查1.2万人。

（奚青恒）

临潭县

【现任主要领导】

中共临潭县县委书记：

房和平（3月止）

宋健（3月任）

临潭县人大常委会主任：何子彪（藏族）

临潭县人民政府县长：李生文

政协临潭县委员会主席：牛汝霖

中共临潭县纪律检查委员会

书记：张羽（藏族）

【基本情况】临潭县位于甘肃省南部，甘南藏族自治州东部，北接临夏回族自治州康乐县和定西市渭源县，东临定西市岷县与甘南州卓尼县，西南两侧均与卓尼县接壤。总面积1557.7平方公里，地貌大致可分为河谷川塬、低山丘陵、高山深谷三种类型，平均海拔2825米。基本气候特征是春季回暖慢，降雨量少，夏季多雷暴和冰雹，秋季降温迅速，冬季寒冷，四季不分明，属典型的高寒阴湿地区。2014年年平均气温4.4℃，全年降水量497mm，总日照时数为2150小时。辖3镇13乡，3个社区居委会，141个村委会，716个村民小组，全县常住人口13.79万人，有汉、回、藏、蒙古等15个民族，少数民族占总人口的36.57%，善长手工竹柳编制、首饰及马拢头、银铜器加工铸造工艺。常用耕地17677公顷，主要种植小麦、青稞、蚕豆、豌豆、洋芋、油菜、药材等农作物；林地蕴藏着蕨菜、人参果、鹿角菜、羊肚菌、木耳、当归、党参、秦艽、羌活等丰富的野生菜、药材等。

【国民经济】2014年，临潭县实现生产总值15.28亿元，增长7.5%。其中：第一产业增加值3.06亿元，增长5.4%；第二产业增加值2.82亿元，增长15%；第三产业增加值9.4亿元，增长6.2%。三次产业比例为20 ：18.5 ：61.5。全部工业企业增加值2.09亿元，增长16.9%。社会消费品零售总额3.48亿元，增长13.1%。全县固定资产投资25.04亿元，增长20.6%。实现大口径财政收入1.35亿元，增长53.4%；一般预算收入0.91亿元，增长76.6%；公共财政支出17.56亿元，增长18.2%。金融机构各项存款余额30.2亿元，增长10.4%；各项贷款余额17.1亿元，增长24.5%。

【“三农”工作】全县农作物播种面积为17681公顷，粮、经、饲比例为28 ：61 ：12；粮食总产量13893吨，增长3.4%；油料产量6334吨，增长1.8%；中药材产量20709吨，增长3%，蔬菜产量1483吨，增长1.3%。年末各类牲畜存栏23.5万头、只，总增率、出栏率、商品率分别为34.12%、63.5%、34.8%；肉类总产量6375吨，增长4.4%；牛奶产量6492吨，增长0.7%。

141个行政村实现“四通”即通电、通水、通电话、通公路，“两覆盖”即移动网络全覆盖、广播和电视全覆盖。

【项目建设】全县重点建设项目共计107项，总投资61.98亿元。7个乡镇干部职工周转房建设项目、2014年农牧村村级综合服务中心建设项目、2014年农牧村护村护田河堤建设项目、东环路改扩建工程、新城镇集中供热工程、冶力关镇集中供热工程、长川乡九年制学校宿舍楼建设项目和流顺乡中心小学宿舍楼建设项目已全部完成。重点争取项目15项，总投资2.45亿元。其中，长川乡九年制学校宿舍楼、石门中心小学宿舍楼、王旗乡先锋幼儿园和2014年农村饮水安全工程、7乡镇干部职工周转房、王旗乡道路及排水工程等13个项目已下达投资计划，累计下达资金11153.4万元。由于投资渠道发生变化，县第二人民医院建设项目和城关镇青崖沟防洪工程2个项目未下达投资，经多渠道积极争取，下达了临潭县流顺、洮滨两个乡镇卫生院及周转宿舍项目，下达投资235万元；争取到东环路改扩建项目，下达投资843.9万元。

【优势产业】2014年，全县坚持把旅游宣传促销做为拓展客源市场、拉动旅游经济增长的重要抓手，进一步加大了旅游宣传推介工作力度。通过电视网络、户外广告、旅游节会、短信彩铃、报刊杂志、宣传品等传播媒介全方位、多渠道的开展了临潭旅游宣传推介和促销。开通了CCTV-7、腾讯旅游网、人民网宣传广告，加大了在冶力关旅游门户网、甘南网的宣传力度；开通冶力关旅游景区官方微博、微信公众号。

成功举办了临潭县第七届洮州民俗文化节活动、2014“冶力关杯”中国拔河公开赛暨第五届甘肃临潭拔河节活动、第十六届临潭花儿大奖赛、第四届临潭大象拔河（押架）赛、临潭县民俗文化展暨经贸洽谈、旅行社洽谈会等活动；联合兰州交通广播电台FM103.5、自驾游联盟、金岛旅行社举办了三次“相约冶力关、激情拔河赛”自驾游活动；开展了尼康公司采风团赴冶力关摄影活动；参加了第20届中国“兰洽会”、2014第四届中国兰州国际旅游博览会；举办了《中国国家地理》杂志社寻找最美观景点冶力关竖牌仪式，并成功上报最美观景点20个。2014年全县全年共接待游客111.9万人次，创旅游综合收入4.9亿元，分别比上年增长15.8%和27.6%。

【人民生活】城镇居民人均可支配收入15783元，增长8.97%；农村居民人均纯收入4177元，增长12.31%。

【扶贫开发】2014年，省、州投入财政专项扶贫资金8845万元，实施整村推进项目21个，天津示范村8个，整合发改、农牧、水电等部门涉农资金2.03亿元。第一、二批项目计划和8个天津示范村共安排扶贫互助社27处，安排财政专项扶贫资金达620万元，其中，省财政安排580万元，州发改委联村联户双联资金40万元。同时，在吴家沟村、日扎村、竹林村、岗沟村4个村增加互助金共100万元。申报整村推进项目共21个，投入财政专项扶贫资金3140万元。依托农村劳动力技能培训工程和“雨露计划”扶贫培训项目的实施，以特色产业、政策法规、实用技术、劳务技能和发展思路等内容为重点，举办各类培训班64期，发放宣传资料1.2万多份，完成贫困农民培训3164人次。新城镇吴家沟村等8个天津示范村、八角乡中心小学教学楼已完成建设；县第一人民医院候诊大厅、冶力关葸家庄村大桥已经开工建设。完成危房改造260户，新修硬化村道2.4公里，新修河堤9953.2米，清理下河村河道淤泥4公里，修建拦河坎16道67.2立方米。通过扶贫建设各村村容村貌都发生了翻天覆地的变化。

【环境保护】完成饮用水源地保护项目投资45.9万元，庄村生活污水处理、生活垃圾收集与集中处理建设项目投资296.7万元，环境宣传教育建设项目投资17.4万元。申报并实施了临潭县金洮养殖场污染防治项目，鼓励和支持企业对粉煤灰、废渣、养殖粪便等进行综合利用，积极引导企业做到少排放或“零排放”；组织建华水泥厂、金洮养殖场开展了环境保护标准化建设工作。使县SO2排放量控制在197吨，下降8.6%。COD排放量303.9吨，下降12.8%；氨氮排放量41.9吨，下降19.3%；氮氧化物排放量191.3吨，下降19.9%。

【社会保障】2014年末全县城乡居民养老保险参保人90465人，征缴保金705.9万元。城镇职工医疗保险、居民医疗保险、居民失业保险、居民工伤保险、居民生育保险分别参保7303人、8655人、3306人、4189人、2970人，征缴各项保险费2483万元；享受城镇低保5760人，共发放保金1872万元；为47名城市居民发放医疗救助金36万元。农村新型合作医疗保险参保人12.56万人，参合率达98.59%，基金总额4853万元，报销支出4734.5万元。享受低保42162人，共发放保金6503万元；五保供养982人，共发放供养金324.6万元；为1414名农牧民发放医疗救助金805万元；为39961名农村低保全员分档代缴参合费105.5万元，为符合临时救助条件的41户155人发放救助资金4.7万元。

【社会事业】2014年，全县有各级各类学校137所，其中完全中学1所，独立高中1所，独立初中3所，职业技术中学1所，九年制学校5所，小学113所，幼儿园（含学前教学点）13所。在校学生22567人，下降1.2%；在校教职工2101人，下降5.1%。全县小学适龄儿童12072人，入学率100%。全县建成多媒体及交互式电子白板教室238个，计算机教室57间，建成校园网30个，有78所学校接通互联网，五年级以上班级基本覆盖“班班通”，所有完全小学都开齐了信息技术教育课。

年末，全县有各类医疗卫生机构33个，其中：县级综合医院2个，中医医院1个，民营医院1个，卫生院17个，妇幼保健站1个，疾控中心1个，卫生监督所1个，社区服务中心（站）4个，新农合、爱卫会、红十字会等其它卫生行政事业管理单位5个。全县住院分娩率97.7%，比上年提高1.2个百分点；婴儿死亡率15.7‰，上升1个千分点；5岁以下儿童死亡率17.2‰，上升1.93个千分点。

年末共有文化企业事业单位26家，从业人员591人，实现文化产业增加值2043万元，比2013年增长31.8%。全县有博物馆2个、纪念馆1个、公共图书馆1个，藏书29784册，乡镇综合文化站16个。

（刘超杰）

碌曲县

【现任主要领导】

中共碌曲县县委书记：梁明光（藏族）

碌曲县人大常委会主任：张忠

碌曲县人民政府县长：杨永华（藏族）

政协碌曲县委员会

主席：尕藏南杰（藏族）

中共碌曲县纪律检查委员会

书记：汪学军

【基本情况】碌曲县地处青藏高原东部，位于甘南藏族自治州西南部，在甘、青、川三省交界处，南邻四川省若尔盖县，西界青海省河南县，西南与本州玛曲县接壤，东连本州卓尼县，北部与本州夏河县毗邻。地势西高东低，东西长126公里，南北宽93公里，海拔最高处额日宰4483米，最低处吾乎扎滩2860米，相对高差1623米，平均海拔在3000米以上，年均气温3.2℃，极端高温28℃，极端低温-23.2℃，年降水量558.1mm，全年无夏，气候高寒、阴湿、降温频繁。县内溪流清泉遍布，河流纵横，水能蕴藏量大，开发前景广。境内金矿、铁矿、锑矿、煤炭、泥炭、白云岩等矿产资源丰富。全县总面积5299平方公里。现辖5乡2镇、24个村委会、95个村民小组。总人口3.62万人，其中牧业人口2.87万人，藏族人口3.19万人，是一个以藏族为主多民族杂居的纯牧业县。

【国民经济】2014年，全县实现生产总值8.7亿元，比上年增长9.5%。其中：第一产业增加值2.6亿元，增长5.04%；第二产业增加值3.2亿元，增长10.4%；第三产业增加值2.9亿元，增长11.9%。三次产业结构比由2013年的29.6∶39.7∶30.7调整为30.4∶36.5∶33.1。完成工业增加值2.8亿元，增长11.6%；社会消费品零售总额2.3亿元，增长12.62%。大口径财政收入0.8亿元，下降9.61%；地方财政收入0.5亿元，下降14.36%。金融机构人民币各项存款余额10.0亿元，增长12.96%；各项贷款余额7.1亿元，增长49.11%。

【三农工作】全县农作物种植面积4.0万亩，比上年增长2.3%。全年粮食总产量3043吨，增长0.8%；油料总产量356吨，增长0.9%；药材产量106吨，增长37.7%。肉类总产量7414吨，增长5.3%，牛奶产量15328吨，增长1.5%，羊毛产量406吨，下降6.2%。落实惠农资金8949万元，“双联”惠农贷款财政贴息700万元。落实青稞牦牛藏羊保险保费补贴政策，中央、省级财政补贴2540万元，县级财政补贴725万元。

【项目建设】以实施“3341”项目工程为抓手，抢抓各种政策机遇，进一步加大重大基础设施建设项目。2014年实施投资500万元以上的项目65项，其中续建37项，新建28项。完成32个项目的前期工作，争取重点项目58个，国家投资达2.59亿元。投资2200万元，建成4条“乡村通畅”公路，完成贡去乎至加仓公路铺油20公里。建成廉租住房700套，保障住房160套。投资2572万元完成了洮河干流县城区段防洪工程建设项目，投资327万元完成了双岔乡机关供水工程项目。新签约招商引资项目5个，总签约额达到3.98亿元，完成投资1300万元。完成投资1.19亿元的城市气化工程建设等5个续建项目，全县招商引资项目注册率达88.6%以上。2014年全县完成固定资产投资10.5亿元，比上年增长5.1%。

【优势产业】高原特色生态畜牧业发展态势良好，建成州级示范合作社11个，省级示范合作社2个，组建种公畜专业合作社10个，选育后备牦牛种公牛630头，选育优质后备种公羊300只，犏牛产业带引进娟珊牛冻精1500支。落实现代农牧业发展资金336万元，建成标准化养殖场5个，投资700万元，引进牦牛378头、藏羊800只。投资2.27亿元，改造建设5个特色畜产品加工项目，生产鲜冻畜肉1605吨。整合各类资金1.26亿元，完成郎木寺镇基础设施建设、游客服务中心、民宅风貌改造等建设项目。完成则岔石林景区基础设施建设二期项目建设。积极开展国家4A级旅游景区创建工作，则岔石林景区成功晋升国家4A级景区，郎木寺4A级景区已完成初次评审。大力发展旅游文化产业，成功举办了“尕海湿地杯”甘肃省藏族舞蹈大赛、首届“魅力碌曲”摄影大赛、第三届锅庄舞大赛暨香浪节活动，碌曲县被中国舞协正式授予“中国锅庄之乡”称号。2014年全县接待国内外游客54.8万人次，实现旅游综合收入2.56亿元。实现文化产业增加值1408万元。

【人民生活】积极筹措资金1.79亿元，完成省州列18项民生实事，解决了城乡居民饮水、行路、上学、就医、就业、住房等实际问题。全县城镇居民人均可支配收入16542元，比上年增长9.5%。城镇居民人均生活消费支出13605元，增长1.87%。农牧民人均纯收入5524元，增长12.3%。农牧民人均生活消费支出3209元，下降5.34%。全县个人存款余额43213万元，增长5.94%。全县输转农村富余劳动力2000人，创劳务经济收入4000万元。

【扶贫开发】围绕扶贫攻坚，加大资金整合力度，共整合各部门涉农项目资金2900万元，先后落实扶贫专项资金2887万元。完成尕秀、秀哇、花格、红科、贡去乎、落措等6个整村推进项目，修建牧道15公里、便民桥2座、排洪水渠1条、人畜饮水工程1处。投资4032万元修建了尕秀、玛艾、唐科3个安置点，搬迁牧民288户。投资711万元改造危旧房580户。投资2144万元建成集中光伏电站9座。投资4458万元新建农牧村人畜饮水工程18处。建档立卡贫困户7100人，实施精准扶贫565户。为贫困村专业合作社引进藏羊655只、牦牛和犏雌牛602头。种植青稞2万亩、药材1158亩。发放贫困户“两后生”和“一村一名大学生”补助资金30万元。新成立贫困村互助资金协会10个，注入资金240万元。发放“双联”惠农贷款8500万元，扶持农牧民1818户，单位及个人帮扶款物折合人民币294万元。

【环境保护】加大环境监测力度，二氧化硫、氮氧化物、化学需氧量、氨氮四项主要约束性指标均控制在省州下达的控制指标以内，落实草原生态保护资金3183万元，核减超载牲畜3.74万个羊单位。投资1295万元建成牲畜暖棚361座，治理沙化黑土滩5.5万亩，鼠害草场综合治理103万亩，草地补播3.3万亩。投资908万元建成人工饲草地1万亩、补播改良草地15万亩。兑现公益林生态效益补偿金273万元。实施天然林管护42600公顷，公益林保护34360公顷，封山育林400公顷，森林抚育667公顷、荒山造林167公顷，面山绿化造林9.7公顷，义务植树造林10万株。万元GDP能耗降低2.52%，单位工业增加值用水量下降3.72%。

【社会保障】坚持动态管理下的应保尽保，做好城乡低保提标工作。农村低保标准由1907元提高到2460元；城市低保标准由303元提高到348元。农村五保年供养标准达到3110元，年内发放五保供养金60.9万元。发放城乡医疗救助金181.7万元、临时性救助金14.3万元、优抚资金32.8万元、孤儿救助金53.9万元。落实高龄老人特殊生活津贴21.9万元。发放救灾救济款164.4万元。全年安置大中专毕业生188名，城镇新增就业人员380人。城镇登记失业率控制在3.5%以内。全县养老保险参保人数795人，实际征缴基本养老金547万元，支出养老金792万元；全县失业保险参保人数1456人，实际征缴失业保险基金118.4万元；全县城镇职工基本医疗保险参保人数3558人，实际征缴医疗保险基金1353万元；全县城镇居民基本医疗保险参保人数3086人，征缴居民医疗保险基金19.7万元；全县工伤保险参保职工人数2187人，实际征缴工伤保险基金47.7万元；全县1532名城镇职工纳入了生育保险范围，征缴生育保险基金55.88万元；城乡居民养老保险参保人数16566人，参保率达到99.0%以上，为3600名待遇享受人员累计发放养老金316.5万元，发放率达100%。

【社会事业】继续实施12年全免费教育，学生营养改善计划在全州率先覆盖学前教育，累计下达资金374万元，受益学生达6716名。积极开展贫困学生资助和助学贷款，发放资助金73万元、助学贷款198万元。全县有各类学校33所，专任教师841名，在校学生6480人。全县有医疗卫生单位37个，床位263个，卫生技术人员308人。儿童基础免疫“五苗”合格接种率98.41%以上，婴儿死亡率为12.88‰，5岁以下儿童死亡率17.17‰，农牧村新农合参合人数27700人，发放各类补偿支出903.2万元，参合农牧民受益人数26145人次。加强食品药品监管力度，餐饮服务食品安全量化分级管理率达96%以上。累计发放计生奖励资金45万元，人口自然增长率控制在10.18‰以内。全年排查调解矛盾纠纷45件，依法受理、办结信访案件12件，办结信访疑难积案4件；成功处置“10.25”和“11.22”地震突发应急事件。全年破获各类刑事案件15起、破获隐积案件7起，捣毁聚众赌博窝点2处，查缴被盗车辆11辆；依法取消36项审批事项。公共资源交易中心组织交易11项，成交额948万元；压缩三公经费325万元；落实非公有制经济专项补贴资金1168万元，落实担保资金800万元，向10个非公有制企业融资2230万元，解决了中小企业融资难问题。全县各类私营企业总数84户、注册资金4.87亿元；个体户总数1204户、注册资金1.06亿元。

（刘鹏）

玛曲县

【现任主要领导】

中共玛曲县委书记：张正雄（汉族）
玛曲县人大常委会主任：卢雪梅（藏族）
玛曲县人民政府县长：王力（藏族）
政协玛曲县委员会主席：王永祯（藏族）
中共玛曲县纪律检查委员会
书记：姜鸿信（藏族）

【基本情况】玛曲县位于甘南藏族自治州西南部，青藏高原东端，甘、青、川三省结合部，境内海拔3300～4806米，年降水量592.7毫米，日照时间为2663.4小时，年平均气温3.0℃，全年没有绝对的无霜期。境内河流纵横，黄河从青海久治县门堂乡流入县境木西合乡，经西、南、东、北环流全县，最后返流至青海河南蒙古族自治县，形成久负盛名的“天下黄河第一弯”，全境流程433.7公里，流域面积10190平方公里，入境流量137亿立方米/年，出境流量164.1亿立方米/年。全县辖7乡1镇1场1站，2个居民委员会，36个村民委员会。2014年，全县常住人口5.68万人。

【国民经济】2014年完成生产总值12.18亿元，比上年下降6.2%，其中：第一产业增加值4.44亿元，增长4.9%；第二产业增加值3.19亿元，下降7.6%；第三产业增加值4.55亿元，下降13.4%。完成大口径财政收入2.15亿元，下降29.88%；财政支出10.25亿元，下降1.4%。完成全社会固定资产投资12.18亿元，增长31.3%。实现社会消费品零售总额2.8亿元，增长11%。

【“三农”工作】落实首位产业资金400万元，新建养殖小区15个，标准化暖棚1600座、储草棚60座，饲草料基地2万亩，新培育专业合作社79个，当年创建国家级示范社3个，省级示范社3个，流转草场经营权572万亩，提高了牧民群众组织化程度和养殖效益。全年投入畜牧业基础设施建设资金1.96亿元，新建通村公路142公里，牧道100公里，大口井342眼，发放光伏电源1354套，解决了2.1万人的饮水问题和近万人的用电难、行路难问题。落实牲畜保险资金1398万元，发放草原生态奖补资金8010万元，牦牛藏羊参保实现了全覆盖，年末各类牲畜存栏达103万头（只、匹），总增率、出栏率、商品率分别达到30.42%、33.52%、31.61%。支持畜产品加工企业做大做强，为昌翔、雪域、天玛、雅各布尔等公司争取落实技改资金560万元。

【项目建设】组织实施各类项目108项，其中新建项目49项，总投资38.95亿元，完成固定资产投资12.17亿元，比上年增长10.5%。交通方面，共实施28项（通乡油路1条，建制村通畅公路17条，牧道10条），总投资1.76亿元，总里程378公里，完成投资1.4亿元。水电方面，共实施4项，总投资8824万元，完成投资7935万元。生态环境及畜牧业方面，共实施11项，总投资1.18亿元，完成投资6677万元。城乡基础设施建设方面，共实施19项，总投资3.07亿元，完成投资2.76亿元。社会事业方面，共实施18项，总投资9020万元，完成投资8240万元。政权建设方面，共实施3项，总投资1790万元，完成投资1350万元。产业开发方面，共实施13项，总投资4.46亿元，完成投资3.5亿元。

【优势产业】全县土地总面积10191平方公里，有天然草场85.9万公顷，其中可利用草场面积83.0万公顷，占草场面积的96.7%。天然草场植被覆盖良好，植物种类丰富，素有“亚洲第一草场”美誉。主要畜种有牦牛、欧拉羊和河曲马，2014年年末各类牲畜存栏103万头（只、匹），均为适应高寒草场放牧条件的世栖土种畜。县政府将畜牧业作为首位产业优先发展，甘肃天玛生态科技食品有限责任公司、玛曲县雪原肉业有限公司、玛曲县昌翔清真肉业有限公司、玛曲县宏达实业有限责任公司等四家规模以上畜产品加工企业当年完成增加值1.07亿元。

生态环境优越，高寒草原特有的野生动植物种类丰富。境内栖息着梅花鹿、马鹿、白唇鹿、棕熊、香獐、麝香、雪豹、猞猁、水獭、白天鹅、黑颈鹤、白肩雕、蓝马鸡、雪鸡、藏原羚等10多种珍禽异兽；伴生有47科、413种优生野生植物，其中39科，151种具有良好的药用价值，特别是分布面积广、数量多，药用和经济价值较高的有冬虫夏草、水母雪莲、红景天、甘肃贝母等20多种。

编制《天下黄河第一弯忠科娅口旅游基础设施建设项目规划》、《阿万仓生态旅游建设项目规划》，完成了县城游客服务中心建设任务并投入使用，发展牧家乐10家。成功举办了第八届格萨尔赛马大会和第三届牦牛藏羊藏獒展示评比大赛，年内接待游客27万人次，实现旅游收入1.32亿元。加大文化产业投入力度，开工建设民族特色用品（藏香）加工厂，改扩建民族文化旅游产品加工厂，县广电综合业务楼及“两馆”建设投入使用，文化产业从业人员达298人，实现文化产业增加值1620万元。启动华夏文明传承创新区建设，完成了文化资源普查工作，申报国家级文物保护3处、省级文物保护5处，培养非物质文化遗产保护传承人3名。大力支持文化体育活动，组织文艺下乡22场次。继续坚持“走出去、引进来”相结合的方式，积极组织参加“兰洽会”，新签约项目4个，签约资金11.6亿元。

【人民生活】全县农村居民家庭人均纯收入5959元，比上年增长12%，农村居民家庭人均消费性支出4806.34元，增长13.75%；农村恩格尔系数为50.55%，下降5.55个百分点。城镇居民家庭人均可支配收入18502元，增长8.4%；城镇居民家庭人均消费性支出11795.03元，下降0.03%；城镇恩格尔系数为33.9%，提高0.4个百分点。

【扶贫开发】被省州确定为整体脱贫县，把主要财力、物力、人力转向基础设施建设、富民产业培育、易地扶贫搬迁、金融资金支持、公共服务保障和能力素质提升，保证了扶贫攻坚各项措施扎实有效推进。为做到精准扶贫，制定下发了《玛曲县2014年率先脱贫实施方案》和具体到乡村实施的《脱贫计划》，将项目的建议、建设、监管权下放到乡村，为332户无房户争取了易地扶贫搬迁项目332套，并为每户发放了2520元的过度安置费；为327户无畜户每户投资2万元购买发放基础母畜共计654万元1300头；对45户的无草场户，整合培训资金115万元，按照群众意愿举办了六个专业的培训班，保证了每个贫困家庭有一人掌握一门劳动技能。争取专项扶贫资金3280万元，实施整村推进7个；整合畜牧、发改、交通、住建等部门的涉牧资金1.09亿元，实施扶贫项目8个，新建村道8条，牧道10条，发展扶贫互助社5个。在市政大队、黄金公司、给排水公司等单位安置贫困家庭就业46人，拓宽了贫困户增收渠道。继续注入“双联惠农贷款”担保金1000万元，已发放双联惠农贷款3亿元。贫困人口从2013年的6900人下降到3000人，贫困面从17.29%下降到7.1%，扶贫对象人均收入达3900元，增幅达71.8%。

【环境保护】继续实施黄河生态项目，完成草原灭鼠69.6万亩，补播改良20万亩，沙化治理3.95万亩，圈滩种草3.8万亩，建立半人工刈割草场93万亩，义务植树6.55万株，草原沙化退化等问题得到较好遏制。积极向州政府、省林业厅、省编办汇报，争取设立黄河首曲国家级自然保护区管理机构，为争取生态建设项目和建设生态文明创造有利条件。以治理脏乱差为突破口，启动欧拉乡安茂村“美丽乡村”建设，严厉查处滥捕滥猎、乱砍乱伐行为，全面禁止“白色污染”，有效改善了市容市貌和城乡环境卫生。

【社会保障】按照“应保尽保、动态管理”原则，对城乡低保进行了重新清理和规范，促进了社会公平。继续提高低保、医保、养老保险的补助标准，通过“一折统”方式发放各项惠农资金1.22亿元。加大就业工作力度，新增城镇就业384人，已安置各类大中专毕业生151名，在供暖公司、排水公司、污水处理厂安置老干部、特困户家庭子女就业20人，争取年前再安置大中专毕业生120名，为83名工作人员办理了退休手续，清欠农民工工资115万元。深入开展严打专项行动，清理取缔“草根”组织23个。启动第四轮全国地名普查，狠抓边界联检，玛曲县被甘川两省民政厅授予“平安和谐边界示范县”。依法加强对宗教事务的管理，县政府2014年被国务院评为“民族团结进步先进集体”。扎实开展城区及城郊土地市场清理整顿工作，关闭非法采石采砂点8处，拆除违法圈占国有土地建筑物8宗，依法收回国有土地80.7亩。

【社会事业】教育方面，继续做好劝返、控辍、保学工作，全县适龄儿童入学率达100%，九年义务教育巩固率达80.5%，高中阶段毛入学率达76.8%。积极发展学前教育，采日玛乡“双语”幼儿园已完成主体，学前一年毛入园率从60.3%提高到71%。继续实施薄弱学校改造项目，独立初中附属设施建设、阿万仓乡寄宿制小学教师周转宿舍、采日玛乡寄宿制学校食堂等项目已交付使用，木西合乡寄宿制学校教学楼已完成基础。深入推进教育教学能力提升工程，为教育系统招聘紧缺教师22人、特岗教师3名，为乡级教师每人每月增加津贴300元，为班主任每人每月增加津贴200元。卫生方面，加大医改工作力度，全县药品价格同比下降23%，门诊费用同比下降17%，住院费同比下降29.6%，新牧合参合率达99.3%，截止目前共为16499名患者报销医疗费用708万元。加大卫生基础设施投入力度，藏医院医技楼、欧拉秀玛、齐哈玛、木西合三个卫生院建设均完成主体，阿万仓乡、齐哈玛乡卫生院职工周转房和4个村级卫生室已完工。

（马彪）

夏河县

【现任主要领导】

中共夏河县县委书记：唐志峰

夏河县人大常委会

主任：仁青东智（藏族）

夏河县人民政府县长：张志红（藏族）

政协夏河县委员会主席：才高（藏族）

中共夏河县纪律检查委员会

书记：李青为

【基本情况】夏河县位于甘肃省西南部，甘南藏族自治州西北部，地处青藏高原的东部边缘，处于甘南高原和黄土高原的过渡带，东南面分别与州属合作市、碌曲县相邻，北依临夏州临夏县及青海省循化县、同仁县，全县土地总面积为6274平方公里，大部分地区海拔高度在3000 ~ 4200米之间，最高点为甘加达里加山主峰，海拔4636米，最低点在土门关一带，海拔2200米。气候寒冷湿润，年平均温4.4度，年均降水量410毫米，平均无霜期56天，全年日照时间2296小时。辖10个乡，3个镇，65个村委会，4个社区（居委会），436个村民小组，有藏、汉、回、撒拉、蒙古、朝鲜、土等14个民族。

【国民经济】2014年全县实现生产总值14.78亿元，比上年增长4.1%。其中：第一产业增加值4.27亿元，增长4.7%；第二产业增加值3.32亿元，下降4.8%；第三产业增加值7.19亿元，增长8.8%。大口径财政收入2.04亿元，增长34.4%；财政支出13.6亿元，增长10%。完成固定资产投资31.69亿元，下降2.8%；完成工业增加值3.29亿元，下降4.9%；实现社会消费品零售总额4.87亿元，增长11%。人口自然增长率为7.3‰。

【“三农”工作】2014年，全县完成农作物播种面积13.75万亩，比上年实际减少0.18万亩；其中：粮食作物种植面积5.79万亩，平均亩产167.11公斤，粮食总产量完成9629吨，比上年增长1.77%，油料播种面积2.87万亩，油料年均亩产122.02公斤，总产量完成3525吨，增长0.74%；饲料作物播种面积4.91万亩，下降0.61%。粮、油、饲比为43.5 ∶ 20.2 ∶ 36.3。全县各类牲畜产仔40.9万头只，比上年下降0.4%，产仔成活38.53万头只，成活率94.03%；各类牲畜总增36.23万头只，总增率42.63%；出栏各类牲畜 43.71 万头只，出栏率 51.43%。商品数 42.46 万头只，增长 8.37%；商品率 49.96%。

【项目建设】夏同公路完成投资 1.9 亿元，无电地区独立供电工程完成投资 3905 万元，大夏河干流治理工程完成投资 1600 万元，城区道路及排水等部分市政工程完成投资 2253 万元。夏河县体育中心基本建成，完成投资 3531 万元，庆阳援建五年规划全部落实。加大重点项目建设协调配合力度，临合高速公路、机场二级公路建成通车，省佛学院搬迁项目完成投资 3800 万元，天然气管网、引洮济合项目进展顺利，兰合铁路完成前期工作。全年争取到各类建设项目 103 项，概算投资 3.1 亿元，比 2013 年多 22 项 2660 万元。对近年来的 93 个项目进行了检查，35 个项目通过州级验收。招商引资工作成效明显，新签约 7 个项目全部落地，签约合同金额 6.5 亿元，到位资金 2.5 亿元；11 个续建项目完成投资 3.7 亿元，为县域经济发展注入了新的活力。

【优势产业】围绕生态畜牧业首位产业发展和安多、雪顿两大园区原材料需求，按照“公司 + 专业合作社 + 农牧户”的模式，扶持新建专业合作社 106 个，全县专业合作社增加到 348 个，注册资金 3.7 亿元。购置良种公畜和犏雌牛 1852 头，建设棚圈 543 座，种植优质牧草 7.9 万亩，以草促畜发展势头良好。筹措资金 1000 万元，加大对畜牧产业开发的资金保障力度。整合涉农项目 298 个，涉及资金 4 亿元，实施了现代农业项目和美丽乡村建设。落实农牧业政策保险县级补贴 751 万元。强化畜牧业发展服务体系建设，加强动物疫病防控工作，投资 100 万元，设立了阿木去乎畜牧兽医分局。年末存栏各类牲畜 86 万头（只），畜牧业实现增加值 2.8 亿元，比上年增长 6%。

【文化旅游】编制完成了拉卜楞—桑科大景区规划以及达尔宗湖、甘加白石崖景区专项规划。拉卜楞寺游客接待中心建成运营，完成投资 3900 万元；拉卜楞寺基础设施建设及文物保护工程完成投资 1.8 亿元；国、省道沿线旅游村镇特色化改造、大夏河景观带建设完成投资 5600 万元；达尔宗湖旅游基础设施项目和八角城城址保护项目到位资金 1472 万元。积极参加深圳文博会和西安旅游推介会，在北京、天津、成都等地进行了宣传推介，旅游品牌知名度不断提高。海螺湾文化产业园一期工程交付使用，完成投资 8600 万元。成功举办了拉卜楞唐卡艺术展，34 名唐卡画师分别被认定为唐卡工艺美术大师、美术师、技师称号，为旅游文化融合和唐卡产业化发展奠定了基础。全年接待游客 119 万人次，比上年增长 26%；旅游综合收入达 5.2 亿元，增长 30%。

【人民生活】2014 年，全县城镇居民人均可支配收入为 15490 元，比上年增长 8.9%；人均消费支出为 12712 元，下降 6.5%。农牧民人均纯收入 4636 元，增长 11.05%；人均生活消费支出 3430 元，增长 1.6%。

【扶贫开发】投资 1383 万元，完成了 7 个整村推进和扶贫互助社建设任务；投资 4684 万元，完成了 13 条农牧村通畅公路建设任务；投资 3483 万元，新建饮水安全工程 128 处；投资 2013 万元，实施小型农田水利牧区饲草料基地建设项目；投资 4839 万元，新建易地扶贫搬迁项目 7 个，安置农牧民 332 户 2020 人。结合“双联”行动，整合资金 2 亿元，积极开展社会帮扶。

【环境保护】加强对生态环境保护法律法规的宣传，全民环保意识明显提高。筹措资金 3992 万元，加大对生态建设项目的资金保障力度。日产 2500 吨新型干法水泥生产线脱硝项目运行良好。两个无主尾矿综合治理和 5 个土地开发整理项目完成投资 2965 万元。投入资金 252 万元，植树造林 5000 亩。对全县矿点进行了全面排查，依法取缔、关闭 40 家违规开采的砂石料场，进一步规范了矿业秩序。积极开展地质灾害防治、森林草原防火、汛期河道疏通等工作，保障了人民群众生命财产安全。森林覆盖率达到 6.8%，草原植被覆盖度达到 90%。

【社会保障】完成了 1800 户农牧村危旧房、300 户节能示范户、200 户棚户区改造和 740 套公租房建设项目年度任务，完成投资 3955 万元。廉租住房四区工程完成投资 9800 万元。“一事一议”项目完成投资 1851 万元。科技惠民示范工程完成投资 170 万元。建成了 3 所乡镇中心敬老院、2 所日间照料中心、12 个村级农村老年人互助幸福院。城乡低保指导标准提高了 15%，发放城乡低保、五保供养、大病医疗救助、社会养老保险资金 5586 万元。积极开辟公益性岗位，安置零就业人员 106 名；通过“三支一扶”、政法专项招录安置大中专毕业生 58 名；2014 年事业单位招考工作全部结束，190 名高校毕业生将于近期安置到岗。发放双联惠农贷款及小额贴息资金 1 亿元。

【社会事业】重点教育工程进展顺利，藏中搬迁项目完成投资 9084 万元。开工建设了 7 个乡镇幼儿园，完成了 17 个乡镇幼儿园前期工作。筹措资金 400 万元，用于义务教育薄弱学校改造。筹措资金 335 万元，提高了乡村教师特别是边远乡村教师的工资待遇。落实高中免费教育资金、乡村幼儿园营养餐补助资金 96 万元。学前教育得到长足发展，三年入园率达 53%。国家三类城市语言文字工作顺利通过省级验收。筹措资金 678 万元，积极开展计划生育创国优工作，达到了省州验收条件。高度重视乡村卫生服务工作。投入资金 198 万元，开展了农牧民群众、中小学生“三病”普查和妇女优生健康检查。新农合年人均筹资标准由 340 元提高到 380 元，参合率达到 98.7%。加强食品药品安全监管，保障了广大群众的饮食用药安全。

（祁荣龙）

舟曲县

【现任主要领导】

中共舟曲县县委书记：

冯文戈（汉族）（2 月止）

石华雄（汉族）（3 月任）

舟曲县人大常委会主任：杨永海（藏族）

舟曲县人民政府县长：

石华雄（汉族）（2月止）
郭子文（藏族）（3月任）
政协舟曲县委员会主席：梁吉效(藏族)
中共舟曲县纪律检查委员会
书记：马全才（藏族）

【基本情况】舟曲县地处青藏高原东端南秦岭山区，东西至西北走向的岷山山系贯穿全境。位于甘肃省南部，甘南藏族自治州东南部，东邻陇南市武都区，北接宕昌县，西南与迭部县、文县以及四川省九寨沟县接壤。气候属暖温带区，海拔高度在1173～4504米之间。地势西北高，东南低，境内山大沟深，地形复杂，沟壑纵横，高差悬殊，是典型的高山峡谷区，气候垂直变化明显，“一山有四季，十里不同天”的气温特征十分显著。年平均气温13.4℃，年降雨量420.6毫米，年日照时数1688小时，土地总面积3010平方公里。辖16个乡，3个建制镇，有210个村委会，5个社区居委会，532个村民小组，分布在403个自然村。全县总人口14.07万人，其中：藏族人口5.04万人，占总人口的35.8%，是新阶段国列重点扶持的贫困县。

【国民经济】2014年，全县实现地区生产总值12.93亿元，比上年增长6.7%，其中：第一产业增加值3.59亿元，增长4.5%；第二产业增加值2.82亿元，增长6.6%；第三产业增加值6.52亿元，增长7.8%。实现大口径财政收入1.74亿元，增长17.0%；公共财政收入1.19亿元，增长30.6%；公共财政预算支出14.17亿元，增长9.5%。金融机构各项存款余额47.75亿元，增长7.4%，金融机构各项贷款余额23.97亿元，增长46.2%。社会消费品零售总额2.74亿元，增长11.6%。

【“三农”工作】2014年，全县粮食总产量33824吨，比上年增长2.13%。年末大牲畜存栏4.79万头，比上年末下降1.6%；羊存栏1.85万只，下降21.9%；猪存栏3.78万头，增长2.8%。全年肉类总产量5828吨，比上年增长4.4%，牛奶产量161吨，增长79.3%；绵羊毛产量10吨，下降6.7%。油料产量4235吨，增产9.1%；园林水果产量7891吨，增产2.4%；蔬菜产量8906吨，增产3.3%；中药材产量4868吨，增产11.2%。

【项目建设】全年完成固定资产投资14.1亿元，比上年下降29.0%。总装机容量7.2万千瓦的喜儿沟水电站建成并网发电，拱坝河堤防工程、兰州新区舟曲慈善社会福利院、2013年易地扶贫搬迁等工程全面建成投用，曲告纳等10乡镇干部职工周转房全面竣工。新签约招商引资项目8项，合同引资10.2亿元，开工建设6项，完成投资6.91亿元。岷县漳县6.6级地震灾后重建累计完成投资2050万元，其中农村居民住房重建、维修加固和曲瓦、立节等乡镇卫生院、小学加固维修已完工，拉尕山景区道路、水利工程、就业和社会保障服务中心、立节北山滑坡治理工程正在加紧实施。曲告纳乡拉尕村火灾灾后重建基本完成。

【优势产业】全县把水电、药材、林果、特色养殖、设施种植、劳动力六大资源优势通过强化基础产业发展、基础设施建设、基础工作落实来努力打造为优势产业。通过灾后重建，加快工农业发展，扩大经济总量，大力发展现代农业，积极推进高半山地带中藏药材、畜牧业、草产业发展步伐。扩大全膜双垄沟播为主的旱作农业种植推广，在河川地带大力发展精品高效设施农业，农村经济得到不断壮大。加快了电力输送网络配套建设力度，最大限度的把水电资源优势转化为经济优势，加大了农产品加工龙头企业建设的扶持力度，畅通物流和销售渠道，延长产业链，加快了工业发展，全县全部工业增加值2.47亿元，比上年增长6.5%。在江苏常州设立了舟曲劳务工作站，并签订职业技能培训合作协议，坚持技能培训和引导培训、县内务工和向外输转相结合，劳务经济不断增强，全年完成各类培训2.1万人次，劳务技能培训持证率达到26.8%。

【文化旅游】“楹联文化县”创建工作取得重大突破，“藏乡江南”楹联大赛从全国征集到作品7600余副，印发《对联写作通俗读本》3万余册。建成寺庙书屋21个，“一村一场”农民健身场所20个，标准村级文化广场7个。扶持组建村级文化社团19个，成功举办了篮球赛、健身舞大赛等全民体育赛事。精心创作了《相约在拉尕山》等一批民族歌舞，编辑出版了《白龙江边有人家》等一批本土文学作品。完成各类文化资源数据登记申报723项，认定可移动文物1298件。旅游方面，县财政投入旅游发展资金180万元，编制完成了《舟曲县旅游总体规划》、《拉尕山景区规划》和全县旅游资源基础资料收集整理。成功申报国家2A级旅游景区1个，创建国家四星级旅游饭店1所，新扶持发展农家乐12户，发展旅游专业村2个。全年来县旅游人数达21.79万人次，旅游综合收入达8657万元。

【人民生活】2014年，全县城镇居民人均可支配收入17016元，比上年增长8.6%；城镇居民人均消费性支出10146元，下降4.6%；城镇居民家庭恩格尔系数（即居民家庭食品消费支出占家庭消费支出的比重）为40.8%，比上年提高2个百分点。农村居民人均纯收入4675元，增长14.3%；农村居民人均生活消费支出3004元，增长7.0%；农村居民家庭恩格尔系数为56.8%，比上年下降1.6个百分点。

【扶贫开发】全县行政村道路硬化通畅率84%，自然村简易路通畅率80%，自来水入户率86%。易址搬迁电网建设工程和无电户电网建设工程全面完工。县财政筹集贴息资金1150万元，农村信用社发放产业贴息贷款1.84亿元；筹集担保基金2300万元，县农行发放“双联”惠农贷款2.43亿元；各金融机构发放其他贷款3.37亿元，新发放各类贷款7.64亿元，惠及农户1.1万户。13个整村推进项目基本完成，18个正在加紧建设。新组建扶贫互助社22个，累计达到84个。

【环境保护】大力推进生态文明，大打“环保牌”。编制完成了全县16260公顷的新一轮退耕还林工程实施方案和新老城区、立节杰迪南北两山造林绿化工程、新区南北两山上水工程、S313线新老城区段景观提升工程方案。完成各类植树造林1367公顷、育林1133公顷，兑现造林补助1873万元，草原修复补助1185万元。全年投入生态补偿资金3243万元，占上级下达重点生态转移支付资金的67.7%。认真落实县人大常委会《关于进一步加强生态植被保护、全面实施封山禁牧的决定》，划定封山禁牧林地 48013 公顷、草场 33333 公顷。县财政投入工作经费 85 万元，对乱采滥挖矿产资源行为进行了强力整治，有效遏制了乱采滥挖矿产资源的行为。严格实行污染源排查和环境资源整治，丁字河口铁合金厂停产整顿，金钱沟煤矿依法关闭。老城区锁儿头、桥头坡、立节北山等地质灾害治理工程有序推进。

【社会保障】县财政落实 2295 万元配套资金，全面完成了省州确定总投资 27868 万元的民生实事 24 件。配套整合“一事一议”奖补资金 1498 万元，完成 87 个村村内道路、小型农田水利、村内环卫设施等 89 个项目。通过“一折通”，兑现各类支农惠民资金 1.092 亿元。进一步加大城乡低保清理规范、医疗救助和困难群众救助力度，全年发放城乡低保、特困救助、医疗救助、五保供养、孤儿救助资金累计达到 1.055 亿元，代缴低保户医疗参合金 234.95 万元，发放高龄老人津贴 131.8 万元、优抚优待金 224 万元，发放特困残疾人和重度残疾人补贴资金 149.8 万元，实施残疾人危旧房改造 300 户。发放廉租房补贴 249.6 万元，实施农村危旧房改造 1437 户。

【社会事业】全县有各级各类学校 113 所，其中：完全中学 2 所，独立高中 1 所，独立初中 1 所，职业技术中学 1 所，九年制学校 2 所，小学 104 所，在校学生 2.3 万人；全县幼儿园 23 所，在园幼儿 2351 人。在校教职工 2098 人。成立了舟曲县振兴教育促进会，县财政筹措资金 100 万元，募集社会基金 160 余万元，已发放助学金和奖金 34.1 万元。高考录取率达到 89.95%，其中本科录取率 20.4%，教育质量稳步提升。有医疗机构 29 个，医疗卫生机构技术人员 619 人，病床数 382 张。全县不断深化医药卫生体制改革，在全州率先实现“先治疗、后付费”诊疗模式，“一卡通”限时结报正式运行，新农合人均筹资标准达到 380 元，参合率达到 99.2%，为 12.255 万人次报销医疗费 4552.15 万元。

（张云霞　高忠明）

卓尼县

【现任主要领导】

中共卓尼县县委书记：杨晓南（藏族）

卓尼县人大常委会主任：王忠

卓尼县人民政府县长：韩明生（藏族）

政协卓尼县委员会主席：朱凤翔（藏族）

中共卓尼县纪律检查委员会

书记：杨志荣

【基本情况】卓尼县位于甘肃省南部，甘南藏族自治州东南部。东邻定西市岷县、漳县和渭源县，北靠临夏回族自治州康乐县、和政县，西连本州合作市、碌曲县和夏河县，南接迭部县和四川省若尔盖县。海拔高度 2000 至 4972 米，年均气温 6℃，全年降水量 516.2mm，属大陆性气候。现辖 3 个镇，12 个乡，3 个居委会，97 个村委会，461 个村民小组。土地总面积 5419.68 平方公里，耕地面积 11333 公顷，林地面积 240650 公顷，草场面积 273956 公顷。总人口 10.98 万人，有藏、汉、回、土、满、苗等 10 多个民族，其中藏族人口 7.63 万 人，占总人口的 69.5%，常住人口 10.34 万人。

【国民经济】2014 年，卓尼县完成生产总值 12.76 亿元，按不变价计算，增长 7.5%，其中：第一产业增加值 3.73 亿元，增长 5.6%；第二产业增加值 3.28 亿元，增长 4.3%；第三产业增加值 5.75 亿元，增长 10.6%。完成全部工业增加值 3.23 亿元，增长 4%。完成固定资产投资完成 23.72 亿元，增长 27.79%。完成大口径财政收入 1.89 亿元，下降 11.78%；一般预算收入 1.15 亿元，增长 22.12%；一般预算支出 17.69 亿元，增长 10.97%。完成社会消费品总额 3.24 亿元，增长 12.91%。金融机构各项存款余额为 22.14 亿元，增长 3.78%，各项贷款余额为 15.89 亿元，增长 29.98%。

【“三农”工作】深入实施农牧互补战略，着力推进一特四化建设，调结构、促转型，农牧村经济继续保持良好的发展态势。全县各类牲畜存栏达 50.16 万头（匹、只），总增率、出栏率、商品率分别达到 36.49%、47.46%、38.31%，肉产量达 10706 吨，奶产量达 8390 吨。继续加大产业结构调整，进一步拓宽农牧民增收渠道，促进农牧村经济有序发展，全年农作物播种面积达到 15.87 万亩，其中粮食作物 5.05 万亩，油料 2.15 万亩，青饲料 1.96 万亩，蔬菜 0.21 万亩，药材 6.5 万亩。粮经饲三元比例从 2013 年的 38.1:49.5:12.4 调整为 31.8:55.8:12.4，粮食产量达 0.82 万吨、油料产量达 0.23 万吨。完成荒山造林 3000 亩、义务植树 4000 亩。九甸峡库区网箱养鱼初具规模，渔业养殖专业合作社及养殖户 47 户、从业人员 176 人，网箱养鱼规模达 2.7 公顷，年产量达 15 吨，为库区群众增收增效开辟了新途径。

【项目建设】全年共组织实施项目 176 项，其中续建 83 项，竣工 52 项；新建 93 项，竣工 11 项。完成固定资产投资 23.72 亿元，比上年增长 27.79%。涉及的市政基础设施、水利水电、社会事业、保障性安居工程、交通设施和易地搬迁等重点项目建设进展顺利。特别是新城区防洪工程、旗布林卡度假公园、乡镇职工周转房、高原特色农畜产品交易市场、佳美农贸市场、5 万吨饲草料储备基地、合作至治力关公路卓尼段、现代农业标准化设施养殖科技示范园、灾后恢复重建等建设项目相继建成并投入使用，以及城区道路改扩建工程、农贸综合市场、通畅公路等项目相继开工建设，为全县固定资产投资完成提供了有力的保证。“城中村”改造工程共 521 户，第一批 144 户已全面完成拆迁；第二批 134 户，完成签订协议 126 户，拆迁 125 户；第三批 243 户，已签订协议 90 户。目前上城门安置小区共安置拆迁户 174 户 286 套。

【优势产业】近年来，县委、县政府不断转变旅游发展思路，投资 300 万元与上海铭格公司签订旅游营销协议，将卓尼的人文山水和原生态资源推向外界，让更多的游客走近卓尼、了解卓尼。利用兰州市援建资金，筹措其他方面的资金 1.6 亿元，投入旅游产业发展，相继建成多坝至一线天旅游公路、卓尼县会议中心和旗布林卡度假公园等，全县接待服务能力明显提升，旅游经济保持了较快增长态势。全面完成了大峪沟旅游基础设施建设，及时完成大峪沟三角石景区基础设施建设项目区地形测绘、地质勘察等前期各项工作，在第二十届兰洽会上签约了卓尼县生态旅游中心和古雅德吉大酒店。2014年7月在大峪沟成功举办了以“发现卓尼·观星大峪沟”为主题的第十五届中国九色甘南香巴拉旅游艺术节、第二届卓尼风情艺术节暨首届卓尼国际自驾狂欢节活动，来自各大媒体、旅行社以及全国各地前来观光的游客达5万多人，通过举办旅游艺术节，切实提升了卓尼的知名度。

【人民生活】全县城镇居民家庭人均可支配收入15958元，比上年增长9.03%，城镇居民家庭总收入17534元，增长6.95%。城镇居民家庭人均消费性支出13357元，增长9.03%。农牧民人均纯收入4168元，增长11.74%。农牧民生活消费支出2180元，增长11.74%。

【扶贫开发】牢固树立“大扶贫”观念，结合新一轮西部大开发有利政策机遇，全年完成了9个整村推进项目。就地就近发展劳务经济，努力增加农牧民非农产业收入，输转劳务1.69万人次，劳务创收达2.18亿元，实现了重大项目建设劳力保障与劳务经济发展“双赢”目标。2014年整合涉农资金和灾后恢复重建资金共4.33亿元用于北部6乡扶贫攻坚，通过集中整合资金，使有效的资金发挥了更大的效益。全面做好扶贫建档立卡工作，确定42个贫困村6548户3.12万人，有效解决绝对贫困人口1万人。积极筹资3600万元双联贷款担保基金，对符合审查的农牧户和合作社发放贷款。

【环境保护】根据州环境监测站对县城区地表水、大气、生活饮用水等环境质量和“国控重点污染源企业”采样监测结果，2014年全县一、二、三、四季度环境质量各项污染控制因子均符合大气、水环境质量标准限制。其中，空气环境质量中PM10、二氧化硫、二氧化氮均未超过《环境空气质量标准》（GB3095～1996）中二级标准限值，达标率达到100%。按照《城市空气质量日报技术规定》，全年空气质量优于和达到二级的天数320天，优良率达到90%，空气质量为优；洮河干（支）流两个监测断面的水质25项监测因子结果达到《地表水环境质量标准》（B3838～2002）中的Ⅱ类标准，达标率为100%；县城区木耳沟生活饮用水水质达到地下水环境质量标准（GB／T14848～93）中的Ⅲ类标准，达标率达到100%；区域环境噪声平均值为50分贝，小于55分贝的标准值，交通干线噪声平均值为56.1分贝，小于70分贝标准值，达标率为100%。

【民生保障】2014年涉及民生实事共19件，各项民生工作有序推进。城乡居民社会养老保险基础养老金提标、城乡低保标准和补助水平及农村五保供养省级补助提标、特困残疾人生活补贴发放、城镇居民基本医疗保险政府补助提标和城乡职业技能培训等工作全面完成；为11603名60岁以上老人发放养老金993.38万元，发放城乡低保金5103.14万元、五保金200.41万元，城乡居民参保率达97.4%，城镇职工及城镇居民报销住院费2257万元；全年共招录事业单位工作人员、三支一扶和分配退役士官共260人；卓尼县老年综合服务中心项目已竣工并投入使用；14个农村互助老年人幸福院建设项目和2200户农牧村危旧房改造工程全面完成；2000套公共租赁住房建设工程已全部开工建设；1200户城市棚户区改造工程已完成前期工作；5所乡镇幼儿园新建项目全部完成主体建设任务。享受城镇低保3920人，农村低保27197人；参加养老保险人数56472人，占应参保人数的98.9%。其中：参保离退休人员10961人；参保城乡居民人数54989人；参保机关事业单位人数1483人。应参加医疗保险人数99720人，实际参加99663人，占应参保人数的99.9%。其中：城镇职工医疗保险参保人数9360人；城镇居民医疗保险参保人数6072人；参加农村新型合作医疗保险人数84231人。

【社会事业】全县高考录取率达95.61%，“两免一补”政策得到全面落实，共发放补助资金1302万元；全面实施农牧村义务教育阶段和农牧村学前幼儿营养改善计划，发放营养改善补助资金858.57万元，受益学生12507人；进一步规范生源地助学贷款工作，为717名学生发放贷款370.25万元。共建立居民健康档案100736人，建档率达99.3%；新农合参合人数84014人，参合率达99%，共收缴医疗基金2679.08万元。国家卫计委命名卓尼县为“国家级优质服务县”，全县人口出生率11.81‰，农牧村符合政策生育率达到98.84%，人口自增率7.26‰。总投资1200万元的《卓尼土司》电影在人民大会堂召开首映仪式及新闻发布会，在中央党校礼堂进行了播映，并参加了中国兰州第23届金鸡百花电影节展映仪式，举办了省内首映仪式，对提升卓尼对外形象起到了积极作用。编制完成了《卓尼县洮砚文化保护传承利用发展规划（2014～2020年）》，对洮砚文化传承和保护起到了积极作用。

（何建明　刘建福）

1

综　合

General Survey

简要说明

一、本篇资料主要内容

本篇资料主要包括行政区划、河流基本情况、国民经济和社会发展综合资料、私营个体经济基本情况及法人单位与产业活动单位基本情况资料。

二、本篇资料来源

本篇国民经济和社会发展综合资料由省统计局国民经济综合处搜集、加工整理。

1. 甘肃行政区划资料是截止 2013 年末全省行政区划变更情况汇总，由省民政厅提供。

2. 河流资料由省水利厅提供。

3. 国民经济和社会发展综合资料是由省统计局国民经济综合处抽取全书的精华，通过对各篇章主要统计指标及其速度、结构、比例和效益等加工计算，来反映国民经济和社会发展的总体情况。

4. 全省私营个体经济资料来自省工商行政管理局。

5. 全省法人单位与产业活动单位资料由省统计局普查中心汇总、加工整理。

1-1 行政区划（2014）

Divisions Administrative Areas in Gansu (2014)

单位：个 (unit)

地级区划名称	Prefectural Regions and Autonomous Regions	地级 City	县级 County Level 合计 Numbers of Regions at County Level	县 Counties	自治县 Autonomous Counties	市 Cities	市辖区 Districts under the Jurisdiction of Cites	乡镇级 Townships Level 合计 Number of Regions at Townships Level	镇 Towns	乡 Townships	民族乡 Ethnic Community Townships	街道办事处 Street Communites
甘肃省	**Gansu**	**14**	**86**	**58**	**7**	**4**	**17**	**1228**	**526**	**668**	**34**	**122**
兰州市	Lanzhou	1	8	3			5	61	37	24		53
嘉峪关市	Jiayuguan	1						3	3			
金昌市	Jinchang	1	2	1			1	12	8	4		6
白银市	Baiyin	1	5	3			2	69	28	40	1	9
天水市	Tianshui	1	7	4	1		2	113	47	66		10
武威市	Wuwei	1	4	2	1		1	93	43	50		8
张掖市	Zhangye	1	6	4	1		1	60	39	17	4	5
平凉市	Pingliang	1	7	6			1	102	32	61	9	3
酒泉市	Jiuquan	1	7	2	2	2	1	67	31	29	7	8
庆阳市	Qingyang	1	8	7			1	116	51	64	1	3
定西市	Dingxi	1	7	6			1	119	60	59		2
陇南市	Longnan	1	9	8			1	195	85	106	4	4
临夏州	Linxia	1	8	5	2	1		123	46	73	4	7
甘南州	Gannan	1	8	7		1		95	16	75	4	4

注：街道办事处不包括矿区街道。

a) Street communites excluding the street of Mining Area.

1-2 河流基本情况

Major Rivers

名称	River	流域面积（万平方公里） Drainage Area (10 000 sq.km)	河流长度（公里） Length (km)	年径流量（亿立方米） Annual Flow (100 million cu.m)
长　江	Yangtze River	3.85	3484.66	72.47
# 白龙江	Bailong River	1.81	450.00	54.35
黄　河	Huanghe River (Yellow River)	14.59	7752.46	93.14
# 洮　河	Taohe River	2.52	673.00	34.87
内陆河	Inland Rivers	27.00	4691.00	57.34
# 疏勒河	Shulehe River	17.00	583.00	19.57
黑　河	Heihe River	5.94	413.00	22.85
石羊河	Shiyanghe River	4.07	179.60	14.93

1-3 国民经济和社会发展总量与速度指标

指标	Item	1995	2000	2005
人口与就业	**Population and Employment**			
人口	**Population**			
年底总人口（万人）	Population at the Year-end (10 000 persons)	2437.95	2515.31	2545.10
城镇人口	Urban	562.06	603.93	764.04
乡村人口	Rural	1875.89	1911.38	1781.06
就业	**Employment**			
从业人员数（万人）	Employees (10 000 persons)	1483.32	1476.45	1391.36
# 在岗职工人数	Staff and Workers		201.20	188.49
城镇登记失业人数（万人）	Urban Registration Unemployment (10 000 persons)	9.13	7.35	9.26
宏观经济	**Macro Economy**			
国民经济核算	**National Accounting**			
生产总值（亿元）	Gansu Gross Product (100 million yuan)	557.76	1052.88	1933.98
第一产业	Primary Industry	110.65	194.10	308.06
第二产业	Secondary Industry	256.83	421.65	838.56
# 工业	Industry	226.29	327.60	685.80
第三产业	Tertiary Industry	190.28	437.13	787.36
支出法生产总值（亿元）	Gansu Gross Product by Expenditure Approach (100 million yuan)	557.76	1052.88	1933.98
# 最终消费	Final Consumption Expenditure	385.35	635.71	1217.63
居民消费	Household Consumption Expenditures	291.08	496.35	893.15
政府消费	Government Consumption Expenditures	94.27	139.37	324.48
资本形成总额	Gross Capital Formation	221.20	453.44	916.96
固定资本形成	Gross Fixed Capital Formation	146.35	373.90	874.52
存货变动	Changes in Inventories	74.84	79.54	42.44
固定资产投资	**Investment in Fixed Assets**			
固定资产投资总额（亿元）	Total Investment in Fixed Assets (100 million yuan)	194.67	441.35	874.53
第一产业	Primary Industry			
第二产业	Secondary Industry			
第三产业	Tertiary Industry			
财政	**Finance**			
财政收入（亿元）	Revenue (100 million yuan)	68.41	108.38	254.57
公共财政预算支出（亿元）	Public Government Budget Expenditure (100 million yuan)	81.39	188.23	429.35
物价总指数（上年 =100）	**Price Indices (preceding year=100)**			
商品零售价格指数	Retail Price Index	116.5	99.1	99.9
居民消费价格指数	Consumer Price Index	119.8	99.5	101.7
工业生产者出厂价格指数	Producer Price Indices for Industrial Products	115.0	107.2	109.6
农业生产资料价格指数	Price Indices for Farm Products	129.6	103.9	109.00
能源生产与消费（万吨标煤）	**Production and Consumption of Energy (10 000 tons of SCE)**			
能源生产总量	Total Energy Production	2276.89	1914.59	3605.12
能源消费总量	Total Energy Consumption	2737.59	3011.62	4300.88

注：1.2010 年度以前（含 2010 年）固定资产投资数据为全社会口径，全社会口径中包含农户投资和跨区域项目投资，与 2011 年以后数据不可比（下表同）。

2. 从 2011 年起，固定资产投资的起点标准从计划总投资 50 万元提高到 500 万元，500 万元以下项目不再纳入固定资产投资统计范围（下表同）。

Principal Aggregate Indicators on National Economic and Social Development and Their Related Indices and Growth Rates

总量指标 Aggregate Data			速度指标（%） Indices and Growth Rates							
			指数（2014 年为以下各年%） Index (2014 as Percentage of the Following Years)					年平均增长速度 Average Annual Growth Rate		
2010	2013	2014	1995	2000	2005	2010	2013	“十五”时期 2001-2005	“十一五”时期 2006-2010	2011-2014
2559.98	2582.18	2590.78	106.27	103.00	101.79	101.20	100.33	0.24	0.12	0.30
924.66	1036.23	1079.84	192.12	178.80	141.33	116.78	104.21	4.82	3.89	3.95
1635.32	1545.95	1510.94	80.55	79.05	84.83	92.39	97.74	-1.40	-1.69	-1.96
1499.56	1504.97	1519.86	102.46	102.94	109.24	101.35	100.99	-1.18	1.51	0.34
187.96	225.48	231.88		115.25	123.02	123.37	102.84	-1.30	-0.06	5.39
10.72	9.28	9.70	106.24	131.97	104.75	90.49	104.53	4.73	2.97	-2.47
4135.86	6330.69	6836.82	693.28	432.58	259.75	152.75	108.89	10.74	11.20	11.17
599.28	844.69	900.76	252.48	220.57	163.88	125.94	105.51	6.12	5.41	5.94
1937.39	2745.35	2926.45	789.16	499.90	291.82	160.45	109.23	11.37	12.71	12.55
1551.59	2155.22	2263.20	753.86	535.25	295.96	161.20	108.66	12.58	12.92	12.68
1599.20	2740.65	3009.61	896.64	467.69	265.43	153.26	109.46	12.00	11.61	11.26
4135.86	6330.69	6836.82	693.28	432.58	259.75	152.75	108.89	10.74	11.20	11.17
2462.03	3708.44	4035.59	632.96	431.39	250.23	149.19	109.00	11.51	10.37	10.52
1594.37	2480.71	2761.81	532.76	374.25	232.24	156.09	111.00	10.01	7.53	11.77
867.66	1227.73	1273.78	1000.73	633.64	298.19	136.07	104.90	16.27	16.99	8.00
2343.52	3778.97	4150.35	1103.83	630.09	341.16	166.74	109.60	13.05	15.39	13.64
2177.89	3649.14	4116.72	1549.95	755.11	355.14	178.15	112.80	16.29	14.80	15.53
165.63	129.83	33.63	35.94	34.41	64.57	20.51	26.30	-11.83	25.78	-32.70
3378.10	6407.20	7759.62	3986.04	1758.16	887.29	229.70	121.11	14.66	31.03	27.00
137.99	232.64	409.09				296.46	175.85	14.66	28.87	51.78
1597.61	3245.02	3531.53				221.05	108.83	14.66	25.45	25.20
1642.50	2929.54	3819.00				232.51	130.36	14.66	32.92	32.27
745.25	1144.83	1234.24	1804.18	1138.81	484.83	165.61	107.81	18.62	23.97	13.44
1468.58	2309.62	2541.49	3122.61	1350.21	591.94	173.06	110.04	17.93	27.88	14.70
104.6	102.6	101.7								
104.1	103.2	102.1								
115.0	96.9	96.7								
101.7	102.1	99.0								
4631.59	5538.21	5926.50	260.29	309.54	164.39	127.96	107.01	13.49	5.14	6.36
5829.85	7286.72	7521.45	274.75	249.75	174.88	129.02	103.22	7.72	6.27	6.58

a)Before 2010(including 2010),data of fixed asset investment are the caliber of total society. Farm households investment and cross-regional project investment is included in the caliber of total society，and different from the data of 2011 (The same applies to all tables following).

b)Since 2011, the standards of starting point of investment in fixed assets statistics is changed from a planned total investment of 500,000 yuan to 500 million.Project of below 500 million is no longer included in the investment in fixed assets statistics range (The same applies to all tables following).

1-3 续表 1

指标	Item	1995	2000	2005
产业	**Industry**			
农业	**Agriculture**			
耕地面积（千公顷）	Cultivated Areas (1 000 hectares)	3482.49	3433.20	3421.05
农林牧渔业从业人员（万人）	Employed Persons of Agriculture, Forestry, Animal, Husbandry & Fishery (10 000 persons)	667.45	697.53	761.37
农林牧渔业总产值（亿元）	Gross Output Value of Agriculture Forestry, Animal Husbandry and Fishery (100 million yuan)	269.45	320.12	549.71
主要农产品产量（万吨）	Output of Major Farm Products (10 000 tons)			
粮食	Grain	626.78	713.48	836.89
棉花	Cotton	2.29	5.75	11.05
油料	Oil-bearing Crops	31.69	41.68	50.31
甜菜	Beet Roots	107.01	37.90	14.54
水果	Fruits	80.36	121.59	172.45
肉类	Meat	47.33	57.33	69.81
猪牛羊肉	Pork,Beef,Mutton	44.02	52.77	64.09
工业	**Industry**			
规模以上工业增加值（亿元）	Value-added of Industry above Designated Size (100 million yuan)		263.42	601.80
主要工业产品产量	Output of Major Industrial Products			
原煤（万吨）	Coal (10 000 tons)	2466.13	1632.71	3619.84
天然原油（万吨）	Natural Crude Oil (10 000 tons)	267.83	250.15	304.55
发电量（亿千瓦小时）	Electricity (100 million kwh)	237.75	280.27	506.17
粗钢（万吨）	Crude Steel (10 000 tons)	131.95	229.94	458.44
水泥（万吨）	Cement (10 000 tons)	561.48	732.10	1553.29
乙烯（万吨）	Ethene (10 000 tons)	7.28	16.72	24.57
卷烟（万箱）	Cigarettes (10 000 pack)	28.75	28.99	71.00
建筑业	**Construction**			
建筑业企业人数（万人）	Number of Employed Persons (10 000 persons)		33.17	42.77
建筑业增加值（亿元）	Value-added (100 million yuan)	30.54	94.04	152.76
施工房屋面积（万平方米）	Floor Space of Buildings under Construction (10 000 sq.m)	958.98	1914.12	3008.48
竣工房屋面积（万平方米）	Floor Space of Buildings Completed (10 000 sq.m)	408.68	1066.18	1455.17
交通运输	**Transportation**			
货运量（万吨）	Freight Traffic (10 000 tons)	20275	22722	25843
# 铁路	Railways	2555	2885	3274
公路	Highways	17719	19800	22520
空运	Civil Aviation	1.00	1.09	1.08

注：从 2011 年开始，规模以上工业统计范围的工业企业起点标准从年主营业务收入在 500 万元提高到 2000 万元（下表同）。

continued

总量指标 Aggregate Data			速度指标（%） Indices and Growth Rates							
			指数（2014 年为以下各年 %） Index (2014 as Percentage of the Following Years)					年平均增长速度 Average Annual Growth Rate		
2010	2013	2014	1995	2000	2005	2010	2013	"十五"时期 2001-2005	"十一五"时期 2006-2010	2011-2014
3493.81	3537.93	3546.80	101.85	103.31	103.68	101.52	100.25	-0.07	0.42	0.38
724.82	678.90	674.52	101.06	96.70	88.59	93.06	99.35	1.77	-0.98	-1.78
1057.02	1517.74	1618.80	304.13	224.51	162.22	123.86	105.36	6.72	5.54	5.49
958.30	1138.90	1158.65	184.86	162.39	138.45	120.91	101.73	3.24	2.75	4.86
7.56	7.05	6.47	282.53	112.52	58.55	85.59	91.77	13.96	-7.31	-3.81
64.05	69.72	72.42	228.53	173.75	143.95	113.06	103.87	3.84	4.95	3.12
22.02	24.72	27.42	25.62	72.35	188.58	124.55	110.92	-17.44	8.65	5.64
299.46	391.37	425.23	529.16	349.72	246.58	142.00	108.65	7.24	11.67	9.16
86.78	95.10	99.73	210.71	173.96	142.86	114.92	104.87	4.02	4.45	3.54
80.77	89.12	93.39	212.15	176.98	145.72	115.62	104.79	3.96	4.74	3.69
1376.34	2045.20	2070.00		596.66	312.16	160.95	108.40	13.83	14.17	12.64
4547.20	4497.30	4691.73	190.25	287.36	129.61	103.18	104.32	17.26	4.67	0.79
382.14	710.39	771.97	288.23	308.60	253.48	202.01	108.67	4.01	4.64	19.22
791.53	1148.60	1129.93	475.26	403.16	223.23	142.75	98.37	12.55	9.35	9.31
662.25	1024.33	1073.98	813.93	467.07	234.27	162.17	104.85	14.80	7.63	12.85
2414.11	4412.72	4925.52	877.24	672.79	317.10	204.03	111.62	16.23	9.22	19.52
69.48	63.16	62.99	865.20	376.72	256.36	90.65	99.73	8.00	23.11	-2.42
80.00	94.00	100.00	347.83	344.95	140.85	125.00	106.38	19.62	2.42	5.74
45.76	54.81	58.89		177.54	137.69	128.69	107.44	5.22	1.36	6.51
385.80	607.37	681.34	1050.80	379.43	274.88	157.39	111.64	6.65	11.80	12.01
5032.63	10319.41	11531.10	1202.43	602.42	383.29	229.13	111.74	9.47	10.84	23.03
2013.88	3976.67	4172.00	1020.85	391.30	286.70	207.16	104.91	6.42	6.71	19.97
29009	51482	57247	282.35	251.94	221.52	197.34	111.20	2.61	2.34	18.52
4926	6394	6450	252.46	223.58	197.02	130.94	100.88	2.56	8.51	6.97
24050	45072	50780	286.59	256.46	225.49	211.14	112.66	2.61	1.32	20.54
1.13	5.55	5.96	596.00	546.79	551.85	527.43	107.39	-0.18	0.91	51.55

a) Since 2011,the cut-off point of Industrial enterprises covered by statistics of industrial enterprises above designated size are raised from revenue from principal business of 5 million yuan to 20 million yuan. (The same applies to the tables following).

1-3 续表 2

指标	Item	1995	2000	2005
客运量（万人）	Passenger Traffic (10 000 persons)	10547	12907	17803
铁路	Railways	942	1039	1230
公路	Highways	9563	11600	16247
民航	Civil Aviation	42	76	85
邮电通信业	**Postal and Telecommunication Services**			
邮电业务总量（亿元）	Business Volume of Postal and Telecommunication Services (100 million yuan)	7	42	136
函件（万件）	Number of Letters Delivered (10 000 pieces)	9104	9919	5071
报刊期发数（万份）	Number of Newspapers and Magazines Distributed (10 000 copies)	496	679	175
移动电话年末用户（万户）	Number of Mobile Telephone Subscribers at Year-end(10 000 subscribers)	2	65	408
固定电话年末用户（万户）	Number of Fixed Telephone Subscribers at Year-end (10 000 subscribers)	43	180	548
局用交换机容量（万门）	Capacity of Local Telephone Exchanges (10 000 lines)			712
国内商业	**Domestic Trade**			
社会消费品零售总额（亿元）	Total Retail Sales of Consumer Goods (100 million yuan)	240.65	379.61	638.08
对外经济贸易	**Foreign Trade**			
进出口总额（万美元）	Total Value of Exports and Imports (USD 10 000)	30494	56953	263136
进口额	Imports	8542	15458	154038
出口额	Exports	21951	41495	109098
利用外资额	**Utilization of Foreign Capital**			
签订利用外资协议额（万美元）	Foreign Capital Signed by Contracts (USD 10 000)	44199	32250	53996
实际利用外资额（万美元）	Utilization of Foreign Capital (USD 10 000)	35854	20122	25639
金融业	**Financial Intermediation**			
金融机构人民币各项存款（亿元）	Deposits of National Banking System (100 million yuan)	628.28	1402.93	2895.86
金融机构人民币各项贷款（亿元）	Loans of National Banking System (100 million yuan)	681.08	1171.14	1923.46
证券交易额（亿元）	Value of Securitys Exchange (100 million yuan)		745.87	467.68
保险公司保费收入（亿元）	Insurance Premium of Insurance Companies (100 million yuan)	6.42	19.05	48.24
保险公司赔付支出（亿元）	Indemnity Expenditure and Payment of Insurance Companies (100 million yuan)	3.90	6.49	11.83
教育、科技、文化	**Education, Science and Technology and Culture**			
教育	**Education**			
专任教师数（人）	Number of Full-time Teachers (person)			
#普通高等学校	Institutions of Higher Education	6284	7208	14816
普通中学	Secondary Schools	62669	74082	99150
普通小学	Primary Schools	130032	125172	130841
在校学生数（万人）	Students Enrollment (10 000 persons)			
#普通高等学校	Institutions of Higher Education	4.55	8.17	22.95
普通中学	Secondary Schools	91.53	131.47	194.38
普通小学	Primary Schools	273.71	316.46	303.58
地方财政用于教育的支出（亿元）	Government Expenditures on Education (100 million yuan)	14.68	31.15	75.22
科技	**Science and Technology**			
R&D 经费内部支出（亿元）	Internal Expenditures on R & D (100 million yuan)			19.49

注：1. 邮电业务总量 2010 年按 2000 年可比价格计算，2011 年按 2010 年可比价格计算。
2.2011 年起，取消原“各项存款”下的企业存款、农业存款等存款分类项目，重新设置了具有主题分类标志的单位存款、个人存款、财政性存款和临时存款等项目，2011 年数据与历年数据不可比（下表同）。

continued

总量指标 Aggregate Data			速度指标（%） Indices and Growth Rates							
			指数（2014 年为以下各年 %） Index (2014 as Percentage of the Following Years)					年平均增长速度 Average Annual Growth Rate		
2010	2013	2014	1995	2000	2005	2010	2013	“十五”时期 2001-2005	“十一五”时期 2006-2010	2011-2014
53776	36934	39852	377.85	308.76	223.85	74.11	107.90	6.64	24.74	-7.22
2178	2522	2672	283.69	257.21	217.27	122.70	105.96	3.43	12.11	5.25
51404	33556	36224	378.79	312.28	222.96	70.47	107.95	6.97	25.91	-8.38
100	771	866	2062.81	1139.97	1019.27	864.56	112.37	2.26	3.35	71.47
453	210	278					132.41	26.42	27.24	-11.54
3806	3190	2664	29.26	26.86	52.54	70.00	83.51	-12.56	-5.58	-8.53
210	188	210	42.34	30.91	120.00	99.95	111.70	-23.76	3.72	-0.01
1390	1976	2059	111297.30	3167.69	504.11	148.13	104.20	44.43	27.76	10.32
412	364	341	787.86	189.43	62.28	82.86	93.68	24.92	-5.55	-4.59
439	525	361			50.70	82.23	68.76		-9.22	-4.77
1435.53	2368.83	2668.33	1108.80	702.91	418.18	185.88	112.64	10.95	17.61	16.76
736975	1028103	864894	2836.28	1518.61	328.69	117.36	84.13	35.81	22.87	4.08
573178	560226	331817	3884.54	2146.57	215.41	57.89	59.23	58.38	30.06	-12.77
163797	467877	533077	2428.49	1284.68	488.62	325.45	113.94	21.33	8.47	34.31
44015	93662		211.91	290.42	173.46	212.80		10.86	-4.01	
51921	39129		109.13	194.46	152.62	75.36		4.97	15.16	
7115.37	12029.66	13921.36	2215.79	992.31	480.73	195.65	115.73	15.60	19.70	18.27
4433.05	8430.08	10681.63	1568.34	912.07	555.33	240.95	126.71	10.43	18.17	24.59
5229.95	4995.56	7866.58		1054.69	1682.04	150.41	157.47	-8.91	62.07	10.74
146.34	180.15	208.44	3246.69	1094.16	432.08	142.44	115.70	20.42	24.85	9.25
31.18	67.14	84.42	2164.60	1300.76	713.60	270.72	125.74	12.76	21.39	28.27
20761	24351	25283	402.34	350.76	170.65	121.78	103.83	15.50	6.98	5.05
120689	126817	128599	205.20	173.59	129.70	106.55	101.41	6.00	4.01	1.60
140381	140436	140476	108.03	112.23	107.36	100.07	100.03	0.89	1.42	0.02
38.15	44.30	45.23	994.07	553.61	197.08	118.55	102.11	22.95	10.70	4.35
203.10	170.25	162.53	177.58	123.63	83.62	80.03	95.47	8.13	0.88	-5.42
237.04	186.73	180.24	65.85	56.95	59.37	76.04	96.52	-0.83	-4.83	-6.62
228.23	377.06	401.26	2733.76	1288.19	533.48	175.81	106.42	19.28	24.86	15.15
41.59	66.92	76.87			394.38	184.84	114.88		16.37	16.60

a) Business volume of telecommunication services in 2010 was calculted at 2000 constant prices,and that in 2011 was calculated at 2010 constant prices.

b) Since 2011,canceled the original "Total Deposits" of corporate deposits, deposits and other deposits classification items,reseted the items of corporate Deposits,personal deposits,Fiscal Deposits and temporary deposits etc. which have the subject classification flag.Data of 2011 are uncomparable with historical data(The same applies to all tables following).

1-3 续表 3

指标	Item	1995	2000	2005
文化	**Culture**			
图书（万册）	Number of Books Published (10 000 Volumes)	6180	7218	5895
杂志（万册）	Number of Magazines Issued (10 000 Volumes)	6214	8064	14766
报纸（万份）	Number of Newspapers Issue (10 000 Copies)	22556	25661	37900
家庭、生活、环境	**Family, People's livehood, Environment**			
家庭	**Family**			
家庭总户数（万户）	Total Number of Households (10 000 households)	554.3	615.3	682.8
城镇居民平均每户家庭人口（人）	Average Household Size in Urban Areas (person)	3.3	3.1	2.9
农村居民平均每户家庭人口（人）	Average Household Size in Rural Areas (person)	5.1	4.7	4.7
婚姻	**Marriages and Divorces**			
结婚登记总数（对）	Registered Number of Marriages (couples)	155553	127799	114554
离婚数（对）	Number of Divorces (couples)			22260
居住	**Housing**			
城市居民人均居住面积（平方米）	Per Capita Net Floor Space of Urban Residents (sq.m)	10.74	15.21	24.16
农村居民人均居住面积（平方米）	Per Capita Net Floor Space of Rural Residents (sq.m)	15.64	18.00	18.71
生活	**People's Livelihood**			
城镇居民人均可支配收入（元）	Per Capita Annual Disposable Income of Urban Households (yuan)	3153	4916	8087
农村居民人均纯收入（元）	Per Capita Net Income of Rural Residents (yuan)	880	1429	1980
城乡储蓄存款余额（亿元）	Outstanding Amount of Saving Deposits in Urban and Rural Areas (100 million yuan)	380	819	1587
工资	**Wages**			
在岗职工工资总额（亿元）	Total Wages of Fully-employed staff and workers(100 million yuan)	136.70	179.98	290.22
在岗职工平均工资（元）	Average Wage of Fully-employed Staff and Workers (yuan)			14939
卫生	**Health Care**			
卫生机构数（个）	Number of Health Care Institutions (unit)	4131	7191	11849
#医院、卫生院	Number of Hospitals	1843	1867	1741
卫生机构床位数（张）	Number of Beds in Health Care Institutions (unit)	56378	59441	63638
#医院、卫生院	Number of Hospital Beds	52788	56557	59856
卫生技术人员（人）	Number of Medical Tenchical Personnel (person)			66926
#执业（助理）医师	Number of Licensed (Assistant) Doctors			29701

注：从 2011 年起卫生机构包括村卫生室。

continued

总量指标 Aggregate Data			速度指标（%） Indices and Growth Rates							
			指数（2014 年为以下各年 %） Index (2014 as Percentage of the Following Years)					年平均增长速度 Average Annual Growth Rate		
2010	2013	2014	1995	2000	2005	2010	2013	"十五"时期 2001-2005	"十一五"时期 2006-2010	2011-2014
6737	6573	5312	85.96	73.59	90.11	78.85	80.82	-3.97	2.71	-5.77
11082	11038	10871	174.94	134.81	73.62	98.10	98.49	12.86	-5.58	-0.48
40714	51548	50982	226.03	198.68	134.52	125.22	98.90	8.11	1.44	5.78
690.0	819.3	828.6	149.50	134.68	121.36	120.08	101.14	2.10	0.21	4.68
2.8	3.0	3.5	106.38	113.64	121.11	126.81	117.45	-1.27	-0.92	6.12
4.6	4.4	4.0	76.85	83.51	84.95	85.87	89.77	-0.34	-0.22	-3.74
142294	186467	201813	129.74	157.91	176.17	141.83	108.23	-2.16	4.43	9.13
27926	38500	42231			189.72	151.22	109.69		4.64	10.89
27.89	29.82	30.60	284.92	201.18	126.66	109.72	102.62	9.70	2.91	2.35
20.96	24.66	28.60	182.86	158.89	152.86	136.45	115.98	0.78	2.30	8.08
13189	18965	20804	659.92	423.17	257.26	157.74	109.70	10.47	10.28	12.07
3425	5108	5736	651.57	401.48	289.70	167.49	112.29	6.74	11.58	13.76
3598	5878	6675	1755.71	815.22	420.67	185.50	113.54	14.15	17.79	16.70
560.63	1110.53	1247.26	912.41	693.00	429.76	222.47	112.31	10.03	14.07	22.13
29588	44109	48470			324.45	163.82	109.89			13.13
10267	26528	27902					105.18	10.50	-2.83	
1728	1800	1805	97.94	96.68	103.68	104.46	100.28	-1.39	-0.15	1.10
94883	116087	122375	217.06	205.88	192.30	128.97	105.42	1.37	8.32	6.57
82422	107958	114313	216.55	202.12	190.98	138.69	105.89	1.14	6.61	8.52
97387	116319	126294			188.71	129.68	108.58		7.79	6.71
38249	43442	47791			160.91	124.95	110.01		5.19	5.73

a) Since 2011, included of villages clinics.

1-4 国民经济和社会发展结构指标
Structural Indicators on National Economic and Social Development

单位：% (%)

指标	Item	2000	2005	2010	2011	2012	2013	2014
人口与就业	**Population and Employment**							
人口	**Population**							
城乡结构	Urban and Rural Composition							
城镇	Urban	24.01	30.02	36.12	37.15	38.75	40.13	41.68
乡村	Rural	75.99	69.98	63.88	62.85	61.25	59.87	58.32
性别结构	Sexual Composition							
男	Male	51.83	51.44	51.08	51.05	51.09	51.07	51.06
女	Female	48.17	48.56	48.92	48.95	48.91	48.93	48.94
就业	**Employment**							
产业结构	Industrial Composition							
第一产业	Primary Industry	59.64	63.67	61.61	61.26	60.45	59.26	58.02
第二产业	Secondary Industry	18.95	14.66	15.36	15.43	15.64	16.05	16.10
第三产业	Tertiary Industry	21.41	21.67	23.03	23.31	23.91	24.69	25.88
国民经济核算	**National Accounting**							
生产总值产业结构	Industrial Composition							
第一产业	Primary Industry	18.44	15.93	14.49	13.57	13.75	13.34	13.18
第二产业	Secondary Industry	40.05	43.36	46.84	46.07	44.91	43.37	42.80
第三产业	Tertiary Industry	41.52	40.71	38.67	40.36	41.34	43.29	44.02
投资	**Investment in Fixed Assets**							
固定资产投资结构	Composition of Total Investment in Fixed Assets							
产业结构	Industrial Composition							
第一产业	Primary Industry			4.08	4.58	3.37	3.63	5.27
第二产业	Secondary Industry			47.29	48.63	53.67	50.65	45.51
第三产业	Tertiary Industry			48.62	46.79	42.96	45.72	49.22
资金来源结构	Composition of Funding Sources							
国家预算内资金	State Budget	12.33	9.62	16.41	17.99	14.68	12.77	11.30
国内贷款	Domestic Loans	26.37	19.90	18.36	12.02	12.78	12.34	12.69
利用外资	Foreign Investment	1.74	1.65	0.53	0.43	0.30	0.42	0.46
自筹资金	Self-raising Funds	44.67	55.31	52.54	59.29	62.08	63.33	64.97
其他投资	Other Investments	14.89	13.52	12.16	10.25	10.16	11.05	10.31
产业经济	**Industry**							
农业	**Agriculture**							
农林牧渔业产值结构	Composition of Gross Output Value of Agriculture							
农业	Agriculture	69.60	66.01	71.67	71.43	72.47	72.77	72.58
林业	Forestry	3.48	2.89	1.75	1.45	1.48	1.48	1.58
牧业	Animal Husbandry	21.50	20.80	17.20	17.73	17.06	16.70	16.58
渔业	Fishery	0.37	0.19	0.11	0.13	0.13	0.13	0.13
农林牧渔服务业	Service for Agriculture,Forestry, Animal Husbandry and Fishery		10.11	9.27	9.25	8.86	8.92	9.13
工业	**Industry**							
规模以上工业总产值结构	Composition of Industry above Designated Size							
轻工业	Light Industry	24.03	18.77	14.09	12.57	14.43	16.35	15.85
重工业	Heavy Industry	75.97	81.23	85.91	87.43	85.57	83.65	84.15

1-4 续表 1 continued

单位：% (%)

指标	Item	2000	2005	2010	2011	2012	2013	2014
建筑业	**Construction**							
建筑业总产值结构	Composition of Gross Output Value of Construction Industry							
国有经济	State-owned Enterprise	42.13	37.22	17.33	24.44	23.48	15.68	15.53
城镇集体经济	Collective-owned Enterprises	27.43	11.97	7.72	8.04	7.92	7.22	7.33
其他	Others	30.44	50.81	74.95	67.52	68.61	77.10	77.14
运输业	**Transportation**							
货运量结构	Composition of Freight Traffic							
铁路	Railways	12.70	12.67	16.98	15.67	13.77	12.42	11.27
公路	Highways	87.14	87.14	82.91	84.23	86.18	87.55	88.70
国内商业	**Domestic Trade**							
社会消费品零售总额构成	Composition of Retail Sales of Consumer Goods							
城镇	Urban			80.55	80.28	80.25	80.34	80.30
# 城区	# City Subdivision			59.82	60.20	62.49	59.02	59.45
乡村	Rural			19.45	19.72	19.75	19.66	19.70
对外经济贸易	**Foreign Trade**							
进出口总值构成	Composition of Imports and Exports							
进口	Imports	27.14	58.54	77.77	75.03	59.84	54.49	38.37
出口	Exports	72.86	41.46	22.23	24.97	40.16	45.51	61.63
教育、科技	**Education,Science and Technology**							
教育	**Education**							
普通学校在校学生结构	Composition of Student Enrollment in Regular Schools							
大学生	College and University Students	1.79	4.40	7.98	8.91	9.93	11.04	11.66
中学生	Secondary School Students	28.82	37.32	42.46	42.71	42.52	42.43	41.89
小学生	Primary School Students	69.38	58.28	49.56	48.38	47.55	46.53	46.45
普通学校专任教师结构	Composition of Full-time Teachers in Regular Schools							
大学	Colleges and Universities	3.49	6.05	7.37	7.70	8.06	8.35	8.59
中学	Secondary Schools	35.88	40.50	42.82	42.96	43.30	43.49	43.69
小学	Primary Schools	60.63	53.45	49.81	49.34	48.64	48.16	47.72
科技	**Science and Technology**							
R&D 经费内部支出结构	Composition of Intramural Expenditure on R&D by Sources							
基础研究	Basic Research			13.58	14.10	13.72	13.41	14.51
应用研究	Applied Research			21.05	18.93	19.80	14.95	15.10
试验发展	Experimental Development			65.37	66.97	66.48	71.64	70.39

1-4 续表 2 continued

单位：%　　(%)

指标	Item	2000	2005	2010	2011	2012	2013	2014
生活	**People's Living Conditions**							
农村居民消费结构	Consumption Composition of Urban Residents							
食品类	Food	48.45	47.20	44.71	42.24	39.76	37.09	37.56
衣着类	Clothing	5.58	5.07	6.26	6.73	7.31	7.27	7.33
居住	Residence	15.79	13.23	18.75	16.28	16.46	16.37	16.75
家庭设备用品及服务	Household Appliances and Service	3.90	4.07	4.99	5.40	6.04	6.24	6.14
交通通讯	Transport and Communications	4.04	8.52	8.73	10.00	10.52	12.34	11.89
文教娱乐用品及服务	Education, Cultural and Recreation Services	13.27	14.17	8.09	7.99	7.89	7.56	7.87
医疗保健	Health Care and Medical Services	6.51	6.26	6.90	9.26	9.60	10.58	10.05
其他商品和服务	Miscellaneous Goods and Services	2.46	1.48	1.57	2.10	2.42	2.55	2.41
城镇居民消费结构	Consumption Composition of Urban Residents							
食品类	Food	37.63	36.04	37.41	37.38	35.82	36.82	36.83
衣着类	Clothing	12.53	12.35	12.69	13.14	12.70	12.46	12.41
居住	Residence	7.33	10.43	9.20	10.19	10.03	11.38	11.48
家庭设备用品及服务	Household Appliances and Services	9.74	5.61	6.04	5.90	6.49	6.70	7.24
医疗保健	Health Care and Medical Services	6.60	7.54	8.37	7.81	8.17	7.97	7.67
交通通讯	Transport and Telecommunications	6.43	9.78	10.88	11.53	12.26	10.72	10.64
教育文化娱乐服务	Education, Cultural and Recreation and Services	13.65	14.44	11.49	10.35	10.81	11.04	10.84
其他商品及服务	Other Goods and Services	6.09	3.82	3.92	3.69	3.73	2.90	2.90
卫生	**Health Care**							
卫生机构人员结构	Composition of Health Agency Personnel							
# 执业医师	Licensed Doctors		28.65	27.14	22.82	23.10	22.43	21.61
执业助理医师	Licensed (Assistant) Doctors		7.99	6.02	5.29	5.34	4.78	5.10
注册护士	Registered Nurses		27.64	25.70	23.05	24.43	25.47	25.26
药师（士）	Pharmacist		6.20	4.38	3.63	3.67	3.64	3.38
检验技师（士）	Laboratory Technician		4.27	4.79	3.97	3.81	3.78	3.59
医院床位结构	Composition of Hospital Beds							
# 医院	Hospitals	73.20	73.97	64.25	66.57	68.14	72.80	73.95
卫生院	Health Centers	21.95	20.09	22.62	22.03	20.26	20.20	19.46

1-5 国民经济和社会发展比例及效益指标
Indicators on Proportions and Efficiency in National Economic and Social Development

指标	Item	2000	2005	2010	2011	2012	2013	2014
人口与就业	**Population and Employment**							
出生率（‰）	Birth Rate (‰)	14.38	12.59	12.05	12.08	12.11	12.16	12.21
死亡率（‰）	Death Rate (‰)	6.41	6.57	6.02	6.03	6.05	6.08	6.11
自然增长率（‰）	Natural Growth Rate (‰)	7.97	6.02	6.03	6.05	6.06	6.08	6.10
城镇登记失业率（%）	Registered Unemployment Rate in Urban Areas(%)	2.70	3.26	3.21	3.11	2.68	2.35	2.19
国民经济核算	**National Accounting**							
全社会劳动生产率（元/人）	Overall Labor Productivity (yuan/person)	7047	13284	27681	33351	37938	42253	45205
第一产业	Primary Industry	2102	3468	6489	7366	8573	9419	10157
第二产业	Secondary Industry	18433	34326	84696	99808	109678	115635	120366
第三产业	Tertiary Industry	12787	24346	46779	58095	66424	75272	78700
人均生产总值（元）	Per Capita GDP (yuan)	4129	7477	16172	19525	22075	24539	26433
固定资产投资	**Investment in Fixed Assets**							
全社会房屋建筑面积竣工率（%）	Rate of Total Floor Space of Buildings Completed in Construction (%)	61.00	45.82	25.59	23.65	21.16	17.22	16.93
财政	**Government Finance**							
财政收入相当于生产总值比例（%）	Proportion of Government Revenue to Gross Regional Product (%)	10.29	13.16	18.02	18.66	19.03	18.08	18.05
公共财政预算支出相当于生产总值比例（%）	Proportion of Public Government Budget Expenditure to Gross Regional Product (%)	17.88	22.20	35.51	35.81	36.29	36.48	37.17
农业	**Agriculture**							
人均耕地面积（公顷）	Per Capita Cultivated Land (hectare)	0.14	0.13	0.14	0.14	0.14	0.14	0.14
每公顷耕地用电量（千瓦小时）	Electric Consumption per Hectare of Cultivated Land (kwh)	605	687	789	828	862	896	884
每公顷耕地化肥施用量（千克）	Chemical Fertilizer Consumption per Hectare of Cultivated Land (kg)	188	222	244	249	261	268	275
每公顷耕地生产的农业产值（元）	Agricultural Output Value per Hectare of Cultivated Land (yuan)	9324	16068	30254	33907	38465	42899	45641
农业从业者人均农产品产量（千克）	Output of Farm Corps per Agricultural Laborer (kg)							
粮食	Grain	1022.9	1099.2	1322.1	1418.2	1590.6	1677.6	1717.7
棉花	Cotton	8.24	14.51	10.43	10.62	11.61	10.38	9.59
油料	Oil-bearing Crops	59.75	66.08	88.37	88.79	96.04	102.70	107.37
猪牛羊肉	Pork,Beef and Mutton	75.65	84.18	111.44	115.31	123.53	131.27	138.45
每公顷播种面积农产品产量（千克）	Output of Farm Crops Per Hectare of Sown Area (kg)							
粮食	Grain	2550	3235	3423	3581	3908	3984	4076
棉花	Cotton	1657	1728	1578	1585	1682	1731	1699

1-5 续表 continued

指标	Item	2000	2005	2010	2011	2012	2013	2014
工业	**Industry**							
总资产贡献率（%）	Ratio of Total Assets to Industrial Output Value (%)	5.10	8.37	11.01	10.61	10.03	8.93	8.75
资产负债率（%）	Assets-Liability Ratio (%)	65.05	58.70	62.32	64.04	62.34	64.16	63.49
流动资产周转次数（次/年）	Number of Times of Annual of Turnover Circulating Funds (times/year)	1.08	1.96	2.05	2.19	2.21	2.19	2.22
成本费用利润率（%）	Ratio of Profits to Industrial Cost (%)	1.35	3.49	4.73	4.38	3.89	3.64	2.73
产品销售率（%）	Proportion of Products Sold (%)			95.15	95.48	93.14	93.30	93.93
建筑业	**Construction**							
技术装备率（元/人）	Value of Machinery per Laborer (yuan/person)	4748	9018	7814	9465	11287	9199	
产值利税率（%）	Ratio of Pre-tax Profits to Gross Output Value (%)	5.52	3.80	8.10	7.40	8.07	7.49	7.68
全员劳动生产率（元/人）（按总产值计算）	Overall Labor Productivity (yuan/person) (By Gross Output Value)	38234	73456	164323	183754	261487	295330	296865
对外经济贸易	**Foreign Trade**							
进出口总额相当于生产总值比例（%）	Proportion of Total Value of Imports & Exports to Gross Product (%)	4.48	11.16	12.06	11.30	9.90	10.06	7.77
金融	**Financial Intermediation**							
金融机构存款相当于生产总值比例（%）	Deposits of Financial Institutions as Percentage of GDP (%)	133.25	149.74	172.04	167.80	176.79	190.02	203.62
金融机构贷款相当于生产总值比例（%）	Loans of Financial Institutions as Percentage of GDP (%)	111.23	99.46	107.19	109.32	120.34	133.16	156.24
教育	**Education**							
学龄儿童净入学率（%）	Net Enrollment Ratio of Primary Schools (%)	98.83	98.87	99.46	99.56	99.68	99.78	99.80
小学升学率（%）	Promotion Rate from Primary Schools to Junior Secondary Schools (%)	90.98	96.67	95.67	95.41	94.29	90.20	97.06
初中升学率（%）	Promotion Rate from Junior Secondary Schools to Senior Secondary Schools (%)	33.48	48.58	48.31	48.35	51.08	52.00	59.18
学校师生比（教师人数=1）	Student-teacher Ratio (number of Teacher =1)							
普通高等学校	Colleges and Universities	12	15	18	19	19	18	18
普通中等学校	Regular Institutions of Secondary Education	12	20	23	21	21	15	17
普通中学	Secondary Schools	18	20	17	16	15	13	13
普通小学	Primary Schools	25	23	17	15	15	13	13
科技	**Science and Technology**							
R&D 经费内部支出相当于生产总值比例 (%)	Proportion of Intramural Expenditure on R&D to GDP (%)		1.01	1.01	0.97	1.07	1.06	1.12
卫生	**Health Care**							
每万人口执业（助理）医师（人）	Number of Doctors per 10 000 Persons (person)	15	14	15	16	17	17	18
每万人医院、卫生院床位数（张）	Number of Beds of Hospitals and Health Centers per 10 000 Population(unit)	23	25	32	35	38	46	44
婚姻	**Marriages and Divorces**							
离婚率（‰）	Divorce Rate (‰)	0.43	1.72	2.18	2.38	2.55	2.98	3.27

1-6 甘肃国民经济主要指标占全国比重（2014）

Percentage of Gansu's National Economy in the Whole Nation(2014)

指标	Item	全国 Whole Nation	甘肃 Gansu	甘肃省占全国 % As Percentage of the Whole Nation
年底总人口（万人）	Population at the Year-end (10 000 persons)	136782	2591	1.89
就业人员（万人）	Employment at the Year-end (10 000 persons)	77253	1520	1.97
国内生产总值（亿元）	Gross Regional Product (100 million yuan)	636139	6837	1.07
第一产业	Primary Industry	58336	901	1.54
第二产业	Secondary Industry	271765	2926	1.08
第三产业	Tertiary Industry	306038	3010	0.98
固定资产投资（亿元）	Total Investment in Fixed Assets (100 million yuan)	502005	7760	1.55
财政收入（亿元）	Government Revenue (100 million yuan)	140350	1234	0.88
公共财政预算支出（亿元）	Public Finance Budget Expenditure (100 million yuan)	129092	2541	1.97
在岗职工平均工资（元）	Average Wage of Fully Employed Staff and Workers (yuan)	57346	48470	-8876 元
城镇居民人均可支配收入（元）	Per Capita Disposable Income of Urban Residents (yuan)	28844	20804	-8040 元
农民人均纯收入（元）	Per Capita Net Income of Rural Residents (yuan)	10489	5736	-4753 元
主要农产品产量（万吨）	Output of Major Agricultural Products (10 000 tons)			
粮 食	Grain	60703	1159	1.91
棉 花	Cotton	618	6	1.05
油 料	Oil-Bearing Crops	3507	72	2.06
肉 类	Output of Meat	8707	100	1.15
主要工业产品产量	Output of Major Industry Products			
农用化肥（万吨）	Chemical Fertilizers (10 000 tons)	6887	49	0.71
原 煤（亿吨）	Coal (100 million tons)	38.7	0.5	1.21
天然原油（万吨）	Natural Crude Oil (10 000 tons)	21143	772	3.65
发电量（亿千瓦小时）	Electricity (100 million kwh)	56496	1130	2.00
粗 钢（万吨）	Crude Steel (10 000 tons)	82270	1074	1.31
水 泥（万吨）	Cement (10 000 tons)	247614	4926	1.99
邮电业务总量（亿元）	Business Volume of Postal and Telecommunication Services (100 million yuan)	21846	278	1.27
社会消费品零售总额（亿元）	Total Retail Sales of Consumer Goods (100 million yuan)	271896	2668	0.98
进出口总额（亿美元）	Totel Exports and Imports (USD 100 million)	43030	86	0.20
#出口额	Exports	23427	53	0.23
普通高等学校在校学生数（万人）	Students Enrollment in Institutions of Higher Education (10 000 persons)	2732	45	1.66
医疗卫生机构数（万个）	Number of Health Care Institutions(10 000 units)	98	3	2.84
医疗卫生机构床位数（万张）	Number of Hospital Beds(10 000 units)	660	12	1.85
执业（助理）医师（万人）	Licensed (Assistant) Doctors (10 000 persons)	289	5	1.65

1-7 甘肃的一天

Average Daily Social and Economic Activities in Gansu

指标	Item	2000	2005	2010	2011	2012	2013	2014
每天创造的财富	**Daily Production**							
生产总值（万元）	Gross Regional Product (10 000 yuan)	28846	52986	113311	137052	155484	173444	187310
第一产业	Primary Industry	5318	8440	16419	18596	21384	23142	24678
第二产业	Secondary Industry	11552	22974	53079	63142	69829	75215	80177
#工业	Industry	8975	18789	42509	50533	55062	59047	62005
第三产业	Tertiary Industry	11976	21572	43814	55315	64272	75086	82455
财政收入（万元）	Government Revenue (10 000 yuan)	2969	6974	20418	25579	29586	31365	33815
财政支出（万元）	Government Expenditures (10 000 yuan)	5157	11763	40235	49075	56426	63277	69630
粮食（万吨）	Grain (10 000 tons)	1.95	2.29	2.63	2.78	3.04	3.12	3.17
棉花（吨）	Cotton (ton)	157.53	302.74	207.10	208.11	221.99	193.15	177.26
油料（吨）	Oil-bearing Crops (ton)	1141.92	1378.36	1754.90	1740.26	1835.72	1910.14	1984.11
肉类（吨）	Meat (ton)	1566.39	1912.60	2377.66	2423.64	2528.22	2605.48	2732.33
原煤（万吨）	Coal (10 000 tons)	4.47	9.92	12.46	14.24	13.36	12.32	12.85
发电量(万千瓦小时）	Electricity (10 000 kwh)	7679	13868	21686	28162	29678	31468	30957
卷烟（箱）	Cigarette (pack)	794	1945	2192	2247	2411	2575	2740
粗钢（吨）	Crude Steel (ton)	6300	12560	18144	22460	22196	28064	29424
水泥（吨）	Cement (ton)	20058	42556	66140	75255	96303	120897	134946
每天消费量	**Daily National Consumption**							
最终消费（万元）	Final Consumption Expenditure (10 000 yuan)	17417	33360	67453	81288	91177	101601	110564
居民消费	Resident Consumption	13599	24470	43681	52594	60165	67965	75666
农村居民	Rural Households	5646	9075	14124	17688	19941	22449	23705
城镇居民	Urban Households	7953	15395	29557	34906	40225	45515	51961

1-7 续表 continued

指标	Item	2000	2005	2010	2011	2012	2013	2014
政府消费	Government Consumption Expenditure	3818	8890	23772	28694	31012	33636	34898
城镇居民每人生活消费支出（元）	Per Capita Living Expenditare of Urban Residents (yuan)	11.31	17.89	27.11	30.65	35.20	38.41	42.48
# 食品消费	Food Consumption	4.25	6.45	10.14	11.46	12.61	14.14	15.65
农民每人生活消费支出（元）	Per Capita Living Expenditare of Rural Residents (yuan)	2.97	4.99	8.06	10.04	11.36	13.29	14.44
# 食品消费	Food Consumption	1.44	2.35	3.60	4.24	4.52	4.93	5.43
社会消费品零售总额（万元）	Total Retail Sales of Consumer Goods (10 000 yuan)	10400	17482	39330	48574	56560	64899	73105
每天其他经济活动	**Other Daily Economic Activities**							
房屋建筑竣工面积（万平方米）	Floor Space of Buildings Completed (10 000 sq.m)	5.03	6.53	6.31	6.47	7.76	6.69	6.95
# 住宅	Residential Buildings	3.68	4.40	3.61	4.10	4.12	3.45	3.62
货运量（万吨）	Freight Traffic (10 000 tons)	62.25	70.80	79.48	93.64	125.63	141.05	156.84
客运量（万人）	Passenger Traffic (10 000 persons)	35.36	48.78	147.33	166.87	176.65	101.19	109.18
函件（万件）	Letters Delivered (10 000 copies)	27.17	13.89	10.43	8.98	9.75	8.74	7.30
出版报纸（万份）	Newspaper Published (10 000 copies)	70.30	103.84	111.55	125.41	136.96	141.23	139.68
居民储蓄额（万元）	Amount of Savings Deposit (10 000 yuan)	22432	43470	98582	115929	138358	161054	182868
每天人口变动和婚姻	**Daily Population Changes and Marriages**							
出 生（人）	Births (person)	1007	892	844	850	853	860	867
死 亡（人）	Deaths (person)	449	466	422	424	426	430	434
结 婚（对）	Marriages (couples)	350	314	390	463	459	511	553
离 婚（对）	Divorces (couples)	15	61	77	83	90	105	116

1-8 人均国民经济主要指标
Per Capita Major Indicators of National Economy

指标	Item	2000	2005	2010	2011	2012	2013	2014
人均生产总值（元）	Per Capita GDP (yuan)	4129	7477	16172	19525	22075	24539	26433
第一产业	Primary Industry	768	1211	2343	2649	3036	3274	3483
第二产业	Secondary Industry	1667	3297	7575	8995	9914	10641	11314
第三产业	Tertiary Industry	1729	3096	6253	7880	9125	10623	11636
主要工农业产品产量	Output of Major Industry and Agricultural Products							
粮食（千克）	Grain (kg)	280	329	375	396	431	441	448
棉花（千克）	Cotton (kg)	2	4	3	3	3	3	3
油料（千克）	Oil-Bearing (kg)	16	20	25	25	26	27	28
禽蛋（千克）	Eggs (kg)	4	4	4	4	4	4	4
牛奶（千克）	Milk (kg)	5	12	17	18	19	20	21
粗钢（千克）	Crude Steel (kg)	90	180	259	320	315	397	415
原煤（千克）	Coal (kg)	640	1423	1778	1835	1897	1743	1814
发电量（千瓦小时）	Electricity (kw·h)	1099	1990	3095	4012	4214	4452	4369
固定资产投资额（元）	Total Investment in Fixed Assets (yuan)	1745	3439	13209	16316	23391	24835	30001
社会消费品零售总额（元）	Total Retail Sales of Consumer Goods (yuan)	1501	2509	5613	6920	8030	9182	10316
财政收入（元）	Financial Revenue (yuan)	429	1001	2914	3644	4201	4438	4772
公共财政预算支出（元）	Public Finance Budget Expenditure (yuan)	744	1688	5742	6991	8011	8952	9826
职工平均工资（元）	Average Annual Wage of Staff and Workers (yuan)	7913	14172	28963	32906	38440	44109	48470
城镇居民人均可支配收入(元)	Per Capita Disposable Income of Urban Residents (yuan)	4916	8087	13189	14989	17157	18965	20804
农民人均纯收入（元）	Per Capita Net Income of Rural Residents (yuan)	1429	1980	3425	3909	4507	5108	5736
城乡居民储蓄存款余额（元）	Saving Depositin Urban and Rural Areas (yuan)	3238	6239	14070	16515	19643	22786	25806

注：从2011年起职工平均工资为在岗职工平均工资。
a) Since 2011, average annual wage of staff and workers of are average wage of staff and workers.

1-9 个体工商业基本情况（2014）

Basic Statistics on Individual Industrial and Commercial Business(2014)

行业	Itme	户数（户）Number of Household (household)	从业人员（人）Number of Engaged Persons (person)	资金数额（万元）Amount of Funds (10 000yuan)
合计	**Total**	**871322**	**1692692**	**5167894**
农、林、牧、渔业	Agriculture,Forestry,Animal Husbandry and Fishery	16520	64461	409306
采矿业	Mining	672	4068	33220
制造业	Manufacturing	39508	91370	414265
电力、燃气及水的生产和供应业	Production and Supply of Electricity, Gas and Water	98	240	5191
建筑业	Construction	1059	5326	19640
交通运输、仓储和邮政业	Transport,Storage and Post	3709	11135	24624
信息传输、计算机服务和软件业	Information Transmission,Computer Services and Software	5036	9700	31943
批发和零售业	Wholesale and Retail Trades	585622	1010118	2964078
住宿和餐饮业	Hotels and Catering Services	106217	279271	740453
金融业	Financial Intermediation	2	2	10
房地产业	Real Estate	219	415	1421
租赁和商务服务业	Leasing and Business Services	7961	16351	52704
科学研究、技术服务和地质勘查业	Scientific Research and Technical Services and Geological Prospecting	1449	3014	6972
水利、环境和公共设施管理业	Management of Water Conservancy, Environment and Public Facilities	30	63	352
居民服务和其他服务业	Services to Households and Other Services	89317	167130	353571
教育	Education	71	331	1326
卫生、社会保障和社会福利业	Health and Social Securities and Social Welfare	5468	11345	28050
文化、体育和娱乐业	Culture, Sports and Entertainment	5296	13497	73112
其他	others	3068	4855	7565

1-10 私营企业基本情况（2014）

Basic Conditions of Private Enterprises(2014)

行业	Item	户数（户） Number of Enterprises (unit)	投资者人数（人） Number of Investor (person)	雇工人数（人） Number of Engaged Persons (person)	注册资本（金）（万元） Registered Capital (10 000 yuan)
合计	**Total**	**157315**	**302814**	**1188938**	**53496597**
农、林、牧、渔业	Agriculture,Forestry,Animal Husbandry and Fishery	16087	25304	110841	4861645
采矿业	Mining	1699	3641	26787	1349697
制造业	Manufacturing	14007	29846	180200	5845833
电力、燃气及水的生产和供应业	Production and Supply of Electricity, Gas and Water	1265	3392	13283	1393317
建筑业	Construction	10339	20199	134998	6091852
交通运输、仓储和邮政业	Transport,Storage and Post	4105	7761	31348	935185
信息传输、计算机服务和软件业	Information Transmission,Computer Services and Software	5338	8984	26019	940354
批发和零售业	Wholesale and Retail Trades	65229	130592	403924	15678363
住宿和餐饮业	Hotels and Catering Services	3850	6626	51568	815266
金融业	Financial Intermediation	1210	5037	7619	2896828
房地产业	Real Estate	5876	11458	50813	4209831
租赁和商务服务业	Leasing and Business Services	14656	26030	67329	5348579
科学研究、技术服务和地质勘查业	Scientific Research and Technical Services and Geological Prospecting	2622	5252	13854	938819
水利、环境和公共设施管理业	Management of Water Conservancy, Environment and Public Facilities	646	1304	4386	364354
居民服务和其他服务业	Services to Households and Other Services	6602	11158	40329	1008414
教育	Education	622	867	4460	69956
卫生、社会保障和社会福利业	Health and Social Securities and Social Welfare	326	479	2956	114054
文化、体育和娱乐业	Culture, Sports and Entertainment	2552	4322	15462	608803
其他	others	284	562	2762	25446

1-11　各地区私营企业从业人数(2014)
Number of Engaged Persons in Private Enterprises at Year-end by Region (2014)

地区	Region	户数（户） Number of Enterprises (unit)	投资者人数（人） Number of Investor (person)	雇工人数（人） Number of Engaged Persons (person)
兰州市	Lanzhou	71277	132785	394339
嘉峪关市	Jiayuguan	3719	7107	11952
金昌市	Jinchang	3308	7137	36975
白银市	Baiyin	9304	19320	86344
天水市	Tianshui	8976	18052	112011
武威市	Wuwei	7168	11252	53772
张掖市	Zhangye	7693	16491	67758
平凉市	Pingliang	5704	11444	49193
酒泉市	Jiuquan	9259	18726	66877
庆阳市	Qingyang	9264	17692	84332
定西市	Dingxi	7159	13088	76842
陇南市	Longnan	5687	11754	57381
临夏州	Linxia	5307	11240	69969
甘南州	Gannan	1990	3715	14199

1-12 各地区个体从业人数(2014)
Number of Self-employed Individuals at Year-end by Region (2014)

地区	Region	个体户数（户） Number of Households (unit)	个体从业人员（人） Number of Engaged Persons (person)
兰州市	Lanzhou	163682	398691
嘉峪关市	Jiayuguan	17978	22959
金昌市	Jinchang	18446	34150
白银市	Baiyin	54691	108540
天水市	Tianshui	86030	188468
武威市	Wuwei	79784	151899
张掖市	Zhangye	44297	94110
平凉市	Pingliang	66341	117166
酒泉市	Jiuquan	49634	83721
庆阳市	Qingyang	62124	115698
定西市	Dingxi	85902	151780
陇南市	Longnan	5687	109168
临夏州	Linxia	51732	83873
甘南州	Gannan	20561	32347

1-13 按登记注册类型分法人单位与产业活动单位数（2014）

Number of Legal Entities and Industrial Active Units by Status of Registration(2014)

单位：个 (Unit)

登记注册类型	Status of Registration	法人单位数 Number of Legal Entities	产业活动单位数 Number of Industrial Active Units
合计	**Total**	**173847**	**230319**
内资企业	**Domestic Funded Enterprises**	**173582**	**229705**
国有企业	State-owned Enterprises	30060	66586
集体企业	Collective-owned Enterprises	3542	6922
股份合作企业	Share-holding Corporations	1261	2308
联营企业	Joint Ownership Enterprises	322	511
国有联营企业	State Joint Ownership Enterprises	43	109
集体联营企业	Collective Joint Ownership Enterprises	148	213
国有与集体联营企业	Joint State-collective Enterprises	25	45
其他联营企业	Other Joint Ownership Enterprises	106	144
有限责任公司	Limited Liability Corporations	20968	23681
国有独资公司	State Sole Funded Corporations	322	474
其他有限责任公司	Other Limited Liability Corporations	20646	23207
股份有限公司	Share-holding Corporations Limited	2426	4986
私营企业	Private Enterprises	47823	49972
私营独资	Private-funded Enterprises	16785	17356
私营合伙	Private Partnership Enterprises	2283	2367
私营有限责任公司	Private Limited Liability Corporations	26853	28216
私营股份有限公司	Private Share-holding Corporations Ltd.	1902	2033
其他内资企业	Other Domestic Funded Enterprises	67180	74739
港澳台商投资企业	**Enterprises with Funds from Hong Kong, Macao and Taiwan**	**103**	**181**
与港澳台商合资经营	Joint-venture Enterprises	41	51
与港澳台商合作经营	Cooperative Enterprises	3	5
港澳台商独资	Enterprises with Sole Investment	52	107
港澳台商投资股份有限公司	Share-holding Corporations Ltd.	5	16
其他港、澳、台商投资	Other Enterprises with Funds from Hong Kong, Macao and Taiwan	2	2
外商投资企业	**Foreign Funded Enterprises**	**162**	**433**
中外合资经营	Joint-venture Enterprises	76	135
中外合作经营	Cooperation Enterprises	7	16
外资企业	Enterprises with Sole Funds	53	181
外商投资股份有限公司	Share-holding Corporations Ltd.	11	74
其他外商投资	Other Foreign Funded Enterprises	15	27

1-14 按机构类型和行业分法人单位与产业活动单位数（2014）

Number of Legal Entities and Industrial Active Units by Type of Institutions and Sectors(2014)

单位：个 （Unit）

类别	Item	法人单位数 Number of Legal Entities	产业活动单位数 Number of Industrial Active Units
总计	**Total**	**173847**	**230319**
按机构类型分	**By Type of Institutions**		
企业	Enterprise	93912	112452
事业单位	Institution Entity	20178	46746
机关	Government Entity	7056	12422
社会团体	Social Organization	9952	10689
民办非企业单位	Non-enterprise Units Run by NGO	2944	2925
基金会	Fund Organization	31	32
居委会	Neighborhood Committee	1369	1397
村委会	Village Committee	16798	16829
其他组织机构	Other Organizations	21607	26827
按行业分	**By Sector**		
农、林、牧、渔业	Agriculture, Forestry, Animal Husbandry and Fishery	25308	26168
采矿业	Mining	2162	2254
制造业	Manufacturing	15466	15872
电力、燃气及水的生产和供应业	Production and Supply of Electricity,Heat, Gas and Water	1567	2700
建筑业	Construction	3551	4809
批发和零售业	Wholesale and Retail Trades	31611	37181
交通运输、仓储和邮政业	Transport, Storage and Post	2989	4649
住宿和餐饮业	Hotels and Catering Services	2936	3461
信息传输、软件和信息技术服务业	Information Transmission, Software and Information Technology	1210	2634
金融业	Financial Intermediation	1755	7682
房地产业	Real Estate	4439	4792
租赁和商务服务业	Leasing and Business Services	7123	7909
科学研究和技术服务业	Scientific Research and Technical Services	4144	6129
水利、环境和公共设施管理业	Management of Water Conservancy, Environment and Public Facilities	1290	2084
居民服务、修理和其他服务业	Service to Households, Repair and Other Services	2275	2521
教育	Education	10410	19420
卫生和社会工作	Health and Social Service	4222	10634
文化、体育和娱乐业	Culture, Sports and Entertainment	3774	4454
公共管理、社会保障和社会组织	Public Management,Social Security ana Social Organizations	47615	64966
国际组织	International organizations		

1-15　各地区法人单位与产业活动单位数(2014)

Number of Legal Entities and Industrial Active Units by Region(2014)

单位：个　　　　　　　　　　　　　　　　　　　　(Unit)

地区	Region	法人单位数 Number of Legal Entities	产业活动单位数 Number of Industrial Active Units
甘肃省	**Gansu**	**173847**	**230319**
兰州市	Lanzhou	38369	45495
嘉峪关市	Jiayuguan	3038	3811
金昌市	Jinchang	4459	5735
白银市	Baiyin	15094	18998
天水市	Tianshui	13477	19125
武威市	Wuwei	11632	15678
张掖市	Zhangye	11285	15396
平凉市	Pingliang	10856	16130
酒泉市	Jiuquan	9354	12055
庆阳市	Qingyang	12685	16678
定西市	Dingxi	12305	17343
陇南市	Longnan	12282	18466
临夏州	Linxia	12761	16517
甘南州	Gannan	6250	8892

主要指标解释

行政区划 指国家对行政区域的划分。根据有关法规规定，我国的行政区域划分如下：(1)全国分为省、自治区、直辖市；(2)省、自治区分为自治州、县、自治县、市；(3)自治州分为县、自治县、市；(4)县、自治县分为乡、民族乡、镇；(5)直辖市和较大的市分为区、县；(6)国家在必要时设立的特别行政区。

企业（单位）登记注册类型 是以在工商行政管理机关登记注册的各类企业为划分对象，以工商行政管理部门对企业登记注册的类型为依据，将企业登记注册类型分为内资企业、港澳台商投资企业和外商投资企业三大类。内资企业包括国有企业、集体企业、股份合作企业、联营企业、有限责任公司、股份有限公司、私营公司和其他企业；港澳台商投资企业和外商投资企业分别包括合资经营企业、合作经营企业、独资经营企业和股份有限公司。对不在工商行政管理部门进行登记注册的行政机关、事业单位和社会团体，主要按其经费来源和管理方式进行划分。

国有企业 指企业全部资产归国家所有，并按《中华人民共和国企业法人登记管理条例》规定登记注册的非公司制的经济组织。不包括有限责任公司中的国有独资公司。

集体企业 指企业资产归集体所有，并按《中华人民共和国企业法人登记管理条例》规定登记注册的经济组织。

股份合作企业 指以合作制为基础，由企业职工共同出资入股，吸收一定比例的社会资产投资组建，实行自主经营，自负盈亏，共同劳动，民主管理，按劳分配与按股分红相结合的一种集体经济组织。

联营企业 指两个及两个以上相同或不同所有制性质的企业法人或事业单位法人，按自愿、平等、互利的原则，共同投资组成的经济组织。联营企业包括国有联营企业、集体联营企业、国有与集体联营企业和其他联营企业。

有限责任公司 指根据《中华人民共和国公司登记管理条例》规定登记注册，由两个以上、五十个以下的股东共同出资，每个股东以其所认缴的出资额对公司承担有限责任，公司以其全部资产对其债务承担责任的经济组织。有限责任公司包括国有独资公司以及其他有限责任公司。

股份有限公司 指根据《中华人民共和国公司登记管理条例》规定登记注册，其全部注册资本由等额股份构成并通过发行股票筹集资本，股东以其认购的股份对公司承担有限责任，公司以其全部资产对其债务承担责任的经济组织。

私营企业 指由自然人投资设立或由自然人控股，以雇佣劳动为基础的营利性经济组织。包括按照《公司法》、《合伙企业法》、《私营企业暂行条例》规定登记注册的私营有限责任公司、私营股份有限公司、私营合伙企业和私营独资企业。

其他企业 指上述企业之外的其他内资经济组织。

与港澳台商合资经营企业 指港澳台地区投资者与内地企业依照《中华人民共和国中外合资经营企业法》及有关法律的规定，按合同规定的比例投资设立、分享利润和分担风险的企业。

与港澳台商合作经营企业 指港澳台地区投资者与内地企业依照《中华人民共和国中外合作经营企业法》及有关法律的规定，依照合作合同的约定进行投资或提供条件设立、分配利润和分担风险的企业。

港澳台商独资经营企业 指依照《中华人民共和国外资企业法》及有关法律的规定，在内地由港澳台地区投资者全额投资设立的企业。

港澳台商投资股份有限公司 指根据国家有关规定，经原外经贸部依法批准设立，其中港、澳、台商的股本占公司注册资本的比例达25%以上的股份有限公司。凡其中港、澳、台商的股本占公司注册资本的比例小于25%的，属于内资企业中的股份有限公司。

中外合资经营企业 指外国企业或外国人与中国内地企业依照《中华人民共和国中外合资经营企业法》及有关法律的规定，按合同规定的比例投资设立、分享利润和分担风险的企业。

中外合作经营企业 指外国企业或外国人与中国内地企业依照《中华人民共和国中外合作经营企业法》及有关法律的规定，依照合作合同的约定进行投资或提供条件设立、分配利润和分担风险的企业。

外资企业 指依照《中华人民共和国外资企业法》及有关法律的规定，在中国内地由外国投资者全额投资设立的企业。

外商投资股份有限公司 指根据国家有关规定，经原外经贸部依法批准设立，其中外资的股本占公司注册资本的比例达25%以上的股份有限公司。凡其中外资股本占公司注册资本的比例小于25%的，属于内资企业中的股份有限公司。

2

国民经济核算

National Accounts

简要说明

一、本篇资料主要内容

本篇资料主要包括国民经济核算基本情况资料。

二、本篇资料来源

本篇资料由省统计局国民经济核算处汇总、加工整理。

1. 地区生产总值数据是由省统计局国民经济核算处根据不同产业部门、不同支出构成的特点和资料来源情况而采用不同方法计算的。2013 年是第三次经济普查年度，按照《中国第三次经济普查年度国内生产总值核算方法》的要求，重新计算了经济普查年度的地区生产总值，修订了 2009-2013 年地区生产总值历史数据。本年鉴表中的数据是修订后数据。
2. 由于采取分级核算，各地区数据相加不等于全省总计。

2-1 历年生产总值

Gansu Gross Regional Product

单位：亿元　　本表按当年价格计算。Data in this table are caculated at current prices.　　(100million yuan)

年份 Year	生产总值 Gross Regional Product	第一产业 Primary Industry	第二产业 Secondary Industry	工业 Industry	建筑业 Construction	第三产业 Tertiary Industry	人均生产总值（元） Per Capita GDP (yuan)
1978	64.73	13.21	39.04	34.66	4.38	12.48	348
1979	67.51	12.89	40.98	36.90	4.08	13.64	359
1980	73.90	16.46	39.85	35.25	4.60	17.59	388
1981	70.89	17.63	35.30	31.33	3.97	17.96	367
1982	76.88	19.68	38.54	33.63	4.91	18.66	393
1983	91.50	27.65	42.92	37.52	5.40	20.93	462
1984	103.17	27.83	49.98	43.65	6.33	25.36	515
1985	123.39	33.08	58.81	50.54	8.27	31.50	608
1986	140.74	38.02	65.27	56.01	9.26	37.45	684
1987	159.52	45.27	68.40	58.26	10.14	45.85	764
1988	191.84	52.77	81.33	67.28	14.05	57.74	905
1989	216.84	59.01	91.79	77.62	14.17	66.04	1007
1990	242.80	64.06	98.33	83.93	14.40	80.41	1099
1991	271.39	66.55	111.91	97.19	14.72	92.93	1204
1992	317.79	74.20	128.66	110.21	18.45	114.93	1384
1993	372.24	87.43	159.96	136.74	23.22	124.85	1600
1994	453.61	103.87	198.67	174.56	24.11	151.07	1921
1995	557.76	110.65	256.83	226.29	30.54	190.28	2316
1996	722.52	188.12	311.98	276.37	35.61	222.42	2946
1997	793.57	190.21	337.79	286.70	51.09	265.58	3199
1998	887.67	202.76	373.43	311.25	62.17	311.48	3541
1999	956.32	191.84	410.07	326.99	83.08	354.42	3778
2000	1052.88	194.10	421.65	327.60	94.04	437.13	4129
2001	1125.37	207.96	458.08	355.51	102.56	459.34	4386
2002	1232.03	215.51	501.69	389.38	112.31	514.83	4768
2003	1399.83	237.91	572.02	448.23	123.78	589.91	5429
2004	1688.49	286.78	713.30	574.00	139.30	688.41	6566
2005	1933.98	308.06	838.56	685.80	152.76	787.36	7477
2006	2277.35	334.00	1043.19	868.13	175.06	900.16	8945
2007	2703.98	387.55	1279.32	1063.84	215.48	1037.11	10614
2008	3166.82	462.27	1470.34	1188.78	281.56	1234.21	12421
2009	3478.07	497.05	1585.59	1260.50	325.08	1395.43	13624
2010	4135.86	599.28	1937.39	1551.59	385.80	1599.20	16172
2011	5002.41	678.75	2304.67	1844.46	460.21	2018.99	19525
2012	5675.18	780.50	2548.75	2009.77	538.98	2345.93	22075
2013	6330.69	844.69	2745.35	2155.22	607.37	2740.65	24539
2014	6836.82	900.76	2926.45	2263.20	681.34	3009.61	26433

注：1.1994 年至 2004 年根据第一次经济普查结果进行了数据调整。

2.2003 年及以前年份第一产业不包括农林牧渔服务业；交通运输仓储和邮政业包括电信业，不包括城市公共交通业；批发与零售业包括餐饮业（下表同）。

3.2006 年、2007 年根据农业普查结果进行了数据调整。

4.2008 年根据第二次经济普查结果进行了数据调整。

5.2013 年起，数据根据新国民经济行业划分，第一产业不包括农林渔服务业，第二产业不包括开采辅助活动及金属制品、机械和设备修理业，归入第三产业。

6.2009 年至 2013 年根据第三次经济普查结果进行了数据调整。（以下相关表同）。

a)Data of 1994 to 2004 were adjusted according to the First National Economic Census.

b)In 2003 and preceding years, the primary industry did not include service of agriculture, forestry, animal husbandry and fishery; Transport, storage and post included telecommunication services, but did not include urban public transport; Wholesale and retail trades included catering services. The same as the following table.

c)Data of 2006 and 2007 were adjusted according to the Second National Agricultural Census.

d)Data of 2008 were adjusted according to the Second National Economic Census.

e)Since 2013,data are divided according to the new National Economic Sectors,the first industry excludes Agriculture, forestry and fishery industry, and the second industry excludes mining ancillary activities, metal products, machinery and equipment repair industry,they are included in the third industry.

f)Data of 2009 to 2013 are adjusted according to the Third National Economic Census.The same applies to the relevant tables following.

2-2 历年生产总值构成

Composition of Gansu Gross Regional Product

单位：%　　本表按当年价格计算。Data in this table are caculated at current prices.　　(%)

年份 Year	生产总值 Gross Regional Product	第一产业 Primary Industry	第二产业 Secondary Industry	工业 Industry	建筑业 Construction	第三产业 Tertiary Industry
1978	100	20.41	60.31	53.55	6.77	19.28
1979	100	19.09	60.70	54.66	6.04	20.20
1980	100	22.27	53.92	47.70	6.22	23.80
1981	100	24.87	49.80	44.20	5.60	25.34
1982	100	25.60	50.13	43.74	6.39	24.27
1983	100	30.22	46.91	41.01	5.90	22.87
1984	100	26.97	48.44	42.31	6.14	24.58
1985	100	26.81	47.66	40.96	6.70	25.53
1986	100	27.01	46.38	39.80	6.58	26.61
1987	100	28.38	42.88	36.52	6.36	28.74
1988	100	27.51	42.39	35.07	7.32	30.10
1989	100	27.21	42.33	35.80	6.53	30.46
1990	100	26.38	40.50	34.57	5.93	33.12
1991	100	24.52	41.24	35.81	5.42	34.24
1992	100	23.35	40.49	34.68	5.81	36.17
1993	100	23.49	42.97	36.73	6.24	33.54
1994	100	22.90	43.80	38.48	5.31	33.31
1995	100	19.84	46.05	40.57	5.48	34.12
1996	100	26.04	43.18	38.25	4.93	30.78
1997	100	23.97	42.57	36.13	6.44	33.47
1998	100	22.84	42.07	35.06	7.00	35.09
1999	100	20.06	42.88	34.19	8.69	37.06
2000	100	18.44	40.05	31.11	8.93	41.52
2001	100	18.48	40.70	31.59	9.11	40.82
2002	100	17.49	40.72	31.60	9.12	41.79
2003	100	17.00	40.86	32.02	8.84	42.14
2004	100	16.99	42.24	33.99	8.25	40.77
2005	100	15.93	43.36	35.46	7.90	40.71
2006	100	14.67	45.81	38.12	7.69	39.53
2007	100	14.33	47.31	39.34	7.97	38.35
2008	100	14.60	46.43	37.54	8.89	38.97
2009	100	14.29	45.59	36.24	9.35	40.12
2010	100	14.49	46.84	37.52	9.33	38.67
2011	100	13.57	46.07	36.87	9.20	40.36
2012	100	13.75	44.91	35.41	9.50	41.34
2013	100	13.34	43.37	34.04	9.59	43.29
2014	100	13.18	42.80	33.10	9.97	44.02

2-3 历年生产总值指数（上年 =100）

Indices of Gansu Gross Regional Product (preceding year=100)

本表按不变价格计算。Data in this table are caculated at constant prices.

年份 Year	生产总值 Gross Regional Product	第一产业 Primary Industry	第二产业 Secondary Industry	工业 Industry	建筑业 Construction	第三产业 Tertiary Industry	人均生产总值 Per Capita GDP
1978	113.21	95.97	115.05	109.61	129.24	131.00	112.05
1979	101.41	87.43	104.89	106.45	97.21	108.88	100.04
1980	109.08	123.87	98.00	95.92	112.14	127.91	107.79
1981	91.56	93.83	85.90	84.07	86.29	102.79	90.32
1982	108.92	116.13	108.25	107.21	113.28	103.39	107.09
1983	114.86	112.64	113.14	112.07	119.42	110.13	113.41
1984	113.76	111.18	112.91	111.96	110.92	118.66	112.73
1985	113.19	108.13	113.51	110.30	129.78	118.20	111.81
1986	111.03	106.88	106.16	106.08	113.21	124.86	109.66
1987	108.92	106.54	102.41	101.94	103.42	122.05	107.21
1988	113.65	107.64	113.94	111.20	118.77	117.84	112.21
1989	108.75	105.99	109.75	108.79	108.23	109.33	106.52
1990	105.63	104.97	105.36	106.10	102.40	106.45	103.43
1991	106.57	101.61	108.99	108.90	108.90	107.70	104.49
1992	109.89	105.80	110.22	109.10	109.90	112.78	107.88
1993	111.57	108.81	113.58	114.10	110.20	111.09	110.08
1994	110.78	106.08	111.02	111.25	109.42	113.99	109.28
1995	110.36	103.15	109.99	110.09	109.29	115.87	108.23
1996	111.96	109.90	110.41	110.48	109.91	115.14	114.45
1997	109.08	98.06	110.02	110.26	108.31	114.52	103.59
1998	109.72	105.13	108.83	107.46	118.60	113.05	108.57
1999	109.03	99.48	108.48	97.67	178.65	114.15	107.99
2000	109.70	101.56	110.08	110.16	109.80	112.67	108.89
2001	109.76	107.56	109.51	109.99	107.84	110.99	109.07
2002	109.86	105.86	110.22	110.86	107.94	111.25	109.11
2003	110.74	105.48	111.73	112.86	107.62	111.96	110.98
2004	111.51	105.92	112.26	114.03	105.47	112.97	111.80
2005	111.84	105.80	113.15	115.25	104.47	112.82	111.20
2006	111.51	105.18	114.25	115.25	109.77	111.06	111.39
2007	112.30	104.18	116.80	116.50	118.50	110.50	112.28
2008	110.14	107.12	108.43	109.45	103.70	113.17	110.05
2009	110.30	105.10	110.63	109.88	114.34	111.64	110.15
2010	111.78	105.48	113.62	113.70	113.24	111.70	111.58
2011	112.52	105.90	115.30	116.34	111.09	111.65	112.32
2012	112.56	106.84	114.62	114.89	113.50	112.02	112.18
2013	110.76	105.50	111.15	110.99	111.81	111.95	110.37
2014	108.89	105.51	109.23	108.66	111.64	109.46	108.61

2-4 历年生产总值指数（1978=100）

Indices of Gansu Gross Regional Product (year of 1978=100)

本表按不变价格计算。Date in this table are calculated at constant prices.

年份 Year	生产总值 Gross Regional Product	第一产业 Primary Industry	第二产业 Secondary Industry	工业 Industry	建筑业 Construction	第三产业 Tertiary Industry	人均生产总值 Per Capita GDP
1979	101.41	87.43	104.89	106.45	97.21	108.88	100.04
1980	110.62	108.30	102.79	102.11	109.01	139.27	107.79
1981	101.28	101.62	88.30	85.84	94.07	143.15	97.39
1982	110.32	118.01	95.58	92.03	106.56	148.01	104.30
1983	126.71	132.92	108.14	103.14	127.25	163.00	118.29
1984	144.14	147.79	122.10	115.47	141.15	193.42	133.34
1985	163.16	159.80	138.60	127.37	183.18	228.62	149.08
1986	181.15	170.79	147.14	135.11	207.38	285.45	163.48
1987	197.31	181.96	150.68	137.73	214.47	348.39	175.26
1988	224.25	195.87	171.69	153.16	254.73	410.55	197.54
1989	243.87	207.60	188.43	166.62	275.69	448.85	210.42
1990	257.60	217.92	198.53	176.79	282.31	477.80	217.65
1991	274.52	221.43	216.38	192.52	307.43	514.59	227.41
1992	301.67	234.27	238.49	210.04	337.87	580.36	245.32
1993	336.57	254.91	270.88	239.65	372.33	644.72	270.05
1994	372.85	270.40	300.73	266.63	407.40	734.89	295.10
1995	411.47	278.92	330.76	293.52	445.24	851.50	319.40
1996	460.70	306.53	365.20	324.29	489.38	980.43	365.55
1997	502.53	300.58	401.79	357.58	530.03	1122.79	378.69
1998	551.38	316.01	437.26	384.26	628.61	1269.37	411.15
1999	601.19	314.36	474.33	375.31	1123.01	1448.94	444.00
2000	659.51	319.24	522.13	413.42	1233.08	1632.51	483.49
2001	723.91	343.37	571.80	454.73	1329.81	1811.86	527.32
2002	795.32	363.48	630.23	504.11	1435.41	2015.76	575.34
2003	880.74	383.39	704.17	568.93	1544.75	2256.85	638.53
2004	982.12	406.08	790.48	648.76	1629.28	2549.45	713.90
2005	1098.47	429.88	894.45	747.71	1702.06	2876.38	793.86
2006	1224.87	452.14	1021.89	861.71	1868.29	3194.61	884.29
2007	1375.50	470.23	1193.60	1004.00	2214.00	3530.00	992.86
2008	1514.98	503.71	1294.22	1098.88	2295.92	3994.90	1092.62
2009	1671.02	529.40	1431.80	1207.45	2625.15	4459.91	1203.52
2010	1867.87	558.41	1626.81	1372.87	2972.72	4981.72	1342.89
2011	2101.73	591.36	1875.71	1597.20	3302.39	5562.09	1508.33
2012	2365.71	631.81	2149.94	1835.02	3748.21	6230.65	1692.04
2013	2620.26	666.56	2389.66	2036.69	4190.87	6975.21	1867.50
2014	2853.20	703.29	2610.23	2213.07	4678.69	7635.06	2028.29

2-5 历年第三产业增加值
Value-added of the Tertiary Industry

单位：亿元　　本表按当年价格计算。Data in this table are calculated at current prices.　　(100 million yuan)

年份 Year	第三产业 Tertiary Industry	#交通运输、仓储和邮政业 Transport,Storage and Post	#批发和零售业 Wholesale and Retail Trades	#住宿和餐饮业 Hotels and Catering Services	#金融业 Financial Intermediation	#房地产业 Real Estate
1978	12.48	3.23	4.55			
1979	13.64	3.26	4.83			
1980	17.59	3.27	6.86			
1981	17.96	3.50	7.07			
1982	18.66	3.74	7.18			
1983	20.93	4.07	8.63			
1984	25.36	5.14	10.16			
1985	31.50	7.36	11.40			
1986	37.45	9.33	12.71			
1987	45.85	10.67	15.67			
1988	57.74	10.94	22.55			
1989	66.04	11.82	29.08			
1990	80.41	12.01	30.64			
1991	92.93	12.45	31.17			
1992	114.93	14.18	39.15			
1993	124.85	15.03	43.11			
1994	151.07	21.40	50.17			
1995	190.28	28.72	66.99			
1996	222.42	33.66	78.86			
1997	265.58	43.74	89.54			
1998	311.48	52.20	98.34			
1999	354.42	60.26	107.15			
2000	437.13	78.38	112.81			
2001	459.34	89.00	121.28			
2002	514.83	107.01	129.91			
2003	589.91	124.99	140.18			
2004	688.41	121.91	117.54			
2005	787.36	144.70	130.78	53.53	44.73	63.78
2006	900.16	169.58	145.89	59.56	50.51	73.21
2007	1037.11	181.24	166.85	68.21	61.60	83.52
2008	1234.21	211.11	196.93	77.21	72.49	93.80
2009	1395.43	212.15	231.21	88.52	94.13	108.40
2010	1599.20	220.20	272.13	97.40	116.43	125.09
2011	2018.99	239.63	351.97	123.61	170.60	162.18
2012	2345.93	254.60	398.52	141.68	225.97	189.32
2013	2740.65	267.18	440.31	159.64	294.18	218.39
2014	3009.61	280.73	491.68	178.23	364.84	234.14

2-6 历年第三产业增加值构成
Composition of Value-added of the Tertiary Industry

单位：%　　本表按当年价格计算。Data in this table are calculated at current prices.　　(%)

年份 Year	第三产业 Tertiary Industry	#交通运输、仓储和邮政业 Transport,Storage and Post	#批发和零售业 Wholesale and Retail Trades	#住宿和餐饮业 Hotels and Catering Services	#金融业 Financial Intermediation	#房地产业 Real Estate
1978	100.00	25.88	36.46			
1979	100.00	23.90	35.41			
1980	100.00	18.59	39.00			
1981	100.00	19.49	39.37			
1982	100.00	20.04	38.48			
1983	100.00	19.45	41.23			
1984	100.00	20.27	40.06			
1985	100.00	23.37	36.19			
1986	100.00	24.91	33.94			
1987	100.00	23.27	34.18			
1988	100.00	18.95	39.05			
1989	100.00	17.90	44.03			
1990	100.00	14.94	38.10			
1991	100.00	13.40	33.54			
1992	100.00	12.34	34.06			
1993	100.00	12.04	34.53			
1994	100.00	14.16	33.21			
1995	100.00	15.09	35.20			
1996	100.00	15.14	35.46			
1997	100.00	16.47	33.72			
1998	100.00	16.76	31.57			
1999	100.00	17.00	30.23			
2000	100.00	17.93	25.81			
2001	100.00	19.38	26.40			
2002	100.00	20.79	25.23			
2003	100.00	21.19	23.76			
2004	100.00	17.71	17.07			
2005	100.00	18.38	16.61	6.80	5.68	8.10
2006	100.00	18.84	16.21	6.62	5.61	8.13
2007	100.00	17.48	16.09	6.58	5.94	8.05
2008	100.00	17.10	15.96	6.26	5.87	7.60
2009	100.00	15.20	16.57	6.34	6.75	7.77
2010	100.00	13.77	17.02	6.09	7.28	7.82
2011	100.00	11.87	17.43	6.12	8.45	8.03
2012	100.00	10.85	16.99	6.04	9.63	8.07
2013	100.00	9.75	16.07	5.82	10.73	7.97
2014	100.00	9.33	16.34	5.92	12.12	7.78

2-7 历年第三产业增加值指数(上年=100)

Indices of Value-added of the Tertiary Industry(preceding year=100)

本表按不变价格计算。Data in this table are calculated at constant prices.

年份 Year	第三产业 Tertiary Industry	# 交通运输、仓储和邮政业 Transport,Storage and Post	# 批发和零售业 Wholesale and Retail Trades	# 住宿和餐饮业 Hotels and Catering Services	# 金融业 Financial Intermediation	# 房地产业 Real Estate
1978	131.00	105.47	122.01			
1979	108.88	99.98	104.99			
1980	127.91	104.36	136.72			
1981	102.79	105.21	106.03			
1982	103.39	102.97	101.84			
1983	110.13	113.70	112.24			
1984	118.66	120.99	117.92			
1985	118.20	129.54	112.04			
1986	124.86	109.69	150.03			
1987	122.05	110.21	135.24			
1988	117.84	111.10	124.30			
1989	109.33	112.20	114.20			
1990	106.45	97.30	105.60			
1991	107.70	105.40	109.20			
1992	112.78	108.00	120.10			
1993	111.09	109.60	116.70			
1994	113.99	121.07	115.19			
1995	115.87	122.91	116.16			
1996	115.14	121.77	115.38			
1997	114.52	124.56	109.34			
1998	113.05	119.04	109.61			
1999	114.15	116.58	111.29			
2000	112.67	119.80	108.21			
2001	110.99	114.42	108.51			
2002	111.25	121.77	108.74			
2003	111.96	121.77	108.13			
2004	112.97	122.88	108.86			
2005	112.82	114.28	111.02	111.90	102.10	107.80
2006	111.06	107.57	110.23	110.00	110.20	110.70
2007	110.50	106.40	109.50	104.90	107.50	110.10
2008	113.17	107.99	109.38	99.11	109.38	101.38
2009	111.64	100.10	115.33	108.94	122.31	110.77
2010	111.70	101.19	112.73	103.72	121.85	111.90
2011	111.65	101.38	113.29	108.11	121.52	113.85
2012	112.02	100.21	110.38	108.63	124.08	112.09
2013	111.95	100.53	107.69	104.24	124.02	110.85
2014	109.46	104.57	110.52	108.25	121.76	105.37

2-8 历年第三产业增加值指数(1978年=100)

Indices of Value-added of the Tertiary Industry (year of 1978=100)

本表按不变价格计算。Data in this table are calculated at constant prices.

年份 Year	第三产业 Tertiary Industry	#交通运输、仓储和邮政业 Transport,Storage and Post	#批发和零售业 Wholesale and Retail Trades	#住宿和餐饮业 Hotels and Catering Services	#金融业 Financial Intermediation	#房地产业 Real Estate
1979	108.9	100.0	105.0			
1980	139.3	104.3	143.5			
1981	143.2	109.8	152.2			
1982	148.0	113.0	155.0			
1983	163.0	128.5	174.0			
1984	193.4	155.5	205.1			
1985	228.6	201.4	229.8			
1986	285.5	221.0	344.8			
1987	348.4	243.5	466.4			
1988	410.6	270.5	579.7			
1989	448.9	303.5	662.0			
1990	477.8	295.3	699.1			
1991	514.6	311.3	763.4			
1992	580.4	336.2	916.8			
1993	644.7	368.5	1069.9			
1994	734.9	446.1	1232.5			
1995	851.5	548.3	1431.7			
1996	980.4	667.7	1651.9			
1997	1122.8	831.7	1806.1			
1998	1269.4	990.0	1979.7			
1999	1448.9	1154.2	2203.2			
2000	1632.5	1382.6	2384.0			
2001	1811.9	1582.0	2586.7			
2002	2015.8	1926.4	2812.9			
2003	2256.9	2345.8	3041.5			
2004	2549.5	2882.4	3310.9			
2005	2876.4	3294.1	3675.9	100.0	100.0	100.0
2006	3194.6	3543.3	4051.9	110.0	110.2	110.7
2007	3530.0	3770.1	4436.9	115.4	118.5	121.9
2008	3994.9	4071.3	4853.0	114.4	129.6	123.6
2009	4459.9	4075.4	5597.0	124.6	158.5	136.9
2010	4981.7	4123.9	6309.5	129.2	193.1	153.2
2011	5562.1	4180.8	7148.0	139.7	234.7	174.4
2012	6230.7	4189.6	7890.0	151.8	291.2	195.5
2013	6975.3	4211.8	8496.7	158.2	361.1	216.7
2014	7635.1	4404.3	9390.6	171.3	439.7	228.3

注：住宿和餐饮业、金融业、房地产业均以2005年为不变价格计算。（2005年=100）

a) Hotels and catering services, financial intermediation, real estate are all calculated at constant prices of 2005.(year of 2005=100)

2-9 生产总值项目构成（2014）

Composition of Gansu Gross Regional Product by Item(2014)

单位：亿元 (100 million yuan)

项目	Item	增加值 Added Value	劳动者报酬 Compensation of Employees	生产税净额 Net Taxes on Production	固定资产折旧 Depreciation of Fixed Asset	营业盈余 Operating Surplus
生产总值	**Gross Regional Product**	**6836.82**	**3342.35**	**1095.15**	**1121.35**	**1277.97**
按照国民经济行业分	**By Sector**					
农、林、牧、渔业	Agriculture, Forestry, Animal, Husbandry and Fishery	939.17	871.28		67.90	
工业	Industry	2263.20	605.49	604.25	534.65	518.81
建筑业	Construction	681.34	374.46	130.06	32.13	144.70
批发和零售业	Wholesale and Retail Trades	491.68	98.62	193.91	25.02	174.13
交通运输、仓储和邮政业	Transport,Storage and Post	280.73	133.56	23.00	51.91	72.25
住宿和餐饮业	Hotels and Catering Services	178.23	85.44	30.74	22.56	39.49
信息传输、软件和信息技术服务业	Information Transmission,Computer Services and Software	142.58	12.54	18.76	67.18	44.10
金融业	Financial Intermediation	364.84	96.41	38.12	15.71	214.60
房地产业	Real Estate	234.14	30.94	33.80	148.53	20.88
租赁和商务服务业	Leasing and Business Services	215.17	126.85	11.97	62.51	13.84
科学研究和技术服务业	Scientific Research,Technical Services	84.41	47.14	3.00	27.01	7.27
水利、环境和公共设施管理业	Management of Water Conservancy, Environment and Public Facilities	37.05	24.10	0.25	9.37	3.34
居民服务、修理和其他服务业	Services to Households and Other Services	95.16	79.59	3.51	4.11	7.95
教育	Education	247.43	224.82	0.32	22.28	0.00
卫生和社会工作	Health,Social Security and Social Welfare	114.05	107.98	0.36	0.30	5.41
文化、体育和娱乐业	Culture, Sports and Entertainment	48.96	34.26	2.25	8.14	4.31
公共管理、社会保障和社会组织	Public Management and Social Organizations	418.69	388.89	0.85	22.05	6.90
按产业分	**By Industry**					
第一产业	Primary Industry	900.76	835.63		65.13	
第二产业	Secondary Industry	2926.45	973.36	732.00	565.84	655.25
第三产业	Tertiary Industry	3009.61	1533.35	363.16	490.37	622.73

注：本表按2012年国民经济行业划分标准统计。

a) Data in this table are counted according to the 2012 classification criteria of national economy sector.

2-10 三次产业贡献率

Share of the Contributions of the Three Strata of Industry to the Increase of Gross Regional Product

单位：%　　本表按不变价格计算。Date in this table are calculated at constant prices.　　(%)

年份 Year	生产总值 Gross Regional Product	第一产业 Primary Industry	第二产业 Secondary Industry	#工业 Industry	第三产业 Tertiary Industry
1995	100	7.12	41.52	36.70	51.36
1996	100	18.10	37.35	32.90	44.55
1997	100	-4.59	46.70	41.88	57.89
1998	100	10.20	38.76	28.75	51.05
1999	100	-1.07	39.74	-9.50	61.33
2000	100	2.71	43.75	34.40	53.54
2001	100	14.27	39.00	31.84	46.71
2002	100	10.72	41.39	34.32	47.89
2003	100	8.90	43.78	37.67	47.34
2004	100	8.52	43.07	39.08	48.41
2005	100	7.89	45.20	42.21	46.91
2006	100	7.17	53.69	46.98	39.14
2007	100	4.87	60.57	48.93	34.56
2008	100	9.77	38.42	35.43	51.81
2009	100	6.71	46.96	36.21	46.33
2010	100	6.01	52.76	43.77	41.23
2011	100	6.83	57.21	48.95	35.96
2012	100	7.42	55.87	45.97	36.71
2013	100	6.34	50.31	40.43	43.35
2014	100	7.32	50.66	38.67	42.02

注：产业贡献率指各产业增加值增量与生产总值增量之比。

a) Share of the contributions of the three strata of industry to the increase of gross regional product refers to the proportion of the increment of the value-added of each industry to the increment of GDP.

2-11 三次产业对生产总值增长的拉动

Contribution of the Three Strata of Industry to GDP Growth

单位：百分点　　本表按不变价格计算。Date in this table are calculated at constant prices.　　(perecentage points)

年份 Year	生产总值 Gross Regional Product	第一产业 Primary Industry	第二产业 Secondary Industry	#工业 Industry	第三产业 Tertiary Industry
1995	10.36	0.74	4.30	3.80	5.32
1996	11.96	2.17	4.47	3.94	5.33
1997	9.08	-0.42	4.24	3.80	5.26
1998	9.72	0.99	3.77	2.79	4.96
1999	9.03	-0.10	3.59	-0.85	5.54
2000	9.70	0.26	4.24	3.34	5.19
2001	9.76	1.39	3.81	3.11	4.56
2002	9.86	1.06	4.08	3.39	4.72
2003	10.74	0.95	4.70	4.05	5.08
2004	11.51	0.98	4.96	4.50	5.57
2005	11.84	0.93	5.35	5.00	5.55
2006	11.51	0.82	6.18	5.41	4.51
2007	12.30	0.60	7.45	6.02	4.25
2008	10.14	0.99	3.90	3.59	5.25
2009	10.30	0.69	4.84	3.73	4.77
2010	11.78	0.71	6.22	5.16	4.86
2011	12.52	0.86	7.16	6.13	4.50
2012	12.56	0.93	7.02	5.77	4.61
2013	10.76	0.68	5.41	4.35	4.66
2014	8.89	0.65	4.50	3.44	3.74

注：三次产业拉动指生产总值增长速度与各产业贡献率之乘积。

a) Contribution of the three strata of industry to GDP growth refers to the growth rate of GDP multiplied by the contribution share of every industry.

2-12 历年按支出法计算的生产总值

Gansu Gross Regional Product by Expenditure Approach

本表按当年价格计算。Data in this table are caculated at current prices .

年份 Year	支出法生产总值（亿元） Gross Regional Product by Expenditure Approach (100 million yuan)	最终消费 Final Consumption Expenditures	资本形成总额 Gross Capital Formation	货物和服务净出口 Net Exports of Goods and Services	投资率（%） Capital Formation Rate (%)	消费率（%） Final Corsumption Rate (%)
1978	64.73	43.12	30.73	-9.12	47.47	66.62
1979	67.51	46.57	30.04	-9.10	44.50	68.98
1980	73.90	53.77	24.38	-4.25	32.99	72.76
1981	70.89	57.24	22.32	-8.67	31.49	80.74
1982	76.88	61.32	25.34	-9.78	32.96	79.76
1983	91.50	68.10	31.58	-8.18	34.51	74.43
1984	103.17	73.43	35.46	-5.72	34.37	71.17
1985	123.39	86.23	47.16	-10.00	38.22	69.88
1986	140.74	104.24	60.02	-23.52	42.65	74.07
1987	159.52	119.56	62.02	-22.06	38.88	74.95
1988	191.84	139.60	77.57	-25.33	40.43	72.77
1989	216.84	158.00	90.06	-31.22	41.53	72.86
1990	242.80	170.20	104.91	-32.31	43.21	70.10
1991	271.39	195.73	113.17	-37.51	41.70	72.12
1992	317.79	227.96	130.90	-41.07	41.19	71.73
1993	372.24	263.00	152.27	-43.03	40.91	70.65
1994	453.61	322.59	177.10	-46.09	39.04	71.12
1995	557.76	385.35	221.20	-48.78	39.66	69.09
1996	722.52	503.16	277.46	-58.10	38.40	69.64
1997	793.57	543.95	323.18	-73.56	40.72	68.54
1998	887.67	563.03	366.34	-41.70	41.27	63.43
1999	956.32	592.61	413.12	-49.41	43.20	61.97
2000	1052.88	635.71	453.44	-36.27	43.07	60.38
2001	1125.37	702.29	523.05	-99.97	46.48	62.41
2002	1232.03	770.54	586.44	-124.95	47.60	62.54
2003	1399.83	863.46	672.98	-136.61	48.08	61.68
2004	1688.49	1047.66	817.23	-176.40	48.40	62.05
2005	1933.98	1217.63	916.96	-200.61	47.41	62.96
2006	2277.35	1367.12	1090.73	-180.50	47.89	60.03
2007	2703.98	1593.89	1322.52	-212.43	48.91	58.95
2008	3166.82	1897.06	1621.28	-351.52	51.20	59.90
2009	3478.07	2127.01	1915.97	-564.91	55.09	61.15
2010	4135.86	2462.03	2343.52	-669.69	56.66	59.53
2011	5002.41	2967.02	2872.27	-836.88	57.42	59.31
2012	5675.18	3327.97	3298.05	-950.84	58.11	58.64
2013	6330.69	3708.44	3778.97	-1156.72	59.69	58.58
2014	6836.82	4035.59	4150.35	-1349.12	60.71	59.03

2-13 历年最终消费及构成
Final Consumption Expenditures and Its Composition

本表按当年价格计算。 Data in this table are caculated at current prices.

年份 Year	最终消费（亿元）Final Consumption Expenditures (100 million yuan)	居民消费 Household Consumption Expenditures	城镇居民 Urban Household	农村居民 Rural Household	政府消费 Government Consumption Expenditures	最终消费 =100 Final Consumption Expenditures=100: 居民消费 Household Consumption	政府消费 Government Consumption	居民消费 =100 Resident Consumption Expenditures=100: 城镇居民 Urban Household	农村居民 Rural Household
1978	43.12	31.90	13.92	17.98	11.22	73.98	26.02	43.64	56.36
1979	46.57	34.98	15.24	19.74	11.59	75.11	24.89	43.57	56.43
1980	53.77	39.81	17.99	21.82	13.96	74.04	25.96	45.19	54.81
1981	57.24	42.74	18.24	24.50	14.50	74.67	25.33	42.68	57.32
1982	61.32	47.05	20.53	26.52	14.27	76.73	23.27	43.63	56.37
1983	68.10	51.54	22.10	29.44	16.56	75.68	24.32	42.88	57.12
1984	73.43	55.99	24.26	31.73	17.44	76.25	23.75	43.33	56.67
1985	86.23	66.10	28.12	37.98	20.13	76.66	23.34	42.54	57.46
1986	104.24	77.82	34.98	42.84	26.42	74.65	25.35	44.95	55.05
1987	119.56	90.63	40.69	49.94	28.93	75.80	24.20	44.90	55.10
1988	139.60	107.43	48.70	58.73	32.17	76.96	23.04	45.33	54.67
1989	158.00	120.26	52.92	67.34	37.74	76.11	23.89	44.00	56.00
1990	170.20	130.36	58.22	72.14	39.84	76.59	23.41	44.66	55.34
1991	195.73	147.60	65.05	82.55	48.13	75.41	24.59	44.07	55.93
1992	227.96	170.10	73.25	96.85	57.86	74.62	25.38	43.06	56.94
1993	263.00	194.69	89.21	105.48	68.31	74.03	25.97	45.82	54.18
1994	322.59	239.33	111.35	127.98	83.26	74.19	25.81	46.53	53.47
1995	385.35	291.08	139.69	151.39	94.27	75.54	24.46	47.99	52.01
1996	503.16	397.93	200.59	197.35	105.23	79.09	20.91	50.41	49.59
1997	543.95	430.74	234.37	196.38	113.21	79.19	20.81	54.41	45.59
1998	563.03	437.87	243.54	194.33	125.16	77.77	22.23	55.62	44.38
1999	592.61	460.49	264.66	195.83	132.13	77.70	22.30	57.47	42.53
2000	635.71	496.35	290.28	206.07	139.37	78.08	21.92	58.48	41.52
2001	702.29	538.73	320.46	218.26	163.57	76.71	23.29	59.49	40.51
2002	770.54	594.61	374.50	220.11	175.92	77.17	22.83	62.98	37.02
2003	863.46	668.37	423.52	244.85	195.08	77.41	22.59	63.37	36.63
2004	1047.66	775.53	498.44	277.09	272.13	74.02	25.98	64.27	35.73
2005	1217.63	893.15	561.93	331.22	324.48	73.35	26.65	62.92	37.08
2006	1367.12	970.01	637.11	332.90	397.11	70.95	29.05	65.68	34.32
2007	1593.89	1094.83	738.26	356.57	499.06	68.69	31.31	67.43	32.57
2008	1897.06	1261.14	836.85	424.29	635.92	66.48	33.52	66.36	33.64
2009	2127.01	1406.38	940.55	465.83	720.63	66.12	33.88	66.88	33.12
2010	2462.03	1594.37	1078.83	515.54	867.66	64.76	35.24	67.66	32.34
2011	2967.02	1919.68	1274.08	645.60	1047.34	64.70	35.30	66.37	33.63
2012	3327.97	2196.03	1468.20	727.83	1131.94	65.99	34.01	66.86	33.14
2013	3708.44	2480.71	1661.31	819.40	1227.73	66.89	33.11	66.97	33.03
2014	4035.59	2761.81	1896.57	865.24	1273.78	68.44	31.56	68.67	31.33

2-14 历年资本形成及构成
Gross Capital Formation and Its Composition

本表按当年价格计算。Data in this table are caculated at current prices .

年份 Year	资本形成总额（亿元） Gross Capital Formation (100 million yuan)	固定资本形成总额 Gross Fixed Capital Formation	存货变动 Change in Inventories	构成（资本形成总额为 100 ） Composition（Total=100） 固定资本形成总额 Gross Fixed Capital Formation	存货变动 Change in Inventories
1978	30.73	28.16	2.57	91.64	8.36
1979	30.04	27.42	2.62	91.28	8.72
1980	24.38	22.18	2.20	90.98	9.02
1981	22.32	19.79	2.53	88.66	11.34
1982	25.34	21.87	3.47	86.31	13.69
1983	31.58	26.84	4.74	84.99	15.01
1984	35.46	29.65	5.81	83.62	16.38
1985	47.16	39.17	7.99	83.06	16.94
1986	60.02	45.83	14.19	76.36	23.64
1987	62.02	52.19	9.83	84.15	15.85
1988	77.57	53.64	23.93	69.15	30.85
1989	90.06	59.78	30.28	66.38	33.62
1990	104.91	67.19	37.72	64.05	35.95
1991	113.17	76.47	36.70	67.57	32.43
1992	130.9	85.73	45.17	65.49	34.51
1993	152.27	98.42	53.85	64.64	35.36
1994	177.10	116.57	60.54	65.82	34.18
1995	221.20	146.35	74.84	66.16	33.84
1996	277.46	188.67	88.79	68.00	32.00
1997	323.18	229.49	93.69	71.01	28.99
1998	366.34	258.10	108.24	70.45	29.55
1999	413.12	310.90	102.22	75.26	24.74
2000	453.44	373.90	79.54	82.46	17.54
2001	523.05	463.13	59.91	88.55	11.45
2002	586.44	534.75	51.70	91.18	8.82
2003	672.98	617.62	55.37	91.77	8.23
2004	817.23	756.02	61.21	92.51	7.49
2005	916.96	874.52	42.44	95.37	4.63
2006	1090.73	1027.78	62.95	94.23	5.77
2007	1322.52	1221.96	100.56	92.40	7.60
2008	1621.28	1493.47	127.81	92.12	7.88
2009	1915.97	1788.34	127.63	93.34	6.66
2010	2343.52	2177.89	165.63	92.93	7.07
2011	2872.27	2685.76	186.51	93.51	6.49
2012	3298.05	3128.68	169.37	94.86	5.14
2013	3778.97	3649.14	129.83	96.56	3.44
2014	4150.35	4116.72	33.63	99.19	0.81

2-15 居民消费支出
Household Consumption Expenditure

单位：亿元　　本表按当年价格计算。Data in this table are caculated at current prices.　　(100 million yuan)

指标	Item	2010	2011	2012	2013	2014
居民消费	**Resident Consumption**	**1594.37**	**1919.68**	**2196.03**	**2480.71**	**2761.81**
城镇居民	Urban Household	1078.83	1274.08	1468.20	1661.31	1896.57
食品烟酒	Food	336.16	400.90	444.33	516.11	598.17
衣　着	Clothing	114.02	140.93	157.50	175.35	201.64
居住（含自有住房服务）	Residence	152.37	215.87	239.67	289.92	332.46
生活用品及服务	Household Facilities,Articles and Services	54.31	64.40	80.44	94.28	117.52
交通和通信	Transportation and Communications	97.80	123.63	152.12	150.90	172.73
教育文化娱乐	Recreation,Education and Culture Articles	103.25	111.03	134.03	155.32	175.98
医疗保健	Health Care and Personal Articles	102.56	88.76	106.16	116.95	124.55
银行中介服务	Financial Service	41.03	46.51	60.68	72.64	82.21
保险服务	Insurance Service	22.76	25.10	26.40	30.17	32.13
其他商品和服务	Others	54.57	56.95	66.87	59.67	59.18
农村居民	Rural Household	515.54	645.60	727.83	819.40	865.24
食品烟酒	Food	216.90	242.77	257.40	279.71	296.17
衣　着	Clothing	30.38	38.68	47.33	52.33	57.15
居住（含自有住房服务）	Residence	87.15	101.78	110.49	123.29	133.95
生活用品及服务	Household Facilities,Articles and Services	27.12	33.42	41.10	47.28	46.81
交通和通信	Transportation and Communications	18.97	57.49	68.08	84.49	91.46
教育文化娱乐	Recreation,Education and Culture Articles	39.25	45.90	51.10	56.76	58.55
医疗保健	Health Care and Personal Articles	65.27	89.20	107.73	125.10	126.12
银行中介服务	Financial Service	13.64	14.53	18.75	21.13	23.94
保险服务	Insurance Service	9.28	9.77	10.17	11.39	11.97
其他商品和服务	Others	7.58	12.06	15.68	17.92	19.12

2-16 历年居民消费水平及指数

Household Consumption Level and Indices

本表绝对数按当年价格计算，指数按不变价格计算。

Level in this table are calculated at current prices, while indices are calculated at constant prices.

年份 year	居民消费水平（元/人） Household Consumption Level (yuan/person)	城镇居民 Urban Household	农村居民 Rural Household	指数（1978年=100） Index (1978=100)	城镇居民 Urban Household	农村居民 Rural Household	指数（上年=100） Index (precceding year=100)	城镇居民 Urban Household	农村居民 Rural Household
1978	168.00	535.00	112.00	100.00	100.00	100.00	112.77	102.23	103.33
1980	208.00	647.00	133.00	115.09	122.03	120.43	111.59	114.74	103.70
1985	323.00	881.00	220.00	171.72	150.19	192.46	105.41	102.57	109.15
1990	590.00	1608.00	392.00	194.27	160.22	226.95	99.44	98.55	99.27
1991	655.00	1730.00	440.00	203.57	170.62	234.30	104.79	106.49	103.24
1992	741.00	1888.00	508.00	218.27	186.84	244.21	107.22	109.51	104.23
1993	837.00	2241.00	547.00	231.37	201.42	251.54	106.00	107.80	103.00
1994	1013.38	2245.06	685.95	248.37	206.85	278.20	107.35	102.70	110.60
1995	1208.76	2515.96	817.05	268.46	208.20	303.50	108.09	100.65	109.09
1996	1622.62	3510.23	1049.18	298.86	233.42	334.19	111.33	112.12	110.11
1997	1736.50	4010.13	1035.69	307.70	259.48	319.42	102.96	111.16	95.58
1998	1746.73	4087.98	1016.87	310.37	267.10	313.92	100.87	102.94	98.28
1999	1819.41	4365.14	1017.46	330.75	319.83	290.01	106.57	119.74	92.38
2000	1946.66	4735.77	1063.96	360.95	356.74	305.97	109.13	111.54	105.50
2001	2099.43	5147.58	1123.04	384.67	385.82	315.90	106.57	108.15	103.25
2002	2301.22	5742.92	1139.42	424.91	433.57	322.73	110.46	112.38	102.16
2003	2592.36	6160.18	1295.01	473.50	460.84	361.68	111.43	106.29	112.07
2004	3015.85	6923.35	1496.51	523.21	492.01	396.65	110.50	106.76	109.67
2005	3452.80	7409.81	1811.55	573.34	512.09	447.18	109.58	104.08	112.74
2006	3810.00	8190.00	1883.00	624.37	559.20	458.36	108.90	109.20	102.50
2007	4298.00	9150.00	2048.00	667.45	593.87	468.90	106.90	106.20	102.30
2008	4947.00	9975.00	2480.00	709.50	599.21	522.35	106.30	100.90	111.40
2009	5509.00	10765.00	2774.00	779.74	641.16	571.46	109.90	107.00	109.40
2010	6234.00	11881.00	3126.00	847.57	677.70	621.74	108.70	105.70	108.80
2011	7493.00	13574.00	3977.00	945.89	719.04	734.28	111.60	106.10	118.10
2012	8542.00	15048.00	4563.00	1057.51	780.88	828.27	111.80	108.60	112.80
2013	9616.00	16327.00	5245.00	1181.24	844.13	938.43	111.70	108.10	113.30
2014	10678.00	17925.00	5661.00	1308.81	925.17	1006.94	110.80	109.60	107.30

2-17 各地区生产总值（2014）
Gross Regional Product by Region (2014)

单位：万元 (10 000 yuan)

地区	Region	地区生产总值 Gross Regional Product	第一产业 Primary Industry	第二产业 Secondary Industry	工业 Industry	建筑业 Construction	第三产业 Tertiary Industry	#交通运输、仓储和邮政业 Transport, Storage and Post	#信息传输、软件和信息技术服务业 Information Transmission, Software and Information Technology Services	#批发和零售业 Wholesale and Retail Trades
兰州市	Lanzhou	20009389	524407	8248834	5942700	2349564	11236148	1194462	398957	1949347
嘉峪关市	Jiayuguan	2306881	38683	1626761	1537387	89374	641437	83833	21238	156107
金昌市	Jinchang	2561027	171495	1694741	1425000	277772	694791	41381	42546	98396
白银市	Baiyin	4476423	565222	2256197	1797165	463769	1655004	183954	68148	331313
天水市	Tianshui	5228228	904711	1858433	1321100	609055	2465084	278819	164806	530394
武威市	Wuwei	4085293	936633	1704248	1197208	531662	1444412	199598	57876	223126
张掖市	Zhangye	3617771	889823	1195137	852220	362656	1532811	220370	44820	219600
平凉市	Pingliang	3505533	847611	1260440	882879	377915	1397482	103097	51418	155888
酒泉市	Jiuquan	6105496	712141	2921010	2293600	631392	2472345	441535	37612	436940
庆阳市	Qingyang	6688607	777386	3997929	3764948	364356	1913292	84023	104619	298594
定西市	Dingxi	2901643	736134	704548	424100	280448	1460961	84990	69643	215113
陇南市	Longnan	2894472	659403	693794	439100	254694	1541275	86891	76051	208654
临夏州	Linxia	2029732	346687	496398	316400	179998	1186647	29514	49673	152541
甘南州	Gannan	1246932	257823	283018	251100	31918	706091	21136	23408	59062

2-17 续表 continued

单位：万元 (10 000 yuan)

地区	Region	#住宿和餐饮业 Hotels and Catering Services	#金融业 Financial Intermediation	#房地产业 Real Estate	#科学研究、技术服务和地质勘查业 Scientific Research, Technical Service and Geologic Prospecting	#水利、环境和公共设施管理业 Management of Water Conservancy, Environment and Public Facilities	#教育 Education	#卫生、社会保障和社会福利业 Health, Social Security and Social Welfare	人均生产总值（元） Per Capita GDP (yuan)
兰州市	Lanzhou	506318	1404656	806587	550473	84736	771056	290556	54771
嘉峪关市	Jiayuguan	23630	79211	55936	8218	8903	28077	23283	96771
金昌市	Jinchang	32344	91165	38520	8536	5258	45288	31399	54565
白银市	Baiyin	91391	165113	101095	20260	28727	165146	100852	26174
天水市	Tianshui	121693	162045	207645	37520	15765	246205	84788	15852
武威市	Wuwei	56187	136040	117724	27306	27194	152888	71814	22526
张掖市	Zhangye	94930	139500	116700	15810	40970	128040	53657	29852
平凉市	Pingliang	86016	224588	161568	24712	10332	130271	57945	16777
酒泉市	Jiuquan	139811	228859	273546	50847	72001	129674	143225	55000
庆阳市	Qingyang	160421	175928	131301	19697	15308	256166	57271	30087
定西市	Dingxi	80986	149146	160522	79066	6465	161398	64241	10470
陇南市	Longnan	106098	182672	231777	18782	15516	164958	72952	11214
临夏州	Linxia	91238	117247	108818	8877	8840	114667	35721	10166
甘南州	Gannan	69556	81950	32599	5710	3634	76411	28758	17818

2-18 各地区生产总值构成（2014）
Composition of Gross Regional Product by Region(2014)

单位：%　　(%)

地区	Region	地区生产总值 Gross Regional Product	第一产业 Primary Industry	第二产业 Secondary Industry	工业 Industry	建筑业 Construc-tion	第三产业 Tertiary Industry	#交通运输、仓储和邮政业 Transport, Storage and Post	#批发和零售业 Wholesale and Retail Trades	#住宿和餐饮业 Hotels and Catering Services
兰州市	Lanzhou	100	2.62	41.23	29.70	11.74	56.15	5.97	9.74	2.53
嘉峪关市	Jiayuguan	100	1.70	70.50	94.51	5.49	27.80	13.07	24.34	3.68
金昌市	Jinchang	100	6.70	66.17	55.64	10.85	27.13	1.62	3.84	1.26
白银市	Baiyin	100	12.63	50.40	40.15	10.36	36.97	4.11	7.40	2.04
天水市	Tianshui	100	17.30	35.50	71.09	32.77	47.20	11.31	21.52	4.94
武威市	Wuwei	100	22.93	41.72	70.25	31.20	35.36	13.82	15.45	3.89
张掖市	Zhangye	100	24.60	33.04	71.31	30.34	42.37	14.38	14.33	6.19
平凉市	Pingliang	100	24.20	35.90	70.05	29.98	39.90	7.38	11.15	6.16
酒泉市	Jiuquan	100	11.66	47.84	37.57	10.34	40.50	7.23	7.16	2.29
庆阳市	Qingyang	100	11.62	59.77	94.17	9.11	28.61	4.39	15.61	8.38
定西市	Dingxi	100	25.37	24.28	14.62	9.67	50.35	2.93	7.41	2.79
陇南市	Longnan	100	22.78	23.97	66.59	36.71	53.25	5.64	13.54	6.88
临夏州	Linxia	100	17.08	24.46	15.59	8.87	58.46	1.45	7.52	4.50
甘南州	Gannan	100	20.68	22.70	20.14	2.56	56.62	1.70	4.74	5.58

2-19 各地区生产总值指数（2014）
Indices of Gross Regional Product by Region(2014)

（上年=100）　　(preceding year=100)

地区	Region	地区生产总值 Gross Regional Product	第一产业 Primary Industry	第二产业 Second-ary Industry	工业 Industry	建筑业 Constru-ction	第三产业 Tertiary Industry	#交通运输、仓储和邮政业 Transport, Storage and Post	#批发和零售业 Wholesale and Retail Trades	#住宿和餐饮业 Hotels and Catering Services	人均生产总值 Per Capita GDP
兰州市	Lanzhou	110.4	106.2	109.2	108.2	111.6	111.6	102.7	109.0	105.9	109.9
嘉峪关市	Jiayuguan	109.7	105.3	111.3	111.4	111.3	105.8	104.4	107.4	103.2	101.2
金昌市	Jinchang	107.8	105.1	107.9	107.6	111.3	107.5	109.8	104.9	105.1	107.4
白银市	Baiyin	108.8	105.7	110.4	110.2	111.5	107.2	107.0	106.4	106.8	109.1
天水市	Tianshui	108.9	106.2	111.5	111.2	111.9	107.6	105.2	106.5	105.5	108.5
武威市	Wuwei	109.0	105.7	111.4	111.4	111.3	108.3	111.4	106.9	108.1	113.5
张掖市	Zhangye	108.0	105.4	108.1	106.9	111.7	109.6	107.6	109.2	108.2	107.8
平凉市	Pingliang	108.0	106.4	107.6	106.5	111.9	109.1	114.7	108.3	107.8	107.5
酒泉市	Jiuquan	107.5	104.7	108.1	107.4	111.1	107.5	105.3	106.7	107.2	107.1
庆阳市	Qingyang	110.2	105.7	111.6	111.4	111.5	108.9	109.5	117.2	110.0	110.0
定西市	Dingxi	109.2	105.4	111.7	111.6	111.7	109.8	107.3	110.3	107.9	109.2
陇南市	Longnan	109.0	106.2	110.7	110.1	111.9	109.2	109.9	107.5	108.3	108.6
临夏州	Linxia	110.9	105.9	112.5	112.9	111.5	111.8	110.0	110.3	107.2	108.9
甘南州	Gannan	106.7	105.1	107.7	107.3	111.3	106.8	103.1	104.1	104.0	106.0

2-20 各地县生产总值（2014）

Gross Regional Product by Region, County(2014)

单位：万元 (10 000 yuan)

地区	Region	地区生产总值 Gross Regional Product	第一产业 Primary Industry	第二产业 Secondary Industry	工业 Industry	建筑业 Construction
兰州市	**Lanzhou**	**20009389**	**524407**	**8248834**	**5942700**	**2349564**
城关区	Chengguan	7057167	16709	1115787	522224	599100
七里河区	Qilihe	3849038	45913	1833991	1484830	362400
西固区	Xigu	3119025	39056	1932500	1622600	309900
安宁区	Anning	1443262	3225	651419	532000	199900
红古区	Honggu	1071697	86300	683780	595683	98100
永登县	Yongdeng	1037030	100739	486017	399445	86700
皋兰县	Gaolan	442760	55318	237353	192953	44400
榆中县	Yuzhong	970128	140148	429468	346755	83100
嘉峪关市	**Jiayuguan**	**2306881**	**38683**	**1626761**	**1537387**	**89374**
金昌市	**Jinchang**	**2561027**	**171495**	**1694741**	**1425000**	**277772**
金川区	Jinchuan	1905176	33335	1456020	1225700	236668
永昌县	Yongchang	655851	138160	238721	199300	41104
白银市	**Baiyin**	**4476423**	**565222**	**2256197**	**1797165**	**463769**
白银区	Baiyin	1977673	54640	1115841	1000581	120585
平川区	Pingchuan	751834	26867	566758	433334	133424
靖远县	Jingyuan	634180	212179	189841	80586	109255
会宁县	Huining	572158	162691	171085	102901	68216
景泰县	Jingtai	545175	108845	206358	174633	33370
天水市	**Tianshui**	**5228228**	**904711**	**1858433**	**1321100**	**609055**
秦州区	Qinzhou	1594138	118505	639838	410430	229432
麦积区	Maiji	1491595	117452	703940	604169	105755
清水县	Qingshui	367078	103976	55285	25720	29794
秦安县	Qinan	492502	160200	110339	54521	60550
甘谷县	Gangu	553666	157719	179050	84756	103596
武山县	Wushan	483782	177288	104257	55205	51469
张家川县	Zhangjiachuan	250205	61285	43013	42823	14474
武威市	**Wuwei**	**4085293**	**936633**	**1704248**	**1197208**	**531662**
凉州区	Liangzhou	2603442	538491	1131543	753246	392620
民勤县	Minqin	644105	221596	211860	152119	62860
古浪县	Gulang	400185	117189	135635	93660	43620
天祝县	Tianzhu	437593	59358	224397	198176	32600
张掖市	**Zhangye**	**3617771**	**889823**	**1195137**	**852220**	**362656**

2-20 续表 1 continued

单位：万元 (10 000 yuan)

地区	Region	地区生产总值 Gross Regional Product	第一产业 Primary Industry	第二产业 Secondary Industry	工业 Industry	建筑业 Construction
甘州区	Ganzhou	1481585	338082	382592	233610	165674
肃南县	Sunan	301424	45018	191065	176606	14624
民乐县	Minle	440878	134155	153775	124462	29313
临泽县	Linze	474246	127135	166813	121272	45541
高台县	Gaotai	503931	158966	168214	121524	47455
山丹县	Shandan	418302	86467	134389	74746	60049
平凉市	**Pingliang**	**3505533**	**847611**	**1260440**	**882879**	**377915**
崆峒区	Kongtong	1175809	155166	364924	235500	129600
泾川县	Jingchuan	470610	180644	128092	61300	66800
灵台县	Lingtai	295311	114975	80589	40000	40600
崇信县	Chongxin	289329	61752	158727	146800	12000
华亭县	Huating	502611	70348	313829	291300	22700
庄浪县	Zhuanglang	358141	121322	93759	50800	43000
静宁县	Jingning	421263	143402	120372	57200	63200
酒泉市	**Jiuquan**	**6105496**	**712141**	**2921010**	**2293600**	**631392**
肃州区	Suzhou	1958551	230073	880199	709661	170910
金塔县	Jinta	704274	159592	224547	161545	63002
瓜州县	Guazhou	694856	84195	373564	195420	178450
肃北县	Subei	341496	4519	271368	263288	10110
阿克塞县	Akesai	150705	5141	101044	94294	6750
玉门市	Yumen	1255009	95989	723566	624714	102300
敦煌市	Dunhuang	1006544	132632	315732	215055	100987
庆阳市	**Qingyang**	**6688607**	**777386**	**3997929**	**3764948**	**364356**
西峰区	Xifeng	1735714	97802	902966	830491	164605
庆城县	Qingcheng	1032659	86811	771020	751201	60509
环　县	Huanxian	824087	88660	513070	513188	9314
华池县	Huachi	994014	52023	841247	803497	37922
合水县	Heshui	554355	71857	377302	376448	854
正宁县	Zhengning	249592	88658	29377	23005	6372
宁　县	Ningxian	656916	141865	276276	195037	82674
镇原县	Zhenyuan	626981	149710	272770	272503	2150
定西市	**Dingxi**	**2901643**	**736134**	**704548**	**424100**	**280448**
安定区	Anding	657774	119043	194918	133939	60979
通渭县	Tongwei	339508	105890	42410	17248	25162

2–20 续表 2 continued

单位：万元 (10 000 yuan)

地区	Region	地区生产总值 Gross Regional Product	第一产业 Primary Industry	第二产业 Secondary Industry	工业 Industry	建筑业 Construction
陇西县	Longxi	576041	132794	142751	97323	45428
渭源县	Weiyuan	263484	94398	35469	16526	18943
临洮县	Lintao	565054	134778	176540	91810	84730
漳　县	Zhangxian	187783	56623	37660	25900	11760
岷　县	Minxian	311999	92607	74800	41302	33498
陇南市	**Longnan**	**2894472**	**659403**	**693794**	**439100**	**254694**
武都区	Wudu	849006	144872	133508	43947	89561
成　县	Chengxian	461730	88741	157738	100948	56790
文　县	Wenxian	214784	49649	57576	46937	10639
宕昌县	Tanchang	190484	47328	36288	19593	16785
康　县	Kangxian	174304	43369	48891	44825	4066
西和县	Xihe	278967	62651	62167	53348	12366
礼　县	Lixian	290549	91295	61868	48981	12887
徽　县	Huixian	399439	111389	122311	72187	50124
两当县	Liangdang	63166	20108	9770	8294	1476
临夏州	**Linxia**	**2029732**	**346687**	**496398**	**316400**	**179998**
临夏市	linxia	568028	32486	113108	61453	51655
临夏县	linxia	312959	68568	53381	27919	25462
康乐县	Kangle	182568	47899	25261	11897	13364
永靖县	Yongjing	361941	55933	190185	146556	43629
广河县	Guanghe	174250	30019	38086	29088	8998
和政县	Hezheng	140414	37318	29528	11847	17681
东乡县	Dongxiang	150854	40331	30428	11219	19209
积石山县	Jishishan	139064	34135	16358	16358	
甘南州	**Gannan**	**1246932**	**257823**	**283018**	**251100**	**31918**
合作市	Hezuo	313690	18816	70539	61130	9409
临潭县	Lintan	167913	30460	28164	24448	3716
卓尼县	Zhuoni	143295	37184	32804	32298	506
舟曲县	Zhouqu	139706	35680	28236	24673	3563
迭部县	Diebu	101551	22580	26305	16061	10244
玛曲县	Maqu	131834	44274	31910	31549	361
碌曲县	Luqu	92055	26298	31793	27932	3861
夏河县	Xiahe	158335	42531	33187	32929	258

2–20 续表 3 continued

单位：万元 (10 000 yuan)

地区	Region	第三产业 Tertiary Industry	# 交通运输、仓储和邮政业 Transport, Storage and Post	# 批发和零售业 Wholesale and Retail Trades	# 住宿和餐饮业 Hotels and Catering Services	人均生产总值（元） Per Capita GDP (yuan)
兰州市	**Lanzhou**	**11236148**	**1194462**	**1949347**	**506318**	**54771**
城关区	Chengguan	5924671	394220	1128036	277003	54420
七里河区	Qilihe	1969134	306538	315407	69459	67646
西固区	Xigu	1147469	161434	266579	54836	84941
安宁区	Anning	788618	3006	84997	23623	51416
红古区	Honggu	301617	80393	31102	18846	77323
永登县	Yongdeng	450274	177798	49046	18617	30461
皋兰县	Gaolan	150089	35649	18052	6520	33980
榆中县	Yuzhong	400512	39326	62730	23068	21973
嘉峪关市	**Jiayuguan**	**641437**	**83833**	**156107**	**23630**	**96771**
金昌市	**Jinchang**	**694791**	**41381**	**98396**	**32344**	**54565**
金川区	Jinchuan	415821	19654	65948	20141	82155
永昌县	Yongchang	278970	21727	32448	12203	27574
白银市	**Baiyin**	**1655004**	**183954**	**331313**	**91391**	**26174**
白银区	Baiyin	807192	76664	154279	36978	66077
平川区	Pingchuan	158209	8779	26483	7098	38744
靖远县	Jingyuan	232160	34674	55296	22061	13953
会宁县	Huining	238382	24328	38804	10740	10621
景泰县	Jingtai	229972	42991	55682	14685	24382
天水市	**Tianshui**	**2465084**	**278819**	**530394**	**121693**	**15852**
秦州区	Qinzhou	835795	43706	185125	52510	24505
麦积区	Maiji	670203	80654	166649	38248	26574
清水县	Qingshui	207817	34109	33955	6471	13496
秦安县	Qinan	221963	32573	52927	8020	9439
甘谷县	Gangu	216897	31095	59312	17013	9779
武山县	Wushan	202237	51779	33635	9819	11114
张家川县	Zhangjiachuan	145907	18775	16836	3331	8595
武威市	**Wuwei**	**1444412**	**199598**	**223126**	**56187**	**22526**
凉州区	Liangzhou	933408	308636	116785	19137	25805
民勤县	Minqin	210649	17729	33298	9079	26715
古浪县	Gulang	147361	19323	13039	3640	10298
天祝县	Tianzhu	153838	14060	33797	13527	25077
张掖市	**Zhangye**	**1532811**	**220370**	**219600**	**94930**	**29852**

2–20 续表 4 continued

单位：万元 (10 000 yuan)

地区	Region	第三产业 Tertiary Industry	#交通运输、仓储和邮政业 Transport,Storage and Post	#批发和零售业 Wholesale and Retail Trades	#住宿和餐饮业 Hotels and Catering Services	人均生产总值（元） Per Capita GDP (yuan)
甘州区	Ganzhou	760911	113709	139119	44065	28915
肃南县	Sunan	65341	4074	9314	4256	87879
民乐县	Minle	152948	12651	19410	6634	19886
临泽县	Linze	180298	33974	18780	10271	34974
高台县	Gaotai	176751	25587	19825	13580	34802
山丹县	Shandan	197446	38355	21243	13808	25631
平凉市	**Pingliang**	**1397482**	**103097**	**155888**	**86016**	**16777**
崆峒区	Kongtong	655719	39338	72507	40868	22703
泾川县	Jingchuan	161874	13340	16439	10613	16629
灵台县	Lingtai	99747	8407	7956	4036	16137
崇信县	Chongxin	68850	5054	5353	3386	27062
华亭县	Huating	118434	10582	13262	6154	25815
庄浪县	Zhuanglang	143060	10294	16414	7293	9348
静宁县	Jingning	157489	12158	21895	11085	9927
酒泉市	**Jiuquan**	**2472345**	**441535**	**436940**	**139811**	**55000**
肃州区	Suzhou	848279	161151	139069	50749	44911
金塔县	Jinta	320135	54783	52793	9975	47362
瓜州县	Guazhou	237097	60443	44241	13914	46886
肃北县	Subei	65609	25580	8424	1861	226156
阿克塞县	Akesai	44520	9052	5621	1334	166598
玉门市	Yumen	435454	32075	65393	15975	76806
敦煌市	Dunhuang	558180	99614	123440	46157	70486
庆阳市	**Qingyang**	**1913292**	**84023**	**298594**	**160421**	**30087**
西峰区	Xifeng	734946	39656	113657	66576	45438
庆城县	Qingcheng	174828	9506	20675	10967	39251
环　县	Huanxian	222358	4608	31981	15032	26900
华池县	Huachi	100744	4202	11404	8068	80829
合水县	Heshui	105196	2331	14449	8401	37532
正宁县	Zhengning	131557	6235	17919	9579	13744
宁　县	Ningxian	238775	16008	45273	22232	16347
镇原县	Zhenyuan	204501	3774	29441	15596	15012
定西市	**Dingxi**	**1460961**	**84990**	**215113**	**80986**	**10470**
安定区	Anding	343813	19509	26945	14674	15508
通渭县	Tongwei	191208	10654	29269	15471	8435

2–20 续表 5 continued

单位：万元 (10 000 yuan)

地区	Region	第三产业 Tertiary Industry	# 交通运输、仓储和邮政业 Transport, Storage and Post	# 批发和零售业 Wholesale and Retail Trades	# 住宿和餐饮业 Hotels and Catering Services	人均生产总值（元） Per Capita GDP (yuan)
陇西县	Longxi	300496	27519	69333	16571	12599
渭源县	Weiyuan	133617	15407	22974	6972	8067
临洮县	Lintao	253736	11047	43180	16640	11046
漳　县	Zhangxian	93500	3721	11658	2937	9618
岷　县	Minxian	144592	5516	16332	7712	6869
陇南市	**Longnan**	**1541275**	**86891**	**208654**	**106098**	**11214**
武都区	Wudu	570626	41907	94360	36557	15122
成　县	Chengxian	215251	13723	31061	19020	18806
文　县	Wenxian	107559	2988	10165	5824	9924
宕昌县	Tanchang	106868	2798	16043	6043	6982
康　县	Kangxian	82044	3351	8831	4794	9666
西和县	Xihe	154149	7239	10821	7270	6747
礼　县	Lixian	137386	3915	16718	9901	6326
徽　县	Huixian	165739	10191	18505	15090	19772
两当县	Liangdang	33288	779	2150	1599	13497
临夏州	**Linxia**	**1186647**	**29514**	**152541**	**91238**	**10166**
临夏市	linxia	422434	8893	62954	44645	20283
临夏县	linxia	191010	4520	16875	5230	9334
康乐县	Kangle	109408	3275	10271	8956	7626
永靖县	Yongjing	115823	4524	18284	15130	19746
广河县	Guanghe	106145	2029	18597	6868	7399
和政县	Hezheng	73568	2128	10613	3434	7394
东乡县	Dongxiang	80095	2598	1773	2301	5102
积石山县	Jishishan	88571	1954	13622	4387	5772
甘南州	**Gannan**	**706091**	**21136**	**59062**	**69556**	**17818**
合作市	Hezuo	224335	4687	15294	17827	33730
临潭县	Lintan	109289	5055	11819	8901	12207
卓尼县	Zhuoni	73307	1561	7501	7821	13885
舟曲县	Zhouqu	75790	3799	7291	5482	10608
迭部县	Diebu	52666	1221	5045	7639	19288
玛曲县	Maqu	55650	462	5015	7017	23292
碌曲县	Luqu	33964	598	3649	2195	25049
夏河县	Xiahe	82617	4052	7856	12520	15243

2-21 各地县生产总值指数（2014）
Indices of Gross Regional Product by Region, County(2014)

（上年 =100） (preceding year=100)

地区	Region	地区生产总值 Gross Regional Product	第一产业 Primary Industry	第二产业 Secondary Industry	工业 Industry	建筑业 Construction
兰州市	**Lanzhou**	**110.4**	**106.2**	**109.2**	**108.2**	**111.6**
城关区	Chengguan	109.9	106.2	108.2	106.5	110.2
七里河区	Qilihe	111.7	106.4	112.1	111.0	111.1
西固区	Xigu	102.3	106.8	97.3	95.3	110.2
安宁区	Anning	111.7	106.4	109.1	108.7	110.7
红古区	Honggu	116.2	106.5	118.1	119.1	109.1
永登县	Yongdeng	113.1	106.4	117.2	118.3	111.1
皋兰县	Gaolan	117.7	106.3	121.8	123.8	112.1
榆中县	Yuzhong	116.5	106.7	119.7	121.2	111.6
嘉峪关市	**Jiayuguan**	**109.7**	**105.3**	**111.3**	**111.4**	**111.3**
金昌市	**Jinchang**	**107.8**	**105.1**	**107.9**	**107.6**	**111.3**
金川区	Jinchuan	107.7	105.6	107.8	107.5	111.1
永昌县	Yongchang	108.0	105.0	108.8	108.4	112.7
白银市	**Baiyin**	**108.8**	**105.7**	**110.4**	**110.2**	**111.5**
白银区	Baiyin	108.9	104.9	109.3	109.1	111.2
平川区	Pingchuan	110.0	105.7	111.7	111.5	112.5
靖远县	Jingyuan	108.3	105.8	112.8	113.5	112.0
会宁县	Huining	108.3	106.2	112.4	113.8	110.0
景泰县	Jingtai	107.0	105.1	108.9	109.3	106.0
天水市	**Tianshui**	**108.9**	**106.2**	**111.5**	**111.2**	**111.9**
秦州区	Qinzhou	109.2	106.0	110.5	111.1	109.5
麦积区	Maiji	108.7	106.0	110.6	110.3	111.1
清水县	Qingshui	109.6	106.5	114.1	115.5	111.6
秦安县	Qinan	109.2	106.3	113.7	114.7	112.6
甘谷县	Gangu	108.8	106.5	111.9	112.1	111.8
武山县	Wushan	108.7	106.4	113.6	115.3	111.4
张家川县	Zhangjiachuan	109.4	106.6	114.5	114.6	106.6
武威市	**Wuwei**	**109.0**	**105.7**	**111.4**	**111.4**	**111.3**
凉州区	Liangzhou	109.3	106.1	111.6	110.4	114.8
民勤县	Minqin	109.0	105.5	112.5	113.3	110.8
古浪县	Gulang	104.7	105.3	101.5	114.2	79.7
天祝县	Tianzhu	108.1	106.2	108.7	111.8	87.0
张掖市	**Zhangye**	**108.0**	**105.4**	**108.1**	**106.9**	**111.7**

2–21 续表 1 continued

（上年 =100） (preceding year=100)

地区	Region	地区生产总值 Gross Regional Product	第一产业 Primary Industry	第二产业 Secondary Industry	工业 Industry	建筑业 Construction
甘州区	Ganzhou	107.0	105.5	104.2	100.6	112.3
肃南县	Sunan	109.8	104.1	110.7	110.7	110.1
民乐县	Minle	109.5	105.7	112.0	112.1	111.7
临泽县	Linze	109.3	105.7	111.4	111.3	111.8
高台县	Gaotai	109.2	105.6	111.9	111.9	111.6
山丹县	Shandan	109.6	105.5	111.6	111.7	111.2
平凉市	**Pingliang**	**108.0**	**106.4**	**107.6**	**106.5**	**111.9**
崆峒区	Kongtong	108.6	106.3	108.2	106.4	111.7
泾川县	Jingchuan	108.8	106.2	111.2	111.8	109.7
灵台县	Lingtai	106.8	106.4	104.9	101.0	111.1
崇信县	Chongxin	103.7	106.5	101.4	101.3	111.2
华亭县	Huating	102.6	106.2	101.0	100.8	110.9
庄浪县	Zhuanglang	108.5	106.8	109.3	107.8	112.1
静宁县	Jingning	109.2	106.6	110.6	109.9	112.1
酒泉市	**Jiuquan**	**107.5**	**104.7**	**108.1**	**107.4**	**111.1**
肃州区	Suzhou	107.8	104.4	107.4	106.5	113.3
金塔县	Jinta	107.7	105.4	105.9	107.6	102.1
瓜州县	Guazhou	102.7	105.0	101.6	92.6	115.6
肃北县	Subei	109.0	105.0	109.6	109.7	109.5
阿克塞县	Akesai	113.7	105.1	119.8	120.6	109.3
玉门市	Yumen	104.8	105.4	105.0	105.3	102.7
敦煌市	Dunhuang	113.2	103.9	121.1	125.0	114.2
庆阳市	**Qingyang**	**110.2**	**105.7**	**111.6**	**111.4**	**111.5**
西峰区	Xifeng	107.4	105.0	110.9	105.2	122.3
庆城县	Qingcheng	109.5	105.7	108.5	109.9	104.6
环　县	Huanxian	110.2	105.0	111.1	114.0	61.7
华池县	Huachi	108.9	105.9	109.5	109.4	111.5
合水县	Heshui	111.2	105.6	113.6	113.8	73.5
正宁县	Zhengning	108.2	105.8	114.0	113.6	115.3
宁　县	Ningxian	110.4	106.0	114.3	116.5	109.2
镇原县	Zhenyuan	110.2	106.3	114.7	114.6	123.8
定西市	**Dingxi**	**109.2**	**105.4**	**111.7**	**111.6**	**111.7**
安定区	Anding	109.2	105.1	113.3	115.0	110.1
通渭县	Tongwei	109.6	106.4	115.2	117.9	113.1

2-21 续表 2 continued

（上年 =100） (preceding year=100)

地区	Region	地区生产总值 Gross Regional Product	第一产业 Primary Industry	第二产业 Secondary Industry	工业 Industry	建筑业 Construction
陇西县	Longxi	107.5	106.0	105.3	104.3	110.1
渭源县	Weiyuan	108.6	104.7	112.6	111.9	113.1
临洮县	Lintao	110.8	105.3	112.8	114.9	110.1
漳　县	Zhangxian	109.6	106.6	112.0	110.7	115.1
岷　县	Minxian	110.2	106.3	115.7	117.4	113.1
陇南市	**Longnan**	**109.0**	**106.2**	**110.7**	**110.1**	**111.9**
武都区	Wudu	109.3	107.1	111.3	110.0	112.0
成　县	Chengxian	109.1	105.2	110.1	109.7	111.2
文　县	Wenxian	108.8	106.8	109.1	108.6	112.1
宕昌县	Tanchang	109.8	106.6	113.2	114.9	111.1
康　县	Kangxian	109.7	107.0	112.4	112.5	111.3
西和县	Xihe	110.5	106.7	115.7	116.6	111.3
礼　县	Lixian	110.4	106.5	116.9	118.6	111.7
徽　县	Huixian	108.8	105.4	109.9	108.7	112.4
两当县	Liangdang	108.5	105.6	109.1	108.4	112.9
临夏州	**Linxia**	**110.9**	**105.9**	**112.5**	**112.9**	**111.5**
临夏市	linxia	114.1	105.5	116.2	120.4	110.5
临夏县	linxia	115.2	106.7	118.2	125.8	110.1
康乐县	Kangle	114.6	106.2	118.6	125.2	113.1
永靖县	Yongjing	111.5	105.9	111.7	111.4	112.5
广河县	Guanghe	106.2	105.7	93.6	94.7	89.3
和政县	Hezheng	117.4	106.2	135.3	161.2	110.3
东乡县	Dongxiang	114.0	106.1	115.9	120.0	112.0
积石山县	Jishishan	112.8	106.3	120.3	120.3	
甘南州	**Gannan**	**106.7**	**105.1**	**107.7**	**107.3**	**111.3**
合作市	Hezuo	108.4	104.5	120.0	121.8	109.5
临潭县	Lintan	107.5	105.4	115.0	112.9	129.8
卓尼县	Zhuoni	107.5	105.6	104.3	104.0	127.9
舟曲县	Zhouqu	106.7	104.4	106.6	106.5	107.2
迭部县	Diebu	110.0	105.8	108.8	108.0	110.3
玛曲县	Maqu	93.8	104.9	92.5	92.3	110.2
碌曲县	Luqu	109.5	105.0	110.4	111.6	101.8
夏河县	Xiahe	104.1	104.2	95.2	95.1	107.4

2–21 续表 3 continued

（上年 =100） (preceding year=100)

地区	Region	第三产业 Tertiary Industry	#交通运输、仓储和邮政业 Transport,Storage and Post	#批发和零售业 Wholesale and Retail Trades	#住宿和餐饮业 Hotels and Catering Services	人均生产总值 Per Capita GDP
兰州市	**Lanzhou**	**111.6**	**102.7**	**109.0**	**105.9**	**109.9**
城关区	Chengguan	110.3	109.4	108.4	102.8	109.2
七里河区	Qilihe	111.4	101.0	108.3	107.8	110.8
西固区	Xigu	112.8	101.5	116.0	109.3	102.1
安宁区	Anning	114.3	110.7	108.9	106.2	111.4
红古区	Honggu	112.8	103.4	110.6	106.0	107.9
永登县	Yongdeng	109.5	110.3	108.4	105.1	112.4
皋兰县	Gaolan	114.6	116.4	111.5	108.6	116.9
榆中县	Yuzhong	115.6	109.4	112.9	107.7	105.9
嘉峪关市	**Jiayuguan**	**105.8**	**104.4**	**107.4**	**103.2**	**101.2**
金昌市	**Jinchang**	**107.5**	**109.8**	**104.9**	**105.1**	**107.4**
金川区	Jinchuan	107.2	109.6	105.0	105.1	107.4
永昌县	Yongchang	108.0	109.9	104.7	105.2	107.6
白银市	**Baiyin**	**107.2**	**107.0**	**106.4**	**106.8**	**109.1**
白银区	Baiyin	108.6	107.6	106.9	106.4	108.4
平川区	Pingchuan	103.0	109.4	105.1	106.7	110.0
靖远县	Jingyuan	106.7	110.0	106.4	106.8	110.9
会宁县	Huining	107.0	111.1	105.4	107.2	109.2
景泰县	Jingtai	105.7	107.6	104.9	108.7	107.0
天水市	**Tianshui**	**107.6**	**105.2**	**106.5**	**105.5**	**108.5**
秦州区	Qinzhou	108.5	109.1	109.4	106.2	105.3
麦积区	Maiji	107.6	108.0	102.1	103.7	108.3
清水县	Qingshui	109.4	109.3	109.0	107.7	109.1
秦安县	Qinan	109.0	109.5	109.1	103.5	108.8
甘谷县	Gangu	107.5	103.6	107.2	104.8	108.4
武山县	Wushan	107.9	106.4	108.1	105.4	108.4
张家川县	Zhangjiachuan	108.9	109.3	108.7	107.3	109.2
武威市	**Wuwei**	**108.3**	**111.4**	**106.9**	**108.1**	**113.5**
凉州区	Liangzhou	108.4	102.6	106.4	107.6	112.3
民勤县	Minqin	110.2	112.0	112.9	112.6	109.0
古浪县	Gulang	108.4	106.2	106.7	104.2	105.0
天祝县	Tianzhu	107.9	118.4	107.8	105.8	108.4
张掖市	**Zhangye**	**109.6**	**107.6**	**109.2**	**108.2**	**107.8**

2–21 续表 4 continued

（上年 =100） (preceding year=100)

地区	Region	第三产业 Tertiary Industry	#交通运输、仓储和邮政业 Transport,Storage and Post	#批发和零售业 Wholesale and Retail Trades	#住宿和餐饮业 Hotels and Catering Services	人均生产总值 Per Capita GDP
甘州区	Ganzhou	109.5	117.5	109.8	104.8	107.1
肃南县	Sunan	110.1	105.6	106.0	107.3	109.3
民乐县	Minle	109.7	115.4	106.5	106.0	109.3
临泽县	Linze	109.2	105.8	108.5	109.2	109.1
高台县	Gaotai	109.5	105.0	108.7	108.5	108.9
山丹县	Shandan	109.5	104.9	109.4	103.9	109.4
平凉市	**Pingliang**	**109.1**	**114.7**	**108.3**	**107.8**	**107.5**
崆峒区	Kongtong	109.0	109.6	106.3	105.7	107.9
泾川县	Jingchuan	109.1	110.6	107.0	108.2	108.6
灵台县	Lingtai	108.5	110.9	110.1	107.3	106.6
崇信县	Chongxin	109.0	110.1	109.6	109.6	103.5
华亭县	Huating	108.5	110.9	110.2	105.1	102.3
庄浪县	Zhuanglang	109.6	110.9	110.2	108.9	108.3
静宁县	Jingning	110.6	110.1	110.3	108.2	109.1
酒泉市	**Jiuquan**	**107.5**	**105.3**	**106.7**	**107.2**	**107.1**
肃州区	Suzhou	109.4	104.6	106.6	109.1	107.5
金塔县	Jinta	110.0	106.1	121.1	112.2	107.7
瓜州县	Guazhou	103.8	104.1	101.8	107.1	102.6
肃北县	Subei	106.5	113.0	129.4	110.5	109.0
阿克塞县	Akesai	102.7	111.7	107.5	100.0	112.2
玉门市	Yumen	104.3	106.0	96.1	103.0	104.0
敦煌市	Dunhuang	111.7	109.2	109.2	105.0	112.8
庆阳市	**Qingyang**	**108.9**	**109.5**	**117.2**	**110.0**	**110.0**
西峰区	Xifeng	103.4	109.1	111.2	110.2	107.2
庆城县	Qingcheng	115.7	109.6	112.8	114.2	109.4
环　县	Huanxian	110.6	109.4	110.1	104.9	122.0
华池县	Huachi	105.0	107.0	106.2	95.8	114.4
合水县	Heshui	109.1	107.7	108.2	105.0	110.8
正宁县	Zhengning	108.7	109.6	105.7	103.8	108.1
宁　县	Ningxian	108.4	116.0	116.3	109.3	138.5
镇原县	Zhenyuan	108.9	112.1	108.2	105.8	110.2
定西市	**Dingxi**	**109.8**	**107.3**	**110.3**	**107.9**	**109.2**
安定区	Anding	108.5	107.6	106.1	108.4	109.1
通渭县	Tongwei	110.1	110.0	114.9	108.3	109.6

2–21 续表 5 continued

（上年 =100） (preceding year=100)

地区	Region	第三产业 Tertiary Industry	#交通运输、仓储和邮政业 Transport,Storage and Post	#批发和零售业 Wholesale and Retail Trades	#住宿和餐饮业 Hotels and Catering Services	人均生产总值 Per Capita GDP
陇西县	Longxi	109.9	102.5	113.4	108.4	107.4
渭源县	Weiyuan	110.6	109.8	112.3	108.2	108.3
临洮县	Lintao	112.4	110.0	113.4	108.3	108.8
漳　县	Zhangxian	110.3	109.5	114.6	107.4	109.5
岷　县	Minxian	109.5	109.8	112.5	107.6	110.1
陇南市	**Longnan**	**109.2**	**109.9**	**107.5**	**108.3**	**108.6**
武都区	Wudu	109.4	109.9	108.6	114.9	108.8
成　县	Chengxian	109.8	109.0	108.3	110.5	108.6
文　县	Wenxian	109.6	114.4	115.4	113.2	107.8
宕昌县	Tanchang	109.9	110.1	109.7	110.0	109.3
康　县	Kangxian	109.5	112.5	106.8	110.5	109.6
西和县	Xihe	109.4	107.4	109.0	107.4	110.8
礼　县	Lixian	110.3	109.8	111.0	105.5	110.1
徽　县	Huixian	110.1	112.2	109.6	108.1	108.3
两当县	Liangdang	110.3	110.1	107.6	112.6	103.4
临夏州	**Linxia**	**111.8**	**110.0**	**110.3**	**107.2**	**108.9**
临夏市	linxia	114.3	108.2	109.7	108.1	113.5
临夏县	linxia	117.4	111.3	111.3	108.5	115.6
康乐县	Kangle	117.8	108.6	108.2	108.4	111.3
永靖县	Yongjing	114.3	124.8	110.6	104.9	111.0
广河县	Guanghe	113.3	105.0	110.9	107.9	105.4
和政县	Hezheng	116.1	115.5	112.0	104.0	116.1
东乡县	Dongxiang	118.4	113.0	112.0	108.3	112.0
积石山县	Jishishan	114.0	112.5	113.3	108.5	113.8
甘南州	**Gannan**	**106.8**	**103.1**	**104.1**	**104.0**	**106.0**
合作市	Hezuo	105.1	103.4	107.0	101.5	108.0
临潭县	Lintan	106.3	103.0	110.5	99.3	106.9
卓尼县	Zhuoni	110.0	102.9	114.6	114.7	106.4
舟曲县	Zhouqu	107.7	103.0	120.0	101.6	106.1
迭部县	Diebu	112.3	103.0	122.5	127.5	109.3
玛曲县	Maqu	87.7	103.0	100.7	104.3	90.5
碌曲县	Luqu	111.7	103.1	124.1	86.5	108.3
夏河县	Xiahe	108.4	103.0	102.3	96.6	103.5

主要指标解释

国内生产总值(GDP) 指按市场价格计算的一个国家(或地区)所有常住单位在一定时期内生产活动的最终成果。国内生产总值有三种表现形态,即价值形态、收入形态和产品形态。从价值形态看,它是所有常住单位在一定时期内生产的全部货物和服务价值超过同期投入的全部非固定资产货物和服务价值的差额,即所有常住单位的增加值之和;从收入形态看,它是所有常住单位在一定时期内创造并分配给常住单位和非常住单位的初次收入之和;从产品形态看,它是所有常住单位在一定时期内最终使用的货物和服务价值减去货物和服务进口价值。在实际核算中,国内生产总值有三种计算方法,即生产法、收入法和支出法。三种方法分别从不同的方面反映国内生产总值及其构成。

劳动者报酬 指劳动者因从事生产活动所获得的全部报酬。包括劳动者获得的各种形式的工资、奖金和津贴,既包括货币形式的,也包括实物形式的,还包括劳动者所享受的公费医疗和医药卫生费、上下班交通补贴、单位支付的社会保险费、住房公积金等。

生产税净额 指生产税减生产补贴后的余额。生产税指政府对生产单位从事生产、销售和经营活动以及因从事生产活动使用某些生产要素(如固定资产、土地、劳动力)所征收的各种税、附加费和规费。生产补贴与生产税相反,指政府对生产单位的单方面转移支出,因此视为负生产税,包括政策亏损补贴、价格补贴等。

固定资产折旧 指一定时期内为弥补固定资产损耗按照规定的固定资产折旧率提取的固定资产折旧,或按国民经济核算统一规定的折旧率虚拟计算的固定资产折旧。它反映了固定资产在当期生产中的转移价值。

营业盈余 指常住单位创造的增加值扣除劳动者报酬、生产税净额和固定资产折旧后的余额。它相当于企业的营业利润加上生产补贴,但要扣除从利润中开支的工资和福利等。

支出法国内生产总值 是从最终使用的角度反映一个国家(或地区)一定时期内生产活动最终成果的一种方法,包括最终消费支出、资本形成总额及货物和服务净出口三部分。计算公式为:

支出法国内生产总值=最终消费支出+资本形成总额+货物和服务净出口

最终消费支出 指常住单位为满足物质、文化和精神生活的需要,从本国经济领土和国外购买的货物和服务的支出。它不包括非常住单位在本国经济领土内的消费支出。最终消费支出分为居民消费支出和政府消费支出。

居民消费支出 指常住住户在一定时期内对于货物和服务的全部最终消费支出。居民消费支出除了直接以货币形式购买的货物和服务的消费支出外,还包括以其他方式获得的货物和服务的消费支出,即所谓的虚拟消费支出。居民虚拟消费支出包括如下几种类型:单位以实物报酬及实物转移的形式提供给劳动者的货物和服务;住户生产并由本住户消费了的货物和服务,其中的服务仅指住户的自有住房服务和付酬的家庭雇员提供的家庭和个人服务;金融机构提供的金融媒介服务。

政府消费支出 指政府部门为全社会提供的公共服务的消费支出和免费或以较低的价格向居民住户提供的货物和服务的净支出,前者等于政府服务的产出价值减去政府单位所获得的经营收入的价值,后者等于政府部门免费或以较低价格向居民住户提供的货物和服务的市场价值减去向住户收取的价值。

资本形成总额 指常住单位在一定时期内获得减去处置的固定资产和存货的净额,包括固定资本形成总额和存货增加两部分。

固定资本形成总额 指常住单位在一定时期内获得的固定资产减处置的固定资产的价值总额。固定资产是通过生产活动生产出来的,且其使用年限在一年以上、单位价值在规定标准以上的资产,不包括自然资产。可分为有形固定资本形成总额和无形固定资本形成总额。有形固定资本形成总额包括一定时期内完成的建筑工程、安装工程和设备工器具购置(减处置)价值,以及土地改良、新增役、种、奶、毛、娱乐用牲畜和新增经济林木价值。无形固定资本形成总额包括矿藏的勘探、计算机软件等获得减处置。

存货增加 指常住单位在一定时期内存货实物量变动的市场价值,即期末价值减期初价值的差额,再扣除当期由于价格变动而产生的持有收益。存货增加可以是正值,也可以是负值,正值表示存货上升,负值表示存货下降。存货包括生产单位购进的原材料、燃料和储备物资等存货,以及生产单位生产的产成品、在制品和半成品等存货。

货物和服务净出口 指货物和服务出口减货物和服务进口的差额。出口包括常住单位向非常住单位出售或无偿转让的各种货物和服务的价值;进口包括常住单位从非常住单位购买或无偿得到的各种货物和服务的价值。由于服务活动的提供与使用同时发生,一般把常住单位从非常住单位得到的服务作为进口,非常住单位从常住单位得到的服务作为出口。货物的出口和进口都按离岸价格计算。

3

人口

Population

简要说明

一、本篇资料主要内容

本篇资料主要包括人口方面的基本情况；计划生育情况。

二、本篇资料来源

1. 本篇资料由省统计局人口与就业处整理。
2. 总人口指当地户籍人口与户口待定人口之和，包括户籍外出人口，不包括外来人口。
3. 常住人口是指实际经常居住在某地区半年以上的人口，包括离开户籍地半年以上的外来人口，不包括当地户籍外出半年以上的外出人口。常住人口包括：居住在本乡镇街道、户口在本乡镇街道或户口待定的人；居住在本乡镇街道、离开户口所在乡镇街道半年以上的人；户口在本乡镇街道、外出不满半年或在境外工作学习的人。
4. 家庭户是指以家庭成员关系为主、居住一处共同生活的人组成的户。
5. 城乡人口是指居住在城镇、乡村地域上的人口，城镇、乡村是按2008年国家统计局《统计上划分城乡的规定》划分的。
6. 计划生育资料来源于省卫生和计划生育委员会。
7. 户籍总人口资料来源于省公安厅。

3-1 历年人口数及构成

Population and Its Composition

单位：万人 (10 000 persons)

年份 Year	年末总人口 Total Population (year-end)	按性别分 By Sex				按城乡分 By Urban and Rural			
		男 Male		女 Female		城镇人口 Urban		乡村人口 Rural	
		人口数 Population	比重(%) Proportion	人口数 Population	比重(%) Proportion	人口数 Population	比重(%) Proportion	人口数 Population	比重(%) Proportion
1978	1870.05	965.88	51.65	904.17	48.35	269.44	14.41	1600.61	85.59
1979	1893.79	977.39	51.61	916.40	48.39	279.89	14.78	1613.90	85.22
1980	1918.43	989.72	51.59	928.71	48.41	290.65	15.15	1627.78	84.85
1981	1941.40	1004.29	51.73	937.11	48.27	304.72	15.70	1636.68	84.30
1982	1974.88	1021.41	51.72	953.47	48.28	305.83	15.49	1669.05	84.51
1983	1999.84	1034.52	51.73	965.32	48.27	324.91	16.25	1674.93	83.75
1984	2025.88	1047.58	51.71	978.30	48.29	345.18	17.04	1680.70	82.96
1985	2052.89	1063.19	51.79	989.70	48.21	366.71	17.86	1686.18	82.14
1986	2085.39	1078.36	51.71	1007.03	48.29	389.58	18.68	1695.81	81.32
1987	2115.73	1093.41	51.68	1022.32	48.32	413.88	19.56	1701.85	80.44
1988	2148.15	1110.38	51.69	1037.77	48.31	439.69	20.47	1708.46	79.53
1989	2184.86	1128.92	51.67	1055.94	48.33	467.12	21.38	1717.74	78.62
1990	2254.67	1151.95	51.09	1102.72	48.91	496.25	22.01	1758.42	77.99
1991	2284.92	1180.85	51.68	1104.07	48.32	508.76	22.27	1776.16	77.73
1992	2314.19	1197.59	51.75	1116.60	48.25	521.59	22.54	1792.60	77.46
1993	2345.23	1194.25	50.92	1150.98	49.08	534.75	22.80	1810.48	77.20
1994	2387.25	1222.27	51.20	1164.98	48.80	548.23	22.96	1839.02	77.04
1995	2437.95	1256.49	51.54	1181.46	48.46	562.06	23.05	1875.89	76.95
1996	2466.86	1276.67	51.75	1190.19	48.25	572.07	23.19	1894.79	76.81
1997	2494.20	1278.57	51.26	1215.63	48.74	582.26	23.34	1911.94	76.66
1998	2519.37	1289.16	51.17	1230.21	48.83	592.63	23.52	1926.74	76.48
1999	2542.58	1292.05	50.82	1250.53	49.18	603.18	23.72	1939.40	76.28
2000	2515.31	1303.69	51.83	1211.62	48.17	603.93	24.01	1911.38	75.99
2001	2523.35	1307.85	51.83	1215.50	48.17	618.47	24.51	1904.88	75.49
2002	2530.76	1311.95	51.84	1218.81	48.16	656.99	25.96	1873.77	74.04
2003	2537.19	1313.00	51.75	1224.19	48.25	694.68	27.38	1842.51	72.62
2004	2541.48	1314.45	51.72	1227.03	48.28	727.12	28.61	1814.36	71.39
2005	2545.10	1309.20	51.44	1235.90	48.56	764.04	30.02	1781.06	69.98
2006	2546.79	1308.54	51.38	1238.25	48.62	791.80	31.09	1754.99	68.91
2007	2548.19	1308.50	51.35	1239.69	48.65	804.97	31.59	1743.22	68.41
2008	2550.88	1309.11	51.32	1241.77	48.68	820.11	32.15	1730.77	67.85
2009	2554.91	1310.16	51.28	1244.75	48.72	834.18	32.65	1720.73	67.35
2010	2559.98	1307.64	51.08	1252.34	48.92	924.66	36.12	1635.32	63.88
2011	2564.19	1309.02	51.05	1255.17	48.95	952.60	37.15	1611.59	62.85
2012	2577.55	1316.87	51.09	1260.68	48.91	998.80	38.75	1578.75	61.25
2013	2582.18	1318.72	51.07	1263.46	48.93	1036.23	40.13	1545.95	59.87
2014	2590.78	1322.85	51.06	1267.93	48.94	1079.84	41.68	1510.94	58.32

注：1.2001-2009 年数据根据 2010 年人口普查结果进行了数据调整。
2.2000 年及以后数据按常住人口口径统计。
a) Data of 2001 to 2009 are adjusted according to the results of 2010 National Population Census.
b) Data since 2000 are obtained from the standand of permanent population.

3-2 历年人口自然变动情况
Natural Changes of Population

单位：‰ (‰)

年份 Year	出生率 Birth Rate	死亡率 Death Rate	自然增长率 Natural Growth Rate
1978	17.77	5.87	11.90
1980	16.53	5.15	11.38
1985	18.31	5.46	12.85
1986	21.14	5.91	15.23
1987	20.55	5.71	14.84
1988	20.41	5.06	15.35
1989	22.57	5.60	16.97
1990	20.68	6.08	14.60
1991	19.38	6.05	13.33
1992	19.37	6.64	12.73
1993	20.16	6.84	13.32
1994	20.82	6.84	13.98
1995	20.65	6.49	14.16
1996	18.43	6.64	11.79
1997	17.22	6.20	11.02
1998	16.45	6.41	10.04
1999	15.61	6.44	9.17
2000	14.38	6.41	7.97
2001	13.58	6.43	7.15
2002	13.16	6.45	6.71
2003	12.58	6.46	6.12
2004	12.43	6.52	5.91
2005	12.59	6.57	6.02
2006	12.86	6.62	6.24
2007	13.14	6.65	6.49
2008	13.22	6.68	6.54
2009	13.32	6.71	6.61
2010	12.05	6.02	6.03
2011	12.08	6.03	6.05
2012	12.11	6.05	6.06
2013	12.16	6.08	6.08
2014	12.21	6.11	6.10

3-3 六次人口普查基本情况
Basic Statistics on National Population Census in 1953, 1964, 1982, 1990, 2000 and 2010

指标	Item	1953	1964	1982	1990	2000	2010
总人口（万人）	**Total population (10 000 persons)**	**1109.36**	**1263.06**	**1956.93**	**2237.11**	**2512.43**	**2557.53**
男	Male	580.80	657.17	1012.37	1159.28	1302.17	1306.41
女	Female	528.56	605.89	944.56	1077.83	1210.26	1251.11
性别比（以女性为 100）	Sex Ratio (female=100)	109.88	108.46	107.18	107.56	107.59	104.42
家庭户规模（人／户）	**Average Family Household Size (person/household)**	**5.40**	**4.95**	**5.17**	**4.58**	**3.99**	**3.49**
各年龄组人口（%）	**Population by Age Group (%)**						
0-14 岁	Aged 0-14	39.56	40.18	36.32	27.97	27.00	18.16
15-64 岁	Aged 15-64	57.35	57.75	60.19	67.97	68.00	73.61
65 岁及以上	Aged 65 and Over	3.09	2.07	3.49	4.06	5.00	8.23
民族人口	**Population by Ethnicity**						
汉族（万人）	Han (10 000 persons)	1013.18	1167.50	1802.03	2051.50	2292.51	2316.48
占总人口比重（%）	Percentage to Total Population (%)	91.33	92.43	92.08	91.70	91.25	90.57
少数民族（万人）	Ethnic Minorities (10 000 persons)	96.18	95.56	154.90	185.61	219.92	241.05
占总人口比重（%）	Percentage to Total Population (%)	8.67	7.57	7.92	8.30	8.75	9.43
每十万人拥有的各种受教育程度人口（人）	**Population with Various Education Attainments Per 100 000 Persons (person)**						
大专及以上	Junior College and Above			551	1104	2665	7520
高中和中专	Senior Secondary School and Technical Secondary School			6246	7825	9863	12686
初　中	Junior Secondary School			12190	16851	23925	31213
小　学	Primary School			27679	29127	36907	32504
文盲人口及文盲率	**Illiterate Population and Illiterate Rate**						
文盲人口（万人）	Illiterate Population (10 000 persons)			634.48	631.06	361.32	222.22
文盲率（%）	Illiterate Rate (%)			50.91	39.17	19.68	8.69
城乡人口（万人）	**Population by Residence (10 000 persons)**						
城镇人口	Urban Population	111.27	140.58	300.19	493.06	603.23	923.66
乡村人口	Rural Population	998.09	1122.48	1656.74	1744.05	1909.20	1633.87
平均预期寿命（岁）	**Life Expectancy (year old)**			**65.75**	**68.25**	**70.39**	**72.23**
男	Male			65.05	67.42	69.28	70.60
女	Female			66.49	69.17	71.88	74.06

注：1. 1953 年、1964 年、1982 年及 1990 年全国人口普查标准时点为当年 7 月 1 日零时，2000 年和 2010 年全国人口普查标准时点为当年 11 月 1 日零时。

2. 2000 年、2010 年总人口为常住人口。

a) Standard reference time of national population census in 1953,1964,1982 and 1990 was zero hour of July 1st, and in 2000 and 2010 was zero hour of November 1st.

b) Total population of 2000 and 2010 are permanent population.

3-4 各地区人口年龄构成和抚养比（2014）
Age Composition and Dependency Ratio of Population by Region (2014)

地区	Region	年末常住人口（万人） Permanent Population at Year-end (10 000 persons)	0–14 岁 Aged 0-14	15–64 岁 Aged 15-64	65 岁及以上 Aged 65 and Over	总抚养比（%） Gross Dependency Ratio (%)	少年儿童抚养比 Children Dependency Ratio(%)	老年人口抚养比 Old Dependency Ratio(%)
甘肃省	**Gansu**	**2590.78**	**440.59**	**1928.68**	**221.51**	**34.33**	**22.84**	**11.49**
兰州市	Lanzhou	366.49	43.76	289.49	33.24	26.60	15.12	11.48
嘉峪关市	Jiayuguan	24.13	3.28	18.93	1.93	27.49	17.31	10.17
金昌市	Jinchang	47.01	7.40	35.75	3.86	31.50	20.70	10.80
白银市	Baiyin	170.83	27.35	129.25	14.23	32.17	21.16	11.01
天水市	Tianshui	330.31	65.04	238.18	27.09	38.68	27.31	11.37
武威市	Wuwei	181.36	29.24	138.06	14.06	31.36	21.18	10.18
张掖市	Zhangye	121.33	19.45	92.79	9.09	30.76	20.96	9.80
平凉市	Pingliang	209.23	37.86	152.21	19.16	37.46	24.87	12.59
酒泉市	Jiuquan	111.19	17.43	85.33	8.43	30.31	20.43	9.88
庆阳市	Qingyang	222.35	39.40	162.96	19.99	36.44	24.18	12.27
定西市	Dingxi	277.22	47.79	204.56	24.87	35.52	23.36	12.16
陇南市	Longnan	258.71	46.83	188.52	23.36	37.23	24.84	12.39
临夏州	Linxia	200.44	41.17	142.23	17.04	40.93	28.95	11.98
甘南州	Gannan	70.18	14.59	50.40	5.19	39.25	28.95	10.30

3-5 各地区城乡人口数及构成（2014）
Population of Urban and Rural and Its composition by Region (2014)

单位：万人 (10 000 persons)

地区	Region	年末常住人口 Permanent Population at Year-end	城镇人口 Urban Population		乡村人口 Rural Population	
			人口数 Population	比重 (%) Proportion	人口数 Population	比重 (%) Proportion
甘肃省	**Gansu**	**2590.78**	**1079.84**	**41.68**	**1510.94**	**58.32**
兰州市	Lanzhou	366.49	294.44	80.34	72.05	19.66
嘉峪关市	Jiayuguan	24.13	22.54	93.41	1.59	6.59
金昌市	Jinchang	47.01	31.46	66.92	15.55	33.08
白银市	Baiyin	170.83	76.75	44.93	94.08	55.07
天水市	Tianshui	330.31	112.01	33.91	218.30	66.09
武威市	Wuwei	181.36	61.68	34.01	119.68	65.99
张掖市	Zhangye	121.33	48.93	40.33	72.40	59.67
平凉市	Pingliang	209.23	72.12	34.47	137.11	65.53
酒泉市	Jiuquan	111.19	61.41	55.23	49.78	44.77
庆阳市	Qingyang	222.35	70.15	31.55	152.20	68.45
定西市	Dingxi	277.22	79.76	28.77	197.46	71.23
陇南市	Longnan	258.71	68.95	26.65	189.76	73.35
临夏州	Linxia	200.44	59.27	29.57	141.17	70.43
甘南州	Gannan	70.18	20.33	28.97	49.85	71.03

3-6 各地、县人口（2014）
Population by Region,County(2014)

单位：万人 (10 000 persons)

地区	Region	年末常住人口 Permanent Population at Year-end	#女性 Female	出生率 Birth Rate (‰)	死亡率 Death Rate (‰)	自然增长率 Natural Growth Rate (‰)
兰州市	**Lanzhou**	**366.49**	**179.02**	**9.64**	**4.67**	**4.97**
城关区	Chengguan	130.12	64.13	8.49	3.61	4.88
七里河区	Qilihe	57.04	27.05	9.58	4.68	4.90
西固区	Xigu	36.79	17.89	8.01	4.19	3.82
安宁区	Anning	28.12	13.66	7.06	3.32	3.74
红古区	Honggu	13.90	6.75	10.83	5.46	5.37
永登县	Yongdeng	42.81	21.32	12.77	6.54	6.23
皋兰县	Gaolan	13.56	6.68	12.75	6.57	6.18
榆中县	Yuzhong	44.15	21.54	12.31	6.32	5.99
嘉峪关市	**Jiayuguan**	**24.13**	**11.58**	**10.09**	**4.37**	**5.72**
金昌市	**Jinchang**	**47.01**	**22.53**	**9.89**	**4.93**	**4.96**
金川区	Jinchuan	23.19	11.16	9.68	5.19	4.49
永昌县	Yongchang	23.82	11.36	10.09	4.68	5.41
白银市	**Baiyin**	**170.83**	**83.06**	**10.89**	**5.24**	**5.65**
白银区	Baiyin	29.99	14.41	9.78	4.97	4.81
平川区	Pingchuan	19.40	9.19	9.86	4.69	5.17
靖远县	Jingyuan	45.41	22.16	11.21	5.29	5.92
会宁县	Huining	53.67	26.34	11.58	5.49	6.09
景泰县	Jingtai	22.36	10.94	10.96	5.37	5.59
天水市	**Tianshui**	**330.31**	**163.73**	**12.86**	**5.95**	**6.91**
秦州区	Qinzhou	65.38	32.14	11.92	5.48	6.44
麦积区	Maiji	56.23	27.43	12.32	5.61	6.71
清水县	Qingshui	27.14	13.48	12.88	5.79	7.09
秦安县	Qinan	52.27	26.23	12.91	5.82	7.09
甘谷县	Gangu	56.57	28.76	12.71	5.65	7.06
武山县	Wushan	43.57	21.12	12.76	5.74	7.02
张家川县	Zhangjiachuan	29.12	14.58	13.94	6.26	7.68
武威市	**Wuwei**	**181.36**	**88.09**	**10.61**	**5.28**	**5.33**
凉州区	Liangzhou	100.89	48.86	10.31	4.94	5.37
民勤县	Minqin	24.11	11.75	9.98	6.11	3.87
古浪县	Gulang	38.86	18.99	10.89	5.16	5.73
天祝县	Tianzhu	17.50	8.48	12.20	6.22	5.98
张掖市	**Zhangye**	**121.33**	**59.37**	**11.48**	**6.22**	**5.26**

3–6 续表 1 continued

单位：万人 (10 000 persons)

地区	Region	年末常住人口 Permanent Population at Year-end	# 女性 Female	出生率 (‰) Birth Rate(‰)	死亡率 (‰) Death Rate(‰)	自然增长率 (‰) Natural Growth Rate (‰)
甘州区	Ganzhou	51.30	25.15	10.34	5.15	5.19
肃南县	Sunan	3.44	1.61	11.45	5.27	6.18
民乐县	Minle	22.19	10.67	11.99	5.94	6.05
临泽县	Linze	13.57	6.66	11.54	6.45	5.09
高台县	Gaotai	14.49	7.16	11.33	6.29	5.04
山丹县	Shandan	16.34	8.13	11.47	5.44	6.03
平凉市	**Pingliang**	**209.23**	**103.95**	**12.19**	**6.19**	**6.00**
崆峒区	Kongtong	51.86	25.38	10.97	4.93	6.04
泾川县	Jingchuan	28.40	14.33	12.68	6.93	5.75
灵台县	Lingtai	18.32	9.09	12.74	6.65	6.09
崇信县	Chongxin	10.31	4.86	12.48	6.24	6.24
华亭县	Huating	19.49	9.24	11.23	5.40	5.83
庄浪县	Zhuanglang	38.36	19.70	12.97	7.07	5.90
静宁县	Jingning	42.49	21.33	12.77	6.59	6.18
酒泉市	**Jiuquan**	**111.19**	**53.84**	**9.91**	**5.37**	**4.54**
肃州区	Suzhou	43.68	21.62	9.77	5.36	4.41
金塔县	Jinta	14.87	7.23	7.51	5.39	2.12
瓜州县	Guazhou	14.82	6.91	10.96	5.18	5.78
肃北县	Subei	1.51	0.64	10.41	5.37	5.04
阿克塞县	Akesai	1.05	0.44	11.57	3.72	7.85
玉门市	Yumen	16.41	7.74	11.58	3.89	7.69
敦煌市	Dunhuang	18.85	9.26	9.72	6.90	2.82
庆阳市	**Qingyang**	**222.35**	**109.48**	**13.61**	**6.45**	**7.16**
西峰区	Xifeng	38.21	18.83	13.40	6.32	7.08
庆城县	Qingcheng	26.31	12.75	13.58	6.43	7.15
环　县	Huanxian	30.64	14.86	13.67	6.36	7.31
华池县	Huachi	12.30	5.91	13.63	6.46	7.17
合水县	Heshui	14.77	7.19	13.61	6.47	7.14
正宁县	Zhengning	18.16	9.03	13.65	6.50	7.15
宁　县	Ningxian	40.19	20.23	13.72	6.54	7.18
镇原县	Zhenyuan	41.77	20.67	13.69	6.48	7.21
定西市	**Dingxi**	**277.22**	**136.22**	**12.33**	**6.71**	**5.62**
安定区	Anding	42.43	20.80	12.36	6.87	5.49
通渭县	Tongwei	40.26	20.25	12.31	6.68	5.63

3-6 续表 2 continued

单位：万人 (10 000 persons)

地区	Region	年末常住人口 Permanent Population at Year-end	# 女性 Female	出生率 Birth Rate (‰)	死亡率 Death Rate (‰)	自然增长率 Natural Growth Rate (‰)
陇西县	Longxi	45.73	22.33	12.25	6.66	5.59
渭源县	Weiyuan	32.67	15.84	12.28	6.79	5.48
临洮县	Lintao	51.17	25.40	12.46	6.82	5.64
漳　县	Zhangxian	19.53	9.44	12.47	6.65	5.82
岷　县	Minxian	45.43	22.16	12.21	6.49	5.72
陇南市	**Longnan**	**258.71**	**124.01**	**13.08**	**6.81**	**6.27**
武都区	Wudu	56.28	26.84	13.54	6.83	6.71
成　县	Chengxian	24.62	11.95	13.67	6.34	7.33
文　县	Wenxian	21.64	10.40	12.49	6.37	6.12
宕昌县	Tanchang	27.36	13.04	12.32	6.18	6.14
康　县	Kangxian	18.04	8.46	11.01	6.34	4.67
西和县	Xihe	40.02	19.48	13.74	6.12	7.62
礼　县	Lixian	45.98	21.90	13.22	6.05	7.17
徽　县	Huixian	20.26	9.83	13.01	7.87	5.14
两当县	Liangdang	4.51	2.11	9.54	4.07	5.47
临夏州	**Linxia**	**200.44**	**99.00**	**14.86**	**7.05**	**7.81**
临夏市	linxia	28.10	13.88	11.61	5.11	6.50
临夏县	linxia	33.53	16.61	14.95	7.55	7.40
康乐县	Kangle	24.01	12.01	14.99	7.38	7.61
永靖县	Yongjing	18.33	8.94	11.74	6.11	5.63
广河县	Guanghe	23.66	11.76	17.10	7.26	9.84
和政县	Hezheng	19.06	9.43	15.52	7.63	7.89
东乡县	Dongxiang	29.57	14.35	17.72	7.79	9.93
积石山县	Jishishan	24.18	12.02	14.54	7.42	7.12
甘南州	**Gannan**	**70.18**	**34.00**	**14.96**	**7.08**	**7.88**
合作市	Hezuo	9.30	4.49	12.80	6.56	6.24
临潭县	Lintan	13.79	6.73	14.47	7.18	7.29
卓尼县	Zhuoni	10.34	5.00	16.39	6.79	9.60
舟曲县	Zhouqu	13.20	6.43	13.58	6.59	6.98
迭部县	Diebu	5.29	2.58	12.81	8.16	4.65
玛曲县	Maqu	5.68	2.65	19.90	8.72	11.18
碌曲县	Luqu	3.70	1.80	16.49	6.62	9.86
夏河县	Xiahe	8.88	4.32	15.88	7.04	8.84

3-7 各地、县总户数及农业、非农业人口（2014）

Number of Households and Agriculture, Non-agricultural Population by Region,County(2014)

单位：人 (person)

地区	Region	年末总户数（户） Number of Households (household)	年末总人口 Total Population (year-end)	农业人口 Agricultural Population	非农业人口 Non-Agricultural Population	未落常住户口人口 No Permanent Account Population
甘肃省	**Gansu**	**8286279**	**27343265**	**19714553**	**7614752**	**13960**
兰州市	**Lanzhou**	**1063299**	**3216398**	**1204309**	**2009915**	**2174**
城关区	Chengguan	319622	927916	13433	913182	1301
七里河区	Qilihe	161706	467078	77412	389666	
西固区	Xigu	114489	322540	56556	265984	
安宁区	Anning	63472	187189		187189	
红古区	Honggu	52589	144079	47051	96874	154
永登县	Yongdeng	163121	535047	459326	75379	342
皋兰县	Gaolan	61477	187561	154424	32787	350
榆中县	Yuzhong	126823	444988	396107	48854	27
嘉峪关市	**Jiayuguan**	**70455**	**201723**		**201723**	
金昌市	**Jinchang**	**172244**	**456160**		**456160**	
金川区	Jinchuan	82338	206379		206379	
永昌县	Yongchang	89906	249781		249781	
白银市	**Baiyin**	**552517**	**1779106**	**1275985**	**500027**	**3094**
白银区	Baiyin	107570	289006	57396	228516	3094
平川区	Pingchuan	67835	203156	96385	106771	
靖远县	Jingyuan	141032	477477	420642	56835	
会宁县	Huining	165568	572263	513068	59195	
景泰县	Jingtai	70512	237204	188494	48710	
天水市	**Tianshui**	**995618**	**3644966**	**2617918**	**1024269**	**2779**
秦州区	Qinzhou	196890	688827	345250	342974	603
麦积区	Maiji	178396	612275	306423	305611	241
清水县	Qingshui	87471	318737	287792	30759	186
秦安县	Qinan	156889	583808	440625	142706	477
甘谷县	Gangu	167815	629437	565822	63260	355
武山县	Wushan	121637	457170	370647	85765	758
张家川县	Zhangjiachuan	86520	354712	301359	53194	159
武威市	**Wuwei**	**583805**	**1888955**	**1440256**	**448699**	
凉州区	Liangzhou	320120	1022506	693528	328978	
民勤县	Minqin	78603	273441	232750	40691	
古浪县	Gulang	119495	384713	349530	35183	
天祝县	Tianzhu	65587	208295	164448	43847	
张掖市	**Zhangye**	**449424**	**1296775**	**939599**	**357176**	

注：本表为省公安厅户籍统计人口数据。

a)Data from household registration of Gansu Provincial Public Security Department .

3-7 续表 1 continued

单位：人 (person)

地区	Region	年末总户数(户) Number of Households (household)	年末总人口 Total Population (year-end)	农业人口 Agricultural Population	非农业人口 Non-Agricultural Population	未落常住户口人口 No Permanent Account Population
甘州区	Ganzhou	174689	506478	324536	181942	
肃南县	Sunan	15118	38085	25964	12121	
民乐县	Minle	80537	245717	205024	40693	
临泽县	Linze	53530	148993	124621	24372	
高台县	Gaotai	54360	157393	129345	28048	
山丹县	Shandan	71190	200109	130109	70000	
平凉市	**Pingliang**	**719392**	**2336798**	**1888982**	**447816**	
崆峒区	Kongtong	172772	512985	342446	170539	
泾川县	Jingchuan	111916	358749	322963	35786	
灵台县	Lingtai	78199	233431	207453	25978	
崇信县	Chongxin	32566	100855	81859	18996	
华亭县	Huating	63673	188709	91677	97032	
庄浪县	Zhuanglang	124226	450785	411434	39351	
静宁县	Jingning	136040	491284	431150	60134	
酒泉市	**Jiuquan**	**343967**	**1018037**	**659733**	**358304**	
肃州区	Suzhou	134297	410367	232035	178332	
金塔县	Jinta	49828	150115	118763	31352	
瓜州县	Guazhou	40002	126578	101162	25416	
肃北县	Subei	5083	11970	5828	6142	
阿克塞县	Akesai	15588	33990	2940	31050	
玉门市	Yumen	48471	142255	97140	45115	
敦煌市	Dunhuang	50698	142762	101865	40897	
庆阳市	**Qingyang**	**807726**	**2655797**	**2321349**	**334448**	
西峰区	Xifeng	116607	379465	266316	113149	
庆城县	Qingcheng	94708	286558	245562	40996	
环　县	Huanxian	101466	352305	323477	28828	
华池县	Huachi	43704	131955	112805	19150	
合水县	Heshui	57245	177667	154542	23125	
正宁县	Zhengning	76544	242284	213040	29244	
宁　县	Ningxian	159572	556111	514710	41401	
镇原县	Zhenyuan	157880	529452	490897	38555	
定西市	**Dingxi**	**875058**	**3013822**	**2626044**	**387778**	
安定区	Anding	151324	458951	360414	98537	
通渭县	Tongwei	121509	440310	389619	50691	

3-7 续表 2 continued

单位：人 (person)

地区	Region	年末总户数（户） Number of Households (household)	年末总人口 Total Population (year-end)	农业人口 Agricultural Population	非农业人口 Non-Agricultural Population	未落常住户口人口 No Permanent Account Population
陇西县	Longxi	145970	518723	433125	85598	
渭源县	Weiyuan	103860	346584	319423	27161	
临洮县	Lintao	164496	547980	488594	59386	
漳　县	Zhangxian	58515	210930	188457	22473	
岷　县	Minxian	129384	490344	446412	43932	
陇南市	**Longnan**	**825170**	**2832328**	**2359533**	**466972**	**5823**
武都区	Wudu	182970	584602	442382	142220	
成　县	Chengxian	80691	259803	160381	99022	400
文　县	Wenxian	88976	243983	206149	37834	
宕昌县	Tanchang	82506	309481	281704	27412	365
康　县	Kangxian	63857	199371	177836	21306	229
西和县	Xihe	109600	428414	384311	43038	1065
礼　县	Lixian	130892	534784	480394	50677	3713
徽　县	Huixian	68341	222783	188301	34482	
两当县	Liangdang	17337	49107	38075	10981	51
临夏州	**Linxia**	**618675**	**2278959**	**1825947**	**453012**	
临夏市	linxia	77301	255944	85992	169952	
临夏县	linxia	113176	411244	354011	57233	
康乐县	Kangle	77191	286084	257905	28179	
永靖县	Yongjing	65092	205649	158350	47299	
广河县	Guanghe	63083	272120	243568	28552	
和政县	Hezheng	63910	220792	178907	41885	
东乡县	Dongxiang	88783	351499	300910	50589	
积石山县	Jishishan	70139	275627	246304	29323	
甘南州	**Gannan**	**208929**	**723441**	**554898**	**168453**	**90**
合作市	Hezuo	25935	84854	31889	52965	
临潭县	Lintan	45966	154655	132650	22005	
卓尼县	Zhuoni	29166	108290	89910	18380	
舟曲县	Zhouqu	42889	140683	118944	21739	
迭部县	Diebu	16185	56599	39967	16632	
玛曲县	Maqu	16518	53213	43432	9781	
碌曲县	Luqu	9616	36181	27674	8417	90
夏河县	Xiahe	22654	88966	70432	18534	

3-8 计划生育情况
Statistics of Family Planning

项目	Item	2010	2011	2012	2013	2014
全省计划生育状况	**Family Planning**					
政策计划内生育（万人）	Births under Control (10 000 persons)	24.48	25.31	26.85	26.29	28.03
符合政策计划生育率（%）	Family Planning Rate that Consistent with the Policy (%)	91.36	91.76	92.71	93.27	93.19
已婚育龄妇女人数（万人）	Married Women at Childbearing Age(10 000 persons)	562.33	562.99	578.95	572.18	577.39
实际采取节育措施的人数（万人）	Number of Married People Adopting Birth Control Measures (10 000 persons)	490.28	494.03	506.97	499.49	501.51
独生子女领证率（%）	Coverage Rate of One-child Certificate (%)	9.75	11.36	11.65	11.53	11.95
城市计划生育状况	**Urban Areas**					
政策计划内生育（万人）	Births Under Control (10 000 persons)	3.75	4.42	4.39	4.50	5.36
符合政策计划生育率（%）	Family Planning Rate that Consistent with the Policy (%)	99.03	98.65	99.07	99.03	98.97
已婚育龄妇女人数（万人）	Married Women at Childbearing Age (10 000 persons)	113.69	114.31	121.27	118.11	125.47
实际采取节育措施的人数（万人）	Number of Married People Adopting Birth Control Measures (10 000 persons)	93.89	95.30	101.13	98.38	104.25
独生子女领证率（%）	Coverage Rate of One-child Certificate (%)	33.06	38.38	37.57	36.35	35.84
农村计划生育状况	**Rural Areas**					
政策计划内生育（万人）	Births under Control (10 000 persons)	20.65	20.89	21.53	20.88	21.69
符合政策计划生育率（%）	Family Planning Rate that Consistent with the Policy (%)	90.08	90.42	91.29	92.02	91.72
已婚育龄妇女人数（万人）	Married Women at Childbearing Age (10 000 persons)	436.70	434.48	439.10	434.24	431.08
实际采取节育措施的人数（万人）	Number of Married People Adopting Birth Control Measures (10 000 persons)	388.58	388.16	391.70	385.73	381.17
独生子女领证率（%）	Coverage Rate of One-child Certificate (%)	3.93	4.40	4.76	5.05	5.28

主要指标解释

人口数 指一定时点、一定地区范围内有生命的个人总和。年末统计的年末人口数指每年12月31日24时的人口数。

城镇人口和乡村人口 城镇人口是指居住在城镇范围内的全部常住人口；乡村人口是除上述人口以外的全部人口。

出生率（又称粗出生率） 指在一定时期内（通常为一年）一定地区的出生人数与同期内平均人数（或期中人数）之比，用千分率表示。本资料中的出生率指年出生率，其计算公式为：

$$出生率=\frac{年出生人数}{年平均人数}\times 1000‰$$

式中：出生人数指活产婴儿，即胎儿脱离母体时（不管怀孕月数），有过呼吸或其他生命现象。年平均人数指年初、年底人口数的平均数，也可用年中人口数代替。

死亡率（又称粗死亡率） 指在一定时期内（通常为一年）一定地区的死亡人数与同期内平均人数（或期中人数）之比，用千分率表示。本资料中的死亡率指年死亡率，其计算公式为：

$$死亡率=\frac{年死亡人数}{年平均人数}\times 1000‰$$

人口自然增长率 指在一定时期内（通常为一年）人口自然增加数（出生人数减死亡人数）与该时期内平均人数（或期中人数）之比，用千分率表示。

总抚养比 也称总负担系数。指人口总体中非劳动年龄人口数与劳动年龄人口数之比。通常用百分比表示。说明每100名劳动年龄人口大致要负担多少名非劳动年龄人口。用于从人口角度反映人口与经济发展的基本关系。计算公式为：

$$GDR=\frac{P_{0\sim14}+P_{65^+}}{P_{15\sim64}}\times 100\%$$

其中：GDR为总抚养比；

$P_{0\sim14}$为0～14岁少年儿童人口数；

P_{65^+}为65岁及65岁以上的老年人口数；

$P_{15\sim64}$为15～64岁劳动年龄人口数。

老年人口抚养比 也称老年人口抚养系数。指某一人口中老年人口数与劳动年龄人口数之比。通常用百分比表示。用以表明每100名劳动年龄人口要负担多少名老年人。老年人口抚养比是从经济角度反映人口老化社会后果的指标之一。计算公式为：

$$ODR=\frac{P_{65^+}}{P_{15\sim64}}\times 100\%$$

其中：ODR为老年人口抚养比；

P_{65^+}为65岁及65岁以上的老年人口数；

$P_{15\sim64}$为15～64岁的劳动年龄人口数。

少年儿童抚养比 也称少年儿童抚养系数。指某一人口中少年儿童人口数与劳动年龄人口数之比。通常用百分比表示。以反映每100名劳动年龄人口要负担多少名少年儿童。计算公式为：

$$CDR=\frac{P_{0\sim14}}{P_{15\sim64}}\times 100\%$$

其中：CDR为少年儿童抚养比；

$P_{0\sim14}$为0～14岁少年儿童人口数；

$P_{15\sim64}$为15～64岁劳动年龄人口数。

4

就业和工资

Employment and Wages

简要说明

一、本篇资料主要内容

本篇资料反映劳动经济方面基本情况，主要包括经济活动人口数、就业人员及职工人数、城镇登记失业人数、职工工资总额、平均工资及指数变化等情况。

二、本篇资料来源

1. 本篇资料来源于劳动工资统计年报，由省统计局人口与就业处整理提供。

2. 城镇登记失业与就业资料来源于省人力和社会保障厅。

4-1 就业基本情况

Employment

单位：万人 (10 000 persons)

项目	Item	2010	2011	2012	2013	2014
经济活动人口	**Economically Active Population**	**1510.28**	**1511.06**	**1501.29**	**1514.25**	**1529.56**
就业人员	**Total Number of Employed Persons**	**1499.56**	**1500.26**	**1491.59**	**1504.97**	**1519.86**
第一产业	Primary Industry	923.88	919.06	901.67	891.86	881.88
第二产业	Secondary Industry	230.33	231.49	233.28	241.55	244.71
第三产业	Tertiary Industry	345.35	349.71	356.64	371.56	393.27
就业人员构成（合计=100）	**Composition of Employed Persons (total=100)**					
第一产业	Primary Industry	61.61	61.26	60.45	59.26	58.02
第二产业	Secondary Industry	15.36	15.43	15.64	16.05	16.10
第三产业	Tertiary Industry	23.03	23.31	23.91	24.69	25.88
按城乡分就业人员	**Number of Employed Persons by Urban and Rural Areas**					
城镇就业人员	Urban Employed Persons	433.64	452.24	492.71	514.55	539.07
单位就业人员	Unit Employed Persons	194.29	199.29	211.33	256.64	264.75
国有单位	State-owned Units	147.36	150.05	158.62	148.27	153.69
城镇集体单位	Urban Collective-owned Units	6.88	7.46	8.06	10.74	10.29
股份合作单位	Cooperative Units	1.03	0.87	0.92	1.08	0.79
联营单位	Joint Ownership Units	0.46	1.68	0.16	0.28	0.23
有限责任公司	Limited Liability Corporations	23.84	23.96	28.06	69.07	72.80
股份有限公司	Share-holding Corporations Ltd.	10.36	11.16	11.31	22.59	22.30
其他	Others	3.12	2.93	2.87	1.65	1.79
港澳台商投资单位	Units with Funds from Hong Kong, Macao & Taiwan	0.47	0.29	0.40	0.97	0.86
外商投资单位	Foreign Funded Units	0.77	0.89	0.93	1.98	2.00
私营企业	Privite Enterprises	79.96	80.64	82.14	84.96	88.34
个　体	Self-employed Individuals	159.39	172.31	199.24	172.96	185.99
乡村就业人员	Rural Employed Persons	1065.92	1048.02	998.88	990.42	980.78
在岗职工人数	**Number of Staff and Workers**	**187.96**	**188.33**	**194.23**	**225.48**	**231.88**
国有单位	State-owned Units	142.46	142.44	146.65	134.42	138.00
城镇集体单位	Urban Collective-owned Units	6.76	6.98	7.28	9.08	9.12
其他单位	Units of Other Types of Ownership	38.74	38.91	40.30	81.98	84.76
城镇单位女性就业人员	**Number of Female Employed Persons in Urban Units**	**63.56**	**67.43**	**71.69**	**80.71**	**85.98**
城镇新增就业人员	**New Increased Urban Employed Persons**	**29.30**	**30.00**	**36.00**	**43.46**	**43.50**
城镇登记失业人数	**Number of Registered Unemployed Persons in Urban Areas**	**10.72**	**10.80**	**9.78**	**9.28**	**9.70**
城镇登记失业率（%）	**Registered Unemployment Rate in Urban Areas (%)**	**3.21**	**3.11**	**2.68**	**2.35**	**2.19**

注：就业人员按常住人口口径统计。

a) Data of employed persons are counted according to the caliber of permanent population.

4-2 就业人员
Employed Persons

单位：万人 (10 000 persons)

年份 Year	经济活动人口 Economically Active Population	就业人员 Employed Persons	按三次产业分 By Three Strata of Industry 第一产业 Primary Industry	第二产业 Secondary Industry	第三产业 Tertiary Industry	按城乡分 By Urban and Rural Areas 城镇 Urban Areas	乡村 Rural Areas
1978		694.00				160.40	533.60
1979		713.00				164.00	549.00
1980	804.60	796.00				172.90	623.10
1981	852.80	842.00				182.30	659.70
1982	879.00	870.00				186.80	683.20
1983	998.90	993.80	797.10	108.10	88.60	191.00	802.80
1984	1051.30	1047.00	803.30	124.30	119.40	205.30	841.70
1985	1088.60	1081.40	785.90	153.00	142.50	211.30	870.10
1986	1106.00	1098.90	789.50	178.70	130.70	221.00	877.90
1987	1150.50	1139.70	753.70	171.20	214.80	231.20	908.50
1988	1190.80	1178.80	798.30	188.90	191.60	236.30	942.50
1989	1227.70	1214.00	824.20	183.60	206.20	237.30	976.70
1990	1304.90	1292.40	899.40	186.30	206.70	240.20	1052.20
1991	1313.70	1302.40	900.00	197.60	204.80	257.10	1045.30
1992	1315.40	1305.90	898.50	205.00	202.40	264.10	1041.80
1993	1427.90	1417.80	973.94	232.26	211.60	271.10	1146.70
1994	1449.20	1438.81	936.37	256.80	245.64	281.81	1157.00
1995	1492.40	1483.32	942.30	281.50	259.52	283.33	1199.99
1996	1531.00	1521.46	961.30	288.80	271.36	288.28	1233.18
1997	1538.70	1530.32	945.55	308.47	276.30	284.47	1245.85
1998	1548.10	1539.80	922.30	310.50	307.00	320.10	1219.70
1999	1496.80	1489.00	878.50	297.80	312.70	336.00	1153.00
2000	1484.19	1476.45	880.56	279.78	316.11	320.19	1156.26
2001	1496.33	1488.93	886.66	274.85	327.42	324.37	1164.56
2002	1509.25	1500.59	888.80	278.36	333.43	326.91	1173.68
2003	1520.15	1510.85	890.04	282.23	338.58	332.71	1178.14
2004	1529.99	1520.46	890.61	284.63	345.22	339.27	1181.19
2005	1400.61	1391.36	885.82	203.96	301.58	364.07	1027.29
2006	1411.05	1401.36	886.08	207.26	308.02	371.73	1029.63
2007	1424.27	1414.76	886.48	212.26	316.02	382.73	1032.03
2008	1455.77	1446.34	901.79	218.63	325.92	397.74	1048.60
2009	1498.91	1488.63	923.09	227.16	338.38	413.84	1074.79
2010	1510.28	1499.56	923.88	230.33	345.35	433.64	1065.92
2011	1511.06	1500.26	919.06	231.49	349.71	452.24	1048.02
2012	1501.29	1491.59	901.67	233.28	356.64	492.71	998.88
2013	1514.25	1504.97	891.86	241.55	371.56	514.55	990.42
2014	1529.56	1519.86	881.88	244.71	393.27	539.07	980.78

注:2005 年及以后，就业人员按常住人口口径统计。

a) Since 2005, data of employed persons are counted according to the caliber of permanent population.

4-3 按登记注册类型和行业分城镇单位就业人员数（2014）
Number of Employed Persons in Urban Units at Year-end by Status of Registration and Sector (2014)

单位：万人 (10 000 persons)

项目	Item	合计 Total	国有单位 State-owned Units	城镇集体单位 Urban Collective-owned Units	其他单位 Units of Other Types of Ownership
城镇单位就业人员	**Urban Unit Employed Persons**	**264.75**	**153.69**	**10.29**	**100.77**
按企、事业和机关分	**By Enterprises, Institutions and Agencies**				
企业	Enterprises	155.27	44.87	9.94	100.46
事业	Institutions	73.02	72.60	0.30	0.11
机关	Agencies & Organizations	36.05	36.04		
民间非盈利组织	Folk Non-profit Organization	0.03	0.01		0.02
其他	Other	0.39	0.16	0.04	0.18
按国民经济行业分	**By Sector**				
农、林、牧、渔业	Agriculture, Forestry, Animal Husbandry and Fishery	5.02	4.90	0.01	0.10
采矿业	Mining	12.60	3.32	0.54	8.75
制造业	Manufacturing	37.47	2.98	0.73	33.76
电力、热力、燃气及水的生产和供应业	Production and Supply of Electricity, Heat,Gas and Water	12.92	9.79	0.04	3.09
建筑业	Construction	45.69	7.95	5.97	31.77
批发和零售业	Wholesale and Retail Trades	8.18	1.35	0.46	6.37
交通运输、仓储和邮政业	Transport,Storage and Post	12.44	8.90	0.17	3.37
住宿和餐饮业	Hotels and Catering Services	3.36	0.98	0.07	2.31
信息传输、软件和信息技术服务业	Information Transmission,Software and Information Technology Services	2.76	0.86	0.01	1.89
金融业	Financial Intermediation	7.23	2.93	1.44	2.86
房地产业	Real Estate	4.49	0.76	0.05	3.67
租赁和商务服务业	Leasing and Business Services	3.13	1.81	0.43	0.88
科学研究和技术服务业	Scientific Research and Technical Services	7.04	5.88	0.03	1.13
水利、环境和公共设施管理业	Management of Water Conservancy, Environment and Public Facilities	5.94	5.81		0.12
居民服务、修理和其他服务业	Services to Households,Repair and Other Services	0.30	0.19	0.03	0.08
教育	Education	38.05	37.89	0.03	0.13
卫生和社会工作	Health and Social Service	13.72	13.24	0.23	0.25
文化、体育和娱乐业	Culture, Sports and Entertainment	2.53	2.26	0.05	0.22
公共管理、社会保障和社会组织	Public Management,Social Security and Social Organization	41.89	41.87		0.02

4-4 年底在岗职工人数
Number of Staff and Workers at Year-end

单位：万人 (10 000 persons)

行业	Sector	2013	2014
在岗职工人数	**Number of Staff and Workers**	**225.48**	**231.88**
农、林、牧、渔业	Agriculture, Forestry, Animal Husbandry and Fishery	4.84	4.61
采矿业	Mining	9.20	11.26
制造业	Manufacturing	35.67	34.31
电力、热力、燃气及水的生产和供应业	Production and Supply of Electricity,Heat,Gas and Water	9.50	11.75
建筑业	Construction	32.88	32.02
批发和零售业	Wholesale and Retail Trades	6.85	7.22
交通运输、仓储和邮政业	Transport,Storage and Post	11.31	11.27
住宿和餐饮业	Hotels and Catering Services	3.02	2.87
信息传输、软件和信息技术服务业	Information Transmission,Software and Information Technology Services	1.94	1.77
金融业	Financial Intermediation	6.65	6.74
房地产业	Real Estate	3.39	3.88
租赁和商务服务业	Leasing and Business Services	1.66	2.13
科学研究和技术服务业	Scientific Research and Technical Services	6.47	6.44
水利、环境和公共设施管理业	Management of Water Conservancy, Environment and Public Facilities	4.86	5.14
居民服务、修理和其他服务业	Services to Households,Repair and Other Services	0.32	0.29
教育	Education	35.20	36.54
卫生和社会工作	Health and Social Services	11.31	11.83
文化、体育和娱乐业	Culture, Sports and Entertainment	2.33	2.30
公共管理、社会保障和社会组织	Public Management,Social Security and Social Organization	38.08	39.51

注：本表中的行业分类按照《国民经济行业分类》（GB/T 4754-2011）划分。

a) Classification of industry in this table are according to the "National Industry Classification"（GB/T 4754-2011）.

4-5 按登记注册类型和细行业分年底在岗职工人数（2014）

Number of Staff and Workers at Year-end by Status of Registration and Sector in Detail(2014)

单位：人 (person)

项 目	Item	合 计 Total	国有单位 State-owned Units	城镇集体单位 Urban Collective-owned Units	其他单位 Units of Other Types
在岗职工人数	**Number of Staff and Workers**	**2318845**	**1380014**	**91216**	**847615**
按企、事业和机关分	**By Enterprises, Institutions and Agencies**				
企业	Enterprises	1294560	361997	87954	844609
事业	Institutions	683165	679241	2817	1107
机关	Agencies & Organizations	338220	338170	39	11
民间非盈利组织	Folk Non-profit Organizations	278	72		206
其他	Other	2622	534	406	1682
按国民经济行业分	**By Sector**				
农、林、牧、渔业	**Agricultrue,Forestry,Animal Husbadry and Fishery**	**46140**	**45014**	**144**	**982**
农业	Farming	18856	18459	18	379
林业	Forestry	11421	11328	44	49
畜牧业	Animal Husbandry	843	799	44	
渔业	Fishery	22	22		
农、林、牧、渔服务业	Services in Support of Agriculture	14998	14406	38	554
采矿业	**Mining**	**112571**	**25309**	**5059**	**82203**
煤炭开采及洗选业	Mining and Washing of Coal	74078	6829	2007	65242
石油和天然气开采业	Extraction of Petroleum and Natural Gas	17867	17589		278
黑色金属矿采选业	Mining and Processing of Ferrous Metal Ores	4496			4496
有色金属矿采选业	Mining and Processing of Non-Ferrous Metal Ores	9996	730	867	8399
非金属矿采选业	Mining and Processing of Non-metal Ores	3471		55	3416
开采辅助活动	Support Activities for Mining	2508	6	2130	372
其他采矿业	Mining of Other Ores	155	155		
制造业	**Manufacturing**	**343135**	**27258**	**6275**	**309602**
农副食品加工业	Processing of Food from Agricultural Products	15098	886	160	14052
食品制造业	Manufacture of Foods	7509	2		7507
酒、饮料和精茶制造业	Manufacture of Liquor, Beverages and Refined Tea	13643	288	305	13050
烟草制品业	Manufacture of Tobacco	2911	661		2250
纺织业	Manufacture of Textile	5107	293	4	4810
纺织服装、服饰业	Manufacture of Textile, Wearing Apparel and Accessories	1227		73	1154
皮革、毛皮、羽毛(绒)及其制品和制鞋业	Manufacture of Leather, Fur, Feather and Related Products and Footwear	2406		617	1789
木材加工及木、竹、藤、棕、草制品业	Processing of Timber, Manufacture of Wood, Bamboo, Rattan, Palm and Straw Products	293			293
家具制造业	Manufacture of Furniture	416	17	12	387
造纸及纸制品业	Manufacture of Paper and Paper Products	1088		200	888
印刷业和记录媒介复制业	Printing and Reproduction of Recording Media	4522	3614	240	668

4-5 续表 1 continued

单位：人 (person)

项目	Item	合计 Total	国有单位 State-owned Units	城镇集体单位 Urban Collective-owned Units	其他单位 Units of Other Types
文教、工美、体育和娱乐用品制造业	Manufacture of Articles for Culture, Education, Arts and Crafts, Sport and Entertainment Activities	614		37	577
石油加工、炼焦和核燃料加工业	Processing of Petroleum, Coking and Processing of Nucleus Fuel	30641	4423	48	26170
化学原料及化学制品制造业	Manufacture of Raw Chemical Materials and Chemical Products	31826	700	1929	29197
医药制造业	Manufactare of Medicines	10535	2023		8512
化学纤维制造业	Manufacture of Chemical Fibres	654	325		329
橡胶和塑料制品业	Manufacture of Rubber and Plastic Products	5967	377	336	5254
非金属矿物制品业	Manufacture of Non-metallic Mineral Products	34257	1772	311	32174
黑色金属冶炼和压延 加工业	Smelting and Pressing of Ferrous Metals	36168		1082	35086
有色金属冶炼和压延 加工业	Smelting and Pressing of Non-ferrous Metals	70633	3809		66824
金属制品业	Manufacture of Metal Products	5068	645	95	4328
通用设备制造业	Manufacture of General Purpose Machinery	11903	1131	392	10380
专用设备制造业	Manufacture of Special Purpose Machinery	17972	1402	13	16557
汽车制造业	Manufacture of Automobile	696			696
铁路、船舶、航空航天和其他运输设备制造业	Manufacture of Railway, Ships, Aerospace and Other Transport Equipments	4778	3292	43	1443
电气机械及器材制造业	Manufacture of Electrical Machinery and Apparatus	14001	766	143	13092
计算机、通讯和其他电子设备制造业	Manufacture of Computers,Communication and Other Electronic Equipment	7895	33		7862
仪器仪表制造业	Manufacture of Measuring Instruments and Machinery	1029		135	894
其他制造业	Other Manufacture	161	114		47
废弃资源综合利用业	Utilization of Waste Resources	1018		100	918
金属制品、机械和设备修理业	Repair Service of Metal Products, Machinery and Equipment	3099	685		2414
电力、燃气及水的生产和供应业	**Production and Supply of Electricity, Heat, Gas and Water**	**117484**	**89715**	**399**	**27370**
电力、热力生产和供应业	Production and Supply of Electric Power and Heat Power	104242	81830	361	22051
燃气生产和供应业	Production and Supply of Gas	3021			3021
水的生产和供应业	Production and Supply of Water	10221	7885	38	2298
建筑业	**Construction**	**320201**	**38493**	**51968**	**229740**
房屋建筑业	Construction of Buildings	233320	14213	47517	171590
土木工程建筑业	Civil Engineering	55562	14095	2046	39421

4-5 续表 2 continued

单位：人 (person)

项目	Item	合计 Total	国有单位 State-owned Units	城镇集体单位 Urban Collective-owned Units	其他单位 Units of Other Types
建筑安装业	Building Installation	20939	5405	2224	13310
建筑装饰业和其他建筑业	Building Decoration and Other Construction	10380	4780	181	5419
批发和零售业	**Wholesale and Retail Trades**	**72203**	**12416**	**3975**	**55812**
批发业	Wholesale Trade	29026	8769	1848	18409
零售业	Retail Trade	43177	3647	2127	37403
交通运输、仓储和邮政业	**Transport, Storage and Post**	**112721**	**82127**	**1620**	**28974**
铁路运输业	Railway Transport	52701	51975	65	661
道路运输业	Road Transport	43949	18003	1555	24391
水上运输业	Water Transport	24	24		
航空运输业	Air Transport	1940	1174		766
管道运输业	Transport Via Pipelines	51			51
装卸搬运与运输代理业	Loading, Unloading and Forwarding Agency	1012	92		920
仓储业	Storage	4272	2378		1894
邮政业	Post	8772	8481		291
住宿和餐饮业	**Hotels and Catering Services**	**28693**	**8735**	**683**	**19275**
住宿业	Hotels	19036	7949	628	10459
餐饮业	Catering Services	9657	786	55	8816
信息传输、软件和信息技术服务业	**Information Transmission,Software and Information Technology Services**	**17726**	**6971**	**71**	**10684**
电信、广播电视和卫星传输服务	Telecommunication,Radio and Television, Satellite Transmission Services	15625	6602	41	8982
互联网和相关服务	Internet and Related Services	809	227		582
软件和信息技术服务业	Software and Information Technology Services	1292	142	30	1120
金融业	**Financial Intermediation**	**67428**	**26458**	**13771**	**27199**
货币金融服务	Monetary and Financial Service	52666	24123	13589	14954
资本市场服务	Capital Markets Service	37	30		7
保险业	Insurance	14611	2191	182	12238
其他金融活动	Other Financial Activities	114	114		
房地产业	**Real Estate**	**38766**	**6986**	**363**	**31417**
租赁和商务服务业	**Leasing and Business Services**	**21308**	**10588**	**3553**	**7167**
租赁业	Leasing	384	86	60	238
商务服务业	Business Services	20924	10502	3493	6929

4–5 续表 3 continued

单位：人 (person)

项目	Item	合计 Total	国有单位 State-owned Units	城镇集体单位 Urban Collective-owned Units	其他单位 Units of Other Types
科学研究和技术服务业	**Scientific Research and Technical Services**	**64399**	**54585**	**269**	**9545**
研究与试验发展	Research and Experimental Development	13106	12559		547
专业技术服务业	Professional Technical Services	39208	30328	232	8648
科技推广和应用服务业	Science and Technology Popularization and Application Services	12085	11698	37	350
水利、环境和公共设施管理业	**Management of Water Conservancy, Environment and Public Facilities**	**51353**	**50172**		**1181**
水利管理业	Management of Water Conservancy	21358	21238		120
生态保护和环境治理业	Ecological Protection and Environmental Treatment	4323	4323		
公共设施管理业	Management of Public Facilities	25672	24611		1061
居民服务、修理和其他服务业	**Service to Households, Repair and Other Services**	**2877**	**1866**	**203**	**808**
居民服务业	Services to Households	1991	1302	40	649
机动车、电子产品和日用产品修理业	Repair of Motor Vehicle, Electronics and Household Products	764	564	147	53
其他服务业	Other Services	122		16	106
教育	**Education**	365397	363894	262	1241
卫生、社会工作	**Health and Social Service**	**118296**	**113976**	**2140**	**2180**
卫　生	Health	116037	111717	2140	2180
社会工作	Social Service	2259	2259		
文化、体育和娱乐业	**Culture,Sports and Entertainment**	**23042**	**20529**	**455**	**2058**
新闻和出版业	Journalism and Publishing Activities	3648	2093	382	1173
广播、电视、电影和影视录音制作业	Radio, Television, Motion Picture and Videotape Programme	7081	6972	7	102
文化艺术业	Cultural and Art Activities	10461	9911	66	484
体　育	Sports Activities	1329	1329		
娱乐业	Entertainment	523	224		299
公共管理、社会保障和社会组织	**Public Management,Social Security and Social Organization**	**395105**	**394922**	**6**	**177**
中国共产党机关	Organs of Communist Party of China	22631	22631		
国家机构	Government Agencies	358851	358845	6	
人民政协和民主党派	People's Political Consultative Conference and Democratic Parties	4341	4341		
社会保障	Social Security	1803	1803		
群众团体、社会团体和其他成员组织	Non-Governmental Organizations, Social Organizations and Other Member Organizations	6814	6637		177
基层群众自治组织	Grass Roots Self-Governing Organizations				

4-6 城镇登记失业人数及失业率

Registered Unemployment Persons and Unemployment Rate in Urban Areas

单位：万人 (10 000 person)

年份 Year	本年失业人员就业人数 Number of Re-employment Persons This Year	城镇登记失业人数 Number of Registered Unemployed Persons in Urban Areas	城镇登记失业率（%） Registered Unemployment Rate in Urban Areas (%)	城镇新增就业人员 Newly Increased Urban Employee	城镇下岗失业人员实现再就业人数 Number of Re-employment of Urban Laid-off Workers	城镇就业困难对象再就业人数 Number of Re-employment of the Object of Urban Employment Difficulties
2006	12.32	9.69	3.63	18.40	7.40	2.50
2007	13.56	9.51	3.34	22.70	9.20	3.60
2008	14.53	9.43	3.20	25.60	11.70	4.80
2009	18.32	10.28	3.25	27.80	10.90	4.40
2010	19.69	10.72	3.21	29.30	10.90	4.70
2011	17.60	10.80	3.11	29.55	11.70	4.60
2012	26.05	9.78	2.68	36.00	13.60	5.20
2013	29.12	9.28	2.35	43.46	16.10	5.89
2014	31.04	9.71	2.19	43.50	15.81	5.19

4-7 各地区就业再就业工作情况（2014）

Work Situation of Employment and Re-employment by Region (2014)

单位：人 (person)

地区	Region	城镇新增就业人员 Newly Increased Urban Employee	城镇下岗失业人员再就业人数 Number of Re-employment of Urban Laid-off Workers	城镇就业困难对象再就业人数 Number of Re-employment of the Object of Urban Employment Difficulties	城镇登记失业率（%） Registered Unemployment Rate in Urban Areas (%)
兰州市	Lanzhou	115800	21853	9156	1.77
嘉峪关市	Jiayuguan	8250	1759	417	2.70
金昌市	Jinchang	26235	21100	4374	2.92
白银市	Baiyin	67196	10977	5218	2.29
天水市	Tianshui	66647	15626	7356	3.20
武威市	Wuwei	38800	13100	4778	3.30
张掖市	Zhangye	30980	19529	2361	2.58
平凉市	Pingliang	36870	13171	5934	3.64
酒泉市	Jiuquan	34000	7385	2985	3.04
庆阳市	Qingyang	56796	11288	2109	1.95
定西市	Dingxi	30784	7322	3156	3.17
陇南市	Longnan	33300	19446	481	2.26
临夏州	Linxia	51780	3095	2047	3.31
甘南州	Gannan	4986	2035	720	2.59

4-8 各地区按行业分城镇单位就业人员数（2014）
Number of Employed Persons in Urban Units at Year-end by Sector and Region(2014)

单位：万人 (10 000 persons)

地区	Region	合计 Total	农、林、牧、渔业 Agriculture, Forestry, Animal Husbandry and Fishery	采矿业 Mining	制造业 Manufacturing	电力、热力、燃气及水的生产和供应业 Production and Supply of Electricity, Heat, Gas and Water	建筑业 Construction	批发和零售业 Wholesale and Retail Trades
甘肃省	**Gansu**	**264.75**	**5.02**	**12.60**	**37.47**	**12.92**	**45.69**	**8.18**
兰州市	Lanzhou	67.11	0.06	1.30	11.49	2.51	15.63	2.94
嘉峪关市	Jiayuguan	6.30	0.01		3.63	0.34	0.38	0.15
金昌市	Jinchang	11.29	0.22	0.03	5.09	0.27	2.87	0.19
白银市	Baiyin	18.09	0.25	2.22	3.39	0.70	2.48	0.24
天水市	Tianshui	22.79	0.45	0.11	3.78	0.64	2.59	1.39
武威市	Wuwei	13.28	0.21	0.43	1.73	0.48	2.49	0.28
张掖市	Zhangye	13.55	1.20	0.50	1.41	0.69	1.62	0.43
平凉市	Pingliang	18.26	0.19	3.37	0.66	0.60	3.49	0.46
酒泉市	Jiuquan	12.87	0.51	0.74	2.67	0.52	1.65	0.56
庆阳市	Qingyang	18.52	0.05	2.91	0.44	0.62	3.46	0.57
定西市	Dingxi	16.28	0.14	0.07	1.06	0.43	3.88	0.25
陇南市	Longnan	14.01	0.41	0.84	0.81	0.55	1.36	0.38
临夏州	Linxia	13.20	0.13		0.69	0.60	2.59	0.20
甘南州	Gannan	7.46	0.96	0.03	0.36	0.25	0.42	0.08

4-8 续表 1 continued

单位：万人 (10 000 persons)

地区	Region	交通运输、仓储和邮政业 Transport, Storage and Post	住宿和餐饮业 Hotels and Catering Services	信息传输、软件和信息技术服务业 Information Transmission, Software and Information Technology Services	金融业 Financial Intermediation	房地产业 Real Estate	租赁和商务服务业 Leasing and Business Services	科学研究和技术服务业 Scientific Research and Technical Services
甘肃省	**Gansu**	**12.44**	**3.36**	**2.76**	**7.23**	**4.49**	**3.13**	**7.04**
兰州市	Lanzhou	2.18	1.46	0.89	2.28	2.42	2.25	3.50
嘉峪关市	Jiayuguan	0.10	0.10	0.04	0.14	0.04	0.04	0.07
金昌市	Jinchang	0.28	0.05	0.10	0.16	0.06	0.04	0.09
白银市	Baiyin	0.40		0.13	0.60	0.13	0.06	0.22
天水市	Tianshui	0.59	0.35	0.29	0.47	0.28	0.08	0.89
武威市	Wuwei	0.23	0.09	0.15	0.43	0.11	0.04	0.24
张掖市	Zhangye	0.49	0.09	0.14	0.41	0.15	0.09	0.54
平凉市	Pingliang	0.56	0.19	0.20	0.43	0.27	0.04	0.29
酒泉市	Jiuquan	0.41	0.25	0.09	0.58	0.13	0.20	0.23
庆阳市	Qingyang	0.39	0.19	0.19	0.48	0.10	0.03	0.20
定西市	Dingxi	0.36	0.15	0.12	0.36	0.22	0.08	0.18
陇南市	Longnan	0.69	0.11	0.16	0.37	0.10	0.02	0.16
临夏州	Linxia	0.22	0.06	0.13	0.30	0.12	0.10	0.18
甘南州	Gannan	0.15	0.05	0.08	0.19	0.02	0.01	0.13

4-8 续表 2 continued

单位：万人 (10 000 persons)

地区	Region	水利、环境和公共设施管理业 Management of Water Conservancy, Environment and Public Facilities	居民服务、修理和其他服务业 Service to Households, Repair and Other Services	教育 Education	卫生和社会工作 Health and Social Service	文化、体育和娱乐业 Culture,Sports and Entertainment	公共管理、社会保障和社会组织 Public Management, Social Security and Social Organization
甘肃省	**Gansu**	**5.94**	**0.30**	**38.05**	**13.72**	**2.53**	**41.89**
兰州市	Lanzhou	1.65	0.11	6.60	3.01	0.98	5.85
嘉峪关市	Jiayuguan	0.22		0.27	0.18	0.05	0.54
金昌市	Jinchang	0.24	0.01	0.47	0.34	0.04	0.73
白银市	Baiyin	0.37	0.01	2.88	0.79	0.08	3.15
天水市	Tianshui	0.27	0.03	4.34	1.52	0.17	4.56
武威市	Wuwei	0.59	0.03	2.03	0.96	0.07	2.68
张掖市	Zhangye	0.48	0.02	2.28	0.77	0.13	2.12
平凉市	Pingliang	0.36	0.01	3.30	1.08	0.14	2.62
酒泉市	Jiuquan	0.39	0.01	1.40	0.58	0.16	1.79
庆阳市	Qingyang	0.26		3.60	0.96	0.16	3.90
定西市	Dingxi	0.42	0.01	3.75	1.23	0.11	3.44
陇南市	Longnan	0.14	0.01	3.13	0.88	0.12	3.77
临夏州	Linxia	0.29	0.04	2.57	0.85	0.15	3.98
甘南州	Gannan	0.11		1.38	0.48	0.10	2.66

4-9 各地县在岗职工人数（2014）
Number of Staff and Workers by Region,County(2014)

单位：人 (person)

地区	Region	在岗职工人数 Number of Staff and Workers	国有单位 State-owned Units	城镇集体单位 Urban Collective-owned Units	其他单位 Units of Other Types
兰州市	**Lanzhou**	**558253**	**260464**	**17538**	**280251**
城关区	Chengguan	263417	140925	7132	115360
七里河区	Qilihe	93703	39652	244	53807
西固区	Xigu	81224	26203	5875	49146
安宁区	Anning	37739	20299	494	16946
红古区	Honggu	23883	6734	319	16830
永登县	Yongdeng	25786	10768	1359	13659
皋兰县	Gaolan	11547	6055	827	4665
榆中县	Yuzhong	20954	9828	1288	9838
嘉峪关市	**Jiayuguan**	**53069**	**13026**	**1880**	**38163**
金昌市	**Jinchang**	**81574**	**20696**	**321**	**60557**
金川区	Jinchuan	61566	10587	211	50768
永昌县	Yongchang	20008	10109	110	9789
白银市	**Baiyin**	**167111**	**79062**	**7955**	**80094**
白银区	Baiyin	64648	24200	3176	37272
平川区	Pingchuan	42526	10931	3809	27786
靖远县	Jingyuan	24380	15386	417	8577
会宁县	Huining	18656	16552	359	1745
景泰县	Jingtai	16901	11993	194	4714
天水市	**Tianshui**	**193929**	**127107**	**5381**	**61441**
秦州区	Qinzhou	64480	34632	343	29505
麦积区	Maiji	52920	30550	615	21755
清水县	Qingshui	10472	9148	157	1167
秦安县	Qinan	15878	13379	451	2048
甘谷县	Gangu	22891	16102	2277	4512
武山县	Wushan	13818	12457	70	1291
张家川县	Zhangjiachuan	13470	10839	1468	1163
武威市	**Wuwei**	**122402**	**79722**	**2529**	**40151**
凉州区	Liangzhou	77879	47514	2367	27998
民勤县	Minqin	13956	9707		4249
古浪县	Gulang	15687	12713	155	2819
天祝县	Tianzhu	14880	9788	7	5085
张掖市	**Zhangye**	**113711**	**74877**	**4147**	**34687**

4-9 续表 1 continued

单位：人 (person)

地区	Region	在岗职工人数 Number of Staff and Workers	国有单位 State-owned Units	城镇集体单位 Urban Collective-owned Units	其他单位 Units of Other Types
甘州区	Ganzhou	56503	33699	2036	20768
肃南县	Sunan	5905	3473	89	2343
民乐县	Minle	9659	7775		1884
临泽县	Linze	10174	7013	178	2983
高台县	Gaotai	9444	7071	364	2009
山丹县	Shandan	22026	15846	1480	4700
平凉市	**Pingliang**	**171194**	**98413**	**10605**	**62176**
崆峒区	Kongtong	52962	30278	1277	21407
泾川县	Jingchuan	14644	10549	809	3286
灵台县	Lingtai	8303	7886	18	399
崇信县	Chongxin	13647	9198	233	4216
华亭县	Huating	36767	10037	1990	24740
庄浪县	Zhuanglang	21296	16182	2358	2756
静宁县	Jingning	23575	14283	3920	5372
酒泉市	**Jiuquan**	**128694**	**55556**	**8978**	**64160**
肃州区	Suzhou	47781	20928	3097	23756
金塔县	Jinta	11287	6602	633	4052
瓜州县	Guazhou	10012	5340	183	4489
肃北县	Subei	6025	2108	62	3855
阿克塞县	Akesai	4974	1900	29	3045
玉门市	Yumen	32365	10886	4593	16886
敦煌市	Dunhuang	16250	7792	381	8077
庆阳市	**Qingyang**	**160668**	**120009**	**9380**	**31279**
西峰区	Xifeng	63019	46563	2882	13574
庆城县	Qingcheng	16057	10781	3070	2206
环　县	Huanxian	14362	11571	168	2623
华池县	Huachi	8572	7259	289	1024
合水县	Heshui	7739	7401	176	162
正宁县	Zhengning	9281	8317	185	779
宁　县	Ningxian	26547	13664	2462	10421
镇原县	Zhenyuan	15091	14453	148	490
定西市	**Dingxi**	**153630**	**102780**	**6517**	**44333**
安定区	Anding	43664	26086	714	16864
通渭县	Tongwei	19073	14199	221	4653

4-9 续表 2 continued

单位：人 (person)

地区	Region	在岗职工人数 Number of Staff and Workers	国有单位 State-owned Units	城镇集体单位 Urban Collective-owned Units	其他单位 Units of Other Types
陇西县	Longxi	24729	19870	1850	3009
渭源县	Weiyuan	10069	9713	173	183
临洮县	Lintao	34153	15812	3232	15109
漳　县	Zhangxian	9407	6679	100	2628
岷　县	Minxian	12535	10421	227	1887
陇南市	**Longnan**	**133806**	**100287**	**4505**	**29014**
武都区	Wudu	38243	28232	918	9093
成　县	Chengxian	16838	10870	611	5357
文　县	Wenxian	12246	9455	616	2175
宕昌县	Tanchang	10504	9626	172	706
康　县	Kangxian	7424	5942	501	981
西和县	Xihe	15429	11369	826	3234
礼　县	Lixian	15735	13483	260	1992
徽　县	Huixian	13260	8669	379	4212
两当县	Liangdang	4127	2641	222	1264
临夏州	**Linxia**	**123294**	**88756**	**13786**	**20752**
临夏市	linxia	34318	24358	3882	6078
临夏县	linxia	11529	10636	236	657
康乐县	Kangle	9951	9012	489	450
永靖县	Yongjing	27028	11296	6627	9105
广河县	Guanghe	10045	8127	94	1824
和政县	Hezheng	9059	6774	271	2014
东乡县	Dongxiang	12414	10051	2025	338
积石山县	Jishishan	8950	8502	162	286
甘南州	**Gannan**	**68154**	**59816**	**882**	**7456**
合作市	Hezuo	16321	13595	153	2573
临潭县	Lintan	8387	7595	122	670
卓尼县	Zhuoni	9929	9457	95	377
舟曲县	Zhouqu	9386	8882	198	306
迭部县	Diebu	8708	7655	107	946
玛曲县	Maqu	5155	3981	62	1112
碌曲县	Luqu	4179	3806	59	314
夏河县	Xiahe	6089	4845	86	1158

4-10 城镇单位就业人员工资总额
Total Wage Bill of Employed Persons in Urban Units

单位：万元 (10 000 yuan)

年份 Year	工资总额 Total Wage Bill	国有单位 State-owned Units	城镇集体单位 Urban Collective-owned Units	其他单位 Units of Other Types of Ownership
2005	2838270	2450917	117662	269691
2006	3296705	2552452	104095	640158
2007	3925014	3104484	107857	712673
2008	4610436	3613034	116787	880615
2009	5177207	4129160	139368	908679
2010	5689458	4443116	155806	1090536
2011	6240152	4775310	197167	1267675
2012	7967933	6066343	264201	1637389
2013	11105296	6735143	374031	3996122
2014	12472598	7628223	375881	4468494

4-11 城镇单位就业人员工资总额指数
Indices of Total Wage Bill of Employed Persons in Urban Units

（上年=100） (preceding year=100)

年份 Year	工资总额指数 Indices of Total Wage Bill	国有单位 State-owned Units	城镇集体单位 Urban Collective-owned Units	其他单位 Units of Other Types of Ownership
2005	111.99	169.56	95.74	110.45
2006	108.01	939.17	88.47	237.38
2007	128.04	13.49	103.61	111.32
2008	109.22	107.48	108.28	123.57
2009	120.77	123.76	119.34	103.19
2010	109.89	107.60	111.79	120.01
2011	109.68	107.48	126.55	116.24
2012	127.69	127.04	134.00	129.16
2013	139.37	111.02	141.57	244.05
2014	112.31	113.26	100.49	111.82

4-12 城镇单位就业人员平均工资
Average Wage of Employed Persons in Urban Units

单位：元 (yuan)

年份 Year	平均工资 Average Wage	#在岗职工 Staff and Workers	国有单位 State-owned Units	城镇集体单位 Urban Collective-owned Units	其他单位 Units of Other Types of Ownership
2005	14654	14939	15840	9089	11626
2006	16843	17246	17108	11411	15313
2007	20657	20987	21968	12858	17681
2008	23524	24017	24625	15761	20801
2009	26743	27177	28082	18914	23191
2010	29096	29588	29889	22084	27375
2011	32092	32906	33232	28129	32565
2012	37679	38440	38401	32580	36074
2013	42833	44109	45636	32822	39834
2014	46960	48470	49614	34257	44297

4-13 城镇单位就业人员平均工资指数
Indices of Average Wage of Employed Persons in Urban Units

(上年=100) (preceding year=100)

年份 Year	平均工资指数 Indices of Average Wage					平均实际工资指数 Indices of Average Real Wage				
	合计 Total	#在岗职工 Staff and Workers	国有单位 State-owned Units	城镇集体单位 Urban Collective-owned Units	其他单位 Units of Other Types of Ownership	合计 Total	#在岗职工 Staff and Workers	国有单位 State-owned Units	城镇集体单位 Urban Collective-owned Units	其他单位 Units of Other Types of Ownership
2005	109.95	109.66	110.05	110.96	101.14	108.11	107.83	108.21	109.11	99.45
2006	114.94	115.44	108.01	125.55	131.71	113.46	113.96	106.62	123.94	130.02
2007	122.64	121.69	128.41	112.68	115.46	116.25	115.35	121.72	106.81	109.44
2008	113.88	114.44	112.09	122.58	117.65	105.25	105.77	103.60	113.29	108.73
2009	113.68	113.16	114.04	120.01	111.49	112.22	111.71	112.58	118.47	110.06
2010	108.80	108.87	106.43	116.76	118.04	104.51	104.58	102.24	112.16	113.39
2011	110.30	111.21	111.18	127.37	118.96	104.15	105.01	104.99	120.27	112.33
2012	117.41	117.21	115.55	115.82	110.78	114.32	114.13	112.51	112.78	107.87
2013	113.70	114.70	118.80	100.70	110.40	110.17	111.14	115.12	97.58	106.98
2014	109.64	109.89	108.72	104.37	111.20	107.38	107.63	106.48	102.23	108.92

4-14 按行业分城镇单位就业人员工资总额（2014）
Total Wage Bill of Employed Persons in Urban Units by Sector(2014)

单位：万元 (10 000 yuan)

项目	Item	合计 Total	国有单位 State-owned Units	城镇集体单位 Urban Collective-owned Units	其他单位 Units of Other Types of Ownership
城镇单位就业人员工资总额	**Total Wage Bill of Employed Persons in Urban Units**	**12472598**	**7628223**	**375881**	**4468494**
按企、事业和机关分	**By Enterprises, Institutions and Agencies**				
企业	Enterprises	7337879	2517750	362763	4457367
事业	Institutions	3440178	3423914	11673	4591
机关	Agencies & Organizations	1682482	1682207	220	55
民间非盈利组织	Folk Non-profit Organization	805	281		524
其他	Other	11255	4072	1225	5958
按国民经济行业分	**By Sector**				
农、林、牧、渔业	Agriculture, Forestry, Animal Husbandry and Fishery	157342	153574	573	3195
采矿业	Mining	828194	246899	25338	555957
制造业	Manufacturing	1849483	150013	32572	1666897
电力、热力、燃气及水的生产和供应业	Production and Supply of Electricity, Heat, Gas and Water	757892	586799	1112	169981
建筑业	Construction	1763746	380546	206743	1176458
批发和零售业	Wholesale and Retail Trades	292262	76662	11989	203611
交通运输、仓储和邮政业	Transport,Storage and Post	695941	565141	5035	125766
住宿和餐饮业	Hotels and Catering Services	98441	35218	1764	61459
信息传输、软件和信息技术服务业	Information Transmission,Software and Information Technology Services	125091	35929	209	88952
金融业	Financial Intermediation	374085	162695	64308	147083
房地产业	Real Estate	178714	41731	1418	135565
租赁和商务服务业	Leasing and Business Services	124092	87136	10052	26904
科学研究和技术服务业	Scientific Research and Technical Services	407551	326000	1765	79786
水利、环境和公共设施管理业	Management of Water Conservancy, Environment and Public Facilities	221529	217957		3572
居民服务、修理和其他服务业	Service to Households, Repair and Other Services	9208	7192	859	1157
教育	Education	1941799	1936628	871	4301
卫生和社会工作	Health and Social Service	618498	600105	9826	8567
文化、体育和娱乐业	Culture, Sports and Entertainment	118040	107913	1423	8704
公共管理、社会保障和社会组织	Public Management,Social Security and Social Organization	1910692	1910085	24	583

4-15 按行业分城镇单位就业人员平均工资（2014）
Average Wage of Employed Persons in Urban Units by Sector(2014)

单位：元 (yuan)

项目	Item	合计 Total	国有单位 State-owned Units	城镇集体单位 Urban Collective-owned Units	其他单位 Units of Other Types of Ownership
城镇单位就业人员平均工资	**Average Wage of Employed Persons in Urban Units**	**46960**	**49614**	**34257**	**44297**
按企、事业和机关分	**By Enterprises, Institutions and Agencies**				
企业	Enterprises	46823	55309	34129	44323
事业	Institutions	47353	47397	39066	41026
机关	Agencies & Organizations	46961	46960	56282	42385
民间非盈利组织	Folk Non-profit Organization	29907	38958		26599
其他	Other	29611	25229	30329	33416
按国民经济行业分	**By Sector**				
农、林、牧、渔业	Agriculture, Forestry, Animal Husbandry and Fishery	31950	31885	39260	34169
采矿业	Mining	64881	72892	47852	62834
制造业	Manufacturing	49442	50172	41770	49555
电力、热力、燃气及水的生产和供应业	Production and Supply of Electricity, Heat, Gas and Water	58916	60084	27870	55591
建筑业	Construction	37176	43872	31168	36608
批发和零售业	Wholesale and Retail Trades	35765	56766	25955	32017
交通运输、仓储和邮政业	Transport,Storage and Post	56236	63920	29017	37425
住宿和餐饮业	Hotels and Catering Services	29387	35434	24990	26893
信息传输、软件和信息技术服务业	Information Transmission,Software and Information Technology Services	45628	42111	29437	47285
金融业	Financial Intermediation	52334	55874	45354	52188
房地产业	Real Estate	40042	53653	29846	37265
租赁和商务服务业	Leasing and Business Services	39915	48048	23003	31342
科学研究和技术服务业	Scientific Research and Technical Services	58166	55493	57117	72453
水利、环境和公共设施管理业	Management of Water Conservancy, Environment and Public Facilities	37544	37755		27992
居民服务、修理和其他服务业	Service to Households, Repair and Other Services	32779	37793	34502	17603
教育	Education	51241	51320	31104	32829
卫生和社会工作	Health and Social Service	45518	45751	42721	35531
文化、体育和娱乐业	Culture, Sports and Entertainment	46981	47991	31277	39852
公共管理、社会保障和社会组织	Public Management,Social Security and Social Organization	45870	45876	40667	32547

4-16 按行业分城镇私营单位就业人员平均工资

Average Wage of Employed Persons in Urban Private Units by Sector

单位：元 (yuan)

项目	Item	2013	2014
甘肃省	**Gansu**	**24334**	**27273**
农、林、牧、渔业	Agriculture, Forestry, Animal Husbandry and Fishery	19319	23011
采矿业	Mining	29127	35228
制造业	Manufacturing	24212	27507
电力、热力、燃气及水的生产和供应业	Production and Supply of Electricity, Heat, Gas and Water	24873	31371
建筑业	Construction	25256	28051
批发和零售业	Wholesale and Retail Trades	26544	28350
交通运输、仓储和邮政业	Transport,Storage and Post	25435	25820
住宿和餐饮业	Hotels and Catering Services	18656	21748
信息传输、软件和信息技术服务业	Information Transmission,Software and Information Technology Services	25994	29282
金融业	Financial Intermediation	21144	26392
房地产业	Real Estate	18383	21340
租赁和商务服务业	Leasing and Business Services	27761	30711
科学研究和技术服务业	Scientific Research and Technical Services	25220	29440
水利、环境和公共设施管理业	Management of Water Conservancy, Environment and Public Facilities	21640	24935
居民服务、修理和其他服务业	Service to Households, Repair and Other Services	17945	19572
教育	Education	26742	28089
卫生和社会工作	Health and Social Service	23149	25354
文化、体育和娱乐业	Culture, Sports and Entertainment	19808	20419
公共管理、社会保障和社会组织	Public Management,Social Security and Social Organization		

4-17 历年职工平均工资及指数
Average Wage of Staff and Workers and Related Indices

年份 Year	平均货币工资（元） Average Money Wage (yuan)				指数（上年=100） Indices (preceding year=100) 货币工资 Average Money Wage				实际工资 Average Real Wage			
	合计 Total	国有单位 State-owned Units	城镇集体单位 Urban Collective-owned Units	其他单位 Other Owner-ship Units	合计 Total	国有单位 State-owned Units	城镇集体单位 Urban Collective-owned Units	其他单位 Other Owner-ship Units	合计 Total	国有单位 State-owned Units	城镇集体单位 Urban Collective-owned Units	其他单位 Other Owner-ship Units
1978	708	751	437									
1979	792	824	557		111.8	109.7	127.5		110.7	108.6	126.2	
1980	875	896	676		110.5	108.7	121.4		105.0	103.3	115.4	
1981	878	904	676		100.3	100.9	100.0		98.1	98.7	97.8	
1982	907	937	649		103.3	103.6	96.0		102.2	102.5	95.0	
1983	944	973	702		104.1	103.8	108.2		103.7	103.4	107.8	
1984	1200	1251	866		127.1	128.6	123.4		123.0	124.5	119.5	
1985	1363	1400	1116	1640	113.6	111.9	128.9		102.7	101.2	116.5	
1986	1555	1630	1090	1848	114.1	116.4	97.7	112.7	106.6	108.8	91.3	105.3
1987	1680	1761	1188	1880	108.0	108.0	109.0	101.7	99.6	99.6	100.6	93.8
1988	1949	2040	1400	2331	116.0	115.8	117.8	124.1	96.2	96.0	97.7	102.9
1989	2207	2317	1577	1927	113.2	113.5	112.6	82.7	95.8	96.0	95.3	70.0
1990	2407	2546	1675	2058	109.1	109.9	106.2	106.8	107.1	107.9	104.2	104.8
1991	2566	2706	1918	2155	106.6	106.3	114.5	104.7	100.9	100.6	108.3	99.1
1992	2902	3077	2127	2205	113.1	113.7	110.9	102.3	105.4	106.0	103.4	95.3
1993	3422	3627	2457	3389	117.9	117.9	115.5	153.7	102.3	102.3	100.3	133.4
1994	4796	5059	3506	4409	140.2	139.5	142.7	130.1	112.5	112.0	114.5	104.4
1995	5493	5747	3944	6534	114.5	113.6	112.5	148.2	96.3	95.5	94.6	124.6
1996	5882	6131	4471	6734	107.1	106.7	113.4	103.1	97.1	96.7	102.8	93.5
1997	6182	6445	4598	6703	105.1	105.1	102.8	99.5	102.2	102.2	100.0	96.8
1998	6418	6757	4774	5528	103.8	104.8	103.8	82.5	104.8	105.9	104.8	83.3
1999	6928	7311	5118	5837	107.9	108.2	107.2	105.6	111.0	111.3	110.3	108.6
2000	7913	8278	6228	6504	114.2	113.2	121.7	111.4	115.1	114.1	122.7	112.3
2001	9177	9690	5929	8244	116.0	113.2	95.2	126.8	112.6	109.9	92.4	123.1
2002	10272	10925	6127	8712	111.9	112.7	103.3	105.7	112.7	113.5	104.0	106.4
2003	11419	12079	6674	10115	111.2	110.6	108.9	116.1	110.2	109.6	107.9	115.1
2004	12711	13427	7676	10957	111.3	111.2	115.0	108.3	109.9	109.8	113.5	106.9
2005	14939	15840	9291	11827	117.5	118.0	121.0	107.9	116.1	116.6	119.6	106.6
2006	17246	18108	11514	15515	115.4	114.3	123.9	131.2	114.1	112.9	122.4	129.6
2007	20987	22314	12979	17948	121.7	123.2	112.7	115.7	115.7	117.1	107.1	110.0
2008	24017	25284	16179	20966	114.4	113.3	124.7	116.8	105.9	104.9	115.5	108.1
2009	27177	28565	19453	23360	113.2	113.0	120.2	111.4	112.2	112.0	119.1	110.4
2010	29588	30475	22249	27616	108.9	106.7	114.4	118.2	104.3	102.2	109.6	113.2
2011	32906	33232	28129	32565	111.2	109.0	126.4	117.9	104.9	102.8	119.2	111.2
2012	38440	39177	32524	36896	116.8	117.9	115.6	113.3	113.7	114.8	112.6	110.3
2013	44109	47050	33040	40833	114.7	120.1	101.6	110.7	111.1	116.4	98.4	107.3
2014	48470	51366	34978	45437	109.9	109.2	105.9	111.3	107.6	106.9	103.7	109.0

注：2005年起职工工资为在岗职工平均工资。

a) Since 2005 , data in this table are average wage of staff and workers.

4-18 按行业分在岗职工工资总额（2014）

Total Wages of Staff and Workers by Sector(2014)

单位：万元 (10 000 yuan)

项目	Item	合计 Total	国有单位 State-owned	城镇集体单位 Urban Collective-owned	其他 Others
工资总额	**Total**	**11346460**	**7109417**	**329029**	**3908015**
按企、事业和机关分	**By Enterprises, Institutions and Agencies**				
企业	Enterprises	6362130	2148390	316413	3897327
事业	Institutions	3334124	3318376	11187	4561
机关	Agencies & Organizations	1640600	1640328	220	52
民间非盈利组织	Folk Non-profit Organization	805	281		524
其他	Other	8803	2042	1210	5551
按国民经济行业分	**Grouped by Sector**				
农、林、牧、渔业	Agriculture,Forestry,Animal Husbandry and Fishery	149869	146103	571	3195
采矿业	Mining	745142	193486	22140	529517
制造业	Manufacturing	1737165	142198	27683	1567285
电力、热力、燃气及水的生产和供应业	Production and Supply of Electricity, Heat, Gas and Water	715898	556745	1112	158042
建筑业	Construction	1217235	190404	173609	853222
批发和零售业	Wholesale and Retail Trades	267249	72253	10701	184296
交通运输、仓储和邮政业	Transport,Storage and Post	660240	542018	4893	113329
住宿和餐饮业	Hotels and Catering Services	88761	32072	1746	54942
信息传输、软件和信息技术服务业	Information Transmission,Software and Information Technology Services	88747	31799	209	56739
金融业	Financial Intermediation	357869	153186	62070	142612
房地产业	Real Estate	165638	39793	1247	124598
租赁和商务服务业	Leasing and Business Services	97901	65530	9188	23184
科学研究和技术服务业	Scientific Research and Technical Services	381407	308270	1534	71604
水利、环境和公共设施管理业	Management of Water Conservancy, Environment and Public Facilities	207867	204543		3324
居民服务、修理和其他服务业	Service to Households, Repair and Other Services	8819	6986	711	1122
教育	Education	1911033	1906071	814	4148
卫生和社会工作	Health and Social Service	569269	551928	9354	7987
文化、体育和娱乐业	Culture, Sports and Entertainment	110580	100866	1423	8291
公共管理、社会保障和社会组织	Public Management,Social Security and Social Organization	1865771	1865167	24	580

4-19 按行业分在岗职工平均工资（2014）
Average Wage of Staff and Workers by Sector(2014)

单位：元 (yuan)

项目	Item	合计 Total	国有单位 State-owned	城镇集体单位 Urban Collective-owned	其他 Others
职工平均工资	**Per Capita Wage of Staff and Workers**	**48470**	**51366**	**34978**	**45437**
按企、事业和机关分	**By Enterprises, Institutions and Agencies**				
企业	Enterprises	48299	57939	34841	45468
事业	Institutions	48845	48893	40038	41608
机关	Agencies & Organizations	48644	48643	56282	47364
民间非盈利组织	Folk Non-profit Organization	29907	38958		26599
其他	Other	29575	25075	30941	33452
按国民经济行业分	**Grouped by Sector**				
农、林、牧、渔业	Agriculture,Forestry,Animal Husbandry and Fishery	33090	33046	39359	34169
采矿业	Mining	65743	75134	46682	63610
制造业	Manufacturing	50061	50954	42119	50167
电力、热力、燃气及水的生产和供应业	Production and Supply of Electricity, Heat, Gas and Water	59487	60605	27870	56293
建筑业	Construction	37565	48396	31615	36508
批发和零售业	Wholesale and Retail Trades	36961	57821	26573	33110
交通运输、仓储和邮政业	Transport,Storage and Post	57741	64599	29994	39281
住宿和餐饮业	Hotels and Catering Services	30918	36101	25055	28742
信息传输、软件和信息技术服务业	Information Transmission,Software and Information Technology Services	46331	43057	29437	47846
金融业	Financial Intermediation	53317	57536	45887	52827
房地产业	Real Estate	42191	54372	33305	39450
租赁和商务服务业	Leasing and Business Services	42602	52554	25671	32840
科学研究和技术服务业	Scientific Research and Technical Services	59532	56721	57617	74483
水利、环境和公共设施管理业	Management of Water Conservancy, Environment and Public Facilities	40772	41091		27933
居民服务、修理和其他服务业	Service to Households, Repair and Other Services	33148	38183	34502	17748
教育	Education	52431	52505	32811	34214
卫生和社会工作	Health and Social Service	47882	48138	44312	37271
文化、体育和娱乐业	Culture, Sports and Entertainment	47826	48849	31277	40966
公共管理、社会保障和社会组织	Public Management,Social Security and Social Organization	47376	47383	40667	32746
国际组织	International Organizations				

4-20 各地区在岗职工平均工资 (2014)

Average Wage of Staff and Workers by Region (2014)

单位：元 (yuan)

地区	Region	合计 Total	国有单位 State-owned	城镇集体单位 Urban Collective-owned	其他单位 Others
甘肃省	**Gansu**	**48470**	**51366**	**34978**	**45437**
兰州市	Lanzhou	54005	60571	37996	48810
嘉峪关市	Jiayuguan	60386	57287	46417	62621
金昌市	Jinchang	51521	47508	35662	52760
白银市	Baiyin	46389	46844	29906	47478
天水市	Tianshui	40491	43934	30281	34419
武威市	Wuwei	40932	44807	24761	35074
张掖市	Zhangye	39315	42076	26951	35945
平凉市	Pingliang	48851	48558	27461	52891
酒泉市	Jiuquan	49337	52237	44825	48398
庆阳市	Qingyang	47915	53409	40361	31704
定西市	Dingxi	41499	44832	34912	34379
陇南市	Longnan	39705	41312	29266	35812
临夏州	Linxia	40871	43977	35200	31601
甘南州	Gannan	49013	49338	51334	46359

4-21 各地区按行业分在岗职工平均工资 (2014)

Average Wage of Staff and Workers by Sector and Region(2014)

单位：元 (yuan)

地区	Region	合计 Total	农、林、牧、渔业 Agriculture, Forestry, Animal Husbandry and Fishery	采矿业 Mining	制造业 Manufacturing	电力、热力、燃气及水的生产和供应业 Production and Supply of Electricity, Heat, Gas and Water	建筑业 Construction	批发和零售业 Wholesale and Retail Trades
甘肃省	**Gansu**	**48470**	**33090**	**65743**	**50061**	**59487**	**37565**	**36961**
兰州市	Lanzhou	54005	36350	58134	55583	64315	43839	38380
嘉峪关市	Jiayuguan	60386	53860		63022	72596	48084	71267
金昌市	Jinchang	51521	26053	36274	55994	43170	48216	34617
白银市	Baiyin	46389	39905	66672	41716	63704	28685	43560
天水市	Tianshui	40491	36986	27303	32592	46397	45873	25101
武威市	Wuwei	40932	34672	51385	33186	47212	33231	45586
张掖市	Zhangye	39315	30922	44318	33394	44233	32362	30833
平凉市	Pingliang	48851	37719	81050	33429	51056	26993	32771
酒泉市	Jiuquan	49337	28422	41045	64109	76391	36492	35347
庆阳市	Qingyang	47915	48215	75014	47968	62121	30190	38479
定西市	Dingxi	41499	31387	22495	35053	50837	34085	46148
陇南市	Longnan	39705	37953	33435	39122	41534	34629	41879
临夏州	Linxia	40871	42577		37434	60172	28191	37839
甘南州	Gannan	49013	30812	53397	53372	51845	39948	58201

4-21 续表 1 continued

单位：元 (yuan)

地区	Region	交通运输、仓储和邮政业 Transport, Storage and Post	住宿和餐饮业 Hotels and Catering Services	信息传输、软件和信息技术服务业 Information Transmission, Software and Information Technology Services	金融业 Financial Intermediation	房地产业 Real Estate	租赁和商务服务业 Leasing and Business Services	科学研究和技术服务业 Scientific Research and Technical Services
甘肃省	**Gansu**	**57741**	**30918**	**46331**	**53317**	**42191**	**42602**	**59532**
兰州市	Lanzhou	73087	47639	37117	70312	56496	53748	62277
嘉峪关市	Jiayuguan	44061	34597	72534	94045	48184	33168	66198
金昌市	Jinchang	35119	31391	69114	59564	32219	42963	68777
白银市	Baiyin	32960	34250	63688	52814	30418	23217	51627
天水市	Tianshui	41989	23938	37613	41620	33955	42198	30896
武威市	Wuwei	40264	23628	47593	61225	31394	30007	47358
张掖市	Zhangye	37205	27564	52299	35748	36243	32554	40268
平凉市	Pingliang	28159	39391	31623	39810	32034	31213	45457
酒泉市	Jiuquan	42062	27469	40050	47508	39860	33775	58736
庆阳市	Qingyang	33963	27368	47448	40497	39627	36751	45716
定西市	Dingxi	41551	24704	43673	55553	34956	37430	44740
陇南市	Longnan	36907	23324	57002	41492	31947	25513	38363
临夏州	Linxia	35210	29593	42792	46196	34319	32691	46474
甘南州	Gannan	45070	27215	30996	47616	27443	31810	54270

4-21 续表 2 continued

单位：元 (yuan)

地区	Region	水利、环境和公共设施管理业 Management of Water Conservancy, Environment and Public Facilities	居民服务、修理和其他服务业 Service to Households, Repair and Other Services	教育 Education	卫生和社会工作 Health and Social Service	文化、体育和娱乐业 Culture,Sports and Entertainment	公共管理、社会保障和社会组织 Public Management, Social Security and Social Organization
甘肃省	**Gansu**	**40772**	**33148**	**52431**	**47882**	**47826**	**47376**
兰州市	Lanzhou	45558	31590	46754	65409	44588	45786
嘉峪关市	Jiayuguan	27933	40761	55737	63854	42069	54287
金昌市	Jinchang	52046	45959	44070	51446	42986	49908
白银市	Baiyin	36013	40060	50477	49198	44515	42409
天水市	Tianshui	38679	19074	49768	45581	39202	42184
武威市	Wuwei	37676	32077	49779	39329	45443	42513
张掖市	Zhangye	41646	32262	45204	47343	37425	44965
平凉市	Pingliang	34435	34190	54064	78903	39954	45996
酒泉市	Jiuquan	41788	28276	56711	52225	57288	52367
庆阳市	Qingyang	37831	41143	49633	43226	44027	45890
定西市	Dingxi	33381	50934	46898	42144	45823	44616
陇南市	Longnan	37772	23225	40961	41673	38642	41733
临夏州	Linxia	39967	29143	45315	41236	40152	42741
甘南州	Gannan	44801	35409	52040	48591	51004	55046

主要指标解释

经济活动人口 指在16周岁及以上，有劳动能力，参加或要求参加社会经济活动的人口。包括就业人员和失业人员。

就业人员 指在16周岁及以上，从事一定社会劳动并取得劳动报酬或经营收入的人员。这一指标反映了一定时期内全部劳动力资源的实际利用情况，是研究我国基本国情国力的重要指标。

单位就业人员 指在各级国家机关、政党机关、社会团体及企业、事业单位中工作，取得工资或其他形式的劳动报酬的全部人员。包括在岗职工、再就业的离退休人员、民办教师以及在各单位中工作的外方人员和港澳台方人员、兼职人员、借用的外单位人员和第二职业者。不包括离开本单位仍保留劳动关系的职工。各单位的就业人员反映了各单位实际参加生产或工作的全部劳动力。

城镇私营和个体就业人员 城镇私营从业人员指在工商管理部门注册登记，其经营地址设在县城关镇（含县城关镇）以上的私营企业从业人员，包括私营企业投资者和雇工。城镇个体就业人员指在工商管理部门注册登记，并持有城镇户口或在城镇长期居住，经批准从事个体工商经营的就业人员，包括个体经营者和在个体工商户劳动的家庭帮工和雇工。

职工 指在国有、城镇集体、联营、股份制、外商和港、澳、台投资、其他单位及其附属机构工作，并由其支付工资的各类人员。不包括下列人员：(1)乡镇企业就业人员；(2)私营企业就业人员；(3)城镇个体劳动者；(4)离休、退休、退职人员；(5)再就业的离、退休人员；(6)民办教师；(7)在城镇单位中工作的外方及港、澳、台人员；(8)其他按有关规定不列入职工统计范围的人员。

在岗职工 指在本单位工作并由单位支付工资的人员，以及有工作岗位，但由于学习、病伤产假等原因暂未工作，仍由单位支付工资的人员。

城镇登记失业人员 指有非农业户口，在一定的劳动年龄内（16周岁至退休年龄），有劳动能力，无业而要求就业，并在当地就业服务机构进行求职登记的人员。

城镇登记失业率 城镇登记失业人员与城镇单位就业人员（扣除使用的农村劳动力、聘用的离退休人员、港澳台及外方人员）、城镇单位中的不在岗职工、城镇私营业主、个体户主、城镇私营企业和个体就业人员、城镇登记失业人员之和的比。计算公式为：

$$\text{城镇登记失业率}=\frac{\text{城镇登记失业人数}}{\text{城镇单位就业人员}-\text{使用的农村劳动力}-\text{聘用的离退休人员}-\text{聘用的港澳台及外方人员}+\text{不在岗职工}+\text{城镇私营业主}+\text{城镇个体户主}+\text{城镇私营企业及个体就业人员}+\text{城镇登记失业人数}}\times 100\%$$

工资总额 指各单位在一定时期内直接支付给本单位全部就业人员的劳动报酬总额。工资总额的计算原则应以直接支付给就业人员的全部劳动报酬为根据。各单位支付给就业人员的劳动报酬以及其他根据有关规定支付的工资，不论是计入成本的还是不计入成本的，不论是按国家规定列入计征奖金税项目的，还是未列入计征奖金税项目的，不论是以货币形式支付的还是以实物形式支付的，均包括在工资总额内。

平均工资 指企业、事业、机关单位的就业人员在一定时期内平均每人所得的货币工资额。它表明一定时期职工工资收入的高低程度，是反映就业人员工资水平的主要指标。计算公式为：

$$\text{平均工资}=\frac{\text{报告期实际支付的全部就业人员工资总额}}{\text{报告期全部就业人员平均人数}}$$

平均工资指数 指报告期就业人员平均工资与基期就业人员平均工资的比率，是反映不同时期就业人员货币工资水平变动情况的相对数。计算公式为：

$$\text{平均工资指数}=\frac{\text{报告期就业人员平均工资}}{\text{基期就业人员平均工资}}\times 100\%$$

平均实际工资指数 就业人员平均实际工资指扣除物价变动因素后的就业人员平均工资。就业人员平均实际工资指数是反映实际工资变动情况的相对数，表明就业人员实际工资水平提高或降低的程度。计算公式为：

$$\text{平均实际工资指数}=\frac{\text{报告期就业人员平均工资指数}}{\text{报告期城镇居民消费价格指数}}\times 100\%$$

5

固定资产投资

Investment in Fixed Assets

简要说明

一、本篇资料主要内容

本篇资料主要内容包括：固定资产投资及其主要分组；分地区 500 万元及以上项目个数、新增固定资产、施工和竣工房屋面积、投资规模、投资效率以及 500 万元及以上项目能源工业投资情况；全省重点项目建设情况；房地产开发企业基本情况等。

二、本篇资料的统计范围

固定资产投资的统计范围包括：500 万元及以上固定资产投资项目投资（不含军工、国防、人防建设项目）和房地产开发投资。从 2011 年起，固定资产投资的起点标准从计划总投资 50 万元提高到 500 万元，500 万元以下项目不再纳入固定资产投资统计范围。

三、本篇资料来源

本篇资料由省统计局固定资产投资处汇总、加工整理。其中，全省重点项目建设情况资料由省发改委提供。

5-1 固定资产投资
Investment in Fixed Assets

指标	Item	2011	2012	2013	2014	2014年比上年增长（%）Growth Rate in 2014 over 2013（%）
固定资产投资（亿元）	**Investment in Fixed Assets (100 million yuan)**	**4180.24**	**5040.53**	**6407.20**	**7759.62**	**21.11**
项目投资	Project Investment	3817.36	4479.51	5682.55	**7038.15**	**23.86**
房地产开发	Real Estate Development	362.88	561.02	724.65	721.47	-0.44
按隶属关系分	**By Subordination**					
中央项目	Central	280.95	289.93	329.51	360.92	9.53
地方项目	Local	3899.29	4750.60	6077.69	7398.70	21.74
按构成分	**Group by Structure**					
建筑安装工程	Construction and Installation	3077.78	3694.21	4935.80	6266.45	26.96
设备工具器具购置	Purchase of Equipment and Instruments	716.34	900.37	935.26	1027.50	9.86
其他费用	Others	386.12	445.95	536.14	465.67	-13.14
按产业分	**By Industry**					
第一产业	Primary Industry	191.45	169.94	232.64	409.09	75.85
第二产业	Secondary Industry	2032.99	2705.18	3245.02	3531.53	8.83
第三产业	Tertiary Industry	1955.80	2165.41	2929.54	3819.00	30.36
本年实际到位资金	**Actual Funds This Year**					
国家预算资金	State Budget	731.12	780.90	928.50	844.49	-9.05
国内贷款	Domestic Loans	488.68	679.61	897.31	948.56	5.71
债券	Bonds	0.56	0.41	6.45	20.40	216.07
利用外资	Foreign Investment	17.63	15.80	30.32	34.48	13.71
自筹资金	Self-raising Funds	2410.08	3301.78	4605.80	4856.44	5.44
其他资金	Others	416.64	540.49	803.86	770.54	-4.14

注：2011年起，固定资产投资的起点标准从计划总投资50万元提高到500万元，500万元以下项目不再纳入固定资产投资统计范围（以下相关表同）。

a)Since 2011, the cut-off size of fixed assets investment projected rose from 500 thousand yuan to 5 million yuan.Project of below 500 million is no longer included in the investment in fixed assets statistics range The same applies to the relevant tables following.

5-1 续表 continued

指标	Item	2011	2012	2013	2014	2014 年比上年增长（%） Growth Rate in 2014over 2013（%）
按登记注册类型分	**By Registration Categories**					
内 资	Domestic Funded Enterprises	4127.66	4976.58	6384.51	7706.92	20.71
国 有	State-owned Enterprises	2186.61	2323.71	3009.49	3219.82	6.99
集 体	Collective-owned Enterprises	128.88	144.05	199.35	301.68	51.33
股份合作	Cooperative Enterprises	11.12	26.00	38.37	62.19	62.06
联营企业	Joint Ownership Enterprises	9.13	29.12	30.05	54.63	81.84
国有联营	State Joint Ownership Enterprises	0.50	3.98	8.13	34.70	326.90
集体联营	Collective Joint Ownership Enterprises	3.25	0.92	6.14	10.74	74.94
国有与集体联营	Joint State-collective Enterprises		5.47	2.38	1.95	-18.30
其他联营	Other Joint Ownership Enterprises	5.39	18.76	13.40	7.25	-45.86
有限责任公司	Limited Liability Corporations	861.87	1063.12	1277.60	1680.05	31.50
国有独资公司	State Sole Funded Corporations	48.57	57.15	115.72	293.68	153.78
其他有限责任公司	Other Limited Liability Corporations	813.30	1005.97	1161.87	1386.37	19.32
股份有限公司	Share-holding Corporations Limited	295.40	287.59	329.45	265.43	-19.43
私 营	Private Enterprises	498.96	752.98	1120.17	1616.39	44.30
其 他	Other Enterprises	135.67	350.01	380.03	506.73	33.34
港澳台商投资	Enterprises with Funds from Hong Kong ,Macao and Taiwan	19.28	9.11	7.27	17.05	134.60
外商投资经济	Foreign Funded Enterprises	19.52	26.69	10.44	16.37	56.87
个体经营	Individual	13.79	28.15	4.98	19.28	286.39
房屋建筑面积（万平方米）	**Floor Space of Buildings (10 000 sq.m)**					
施工面积	Floor Space under Construction	9980.70	11527.59	14188.96	14988.35	5.63
#住 宅	Residential Buildings	6686.04	6810.18	7436.90	7826.99	5.25
竣工面积	Floor Space Completed	2360.92	2438.95	2443.43	2537.50	3.85
#住 宅	Residential Buildings	1496.24	1403.04	1260.17	1322.98	4.98

5-2 历年固定资产投资
Investment in Fixed Assets

单位：亿元 (100 million yuan)

指标 Item	固定资产投资 Investment in Fixed Assets 绝对数 Absolute Number	比上年增长 Growth Rate (%)	国有经济 State-owned Units	集体经济 Collective-owned Units	个体经济 Individuals	其他经济 Others
1978	9.30		9.26	0.04		
1979	11.22	20.63	11.15	0.07		
1980	12.65	12.74	12.57	0.08		
1981	14.10	11.52	11.73	0.76	1.61	
1982	15.69	11.23	13.36	1.07	1.26	
1983	18.91	20.53	16.42	0.92	1.57	
1984	24.51	29.62	19.98	1.71	2.81	
1985	33.90	38.32	25.97	3.95	3.97	
1986	40.42	19.26	31.09	3.99	5.34	
1987	47.91	18.51	38.39	3.11	6.41	
1988	59.54	24.29	47.00	4.76	7.78	
1989	51.19	-14.02	40.65	3.33	7.22	
1990	59.35	15.93	49.27	3.06	7.02	
1991	68.59	15.57	57.03	3.48	8.09	
1992	85.13	24.11	71.76	4.45	8.93	
1993	122.08	43.41	95.70	14.17	12.21	
1994	159.05	30.28	125.18	9.93	13.66	10.29
1995	194.67	22.39	156.61	7.71	17.71	12.65
1996	214.83	10.36	153.90	12.70	21.68	26.55
1997	264.39	23.07	186.03	13.58	35.07	29.70
1998	331.01	25.20	224.67	16.74	50.68	38.92
1999	384.08	16.03	255.85	23.36	51.77	53.10
2000	441.35	14.91	297.30	27.70	54.13	62.21
2001	505.42	14.52	337.88	28.33	56.31	82.90
2002	575.83	13.93	382.12	35.48	50.94	107.29
2003	655.07	13.76	407.18	41.32	50.90	155.67
2004	756.01	15.41	468.53	49.68	53.48	184.31
2005	874.53	15.68	510.76	58.06	54.00	251.71
2006	1024.87	17.19	567.67	25.25	62.33	369.61
2007	1310.38	27.86	700.09	48.29	67.06	494.93
2008	1735.79	32.47	961.33	53.41	97.21	623.85
2009	2479.60	42.85	1430.94	62.86	124.49	861.31
2010	3378.10	36.24	1953.88	71.28	110.91	1242.03
2011	4180.24	40.16	2235.68	143.25	13.79	1787.52
2012	5040.53	30.20	2384.84	170.97	28.15	2456.57
2013	6407.20	27.11	3133.34	243.86	4.98	3025.02
2014	7759.62	21.11	3548.20	374.61	19.28	3817.53

注：1. 本表国有经济为大口径，含国有、国有联营和国有独资公司；集体经济为大口径，含集体、集体联营和股份合作。
2. 2010 年及以前，固定资产投资数据为全社会口径，全社会口径中包含农户投资和跨区域项目投资。
3. 2011 年起固定资产投资包括 500 万元及以上城镇项目、非农户项目和房地产开发投资，未包含农村农户投资和跨区域项目投资。
4. 2012 年起固定资产投资包括 500 万元及以上项目投资和房地产开发投资，2012 年城镇项目和非农户项目合并为项目投资。

a) Data of state-owned units in this table are based on wide coverage,including state-owned, state joint ownership and state sole funded corporations; collective-owned enterprises are based on wide coverage,including collective-owned enterprises, collective joint ownership enterprises and cooperative enterprises.

b) Data of fixed asset investment are the caliber of total society before 2010.Farm households investment and cross-regional project investment is included in the caliber of total society.

c) Since 2011, data of investment in fixed assets in this table are the caliber of urban ,rural non-farm households and real estate development investment in fixed assets with the standard of more than 5 million yuan, not include farm households of rural area and cross-regional project investment.

d)Since 2012,data of investment in fixed assets in this table are the caliber of project investment and real estate development investment in fixed assets with the standard of more than 5 million yuan,urban and rural non-farm households of 2012 are combined into project investment.

5-3 项目固定资产投资
Investment in Fixed Assets of Project
(Excluding Investment in Real Estate Development)

单位：亿元 (100 million yuan)

指标	Item	2010	2011	2012	2013	2014
投资额	**Total Investment**	**2716.14**	**3817.36**	**4479.51**	**5682.55**	**7038.15**
按隶属关系分	**By Subordination**					
中央	Central	292.41	268.52	272.96	313.36	345.15
地方	Local	2423.73	3548.84	4206.55	5369.19	6693.00
按构成分	**By Structure**					
建筑安装工程	Construction and Installation	1869.54	2788.61	3229.51	4318.81	5618.61
设备工具器具购置	Purchase of Equipment and Instruments	600.27	714.28	893.69	924.97	1015.20
其他费用	Others	246.33	314.47	356.31	438.77	404.34
按产业分	**By Industry**					
第一产业	Primary Industry	112.57	191.45	169.94	232.64	409.09
第二产业	Secondary Industry	1521.59	2032.99	2705.18	3245.02	3531.53
#工 业	Industry	1214.22	1519.03	1889.98	2334.21	2665.98
第三产业	Tertiary Industry	1081.98	1592.92	1604.39	2204.89	3097.53
本年实际到位资金	**Actual Funds This Year**					
国家预算内资金	State Budgetary Appropriation	527.67	731.12	780.90	928.50	844.49
国内贷款	Domestic Loans	443.13	421.65	550.53	728.55	828.05
债 券	Bonds		0.56	0.41	6.45	20.40
利用外资	Foreign Investment	18.55	17.63	15.80	30.32	34.48
自筹资金	Self-raising Funds	1529.72	2240.27	2996.81	4174.72	4444.99
其他资金	Others	229.19	262.25	323.30	440.33	447.86

注：本表固定资产投资口径为500万元及以上项目投资，不含房地产开发投资。

a)Data of investment in fixed assets in this table are the caliber of project investment with the standard of more than 5 million yuan, excluding real estate development investment.

5-3 续表 continued

指标	Item	2010	2011	2012	2013	2014
按登记注册类型分	**By Registration Categories**					
内　资	Domestic Funded Enterprises	2665.86	3779.48	4423.48	5662.94	6986.35
国　有	State-owned Enterprises	1606.96	2146.37	2258.95	2929.14	3177.10
集　体	Collective-owned Enterprises	53.71	127.60	138.35	196.82	299.61
股份合作	Cooperative Enterprises	10.45	10.24	24.65	38.37	62.09
联营企业	Joint Ownership Enterprises	8.84	9.13	29.12	30.05	54.63
国有联营	State Joint Ownership Enterprises	0.60	0.50	3.98	8.13	34.70
集体联营	Collective Joint Ownership Enterprises	1.02	3.25	0.92	6.14	10.74
国有与集体联营	Joint State-collective Enterprises	0.09		5.47	2.38	1.95
其他联营	Other Joint Ownership Enterprises	7.14	5.39	18.76	13.40	7.25
有限责任公司	Limited Liability Corporations	498.48	707.41	786.33	943.11	1280.82
国有独资公司	State Sole Funded Corporations	47.43	48.57	56.10	109.75	262.96
其他有限责任公司	Other Limited Liability Corporations	451.05	658.84	730.23	833.36	1017.86
股份有限公司	Share-holding Corporations Limited	158.79	279.44	273.46	316.29	253.83
私　营	Private Enterprises	218.48	366.59	566.12	848.62	1357.34
其　他	Other Enterprises	110.15	132.69	346.49	360.54	500.93
港澳台商投资	Enterprises with Funds from Hong Kong ,Macao and Taiwan	34.80	15.16	4.54	6.36	16.55
外商投资经济	Foreign Funded Enterprises	8.82	8.93	23.34	8.26	15.97
个体经营	Individual	6.66	13.79	28.16	4.99	19.28
房屋建筑面积（万平方米）	**Floor Space of Buildings (10 000 sq.m)**					
施工面积	Floor Space under Construction	5552.84	6170.70	5892.64	7340.57	7328.05
#住　宅	Residential Buildings	2656.29	3544.77	2378.97	2112.41	2182.64
竣工面积	Floor Space Completed	1562.15	1704.93	1594.45	1527.87	1724.28
#住　宅	Residential Buildings	772.05	942.09	693.01	491.10	670.95

5-4 按主要行业分项目固定资产投资
Investment in Fixed Assets of Project by Main Sector

单位：亿元 (100 million yuan)

指标	Item	2010	2011	2012	2013	2014
总计	**Total**	**2716.14**	**3817.36**	**4479.52**	**5682.55**	**7038.15**
农、林、牧、渔业	Agriculture,Forestry,Animal Husbandry and Fishery	112.57	191.45	169.94	232.64	409.09
采矿业	Mining	141.41	223.26	336.13	452.23	401.42
制造业	Manufacturing	520.67	787.15	930.67	1111.67	1358.90
电力、热力、燃气及水的生产和供应业	Production and Supply of Electricity, Heat, Gas and Water	552.13	508.61	623.18	770.32	905.66
建筑业	Construction	307.37	513.96	815.20	910.81	865.55
批发和零售业	Wholesale and Retail Trades	62.32	103.65	147.51	220.39	282.51
交通运输、仓储和邮政业	Transport,Storage and Post	195.29	237.79	274.94	389.64	787.51
住宿和餐饮业	Hotels and Catering Services	25.78	43.38	63.50	78.67	105.32
信息传输、软件和信息技术服务业	Information Transmission,Software and Information Technology Services	22.27	36.10	32.94	49.75	54.10
金融业	Financial Intermediation	3.01	8.89	8.89	9.58	16.64
房地产业	Real Estate	160.87	278.07	270.99	365.82	377.78
租赁和商务服务业	Leasing and Business Services	25.57	18.21	27.99	57.99	77.56
科学研究和技术服务业	Scientific Research and Technical Services	23.68	26.32	27.93	39.06	70.83
水利、环境和公共设施管理业	Management of Water Conservancy, Environment and Public Facilities	135.34	281.65	392.30	481.00	608.13
居民服务、修理和其他服务业	Service to households, Repair and Other Services	10.03	12.01	38.82	67.04	81.27
教育	Education	61.63	70.57	69.19	92.60	107.19
卫生和社会工作	Health and Social Work	38.90	52.92	42.12	52.37	69.25
文化、体育和娱乐业	Culture, Sports and Entertainment	25.27	39.09	58.49	121.33	142.79
公共管理、社会保障和社会组织	Public Management,Social Security and Social Organization	292.01	384.27	148.79	179.66	316.64
国际组织	International Organizations					

注：本表固定资产投资口径为500万元及以上项目投资，不含房地产开发投资。

a) Caliber of investment in fixed assets in this table are the project investment of 5 million yuan or more, do not include real estate development.

5-5 按建设性质分项目固定资产投资（2014）
Investment in Fixed Assets of Project by Type of Construction (2014)

单位：亿元　　(100 million yuan)

行业	Sector	投资额 Total Investment	#新建 New Construction	#扩建 Expansion	#改建 Reconstruction
总计	**Total**	**7038.15**	**6242.77**	**402.57**	**282.30**
农、林、牧、渔业	Agriculture,Forestry,Animal Husbandry and Fishery	409.09	376.18	26.59	5.03
采矿业	Mining	401.42	357.98	18.53	21.28
制造业	Manufacturing	1358.90	1140.47	103.49	107.41
电力、热力、燃气及水的生产和供应业	Production and Supply of Electricity, Heat, Gas and Water	905.66	832.61	46.49	23.77
建筑业	Construction	871.51	819.45	27.56	13.24
批发和零售业	Wholesale and Retail Trades	282.51	257.66	15.24	7.06
交通运输、仓储和邮政业	Transport,Storage and Post	783.85	697.71	37.75	43.98
住宿和餐饮业	Hotels and Catering Services	105.32	93.83	7.70	3.50
信息传输、软件和信息技术服务业	Information Transmission,Software and Information Technology Services	54.10	35.57	3.06	14.26
金融业	Financial Intermediation	16.64	13.71		0.76
房地产业	Real Estate	377.78	315.42	17.29	2.74
租赁和商务服务业	Leasing and Business Services	77.56	70.67	4.59	1.58
科学研究和技术服务业	Scientific Research and Technical Services	70.83	64.58	2.08	3.53
水利、环境和公共设施管理业	Management of Water Conservancy, Environment and Public Facilities	608.13	560.21	16.22	23.79
居民服务、修理和其他服务业	Service to households, Repair and Other Services	81.27	78.68	1.64	0.95
教育	Education	107.19	89.56	8.88	3.32
卫生和社会工作	Health and Social Work	69.25	51.46	7.84	0.56
文化、体育和娱乐业	Culture, Sports and Entertainment	142.80	131.24	5.68	1.28
公共管理、社会保障和社会组织	Public Management,Social Security and Social Organization	314.34	255.77	51.97	4.26
国际组织	International Organizations				

注：本表数据不含房地产开发投资。

a) Data in this table do not include real estate development.

5-6 按构成分项目固定资产投资（2014）
Investment in Fixed Assets of Project in Urban Area by Structure (2014)

单位：亿元 (100 million yuan)

行业	Sector	投资额 Investment	建筑工程 Construc-tion	安装工程 Installation	设备工器具购置 purchase of Equipment and Instruments	其他 Others
总计	**Total**	**7038.15**	**5103.61**	**515.00**	**1015.20**	**404.34**
农、林、牧、渔业	Agriculture,Forestry,Animal Husbandry and Fishery	409.09	314.42	22.55	27.45	44.66
采矿业	Mining	401.42	251.76	56.33	64.73	28.61
制造业	Manufacturing	1358.90	828.55	124.62	334.22	71.51
电力、热力、燃气及水的生产和供应业	Production and Supply of Electricity, Heat,Gas and Water	905.66	365.36	130.53	393.22	16.55
建筑业	Construction	871.51	756.65	58.25	28.74	27.87
批发和零售业	Wholesale and Retail Trades	282.51	221.71	18.59	19.92	22.30
交通运输、仓储和邮政业	Transport,Storage and Post	783.85	659.62	24.70	33.19	66.34
住宿和餐饮业	Hotels and Catering Services	105.32	89.11	5.34	7.17	3.69
信息传输、软件和信息技术服务业	Information Transmission,Software and Information Technology Services	54.10	22.20	4.46	25.55	1.90
金融业	Financial Intermediation	16.64	10.90	0.42	4.44	0.89
房地产业	Real Estate	377.78	349.08	7.35	2.41	18.94
租赁和商务服务业	Leasing and Business Services	77.56	60.50	1.47	7.00	8.59
科学研究和技术服务业	Scientific Research and Technical Services	70.83	49.67	5.43	9.26	6.48
水利、环境和公共设施管理业	Management of Water Conservancy, Environment and Public Facilities	608.13	523.19	19.35	18.68	46.91
居民服务、修理和其他服务业	Service to households, Repair and Other Services	81.27	67.20	5.04	2.79	6.24
教育	Education	107.19	90.82	5.35	5.95	5.08
卫生和社会工作	Health and Social Work	69.25	49.61	5.87	9.53	4.24
文化、体育和娱乐业	Culture, Sports and Entertainment	142.80	117.66	5.83	10.79	8.51
公共管理、社会保障和社会组织	Public Management,Social Security and Social Organization	314.34	275.62	13.54	10.14	15.04
国际组织	International Organizations					

注：本表数据不含房地产开发投资。

a) Data in this table do not include real estate development.

5-7 项目固定资产投资个数及项目新增固定资产（2014）

Number of Investment Projects in Fixed Assets and Newly Increased Fixed Assets (2014)

行业	Sector	施工项目（个） Number of Projects under Construction (unit)	全部建成投产项目（个） Number of Projects Completed and Put into Use (unit)	建成项目投产率（%） Rate of Projects Completed and Put into Use (%)	新增固定资产（亿元） Newly Increased Fixed Assets (100 million yuan)
甘肃省	**Gansu**	**13981**	**9520**	**68.09**	**5065.20**
农、林、牧、渔业	Agriculture,Forestry,Animal Husbandry and Fishery	1432	1113	77.72	321.43
采矿业	Mining	451	303	67.18	249.65
制造业	Manufacturing	2600	1738	66.85	882.25
电力、热力、燃气及水的生产和供应业	Production and Supply of Electricity, Heat,Gas and Water	928	601	64.76	749.04
建筑业	Construction	2861	1893	66.17	733.12
批发和零售业	Wholesale and Retail Trades	524	361	68.89	206.32
交通运输、仓储和邮政业	Transport,Storage and Post	781	544	69.65	479.64
住宿和餐饮业	Hotels and Catering Services	216	163	75.46	72.94
信息传输、软件和信息技术服务业	Information Transmission,Software and Information Technology Services	118	92	77.97	39.53
金融业	Financial Intermediation	33	23	69.70	14.28
房地产业	Real Estate	619	417	67.37	341.63
租赁和商务服务业	Leasing and Business Services	111	74	66.67	62.64
科学研究和技术服务业	Scientific Research and Technical Services	120	96	80.00	57.38
水利、环境和公共设施管理业	Management of Water Conservancy, Environment and Public Facilities	1286	895	69.60	369.50
居民服务、修理和其他服务业	Service to households, Repair and Other Services	216	92	42.59	37.70
教育	Education	483	326	67.49	87.75
卫生和社会工作	Health and Social Work	215	139	64.65	58.20
文化、体育和娱乐业	Culture, Sports and Entertainment	300	169	56.33	87.09
公共管理、社会保障和社会组织	Public Management,Social Security and Social Organization	687	481	70.01	215.10
国际组织	International Organizations				

5-8 各地区固定资产投资情况（2014）
Investment in Fixed Assets by Region (2014)

单位：亿元 (100 million yuan)

地区	Region	固定资产投资额 Investment in Fixed Assets	项目投资 Project Investment	房地产开发投资 Investment in Real Estate Development	亿元及以上项目投资额 Total Investment	施工项目计划总投资 Total Planned Investment of Projects under Construction	新开工项目计划总投资 Total Planned Investment of Newly Started Projects
甘肃省	**Gansu**	**7759.62**	**7038.15**	**721.47**	**4034.83**	**15289.70**	**6549.03**
兰州市	Lanzhou	1610.68	1274.14	336.54	1081.88	3381.01	1128.80
嘉峪关市	Jiayuguan	125.24	102.59	22.65	85.83	504.42	78.87
金昌市	Jinchang	247.16	237.39	9.77	188.22	660.52	188.35
白银市	Baiyin	428.44	401.43	27.01	206.65	939.76	443.52
天水市	Tianshui	537.76	502.77	34.99	230.38	944.01	508.63
武威市	Wuwei	549.76	525.67	24.09	376.98	1421.81	534.00
张掖市	Zhangye	275.69	229.12	46.57	108.77	492.65	237.34
平凉市	Pingliang	537.56	499.15	38.40	173.87	842.25	373.64
酒泉市	Jiuquan	1003.66	965.31	38.35	519.29	1715.09	794.07
庆阳市	Qingyang	968.27	928.67	39.60	325.35	1567.28	943.24
定西市	Dingxi	500.59	456.40	44.19	221.09	1041.09	571.11
陇南市	Longnan	532.85	522.19	10.67	334.17	943.31	444.11
临夏州	Linxia	263.73	216.37	47.36	127.77	462.37	182.97
甘南州	Gannan	178.22	176.95	1.27	54.57	374.12	120.39

5-9 各地区项目固定资产投资个数及项目新增固定资产（2014）
Number of Projects of Investment in Fixed Assets and Newly Increased Fixed Assets of Project by Region (2014)

地区	Region	施工项目（个） Number of Projects under Construction (unit)	全部建成投产项目（个） Number of Projects Completed and Put into Use(unit)	建成项目投产率（%） Rate of Projects Completed and Put into Use(%)	新增固定资产（亿元） Newly Increased Fixed Assets (100 million yuan)	固定资产交付使用率（%） Rate of Projects of Fixed Assets Completed and Put into Use(%)
甘肃省	**Gansu**	**13981**	**9520**	**68.09**	**5065.20**	**71.97**
兰州市	Lanzhou	1217	676	55.55	742.74	58.29
嘉峪关市	Jiayuguan	110	36	32.73	44.56	43.43
金昌市	Jinchang	416	203	48.80	227.51	95.84
白银市	Baiyin	831	575	69.19	313.97	78.21
天水市	Tianshui	1027	724	70.50	373.16	74.22
武威市	Wuwei	952	405	42.54	226.35	43.06
张掖市	Zhangye	678	493	72.71	191.02	83.37
平凉市	Pingliang	1073	945	88.07	380.45	76.22
酒泉市	Jiuquan	1974	1547	78.37	828.65	85.84
庆阳市	Qingyang	2366	1596	67.46	669.48	72.09
定西市	Dingxi	1404	824	58.69	323.79	70.95
陇南市	Longnan	822	697	84.79	408.55	78.24
临夏州	Linxia	465	290	62.37	157.90	72.97
甘南州	Gannan	646	509	78.79	177.07	100.07

5-10 各地区项目施工、竣工房屋建筑面积（2014）
Floor Space of Projects under Construction and Buildings Completed by Region (2014)

地区	Region	施工房屋建筑面积（万平方米） Floor Space of Buildings under Construction (10 000 sq.m)	#住宅 Residential Buildings	竣工房屋建筑面积（万平方米） Floor Space of Buildings Completed (10 000 sq.m)	#住宅 Residential Buildings
甘肃省	**Gansu**	**7328.05**	**2182.64**	**1724.28**	**670.95**
兰州市	Lanzhou	3317.48	969.42	1028.52	421.83
嘉峪关市	Jiayuguan	38.97	3.28	6.45	0.00
金昌市	Jinchang	224.68	36.04	31.02	6.47
白银市	Baiyin	308.25	110.59	136.92	2.09
天水市	Tianshui	794.04	41.42	52.37	0.00
武威市	Wuwei	584.56	436.28	41.87	33.87
张掖市	Zhangye	159.30	26.23	8.38	2.14
平凉市	Pingliang	292.97	105.22	62.56	27.30
酒泉市	Jiuquan	240.07	47.29	124.01	33.71
庆阳市	Qingyang	217.57	3.46	1.47	0.00
定西市	Dingxi	655.16	338.49	140.49	109.49
陇南市	Longnan	150.25	29.94	58.29	25.40
临夏州	Linxia	234.23	23.03	30.92	7.65
甘南州	Gannan	110.52	11.95	1.01	1.01

5-11 各地区能源工业投资（2014）
Investment in Energy Industry by Region (2014)

单位：万元　　(10 000 yuan)

地区	Region	合计 Total	煤炭开采及洗选业 Mining and Washing of Coal	石油及天然气开采业 Extraction of Petroleum and Natural Gas	石油加工、炼焦及核燃料加工业 Processing of Petroleum, Coking, Processing of Nucleus Fuel	电力、热力及燃气的生产和供应业 Production and Supply of Electricity,Gas and Water
甘肃省	**Gansu**	**11387658**	**1166976**	**1216605**	**615262**	**8388815**
兰州市	Lanzhou	931504	132205	5300	255509	538490
嘉峪关市	Jiayuguan	148580				148580
金昌市	Jinchang	1091136			2150	1088986
白银市	Baiyin	579869	61613			518256
天水市	Tianshui	163677		13601		150076
武威市	Wuwei	1359139	64921		26520	1267698
张掖市	Zhangye	406517	78625		2900	324992
平凉市	Pingliang	823888	403742	177378	67166	175602
酒泉市	Jiuquan	3567856	23669	33665	242962	3267560
庆阳市	Qingyang	1698427	398201	986661	18055	295510
定西市	Dingxi	114931				114931
陇南市	Longnan	239393	4000			235393
临夏州	Linxia	121291				121291
甘南州	Gannan	141450				141450

5-12 重点项目建设情况（2014）
Construction Situation of Key Projects (2014)

单位：万元 (10 000 yuan)

项目名称	计划总投资 Total Plan Investment	截止 2014 年底累计完成投资 Accumulative Investment by 2014	2014 年计划投资 Plan Investment	2014 年完成投资 Achieved Investment
总 计	**43397266**	**27233717**	**10572279**	**10621870**
续建项目（50 个）	**34818549**	**26384860**	**8502668**	**9773013**
兰新铁路第二双线（甘肃段，含兰州枢纽）	5870000	5590300	760000	550300
750 千伏兰州东至天水至宝鸡输变电工程（甘肃段）	273210	275770	69740	72300
白龙江橙子沟水电站	127454	65283	34000	28576
白龙江苗家坝水电站	291606	265157	25000	1025
兰石集团装备制造工业园区建设项目	1152700	474400	212059	224400
金川集团公司年产 30 万吨铜材加工项目	67280	14870	45280	2870
敦煌莫高窟保护利用工程	31422	32880	6852	3310
瓜州至敦煌快速通道	434500	416900	150000	360900
成县至武都高速公路	1209638	1292276	130000	212638
临夏至合作高速公路	889100	732100	250000	370100
石羊河流域重点治理	474886	476608	5000	16800
靖远双永供水工程	41915	39594	2915	4680
积石山引水工程	38000	32200	1700	6200
引洮供水一期会宁北部供水工程	87556	61100	3000	31600
引洮济合工程	60057	37889	3000	8089
引洮入潭工程	18548.22	26312	3000	13312
兰州新区供水项目引大渠道除险加固工程	27480	9311	16600	6298
兰州至重庆铁路（甘肃段）	4320000	4092000	685000	592000
宝兰客运专线铁路（甘肃段）	6030000	3220000	1350000	1980000
天水至平凉铁路	540000	510000	43000	43000
兰州至中川机场铁路	914000	600000	300000	400000
敦煌至格尔木铁路	615000	420000	230000	280000
十堰至天水高速公路徽县至天水段	2062093	1559300	360000	900800
临洮至渭源高速公路	436000	490300	100000	287000
兰州南绕城高速公路	638000	200000	50000	197000
兰州新城至永靖沿黄河快速通道	610692	360000	220000	170000
兰州中川机场二期扩建工程	152323	189007	94000	120000
330 千伏兰州北输变电工程	23418	27950	2000	12950
酒泉风电基地二期第一批 300 万千瓦项目	2419582	1712000	1507582	800000
民勤红沙岗百万千瓦级风电基地项目	771565	939504	521565	689504
核桃峪煤矿	1066876	118590	77543	36618
甜水堡 2 号煤矿建设项目	144000	127782	45000	37782

5-12 续表 continued

单位：万元 (10 000 yuan)

项目名称	计划总投资 Total Plan Investment	截止 2014 年底累计完成投资 Accumulative Investment by 2014	2014 年计划投资 Plan Investment	2014 年完成投资 Achieved Investment
甘肃丰汇矿业有限责任公司花草滩循环经济产业区一期工程	190000	81979	90000	15422
兰州至定西输气管道	56600	32353	29000	11353
长庆油田陇东地区原油产能建设项目	850000	1040000	850000	1040000
甘肃刘化集团年产 25 万吨硝基复合肥项目	66800	57865	11800	2865
天水华天电子科技园建设项目	360000	172137	18000	35137
甘肃烟草工业有限责任公司天水卷烟厂易地技术改造工程	126000	118227	41000	33227
长城电工天水电工电器产业园	210500	55193	25000	20193
敦煌水资源合理利用与生态保护	472200	94311	5000	18382
甘南黄河重要水源补给生态功能区生态保护与建设项目	173268	45342	5000	6175
白银公司铜冶炼技术提升及循环经济技术改造项目	265923	136566	40000	42301
夏河拉卜楞寺文物保护工程	30571	11284	3000	2463
西北师范大学特殊教育学校二期建设项目	6998	9100	1498	3600
兰州理工大学图书馆项目	19800	10700	10000	7700
甘肃农业大学实验教学中心 A 栋楼项目	32400	26979	10000	18979
兰州大学第二医院 2 号医疗综合楼	32315	22000	22534	15000
甘肃省中医院康复保健综合楼	15937	8379	9000	7379
甘肃科技馆项目	40739	33600	10000	20600
兰州新区第一污水处理厂	29597	19462	18000	12185
新开工项目（15 个）	**8578717**	**848857**	**2069611**	**848857**
河西走廊国家级高效节水灌溉示范区项目	917000	99500	105234	99500
额济纳至哈密铁路（甘肃段）	140000	54806	50000	54806
干塘至武威南铁路增建二线（甘肃段）	377000	74460	80000	74460
白银热电厂	334718	117816	151532	117816
国家重离子束应用装置综合实验研究基地	30199	3700	9300	3700
全省建制村通油路工程	560000	427303	560000	427303
酒钢集团 1000 万吨煤炭分质转化利用项目	1080000	13800	500000	13800
甘肃医科大学项目	250000	10000	135000	10000
甘肃省人民医院住院部二期建设项目	75000	1538	10000	1538
兰州铁路综合货场（兰州铁路集装箱中心站）	107000		80000	
渭源至武都高速公路	3500000	8500	100000	8500
白疙瘩至明水（含马鬃山至桥湾连接线）公路	791800		180000	
新建陇南成州机场	101000	36000	38000	36000
兰州二热“上大压小”热电联产工程	306000	1057	67545	1057
甘肃省图书馆扩建项目	9000	377	3000	377

5-13 房地产开发企业基本情况
Basic Conditions of Enterprises for Real Estate Development

单位：亿元 (100 million yuan)

指标	Item	2010	2011	2012	2013	2014
开发企业个数（个）	Number of Enterprises (unit)	1185	1249	1359	1399	1479
内资	Domestic Funded	1158	1222	1336	1377	1459
#国有	State-owned Enterprises	60	56	57	55	54
集体	Collective-owned Enterprises	24	25	23	22	16
港澳台投资经济	Funded by Entrepreneurs from Hong Kong, Macao and Taiwan	16	16	15	15	14
外商投资经济	Foreign Funded	11	11	8	7	6
资产总计	Total Assets	866.84	1174.05	1665.51	2085.51	2835.62
固定资产累计折旧	Accumulated Depreciation of Fixed Assets	13.39	12.79	17.17	20.82	26.92
#本年折旧	Depreciation This Year	1.97	2.68	4.00	3.91	5.07
负债合计	Total Liabilities	639.29	882.78	1298.98	1663.99	2302.51
所有者权益合计	Owners' Equity	227.55	291.28	366.53	421.51	533.11
#实收资本合计	Total Paid-in Capital	146.75	189.71	237.71	266.15	337.86
资产负债率（%）	Ratio of Debts to Assets(%)	73.75	75.19	77.99	79.79	81.20
主营业务收入	Revenue from Principal Business	190.68	219.27	305.29	393.71	426.49
土地转让收入	Land Transferred	1.14	1.78	2.09	1.54	1.14
商品房屋销售收入	Commercial Houses Sold	180.89	209.07	276.37	373.77	409.22
房屋出租收入	Houses Leased	3.90	2.54	4.07	5.15	5.42
其他收入	Others	4.75	5.88	22.76	13.26	10.71
营业税金及附加	Business Taxes and Surcharges	13.78	14.96	19.68	27.38	32.31
营业利润	Business Profits	11.12	6.99	10.56	17.14	12.29
利润总额	Total Profits	10.09	3.81	10.81	17.00	12.39
本年购置土地面积（万平方米）	Land Space Purchased This Year (10 000sq.m)	286.71	287.57	419.33	421.71	567.49
竣工房屋造价（元/平方米）	Cost of Buildings Completed (yuan/sq.m)	1828	2250	2107	2274	2149

注：营业税金及附加:2010年为主营业务税金及附加；2011年以后为营业税金及附加。

a) Business Taxes and Surcharges:2010 are main business taxes and surcharges,since 2011,are the business tax and surcharges.

5-14 房地产开发投资完成情况
The Completion of Real Estate Development Investment

指标	Item	2010	2011	2012	2013	2014
房地产开发投资（亿元）	**Real Estate Development Investment (100 million yuan)**	**266.41**	**362.88**	**561.02**	**724.65**	**721.47**
#地方	Local	263.69	350.45	544.04	708.50	705.71
按构成分	**Group by Structure**					
建筑工程	Construction	190.26	255.68	410.44	550.63	536.82
安装工程	Installation	17.80	33.49	54.24	66.37	111.02
设备工器具购置	Purchase of Equipment and Instruments	1.86	2.07	6.68	10.29	12.30
其他费用	Others	56.49	71.64	89.66	97.36	61.33
按工程用途分	**By Purpose**					
住　宅	Residential Buildings	187.93	258.06	412.51	539.85	496.37
办公楼	Office Buildings	5.61	6.38	11.06	19.34	26.65
商业营业用房	Houses for Business Use	27.02	36.88	65.41	98.64	134.66
其　他	Others	45.85	61.57	72.04	66.82	63.79
本年实际到位资金	**Actual Funds This Year**	**317.57**	**390.65**	**651.24**	**963.35**	**854.65**
国内贷款	Domestic Loans	56.60	67.02	129.08	168.75	120.51
利用外资	Foreign Investment					
自筹资金	Self-raising Funds	132.80	169.81	304.97	431.08	411.45
其　他	Others	128.17	153.82	217.19	363.52	322.69
新增固定资产（亿元）	**Newly Increased Fixed Assets (100 million yuan)**	**143.35**	**169.41**	**215.42**	**299.16**	**239.19**
#地　方	Local	143.35	165.50	215.42	296.28	236.21
房屋施工面积（万平方米）	**Floor Space of Buildings under Construction (10 000 sq.m)**	**3130.40**	**3810.00**	**5634.95**	**6848.40**	**7660.30**
房屋竣工面积（万平方米）	**Floor Space of Buildings Completed (10 000 sq.m)**	**598.66**	**655.99**	**844.50**	**915.56**	**813.22**
商品房屋销售面积（万平方米）	**Floor Space of Commercialized Buildings Sold(10 000 sq.m)**	**756.51**	**815.89**	**978.44**	**1220.02**	**1325.51**
#住　宅	Residential Buildings	692.07	734.38	893.36	1134.81	1212.60
商品房屋销售额（亿元）	**Total Sales of Commercialized Buildings(100 million yuan)**	**227.81**	**276.95**	**349.32**	**474.07**	**602.34**
#住　宅	Residential Buildings	201.47	235.55	301.60	418.08	513.47

5-15 房地产施工、竣工面积及价值（2014）
Floor Space of Buildings under Construction,Completed and Its Value for Real Estate (2014)

项目	Item	施工房屋面积（万平方米） Floor Space of Buildings under Construction (10 000 sq.m)	#新开工 Started This Year	竣工房屋面积（万平方米） Floor Space of Buildings Completed (10 0000 sq.m)	竣工房屋价值（亿元） Value of Buildings Completed (100 million yuan)
甘肃省	**Gansu**	**7660.30**	**2050.36**	**813.22**	**174.80**
住宅	Residential Buildings	5644.35	1486.88	652.04	139.45
#别墅、高档公寓	Villas and Good Apartments	46.74	20.78	6.21	1.80
办公楼	Office Buildings	178.95	51.86	11.50	2.64
商业营业用房	Houses for Business Use	1114.76	362.70	100.23	22.28
其他	Others	722.24	148.92	49.45	10.43

5-16 各地区房地产开发企业建设投资总规模及完成情况（2014）
General Scale of Construction and Actually Completed Investment of Enterprises for Real Estate Development by Region (2014)

单位：亿元　　(100 million yuan)

地区	Region	计划总投资 Total Planned Investment	自开始建设至本年底累计完成投资 Accumulative Investment Actually Completed Since the Start of Construction to the End of This Year	#本年完成投资 Investment Completed This Year
甘肃省	**Gansu**	**3490.29**	**2191.61**	**721.47**
兰州市	Lanzhou	1954.36	1192.53	336.54
嘉峪关市	Jiayuguan	88.43	56.44	22.65
金昌市	Jinchang	40.63	23.85	9.77
白银市	Baiyin	138.94	58.57	27.01
天水市	Tianshui	167.57	117.05	34.99
武威市	Wuwei	90.54	75.05	24.09
张掖市	Zhangye	150.71	101.14	46.57
平凉市	Pingliang	135.17	85.99	38.40
酒泉市	Jiuquan	149.53	99.40	38.35
庆阳市	Qingyang	205.43	99.36	39.60
定西市	Dingxi	175.97	136.18	44.19
陇南市	Longnan	36.76	29.63	10.67
临夏州	Linxia	152.00	112.66	47.36
甘南州	Gannan	4.25	3.75	1.27

5-17 各地区按用途分房地产开发企业投资完成额（2014）
Investment Actually Completed by Enterprises for Real Estate Development by Use,Region (2014)

单位：万元 (10 000 yuan)

地区	Region	本年完成投资额 Investment Completed This Year	住宅 Residential Buildings	#别墅、高档公寓 Villas,High-grade Apartments	办公楼 Office Buildings	商业营业用房 Houses for Business Use	其他 Others
甘肃省	**Gansu**	**7214717**	**4963706**	**89190**	**266463**	**1346607**	**637941**
兰州市	Lanzhou	3365382	2239667	85215	203564	558720	363431
嘉峪关市	Jiayuguan	226528	176309	400	835	33034	16350
金昌市	Jinchang	97679	56190		280	34831	6378
白银市	Baiyin	270092	191585	300	8694	55613	14200
天水市	Tianshui	349947	270755		6818	44989	27385
武威市	Wuwei	240939	156388		1000	80798	2753
张掖市	Zhangye	465697	339947		9471	100981	15298
平凉市	Pingliang	384048	268591		13603	89281	12573
酒泉市	Jiuquan	383499	281416		4078	69904	28101
庆阳市	Qingyang	396028	269838	3275	8278	75456	42456
定西市	Dingxi	441931	333164		4938	55150	48679
陇南市	Longnan	106651	69969		240	20533	15909
临夏州	Linxia	473592	304333		2164	126717	40378
甘南州	Gannan	12704	5554		2500	600	4050

5-18 各地区房地产开发企业实际到位资金（2014）
Actual Funds of Real Estate Development Enterprise by Region (2014)

单位：万元 (10 000 yuan)

地区	Region	本年实际到位资金小计 Total Actual Funds This Year	国内贷款 Domestic Loans	自筹资金 Self-raising Funds	其他资金来源 Others
甘肃省	**Gansu**	**8546474**	**1205125**	**4114519**	**3226830**
兰州市	Lanzhou	4176554	726689	1653353	1796512
嘉峪关市	Jiayuguan	246263	32200	37922	176141
金昌市	Jinchang	122871	9110	43428	70333
白银市	Baiyin	297245	64350	165195	67700
天水市	Tianshui	486821	104637	184277	197907
武威市	Wuwei	229632	20320	108126	101186
张掖市	Zhangye	504686	31633	331498	141555
平凉市	Pingliang	410388	54584	170211	185593
酒泉市	Jiuquan	414222	52520	258980	102722
庆阳市	Qingyang	602912	41160	444936	116816
定西市	Dingxi	420760	42792	200964	177004
陇南市	Longnan	129207	2430	93953	32824
临夏州	Linxia	497463	22100	418768	56595
甘南州	Gannan	7450	600	2908	3942

5-19 各地区商品房屋销售情况（2014）
Sales of Commercialized Buildings by Region (2014)

地区	Region	商品房销售面积（万平方米）Floor Space of Commercialized Buildings Sold (10 000 sq.m)	#住宅 Residential Buildings	商品房销售额（万元）Total Sale of Commercialized Buildings (10 000 yuan)	#住宅 Residential Buildings
甘肃省	**Gansu**	**1325.51**	**1212.60**	**6023393**	**5134670**
兰州市	Lanzhou	510.28	467.47	3185276	2648120
嘉峪关市	Jiayuguan	56.12	52.63	192821	182181
金昌市	Jinchang	21.47	14.59	66589	41146
白银市	Baiyin	58.58	51.81	207712	172059
天水市	Tianshui	107.91	105.50	442849	425453
武威市	Wuwei	20.99	18.64	70464	59387
张掖市	Zhangye	116.95	105.95	341311	304920
平凉市	Pingliang	61.23	54.58	230610	193952
酒泉市	Jiuquan	140.07	124.19	487877	412221
庆阳市	Qingyang	57.33	55.27	201608	188365
定西市	Dingxi	66.34	64.14	228091	209566
陇南市	Longnan	24.72	22.84	82801	70756
临夏州	Linxia	82.90	74.39	283578	224738
甘南州	Gannan	0.61	0.61	1806	1806

5-20 各地区房地产开发企业建设房屋面积和造价（2014）
Floor Space and Cost of Buildings Developed by Enterprises for Real Estate Development by Region (2014)

地区	Region	施工房屋面积（万平方米）Floor Space of Buildings under Construction (10 000 sq.m)	竣工房屋面积（万平方米）Floor Space of Buildings Completed (10 000 sq.m)	房屋建筑面积竣工率(%) Rate of Floor Space of Buildings Completed (%)	竣工房屋价值（万元）Value of Buildings Completed (10 000 yuan)	竣工房屋造价（元/平方米）Cost of Buildings Completed (yuan/sq.m)
甘肃省	**Total**	**7660.30**	**813.22**	**10.62**	**1747961**	**2149**
兰州市	Lanzhou	3643.12	158.26	4.34	362112	2288
嘉峪关	Jiayuguan	233.07	39.16	16.80	98683	2520
金昌市	Jinchang	116.51	12.34	10.59	18781	1522
白银市	Baiyin	254.93	112.98	44.32	233669	2068
天水市	Tianshui	429.20	71.44	16.65	99350	1391
武威市	Wuwei	182.36	26.08	14.30	69845	2678
张掖市	Zhangye	507.38	108.17	21.32	221678	2049
平凉市	Pingliang	325.29	17.42	5.36	34074	1956
酒泉市	Jiuquan	385.54	95.91	24.88	221326	2308
庆阳市	Qingyang	433.68	51.99	11.99	124426	2393
定西市	Dingxi	421.00	33.63	7.99	81424	2421
陇南市	Longnan	96.05	31.88	33.19	89005	2792
临夏州	Linxia	612.54	38.38	6.27	70230	1830
甘南州	Gannan	19.64	15.57	79.29	23358	1500

5-21 各地县固定资产投资和新增固定资产（2014）
Investment in Fixed Assets and Newly Increased Fixed Assets by Region, County (2014)

单位：万元 (10 000 yuan)

地区	Region	投资总额 Total Investment	第一产业 Primary Industry	第二产业 Secondary Industry	第三产业 Tertiary Industry	#住宅 Residential Buildings	新增固定资产 Newly Increased Fixed Assets
兰州市	**Lanzhou**	**16106818**	**192422**	**4093952**	**11820444**	**3228692**	**7886476**
城关区	Chengguan	3324313		161282	3163031	1237785	1271163
七里河区	Qilihe	2058328	14400	169216	1874712	611666	1555580
西固区	Xigu	2013889	13183	741803	1258903	191808	1252869
安宁区	Anning	1795656		160871	1634785	459512	1526344
红古区	Honggu	631550	62961	386891	181698	92067	520198
永登县	Yongdeng	621199	39713	241928	339558	71211	347166
皋兰县	Gaolan	349462	5072	194418	149972	59985	326931
榆中县	Yuzhong	962324	21505	133587	807232	316144	594803
兰州新区	Lanzhou New Area	4350097	35588	1903956	2410553	188514	491422
嘉峪关市	**Jiayuguan**	**1252417**	**21056**	**724216**	**507145**	**179399**	**577238**
金昌市	**Jinchang**	**2471611**	**124440**	**1707556**	**639615**	**106708**	**2306054**
金川区	Jinchuan	1740780	34891	1382075	323814	38103	1861080
永昌县	Yongchang	730831	89549	325481	315801	68605	444974
白银市	**Baiyin**	**4284437**	**466271**	**2088397**	**1729769**	**279986**	**3380270**
白银区	Baiyin	1481802	62982	734732	684088	170381	1258633
平川区	Pingchuan	634743	102981	381031	150731	18236	568534
靖远县	Jingyuan	733604	104625	411316	217663	57400	374282
会宁县	Huining	656474	6600	232709	417165	11019	579796
景泰县	Jingtai	777814	189083	328609	260122	22950	599025
天水市	**Tianshui**	**5377632**	**367115**	**1657847**	**3352670**	**283875**	**3863904**
秦州区	Qinzhou	1412254	25227	511653	875374	143010	760909
麦积区	Maiji	865760	150703	91656	623401	44277	364546
清水县	Qingshui	524620	69634	112484	342502	18190	497110
秦安县	Qinan	398102	19364	176619	202119	19960	336062
甘谷县	Gangu	747809	21126	285058	441625	26052	531357
武山县	Wushan	684418	50712	150584	483122	29886	660558
张家川县	Zhangjiachuan	424710	30349	91218	303143	2500	511417
天水经济技术开发区	Tianshui Economic and Technological Development Zone	319959		238575	81384		201945
武威市	**Wuwei**	**5497620**	**402724**	**3030586**	**2064310**	**426716**	**2351103**
凉州区	Liangzhou	2805023	158868	1452409	1193746	128295	807897
民勤县	Minqin	1248212	102938	957506	187768	96455	817113
古浪县	Gulang	668436	80083	267606	320747	98943	264615
天祝县	Tianzhu	775949	60835	353065	362049	103023	461478
张掖市	**Zhangye**	**2756915**	**261435**	**1135169**	**1360311**	**367449**	**2263429**

5-21 续表 1 continued

单位：万元 (10 000 yuan)

地区	Region	投资总额 Total Investment	第一产业 Primary Industry	第二产业 Secondary Industry	第三产业 Tertiary Industry	# 住宅 Residential Buildings	新增固定资产 Newly Increased Fixed Assets
甘州区	Ganzhou	970247	91403	318670	560174	158594	846014
肃南县	Sunan	362032	4795	213218	144019	6770	452323
民乐县	Minle	357327	43621	136015	177691	59801	244607
临泽县	Linze	350836	49233	102459	199144	42670	275746
高台县	Gaotai	353596	25270	202378	125948	49499	209916
山丹县	Shandan	362877	47113	162429	153335	50115	234823
平凉市	**Pingliang**	**5375566**	**447837**	**2687165**	**2240564**	**456405**	**3896801**
崆峒区	Kongtong	1532267	27273	881150	623844	216589	1169825
泾川县	Jingchuan	597421	41150	344015	212256	22078	263195
灵台县	Lingtai	371327	54430	185457	131440	5281	422845
崇信县	Chongxin	517738	14951	122708	380079	20610	232853
华亭县	Huating	1297021	176448	788120	332453	22845	722693
庄浪县	Zhuanglang	423886	57842	131239	234805	26486	463745
静宁县	Jingning	635906	75743	234476	325687	142516	621645
酒泉市	**Jiuquan**	**10036555**	**823686**	**6133480**	**3079389**	**383786**	**8568116**
肃州区	Suzhou	2428610	219182	957729	1251699	176499	2545485
金塔县	Jinta	868294	77334	709217	81743	24103	706881
瓜州县	Guazhou	1753847	126867	1311455	315525	73692	1596880
肃北县	Subei	748299	29044	551996	167259		589520
阿克塞县	Akesai	323000	2600	300964	19436		102112
玉门市	Yumen	2401165	308148	1545755	547262	8642	1967553
敦煌市	Dunhuang	1513340	60511	756364	696465	100850	1059685
庆阳市	**Qingyang**	**9682733**	**299851**	**6054992**	**3327890**	**277255**	**6875343**
西峰区	Xifeng	2395260	59377	1012499	1323384	202509	1957437
庆城县	Qingcheng	827132		803728	23404	10965	446423
环　县	Huanxian	1059319	45089	784032	230198	20252	416583
华池县	Huachi	780790	23966	726169	30655	7300	405861
合水县	Heshui	762400	21844	509943	230613	4050	516646
正宁县	Zhengning	983600	86708	605974	290918	8760	966275
宁　县	Ningxian	1858830	20583	747462	1090785	3600	1278530
镇原县	Zhenyuan	1015402	42284	865185	107933	19819	887588
定西市	**Dingxi**	**5005912**	**415510**	**2064130**	**2526272**	**567319**	**3377015**
安定区	Anding	1093098	99687	325097	668314	148137	914350
通渭县	Tongwei	415984	62853	107432	245699	47382	134930

5-21 续表 2 continued

单位：万元 (10 000 yuan)

地区	Region	投资总额 Total Investment	第一产业 Primary Industry	第二产业 Secondary Industry	第三产业 Tertiary Industry	#住宅 Residential Buildings	新增固定资产 Newly Increased Fixed Assets
陇西县	Longxi	1088090	52030	401709	634351	109126	677213
渭源县	Weiyuan	486277	82291	237936	166050	10239	156468
临洮县	Lintao	932081	76239	530745	325097	29255	691914
漳　县	Zhangxian	372739	11705	121789	239245	29455	154477
岷　县	Minxian	617643	30705	339422	247516	193725	647663
陇南市	**Longnan**	**5328513**	**116448**	**2613226**	**2598839**	**111956**	**4179067**
武都区	Wudu	1004607	21445	689943	293219	68678	1008200
成　县	Chengxian	649753	2816	280868	366069	10350	325013
文　县	Wenxian	658366	9805	380569	267992		409208
宕昌县	Tanchang	521000	25000	150018	345982		502921
康　县	Kangxian	593505	44528	235262	313715	32607	587740
西和县	Xihe	662797	2217	435389	225191		510415
礼　县	Lixian	577603	9377	64173	504053	300	451231
徽　县	Huixian	472369		199427	272942	21	384339
两当县	Liangdang	188513	1260	177577	9676		
临夏州	**Linxia**	**2637324**	**72660**	**575257**	**1989407**	**341395**	**1725030**
临夏市	linxia	521374	800	30229	490345	169806	150866
临夏县	linxia	259058	9635	75238	174185	8320	294284
康乐县	Kangle	187219	4830	44709	137680	19715	165930
永靖县	Yongjing	586754	23610	117748	445396	48090	358025
广河县	Guanghe	311635		50385	261250	62784	259834
和政县	Hezheng	329290	16941	111910	200439	32680	190714
东乡县	Dongxiang	228935	10000	72152	146783		204318
积石山县	Jishishan	213059	6844	72886	133329		101059
甘南州	**Gannan**	**1782183**	**79402**	**808873**	**893908**	**45080**	**1794032**
合作市	Hezuo	354124	1510	131294	221320	380	166073
临潭县	Lintan	250430	5871	171699	72860	8493	248203
卓尼县	Zhuoni	237155	13095	136187	87873	31007	276456
舟曲县	Zhouqu	141009	8159	74689	58161	1200	117480
迭部县	Diebu	238946	36028	93970	108948		228950
玛曲县	Maqu	121762	8540	88195	25027	4000	201805
碌曲县	Luqu	105200		60094	45106		63928
夏河县	Xiahe	333557	6199	52745	274613		491137

主要指标解释

固定资产投资 是以货币形式表现的在一定时期内建造和购置固定资产的工作量以及与此有关的费用的总称。该指标是反映固定资产投资规模、结构和发展速度的综合性指标，也是观察工程进度和考核投资效果的重要依据。固定资产投资按登记注册类型可分为国有、集体、个体、联营、股份制、外商、港澳台商、其他等。

固定资产项目投资 指各级政府和主管部门审批、核准和备案并在本年开工或往年开工本年继续施工的新建、扩建建设项目。包括需要各级政府审批的政府投资项目；企业投资在政府核准的投资项目目录范围内的需要政府核准的项目；企业投资无需核准（核准目录之外），向当地投资主管部门备案的项目。

房地产开发投资 指各种登记注册类型的房地产开发公司、商品房建设公司及其他房地产开发法人单位和附属于其他法人单位实际从事房地产开发或经营活动的单位统一开发的包括统代建、拆迁还建的住宅、厂房、仓库、饭店、宾馆、度假村、写字楼、办公楼等房屋建筑物和配套的服务设施，土地开发工程（如道路、给水、排水、供电、供热、通讯、平整场地等基础设施工程）的投资；不包括单纯的土地交易活动。

固定资产投资资金来源 根据固定资产投资的资金来源不同，分为国家预算资金、国内贷款、债券、利用外资、自筹资金和其他资金。

国家预算资金 包括中央预算资金和地方预算资金，分为一般预算、政府性基金预算、国有资本经营预算和社保基金预算。各类预算中用于固定资产投资的资金全部作为国家预算资金，其中一般预算中用于固定资产投资的部分包括基建投资、车购税、灾后恢复重建基金和其他财政投资。各级政府债券也应归入国家预算资金。

国内贷款 指报告期固定资产投资项目单位向银行及非银行金融机构借入的用于固定资产投资的各种国内借款，包括银行贷款、非银行金融机构贷款等。

银行贷款：是指向各商业银行、政策性银行借入的用于固定资产投资的各项贷款。

非银行金融机构贷款：是指向除上述银行之外从事金融业务的机构借入的用于固定资产投资的各项贷款。

投资项目单位从上级部门、总公司或公司股东处取得的用于固定资产投资的资金中，来源于银行或非银行金融机构贷款的部分，也应归入国内贷款。

债券 指企业或金融机构为筹集用于固定资产投资的资金向投资者出具的承诺按一定发行条件还本付息的债务凭证，包括金融债券和企业债券。

利用外资 指报告期收到的用于固定资产建造和购置的国外资金（包括设备、材料、技术在内）。包括对外借款（外国政府贷款、国际金融组织贷款、出口信贷、外国银行商业贷款、对外发行债券和股票）、外商直接投资、外商其他投资（包括利用外商投资收益在国内进行固定资产再投资活动的资金）。不包括我国自有外汇资金（国家外汇、地方外汇、留成外汇、调济外汇和国内银行自有资金发放的外汇贷款等）。

自筹资金 指固定资产投资单位在报告期收到的，由各企事业单位筹集用于固定资产投资的资金，包括各类企事业单位的自有资金和从其他单位筹集的用于固定资产投资的资金，但不包括各类财政性资金、从各类金融机借入资金和国外资金。自筹资金包括以下三项内容：企、事业单位自有资金、股东投入资金、借入资金。

其他资金 指在报告期收到的除以上各种资金之外用于固定资产投资的资金，包括社会集资、个人资金、无偿捐赠的资金及其他单位拨入的资金等。

固定资产投资按隶属关系分 是按建设单位或企业、事业、行政单位的主管上级机关确定的。

（1）中央：是指中共中央、人大常委会和国务院各部、委、局、总公司以及直属机构直接领导的建设项目和企业、事业、行政单位。这些单位的固定资产投资计划由国务院各部门直接编制和下达，建设中所需物资、主要设备以及建设中的问题都由中央有关部门安排和解决。

（2）地方：是由省（自治区、直辖市）、地区（州、盟、省辖市）、县（旗、县级市）三级政府及业务主管部门直接领导和管理的建设项目、企业、事业、行政单位。地方项目还包括不隶属以上各级政府及主管部门的建设项目和企业、事业单位，如外商投资企业和无主管部门的企业等。

固定资产投资按建设性质分 建设项目的性质指固定资产再生产的性质，按照整个建设项目情况来确定，一个建设项目只能有一种建设性质。一般分为新建、扩建、改建和技术改造、单纯建造生活设施、迁建、恢复、单纯购置。

（1）新建：是指从无到有“平地起家”开始建设的项目。现有企业、事业、行政单位投资的项目一般不属于新建。但如有的单位原有基础很小，经过建设后新增的固定资产价值超过该企业、事业、行政单位原有固定资产价值（原值）三倍以上的，也应作为新建。

（2）扩建：是指在厂内或其他地点，为扩大原有产品的生产能力（或效益）或增加新的产品生产能力，而增建的生产车间（或主要工程）、分厂、独立的生产线的企业、事业单位。行政、事业单位在原单位增建业务性用房（如学校增建教学用房、医院增建门诊部、病房等）也作为扩建。

现有企、事业单位为扩大原有主要产品生产能力或增加新的产品生产能力，增建一个或几个主要生产车间（或主要工程）、分厂，同时进行一些更新改造工程的，也应作为扩建。

（3）改建和技术改造：是指现有企业、事业单位对原有设施进行技术改造或更新（包括相应配套的辅助性生产、生活福利设施）的建设项目。改建项目包括现有企业、事业单位为适应市场变化的需要，而改变企业的主要产品种类（如军工企业转民产品等）的建设项目。技术改造具体包括以下内容：机器设备和工具的更新改造；生产工艺改革、节约能源和原材料的改造；厂房建筑和公共设施的改造；保护环境进行的“三废”治理改造；劳动条件和生产环境的改造等。

固定资产投资按构成分 固定资产投资活动按其工作内容和实现方式分为建筑工程、安装工程，设备、工具、器具购置，其他费用四个部分。

（1）建筑工程 是指各种房屋、建筑物的建造工程，又称建筑工作量。这部分投资额必须兴工动料，通过施工活动才能实现，是固定资产投资额的重要组成部分。

（2）安装工程 是指各种设备、装置的安装工程，又称安装工作量。安装工程包括：

（3）设备、工具、器具购置 指建设单位或企、事业单位购置或自制的，达到固定资产标准的设备、工具、器具的价值。新建单位及扩建单位的新建车间，按照设计或计划要求购置或自制的全部设备、工具、器具，不论是否达到固定资产标准均计入“设备、工具、器具购置”中。

（4）其他费用 指在固定资产建造和购置过程中发生的，除建筑安装工程和设备工器具购置投资完成额以外的应分摊计入固定资产投资的费用，不指经营中财务上的其他费用。

施工项目个数 是指本年正式进行过建筑或安装施工活动的建设项目个数。包括本年新开工项目，以前年度开工跨入本年继续施工项目，本年全部建成投产项目、以前年度全部停缓建在本年恢复施工的项目，本年进行过施工又在本年内全部停缓建的项目。

本年投产项目个数 是指报告期内按设计文件规定建成主体工程和相应配套的辅助设施，形成生产能力或工程效益，经过验收合格，并且已正式投入生产或交付使用的建设项目。建成投产项目个数是反映报告期建设成果和考核投资效果的重要依据。

本年新开工项目个数 是指报告期内新开工的建设项目。包括新开工的新建项目、扩建项目、改建项目、单纯建造生活设施项目、迁建项目和恢复项目。新开工项目的确定以总体设计或计划文件中所规定的永久性工程正式开工为准。本年新开工项目个数是反映全年新开工的固定资产投资规模的指标。

房屋施工面积 指报告期内施工的全部房屋建筑面积。包括本期新开工的面积、上期跨入本期继续施工的房屋面积、上期停缓建在本期恢复施工的房屋面积、本期竣工的房屋面积以及本期施工后又停缓建的房屋面积。多层建筑应填各层建筑面积之和。

房屋竣工面积 指在报告期内房屋建筑按照设计要求已全部完工，达到住人和使用条件，经验收鉴定合格或达到竣工验收标准，可正式移交使用的各栋房屋建筑面积的总和。竣工面积以房屋单位工程（栋）为核算对象，在整栋房屋符合竣工条件后按其全部建筑面积一次性计算，而不是按各栋施工房屋中已完成的部分或层次分割计算。

房屋竣工价值 指在报告期内按规定已经上报竣工的房屋本身的建造价值。一般按房屋设计和预算规定的内容计算。包括竣工房屋本身的基础、结构、房屋、装修以及水、电、卫等附属工程的建造价值，也包括作为房屋建筑组成部分而列入房屋建筑工程预算内的设备（如电梯、通风设备等）的购置和安装费用。竣工房屋价值不仅包括该竣工房屋在报告期内完成的价值，也包括跨年施工的房屋在本期以前完成的价值，一般按结算价格计算。

房屋建筑面积竣工率 指一定时期内房屋竣工面积占同期房屋施工面积的比率。

新增固定资产 指报告期内已经完成建造和购置过程，并已交付生产或使用单位的固定资产价值。包括本年内建成投入生产或交付使用的工程投资和达到固定资产标准的设备、工具、器具的投资及有关应摊入的费用。该指标是表示固定资产投资成果的价值指标，也是反映建设进度，计算固定资产投资效果的重要指标。

项目建成投产率 指一定时期内全部建成投产项目个数与同期施工项目个数的比率。该指标是从建设单位建设速度的角度反映投资效果的指标。

固定资产交付使用率 指一定时期新增固定资产与同期完成投资额的比率。该指标是反映固定资产动用速度，衡量建设过程中宏观投资效果的综合指标。由于新增固定资产是较长时期内形成的结果，而投资额则是当年完成的，因此，该指标一般适宜于反映较长时期内固定资产的动用情况。

商品房销售面积 指报告期内出售商品房屋的合同总面积（即双方签署的正式买卖合同中所确定的建筑面积）。由现房销售建筑面积和期房销售建筑面积两部分组成。

商品房销售额 指报告期内出售商品房屋的合同总价款（即双方签署的正式买卖合同中所确定的合同总价）。该指标与商品房销售面积同口径，由现房销售额和期房销售额两部分组成。

6

对外经济贸易

Foreign Trade and Economic Cooperation

简要说明

一、本篇资料主要内容

本篇资料综合反映对外贸易、利用外资、对外经济合作的概况，重点反映对外经济贸易的近期发展状况。

二、本篇资料来源

本篇资料由省统计局贸易外经处搜集整理。数据来源于兰州海关、省商务厅、省工商局、省发改委。

6-1 对外经济贸易
Foreign Trade and Economic Cooperation

指标	Item	2010	2011	2012	2013	2014
进出口总额（万美元）	**Total Value of Imports and Exports (USD 10 000)**	**736975**	**875059**	**889940**	**1028103**	**864894**
出口总额	Total Exports	163797	218533	357365	467877	533077
进口总额	Total Imports	573178	656526	532575	560226	331817
进出口差额	Balance	-409381	-437993	-175210	-92349	201260
对外签订利用外资协议（合同）项目（个）	**Number of Projects for Utilization of Foreign Capital in the Signed Agreements or Contracts (unit)**	**32**	**34**	**27**	**22**	**65**
对外借款	Foreign Borrowing	4	6	7	4	
外商直接投资	Foreign Direct Investments	28	28	20	18	12
对外签订利用外资协议（合同）金额（万美元）	**Total Amount of Foreign Capital to be Utilized in the Signed Agreements or Contracts (USD 10 000)**	**44015**	**60222**	**43587**	**93662**	
对外借款	Foreign Borrowing	25000	33500	25000	41000	
外商直接投资	Foreign Direct Investments	19015	26722	18587	52662	9757
外商其他投资	Other Foreign Investments					
实际利用外资额（万美元）	**Total Amount of Foreign Investment Actually Utilized (USD 10 000)**					
对外借款	Foreign Borrowing	38400	31500	31100	32000	35510
外商直接投资	Foreign Direct Investments	13521	7024	6110	7129	10032
外商其他投资	Other Foreign Investments					
外商投资企业基本情况	**Registered Foreign-funded Enterprises**					
年底登记户数（户）	Number of Registered Enterprises (household)	399	381	391	2229	2052
投资总额（万美元）	Total Investment (USD 10 000)	628872	639371	697873	651003	747077
注册资本（万美元）	Registered Capital (USD 10 000)	276599	285702	310846	284028	319332
#外方	Capital from Foreign Investors	185949	190615	206066	186887	225403
对外经济合作（万美元）	**Economic Cooperation with Foreign Countries & Regions (USD 10 000)**					
合同金额	Contracted Value	40710	54691	20607	53399	31062
#对外承包工程	Contracted Projects	40710	54691	20138	51950	29049
对外劳务合作	Labor Services			469	1449	2013
完成营业额	Value of Turnover Fulfilled	19143	29664	26494	31805	37558
#对外承包工程	Contracted Projects	19140	29664	26106	30915	33939
对外劳务合作	Labor Services	3		388	890	3619

6-2 历年进出口贸易总额
Total Value of Imports and Exports

年份 Year	人民币（万元） RMB（10 000 yuan）				美元（万元） USD 10 000			
	进出口总额 Total Imports & Exports	出口总额 Total Exports	进口总额 Total Imports	差额 Balance	进出口总额 Total Imports & Exports	出口总额 Total Exports	进口总额 Total Imports	差额 Balance
1978	5941	5941		5941	3454	3454		3454
1979	5905	5905		5905	3972	3972		3972
1980	5883	5883		5883	3927	3927		3927
1981	8871	7683	1188	6495	5129	4336	793	3543
1982	8850	7743	1107	6636	5069	4330	739	3591
1983	10151	8529	1622	6907	5695	4612	1083	3529
1984	20638	15849	4789	11060	6631	4573	2058	2515
1985	37917	29382	8535	20847	10004	7098	2906	4192
1986	59353	47126	12227	34899	13648	10107	3541	6566
1987	68291	57706	10585	47121	15504	12660	2844	9816
1988	67085	61837	5248	56589	16624	15205	1419	13786
1989	103668	87955	15713	72242	18674	15338	3336	12002
1990	102965	95208	7757	87451	20221	18574	1647	16927
1991	144052	131730	12322	119408	27649	25284	2365	22919
1992	231656	195936	35720	160215	41590	35177	6413	28764
1993	275937	161578	114359	47129	48435	28347	20088	8259
1994	431631	316295	115336	200959	50960	37343	13617	23726
1995	253405	182413	70984	111429	30494	21951	8542	13409
1996	395553	225972	169581	56391	47135	26778	20356	6422
1997	398636	299860	98776	201084	51169	37778	13392	24386
1998	378081	292517	85564	206953	45574	35261	10313	24948
1999	336358	262468	73890	188578	40623	31699	8924	22776
2000	471570	343578	127992	215586	56953	41495	15458	26037
2001	644789	394279	250510	143769	77887	47631	30256	17375
2002	726263	454328	271935	182393	87740	54893	32847	22046
2003	1098872	726322	372550	353772	132714	87720	44994	42726
2004	1459880	825003	634877	190126	176314	99638	76676	22962
2005	2157715	894604	1263111	-368507	263136	109098	154038	-44940
2006	3059600	1207400	1852200	-644800	382450	150925	231525	-80600
2007	4176914	1260999	2915915	-1654916	549594	165921	383673	-217752
2008					609355	160217	449138	-288921
2009					386175	73551	312624	-239073
2010					736975	163797	573178	-409381
2011					875059	218533	656526	-437993
2012					889940	357365	532575	-175210
2013	6428155	2890535	3537612	-647077	1028103	467877	560226	-92349
2014	5258621	3255805	2002815	1252989	864894	533077	331817	201260

注：1. 货物进出口差额负数为逆差。

a) A negative balance indicates trade deficit.That is,imports surpassing exports.

6-3 海关进出口商品分类金额（2014）
Value of Imports and Exports by HS Section and Division(2014)

单位：万元 (10 000 yuan)

商品分类	HS Section and Division	进出口总额 Total of Imports and Exports	# 出口 Exports
总额	**Total Value**	**5258621**	**3255805**
活动物、动物产品	Live Animals & Animal Products	17778	14898
植物产品	Vegetable Products	215483	194908
动、植物油、脂及分解产品；精制食用油脂；动、植物蜡	Animal or Vegetable Fats and Oils and their Cleavage Products; Prepared Edible Fats; Animal or Vegetable Waxes	9190	411
食品；饮料、酒及醋；烟草及烟草代用品的制品	Prepared Foodstuffs; Beverages,Spirits and Vinegar; Tobacco and Manufactured Tobacco Substitutes	42862	41999
矿产品	Mineral Products	1493047	10999
化学工业及其相关工业的产品	Products of The Chemical or Industries Allied	186511	139272
塑料及其制品；橡胶及其制品	Plastics and Articles Thereof Rubber and Articles Thereof	220576	216736
生皮、皮革、毛皮及其制品；鞍具及挽具；旅行用品、手提包及类似品；动物肠线（蚕胶丝除外）制品	Raw Hides and Skins, Leather, Fur Skins and Articles Thereof; Saddlery and Harness; Travel Goods, Handbags and Similar Containers;Articles of Animal Gut (Other Than Silk-Worm Gut)	120739	117596
木及木制品；木炭；软木及软木制品；稻草、秸秆、针茅或其他编结材料制品；篮筐及柳条编结品	Wood and Articles of Wood; Wood Charcoal; Cork and Articles of Cork; Manufactures of Straw, of Esparto or of Other Plaiting Materials; Basket Ware and Wickerwork	6515	6488
木浆及其他纤维状纤维素浆；纸及纸板的废碎品；纸、纸板及其制品	Pulp of Wood or of Other Fibrous Cellulosic Material; Waste and Scrap of Paper or Paperboard; Paper and Paperboard and Articles Thereof	71597	71534
纺织原料及纺织制品	Textiles and Textile Articles	578555	565716
鞋、帽、伞、杖、鞭及其零件；已加工的羽毛及其制品；人造花；人发制品	Footwear, Headgear, Umbrellas, Sun Umbrellas, Walking-Sticks, Seat-Sticks, Whips, Riding-Crops and Parts Thereof; Prepared Feathers and Articles Made Therewith; Artificial Flowers; Articles of Human Hair	189167	189167
石料、石膏、水泥、石棉、云母及类似材料的制品；陶瓷产品；玻璃及其制品	Articles of Stone, Plaster, Cement, Asbestos, Mica or Similar Materials; Ceramic Products; Glass and Glassware	253121	252153
天然或养殖珍珠、宝石或半宝石、贵金属、包贵金属及其制品；仿首饰硬币	Natural or Cultured Pearls, Precious or Semi-Precious Stones, Precious Metals, Metals Clad With Precious Metal and Stones, Precious Metals, Metals Clad With Precious Metal and Articles Thereof; Imitation Jewellery; Coin	31564	31552
贱金属及其制品	Base Metals and Articles of Base Metal	692342	429196
机器、机械器具、电气设备及其零件；录音机及放声机、电视图像、声音的录制和重放设备及其零件、附件	Machinery and Mechanical Appliances; Electrical Equipment; Parts Thereof; Sound Recorders and Reproducers,Television Image and Sound Recorders and Reproducers; and Parts and Accessories of Recorders and Reproducers; and Parts and Accessories of Such Artic	618967	486487
车辆、航空器、船舶及有关运输设备	Vehicles, Aircraft, Vessels and Associated Transport Equipment	34363	34340
光学、照相、电影、计量、检验、医疗或外科用仪器及设备、精密仪器及设备；钟表；乐器；上述物品的零附件	Optical, Photographic, Cinematographic, Measuring, Checking, Precision, Medical or Surgical Instruments and Apparatus; Clocks and Watches; Musical Instruments; Parts and Accessories Thereof	57039	33257
武器、弹药及其零件、附件	Arms and Ammunition; Parts and Accessories Thereof		
杂项制品	Miscellaneous Manufactured Articles	410646	410535
艺术品、收藏品及古物	Works of Art, Collectors' Pieces and Antiques	8565	8563

6-4 甘肃省同主要国家（地区）海关进出口总额
Value of Imports and Exports by Main Country(Region) of Gansu Province

单位：万元 (10 000 yuan)

国别（地区）	Coutry (Region)	2013 进出口总额 Total Imports & Exports	2013 出口总额 Total Exports	2013 进口总额 Total Imports	2014 进出口总额 Total Imports & Exports	2014 出口总额 Total Exports	2014 进口总额 Total Imports
总计	**Total**	**6428155**	**2890535**	**3537612**	**5258621**	**3255805**	**2002815**
# 中国香港	Hongkong,China	136865	135124	1741	223298	217847	5451
中国台湾	Taiwan,China	73000	34797	38203	105888	55822	50065
印度	India	201043	175739	25305	94152	93743	409
印度尼西亚	Indonesia	219547	157221	62325	179643	128373	51270
日本	Japan	52322	43035	9287	69313	59403	9910
马来西亚	Malaysia	289528	287797	1730	318104	232132	85972
蒙古	Mongolia	270782	2734	268048	293267	4291	288977
新加坡	Singapore	150824	139264	11560	128098	98029	30069
韩国	Korea	80982	74181	6802	165626	142988	22638
泰国	Tailand	87788	87785	3	88240	81787	6453
哈萨克斯坦	Kazakhstan	469847	6550	463297	425642	5805	419837
英国	United Kingdom	69760	68058	1702	126619	104566	22053
法国	France	31144	29362	1782	48390	44446	3944
比利时	Belgium	22536	18194	4342	33134	30463	2670
德国	Germany	109645	87226	22419	135378	112291	23087
意大利	Italy	44416	40543	3873	46820	39300	7520
荷兰	Netherlands	69100	66180	2920	101870	95818	6052
瑞士	Switzerland	6135	4368	1767	3084	1302	1782
俄罗斯	Russia	146018	44715	101303	58981	36046	22935
巴西	Brazil	80039	16523	63515	30922	24152	6770
智利	Chile	491520	11940	479580	87604	11132	76472
加拿大	Canada	135521	33835	101686	79157	34437	44719
美国	United States	350320	297113	53207	428469	404768	23702
澳大利亚	Australia	719744	25512	694232	386601	32118	354483
新西兰	New Zealand	5499	5484	15	7927	6125	1802

6-5 海关出口主要商品金额
Main Export Commodities in Value

单位：万元 (10 000 yuan)

品名	Item	2013	2014
总额	**Total value**	**2890535**	**3255805**
炉用碳电极	Furnace with Carbon Electrodes	84501	82953
塑料制小雕塑品及其他装饰品	Plastic Small Sculptures and Other Decorations	64126	55419
其他装软垫的金属框架的坐具	Other Upholstered Desks of Metal Frame	33225	29814
野生动物皮革制面的其他鞋靴（外底用橡胶、塑料、皮革及再生皮革以外的材料制成）	Other Footwear Uppers used Wildlife's Leather (Outer soles were made of materials other than rubber, plastics, leather and recycled materials)	18901	1125
其他未搪瓷钢铁餐桌、厨房等家用器具及零件	Other Non-enamelled Steel Dining Table, Kitchen etc. Household Appliances and Parts	17662	25948
9405 所列货品的玻璃制零件	9405 Listed for Glass Products Parts	52562	3521
棉制针织或钩编的女裤	Cotton Knitted or Crocheted Women Pants	36481	17402
圣诞节用品	Christmas Articles	24061	23716
塑料制人造花、叶、果实及其零件和制品	Plastic Artificial Flowers, Leaves, Fruits and Parts and its Products	10546	15113
其他钢铁丝制品	Other Steel Wire Products	3365	3486
塑料或纺织材料面的置于口袋或手提包内物品	Items Placed in a Pocket or Handbags with Plastic of Textile Materials as Surface	14534	9574
陶制塑像及其他装饰品	Ceramic Statuettes and other Ornaments	3328	4512
家具的零件	Furniture Parts	9644	8778
未列名切成形的纸、纸板等纸及纸（浆）制品	Not Otherwise Specified Paper Cardboard which Cut to Shape and other Paper and Paper (Paddle) Products	3354	5016
酪蛋白	Casein	6625	2446
其他镀或涂锌普通钢铁板材	Other Ordinary Steel Plated or Coated with Zinc	2476	17350
其他餐桌或厨房用玻璃器皿	Other Glassware Used in Dining Table or Kitchen	5041	2446
其他玻璃杯	Other Glasses	4316	2618
家具用其他贱金属制附件及架座	Accessories and Mountings with Other Base Metal for Furniture Use	15660	18841
棉制针织或钩编的男裤	Cotton Knitted or Crocheted Men Pants	27626	3444

6-6 海关进口主要商品金额
Main Import Commodities in Value

单位：万元 (10 000 yuan)

品名	Item	2013	2014
总额	**Total value**	**3537612**	**2002815**
铜矿砂及其精矿	Copper Ores	1763847	846406
未精炼铜；电解精炼用的铜阳极	Unrefined Copper; Copper Anodes for Electrolytic Refining	179782	8908
镍矿砂及其精矿	Nickel Ores and Concentrates	321602	272627
5-7 号燃料油	Fuel Oil of No. 5 to 7	123306	111826
其他精炼铜的阴极（未锻轧的）	Other Refined Copper Cathode (Unwrought)	38488	5241
已烧结的铁矿砂及其精矿	Iron Ore and Concentrates been Sintered	192675	52011
未烧结铁矿砂及其精矿（平均粒度小于 0.8mm 的，焙烧黄铁矿除外）	Not Sintered Iron Ore and Concentrates (Excluding Average Particle Size of Roasted Iron Pyrites is Less than 0.8mm)	72093	32159
镍锍	Nickel Matte	168715	139203
镍湿法冶炼中间品	Intermediate Products of Nickel Hydrometallurgy	102387	4886
平均粒度大于 6.3mm 的未烧结铁矿砂及其精矿	More than Not Sintered Iron Ore and Concentrates (Its Average Particle Size is Greater than 6.3mm)	63164	5616
钴湿法冶炼中间品	Intermediate Products of Cobalt Hydrometallurgy	39705	71381
未烧结的铁矿砂及其精矿	Not Sintered Iron Ore and Concentrates	158861	54824
锌矿砂及其精矿	Zinc Ores and Concentrates	23156	23718
其他集成电路	Other Integrated Circuit	66190	118557
钴及其制品	Cobalt and its Products		
未列名处理金属的机械	Not Otherwise Specified Processing Metal Mechanical	2018	88
处理器及控制器，不论是否带有存储器，转换器，逻辑电路，放大器，时钟及其他电路	Processors and Controllers (Whether or not contain the memory, converters, logic circuits, amplifiers, clock and other circuitry)	52440	31396
钴矿砂及其精矿	Cobalt Ores and Concentrates	8146	6169
其他干豌豆	Other Dried Peas	12228	10129
1,2—乙二醇	1,2 - Ethylene Glycol	20401	12518
齿轮及其他变速、传动装置；滚珠螺杆传动轴	Gears and other Gear Shift, Transmission means; Ball Screw Transmission Shaft	4959	2015

6-7 海关出口货物数量和金额

Export Commodities in Volume and Value

单位：万元 (10 000 yuan)

品名	Item	2013 数量 Volume	2013 金额 Value	2014 数量 Volume	2014 金额 Value
盐渍绵羊肠衣（吨）	Salted Sheep Casings (ton)	213	9399	324	10477
蕨菜干（吨）	Dried Tterribothyte (ton)	21	76	17	62
干扁豆（吨）	Dried Haricot (ton)	8983	4324	9149	5236
干蚕豆（吨）	Dried Horsebean (ton)	4321	3009	4166	3035
荞麦（吨）	Buckwheat (ton)	450	144	574	254
当归（吨）	Angelica (ton)	59	397	14	106
黄芪（吨）	Astragalus (ton)	20	87	7	27
苦杏仁（吨）	Bitter Almonds (ton)	193	384	872	2384
黑瓜子（吨）	Black Melon Seeds (ton)	1518	2489	2744	8050
番茄酱罐头（吨）	Canned Tomato Paste (ton)	1098	645	1293	845
硫化钠（吨）	Sulfuration Natrium (ton)	4378	1083	4223	1071
氧化铈（吨）	Oxygenation Cerium (ton)	71	318	132	364
已梳无毛山羊绒（吨）	Non-Hair Cashmere (ton)	54	2395	43	1662
交流发电机（台）	AC Alternator (unit)	65	47	183	122
滚珠轴承（万套）	Ball Bearing (10 000 sets)	1179	7282	657	5800

6-8 利用外资
Utilization of Foreign Capital

单位：个、万美元 (unit,USD 10 000)

年份 Year	总计 Total		对外借款 Foreign Loans		外商直接投资 Direct Foreign Investments	
	项目 Number of Projects	金额 Value	项目 Number of Projects	金额 Value	项目 Number of Projects	金额 Value
签订利用外资协议（合同）额 Total Amount of Foreign Capital to be Utilized through the Signed Agreements and Contracts						
1995	177	44199	21	25224	156	18975
1996	138	34365	16	25813	122	8552
1997	69	30882	7	20160	62	10722
1998	72	27995	4	19631	68	8364
1999	73	28592	5	19150	68	9442
2000	84	32250	8	19910	76	12340
2001	78	26230	6	10720	72	15510
2002	63	32026	12	21000	51	11026
2003	73	69464	14	45000	59	24464
2004	92	57031	29	24467	63	32564
2005	51	53996	17	40600	34	13396
2006	49	53533	11	44977	38	8556
2007	44	34242	9	19080	35	15162
2008	49	35776	12	6840	37	28936
2009	32	79533	6	45000	26	34533
2010	32	44015	4	25000	28	19015
2011	34	60222	6	33500	28	26722
2012	27	43587	7	25000	20	18587
2013	22	93662	4	41000	18	52662
2014					12	9757

6-8 续表 continue

单位：个、万美元 (unit,USD 10 000)

年份 Year	金额总计 Total	对外借款 Foreign Loans	外商直接投资 Direct Foreign Investments
实际利用外资额 Total Amount of Foreign Investment Actually Utilized			
1995	35854	24900	10954
1996	29317	20315	9002
1997	21638	16368	5270
1998	14552	10688	3864
1999	20746	16642	4104
2000	20122	13887	6235
2001	20558	13119	7439
2002	22620	17392	5228
2003	24609	20722	3887
2004	26297	22758	3539
2005	25639	23595	2044
2006	27241	24287	2954
2007	38202	26400	11802
2008	47642	34800	12842
2009	51383	38000	13383
2010	51921	38400	13521
2011	38524	31500	7024
2012	37210	31100	6110
2013	39129	32000	7129
2014		35510	10032

6-9 外商直接投资项目和投资额（2014）

Foreign Investment Through Signed Contract and It's Value (2014)

单位：万美元 (USD 10 000)

项目	Rtem	签订合同项目（个）Number of Contracts (unit)	签订合同投资额 Contracted Value	实际吸收外资金额 Amount of Foreign Capital Actually Used
合计	**Total**	**12**	**9757**	**10032**
按登记注册类型分	**By Investment Manner**			
合资经营	Equity Jonint Venture	6	5637	3651
合作经营	Contractural Jonint Venture		525	1776
外资经营	Wholly Foreign-owned Enterprise	6	3595	4605
外商投资股份制	FDI Shareholding Inc.			
其他	Others			
按行业分	**By Sector**			
农、林、牧、渔业	Agriculture, Forestry, Animal Husbandry and Fishery	3	2118	3378
采矿业	Mining			1776
制造业	Manufacturing	4	3235	1172
电力、燃气及水的生产和供应业	Production and Supply of Electricity, Gas and Water			3633
建筑业	Construction			
交通运输、仓储和邮政业	Transport, Storage and Post			
信息传输、计算机服务和软件业	Information Transmission,Computer Services and Software			
批发和零售业	Wholesale and Retail Trades	3	435	51
住宿和餐饮业	Hotels and Catering Services			
金融业	Financial Intermediation			
房地产业	Real Estate			
租赁和商务服务业	Leasing and Business Services			22
科学研究、技术服务和地质勘查业	Scientific Research, Technical Service and Geologic Prospecting	1	3402	
水利、环境和公共设施管理业	Management of Water Conservancy, Environment and Public Facilities	1	567	
居民服务和其他服务业	Services to Households and Other Services			
教育	Education			
卫生、社会保障和社会福利业	Health, Social Security and Social Welfare			
文化、体育和娱乐业	Culture, Sports and Entertainment			
公共管理和社会组织	Public Management and Social Organizations			
其他	Others			
按国别（地区）分	**by Countries or Regions**			
香港	Hong Kong,China	2	2406	3054
新加坡	Singapore		-392	3058
阿拉伯联合酋长国	United Arab Emirates		15	15
中国台湾	Taiwan,China		-113	14
英国	United Kingdom		-82	
德国	Germany		-152	
荷兰	Netherlands		-113	
西班牙	Spain	1	1	
芬兰	Finland	1	49	
瑞典	Sweden		-68	
英属维尔京群岛	British Virgin Islands		275	
加拿大	Canada			46
美国	United States	6	4277	164
澳大利亚	Australia	1	321	233
其它	Others	1	3333	3448

6-10 年末登记外商投资企业行业分布情况（2014）

Sector Distribution Registered of Foreign-Funded Enterprises at the Year-end (2014)

行业	Sector	企业数（户）Number of Registered Enterprises (unit)	投资总额（万美元）Total Investment (USD 10 000)	注册资本（万美元）Registered Capital (USD 10 000)	# 外方 Capital Invested by Foreign Partner
合计	**Total**	**2052**	**747077**	**319332**	**225403**
农、林、牧、渔业	Agriculture, Forestry, Animal Husbandry and Fishery	42	71733	36586	28842
采矿业	Mining	6	6978	6011	4415
制造业	Manufacturing	123	115275	66635	36970
电力、燃气及水的生产和供应业	Production and Supply of Electricity, Gas and Water	30	444886	144212	98972
建筑业	Construction	29	829	762	402
交通运输、仓储和邮政业	Transport, Storage and Post	16	694	394	226
信息传输、计算机服务和软件业	Information Transmission,Computer Services and Software	1388	39003	20641	20690
批发和零售业	Wholesale and Retail Trades	187	22337	15749	12049
住宿和餐饮业	Hotels and Catering Services	67	5809	3323	1826
金融业	Financial Intermediation	41	4857	1619	1619
房地产业	Real Estate	32	14712	9727	7011
租赁和商务服务业	Leasing and Business Services	38	6375	4193	3220
科学研究、技术服务和地质勘查业	Scientific Research, Technical Service and Geologic Prospecting	26	11252	7959	7701
水利、环境和公共设施管理业	Management of Water Conservancy, Environment and Public Facilities	2	1379	561	561
居民服务和其他服务业	Services to Households and Other Services	19	573	573	482
教育	Education	1	12	12	12
卫生、社会保障和社会福利业	Health, Social Security and Social Welfare	1			41
文化、体育和娱乐业	Culture, Sports and Entertainment	3	374	374	364
公共管理和社会组织	Public Management and Social Organizations				
其他	Others	1			

6-11 各地区外商直接投资合同项目和投资额（2014）
Foreign Investment Through Signed Contract and It's Value by Region(2014)

地区	Region	签订合同项目（个）Number of Contracts (unit)	签订合同投资额（万美元）Contracted Value (USD 10 000)	实际吸收外资金额（万美元）Amount of Foreign Capital Actually Attracted (USD 10 000)
甘肃省	**Gansu**	**12**	**9757**	**10032**
兰州市	Lanzhou	5	3551	276
嘉峪关市	Jiayuguan			
金昌市	Jinchang			
白银市	Baiyin		800	41
天水市	Tianshui			14
武威市	Wuwei	1	982	185
张掖市	Zhangye	2	1001	3131
平凉市	Pingliang	1	567	
酒泉市	Jiuquan		-358	4259
庆阳市	Qingyang		1873	
定西市	Dingxi	1	321	295
陇南市	Longnan			1776
临夏州	Linxia	2	1020	55
甘南州	Gannan			
构成（%）	**Constitute (%)**			
兰州市	Lanzhou	41.67	36.39	2.75
嘉峪关市	Jiayuguan			
金昌市	Jinchang			
白银市	Baiyin		8.20	0.41
天水市	Tianshui			0.14
武威市	Wuwei	8.33	10.06	1.84
张掖市	Zhangye	16.67	10.26	31.21
平凉市	Pingliang	8.33	5.81	
酒泉市	Jiuquan		-3.67	42.45
庆阳市	Qingyang		19.20	
定西市	Dingxi	8.33	3.29	2.94
陇南市	Longnan			17.70
临夏州	Linxia	16.67	10.45	0.55
甘南州	Gannan			

6-12　各地区进出口及外商投资企业进出口商品总值（2014）

Import and Export Value and that of Foreign Funded Enterprises by Region (2014)

单位：万元　　(10 000 yuan)

地区	Region	进出口商品总值 Total value of Imports and Exports Commodities		
		进出口 Total	出口 Exports	进口 Imports
甘肃省	**Gansu**	**5258621**	**3255805**	**2002815**
兰州市	Lanzhou	2967204	2575574	391630
嘉峪关市	Jiayuguan	216523	36660	179864
金昌市	Jinchang	1142610	189651	952959
白银市	Baiyin	453418	88424	364995
天水市	Tianshui	237884	154040	83844
武威市	Wuwei	24242	19630	4612
张掖市	Zhangye	14275	14204	71
平凉市	Pingliang	17364	16977	387
酒泉市	Jiuquan	46497	42429	4068
庆阳市	Qingyang	44530	44530	
定西市	Dingxi	27399	12008	15391
陇南市	Longnan	13344	12461	883
临夏州	Linxia	10205	6093	4112
甘南州	Gannan	43127	43125	2

6-12 续表 continue

单位：万元　　(10 000 yuan)

地区	Region	外商投资企业进出口商品总值 Total value of Imports and Exports Commodities of Foreign-funded Enterprises		
		进出口 Total	出口 Exports	进口 Imports
甘肃省	**Gansu**	**25110**	**14808**	**10302**
兰州市	Lanzhou	19941	10898	9043
嘉峪关市	Jiayuguan			
金昌市	Jinchang			
白银市	Baiyin	13	13	
天水市	Tianshui	1177	277	900
武威市	Wuwei			
张掖市	Zhangye	37		37
平凉市	Pingliang	1195	1195	
酒泉市	Jiuquan	1814	1492	322
庆阳市	Qingyang	555	555	
定西市	Dingxi			
陇南市	Longnan	367	367	
临夏州	Linxia			
甘南州	Gannan	11	11	

主要指标解释

进出口总额 指实际进出我国国境的货物总金额。包括对外贸易实际进出口货物，来料加工装配进出口货物，国家间、联合国及国际组织无偿援助物资和赠送品，华侨、港澳台同胞和外籍华人捐赠品，租赁期满归承租人所有的租赁货物，进料加工进出口货物，边境地方贸易及边境地区小额贸易进出口货物（边民互市贸易除外），中外合资企业、中外合作经营企业、外商独资经营企业进出口货物和公用物品，到、离岸价格在规定限额以上的进出口货样和广告品（无商业价值、无使用价值和免费提供出口的除外），从保税仓库提取在中国境内销售的进口货物，以及其他进出口货物。该指标可以观察一个国家在对外贸易方面的总规模。我国规定出口货物按离岸价格统计，进口货物按到岸价格统计。

商品经营单位所在地进、出口额 指在所在地海关注册登记的有进出口经营权的企业实际进、出口额。

利用外资 指我国各级政府、部门、企业和其他经济组织通过对外借款、吸收外商直接投资以及用其他方式筹措的境外现汇、设备、技术等。

对外借款 指通过对外正式签订借款协议，从境外筹措的资金，包括外国政府贷款、国际金融组织贷款、外国银行商业贷款、出口信贷以及对外发行债券等。1996 年及以前还包括对外发行股票。该指标是我国利用外资的重要部分。

外商直接投资 指外国企业和经济组织或个人（包括华侨、港澳台胞以及我国在境外注册的企业）按我国有关政策、法规，用现汇、实物、技术等在我国境内开办外商独资企业、与我国境内的企业或经济组织共同举办中外合资经营企业、合作经营企业或合作开发资源的投资（包括外商投资收益的再投资），以及经政府有关部门批准的项目投资总额内企业从境外借入的资金。

外商其他投资 指除对外借款和外商直接投资以外的各种利用外资的形式。包括企业在境内外股票市场公开发行的以外币计价的股票（目前主要是在香港证券市场发行的H股和在境内证券市场发行的B股）发行价总额，国际租赁进口设备的应付款，补偿贸易中外商提供的进口设备、技术、物料的价款，加工装配贸易中外商提供的进口设备、物料的价款。

对外承包工程 指我国境内企业法人或者其他经济组织按照国际通行做法，在国外及港澳台地区承揽、实施工程建设项目的勘察、设计、施工、监理、设备材料采购、安装调试、工程咨询、工程管理等经营活动。

对外劳务合作 指我国境内企业法人与国（境）外允许招收或雇用外籍劳务人员的公司、中介机构或私人雇主签订合同，并按合同约定的条件有组织地招聘、选拔、派遣我国公民到国（境）外为外方雇主提供劳务服务并进行管理的经济活动。

7

能源

Energy

简要说明

一、本篇资料主要内容

本篇资料主要包括：能源生产量、能源消费量，能源消费的行业构成和品种构成，综合能源平衡表和主要能源品种的单项平衡表，能源生产和消费弹性系数，分主要能源品种的消费量及万元生产总值能耗、电耗数据。

二、本篇资料的统计范围

本篇资料的统计范围为全社会。

三、本篇资料来源

本篇资料由省统计局能源处搜集、加工整理，来自能源生产、消费统计及能源平衡表。

本篇根据第三次经济普查结果，对2005年以来有关能源数据进行了修订。

7-1 能源生产总量及构成
Total Production of Energy and Its Composition

年份 Year	能源生产总量（万吨标准煤）Total Energy Production (10 000 tons of SCE)	占能源生产总量的比重(%) As Percentage of Total Energy Production (%)			
		原煤 Coal	原油 Crude Oil	天然气 Natural Gas	水电、风电、太阳能发电 Hydro-power, Wind Power,Solar Energy Power
2005	3605.12	71.72	12.07	0.57	15.64
2006	3798.83	71.88	12.50	0.52	15.10
2007	3985.59	70.78	12.61	0.49	16.13
2008	4069.28	68.71	12.82	0.42	18.06
2009	4232.34	67.10	12.15	0.46	20.29
2010	4631.59	68.37	11.79	0.28	19.56
2011	4884.56	64.64	14.70	0.22	20.45
2012	5362.84	60.29	16.77	0.31	22.63
2013	5538.21	55.48	18.32	0.25	25.95
2014	5926.50	54.64	18.61	0.27	26.48

注：电力折算标准煤的系数根据当年平均发电煤耗计算（下表同）。

a) The coefficient for conversion of electric power into SCE (standard coal equivalent) is calculated on the basis of the data on average coal consumption in generating electric power in the same year. The same applies to the tables following.

7-2 能源消费总量及构成
Total Consumption of Energy and Its Composition

年份 Year	能源消费总量（万吨标准煤）Total Energy Consumption (10 000 tons of SCE)	占能源消费总量的比重(%) As Percentage of Total Energy Consumption (%)			
		煤炭 Coal	石油 Crude Oil	天然气 Natural Gas	水电、风电、太阳能发电 Hydro-power,Wind Power,Solar Energy Power
2005	4300.88	67.84	16.17	2.88	13.11
2006	4670.33	69.09	15.30	3.33	12.28
2007	5031.35	68.78	15.09	3.35	12.78
2008	5264.80	68.54	14.53	2.97	13.96
2009	5398.00	66.15	14.95	2.99	15.91
2010	5829.85	64.08	16.99	3.39	15.54
2011	6393.69	63.35	17.18	3.85	15.62
2012	6893.76	61.85	16.48	4.06	17.61
2013	7286.72	60.63	16.70	3.98	18.69
2014	7521.45	60.41	16.34	4.19	19.06

7-3 综合能源平衡表
Overall Energy Balance Sheet

单位：万吨标准煤 (10 000 tons of SCE)

项目	Item	2010	2011	2012	2013	2014
可供消费的能源总量	**Total Energy Available for Consumption**	**5829.85**	**6393.69**	**6893.76**	**7308.04**	**7521.45**
一次能源生产量	Primary Energy Output	4631.59	4884.56	5362.84	5538.21	5926.50
调入量	Imports	4003.51	4041.88	5097.21	4968.15	4763.76
调出量（-）	Exports (-)	2823.88	2374.01	3451.31	3181.73	2886.56
年初年末库存差额	Stock Changes in the Year	18.64	-158.75	-114.98	-16.59	-282.25
能源消费总量	**Total Energy Consumption**	**5829.85**	**6393.69**	**6893.76**	**7286.72**	**7521.45**
在总量中：	Consumption by Sector					
农、林、牧、渔业	Agriculture,Forestry,Animal Husbandry, Fishery	252.38	255.40	260.19	249.98	240.61
工 业	Industry	4258.42	4674.14	5052.57	5365.60	5516.83
建筑业	Construction	79.77	82.84	91.71	102.81	116.73
交通运输、仓储和邮政业	Transportation,Storage and Post	466.19	519.05	561.89	603.18	621.63
批发、零售业和住宿、餐饮业	Wholesale and Retail Trades,Hotels and Catering Services	77.58	86.42	95.51	103.47	120.99
其他	Others Sectors	162.65	191.87	204.83	218.88	242.23
生活消费	Household Consumption	532.86	583.97	627.06	642.80	662.43
在总量中：	Consumption by Usage					
终端消费	End-use Consumption	5655.94	6188.20	6710.13	7068.25	7334.53
#工 业	Industry	4084.51	4468.65	4868.95	5147.12	5329.91
加工转换损失量	Losses During the Process of Energy Conversion	216.72	297.58	264.70	313.10	299.27
#炼 焦	Coking	46.75	43.02	53.78	56.17	63.06
炼 油	Petroleum Refining	99.88	175.27	139.07	158.55	140.05
损失量	Energy Losses	136.03	132.12	143.66	150.97	150.03
#输变电损失量	Losses in Transmission and Subelectricity	136.03	132.12	143.66	150.97	150.03
回收能（-）	Recover Energy (-)	178.83	224.21	224.73	245.60	262.38
平衡差额	**Balance**				**21.31**	

注：电力按等价热值折算，因此加工转换损失量中不包括发电损失量。

a) Electric Power is converted on the basis of equivalent caloric value.Therefore,losses during the process of energy conversion do not include losses in power generation.

7-4 石油平衡表
Petroleum Balance Sheet

单位：万吨 (10 000 tons)

项目	Item	2010	2011	2012	2013	2014
可供量	**Total Energy Available for Consumption**	**703.52**	**787.54**	**813.47**	**872.34**	**880.66**
生产量	Output	382.14	502.66	629.52	710.39	771.97
调入量	Imports	1062.56	1146.72	943.58	888.14	724.31
调出量（-）	Exports (-)	779.25	852.5	745.49	723.47	574.3
年初年末库存差额	Stock Changes in the Year	38.07	-9.34	-14.14	-2.72	-41.32
消费量	**Total Energy Consumption**	**703.52**	**787.54**	**813.47**	**872.34**	**880.66**
在消费量中：	Consumption by Sector					
农、林、牧、渔业	Agriculture, Forestry, Animal Husbandry,Fishery	32.90	32.32	34.02	36.30	37.00
工 业	Industry	357.15	386.13	370.48	393.79	391.72
建筑业	Construction	22.80	24.50	27.30	30.40	32.40
交通运输、仓储和邮政业	Transport, Storage and Post	212.72	254.90	280.91	299.17	303.88
批发、零售业和住宿、餐饮业	Wholesale and Retail Trades, Hotels and Catering Services	7.71	9.02	10.35	11.85	12.36
其他行业	Other Sectors	35.01	39.00	44.00	49.00	50.70
生活消费	Household Consumption	35.23	41.67	46.42	51.83	52.6
在消费量中：	Consumption by Usage					
终端消费	End-use Consumption	598.66	618.1	673.25	717.43	736.98
#工 业	Industry	252.29	216.69	230.25	238.88	248.04
中间消费	Intermediate Consumption	104.86	169.44	140.22	154.91	143.68
（用于加工转换）	(Consumed in Conversion)					
发 电	Power Generation	0.59	0.62	1.99	2.32	2.59
供 热	Heating	11.35	13.04	11.28	11.32	11.63
制 气	Gas Production					
炼油损失量	Losses in Petroleum Refining	92.92	155.78	126.95	141.27	129.46
损失量	Energy Losses					
平衡差额	**Balance**					

注：生产量为原油产量。

a) Data on output refer to the output of crude oil.

7-5 煤炭平衡表
Coal Balance Sheet

单位：万吨 (10 000 tons)

项目	Item	2010	2011	2012	2013	2014
可供量	**Total Energy Available for Consumption**	**5301.89**	**5997.62**	**6211.92**	**6541.07**	**6715.87**
生产量	Outputs	4688.25	4700.65	4878.08	4520.90	4753.04
调入量	Imports	2255.30	2668.09	3699.83	3816.77	4035.19
调出量（-）	Exports (-)	1600.10	1172.58	2222.20	1789.10	1735.28
年初年末库存差额	Stock Changes in the Year	-41.56	-198.54	-143.79	-7.50	-337.08
消费量	**Total Energy Consumption**	**5301.89**	**5997.62**	**6211.92**	**6541.07**	**6715.87**
在消费量中：	Consumption by Sector					
农、林、牧、渔业	Agriculture,Forestry,Animal Husbandry, Fishery	48.10	47.00	48.50	48.50	49.60
工 业	Industry	4787.79	5543.82	5735.02	6063.97	6234.77
建筑业	Construction	28.00	15.00	17.00	16.00	17.00
交通运输、仓储和邮政业	Transportation,Storage and Post	49.00	37.00	36.00	33.00	29.00
批发、零售业和住宿、餐饮业	Wholesale and Retail Trades,Hotels and Catering Services	33.00	16.20	17.60	18.00	19.00
其他	Others Sectors	22.00	17.20	19.50	20.00	21.00
生活消费	Household Consumption	334.00	321.40	338.30	341.60	345.50
在消费量中：	Consumption by Usage					
终端消费	End-use Consumption	1646.57	1609.46	1807.77	1826.36	1953.91
#工 业	Industry	1132.47	1155.66	1330.87	1349.26	1472.81
中间消费	Intermediate Consumption	3655.32	4388.16	4404.15	4714.71	4761.96
（用于加工转换）	(Consumed in Conversion)					
发 电	Power Generation	2775.80	3427.40	3445.38	3426.30	3321.54
供 热	Heating	445.30	496.02	430.57	503.44	496.99
炼 焦	Coking	389.93	413.24	470.56	629.11	765.71
制 气	Gas Production	9.29	7.61	5.73	5.13	4.68
洗选损耗	Losses in Coal Washing and Dressing	35.00	43.89	51.91	150.73	173.04
平衡差额	**Balance**					

注：生产量为原煤产量。

a) Data on output refer to the output of raw coal.

7-6 电力平衡表

Electricity Balance Sheet

单位：亿千瓦小时 (100 million kw·h)

项目	Item	2010	2011	2012	2013	2014
可供量	**Total Energy Available for Consumption**	**804.43**	**923.45**	**994.56**	**1080.18**	**1095.48**
生产量	Output	874.51	1027.91	1107.04	1201.94	1241.08
水电、风电及其他发电	Hydropower,Wind Power and other Power	283.16	318.00	389.53	467.30	510.08
火电	Thermal Power	591.35	709.91	717.51	734.64	731.00
调入量	Imports	119.73		167.39	167.60	129.97
调出量 (-)	Exports (-)	189.81	104.46	279.87	289.36	275.57
消费量	**Total Energy Consumption**	**804.43**	**923.45**	**994.56**	**1073.25**	**1095.48**
在消费量中：	Consumption by Sector					
农、林、牧、渔业	Agriculture,Forestry,Animal Husbandry, Fishery	54.37	55.89	56.47	53.24	49.53
工业	Industry	617.13	712.53	774.87	841.37	854.38
建筑业	Construction	8.33	11.55	12.60	14.90	18.26
交通运输、仓储和邮政业	Transportation,Storage and Post	32.57	31.89	33.29	38.96	40.01
批发、零售业和住宿、餐饮业	Wholesale and Retail Trades,Hotels and Catering Services	11.41	14.83	16.29	18.32	21.02
其他	Others Sectors	27.11	34.31	35.04	37.39	39.21
生活消费	Household Consumption	53.52	62.45	66.00	69.07	73.07
在消费量中：	Consumption by Usage					
终端消费	End-use Consumption	761.91	881.38	948.46	1024.16	1046.72
#工 业	Industry	574.61	670.46	728.77	792.28	805.62
输配电损失量	Losses in Transmission	42.52	42.07	46.10	49.09	48.76
平衡差额	**Balance**				6.93	

7-7 分行业能源消费量（2014）

行业	Sector	能源消费总量（万吨标准煤） Total Energy Consumption (10000 tons of SCE)	煤炭（万吨） Coal (10 000 tons)
消费总计	**Total Consumption**	**7521.45**	**6715.87**
农、林、牧、渔业	**Agricultrue,Forestry,Animal Husbadry and Fishery**	**240.61**	**49.60**
工业	**Industry**	**5516.83**	**6234.77**
采矿业	**Mining**	**370.64**	**455.78**
煤炭开采和洗选业	Mining and Washing of Coal	253.70	438.94
石油和天然气开采业	Extraction of Petroleum and Natural Gas	53.67	5.45
黑色金属矿采选业	Mining and Processing of Ferrous Metal Ores	29.85	5.29
有色金属矿采选业	Mining and Processing of Non-Ferrous Metal Ores	22.70	2.35
非金属矿采选业	Mining and Processing of Nonmetal Ores	9.41	3.37
开采辅助活动	Support Activities for Mining	1.30	0.38
其他采矿业	Mining of Other Ores		
制造业	**Manufacturing**	**4724.81**	**2390.53**
农副食品加工业	Processing of Food from Agricultural Products	40.75	29.70
食品制造业	Manufacture of Foods	28.19	140.59
酒、饮料和精制茶制造业	Manufacture of Liquor, Beverages and Refined Tea	35.80	26.39
烟草制品业	Manufacture of Tobacco	2.73	0.60
纺织业	Manufacture of Textile	4.21	1.25
纺织服装、服饰业	Manufacture of Textile, Wearing Apparel and Accessories	0.79	0.54
皮革、毛皮、羽毛及其制品和制鞋业	Manufacture of Leather, Fur, Feather and Related Products and Footwear	1.22	0.39
木材加工及木、竹、藤、棕、草制品业	Processing of Timber, Manufacture of Wood, Bamboo, Rattan, Palm and Straw Products	0.13	0.01
家具制造业	Manufacture of Furniture	0.21	
造纸及纸制品业	Manufacture of Paper and Paper Products	15.06	15.00
印刷和记录媒介复制业	Printing and Reproduction of Recording Media	1.39	1.00
文教、工美、体育和娱乐用品制造业	Manufacture of Articles for Culture, Education, Arts and Crafts, Sport and Entertainment Activities	0.74	0.75
石油加工、炼焦和核燃料加工业	Processing of Petroleum, Coking and Processing of Nuclear Fuel	626.30	237.79
化学原料和化学制品制造业	Manufacture of Raw Chemical Materials and Chemical Products	570.11	157.88
医药制造业	Manufactare of Medicines	18.31	13.21
化学纤维制造业	Manufacture of Chemical Fibres	0.92	0.62
橡胶和塑料制品业	Manufacture of Rubber and Plastics Products	8.12	0.59
非金属矿物制品业	Manufacture of Non-metallic Mineral Products	750.45	646.40
黑色金属冶炼和压延加工业	Smelting and Pressing of Ferrous Metals	1627.54	646.70
有色金属冶炼和压延加工业	Smelting and Pressing of Non-ferrous Metals	905.13	454.09
金属制品业	Manufacture of Metal Products	16.53	1.24
通用设备制造业	Manufacture of General Purpose Machinery	10.80	4.51
专用设备制造业	Manufacture of Special Purpose Machinery	9.53	2.10
汽车制造业	Manufacture of Automobile	1.42	0.97
铁路、船舶、航空航天和其他运输设备制造业	Manufacture of Railway, Ship, Aerospace and Other Transport Equipment	0.01	
电气机械和器材制造业	Manufacture of Electrical Machinery and Apparatus	8.37	2.60
通信设备、计算机和其他电子设备制造业	Manufacture of Communication Equipment, Computers and Other Electronic Equipment	4.37	0.23
仪器仪表制造业	Manufacture of Measuring Instruments and Machinery	0.53	0.33
其他制造业	Other Manufacturing	9.82	
废弃资源综合利用业	Utilization of Waste Resources	23.82	4.83
金属制品、机械和设备修理业	Repair Service of Metal Products, Machinery and Equipment	1.52	0.23
电力、燃气及水的生产和供应业	**Electric Power, Gas and Water Production and Supply**	**421.40**	**3388.47**
电力、热力的生产和供应业	Production and Supply of Electric Power and Heat Power	410.95	3388.30
燃气生产和供应业	Production and Supply of Gas	4.60	
水的生产和供应业	Production and Supply of Water	5.86	0.16
建筑业	**Construction**	**116.73**	**17.00**
交通运输储运业和邮政业	**Transport, Storage and Post**	**621.63**	**29.00**
批发、零售业和住宿、餐饮业	**Wholesale, Retail Trades,Hotels and Catering Services**	**120.99**	**19.00**
其他行业	**others**	**242.23**	**21.00**
城乡居民生活	**Urban and Rural Residential Consumption**	**662.43**	**345.50**

Consumption of Energy by Sector（2014）

焦炭（万吨） Coke (10 000 tons)	原油（万吨） Crude Oil (10 000 tons)	汽油（万吨） Gasoline (10 000 tons)	煤油（万吨） Kerosene (10 000 tons)	柴油（万吨） Diesel Oil (10 000 tons)	燃料油（万吨） Fuel Oil (10 000 tons)	液化石油气（万吨） Liquefied Petroleum Gas (10 000 tons)	天然气（亿立方米） Natural Gas (100 million cu.m)	电力（亿千瓦小时） Electricity (100 million kw·h)
692.97	**1467.85**	**128.98**	**5.62**	**374.80**	**7.05**	**7.07**	**25.07**	**1095.48**
		4.80		**32.20**				**49.53**
692.97	**1467.85**	**8.75**	**0.15**	**26.03**	**7.05**	**0.30**	**15.27**	**854.38**
13.00	**19.90**	**1.72**		**10.13**			**0.43**	**29.91**
2.00		0.55		2.95				14.75
	19.90	0.63		1.98			0.43	3.83
11.00		0.22		1.70				3.91
		0.18		0.90				6.24
		0.06		2.30				1.02
		0.08		0.30				0.15
679.96	**1447.95**	**6.09**	**0.13**	**15.03**	**6.76**	**0.30**	**14.17**	**719.51**
		0.90		0.33			0.04	5.00
		0.30		0.05			0.02	3.29
		0.16		0.16			0.25	3.94
		0.10		0.02			0.06	0.41
		0.01		0.01			0.01	0.70
		0.01						0.12
		0.01		0.01			0.03	0.17
		0.01						0.03
		0.01		0.01			0.01	0.01
		0.01		0.01			0.02	1.10
		0.02		0.01			0.01	0.15
		0.01		0.01				0.05
	1447.95	0.95		1.70	4.08	0.02	3.87	25.94
105.00		0.62	0.08	0.75		0.28	5.88	81.19
		0.14		0.08			0.16	1.94
		0.01		0.01				0.08
0.04		0.13		0.08				2.35
6.17		0.50		4.90			1.50	69.59
530.31		0.93	0.01	1.89			0.50	279.41
28.56		0.65	0.01	4.34	2.65		1.30	231.55
1.99		0.26		0.21	0.01		0.03	4.03
0.09		0.08	0.01	0.07	0.01		0.12	1.74
0.06		0.09		0.04	0.01		0.19	1.22
		0.01		0.01			0.01	0.12
								0.00
0.01		0.05		0.03			0.10	1.63
		0.03		0.01			0.01	1.30
		0.01		0.01				0.06
		0.01						0.03
7.74		0.05		0.15				2.26
		0.02		0.13			0.05	0.10
0.01		**0.94**	**0.02**	**0.87**	**0.29**		**0.67**	**104.96**
0.01		0.79	0.02	0.83	0.29		0.63	102.03
		0.10		0.02			0.03	1.20
		0.05		0.02			0.01	1.72
		10.10		**14.60**				**18.26**
		33.83	**5.47**	**264.57**		**0.01**	**2.10**	**40.01**
		6.80		**5.20**		**0.36**	**1.70**	**21.02**
		25.40		**25.30**			**2.40**	**39.21**
		39.30		**6.90**		**6.40**	**3.60**	**73.07**

7-8 能源生产弹性系数
Elasticity Ratio of Energy Production

年份 Year	能源生产比上年增长（%） Growth Rate of Energy Production over Preceding Year (%)	电力生产比上年增长（%） Growth Rate of Electricity Production over Preceding Year (%)	甘肃生产总值比上年增长（%） Growth Rate of Gansu Gross Product over Preceding Year (%)	能源生产弹性系数 Elasticity Ratio of Energy Production	电力生产弹性系数 Elasticity Ratio of Electricity Production
2000	-13.06	6.83	9.70		0.70
2001	5.39	8.26	9.76	0.55	0.85
2002	37.66	12.53	9.86	3.82	1.27
2003	16.84	18.71	10.74	1.57	1.74
2004	17.71	13.18	11.51	1.54	1.15
2005	7.29	10.70	11.84	0.62	0.90
2006	5.37	5.08	11.51	0.47	0.44
2007	4.92	16.33	12.30	0.40	1.33
2008	2.10	11.58	10.14	0.21	1.14
2009	4.01	1.86	10.30	0.39	0.18
2010	9.43	24.35	11.78	0.80	2.07
2011	5.46	17.54	12.52	0.44	1.40
2012	9.79	7.70	12.56	0.78	0.61
2013	3.27	8.57	10.76	0.30	0.80
2014	7.01	3.26	8.89	0.79	0.37

7-9 能源消费弹性系数
Elasticity Ratio of Energy Consumption

年份 Year	能源消费比上年增长（%） Growth Rate of Energy Consumption over Preceding Year (%)	电力消费比上年增长（%） Growth Rate of Electricity Consumption over Preceding Year (%)	甘肃生产总值比上年增长（%） Growth Rate of Gross Product of Gansu over Preceding Year (%)	能源消费弹性系数 Elasticity Ratio of Energy Consumption	电力消费弹性系数 Elasticity Ratio of Electricity Consumption
2000	3.23	1.29	9.70	0.33	0.13
2001	1.88	1.58	9.76	0.19	0.16
2002	4.36	11.84	9.86	0.44	1.20
2003	11.82	16.36	10.74	1.10	1.52
2004	15.78	13.47	11.51	1.37	1.17
2005	10.06	8.29	11.84	0.85	0.70
2006	8.59	9.57	11.51	0.75	0.83
2007	7.73	14.62	12.30	0.63	1.19
2008	4.64	10.25	10.14	0.46	1.01
2009	2.53	4.09	10.30	0.25	0.40
2010	8.00	14.02	11.78	0.68	1.19
2011	9.67	14.79	12.52	0.77	1.18
2012	7.82	7.70	12.56	0.62	0.61
2013	5.70	7.91	10.76	0.53	0.74
2014	3.22	2.07	8.89	0.36	0.23

7-10 能源加工转换效率
Efficiency of Energy Conversion

单位：% (%)

年份 Year	总效率 Total Efficiency	火力发电效率 Generation Efficiency of Thermal Power	炼焦 Coking	炼油 Petroleum Refining
2005	72.97	36.30	97.74	90.13
2006	73.11	36.78	84.54	91.67
2007	73.40	37.17	97.70	89.31
2008	72.81	37.29	94.76	93.25
2009	73.61	37.53	94.00	93.06
2010	70.60	38.42	86.70	94.88
2011	69.41	39.13	88.35	92.41
2012	70.08	39.44	87.88	93.60
2013	72.14	39.96	90.10	92.86
2014	72.55	39.94	91.01	93.22

7-11 生活能源消费量
Average Annual Energy Consumption for Households

品种	Item	2010	2011	2012	2013	2014
合计（万吨标准煤）	**Total (10 000 tons of SCE)**	**532.86**	**583.97**	**627.06**	**642.80**	**662.43**
煤炭（万吨）	Coal (10 000 tons)	334.00	321.40	338.30	341.60	345.50
煤油（万吨）	Kerosene (10 000 tons)					
液化石油气（万吨）	Liquefied Petroleum Gas (10 000 tons)	5.52	5.77	6.22	6.33	6.40
焦炉煤气（亿立方米）	Coke Oven Gas (100 million cu.m)	0.15	0.15	0.15	0.16	0.16
天然气（亿立方米）	Natural Gas (100 million cu.m)	1.90	2.80	3.05	3.55	3.60
热力（万百万千焦）	Heat (10 billion kilo-joule)	1741.92	1800.00	1881.61	1980.00	2030.00
电力（亿千瓦小时）	Electricity (100 million kw·h)	53.52	62.45	66.00	69.07	73.07

7-12 平均每天能源消费量
Average Daily Energy Consumption by Type of Energy

品种	Item	2010	2011	2012	2013	2014
合计（万吨标准煤）	**Total (10 000 tons of SCE)**	**15.97**	**17.52**	**18.89**	**19.96**	**20.61**
煤炭（万吨）	Coal (10 000 tons)	14.53	16.43	17.02	17.92	18.40
焦炭（万吨）	Coke (10 000 tons)	1.48	1.62	1.68	1.83	1.90
原油（万吨）	Crude Oil (10 000 tons)	3.84	4.47	4.22	4.32	4.02
燃料油（万吨）	Fuel Oil (10 000 tons)	0.04	0.03	0.02	0.01	0.02
汽油（万吨）	Gasoline (10 000 tons)	0.24	0.27	0.31	0.34	0.35
煤油（万吨）	Kerosene (10 000 tons)	0.01	0.01	0.01	0.01	0.02
柴油（万吨）	Diesel Oil (10 000 tons)	0.76	0.87	0.96	1.03	1.03
天然气（亿立方米）	Natural Gas (100 million cu.m)	0.04	0.05	0.06	0.06	0.07
电力（亿千瓦小时）	Electricity (100 million kw·h)	2.20	2.53	2.72	2.94	3.00

7-13 每人年平均生活能源消费量
Annual per Capita Energy Consumption of Households

年份 Year	平均每人生活消费能源（千克标准煤） Annual per Capita Consumption for Households (kg of SCE)	#煤炭（千克） Coal (kg)	#电力（千瓦小时） Electricity (kw·h)	#液化石油气（千克） Liquefied Petroleum Gas(kg)	#天然气（立方米） Natrual Gas (cu.m)	#煤气（立方米） Coal Gas（cu.m）
2000	164.00	155.00	84.00	2.09		
2001	174.00	152.00	88.31	1.60		
2002	156.00	150.00	89.49	1.50		
2003	172.00	149.00	91.34	1.62		
2004	169.00	147.00	105.29	1.61		
2005	184.13	155.48	127.54	1.93	1.57	1.53
2006	186.52	156.71	132.32	1.96	2.75	1.61
2007	198.58	159.72	142.45	1.96	2.83	1.73
2008	210.37	169.75	159.28	2.14	2.98	2.27
2009	227.94	172.02	181.34	2.16	3.05	2.86
2010	208.36	130.60	209.27	2.16	7.43	0.59
2011	227.93	125.44	243.75	2.25	10.93	0.59
2012	243.91	131.59	256.72	2.42	11.86	0.58
2013	249.16	132.41	267.73	2.45	13.76	0.62
2014	256.11	133.58	282.51	2.47	13.92	0.62

注：计算消费量所使用的人口数为平均人口数。

a) Data in the table are calculated with the data on the annual average population.

7-14 能源消耗
Energy Consumption

年份 Year	单位生产总值能耗 Energy Consumption per Unit of GRP		单位生产总值电耗 Electricity Consumption per Unit of GRP		单位工业增加值能耗 Energy Consumption per Unit of Industrial Value-added	
	绝对值（吨标准煤 / 万元）Absolute Value（ton of SCE/10 000 yuan）	上升或下降(±%) Change(±%)	绝对值（千瓦小时 / 万元）Absolute Value (kw·h/10 000yuan)	上升或下降(±%) Change(±%)	绝对值（吨标准煤 / 万元）Absolute Value（ton of SCE/10 000 yuan）	上升或下降(±%) Change(±%)
2000	2.86		2805			
2001	2.72		2720			
2002	2.57		2779			
2003	2.52		2846			
2004	2.31		2677			
2005	2.22		2531		4.99	
2006	2.17	-2.61	2487	-1.74	4.59	-3.03
2007	2.08	-4.09	2537	2.02	4.29	-6.53
2008	1.97	-5.00	2539	0.09	4.05	-5.66
2009	1.84	-6.97	2399	-5.55	3.53	-12.84
2010	1.77	-3.40	2445	2.01	3.25	-7.94
2011	1.37	-2.51	1984	2.02	2.82	-1.96
2012	1.32	-4.21	1899	-4.31	2.59	-8.10
2013	1.26	-4.56	1850	-2.57	2.40	-7.25
2014	1.19	-5.21	1734	-6.26	2.24	-7.02

注：1.2000−2004 年地区生产总值和工业增加值是按当年价格计算，2005−2010 年地区生产总值和工业增加值按 2005 年价格计算，2011 年以后地区生产总值和工业增加值按 2010 年价格计算。

2. 工业增加值为规模以上工业增加值。

a) GDP and industrial added value of 2000-2004 is calculated on current prices.GDP and industrial added value of 2005-2010 is calculated on price of 2005. Since 2011,GDP and industrial added value is calculated on price of 2010.

b) Industrial added value refers to the designated industrial added value.

主要指标解释

能源生产总量 指一定时期内，一次能源生产量的总和。该指标是观察能源生产水平、规模、构成和发展速度的总量指标。一次能源生产量包括原煤、原油、天然气、水电、核能及其他动力能（如风能、地热能等）发电量，不包括低热值燃料生产量、生物质能、太阳能等的利用和由一次能源加工转换而成的二次能源产量。

能源消费总量 指一定时期内，各行业和居民生活消费的各种能源的总和。该指标是观察能源消费水平、构成和增长速度的总量指标。能源消费总量包括原煤和原油及其制品、天然气、电力，不包括低热值燃料、生物质能和太阳能等的利用。能源消费总量分为终端能源消费量、能源加工转换损失量和能源损失量三部分。

（1）终端能源消费量：指一定时期内，全国（省）生产和生活消费的各种能源在扣除了用于加工转换二次能源消费量和损失量以后的数量。

（2）能源加工转换损失量：指一定时期内，全国（省）投入加工转换的各种能源数量之和与产出各种能源产品之和的差额。该指标是观察能源在加工转换过程中损失量变化的指标。

（3）能源损失量：指一定时期内，能源在输送、分配、储存过程中发生的损失和由客观原因造成的各种损失量，不包括各种气体能源放空、放散量。

能源生产弹性系数 是研究能源生产增长速度与国民经济增长速度之间关系的指标。计算公式：

$$能源生产弹性系数=\frac{能源生产总量年平均增长速度}{国民经济年平均增长速度}$$

电力生产弹性系数 是研究电力生产增长速度与国民经济增长速度之间关系的指标。一般来说，电力的发展应当快于国民经济的发展，也就是说电力应超前发展。计算公式为：

$$电力生产弹性系数=\frac{电力生产量年平均增长速度}{国民经济年平均增长速度}$$

能源消费弹性系数 反映能源消费增长速度与国民经济增长速度之间比例关系的指标。计算公式为：

$$能源消费弹性系数=\frac{能源消费量年平均增长速度}{国民经济年平均增长速度}$$

电力消费弹性系数 反映电力消费增长速度与国民经济增长速度之间比例关系的指标。计算公式为：

$$电力消费弹性系数=\frac{电力消费量年平均增长速度}{国民经济年平均增长速度}$$

能源加工转换效率 指一定时期内，能源经过加工、转换后，产出的各种能源产品的数量与同期内投入加工转换的各种能源数量的比率。该指标是观察能源加工转换装置和生产工艺先进与落后、管理水平高低等的重要指标。计算公式为：

$$能源加工转换效率=\frac{能源价格转换产出率}{能源加工转换投入量}\times 100\%$$

单位国内生产总值能耗 指一定时期内，一个国家或地区每生产一个单位的国内（地区）生产总值所消耗的能源。

单位国内生产总值电耗 指一定时期内，一个国家或地区每生产一个单位的国内生产总值所消耗的电力。计算公式为：

$$单位国内生产总值电耗=\frac{全社会用电量}{国内生产总值}$$

单位工业增加值能耗 指一定时期内，一个国家或地区每生产一个单位的工业增加值所消耗的能源。

8

财政和金融业

Government Finance and Financial Intermediation

简要说明

一、本篇资料主要内容

本篇反映财政收支状况；金融业的发展情况。主要包括地方财政收支、政府性基金收支资料；金融机构存贷及现金收支等活动；保险业务情况。

二、本篇资料来源

本篇资料由省统计局国民经济核算处搜集、加工整理：

1. 财政收支资料来源于省财政厅。

2. 金融资料来源于中国人民银行兰州中心支行。

3. 保险数据来源于中国保监会甘肃监管局。

8-1 历年财政收支
Government Revenue and Expenditure

单位：万元 (10 000 yuan)

年份 Year	财政收入 Government Revenue	#公共财政预算收入 Public Government Budget Revenue	税收收入 Total Tax Revenue	#附：上划中央税收 Tax Revenue Turned Over to the Central	公共财政预算支出 Public Government Budget Expenditure
1978	205280		79168		143429
1979	184606		79407		141810
1980	149348		44606		123045
1981	129859		43143		111955
1982	124713		82870		127857
1983	109003		92004		155256
1984	132338		114322		211510
1985	163814		189074		239971
1986	197635		210832		300125
1987	225831		235266		317747
1988	249786		267766		363835
1989	315242		317768		412645
1990	342065		341541		459395
1991	399801		359225		513188
1992	399736		393208		534786
1993	521132		520393		631676
1994	626198	290797	270086	335401	723817
1995	684142	339211	302594	344931	813908
1996	822714	433733	367663	388981	909538
1997	919259	494108	416575	425151	1067215
1998	974793	540253	465578	434540	1253382
1999	1030025	583657	490034	446368	1477868
2000	1083752	612849	516624	470903	1882322
2001	1241396	699485	587853	541911	2354643
2002	1503365	762432	654283	740933	2740111
2003	1771750	876561	722434	895189	3000070
2004	2158581	1041600	823382	1104105	3569366
2005	2545665	1235026	919615	1310639	4293479
2006	2949750	1412152	1108360	1537598	5285946
2007	3918687	1909107	1420532	2009580	6753372
2008	4709361	2649650	1628049	2059711	9684336
2009	6039849	2865898	1760411	3173951	12462817
2010	7452511	3535833	2202883	3916678	14685810
2011	9336165	4501188	2840435	4834977	17912432
2012	10798983	5203993	3477792	5594990	20595638
2013	11448265	6072717	4177266	5375548	23096230
2014	12342376	6726698	4902596	5615678	25414935

注：财政收入为大口径财政收入，不含基金收入。

a) Revenue refers to the large-caliber financial income, does not include the fund's income.

8-2 税收收入
Total Taxes Revenue

单位 ：万元 (10 000 yuan)

年份 Year	税收收入 Total Tax Revenue	# 国内增值税 Domestic Value-added Tax	# 营业税 Business Tax	# 企业所得税 Corporate Income Tax	# 个人所得税 Individual Income Tax
1994	270086	86783	63912	27011	4471
1995	302594	90356	77345	33393	6242
1996	367663	93094	101939	32494	8706
1997	416575	104079	120340	39864	10271
1998	465578	108318	142508	44537	14399
1999	490034	111778	147031	66686	18349
2000	516624	119471	158995	60957	25921
2001	587853	133758	173483	104045	38788
2002	654283	150720	209747	66054	40920
2003	722434	181230	240705	53111	36776
2004	823382	216152	270531	63182	43112
2005	919615	253337	315890	84320	51793
2006	1108360	314071	372674	106902	57884
2007	1420532	403624	434006	179740	71513
2008	1628049	379120	531536	206233	81306
2009	1760411	371096	652494	169511	89876
2010	2202883	440902	868425	199868	111253
2011	2840435	489460	1100499	285861	140563
2012	3477792	605180	1367172	365313	135407
2013	4177266	636506	1765945	400978	147793
2014	4902596	884047	1949794	459990	158097

8-3 财政收入情况
Government Revenue

单位：万元 (10 000 yuan)

项目	Item	2011	2012	2013	2014
财政收入	**Government Revenue**	**9336165**	**10798983**	**11448265**	**12342376**
公共财政预算收入	**Public Government Budget Revenue**	**4501188**	**5203993**	**6072717**	**6726698**
税收收入	Total Tax Revenue	2840435	3477792	4177266	4902596
国内增值税	Domestic Value-added Tax	489460	605180	636506	884047
营业税	Business Tax	1100499	1367172	1765945	1949794
企业所得税	Corporate Income Tax	285861	365313	400978	459990
企业所得税退税	Tax Rebate for Corporate Income Tax	-124	-12	-19	
个人所得税	Individual Income Tax	140563	135407	147793	158097
资源税	Resource Tax	143586	166232	194864	229796
城市维护建设税	City Maintenance and Construction Tax	236219	289096	321405	376947
房产税	House Property Tax	89644	111672	129991	142753
印花税	Stamp Tax	46099	60355	80263	78574
城镇土地使用税	Urban Land Use Tax	100087	136800	144559	160623
土地增值税	Land Appreciation Tax	54596	67649	101594	143493
车船税	Tax on Vehicles and Boat Operation	32752	49885	63433	77223
耕地占用税	Farm Land Occupation Tax	31656	23302	41064	48770
契税	Deed Tax	88214	97605	146159	190597
烟叶税	Tobacco Leaf Tax	1323	2136	2731	1892
其他税收收入	Other Tax Revenue				
非税收入	Total Non-tax Revenue	1660753	1726201	1895451	1824102
专项收入	Special Program Receipts	848417	754587	607860	426449
行政事业性收费收入	Charge of Administrative and Institutional Units	376888	432750	521169	543353
罚没收入	Penalty Receipts	105620	124586	162571	169268
国有资本经营收入	Operation Income of Stat-owned Assets	49831	97321	52155	31515
国有资源（资产）有偿使用收入	Income from Use of State-owned Resources (Assets)	130247	207438	355149	432869
其他收入	Other Non-tax Receipts	149750	109519	196547	220648
上划中央税收收入	**Tax Revenue Turned Over to the Central**	**4834977**	**5594990**	**5375548**	**5615678**
#增值税	Value Added Tax	1660425	2008789	2178146	2100011
消费税	Consumption Tax	1839848	2053533	1942032	1998581
企业所得税	Corporate Income Tax	453617	541650	579505	699451
个人所得税	Individual Income Tax	210843	203114	221687	237146
车辆购置税	Vehicle Purchase Tax	202238	239778	307193	343012

8-4 财政支出情况
Government Expenditure

单位：万元 (10 000 yuan)

项目	Item	2011	2012	2013	2014
公共财政预算支出	**Public Government Budget Expenditure**	**17912432**	**20595638**	**23096230**	**25414935**
一般公共服务	Expenditures for General Public Pervices	1749150	2295005	2785954	3004798
外交	Expenditures for Foreign Affairs				
国防	Expenditures for National Defense	18539	18503	19455	28926
公共安全	Expenditures for Public Security	803139	952174	1021196	1074211
#公安	Police	428142	502830	562560	608266
检察	Procuratorate	81575	96614	94851	94798
法院	Court	117076	137380	154855	145793
监狱	Prison	52635	58398	56288	60166
教育	Expenditures for Education	2843320	3679154	3770553	4012557
#教育管理事务	Education Management Affairs	52107	46720	61477	73157
普通教育	General Education	2363686	3119137	3131252	3335299
科学技术	Expenditures for Science and Technology	132215	161855	197581	211583
文化体育与传媒	Expenditures for Culture, Sport and Media	330710	498667	597636	495976
#文化	Culture	105427	135454	231197	152194
体育	Sport	38618	43157	40331	69916
广播影视	Broadcasting, Film and Television	80506	152550	131962	90967
社会保障和就业	Expenditures for Social Safety Net and Employment Effort	2792219	2946396	3467666	3762231
#行政事业单位离退休	Administrative Institutions Retired	728072	765935	797388	892778
就业补助	Employment Subsidies	184055	207339	300494	356097
医疗卫生	Expenditures for Medical and Health Care	1431803	1482095	1658628	2041944
#医疗保障	Medical Security	696451	749177	845894	956964
食品药品监督管理事务	Food and Drug Regulatory Affairs	24935	30266	34195	79179
节能环保	Expenditures for Energy Saving and Environment Protection	849919	720006	698222	732115
#污染防治	Pollution Prevention	164396	146958	146802	146978
城乡社区事务	Expenditure for Urban and Rural Communities Affairs	658825	805161	731853	787468
农林水事务	Expenditure for Agriculture, Forestry and Water Conservancy Affairs	2376560	3023726	3465804	3661710
#农业	Agriculture	900828	1094227	1143795	1194353
林业	Forestry	254795	316088	331337	375319
水利	Water Conservancy	670368	894945	908172	891745
扶贫	Poverty Alleviation	267833	354431	626679	676796
交通运输	Expenditure for Transportation	1589122	1264299	2079441	2571176
资源勘探电力信息等事务	Expenditure for Affairs of Exploration, Power and Information	293099	383668	386234	433956
商业服务业等事务	Expenditure for Affairs of Commerce and Services	169520	191257	176174	176294
金融监管等事务	Expenditure for Affairs of Financial Supervision	24653	80978	1616	18919
地震灾后恢复重建支出	Expenditure for Post-earthquake Recovery and Reconstruction	87665	170226	23675	
国土资源气象等事务	Expenditure for Affairs of Land and Weather	410584	439116	419107	410203
住房保障支出	Expenditure for Affairs of Housing Security	925756	1021656	1028191	1136581
粮油物资管理事务	Expenditure for Affairs of Management of Grain & Oil Reserves	79195	95645	98862	97568
国债还本付息支出	Expenditure for the Principal and Interest of National Debts	88301	116443	153145	416725
其他支出	Other Expenditure	258138	249608	315237	339994

8-5 政府性基金收支情况

Renvenue and Expenditure of Government Fund

单位：万元 (10 000 yuan)

项目	Item	2012	2013	2014
政府性基金收入合计	**Total Renvenue of Government Funds**	**1919200**	**3749133**	**4951230**
地方教育附加收入	Additional Revenue of Local Education	92128	106018	154209
新增建设用地土地有偿使用费收入	Add the Land Compensation for the Use of Land for Building Fee Income	74840	109184	282697
地方水利建设基金收入	Revenue of Local Water Conservancy Construction Funds	28218	29483	21135
残疾人就业保障金收入	Income of Disabled Person Employment Security Payments	11743	20392	43588
政府住房基金收入	Government Housing Fund Income	53749	66130	98605
城市公用事业附加收入	Additional Income of Urban Public Utilities	2880	19153	13615
国有土地收益基金收入	Fund Revenue Receipts of State-owned Land	5777	19199	48221
农业土地开发资金收入	Revenue of Agricultural Land Development Capital	8504	17767	51681
国有土地使用权出让收入	Income of State-owned Land Use Right Transfer	1109668	2460148	2728829
彩票公益金收入	Lottery and Public Welfare Funds Revenue	47999	74311	352498
城市基础设施配套费收入	Revenue of Urban Infrastructure Fee	60948	87176	148595
车辆通行费	Revenue of Vehicle Tolls	341233	630931	708838
其他各项政府性基金收入	Other Funds Revenue	81513	109241	298719
政府性基金支出合计	**Total Expenditure of Government Fund**	**2012582**	**3859789**	**3800651**
地方教育附加安排的支出	Additional Arrangements Expenditure for Local Education	85030	106269	115797
新增建设用地有偿使用费安排的支出	Arrangements Expenditure for the Use of Land for Building Fee Income	119193	189364	186776
地方水利建设基金支出	Expenditure for Local Water Conservancy Construction Funds	46362	35646	20194
残疾人就业保障金支出	Expenditure for Disabled Person Employment Security Payments	8307	15426	22474
政府住房基金支出	Government Housing Fund Expenditure	45350	65220	63950
城市公用事业附加安排的支出	Additional Arrangements Expenditure of Urban Public Utilities	2757	17170	3665
国有土地收益基金支出	Fund Expenditure Receipts of State-owned Land	1469	12965	25195
农业土地开发资金支出	Expenditure for Agricultural Land Development Capital	4933	4764	12717
国有土地使用权出让收入安排的支出	Arrangements Expenditure for State-owned Land Use Right Transfer	1110831	2254555	2187486
彩票公益金安排的支出	Lottery and Public Welfare Funds Expenditure	85455	83980	223869
城市基础设施配套费安排的支出	Arrangements Expenditure for Urban Infrastructure Fee	62737	68885	111996
车辆通行费安排的支出	Expenditure for Vehicle Tolls	326991	645789	674787
其他各项政府性基金支出	Other funds Expenditure	113167	359756	151745

8-6 各地区财政收入（2014）
Government Revenue by Region（2014）

单位：万元 (10 000 yuan)

地区	Region	公共财政预算收入 Public Government Budget Revenue	#税收收入 Total Tax Revenue	#国内增值税 #Domestic Value Added Tax	#营业税 Business Tax	#企业所得税 Company Income Tax	#个人所得税 Individual Income Tax
兰州市	Lanzhou	1523299	1210190	200393	381938	99058	38340
嘉峪关市	Jiayuguan	158162	132998	29883	25697	7067	2305
金昌市	Jinchang	179918	144343	37778	31484	5459	2471
白银市	Baiyin	259975	159528	29325	45704	9998	3933
天水市	Tianshui	318260	210553	43983	61045	10858	3671
武威市	Wuwei	221829	132046	16576	51858	9470	3828
张掖市	Zhangye	221355	134380	17681	53453	9657	3630
平凉市	Pingliang	240938	170303	43242	45571	7371	3592
酒泉市	Jiuquan	322253	222402	24544	83647	15763	5405
庆阳市	Qingyang	615358	443060	120361	74538	10908	4006
定西市	Dingxi	215438	144342	23955	58471	7559	2310
陇南市	Longnan	238900	136829	31269	49244	10467	2893
临夏州	Linxia	142049	85988	12647	34954	6400	1121
甘南州	Gannan	103291	46455	7246	24372	3990	1333

8-7 各地区财政支出（2014）
Government Expenditure by Region（2014）

单位：万元 (10 000 yuan)

地区	Region	公共财政预算支出 Public Government Budget Expenditure	#一般公共服务 General Public Service	#教育 Education	#社会保障和就业 Social Security and Employment Effort	#医疗卫生 Medical and Health Care	#农林水利事务 Agriculture, Forestry and Water Conservancy
兰州市	Lanzhou	2801041	542923	514802	274106	257520	175391
嘉峪关市	Jiayuguan	220571	28773	31233	30434	18114	11309
金昌市	Jinchang	503214	63182	54967	61913	32727	71952
白银市	Baiyin	1149439	120549	221287	173030	124907	205760
天水市	Tianshui	1793196	147072	390452	398169	226748	234471
武威市	Wuwei	1507620	106067	214253	212605	134563	314903
张掖市	Zhangye	1078852	99338	174520	170708	93209	226805
平凉市	Pingliang	1378637	119816	289959	238213	147679	231488
酒泉市	Jiuquan	1051903	129605	185718	122774	104264	182683
庆阳市	Qingyang	1857321	303456	328393	299681	166818	268695
定西市	Dingxi	1802643	186222	323907	396893	153979	350759
陇南市	Longnan	1647185	202528	289681	285177	197831	297989
临夏州	Linxia	1554219	465334	262835	247877	123628	215481
甘南州	Gannan	1167721	213214	165273	163407	76662	225624

8-8 各地县财政收支（2014）

Government Revenue and Expenditure by Perfecture ,County（2014）

单位：万元 (10 000 yuan)

地区	Region	公共财政预算收入 Public Government Budget Revenue	公共财政预算支出 Public Government Budget Expenditure	地区	Region	公共财政预算收入 Public Government Budget Revenue	公共财政预算支出 Public Government Budget Expenditure
兰州市	**Lanzhou**	**1523299**	**2801041**	瓜州县	Guazhou	37704	141497
城关区	Chengguan	247028	379869	肃北县	Subei	28808	78502
七里河区	Qilihe	112159	221200	阿克塞县	Akesai	9936	41471
西固区	Xigu	84568	192152	玉门市	Yumen	44691	164106
安宁区	Anning	103181	121802	敦煌市	Dunhuang	44965	138561
红古区	Honggu	25576	101234	**庆阳市**	**Qingyang**	**615358**	**1857321**
永登县	Yongdeng	34735	179633	西峰区	Xifeng	68053	245672
皋兰县	Gaolan	28930	107296	庆城县	Qingcheng	37026	172711
榆中县	Yuzhong	42216	190661	环　县	Huanxian	37706	250143
嘉峪关市	**Jiayuguan**	**158162**	**220571**	华池县	Huachi	29400	156713
金昌市	**Jinchang**	**179918**	**503214**	合水县	Heshui	19164	133239
金川区	Jinchuan	40635	102593	正宁县	Zhengning	14710	133939
永昌县	Yongchang	32402	207467	宁　县	Ningxian	20010	224563
白银市	**Baiyin**	**259975**	**1149439**	镇原县	Zhenyuan	32413	246778
白银区	Baiyin	63495	156531	**定西市**	**Dingxi**	**215438**	**1802643**
平川区	Pingchuan	43868	131547	安定区	Anding	34018	239814
靖远县	Jingyuan	28687	233345	通渭县	Tongwei	13313	209581
会宁县	Huining	21436	282504	陇西县	Longxi	44234	249335
景泰县	Jingtai	22813	148115	渭源县	Weiyuan	15556	192621
天水市	**Tianshui**	**318260**	**1793196**	临洮县	Lintao	41095	248105
秦州区	Qinzhou	69425	272045	漳　县	Zhangxian	13358	191890
麦积区	Maiji	41187	256606	岷　县	Minxian	21790	326878
清水县	Qingshui	12035	160671	**陇南市**	**Longnan**	**238900**	**1647185**
秦安县	Qinan	16993	214079	武都区	Wudu	41567	250914
甘谷县	Gangu	30547	224366	成　县	Chengxian	37677	146782
武山县	Wushan	14407	193749	文　县	Wenxian	20117	144999
张家川县	Zhangjiachuan	11549	160305	宕昌县	Tanchang	16490	206574
武威市	**Wuwei**	**221829**	**1507620**	康　县	Kangxian	13145	127554
凉州区	Liangzhou	87666	547100	西和县	Xihe	21978	176503
民勤县	Minqin	27508	255949	礼　县	Lixian	18234	251566
古浪县	Gulang	18331	245981	徽　县	Huixian	30633	126120
天祝县	Tianzhu	34400	279518	两当县	Liangdang	5408	64620
张掖市	**Zhangye**	**221355**	**1078852**	**临夏州**	**Linxia**	**142049**	**1554219**
甘州区	Ganzhou	64995	283971	临夏市	linxia	39456	206207
肃南县	Sunan	31704	121922	临夏县	linxia	12551	220072
民乐县	Minle	18988	148863	康乐县	Kangle	9003	161625
临泽县	Linze	20005	116422	永靖县	Yongjing	30986	186931
高台县	Gaotai	23429	129135	广河县	Guanghe	9842	131066
山丹县	Shandan	25160	146657	和政县	Hezheng	11804	140129
平凉市	**Pingliang**	**240938**	**1378637**	东乡县	Dongxiang	5518	184212
崆峒区	Kongtong	41773	236757	积石山县	Jishishan	10548	169330
泾川县	Jingchuan	31267	178564	**甘南州**	**Gannan**	**103291**	**1167721**
灵台县	Lingtai	10125	130168	合作市	Hezuo	17971	108415
崇信县	Chongxin	26506	93062	临潭县	Lintan	9094	175600
华亭县	Huating	57229	125484	卓尼县	Zhuoni	11505	176861
庄浪县	Zhuanglang	16590	215027	舟曲县	Zhouqu	11960	141747
静宁县	Jingning	14568	237371	迭部县	Diebu	10350	109902
酒泉市	**Jiuquan**	**322253**	**1051903**	玛曲县	Maqu	16158	99953
肃州区	Suzhou	53668	187796	碌曲县	Luqu	5403	83263
金塔县	Jinta	17167	107241	夏河县	Xiahe	9806	135514

8-9 金融机构本外币信贷资金平衡表
Balance Sheet of RMB and Foreign Currency Credit Funds of Financial Institutions

单位：亿元　　（年末余额）(year-end balance)　　(100 million yuan)

项目	Item	2010	2011	2012	2013	2014
资金来源合计	**Funds Sources**	**4808.35**	**8564.47**	**10282.82**	**11793.51**	**13757.12**
各项存款	Total Deposits	7146.66	8460.94	10129.69	12070.64	13957.98
单位存款	Corporate Deposits		3941.93	4729.11	5649.61	6669.40
#活期存款	Demand Deposits		2647.11	2987.78	3524.24	4029.30
定期存款	Time Deposits		818.70	1090.25	1213.17	1390.25
个人存款	Personal Deposits		4258.79	5112.09	6071.28	6886.02
#储蓄存款	Savings Deposits		4250.03	5070.22	5901.06	6696.24
财政性存款	Fiscal Deposits		187.87	200.74	230.02	306.92
临时性存款	Temporary Deposits		17.06	16.53	15.14	11.81
委托存款	Designated Deposits		19.58	25.25	40.92	20.71
其他存款	Other Deposits		35.71	45.97	63.67	63.12
金融债券	Financial Bonds		9.96	39.84	59.84	59.90
各项准备	Total Reserve Funds		162.30	197.64	254.03	320.75
所有者权益	Owner's Equity		279.89	392.46	553.49	761.30
#实收资本	Paid-in Capital		141.33	181.07	230.56	317.54
资金运用合计	**Funds Uses**	**4808.35**	**8564.47**	**10282.82**	**11793.51**	**13757.12**
各项贷款	Total Loans	4576.68	5736.20	7196.60	8822.23	11075.78
境内贷款	Domestic Loans		5718.31	7161.89	8783.16	11021.75
#短期贷款	Short-term Loans	1690.32	1970.54	2527.02	3272.78	3913.44
#个人贷款及透支	Personal Loans and Overdraft		432.91	612.03	922.06	1185.43
单位普通贷款及透支	Unit Ordinary Loans and Overdraft		1430.54	1764.37	2159.69	2585.81
中长期贷款	Medium-term & Long-term Loans	2728.71	3511.37	4220.71	5106.33	6454.35
#个人贷款	Personal Loans		799.54	1050.44	1357.52	1715.04
单位普通贷款	Corporate Ordinary Loans		2622.50	3000.39	3547.44	4504.70
境外贷款	Overseas Loans		17.89	34.71	39.08	54.04

注：1.2010、2011、2012、2013、2014 年的汇率分别为 6.6227、6.3009、6.2855、6.0969、6.1190。
2.2011 年起，《金融机构人民币信贷收支》分类项目调整，部分数据与 2010 年以前不可比（以下相关表同）。
3.2011 年企业存款改为"单位存款"，居民储蓄存款改为"个人存款"，与上年统计口径一致（以下相关表同）。

a) The exchange rate of 2010,2011,2012,2013,2014 were 6.6227,6.3009,6.2855,6.0969,6.1190.

b)Since 2011,classification in Sources & Uses of Credit Funds of Financial Institutions has been adjusted.Some data are not comparable with that before 2010.The same applies to the tables following.

c)In 2011,coporate deposits changes to corporate deposits;savings deposits changes to personal deposits.The statistical scopes keep the same as the previous year.The same applies to the tables following.

8-10 金融机构人民币信贷资金平衡表

Balance Sheet of RMB Credit Funds of Financial Institutions

单位：亿元　（年末余额）(year-end balance)　(100 million yuan)

项目	Item	2010	2011	2012	2013	2014
资金来源合计	**All Sources**	**7032.92**	**8417.48**	**10116.31**	**11649.61**	**13607.65**
# 各项存款	Total Deposits	7115.37	8394.04	10033.40	12029.66	13921.36
单位存款	Corporate Deposits		3892.71	4652.81	5630.51	6653.96
# 活期存款	Demand Deposits		2599.59	2915.29	3505.94	4016.10
定期存款	Time Deposits		818.56	1090.14	1213.08	1390.16
个人存款	Personal Deposits		4239.95	5091.69	6048.40	6863.91
# 储蓄存款	Savings Deposits		4231.41	5050.08	5878.47	6674.68
财政性存款	Fiscal Deposits		190.01	202.58	231.59	308.21
临时性存款	Temporary Deposits		16.09	15.10	14.57	11.46
委托存款	Designated Deposits		19.58	25.25	40.92	20.71
其他存款	Other Deposits		35.71	45.97	63.67	63.12
金融债券	Financial Bonds		9.96	39.84	59.84	59.90
各项准备	Total Reserve Funds		161.42	184.59	238.31	305.75
所有者权益	Owner's Equity		274.40	397.30	550.52	753.79
# 实收资本	Paid-in Capital		141.33	181.07	230.56	317.54
资金运用合计	**Funds Uses**	**7032.92**	**8417.48**	**10116.31**	**11649.61**	**13607.65**
# 各项贷款	Total Loans	4433.05	5468.81	6829.42	8430.08	10681.63
境内贷款	Domestic Loans	4433.05	5468.79	6829.40	8430.07	10681.62
# 短期贷款	Short-term Loans	1616.77	1761.74	2291.55	3030.80	3671.86
# 个人贷款及透支	Personal Loans and Overdraft	422.82	432.90	612.01	922.00	1185.33
单位贷款及透支	Unit Ordinary Loans and Overdraft	1146.00	1240.22	1552.94	1957.41	2364.33
中长期贷款	Medium-term & Long-term Loans	2700.94	3470.68	4123.71	4995.26	6355.81
# 个人贷款	Personal Loans	532.73	799.54	1050.44	1357.51	1714.99
单位贷款	Corporate Ordinary Loans	2107.38	2588.68	2962.93	3486.48	4443.69
境外贷款	Overseas Loans		0.02	0.01	0.01	0.01

8-11 金融机构外汇信贷资金平衡表

Balance Sheet of Foreign Exchange Credit Funds of Financial Institutions

单位：万美元　　（年末余额）(year-end balance)　　(USD 10 000)

项目	Item	2010	2011	2012	2013	2014
资金来源合计	**All Sources**	**220158**	**528293**	**682318**	**785668**	**802896**
# 各项存款	Total Deposits	47250	106173	153200	67214	59836
单位存款	Corporate Deposits		78118	121391	31333	25227
# 活期存款	Demand Deposits		75419	115330	30003	21569
定期存款	Time Deposits		230	172	140	136
个人存款	Personal Deposits		29902	32463	37531	36135
# 储蓄存款	Savings Deposits		29547	32034	37045	35243
财政性存款	Fiscal Deposits		-3387	-2925	-2572	-2099
临时性存款	Temporary Deposits		1540	2270	922	572
委托存款	Designated Deposits					
其他存款	Other Deposits		1	1		1
金融债券	Financial Bonds					
各项准备	Total Reserve Funds		1401	20767	25783	24518
所有者权益	Owner's Equity		8703	-7703	4883	12279
# 实收资本	Paid-in Capital					
资金运用合计	**Funds Uses**	**220158**	**528293**	**682318**	**785668**	**802896**
各项贷款	Total Loans	216879	424365	584169	643197	644139
境内贷款	Domestic Loans	196887	395998	528969	579124	555850
# 短期贷款	Short-term Loans	111064	331387	374625	396902	394807
# 个人贷款及透支	Personal Loans and Overdraft		20	36	100	162
单位普通贷款及透支	Unit Ordinary Loans and Overdraft		302047	336374	331778	361963
中长期贷款	Medium-term & Long-term Loans	21937	64588	154320	182172	161043
# 个人贷款	Personal Loans				6	86
单位普通贷款	Corporate Ordinary Loans		53669	59600	99990	99709
境外贷款	Overseas Loans	19993	28367	55200	64073	88289

注：2010、2011、2012、2013、2014 年的汇率分别为 6.6227、6.3009、6.2855、6.0969、6.1190。
a) The exchange rate of 2010,2011,2012,2013,2014 were 6.6227,6.3009,6.2855,6.0969,6.1190.

8-12 各地区金融机构人民币存款（2014）
RMB Deposits of Financial Institutions by Region（2014）

单位：万元 (10 000 yuan)

地区	Region	各项存款 Total Deposits	#单位存款 Corporate Deposits	活期 Demand Deposits	定期 Time Deposits	#个人存款 Personal Deposits	储蓄存款 Savings Deposits	#财政性存款 Fiscal Deposits
兰州市	Lanzhou	66175146	39962220	20959911	9441782	23696181	22629407	1749401
嘉峪关市	Jiayuguan	3308690	1988669	1040094	555257	1294916	1260627	22617
金昌市	Jinchang	2977783	1013360	512582	319437	1905354	1765008	50652
白银市	Baiyin	5784701	2327407	1328198	594139	3384698	3293932	66511
天水市	Tianshui	8973126	2658882	2063676	364892	6050221	5939744	254706
武威市	Wuwei	7043375	2251533	1460096	310915	4581291	4532960	196758
张掖市	Zhangye	5005079	1827195	1253244	349299	3043366	2940882	124361
平凉市	Pingliang	6236203	1955129	1517509	236043	4099632	4028658	164386
酒泉市	Jiuquan	8376064	3584103	2193542	925327	4638132	4531050	120744
庆阳市	Qingyang	6693094	2039799	1667538	223713	4519311	4491289	75365
定西市	Dingxi	5920874	2234763	1965577	170661	3646170	3621415	29552
陇南市	Longnan	6255351	2274604	2040374	190607	3882770	3849767	96627
临夏州	Linxia	3995634	1206877	1013203	151213	2705141	2685670	81142
甘南州	Gannan	2468506	1215056	1145490	68337	1191940	1176365	49238

8-13 各地区金融机构人民币贷款（2014）
RMB Loans of Financial Institutions by Region(2014)

单位：万元 (10 000 yuan)

地区	Region	各项贷款 Total Loans	境内贷款 Domestic Loans	#短期贷款 Short-term Loans	#个人贷款及透支 Personal Loans and Overdraft	#单位普通贷款及透支 Unit Ordinary Loans and Overdraft	#中长期贷款 Medium-term & Long-term Loans	#个人贷款 Personal Loans	#单位普通贷款 Unit Ordinary Loans	境外贷款 Overseas Loans
兰州市	Lanzhou	56127233	56127116	15420684	3530164	11261370	34578330	4597850	28180472	117
嘉峪关市	Jiayuguan	3573168	3573168	2638419	123441	2131491	798860	307563	491297	
金昌市	Jinchang	2238381	2238381	1045021	344288	678235	1087210	382319	693241	
白银市	Baiyin	3789256	3789256	1950823	589988	1289139	1782339	847952	923888	
天水市	Tianshui	4737240	4737240	1264190	476146	779394	3470676	1165298	2300218	
武威市	Wuwei	5276139	5276139	1756942	623514	1117128	3510865	1448573	2042942	
张掖市	Zhangye	3907206	3907206	1681869	777411	899708	2215723	1313199	891524	
平凉市	Pingliang	3981968	3981968	1405811	450599	920058	2562416	1205958	1354940	
酒泉市	Jiuquan	5854596	5854596	2559031	992271	1547827	3232659	699859	2455556	
庆阳市	Qingyang	4475428	4475423	1600347	817937	763050	2874876	1458868	1415008	5
定西市	Dingxi	4288943	4288943	2081199	1019790	1061409	2195791	1159489	1029402	
陇南市	Longnan	3765244	3765244	1093102	524086	558816	2668214	1448399	1192874	
临夏州	Linxia	3105406	3105406	1832949	1300498	530636	1272161	614650	657511	
甘南州	Gannan	1696134	1696134	388198	283172	105026	1307936	499904	808033	

8-14 保险事业发展情况
Insurance Business Development

项目	Item	2010	2011	2012	2013	2014
保险事业机构（个）	**Number of Insurance Institution(unit)**	**1242**	**1276**	**1300**	**1409**	**1489**
省　级	Provincial	21	23	23	23	24
地市级	Prefecture	146	156	175	203	216
县　级	County	1075	1097	1102	1183	1249
财产保险	Property Insurance	491	512	547	636	704
人身保险	Life Insurance	751	764	753	773	785
年末实有职工人数（人）	**Number of Employed Persons at Year-end (person)**	**53787**	**57497**	**55237**	**60632**	**66680**
财产保险	Property Insurance	10357	12700	13749	15198	17309
人身保险	Life Insurance	43430	44797	41488	45434	49371

注：本表指标均按公司类型划分。
a)Indicators of this table are divided on the type of companies.

8-15 保险业务情况
Major Indicators of Insurance Business

单位：万元　　(10 000 yuan)

项　目	Item	2010	2011	2012	2013	2014
保费收入	**Premium Income**	**1463354**	**1409270**	**1587675**	**1801518**	**2084377**
财产保险	Property Insurance	388224	464949	559391	683428	799952
#机动车辆险	Motor Vehicle Insurance	314573	369357	435063	524060	619364
企业财产险	Enterprise Property Insurance	30129	36633	38303	40501	38852
家庭财产险	Family Property Insurance	1165	1248	890	1352	1729
人身保险	Life Insurance	1075130	944321	1028284	1118090	1284425
寿　险	Life Insurance	989821	841570	908419	957826	1064392
健康险	Health Insurance	58756	68436	82566	110899	156592
意外伤害险	Accidents Insurance	26553	34315	37300	49365	63441
赔付支出	**Payment**	**311829**	**381962**	**481825**	**671386**	**844192**
财产保险	Property Insurance	163246	193968	269345	326586	389215
#机动车辆险	Motor Vehicle Insurance	132848	156905	209064	251538	304283
企业财产险	Enterprise Property Insurance	14974	16223	19738	19812	18736
家庭财产险	Family Property Insurance	253	241	322	448	508
人身保险	Life Insurance	148583	187994	212480	344800	454977
寿　险	Life Insurance	118911	156872	176974	293814	387742
健康险	Health Insurance	21221	21399	24541	38561	49723
意外伤害险	Accidents Insurance	8451	9723	10966	12424	17512

主要指标解释

财政收入 指国家财政参与社会产品分配所取得的收入，是实现国家职能的财力保证。主要包括：

（1）各项税收：包括国内增值税、国内消费税、进口货物增值税和消费税、出口货物退增值税和消费税、营业税、企业所得税、个人所得税、资源税、城市维护建设税、房产税、印花税、城镇土地使用税、土地增值税、车船税、船舶吨税、车辆购置税、关税、耕地占用税、契税、烟叶税等。

（2）非税收入：包括专项收入、行政事业性收费、罚没收入和其他收入。

财政支出 指国家财政将筹集起来的资金进行分配使用，以满足经济建设和各项事业的需要。主要包括：

（1）一般公共服务：指政府提供基本公共管理与服务的支出，包括人大事务、政协事务、政府办公厅（室）及相关机构事务、发展与改革事务、统计信息事务、财政事务、税收事务、审计事务、海关事务、人力资源事务、纪检监察事务、人口与计划生育事务、商贸事务、知识产权事务、工商行政管理事务、国土资源事务、海洋管理事务、测绘事务、地震事务、气象事务、民族事务、宗教事务、港澳台侨事务、档案事务、共产党事务、民主党派事务及工商联事务、群众团体事务、彩票事务等。

（2）外交：指政府外交事务支出，包括外交行政管理、驻外机构、对外援助、国际组织、对外合作与交流、边界勘界联检等方面的支出。

（3）国防：指政府用于国防方面的支出，包括用于现役部队、预备役部队、民兵、国防科研事业、专项工程、国防动员等方面的支出。

（4）公共安全：指政府维护社会公共安全方面的支出，包括武装警察、公安、国家安全、检察、法院、司法行政、监狱、劳教、国家保密、缉私警察等。

（5）教育：指政府教育事务支出，包括教育行政管理、学前教育、小学教育、初中教育、普通高中教育、普通高等教育、初等职业教育、中专教育、技校教育、职业高中教育、高等职业教育、广播电视教育、留学生教育、特殊教育、干部继续教育、教育机关服务等。

（6）科学技术：指用于科学技术方面的支出，包括科学技术管理事务、基础研究、应用研究、技术研究与开发、科技条件与服务、社会科学、科学技术普及、科技交流与合作等。

（7）文化教育与传媒：指政府在文化、文物、体育、广播影视、新闻出版等方面的支出。

（8）社会保障和就业：指政府在社会保障与就业方面的支出，包括社会保障和就业管理事务、民政管理事务、财政对社会保险基金的补助、补充全国社会保障基金、行政事业单位离退休、企业改革补助、就业补助、抚恤、退役安置、社会福利、残疾人事业、城市居民最低生活保障、其他城镇社会救济、农村社会救济、自然灾害生活救助、红十字事务等。

（9）医疗卫生：指政府医疗卫生方面的支出，包括医疗卫生管理事务支出、医疗服务支出、医疗保障支出、疾病预防控制支出、卫生监督支出、妇幼保健支出、农村卫生支出等。

（10）环境保护：指政府环境保护支出，包括环境保护管理事务支出、环境监测与监察支出、污染治理支出、自然生态保护支出、天然林保护工程支出、退耕还林支出、风沙荒漠治理支出、退牧还草支出、已垦草原退耕还草、能源节约利用、污染减排、可再生能源和资源综合利用等支出。

（11）城乡社区事务：指政府城乡社区事务支出，包括城乡社区管理事务支出、城乡社区规划与管理支出、城乡社区公共设施支出、城乡社区住宅支出、城乡社区环境卫生支出、建设市场管理与监督支出等。

（12）农林水事务：指政府农林水事务支出，包括农业支出、林业支出、水利支出、扶贫支出、农业综合开发支出等。

（13）交通运输：指政府交通运输和邮政业方面的支出，包括公路运输支出、水路运输支出、铁路运输支出、民用航空运输支出、邮政业支出等。

（14）工业商业金融等事务：指政府对工业、商业及金融等方面的支出，包括采掘业支出、制造业支出、建筑业支出、工业和信息产业监管支出、国有资产监管支出、商业流通事务支出、金融业监管支出、旅游业管理与服务支出等。

信贷资金 指金融机构以信用方式积聚和分配的货币资金。金融机构信贷资金的来源有各项存款、金融债券、对国际金融机构负债、流通中现金、其他项目等；信贷资金的运用有各项贷款、有价证券及投资、金银占款、外汇占款、财政借款及在国际金融机构中的资产等。

存款 指企业、机关、团体或居民根据资金必须收回的原则，把货币资金存入银行或其他信贷机构保管并取得一定利息的一种信用活动形式。根据存款对象或性质的不同可划分为企业存款、财政存款、机关团体存款、城乡储蓄存款、农业存款、信托及委托类存款、其他存款等科目。它是银行信贷资金的主要来源。

贷款 指银行或其他信贷机构根据资金必须归还的原则，按一定利率，为企业、个人等提供资金的一种信用活动形式。我国银行贷款分为短期贷款、委托及信托类贷款、其他类贷款等。

保险公司 在中国境内的、经过保险监督管理部门批准设立，并依法登记注册的各类商业保险公司。

保险金额 指保险人承担赔偿或者给付保险金责任的最高限额。

保费 指投保人为取得保险人在约定范围内所承担赔偿责任而支付给保险人的费用。

赔款 指保险人根据保险合同的规定，向被保险人支付的赔偿保险责任损失的金额。

给付 包括死伤医疗给付和满期给付。死伤医疗给付是指保险人根据人寿保险及长期健康保险合同的规定，因被保险人在保险期内发生保险责任范围内的保险事故支付给被保险人（或受益人）的金额。满期给付是指被保险人生存期满，保险人按人寿保险合同规定支付给被保险人的满期保险金额。

9

价格

Prices

简要说明

一、本篇资料的主要内容

本篇资料反应生产、流通、消费与投资等环节的价格变动趋势和变动幅度。主要包括居民消费价格指数、商品零售价格指数、农业生产资料价格指数、农产品生产价格指数、工业生产者出厂价格指数、工业生产者购进价格指数、固定资产投资价格指数等。

二、本篇资料的来源

1. 居民消费、商品零售和农业生产资料价格指数来源于流通和消费价格统计调查年报，由国家统计局甘肃调查总队消费价格调查处整理提供。

2. 工业生产者出厂、购进、固定资产投资、房地产等价格指数来源于价格统计调查年报，由国家统计局甘肃调查总队生产投资价格调查处整理提供。

9-1 历年各种价格指数

Price Indices

（上年 =100） （preceding year=100）

年份 Year	居民消费价格指数 Consumer Price Index	城市 Urban Indices	农村 Rural Indices	商品零售价格指数 Retail Price Index	农业生产资料价格指数 Price Index for Means of Agricultural Production	工业生产者出厂价格指数 Producer Price Index for Industrial Products	工业生产者购进价格指数 Purchasing Price Index for Industrial Producers	固定资产投资价格指数 Price Index for Investment in Fixed Assets
1978	100.6	100.8		100.5	100.2			
1979	101.1	101.1	101.0	100.8	100.2			
1980	104.2	105.2	102.7	104.1	100.2			
1981	101.7	102.2	100.7	101.6	99.8			
1982	101.1	101.1	101.1	101.2	101.3			
1983	100.4	100.4	100.4	100.6	104.4			
1984	102.5	103.3	101.5	103.0	108.3			
1985	109.2	110.6	107.1	108.5	104.6			
1986	106.6	107.0	106.0	106.0	100.6			
1987	107.6	108.4	106.5	107.4	104.8			
1988	119.1	120.6	116.0	118.6	114.3			
1989	117.9	118.2	117.6	116.4	113.7			
1990	103.2	101.9	104.7	103.4	111.2			105.6
1991	104.9	105.7	104.5	104.6	104.5	104.2		109.0
1992	107.2	107.3	106.4	105.8	106.7	110.3		117.4
1993	115.4	115.2	115.8	113.0	120.1	125.3		126.2
1994	123.7	124.6	123.5	122.5	123.2	121.2		112.6
1995	119.8	118.9	120.3	116.5	129.6	115.0	113.7	109.4
1996	110.2	110.3	109.7	106.6	110.7	104.4	107.6	104.9
1997	102.9	102.8	102.9	101.6	101.4	105.0	102.2	102.7
1998	99.0	99.0	98.9	98.2	96.3	95.2	96.4	100.3
1999	97.6	97.2	98.2	97.2	95.8	98.2	98.3	101.0
2000	99.5	99.2	100.1	99.1	103.9	107.2	111.8	102.5
2001	104.0	103.0	105.5	99.6	98.6	98.5	101.4	102.0
2002	100.0	99.3	100.9	98.9	100.4	97.9	98.4	100.2
2003	101.1	100.9	101.4	100.2	101.8	110.0	105.6	101.7
2004	102.3	101.3	104.3	102.1	107.4	114.3	112.5	105.5
2005	101.7	101.2	103.0	99.9	109.0	109.6	109.9	102.2
2006	101.3	101.2	101.4	101.2	104.4	109.8	108.8	104.1
2007	105.5	105.2	106.3	104.4	107.1	105.5	104.3	102.8
2008	108.2	108.0	108.7	107.9	114.7	104.9	110.2	106.7
2009	101.3	100.9	102.2	101.8	99.0	91.0	90.5	101.5
2010	104.1	104.4	103.6	104.6	101.7	115.0	114.4	103.5
2011	105.9	106.0	105.7	105.4	107.6	111.0	115.1	104.7
2012	102.7	102.5	103.1	102.6	105.2	96.8	98.7	102.1
2013	103.2	103.0	103.4	102.6	102.1	96.9	97.8	100.4
2014	102.1	102.2	102.1	101.7	99.0	96.7	97.6	100.1

注：2011 年以前，工业生产者出厂价格指数为工业品出厂价格指数，工业生产者购进价格指数为原材料、燃料和动力购进价格指数。（下表同）

a) Before 2011,data of industrial producer price index data refer to producer price index for manufactured goods, data of industrial producer purchase price index refer to purchasing price index for raw material,fuel and power. (The same applies to the tables following)

9-2 历年各种价格定基指数
Fixed-based Price Indices

（1978 年 =100）　　(year of 1978 =100)

年份 Year	居民消费价格指数 Consumer Price Index	城市 Urban Indices	农村 Rural Indices	商品零售价格指数 Retail Price Index	农业生产资料价格指数 Price Index for Means of Agricultural Production
1978	100.0	100.0	100.0	100.0	100.0
1979	101.1	101.1	101.0	100.8	100.2
1980	105.3	106.4	103.7	104.9	100.4
1981	107.1	108.7	104.5	106.6	100.2
1982	108.3	109.9	105.6	107.9	101.5
1983	108.7	110.3	106.0	108.5	106.0
1984	111.5	113.9	107.6	111.7	114.8
1985	121.7	126.1	115.3	121.2	120.0
1986	129.8	134.9	122.2	128.5	120.8
1987	139.6	146.2	130.1	137.9	126.6
1988	166.3	176.3	150.9	163.6	144.7
1989	196.1	208.4	177.5	190.5	164.5
1990	202.3	212.4	185.8	196.9	182.9
1991	212.2	224.5	194.2	206.0	191.1
1992	227.5	240.9	206.6	217.9	203.9
1993	262.6	277.5	239.3	246.4	244.9
1994	324.8	345.7	295.5	301.8	301.8
1995	389.1	411.1	355.5	351.6	391.1
1996	428.8	453.4	389.9	374.8	432.9
1997	441.2	466.1	401.3	380.8	439.0
1998	436.8	461.5	396.9	373.9	422.7
1999	426.3	448.5	389.7	363.2	405.0
2000	424.2	444.9	390.1	360.2	420.8
2001	441.2	458.3	411.6	358.8	414.9
2002	441.2	455.1	415.3	354.9	416.5
2003	446.1	459.2	421.1	355.6	424.0
2004	456.4	465.2	439.2	363.1	455.4
2005	464.2	470.8	452.4	362.7	496.4
2006	470.2	476.4	458.7	367.1	518.2
2007	496.1	501.2	487.1	383.4	555.0
2008	536.8	541.3	529.5	413.7	636.6
2009	543.8	546.2	541.2	421.2	630.2
2010	566.1	570.2	560.7	440.6	640.9
2011	599.5	604.4	592.7	464.4	689.6
2012	615.7	619.5	611.1	476.5	725.5
2013	635.4	638.1	631.9	488.9	740.7
2014	648.7	652.1	645.1	497.2	739.9

9-3 居民消费价格分类指数（2014）
Consumer Price Indices by Category（2014）

（上年=100） (preceding year=100)

项目	Item	全省 Provincal Indices	城市 Urban Indices	农村 Rural Indices
居民消费价格指数	**Consumer Price Index**	**102.1**	**102.2**	**102.1**
食品	**Food**	**103.6**	**103.7**	**103.6**
粮食	Grain	104.2	104.1	104.4
#大米	Rice	102.0	101.0	103.3
面粉	Flour	104.2	103.0	105.6
淀粉及制品	Starches and Processed Product	101.9	102.2	101.6
干豆类及豆制品	Beans and Bean Products	102.6	101.8	103.9
油脂	Oil or Fat	98.3	97.8	98.8
肉禽及其制品	Meal, Poultry and Processed Products	100.3	99.7	101.3
蛋	Eggs	109.1	110.4	106.2
水产品	Aquatic Products	103.2	103.0	103.9
菜	Vegetables	102.2	105.9	94.9
#鲜菜	Fresh Vegetables	102.1	106.0	93.3
调味品	Flavoring	115.0	107.4	119.6
糖	Sugar	99.4	99.7	99.0
茶及饮料	Tea and Beverages	101.0	99.5	102.7
茶叶	Tea	100.5	100.2	100.8
饮料	Beverages	101.3	99.0	104.3
干鲜瓜果	Dried and Fresh Melons and Fruits	114.2	114.5	113.4
#鲜果	Fresh Fruits	119.1	120.4	116.4
糕点饼干面包	Cake，Biscuit and Bread	102.6	101.7	104.1
液体乳及乳制品	Milk and Its Products	109.3	110.8	105.2
在外用膳食品	Dining Out	102.7	101.7	104.4
其它食品	Other Foods	104.6	103.5	107.6
烟酒	**Tobacco,Liquor**	**99.9**	**99.5**	**100.2**
烟草	Tobacco	100.1	100.1	100.0
酒	Liquor	99.5	98.5	100.5
衣着	**Clothing**	**102.4**	**102.6**	**102.0**
服装	Garments	102.5	103.0	101.5
衣着材料	Clothing Material	106.4	102.7	110.6
鞋袜帽	Footgear and Hats	101.6	101.3	102.1
#鞋	Shoes	101.7	101.3	101.7
衣着加工服务费	Clothing Manufacturing Services	102.8	101.7	106.1
家庭设备用品及维修服务	**Household Facilities,Articles and Services**	**102.2**	**101.6**	**103.3**
耐用消费品	Durable Consumer Goods	101.1	101.4	100.5
家具	Furniture	101.6	102.6	100.1
家庭设备	Household Facilities	100.6	100.6	100.8

9-3 续表 continued

（上年 =100）

(preceding year =100)

项目	Item	全省 Provincal Indices	城市 Urban Indices	农村 Rural Indices
室内装饰品	Interior Decorations	103.1	103.2	102.9
床上用品	Bed Articles	99.7	98.6	102.1
家庭日用杂品	Daily Use Household Articles	101.4	101.2	102.1
家庭服务及加工维修服务	Household Services and Maintenance and Renovation	111.6	112.4	111.3
医疗保健和个人用品	**Health Care and Personal Articles**	**101.2**	**101.0**	**101.7**
医疗保健	Health Care	101.6	101.8	101.4
医疗器具及用品	Medical Instrument and Articles	100.0	100.1	99.8
中药材及中成药	Traditional Chinese Medicine	105.6	105.1	106.4
西药	Western Medicine	101.2	101.7	100.4
保健器具及用品	Health Care Appliances and Articles	102.4	102.7	100.7
医疗保健服务	Health Care Services	98.7	99.0	98.5
个人用品及服务	Personal Articles and Services	100.1	99.0	102.8
化妆美容用品	Cosmetics	102.2	101.6	103.5
清洁化妆用品	Sanitation Articles	101.7	100.9	103.2
个人饰品	Personal Ornaments	97.2	97.0	98.0
个人服务	Personal Services	104.9	102.2	110.1
交通和通信	**Transportation and Communication**	**100.0**	**99.6**	**100.6**
交通	Transportation	100.9	100.5	101.4
交通工具	Transportation Facility	101.5	99.8	102.8
车用燃料及零配件	Fuels and Parts	99.5	98.8	99.8
车辆使用及维修费	Fees for Vehicles Use and Maintenance	105.4	105.3	105.6
市区公共交通费	Incity Traffic Fare	101.0	100.5	103.0
城市间交通费	Intercity Traffic Fare	100.5	100.7	100.3
通信	Communication	99.0	98.7	99.4
通信工具	Communication Facility	93.4	90.6	96.9
通信服务	Communication Service	99.8	99.8	100.0
娱乐教育文化用品及服务	**Recreation, Education and Culture Articles**	**101.4**	**101.5**	**101.2**
文娱用耐用消费品及服务	Durable Consumer Goods for Cultural and Recreational Use and Services	97.9	97.7	98.3
教育	Education	102.0	102.6	101.5
教材及参考书	Teaching Materials and Reference Books	101.6	102.3	101.6
教育服务	Educational Services	102.0	102.7	102.0
文化娱乐	Cultural and Recreational	101.0	100.9	101.1
文化娱乐用品	Cultural and Recreational Articles	100.2	99.7	100.2
书报杂志	Newspapers and Magazines	100.6	101.1	100.6
文娱费	Expenditure on Culture and Recreation	101.3	101.1	101.3
旅游	Touring and Outing	104.3	103.5	111.1
居住	**Residence**	**101.5**	**101.9**	**100.7**
建房及装修材料	Building and Building Decoration Materials	100.5	100.4	100.6
住房租金	Renting	103.0	104.1	101.5
自有住房	Private Housing	102.4	102.7	101.2
水、电、燃料	Water, Electricity and Fuels	99.9	99.9	99.9

9-4 历年居民消费价格指数
Consumer Price Index

（上年 =100） (preceding year =100)

项目	Item	2010	2011	2012	2013	2014
居民消费价格指数	**Consumer Price Index**	**104.1**	**105.9**	**102.7**	**103.2**	**102.1**
食品	**Food**	**109.4**	**111.4**	**104.1**	**105.6**	**103.6**
＃粮食	Grain	120.8	110.5	102.3	106.9	104.2
油脂	Oil or Fat	101.0	114.1	104.5	101.0	98.3
肉禽及其制品	Meal, Poultry and Processed Products	105.2	122.4	104.2	104.4	100.3
蛋	Eggs	109.1	116.0	97.4	107.3	109.1
水产品	Aquatic Products	108.8	109.1	105.2	101.4	103.2
菜	Vegetables	109.8	103.4	108.5	108.4	102.2
干鲜瓜果	Dried and Fresh Melons and Fruits	117.1	115.1	98.0	102.9	114.2
烟酒	**Tobacco,Liquor**	**102.8**	**101.8**	**103.0**	**101.0**	**99.9**
衣着	**Clothing**	**100.0**	**101.3**	**102.6**	**102.7**	**102.4**
家庭设备用品及维修服务	**Household Facilities,Articles and Services**	**100.6**	**101.6**	**101.1**	**101.8**	**102.2**
医疗保健个人用品	**Health Care and Personal Articles**	**103.5**	**105.8**	**103.8**	**102.1**	**101.2**
交通和通信	**Transportation and Communication**	**99.3**	**101.1**	**100.4**	**100.0**	**100.0**
＃交通工具	Transportations Facility	99.5	100.5	100.4	100.4	101.5
通信工具	Communication Facility	84.1	92.8	94.2	92.7	93.4
通信服务	Communication Services	99.7	100.1	99.8	99.1	99.8
娱乐教育文化用品及服务	**Recreation, Education and Culture Articles**	**100.4**	**102.9**	**101.0**	**101.6**	**101.4**
＃教材及参考书	Teaching Materials and Reference Books	105.0	104.8	100.3	100.8	101.6
文化娱乐用品	Cultural and Recreational Articles	99.8	99.9	100.4	99.7	100.2
居住	**Residence**	**104.1**	**105.7**	**101.8**	**102.7**	**101.5**

9-5 各地区居民消费价格指数（2014）
Consumer Price Indices by Prefecture (2014)

(上年=100) (preceding year =100)

地区	Region	居民消费价格指数 Consumer Price Index	食品 Food	烟酒及用品 Tobacco, Liquor and Article	衣着 Clothing	家庭设备用品及维修服务 Household Facilities, Articles and Services	医疗保健和个人用品 Health Care and Personal Articles	交通和通讯 Transporta-tion and Communica-tion	娱乐教育文化用品及服务 Recreation, Education and Culture Articles	居住 Residence
兰州市	Lanzhou	102.2	104.4	99.2	103.7	101.5	100.6	99.8	101.5	99.7
嘉峪关市	Jiayuguan	102.6	104.6	100.6	101.3	100.4	103.4	101.1	100.6	102.2
金昌市	Jinchang	101.6	101.4	99.6	103.9	104.6	102.9	100.2	100.5	100.1
白银市	Baiyin	101.9	103.8	99.7	99.8	99.2	99.7	100.1	101.5	102.7
天水市	Tianshui	102.2	104.9	100.2	100.7	101.9	99.8	100.0	100.6	101.3
武威市	Wuwei	101.6	101.2	100.0	103.4	100.0	101.4	100.0	105.1	100.2
张掖市	Zhangye	102.6	104.6	101.2	97.5	102.9	102.7	101.1	102.4	102.9
平凉市	Pingliang	101.8	103.0	96.5	99.5	100.7	102.6	97.6	102.4	104.1
酒泉市	Jiuquan	102.4	104.0	99.9	103.9	103.1	103.0	99.6	100.3	100.1
庆阳市	Qingyang	101.9	104.1	99.8	99.6	101.1	100.5	99.7	105.5	99.5
定西市	Dingxi	102.4	103.7	97.6	103.8	101.6	102.7	101.6	101.0	102.1
陇南市	Longnan	102.4	102.9	101.4	99.7	100.0	103.5	102.3	104.2	102.3
临夏州	Linxia	101.5	104.3	100.1	98.3	103.1	101.6	98.8	99.4	99.5
甘南州	Gannan	102.8	103.9	100.5	103.6	104.4	101.5	101.9	100.7	102.4

注：本表数据为各市、州调查点数据，不完全代表各市、州价格总水平。

a) Data in this table are obtained from the sampling points in municipalities and prefectures, not entirely represent the general level of prices of them .

9-6 商品零售价格分类指数（2014）
Retail Price Indices by Category of Commodities（2014）

（上年=100）　　(preceding year =100)

项目	Item	全省 Provincal	城市 Urban Indices	农村 Rural Indices
商品零售价格指数	**Retail Price Index**	**101.7**	**101.6**	**102.0**
食品	**Food**	**103.8**	**103.9**	**103.5**
#粮食	Grain	104.1	104.0	104.2
油脂	Oil or Fat	98.3	98.6	97.7
肉禽及其制品	Meats, Poultry and Processed Products	100.0	99.6	101.2
蛋	Eggs	110.1	110.6	109.2
水产品	Aquatic Products	101.8	102.3	100.0
菜	Vegetables	103.1	105.5	95.0
调味品	Flavoring	111.5	108.1	116.6
糖	Sugar	99.7	99.1	100.5
干鲜瓜果	Dried and Fresh Melons and Fruits	114.9	114.9	114.9
糕点饼干面包	Cake, Biscuit and Bread	102.4	101.7	104.7
液体乳及乳制品	Milk and Its Products	110.3	111.3	106.1
在外用餐食品	Outward Dinner Food	102.4	101.7	104.1
饮料、烟酒	**Beverages, Tobacco and Liquor**	**99.4**	**99.3**	**100.0**
茶及饮料	Tea and Beverages	99.7	99.0	102.0
烟草	Tobacco	100.1	100.1	100.0
酒	Liquor	98.4	98.2	99.1
服装、鞋帽	**Garments, Shoes and Hats**	**102.5**	**102.8**	**101.6**
#服装	Garments	103.0	103.5	102.0
鞋袜帽	Footgear and Hats	101.1	101.3	100.8
纺织品	**Textiles**	**102.6**	**100.9**	**105.7**
衣着材料	Clothing Material	105.5	103.3	110.5
床上用品	Bed Articles	100.6	98.9	103.2
家用电器及音像器材	**Household Appliances,Music and Video Equipment**	**99.5**	**99.4**	**99.6**
文化办公用品	**Cultural and Office Appliances**	**99.6**	**99.5**	**99.8**
日用品	**Articles for Daily Use**	**101.8**	**101.0**	**103.6**
#日用百货	General Merchandise for Daily Use	102.3	100.3	104.2
日用杂品	Miscellaneous for Daily Use	100.8	100.4	101.9
体育娱乐用品	**Sports and Recreation Articles**	**100.7**	**101.1**	**99.9**
交通、通信用品	**Transportation and Communication Appliances**	**96.9**	**95.4**	**99.8**
家具	**Furniture**	**102.0**	**102.6**	**100.8**
化妆品	**Cosmetics**	**102.4**	**101.6**	**104.2**
金银珠宝	**Jewelry**	**92.2**	**92.5**	**91.6**
中西药品及医疗保健用品	**Traditional Chinese and Western Medicines and Health Care Articles**	**103.2**	**103.1**	**103.3**
#中药材及中成药	Traditional Chinese Medicine	105.6	105.2	106.6
西药	Western Medicine	101.1	101.4	100.6
书报杂志及电子出版物	**Books,Newpapers,Magazines and Electronic Publications**	**100.8**	**100.7**	**100.9**
燃料	**Fuels**	**99.0**	**98.9**	**99.1**
建筑材料及五金电料	**Building Materials and Hardware**	**100.4**	**99.9**	**101.4**

9-7 历年商品零售价格指数
Retail Price Indices

（上年=100） (preceding year =100)

项目	Item	2010	2011	2012	2013	2014
商品零售价格指数	**Retail Price Index**	**104.6**	**105.4**	**102.6**	**102.6**	**101.7**
食品	**Food**	**109.7**	**111.3**	**104.3**	**106.2**	**103.8**
#粮食	Grain	122.2	110.8	102.4	107.4	104.1
油脂	Oil or Fat	99.4	112.5	104.5	100.6	98.3
肉禽及其制品	Meats, Poultry and Processed Products	104.6	122.5	103.8	104.2	100.0
蛋	Eggs	109.3	114.5	97.7	107.5	110.1
水产品	Aquatic Products	108.3	108.7	105.2	101.4	101.8
菜	Vegetables	110.8	103.6	109.6	108.8	103.1
调味品	Flavoring	105.2	105.5	105.9	108.2	111.5
糖	Sugar	109.3	115.2	103.2	100.6	99.7
干鲜瓜果	Dried and Fresh Melons and Fruits	117.0	116.1	98.1	102.9	114.9
糕点饼干面包	Cake, Biscuit and Bread	102.9	109.9	102.7	102.5	102.4
液体乳及乳制品	Milk and Its Products	102.4	102.3	102.6	105.8	110.3
在外用餐食品	Outward Dinner Food	106.2	110.0	106.5	108.7	102.4
饮料、烟酒	**Beverages, Tobacco and Liquor**	**103.6**	**103.2**	**103.6**	**100.7**	**99.4**
茶及饮料	Tea and Beverages	102.0	103.5	102.9	102.1	99.7
烟草	Tobacco	100.2	100.1	100.1	99.9	100.1
酒	Liquor	108.3	108.4	109.6	101.3	98.4
服装、鞋帽	**Garments, Shoes and Hats**	**99.7**	**100.5**	**103.2**	**102.8**	**102.5**
#服装	Garments	100.4	100.5	103.8	103.4	103.0
鞋袜帽	Footgear and Hats	97.9	100.6	101.9	101.5	101.1
纺织品	**Textiles**	**100.8**	**102.1**	**101.8**	**101.5**	**102.6**
衣着材料	Clothing Material	101.7	106.6	102.1	102.7	105.5
床上用品	Bed Articles	100.1	99.2	101.7	100.8	100.6
家用电器及音像器材	**Household Appliances,Music and Video Equipment**	**98.0**	**98.1**	**98.7**	**97.8**	**99.5**
文化办公用品	**Cultural and Office Appliances**	**98.6**	**99.7**	**99.9**	**99.9**	**99.6**
日用品	**Articles for Daily Use**	**100.2**	**102.9**	**102.3**	**102.1**	**101.8**
#日用百货	General Merchandise for Daily Use	100.7	102.9	101.6	101.5	102.3
日用杂品	Miscellaneous for Daily Use	100.7	104.9	101.1	101.3	100.8
体育娱乐用品	**Sports and Recreation Articles**	**100.1**	**100.1**	**100.2**	**101.3**	**100.7**
交通、通信用品	**Transportation and Communication Appliances**	**103.4**	**95.7**	**95.1**	**96.1**	**96.9**
家具	**Furniture**	**100.2**	**100.5**	**100.5**	**102.7**	**102.0**
化妆品	**Cosmetics**	**100.4**	**101.5**	**103.0**	**102.3**	**102.4**
金银珠宝	**Jewelry**	**111.4**	**114.5**	**105.6**	**91.4**	**92.2**
中西药品及医疗保健用品	**Traditional Chinese and Western Medicines and Health Care Articles**	**103.6**	**108.7**	**104.9**	**102.9**	**103.2**
#中药材及中成药	Traditional Chinese Medicine	106.9	119.8	108.3	104.2	105.6
西药	Western Medicine	101.9	101.9	102.7	101.9	101.1
书报杂志及电子出版物	**Books,Newpapers,Magazines and Electronic Publications**	**102.3**	**104.4**	**100.6**	**100.1**	**100.8**
燃料	**Fuels**	**111.1**	**110.7**	**102.6**	**100.5**	**99.0**
建筑材料及五金电料	**Building Materials and Hardware**	**102.3**	**101.8**	**100.4**	**100.8**	**100.4**

9-8 各地区商品零售价格指数（2014）
Retail Price Indices by Region (2014)

(上年 =100) (preceding year =100)

地区	Region	商品零售价格指数 Retail Price Index	食品 Food	饮料烟酒 Beverages, Tobacco and Liquor	服装鞋帽 Clothing, Shoes and Hats	纺织品 Textiles	家用电器及音像器材 Household Appliances, Music and Video Equipment	文化办公用品 Cultural and Office Appliances	日用品 Articles for Daily Use	体育娱乐用品 Sports and Recreation Articles
兰州市	Lanzhou	101.8	104.4	99.3	103.4	100.7	98.5	100.0	101.6	100.6
嘉峪关市	Jiayuguan	101.7	104.6	100.8	101.2	99.5	98.6	101.2	101.4	100.5
金昌市	Jinchang	100.7	100.8	100.9	103.7	98.2	99.8	100.3	100.2	103.7
白银市	Baiyin	101.0	103.9	99.7	99.7	98.1	98.5	99.4	100.8	100.3
天水市	Tianshui	101.9	104.4	100.2	100.7	102.0	100.2	99.9	100.4	99.1
武威市	Wuwei	100.7	101.2	100.0	103.2	100.0	98.2	101.0	100.5	99.9
张掖市	Zhangye	102.3	104.6	101.4	96.3	100.8	97.0	100.8	102.7	100.0
平凉市	Pingliang	101.3	103.1	98.3	100.7	96.2	99.4	99.1	101.7	100.0
酒泉市	Jiuquan	102.3	104.0	99.8	103.7	102.4	100.5	97.1	101.9	105.5
庆阳市	Qingyang	102.2	104.2	99.7	100.3	100.9	99.0	100.4	108.5	101.5
定西市	Dingxi	101.9	103.0	99.2	101.5	113.9	100.4	99.4	103.0	100.4
陇南市	Longnan	101.1	102.5	101.8	96.8	109.3	97.2	98.3	101.7	95.1
临夏州	Linxia	101.3	104.0	102.1	97.8	99.7	92.6	99.7	102.5	100.2
甘南州	Gannan	102.4	104.0	100.5	103.9	104.5	100.5	99.9	102.0	99.2

注：本表数据为各市、州调查点数据，不完全代表各市、州价格总水平。

a) Data in this table are obtained from the sampling points in municipalities and prefectures, not entirely represent the general level of prices of them.

9–8 续表 continued

(上年 =100) (preceding year =100)

地区	Region	交通、通信用品 Transportation and Communication Appliances	家具 Furniture	化妆品 Cosmetics	金银珠宝 Gold,Sliver and Jewelery	中西药品及医疗保健用品 Traditional Chinese and Western Medicines and Health Care Articles	书报杂志及电子出版物 Books,Newpapers, Magazines and Electronic Publications	燃料 Fuels	建筑材料及五金电料 Building Materials and Hardware
兰州市	Lanzhou	97.5	100.7	103.1	92.7	101.2	99.8	99.3	100.8
嘉峪关市	Jiayuguan	99.1	99.8	107.1	91.2	101.8	98.8	98.1	103.8
金昌市	Jinchang	100.6	103.2	99.3	91.8	100.8	101.5	100.3	100.1
白银市	Baiyin	99.1	99.4	100.0	91.8	100.2	100.1	97.2	100.2
天水市	Tianshui	97.6	99.4	99.8	94.9	105.3	100.1	93.9	100.5
武威市	Wuwei	100.0	100.0	100.6	92.2	101.3	99.1	99.5	99.0
张掖市	Zhangye	94.7	100.5	102.2	84.5	105.3	112.5	100.6	101.2
平凉市	Pingliang	95.1	106.4	100.8	96.5	103.7	102.8	99.5	100.1
酒泉市	Jiuquan	99.0	102.1	101.5	87.3	103.7	102.8	97.5	99.9
庆阳市	Qingyang	99.0	100.3	105.0	96.2	102.5	98.7	99.1	102.1
定西市	Dingxi	104.2	100.4	101.5	90.9	103.1	101.1	99.4	100.9
陇南市	Longnan	98.8	100.0	110.0	85.7	104.8	101.1	99.2	99.0
临夏州	Linxia	100.6	109.4	100.5	98.6	100.0	99.7	97.1	100.8
甘南州	Gannan	99.5	104.6	101.8	84.1	104.3	100.7	96.5	106.3

9-9 农业生产资料价格指数
Price Indices of Means Agricultural Production

（上年=100） (preceding year=100)

项目	Item	2010	2011	2012	2013	2014
农业生产资料价格指数	**General Index**	**101.7**	**107.6**	**105.2**	**102.1**	**99.0**
#农用手工工具	Farm Handtools	104.4	104.3	103.2	106.5	108.7
饲料	Forage	126.3	114.5	103.8	102.5	102.7
产品畜	Commodity Animals	82.6	117.3	136.5	108.0	97.5
半机械化农具	Semi-mechanized Farm Tools	98.6	100.1	100.8	100.3	100.1
机械化农具	Mechanized Farm Machinery	101.8	101.1	100.4	100.3	100.1
化学肥料	Chemical Fertilizer	97.8	110.5	103.1	100.3	93.3
农药及农药器械	Pesticide and Its Appliances	102.1	103.5	106.5	103.5	101.4
农用机油	Oil for Farm Machinery	108.1	107.4	101.7	100.2	98.8
其他农业生产资料	Other Means of Agricultural Production	103.8	103.2	102.8	103.3	101.9
农业生产服务	Service for Agricultural Production	101.8	104.0	100.9	100.9	103.1

9-10 固定资产投资价格指数
Price Indices for Investment in Fixed Assets

（上年=100） (preceding year=100)

项目	Item	2010	2011	2012	2013	2014
固定资产投资价格指数	**Price Index for Investment in Fixed Assets**	**103.5**	**104.7**	**102.1**	**100.4**	**100.1**
建筑安装工程	Construction and Installtion	105.0	106.7	102.5	101.0	100.2
#人工费	Labour Cost	108.0	112.2	111.3	111.2	106.0
材料费	Materials	104.2	105.2	98.8	96.9	97.7
机械使用费	Usage in Machinary	103.7	105.6	105.5	103.3	103.1
设备工器具购置	Purchase of Equipment and Instruments	100.8	99.0	100.3	97.1	99.1
其他费用	Others	103.1	103.3	102.3	101.9	101.6

9-11 农产品生产价格指数
Producer Price Indices for Farm Products

(上年=100) (preceding year=100)

指标	Item	2010	2011	2012	2013	2014
农产品生产价格指数	**Producer Price Indices for Farm Products**	**113.8**	**112.9**	**106.4**	**105.6**	**102.8**
种植业产品	**Planting Products**	**119.5**	**111.7**	**106.9**	**105.6**	**105.3**
谷物（原粮）	Cereal (Unprocessed Food Grains)	110.8	117.7	101.9	102.5	108.8
#小麦	Wheat	106.8	116.9	102.3	104.4	109.9
稻谷	Rice					
玉米	Corn	119.4	109.9	105.3	101.9	101.7
豆类	Beans	109.4	104.8	96.7	107.2	98.1
#大豆	Beans	106.3	105.4	104.2	113.7	92.9
蚕豆	Broad Bean	154.8	106.6	77.1	105.3	104.4
薯类	Tubers	185.0	99.5	97.8	117.8	92.7
油料	Oil-bearing Crops	107.1	104.7	103.4	104.2	104.2
#油菜籽	Rapeseeds	103.9	109.3	106.3	103.7	110.6
胡麻籽	Benne	104.9	99.6	94.2	102.5	96.4
棉花（籽棉）	Cotton (Unginned Cotton)	176.2	113.1	87.3	107.1	83.7
糖料	Sugar				102.4	
蔬菜	Vegetable	114.2	103.3	115.1	111.1	108.4
水果（含果用瓜）	Fruit (Fruit Included Melons)	127.6	109.3	119.5	106.9	110.8
#苹果	Apple	142.9	108.5	117.2	111.1	117.4
梨	Pear	105.8	93.3	86.7	100.0	89.8
桃	Peach	151.9	120.0	115.5	110.1	117.8
杏	Apricot	116.3	93.1	95.2	100.0	89.8
西瓜	Water Melon	103.3	121.6	137.8	87.6	107.8
中药材	Traditional Chinese Medicinal Materials	124.1	145.3	113.1	99.2	76.3
#党参	Codonopsis	156.9	154.7	151.5	85.8	64.0
当归	Angelica	92.7	194.4	56.7	118.0	69.6
黄芪	Astragalus	127.9	160.3	92.2	101.1	92.6
甘草	Licorice	122.9	123.1	125.0	100.0	100.0
林业产品	**Forestry Products**	**144.9**	**123.5**	**98.9**		
畜牧业产品	**Animal Husbandry Products**	**101.6**	**117.8**	**102.7**	**106.0**	**98.1**
#牛的饲养	Cattle Raising	104.6	103.6	109.5	117.8	107.3
羊的饲养	Sheep Raising	103.5	118.8	106.6	105.4	95.5
猪的饲养	Pig Raising	92.1	122.2	95.0	101.7	93.5
鸡	Chicken	118.7	104.0	117.3	109.4	100.7
奶产品	Milk Products	129.2	114.4	117.7	118.2	105.1
鸡蛋	Eggs	110.1	110.1	96.5	107.6	107.3
渔业	**Fishing Products**	**115.5**	**120.3**	**108.7**	**106.5**	**84.1**

注：2012年起，国家统计局实行新方法制度，对分类进行调整并增加了品种。

a)Since 2012,National Bureau of Statistics implemented the new method system, adjusted the classification of producer price indices for farm products and increased the breed.

9-12 工业生产者购进价格指数
Purchasing Price Index for Industrial Producers

（上年 =100） (preceding year =100)

类别	Types	2010	2011	2012	2013	2014
工业生产者购进价格指数	**Purchasing Price Index for Industrial Producers**	**114.4**	**115.1**	**98.7**	**97.8**	**97.6**
燃料、动力类	Fuel and Power	118.4	110.0	98.2	98.4	98.5
黑色金属材料类	Ferrous Metals	109.4	108.3	92.7	94.8	93.4
# 钢材	Rolled Steel	103.7	105.7	95.0	93.9	93.2
有色金属材料和电线类	Nonferrous Metals and Electric Wire	118.8	109.3	96.5	95.1	95.3
化工原料类	Raw Chemical Materials	112.0	112.8	98.7	95.7	96.1
木材及纸浆类	Timber and Paper Pulp	104.4	103.8	102.6	99.0	99.2
建筑材料及非金属矿类	Building Materials and Nonmetal Mine	102.3	110.8	105.5	99.5	98.2
其他工业原材料及半成品类	Other Industrial Raw and Processed Materials	103.6	111.5	104.7	102.1	100.4
农副产品类	Farm and Sideline Products	111.5	116.3	99.2	103.0	104.2
纺织原料类	Textile Materials	108.0	128.5	106.7	99.2	99.7

9-13 工业生产者出厂价格指数
Producer Price Index for Industrial Products

（上年 =100） (preceding year =100)

项目	Item	2010	2011	2012	2013	2014
工业生产者出厂价格指数	**Producer Price Index for Industrial Products**	**115.0**	**111.0**	**96.8**	**96.9**	**96.7**
按轻重工业分	**Grouped by Light & Heavy Industry**					
轻工业	Light Industry	104.0	105.6	102.5	102.5	101.3
以农产品为原料	Using Farm Products as Raw Materials	103.2	106.2	102.4	102.7	101.6
以非农产品为原料	Using Non-farm Products as Raw Materials	105.1	101.9	102.9	101.2	99.4
重工业	Heavy Industry	116.7	111.5	96.2	96.3	96.2
采掘工业	Mining and Quarrying	116.3	127.7	100.4	93.8	93.3
原料工业	Raw Materials Industry	118.5	111.6	96.3	96.6	97.6
加工工业	Manufacturing Industry	102.4	104.8	94.1	96.7	94.2
按两大部类分	**Grouped by Division**					
生产资料	Means of Production	116.1	111.6	96.2	96.3	96.1
采掘	Mining & Quarrying Industry	113.6	127.7	100.4	93.8	93.2
原料	Raw Materials Industry	118.8	111.6	96.3	96.6	97.7
加工	Manufacturing Industry	103.9	105.2	94.1	96.6	94.1
生活资料	Consumer Goods	102.4	104.5	102.5	103.0	101.5
食品	Food	102.7	104.9	102.6	102.8	101.7
衣着	Clothing	105.4	112.1	107.6	105.0	103.2
一般日用品	Articles for Daily Use	102.9	103.1	101.6	102.8	100.3
耐用消费品	Durable Consumer Goods	90.5	97.6	102.5	107.5	100.4
按工业部门分	**Grouped by Sector**					
冶金工业	Metallurgical Industry	122.0	107.4	85.4	93.5	95.5
电力工业	Power Industry	100.7	105.2	103.7	99.7	97.4
煤炭及炼焦工业	Coal Industry	101.7	120.6	104.4	90.0	90.1
石油工业	Petroleum Industry	120.1	121.4	102.7	98.2	96.4
化学工业	Chemical Industry	107.9	113.7	103.0	97.5	97.7
机械工业	Machine Manufacturing Industry	101.4	99.0	101.0	96.5	96.8
建筑材料工业	Building Materials Industry	104.6	99.9	92.5	101.1	98.6
森林工业	Timber Industry	102.1	101.0	102.6	105.8	100.1
食品工业	Food Industry	103.0	105.5	103.0	103.0	101.8
纺织工业	Textile Industry	111.4	120.5	95.1	100.1	100.1
缝纫工业	Tailoring Industry	104.2	111.4	107.0	105.4	103.4
皮革工业	Leather Industry	103.6	103.4	94.9	101.4	101.3
造纸工业	Paper Industry	104.7	110.2	100.5	96.0	98.9
文教艺术用品工业	Cultural,Educational & Handicrafts Articles	102.6	107.3	105.9	105.5	100.0
其他工业	Others	108.5	101.8	101.8	99.1	100.9

9-14 按行业分工业生产者出厂价格指数
Producer Price Indices for Industrial Products by Sector

(上年＝100)　(preceding year =100)

行业	Sector	2010	2011	2012	2013	2014
工业生产者出厂价格指数	**Producer Price Indices for Industrial Products**	**115.0**	**111.0**	**96.8**	**96.9**	**96.7**
煤炭开采和洗选业	Mining and Washing of Coal	101.2	120.8	104.5	90.0	90.1
石油和天然气开采业	Extraction of Petroleum and Natural Gas	122.6	137.1	98.1	94.6	94.8
黑色金属矿采选业	Mining and Processing of Ferrous Metal Ores	110.6	106.6	104.5	102.9	92.8
有色金属矿采选业	Mining and Processing of Non-Ferrous Metal Ores	113.0	111.5	100.8	99.3	99.2
非金属矿采选业	Mining and Processing of Nonmetal Ores	98.0	107.6	101.3	102.1	96.5
农副食品加工业	Processing of Food from Agricultural Products	104.3	108.2	104.7	102.0	100.4
食品制造业	Processing of Foodstuff	104.6	104.3	100.8	107.4	106.6
饮料制造业	Manufacture of Beverages	102.4	106.6	102.8	100.9	102.9
烟草制品业	Manufacture of Tobacco	101.4	100.0	100.8	104.5	100.4
纺织业	Manufacture of Textile	111.3	120.6	95.1	100.2	100.1
纺织服装、鞋、帽制造业	Manufacture of Textile Wearing Apparel,Footware, and Caps	103.8	109.6	108.1	105.7	103.5
皮革、毛皮、羽毛(绒)及其制品业	Manufacture of Leather, Fur, Feather and Related Products	103.6	103.4	94.9	101.4	101.3
木材加工及木、竹、藤、棕、草制品业	Processing of Timber, Manufacture of Wood, Bamboo, Rattan, Palm and Straw Products	100.3	102.4	109.5	93.7	99.8
家具制造业	Manufacture of Furniture	103.3	100.6	100.6	109.3	100.2
造纸及纸制品业	Manufacture of Paper and Paper Products	104.7	110.2	100.5	96.0	98.9
印刷业和记录媒介的复制	Printing, Reproduction of Recording Media	102.6	107.3	105.9	105.5	100.0
文教体育用品制造业	Manufacture of Articles for Culture, Education and Sport Activities	99.9				
石油加工、炼焦及核燃料加工业	Processing of Petroleum, Coking, Processing of Nuclear Fuel	119.8	117.3	103.9	99.1	96.6
化学原料及化学制品制造业	Manufacture of Raw Chemical Materials and Chemical Products	109.0	116.6	104.0	96.3	97.1
医药制造业	Manufacture of Medicines	106.0	102.9	98.5	102.0	99.5
化学纤维制造业	Manufacture of Chemical Fibers	103.5				
橡胶制品业	Manufacture of Rubber	106.6	121.4	100.4	98.0	98.0
塑料制品业	Manufacture of Plastics	101.4	106.4	101.0	100.2	99.1
非金属矿物制品业	Manufacture of Non-metallic Mineral Products	109.2	100.6	94.5	99.5	99.1
黑色金属冶炼及压延加工业	Smelting and Pressing of Ferrous Metals	107.5	107.4	88.1	95.2	90.7
有色金属冶炼及压延加工业	Smelting and Pressing of Non-ferrous Metals	133.1	107.4	81.6	91.4	98.4
金属制品业	Manufacture of Metal Products	105.0	106.4	103.5	103.3	98.7
通用设备制造业	Manufacture of General Purpose Machinery	100.9	106.6	98.2	98.8	99.8
专用设备制造业	Manufacture of Special Purpose Machinery	93.0	81.4	112.2	86.7	97.4
交通运输设备制造业	Manufacture of Transport Equipment	96.1	94.1	98.9	102.6	100.7
电气机械及器材制造业	Manufacture of Electrical Machinery and Equipment	111.8	104.3	94.2	97.1	95.2
通信设备、计算机及其他电子设备制造业	Manufacture of Communication Equipment, Computers and Other Electronic Equipment	100.0	113.2	108.2	104.6	86.5
仪器仪表及文化、办公用机械制造业	Manufacture of Measuring Instruments and Machinery for Cultural Activity and Office Work	101.8	96.5	100.1	100.2	100.1
工艺品及其他制造业	Manufacture of Artwork and Other Manufacturing	96.6	100.0	100.3	102.9	100.9
废弃资源和废旧材料回收加工业	Recycling and Disposal of Waste	106.9				
电力、热力的生产和供应业	Production and Supply of Electric Power and Heat Power	100.7	105.2	103.7	99.7	97.4
燃气生产和供应业	Production and Supply of Gas	106.9	114.2	100.8	108.3	117.7
水的生产和供应业	Production and Supply of Water	98.6	96.3	102.5	102.2	104.9

9-15 房地产价格指数
Price Indices of Real Estate

(上年 =100) (preceding year =100)

项目	Item	2005	2006	2007	2008	2009
房屋销售价格指数	**Selling Price Indices of Houses**	**105.6**	**104.7**	**106.0**	**109.8**	**104.1**
# 新建住宅	Newly Built Residential Building	106.8	105.7	107.7	109.8	104.0
二手住宅	Second-hand House	101.7	102.1	103.5	113.2	105.1
房屋租赁价格指数	**Renting Price Indices of Houses**	**100.0**	**99.7**	**100.3**	**101.5**	**102.7**
# 住宅租赁	Renting Price Indices of Residential Buildings	101.6	100.4	100.5	102.8	104.6
物业管理价格指数	**Property Management Price Indices**	**101.4**	**100.2**	**101.7**	**100.1**	**101.4**
土地交易价格指数	**Transactions Price Indices of Land**	**100.0**	**100.0**	**100.0**	**100.0**	**100.0**

9-15 续表 continued

项目	Item	2010	2011	2012	2013	2014
房屋销售价格指数	**Selling Price Indices of Houses**	**107.3**				
# 新建住宅	Newly Built Residential Building	106.5	107.1	100.1	105.1	102.1
二手住宅	Second-hand House	110.5	101.1	96.5	101.2	100.8
房屋租赁价格指数	**Renting Price Indices of Houses**	**102.3**				
# 住宅租赁	Renting Price Indices of Residential Buildings	103.0	117.6	102.9	111.4	
物业管理价格指数	**Property Management Price Indices**	**101.0**	**101.4**	**101.4**	104.3	
土地交易价格指数	**Transactions Price Indices of Land**	**100.0**	**100.0**	**100.0**	**100.0**	

注：房地产价格指数为兰州市城市房地产价格数据。

a) Real estate price indices are the data of urban real estate prices of Lanzhou City.

主要指标解释

居民消费价格指数 是反映一定时期内城乡居民所购买的生活消费品价格和服务项目价格变动趋势和程度的相对数，是对城市居民消费价格指数和农村居民消费价格指数进行综合汇总计算的结果。该指数可以观察和分析消费品的零售价格和服务价格变动对城乡居民实际生活费支出的影响程度。

城市居民消费价格指数 是反映一定时期内城市居民家庭所购买的生活消费品价格和服务项目价格变动趋势和程度的相对数。该指数可以观察和分析消费品的零售价格和服务项目价格变动对城镇职工货币工资的影响，作为研究职工生活和确定工资政策的依据。

农村居民消费价格指数 是反映一定时期内农村居民家庭所购买的生活消费品价格和服务项目价格变动趋势和程度的相对数。该指数可以观察农村消费品的零售价格和服务项目价格变动对农村居民生活消费支出的影响，直接反映农民生活水平的实际变化情况，为分析和研究农村居民生活问题提供依据。

商品零售价格指数 是反映一定时期内城乡商品零售价格变动趋势和程度的相对数。商品零售物价的变动直接影响到城乡居民的生活支出和国家的财政收入，影响居民购买力和市场供需的平衡，影响到消费与积累的比例关系。因此，该指数可以从一个侧面对上述经济活动进行观察和分析。

农业生产资料价格指数 指反映一定时期内农业生产资料价格变动趋势和程度的相对数。农业生产资料价格指数 分为小农具、饲料、幼禽家畜、半机械化农具、机械化农具、化学肥料、农药及农药械、农机用油等八大类。其编制目的是了解农业生产中物质资料投入价格的变动状况，服务于国民经济核算。1994年以前，农业生产资料价格指数仅仅是商品零售价格指数的一个类别，此后，从商品零售价格指数中分离出来，单独编制。

农产品生产价格指数 是反映一定时期内，农产品生产者出售农产品价格水平变动趋势及幅度的相对数。该指数可以客观反映全国农产品生产价格水平和结构变动情况，满足农业与国民经济核算需要。其中某代表品生产价格指数是通过对全部有出售该产品行为的调查单位的个体指数进行几何平均求得的，类价格指数是通过对其所属的类（或代表品）的价格指数进行加权平均求得的。季度累计价格指数的计算方法与分季指数的计算方法相同。

工业生产者出厂价格指数 是反映一定时期内全部工业产品出厂价格总水平的变动趋势和程度的相对数，包括工业企业售给本企业以外所有单位的各种产品和直接售给居民用于生活消费的产品。该指数可以观察出厂价格变动对工业总产值及增加值的影响。

工业生产者购进价格指数 是反映工业企业作为生产投入，而从物资交易市场和能源、原材料生产企业购买原材料、燃料和动力产品时，所支付的价格水平变动趋势和程度的统计指标，是扣除工业企业物质消耗成本中的价格变动影响的重要依据。

固定资产投资价格指数 是反映一定时期内固定资产投资品及项目的价格变动趋势和程度的相对数。固定资产投资额是由建筑安装工程投资完成额、设备工器具购置投资完成额和其他费用投资完成额三部分组成的。编制固定资产投资价格指数应首先分别编制上述三部分投资的价格指数，然后采用加权算术平均法求出固定资产投资价格总指数。该指数可以准确地反映固定资产投资中涉及的各类投资品和取费项目价格变动趋势和变动幅度，消除按现价计算的固定资产投资指标中的价格变动因素，真实地反映固定资产投资的规模、速度、结构和效益，为国家科学地制定、检查固定资产投资计划并提高宏观调控水平，为完善国民经济核算体系提供科学的、可靠的依据。

房地产价格指数 是反映一定时期内房地产价格变动趋势和程度的相对数，包括房屋销售价格指数、房屋租赁价格指数、土地交易价格指数和物业管理价格指数。这四套指数的计算方法相似，均采用由下到上逐级汇总的方法。

10

人民生活

People's Living Conditions

简要说明

一、本篇资料的主要内容

本篇资料反映了城乡居民储蓄存款；城镇、农村居民的家庭收支、居住、耐用消费品拥有、生产和生活等方面的情况。

二、本篇资料的来源

1. 城乡居民储蓄存款数据取自中国人民银行兰州中心支行，由省统计局国民经济核算处提供。

2. 城镇、农民家庭相关资料来源于住户收支与生活状况调查年报，由国家统计局甘肃调查总队居民收支调查处整理提供。

10-1 人民物质文化生活情况
Basic Statistics on People's Living Conditions

项目	Item	2010	2011	2012	2013	2014
就业	**Employment**					
每一农村劳动力负担人数（人）	Number of Dependents per Rural Laborer (person)	1.56	1.54	1.54	1.59	1.60
每一城镇就业者负担人数（人）	Number of Dependents per Urban Employee (person)	2.01	2.07	2.04	2.07	1.84
城镇登记失业率（%）	Registered Urban Unemployment Rate (%)	3.21	3.11	2.68	2.35	2.19
收入	**Income of Rural and Urban Residents**					
农村居民家庭人均纯收入（元）	Annual per Capita Net Income of Rural Households (yuan)	3425	3909	4507	5108	5736
城镇居民家庭人均可支配收入（元）	Annual per Capita Disposable Income of Urban Households (yuan)	13189	14989	17157	18965	20804
在岗职工平均工资（元）	Average Wage of Staff and Workers (yuan)	29588	32906	38440	44109	48470
消费水平（元）	**Annual per Capita Consumption (yuan)**					
全体居民	Per Capita Consumption of All Residents	6234	7493	8542	9616	10678
农村居民	Rural Households	3126	3977	4563	5245	5661
城镇居民	Urban Households	11881	13574	15048	16327	17925
储蓄	**Savings Deposit**					
城乡居民年底储蓄存款余额（亿元）	Balance of Savings Deposit of Rural and Urban Households (year-end)(100 million yuan)	3598	4231	5050	5878	6675
人均储蓄存款余额（元）	Per Capita Balance of Saving Deposit (yuan)	14070	16515	19643	22786	25806
住房面积（平方米）	**Per Capita Floor Space of Residential Buildings (sq.m)**					
农村居民人均居住面积	Per Capita Living Space of Rural Households	20.96	23.70	24.10	24.66	28.60
城镇居民人均居住面积	Per Capita Living Space of Urban Households	27.89	28.04	28.45	29.82	30.60

注：由于国家统计局实施城乡一体化住户调查改革，为保持与历史数据的衔接，2014年城乡居民收支数据为推算数。（以下相关表同）

a) Due to the National Bureau of Statistics carry out the household survey reform of urban and rural integration. In order to keep the historical data link up , data of urban and rural residents' income and expenditures are estimate data.The same applies to the relevant tables following.

10-1 续表 continued

项目	Item	2010	2011	2012	2013	2014
文化	**Culture**					
城镇每百户有彩色电视机（台）	Number of Color TV Sets per 100 Urban Households (set)	110.0	106.7	108.2	100.6	102.2
农村每百户有彩色电视机（台）	Number of Color TV Sets per 100 Rural Households (set)	104.0	104.4	106.3	105.9	109.8
广播人口覆盖率（%）	Radio Coverage Rate of the Population (%)	93.47	93.70	96.89	97.69	97.89
电视人口覆盖率（%）	TV Coverage Rate of the Population (%)	93.72	94.05	97.56	98.04	98.35
教育	**Education**					
学龄儿童入学率（%）	Enrollment Ratio of School-age Children (%)	99.46	99.56	99.68	99.78	99.80
每万人口中在校大学生数（人）	Number of University Students per 10 000 Population (person)	149	158	168	172	175
卫生	**Public Health**					
每万人口医院、卫生院床位数（张）	Number of Beds of Hospitals and Health Centers per 10 000 Population (bed)	32	35	38	46	44
每万人口执业（助理）医师数（人）	Number of Licensed (Assistant) Doctors per 10 000 Population (person)	15	16	17	17	18

10-2 城乡居民人民币储蓄存款年底余额

Savings Deposit Balance of Urban and Rural Households at Year-end

单位：万元 (10 000 yuan)

年份 Year	年底余额 Balance at Year-end			年增加额 Year-on-year Increase		
	总计 Total	城镇 Urban	农户 Rural	总计 Total	城镇 Urban	农户 Rural
2000	8187607	7093513	1094094	814000	675776	138224
2001	9207078	7995286	1211792	1020647	902950	117697
2002	10422181	8979129	1443052	1213625	984936	228689
2003	12173882	10517505	1656377	1749967	1536641	213326
2004	13831098	11914297	1916801	1657216	1396792	260424
2005	15866560	13520146	2346414	2035462	1605849	429613
2006	18254366	15388163	2866203	2387806	1868017	519789
2007	19152386	15532987	3619399	898020	144824	753196
2008	24618977	19548344	5070633	5466591	4015357	1451234
2009	30269418	23420414	6849004	5650441	3872070	1778371
2010	35982361	27355167	8627194	5712943	3934753	1778190
2011	42314086	31343529	10970557	6331725	3988362	2343363
2012	50500815	36867737	13633078	8186729	5524208	2662521
2013	58784741	41753886	17030855	8283926	4886149	3397777
2014	66746775	47034797	19711978	7962034	5280911	2681123

10-3 各地县金融机构城乡居民人民币储蓄存款（2014）

Savings Deposit of Financial Institutions of Urban and Rural Households by Region, County（2014）

单位：万元 (10 000 yuan)

地区	Region	城乡居民储蓄存款 Savings Deposit of Urban and Rural Households	地区	Region	城乡居民储蓄存款 Savings Deposit of Urban and Rural Households
兰州市	**Lanzhou**	**22629408**	瓜州县	Guazhou	321201
城关区	Chengguan	12028263	肃北县	Subei	45953
七里河区	Qilihe	3402438	阿克塞县	Akesai	36976
西固区	Xigu	2314542	玉门市	Yumen	502866
安宁区	Anning	1566969	敦煌市	Dunhuang	1239619
红古区	Honggu	540180	**庆阳市**	**Qingyang**	**4491289**
永登县	Yongdeng	795831	西峰区	Xifeng	1434067
皋兰县	Gaolan	549204	庆城县	Qingcheng	556659
榆中县	Yuzhong	1075032	环　县	Huanxian	327475
兰州新区	Lanzhou New Area	167276	华池县	Huachi	217564
嘉峪关市	**Jiayuguan**	**1260627**	合水县	Heshui	282274
金昌市	**Jinchang**	**1765008**	正宁县	Zhengning	415221
金川区	Jinchuan	1206999	宁　县	Ningxian	669505
永昌县	Yongchang	558009	镇原县	Zhenyuan	588524
白银市	**Baiyin**	**3293932**	**定西市**	**Dingxi**	**3621415**
白银区	Baiyin	1328252	安定区	Anding	932660
平川区	Pingchuan	591749	通渭县	Tongwei	300118
靖远县	Jingyuan	470497	陇西县	Longxi	683993
会宁县	Huining	536612	渭源县	Weiyuan	315547
景泰县	Jingtai	366822	临洮县	Lintao	839628
天水市	**Tianshui**	**5939744**	漳　县	Zhangxian	167260
秦州区	Qinzhou	2350126	岷　县	Minxian	382209
麦积区	Maiji	1177759	**陇南市**	**Longnan**	**3849767**
清水县	Qingshui	296458	武都区	Wudu	923353
秦安县	Qinan	719388	成　县	Chengxian	554109
甘谷县	Gangu	645635	文　县	Wenxian	297417
武山县	Wushan	443154	宕昌县	Tanchang	292758
张家川县	Zhangjiachuan	307224	康　县	Kangxian	243695
武威市	**Wuwei**	**4532960**	西和县	Xihe	512270
凉州区	Liangzhou	2874875	礼　县	Lixian	536650
民勤县	Minqin	833201	徽　县	Huixian	396287
古浪县	Gulang	473266	两当县	Liangdang	93228
天祝县	Tianzhu	351618	**临夏州**	**Linxia**	**2685670**
张掖市	**Zhangye**	**2940882**	临夏市	linxia	1163321
甘州区	Ganzhou	1553511	临夏县	linxia	275158
肃南县	Sunan	84437	康乐县	Kangle	192505
民乐县	Minle	275281	永靖县	Yongjing	394733
临泽县	Linze	325796	广河县	Guanghe	178893
高台县	Gaotai	320006	和政县	Hezheng	185386
山丹县	Shandan	381851	东乡县	Dongxiang	144734
平凉市	**Pingliang**	**4028658**	积石山县	Jishishan	150940
崆峒区	Kongtong	1406729	**甘南州**	**Gannan**	**1176365**
泾川县	Jingchuan	580454	合作市	Hezuo	303953
灵台县	Lingtai	358426	临潭县	Lintan	171352
崇信县	Chongxin	198154	卓尼县	Zhuoni	112357
华亭县	Huating	538617	舟曲县	Zhouqu	275021
庄浪县	Zhuanglang	464290	迭部县	Diebu	104664
静宁县	Jingning	481988	玛曲县	Maqu	68185
酒泉市	**Jiuquan**	**4531050**	碌曲县	Luqu	42917
肃州区	Suzhou	1891978	夏河县	Xiahe	97916
金塔县	Jinta	331373			

10-4 历年城镇居民家庭生活基本情况

Basic Conditions of Urban Households

年份 Year	每一城镇就业者负担人数（人） Number of Dependents Per Urban Employee (person)	城镇居民人均可支配收入（元） Per Capita Disposable Income of Urban Households (yuan)	城镇居民人均消费性支出（元） Per Capita Consumption Expenditures of Urban Households (yuan)	# 食品 Food	恩格尔系数（%） Engle's Coefficient(%)	人均居住面积（平方米） Per Capita Living Space (sq.m)
1978		407.53				
1979		418.07				4.63
1980	2.64	403.44	399.00	211.88	53.10	4.82
1981	1.80	447.73	433.38	238.20	54.96	5.60
1982	1.75	473.52	447.40	252.36	56.41	6.01
1983	1.74	490.62	482.30	273.84	56.78	6.74
1984	1.70	571.89	552.16	310.44	56.22	7.11
1985	1.83	640.77	625.21	316.32	50.59	7.44
1986	1.83	776.76	737.11	375.66	50.96	7.51
1987	1.82	870.52	828.94	430.83	51.97	7.65
1988	1.84	978.92	1026.53	501.71	48.87	8.29
1989	1.82	1132.70	1065.36	586.45	55.05	8.55
1990	1.87	1196.72	1030.54	556.73	54.02	8.86
1991	1.85	1368.80	1234.86	665.77	53.91	9.09
1992	1.75	1707.78	1457.40	765.22	52.51	8.99
1993	1.73	2002.56	1679.74	851.76	50.71	8.96
1994	1.84	2658.13	2209.08	1117.20	50.57	10.44
1995	1.86	3152.52	2617.74	1353.01	51.69	10.74
1996	1.82	3353.94	2838.52	1443.01	50.84	11.10
1997	1.89	3592.43	2946.27	1439.30	48.85	12.70
1998	1.91	4009.61	3099.36	1432.76	46.23	13.30
1999	1.71	4475.23	3681.50	1525.57	41.44	15.16
2000	1.80	4916.25	4126.47	1552.77	37.63	15.21
2001	1.86	5382.91	4420.31	1639.17	37.08	15.54
2002	1.96	6151.42	5064.22	1792.60	35.40	21.55
2003	1.98	6657.24	5298.91	1908.10	36.01	22.27
2004	1.85	7376.74	5937.30	2204.04	37.12	22.90
2005	1.90	8086.82	6529.20	2352.82	36.04	24.16
2006	1.92	8920.59	6974.21	2408.37	34.53	25.60
2007	1.87	10012.34	7875.78	2824.42	35.86	27.04
2008	2.00	10969.41	8308.62	3183.79	38.32	27.19
2009	1.99	11929.78	8890.79	3359.30	37.78	27.35
2010	2.01	13188.55	9895.35	3702.18	37.41	27.89
2011	2.07	14988.68	11188.57	4182.47	37.38	28.04
2012	2.04	17156.89	12847.05	4602.33	35.82	28.45
2013	2.07	18964.78	14020.72	5162.87	36.82	29.82
2014	1.84	20804.00	15507.00	5711.50	36.83	30.60

注：2002 年以后人均居住面积口径为建筑面积。

a) Per capita living space refers to per capita building space since 2002.

10-5 城镇居民家庭生活基本情况

Basic Conditions of Urban Households

指标	Item	2010	2011	2012	2013	2014
调查户数（户）	**Number of Households Surveyed (household)**	**880**	**880**	**880**	**1100**	**1500**
平均每户家庭人口（人）	Average Household Size (person)	2.8	2.8	2.8	3.0	3.5
平均每户就业人口（人）	Average Number of Employed Persons per Household (person)	1.4	1.4	1.4	1.4	1.9
平均每户就业面（%）	Proportion of Employment per Household (%)	49.6	48.4	49.1	48.3	54.3
平均每一就业者负担人数（含就业者本人）（人）	Number of Dependents per Employee (including the employee himself or herself)(person)	2.0	2.1	2.0	2.1	1.8
工资性收入	Income From Wages and Salaries	9882.5	11195.3	12514.9	13329.7	14489.4
#工资及补贴收入	Wage and Subsidies	9507.9	10857.9	12250.2	12867.5	14300.4
经营净收入	Net Business Income	688.0	914.3	1125.7	1301.7	1488.3
财产性收入	Income from Properties	72.2	161.7	259.6	365.1	406.2
#利息收入	Interest Income	23.4	21.3	25.0	21.9	17.4
股息与红利收入	Capital Bonus Income	10.7	15.1	21.3	10.6	18.9
转移性收入	Income from Transfer	3664.6	3996.2	4598.2	5152.5	5668.5
#养老金或离退休金	Endowment Insurance or Pension	3208.6	3509.1	4055.8	4483.7	4866.6
人均可支配收入（元）	**Per Capita Disposable Income (yuan)**	**13188.6**	**14988.7**	**17156.9**	**18964.8**	**20804.0**
平均每人消费性支出（元）	**Per Capita Annual Consumption Expenditure (yuan)**	**9895.4**	**11188.6**	**12847.1**	**14020.7**	**15507.0**
食 品	Food	3702.2	4182.5	4602.3	5162.9	5711.5
衣 着	Clothing	1255.7	1470.3	1631.4	1747.3	1925.0
居 住	Residence	910.3	1139.9	1287.9	1596.0	1780.5
家庭设备用品及服务	Household Facilities and Articles	597.7	660.5	833.2	939.5	1122.1
医疗保健	Health Care and Medical Services	828.6	874.1	1049.7	1117.4	1188.8
交通通信	Transport and Communications	1076.6	1289.8	1575.7	1503.6	1649.3
教育文化娱乐服务	Education, Cultural and Recreation Services	1136.7	1158.3	1388.2	1547.7	1680.2
其他商品和服务	Other Goods and Services	387.5	413.4	478.7	406.4	449.6

10-6 按收入等级分城镇居民家庭平均每人全部年收入及构成（2014）
Per Capita Annual Income of Urban Households and Its Composition by Level of Income(2014)

指标	Item	全省平均 Average	低收入户 Low Income Households	中低收入户 Low and Middle Income Households	中等收入户 Middle Income Households	中高收入户 Middle and High Income Households	高收入户 High Income Households
平均每人全部年收入（元）	**Per Capita Annual Income (yuan)**	**22052.40**	**10866.35**	**17272.47**	**22513.56**	**28395.73**	**39841.91**
工资性收入	Income from Wages and Salaries	14489.40	7548.51	12478.54	15987.87	19966.78	22790.50
#工资及补贴收入	Wage and Subsidies	14300.42	7293.28	11468.93	15651.55	19564.70	22380.80
经营净收入	Net Business Income	1488.30	1030.93	1013.98	1594.05	1123.80	2548.05
财产性收入	Income from Properties	406.20	109.96	674.52	1288.92	1462.22	1492.39
转移性收入	Income from Tranfers	5668.50	2176.95	3105.42	3642.72	5842.92	13010.98
#人均可支配收入	**Disposable Income**	**20804.00**	**10042.75**	**15912.91**	**21175.24**	**26295.70**	**38152.95**
平均每人全部年收入构成（%）	**Composition of per Capita Annual Income (%)**						
工资性收入	Income from Wages and Salaries	65.70	69.47	72.25	71.01	70.32	57.20
#工资及补贴收入	Wage and Subsidies	64.85	67.12	66.40	69.52	68.90	56.17
非工资性收入	Income From Non-wages	34.30	30.53	27.75	28.99	29.68	42.80

10-7 城镇居民家庭平均每人总支出
Per Capita Annual Expenditure of Urban Households

单位：元 (yuan)

指标	Item	2010	2011	2012	2013	2014
平均每人总支出	**Per Capita Annual Expenditure**	**12551.98**	**14311.11**	**16766.83**	**16721.32**	
消费性支出	Consumption Expenditure	9895.35	11188.57	12847.05	14020.72	15507.00
财产性支出	Expenses on Properties	16.95	25.12	26.71	9.52	10.24
转移性支出	Expenses on Transfers	1298.01	1568.00	1648.03	1417.89	1650.13
赡养支出	Support Expenditure	364.13	479.84	447.76	150.10	173.23
社会保障支出	Social Security Expenditure	1008.92	1175.79	1241.52	1030.66	1152.06
#个人交纳的养老基金	Annuities	386.78	454.22	437.53	416.78	434.82
个人交纳的医疗基金	Iatrical Accumulation Fund	133.57	159.14	174.15	189.08	224.46
#购房	House Purchase	332.75	353.63	1003.52	241.26	59.00
借贷支出	**Debit and Credit Expenditure**	5982.09	5169.12	6747.37	2320.19	1270.79
#存入储蓄款	Deposit Money in Bank	5622.46	4679.93	6267.32	1752.83	710.94
归还借款	Returning Loans	72.65	113.30	78.94	74.72	116.75
购买有价证券	Buy Nogotiable Securities	2.75	10.66	2.36	1.76	0.12
归还住房贷款	Return the Housing Provide a Loan	136.66	136.39	190.13	329.71	419.57

10-8 按收入等级分城镇居民家庭平均每人全年购买主要商品数量（2014）

Per Capita Annual Purchases of Major Commodities of Urban Households by Level of Income(2014)

指标	Item	全省平均 Average	低收入户 Low Income Households	中低收入户 Low and Middle Income Households	中等收入户 Middle Income Households	中高收入户 Middle and High Income Households	高收入户 High Income Households
#大米（千克）	Rice (kg)	22.66	16.41	21.57	24.68	24.35	29.88
面粉（千克）	Flour (kg)	39.54	41.12	41.19	39.33	33.21	42.66
鲜菜（千克）	Fresh Vegetables (kg)	97.94	67.14	90.63	111.05	107.49	130.77
食用植物油（千克）	Edible Vegetable Oil (kg)	12.65	9.90	11.87	13.16	12.83	17.41
猪肉（千克）	Pork (kg)	12.77	9.26	11.45	15.20	13.49	16.48
牛肉（千克）	Beef (kg)	2.41	1.74	2.06	1.85	2.81	4.22
羊肉（千克）	Mutton (kg)	2.54	1.81	2.46	2.26	2.78	3.88
禽类 （千克）	Poultry (kg)	4.88	3.31	4.79	5.31	5.52	6.26
鲜蛋（千克）	Fresh Eggs (kg)	8.28	6.22	7.14	9.23	8.82	11.41
鱼	Fish	3.05	1.39	2.89	3.30	3.50	5.16
白酒（千克）	Liquor (kg)	1.75	1.01	1.14	1.94	2.04	3.20
啤酒（千克）	Beer (kg)	3.94	3.97	4.35	3.52	3.78	3.99
糕点（千克）	Cake (kg)	2.76	1.73	2.16	2.91	3.41	4.33
鲜乳品（千克）	Fresh Milk (kg)	15.69	7.43	14.80	17.12	17.85	26.09
奶粉（千克）	Milk Powder (kg)	0.31	0.25	0.32	0.13	0.53	0.38
鞋类（双）	Shoes (pair)	2.86	2.41	2.39	3.11	3.10	3.68
水（吨）	Water (ton)	32.32	19.15	29.32	35.44	38.49	46.67
电（度）	Electricity (kw.h)	549.85	346.25	541.67	583.98	604.18	786.40
灌装液化石油气（千克）	Liquefied Petroleum Gas(kg)	9.08	7.54	11.21	10.77	8.46	7.31
管道天然气（立方米）	Piped Natural Gas (cu.m)	39.18	7.00	24.31	45.63	55.40	84.99

10-9 城镇居民家庭平均每人全年购买的主要商品数量
Per Capita Annual Purchases of Major Commodities in Urban Households

项目	Item	2010	2011	2012	2013	2014
大米（千克）	Rice (kg)	21.70	19.66	18.46	26.26	22.66
面粉（千克）	Flour (kg)	37.61	38.03	34.65	51.94	39.54
食用植物油（千克）	Edible Vegetable Oil (kg)	10.34	9.94	10.17	14.15	12.65
猪肉（千克）	Pork (kg)	11.73	11.17	12.67	14.17	12.77
牛肉（千克）	Beef (kg)	2.28	2.26	2.01	3.04	2.41
羊肉（千克）	Mutton (kg)	1.48	1.51	1.32	3.07	2.54
禽类（千克）	Poultry (kg)	4.96	5.24	5.46	4.71	4.88
鲜蛋（千克）	Fresh Eggs (kg)	8.27	8.71	9.12	8.59	8.28
鱼（千克）	Fish (kg)	3.22	3.14	2.90	3.27	3.05
鲜菜（千克）	Fresh Vegetables (kg)	115.30	110.26	106.33	103.39	97.94
啤酒（千克）	Beer (kg)	3.14	3.47	3.63	4.06	3.94
鲜乳品（千克）	Fresh Dairy Products (kg)	19.80	16.71	17.76	16.38	15.69
灌装液化石油气（千克）	Liquefied Petroleum Gas(kg)	8.21	9.63	8.41	15.39	9.08
管道天然气（立方米）	Piped Natural Gas (cu.m)	26.57	27.62	35.79	45.10	39.18
水（吨）	Water (ton)	22.33	26.37	29.74	31.07	32.32
电（千瓦时）	Electricity (kw·h)	410.91	463.71	506.08	582.38	549.85

注："灌装液化石油气"在2007年以前为"液化石油气"，"管道天然气"在2006之前为"管道煤气"。

a) Before 2007,filling liquefied petroleum gas is liquefied petroleum gas. Before 2006, pipeline natural gas is pipeline gas.

10-10 城镇居民家庭平均每百户年底耐用消费品拥有量
Number of Major Durable Consumer Goods Owned Per 100 Urban Households at Year-end

项目	Item	2010	2011	2012	2013	2014
摩托车（辆）	Motorcycle (unit)	7.75	10.19	11.17	11.89	21.00
家用汽车（辆）	Automobile (unit)	3.53	7.33	9.75	7.10	13.80
洗衣机（台）	Washing Machine (set)	98.09	97.94	98.88	97.14	97.40
电冰箱（台）	Refrigerator (set)	85.84	87.80	90.25	86.68	89.40
彩色电视机（台）	Color TV Set (set)	109.99	106.66	108.22	100.59	102.20
照相机（架）	Camera (set)	26.49	23.99	27.44	30.31	32.20
计算机（台）	Computer (set)	42.90	56.14	63.19	51.60	55.50
摄像机（架）	Video Camera (unit)	3.40	5.38	5.70	4.82	4.40
空调（台）	Air Conditioner (unit)	5.43	5.16	6.71	8.41	10.80
淋浴热水器（台）	Water Heater Shower (unit)	62.34	64.61	66.38	69.11	69.50
固定电话（部）	Fixed Telephone (unit)	61.30	55.28	53.29	46.53	60.80
移动电话（部）	Mobile Telephone (unit)	159.58	186.54	197.30	188.49	205.30

10-11 各地区城镇居民家庭平均每人全年总收入（2014）

Per Capita Annual Total Income of Urban Households by Region (2014)

单位：元 (yuan)

地区	Region	总收入 Total Income	工资性收入 Income from Wages and Salaries	经营净收入 Net Business Income	财产性收入 Income from Properties	转移性收入 Income from Transfers	可支配收入 Disposable Income
兰州市	Lanzhou	24376.1	15156.1	1121.6	609.8	7488.6	23030.1
嘉峪关市	Jiayuguan	30125.5	22215.6	981.0	1122.1	5806.8	26894.0
金昌市	Jinchang	28942.3	21506.3	2234.0	192.8	5009.2	26260.2
白银市	Baiyin	21356.5	15587.0	1970.6	140.9	3658.0	20052.8
天水市	Tianshui	20274.9	15384.7	1598.6	335.3	2956.3	18564.6
武威市	Wuwei	21674.4	16726.0	1489.5	210.4	3248.5	19035.6
张掖市	Zhangye	18937.6	13581.1	1570.4	240.4	3545.8	17385.8
平凉市	Pingliang	20220.1	13398.6	1909.7	591.1	4320.8	19086.1
酒泉市	Jiuquan	26651.3	18013.1	4288.0	285.3	4065.0	24650.6
庆阳市	Qingyang	21800.7	16315.8	2218.1	409.2	2857.6	20637.0
定西市	Dingxi	17216.9	12711.4	1827.3	71.1	2607.1	17216.9
陇南市	Longnan	17927.7	13087.0	2080.7	432.2	2327.8	17001.3
临夏州	Linxia	13777.7	7912.2	2588.8	96.7	3180.0	13777.7
甘南州	Gannan	17565.6	14176.6	1765.0	276.5	1347.4	16420.9

注：数据为各地区调查点数据。

a) Data in this table are survey data from regions.

10-12 各地区城镇居民家庭平均每人全年消费性支出 (2014)

Per Capita Annual Consumption Expenditure of Urban Households by Region(2014)

单位：元 (yuan)

地区	Region	消费性支出 Consumption Expenditures	食品 Food	衣着 Clothing	居住 Residence	家庭设备用品及服务 Household Facilities and Articles	医疗保健 Health Care and Medical Services	交通通信 Transport and Communications	教育文化娱乐服务 Education, Culture and Recreation Services	其他商品和服务 Other Goods and Services	恩格尔系数（%） Engle's Coefficient (%)
兰州市	Lanzhou	17236.2	6070.0	2028.8	1950.7	1276.8	1296.4	1880.4	2007.3	725.7	35.20
嘉峪关市	Jiayuguan	17153.0	6241.3	1811.1	1347.2	900.9	1030.0	1030.0	2557.5	525.7	36.39
金昌市	Jinchang	19912.2	6158.4	2255.1	1169.1	1301.9	3147.4	1477.5	3358.0	1045.0	30.93
白银市	Baiyin	13403.1	4747.7	2066.4	1391.2	913.0	766.2	1531.7	1456.2	530.7	35.40
天水市	Tianshui	12353.4	4287.3	1725.3	1297.5	765.3	1355.4	885.8	1552.2	484.6	35.30
武威市	Wuwei	15162.4	4966.6	2072.2	1832.5	842.1	1085.4	1739.7	2229.8	394.1	32.76
张掖市	Zhangye	15583.3	4963.4	2169.6	1830.0	957.5	2147.6	1377.9	1723.4	413.8	31.85
平凉市	Pingliang	13057.3	4178.3	1254.4	2605.0	794.4	1318.9	1398.8	1152.9	354.4	32.00
酒泉市	Jiuquan	19676.0	6204.3	2608.8	1877.2	1332.3	1410.5	2758.3	2647.0	720.6	32.00
庆阳市	Qingyang	14607.5	4728.0	2189.3	1330.2	869.4	1491.5	1811.7	1601.3	586.1	32.40
定西市	Dingxi	11321.0	3803.0	1484.3	1712.9	843.5	1133.6	765.1	1257.7	320.8	33.59
陇南市	Longnan	11795.1	3926.7	1561.6	1195.5	972.3	1015.8	1122.8	1550.2	450.2	33.30
临夏州	Linxia	11055.9	3688.3	1133.9	2735.8	866.3	781.3	915.0	725.2	210.0	33.36
甘南州	Gannan	12020.6	4350.0	1575.3	1695.8	969.6	573.2	1304.7	1100.3	451.7	36.19

10-13 历年农村居民家庭生活基本情况
Basic Conditions of Rural Households

年份 Year	每个农村劳动力负担人数（人） Average Number of Dependents per Labour Force (person)	农民人均纯收入（元） Per Capita Annual Net Income (yuan)	农民人均生活消费支出（元） Per Capita Annual Expenditure for Consumption (yuan)	#食品 Food	恩格尔系数（%） Engle's Coefficient (%)	人均居住面积（平方米） Per Capita Living Space (sq.m)
1978	2.42	100.93	88.18	65.98	74.82	
1979	2.36	111.57	96.69	69.69	72.08	
1980	2.32	153.41	125.54	81.35	64.80	13.87
1981	2.25	158.63	135.23	92.99	68.76	12.75
1982	2.14	174.16	141.05	95.65	67.81	13.53
1983	1.95	213.06	162.68	103.62	63.70	12.95
1984	1.91	221.05	178.39	113.01	63.35	12.96
1985	1.75	257.00	204.61	123.52	60.37	13.24
1986	1.73	282.89	232.79	137.84	59.21	13.44
1987	1.73	302.82	252.84	144.42	57.12	13.93
1988	1.70	345.14	276.98	152.24	54.96	14.32
1989	1.69	375.80	296.38	163.80	55.27	14.67
1990	1.67	430.99	339.24	205.22	60.49	11.88
1991	1.68	446.42	403.41	238.21	59.05	12.85
1992	1.69	489.47	419.68	247.76	59.04	13.13
1993	1.67	550.83	537.76	297.20	55.27	13.77
1994	1.57	723.73	674.17	443.92	65.85	14.54
1995	1.66	880.34	915.25	649.29	70.94	15.64
1996	1.63	1100.59	986.34	669.36	67.86	14.15
1997	1.67	1210.00	976.27	561.40	57.50	14.56
1998	1.65	1393.05	939.55	556.85	59.27	16.47
1999	1.65	1412.98	944.90	531.27	56.22	18.22
2000	1.72	1428.70	1084.00	525.17	48.45	18.00
2001	1.69	1508.61	1127.37	519.78	46.11	17.58
2002	1.69	1590.30	1153.29	531.37	46.07	17.58
2003	1.66	1673.00	1336.85	586.38	43.86	17.60
2004	1.64	1852.00	1464.34	703.41	48.04	17.88
2005	1.67	1980.00	1819.58	858.89	47.20	18.71
2006	1.64	2134.00	1855.49	865.99	46.67	19.12
2007	1.60	2328.92	2017.21	944.14	46.80	19.46
2008	1.59	2723.80	2400.95	1132.53	47.17	19.87
2009	1.57	2980.10	2766.45	1142.05	41.28	20.55
2010	1.56	3424.70	2941.99	1315.25	44.71	20.96
2011	1.54	3909.40	3664.91	1548.19	42.24	23.65
2012	1.54	4506.70	4146.24	1648.60	39.76	24.08
2013	1.59	5107.80	4849.60	1798.50	37.08	24.66
2014	1.60	5736.00	5272.00	1980.40	37.56	28.60

10-14　农村居民家庭生活基本情况
Basic Conditions of Rural Households

指标	Item	2010	2011	2012	2013	2014
调查户数（户）	**Number of Households Surveyed (household)**	**1800**	**1800**	**1800**	**2900**	**2500**
平均每户常住人口（人）	Average Number of Permanent Residents per Household (person)	4.6	4.4	4.4	4.4	4.0
平均每户整半劳动力（人）	Average Number of Full/Semi Labor Force per Household (person)	2.9	2.9	2.9	2.8	2.4
平均每个劳动力负担人口（含本人）（人）	Average Number of Dependents per Labour Force (including the laborer himself or herself) (person)	1.6	1.5	1.5	1.6	1.6
平均每人年收入（元）	**Per Capita Annual Income (yuan)**					
总收入	Total Revenue	4771.9	5878.0	6705.0	7352.1	8294.6
工资性收入	Income from Wages and Salaries	1199.5	1562.0	1787.7	2203.4	2617.2
家庭经营收入	Income from Household Operations	3193.8	3778.5	4259.5	4210.9	4722.9
财产性收入	Income from Properties	39.9	82.5	112.1	132.9	97.3
转移性收入	Income from Transfers	338.8	455.0	545.7	805.0	857.2
农民人均纯收入	**Per Capita Net Income of Rural Households**	**3424.7**	**3909.4**	**4506.7**	**5107.8**	**5736.0**
总支出	Total Expenditure	4528.5	5932.3	6657.4	7204.3	7834.0
家庭经营费用支出	Expenditure for Household Operations	1192.4	1625.9	1849.6	1702.1	1965.0
生活消费支出	Expenses on Consumption	2942.0	3664.9	4146.2	4849.6	5272.0
财产性支出	Expenses on Properties	7.8	7.6	6.5	1.7	1.7
转移性支出	Expenses on Transfers	204.9	414.0	473.4	388.5	422.2

10-15　农村住户总收入及构成
Total Income of Rural Households and Its Composition

指标	Item	2010	2011	2012	2013	2014
总收入（元）	**Total Income(yuan)**	**4771.9**	**5878.0**	**6705.0**	**7352.1**	**8294.6**
工资性收入	Income from Wages and Salaries	1199.5	1562.0	1787.7	2203.4	2617.2
家庭经营收入	Income from Household Operations	3193.8	3778.5	4259.5	4210.9	4722.9
财产性收入	Income from Properties	39.9	82.5	112.1	132.9	97.3
转移性收入	Income from Transfers	338.8	455.0	545.7	805.0	857.2
构成（总收入=100）	**Composition (Total Income = 100)**					
工资性收入	Income from Wages and Salaries	25.1	26.6	26.7	30.0	31.6
家庭经营收入	Income from Household Operations	66.9	64.3	63.5	57.3	56.9
财产性收入	Income from Properties	0.8	1.4	1.7	1.8	1.2
转移性收入	Income from Transfers	7.2	7.7	8.1	10.9	10.3

10-16 农村居民家庭人均纯收入及构成
Per Capita Net Income of Rural Households and Its Composition

指标	Item	2010	2011	2012	2013	2014
农民人均纯收入（元）	**Net Income(yuan)**	**3424.7**	**3909.4**	**4506.7**	**5107.8**	**5736.0**
工资性纯收入	Net Income from Wages and Salaries	1199.5	1562.0	1787.7	2203.4	2485.1
家庭经营纯收入	Net Income from Household Operations	1856.0	1866.8	2114.8	2231.0	2455.9
第一产业纯收入	Net Income from Primary Industry	1585.8	1563.8	1792.5	1907.4	2039.6
# 农业收入	Farming	1376.6	1247.9	1442.4	1523.8	1635.3
牧业收入	Forestry	181.9	255.2	273.0	367.1	389.0
第二产业纯收入	Net Income from Secondary Industry	52.0	34.9	36.4	39.0	70.0
第三产业纯收入	Net Income from Tertiary Industry	218.2	268.1	285.9	284.6	346.3
财产性纯收入	Net Income from Properties	39.9	82.5	112.1	132.9	166.5
转移性纯收入	Net Income from Transfers	329.3	398.2	492.1	540.5	628.6
构成（农民人均纯收入 =100）	**Composition (Per Capita Net Income of Rural Households = 100)**					
工资性纯收入	Net Income from Wages and Salaries	35.0	40.0	39.7	43.1	43.3
家庭经营纯收入	Net Income from Household Operations	54.2	47.8	46.9	43.7	42.8
财产性纯收入	Net Income from Properties	1.2	2.1	2.5	2.6	2.9
转移性纯收入	Net Income from Transfers	9.6	10.2	10.9	10.6	11.0

10-17 农村住户总支出及构成
Total Expenditure of Rural Households and Its Composition

指标	Item	2010	2011	2012	2013	2014
总支出（元）	**Total Expenditure(yuan)**	**4528.5**	**5932.3**	**6657.4**	**7204.3**	**7834.0**
# 家庭经营费用支出	Expenditure for Household Operations	1192.4	1625.9	1849.6	1702.1	1965.0
农业生产支出	Expenditure for Farming	817.0	1086.7	1184.3	1006.6	1232.8
牧业生产支出	Expenditure for Animal Husbandry	299.3	409.5	491.5	502.6	483.8
生活消费支出	Expenses on Consumption	2942.0	3664.9	4146.2	4849.6	5272.0
财产性支出	Expenses on Properties	7.8	7.6	6.5	1.7	1.7
转移性支出	Expenses on Transfers	204.9	414.0	473.4	388.5	422.2
构成（总支出 =100）	**Composition (Total Expenditure=100)**					
# 家庭经营费用支出	Expenditure for Household Operations	26.33	27.41	27.78	23.63	25.08
农业生产支出	Expenditure for Farming	18.04	18.32	17.79	13.97	15.74
牧业生产支出	Expenditure for Animal Husbandry	6.61	6.90	7.38	6.98	6.18
生活消费支出	Expenses on Consumption	64.97	61.78	62.28	67.32	67.30
财产性支出	Expenses on Properties	0.17	0.13	0.10	0.02	0.02
转移性支出	Expenses on Transfers	4.52	6.98	7.11	5.39	5.39

10-18 农村居民家庭平均每人生活消费支出

Per Capita Living Expenditure of Rural Households

单位：元 (yuan)

指标	Item	2010	2011	2012	2013	2014
生活消费支出	**Expenses on Consumption**	**2942.0**	**3664.9**	**4146.2**	**4849.6**	**5272.0**
食　品	Food Consumption Expenditures	1315.3	1548.2	1648.6	1798.5	1980.4
衣　着	Expenditure on Clothing Consumption	184.2	246.7	303.1	352.7	386.4
居　住	Expenditure on Residence Consumption	551.6	596.6	682.3	794.0	882.9
家庭设备、用品及服务	Expenditure on Household Facilities and	146.9	198.1	250.4	302.7	323.8
交通和通讯	Expenditure on Transport and Communication	256.7	366.6	436.0	598.4	626.8
文化教育、娱乐用品及服务	Expenditure on Culture,Education and	238.0	292.7	327.3	366.5	414.9
医疗保健	Expenditure on Health Care and Medical Services	203.1	339.3	398.0	513.3	529.8
其他商品和服务	Expenditure on Other Commodities and Serveics	46.1	76.8	100.4	123.5	127.1

10-19 农村居民家庭平均每人生活消费支出构成

Composition of Per Capita Living Expenditure of Rural Households

单位：% (%)

指标	Item	2010	2011	2012	2013	2014
生活消费支出	**Living Consumption Expenditure**	**100.00**	**100.00**	**100.00**	**100.00**	**100.00**
食品	Food	44.71	42.24	39.76	37.09	37.56
衣着	Clothing	6.25	6.73	7.31	7.27	7.33
居住	Residence	18.75	16.28	16.46	16.37	16.75
家庭设备用品及服务	Household Facilities and Articles	5.00	5.40	6.04	6.24	6.14
交通和通讯	Transport and Communications	8.73	10.00	10.52	12.34	11.89
文教娱乐用品及服务	Cultural,Educational and Recreation	8.09	7.99	7.89	7.56	7.87
医疗保健	Health Care and Medical Services	6.90	9.26	9.60	10.58	10.04
其他商品和服务	Other Goods and Services	1.57	2.10	2.42	2.54	2.42

10-20 按收入五等份分农村居民家庭基本情况 (2014)
Basic Conditions of Rural Households of Income Quintile(2014)

指标	Item	全省平均 Average	低收入户 Low Income Households	中低收入户 Lower Middle Income Households	中等收入户 Middle Income Households	中高收入户 Middle and High Income Households	高收入户 High Income Households
平均每户常住人口（人）	Average Number of Usual Residents per Household (person)	4.0	4.5	4.4	4.1	3.8	3.1
平均每户整半劳动力（人）	Average Number of Full/Semi Labour Force Per Household (person)	2.4	2.5	2.5	2.2	2.4	2.1
平均每个劳动力负担人口（人）	Average Number of Dependents Per Labour Force (person)	1.6	1.8	1.7	1.6	1.6	1.5
平均每人总收入（元）	Per Capita Annual Income (yuan)	8294.6	3567.0	5677.9	7241.0	100962.0	16895.8
平均每人总支出（元）	Per Capita Annual Expenditures (yuan)	7834.0	6548.2	6623.6	6859.4	8043.1	10842.9
平均每人纯收入（元）	Per Capita Annual Net Income (yuan)	5736.0	1821.1	3896.7	5708.7	7400.8	12471.0
工资性收入	Income from Wages and Salaries	2485.1	925.1	1887.7	3176.4	3519.8	4297.9
家庭经营纯收入	Income from Household Operations	2455.9	483.3	1488.5	1955.7	2979.4	6278.9
财产性收入	Income from Properties	166.5	44.7	121.7	100.8	214.9	837.1
转移性收入	Income from Transfers	628.6	368.0	398.8	475.8	686.7	1057.1

10-21 按收入五等份分农村居民家庭平均每人生活消费支出 (2014)
Per Capita Consumption Expenditure of Rural Households by Income Quintile(2014)

单位：元 (yuan)

指标	Item	全省平均 Average	低收入户 Low Income Households	中低收入户 Lower Middle Income Households	中等收入户 Middle Income Households	中高收入户 Middle and High Income Households	高收入户 High Income Households
生活消费总支出	**Consumption Expenditure**	**5272.0**	**3952.3**	**4624.9**	**4968.0**	**5518.5**	**7742.6**
食品	Food	1980.4	1611.4	1762.8	1833.1	2119.6	2748.2
衣着	Clothing	386.4	288.3	343.2	379.1	421.5	534.6
居住	Residence	882.9	635.2	789.6	999.9	806.5	1262.1
家庭设备用品及服务	Household Facilities and Articles	323.8	257.7	287.9	280.1	329.5	479.5
交通通讯	Transport and Communications	626.8	456.6	492.7	581.3	695.5	988.8
文教娱乐用品及服务	Education, Cultural and Recreation	414.9	276.5	330.4	341.1	439.2	745.9
医疗保健	Health Care and Medical Services	529.8	351.8	483.2	438.5	585.2	791.5
其他商品及服务	Other Goods and Services	127.1	74.8	135.1	114.9	121.5	192.0

10-22　农村居民家庭平均每人主要消费品消费量
Per Capita Consumption of Major Consumer Goods by Rural Households

单位：千克　　(kg)

品名	Item	2010	2011	2012	2013	2014
粮食（原粮）	Grain (Unprocessed)	229.03	192.02	189.12	162.21	158.91
豆类及豆制品	Beans and Bean Products	5.15	3.14	3.05	4.98	4.10
蔬菜	Vegetables	43.14	49.43	44.39	42.71	49.75
食油	Edible Oil	4.13	5.99	6.40	6.76	12.02
猪肉	Pork	12.30	12.71	10.87	9.51	12.70
牛肉	Beef	0.35	0.42	0.36	0.35	0.63
羊肉	Mutton	0.80	1.27	0.91	1.11	1.29
家禽	Poultry	1.29	1.41	1.48	2.56	3.42
蛋及蛋制品	Eggs and Processed Products	2.58	3.42	3.93	4.12	5.04
奶和奶制品	Milk and Processed Products	2.72	4.67	4.51	4.85	6.58
水产品	Aquatic Products	0.30	0.42	0.54	0.57	0.81
瓜果	Melons and Fruits	16.39	18.97	21.89	21.93	30.82
食糖	Sugar	0.97	1.08	1.11	1.13	1.67
酒	Liquor	7.28	8.24	8.86	7.32	10.39

10-23　农村居民家庭平均每百户年底耐用消费品拥有量
Number of Durable Consumer Goods Owned Per 100 Rural Households at Year-end

品名	Item	2010	2011	2012	2013	2014
洗衣机（台）	Washing Machine (set)	60.06	73.72	79.67	78.14	84.80
电冰箱（台）	Refrigerator (set)	17.39	26.50	32.89	39.27	51.70
热水器（台）	Water Heater (unit)	8.30	12.61	17.00	15.65	17.50
摩托车（辆）	Motorcycle (unit)	55.22	67.94	71.94	69.13	85.40
彩色电视机（台）	Color TV Set (set)	104.00	104.44	106.28	105.87	109.80
照相机（架）	Camera (set)	2.05	1.67	2.67		2.20
固定电话（部）	Fixed Telephone (unit)	54.89	30.39	29.00	17.67	38.50
移动电话（部）	Mobile Telephone (unit)	112.39	177.44	192.72	203.54	227.50
计算机（台）	Computer (set)	4.42	9.00	11.39	10.05	13.90

10-24 各地县农民人均纯收入（2014）

Per Capita Net Income of Rural Households by Region, County（2014）

单位：元 (yuan)

地区	Region	农民人均纯收入 Annual Per Capita Net Income of Rural Residents	工资性收入 Income from Wages and Salaries	家庭经营纯收入 Income from Household Operations	财产性收入 Income from Properties	转移性收入 Income from Transfers
兰州市	**Lanzhou**	**8067**	**4353**	**2439**	**698**	**578**
城关区	Chengguan	20920	5800	2194	11304	1622
七里河区	Qilihe	12297	5990	5299	591	418
西固区	Xigu	13014	8553	3024	216	1222
安宁区	Anning					
红古区	Honggu	12978	8033	4458	56	432
永登县	Yongdeng	6382	4345	1502	93	441
皋兰县	Gaolan	6512	2668	3505	64	275
榆中县	Yuzhong	5558	2656	2176	78	648
嘉峪关市	**Jiayuguan**	**13809**	**6239**	**6381**	**587**	**602**
金昌市	**Jinchang**	**9900**	**3585**	**4869**	**709**	**737**
金川区	Jinchuan	11299	4011	5492	980	815
永昌县	Yongchang	9457	3450	4671	623	712
白银市	**Baiyin**	**5777**	**2281**	**2733**	**24**	**739**
白银区	Baiyin	9490	3085	5468	126	811
平川区	Pingchuan	6162	3319	2044	45	754
靖远县	Jingyuan	6213	2215	3346	24	628
会宁县	Huining	4501	1958	1596	21	926
景泰县	Jingtai	6748	2800	3449	30	470
天水市	**Tianshui**	**4982**	**2656**	**1720**	**82**	**523**
秦州区	Qinzhou	5482	3406	1582	90	405
麦积区	Maiji	4965	3231	815	220	698
清水县	Qingshui	4772	2987	1279	26	479
秦安县	Qinan	5042	1554	3026	5	457
甘谷县	Gangu	5043	2562	1469	84	929
武山县	Wushan	4981	2843	1786	91	473
张家川县	Zhangjiachuan	4273	1869	2020	68	316
武威市	**Wuwei**	**7834**	**2370**	**4767**	**154**	**542**
凉州区	Liangzhou	9404	3023	5617	254	510
民勤县	Minqin	8875	1515	6608	56	697
古浪县	Gulang	4507	1676	2380	81	370
天祝县	Tianzhu	5050	1730	2405	13	902
张掖市	**Zhangye**	**9489**	**2853**	**5716**	**275**	**645**

10-24 续表 1 continued

单位：元 (yuan)

地区	Region	农民人均纯收入 Annual Per Capita Net Income of Rural Residents	工资性收入 Income from Wages and Salaries	家庭经营纯收入 Income from Household Operations	财产性收入 Income from Properties	转移性收入 Income from Transfers
甘州区	Ganzhou	10021	2538	6401	482	600
肃南县	Sunan	11972	2594	6886	158	2334
民乐县	Minle	8106	2803	4574	69	660
临泽县	Linze	10088	2071	7247	229	541
高台县	Gaotai	9537	3257	5636	129	514
山丹县	Shandan	9306	4074	4309	285	637
平凉市	**Pingliang**	**5395**	**2478**	**2136**	**130**	**651**
崆峒区	Kongtong	6691	2592	2595	188	1317
泾川县	Jingchuan	5480	2777	1867	189	647
灵台县	Lingtai	5403	2322	1908	78	1096
崇信县	Chongxin	5471	2858	2049	73	492
华亭县	Huating	6177	1791	2521	75	1790
庄浪县	Zhuanglang	4597	2424	1604	57	512
静宁县	Jingning	4748	1409	2715	43	582
酒泉市	**Jiuquan**	**12142**	**3089**	**8091**	**173**	**805**
肃州区	Suzhou	11748	2860	7951	247	679
金塔县	Jinta	12120	3359	7833	56	888
瓜州县	Guazhou	11828	2688	8113	95	1021
肃北县	Subei	18000	1088	6067	335	10522
阿克塞县	Akesai	19251	3525	9158	190	6374
玉门市	Yumen	11967	3758	7527	309	409
敦煌市	Dunhuang	12791	3118	9122	201	357
庆阳市	**Qingyang**	**5499**	**2253**	**2345**	**208**	**693**
西峰区	Xifeng	6799	3155	3069	192	383
庆城县	Qingcheng	5440	2358	2275	171	636
环　县	Huanxian	4782	1606	2269	276	633
华池县	Huachi	5349	2015	2010	148	1175
合水县	Heshui	5257	1892	2715	70	580
正宁县	Zhengning	5841	1994	3128	218	501
宁　县	Ningxian	5467	2618	1868	135	846
镇原县	Zhenyuan	5062	1982	2284	207	589
定西市	**Dingxi**	**4600**	**1799**	**2157**	**69**	**575**
安定区	Anding	4621	1780	1843	12	986
通渭县	Tongwei	4342	965	1825	12	1540

10-24 续表 2 continued

单位：元 (yuan)

地区	Region	农民人均纯收入 Annual Per Capita Net Income of Rural Residents	工资性收入 Income from Wages and Salaries	家庭经营纯收入 Income from Household Operations	财产性收入 Income from Properties	转移性收入 Income from Transfers
陇西县	Longxi	4989	2067	2179	70	672
渭源县	Weiyuan	4535	1361	2206	228	638
临洮县	Lintao	4920	1074	3502	49	295
漳　县	Zhangxian	4430	2097	1749	31	553
岷　县	Minxian	4351	2176	1695	83	397
陇南市	**Longnan**	**4024**	**1979**	**1498**	**105**	**442**
武都区	Wudu	3836	1571	1755	45	465
成　县	Chengxian	5529	2703	2219	82	525
文　县	Wenxian	3456	1798	1268	6	384
宕昌县	Tanchang	3234	1553	1211	103	368
康　县	Kangxian	3730	1664	1197	237	632
西和县	Xihe	3668	2422	869	85	292
礼　县	Lixian	3923	1858	1344	53	669
徽　县	Huixian	5632	2480	2335	415	402
两当县	Liangdang	3188	1252	1626	53	256
临夏州	**Linxia**	**4127**	**1863**	**1754**	**73**	**437**
临夏市	linxia	8310	5175	1727	1102	306
临夏县	linxia	4157	1720	1857	134	446
康乐县	Kangle	4174	1892	1900	42	340
永靖县	Yongjing	4119	1278	1825	23	993
广河县	Guanghe	4495	2165	1903	45	383
和政县	Hezheng	3873	1560	1863	95	355
东乡县	Dongxiang	3130	995	1632	45	458
积石山县	Jishishan	3498	1727	1393	32	346
甘南州	**Gannan**	**4589**	**1219**	**2574**	**82**	**713**
合作市	Hezuo	4648	1954	2266	4	424
临潭县	Lintan	4177	1361	2155	19	641
卓尼县	Zhuoni	4168	1148	2778	59	183
舟曲县	Zhouqu	4675	2616	1367	21	671
迭部县	Diebu	4613	1456	2455	84	619
玛曲县	Maqu	5959	68	4154	21	1716
碌曲县	Luqu	5524	687	4448	164	225
夏河县	Xiahe	4637	917	2310	205	1205

10-25 各地县农民平均每人生活消费性支出（2014）
Per Capita Consumption Expenditure of Rural Households by Region, County（2014）

单位：元 (yuan)

地区	Region	生活消费支出 Consumption Expenditures	食品 Food	衣着 Clothing	居住 Residence	家庭设备用品及服务 Household Facilities and Articles	交通和通讯 Transport and Communications	文教娱乐用品及服务 Education, Culture and Recreation Articles and Services	医疗保健 Health Care and Medical Services	其他商品和服务 Other Goods and Services
兰州市	**Lanzhou**	**7297**	**2722**	**619**	**1428**	**427**	**660**	**570**	**643**	**229**
城关区	Chengguan	15382	5815	1555	3558	768	924	1321	1026	415
七里河区	Qilihe	7732	2910	834	1130	470	807	526	686	371
西固区	Xigu	12076	5193	1346	1554	1121	1207	677	643	336
安宁区	Anning									
红古区	Honggu	9627	3660	752	1653	490	793	808	726	744
永登县	Yongdeng	6018	2371	582	999	260	896	301	440	170
皋兰县	Gaolan	5587	2034	496	887	334	569	539	462	266
榆中县	Yuzhong	6352	2479	398	1443	328	457	498	623	126
嘉峪关市	**Jiayuguan**	**10373**	**3635**	**703**	**1162**	**558**	**2610**	**807**	**665**	**234**
金昌市	**Jinchang**	**7156**	**2247**	**537**	**1210**	**349**	**1357**	**614**	**505**	**337**
金川区	Jinchuan	11412	3378	656	1735	682	2751	906	720	584
永昌县	Yongchang	5808	1906	502	1056	247	869	523	450	254
白银市	**Baiyin**	**5050**	**2142**	**377**	**785**	**280**	**599**	**332**	**358**	**178**
白银区	Baiyin	7167	2576	747	1048	395	942	525	485	449
平川区	Pingchuan	5255	1949	415	1087	339	694	346	347	77
靖远县	Jingyuan	5056	1821	456	884	363	556	396	281	298
会宁县	Huining	4812	2455	230	527	259	550	277	441	73
景泰县	Jingtai	5017	1776	535	834	297	598	527	366	85
天水市	**Tianshui**	**5204**	**1796**	**437**	**873**	**397**	**617**	**360**	**594**	**130**
秦州区	Qinzhou	6163	2459	475	1356	511	714	262	331	56
麦积区	Maiji	3696	1588	379	301	320	415	200	399	94
清水县	Qingshui	5166	1755	404	995	483	633	234	744	98
秦安县	Qinan	4723	1749	540	582	485	97	290	500	480
甘谷县	Gangu	6355	1904	523	1531	469	568	454	849	159
武山县	Wushan	5088	1579	516	1191	559	572	133	345	74
张家川县	Zhangjiachuan	4026	1784	361	497	289	403	186	388	118
武威市	**Wuwei**	**5077**	**1914**	**374**	**782**	**304**	**632**	**608**	**398**	**65**
凉州区	Liangzhou	5306	2229	308	885	383	543	481	446	31
民勤县	Minqin	7021	2250	455	799	252	1056	649	1452	107
古浪县	Gulang	3681	1825	261	469	213	342	345	126	102
天祝县	Tianzhu	4126	1852	333	533	239	464	368	274	63
张掖市	**Zhangye**	**8227**	**3089**	**585**	**1243**	**536**	**1096**	**756**	**720**	**201**

10-25 续表 1 continued

单位：元 (yuan)

地区	Region	生活消费支出 Consumption Expenditures	食品 Food	衣着 Clothing	居住 Residence	家庭设备用品及服务 Household Facilities and Articles	交通和通讯 Transport and Communications	文教娱乐用品及服务 Education, Culture and Recreation Articles and Services	医疗保健 Health Care and Medical Services	其他商品和服务 Other Goods and Services
甘州区	Ganzhou	8655	3216	601	1173	732	1274	689	782	188
肃南县	Sunan	13354	4839	1103	2974	604	1593	1076	732	434
民乐县	Minle	6892	2478	584	1195	405	926	705	511	89
临泽县	Linze	9056	3322	525	1508	638	1141	854	891	177
高台县	Gaotai	8475	3357	615	1217	346	749	902	1062	228
山丹县	Shandan	6892	2630	476	983	343	1153	683	348	275
平凉市	**Pingliang**	**5849**	**1930**	**384**	**700**	**429**	**836**	**792**	**696**	**83**
崆峒区	Kongtong	6164	1926	393	1037	351	726	931	736	65
泾川县	Jingchuan	6639	1961	411	774	670	1004	565	896	358
灵台县	Lingtai	4580	1767	220	634	256	501	520	637	45
崇信县	Chongxin	5524	1812	429	806	343	649	628	767	89
华亭县	Huating	5684	1960	371	1021	283	552	896	523	77
庄浪县	Zhuanglang	5661	1973	438	1035	409	924	365	399	118
静宁县	Jingning	4566	1755	272	704	300	645	455	397	38
酒泉市	**Jiuquan**	**10323**	**3584**	**719**	**1734**	**646**	**1405**	**975**	**975**	**265**
肃州区	Suzhou	10344	4612	555	1824	513	844	645	1170	173
金塔县	Jinta	10602	3743	812	1749	744	1346	1087	978	144
瓜州县	Guazhou	11227	2971	845	1985	750	2030	915	1291	486
肃北县	Subei	17720	8974	798	1081	1083	1872	1694	486	1716
阿克塞县	Akesai	14907	8824	781	885	748	1135	1517	782	221
玉门市	Yumen	8535	2772	584	1697	580	1388	745	430	355
敦煌市	Dunhuang	9989	2642	851	1456	667	1792	1565	790	215
庆阳市	**Qingyang**	**5231**	**2027**	**425**	**877**	**335**	**599**	**298**	**540**	**132**
西峰区	Xifeng	5711	2281	760	507	303	754	357	584	167
庆城县	Qingcheng	6406	2494	482	1155	266	772	272	841	125
环　县	Huanxian	5621	2069	381	1414	247	767	257	327	160
华池县	Huachi	4985	2021	457	782	242	686	230	479	91
合水县	Heshui	4999	1914	294	942	327	689	205	503	125
正宁县	Zhengning	4371	1406	430	546	395	675	468	338	114
宁　县	Ningxian	4267	1287	400	766	296	533	190	590	207
镇原县	Zhenyuan	4274	1370	265	852	411	433	344	514	86
定西市	**Dingxi**	**4282**	**1724**	**338**	**570**	**307**	**509**	**426**	**341**	**67**
安定区	Anding	4612	1731	270	833	260	588	461	400	71
通渭县	Tongwei	4757	2236	189	608	342	487	574	247	73

10-25 续表 2 continued

单位：元 (yuan)

地区	Region	生活消费支出 Consumption Expenditures	食品 Food	衣着 Clothing	居住 Residence	家庭设备用品及服务 Household Facilities and Articles	交通和通讯 Transport and Communications	文教娱乐用品及服务 Education,-Culture and Recreation Articles and Services	医疗保健 Health Care and Medical Services	其他商品和服务 Other Goods and Services
陇西县	Longxi	4119	1493	321	464	292	689	505	331	24
渭源县	Weiyuan	4550	1800	358	460	381	580	376	505	90
临洮县	Lintao	4021	1519	379	688	212	459	455	251	58
漳　县	Zhangxian	4080	1600	465	518	308	455	233	405	96
岷　县	Minxian	3836	1550	381	486	423	305	381	250	61
陇南市	**Longnan**	**3806**	**1593**	**386**	**540**	**269**	**415**	**220**	**288**	**96**
武都区	Wudu	3730	1642	440	426	270	329	169	323	131
成　县	Chengxian	4994	1919	443	881	238	509	271	600	134
文　县	Wenxian	2944	1243	310	350	193	482	120	166	79
宕昌县	Tanchang	2596	1190	280	450	143	324	68	101	41
康　县	Kangxian	2561	1144	319	165	215	369	184	104	62
西和县	Xihe	3604	1063	316	872	346	370	248	244	144
礼　县	Lixian	3392	1225	373	501	265	392	288	313	36
徽　县	Huixian	5220	1805	667	485	493	754	429	419	167
两当县	Liangdang	2676	1330	139	644	181	258	67	50	6
临夏州	**Linxia**	**4051**	**1404**	**369**	**819**	**397**	**432**	**205**	**349**	**76**
临夏市	linxia	7781	2466	795	1945	415	599	611	712	237
临夏县	linxia	3849	1794	364	367	324	396	198	363	45
康乐县	Kangle	4053	1210	348	1129	211	592	90	315	158
永靖县	Yongjing	4112	1257	348	700	436	510	314	390	157
广河县	Guanghe	3173	1231	452	627	252	321	128	137	25
和政县	Hezheng	3434	1080	290	691	353.5	508	61	409	43
东乡县	Dongxiang	2034	956	182	462	193	145	25	45	26
积石山县	Jishishan	3478	1825	230	444	201	252	109	301	116
甘南州	**Gannan**	**3282**	**1449**	**307**	**340**	**341**	**422**	**167**	**143**	**113**
合作市	Hezuo	4106	2040	376	405	265	489	252	176	103
临潭县	Lintan	3329	1429	387	402	238	524	85	150	113
卓尼县	Zhuoni	2181	901	357	265	135	161	139	106	116
舟曲县	Zhouqu	3004	1707	153	383	137	275	150	174	25
迭部县	Diebu	3176	1545	247	376	321	299	154	91	144
玛曲县	Maqu	3758	1820	334	84	394	490	141	205	290
碌曲县	Luqu	3209	605	297	110	918	741	352	118	69
夏河县	Xiahe	3491	1544	305	695	319	394	67	123	44

主要指标解释

一、城镇住户

城镇家庭人口 指居住在一起，经济上合在一起共同生活的家庭成员。凡计算为家庭人口的成员其全部收支都包括在本调查表中。

城镇就业面 指就业人口占家庭人口的百分比。

城镇就业者负担人数 指家庭人口与就业人口之比。

城镇家庭总收入 指家庭成员得到的工薪收入、经营净收入、财产性收入、转移性收入之和，不包括出售财物收入和借贷收入。

城镇家庭可支配收入 指家庭成员得到可用于最终消费支出和其它非义务性支出以及储蓄的总和，即居民家庭可以用来自由支配的收入。它是家庭总收入扣除交纳的所得税、个人交纳的社会保障支出以及记账补贴后的收入。计算公式为：

可支配收入＝家庭总收入－交纳所得税－个人交纳的社会保障支出－记帐补贴

城镇家庭总支出 指除借贷支出以外的全部家庭支出。包括消费性支出、购房建房支出、转移性支出、财产性支出、社会保障支出。

城镇家庭消费性支出 指家庭用于日常生活的支出，包括食品、衣着、家庭设备用品及服务、医疗保健、交通和通信、娱乐教育文化服务、居住、杂项商品和服务等八大类支出。

恩格尔系数 指食物支出金额在消费性总支出金额中所占的比例。计算公式为：

$$恩格尔系数=\frac{食品支出金额}{生活消费总支出金额}\times 100\%$$

二、农村住户

农村住户 指农村常住户。农村常住户指长期（一年以上）居住在乡镇（不包括城关镇）行政管理区域内的住户，以及长期居住在城关镇所辖行政村范围内的农村住户。户口不在本地而在本地居住一年及以上的住户也包括在本地农村常住户范围内；有本地户口，但举家外出谋生一年以上的住户，无论是否保留承包耕地都不包括在本地农村住户范围内。

常住人口 指全年经常在家或在家居住6个月以上，而且经济和生活与本户连成一体的人口。外出从业人员在外居住时间虽然在6个月以上，但收入主要带回家中，经济与本户连为一体，仍视为家庭常住人口；在家居住，生活和本户连成一体的国家职工、退休人员也为家庭常住人口。但是现役军人、中专及以上（走读生除外）的在校学生、以及常年在外（不包括探亲、看病等）且已有稳定的职业与居住场所的外出从业人员，不算家庭常住人口。家庭常住人口主要作为计算农村住户平均每人收入、消费和积累水平及分析家庭人口状况的依据。

总收入 指调查期内农村住户和住户成员从各种来源渠道得到的收入总和。按收入的性质划分为工资性收入、家庭经营收入、财产性收入和转移性收入。

工资性收入 指农村住户成员受雇于单位或个人，靠出卖劳动而获得的收入。

家庭经营收入 指农村住户以家庭为生产经营单位进行生产筹划和管理而获得的收入。农村住户家庭经营活动按行业划分为农业、林业、牧业、渔业、工业、建筑业、交通运输业邮电业、批发和零售贸易餐饮业、社会服务业、文教卫生业和其他家庭经营。

财产性收入 指金融资产或有形非生产性资产的所有者向其他机构单位提供资金或将有形非生产性资产供其支配，作为回报而从中获得的收入。

转移性收入 指农村住户和住户成员无须付出任何对应物而获得的货物、服务、资金或资产所有权等，不包括无偿提供的用于固定资本形成的资金。一般情况下，是指农村住户在二次分配中的所有收入。

现金收入 指农村住户和住户成员在调查期内得到以现金形态表现的收入。按来源分成工资性收入、家庭经营现金收入、财产性收入、转移性收入。

纯收入 指农村住户当年从各个来源得到的总收入相应地扣除所发生的费用后的收入总和。计算方法：

纯收入＝总收入－税费支出－家庭经营费用支出－生产性固定资产折旧－赠送农村亲友支出

纯收入主要用于再生产投入和当年生活消费支出，也可用于储蓄和各种非义务性支出。“农民人均纯收入”按人口平均的纯收入水平，反映的是一个地区或一个农户农村居民的平均收入水平。

总支出 指农村住户用于生产、生活和再分配的全部支出。家庭经营费用支出、购置生产性固定资产支出、生产性固定资产折旧、税费支出、生活消费支出、财产性支出和转移性支出。

11

城市概况

General Survey of Cities

简要说明

一、本篇资料的主要内容

本篇资料反映了各城市主要社会经济和城市公用事业基本情况。城市公用事业基本情况包括市政建设、设施水平、供水、供气、供热、公共交通、园林绿化、环境卫生等。

二、本篇资料的来源

本篇资料中 11-1、11-8 表数据资料由省统计局社会科技处依据国家统计局制定的《市、县社会经济基本情况统计报表制度》提供，其余各表数据的资料来源于省住房和城乡建设厅《城市建设统计年报》，由省统计局社会科技处整理提供。

11-1 分城市主要社会经济指标（2014）
Main Social and Economic Indicators by Cities (2014)

指标	Item	兰州市 Lanzhou	嘉峪关市 Jiayuguan	金昌市 Jinchang
年底人口数（万人）	Population (year-end)(10 000 persons)	240	24	23
年底单位就业人员（万人）	Number of Employed Persons (year-end) (10 000 persons)	60.17	6.99	8.96
生产总值（万元）	Gross Regional Product (10 000 yuan)	16542011	2430618	1905176
第一产业	Primary Industry	191203	39663	33335
第二产业	Secondary Industry	6219300	1696540	1456020
第三产业	Tertiary Industry	10131508	694415	415821
人均生产总值（元）	Per Capita GDP (yuan)	62367	101955	82297
生产总值增长率（%）	Growth Rate of GDP (%)	9.4	10.0	7.7
公共财政预算收入（万元）	Public Government Budget Revenue (10 000 yuan)	1417418	158162	40635
公共财政预算支出（万元）	Public Government Budget Expenditure (10 000 yuan)	2323451	220571	102593
年末金融机构各项存款余额（万元）	Deposits of Financial Institution (year-end)(10 000 yuan)	55363928	3308700	2141840
#城乡居民储蓄存款	Savings Deposits of Urban and Rural Residents	19852392	1260600	1206999
年末金融机构各项贷款余额（万元）	Loans of Financial Institutions(year-end) (10 000 yuan)	37933906	3573200	1440984
规模以上工业增加值（万元）	Value-added of Industrial Enterprises above Designated Size(10 000 yuan)	19100700	9290693	7004817
规模以上工业企业	Industrial Enterprises above Designated Size			
主营业务收入（万元）	Revenue from Principal Business (10 000 yuan)	14940000	15287253	21273926
利润总额（万元）	Total Profit(10 000 yuan)	49600	126746	44925
邮电局所数（个）	Number of Postal and Telecommunication Offices (unit)	96	13	8
全社会用电量（万千瓦时）	Annual Electricity Consumption (10 000 kw·h)	1396678	1997466	
#工业用电量	Electricity Consumption of Industry	972214	1850973	
社会消费品零售总额（万元）	Total Retail Sales of Consumer Goods (10 000 yuan)	8988167	425300	479602
外商直接投资	Foreign Direct Investment	2		
外商直接投资合同项目（个）	Number of Projects for Contracted Foreign Direct Investment (unit)			
当年实际使用外资金额（万美元）	Amount of Foreign Capital Actually Utilized of Current Year(10 000 USD)	1906		
固定资产投资额（万元）	Total Investment in Fixed Assets (10 000 yuan)	7110244	1252400	1740780
房地产开发投资额	Real Estate Development Investment	2444092	226540	72262
#住宅	Residential Buildings	1630504	176300	34603
新增固定资产	Newly Increased Fixed Assets	5736457	445589	1628329
在校学生数	Number of Enrollment			
普通高等学校（人）	Regular Higher Education Institutions (person)	414182	2867	2943
中等职业技术学校（人）	Secondary Vocational Technical Schools (person)	61481	5624	923
普通中学（万人）	Regular Secondary Schools (10 000 persons)	11.95	1.51	1.31
小学（万人）	Primary Schools (10 000 persons)	14.60	1.62	1.29
医院、卫生院数（个）	Number of Hospitals (unit)	102	11	12
医院、卫生院床位数（张）	Number of Beds of Hospitals (bed)	19587	1759	1522
执业（助理）医师（人）	Licensed (Assistant) Doctors (person)	10944	844	773
在岗职工平均工资（元）	Average Wages of Staff and Workers (yuan)	54349	53437	56914

11–1 续表 1 continued

指标	Item	白银市 Baiyin	天水市 Tianshui	武威市 Wuwei	张掖市 Zhangye	平凉市 Pingliang
年底人口数（万人）	Population (year-end)(10 000 persons)	49.22	130.11	102.25	50.65	51.3
年底单位就业人员（万人）	Number of Employed Persons (year-end) (10 000 persons)	11.68	14.53	8.30	6.49	5.99
生产总值（万元）	Gross Regional Product (10 000 yuan)	2729507	3085733	2586732	1481585	1175809
第一产业	Primary Industry	82736	235957	542216	338082	155166
第二产业	Secondary Industry	1693053	1343778	1145866	382592	364924
第三产业	Tertiary Industry	953718	1505998	898650	760911	655719
人均生产总值（元）	Per Capita GDP (yuan)	55264	25424	25675	28915	22703
生产总值增长率（%）	Growth Rate of GDP (%)	9.2	9.0	9.3	7.0	8.1
公共财政预算收入（万元）	Public Government Budget Revenue (10 000 yuan)	187039	232729	141584	102029	36400
公共财政预算支出（万元）	Public Government Budget Expenditure (10 000 yuan)	485475	840025	726172	415853	216900
年末金融机构各项存款余额（万元）	Deposits of Financial Institution (year-end)(10 000 yuan)	3681774	5660277	4620300	2809310	2498200
#城乡居民储蓄存款	Savings Deposits of Urban and Rural Residents	1983772	3527886	2874875	1616904	1410700
年末金融机构各项贷款余额（万元）	Loans of Financial Institutions(year-end) (10 000 yuan)	2334246	3217593	3359509	2200356	1749100
规模以上工业增加值（万元）	Value-added of Industrial Enterprises above Designated Size(10 000 yuan)	6015827	2614587	3403920	728720	376394
规模以上工业企业主营业务收入（万元）	Industrial Enterprises above Designated Size Revenue from Principal Business (10 000 yuan)	7314548	1364255	2717119	507808	317015
利润总额（万元）	Total Profit(10 000 yuan)	18913	79955	37230	12271	13566
邮电局所数（个）	Number of Postal and Telecommunication Offices (unit)	39	59	35	36	27
全社会用电量（万千瓦时）	Annual Electricity Consumption (10 000 kw·h)	766452		146827	146762	87802
#工业用电量	Electricity Consumption of Industry	562507		61400	84994	42726
社会消费品零售总额（万元）	Total Retail Sales of Consumer Goods (10 000 yuan)	978303	1403982	778300	829640	599080
外商直接投资	Foreign Direct Investment			1	1	
外商直接投资合同项目（个）	Number of Projects for Contracted Foreign Direct Investment (unit)					
当年实际使用外资金额（万美元）	Amount of Foreign Capital Actually Utilized of Current Year(10 000 USD)				70	
固定资产投资额（万元）	Total Investment in Fixed Assets (10 000 yuan)	2116545	2597973	2805023	970247	1107100
房地产开发投资额	Real Estate Development Investment	180145	239625	212338	205059	216807
#住宅	Residential Buildings	158617	182257	128295	158594	130348
新增固定资产	Newly Increased Fixed Assets	1827167	1327400	739536	846014	682930
在校学生数	Number of Enrollment					
普通高等学校（人）	Regular Higher Education Institutions (person)	2641	38047	19457	20139	5917
中等职业技术学校（人）	Secondary Vocational Technical Schools (person)	6185	21176	9369	4431	7383
普通中学（万人）	Regular Secondary Schools (10 000 persons)	3.66	7.06	5.86	3.09	2.89
小学（万人）	Primary Schools (10 000 persons)	3.16	8.78	6.25	3.02	3.48
医院、卫生院数（个）	Number of Hospitals (unit)	36	65	903	39	39
医院、卫生院床位数（张）	Number of Beds of Hospitals (bed)	3603	6236	5141	2475	3975
执业（助理）医师（人）	Licensed (Assistant) Doctors (person)	1763	2340	1643	1464	1419
在岗职工平均工资（元）	Average Wages of Staff and Workers (yuan)	49409	39385	39741	38201	38162

11-1 续表 2 continued

指标	Item	酒泉市 Jiuquan	庆阳市 Qingyang	定西市 Dingxi	陇南市 Longnan
年底人口数（万人）	Population (year-end)(10 000 persons)	41	38	46	56
年底单位就业人员（万人）	Number of Employed Persons (year-end) (10 000 persons)	5.34	8.33	4.65	3.40
生产总值（万元）	Gross Regional Product (10 000 yuan)	1958551	1703000	657774	849006
第一产业	Primary Industry	230073	115000	119043	145142
第二产业	Secondary Industry	880199	1000000	194918	133508
第三产业	Tertiary Industry	848279	588000	343813	570356
人均生产总值（元）	Per Capita GDP (yuan)	44911	44576	15508	15083
生产总值增长率（%）	Growth Rate of GDP (%)	7.8	7.4	9.2	9.3
公共财政预算收入（万元）	Public Government Budget Revenue (10 000 yuan)	53668	68053	34018	110169
公共财政预算支出（万元）	Public Government Budget Expenditure (10 000 yuan)	187796	245672	239814	250914
年末金融机构各项存款余额（万元）	Deposits of Financial Institution (year-end)(10 000 yuan)	3585093	2557320	1784518	1683037
#城乡居民储蓄存款	Savings Deposits of Urban and Rural Residents	1891979	1446664	932659	929440
年末金融机构各项贷款余额（万元）	Loans of Financial Institutions(year-end) (10 000 yuan)	2691817	2048840	1393047	1359696
规模以上工业增加值（万元）	Value-added of Industrial Enterprises above Designated Size(10 000 yuan)	2264355	2534448	449097	101336
规模以上工业企业主营业务收入（万元）	Industrial Enterprises above Designated Size Revenue from Principal Business (10 000 yuan)	1049679	2539547	403556	84662
利润总额（万元）	Total Profit(10 000 yuan)	31508	116391	8131	7036
邮电局所数（个）	Number of Postal and Telecommunication Offices (unit)	27	15	27	24
全社会用电量（万千瓦时）	Annual Electricity Consumption (10 000 kw·h)	108540	125313	25900	41970
#工业用电量	Electricity Consumption of Industry	61414	85930	2200	10450
社会消费品零售总额（万元）	Total Retail Sales of Consumer Goods (10 000 yuan)	688119	587851	323551	26703
外商直接投资	Foreign Direct Investment				
外商直接投资合同项目（个）	Number of Projects for Contracted Foreign Direct Investment (unit)				
当年实际使用外资金额（万美元）	Amount of Foreign Capital Actually Utilized of Current Year(10 000 USD)				
固定资产投资额（万元）	Total Investment in Fixed Assets (10 000 yuan)	2428530	2395260	1093098	1004607
房地产开发投资额	Real Estate Development Investment	224491	309089	185855	103434
#住宅	Residential Buildings	176499	202509	148137	68678
新增固定资产	Newly Increased Fixed Assets	2423000	1799700	52447	104607
在校学生数	Number of Enrollment				
普通高等学校（人）	Regular Higher Education Institutions (person)	7797	15715	5222	3000
中等职业技术学校（人）	Secondary Vocational Technical Schools (person)	7095	11665	7391	2164
普通中学（万人）	Regular Secondary Schools (10 000 persons)	2.73	3.40	3.06	2.11
小学（万人）	Primary Schools (10 000 persons)	3.12	2.90	2.10	4.31
医院、卫生院数（个）	Number of Hospitals (unit)	35	16	29	44
医院、卫生院床位数（张）	Number of Beds of Hospitals (bed)	2212	3151	2136	1590
执业（助理）医师（人）	Licensed (Assistant) Doctors (person)	1106	1285	996	450
在岗职工平均工资（元）	Average Wages of Staff and Workers (yuan)	44339	56723	43150	43440

11-2 城市公用事业基本情况
Basic Statistics on City Public Utilities

指标	Item	2011	2012	2013	2014
城市建设	**City Areas and Floor Space of Buildings**				
建成区面积（平方公里）	Area of Built Districts (sq.km)	656	682	727	779
城市建设用地面积（平方公里）	Area of Land Used for Urban Construction (sq.km)	615	643	658	757
城市人口密度（人/平方公里）	Population Density of City Districts (person/sq.km)	3824	4369	3916	3682
城市供水、燃气	**Water Supply and Gas Supply**				
全年供水总量（万立方米）	Annual Volume of Total Water Supply (10 000 cu.m)	55703	54243	55059	54565
#居民家庭用水	Water Consumption for Residential Use	20291	20708	20579	21306
人均日生活用水量(升)	Per Capita Daily Water Consumption for Residential Use (liter)	146	144	142	146
用水普及率（%）	Coverage Rate of Urban Population with Access to Tap Water (%)	92.50	102.38	93.68	94.95
供气总量（人工、天然气）（亿立方米）	Volume of Gas Supply(Coal Gas,Natural Gas) (100 million cu.m)	8.97	11.38	13.58	16.09
#家庭用量	Consumption of Gaswork Gas for Residential Use	1.90	2.37	2.56	3.23
液化石油气供气总量（万吨）	Volume of Liquefied Petroleum Gas (10 000 tons)	15.17	15.14	7.40	5.97
#家庭用量	Consumption of Gaswork Gas for Residential Use	7.04	7.04	6.65	5.25
燃气普及率（%）	Coverage Rate of Urban Population with Access to Gas (%)	75.62	85.87	80.22	83.48
城市公共交通	**Public Traffic**				
城市市政建设	**Municipal Infra-structure**				
年末实有道路长度（公里）	Length of Paved Roads at Year-end (km)	3503	3580	3796	4151
城市排水管道长度（公里）	Length of City Sewaeg Pipes (km)	3144	3282	3881	5016
城市绿化和园林	**City Greening**				
城市绿地面积（公顷）	Area of Urban Green Land (hectare)	18260	23069	27843	22342
人均拥有公园绿地面积（平方米）	Per Capita Area of Parks and Green Land (sq.m)	8.32	9.52	11.76	12.79
公园数（个）	Number of Parks and Zoos (unit)	92	97	104	116
公园面积（公顷）	Area of Parks (hectare)	2572	2629	3649	4079
城市环境卫生	**Environmental Sanitation**				
生活垃圾清运量（万吨）	Volume of Garbage Disposal (10 000 tons)	276.18	270.54	272.84	252.97
粪便清运量（万吨）	Volume of Disposal of Excrement and Urine (10 000 tons)	16.22	17.07	19.42	17.58
生活垃圾无害化处理率（%）	Harmless Treatment Rate of Garbage (%)	41.71	41.68	42.29	62.60

11-3　各地区城市建设情况（2014）

Statistics on City Construction by Region (2014)

地区	Region	城区面积（平方公里） Urban Area(sq.km)	建成区面积（平方公里） Area of Build Disticts (sp.km)	城市建设用地面积（平方公里） Area of Land Used for Urban Construction (sq.km)	征用土地面积（平方公里） Land Put in Requisition for State Construction Projects(sq.km)	城市人口密度（人/平方公里） Population Density of City Districts (person/sq.km)
甘肃省	**Gansu**	**1554.8**	**779.3**	**756.6**	**39.4**	**3682**
兰州市	Lanzhou	327.3	269.1	280.7	29.8	5992
嘉峪关市	Jiayuguan	120.0	69.5	67.8		1916
金昌市	Jinchang	42.0	40.2	40.2	0.2	4512
白银市	Baiyin	99.2	60.6	60.2	1.3	4210
天水市	Tianshui	60.0	45.8	45.8		11393
武威市	Wuwei	31.0	31.0	30.9		10500
张掖市	Zhangye	200.0	64.2	35.2	1.9	928
平凉市	Pingliang	255.0	36.0	35.6	0.5	1282
酒泉市	Jiuquan	235.0	48.5	41.4		1536
玉门市	Yumen	15.0	9.0	9.0		4847
敦煌市	Dunhuang	19.9	15.0	15.0	0.6	5735
庆阳市	Qingyang	25.4	24.3	25.4	2.1	7469
定西市	Dingxi	35.9	23.5	32.8	1.2	5580
陇南市	Longnan	40.0	10.4	9.2		3955
临夏市	Linxia	33.5	22.2	22.2	1.7	7543
合作市	Hezuo	15.6	10.0	5.5	0.2	3577

注：各地区城市数据来源于省住建厅。（以下相关表同）

a) Data of cities by region are from the Urban and Rural Housing Construcion in Gansu Province.(The same applies to the tables following.)

11-4　各地区城市供水情况（2014）

Basic Statistics on Tap Water Supply in Cities by Region (2014)

地区	Region	年末供水综合生产能力（万立方米/日） Production Capacity of Tap Water Supply (year-end) (10 000cu.m/day)	年末供水管道长度（公里） Length of Water Supply Pipelines (year-end)(km)	全年供水总量（万立方米） Total Annual Volume of Water Supply (10 000 cu.m)	#居民家庭用水 Water for Households Use	#生产运营用水 Water for Production Operations Use	用水人口（万人） Number of Residents with Access to Tap Water (10 000 persons)	人均日生活用水量（升） Per Capita Daily Consumption of Tap Water for Residential Use (liter)
甘肃省	**Gansu**	**380.8**	**5265.3**	**54565.0**	**21306.2**	**19420.4**	**543.6**	**146.3**
兰州市	Lanzhou	154.0	1032.1	26226.8	10326.8	11107.4	188.5	200.4
嘉峪关市	Jiayuguan	51.6	782.4	3834.3	685.2	1999.1	23.0	190.1
金昌市	Jinchang	30.0	292.2	2696.8	930.4	318.0	19.0	243.5
白银市	Baiyin	48.4	303.1	6300.2	2259.0	2554.7	41.8	156.9
天水市	Tianshui	11.0	202.7	3263.0	1797.0	290.0	55.2	131.5
武威市	Wuwei	20.0	231.0	1741.9	825.0	285.0	31.0	96.2
张掖市	Zhangye	11.9	252.4	2266.7	858.2	653.1	18.6	150.4
平凉市	Pingliang	5.1	348.9	1536.1	729.0	494.0	32.6	73.4
酒泉市	Jiuquan	15.4	348.5	2238.8	826.8	780.0	36.1	93.5
玉门市	Yumen	8.0	239.8	684.0	280.0	270.0	7.3	125.5
敦煌市	Dunhuang	7.0	317.4	775.0	321.0	143.0	11.4	115.9
庆阳市	Qingyang	5.3	374.0	731.0	410.5	93.0	18.8	76.6
定西市	Dingxi	5.0	207.7	640.0	240.0	125.0	19.6	47.5
陇南市	Longnan	1.7	65.1	461.4	236.0	61.0	13.9	63.1
临夏市	Linxia	5.0	210.0	812.0	461.3	89.2	22.5	67.3
合作市	Hezuo	1.5	58.2	357.0	120.0	158.0	4.5	87.1

11-5 各地区城市燃气情况（2014）
Basic Statistics on Supply of Gas in Cities by Region (2014)

地区	Region	人工煤气生产能力（万立方米/日） Production Capacity of Gaswork Gas (10 000 cu.m/day)	管道长度（公里） Length of Gas Pipelines (km)			全年供气总量 Volume of Gas Supply			用气人口（万人） Population with Access to Gas (10 000 persons)		
			人工煤气 Coal Gas	液化石油气 Liquefied Petroleum Gas	天然气 Natural Gas	人工煤气（万立方米） Coal Gas (10 000cu.m)	液化石油气（吨） Liquefied Petroleum Gas(ton)	天然气（万立方米） Natural Gas (10 000 cu.m)	人工煤气 Coal Gas	液化石油气 Liquefied Petroleum Gas	天然气 Natural Gas
甘肃省	**Gansu**	**10.8**	**399.6**		**2087.2**	**1675.9**	**59662.1**	**159230.3**	**15.5**	**164.4**	**298.0**
兰州市	Lanzhou				833.2		26417.2	137401.2		13.0	172.9
嘉峪关市	Jiayuguan	10.8	399.6		29.0	1675.9	42.0	146.2	15.5	1.0	6.5
金昌市	Jinchang				66.8		450.0	1559.5		7.0	5.7
白银市	Baiyin				394.2		1870.0	6141.0		12.0	24.0
天水市	Tianshui				113.8		7083.0	1677.2		31.0	16.0
武威市	Wuwei				61.5		3360.0	2237.0		9.0	10.8
张掖市	Zhangye				83.5		3538.0	905.6		8.8	9.8
平凉市	Pingliang				42.9		3083.3	788.1		12.0	12.1
酒泉市	Jiuquan				107.7		1400.0	582.0		24.7	11.4
玉门市	Yumen				35.0		565.0	111.3		4.0	3.3
敦煌市	Dunhuang				187.4			2096.0			11.4
庆阳市	Qingyang				50.0		8258.0	1623.0		15.4	0.7
定西市	Dingxi						632.0	66.0		14.0	0.3
陇南市	Longnan				20.0		877.5	196.1		6.0	2.2
临夏市	Linxia				62.3		691.1	3700.0		1.5	11.0
合作市	Hezuo						1395.0			5.0	

11-6 各地区城市集中供热情况（2014）
Basic Statistics on Heating in Cities by Region (2014)

地区	Region	供应能力 Heating Capacity		供热总量 Quantity of Heat Supplied		管道长度 Length of Heating Pipelines		供热面积（万平方米） Area of Centralized Heating (10 000 sq.m)
		蒸汽（吨/小时） Steam (ton/hour)	热水（兆瓦） Hot Water (mega watts)	蒸汽（万吉焦） Steam (10 000 gigajoules)	热水（万吉焦） Hot Water (10 000 gigajoules)	蒸汽（公里） Steam (km)	热水（公里） Hot Water (km)	
甘肃省	**Gansu**	**200**	**14146**	**88**	**9175**	**101.3**	**4313.1**	**15270**
兰州市	Lanzhou		4633		3254		626.3	5749
嘉峪关市	Jiayuguan		1142		804		532.1	1231
金昌市	Jinchang		660		450		315.2	825
白银市	Baiyin	174	1433	80	805	77.7	872.1	1525
天水市	Tianshui		380		384		120.0	680
武威市	Wuwei		1553		360		170.0	769
张掖市	Zhangye		625		292		75.8	500
平凉市	Pingliang		800		547		651.9	813
酒泉市	Jiuquan		840		650		348.0	1020
玉门市	Yumen	26	127	8	45	23.6	112.4	169
敦煌市	Dunhuang		600		302		286.2	450
庆阳市	Qingyang		360		411		38.6	470
定西市	Dingxi		460		550		54.2	583
陇南市	Longnan		50		13		13.1	16
临夏市	Linxia		368		229		43.5	346
合作市	Hezuo		116		80		53.7	125

11-7　各地区城市市政设施（2014）
Basic Statistics on Municipal Infrastructure in Cities by Region (2014)

地区	Region	年末实有道路长度（公里） Length of Paved Roads (year-end) (km)	年末实有道路面积（万平方米） Area of Paved Roads (year-end) (10 000 sq.m)	城市桥梁（座） Number of City Bridges (unit)	城市排水管道长度（公里） Length of City Sewage Pipes (km)	城市污水处理厂日处理能力（万立方米） Daily Disposal Capacity of City Sewage (10 000 cu.m)	城市道路照明灯（盏） Number of Street Lights (unit)
甘肃省	**Gansu**	**4151**	**8758**	**445**	**5016**	**137**	**265456**
兰州市	Lanzhou	1319	3247	247	2180	72	83846
嘉峪关市	Jiayuguan	324	394	9	381	3	25524
金昌市	Jinchang	170	463	15	96	8	23617
白银市	Baiyin	414	627	25	172	7	12537
天水市	Tianshui	305	601	38	315	12	12526
武威市	Wuwei	157	360	9	160	9	8350
张掖市	Zhangye	199	617	1	285	4	18429
平凉市	Pingliang	186	614	32	393	5	18627
酒泉市	Jiuquan	285	453		297	4	14541
玉门市	Yumen	141	217	1	142	1	2553
敦煌市	Dunhuang	197	205	1	59	3	5245
庆阳市	Qingyang	158	290	3	194	2	7580
定西市	Dingxi	98	261	10	135	3	5863
陇南市	Longnan	44	68	13	56	2	3012
临夏市	Linxia	120	238	28	113	3	20891
合作市	Hezuo	35	102	13	39	1	2315

11-8　各地区城市绿地和园林（2014）
Basic Statistics on Parks and Green Areas in Cities by Region (2014)

地区	Region	城市园林绿地面积（公顷） Area of Parks and Green Land(hectare)	公园绿地（公顷） Park Green Areas(hectare)	公园（个） Number of Parks (unit)	公园面积（公顷） Area of Parks(hectare)	建成区绿化覆盖率（%） Green Covered Area as % of Completed Area (%)
甘肃省	**Gansu**	**22342.2**	**7319.6**	**116**	**4078.8**	**30.8**
兰州市	Lanzhou	6966.0	2252.8	19	1547.2	28.0
嘉峪关市	Jiayuguan	2615.6	446.5	8	483.5	38.8
金昌市	Jinchang	1302.9	367.3	2	247.5	36.6
白银市	Baiyin	1908.0	398.9	14	391.5	34.8
天水市	Tianshui	1437.9	491.3	21	353.0	35.7
武威市	Wuwei	709.8	482.6	5	96.0	22.9
张掖市	Zhangye	2075.0	1393.0	3	108.0	33.2
平凉市	Pingliang	1561.0	264.3	6	133.0	35.4
酒泉市	Jiuquan	1489.0	401.0	7	292.0	37.4
玉门市	Yumen	358.6	162.4	4	55.0	37.0
敦煌市	Dunhuang	539.0	148.0	9	67.0	39.7
庆阳市	Qingyang	698.0	133.0	2	23.0	33.0
定西市	Dingxi	320.0	211.5	3	164.0	18.1
陇南市	Longnan	118.7	35.9	8	11.0	7.9
临夏市	Linxia	144.7	91.2	3	90.2	14.9
合作市	Hezuo	98.0	40.0	2	17.0	6.8

11-9 各地区城市市容环境卫生情况（2014）

Basic Statistics on Urban Sanitation in Cities by Region (2014)

地区	Region	清扫保洁面积（万平方米）Area under Cleaning Program (10 000 sq.m)	生活垃圾清运量（万吨）Volume of Garbage Disposal (10 000 tons)	粪便清运量（万吨）Volume of Excrement and Urine Disposal (10 000 tons)	市容环卫专用车辆设备总数（台）Number of Special Vehicles for Environmental Sanitation (unit)	公共厕所（座）Number of Public Lavatories (unit)	#三类以上 Third Grade and above
甘肃省	**Gansu**	**7478**	**252.97**	**17.58**	**1717**	**1430**	**1153**
兰州市	Lanzhou	2341	96.96	7.25	1126	460	433
嘉峪关市	Jiayuguan	604	7.50	0.23	45	123	113
金昌市	Jinchang	751	9.13	0.26	62	72	57
白银市	Baiyin	570	15.90	0.18	91	90	81
天水市	Tianshui	290	21.55		27	48	29
武威市	Wuwei	254	17.00		55	96	70
张掖市	Zhangye	388	7.71		15	83	38
平凉市	Pingliang	550	14.35	6.04	20	75	60
酒泉市	Jiuquan	561	11.50	0.50	60	100	98
玉门市	Yumen	240	3.60		19	27	4
敦煌市	Dunhuang	115	4.00		16	49	45
庆阳市	Qingyang	270	15.64	2.40	64	70	52
定西市	Dingxi	160	6.50		33	49	44
陇南市	Longnan	62	6.05		26	42	0
临夏市	Linxia	271	12.28	0.60	51	33	29
合作市	Hezuo	51	3.30	0.12	7	13	0

11-10 各地区城市设施水平（2014）

Level of Public Facilities in Cities by Region (2014)

地区	Region	城市用水普及率（%）Coverage Rate of Urban Population with Access to Tap Water (%)	城市燃气普及率（%）Coverage Rate of Urban Population with Access to Gas (%)	人均城市道路面积（平方米）Per Capita Area of Paved Roads(sq.m)	人均公园绿地面积（平方米）Per Capita Public Green Areas(sq.m)
甘肃省	**Gansu**	**94.95**	**83.48**	**15.30**	**12.79**
兰州市	Lanzhou	96.10	94.79	16.56	11.49
嘉峪关市	Jiayuguan	100.00	100.00	17.14	19.42
金昌市	Jinchang	100.00	67.02	24.41	19.38
白银市	Baiyin	100.00	86.17	15.00	9.55
天水市	Tianshui	80.69	68.75	8.79	7.19
武威市	Wuwei	95.24	60.80	11.06	14.83
张掖市	Zhangye	100.00	100.00	33.26	75.05
平凉市	Pingliang	99.79	73.61	18.79	8.08
酒泉市	Jiuquan	100.00	100.00	12.55	11.11
玉门市	Yumen	100.00	100.00	29.90	22.34
敦煌市	Dunhuang	100.00	100.00	18.04	12.99
庆阳市	Qingyang	98.79	85.00	15.26	7.00
定西市	Dingxi	98.00	71.38	13.03	10.56
陇南市	Longnan	87.67	51.52	4.32	2.27
临夏市	Linxia	88.95	49.41	9.42	3.61
合作市	Hezuo	81.18	89.78	18.25	7.17

主要指标解释

建城区面积 指市政区范围内经过征用的土地和实际建设发展起来的非农业生产建设地段，包括市区集中连片的部分以及分散在近郊区与城市有着密切联系，具有基本完善的市政共用设施的城市建设用地（如机场、污水处理厂、通讯电台）。

供水综合生产能力 指城建部门系统自来水公司所属自来水厂及各单位自备水源取水、净化、送水、出厂输水干管等环节的综合生产能力，以四个环节中最薄弱的环节为主确定能力，超负荷运行增加的能力不应计算。

年末供水管道长度 指从送水泵至用户水表之间所有管道的长度。不包括新安装尚未使用、水厂内以及用户建筑物内的管道。

全年供水总量 指报告期供水企业（单位）供出的全部水量。包括有效供水量和损失水量。

生活用水量 包括公共服务用水和居民家庭用水。公共服务用水指为城市社会公共生活服务的用水。包括行政事业单位、部队营区和公共设施服务、社会服务业、批发零售贸易业、旅馆饮食业以及其他公共服务业等单位的用水。居民家庭用水指城市范围内所有居民家庭的日常生活用水。包括城市居民、农民家庭、公共供水站用水。

用水普及率 指城市用水人口数与城市人口总数的比率。

人工煤气生产能力 指报告期末人工煤气生产厂制气、净化、输送等环节的综合生产能力，不包括备用设备能力。一般按设计能力计算，如果实际生产能力大于设计能力时，应按实际测定的生产能力计算。测定时应以制气、净化、输送三个环节中最薄弱的环节为主。

供气管道长度 指报告期末从气源厂压缩机的出口或门站出口至各类用户引入管之间的全部已经通气投入使用的管道长度。不包括煤气生产厂、输配站、液化气储存站、灌瓶站、储配站、气化站、混气站、供应站等厂（站）内的管道。

全年供气总量 指全年燃气企业（单位）向用户供应的燃气数量。包括销售量和损失量。

燃气普及率 指报告期末使用燃气的城市人口数与城市人口总数的比率。

年末道路长度 指年末道路长度和与道路相通的桥梁、隧道的长度，按车行道中心线计算。在统计时只统计路面宽度在3.5米（含3.5米）以上的各种铺装道路，包括开放型工业区和住宅区道路在内。

年末运营车数 指年末城市用于公共交通运营业务的全部车辆数。新购、新制和调入的运营车辆，自投入之日起开始计算；调出、报废和调作他用的运营车辆，自上级主管机关批准之日起不再计入。

城市园林绿地面积 指报告期末用作园林和绿化的各种绿地面积。包括公园绿地、生产绿地、防护绿地、附属绿地和其他绿地的面积。

公园绿地面积 指开放的各级各类公园绿地。

清扫保洁面积 指报告期末对城市道路和公共场所（主要包括城市行车道、人行道、车行隧道、人行过街地下通道、道路附属绿地、地铁站、高架路、人行过街天桥、立交桥、广场、停车场及其他设施等）进行清扫保洁的面积。一天清扫多次的，按清扫保洁面积最大的一次计算。

市容环卫专用车辆 指用于环境卫生作业、监察的专用车辆和设备，包括用于道路清扫、冲洗、洒水、除雪、垃圾粪便清运、市容监察以及与其配套使用的车辆和设备。

每万人拥有公共交通车辆 指报告期末城区内每万人平均拥有的公共交通车辆标台数。

12 资源和环境

Resources and Environment

简要说明

一、本篇资料主要内容

本篇资料主要反映自然资源状况和环境保护事业发展情况。自然资源状况包括气候、矿产、水资源、土地情况等。环境保护事业发展情况包括自然保护、工业废水和生活污水的排放及治理情况；废气排放及处理情况；工业固体废物的产生、处理及利用情况；环境污染与破坏事故情况；环境污染治理投资；城市空气质量等内容。

二、本篇资料来源

本篇资料中气候情况由省气象局提供；矿产、土地情况由省国土资源厅提供；水资源、供水用水情况由省水利厅提供；其余资料由省环境保护厅提供。

12-1 气候情况（2014）
Climate Conditions（2014）

指标	Indicators	2014	指标	Indicators	2014
年平均气温（℃）	Annual Average Temperature (℃)	8.6	年蒸发量（毫米）	Annual Exaporation (mm)	1856.7
年最高气温（℃）	Annual Utmost Highest Air Temperature (℃)	15.7	年降水量（毫米）	Annual Preciptation (mm)	421.3
年最低气温（℃）	Annual Utmost Lowest Air Temperature (℃)	3.3	年降雨日数（天）	Annual Rainy Days (day)	96.8
年日照时数（小时）	Annual Sunshine Time (hour)	2359.1	年无霜期（天）	Annual Frost-free Period(day)	164.5

月份 Month		平均气温（℃） Monthly Average Temperature(℃)	日照时数（小时） Sunshine Time (hour)	降雨量（毫米） Preciptation (mm)
1 月	Jan.	-3.9	215.9	0.3
2 月	Feb.	-2.6	129.3	10.3
3 月	Wen.	5.1	227.7	8.7
4 月	Apr.	10.5	195.9	54.9
5 月	May.	14.4	248.6	25.8
6 月	Jun.	18.7	202.7	55.9
7 月	Jul.	21.0	255.9	57.9
8 月	Aug.	18.6	215.1	66.0
9 月	Sep.	15.1	149.6	101.8
10月	Oct.	9.8	173.1	31.4
11月	Nov.	1.9	151.0	6.7
12月	Dec.	-4.9	194.3	1.8
年（平均）	Annual (Average)	8.6	2359.1	421.3

12-2 主要矿产保有资源储量
Identified Reserves of Major Mineral

项目	Item	2009	2010	2011	2012	2013
石油(万吨)	Petroleum (10 000 tons)	13798.8	16085.4	15529.2	19184.3	21150.0
天然气(亿立方米)	Natural Gas (100 million cu.m)	163.6	191.8	191.6	224.6	241.3
煤炭(亿吨)	Coal (100 million tons)	140.5	150.7	181.6	201.4	225.8
铁矿(矿石，亿吨)	Iron (Ore, 100 million tons)	9.0	8.7	10.5	9.1	9.0
锰矿 (矿石，万吨)	Manganese (Ore, 10 000 tons)	433.3	920.0	817.8	3196.8	3196.8
铬矿(矿石，万吨)	Chromium Ore (Ore, 10 000 tons)	189.4	212.1	212.1	211.8	210.6
钒矿 (V2O5，万吨)	Vanadium (10 000 tons)	156.3	157.2	157.2	157.2	157.2
原生钛铁矿(万吨)	Titanium Ore (10 000 tons)	0.1	0.1	0.1	0.1	0.1
铜矿(铜，万吨)	Copper (Metal, 10 000 tons)	352.7	355.2	356.4	355.1	349.4
铅矿(铅，万吨)	Lead (Metal, 10 000 tons)	300.3	342.0	334.9	349.5	347.5
锌矿 (锌，万吨)	Zinc (Metal, 10 000 tons)	948.5	1068.5	1015.6	1094.7	1075.0
镍矿(镍，万吨)	Nickel (Metal, 10 000 tons)	426.1	426.9	426.8	416.8	407.3
钨矿 (WO_3，万吨)	Tungsten (WO_3, 10 000 tons)	39.3	39.3	40.3	40.3	40.3
锡矿(锡，万吨)	Tin (Metal, 10 000 tons)	0.7	0.7	0.7	0.7	0.7
钼矿(钼，万吨)	Molybdenum (Metal, 10 000 tons)	12.4	12.5	11.6	11.6	11.6
锑矿 (锑，万吨)	Antimony (Metal, 10 000 tons)	23.1	22.8	13.7	13.7	13.5
金矿(金，吨)	Gold (Metal, ton)	511.8	564.9	543.5	682.1	795.3
银矿(银，吨)	Silver (Metal, ton)	6850.4	7268.7	7453.3	7616.2	7182.0
稀土矿(氧化物，万吨)	Rare Earths (REO, 10 000 tons)	2.4	2.6	2.6	2.6	2.6
菱镁矿(矿石，万吨)	Magnesite Ore (Ore, 10 000 tons)	467.3	466.5	3075.6	3075.6	3075.6
普通萤石(矿物，万吨)	Fluorspar Mineral (Mineral, 10 000 tons)	14.1	14.1	82.2	129.9	57.8
硫铁矿(矿石，万吨)	Pyrite Ore (Ore, 10 000 tons)	500.0	500.0	496.9	499.9	499.9
磷矿 (矿石，亿吨)	Phosphorus Ore (Ore,100 million tons)	0.5	0.5	0.5	0.5	0.5
钾盐 (KCl，万吨)	Potassium KCl (KCl, 10 000 tons)	25.9	25.2	26.1	26.1	26.1
盐矿 (NaCl，亿吨)	Sodium Salt NaCl (NaCl, 100 million tons)	0.1	0.1	0.1	0.1	0.1
芒硝(矿石，亿吨)	Mirabilite (Na_2SO4, 100 million tons)	0.6	0.6	0.6	0.5	0.5
重晶石(矿石，万吨)	Barite Ore (Ore, 10 000 tons)	4228.9	4219.0	2634.6	2411.4	2423.0
石墨 (矿物，万吨)	Graphite Mineral (Crystal) (Mineral, 10 000 tons)	102.2	102.2	102.2	102.2	102.5
滑石 (矿石，万吨)	Talc Ore (Ore, 10 000 tons)	10.4	10.4	10.4	10.4	10.4
高岭土 (矿石，万吨)	Kaolin Ore (Ore, 10 000 tons)	2937.0	2937.0	2937.0	2937.0	2937.0

注：石油和天然气的数据为剩余技术可采储量。

a) The data for petroleum and natural gas are the remaining technical recoverable reserves. The same applies to the table following.

12-3 水资源情况
Water Resources

年份 Year	水资源总量（亿立方米） Total Amount of Water Resources (100 million cu.m)	地表水资源量 Surface Water Resources	地下水资源量 Groundwater Resources	地表水与地下水资源重复量 Duplicated Measurement Between Surface Water and Groundwater	人均水资源量（立方米/人） Per Capita Water Resources (cu.m/person)
2000	218.7	207.1	145.8	134.1	855.5
2001	221.7	210.5	136.5	125.3	861.1
2002	190.4	178.6	139.5	127.7	734.2
2003	279.5	269.6	136.9	126.9	1073.8
2004	199.7	191.0	105.2	96.5	762.4
2005	304.4	295.2	150.2	140.9	1173.5
2006	220.9	212.2	128.8	120.1	846.8
2007	268.9	259.2	136.9	127.3	1027.4
2008	217.7	210.6	113.2	106.2	828.4
2009	244.1	236.9	123.6	116.4	926.3
2010	254.4	245.9	124.2	115.7	987.8
2011	272.1	263.8	128.4	120.1	1061.3
2012	300.7	292.7	139.1	131.2	1166.6
2013	303.2	295.5	139.1	131.4	1174.2
2014	230.8	222.9	112.6	104.7	891.0

12-4 供水用水情况
Water Supply and Water Use

年份 Year	供水总量（亿立方米） Water Supply (100 million cu.m)	地表水 Surface Water	地下水 Ground-water	其他 Others	用水总量（亿立方米） Water Use (100 million cu.m)	农业 Agricul-ture	城镇公共 Urban Public	工业 Industry	生活 Consump-tion	生态 Ecological Protection	人均用水量（立方米/人） Per Capita Water Use (cu.m/person)
2000	123.1	93.9	28.8	0.4	123.1	97.8	1.4	17.2	6.3		481.3
2001	121.8	93.5	27.8	0.5	121.8	96.7	1.7	16.5	6.7		473.0
2002	122.6	94.0	28.2	0.5	122.6	97.2	1.7	16.6	6.8		473.1
2003	122.0	93.4	28.2	0.4	122.0	97.5	1.6	16.7	5.9	0.2	468.5
2004	121.5	92.8	28.3	0.4	121.5	97.8	1.6	16.8	6.1	0.2	463.8
2005	123.0	92.4	28.9	1.7	123.0	97.5	1.7	14.7	6.2	3.1	474.0
2006	123.4	93.0	28.8	1.6	123.4	98.4	1.8	14.4	6.3	2.7	473.0
2007	123.1	93.3	27.9	2.0	123.1	98.5	1.9	13.4	6.4	2.9	470.4
2008	121.5	93.7	25.9	1.9	121.5	97.0	1.9	13.2	6.5	3.0	462.3
2009	120.6	95.2	24.0	1.4	120.6	95.6	2.0	13.1	7.0	3.0	457.7
2010	121.8	96.1	24.2	1.5	121.8	95.8	2.0	13.9	7.2	3.0	473.0
2011	122.9	97.0	24.4	1.5	122.9	95.3	2.0	15.4	7.2	3.0	479.0
2012	123.1	95.9	25.7	1.5	123.1	95.2	2.0	15.7	7.3	3.0	478.0
2013	122.0	91.1	29.4	1.5	122.0	99.2	2.9	13.1	5.0	1.8	472.5
2014	120.6	90.9	28.1	1.6	120.6	97.8	3.1	12.8	5.1	1.8	465.4

12-5 土地状况（2014）
Land Characteristics(2014)

项目	Item	面积 Area	占总面积% Percentage to Total Area%
总面积（万平方公里）	**Total Land Area (10 000 sq.km)**	**42.58**	
按特征分（万公顷）	By Land Use (10 000 hectares)		
农用地	Agricultural Land	1855.61	43.57
建设用地	Construction Land	86.44	2.03
居民点及工矿用地	Land for Inhabitation,Mining and Manufacturing	75.09	1.76
交通运输	Transportation	7.51	0.18
水利设施用地	Land for Water Conservancy facilities	3.84	0.09
未利用地	Unused Land	2316.84	54.40

12-6 土地利用情况
Land Use

单位：万公顷 (10 000 hectares)

年份 Year	土地调查面积 Area under Land Survey	农用地 Land for Agriculture Use	#耕地 Arable Land	#园地 Garden Land	#牧草地 Grazing and Pasture Land	建设用地 Land for Construction	居民点及工矿用地 Land for Inhabitation, Mining and Manufacturing	交通运输用地 Land for Transport Facilities	水利设施用地 Land for Water Conservancy Facilities
2003	4540	2536.38	487.99	19.10	1417.87	95.76	87.01	5.95	2.80
2004	4540	2540.89	466.12	20.17	1412.68	96.37	87.30	6.25	2.82
2005	4540	2541.44	463.26	20.46	1411.29	96.66	87.41	6.41	2.83
2006	4540	2541.73	462.71	20.54	1410.99	96.93	87.60	6.47	2.86
2007	4540	2541.79	462.47	20.54	1410.84	97.19	87.81	6.51	2.87
2008	4540	2541.66	462.37	20.60	1410.69	97.67	88.17	6.63	2.88
2009	4540	2541.66	462.37	20.60	1410.69	97.67	88.17	6.63	2.88
2010	4540	2541.22	462.17	20.56	1410.53	98.17	88.57	6.73	2.87
2011	4540	2541.22	461.43	20.56	1410.53	98.17	88.57	6.73	2.87
2012	4258	2544.87	465.93	20.43	1410.99	101.43	90.94	7.61	2.88
2013	4259	1856.45	538.56	26.00	592.43	83.94	73.10	7.02	3.83
2014	4259	1855.61	537.88	25.86	592.28	86.44	75.09	7.51	3.84

12-7 自然保护情况
Basic Statistics on of Natural Protection

指标	Item	2011	2012	2013	2014
自然保护区情况	**Nature Reserves**				
自然保护区个数(个)	Number of Nature Reserves (unit)	60	60	60	60
#国家级	National Level	16	17	19	20
省　级	Provincal Level	41	40	37	36
自然保护区面积（万公顷）	Area of Nature Reserves (10 000 hectares)	976	976	975	914
#国家级	National Level	724	724	754	677
省　级	Provincal Level	244	244	221	216
生态功能保护区个数（个）	Number of Ecological Functional Conservation Areas (unit)	2	2	2	2
生态功能保护区面积（万公顷）	Area of EFCAs (10 000 hectares)	766	766	766	766
集中式饮用水水源情况	**Centralized Drinking Water Sources**				
地表水集中式饮用水源保护区个数（个）	Number of Protected Areas of Surface Water Source for Centralized Drinking Water (unit)	166	54	54	55
地表水集中式饮用水源保护区面积（平方公里）	Protection Area of Surface Water Source for Centralized Drinking-water (sq.km)	2565	4482	4483	4500
地下水集中式饮用水源保护区个数（个）	Number of Protected Areas of Groundwater Source for Centralized Drinking Water (unit)	198	72	73	73
地下水集中式饮用水源保护区面积（平方公里）	Protection Area of Groundwater Source for Centralized Drinking-water (sq.km)	1962	7101	7111	7111
集中式饮用水源服务人口（万人）	Service Population of Centralized Drinking Water Source (10 000 persons)	1188	776	1059	1059

12-8 “三废”排放、处理及综合利用情况
Emission,Disposal and Comprehensive Utilization of Waste Water, Waste Gas and Solid Wastes

项　目	Item	2012	2013	2014
废水	**Waste Water**			
废水排放量（万吨）	Waste Water Emissions (10 000 tons)	62813	64969	65973
工业废水	Industry	19188	20171	19742
生活污水	Consumption	43589	44769	46209
化学需氧量排放量（万吨）	Discharge Amount of COD (10 000 tons)	38.93	37.91	37.32
工业废水	Industry	9.30	9.05	8.86
生活污水	Consumption	14.99	14.54	14.41
农业污染源	Agricultural Pollution Source	14.48	14.16	13.89
集中式治理设施	Centralized Treatment Facilities	0.16	0.16	0.16
氨氮排放量（万吨）	Ammonia Nitrogen Emissions (10 000 tons)	4.10	3.92	3.81
工业	Industry	1.39	1.26	1.18
生活	Consumption	2.13	2.09	2.08
农业	Agriculture	0.57	0.55	0.54
集中式治理设施	Centralized Treatment Facilities	0.01	0.01	0.01
其他主要污染物排放量（吨）	Other Major Pollutant Emissions (ton)			
#石油类	Oil	264.36	295.16	281.03
挥发酚	Volatile Phenols	2.51	2.75	4.42
氰化物	Cyanide	0.18	0.07	0.68
铅	Plumbum	6.79	8.09	4.38
汞	Mercury	0.09	0.09	0.09
镉	Cadmium	1.30	1.29	0.08
六价铬	Hexavalent Chromium	0.40	0.42	0.50
总铬	Total Chromium	5.02	6.14	3.41
砷	Arsenic	3.75	4.29	3.26
工业废水治理设施数（套）	Number of Facilities for Treatment of Waste Water(set)	631	596	618
工业废水处理量（万吨）	Disposal Capacity of Industrial Waste Water (10 000 tons)	33001	30816	21827
生活污水处理量（万吨）	Disposal Capacity of Consumption Waste Water (10 000 tons)	21929	26060	29459
废气	**Waste Gas**			
工业废气排放量（亿立方米）	Industrial Waste Gas Emission (100 million cu.m)	13900	12677	12290
二氧化硫排放量（万吨）	Sulphur Dioxide Emissions (10 000 tons)	57.25	56	57.56
工业	Industry	47.99	47	47.70
生活	Consumption	9.24	8.92	9.87
氮氧化物排放量（万吨）	Nitrogen Oxide Emissions (10 000 tons)	47.34	44.29	41.84
#工业	Industry	34.10	30.64	27.96
生活	Consumption	1.44	1.44	1.62
烟（粉）尘排放量（万吨）	Soot and Dust Emissions (10 000 tons)	20.76	22.66	34.58
#工业	Industry	15.66	17.46	26.09
生活	Consumption	4.25	4.36	7.64

12-8 续表 continued

项目	Item	2012	2013	2014
工业二氧化硫去除量（万吨）	Industrial Sulphur Dioxide Removed (10 000 tons)	234.21	213.74	204.11
固体废物	**Solid Wastes**			
工业固体废物产生量（万吨）	Industrial Solid Wastes Produced (10 000 tons)	6671.17	5907.22	6140.58
# 危险废物	Hazardous Wastes	29.09	30.72	35.00
工业固体废物排放量（万吨）	Industrial Solid Wastes Discharged (10 000 tons)	0.37		
工业固体废物综合利用量（万吨）	Industrial Solid Wastes Comprehensive Utilized (10 000 tons)	3593.44	3299.79	3086.26
工业固体废物处置量（万吨）	Volume of Industrial Solid Wastes Disposed (10 000 tons)	2109.73	1858.81	2044.09
环境污染	**Pollution**			
突发环境事件次数（次）	Number of Environmental Emergencies (times)		11	22
环境污染治理投资总额（亿元）	Investment in Pollution Treatment (100 million yuan)	48.04	24.06	18.91
工业污染源治理投资	Control Investment for Pollution Source of Inderstry	28.48	22.40	17.83
建设项目“三同时”环保投资	Environmental Investment for Construction Projects of "Three Simultaneous"	19.56	1.66	1.08
工业污染治理项目及投资情况	**Industrial Pollution Treatment Projects**			
当年施工污染治理项目数（个）	Projects under Construction of the Year (unit)	85	54	88
污染治理项目本年完成投资（万元）	Investment Completed in the Treatment Projects of Pollution (10 000 yuan)	179384	182144	176244
治理废水	Treatment of Waste Water	31085	21783	19548
治理废气	Treatment of Waste Gas	62224	138315	137981
治理固体废物	Treatment of Solid Waste	53499	400	230
治理噪声	Treatment of Noise Pollution	51		
治理其他	Treatment of Other Pollution	32525	2838	18485

12-9 各地区城市空气质量指标（2014）

Ambient Air Quality by Region(2014)

单位：毫克 / 立方米 (mg/m³)

地区	Region	可吸入颗粒物 Particulate Matters	二氧化硫 Sulphur Dioxide	二氧化氮 Nitrogen Dioxide	空气质量达到及好于二级的天数（天） Days of Air Quality Equal to or Above Grade II (day)	空气质量达到二级以上天数占全年比重 (%) Proportion of Days of Air Quality Equal to or above Grade II in the Whole Year (%)
兰州市	Lanzhou	0.126	0.029	0.048	313	85.8
嘉峪关市	Jiayuguan	0.133	0.032	0.030	296	81.1
金昌市	Jinchang	0.118	0.059	0.020	296	81.1
白银市	Baiyin	0.122	0.055	0.022	308	84.4
天水市	Tianshui	0.066	0.028	0.032	343	94.0
武威市	Wuwei	0.120	0.034	0.035	324	88.8
张掖市	Zhangye	0.079	0.025	0.019	343	94.0
平凉市	Pingliang	0.100	0.028	0.041	325	89.0
酒泉市	Jiuquan	0.127	0.018	0.032	305	83.6
庆阳市	Qingyang	0.069	0.032	0.026	356	97.5
定西市	Dingxi	0.091	0.025	0.031	335	91.8
陇南市	Longnan	0.058	0.015	0.021	359	98.4
临夏州	Linxia	0.094	0.034	0.029	308	84.4
甘南州	Gannan	0.063	0.013	0.015	339	92.9

注：临夏州空气质量监测数据为临夏市数据，甘南州空气质量监测数据为合作市数据。

a)Data of air quality monitoring of Linxia Autonomous prefecture are data of Linxia city,data of air quality monitoring of Gannan Autonomous prefecture are data of Hezuo city.

12-10 各地区工业固体废物产生及处理利用情况（2014）

Production, Disposal and Utilization of Industrial Solid Wastes by Region(2014)

单位：万吨 (10 000 tons)

地区	Region	工业固体废物产生量 Volume of Industrial Solid Wastes Produced	#危险废物 Hazardous Wastes	工业固体废物综合利用量 Volume of Industrial Solid Wastes Comprehensively Utilized	工业固体废物贮存量 Stock of Industrial Solid Wastes	工业固体废物处置量 Volume of Industrial Solid Wastes Disposed	工业固体废物排放量 Volume of Industrial Solid Wastes Discharged
甘肃省	**Gansu**	**6140.58**	**35.00**	**3086.26**	**1013.74**	**2044.09**	
兰州市	Lanzhou	638.62	8.39	628.73	2.67	7.22	
嘉峪关市	Jiayuguan	746.84	2.79	320.67		426.16	
金昌市	Jinchang	1259.32	2.23	215.99	139.65	903.68	
白银市	Baiyin	549.52	16.24	286.38	110.95	152.33	
天水市	Tianshui	64.44	0.01	53.69	10.74	0.01	
武威市	Wuwei	62.79		55.76	4.47	5.14	
张掖市	Zhangye	903.35	0.82	666.93	45.77	190.64	
平凉市	Pingliang	445.33	0.37	247.39	16.93	181.74	
酒泉市	Jiuquan	485.17	0.36	305.25	66.14	113.77	
庆阳市	Qingyang	16.72	0.63	16.48		0.24	
定西市	Dingxi	15.37		12.99	2.38		
陇南市	Longnan	834.32	2.76	193.15	578.10	63.07	
临夏州	Linxia	15.17	0.01	15.17			
甘南州	Gannan	85.72		59.24	26.46	0.08	

注：全省数据中包含矿区数据。

a) The provincial data contained the data of mining area.

12-11 各地区废水排放及处理情况（2014）
Emission and Disposal of Waste Water by Region (2014)

地区	Region	废水治理设施数（套）Number of Facilities for Treatment of Waste Water (set)	废水排放量（万吨）Waste Water Emissions Amount (10 000 tons)	#工业废水排放总量 Total Volume of Waste Water Emissions	#生活污水排放量 Ammonia Nitrogen Emissions from Industrial Waste Water
甘肃省	**Gansu**	**618**	**65973.23**	**19742.25**	**46208.55**
兰州市	Lanzhou	86	18337.89	4563.49	13773.31
嘉峪关市	Jiayuguan	1	3025.91	2171.56	854.26
金昌市	Jinchang	70	3848.51	2180.05	1667.71
白银市	Baiyin	60	4027.93	628.54	3397.67
天水市	Tianshui	55	4910.02	489.42	4415.04
武威市	Wuwei	24	3561.24	985.77	2574.33
张掖市	Zhangye	73	4338.52	2218.20	2119.54
平凉市	Pingliang	48	4909.97	1499.67	3410.00
酒泉市	Jiuquan	38	4095.81	1405.76	2689.76
庆阳市	Qingyang	27	3300.88	339.90	2960.17
定西市	Dingxi	35	3172.99	288.95	2884.04
陇南市	Longnan	76	4067.63	1565.86	2499.17
临夏州	Linxia	20	2879.05	607.14	2271.52
甘南州	Gannan	2	727.60	28.68	692.03

12-11 续表 continued

地区	Region	化学需氧量排放量（吨）Emissions Amount of COD (ton)	#生活污水中化学需氧量排放量 COD Emissions from Consumption Waste Water	#工业废水中化学需氧量排放量 COD Emissions from Industrial Waste Water	#农业化学需氧量排放量 Agricultural Chemical Oxygen Demand Emissions	氨氮排放量（吨）Nitrogen Oxide Emissions (ton)	#工业废水中氨氮排放量 Consumption Waste Water Emissions	#生活污水中氨氮排放量 Ammonia Nitrogen Emissions from Consumption Waste Water	#农业氨氮排放量 Agricultural Chemical Oxygen Demand Emissions
甘肃省	**Gansu**	**373230**	**144082**	**88586**	**138930**	**38138**	**11756**	**20834**	**5435**
兰州市	Lanzhou	46454	35269	4006	6749	8339	2648	5243	422
嘉峪关市	Jiayuguan	3704	487	2046	1102	738	643	44	47
金昌市	Jinchang	13090	1417	4194	7432	4633	4047	423	159
白银市	Baiyin	22676	12788	4674	5099	5311	3260	1712	331
天水市	Tianshui	21217	15515	1153	4288	2777	20	2404	333
武威市	Wuwei	46165	5144	7686	33295	2069	136	958	973
张掖市	Zhangye	34296	5025	19647	9435	1515	182	1023	298
平凉市	Pingliang	41932	13281	13259	15263	2558	340	1688	520
酒泉市	Jiuquan	28365	6858	11402	10017	1253	99	920	233
庆阳市	Qingyang	15001	10107	924	3960	1777	146	1362	268
定西市	Dingxi	20777	12305	6488	1984	1846	9	1646	190
陇南市	Longnan	36911	11779	3151	21855	2851	18	1536	1286
临夏州	Linxia	30984	10352	7143	13463	1792	158	1380	250
甘南州	Gannan	9032	3754	187	4986	650	21	494	124

12-12 各地区废气及主要污染物排放情况（2014）
Emission of Waste Gas and Major Pollutants by Region (2014)

地区	Region	工业废气排放量（亿立方米） Emission of Industrial Waste Gas (100 million cu.m)	二氧化硫（吨） Sulfur Dioxide (ton)	#工业二氧化硫 Industrial Sulfur Dioxide
甘肃省	**Gansu**	**12290.35**	**575648.72**	**476964.47**
兰州市	Lanzhou	3768.04	74000.95	67616.38
嘉峪关市	Jiayuguan	2122.23	65584.82	65294.82
金昌市	Jinchang	1122.27	108190.86	104326.61
白银市	Baiyin	1092.89	100826.18	98142.98
天水市	Tianshui	377.36	11157.74	6338.34
武威市	Wuwei	802.02	32726.92	16219.92
张掖市	Zhangye	373.85	48751.48	29713.29
平凉市	Pingliang	1269.06	38539.82	29189.82
酒泉市	Jiuquan	357.14	34840.89	24851.69
庆阳市	Qingyang	119.77	15763.07	6175.07
定西市	Dingxi	341.83	12594.89	8091.80
陇南市	Longnan	272.94	12968.71	6757.71
临夏州	Linxia	115.02	12341.85	7687.25
甘南州	Gannan	50.55	3011.16	2209.40

12-12 续表 continued

地区	Region	氮氧化物（吨） Nitrogen Oxides (ton)	#工业氮氧化物 Industrial Nitrogen Oxides	烟（粉）尘（吨） Soot and Dust (ton)	#工业烟（粉）尘 Industrial Soot and Dust
甘肃省	**Gansu**	**418399.80**	**279590.55**	**345810.85**	**260902.96**
兰州市	Lanzhou	90642.91	66026.01	70687.13	64213.57
嘉峪关市	Jiayuguan	40219.09	37699.92	69568.99	68923.01
金昌市	Jinchang	24883.61	20065.34	16324.12	13443.07
白银市	Baiyin	63384.71	47628.67	16397.81	11741.98
天水市	Tianshui	19689.23	9443.76	11947.47	6068.24
武威市	Wuwei	16936.75	7876.01	20120.63	10190.60
张掖市	Zhangye	16452.27	9149.64	23364.83	9774.38
平凉市	Pingliang	54599.40	42489.61	55584.11	43356.38
酒泉市	Jiuquan	24167.01	14333.54	15928.22	8073.32
庆阳市	Qingyang	15824.06	3063.93	14932.10	5420.72
定西市	Dingxi	18458.95	6703.68	6999.88	4614.68
陇南市	Longnan	14468.02	8722.58	8050.39	4028.86
临夏州	Linxia	11138.78	1522.84	8891.31	4876.79
甘南州	Gannan	4574.72	1904.73	2459.01	1622.52

主要指标解释

气候 指地球与大气之间长期能量交换与质量交换所形成的一种自然环境状态，它是多种因素综合作用的结果。气候既是人类生活和生产的环境要素之一，又是供给人类生活和生产的重要资源。气温、降水、湿度等气象要素的多年平均值是用来描述一个地区气候状况的主要参数，而各种气象要素某年、某月的平均值（或总量）则可以反映出该时期天气气候状况的重要特征。

自然资源 指人类可以直接从自然界获得，并用于生产和生活的物质资源。自然资源一般可以分成可再生资源和非再生资源两大类。可再生资源指在较短时间内可以再生、可以循环利用的资源，包括土地资源、水资源、气候资源、生物资源和海洋资源等。非再生资源指在使用后不能再生的资源，包括矿产资源和地热能源。

土地资源 土地指陆地的表层部分，它主要由岩石、岩石的风化物和土壤构成。土地资源按利用类型可以分为农用地、建筑用地和未利用地。农用地包括耕地、园地、林地、牧草地和水面。建筑用地包括居民点及工矿用地、交通用地和水利设施用地。未利用地指农用地和建筑用地以外的土地，包括滩涂、荒漠、戈壁、冰川和石山等。

矿产资源 矿产资源指由地质作用形成的，具有利用价值的，呈固态、液态、气态的自然资源，是社会生产发展的重要物质基础。目前我国已发现矿种有170多种，按其特点和用途，可分为能源矿产（如煤炭、石油、天然气、地热）、金属矿产（如铁矿、锰矿、铜矿、铅矿、铝土矿）、非金属矿产（如金刚石、石灰岩、粘土）和水气矿产（如地下水、矿泉水、二氧化碳气）四大类。其中：金属矿产按其物质成份和性质又可分为：黑色金属矿产、有色金属矿产、贵金属矿产、稀有金属矿产、稀土金属矿产、分散元素金属矿产六类。

矿产基础储量 基础储量是查明矿产资源的一部分。它能满足现行采矿和生产所需的指标要求，是控制的、探明的并通过可行性或预可行性研究认为属于经济的、边界经济的部分，用未扣除设计、采矿损失的数量表示。

气温 指空气的温度，我国一般以摄氏度（℃）为单位表示。气象观测的温度表是放在离地面约1.5米处通风良好的百叶箱里测量的，因此，通常说的气温指的是离地面1.5米处百叶箱中的温度。其统计计算方法为：

月平均气温是将全月各日的平均气温相加，除以该月的天数而得。

年平均气温是将12个月的月平均气温累加后除以12而得。

相对湿度 指空气中实际所含水蒸气密度和同温度下饱和水蒸气密度的百分比值。其统计方法与气温相同。

降水量 指从天空降落到地面的液态或固态（经融化后）水，未经蒸发、渗透、流失而在地面上积聚的深度。其统计计算方法为：

月降水量是将全月各日的降水量累加而得。

年降水量是将12个月的月降水量累加而得。

日照时数 指太阳实际照射地面的时间。其统计方法与降水量相同。

水资源总量 指评价区内降水形成的地表和地下产水总量，即地表产流量与降水入渗补给地下水量之和，不包括过境水量。

地表水资源量 指评价区内河流、湖泊、冰川等地表水体中可以逐年更新的动态水量，即当地天然河川径流量。

地下水资源量 指评价区内降水和地表水对饱水岩土层的补给量，包括降水入渗补给量和河道、湖库、渠系、渠灌田间等地表水体的入渗补给量。

地表水与地下水资源重复量 指地表水和地下水相互转化的部分，即天然河川径流量中的地下水排泄量和地下水补给量中来源于地表水的入渗补给量。

供水总量 指各种水源工程为用户提供的包括输水损失在内的毛供水量之和，不包括海水直接利用量。

地表水源供水量 指地表水体工程的取水量，按蓄、引、提、调四种形式统计。从水库、塘坝中引水或提水，均属蓄水工程供水量；从河道或湖泊中自流引水的，无论有闸或无闸，均属引水工程供水量；利用扬水站从河道或湖泊中直接取水的，属提水工程供水量；跨流域调水指水资源一级区或独立流域之间的跨流域调配水量，不包括在蓄、引、提水量中。

地下水源供水量 指水井工程的开采量，按浅层淡水、深层承压水和微咸水分别统计。城市地下水源供水量包括自来水厂的开采量和工矿企业自备井的开采量。

其他水源供水量 包括污水处理再利用、集雨工程、海水淡化等水源工程的供水量。

用水总量 指分配给各类用户的包括输水损失在内的毛用水量之和，不包括海水直接利用量。

农业用水 指农田灌溉用水、林果地灌溉用水、草地灌溉用水和鱼塘补水。

工业用水 指工矿企业在生产过程中用于制造、加工、冷却、空调、净化、洗涤等方面的用水，按新水取用量计，不包括企业内部的重复利用水量。

生活用水 包括城镇生活用水和农村生活用水。城镇生活用水由居民用水和公共用水（含第三产业及建筑业等用水）组成；农村生活用水除居民生活用水外，还包括牲畜用水在内。

森林覆盖率 指一个国家或地区森林面积占土地总面积的百分比。森林覆盖率是反映森林资源的丰富程度和生态平衡状况的重要指标。在计算森林覆盖率时，森林面积包括郁闭度0.2以上的乔木林地面积和竹林地面积，国家特别规定的灌木林地面积、农田林网以及四旁（村旁、路旁、水旁、宅旁）林木的覆盖面积。计算公式为：

$$森林覆盖率（\%）=\frac{森林面积}{土地总面积}\times 100\%$$

自然保护区 指对有代表性的自然生态系统、珍稀濒危野生动植物物种的天然分布区、水源涵养区、有特殊意义的自然历史遗迹等保护对象所在的陆地、陆地水体或海域，依法划出一定面积进行特殊保护和管理的区域。以县及县以上各级人民政府正式批准建立的自然保护区为准（包括“六五”以前由部门或“革委会”批准且现仍存在的自然保护区）。风景名胜区、文物保护区不计在内。

生态示范区 指省级以上环境保护行政主管部门批准，以省、地、县政府为主投批准的生态示范区建设规划实施的行政区域。包括已经过国家或省级环境保护行政主管部门验收的和正在开展试点工作的。

环境污染与破坏事故 指由于违反环境保护法规的经济、社会活动与行为，以及意外因素的影响或不可抗拒的自然灾害等原因，致使环境受到污染，国家重点保护的野生动植物、自然保护区受到破坏，人体健康受到危害，社会经济和人民财产受到损失，造成不良社会影响的突发性事件。

环境污染治理投资 指在工业污染源治理和城市环境基础设施建设的资金投入中，用于形成固定资产的资金。包括工业新老污染源治理工程投资、建设项目“三同时”环保投资，以及城市环境基础设施建设所投入的资金。

工业废水排放量 指经过企业厂区所有排放口排到企业外部的工业废水量。包括生产废水、外排的直接冷却水、超标排放的矿井地下水和与工业废水混排的厂区生活污水，不包括外排的间接冷却水（清污不分流的间接冷却水应计算在内）。

工业废水排放达标量 指报告期内废水中各项污染物指标都达到国家或地方排放标准的外排工业废水量，包括未经处理外排达标的，经废水处理设施处理后达标排放的，以及经污水处理厂处理后达标排放的。

工业废水排放达标率 指工业废水排放达标量占工业废水排放量的百分率，计算公式为：

$$工业废水排放达标率=\frac{工业废水排放达标量}{工业废水排放量}\times 100\%$$

生活污水排放量 指城镇居民每年排放的生活污水。用人均系数法测算。测算公式为：

$$\frac{生活污水}{排放量}=\frac{城镇生活污水}{排放系数}\times\frac{市镇非}{农业人口}\times 365$$

生活污水中化学需氧量(COD)排放量 指城镇居民每年排放的生活污水中的COD的量。用人均系数法测算。测算公式为：

$$\frac{城镇生活污水}{中COD排放量}=\frac{城镇生活污水中}{COD产生系数}\times\frac{市镇非}{农业人口}\times 365$$

化学需氧量(COD) 指用化学氧化剂氧化水中有机污染物时所需的氧量。COD值越高，表示水中有机污染物污染越重。

工业废气排放量 指报告期内企业厂区内燃料燃烧和生产工艺过程中产生的各种排入大气的含有污染物的气体的总量，以标准状态(273K，101325Pa)计算。测算公式为：

$$\frac{工业废气}{排放量}=\frac{燃料燃烧过程}{中废气排放量}+\frac{生产工艺过程}{中废气排放量}$$

生活及其他SO2排放量 以生活及其他煤炭消费量和其含硫量为基础，根据以下公式计算：

$$\frac{生活及其他}{SO_2排放量}=\frac{生活及其他}{煤炭消费量}\times 含硫量\times 0.8\times 2$$

工业SO2排放量 指报告期内企业在燃料燃烧和生产工艺过程中排入大气的SO2总量，计算公式为：

$$\frac{工业SO_2}{排放量}=\frac{燃料燃烧过程}{中SO_2排放量}+\frac{生产工艺过程}{中SO_2排放量}$$

工业固体废物产生量 指报告期内企业在生产过程中产生的固体状、半固体状和高浓度液体状废弃物的总量，包括危险废物、冶炼废渣、粉煤灰、炉渣、煤矸石、尾矿、放射性废物和其他废物等；不包括矿山开采的剥离废石和掘进废石（煤矸石和呈酸性或碱性的废石除外）。酸性或碱性废石指采掘的废石其流经水、雨淋水的PH值小于4或PH值大于10.5者。

危险废物 指列入国家危险废物名录或根据国家规定的危险废物鉴别标准和鉴别方法认定的，具有爆炸性、易燃性、易氧化性、毒性、腐蚀性、易传染疾病等危险特性之一的废物。

工业固体废物综合利用量 指报告期内企业通过回收、加工、循环、交换等方式，从固体废物中提取或者使其转化为可以利用的资源、能源和其他原材料的固体废物量（包括当年利用往年的工业固体废物贮存量），如用作农业肥料、生产建筑材料、筑路等。综合利用量由原产生固体废物的单位统计。

工业固体废物处置量 指报告期内企业将固体废物焚烧或者最终置于符合环境保护规定要求的场所，并不再回取的工业固体废物量（包括当年处置往年的工业固体废物贮存量）。处置方式有填埋（其中危险废物应安全填埋）、焚烧、专业贮存场（库）封场处理、深层灌注、回填矿井及海洋处置（经海洋管理部门同意投海处置）等。

工业固体废物排放量 指报告期内企业将所产生的固体废物排到固体废物污染防治设施、场所以外的数量，不包括矿山开采的剥离废石和掘进废石（煤矸石和呈酸性或碱性的废石除外）。

13

农业

Agriculture

简要说明

一、本篇资料的主要内容

本篇资料反映了农业生产和农村经济的基本情况，主要包括农林牧渔业总产值、增加值、耕地、主要农产品产量、农业机械年末拥有量、农村电气化和农业化学化情况以及农田水利建设等方面的内容。

二、本篇资料的来源

1. 本篇资料来源于农村社会经济统计年报，由省统计局农村处整理提供。

2. 水利资料来源于省水利厅。

3. 农机资料来源于省农机局。

三、本篇资料的统计范围和统计口径

农村社会经济统计报表制度的统计范围包括省内全部农村社会经济情况，以及国营、机关单位农林牧渔场的农林牧渔业生产情况。农业科研单位的农业实验研究生产、军队系统的军马场生产以及军队和公安司法部门的警犬生产除外。

本篇资料中2003年及以后年份的农林牧渔业总产值、增加值按新口径计算。即调整了农业中种植业和其他农业的分类，将原属于其他农业的农民家庭兼营商品性工业剔除，作为附记指标统计，增加农林牧渔服务业统计。

根据第一、二次农业普查结果，对部分历史数据进行了调整。

13-1 农村基层组织情况
Basic Conditions of Rural Grass-roots Unit

项目	Item	2010	2011	2012	2013	2014
村民委员会（个）	Number of Village Committee (unit)	16162	16103	16098	16079	16130
村民小组（个）	Villagers Group (unit)	96998	97190	97254	97132	97265
农村户数（万户）	Number of Rural Households (10 000 households)	480.63	482.39	485.75	487.26	489.20
农村人口（万人）	Rural Population (10 000 persons)	2087.61	2080.33	2082.95	2077.97	2075.30
农村就业人员（万人）	Number of Rural Laborers (10 000 persons)	1113.99	1119.95	1122.07	1123.98	1126.05
按性别分	By Sex					
男	Male	591.75	594.21	595.97	600.91	603.44
女	Female	522.24	525.74	526.10	523.07	522.61
按行业分	By Sector					
农林牧渔业	Agriculture, Forestry, Animal Husbandry & Fishery	724.82	715.42	697.64	678.90	674.52
工　业	Industry	43.68	42.59	44.19	46.60	47.61
建筑业	Construction	86.13	89.77	99.34	102.98	106.96
批发与零售业	Wholesale and Retail Trades	29.66	29.53	31.08	31.90	33.74
交通运输仓储和邮政业	Transport, Storage and Post	26.92	27.03	28.58	28.59	29.09
住宿和餐饮业	Hotels and Catering Serices	17.57	18.21	20.63	21.23	22.52
信息传输、软件和信息技术服务业	Information Transmission,Software and Information Technology Services	2.34	2.58	2.78	3.29	3.26
金融业	Financial Intermediation	1.53	1.22	1.47	1.48	1.65
房地产业	Real Estate					
科学研究和技术服务业	Scientific Research and Technical Services	1.92	1.70	1.76	1.92	1.88
水利、环境和公共设施管理业	Management of Water Conservancy, Environment and Public Facilities					
居民服务、修理和其他服务业	Services to Households,Repair and Other Services					
教育	Education	6.03	6.16	6.36	6.44	6.70
卫生和社会工作	Health and Social Work	3.52	3.55	3.77	3.89	4.15
乡镇经济组织（乡务）管理	Villages and Towns Economic Organizations (Sangkat) Management	0.81	0.79	0.82	15.28	11.67
其他	Others	169.06	181.40	183.65	181.48	182.30

13-2 各地区农村基本情况（2014）
Basic Conditions of Rural by Region (2014)

地区	Region	村民委员会（个）Number of Village Committee (unit)	村民小组（个）Villagers Group (unit)	农村户数（万户）Number of Rural Households (10 000 households)	农村人口（万人）Rural Population (10 000 persons)
兰州市	Lanzhou	757	4243	33.10	126.24
嘉峪关市	Jiayuguan	17	117	0.62	2.12
金昌市	Jinchang	138	1082	6.69	23.80
白银市	Baiyin	700	4523	32.82	133.46
天水市	Tianshui	2491	11522	66.41	307.69
武威市	Wuwei	1120	8308	34.56	147.77
张掖市	Zhangye	835	5942	27.52	99.98
平凉市	Pingliang	1470	9125	44.95	194.48
酒泉市	Jiuquan	437	2429	17.56	64.90
庆阳市	Qingyang	1261	9107	53.91	229.39
定西市	Dingxi	1888	12836	63.49	267.55
陇南市	Longnan	3201	14011	59.03	247.25
临夏州	Linxia	1150	11097	36.36	174.13
甘南州	Gannan	665	2923	12.18	56.54

13-3 各地区农村就业人员（2014）
Rural Laborers by Region（2014）

单位：万人　　(10 000 persons)

地区	Region	总计 Total	农林牧渔业 Agriculture, Forestry, Animal Husbandry & Fishery	工业 Industry	建筑业 Construction	批发零售贸易 Wholesale and Retail Trades	交通运输仓储业和邮政业 Transport, Storage and Post	其他非农行业 Other Non-agricultural Trades
兰州市	Lanzhou	69.02	37.71	5.59	5.17	2.44	3.66	14.44
嘉峪关市	Jiayuguan	1.34	0.82	0.14	0.06	0.04	0.08	0.21
金昌市	Jinchang	14.02	8.61	0.90	1.47	0.39	0.57	2.08
白银市	Baiyin	70.99	50.34	2.40	4.83	1.76	1.68	9.98
天水市	Tianshui	166.00	97.74	6.61	19.30	4.32	3.41	34.62
武威市	Wuwei	82.90	48.22	4.39	7.44	3.40	2.58	16.87
张掖市	Zhangye	61.49	33.22	2.26	8.46	2.12	2.13	13.31
平凉市	Pingliang	104.07	58.39	4.28	11.16	3.13	2.86	24.25
酒泉市	Jiuquan	36.77	22.35	1.55	3.01	1.48	1.24	7.14
庆阳市	Qingyang	117.92	68.51	5.67	9.32	4.09	2.90	27.43
定西市	Dingxi	144.11	93.16	4.69	15.89	3.69	2.31	24.37
陇南市	Longnan	133.50	76.91	4.12	10.04	2.88	2.32	37.23
临夏州	Linxia	92.71	56.27	4.35	9.30	3.25	2.62	16.91
甘南州	Gannan	31.20	22.27	0.66	1.51	0.76	0.73	5.28

13-4 各地县农村户数及农村人口（2014）

Number of Rural Households and Population by Region, County（2014）

地区	Region	农村户数（万户）Number of Rural Households (10 000 households)	农村人口（万人）Rural Population (10 000 persons)	地区	Region	农村户数（万户）Number of Rural Households (10 000 households)	农村人口（万人）Rural Population (10 000 persons)
兰州市	**Lanzhou**	**33.10**	**126.24**	瓜州县	Guazhou	2.75	10.66
城关区	Chengguan	1.17	4.07	肃北县	Subei	0.23	0.62
七里河区	Qilihe	2.22	9.25	阿克塞县	Akesai	0.12	0.31
西固区	Xigu	2.40	8.02	玉门市	Yumen	2.58	9.85
安宁区	Anning			敦煌市	Dunhuang	2.77	9.97
红古区	Honggu	1.40	5.80	**庆阳市**	**Qingyang**	**53.91**	**229.39**
永登县	Yongdeng	9.13	35.79	西峰区	Xifeng	6.34	25.85
皋兰县	Gaolan	3.32	11.49	庆城县	Qingcheng	5.62	23.95
榆中县	Yuzhong	9.97	38.19	环 县	Huanxian	7.45	32.84
兰州新区	Lanzhou New Area	3.50	13.63	华池县	Huachi	2.65	11.51
嘉峪关市	**Jiayuguan**	**0.62**	**2.12**	合水县	Heshui	3.82	15.27
金昌市	**Jinchang**	**6.69**	**23.80**	正宁县	Zhengning	5.05	21.43
金川区	Jinchuan	1.71	4.80	宁 县	Ningxian	11.75	50.95
永昌县	Yongchang	4.98	19.00	镇原县	Zhenyuan	11.23	47.58
白银市	**Baiyin**	**32.82**	**133.46**	**定西市**	**Dingxi**	**63.49**	**267.55**
白银区	Baiyin	2.43	7.05	安定区	Anding	9.59	37.42
平川区	Pingchuan	2.33	10.22	通渭县	Tongwei	8.86	40.02
靖远县	Jingyuan	11.36	43.89	陇西县	Longxi	9.97	43.84
会宁县	Huining	11.62	53.63	渭源县	Weiyuan	7.82	32.51
景泰县	Jingtai	5.07	18.67	临洮县	Lintao	13.24	49.39
天水市	**Tianshui**	**66.41**	**307.69**	漳 县	Zhangxian	4.12	19.15
秦州区	Qinzhou	9.66	45.89	岷 县	Minxian	9.90	45.22
麦积区	Maiji	10.13	45.42	**陇南市**	**Longnan**	**59.03**	**247.25**
清水县	Qingshui	6.35	29.90	武都区	Wudu	12.04	50.13
秦安县	Qinan	12.70	56.77	成 县	Chengxian	5.64	21.96
甘谷县	Gangu	12.12	56.25	文 县	Wenxian	5.70	21.48
武山县	Wushan	9.10	42.55	宕昌县	Tanchang	6.27	28.36
张家川县	Zhangjiachuan	6.36	30.90	康 县	Kangxian	4.74	17.23
武威市	**Wuwei**	**34.56**	**147.77**	西和县	Xihe	8.11	39.04
凉州区	Liangzhou	17.04	72.48	礼 县	Lixian	10.68	46.85
民勤县	Minqin	5.65	23.44	徽 县	Huixian	4.83	18.51
古浪县	Gulang	7.85	35.38	两当县	Liangdang	1.02	3.69
天祝县	Tianzhu	4.02	16.47	**临夏州**	**Linxia**	**36.36**	**174.13**
张掖市	**Zhangye**	**27.52**	**99.98**	临夏市	Linxia	2.07	9.12
甘州区	Ganzhou	9.88	34.99	临夏县	Linxia	7.78	34.97
肃南县	Sunan	0.87	2.57	康乐县	Kangle	5.22	24.79
民乐县	Minle	5.54	21.96	永靖县	Yongjing	3.85	16.14
临泽县	Linze	3.45	12.17	广河县	Guanghe	3.82	21.28
高台县	Gaotai	3.88	13.01	和政县	Hezheng	3.69	15.84
山丹县	Shandan	3.90	15.28	东乡县	Dongxiang	5.39	28.31
平凉市	**Pingliang**	**44.95**	**194.48**	积石山县	Jishishan	4.54	23.67
崆峒区	Kongtong	7.88	32.86	**甘南州**	**Gannan**	**12.18**	**56.54**
泾川县	Jingchuan	7.71	32.04	合作市	Hezuo	0.54	3.40
灵台县	Lingtai	5.27	21.30	临潭县	Lintan	3.08	13.56
崇信县	Chongxin	1.95	8.25	卓尼县	Zhuoni	1.88	9.02
华亭县	Huating	3.41	13.63	舟曲县	Zhouqu	3.02	12.50
庄浪县	Zhuanglang	9.12	41.52	迭部县	Diebu	0.92	4.10
静宁县	Jingning	9.61	44.88	玛曲县	Maqu	0.85	4.12
酒泉市	**Jiuquan**	**17.56**	**64.90**	碌曲县	Luqu	0.59	2.89
肃州区	Suzhou	6.12	22.41	夏河县	Xiahe	1.30	6.96
金塔县	Jinta	3.00	11.09				

13-5 各地县农村就业人员（2014）
Rural Laborers by Region, County（2014）

单位：万人 (10 000 persons)

地区	Region	农村从业人员 Number of Rural Laborers	#农、林、牧、渔业 Agriculture, Forestry, Animal Husbandry and Fishery	地区	Region	农村从业人员 Number of Rural Laborers	#农、林、牧、渔业 Agriculture, Forestry, Animal Husbandry and Fishery
兰州市	**Lanzhou**	**69.02**	**37.71**	瓜州县	Guazhou	5.83	4.23
城关区	Chengguan	2.05	0.78	肃北县	Subei	0.33	0.26
七里河区	Qilihe	5.19	3.13	阿克塞县	Akesai	0.19	0.14
西固区	Xigu	4.50	1.82	玉门市	Yumen	6.00	3.78
安宁区	Anning	0.00	0.00	敦煌市	Dunhuang	5.50	3.08
红古区	Honggu	3.13	1.89	**庆阳市**	**Qingyang**	**117.92**	**68.51**
永登县	Yongdeng	20.66	10.79	西峰区	Xifeng	13.81	7.59
皋兰县	Gaolan	6.34	3.50	庆城县	Qingcheng	12.95	8.35
榆中县	Yuzhong	20.43	12.31	环　县	Huanxian	17.17	8.46
兰州新区	Lanzhou New Area	6.71	3.51	华池县	Huachi	6.49	5.42
嘉峪关市	**Jiayuguan**	**1.34**	**0.82**	合水县	Heshui	8.23	5.20
金昌市	**Jinchang**	**14.02**	**8.61**	正宁县	Zhengning	11.75	7.25
金川区	Jinchuan	2.88	1.74	宁　县	Ningxian	26.28	14.47
永昌县	Yongchang	11.14	6.87	镇原县	Zhenyuan	21.23	11.76
白银市	**Baiyin**	70.99	50.34	**定西市**	**Dingxi**	**144.11**	**93.16**
白银区	Baiyin	3.37	1.58	安定区	Anding	20.59	13.23
平川区	Pingchuan	5.05	3.40	通渭县	Tongwei	23.13	13.96
靖远县	Jingyuan	22.56	16.79	陇西县	Longxi	23.87	15.29
会宁县	Huining	28.83	20.79	渭源县	Weiyuan	17.14	12.53
景泰县	Jingtai	11.19	7.79	临洮县	Lintao	26.39	16.97
天水市	**Tianshui**	**166.00**	**97.74**	漳　县	Zhangxian	9.48	4.35
秦州区	Qinzhou	24.77	14.16	岷　县	Minxian	23.51	16.82
麦积区	Maiji	23.56	13.23	**陇南市**	**Longnan**	**133.50**	**76.91**
清水县	Qingshui	15.30	10.25	武都区	Wudu	26.04	10.98
秦安县	Qinan	29.98	20.13	成　县	Chengxian	11.57	6.45
甘谷县	Gangu	30.26	15.50	文　县	Wenxian	11.79	7.32
武山县	Wushan	23.53	13.08	宕昌县	Tanchang	16.22	11.04
张家川县	Zhangjiachuan	18.59	11.38	康　县	Kangxian	10.30	7.18
武威市	**Wuwei**	**82.90**	**48.22**	西和县	Xihe	20.44	12.86
凉州区	Liangzhou	41.08	19.91	礼　县	Lixian	24.59	15.04
民勤县	Minqin	11.59	8.50	徽　县	Huixian	10.28	4.56
古浪县	Gulang	20.79	13.67	两当县	Liangdang	2.28	1.49
天祝县	Tianzhu	9.45	6.15	**临夏州**	**Linxia**	**92.71**	**56.27**
张掖市	**Zhangye**	**61.49**	**33.22**	临夏市	Linxia	4.69	1.93
甘州区	Ganzhou	22.86	12.06	临夏县	Linxia	18.28	8.82
肃南县	Sunan	1.36	0.95	康乐县	Kangle	12.85	9.54
民乐县	Minle	13.01	9.11	永靖县	Yongjing	8.91	5.62
临泽县	Linze	7.32	3.47	广河县	Guanghe	11.49	7.95
高台县	Gaotai	8.04	4.13	和政县	Hezheng	10.41	5.80
山丹县	Shandan	8.90	3.50	东乡县	Dongxiang	13.59	8.97
平凉市	**Pingliang**	**104.07**	**58.39**	积石山县	Jishishan	12.50	7.64
崆峒区	Kongtong	18.32	9.23	**甘南州**	**Gannan**	**31.20**	**22.27**
泾川县	Jingchuan	16.72	9.35	合作市	Hezuo	2.05	1.74
灵台县	Lingtai	11.48	6.45	临潭县	Lintan	7.59	5.22
崇信县	Chongxin	5.15	2.44	卓尼县	Zhuoni	5.08	4.20
华亭县	Huating	7.04	3.04	舟曲县	Zhouqu	6.83	3.37
庄浪县	Zhuanglang	22.59	11.52	迭部县	Diebu	2.14	1.44
静宁县	Jingning	22.78	16.35	玛曲县	Maqu	2.09	1.94
酒泉市	**Jiuquan**	**36.77**	**22.35**	碌曲县	Luqu	1.59	1.44
肃州区	Suzhou	12.53	6.76	夏河县	Xiahe	3.83	2.92
金塔县	Jinta	6.39	4.10				

13-6 历年农林牧渔业总产值
Gross Output Value of Agriculture,Forestry, Animal Husbandry and Fishery

单位：万元 (10 000 yuan)

年份 Year	农林牧渔业总产值 Gross Output Value of Agriculture,Forestry, Animal Husbandry and Fishery	农业 Agriculture	林业 Forestry	牧业 Animal Husbandry	渔业 Fishery	农林牧渔服务业 Services in Support of Agriculture
1978	224533	180494	6153	37871	15	
1979	232810	184626	6020	42142	22	
1980	273886	219964	6509	47391	22	
1981	280174	223290	9850	47008	26	
1982	305248	234548	16903	53768	29	
1983	400865	311151	21158	68525	31	
1984	403253	298431	32261	72533	28	
1985	488182	347073	36296	104723	90	
1986	563960	404031	34052	125629	248	
1987	655161	450855	34509	169234	563	
1988	847166	564748	38231	242954	1233	
1989	891232	604026	33209	252186	1811	
1990	1024993	732425	32679	257733	2156	
1991	1065704	763191	35284	264560	2669	
1992	1194970	871291	41310	279057	3312	
1993	1353978	991439	47260	311061	4218	
1994	2121949	1579087	57959	479308	5595	
1995	2694508	2002403	65048	619212	7845	
1996	3073203	2352458	65780	646457	8508	
1997	2992411	2230749	74206	678147	9309	
1998	3346943	2525451	87791	722056	11645	
1999	3199866	2492555	96697	600261	10352	
2000	3201176	2389656	111534	688108	11878	
2001	3396579	2539927	86471	759285	10896	
2002	3528583	2572554	138735	807290	10004	
2003	4278433	2758234	198140	854917	9571	457571
2004	5035034	3313663	161915	1057696	9863	491898
2005	5497110	3628896	158959	1143231	10237	555787
2006	5937000	3958383	149934	1182928	10369	635386
2007	6860990	4587283	194286	1311680	10469	757272
2008	8080990	5295644	224366	1682607	10112	868261
2009	8762818	5872679	242400	1718887	11130	917722
2010	10570174	7575568	185445	1818017	11714	979430
2011	11877562	8484540	172413	2105997	15940	1098672
2012	13581624	9842433	200740	2317220	18031	1203200
2013	15177423	11044719	225330	2533899	20062	1353412
2014	16187954	11749284	255416	2684347	21450	1477457

注：1. 农业总产值和牧业总产值根据第一、二次农业普查数据对部分历史数据进行了调整。
2. 2003 年起执行新国民经济行业分类标准，总产值包括农林牧渔服务业产值。

a)Part of historical data of gross output value of agriculture, animal husbandry was adjusted according to the data of the First and Second National Agricultural Census.

b)Since 2003,the new classification for national standard of industry classification has been implemented, and gross output value includes the serivces in support of agriculture, forestry, animal husbandry and fishery.

13-7 历年农林牧渔业总产值指数

Indices of Gross Output Value of Agriculture, Forestry,Animal Husbandry and Fishery

（上年 =100） (preceding year=100)

年份 Year	农林牧渔业总产值 Gross Output Value of Agriculture,Forestry,Animal Husbandry and Fishery	农业 Agriculture	林业 Forestry	牧业 Animal Husbandry	渔业 Fishery	农林牧渔服务业 Services in Support of Agriculture
1978	105.19	104.32	96.75	110.95	84.62	
1979	93.52	91.55	88.71	101.35	120.24	
1980	111.08	115.08	114.92	98.03	83.17	
1981	92.24	91.71	85.76	95.79	104.76	
1982	113.30	108.87	140.21	122.37	111.36	
1983	113.83	115.15	120.15	108.13	107.14	
1984	108.98	105.12	138.46	112.93	138.10	
1985	113.64	108.54	112.93	129.35	158.62	
1986	107.25	107.39	85.43	113.67	145.22	
1987	102.48	102.63	92.00	104.45	200.00	
1988	107.14	111.27	88.71	101.10	134.43	
1989	107.17	105.29	93.81	114.40	136.41	
1990	105.26	106.78	101.45	102.14	117.47	
1991	101.04	100.37	102.04	102.51	113.34	
1992	106.62	108.91	107.01	100.91	114.84	
1993	107.76	109.56	104.46	103.47	116.02	
1994	104.34	104.33	104.09	104.33	114.08	
1995	99.91	98.56	97.36	103.86	128.40	
1996	112.00	115.66	101.20	103.91	106.60	
1997	100.40	100.43	95.49	100.93	110.26	
1998	115.93	119.08	98.92	108.92	117.69	
1999	99.04	98.33	112.22	99.47	120.41	
2000	104.92	103.44	122.46	107.12	109.55	
2001	107.81	109.93	71.19	107.14	104.29	
2002	105.77	103.75	163.62	106.12	100.44	
2003	105.88	103.18	148.36	107.41	97.20	
2004	107.10	108.05	80.83	110.12	107.05	105.00
2005	107.03	107.21	90.85	107.03	105.92	111.30
2006	104.61	103.58	85.55	109.04	105.29	112.99
2007	104.31	104.17	130.96	96.83	107.17	112.76
2008	107.35	108.89	109.48	102.93	101.16	105.24
2009	105.79	105.18	116.21	107.50	101.04	103.57
2010	105.69	106.74	89.35	104.84	105.25	103.02
2011	105.38	106.17	105.35	101.83	109.39	105.83
2012	106.35	106.98	103.13	104.20	102.04	106.22
2013	104.90	104.80	112.25	102.66	105.18	108.79
2014	105.36	104.70	108.91	107.09	101.07	106.92

注：本表按可比价格计算。

a)The indices in this table are calculated at constant prices.

13-8 各地县农林牧渔业总产值（2014）
Gross Output Value of Agriculture,Forestry, Animal Husbandry and Fishery by Region, County(2014)

单位：万元 (10 000 yuan)

地区	Region	农林牧渔业总产值 Gross Output Value of Agriculture Forestry, Animal Husbandry Fishery	农业 Agriculture	林业 Forestry	牧业 Animal Husbandry	渔业 Fishery	农林牧渔服务业 Services in Support of Agriculture	农林牧渔业总产值指数（上年=100） Indices (preceding year=100)
兰州市	**Lanzhou**	**870092**	**696390**	**8786**	**117287**	**1389**	**46240**	**106.25**
城关区	Chengguan	31315	22540	2746	2876		3153	105.72
七里河区	Qilihe	76861	47940	116	17399		11406	106.63
西固区	Xigu	65915	54912	358	9636	245	764	106.88
安宁区	Anning	5622	3057	665	1293		606	105.57
红古区	Honggu	140250	127088	274	11311	134	1443	106.28
永登县	Yongdeng	159055	125698	917	29988	882	1570	111.90
皋兰县	Gaolan	93087	76751	1166	9342	27	5801	107.82
榆中县	Yuzhong	247816	203120	1056	26244	101	17295	109.52
兰州新区	Lanzhou New Area	50172	35285	1487	9198		4202	
嘉峪关市	**Jiayuguan**	**67688**	**53067**	**168**	**10517**	**167**	**3769**	**105.60**
金昌市	**Jinchang**	**316627**	**257644**	**3043**	**45609**	**481**	**9850**	**105.19**
金川区	Jinchuan	71695	56343	524	10303		4524	105.81
永昌县	Yongchang	244932	201301	2519	35306	481	5326	105.01
白银市	**Baiyin**	**935633**	**609117**	**21300**	**280819**	**1806**	**22592**	**106.26**
白银区	Baiyin	90367	63407	2048	20601	891	3421	105.46
平川区	Pingchuan	44668	32319	889	10068	83	1309	103.85
靖远县	Jingyuan	343094	261460	7710	66931	765	6228	106.04
会宁县	Huining	276710	142380	5374	123786		5170	107.93
景泰县	Jingtai	180794	109551	5279	59433	68	6464	105.26
天水市	**Tianshui**	**1505726**	**1287637**	**21350**	**188391**	**1301**	**7047**	**107.84**
秦州区	Qinzhou	196357	177059	1426	17316	225	331	107.13
麦积区	Maiji	192815	167643	1721	22632	239	580	107.42
清水县	Qingshui	174978	135195	1220	37702	157	705	108.53
秦安县	Qinan	268153	233542	1849	32555	4	202	107.68
甘谷县	Gangu	262949	224485	550	34409	162	3343	107.73
武山县	Wushan	298544	271359	1379	24137	468	1200	109.30
张家川县	Zhangjiachuan	99976	78354	1251	19640	46	686	106.09
武威市	**Wuwei**	**1584979**	**1095826**	**27399**	**421130**	**474**	**40149**	**107.20**
凉州区	Liangzhou	880141	603415	12202	249999	198	14327	108.81
民勤县	Minqin	380765	287156	8462	67826	270	17051	104.20
古浪县	Gulang	219947	157266	4281	53450		4950	107.66
天祝县	Tianzhu	104126	47990	2455	49855	6	3821	104.22
张掖市	**Zhangye**	**1579123**	**992267**	**15958**	**362324**	**2713**	**205861**	**104.55**

13-8 续表 1 continued

单位：万元 (10 000 yuan)

地区	Region	农林牧渔业总产值 Gross Output Value of Agriculture Forestry, Animal Husbandry Fishery	农业 Agriculture	林业 Forestry	牧业 Animal Husbandry	渔业 Fishery	农林牧渔服务业 Services in Support of Agriculture	农林牧渔业总产值指数（上年 =100） Indices (preceding year=100)
甘州区	Ganzhou	620237	335556	2915	132314	1035	148416	104.05
肃南县	Sunan	70618	20743	1439	46065		2371	98.56
民乐县	Minle	233413	179053	2040	44150		8169	104.37
临泽县	Linze	229743	128480	4671	54955	668	40969	102.90
高台县	Gaotai	267874	204028	2467	56056	965	4358	107.10
山丹县	Shandan	130536	98760	2425	27727	45	1578	105.66
平凉市	**Pingliang**	**1392269**	**1090414**	**23403**	**264560**	**1822**	**12070**	**106.43**
崆峒区	Kongtong	250609	182003	3613	62749	587	1657	105.81
泾川县	Jingchuan	264811	208223	8593	45474	687	1835	106.45
灵台县	Lingtai	159855	126577	1788	29638	223	1629	106.32
崇信县	Chongxin	92544	62283	2231	27096	99	835	106.20
华亭县	Huating	110525	70715	898	37470	28	1414	105.65
庄浪县	Zhuanglang	207442	167666	2892	36026	198	659	106.02
静宁县	Jingning	306482	272946	3388	26108		4040	107.64
酒泉市	**Jiuquan**	**1600145**	**913685**	**36306**	**244558**	**2031**	**403564**	**107.82**
肃州区	Suzhou	583488	287101	6292	104240	1024	184831	108.72
金塔县	Jinta	349237	203610	15254	49057	491	80825	106.55
瓜州县	Guazhou	186060	126304	6959	22800	146	29850	109.06
肃北县	Subei	9594	1982	9	7250		353	105.65
阿克塞县	Akesai	8445	1947	125	6219		154	109.69
玉门市	Yumen	166441	126621	3392	28713	111	7604	106.12
敦煌市	Dunhuang	296880	166120	4275	26279	259	99947	107.82
庆阳市	**Qingyang**	**1419730**	**1092576**	**36211**	**178918**	**1057**	**110968**	**105.30**
西峰区	Xifeng	211241	127915	2134	15079	135	65978	102.09
庆城县	Qingcheng	161759	134498	3924	15917	63	7358	105.89
环　县	Huanxian	169178	124836	5250	38274	91	727	104.48
华池县	Huachi	86230	65395	5698	14673	90	374	106.31
合水县	Heshui	129226	109156	5101	14042	136	791	102.03
正宁县	Zhengning	153094	131730	4116	8257	155	8836	107.18
宁　县	Ningxian	246626	201378	3689	34594	72	6893	105.61
镇原县	Zhenyuan	262375	197667	6299	38083	315	20011	108.02
定西市	**Dingxi**	**1245244**	**972969**	**9634**	**209417**	**1643**	**51582**	**108.10**
安定区	Anding	213919	176952	1929	32927	8	2103	102.95
通渭县	Tongwei	180548	150643	2468	25539	12	1887	105.44

13-8 续表 2 continued

单位：万元 (10 000 yuan)

地区	Region	农林牧渔业总产值 Gross Output Value of Agriculture Forestry, Animal Husbandry Fishery	农业 Agriculture	林业 Forestry	牧业 Animal Husbandry	渔业 Fishery	农林牧渔服务业 Services in Support of Agriculture	农林牧渔业总产值指数（上年=100） Indices (preceding year=100)
陇西县	Longxi	243129	182422	963	30432	136	29176	107.77
渭源县	Weiyuan	137717	111336	1853	20852	273	3404	109.46
临洮县	Lintao	238777	172041	909	51705	590	13532	110.31
漳　县	Zhangxian	84811	62521	781	20438	516	554	107.37
岷　县	Minxian	146343	117053	731	27525	108	926	115.50
陇南市	**Longnan**	**1064244**	**801552**	**38575**	**210914**	**2208**	**10994**	**107.87**
武都区	Wudu	256617	204363	14194	36682	340	1038	109.02
成　县	Chengxian	126734	97402	4022	22702	155	2454	107.51
文　县	Wenxian	78920	56910	2828	17906	1058	218	113.50
宕昌县	Tanchang	92398	70946	3256	17736	50	410	106.80
康　县	Kangxian	63458	44427	2772	15419	89	750	106.31
西和县	Xihe	105360	81795	2827	19239	48	1450	107.36
礼　县	Lixian	148960	105199	2577	38143	41	3000	107.72
徽　县	Huixian	155537	112830	4427	36671	366	1243	105.33
两当县	Liangdang	36261	27681	1671	6418	60	431	108.66
临夏州	**Linxia**	**565908**	**381609**	**13397**	**146067**	**3090**	**21745**	**107.84**
临夏市	linxia	44115	28595	380	12003	167	2970	106.07
临夏县	linxia	106971	73994	3163	26150	89	3574	107.33
康乐县	Kangle	73059	50093	2419	16517	79	3950	109.02
永靖县	Yongjing	96498	69027	2418	19525	2417	3110	110.24
广河县	Guanghe	51480	39903	1269	8597		1710	108.36
和政县	Hezheng	55437	37226	846	15559	71	1735	109.77
东乡县	Dongxiang	71866	31517	1144	36407	194	2605	106.03
积石山县	Jishishan	66482	51253	1758	11308	74	2090	105.13
甘南州	**Gannan**	**334154**	**79812**	**31479**	**218642**	**44**	**4177**	**105.88**
合作市	Hezuo	22955	4132	1093	17416		314	104.11
临潭县	Lintan	45119	24220	484	19812	15	586	105.06
卓尼县	Zhuoni	50339	15559	3328	30939	14	500	107.66
舟曲县	Zhouqu	45721	23144	10415	11197		966	104.68
迭部县	Diebu	31871	6189	10849	14729		105	109.76
玛曲县	Maqu	54890		322	54124	15	429	104.97
碌曲县	Luqu	32157	1154	1325	29021		656	106.26
夏河县	Xiahe	51103	5414	3664	41405		621	105.23

13-9 农林牧渔业增加值
Value-added of Agriculture,Forestry,Animal Husbandry,Fishery

指标	Item	2010	2011	2012	2013	2014
绝对数（万元）	**Absolute Number (10 000 yuan)**					
农林牧渔业增加值	**Value-added (10 000 yuan)**	**5992754**	**6787455**	**7805271**	**8798744**	**9391740**
农 业	Agriculture	4413030	4980411	5806646	6577505	7050943
林 业	Forestry	78084	75727	93289	106066	120006
牧 业	Animal Husbandry	1239021	1434704	1580107	1749252	1821617
渔 业	Fishery	7967	10959	12397	14033	15036
农林牧渔服务业	Services in Support of Agriculture	254652	285655	312832	351887	384139
指数（上年 =100）	**Indices (preceding year =100)**					
农林牧渔业增加值	**Value-added**	**105.5**	**105.9**	**106.8**	**105.6**	**105.6**
农 业	Agriculture	106.4	107.0	107.5	105.8	105.5
林 业	Forestry	92.3	109.9	109.1	113.7	108.7
牧 业	Animal Husbandry	104.6	101.8	104.3	103.9	105.3
渔 业	Fishery	105.2	110.6	102.0	107.0	101.3
农林牧渔服务业	Services in Support of Agriculture	103.0	105.8	106.2	108.8	106.9

13-10 各地区农林牧渔业增加值（2014）
Value-added of Agriculture, Forestry, Animal Husbandry and Fishery by Region（2014）

单位：万元 (10 000 yuan)

地区	Region	农林牧渔业增加值 Value-added	农业 Agriculture	林业 Forestry	牧业 Animal Husbandry	渔业 Fishery	农林牧渔服务业 Services in Support of Agriculture
兰州市	Lanzhou	536429.14	443085.82	3567.76	76774.59	978.48	12022.49
嘉峪关市	Jiayuguan	39662.93	33990.69	0.30	4588.93	103.06	979.95
金昌市	Jinchang	174056.31	137229.79	1029.54	33171.15	64.74	2561.09
白银市	Baiyin	571096.04	348329.33	10993.13	204563.26	1336.49	5873.83
天水市	Tianshui	906543.02	781380.43	12353.31	109817.85	1159.11	1832.32
武威市	Wuwei	947072.75	603783.11	7623.34	324880.43	346.98	10438.89
张掖市	Zhangye	943346.62	646484.93	9657.76	231811.04	1868.90	53523.99
平凉市	Pingliang	850748.75	660997.13	11163.50	174163.73	1286.26	3138.13
酒泉市	Jiuquan	817067.57	542005.47	19003.91	149888.40	1243.01	104926.78
庆阳市	Qingyang	806237.66	645576.01	12558.70	118448.61	802.62	28851.72
定西市	Dingxi	749545.14	581722.25	3716.32	149187.94	1507.42	13411.21
陇南市	Longnan	662262.23	485799.42	23388.85	148377.55	1837.84	2858.57
临夏州	Linxia	352340.91	232027.27	6131.51	106076.04	2452.50	5653.59
甘南州	Gannan	258908.62	54385.06	25119.10	178301.61	16.83	1086.02

13-11 各地区农林牧渔业增加值指数（2014）
Indices of Value-added of Agriculture, Forestry, Animal Husbandry and Fishery by Region（2014）

（上年=100） (preceding year=100)

地区	Region	农林牧渔业增加值指数 Value-added	农业 Agriculture	林业 Forestry	牧业 Animal Husbandry	渔业 Fishery	农林牧渔服务业 Services in Support of Agriculture
兰州市	Lanzhou	106.3	106.8	97.5	103.3	89.6	111.2
嘉峪关市	Jiayuguan	105.3	104.5	107.4	112.0	99.9	105.1
金昌市	Jinchang	105.2	104.9	85.9	106.9	105.8	107.6
白银市	Baiyin	105.7	105.8	79.3	107.2	104.9	109.3
天水市	Tianshui	106.2	106.6	103.0	104.0	117.9	111.5
武威市	Wuwei	106.0	105.1	185.8	105.7	127.3	137.3
张掖市	Zhangye	105.4	105.3	101.9	105.8	111.4	105.3
平凉市	Pingliang	106.4	106.6	105.1	105.6	104.8	107.8
酒泉市	Jiuquan	105.6	104.4	120.7	104.2	102.0	112.7
庆阳市	Qingyang	105.8	104.8	132.2	108.5	117.2	109.7
定西市	Dingxi	105.5	106.0	76.7	103.6	104.1	113.0
陇南市	Longnan	106.2	106.7	116.6	103.4	108.1	104.6
临夏州	Linxia	105.9	107.1	103.4	103.1	115.1	109.3
甘南州	Gannan	105.1	106.1	106.0	104.7	100.1	109.1

13-12 耕地面积
Cultivated Area

单位：公顷 (hectare)

指标	Indicators	2010	2011	2012	2013	2014
年初耕地面积	**Cultivated Area at Year-beginning**	**3485187**	**3493807**	**3503007**	**3530913**	**3538020**
当年增加的耕地面积	**Increased Cultivated Area in the Year**	**16433**	**19407**	**34440**	**15760**	**16860**
#新开荒地面积	Newly Developed Wasteland	9073	6940	26707	10413	6193
治河造田面积	Governance River and Creating Farmlands Area	273	180	180	453	167
当年减少的耕地面积	**Decreased Cultivated Area in the Year**	**7813**	**10207**	**6533**	**8740**	**8080**
国家征用	Government Requisition	2785	3359	3115	2705	3524
农村基建	Rural Capital Construction	528	271	261	230	384
农民个人建房	Private Building	866	610	465	307	313
还林还牧	Give Back to Forest and Herd Area	822	3662	645	605	338
其他	Others	2812	2305	2047	4892	3521
年末耕地面积	**Cultivated Area at Year-end**	**3493807**	**3503007**	**3530913**	**3537933**	**3546800**
水田	Paddy Fields	13187	12720	6813	6913	6793
旱地	Dry Fields	3480620	3490287	3524100	3531020	3540007

13-13 各地区耕地面积（2014）
Cultivated Area by Region(2014)

单位：公顷 (hectare)

地区	Region	年初耕地面积 Cultivated Area at Year-beginning	当年增加耕地面积 Increased Cultivated Area in the Year	当年减少耕地面积 Decreased Cultivated Area in the Yearr	年末耕地面积 Cultivated Area at Year-end
兰州市	Lanzhou	209195	660	2920	206936
嘉峪关市	Jiayuguan	2843	133		2976
金昌市	Jinchang	67529			67529
白银市	Baiyin	307302	477	180	307600
天水市	Tianshui	379212	124	576	378761
武威市	Wuwei	254058	162	305	253915
张掖市	Zhangye	259291	8881	757	267414
平凉市	Pingliang	370838	108	374	370571
酒泉市	Jiuquan	160163	858	72	160949
庆阳市	Qingyang	451958	2267	892	453333
定西市	Dingxi	513864		256	513608
陇南市	Longnan	286389	522	448	286463
临夏州	Linxia	144309	17	99	144228
甘南州	Gannan	66561	24	23	66562

13-14 农业机械拥有量
Number of Agricultural Machinery Owned

指标	Item	2010	2011	2012	2013	2014
农业机械总动力合计（万千瓦）	Total Power of Agricultural Machinery (10 000 kw)	1977.55	2136.48	2279.1	2418.46	2545.71
#柴油发动机动力	Power of Diesel Engines	1579.07	1725.75	1853.9	1979.12	2077.39
汽油发动机动力	Power of Petrol Engines	24.21	27.04	28.98	30.62	
电动机动力	Power of Electric Motor	360.07	383.26	395.92	408.56	431.26
农业机械原值（亿元）	Original Value of Agricultural Machinery (100 million yuan)	124.15	141.55	156.13	176.30	197.90
农业机械净值（亿元）	Net Value of Agricultural Machinery (100 million yuan)	87.84	99.14	109.83	122.57	138.64
农用大中型拖拉机（台）	Number of Large and Medium-sized Agricultural Tractors (unit)	73174	92860	116175	130427	144287
大中型拖拉机（万千瓦）	Power of Large and Medium-sized Agricultural Tractors (10 000 kw)	180.93	235.58	269.07	320.90	360.41
小型拖拉机（台）	Number of Small Tractors (unit)	460716	490753	548513	575638	598299
小型拖拉机（万千瓦）	Power of Small Tractors (10 000 kw)	509.82	531.23	565.40	557.81	618.09
大中型拖拉机配套农具（万部）	Number of Large and Medium-sized Tractor Towing Farm Machinery (10 000 units)	20.23	26.24	26.18	28.17	31.14
小型拖拉机配套农具（万部）	Number of Small Tractor Towing Farm Machinery (10 000 units)	92.08	99.70	105.18	111.65	122.35
农用排灌柴油机（台）	Number of Diesel Engines (unit)		18947	23917	24034	
农用排灌动力机械动力（万千瓦）	Machinery Power of Drainage and Irrigation Machinery (10 000 kw)	157.12	160.15	165.66	165.07	166.55
联合收割机（台）	Combine Harvester (unit)	3632	4111	4943	5819	6989
机动脱粒机（台）	Motorized Thresher (unit)	134419	143328	195756	255791	279997
种子精选机（台）	Seed Selection Machine (unit)	721	899	1102	1242	
机动喷雾机（部）	Power Sprayer (unit)	34911	40141	34660	37678	43369
饲料粉碎机（万台）	Fodder Grinder (10 000 units)	14.06	16.73	23.60	25.32	27.02
榨油机（万部）	Oil Mill (10 000 units)	2.26	2.39	2.50	2.50	2.56

13-15 农业生产条件
Agriculture Production Condition

指标	Item	2010	2011	2012	2013	2014
农业机械化	**Agriculture Mechanization**					
当年机耕地面积（千公顷）	Areas of Motorized Cultivation (1 000 hectares)	1780.29	1904.46	2067.53	2260.84	2436.78
占地面积（%）	Rate in Total (%)	50.96	54.37	58.56	64.00	68.87
当年机播面积（千公顷）	Areas of Motorized Planting (1 000 hectares)	1203.11	1291.67	1364.80	1434.97	1537.03
占总播种面积（%）	Rate in Total Sown Area (%)	30.11	31.74	33.12	34.30	36.74
农业水利化	**Agriculture Irrigation and Water**					
有效灌溉面积（千公顷）	Effective Irrigated Area (1 000 hectares)	1098.88	1105.85	1130.63	1141.64	1160.51
占耕地面积（%）	Rate in Cultivated Land (%)	31.45	31.57	32.02	32.27	32.72
水平梯田面积（千公顷）	Level Terrace Area (1 000 hectares)	1840.61	1885.84	1936.47	1995.66	2022.60
占耕地面积（%）	Rate in Cultivated Land (%)	52.68	53.83	54.85	56.41	57.03
条田面积（千公顷）	Strip Area (1 000 hectares)	859.31	862.97	321.74	314.09	313.50
农业电气化	**Agriculture Electrization**					
农村用电量（万千瓦时）	Electricity Consumed in Rural Areas (10 000 kwh)	428511	450541	478499	503582	512585
农村生产用电	For Produce	275651	289965	304386	317162	313678
农民生活用电	For Living	152861	160576	174113	186420	198907
乡村办村水电站（个）	Number of Hydropower Stations in Rural Areas (unit)	304	310	335	342	346
乡村办水电站装机容量（万千瓦）	Generating Capacity of Hydropower Station in Rural Areas (10 000 kw)		76.3	89.8	91.8	106.3
已通电村（个）	Electrified Villages (unit)	16115	16056	16066	16049	16101
占全省总数（%）	Rate in Total (%)	99.71	99.71	99.81	99.81	99.82
农业化学化	**Chemical for Agriculture**					
农用化肥施用量（实物量）（万吨）	Consumption of Chemical Fertilizers (real)(10 000 tons)	292.92	308.39	317.75	317.10	322.26
农用化肥施用量（折纯量）（万吨）	Consumption of Chemical Fertilizers (convert to pure amount)(10 000 tons)	85.26	87.24	92.13	94.71	97.60
氮 肥	Nitrogenous Fertilizer	37.93	37.91	39.71	40.30	40.67
磷 肥	Phosphate Fertilizer	16.56	17.01	17.11	17.51	18.60
钾 肥	Potash Fertilizer	6.09	6.76	7.82	8.18	8.63
复合肥	Compound Fertilizer	24.68	25.56	27.49	28.72	29.71
农用塑料薄膜使用量（万吨）	Household Plastic Film Consumption (10 000 tons)	12.37	14.34	15.04	16.58	17.62

13-16 各地县农业生产条件（2014）

Agriculture Production Condition by Region,County（2014）

地区	Region	耕地面积（公顷） Cultivated Area (hectare)	水地 Paddy Fields	旱地 Dry Fields	农业机械总动力（千瓦时） Total Power of Agricultural Machinery (kw·h)	农村用电量（万千瓦小时） Electricity Consumed in Rural Areas (10 000 kw·h)	化肥施用折纯量（吨） Chemical Fertilizer Consumption (convert to pure amount) (ton)	有效灌溉面积（千公顷） Effective Irrigated Area (1 000 hectares)
兰州市	**Lanzhou**	**206936**	**67**	**206869**	**1638443**	**37644**	**47697**	**80.08**
城关区	Chengguan	1096		1096	38856	2504	375	1.15
七里河区	Qilihe	10093		10093	181000	2612	2569	4.02
西固区	Xigu	3631		3631	145300	3940	2093	2.68
安宁区	Anning	196		196	1033	2537	382	0.20
红古区	Honggu	5211		5211	146544	4615	4513	4.16
永登县	Yongdeng	74779		74779	396569	9766	8787	20.77
皋兰县	Gaolan	19545		19545	323000	2974	4608	10.18
榆中县	Yuzhong	68733	67	68667	406142	5788	21481	19.70
兰州新区	Lanzhou New Area	23652		23652		2907	2890	17.22
嘉峪关市	**Jiayuguan**	**2976**		**2976**	**123103**	**1214**	**2867**	**3.48**
金昌市	**Jinchang**	**67529**		**67529**	**1001919**	**19626**	**22566**	**60.71**
金川区	Jinchuan	14201		14201	269535	9858	9510	13.19
永昌县	Yongchang	53328		53328	732383	9768	13056	47.51
白银市	**Baiyin**	**307600**	**3265**	**304335**	**2422672**	**46187**	**53884**	**99.50**
白银区	Baiyin	8901	24	8877	305205	5887	6950	4.85
平川区	Pingchuan	17952		17952	270087	9486	3972	6.52
靖远县	Jingyuan	78038	3029	75010	655070	19068	17316	38.97
会宁县	Huining	150708		150708	606012	4269	12268	20.56
景泰县	Jingtai	52000	212	51788	586298	7477	13377	28.60
天水市	**Tianshui**	**378761**	**2**	**378758**	**1609925**	**35942**	**78883**	**34.96**
秦州区	Qinzhou	61116		61116	235302	5367	7039	2.98
麦积区	Maiji	47494		47494	290791	7081	15738	8.67
清水县	Qingshui	62023		62023	150249	2733	6964	1.35
秦安县	Qinan	70003		70003	282094	7100	19569	6.05
甘谷县	Gangu	58313		58313	240216	6192	8444	7.18
武山县	Wushan	42348	2	42346	275202	4827	17497	6.41
张家川县	Zhangjiachuan	37463		37463	136000	2643	3633	2.32
武威市	**Wuwei**	**253915**		**253915**	**3998697**	**70583**	**146184**	**185.54**
凉州区	Liangzhou	96981		96981	1569994	41829	85404	90.97
民勤县	Minqin	59580		59580	1418321	11770	40845	52.71
古浪县	Gulang	75284		75284	727381	15840	14296	38.09
天祝县	Tianzhu	22070		22070	283001	1144	5639	3.78
张掖市	**Zhangye**	**267414**	**101**	**267313**	**2438252**	**43999**	**104629**	**182.33**

13-16 续表 1 continued

地区	Region	耕地面积（公顷）Cultivated Area (hectare)	水地 Paddy Fields	旱地 Dry Fields	农业机械总动力（千瓦时）Total Power of Agricultural Machinery (kw·h)	农村用电量（万千瓦小时）Electricity Consumed in Rural Areas (10 000 kw·h)	化肥施用折纯量（吨）Chemical Fertilizer Consumption (convert to pure amount)(ton)	有效灌溉面积（千公顷）Effective Irrigated Area (1 000 hectares)
甘州区	Ganzhou	60943	60	60882	735058	17522	43073	60.92
肃南县	Sunan	8123	27	8096	77500	2333	2159	4.16
民乐县	Minle	64105		64105	537507	1685	22413	43.63
临泽县	Linze	27743	13	27730	416084	5902	11943	27.75
高台县	Gaotai	34947		34947	323775	5361	10592	21.68
山丹县	Shandan	40847		40847	348328	11196	9445	24.20
平凉市	**Pingliang**	**370571**	**3**	**370569**	**1453492**	**30793**	**99001**	**44.47**
崆峒区	Kongtong	63027		63027	314871	4802	12746	13.16
泾川县	Jingchuan	45229	3	45226	180276	4947	18268	8.04
灵台县	Lingtai	51163		51163	210843	3698	10186	3.62
崇信县	Chongxin	24350		24350	74276	988	7254	1.77
华亭县	Huating	27641		27641	89249	1988	4790	2.34
庄浪县	Zhuanglang	61103		61103	285764	5798	20299	4.46
静宁县	Jingning	98059		98059	298213	8572	25458	11.09
酒泉市	**Jiuquan**	**160949**		**160949**	**2401843**	**38986**	**86220**	**159.48**
肃州区	Suzhou	41429		41429	818358	9861	25434	41.43
金塔县	Jinta	28129		28129	469000	4724	13770	28.13
瓜州县	Guazhou	38731		38731	360800	10650	17535	38.73
肃北县	Subei	783		783	37000	110	198	0.65
阿克塞县	Akesai	292		292	25769	244	122	0.29
玉门市	Yumen	35299		35299	366707	7231	17109	33.96
敦煌市	Dunhuang	16284		16284	324209	6166	12051	16.28
庆阳市	**Qingyang**	**453333**	**367**	**452966**	**1790637**	**56597**	**101601**	**50.04**
西峰区	Xifeng	38770		38770	300079	4344	8328	13.77
庆城县	Qingcheng	54352		54352	230200	7676	14453	4.19
环　县	Huanxian	92174		92174	175053	17975	21968	3.84
华池县	Huachi	34320	27	34294	162000	1710	5118	4.29
合水县	Heshui	23694	340	23354	168390	3572	4920	2.46
正宁县	Zhengning	28629		28629	172071	3604	12029	3.10
宁　县	Ningxian	64197		64197	280300	10517	14256	7.67
镇原县	Zhenyuan	117196		117196	302544	7199	20529	10.72
定西市	**Dingxi**	**513608**		**513608**	**2846128**	**34141**	**93420**	**65.15**
安定区	Anding	114504		114504	815099	7953	17395	8.19
通渭县	Tongwei	122184		122184	348978	5353	18386	3.73

13-16 续表 2 continued

地区	Region	耕地面积（公顷）Cultivated Area (hectare)	水地 Paddy Fields	旱地 Dry Fields	农业机械总动力（千瓦时）Total Power of Agricultural Machinery (kw·h)	农村用电量（万千瓦小时）Electricity Consumed in Rural Areas (10 000 kw·h)	化肥施用折纯量（吨）Chemical Fertilizer Consumption (convert to pure amount) (ton)	有效灌溉面积（千公顷）Effective Irrigated Area (1 000 hectares)
陇西县	Longxi	78459		78459	388448	4462	13598	10.53
渭源县	Weiyuan	53377		53377	335614	4604	8063	9.75
临洮县	Lintao	70908		70908	579247	8498	22081	22.12
漳　县	Zhangxian	31180		31180	186809	1058	5669	4.21
岷　县	Minxian	42996		42996	191933	2213	8228	6.62
陇南市	Longnan	**286463**	**2874**	**283590**	**1866854**	**31266**	**68187**	**62.61**
武都区	Wudu	46709	1297	45413	343000	8874	12862	11.40
成　县	Chengxian	27196		27196	264504	4670	9013	3.27
文　县	Wenxian	20508	885	19623	249218	3032	3541	6.16
宕昌县	Tanchang	28578	525	28052	142718	2545	2850	6.69
康　县	Kangxian	20807	33	20774	120004	1390	5806	3.91
西和县	Xihe	39815		39815	218358	2651	9331	6.47
礼　县	Lixian	68820		68820	229752	3500	9610	15.68
徽　县	Huixian	26010	133	25877	226500	3968	13915	7.18
两当县	Liangdang	8020		8020	72800	637	1259	1.84
临夏州	**Linxia**	**144228**		**144228**	**1073611**	**40658**	**22086**	**55.50**
临夏市	linxia	2299		2299	64501	4298	1185	2.30
临夏县	linxia	24819		24819	147351	2985	4470	12.91
康乐县	Kangle	21865		21865	134464	8095	2668	6.91
永靖县	Yongjing	23804		23804	190800	12346	5050	8.97
广河县	Guanghe	12857		12857	181120	3835	1381	7.13
和政县	Hezheng	15694		15694	98843	1391	782	3.30
东乡县	Dongxiang	24523		24523	168421	6132	2863	7.70
积石山县	Jishishan	18367		18367	88022	1575	3688	6.27
甘南州	**Gannan**	**66562**	**46**	**66516**	**471666**	**6188**	**3443**	**6.11**
合作市	Hezuo	9621		9621	31478	419	159	0.13
临潭县	Lintan	17677		17677	114041	1480	1629	1.66
卓尼县	Zhuoni	10969	46	10923	84712	664	526	0.95
舟曲县	Zhouqu	9372		9372	158700	1435	969	1.56
迭部县	Diebu	5127		5127	33539	769	92	0.94
玛曲县	Maqu				3654	409		
碌曲县	Luqu	2771		2771	13103	229	20	
夏河县	Xiahe	11025		11025	32300	783	48	0.87

13-17 灌溉、水库和除涝、治水、治碱情况
Irrigation, Reservoirs, Flood Prevention, Water and Soil Conservation, Improvement of Saline-Alkaline Land

指标	Item	2010	2011	2012	2013	2014
水库数（座）	Number of Reservoirs (unit)	313	318	313	377	382
大型水库	Large Reservoir	8	8	8	8	9
中型水库	Medium-sized Reservoir	38	38	38	42	42
小型水库	Small Reservoir	267	272	267	327	331
机电灌溉面积（千公顷）	Motorized Irrigation Area (1 000 hectares)	458.41	520.16	529.08	526.84	532.36
固定机电提灌面积（千公顷）	Fixed Area by Electrical Lift Irrigation(1 000 hectares)	265.03	295.47	300.31	246.74	246.93
水利工程年供水量（亿立方米）	Annual Water Supply for Irrigation Engineering (10 000 cu.m)	122.32	120.71	123.12	121.66	119.88
为农业年供水量（亿立方米）	Annual Water Supply for Agriculture (100 million cu.m)	97.79	95.66	97.62	98.02	92.28
为工业年供水量（亿立方米）	Annual Water Supply for Industry (100 million cu.m)	12.75	13.45	12.15	10.63	12.51
为城乡生活年供水量（亿立方米）	Annual Water Supply for Living (100 million cu.m)	7.23	7.69	8.36	7.45	8.49
为生态环境年供水量（亿立方米）	Annual Water Supply for Ecological Environment (100 million cu.m)	3.55	3.91	4.99	5.57	6.60
水土流失面积（万公顷）	Area of Soil Erosion (10 000 hectares)	1545.94	1525.66	1545.94	2812.88	2812.88
水土流失治理面积（万公顷）	Area of Soil Erosion under Control (10 000 hectares)	794.69	809.64	824.47	736.00	751.59
占流失面积的比重（%）	Ratio in Soil Erosion Area (%)	51.41	53.07	53.33	26.17	26.72
小流域治理面积（万公顷）	Area of Small Valley under Control (10 000 hectares)	212.62	201.50	211.05	187.05	190.72
堤防长度（公里）	Total Length of Dikes (km)	3671.00	4171.42	4932.57	6005.51	6584.92
盐碱地耕地面积（万公顷）	Area of Saline Land Farming (10 000 hectares)	14.55	14.55	14.55	14.55	14.55
# 治理面积	Harnessing Area	5.26	5.26	5.26	5.26	5.26

13-18 农作物播种面积
Total Sown Areas of Farm Crops

指标	Item	2010	2011	2012	2013	2014
总播种面积（千公顷）	**Total Sown Area (1 000 hectares)**	**3995.18**	**4069.44**	**4121.38**	**4183.38**	**4197.47**
粮食作物	Sown Area of Grain Crops	2799.78	2833.65	2839.37	2858.71	2842.42
谷物	Cereal	1955.46	1951.97	1951.41	1980.04	1983.87
#稻谷	Rice	5.83	5.61	5.52	5.27	5.15
小麦	Wheat	879.65	861.59	818.97	801.59	789.56
玉米	Corn	835.48	851.69	924.74	966.45	1008.82
豆类	Soybeans	198.87	199.94	191.33	183.67	175.99
#大豆	Soja	90.35	93.63	90.68	90.55	88.24
薯类	Tubers	645.45	681.74	696.62	695.00	682.56
油料	Oil-bearing Crops	345.71	351.11	336.43	336.85	328.99
#油菜籽	Rapeseeds	182.94	184.76	175.04	170.04	167.77
棉花	Cotton	47.91	47.92	48.18	40.72	38.09
烟叶	Tobacco	4.06	3.72	4.11	4.31	3.21
#烤烟	Flue-cured Tobacco	3.13	2.87	3.34	3.73	2.54
中药材	Traditional Chinese Medician Materials	165.41	185.47	211.16	233.59	255.79
蔬菜	Vegetables	394.97	415.40	454.01	481.87	506.86
瓜类	Melon	51.37	50.05	51.25	52.64	49.26
其它	Others	185.97	182.12	176.87	174.69	172.85
占总播种面积比重（%）	**Ratio in Total Sown Area (%)**					
粮食作物	Sown Area of Grain Crops	70.08	69.63	68.89	68.33	67.72
谷物	Cereal	48.95	47.97	47.35	47.33	47.26
#稻谷	Rice	0.15	0.14	0.13	0.13	0.12
小麦	Wheat	22.02	21.17	19.87	19.16	18.81
玉米	Corn	20.91	20.93	22.44	23.10	24.03
豆类	Soybeans	4.98	4.91	4.64	4.39	4.19
#大豆	Soja	2.26	2.30	2.20	2.16	2.10
薯类	Tubers	16.16	16.75	16.90	16.61	16.26
油料	Oil-bearing Crops	8.65	8.63	8.16	8.05	7.84
#油菜籽	Rapeseeds	4.58	4.54	4.25	4.06	4.00
棉花	Cotton	1.20	1.18	1.17	0.97	0.91
烟叶	Tobacco	0.10	0.09	0.10	0.10	0.08
#烤烟	Flue-cured Tobacco	0.08	0.07	0.08	0.09	0.06
中药材	Traditional Chinese Medician Materials	4.14	4.56	5.12	5.58	6.09
蔬菜	Vegetables	9.89	10.21	11.02	11.52	12.08
瓜类	Melon	1.29	1.23	1.24	1.26	1.17
其它	Others	4.65	4.48	4.29	4.18	4.12

13-19 各地县农作物播种面积（2014）

Sown Areas of Farm Crops by Region, County(2014)

单位：千公顷 (1 000 hectares)

地区	Region	农作物播种面积 Total Sown Area	粮食 Grain Crops	#小麦 Wheat	#玉米 Corn	#薯类 Tubers	棉花 Cotton	油料 Oil-bearing Crops	蔬菜 Vegetables	果园面积 Area of Orchards
兰州市	**Lanzhou**	**233.42**	**127.67**	**40.41**	**36.15**	**37.76**		**11.97**	**62.52**	**11.22**
城关区	Chengguan	1.98	0.15	0.01	0.14				1.68	0.49
七里河区	Qilihe	10.65	2.00	0.25	1.71			0.04	8.51	0.71
西固区	Xigu	5.69	0.70	0.24	0.42			0.04	4.83	1.01
安宁区	Anning	0.29	0.00	0.00	0.00				0.29	0.21
红古区	Honggu	8.25	1.60	0.39	1.19			0.10	6.08	1.33
永登县	Yongdeng	75.02	50.31	18.78	10.19	14.67		5.18	8.08	1.86
皋兰县	Gaolan	21.11	8.43	1.94	2.04	3.38		1.52	6.58	4.09
榆中县	Yuzhong	87.47	52.02	12.17	19.73	18.09		2.96	22.46	0.34
兰州新区	Lanzhou New Area	22.96	12.46	6.63	0.71	1.61		2.12	4.01	1.17
嘉峪关市	**Jiayuguan**	**4.20**	**1.26**	**0.40**	**0.78**	**0.09**		**0.03**	**1.94**	**0.78**
金昌市	**Jinchang**	**74.36**	**46.63**	**22.53**	**12.15**	**2.44**		**7.72**	**13.57**	**1.35**
金川区	Jinchuan	16.06	7.03	3.57	3.25	0.19		2.44	4.21	0.76
永昌县	Yongchang	58.29	39.61	18.95	8.91	2.26		5.29	9.35	0.59
白银市	**Baiyin**	**306.76**	**242.22**	**46.24**	**97.64**	**69.10**	**0.06**	**16.77**	**18.89**	**14.19**
白银区	Baiyin	7.69	5.01	2.34	1.59	0.14		0.54	2.05	0.88
平川区	Pingchuan	17.57	13.70	2.49	6.09	3.15	0.06	0.74	1.03	0.58
靖远县	Jingyuan	80.87	52.02	12.63	19.74	9.34		2.84	11.10	3.25
会宁县	Huining	158.46	139.83	20.13	54.94	54.01		7.78	3.40	6.02
景泰县	Jingtai	42.17	31.67	8.65	15.26	2.45		4.87	1.31	3.46
天水市	**Tianshui**	**457.94**	**313.84**	**131.06**	**89.17**	**67.21**		**50.08**	**67.66**	**83.46**
秦州区	Qinzhou	72.75	49.38	22.99	12.82	7.97		12.34	7.22	11.74
麦积区	Maiji	55.31	42.10	19.37	15.46	3.56		5.14	5.76	15.44
清水县	Qingshui	68.12	44.90	16.82	14.73	8.24		8.30	8.27	11.98
秦安县	Qinan	76.75	56.17	23.00	14.99	13.44		7.24	7.14	25.62
甘谷县	Gangu	71.85	48.51	22.76	13.68	10.79		7.59	11.75	12.34
武山县	Wushan	71.43	41.52	13.71	8.90	15.59		4.69	23.04	3.26
张家川县	Zhangjiachuan	41.72	31.26	12.40	8.58	7.62		4.78	4.49	3.06
武威市	**Wuwei**	**247.32**	**134.21**	**20.94**	**65.68**	**31.84**	**7.55**	**30.09**	**42.59**	**29.16**
凉州区	Liangzhou	111.88	70.75	6.20	45.80	10.73		8.32	22.67	14.30
民勤县	Minqin	51.43	15.15	4.47	9.65	0.19	7.55	10.66	6.04	9.01
古浪县	Gulang	60.90	37.51	8.10	10.23	14.25		9.29	7.57	5.42
天祝县	Tianzhu	23.10	10.80	2.16		6.67		1.82	6.30	0.42
张掖市	**Zhangye**	**274.94**	**183.66**	**50.88**	**78.67**	**28.94**	**1.91**	**25.49**	**28.66**	**32.03**

13-19 续表 1 continued

单位：千公顷 (1 000 hectares)

地区	Region	农作物播种面积 Total Sown Area	粮食 Grain Crops	#小麦 Wheat	#玉米 Corn	#薯类 Tubers	棉花 Cotton	油料 Oil-bearing Crops	蔬菜 Vegetables	果园面积 Area of Orchards
甘州区	Ganzhou	64.64	48.10	5.70	39.42	1.65		0.99	11.18	11.99
肃南县	Sunan	7.98	4.79	1.88	1.27	0.14		0.10	0.62	0.07
民乐县	Minle	64.02	42.78	19.56	3.38	16.66		3.82	2.80	6.75
临泽县	Linze	28.46	21.37	1.19	19.94	0.01	0.14	0.13	5.23	7.39
高台县	Gaotai	36.52	21.75	7.05	13.91	0.34	1.76	0.39	7.87	4.06
山丹县	Shandan	42.62	28.55	13.84	0.75	9.30		5.71	0.95	1.78
平凉市	**Pingliang**	**463.47**	**346.46**	**132.82**	**88.93**	**77.57**		**40.20**	**59.38**	**101.65**
崆峒区	Kongtong	82.01	58.68	19.98	18.88	6.22		6.04	14.25	7.94
泾川县	Jingchuan	62.21	46.41	22.83	6.68	6.68		4.42	10.71	24.55
灵台县	Lingtai	70.40	49.33	21.33	12.33	5.00		10.00	9.07	13.16
崇信县	Chongxin	30.65	19.24	7.34	4.67	2.00		5.53	4.34	4.69
华亭县	Huating	36.50	23.01	8.66	7.69	2.67		1.41	6.67	1.51
庄浪县	Zhuanglang	84.27	69.43	22.67	16.67	30.00		5.33	7.67	14.83
静宁县	Jingning	97.44	80.35	30.01	22.00	25.00		7.45	6.67	34.97
酒泉市	**Jiuquan**	**172.57**	**39.64**	**15.01**	**23.20**	**0.43**	**23.65**	**3.64**	**37.37**	**17.77**
肃州区	Suzhou	47.01	18.62	3.87	14.38	0.25		0.86	13.52	3.23
金塔县	Jinta	30.51	8.14	4.53	3.49		5.82	0.70	6.85	2.40
瓜州县	Guazhou	38.49	4.17	2.34	1.83		8.11	1.39	2.86	0.30
肃北县	Subei	0.87	0.61	0.36	0.06	0.18		0.13	0.03	0.01
阿克塞县	Akesai	0.50	0.07		0.06				0.01	0.08
玉门市	Yumen	37.63	6.85	3.88	2.24		1.06	0.55	8.42	1.32
敦煌市	Dunhuang	17.57	1.18	0.03	1.15		8.67		5.68	10.41
庆阳市	**Qingyang**	**660.33**	**469.51**	**122.63**	**217.96**	**41.54**		**71.06**	**82.73**	**114.51**
西峰区	Xifeng	56.48	33.01	16.27	4.28	2.25		6.24	12.37	15.89
庆城县	Qingcheng	93.55	56.64	21.15	14.75	5.07		10.33	19.89	20.61
环 县	Huanxian	137.79	123.19	10.67	83.40	15.71		9.37	4.15	6.19
华池县	Huachi	57.96	44.96	4.58	23.53	6.92		4.99	5.50	3.95
合水县	Heshui	43.25	23.08	6.98	6.67	2.89		6.24	12.22	14.70
正宁县	Zhengning	36.37	18.40	5.76	6.00	2.07		6.77	5.06	13.21
宁 县	Ningxian	103.15	67.14	30.02	12.53	5.43		15.55	10.73	17.26
镇原县	Zhenyuan	131.78	103.09	27.19	66.80	1.21		11.57	12.81	22.70
定西市	**Dingxi**	**569.90**	**422.38**	**55.61**	**151.48**	**192.37**		**14.15**	**36.46**	**9.09**
安定区	Anding	117.84	109.44	10.20	29.92	66.85		1.06	6.67	2.06
通渭县	Tongwei	126.34	108.96	20.07	55.17	22.94		7.22	1.40	1.95

13-19 续表 2 continued

单位：千公顷 (1 000 hectares)

地区	Region	农作物播种面积 Total Sown Area	粮食 Grain Crops	#小麦 Wheat	#玉米 Corn	#薯类 Tubers	棉花 Cotton	油料 Oil-bearing Crops	蔬菜 Vegetables	果园面积 Area of Orchards
陇西县	Longxi	112.48	79.66	9.00	43.33	25.33		2.73	6.68	2.25
渭源县	Weiyuan	54.02	32.16	1.49	6.67	23.33		0.19	1.67	0.70
临洮县	Lintao	85.05	58.92	9.42	14.39	33.84		1.51	14.04	1.27
漳　县	Zhangxian	31.18	16.42	3.09	2.00	6.67		0.76	4.00	0.68
岷　县	Minxian	43.00	16.82	2.33		13.41		0.67	2.00	0.17
陇南市	**Longnan**	**426.81**	**312.52**	**98.87**	**66.63**	**88.42**	**0.01**	**22.80**	**37.14**	**31.06**
武都区	Wudu	80.92	54.46	12.34	10.06	18.14	0.01	1.74	11.07	1.05
成　县	Chengxian	43.70	32.88	13.07	8.65	1.93		4.19	3.70	0.61
文　县	Wenxian	35.06	25.59	6.20	9.50	6.40		2.01	3.73	0.64
宕昌县	Tanchang	33.42	18.87	4.47	3.30	8.21		1.50	1.49	0.48
康　县	Kangxian	36.25	31.15	10.73	8.27	4.24		0.47	1.73	0.63
西和县	Xihe	58.01	45.56	13.07	5.57	23.74		3.03	4.27	4.69
礼　县	Lixian	70.00	58.53	24.68	7.47	21.99		4.85	1.97	21.51
徽　县	Huixian	53.49	36.55	11.64	10.64	3.10		4.59	7.08	0.96
两当县	Liangdang	15.96	8.93	2.69	3.17	0.67		0.41	2.09	0.50
临夏州	**Linxia**	**169.49**	**131.74**	**29.71**	**59.47**	**38.59**		**16.38**	**12.72**	**5.85**
临夏市	linxia	3.28	2.21	0.25	1.77	0.17		0.02	1.00	0.30
临夏县	linxia	34.19	25.58	9.25	11.60	3.41		1.96	4.33	0.50
康乐县	Kangle	22.83	17.45	6.68	6.56	2.90		2.06	0.37	0.05
永靖县	Yongjing	24.92	18.95	2.15	12.00	4.29		1.22	3.92	2.32
广河县	Guanghe	15.31	12.86	0.40	7.33	5.13		0.40	1.28	0.24
和政县	Hezheng	18.79	10.71	4.60	4.82	0.98		6.68	0.38	1.44
东乡县	Dongxiang	25.62	24.98	3.74	4.05	17.02		0.04	0.26	0.29
积石山县	Jishishan	24.54	19.00	2.63	11.33	4.70		4.00	1.17	0.72
甘南州	**Gannan**	**71.86**	**35.71**	**9.26**	**3.11**	**4.45**		**11.68**	**1.09**	**0.92**
合作市	Hezuo	8.06	4.99	0.28		0.37		1.78	0.06	
临潭县	Lintan	17.68	4.98	1.98		0.88		3.97	0.10	0.07
卓尼县	Zhuoni	10.59	3.37	0.93		0.36		1.43	0.14	0.02
舟曲县	Zhouqu	18.08	13.04	4.13	2.90	2.18		1.64	0.53	0.52
迭部县	Diebu	5.60	3.94	1.46	0.21	0.51		0.49	0.22	0.30
玛曲县	Maqu									
碌曲县	Luqu	2.68	1.53			0.08		0.46		
夏河县	Xiahe	9.17	3.86	0.48		0.08		1.91	0.04	0.01

13-20 各地区主要农作物播种面积构成（2014）
Sown Area Structure of Major Farm Crops by Region(2014)

单位：%　　　　(%)

地区	Region	农作物播种面积 Total Sown Area	粮食 Grain Crops	#小麦 Wheat	#玉米 Corn	棉花 Cotton	油料 Oil-bearing Crops	烟叶 Tobacco	中药材 Traditional Chinese Medician Materials	蔬菜 Vegetables	瓜果 Fruit and Melon
甘肃省	**Gansu**	**100.00**	**67.72**	**18.81**	**24.03**	**0.91**	**7.84**	**0.08**	**6.09**	**12.08**	**1.19**
兰州市	Lanzhou	100.00	54.70	17.31	15.49		5.13	0.02	4.70	26.78	2.33
嘉峪关市	Jiayuguan	100.00	30.14	9.49	18.49		0.68			46.25	3.43
金昌市	Jinchang	100.00	62.72	30.30	16.34		10.39		1.92	18.25	0.84
白银市	Baiyin	100.00	78.96	15.07	31.83	0.02	5.47		3.27	6.16	1.26
天水市	Tianshui	100.00	68.53	28.62	19.47		10.94	0.01	2.61	14.78	0.55
武威市	Wuwei	100.00	54.27	8.47	26.56	3.05	12.17		3.90	17.22	1.78
张掖市	Zhangye	100.00	66.80	18.51	28.61	0.69	9.27		5.48	10.42	0.34
平凉市	Pingliang	100.00	74.75	28.66	19.19		8.67	0.01	1.88	12.81	0.54
酒泉市	Jiuquan	100.00	22.97	8.70	13.44	13.71	2.11		9.69	21.65	6.73
庆阳市	Qingyang	100.00	71.10	18.57	33.01		10.76	0.23	1.68	12.53	2.25
定西市	Dingxi	100.00	74.11	9.76	26.58		2.48		15.91	6.40	0.13
陇南市	Longnan	100.00	73.22	23.17	15.61		5.34	0.36	10.89	8.70	0.35
临夏州	Linxia	100.00	77.73	17.53	35.09		9.66		2.71	7.50	0.15
甘南州	Gannan	100.00	49.70	12.89	4.33		16.26	0.05	20.20	1.52	

13-21 各地区主要农作物播种面积占全省的比重（2014）
Proportion of Major Farm Crops Sown Areas by Region（2014）

单位：%　　　　(%)

地区	Region	农作物播种面积 Total Sown Area	粮食 Grain Crops	#小麦 Wheat	#玉米 Corn	棉花 Cotton	油料 Oil-bearing Crops	烟叶 Tobacco	中药材 Traditional Chinese Medician Materials	蔬菜 Vegetables	瓜果 Fruit and Melon
甘肃省	**Gansu**	**100.00**	**100.00**	**100.00**	**100.00**	**100.00**	**100.00**	**100.00**	**100.00**	**100.00**	**100.00**
兰州市	Lanzhou	5.56	4.49	5.12	3.58		3.64	1.46	4.29	12.33	10.84
嘉峪关市	Jiayuguan	0.10	0.04	0.05	0.08		0.01			0.38	0.29
金昌市	Jinchang	1.77	1.64	2.85	1.20		2.35		0.56	2.68	1.25
白银市	Baiyin	7.31	8.52	5.86	9.68	0.15	5.10		3.92	3.73	7.74
天水市	Tianshui	10.91	11.04	16.60	8.84		15.22	1.39	4.68	13.35	5.07
武威市	Wuwei	5.89	4.72	2.65	6.51	19.83	9.15		3.77	8.40	8.77
张掖市	Zhangye	6.55	6.46	6.44	7.80	5.01	7.75		5.90	5.65	1.86
平凉市	Pingliang	11.04	12.19	16.82	8.82		12.22	1.75	3.40	11.71	4.99
酒泉市	Jiuquan	4.11	1.39	1.90	2.30	62.11	1.11		6.54	7.37	23.17
庆阳市	Qingyang	15.73	16.52	15.53	21.61		21.60	46.68	4.34	16.32	29.61
定西市	Dingxi	13.58	14.86	7.04	15.02		4.30		35.45	7.19	1.46
陇南市	Longnan	10.17	10.99	12.52	6.60	0.04	6.93	47.50	18.18	7.33	3.01
临夏州	Linxia	4.04	4.63	3.76	5.89		4.98		1.80	2.51	0.50
甘南州	Gannan	1.71	1.26	1.17	0.31		3.55	1.23	5.67	0.22	

13-22 历年农产品产量

Calendar Year Agricultural Output

单位：万吨 (10 000 tons)

年份 Year	粮食 Grain Crops	棉花 Cotton	油料 Oil-bearing Crops	中药材 Traditional Chinese Medician Materials	甜菜 Beetroots	水果 Fruit	肉类总产量 The Total Output Of Meat
1978	510.55	0.34	8.60	1.28	5.80	11.69	15.00
1979	461.35	0.20	8.46	1.25	4.42	7.35	12.90
1980	492.50	0.27	13.95	2.52	6.31	12.75	13.95
1981	412.81	0.40	13.18	1.51	10.62	11.05	14.13
1982	469.10	0.47	14.27	0.96	14.67	12.26	15.65
1983	539.62	0.66	19.28	1.79	17.48	12.58	14.77
1984	539.79	0.78	21.12	3.82	26.95	16.43	17.96
1985	530.55	0.51	26.31	3.23	61.62	19.91	23.95
1986	550.98	0.36	29.87	2.34	52.13	24.81	28.33
1987	529.37	0.50	29.45	2.30	56.32	27.17	29.34
1988	593.07	0.51	30.28	3.29	92.88	33.98	31.06
1989	639.20	0.53	30.39	3.00	66.33	34.84	31.74
1990	686.59	0.79	33.65	2.64	72.35	38.49	33.89
1991	656.38	1.23	32.55	2.79	103.63	40.42	36.56
1992	689.08	1.75	36.48	3.23	94.22	47.12	38.16
1993	750.26	1.28	37.53	5.29	104.62	59.66	41.99
1994	707.37	1.78	39.88	5.09	113.10	66.40	44.09
1995	626.78	2.29	31.69	4.28	107.01	80.36	47.33
1996	820.60	2.57	43.08	4.25	119.11	90.89	49.06
1997	766.16	3.38	35.56	3.99	139.11	100.25	52.60
1998	871.95	6.10	45.47	5.20	130.95	113.17	54.10
1999	814.93	4.31	47.99	10.70	73.85	125.74	55.78
2000	713.48	5.75	41.68	15.98	37.90	121.59	57.33
2001	753.22	9.90	38.42	24.58	45.12	121.71	59.67
2002	782.68	6.96	41.93	30.58	28.85	137.05	62.11
2003	789.34	8.66	46.04	32.51	19.95	145.37	64.37
2004	805.80	11.00	48.50	34.11	15.87	140.98	66.05
2005	836.89	11.05	50.31	35.55	14.54	172.45	69.81
2006	808.05	12.75	48.99	37.16	19.02	205.09	80.47
2007	824.43	12.94	46.36	40.89	27.80	228.10	75.90
2008	888.50	12.32	53.54	46.56	20.09	248.14	79.21
2009	906.20	9.54	58.54	50.36	20.42	277.56	83.32
2010	958.30	7.56	64.05	52.65	22.02	299.46	86.78
2011	1014.60	7.60	63.52	61.94	18.08	330.84	88.46
2012	1109.70	8.10	67.00	75.94	24.65	359.71	92.28
2013	1138.90	7.05	69.72	86.66	24.72	391.37	95.10
2014	1158.65	6.47	72.42	99.37	27.42	425.23	99.73

13-23 主要农产品产量
Yield of Major Farm Crops

指标	Item	2010	2011	2012	2013	2014
主要农产品产量（万吨）	**Yield of Major Farm Crops (10 000 tons)**					
粮食	Grain Crops	958.3	1014.6	1109.7	1138.9	1158.7
夏粮	Summer Grain Crops	330.8	319.5	323.8	278.4	310.1
秋粮	Autumn Grain Crops	627.5	695.1	785.9	860.5	848.6
谷物	Cereal	737.65	750.89	836.31	859.13	884.55
#稻谷	Rice	4.1	3.7	3.9	3.2	3.3
小麦	Wheat	250.9	247.5	278.5	235.9	271.6
玉米	Corn	390.4	425.6	504.1	571.5	564.5
豆类	Beans	35.45	34.81	33.89	35.17	36.21
薯类	Tubers	185.20	228.90	239.50	244.60	237.89
油料	Oil-bearing Crops	64.05	63.52	67.00	69.72	72.42
#油菜籽	Rapeseeds	33.22	33.14	33.93	33.16	34.53
棉花	Cotton	7.56	7.60	8.10	7.05	6.47
麻类	Fiber Crops	0.26	0.21	0.25	0.34	0.33
甜菜	Beetroots	22.02	18.08	24.65	24.72	27.42
烟叶	Tobacco	1.23	1.21	1.30	1.45	0.99
#烤烟	Flue-cured Tobacco	1.01	0.99	1.09	1.27	0.78
中药材	Traditional Chinese Medician Materials		61.94	75.94	86.66	99.37
蔬菜	Vegetables	1235.46	1320.60	1460.42	1578.72	1705.19
水果	Fruit	299.46	330.84	359.71	391.37	425.23
农产品单位面积产量（千克／公顷）	**Yield of Farm Crops Per Hectare (kg/hectare)**					
粮食	Grain Crops	3422.77	3580.54	3908.27	3983.97	4076.28
谷物	Cereal	3772.25	3846.82	4285.66	4338.96	4458.70
棉花	Cotton	1577.90	1585.11	1681.78	1732.21	1698.76
油菜籽	Rapeseeds	1815.99	1793.92	1938.38	1950.26	2058.22
甜菜	Beetroots	43565.36	37360.91	48974.17	50316.77	54913.22
烟叶	Tobacco	3017.57	3255.55	3154.72	3354.04	3087.32

13-24 各地县农产品产量（2014）

Yield of Farm Crops by Region,County(2014)

单位：吨 (ton)

地区	Region	粮食 Grain Crops	#小麦 Wheat	#玉米 Corn	#薯类 Tubers	棉花 Cotton	油料 Oil-bearing Crops	蔬菜 Vegetables	人均粮食占有量（千克） Per Capita Grain Crops(kg)
兰州市	**Lanzhou**	**472303**	**146329**	**181008**	**109241**		**20432**	**2712967**	**128.87**
城关区	Chengguan	725	15	710				90119	0.56
七里河区	Qilihe	12237	575	11572			62	236026	21.45
西固区	Xigu	4601	930	3555			88	283391	12.51
安宁区	Anning							10858	
红古区	Honggu	14344	2389	11840			337	622488	103.20
永登县	Yongdeng	163836	57800	50130	37030		7912	340235	382.70
皋兰县	Gaolan	39541	5874	15706	14005		4543	242728	291.60
榆中县	Yuzhong	190200	48961	83412	55169		4897	801600	430.80
兰州新区	Lanzhou New Area	46819	29785	4084	3037		2593	85522	
嘉峪关市	**Jiayuguan**	**12500**	**2500**	**9200**	**800**		**88**	**193394**	**51.80**
金昌市	**Jinchang**	**356200**	**143301**	**124803**	**20011**		**27968**	**678667**	**757.71**
金川区	Jinchuan	59643	24002	33702	1792		12427	153440	257.19
永昌县	Yongchang	296557	119299	91101	18219		15541	525227	1244.99
白银市	**Baiyin**	**832740**	**142133**	**485285**	**154634**	**82**	**25286**	**1371427**	**487.47**
白银区	Baiyin	22605	5873	13432	1119		1180	233084	75.37
平川区	Pingchuan	37510	9000	22912	2935	82	1300	49209	193.35
靖远县	Jingyuan	198362	48006	91602	35228		4278	897818	436.82
会宁县	Huining	396733	47026	236639	102490		3640	89801	739.21
景泰县	Jingtai	177530	32228	120700	12862		14888	101515	793.96
天水市	**Tianshui**	**1238129**	**349678**	**580271**	**248483**		**82106**	**2372537**	**374.84**
秦州区	Qinzhou	207444	64713	96896	32091		21540	232189	317.29
麦积区	Maiji	172022	51366	101692	13120		9324	183157	305.92
清水县	Qingshui	183780	45931	93218	31192		18186	135286	677.15
秦安县	Qinan	216643	55500	88211	64007		9187	190126	414.47
甘谷县	Gangu	195415	62928	89480	38577		11077	501595	345.44
武山县	Wushan	138980	36360	54881	39911		7286	1020563	318.98
张家川县	Zhangjiachuan	123845	32879	55894	29584		5507	109621	425.29
武威市	**Wuwei**	**1055096**	**124494**	**716390**	**165252**	**12249**	**117163**	**2272952**	**581.77**
凉州区	Liangzhou	681909	45158	537972	77411		22618	1501732	675.89
民勤县	Minqin	133990	32750	97850	1288	12249	63668	329313	555.74
古浪县	Gulang	192072	38815	80568	53449		27127	292464	494.27
天祝县	Tianzhu	47125	7771		33104		3752	149444	269.29
张掖市	**Zhangye**	**1326174**	**331940**	**641586**	**235312**	**3673**	**53298**	**1606703**	**1093.03**

13-24 续表 1 continued

单位：吨 (ton)

地区	Region	粮食 Grain Crops	#小麦 Wheat	#玉米 Corn	#薯类 Tubers	棉花 Cotton	油料 Oil-bearing Crops	蔬菜 Vegetables	人均粮食占有量（千克） Per Capita Grain Crops(kg)
甘州区	Ganzhou	423369	50496	341139	25410		4872	683824	825.28
肃南县	Sunan	24752	9228	8709	725		302	46633	719.55
民乐县	Minle	283560	114758	29016	127233		11681	43347	1277.87
临泽县	Linze	159107	9939	147506	60	323	626	247686	1172.49
高台县	Gaotai	170931	57209	108071	3035	3350	1921	538575	1179.65
山丹县	Shandan	192001	82585	7146	72931		16888	46638	1175.03
平凉市	**Pingliang**	**1145295**	**400648**	**493781**	**187507**		**67530**	**1346317**	**547.39**
崆峒区	Kongtong	222323	68302	122541	17074		10798	350989	428.70
泾川县	Jingchuan	170520	72042	42555	40180		4926	219740	600.42
灵台县	Lingtai	194315	64995	85749	21800		20170	182598	1060.67
崇信县	Chongxin	63307	19016	34877	4768		8177	109121	614.03
华亭县	Huating	94343	21694	58711	10563		3020	115094	484.06
庄浪县	Zhuanglang	190486	72498	67149	50602		7333	252776	496.57
静宁县	Jingning	210000	82100	82200	42520		13106	116000	494.23
酒泉市	**Jiuquan**	**335699**	**109769**	**214835**	**4172**	**40814**	**13045**	**1781290**	**301.92**
肃州区	Suzhou	162762	27063	133008	2237		2525	660160	372.62
金塔县	Jinta	77632	38515	38217		12241	3653	525225	522.07
瓜州县	Guazhou	25398	13781	11611		11230	4935	74499	171.38
肃北县	Subei	5508	2952	480	1924		358	832	364.77
阿克塞县	Akesai	699	25	661	11		5	660	66.52
玉门市	Yumen	52603	27259	19944		1494	1569	267205	320.56
敦煌市	Dunhuang	11098	174	10914		15848		252709	58.87
庆阳市	**Qingyang**	**1642304**	**405993**	**979761**	**109342**		**146668**	**872675**	**738.61**
西峰区	Xifeng	128415	58096	34740	8399		15194	151550	336.08
庆城县	Qingcheng	156977	68248	49113	10158		17307	127290	596.64
环　县	Huanxian	380555	18571	319450	29297		12509	33228	1242.02
华池县	Huachi	133561	11782	105611	5430		7651	44931	1085.87
合水县	Heshui	102041	25128	56458	7975		11800	131362	690.87
正宁县	Zhengning	90307	20570	48068	8586		16249	141762	497.29
宁　县	Ningxian	258464	109424	78918	35978		35905	150801	643.11
镇原县	Zhenyuan	391984	94173	287404	3519		30054	91751	938.43
定西市	**Dingxi**	**1586638**	**146053**	**787876**	**609612**		**28911**	**692535**	**572.34**
安定区	Anding	422039	22445	189211	207138		1870	109932	994.67
通渭县	Tongwei	435239	48095	323507	47895		14373	20821	1081.07

13-24 续表 2 continued

单位：吨 (ton)

地区	Region	粮食 Grain Crops	#小麦 Wheat	#玉米 Corn	#薯类 Tubers	棉花 Cotton	油料 Oil-bearing Crops	蔬菜 Vegetables	人均粮食占有量（千克） Per Capita Grain Crops(kg)
陇西县	Longxi	222085	15827	143580	58900		3614	151844	485.64
渭源县	Weiyuan	150296	3856	45342	99470		455	20032	460.04
临洮县	Lintao	233460	40910	74235	115901		4352	298064	456.24
漳　县	Zhangxian	61365	8800	12001	27001		3182	67804	314.21
岷　县	Minxian	62153	6119		53307		1064	24038	136.81
陇南市	**Longnan**	**1115147**	**357659**	**359819**	**271483**	**14**	**35944**	**539868**	**431.04**
武都区	Wudu	178094	46608	42937	51897	14	3000	109800	316.44
成　县	Chengxian	149023	57291	65809	8613		7618	96666	605.29
文　县	Wenxian	74060	18059	35927	10653		3290	75421	342.24
宕昌县	Tanchang	89757	15243	25768	39666		2308	24367	328.06
康　县	Kangxian	74706	34095	26309	4738		796	11471	414.11
西和县	Xihe	186302	45080	38213	97215		4772	12933	465.52
礼　县	Lixian	157108	73930	29471	45610		6390	28880	341.69
徽　县	Huixian	167979	55383	75565	11745		7109	155309	829.12
两当县	Liangdang	38117	11970	19820	1346		661	25022	845.16
临夏州	**Linxia**	**805045**	**140614**	**487283**	**162867**		**59476**	**374239**	**401.64**
临夏市	linxia	23841	1524	21267	989		51	113337	84.84
临夏县	linxia	173444	50600	102201	15947		5540	64783	517.28
康乐县	Kangle	111300	35000	53900	16400		7918	10198	463.56
永靖县	Yongjing	131227	9708	103674	16552		4072	104283	715.91
广河县	Guanghe	108005	2037	71152	34815		1479	39742	456.49
和政县	Hezheng	63245	22773	33306	6035		24046	18398	331.82
东乡县	Dongxiang	88154	7218	24473	56162		471	4002	298.12
积石山县	Jishishan	105830	11754	77310	15966		15900	19496	437.68
甘南州	**Gannan**	**88642**	**24713**	**11381**	**12805**		**19910**	**19727**	**126.31**
合作市	Hezuo	10152	661		881		2462	1452	109.16
临潭县	Lintan	13593	5732		2447		6289	1483	98.57
卓尼县	Zhuoni	8200	2644		1274		2367	2944	79.30
舟曲县	Zhouqu	33824	10704	10481	5896		4235	8906	256.24
迭部县	Diebu	10201	3400	900	1700		675	4801	192.84
玛曲县	Maqu								
碌曲县	Luqu	3043			210		356		82.25
夏河县	Xiahe	9629	1572		396		3526	140	108.44

13-25 各地区主要农产品单位面积产量（2014）
Yield of Major Farm Crops per Hectare by Region(2014)

单位：千克／公顷 (kg/hectare)

地区	Region	粮食 Grain Crops	谷物 Cereal	棉花 Cotton	油菜籽 Rapeseeds	甜菜 Beetroots	烟叶 Tobacco	水果 Fruit
甘肃省	**Total**	**4076**	**4459**	**1699**	**2058**	**54913**	**3089**	**9307**
兰州市	Lanzhou	3699	4226		1391	19170	2430	13681
嘉峪关市	Jiayuguan	9883	9963					5962
金昌市	Jinchang	7638	7612		2921	50098		5713
白银市	Baiyin	3438	4192	1447	2142			12786
天水市	Tianshui	3945	4107		1593	19718	1698	13803
武威市	Wuwei	7862	9268	1622	2600	54845		6311
张掖市	Zhangye	7221	7087	1925	1841	68988		8223
平凉市	Pingliang	3306	3676		1803		9046	10881
酒泉市	Jiuquan	8468	8469	1725	2664	64471		13585
庆阳市	Qingyang	3498	3810		2184		3840	5681
定西市	Dingxi	3756	4370		2293	8799		5837
陇南市	Longnan	3568	4200	1010	1639	18000	2240	4318
临夏州	Linxia	6111	7014		3640	20932		12969
甘南州	Gannan	2482	2458		1706	5004	1247	10170

13-26 各地区主要农产品人均占有量（2014）
Output of Major Farm Corps per Capita by Region(2014)

单位：千克／人 (kg/person)

地区	Region	粮食 Grain Crops	谷物 Cereal	棉花 Cotton	油菜籽 Rapeseeds	甜菜 Beetroots	烟叶 Tobacco	水果 Fruit
甘肃省	**Total**	**447.22**	**341.42**	**2.50**	**13.33**	**10.58**	**0.38**	**164.13**
兰州市	Lanzhou	128.87	92.75		1.35	0.70	0.03	41.89
嘉峪关市	Jiayuguan	51.80	48.49					19.33
金昌市	Jinchang	757.71	714.75		20.07	10.16		16.37
白银市	Baiyin	487.47	383.48	0.05	1.16			106.24
天水市	Tianshui	374.84	290.25		17.11	1.88	0.02	348.74
武威市	Wuwei	581.77	477.44	6.75	16.02	60.67		101.46
张掖市	Zhangye	1093.03	893.28	3.03	34.06	67.48		217.09
平凉市	Pingliang	547.39	446.83		9.10		0.24	528.64
酒泉市	Jiuquan	301.92	296.65	36.71	2.46	55.45		217.07
庆阳市	Qingyang	738.61	652.72		29.94		2.58	292.58
定西市	Dingxi	572.34	343.03		3.05	0.06		19.13
陇南市	Longnan	431.04	293.54	0.01	11.47	0.07	1.32	51.84
临夏州	Linxia	401.64	313.80		27.64	1.12		37.86
甘南州	Gannan	126.31	94.47		28.07	0.71	0.07	13.32

13-27 水果生产
Fruits Production

指标	Item	2010	2011	2012	2013	2014
园林水果产量（吨）	**Gardens (ton)**	**2994553**	**3308385**	**3597114**	**3913660**	**4252337**
# 苹果	Apple	2016609	2279292	2487504	2695952	2970762
梨	Pear	334180	342114	333281	362457	362898
葡萄	Grape	128370	126300	227891	258620	294012
红枣	Date	117407	119354	131114	137076	144648
柿子	Persimmon	23803	19529	19976	22907	21509
杏子	Apricot	108809	104877	115634	127951	130471
桃子	Peach	155895	183199	196904	215506	230328
果园面积（千公顷）	**Area of Orchards (1 000 hectares)**	419.95	430.01	446.94	451.76	456.90
# 苹果园	Apple Orchard	268.64	274.81	283.94	290.22	294.64
梨园	Pear Orchard	34.51	33.30	36.33	35.81	36.37
葡萄园	Grape Orchard		20.78	25.96	25.80	26.65
桃园	Peach Orchard	12.70	12.41	12.29	11.83	11.77
杏园	Apricot Orchard		44.84	42.70	40.64	39.38

13-28 各地县水果产量（2014）
Yield of Fruit by Region, County(2014)

单位：吨 (ton)

地区	Region	水果产量 Fruits	#苹果 Apples	#梨 Pears	#葡萄 Grapes	#红枣 Dates	#柿子 Persimmons	#杏子 Apricots	#桃子 Peaches
兰州市	**Lanzhou**	**153528**	**72590**	**24370**	**6561**	**5929**		**4777**	**36432**
城关区	Chengguan	19961	16459	1717	397	19			1342
七里河区	Qilihe	14097	4993	2699	45			68	6101
西固区	Xigu	20872	8290	4166	189	3654		74	2030
安宁区	Anning	3755	30	128	70	271			3257
红古区	Honggu	49841	27876	4685	1833	1473		2177	11663
永登县	Yongdeng	8525	2195	1235	3853	109		799	335
皋兰县	Gaolan	29310	9868	7135		404		442	11461
榆中县	Yuzhong	4671	2401	1538	144			298	243
兰州新区	Lanzhou New Area	2496	479	1068	30			919	
嘉峪关市	**Jiayuguan**	**4665**	**1756**	**1124**	**1278**			**75**	**431**
金昌市	**Jinchang**	**7695**	**1841**	**2521**	**3006**	**147**		**133**	**48**
金川区	Jinchuan	4897	872	918	2918	121		21	48
永昌县	Yongchang	2798	969	1603	88	26		112	
白银市	**Baiyin**	**181493**	**85718**	**44296**	**276**	**35978**		**5030**	**6575**
白银区	Baiyin	50330	42646	3357	60	801		74	42
平川区	Pingchuan	3889	1524	454	71	1494		159	109
靖远县	Jingyuan	67556	23579	23823	145	11781		2031	6157
会宁县	Huining	16008	7575	5883				2361	85
景泰县	Jingtai	43711	10395	10779		21902		405	182
天水市	**Tianshui**	**1151931**	**867949**	**43998**	**39726**	**95**	**1526**	**10694**	**154862**
秦州区	Qinzhou	181436	151097	6861	35			743	2353
麦积区	Maiji	230735	173664	7177	34460		1030	3589	6601
清水县	Qingshui	95934	92601	928	1300		496	45	
秦安县	Qinan	449161	289886	11524	354	95		1700	143179
甘谷县	Gangu	102213	92823	6121	132			1012	1329
武山县	Wushan	40844	25626	5593	3445			670	1400
张家川县	Zhangjiachuan	51608	42253	5795				2935	
武威市	**Wuwei**	**184006**	**96783**	**17242**	**54452**	**13575**		**340**	**108**
凉州区	Liangzhou	83874	56097	13225	14064	231		125	88
民勤县	Minqin	53926	1460	665	38631	13098		52	20
古浪县	Gulang	44734	39226	3352	296	246		153	
天祝县	Tianzhu	1471			1461			10	
张掖市	**Zhangye**	**263400**	**73738**	**75654**	**26350**	**64422**		**11575**	**836**

13-28 续表 1 continued

单位：吨 (ton)

地区	Region	水果产量 Fruits	# 苹果 Apples	# 梨 Pears	# 葡萄 Grapes	# 红枣 Dates	# 柿子 Persimmons	# 杏子 Apricots	# 桃子 Peaches
甘州区	Ganzhou	154776	61057	41444	3375	45748		431	80
肃南县	Sunan	586	204	209	173				
民乐县	Minle	46032	6261	23451	536			9296	12
临泽县	Linze	30208	3408	1829	5604	18484		65	404
高台县	Gaotai	26442	2787	6971	15163	190		81	340
山丹县	Shandan	5356	20	1750	1500			1702	
平凉市	**Pingliang**	**1106083**	**1052497**	**19895**	**332**	**1402**	**5663**	**9367**	**6669**
崆峒区	Kongtong	76964	66073	3868	320			2552	2951
泾川县	Jingchuan	289173	276600	2809		1055	4520	1094	1150
灵台县	Lingtai	60272	53658	1495		204	1129	1166	526
崇信县	Chongxin	29970	20939	3971	12	143	14	2059	1339
华亭县	Huating	12144	5598	3015				1558	
庄浪县	Zhuanglang	147827	145429	230				373	242
静宁县	Jingning	489733	484200	4507				565	461
酒泉市	**Jiuquan**	**241363**	**22741**	**45813**	**144280**	**8970**		**10142**	**8757**
肃州区	Suzhou	59866	14811	33228	1910	467		4158	4629
金塔县	Jinta	26623	5657	8849	5549	3742		1414	1412
瓜州县	Guazhou	2105	693	530	569	196		27	90
肃北县	Subei	22	2	4				16	
阿克塞县	Akesai	1645			1300	345			
玉门市	Yumen	5722	1103	1322	2601	9		566	121
敦煌市	Dunhuang	145381	475	1880	132350	4210		3961	2505
庆阳市	**Qingyang**	**650542**	**543719**	**3611**	**3439**	**7900**	**2355**	**65366**	**5676**
西峰区	Xifeng	113941	107432	1178	862	133	245	2304	1538
庆城县	Qingcheng	141976	123416	304	1224	1651		8531	1111
环　县	Huanxian	24582	13899	156	2	100		9407	219
华池县	Huachi	18426	9000	160		20		7914	
合水县	Heshui	107242	99983	669	365	578	545	2930	597
正宁县	Zhengning	101838	94172	155	115	51	432	4515	132
宁　县	Ningxian	41815	24817	361	500	5165	994	5365	1824
镇原县	Zhenyuan	100721	71000	627	371	202	139	24400	255
定西市	**Dingxi**	**53043**	**24652**	**17760**	**33**	**504**	**6**	**6333**	**1786**
安定区	Anding	9358	1066	5852				2338	
通渭县	Tongwei	12932	9040	2641				997	191

13-28 续表 2 continued

单位：吨 (ton)

地区	Region	水果产量 Fruits	#苹果 Apples	#梨 Pears	#葡萄 Grapes	#红枣 Dates	#柿子 Persimmons	#杏子 Apricots	#桃子 Peaches
陇西县	Longxi	10859	4041	4196	21	4		1433	384
渭源县	Weiyuan	1771	247	811				192	260
临洮县	Lintao	12261	5141	3563	12	500		1362	928
漳　县	Zhangxian	5439	5052	340			6	11	23
岷　县	Minxian	422	65	357					
陇南市	**Longnan**	**134115**	**95055**	**5429**	**3634**	**409**	**10389**	**1007**	**7213**
武都区	Wudu	8046	2099	831	1299	6	177	164	1443
成　县	Chengxian	9684	2733	524	450		2677	82	1031
文　县	Wenxian	5165	1026	733	1556	324	69	2	481
宕昌县	Tanchang	1815	1019	290	37		389	13	39
康　县	Kangxian	3624	824	344	14	57	1508	103	192
西和县	Xihe	12309	10623	292			199	407	629
礼　县	Lixian	76077	72739	700	90		100	15	2250
徽　县	Huixian	14387	2628	1683	175	12	4765	198	1053
两当县	Liangdang	3008	1365	32	13	11	504	24	94
临夏州	**Linxia**	**75895**	**17965**	**43842**	**281**	**4857**		**5452**	**1010**
临夏市	linxia	12140	9	10953	197			442	16
临夏县	linxia	8085	797	6395				541	290
康乐县	Kangle	1593	260	575				540	
永靖县	Yongjing	25044	15625	2760	71	4834		854	406
广河县	Guanghe	2364	408	1152				149	
和政县	Hezheng	12594		12594					
东乡县	Dongxiang	11391	485	7399	13	23		2819	229
积石山县	Jishishan	2684	382	2014				107	68
甘南州	**Gannan**	**9350**	**5916**	**1093**	**205**	**3**	**1773**	**74**	**104**
合作市	Hezuo								
临潭县	Lintan	439	163	260				2	15
卓尼县	Zhuoni	77	25	52					
舟曲县	Zhouqu	7841	4977	603	205	3	1770	56	46
迭部县	Diebu	954	752	138			3	17	44
玛曲县	Maqu								
碌曲县	Luqu								
夏河县	Xiahe	39		39					

13-29 林业生产
Forestry Production

指标	Item	2010	2011	2012	2013	2014
当年造林面积（千公顷）	Total Area of Afforestation in Current Year (1 000 hectares)	100.79	123.98	146.70	171.10	214.02
人工造林	Manual Planting	100.79	123.98	146.70	159.73	152.50
# 防护林	Protection Forests	73.35	88.05	96.80	121.16	166.95
用材林	Timber Forests	1.11	1.41	0.98	0.66	2.93
经济林	By-product Forests	23.72	30.63	42.73	44.43	41.45
幼林抚育面积（千公顷）	Area of Tending Young Forest (1 000 hectares)	332.14	224.41	228.29	227.90	198.11
成林抚育面积（千公顷）	Area of Tending Adult Forest (1 000 hectares)	291.29	281.09	310.51	299.90	296.66
更新造林（千公顷）	Reforestation Planting (1 000 hectares)	1.04	1.09	1.06	6.03	4.89
当年零星（四旁）植树（万株）	Odd Planting in Current Year (10 000 units)	8346.01	6318.31	6475.31	6323.30	5428.85
年末实有育苗面积（千公顷）	Actual Area of Grown Seedlings at Year-end (1 000 hectares)	13.71	16.63	25.05	34.63	49.84
# 本年新育面积	Raise Seedlings Areas in Current year	7.78	8.67	13.12	14.96	23.08
林产品产量（吨）	Output of Forest Products (ton)					
# 油桐籽	Tung-oil Seeds	340.93	242.90	228.50	238.86	268.35
木耳	Fungus	287.03	434.23	467.95	605.48	713.57
村及村以下木材采伐量（万立方米）	Harvesting Amount of Timber of Village and Village Level Below (10 000 cu.m)	10.68	10.01	6.05	6.55	5.92

13-30 牲畜饲养情况及畜产品产量
Number of Livestock and Output of Livestock Products

指标	Item	2010	2011	2012	2013	2014
大牲畜年末头数（万头）	Large Animals (year-end) (10 000 heads)	645.09	657.64	650.90	661.24	686.12
# 牛	Cattle and Buffaloes	485.06	498.38	488.89	496.22	522.02
马	Horses	13.55	14.16	14.36	14.90	15.07
骡	Mules	42.69	41.91	43.03	44.06	43.45
驴	Donkeys	101.95	101.18	102.49	103.85	103.17
骆驼	Camels	1.84	2.01	2.13	2.21	2.41
猪年末头数（万头）	Hogs (year-end)(10 000 heads)	614.40	621.59	655.32	675.63	687.79
肉猪出栏头数（万头）	Slaughtered Fattened Hogs (10 000 heads)	670.88	679.74	721.83	747.82	775.49
羊年末只数（万只）	Sheep And Goats (year-end)(10 000 heads)	1818.40	1898.59	1932.79	1973.38	2119.41
羊出栏数（万只）	Sheep Marketable Fattened Stock (10 000 heads)	1052.22	1062.74	1087.16	1132.82	1222.31
牛出栏数（万头）	Cattle Marketable Fattened Stock (10 000 heads)	160.62	169.49	172.67	176.30	185.12
肉类产量（万吨）	Output Of Meat (10 000 tons)	86.78	88.46	92.28	95.10	99.73
# 猪牛羊肉	Output Of Pork,Beef And Mutton	80.77	82.49	86.18	89.12	93.39
猪肉	Pork	47.36	47.99	50.96	52.80	54.74
牛肉	Beef	16.78	17.71	18.04	18.42	19.34
羊肉	Mutton	16.63	16.79	17.18	17.90	19.31
奶类（万吨）	Milk (10 000 tons)	44.79	47.83	49.14	52.96	54.90
# 牛奶	Cow Milk	44.21	47.16	48.52	52.32	54.22
绵羊毛（吨）	Sheep Wool (ton)	27545.50	28992.60	29483.60	29990.90	31865.50
山羊毛（吨）	Goat Wool (ton)	1695.75	1877.00	1906.40	2002.90	2141.10
山羊绒（吨）	Cashmere (ton)	339.15	375.40	381.28	400.58	428.22
禽蛋（万吨）	Poultry Eggs (10 000 tons)	10.70	11.03	11.38	11.07	11.10
水产品产量（吨）	Aquatic Products (ton)	12330.69	17771.13	13334.22	13884.00	14300.00

注：畜牧业及水产品数据根据第一、二次农业普查结果进行了相应衔接调整。

a) Data of animal husbandry and aquatic products were adjusted according to the First and Second National Agricultural Census.

13-31 各地县牲畜饲养情况（2014）
Number of Livestock by Region,County(2014)

地区	Region	大牲畜存栏（万头）Large Animals (10 000 heads)	羊存栏数（万只）Sheep and Goats (10 000 heads)	牛出栏数（万头）Cattle (10 000 heads)	猪出栏数（万头）Hogs (10 000 heads)	羊出栏数（万只）Sheep and Goats (10 000 heads)
兰州市	**Lanzhou**	**9.07**	**67.30**	**0.82**	**36.18**	**28.68**
城关区	Chengguan	0.17	0.53	0.03	0.66	0.27
七里河区	Qilihe	1.27	2.40	0.15	2.23	0.78
西固区	Xigu	0.40	1.79	0.04	1.61	0.96
安宁区	Anning	0.06	0.21		0.35	0.25
红古区	Honggu	0.79	4.50	0.08	3.16	1.77
永登县	Yongdeng	2.30	32.26	0.16	11.69	10.13
皋兰县	Gaolan	0.18	8.92	0.02	3.46	5.61
榆中县	Yuzhong	3.54	13.69	0.32	10.94	7.43
兰州新区	Lanzhou New Area	0.37	3.00	0.02	2.07	1.48
嘉峪关市	**Jiayuguan**	**0.62**	**5.12**	**0.10**	**3.25**	**3.06**
金昌市	**Jinchang**	**5.22**	**88.26**	**0.89**	**7.67**	**37.16**
金川区	Jinchuan	0.89	11.88	0.18	2.31	6.89
永昌县	Yongchang	4.33	76.38	0.71	5.36	30.27
白银市	**Baiyin**	**25.14**	**193.91**	**4.05**	**74.99**	**148.35**
白银区	Baiyin	0.84	10.19	0.07	7.74	6.26
平川区	Pingchuan	1.34	7.76	0.06	3.57	4.62
靖远县	Jingyuan	3.69	40.45	0.05	19.72	29.43
会宁县	Huining	18.57	69.59	3.83	29.88	67.28
景泰县	Jingtai	0.70	65.92	0.05	14.08	40.76
天水市	**Tianshui**	**56.52**	**32.18**	**10.24**	**89.40**	**12.72**
秦州区	Qinzhou	7.21	2.15	0.64	8.58	0.95
麦积区	Maiji	4.59	2.68	0.81	11.36	1.14
清水县	Qingshui	11.85	3.78	3.55	14.43	1.88
秦安县	Qinan	6.08	3.86	0.31	19.50	1.51
甘谷县	Gangu	5.77	1.80	0.51	21.86	0.60
武山县	Wushan	7.39	5.04	0.60	12.05	2.44
张家川县	Zhangjiachuan	13.63	12.87	3.82	1.63	4.22
武威市	**Wuwei**	**63.95**	**343.73**	**22.35**	**125.91**	**175.16**
凉州区	Liangzhou	38.32	100.39	13.82	94.33	51.51
民勤县	Minqin	4.84	109.92	1.77	7.56	60.08
古浪县	Gulang	7.85	56.59	1.88	17.75	28.44
天祝县	Tianzhu	12.95	76.83	4.88	6.26	35.13
张掖市	**Zhangye**	**80.77**	**289.06**	**23.29**	**83.35**	**169.96**

13-31 续表 1 continued

地区	Region	大牲畜存栏（万头） Large Animals (10 000 heads)	羊存栏数（万只） Sheep and Goats (10 000 heads)	牛出栏数（万头） Cattle (10 000 heads)	猪出栏数（万头） Hogs (10 000 heads)	羊出栏数（万只） Sheep and Goats (10 000 heads)
甘州区	Ganzhou	34.31	73.16	11.25	35.36	35.84
肃南县	Sunan	4.45	69.49	1.52	0.18	55.87
民乐县	Minle	6.86	29.20	0.55	17.25	14.22
临泽县	Linze	13.49	15.33	5.61	12.91	8.89
高台县	Gaotai	16.17	35.25	3.70	14.16	18.74
山丹县	Shandan	4.30	64.33	0.39	3.46	35.92
平凉市	**Pingliang**	**88.26**	**22.56**	**42.61**	**53.52**	**14.56**
崆峒区	Kongtong	17.71	8.17	12.63	3.43	5.06
泾川县	Jingchuan	10.64	2.27	7.68	9.56	1.42
灵台县	Lingtai	11.65	4.30	6.50	2.11	1.70
崇信县	Chongxin	6.97	4.11	4.97	3.35	2.74
华亭县	Huating	11.80	2.70	6.48	6.98	3.08
庄浪县	Zhuanglang	13.61	0.68	3.07	15.15	0.40
静宁县	Jingning	15.87	0.33	1.27	12.93	0.15
酒泉市	**Jiuquan**	**17.97**	**388.44**	**10.27**	**26.03**	**261.48**
肃州区	Suzhou	10.39	85.21	8.26	11.80	67.46
金塔县	Jinta	1.41	83.22	0.51	6.56	66.87
瓜州县	Guazhou	1.87	43.63	0.85	2.18	29.80
肃北县	Subei	1.65	35.72	0.14	0.16	9.61
阿克塞县	Akesai	0.58	17.14	0.03		10.60
玉门市	Yumen	1.41	81.41	0.15	3.07	40.03
敦煌市	Dunhuang	0.66	42.11	0.33	2.25	37.10
庆阳市	**Qingyang**	**63.83**	**187.14**	**16.55**	**40.62**	**73.83**
西峰区	Xifeng	2.08	11.43	0.68	6.20	4.30
庆城县	Qingcheng	6.56	20.68	1.79	3.58	7.58
环　县	Huanxian	13.85	78.62	1.74	7.01	33.31
华池县	Huachi	5.93	19.69	1.08	3.57	7.22
合水县	Heshui	2.95	19.17	0.99	2.98	7.46
正宁县	Zhengning	1.63	2.52	0.73	2.58	0.97
宁　县	Ningxian	9.49	10.51	4.91	9.23	3.96
镇原县	Zhenyuan	21.35	24.52	4.62	5.48	9.02
定西市	**Dingxi**	**62.89**	**92.40**	**6.24**	**99.90**	**43.27**
安定区	Anding	12.47	16.95	0.98	14.68	10.80
通渭县	Tongwei	13.05	4.23	1.04	12.17	1.97

13–31 续表 2 continued

地区	Region	大牲畜存栏（万头）Large Animals (10 000 heads)	羊存栏数（万只）Sheep and Goats (10 000 heads)	牛出栏数（万头）Cattle (10 000 heads)	猪出栏数（万头）Hogs (10 000 heads)	羊出栏数（万只）Sheep and Goats (10 000 heads)
陇西县	Longxi	9.30	13.70	0.48	16.49	4.87
渭源县	Weiyuan	5.80	8.02	0.56	11.14	2.53
临洮县	Lintao	6.51	26.80	1.65	22.79	17.23
漳 县	Zhangxian	5.29	7.43	0.14	7.94	0.92
岷 县	Minxian	10.47	15.27	1.39	14.68	4.95
陇南市	**Longnan**	**56.00**	**36.90**	**9.74**	**105.55**	**18.21**
武都区	Wudu	8.62	6.35	0.85	21.41	3.83
成 县	Chengxian	2.36	1.27	0.76	12.49	0.84
文 县	Wenxian	5.59	4.57	0.36	10.25	1.87
宕昌县	Tanchang	10.22	6.78	1.17	8.37	2.35
康 县	Kangxian	2.96	2.39	0.69	6.53	1.24
西和县	Xihe	4.48	2.55	0.82	10.19	1.41
礼 县	Lixian	14.48	10.24	2.66	17.39	5.19
徽 县	Huixian	6.01	2.02	1.92	15.83	1.15
两当县	Liangdang	1.28	0.73	0.52	3.09	0.34
临夏州	**Linxia**	**38.63**	**151.07**	**11.11**	**27.46**	**98.13**
临夏市	linxia	1.12	1.92	1.83	2.17	1.36
临夏县	linxia	6.13	18.77	1.02	7.70	7.74
康乐县	Kangle	6.77	15.24	2.44	2.87	4.69
永靖县	Yongjing	3.80	16.17	0.17	8.60	9.64
广河县	Guanghe	4.10	18.76	1.10	0.00	6.15
和政县	Hezheng	3.74	13.73	1.99	3.07	6.04
东乡县	Dongxiang	5.90	49.15	1.29	0.65	57.39
积石山县	Jishishan	7.07	17.34	1.28	2.40	5.13
甘南州	**Gannan**	**134.96**	**222.39**	**38.94**	**21.68**	**107.72**
合作市	Hezuo	10.88	16.58	3.07	1.79	8.45
临潭县	Lintan	5.42	13.86	1.61	4.66	8.19
卓尼县	Zhuoni	15.17	27.68	4.76	5.02	11.58
舟曲县	Zhouqu	4.79	1.85	0.64	4.95	2.19
迭部县	Diebu	10.86	2.79	2.21	3.77	1.94
玛曲县	Maqu	51.94	50.46	15.49	0.00	19.19
碌曲县	Luqu	19.95	40.73	4.34	0.38	20.76
夏河县	Xiahe	15.96	68.44	6.83	1.09	35.41

13-32 各地县畜产品产量（2014）
Output of Livestock Products by Region,County(2014)

单位：吨 (ton)

地区	Region	肉类 Output of Meat	#猪肉 Pork	#牛肉 Beef	#羊肉 Mutton	奶类 Milk	绵羊毛 Sheep Wool	山羊毛 Goat Wool	禽蛋 Poultry Eggs	水产品 Aquatic Products
兰州市	**Lanzhou**	**34949**	**25791**	**860**	**4699**	**74529**	**1025**	**51**	**19665**	**1543**
城关区	Chengguan	578	477	34	43	4416	7		95	
七里河区	Qilihe	2125	1607	147	133	27467	37	2	1839	
西固区	Xigu	2331	1161	48	154	6452	26		3761	272
安宁区	Anning	361	253		42	1021	4		268	
红古区	Honggu	2804	2276	97	301	13291	65	1	878	149
永登县	Yongdeng	10765	8418	171	1519	8013	565	17	4927	980
皋兰县	Gaolan	3584	2494	20	841	261	156	3	1506	30
榆中县	Yuzhong	9865	7873	323	1115	7718	140	23	3226	112
兰州新区	Lanzhou New Area	2536	1231	21	550	5891	25	4	3165	
嘉峪关市	**Jiayuguan**	**2992**	**2273**	**97**	**459**	**9757**	**94**	**3**	**482**	**185**
金昌市	**Jinchang**	**12828**	**5369**	**889**	**5945**	**22373**	**1510**	**105**	**2351**	**534**
金川区	Jinchuan	3093	1618	180	1102	5727	223	11	480	
永昌县	Yongchang	9735	3751	710	4843	16646	1288	95	1871	534
白银市	**Baiyin**	**88042**	**53922**	**4047**	**22252**	**27886**	**2734**	**204**	**16121**	**2007**
白银区	Baiyin	7306	5575	65	940	9587	115	21	1227	990
平川区	Pingchuan	3528	2500	58	693	420	82	15	839	92
靖远县	Jingyuan	20792	14195	48	4414	3756	523	48	10111	850
会宁县	Huining	39489	21516	3828	10092	11016	1023	53	2459	
景泰县	Jingtai	16926	10135	48	6114	3107	992	67	1484	75
天水市	**Tianshui**	**81299**	**62578**	**10237**	**1908**	**7475**	**305**	**51**	**14309**	**1446**
秦州区	Qinzhou	7710	6006	637	142	324	18	4	1732	250
麦积区	Maiji	9621	7950	808	170	1152		6	2635	266
清水县	Qingshui	15100	10099	3553	282	2871	9	6	2843	174
秦安县	Qinan	15123	13650	307	226	759	48	4	2638	5
甘谷县	Gangu	16617	15302	515	90	812	20	4	1733	180
武山县	Wushan	10816	8432	602	366	712	79	11	1667	520
张家川县	Zhangjiachuan	6312	1138	3815	633	844	132	16	1062	51
武威市	**Wuwei**	**142487**	**88134**	**22352**	**26274**	**14398**	**5641**	**145**	**14270**	**527**
凉州区	Liangzhou	90265	66033	13823	7726	10576	1794	45	9033	221
民勤县	Minqin	18214	5295	1770	9012	678	1608	23	3097	300
古浪县	Gulang	19080	12426	1880	4266	681	831	16	1879	
天祝县	Tianzhu	14929	4379	4879	5269	2462	1408	61	261	7
张掖市	**Zhangye**	**116889**	**56993**	**24183**	**26006**	**77827**	**6541**	**163**	**15113**	**3015**

13-32 续表 1 continued

单位：吨 (ton)

地区	Region	肉类 Output of Meat	#猪肉 Pork	#牛肉 Beef	#羊肉 Mutton	奶类 Milk	绵羊毛 Sheep Wool	山羊毛 Goat Wool	禽蛋 Poultry Eggs	水产品 Aquatic Products
甘州区	Ganzhou	49149	24750	12379	5734	13407	1744	49	9666	1150
肃南县	Sunan	9931	125	1288	8380	2419	2230	21	29	
民乐县	Minle	15695	12077	550	2133	13339	581	13	1760	
临泽县	Linze	16027	8391	5605	1333	26065	257	3	1569	742
高台县	Gaotai	16879	9204	3705	2964	19889	723	27	1300	1072
山丹县	Shandan	8847	2422	394	5388	2142	959	49	789	51
平凉市	**Pingliang**	**85423**	**37465**	**42613**	**2184**	**17515**	**171**	**48**	**9938**	**2024**
崆峒区	Kongtong	16210	2401	12633	759	11874	100	11	1258	652
泾川县	Jingchuan	14965	6691	7680	214	363		8	1970	763
灵台县	Lingtai	8479	1480	6502	255	617	17	15	393	248
崇信县	Chongxin	7959	2348	4974	412	1478	43	7	552	110
华亭县	Huating	12076	4889	6477	462	1993	11	6	642	31
庄浪县	Zhuanglang	14504	10604	3072	60	288		1	2845	220
静宁县	Jingning	11231	9053	1274	23	902	1		2279	
酒泉市	**Jiuquan**	**75315**	**18219**	**10270**	**39222**	**36616**	**6814**	**297**	**10765**	**2257**
肃州区	Suzhou	31311	8261	8260	10119	26826	2019	40	7344	1138
金塔县	Jinta	16171	4592	506	10031	1134	1595	17	1461	546
瓜州县	Guazhou	7213	1524	848	4470	1666	767	47	331	162
肃北县	Subei	2136	114	143	1442	61	287	93	48	
阿克塞县	Akesai	1760	1	30	1590	204	200	19	8	
玉门市	Yumen	8730	2152	150	6005	3294	1158	67	829	123
敦煌市	Dunhuang	7995	1575	332	5565	3431	788	14	745	288
庆阳市	**Qingyang**	**70295**	**30465**	**19865**	**12144**	**11552**	**415**	**679**	**11542**	**1175**
西峰区	Xifeng	6356	4647	822	688	1164	135	23	632	150
庆城县	Qingcheng	6178	2686	2152	1212	446	3	73	667	70
环　县	Huanxian	15249	5255	2092	5661		18	311	1329	102
华池县	Huachi	5697	2678	1301	1156	1800	5	65	839	100
合水县	Heshui	4753	2237	1191	1193	4370	8	90	854	151
正宁县	Zhengning	3208	1934	875	155	456	17	10	745	172
宁　县	Ningxian	13716	6921	5887	634	2480	92	33	2054	80
镇原县	Zhenyuan	15138	4108	5546	1444	836	137	75	4422	350
定西市	**Dingxi**	**91845**	**74685**	**6244**	**6491**	**8830**	**498**	**86**	**9587**	**1825**
安定区	Anding	17030	13361	981	1620	356	204	12	1584	9
通渭县	Tongwei	10593	8520	1039	296	1857	39	4	1735	13

13-32 续表 2 continued

单位：吨 (ton)

地区	Region	肉类 Output of Meat	#猪肉 Pork	#牛肉 Beef	#羊肉 Mutton	奶类 Milk	绵羊毛 Sheep Wool	山羊毛 Goat Wool	禽蛋 Poultry Eggs	水产品 Aquatic Products
陇西县	Longxi	13259	11546	479	730	403	1	5	1264	151
渭源县	Weiyuan	9161	7798	561	379	1114	42	3	1040	304
临洮县	Lintao	21349	15956	1649	2585	4686	198	17	3041	656
漳　县	Zhangxian	7918	7229	143	138	195		24	507	573
岷　县	Minxian	12535	10275	1392	743	220	13	20	417	120
陇南市	**Longnan**	**89831**	**73887**	**9739**	**2732**	**861**	**21**	**102**	**10970**	**2324**
武都区	Wudu	17084	14987	847	574	441	8	17	1733	340
成　县	Chengxian	10031	8741	758	126	271		4	1521	163
文　县	Wenxian	7983	7177	363	280	2		22	1003	1114
宕昌县	Tanchang	7637	5860	1168	352	41		16	292	56
康　县	Kangxian	5648	4571	690	186	85		10	1336	96
西和县	Xihe	8492	7134	820	212	1	6	2	1462	51
礼　县	Lixian	16375	12171	2655	778	12	4	17	1650	46
徽　县	Huixian	13808	11084	1917	173	8	3	9	1761	394
两当县	Liangdang	2773	2161	522	50			3	212	65
临夏州	**Linxia**	**56225**	**20669**	**14075**	**18828**	**26270**	**3014**	**129**	**6159**	**3434**
临夏市	linxia	4473	1737	2377	271	3196	57	1	121	186
临夏县	linxia	9121	5391	1331	1548	17685	458	18	2407	99
康乐县	Kangle	5930	2006	2931	704	513	411	7	831	88
永靖县	Yongjing	9792	6882	220	1928	1484	333	30	875	2685
广河县	Guanghe	2506		1425	922	860	471	6	669	
和政县	Hezheng	6316	2458	2583	1208	1535	331	7	275	79
东乡县	Dongxiang	14034	519	1671	11478	318	666	34	647	215
积石山县	Jishishan	4052	1677	1536	769	680	287	27	335	82
甘南州	**Gannan**	**68776**	**13984**	**34222**	**20111**	**86981**	**2143**	**70**	**1199**	**49**
合作市	Hezuo	4573	537	2514	1522	4404	154	6		
临潭县	Lintan	6375	3498	1606	1229	6503	96	30	42	17
卓尼县	Zhuoni	10706	3766	4760	2084	4560	254	27	397	15
舟曲县	Zhouqu	5828	4459	766	329	161	10	6	592	
迭部县	Diebu	3863	1321	2207	291	5578	28		167	
玛曲县	Maqu	17007		13168	3839	37872	505			17
碌曲县	Luqu	7414	77	3601	3736	15328	406			
夏河县	Xiahe	13010	327	5601	7082	12575	690	1	2	

13-33 各地县中药材种植面积和产量（2014）
Sown Areas and Products of Chinese Medicine by Region,County (2014)

地区	Region	中药材 Chinese Medicinal Materials		当归 Angelica		党参 Codonopsis		其他 Others	
		面积（万亩）Areas (10 000 mu)	产量（吨）Products (ton)	面积（万亩）Areas (10 000 mu)	产量（吨）Products (ton)	面积（万亩）Areas (10 000 mu)	产量（吨）Products (ton)	面积（万亩）Areas (10 000 mu)	产量（吨）Products (ton)
兰州市	**Lanzhou**	**16.46**	**28888.05**	**0.20**	**400.44**	**1.15**	**1377.96**	**15.10**	**27109.65**
城关区	Chengguan								
七里河区	Qilihe	0.12	130.00	0.01	14.00	0.06	48.00	0.05	68.00
西固区	Xigu	0.04	100.00					0.04	100.00
安宁区	Anning								
红古区	Honggu								
永登县	Yongdeng	2.20	6896.00			0.05	100.00	2.15	6796.00
皋兰县	Gaolan								
榆中县	Yuzhong	13.74	19637.05	0.17	211.44	1.04	1229.96	12.53	18195.65
兰州新区	Lanzhou New Area	0.36	2125.00	0.02	175.00			0.34	1950.00
嘉峪关市	**Jiayuguan**								
金昌市	**Jinchang**	**2.14**	**19957.00**	**0.03**	**51.00**	**0.05**	**510.00**	**2.06**	**19396.00**
金川区	Jinchuan	0.30	3104.00					0.30	3104.00
永昌县	Yongchang	1.85	16853.00	0.03	51.00	0.05	510.00	1.77	16292.00
白银市	**Baiyin**	**15.05**	**28863.70**	**0.32**	**557.00**	**0.65**	**1030.10**	**14.08**	**27276.60**
白银区	Baiyin								
平川区	Pingchuan	0.18	86.00			0.01	12.00	0.17	74.00
靖远县	Jingyuan	9.48	13465.00	0.24	385.00	0.26	267.00	8.97	12813.00
会宁县	Huining	1.09	2089.80			0.38	751.10	0.72	1338.70
景泰县	Jingtai	4.30	13222.90	0.08	172.00			4.21	13050.90
天水市	**Tianshui**	**17.96**	**36333.07**	**0.91**	**2802.00**	**5.52**	**8649.01**	**11.52**	**24882.06**
秦州区	Qinzhou	5.03	7304.00	0.05	101.00	0.25	683.00	4.73	6520.00
麦积区	Maiji	1.18	3043.00	0.01	16.00	0.18	890.00	0.99	2137.00
清水县	Qingshui	2.71	8632.99	0.15	790.00	0.04	132.76	2.52	7710.23
秦安县	Qinan	1.76	2803.00	0.02	44.00	0.78	1409.00	0.96	1350.00
甘谷县	Gangu	4.80	6973.68	0.04	47.00	3.82	4436.25	0.94	2490.43
武山县	Wushan	2.08	6727.50	0.64	1804.00	0.45	1098.00	0.99	3825.50
张家川县	Zhangjiachuan	0.39	848.90					0.39	848.90
武威市	**Wuwei**	**14.46**	**56007.30**	**0.45**	**3407.30**	**0.54**	**2429.00**	**13.47**	**50171.00**
凉州区	Liangzhou	4.20	30948.24	0.32	2400.00	0.46	2312.00	3.42	26236.24
民勤县	Minqin	9.52	18155.56	0.01	70.80			9.52	18084.76
古浪县	Gulang	0.73	6903.00	0.12	936.00	0.08	117.00	0.54	5850.00
天祝县	Tianzhu	0.01	0.50	0.01	0.50				
张掖市	**Zhangye**	**22.62**	**79592.38**	**0.15**	**795.00**	**0.39**	**1764.00**	**22.07**	**77033.38**

13–33 续表 1 continued

地区	Region	中药材 Chinese Medicinal Materials		当归 Angelica		党参 Codonopsis		其他 Others	
		面积（万亩）Areas (10 000 mu)	产量（吨）Products (ton)	面积（万亩）Areas (10 000 mu)	产量（吨）Products (ton)	面积（万亩）Areas (10 000 mu)	产量（吨）Products (ton)	面积（万亩）Areas (10 000 mu)	产量（吨）Products (ton)
甘州区	Ganzhou	1.68	9386.00	0.06	381.00	0.02	80.00	1.60	8925.00
肃南县	Sunan	0.53	5216.50					0.53	5216.50
民乐县	Minle	18.09	52585.00	0.09	414.00	0.37	1684.00	17.62	50487.00
临泽县	Linze	0.54	2089.88					0.54	2089.88
高台县	Gaotai	0.69	5602.00					0.69	5602.00
山丹县	Shandan	1.03	4713.00					1.03	4713.00
平凉市	**Pingliang**	**13.04**	**41044.61**	**0.15**	**337.80**	**0.61**	**2003.17**	**12.27**	**38703.64**
崆峒区	Kongtong	1.03	3715.80			0.08	240.80	0.95	3475.00
泾川县	Jingchuan	0.16	245.00	0.05	85.00	0.08	115.00	0.04	45.00
灵台县	Lingtai	2.00	4426.00					2.00	4426.00
崇信县	Chongxin	1.00	1919.80	0.09	225.60	0.06	105.00	0.85	1589.20
华亭县	Huating	7.01	22439.31			0.06	112.37	6.95	22326.94
庄浪县	Zhuanglang	1.35	5888.70	0.01	27.20	0.06	393.00	1.27	5468.50
静宁县	Jingning	0.48	2410.00			0.26	1037.00	0.22	1373.00
酒泉市	**Jiuquan**	**25.08**	**103348.83**					**25.08**	**103348.83**
肃州区	Suzhou	0.02	376.00					0.02	376.00
金塔县	Jinta	0.27	6144.50					0.27	6144.50
瓜州县	Guazhou	16.30	80407.33					16.30	80407.33
肃北县	Subei								
阿克塞县	Akesai	0.11	1014.00					0.11	1014.00
玉门市	Yumen	8.38	15407.00					8.38	15407.00
敦煌市	Dunhuang								
庆阳市	**Qingyang**	**16.64**	**100565.82**	**0.56**	**1382.50**	**1.11**	**2333.00**	**14.97**	**96850.32**
西峰区	Xifeng	0.87	2780.00					0.87	2780.00
庆城县	Qingcheng	0.76	3096.67	0.03	119.00	0.01	52.00	0.72	2925.67
环　县	Huanxian	0.75	6350.00					0.75	6350.00
华池县	Huachi	2.04	6173.00	0.15	162.00	0.05	70.00	1.83	5941.00
合水县	Heshui	0.29	1767.65					0.29	1767.65
正宁县	Zhengning	5.14	48353.00			0.48	960.00	4.66	47393.00
宁　县	Ningxian	5.32	26311.50	0.10	185.50	0.36	512.00	4.86	25614.00
镇原县	Zhenyuan	1.48	5734.00	0.27	916.00	0.21	739.00	0.99	4079.00
定西市	**Dingxi**	**136.00**	**290159.32**	**33.84**	**64739.56**	**50.27**	**90646.02**	**51.90**	**134773.74**
安定区	Anding	1.00	2783.00	0.02	85.00	0.15	350.00	0.82	2348.00
通渭县	Tongwei	5.82	12220.37	0.14	211.88	1.56	4863.04	4.12	7145.45

13–33 续表 2 continued

地区	Region	中药材 Chinese Medicinal Materials		当归 Angelica		党参 Codonopsis		其他 Others	
		面积（万亩）Areas (10 000 mu)	产量（吨）Products (ton)	面积（万亩）Areas (10 000 mu)	产量（吨）Products (ton)	面积（万亩）Areas (10 000 mu)	产量（吨）Products (ton)	面积（万亩）Areas (10 000 mu)	产量（吨）Products (ton)
陇西县	Longxi	35.00	88314.04	0.43	1072.00	15.83	31157.00	18.74	56085.04
渭源县	Weiyuan	30.00	54462.00	10.30	21882.00	13.34	17891.00	6.36	14689.00
临洮县	Lintao	13.92	24849.12	1.38	2589.68	8.37	13168.98	4.18	9090.46
漳 县	Zhangxian	15.00	21285.00	6.44	7891.00	2.63	4469.00	5.93	8925.00
岷 县	Minxian	35.26	86245.79	15.13	31008.00	8.39	18747.00	11.75	36490.79
陇南市	**Longnan**	**69.74**	**128680.63**	**7.88**	**15482.50**	**13.20**	**18875.15**	**48.67**	**94322.98**
武都区	Wudu	20.11	28820.00	0.91	1936.00	3.21	5860.00	15.99	21024.00
成 县	Chengxian	3.19	18273.10	0.14	355.40	0.13	360.30	2.92	17557.40
文 县	Wenxian	5.50	5171.00	0.03	110.00	4.91	3880.00	0.56	1181.00
宕昌县	Tanchang	16.90	32438.80	6.25	11562.50	3.60	6127.67	7.04	14748.63
康 县	Kangxian	3.17	1936.00	0.01	2.40	0.04	8.10	3.12	1925.50
西和县	Xihe	6.22	6642.70			0.63	926.48	5.59	5716.22
礼 县	Lixian	4.08	8500.00	0.35	520.00	0.55	800.00	3.18	7180.00
徽 县	Huixian	4.55	15489.40	0.15	888.70	0.11	876.60	4.29	13724.10
两当县	Liangdang	6.03	11409.63	0.05	107.50	0.02	36.00	5.97	11266.13
临夏州	**Linxia**	**6.89**	**27761.04**	**3.90**	**16964.80**	**0.83**	**3286.91**	**2.17**	**7509.33**
临夏市	linxia	0.01	132.00	0.01	101.00				31.00
临夏县	linxia	0.55	1815.25	0.45	1448.85		24.00	0.09	342.40
康乐县	Kangle	3.75	15955.30	2.73	12575.20	0.24	889.80	0.77	2490.30
永靖县	Yongjing	0.49	2440.10			0.02	94.00	0.47	2346.10
广河县	Guanghe	0.15	462.35	0.04	103.60	0.06	198.75	0.06	160.00
和政县	Hezheng	1.35	5819.04	0.58	2502.15	0.47	2043.36	0.29	1273.53
东乡县	Dongxiang	0.03	167.00	0.03	167.00				
积石山县	Jishishan	0.56	970.00	0.05	67.00	0.03	37.00	0.48	866.00
甘南州	**Gannan**	**21.77**	**39988.95**	**6.59**	**13482.95**	**1.36**	**2368.96**	**13.83**	**24137.04**
合作市	Hezuo	0.01	8.40					0.01	8.40
临潭县	Lintan	10.04	20709.73	3.70	7843.83	0.30	533.91	6.04	12331.99
卓尼县	Zhuoni	6.50	12103.00	2.56	4891.00	0.08	164.00	3.86	7048.00
舟曲县	Zhouqu	3.51	4868.46	0.04	71.98	0.84	1543.05	2.64	3253.43
迭部县	Diebu	1.20	2107.76	0.28	675.14	0.14	128.00	0.78	1304.62
玛曲县	Maqu								
碌曲县	Luqu	0.18	105.60					0.18	105.60
夏河县	Xiahe	0.33	86.00		1.00			0.33	85.00

13-34 受灾面积和成灾面积
Areas Covered and Affected by Natural Disaster

单位：千公顷 (1 000 hectares)

年份 Year	受灾面积 Areas Covered	成灾面积 Areas Affected	成灾面积占受灾面积比重（%） Percentage of Disaster Areas Affected to Areas Covered (%)	水灾 受灾面积 Areas Covered	Flood 成灾面积 Areas Affected	旱灾 受灾面积 Areas Covered	Drought 成灾面积 Areas Affected
2000	2004.12	1572.91	78.48	55.77	41.82	1622.33	1303.93
2001	1575.59	1180.72	74.94	33.53	24.53	1089.83	833.13
2002	1270.29	913.25	71.89	50.61	35.68	636.83	483.13
2003	1176.41	813.87	69.18	229.70	169.51	562.63	383.31
2004	1243.84	866.83	69.69	80.08	42.44	378.59	286.02
2005	1137.95	739.98	65.03	101.30	76.76	607.03	380.82
2006	1422.13	1061.68	74.65	73.91	48.95	875.49	662.81
2007	1436.16	1040.57	72.45	110.55	77.95	975.71	700.30
2008	1238.71	871.81	70.38	35.05	20.23	731.83	520.05
2009	1299.83	981.59	75.52	38.51	23.23	1008.87	792.49
2010	1167.48	877.71	75.18	101.79	74.66	601.85	499.85
2011	1209.77	881.60	72.87	55.24	37.83	893.77	656.66
2012	676.43	490.05	72.45	98.41	63.54	211.83	144.15
2013	977.64	593.59	60.72	151.93	110.55	551.76	297.37
2014	695.34	389.48	56.01	25.67	14.80	242.03	108.38

13-35 各地区受灾面积和成灾面积（2014）
Areas Covered and Affected by Natural Disaster by Region(2014)

单位：千公顷 (1 000 hectares)

地区	Region	受灾面积 Areas Covered	成灾面积 Areas Affected	成灾面积占受灾面积比重（%） Percentage of Disaster Areas Affected to Areas Covered (%)	水灾 受灾面积 Areas Covered	Flood 成灾面积 Areas Affected	旱灾 受灾面积 Areas Covered	Drought 成灾面积 Areas Affected
兰州市	Lanzhou	30.01	19.37	64.55	1.10	0.79	2.26	1.52
嘉峪关市	Jiayuguan	0.18						
金昌市	Jinchang	2.52	0.71	28.02	1.36			
白银市	Baiyin	92.31	46.83	50.73	3.19	2.17	35.12	19.17
天水市	Tianshui	61.04	20.14	33.00	1.83	1.14	31.29	9.66
武威市	Wuwei	14.96	7.88	52.69	1.22	0.66	9.00	4.97
张掖市	Zhangye	18.89	18.62	98.60	0.19	0.19	4.28	4.28
平凉市	Pingliang	122.14	31.88	26.10			51.81	10.22
酒泉市	Jiuquan	7.87	0.82	10.42				
庆阳市	Qingyang	112.36	88.29	78.58	6.64	3.76	29.56	16.65
定西市	Dingxi	98.92	61.90	62.57	5.86	3.13	31.78	14.95
陇南市	Longnan	57.73	31.17	54.00	3.53	2.31	36.98	19.83
临夏州	Linxia	37.64	34.24	90.96	0.45	0.38	5.89	5.50
甘南州	Gannan	3.56	2.81	79.04	0.26	0.24	1.87	1.43

主要指标解释

农林牧渔业总产值 指以货币表现的农、林、牧、渔业全部产品和对农林牧渔业生产活动进行的各种支持性服务活动的价值总量，它反映一定时期内农林牧渔业生产总规模和总成果。1957 年以前的农林牧渔业总产值中包括了厩肥和农民自给性手工业（如农民自制衣服、鞋、袜，自己从事粮食初步加工等）。1958 年及以后，林业中增加了村及村以下竹木采伐产值；牧业中取消了厩肥产值；副业中取消了农民自给性手工业产值，增加了村及村以下办的工业产值；渔业中增加了海洋捕捞水产品产值。1980 年及以后，在副业中增加了农民家庭兼营工业商品部分的产值。从 1984 年起村及村以下工业产值划归工业。从 1993 年起取消副业，将野生动物的捕猎划入牧业，野生植物采集和农民家庭兼营商品性工业划归农业。从 2003 年起，执行新的国民经济行业分类标准，农林牧渔业总产值中包括了农林牧渔服务业产值。林业中增加了森林采运业产值。农业中取消了家庭兼营商品性工业产值，将野生林产品的采集划归林业。第一次农业普查以后，由于畜牧业产品年报数据与普查数据之间存在一定的差距，根据农业普查结果，对畜牧业年报数据和畜牧业产值进行了修正。2010 年执行《统计用产品分类目录》，对 2009 年的农业、林业产值做了相应调整。

农林牧渔业总产值的计算方法通常是按农、林、牧、渔业产品及其副产品的产量分别乘以各自单位产品价格求得分项产品产值（少数生产周期较长，当年没有产品或产品产量不易统计的，则采用间接方法匡算其产值）；然后将四业产品产值及农林牧渔服务业产值相加即为农林牧渔业总产值。

粮食产量 指全社会的产量。包括国有经济经营、集体统一经营和农民家庭经营的粮食产量，还包括工矿企业办的农场和其他生产单位的产量。粮食除包括稻谷、小麦、玉米、高粱、谷子及其他杂粮外，还包括豆类和薯类。其产量计算方法，豆类按去豆荚后的干豆计算；薯类（包括甘薯和马铃薯，不包括芋头和木薯）1963 年以前按每 4 公斤鲜薯折 1 公斤粮食计算，从 1964 年开始改为按 5 公斤鲜薯折 1 公斤粮食计算。城市郊区作为蔬菜的薯类（如马铃薯等）按鲜品计算，并且不作粮食统计。其他粮食一律按脱粒后的原粮计算。1989 年以前全国粮食产量数据主要靠全面报表取得，1989 年开始使用抽样调查数据。

棉花产量 指全社会的产量。包括春播棉和夏播棉。产量按去籽后的皮棉计算。3 公斤籽棉折 1 公斤皮棉，不包括木棉。

油料产量 指全部油料作物的生产量。包括花生、油菜籽、芝麻、向日葵籽、胡麻籽（亚麻籽）和其他油料。不包括大豆油、棉籽油、木本油料和野生油料。花生以带壳干花生计算。

猪、牛、羊肉产量 指当年（期）内出栏并已屠宰、除去头蹄下水后带骨肉（即胴体重）的重量。包括全社会范围内的产量。1996 年前为全面统计并逐级上报数据。1996 年第一次农业普查以后，根据普查结果，对畜牧业主要年报数据进行了修正。1999 年以后，国家统计局在部分地区开展了猪、牛、羊、禽等主要畜禽品种的抽样调查，并用抽样数据作为国家定案数据使用。未开展抽样调查的地区和品种，仍使用各级统计部门逐级上报数据。2007 年，根据第二次农业普查结果，对 2000—2006 年畜牧业主要年报数据进行了修正。2008 年，建立了主要畜禽监测调查制度，猪、牛、羊、禽等主要畜禽数据均以抽样调查数为法定数据。

期初（末）畜禽存栏头（只）数 指报告期初（末）农村各种合作经济组织和国营农场、农民个人、机关、团体、学校、工矿企业、部队等单位以及城镇居民饲养的大牲畜、猪、羊、家禽等畜禽的存栏数。

常用耕地 是指耕地总资源中专门种植农作物并经常进行耕种、能够正常收获的土地。包括当年实际耕种的熟地；弃耕、休闲不满三年，随时可以复耕的地；开荒利用三年以上的土地。在统计口径上包括南方小于 1 米、北方小于 2 米宽的沟、渠、路和田埂。不包括临时种植农作物的坡度在 25 度以上的陡坡地；在河套、湖畔、库区临时开发的成片或零星土地；也不包括已列为国家和省（区、市）退耕计划但临时耕种的土地。

农作物播种面积 指实际播种或移植农作物的面积。凡是实际种植有农作物的面积，不论种植在耕地还是种植在非耕地上，均包括在农作物播种面积中。在播种季节基本结束后，因遭灾而重新改种和补种的农作物面积，也包括在内。

有效灌溉面积 指具有一定的水源，地块比较平整，灌溉工程或设备已经配套，在一般年景下当年能够进行正常灌溉的耕地面积。在一般情况下，有效灌溉面积应等于灌溉工程或设备已经配备，能够进行正常灌溉的水田和水浇地面积之和。

农用化肥施用量 指本年度内实际用于农业生产的

化肥数量，包括氮肥、磷肥、钾肥和复合肥。化肥施用量要求按折纯量计算数量。折纯量是指把氮肥、磷肥、钾肥分别按含氮、含五氧化二磷、含氧化钾的百分比成份进行折算后的数量。复合肥按其所含主要成分折算。公式为：

折纯量＝实物量 × 某种化肥有效成分含量的百分比

农业机械总动力 指主要用于农、林、牧、渔业的各种动力机械的动力总和。包括耕作机械、排灌机械、收获机械、农用运输机械、植物保护机械、牧业机械、林业机械、渔业机械和其他农业机械〔内燃机按引擎马力折成瓦（特）计算、电动机按功率折成瓦（特）计算〕。不包括专门用于乡、镇、村、组办工业、基本建设、非农业运输、科学试验和教学等非农业生产方面用的动力机械与作业机械。

农村户数 指长期（一年以上）居住在乡镇（不包括城关镇）行政管理区域内的住户，还包括居住在城关镇所辖行政村范围内的农村住户。户口不在本地而在本地居住一年及以上的住户也包括在本地农村住户内；有本地户口，但举家外出谋生一年以上的住户，无论是否保留承包耕地都不包括在本地农村住户范围内。不包括乡村地区内的国有经济的机关、团体、学校、企业、事业单位的集体户。

农村人口 指乡村地区常住居民户数中的常住人口数，即经常在家或在家居住6个月以上，而且经济和生活与本户连成一体的人口。外出从业人员在外居住时间虽然在6个月以上，但收入主要带回家中，经济与本户连为一体，仍视为家庭常住人口；在家居住，生活和本户连成一体的国家职工、退休人员也为家庭常住人口。但是现役军人、中专及以上（走读生除外）的在校学生、以及常年在外（不包括探亲、看病等）且已有稳定的职业与居住场所的外出从业人员，不应当作家庭常住人口。

14

工业

Industry

简要说明

一、本篇资料主要内容

本篇反映工业经济方面的基本情况。主要包括规模以上工业企业主要经济指标、构成资料；主要工业产品产量、规模以上工业主要产品生产能力资料；国有及国有控股工业企业情况；支柱产业情况。

二、本篇资料的统计范围

本篇资料的统计范围： 2010 年为年主营业务收入在 500 万元以上工业企业（即规模以上工业企业），从 2011 年开始，规模以上工业统计范围的工业企业起点标准从年主营业务收入 500 万元提高到 2000 万元。

三、本篇资料来源

本篇资料由省统计局工业交通处根据工业统计年报表中有关资料整理汇总。

14-1 规模以上工业企业工业增加值

Value-added of Industry of Industrial Enterprises above Designated Size

单位：亿元 (100 million yuan)

项目	Item	2010	2011	2012	2013	2014	2014年比2013年增长（%）Increase Rate in 2014 over 2013 (%)
工业增加值	**Value-added of Industry**	**1376.3**	**1782.9**	**1931.4**	**2045.2**	**2070.0**	**8.4**
#国有及国有控股	State-owned and State-holding Enterprises	1098.6	1450.5	1488.4	1502.2	1544.6	7.1
按登记注册类型分	**By Status of Registration**						
内 资	Domestic Funded Enterprises	1347.3	1752.3	1902.0	2014.6	2038.3	8.4
国有企业	State-owned Enterprises	319.1	472.7	450.2	486.5	621.6	9.9
集体企业	Collective-owned Enterprises	34.4	39.7	43.7	38.6	22.7	-6.7
股份制企业	Share-holding Corporations	968.4	1213.8	1355.8	1433.2	1335.1	8.0
其他企业	Other Enterprises	25.4	26.1	47.1	56.3	49.4	8.5
外商及港澳台商投资企业	Enterprises with Funds from Foreign, Hong Kong ,Macao and Taiwan	29.1	30.6	29.4	30.6	32.2	10.4
按企业规模分	**Grouped by Size of Enterprises**						
大型企业	Large Enterprises	805.2	1090.4	1298.1	1292.2	1335.4	7.1
中型企业	Medium-size Enterprises	251.1	328.4	249.9	269.5	241.8	3.9
小型企业	Small Enterprises	320.0	364.0	377.9	470.8	482.6	15.1
按轻重工业分	**Grouped by Light and Heavy Industries**						
轻工业	Light Industry	194.0	224.1	278.8	334.4	328.1	8.1
重工业	Heavy Industry	1182.3	1558.7	1652.6	1710.8	1741.9	8.5
工业增加值指数（可比价）（上年=100）	**Indices of Value-added of Industry** (By Comparable Prices) (preceding year=100)	116.6	116.2	114.6	111.5	108.4	

注：1. 工业增加值中含长庆油田甘肃部分。

2. 从2011年起，规模以上工业统计范围的工业企业起点标准从年主营业务收入500万元提高到2000万元。

3. 工业增加值增长速度按可比价计算。

a) The value-added of industry included the data of PCOC Gansu Part.

b) Since 2011,the cut-off point of Industrial enterprises covered by statistics of industrial enterprises above designated size are raised from revenue from principal business of 5 million yuan to 20 million yuan.

c)Growth rate of value-added of industrial was calculated by comparable prices.

14-2 规模以上工业企业主要经济指标（2014）

单位：万元

类别	Item	企业单位数（个）Number of Enterprises (unit)	#亏损企业 Loss-making Enterprises	工业总产值 Gross Industrial Output Value
总计	**Total**	**2091**	**563**	**83958685**
按登记注册类型分	**By Status of Registration**			
内　资	Domestic Funded Enterprises	2040	553	82115176
国有企业	State-owned Enterprises	90	24	12812390
集体企业	Collective-owned Enterprises	34	4	648868
股份合作企业	Cooperative Enterprises	6	2	37794
联营企业	Joint Ownership Enterprises	2		29362
有限责任公司	Limited Liability Corporations	1068	327	34668625
股份有限公司	Stock-holding Corporations Limited	115	35	23487349
私营企业	Private Enterprises	711	156	10302996
其他企业	Other Enterprises	14	5	127792
港澳台商投资企业	Enterprises with Funds from Hong Kong ,Macao and Taiwan	20	4	735488
外商投资企业	Foreign Funded Enterprises	31	6	1108021
按轻重工业分	**Grouped by Light and Heavy Industries**			
轻工业	Light Industry	722	139	12049010
重工业	Heavy Industry	1369	424	71909675
按企业规模分	**Grouped by Size of Enterprises**			
大型企业	Large Enterprises	63	16	50329310
中型企业	Medium-size Enterprises	242	73	11705503
小型企业	Small Enterprises	1786	474	21923871
按行业分	**Grouped by Sector**			
煤炭开采和洗选业	Mining and Washing of Coal	65	25	3296989
石油和天然气开采业	Extraction of Petroleum and Natural Gas	3		4396057
黑色金属矿采选业	Mining and Processing of Ferrous Metal Ores	43	12	998189
有色金属矿采选业	Mining and Processing of Non-Ferrous Metal Ores	58	15	1235690
非金属矿采选业	Mining and Processing of Non-metal Ores	36	9	592269
开采辅助活动	Support Activities for Mining	11		285639
其他采矿业	Mining of Other Ores			
农副食品加工业	Processing of Food from Agricultural Products	304	61	3925317
食品制造业	Manufacture of Foods	75	8	1203293
酒、饮料和精茶制造业	Manufacture of Liquor, Beverages and Refined Tea	85	24	1821785
烟草制品业	Manufacture of Tobacco	2	1	1545642
纺织业	Manufacture of Textile	30	6	384791
纺织服装、服饰业	Manufacture of Textile, Wearing Apparel and Accessories	11	1	98722
皮革、毛皮、羽毛（绒）及其制品和制鞋业	Manufacture of Leather, Fur, Feather and Related Products and Footwear	12	3	208001

Main Economic Indicators of Industrial Enterprises above Designated Size (2014)

(10 000 yuan)

工业销售产值 Sales Value of Industry Products	#出口交货值 Delivery Value for Export	全部从业人员年平均人数（人） Average Annual Employed Persons (person)	资产总计 Total Assets	#产成品 Finished Product	流动资产合计 Total Current Assets	固定资产合计 Total Fixed Assets
78860953	**848392**	**646623**	**113482482**	**5108388**	**42397880**	**52755525**
77137131	846155	634063	110697077	4975050	41561823	51299373
12589522	996	111410	15808243	283332	2755197	12666488
569658		10816	583554	26615	308343	208040
34126		528	26254	1708	12403	7559
26757		1574	30642	5176	25788	971
32310586	200808	296529	55343804	1959545	20295687	23964429
22563785	532373	131708	30360680	1967795	13786641	11594271
8928555	111308	80057	8370664	725038	4315943	2766513
114145	671	1441	173237	5842	61821	91103
631880		4472	999595	80184	315144	600968
1091941	2237	8088	1785810	53154	520913	855185
11040830	127329	110933	12756740	1143088	6860244	3759739
67820123	721064	535690	100725742	3965300	35537636	48995786
48982660	695300	349053	69677265	2542374	25687198	31180416
10663665	32380	134094	14388853	958608	5628570	7181223
19214627	120713	163476	29416364	1607407	11082112	14393887
3076056		74384	5173300	268867	1787652	1983981
4244979		26423	5871159	26881	735397	5122134
853170		5900	986717	110728	533718	277303
1051511	9324	12605	1694939	102193	721603	597801
483710		4645	346382	32192	162324	155951
237678		4104	337994	488	226456	88506
3466760	47176	27133	3277768	456811	1816937	965090
1100667	16516	13927	1436231	107036	529390	235789
1601903	33095	15603	1665782	186139	867801	599440
1541767		3354	1160901	247	879391	248870
345180	4915	6092	307690	24872	191544	77103
97660	16865	2663	56055	4076	34080	16741
222894	150	3100	392616	180541	329738	38987

14–2 续表 1

单位：万元

类别	Item	企业单位数（个） Number of Enterprises (unit)	#亏损企业 Loss-making Enterprises	工业总产值 Gross Industrial Output Value
木材加工及木、竹、藤、棕、草制品业	Processing of Timber, Manufacture of Wood, Bamboo, Rattan, Palm and Straw Products	3		6931
家具制造业	Manufacture of Furniture	3	2	14364
造纸及纸制品业	Manufacture of Paper and Paper Products	23	4	209096
印刷业和记录媒介复制业	Printing and Reproduction of Recording Media	17	2	105988
文教、工美、体育和娱乐用品制造业	Manufacture of Articles for Culture, Education, Arts and Crafts, Sport and Entertainment Activities	7		42874
石油加工、炼焦及核燃料加工业	Processing of Petroleum, Coking and Processing of Nuclear Fuel	14	3	10910136
化学原料及化学制品制造业	Manufacture of Raw Chemical Materials and Chemical Products	142	53	3901785
医药制造业	Manufacture of Medicines	97	11	1213211
化学纤维制造业	Manufacture of Chemical Fibers	2	1	55252
橡胶和塑料制品业	Manufacture of Rubber and Plastics Products	79	13	772155
非金属矿物制品业	Manufacture of Non-metallic Mineral Products	311	90	4742357
黑色金属冶炼及压延加工业	Smelting and Pressing of Ferrous Metals	70	35	10898795
有色金属冶炼及压延加工业	Smelting and Pressing of Non-ferrous Metals	64	27	14665463
金属制品业	Manufacture of Metal Products	76	19	1216847
通用设备制造业	Manufacture of General Purpose Machinery	34	9	858707
专用设备制造业	Manufacture of Special Purpose Machinery	48	13	1437994
汽车制造业	Manufacture of Automobile	6	3	97693
铁路、船舶、航空航天和其他运输设备制造业	Manufacture of Railway, Ship, Aerospace and Other Transport Equipments	5		145068
电气机械及器材制造业	Manufacture of Electrical Machinery and Apparatus	64	13	2639848
计算机、通讯和其他电子设备制造业	Manufacture of Computers,Communicationt and Other Electronic Equipment	11	1	552008
仪器仪表制造业	Manufacture of Measuring Instruments and Machinery	5	1	21559
其他制造业	Other Manufacture	3	1	721594
废弃资源综合利用业	Utilization of Waste Resources	13	3	155235
金属制品、机械和设备修理业	Repair Service of Metal Products, Machinery and Equipment	3		174010
电力、热力生产和供应业	Production and Supply of Electric Power and Heat Power	232	85	7879027
燃气生产和供应业	Production and Supply of Gas	13	1	442976
水的生产和供应业	Production and Supply of Water	11	8	85329

continue 1

(10 000 yuan)

工业销售产值 Sales Value of Industry Products	#出口交货值 Delivery Value for Export	全部从业人员年平均人数（人） Average Annual Employed Persons (person)	资产总计 Total Assets	#产成品 Finished Product	流动资产合计 Total Current Assets	固定资产合计 Total Fixed Assets
6360		162	25544	2093	14897	7900
9965		344	13753	1323	4722	6418
203572		4204	175987	18101	56149	90492
90341		4916	170045	12948	84726	59295
41983		1044	23262	1106	9475	9723
10873023	1136	31236	6551863	242771	2799553	3477902
3434546	23474	38087	4041080	258964	1652922	1762904
1098038	8612	13683	1822958	98293	999511	495672
45683		322	39244	6952	27786	11457
702331		8818	748237	107675	458155	199008
4167920	77641	46356	5604396	217375	2532852	2262806
10596350	36412	44144	15437144	518773	5530862	5451418
13923878	273247	80077	21489263	1706069	9855378	7683757
1067725	15077	9696	1044963	54192	636702	258501
742587	39911	10983	1245282	50243	642493	455118
1299111	44414	19681	2947638	100301	1461137	722027
92463		767	88339	4202	39322	39468
139212	692	2833	206888	10112	150382	30980
2168431	5322	14859	1629833	120061	1211002	213836
513487	189650	9298	924744	36789	446488	309246
18973	4765	921	152418	2299	41067	10735
718804		4681	1234497	6792	757046	469837
143001		1746	234820	9846	88165	40046
171766		3220	275456	1537	173804	45149
7763856		86244	23784455	15738	3700686	17705560
424244		4230	442227	2716	163289	255869
79370		4138	420613	45	43278	272707

14-2 续表 2

单位：万元

类别	Item	固定资产原价 Original Value of Fixed Assets	固定资产净值 Net Value of Fixed Assets	负债合计 Total Liabilities	流动负债合计 Total Liquid Liabilities
总计	**Total**	**76824322**	**48434227**	**72055414**	**45960021**
按登记注册类型分	**By Status of Registration**				
内资	Domestic Funded Enterprises	74510752	46982269	70701159	45316987
国有企业	State-owned Enterprises	18804975	11322013	9756964	3610901
集体企业	Collective-owned Enterprises	317466	206340	307246	214256
股份合作企业	Cooperative Enterprises	12095	7156	15183	14261
联营企业	Joint Ownership Enterprises	10557	970	12338	12338
有限责任公司	Limited Liability Corporations	33849719	21390353	36704831	24212373
股份有限公司	Stock-holding Corporations Limited	17308324	11431169	19322317	14007687
私营企业	Private Enterprises	4079054	2535428	4473061	3196018
其他企业	Other Enterprises	128562	88840	109219	49152
港澳台商投资企业	Enterprises with Funds from Hong Kong ,Macao and Taiwan	766555	496619	503841	296661
外商投资企业	Foreign Funded Enterprises	1547014	955340	850413	346373
按轻重工业分	**Grouped by Light and Heavy Industries**				
轻工业	Light Industry	5606258	3037835	6571260	4988994
重工业	Heavy Industry	71218064	45396393	65484154	40971027
按企业规模分	**Grouped by Size of Enterprises**				
大型企业	Large Enterprises	47588299	28759482	43549648	29377710
中型企业	Medium-size Enterprises	10928138	6555594	9865789	6460225
小型企业	Small Enterprises	18307885	13119151	18639976	10122086
按行业分	**Grouped by Sector**				
煤炭开采和洗选业	Mining and Washing of Coal	3290318	1749380	3314095	2684222
石油和天然气开采业	Extraction of Petroleum and Natural Gas	7851593	5109100	2883710	830251
黑色金属矿采选业	Mining and Processing of Ferrous Metal Ores	787036	258380	726346	567116
有色金属矿采选业	Mining and Processing of Non-Ferrous Metal Ores	918230	471690	907995	726114
非金属矿采选业	Mining and Processing of Non-metal Ores	545493	140855	153711	104064
开采辅助活动	Support Activities for Mining	118272	86087	141830	56528
其他采矿业	Mining of Other Ores				
农副食品加工业	Processing of Food from Agricultural Products	1546137	876031	1778332	1275516
食品制造业	Manufacture of Foods	611775	206125	572844	469802
酒、饮料和精茶制造业	Manufacture of Liquor, Beverages and Refined Tea	930549	539800	937726	815527
烟草制品业	Manufacture of Tobacco	300549	140209	327252	312102
纺织业	Manufacture of Textile	120066	67696	171173	108540
纺织服装、服饰业	Manufacture of Textile, Wearing Apparel and Accessories	18216	15450	27736	24518
皮革、毛皮、羽毛（绒）及其制品和制鞋业	Manufacture of Leather, Fur, Feather and Related Products and Footwear	44319	33087	270498	231797

continued 2

(10 000 yuan)

所有者权益 Owners' Equity	主营业务收入 Revenue from Principal Business	主营业务成本 Cost of Principal Business	主营业务税金及附加 Taxes and Extra Charges from Principal Business	管理费用 Management Expenses	利润总额 Total Profits	利税总额 Total Profits and Taxes	税金总额 Total Taxes	本年应交增值税 Value Added Tax Payable
40790826	92750906	81377993	3096415	2905581	2431727	7962958	6056859	2390435
39388670	91358662	80236952	3078280	2845118	2351089	7831882	5989545	2358140
6036412	11897643	8901409	831510	228665	1596770	3065809	1574422	612150
262897	561930	460742	7244	26768	53138	79373	30174	18991
11071	29691	27917	125	832	84	1251	1195	1042
18303	23847	17770	355	3690	88	2332	2490	1889
18228547	34230902	29486497	1074379	1474821	758588	2844902	2352390	994327
10980330	37022479	34590791	1130285	873038		1494539	1854802	626591
3791330	7493799	6662325	34271	235074	201932	339525	172925	102216
59781	98370	89501	111	2230	3093	4151	1148	934
495753	624843	560937	1378	23316	31163	39396	11673	6849
906403	767402	580105	16757	37147	49475	91680	55641	25447
5804130	9891511	7458955	979734	407501	662181	1947030	1400964	304414
34986696	82859396	73919038	2116681	2498080	1769546	6015928	4655895	2086021
25898768	68210302	60126052	2956025	1917436	1611897	6471592	5188935	1863520
4396700	9284743	8037236	63438	450806	208201	524166	428880	249961
10495359	15255862	13214704	76953	537339	611630	967200	439044	276954
1852979	2240304	1804808	39434	197121	31572	285400	291984	206457
2966544	3485510	1375962	448694	77404	1428293	2227491	843015	326745
250971	631592	551298	5981	22277	7011	30818	28175	17783
796518	827001	662318	11558	45589	61009	127212	83075	54645
178967	333054	278867	2977	8477	24494	50653	27074	22912
189414	303546	230354	6632	7517	52458	65407	14089	6226
1423165	3067641	2745624	5180	94456	166207	182455	25924	10910
685182	1059687	878466	2590	48344	53079	66923	24668	11205
644618	1191110	909510	52914	50675	54739	141645	102893	33992
833649	1541542	414572	906107	37768	162805	1254313	1135103	185400
134061	327940	298081	1104	12213	7216	10509	4044	1935
21546	98542	85047	511	4782	4162	7413	3721	2739
111438	223656	180680	336	9648	10882	12978	3991	1732

14-2 续表 3

单位：万元

类别	Item	固定资产原价 Original Value of Fixed Assets	固定资产净值 Net Value of Fixed Assets	负债合计 Total Liabilities
木材加工及木、竹、藤、棕、草制品业	Processing of Timber, Manufacture of Wood, Bamboo, Rattan, Palm and Straw Products	8302	6597	3867
家具制造业	Manufacture of Furniture	7807	6352	5749
造纸及纸制品业	Manufacture of Paper and Paper Products	104211	86771	78258
印刷业和记录媒介复制业	Printing and Reproduction of Recording Media	111032	56385	79662
文教、工美、体育和娱乐用品制造业	Manufacture of Articles for Culture, Education, Arts and Crafts, Sport and Entertainment Activities	12414	7761	8119
石油加工、炼焦及核燃料加工业	Processing of Petroleum, Coking and Processing of Nuclear Fuel	6086002	3337640	4202137
化学原料及化学制品制造业	Manufacture of Raw Chemical Materials and Chemical Products	2383938	1433533	2258981
医药制造业	Manufacture of Medicines	587196	421625	793510
化学纤维制造业	Manufacture of Chemical Fibers	142256	11457	23657
橡胶和塑料制品业	Manufacture of Rubber and Plastics Products	264037	187496	415680
非金属矿物制品业	Manufacture of Non-metallic Mineral Products	3153193	2139816	3025600
黑色金属冶炼及压延加工业	Smelting and Pressing of Ferrous Metals	8766785	5409693	10629492
有色金属冶炼及压延加工业	Smelting and Pressing of Non-ferrous Metals	10423906	7322644	13974061
金属制品业	Manufacture of Metal Products	450387	215694	547188
通用设备制造业	Manufacture of General Purpose Machinery	300044	227691	788770
专用设备制造业	Manufacture of Special Purpose Machinery	622726	440429	1843444
汽车制造业	Manufacture of Automobile	50987	37845	45847
铁路、船舶、航空航天和其他运输设备制造业	Manufacture of Railway, Ship, Aerospace and Other Transport Equipments	60025	27110	79731
电气机械及器材制造业	Manufacture of Electrical Machinery and Apparatus	256223	172569	1115343
计算机、通讯和其他电子设备制造业	Manufacture of Computers,Communicationt and Other Electronic Equipment	481914	265676	413449
仪器仪表制造业	Manufacture of Measuring Instruments and Machinery	19758	10735	41418
其他制造业	Other Manufacture	412579	201289	1138881
废弃资源综合利用业	Utilization of Waste Resources	47128	35378	147769
金属制品、机械和设备修理业	Repair Service of Metal Products, Machinery and Equipment	68756	45149	210539
电力、热力生产和供应业	Production and Supply of Electric Power and Heat Power	24199493	16176523	17569778
燃气生产和供应业	Production and Supply of Gas	303905	222668	270118
水的生产和供应业	Production and Supply of Water	416767	233815	131118

continued 3

(10 000 yuan)

流动负债合计 Total Liquid Liabilities	所有者权益 Owners' Equity	主营业务收入 Revenue from Principal Business	主营业务成本 Cost of Principal Business	主营业务税金及附加 Taxes and Extra Charges from Principal Business	管理费用 Management Expenses	利润总额 Total Profits	利税总额 Total Profits and Taxes	税金总额 Total Taxes	本年应交增值税 Value Added Tax Payable
3503	20766	7029	5644	19	392	593	682	133	70
5749	8004	6444	4476	32	1011	-48	145	218	148
63516	92694	169103	151399	541	6318	4758	7934	3554	2634
59032	90363	105938	75661	1244	16413	6913	11694	5736	3538
3628	15143	36786	32427	78	1035	1442	1806	440	286
3094420	2345094	10523666	8681579	1424922	445458	-245053	1540777	1801846	360824
1673912	1767602	3259005	3028531	12836	168819	-69041	10308	95129	62122
613209	1018144	1035961	711631	6693	67580	172877	219796	72273	40175
18376	14747	33252	31940	99	372	432	695	410	164
353812	328108	641591	558034	2848	25531	17997	28000	13349	7048
2350881	2529979	3268843	2720983	19117	185416	171955	299026	163180	107165
8185551	4799597	15864756	14790246	37122	549738	-101502	148562	295681	212942
10100193	7509114	29370592	28633173	50383	349896	-46348	311809	430670	307771
471129	481777	712491	626877	4823	29275	28852	49326	24363	15507
577050	403335	522747	423409	2259	39272	22151	34610	17749	10189
1281571	1097566	1083391	954347	7359	98484	63542	98746	49978	25262
44605	41658	27355	26446	54	5932	-427	-339	516	24
107110	114352	121989	92564	124	11861	7103	7894	994	667
944631	505400	1046370	913428	3440	52871	32948	54861	28808	18246
307425	501620	488139	400240	1781	51873	47933	61792	20868	12068
26089	111000	15925	10355	131	4099	2199	2955	1032	624
719880	95616	633143	640117	153	19745	13297	14195	2514	608
99327	87051	162415	149163	400	4542	3332	5164	2031	1432
178683	64917	170678	148642	804	12478	2809	9798	11527	6184
6159510	6197921	7667822	6770640	33152	103546	202407	536297	400216	298948
236154	170858	371336	321318	1432	20699	29881	43260	20562	10511
74978	289353	73016	59137	555	16657	-3204	-50	5327	2596

14-3 按行业分国有及国有控股企业主要经济指标（2014）

单位：万元

类别	Item	企业单位数（个）Number of Enterprises (unit)	#亏损企业 Loss-making Enterprises	工业总产值 Gross Industrial Output Value
总计	**Total**	**414**	**124**	**57800214**
煤炭开采及洗选业	Mining and Washing of Coal	16	7	2470084
石油和天然气开采业	Extraction of Petroleum and Natural Gas	2		4395136
黑色金属矿采选业	Mining and Processing of Ferrous Metal Ores	1		120476
有色金属矿采选业	Mining and Processing of Non-Ferrous Metal Ores	12	3	460048
非金属矿采选业	Mining and Processing of Non-metal Ores	1		19246
开采辅助活动	Support Activities for Mining	2		69881
其他采矿业	Mining of Other Ores			
农副食品加工业	Processing of Food from Agricultural Products	16	7	337127
食品制造业	Manufacture of Foods	3		34704
酒、饮料和精茶制造业	Manufacture of Liquor, Beverages and Refined Tea	10	6	175725
烟草制品业	Manufacture of Tobacco	2	1	1545642
纺织业	Manufacture of Textile	2	1	37643
纺织服装、服饰业	Manufacture of Textile, Wearing Apparel and Accessories			
皮革、毛皮、羽毛（绒）及其制品和制鞋业	Manufacture of Leather, Fur, Feather and Related Products and Footwear	1		25509
木材加工及木．竹、藤、棕、草制品业	Processing of Timber, Manufacture of Wood, Bamboo, Rattan, Palm and Straw Products			
家具制造业	Manufacture of Furniture			
造纸及纸制品业	Manufacture of Paper and Paper Products	1		6381
印刷业和记录媒介复制业	Printing and Reproduction of Recording Media	8	2	65940
文教、工美、体育和娱乐用品制造业	Manufacture of Articles for Culture, Education, Arts and Crafts, Sport and Entertainment Activities			
石油加工、炼焦和核燃料加工业	Processing of Petroleum, Coking and Processing of Nuclear Fuel	7	2	10620975
化学原料及化学制品制造业	Manufacture of Raw Chemical Materials and Chemical Products	27	10	1928951
医药制造业	Manufacture of Medicines	8	1	282318
化学纤维制造业	Manufacture of Chemical Fibers			
橡胶和塑料制品业	Manufacture of Rubber and Plastics Products	5		67710
非金属矿物制品业	Manufacture of Non-metallic Mineral Products	34	5	1145130
黑色金属冶炼和压延加工业	Smelting and Pressing of Ferrous Metals	6	3	9307496
有色金属冶炼和压延加工业	Smelting and Pressing of Non-ferrous Metals	21	10	12214342
金属制品业	Manufacture of Metal Products	10	5	539019
通用设备制造业	Manufacture of General Purpose Machinery	11	1	552356
专用设备制造业	Manufacture of Special Purpose Machinery	12	2	971994
汽车制造业	Manufacture of Automobile			
铁路、船舶、航空航天和其他运输设备制造业	Manufacture of Railway, Ship, Aerospace and Other Transport Equipments	2		85550
电气机械及器材制造业	Manufacture of Electrical Machinery and Apparatus	18	2	1862783
计算机、通讯和其他电子设备制造业	Manufacture of Computers,Communicationt and Other Electronic Equipment	4		43154
仪器仪表制造业	Manufacture of Measuring Instruments and Machinery	2		4957
其他制造业	Other Manufacture	1		643212
废弃资源综合利用业	Utilization of Waste Resources	2		28453
金属制品、机械和设备修理业	Repair Service of Metal Products, Machinery and Equipment	2		164400
电力、热力生产和供应业	Production and Supply of Electric Power and Heat Power	148	49	7124693
燃气生产和供应业	Production and Supply of Gas	7		363851
水的生产和供应业	Production and Supply of Water	10	7	85329

Main Indicators of State-owned and State-holding Industrial Enterprises by Industrial Sector(2014)

(10 000 yuan)

工业销售产值 Sales Value of Industry Products	#出口交货值 Delivery Value for Export	全部从业人员年平均人数（人） Average Annual Employed Persons (person)	资产总计 Total Assets	#产成品 Finished Product	流动资产合计 Total Current Assets	固定资产合计 Total Fixed Assets
55939746	**474104**	**420298**	**85364627**	**3026137**	**29378191**	**42862911**
2384886		64271	4437725	191142	1429939	1682075
4244058		26391	5855203	26881	733069	5112674
120923		532	343575	171	125744	100647
489613	9324	5512	773133	33376	216550	350476
18576		27	2639	321	2436	202
48879		983	172638	26	129575	20442
310884	7782	2822	256358	51456	139344	91214
23304	3937	534	40069	19272	25462	12982
133251	9987	2387	301062	58053	147463	109555
1541767		3354	1160901	247	879391	248870
38208	4915	1868	76337	6770	40237	9455
27784		890	51701	6516	29063	5140
5531		66	10210	1320	1380	8830
51164		4171	120225	11502	60985	34693
10602707	1136	30018	6316049	226046	2722739	3322234
1781415	23322	20051	2341662	140434	951716	1115046
293850	2363	4316	680864	31561	389192	187788
56139		1430	78297	14258	54673	16667
1061388		12473	1563114	32865	478579	961950
9168737	36412	32160	14519476	396117	4972997	5147635
11687083	271786	71744	20248094	1542348	9271000	7189734
481493	15000	3588	539023	11332	358639	139627
462065	38021	7103	857024	33732	391503	384792
878652	44105	13399	2434418	60940	1165972	625208
84952	692	2583	181257	4595	127802	27986
1614881	5322	9044	1004567	83618	778427	107269
35048		2402	167320	16586	100940	45368
4887		323	3999	983	2814	1088
640989		4503	1188639	4848	721795	466844
28137		370	104911	1047	24149	6063
162156		2574	265339	1537	163831	45018
7013261		80881	18538432	15599	2575721	14790676
363710		3452	357018	597	124831	222099
79370		4076	373349	45	40236	272565

14-3 续表

单位：万元

类别	Item	固定资产原价 Original Value of Fixed Assets	固定资产净值 Net Value of Fixed Assets	负债合计 Total Liabilities	流动负债合计 Total Liquid Liabilities
总计	**Total**	**62350843**	**39374379**	**56031483**	**34737778**
煤炭开采及洗选业	Mining and Washing of Coal	3037647	1590404	2881594	2413355
石油和天然气开采业	Extraction of Petroleum and Natural Gas	7843143	5102780	2874213	830251
黑色金属矿采选业	Mining and Processing of Ferrous Metal Ores	133920	100647	262560	247040
有色金属矿采选业	Mining and Processing of Non-Ferrous Metal Ores	534496	282181	308305	287429
非金属矿采选业	Mining and Processing of Non-metal Ores	202	115	1702	1702
开采辅助活动	Support Activities for Mining	24362	19144	123407	38255
其他采矿业	Mining of Other Ores				
农副食品加工业	Processing of Food from Agricultural Products	320314	90242	105161	86341
食品制造业	Manufacture of Foods	25266	12851	31291	30535
酒、饮料和精茶制造业	Manufacture of Liquor, Beverages and Refined Tea	126437	89115	272669	213117
烟草制品业	Manufacture of Tobacco	300549	140209	327252	312102
纺织业	Manufacture of Textile	44197	9455	46366	21607
纺织服装、服饰业	Manufacture of Textile, Wearing Apparel and Accessories				
皮革、毛皮、羽毛(绒)及其制品和制鞋业	Manufacture of Leather, Fur, Feather and Related Products and Footwear	10920	5140	25634	15290
木材加工及木.竹、藤、棕、草制品业	Processing of Timber, Manufacture of Wood, Bamboo, Rattan, Palm and Straw Products				
家具制造业	Manufacture of Furniture				
造纸及纸制品业	Manufacture of Paper and Paper Products	9625	8830	2340	2340
印刷业和记录媒介复制业	Printing and Reproduction of Recording Media	78695	31862	47367	41432
文教、工美、体育和娱乐用品制造业	Manufacture of Articles for Culture, Education, Arts and Crafts, Sport and Entertainment Activities				
石油加工、炼焦和核燃料加工业	Processing of Petroleum, Coking and Processing of Nuclear Fuel	5925586	3182344	4037327	2943114
化学原料及化学制品制造业	Manufacture of Raw Chemical Materials and Chemical Products	1431694	828267	1133478	891272
医药制造业	Manufacture of Medicines	244269	175505	221865	167882
化学纤维制造业	Manufacture of Chemical Fibers				
橡胶和塑料制品业	Manufacture of Rubber and Plastics Products	19447	10674	41723	41491
非金属矿物制品业	Manufacture of Non-metallic Mineral Products	1320299	913805	849593	671740
黑色金属冶炼和压延加工业	Smelting and Pressing of Ferrous Metals	8378682	5142517	9948995	7565063
有色金属冶炼和压延加工业	Smelting and Pressing of Non-ferrous Metals	9728549	6942563	13152851	9471364
金属制品业	Manufacture of Metal Products	205618	129568	309045	280015
通用设备制造业	Manufacture of General Purpose Machinery	232453	184565	519286	330738
专用设备制造业	Manufacture of Special Purpose Machinery	435929	351147	1577133	1063584
汽车制造业	Manufacture of Automobile				
铁路、船舶、航空航天和其他运输设备制造业	Manufacture of Railway, Ship, Aerospace and Other Transport Equipments	56827	24297	71660	101152
电气机械及器材制造业	Manufacture of Electrical Machinery and Apparatus	134154	79727	724214	610395
计算机、通讯和其他电子设备制造业	Manufacture of Computers,Communicationt and Other Electronic Equipment	64270	36018	103722	75688
仪器仪表制造业	Manufacture of Measuring Instruments and Machinery	4706	1088	589	501
其他制造业	Other Manufacture	408482	198296	1101504	719396
废弃资源综合利用业	Utilization of Waste Resources	6662	6063	75050	28431
金属制品、机械和设备修理业	Repair Service of Metal Products, Machinery and Equipment	67968	45018	205112	173256
电力、热力生产和供应业	Production and Supply of Electric Power and Heat Power	20514749	13213624	14321590	4816796
燃气生产和供应业	Production and Supply of Gas	264174	192645	231871	204491
水的生产和供应业	Production and Supply of Water	416544	233674	95017	40614

continued

(10 000 yuan)

所有者权益 Owners' Equity	主营业务收入 Revenue from Principal Business	主营业务成本 Cost of Principal Business	主营业务税金及附加 Taxes and Extra Charges from Principal Business	管理费用 Management Expenses	利润总额 Total Profits	利税总额 Total Profits and Taxes	税金总额 Total Taxes	本年应交增值税 Value Added Tax Payable
29220204	**73645587**	**64762838**	**2964368**	**2158387**	**1726588**	**6780795**	**5464718**	**2050919**
1557178	1803215	1423320	35127	171205	25778	256784	262932	188001
2966544	3482757	1374171	448675	77045	1427985	2226701	842533	326282
81016	66515	35749	678	5761	12297	19139	10212	6164
466320	408836	306769	5928	23986	48105	92266	55954	38234
937	18576	17367	19	451	321	1115	816	774
42481	97658	90982	489	2616	3123	4226	1927	523
151195	239136	210522	249	18245	-2659	-974	2585	1324
8778	22656	19079	99	1013	1496	1972	711	377
28392	101458	73204	5426	8816	-2065	8895	11611	5534
833649	1541542	414572	906107	37768	162805	1254313	1135103	185400
29971	37529	34497	190	4236	-1700	-667	1209	655
26068	48996	40516	6	3773	3266	3419	1450	148
7870	2106	2023	13	21	8	36	28	16
72837	67920	43730	1160	14848	4868	9307	5114	3278
2277721	10276663	8446166	1423914	440413	-244926	1535851	1795538	356779
1205516	1853705	1715669	8204	108585	-35525	15890	62358	43068
458999	292475	125860	1997	28960	98581	116864	34901	16286
36329	68532	59296	291	3948	1476	3270	2346	1503
703733	993177	747995	5919	83039	113296	172394	84057	52477
4569834	14532079	13518224	33518	516288	-81016	147084	269528	194582
7095338	27419427	26830180	44274	307458	-95299	246075	402354	297100
226622	246692	214686	849	13703	9197	19017	11465	8883
285541	266041	211868	681	23821	6996	12832	8327	5146
857283	874622	778990	6648	80137	61552	89777	41219	19014
99597	79812	54297	12	11119	5957	6272	345	303
278125	628549	538862	2087	34747	26365	40898	18770	12437
60915	52966	50387	57	8099	1937	2476	622	482
3410	4246	3824	23	360	44	215	179	148
87134	570162	579002	65	19166	13821	14211	1910	188
29861	50028	45982		731	12	12	32	
60228	162671	141290	625	12129	2629	8489	10399	5235
4207445	6944846	6275557	29358	62836	135569	434482	363770	267836
125147	321336	282428	1127	16586	25283	37993	19044	10147
278190	68661	55776	555	16482	-2989	164	5373	2596

14-4 按行业分大中型企业主要经济指标（2014）

单位：万元

类别	Item	企业单位数（个） Number of Enterprises (unit)	#亏损企业 Loss-making Enterprises	工业总产值 Gross Industrial Output Value
总计	**Total**	**305**	**89**	**62034813**
煤炭开采及洗选业	Mining and Washing of Coal	27	10	2705273
石油和天然气开采业	Extraction of Petroleum and Natural Gas	2		4395136
黑色金属矿采选业	Mining and Processing of Ferrous Metal Ores	4	3	289463
有色金属矿采选业	Mining and Processing of Non-Ferrous Metal Ores	7	2	293114
非金属矿采选业	Mining and Processing of Non-metal Ores	4	1	125445
开采辅助活动	Support Activities for Mining	2		192400
其他采矿业	Mining of Other Ores			
农副食品加工业	Processing of Food from Agricultural Products	12	2	597941
食品制造业	Manufacture of Foods	9		722455
酒、饮料和精茶制造业	Manufacture of Liquor, Beverages and Refined Tea	14	4	978451
烟草制品业	Manufacture of Tobacco	2	1	1545642
纺织业	Manufacture of Textile	5	1	98790
纺织服装、服饰业	Manufacture of Textile, Wearing Apparel and Accessories	3		45067
皮革、毛皮、羽毛（绒）及其制品和制鞋业	Manufacture of Leather, Fur, Feather and Related Products and Footwear	3		122536
木材加工及木．竹、藤、棕、草制品业	Processing of Timber, Manufacture of Wood, Bamboo, Rattan, Palm and Straw Products			
家具制造业	Manufacture of Furniture			
造纸及纸制品业	Manufacture of Paper and Paper Products	2		72264
印刷业和记录媒介复制业	Printing and Reproduction of Recording Media	5	2	49025
文教、工美、体育和娱乐用品制造业	Manufacture of Articles for Culture, Education, Arts and Crafts, Sport and Entertainment Activities			
石油加工、炼焦和核燃料加工业	Processing of Petroleum, Coking and Processing of Nuclear Fuel	6	2	10752704
化学原料及化学制品制造业	Manufacture of Raw Chemical Materials and Chemical Products	27	14	2692062
医药制造业	Manufacture of Medicines	10		363483
化学纤维制造业	Manufacture of Chemical Fibers			
橡胶和塑料制品业	Manufacture of Rubber and Plastics Products	3		74806
非金属矿物制品业	Manufacture of Non-metallic Mineral Products	38	11	2159982
黑色金属冶炼和压延加工业	Smelting and Pressing of Ferrous Metals	11	6	10097957
有色金属冶炼和压延加工业	Smelting and Pressing of Non-ferrous Metals	24	9	12858263
金属制品业	Manufacture of Metal Products	6	3	400364
通用设备制造业	Manufacture of General Purpose Machinery	12	1	489825
专用设备制造业	Manufacture of Special Purpose Machinery	13	3	1040629
汽车制造业	Manufacture of Automobile			
铁路、船舶、航空航天和其他运输设备制造业	Manufacture of Railway, Ship, Aerospace and Other Transport Equipments	2		85550
电气机械及器材制造业	Manufacture of Electrical Machinery and Apparatus	11	1	701113
计算机、通讯和其他电子设备制造业	Manufacture of Computers,Communicationt and Other Electronic Equipment	4		493371
仪器仪表制造业	Manufacture of Measuring Instruments and Machinery			
其他制造业	Other Manufacture	1		643212
废弃资源综合利用业	Utilization of Waste Resources	2	1	32221
金属制品、机械和设备修理业	Repair Service of Metal Products, Machinery and Equipment	3		174010
电力、热力生产和供应业	Production and Supply of Electric Power and Heat Power	27	11	6371240
燃气生产和供应业	Production and Supply of Gas	2		326578
水的生产和供应业	Production and Supply of Water	2	1	44442

Main Indicators of Large and Medium-sized Industrial Enterprises by Industrial Sector (2014)

(10 000 yuan)

工业销售产值 Sales Value of Industry Products	#出口交货值 Delivery Value for Export	全部从业人员年平均人数（人） Average Annual Employed Persons (person)	资产总计 Total Assets	#产成品 Finished Product	流动资产合计 Total Current Assets	固定资产合计 Total Fixed Assets
59646326	**727679**	**483147**	**84066118**	**3500981**	**31315768**	**38361638**
2568194		70447	4767702	218610	1561279	1886745
4244058		26423	5855203	26881	733069	5122134
250865		2095	503747	22812	249869	130691
339834		5364	650773	18423	162499	300265
101665		1675	64943	1480	11529	46774
148178		3319	278770	139	208359	49311
603495		5020	422498	44296	249681	116467
664649	3937	8390	919438	55943	289714	67727
871955	9987	8636	818171	84739	390457	282857
1541767		3354	1160901	247	879391	248870
100235	4915	3746	138061	7750	71474	35278
45067	215	1583	25368	3107	14144	6867
148242	150	2122	349666	172287	294067	35162
66751		1696	51169	4217	7208	38168
36599		3786	105417	10694	53440	27430
10738258	1136	30593	6497199	235093	2755855	3470882
2418125	23322	27012	2787540	165797	1052760	1378225
348107	2363	5854	732122	25897	361577	225922
75998		2680	204758	36286	152563	40854
1784662	77127	22596	3193250	86361	1367934	1333961
9864625	36412	38056	14935464	434784	5239011	5282710
12322216	273247	76002	20681699	1570954	9413689	7426863
406062	15000	3293	440494	10715	227134	139514
425460	39911	8599	805074	39583	449751	255836
928560	44295	16003	2553365	76151	1251845	653136
84952	692	2583	181257	4595	127802	27986
567646	5322	9432	759613	93228	515937	98191
465908	189650	8398	752938	25837	298384	300741
640989		4503	1188639	4848	721795	466844
31557		735	145188	1891	44202	9388
171766		3220	275456	1537	173804	45149
6269812		70289	11280302	15533	1850298	8441872
326307		3109	315805	272	115899	199906
43765		2534	224130		19349	168915

14-4 续表

单位：万元

类别	Item	流动资产合计 Total Current Assets	固定资产合计 Total Fixed Assets	固定资产原价 Original Value of Fixed Assets
总计	**Total**	**31315768**	**38361638**	**58516437**
煤炭开采及洗选业	Mining and Washing of Coal	1561279	1886745	3181725
石油和天然气开采业	Extraction of Petroleum and Natural Gas	733069	5122134	7851593
黑色金属矿采选业	Mining and Processing of Ferrous Metal Ores	249869	130691	333388
有色金属矿采选业	Mining and Processing of Non-Ferrous Metal Ores	162499	300265	373035
非金属矿采选业	Mining and Processing of Non-metal Ores	11529	46774	184230
开采辅助活动	Support Activities for Mining	208359	49311	70743
其他采矿业	Mining of Other Ores			
农副食品加工业	Processing of Food from Agricultural Products	249681	116467	246229
食品制造业	Manufacture of Foods	289714	67727	407555
酒、饮料和精茶制造业	Manufacture of Liquor, Beverages and Refined Tea	390457	282857	530742
烟草制品业	Manufacture of Tobacco	879391	248870	300549
纺织业	Manufacture of Textile	71474	35278	76110
纺织服装、服饰业	Manufacture of Textile, Wearing Apparel and Accessories	14144	6867	7186
皮革、毛皮、羽毛(绒)及其制品和制鞋业	Manufacture of Leather, Fur, Feather and Related Products and Footwear	294067	35162	38930
木材加工及木.竹、藤、棕、草制品业	Processing of Timber, Manufacture of Wood, Bamboo, Rattan, Palm and Straw Products			
家具制造业	Manufacture of Furniture			
造纸及纸制品业	Manufacture of Paper and Paper Products	7208	38168	45350
印刷业和记录媒介复制业	Printing and Reproduction of Recording Media	53440	27430	68271
文教、工美、体育和娱乐用品制造业	Manufacture of Articles for Culture, Education, Arts and Crafts, Sport and Entertainment Activities			
石油加工、炼焦和核燃料加工业	Processing of Petroleum, Coking and Processing of Nuclear Fuel	2755855	3470882	6074635
化学原料及化学制品制造业	Manufacture of Raw Chemical Materials and Chemical Products	1052760	1378225	1833368
医药制造业	Manufacture of Medicines	361577	225922	315868
化学纤维制造业	Manufacture of Chemical Fibers			
橡胶和塑料制品业	Manufacture of Rubber and Plastics Products	152563	40854	47961
非金属矿物制品业	Manufacture of Non-metallic Mineral Products	1367934	1333961	2009231
黑色金属冶炼和压延加工业	Smelting and Pressing of Ferrous Metals	5239011	5282710	8589134
有色金属冶炼和压延加工业	Smelting and Pressing of Non-ferrous Metals	9413689	7426863	10068112
金属制品业	Manufacture of Metal Products	227134	139514	149463
通用设备制造业	Manufacture of General Purpose Machinery	449751	255836	177784
专用设备制造业	Manufacture of Special Purpose Machinery	1251845	653136	476545
汽车制造业	Manufacture of Automobile			
铁路、船舶、航空航天和其他运输设备制造业	Manufacture of Railway, Ship, Aerospace and Other Transport Equipments	127802	27986	56827
电气机械及器材制造业	Manufacture of Electrical Machinery and Apparatus	515937	98191	148506
计算机、通讯和其他电子设备制造业	Manufacture of Computers,Communicationt and Other Electronic Equipment	298384	300741	423279
仪器仪表制造业	Manufacture of Measuring Instruments and Machinery			
其他制造业	Other Manufacture	721795	466844	408482
废弃资源综合利用业	Utilization of Waste Resources	44202	9388	18213
金属制品、机械和设备修理业	Repair Service of Metal Products, Machinery and Equipment	173804	45149	68756
电力、热力生产和供应业	Production and Supply of Electric Power and Heat Power	1850298	8441872	13419267
燃气生产和供应业	Production and Supply of Gas	115899	199906	237063
水的生产和供应业	Production and Supply of Water	19349	168915	278311

continued

(10 000 yuan)

固定资产净值 Net Value of Fixed Assets	负债合计 Total Liabilities	流动负债合计 Total Liquid Liabilities	所有者权益 Owners' Equity	主营业务收入 Reenue from Principal Business	主营业务成本 Cost of Principal Business	# 主营业务税金及附加 Taxes and Extra Charges from Principal Business	管理费用 Manage-ment Expenses	利润总额 Total Profits	利税总额 Total Profits and Taxes	税金总额 Total Taxes	本年应交增值税 Value Added Tax Payable
35315076	**53415437**	**35837935**	**30295468**	**77495044**	**68163288**	**3019462**	**2368242**	**1820098**	**6995758**	**5617815**	**2113481**
1669727	3075824	2463495	1690408	1918141	1513879	37838	181826	31629	278042	282150	200698
5109100	2874213	830251	2966544	3482757	1374171	448675	77045	1427985	2226701	842533	326282
122265	398661	316581	105084	126576	92882	1480	9265	6109	16258	13554	8668
272302	223381	199051	427392	320715	223453	6052	17445	52080	97669	57117	39537
39327	24734	14495	34355	82354	70773	667	1417	3331	15224	11990	10956
48013	120475	39381	151544	207577	152216	2914	3136	43250	50626	8117	4462
102171	180922	141938	223018	520827	466315	413	22584	12771	14990	4316	1807
66816	284230	270159	465466	657124	535011	1207	32728	29569	37198	16480	6419
255860	470730	364958	319424	597471	402052	43479	28927	41645	109184	80395	24060
140209	327252	312102	833649	1541542	414572	906107	37768	162805	1254313	1135103	185400
34481	67077	44523	70984	96997	87672	522	6663	269	1855	2181	809
5593	12657	12649	8018	45067	37404	211	2931	1493	3031	1683	1327
29353	240115	223458	98883	169454	129769	145	8326	11102	12005	2704	735
36563	21250	13019	27155	54161	47971	38	1978	2103	2272	210	131
25740	44740	39436	60678	53231	32097	1077	13769	3624	7748	4658	3047
3331260	4181254	3076041	2314944	10398933	8567131	1423701	443711	-248470	1533300	1796668	357986
1088466	1634179	1171330	1153347	2283783	2138877	9328	121343	-75233	-17771	67373	43811
215294	276195	187088	455927	355532	170356	2326	35637	106801	129122	40878	19995
34965	132600	123812	72157	112219	86410	1240	8658	3485	5844	3483	1120
1263165	1724307	1315074	1462814	1406542	1112952	9943	105710	107616	189924	103872	72075
5276570	10265748	7858961	4667894	15250143	14199261	35671	537582	-88277	153903	284865	206509
7174377	13452357	9694004	7229335	28077097	27407459	45560	330121	-66181	278762	411314	299383
112792	216246	167714	221100	135523	109208	619	11696	7200	14173	7653	6325
130392	579027	384512	173850	358576	275969	1101	29354	13670	21764	11642	6983
374504	1632939	1108545	920423	899063	794359	6901	84793	62175	91587	42647	19995
24297	71660	101152	99597	79812	54297	12	11119	5957	6272	345	303
93132	454432	322967	304108	431326	350976	1694	33549	14660	28566	18138	12001
258452	286331	200302	456933	415012	335144	1622	48309	45616	58547	19575	11310
198296	1101504	719396	87134	570162	579002	65	19166	13821	14211	1910	188
9072	107195	60577	37993	54463	49651	114	1275	-468	524	1020	879
45149	210539	178683	64917	170678	148642	804	12478	2809	9798	11527	6184
7411735	8484626	3679242	2788501	6297569	5917512	26878	62163	66437	319736	312920	224738
171067	206731	184533	109075	281123	251250	806	14879	18991	28395	14681	7348
144575	31308	18508	192822	43499	34599	256	10893	-276	1987	4116	2008

14-5 非公有制工业企业主要财务指标（2014）

单位：万元

类别	Item	企业单位数（个）Number of Enterprises (unit)	#亏损企业 Loss-making Enterprises	工业总产值 Gross Industrial Output Value
总计	**Total**	**1573**	**409**	**23505540**
煤炭开采及洗选业	Mining and Washing of Coal	43	17	775995
石油和天然气开采业	Extraction of Petroleum and Natural Gas	1		921
黑色金属矿采选业	Mining and Processing of Ferrous Metal Ores	41	12	872939
有色金属矿采选业	Mining and Processing of Non-Ferrous Metal Ores	40	11	722952
非金属矿采选业	Mining and Processing of Non-metal Ores	32	9	465502
开采辅助活动	Support Activities for Mining	8		87871
其他采矿业	Mining of Other Ores			
农副食品加工业	Processing of Food from Agricultural Products	282	52	3529433
食品制造业	Manufacture of Foods	70	8	1154304
酒、饮料和精茶制造业	Manufacture of Liquor, Beverages and Refined Tea	71	15	1605027
烟草制品业	Manufacture of Tobacco			
纺织业	Manufacture of Textile	26	4	297505
纺织服装、服饰业	Manufacture of Textile, Wearing Apparel and Accessories	10	1	95291
皮革、毛皮、羽毛(绒)及其制品和制鞋业	Manufacture of Leather, Fur, Feather and Related Products and Footwear	7	2	135567
木材加工及木.竹、藤、棕、草制品业	Processing of Timber, Manufacture of Wood, Bamboo, Rattan, Palm and Straw Products	2		4360
家具制造业	Manufacture of Furniture	3	2	14364
造纸及纸制品业	Manufacture of Paper and Paper Products	21	3	199788
印刷业和记录媒介复制业	Printing and Reproduction of Recording Media	8		37104
文教、工美、体育和娱乐用品制造业	Manufacture of Articles for Culture, Education, Arts and Crafts, Sport and Entertainment Activities	7		42874
石油加工、炼焦和核燃料加工业	Processing of Petroleum, Coking and Processing of Nuclear Fuel	6	1	258690
化学原料及化学制品制造业	Manufacture of Raw Chemical Materials and Chemical Products	104	40	1665012
医药制造业	Manufacture of Medicines	86	9	883456
化学纤维制造业	Manufacture of Chemical Fibers	2	1	55252
橡胶和塑料制品业	Manufacture of Rubber and Plastics Products	68	12	639166
非金属矿物制品业	Manufacture of Non-metallic Mineral Products	266	79	3485213
黑色金属冶炼和压延加工业	Smelting and Pressing of Ferrous Metals	57	27	1105620
有色金属冶炼和压延加工业	Smelting and Pressing of Non-ferrous Metals	41	17	2068246
金属制品业	Manufacture of Metal Products	66	14	677828
通用设备制造业	Manufacture of General Purpose Machinery	20	7	252331
专用设备制造业	Manufacture of Special Purpose Machinery	33	10	367698
汽车制造业	Manufacture of Automobile	6	3	97693
铁路、船舶、航空航天和其他运输设备制造业	Manufacture of Railway, Ship, Aerospace and Other Transport Equipments	3		59518
电气机械及器材制造业	Manufacture of Electrical Machinery and Apparatus	40	11	739160
计算机、通讯和其他电子设备制造业	Manufacture of Computers,Communicationt and Other Electronic Equipment	6	1	82795
仪器仪表制造业	Manufacture of Measuring Instruments and Machinery	3	1	16602
其他制造业	Other Manufacture	2	1	78382
废弃资源综合利用业	Utilization of Waste Resources	10	3	124774
金属制品、机械和设备修理业	Repair Service of Metal Products, Machinery and Equipment	1		9610
电力、热力生产和供应业	Production and Supply of Electric Power and Heat Power	74	34	717574
燃气生产和供应业	Production and Supply of Gas	6	1	79125
水的生产和供应业	Production and Supply of Water	1	1	

Non-public Sectors Of The Industrial Enterprises The Main Financial Indicators (2014)

(10 000 yuan)

工业销售产值 Sales Value of Industry Products	#出口交货值 Delivery Value for Export	全部从业人员年平均人数（人） Average Annual Employed Persons (person)	资产总计 Total Assets	#产成品 Finished Product	流动资产合计 Total Current Assets	固定资产合计 Total Fixed Assets
20529834	**187427**	**194912**	**25315044**	**1925345**	**11686016**	**8903565**
656388		8340	676410	76471	328122	288706
921		32	15956		2328	9460
727473		5166	642642	110557	407894	176236
538933		6060	818460	66206	480047	204856
376769		3673	286117	30813	138501	123152
84134		718	46709	349	14555	31742
3104849	39394	23805	2784360	401931	1534126	860174
1061999	10184	13292	1374608	87763	498250	211510
1437403	23108	12861	1303020	112319	681718	467023
280815		3866	215766	17742	140068	63307
94244	16865	2532	52111	3750	30486	16390
157224	150	1669	310220	168504	274075	33206
3914		98	8196	2034	6698	1444
9965		344	13753	1323	4722	6418
195725		3878	162853	14586	54267	81099
36394		715	49071	1354	23193	24401
41983		1044	23262	1106	9475	9723
243860		1170	228703	16631	69852	155519
1374593	152	14481	1490617	109013	625870	542946
764998	6249	9013	1084272	58789	568444	293047
45683		322	39244	6952	27786	11457
592112		6853	625573	89259	382383	178642
3002792	77641	31499	3837469	167977	1942197	1234181
950308		7177	570358	85567	340766	195396
1858501	1460	7493	1073703	143134	510845	428559
586232	77	6108	505940	42860	278063	118875
229319	1889	2531	314334	10849	199146	54732
335608	119	4491	427167	27334	241131	75120
92463		767	88339	4202	39322	39468
54260		250	25632	5517	22581	2994
526435		5307	581649	34038	400743	102063
74502	5374	1079	181319	13682	153280	18941
14086	4765	598	148419	1317	38253	9647
77815		178	45858	1944	35251	2993
112854		1266	119166	7216	56802	32624
9610		646	10117		9972	131
714140		4750	5001178	139	1073305	2763473
60535		778	85209	2119	38458	33770
		62	47265		3042	142

14-5 续表

单位：万元

类别	Item	固定资产原价 Original Value of Fixed Assets	固定资产净值 Net Value of Fixed Assets	负债合计 Total Liabilities
总计	**Total**	**13052587**	**8192173**	**14334042**
煤炭开采及洗选业	Mining and Washing of Coal	232830	145851	409218
石油和天然气开采业	Extraction of Petroleum and Natural Gas	8450	6320	9497
黑色金属矿采选业	Mining and Processing of Ferrous Metal Ores	652696	157333	463296
有色金属矿采选业	Mining and Processing of Non-Ferrous Metal Ores	360124	173953	496984
非金属矿采选业	Mining and Processing of Non-metal Ores	436659	108144	144519
开采辅助活动	Support Activities for Mining	36813	30621	10890
其他采矿业	Mining of Other Ores			
农副食品加工业	Processing of Food from Agricultural Products	1205085	772813	1459045
食品制造业	Manufacture of Foods	573393	182708	536245
酒、饮料和精茶制造业	Manufacture of Liquor, Beverages and Refined Tea	778783	436427	630517
烟草制品业	Manufacture of Tobacco			
纺织业	Manufacture of Textile	66797	53978	124616
纺织服装、服饰业	Manufacture of Textile, Wearing Apparel and Accessories	17658	15099	25482
皮革、毛皮、羽毛(绒)及其制品和制鞋业	Manufacture of Leather, Fur, Feather and Related Products and Footwear	31673	27397	219423
木材加工及木.竹、藤、棕、草制品业	Processing of Timber, Manufacture of Wood, Bamboo, Rattan, Palm and Straw Products	1845	1444	3336
家具制造业	Manufacture of Furniture	7807	6352	5749
造纸及纸制品业	Manufacture of Paper and Paper Products	94296	77707	73562
印刷业和记录媒介复制业	Printing and Reproduction of Recording Media	31843	24322	31800
文教、工美、体育和娱乐用品制造业	Manufacture of Articles for Culture, Education, Arts and Crafts, Sport and Entertainment Activities	12414	7761	8119
石油加工、炼焦和核燃料加工业	Processing of Petroleum, Coking and Processing of Nuclear Fuel	160267	155153	164780
化学原料及化学制品制造业	Manufacture of Raw Chemical Materials and Chemical Products	789948	502034	998726
医药制造业	Manufacture of Medicines	332038	238257	530116
化学纤维制造业	Manufacture of Chemical Fibers	142256	11457	23657
橡胶和塑料制品业	Manufacture of Rubber and Plastics Products	237394	173350	340596
非金属矿物制品业	Manufacture of Non-metallic Mineral Products	1753892	1169672	2018708
黑色金属冶炼和压延加工业	Smelting and Pressing of Ferrous Metals	202101	158838	405133
有色金属冶炼和压延加工业	Smelting and Pressing of Non-ferrous Metals	619678	314617	676100
金属制品业	Manufacture of Metal Products	244770	86126	238143
通用设备制造业	Manufacture of General Purpose Machinery	44025	27632	202447
专用设备制造业	Manufacture of Special Purpose Machinery	154136	71035	237159
汽车制造业	Manufacture of Automobile	50987	37845	45847
铁路、船舶、航空航天和其他运输设备制造业	Manufacture of Railway, Ship, Aerospace and Other Transport Equipments	3197	2813	8071
电气机械及器材制造业	Manufacture of Electrical Machinery and Apparatus	114309	89695	363857
计算机、通讯和其他电子设备制造业	Manufacture of Computers,Communicationt and Other Electronic Equipment	67759	14282	123040
仪器仪表制造业	Manufacture of Measuring Instruments and Machinery	15052	9647	40829
其他制造业	Other Manufacture	4097	2993	37376
废弃资源综合利用业	Utilization of Waste Resources	38937	27956	63833
金属制品、机械和设备修理业	Repair Service of Metal Products, Machinery and Equipment	788	131	5428
电力、热力生产和供应业	Production and Supply of Electric Power and Heat Power	3487835	2840248	3083548
燃气生产和供应业	Production and Supply of Gas	39731	30023	38248
水的生产和供应业	Production and Supply of Water	223	142	36101

continued

(10 000 yuan)

流动负债合计 Total Liquid Liabilities	所有者权益 Owners' Equity	主营业务收入 Revenue from Principal Business	主营业务成本 Cost of Principal Business	# 主营业务税金及附加 Taxes and Extra Charges from Principal Business	管理费用 Management Expenses	利润总额 Total Profits	利税总额 Total Profits and Taxes	税金总额 Total Taxes	本年应交增值税 Value Added Tax Payable
10102998	**10476267**	**16884374**	**14702563**	**118693**	**628408**	**528018**	**938234**	**507299**	**286136**
248249	259920	401854	361865	3354	21308	-2414	13953	20440	12952
		2754	1790	19	359	308	790	482	463
320006	169945	560302	511259	5303	16516	-5764	10390	17097	10807
405215	329427	379261	322741	5167	18071	15618	36445	25852	15660
101351	137687	261885	214053	2597	7927	21734	40689	19847	16088
10741	35819	90602	72986	3710	3903	8576	14016	5742	1730
1153749	1249046	2758743	2466471	4775	73544	96623	110270	22197	8827
434139	660157	1022005	847703	2486	46733	48628	61945	23708	10781
567940	589065	1058034	809237	47446	40671	56741	132146	90731	27958
86742	88695	264254	240615	558	6630	8291	9386	1660	470
22263	19856	95127	82121	485	4469	3872	6886	3481	2530
213109	80129	154218	120491	296	5599	8108	9806	2256	1373
2973	4860	4459	3684	16	102	553	572	55	3
5749	8004	6444	4476	32	1011	-48	145	218	148
61176	84255	166145	148471	528	6238	4965	8106	3520	2613
17307	17271	35235	29594	67	1405	2002	2326	603	257
3628	15143	36786	32427	78	1035	1442	1806	440	286
151276	60290	220547	212026	637	4653	-974	3164	5022	3501
688504	485939	1194115	1119967	2898	50834	-37028	-15173	25431	14710
406662	542852	707569	553792	4573	37248	74201	102342	36846	23518
18376	14747	33252	31940	99	372	432	695	410	164
290008	280773	520976	450244	2025	20206	16605	23429	9557	4692
1560146	1780880	2176356	1884037	12175	95898	64805	130005	76003	52940
368964	158601	846963	814897	1567	13567	-11386	-508	13845	9311
511308	391421	1572871	1467637	5757	33357	34609	51034	23943	10666
191114	255155	465799	412191	3973	15572	19654	30309	12898	6624
180266	110907	209630	177275	1304	11864	12619	17458	7205	3533
188940	183383	181039	155371	584	13551	-451	5443	7241	5289
44605	41658	27355	26446	54	5932	-427	-339	516	24
5957	14756	42177	38267	111	743	1146	1622	650	365
307691	210929	392586	353280	1285	15819	5651	12655	9329	5510
94944	51359	65605	57724	136	2378	4801	5685	1669	737
25588	107590	11679	6531	109	3739	2155	2740	853	477
484	8482	62981	61114	88	579	-524	-16	605	420
62009	55334	110378	98306	365	3580	3126	4611	1603	1119
5428	4689	8007	7352	180	349	180	1309	1129	949
1280367	1910372	682028	461933	3551	38360	65206	97039	32749	28276
31663	45711	50000	38891	305	4113	4598	5267	1518	364
34364	11163	4355	3362		174	-214	-214	-46	

14-6 按行业分规模以上工业企业主要经济效益指标（2014）

类别	Branch	总资产贡献率（%） Ratio of Profits,Taxes and Interests to Average Assets (%)		
		规模以上工业企业 Industrial Enterprises above Designated Size	国有及国有控股企业 State-owned and State-holding Enterprises	大中型企业 Large & Medium-sized Industrial Enterprises
总计	**Total**	**8.75**	**9.77**	**10.00**
煤炭开采及洗选业	Mining and Washing of Coal	6.93	7.25	7.30
石油和天然气开采业	Extraction of Petroleum and Natural Gas	39.17	39.26	39.26
黑色金属矿采选业	Mining and Processing of Ferrous Metal Ores	4.88	7.53	5.65
有色金属矿采选业	Mining and Processing of Non-Ferrous Metal Ores	8.86	13.29	16.69
非金属矿采选业	Mining and Processing of Non-metal Ores	15.64	42.51	25.07
开采辅助活动	Support Activities for Mining	19.85	2.63	18.31
其他采矿业	Mining of Other Ores			
农副食品加工业	Processing of Food from Agricultural Products	6.96	0.90	4.41
食品制造业	Manufacture of Foods	5.64	6.04	4.91
酒、饮料和精茶制造业	Manufacture of Liquor, Beverages and Refined Tea	9.80	5.31	14.38
烟草制品业	Manufacture of Tobacco	108.28	108.28	108.28
纺织业	Manufacture of Textile	4.63	-0.76	2.04
纺织服装、服饰业	Manufacture of Textile, Wearing Apparel and Accessories	14.21		13.45
皮革、毛皮、羽毛（绒）及其制品和制鞋业	Manufacture of Leather, Fur, Feather and Related Products and Footwear	7.10	7.50	7.73
木材加工及木．竹、藤、棕、草制品业	Processing of Timber, Manufacture of Wood, Bamboo, Rattan, Palm and Straw Products	2.76		
家具制造业	Manufacture of Furniture	3.83		
造纸及纸制品业	Manufacture of Paper and Paper Products	5.91	0.43	6.71
印刷业和记录媒介复制业	Printing and Reproduction of Recording Media	7.91	8.11	7.81
文教、工美、体育和娱乐用品制造业	Manufacture of Articles for Culture, Education, Arts and Crafts, Sport and Entertainment Activities	10.43		
石油加工、炼焦和核燃料加工业	Processing of Petroleum, Coking and Processing of Nuclear Fuel	25.44	26.31	25.54
化学原料及化学制品制造业	Manufacture of Raw Chemical Materials and Chemical Products	1.23	1.48	0.38
医药制造业	Manufacture of Medicines	12.97	17.26	18.15
化学纤维制造业	Manufacture of Chemical Fibers	2.34		
橡胶和塑料制品业	Manufacture of Rubber and Plastics Products	5.20	5.51	5.27
非金属矿物制品业	Manufacture of Non-metallic Mineral Products	6.62	13.13	7.42
黑色金属冶炼和压延加工业	Smelting and Pressing of Ferrous Metals	3.28	3.34	3.36
有色金属冶炼和压延加工业	Smelting and Pressing of Non-ferrous Metals	2.76	2.52	2.68
金属制品业	Manufacture of Metal Products	5.72	4.55	4.02
通用设备制造业	Manufacture of General Purpose Machinery	4.55	3.71	5.12
专用设备制造业	Manufacture of Special Purpose Machinery	4.20	4.58	4.47
汽车制造业	Manufacture of Automobile	0.37		
铁路、船舶、航空航天和其他运输设备制造业	Manufacture of Railway, Ship, Aerospace and Other Transport Equipments	5.36	5.19	5.19
电气机械及器材制造业	Manufacture of Electrical Machinery and Apparatus	4.06	4.66	4.68
计算机、通讯和其他电子设备制造业	Manufacture of Computers,Communicationt and Other Electronic Equipment	7.11	1.67	8.24
仪器仪表制造业	Manufacture of Measuring Instruments and Machinery	2.49	4.93	
其他制造业	Other Manufacture	0.68	0.64	0.64
废弃资源综合利用业	Utilization of Waste Resources	4.52	3.1	2.9
金属制品、机械和设备修理业	Repair Service of Metal Products, Machinery and Equipment	5.63	5.35	5.63
电力、热力生产和供应业	Production and Supply of Electric Power and Heat Power	5.11	5.31	5.58
燃气生产和供应业	Production and Supply of Gas	9.46	10.14	8.42
水的生产和供应业	Production and Supply of Water	0.49	0.30	1.03

Main Economic Benefit Index of Industrial Enterprises above Designated Size by Industrial Sector（2014）

资产负债率（%） Ratio of Debts to Assets (%)			流动资产周转次数（次/年） Turnover of Current Assets (times/year)			工业成本费用利润率（%） Ratio of Profits to Total Industrial Costs (%)			产品销售率（%） Sales Ratio of Products(%)		
规模以上工业企业 Industrial Enterprises above Designated Size	国有及国有控股企业 State-owned and State-holding Enterprises	大中型企业 Large & Medium-sized Industrial Enterprises	规模以上工业企业 Industrial Enterprises above Designated Size	国有及国有控股企业 State-owned and State-holding Enterprises	大中型企业 Large & Medium-sized Industrial Enterprises	规模以上工业企业 Industrial Enterprises above Designated Size	国有及国有控股企业 State-owned and State-holding Enterprises	大中型企业 Large & Medium-sized Industrial Enterprises	规模以上工业企业 Industrial Enterprises above Designated Size	国有及国有控股企业 State-owned and State-holding Enterprises	大中型企业 Large & Medium-sized Industrial Enterprises
63.49	**65.64**	**63.54**	**2.22**	**2.55**	**2.52**	**2.73**	**2.45**	**2.45**	**93.93**	**96.78**	**96.15**
64.06	64.93	64.51	1.30	1.32	1.28	1.40	1.42	1.64	93.30	96.55	94.93
49.12	49.09	49.09	4.81	4.83	4.83	90.01	90.12	90.12	96.56	96.56	96.56
73.61	76.42	79.14	1.19	0.55	0.52	1.13	21.81	4.93	85.47	100.37	86.67
53.57	39.88	34.33	1.15	1.91	2.00	8.14	13.75	20.15	85.10	106.43	115.94
44.38	64.50	38.08	2.06	7.62	7.14	8.17	1.76	4.47	81.67	96.52	81.04
41.96	71.48	43.22	1.35	0.77	1	20.97	3.03	26.38	83.21	69.95	77.02
54.25	41.02	42.82	1.70	1.72	2.09	5.54	-1.08	2.50	88.32	92.22	100.93
39.89	78.09	30.91	2.01	0.93	2.28	5.23	6.75	4.68	91.47	67.15	92.00
56.29	90.57	57.53	1.39	0.69	1.56	4.96	-2.07	7.87	87.93	75.83	89.12
28.19	28.19	28.19	1.75	1.75	1.75	34.51	34.51	34.51	99.75	99.75	99.75
55.63	60.74	48.59	1.72	0.94	1.36	2.23	-4.15	0.27	89.71	101.50	101.46
49.48		49.89	2.90		3.19	4.45		3.43	98.92		100.00
68.90	49.58	68.67	0.68	1.69	0.58	5.19	7.06	7.13	107.16	108.92	120.98
15.14			0.47			9.24			91.76		
41.80			1.37			-0.74			69.37		
44.47	22.92	41.53	3.01	1.53	7.51	2.91	0.39	4.04	97.36	86.69	92.37
46.85	39.40	42.44	1.34	1.24	1.14	6.41	6.78	6.20	85.24	77.59	74.65
34.90			3.88			3.94			97.92		
64.14	63.92	64.35	3.77	3.78	3.78	-2.62	-2.69	-2.69	99.66	99.83	99.87
55.90	48.40	58.62	2.08	2.01	2.29	-1.97	-1.82	-3.04	88.03	92.35	89.82
43.53	32.59	37.73	1.04	0.76	0.98	20.23	52.53	44.29	90.51	104.08	95.77
60.28			1.20			1.32			82.68		
55.55	53.29	64.76	1.40	1.26	0.74	2.90	2.19	3.20	90.96	82.91	101.59
53.99	54.35	54.00	1.30	2.11	1.05	5.50	12.55	8.06	87.89	92.69	82.62
68.86	68.52	68.73	2.95	3.01	3.00	-0.61	-0.54	-0.56	97.22	98.51	97.69
65.03	64.96	65.04	3.00	2.98	3.00	-0.16	-0.34	-0.23	94.94	95.68	95.83
52.36	57.33	49.09	1.14	0.72	0.64	4.16	3.70	5.16	87.75	89.33	101.42
63.34	60.59	71.92	0.84	0.71	0.83	4.25	2.54	3.82	86.48	83.65	86.86
62.54	64.78	63.95	0.83	0.85	0.81	5.20	6.06	5.99	90.34	90.40	89.23
51.90			0.74			-1.20			94.65		
38.54	39.54	39.54	0.83	0.64	0.64	6.35	8.48	8.48	95.96	99.30	99.30
68.43	72.09	59.82	0.89	0.82	0.90	3.13	4.30	3.24	82.14	86.69	80.96
44.71	61.99	38.03	1.12	0.53	1.43	10.20	3.18	11.45	93.02	81.22	94.43
27.17	14.74		0.40	1.52		13.50	1.04		88.00	98.59	
92.25	92.67	92.67	0.84	0.80	0.80	2.02	2.32	2.32	99.61	99.65	99.65
62.93	71.54	73.83	1.85	2.11	1.23	2.04	0.02	-0.85	92.12	98.89	97.94
76.43	77.3	76.43	1.01	1.03	1.01	1.63	1.59	1.63	98.71	98.63	98.71
73.87	77.25	75.22	2.11	2.75	3.48	2.63	1.93	1.04	98.54	98.44	98.41
61.08	64.95	65.46	2.62	2.99	2.82	7.75	7.52	6.4	95.77	99.96	99.92
31.17	25.45	13.97	1.72	1.74	2.29	-4.04	-4.00	-0.61	93.02	93.02	98.48

14-7 主要工业产品产量
Output of Major Industrial Products

产品名称	Product Name	2010	2011	2012	2013	2014
原煤（万吨）	Coal (10 000 tons)	4547.20	4700.65	4878.08	4497.30	4691.73
天然原油（万吨）	Crude Petroleum Oil (10 000 tons)	382.14	502.66	629.52	710.39	771.97
天然气（万立方米）	Natural Gas (10 000 cu.m)	10344	8146	12792	11231	12973
铁矿石原矿（万吨）	Iron Ore (10 000 tons)	991.62	963.69	1214.16	1763.02	1962.59
小麦粉（万吨）	Wheatmeal (10 000 tons)	151.08	127.51	162.57	139.33	141.79
饮料、酒（万千升）	Drinks (10 000kl)	71.54	69.60	71.69	73.73	77.82
软饮料（万吨）	Soft Drinks (10 000 tons)	138.43	92.99	110.11	174.96	225.42
卷烟（万箱）	Cigarettes (10 000 cases)	80.00	82.00	88.00	94.00	100.00
原油加工量（万吨）	Crude Oil Processing (10 000 tons)	1383.54	1613.53	1520.52	1554.21	1446.44
焦炭（万吨）	Coke (10 000 tons)	244.32	263.24	337.46	458.24	583.27
硫酸（万吨）	Sulfuric Acid (10 000 tons)	247.00	258.72	313.25	275.84	347.58
烧碱（万吨）	Caustic Soda (10 000 tons)	21.69	24.75	24.89	22.33	20.06
纯碱（万吨）	Soda Ash (10 000 tons)	13.66	18.98	20.12	20.80	16.09
电石（万吨）	Calcium Carbide (10 000 tons)	97.54	102.10	126.79	126.75	150.09
乙烯（万吨）	Ethene (10 000 tons)	69.48	69.39	64.67	63.16	62.99
农用化肥（万吨）	Chemical Fertilizer (10 000 tons)	81.32	62.17	79.20	58.75	49.22
化学农药（万吨）	Chemical Pesticide (10 000 tons)	0.13	0.14	0.17	0.21	0.28
塑料制品（万吨）	Plastic Products (ton)	13.88	11.81	19.03	35.59	29.95
水泥（万吨）	Cement (10 000 tons)	2414.11	2746.82	3515.06	4412.72	4925.52
平板玻璃（万重量箱）	Plate Glass (10 000 weight cases)	653.89	577.14	496.79	600.07	538.32
生铁（万吨）	Pig Iron (10 000 tons)	625.49	769.28	746.60	897.49	898.78
粗钢（万吨）	Crude Steel (10 000 tons)	662.25	819.80	810.16	1024.33	1073.98
钢材（万吨）	Rolled Steel (10 000 tons)	699.17	812.75	883.04	1021.57	1108.12
铁合金（万吨）	Iron Alloy (10 000 tons)	119.49	129.25	128.12	141.06	118.23
十种有色金属（万吨）	Ten Kinds of Nonferrous Metals (10 000 tons)	191.53	219.23	294.10	323.69	347.66
铜（万吨）	Copper (10 000 tons)	44.79	62.54	70.86	77.96	89.23
铅（万吨）	Lead (10 000 tons)	2.69	1.91	2.15	3.08	2.36
锌（万吨）	Zinc (10 000 tons)	23.51	24.42	32.08	27.45	27.35
镍（万吨）	Nickel (10 000 tons)	12.98	12.70	12.78	14.39	14.82
铝（万吨）	Aluminium (10 000 tons)	104.40	117.41	176.00	200.51	213.90
汽车（辆）	Motor Vehicles (set)	20718	20634	24199	21462	6998
发电设备（万千瓦小时）	Power Generating Equipment (10 000 kw·h)	3.53	4.15	6.20	8.80	0.20
变压器（万千伏安）	Power Transformer (10 000 kva)	221.95	224.99	294.02	360.67	360.80
集成电路（万块）	Integrated Circuits (10 000 units)	550307	652805	721012	915904	1156971
发电量（亿千瓦小时）	Electricity (100 million kw·h)	791.53	1027.91	1083.25	1148.60	1129.93
#火力发电量	Fire Power	502.29	709.91	717.51	734.64	724.76
#水力发电量	Hydraulic Power	262.32	252.03	294.61	283.60	274.14

14-8 规模以上工业主要产品年末生产能力

Production Capacity of Major Products of Industrial Enterprises above Designated Size Enterprises above Designated Size（Year-end）

产品名称	Product name	2011	2012	2013	2014
原煤（万吨）	Coal (10 000 tons)	4964.18	5273.01	5475.79	5361.09
卷烟（亿支）	Cigarettes (100 million pieces)	500.85	500.85	554.85	608.85
原油加工量（万吨）	Crude Oil Processing (10 000 tons)	1600.00	1601.24	1600.00	1600.00
焦炭（万吨）	Coke (10 000 tons)	435.00	485.00	755.00	767.50
碳化钙（万吨）	Calcium Carbide(10 000 tons)	131.10	143.89	150.62	185.25
农用氮、磷、钾化学肥料总计（万吨）	Chemical Fertilizer (10 000 tons)	97.28	116.46	108.78	128.26
水泥熟料（万吨）	Cement Clinker(10 000 tons)	3216.15	3380.84	3786.71	3957.29
水泥（万吨）	Cement (10 000 tons)	4523.13	5189.35	6108.84	6621.48
平板玻璃（万重量箱）	Plate Glass (10 000 weight cases)	610.68	500.00	610.68	600.00
生铁（万吨）	Pig Iron (10 000 tons)	789.00	908.15	1057.86	1019.80
粗钢（万吨）	Crude Steel (10 000 tons)	905.00	1035.60	1240.85	1303.90
钢材（万吨）	Rolled Steel (10 000 tons)	883.74	1159.13	1272.86	1190.67
铁合金（万吨）	Iron Alloy (10 000 tons)	158.92	191.43	177.09	159.70
原铝（万吨）	Primary Aluminium (10 000 tons)	191.00	206.00	259.00	296.70
汽车（万辆）	Motor Vehicles(10 000 sets)	12.00	12.00	12.00	12.00
#轿车	Cars(10 000 sets)	12.00	12.00	12.00	12.00
发电设备容量总计（万千瓦）	Electricity(10 000 kwh)	2588.45	2690.63	3030.00	3347.90
火电设备容量总计	Fire Power	1524.30	1544.30	1652.00	1683.30
水电设备容量总计	Hydropower	533.91	572.24	608.86	652.80
核电设备容量总计	Nuclear Power				
风电设备容量总计	Wind Power	514.76	551.81	658.71	737.60

14-9 国有及国有控股企业主要指标（2014）
Major Indicators of State-owned and State-holding Industrial Enterprises(2014)

单位：亿元 (100 million yuan)

指标	Item	全省 Total	国有及国有控股企业 State-owned and State-holding Industrial Enterprises	占全省比重(%) Proportion	国有及国有控股大中型企业 Large and Medium-sized State-owned and State-holding Industrial Enterprises	占全省比重(%) Proportion
企业单位数（个）	Number of Enterprises (unit)	2091	414	19.80	160	7.65
就业人员（万人）	Year-end Employees (10 000 persons)	64.66	42.03	65.00	38.96	60.25
工业总产值	Gross Output Value	8395.87	5780.02	68.84	5328.74	63.47
年末资产总计	Total Property (year-end)	11348.25	8536.46	75.22	7377.32	65.01
流动资产合计	Total Current Assets	4239.79	2937.82	69.29	2676.59	63.13
固定资产合计	Total Fixed Assets	5275.55	4287.24	81.27	3525.97	66.84
年末负债合计	Total Liabilities (year-end)	7205.54	5603.15	77.76	4803.29	66.66
年末所有者权益	Owners' Equity (year-end)	4079.08	2922.02	71.63	2564.71	62.87
#实收资本	Paid-up Capital	2438.11	1736.67	71.23	1431.45	58.71
主营业务收入	Revenue from Principal Business	9275.09	7364.56	79.40	7094.37	76.49
主营业务税金及附加	Taxes and Extra Charges from Principal Business	309.64	296.44	95.74	295.33	95.38
利润总额	Total Profits	243.17	172.66	71.00	154.20	63.41
税金总额	Total Taxes	796.30	678.08	85.15	648.17	81.40
亏损企业数（个）	Number of Loss-making Enterprises (unit)	563	124	22.02	49	8.70
亏损企业亏损额	Total Losses Loss-making Enterprises	123.04	95.42	77.55	89.41	72.67

14-10 支柱工业主要指标占全省比重
Proportion to Total Industry in Gansu of Main Indicators of Pillar Industry

单位：% (%)

指标	Item	2010	2011	2012	2013	2014
单位数	Number of Enterprises	77.11	77.68	73.72	72.14	70.59
就业人员	Year-end Employees	84.64	84.32	82.40	80.46	81.64
工业总产值	Gross Output Value of Industry	92.75	98.52	90.67	88.91	88.05
工业增加值	Value Added	91.62	92.90	90.23	87.50	87.98
年末资产总计	Total Assets (year-end)	90.86	90.88	89.65	89.33	88.71
负债合计	Total Liabilities	91.77	92.09	91.18	90.75	90.19
利润总额	Total Profits	86.78	87.43	87.36	78.91	77.31
利税总额	Total Profits and Taxes	92.68	92.83	92.38	88.10	89.67
工业销售产值	Sales Value of Industry Products	92.87	92.99	90.75	87.82	88.52

14-11 支柱工业主要指标
Main Indicators of Pillar Industry

行业	Sector	2011	2012	2013	2014	2014年比2013年增长(%) Increase Rate in 2014 over 2013(%)
单位数（个）	**Number of Enterprises (unit)**	**1065**	**1279**	**1437**	**1476**	**2.7**
石化工业	Petrochemical Industry	181	208	226	240	6.2
有色工业	Ferrous Industry	87	104	115	122	6.1
电力工业	Power Industry	138	163	193	232	20.2
冶金工业	Metallurgical Industry	103	135	133	113	-15.0
机械工业	Machinery Industry	189	205	241	238	-1.2
食品工业	Food Industry	297	385	440	466	5.9
煤炭工业	Coal Industry	70	79	89	65	-27.0
就业人员（万人）	**Year-end Employees (10 000 persons)**	**50.46**	**52.31**	**49.70**	**52.79**	**6.2**
石化工业	Petrochemical Industry	11.23	11.24	10.84	10.48	-3.3
有色工业	Ferrous Industry	9.32	9.39	9.70	9.27	-4.4
电力工业	Power Industry	5.69	5.88	5.94	8.62	45.1
冶金工业	Metallurgical Industry	5.39	5.68	5.48	5	-8.8
机械工业	Machinery Industry	6.63	6.21	6.25	5.98	-4.3
食品工业	Food Industry	6.02	6.12	6.23	6	-3.7
煤炭工业	Coal Industry	6.17	7.79	5.26	7.44	41.4
工业增加值（亿元）	**Value-added (100 million yuan)**	**1656.33**	**1742.74**	**1789.7**	**1821.1**	**8.4**
石化工业	Petrochemical Industry	560.08	559.90	543.3	639.9	8.3
有色工业	Ferrous Industry	265.93	316.14	330.2	301.1	10.8
电力工业	Power Industry	214.69	167.52	178.8	205.3	3.0
冶金工业	Metallurgical Industry	210.70	191.25	193.3	164.0	12.0
机械工业	Machinery Industry	107.83	123.92	147.5	146.5	13.7
食品工业	Food Industry	171.32	217.50	246.1	255.1	8.7
煤炭工业	Coal Industry	125.78	166.51	150.5	109.2	0.0
年末资产总计（亿元）	**Total Assets (year-end) (100 million yuan)**	**6966.08**	**8198.94**	**9310.82**	**10067.34**	**8.1**
石化工业	Petrochemical Industry	1307.19	1530.75	1644.82	1725.16	4.9
有色工业	Ferrous Industry	1611.04	1997.91	2284.22	2318.42	1.5
电力工业	Power Industry	1596.94	1774.02	2047.99	2378.45	16.1
冶金工业	Metallurgical Industry	1202.28	1364.65	1563.52	1642.38	5.0
机械工业	Machinery Industry	431.23	493.78	596.99	731.53	22.5
食品工业	Food Industry	437.03	593.38	682.80	754.07	10.4
煤炭工业	Coal Industry	380.37	444.45	490.47	517.33	5.5

14-11 续表 continued

行业	Sector	2011	2012	2013	2014	2014年比2013年增长(%) Increase Rate in 2014 over 2013(%)
负债合计（亿元）	**Total Liabilities (100 million yuan)**	**4520.10**	**5199.08**	**6068.26**	**6498.37**	**7.1**
石化工业	Petrochemical Industry	679.57	819.80	949.28	978.42	3.1
有色工业	Ferrous Industry	1014.46	1187.08	1474.51	1488.21	0.9
电力工业	Power Industry	1232.27	1332.55	1546.28	1756.98	13.6
冶金工业	Metallurgical Industry	867.72	996.94	1077.78	1135.58	5.4
机械工业	Machinery Industry	255.33	289.48	359.09	446.16	24.2
食品工业	Food Industry	230.58	295.70	353.05	361.61	2.4
煤炭工业	Coal Industry	240.17	277.54	308.27	331.41	7.5
利润总额（亿元）	**Total Profit (100 million yuan)**	**234.39**	**249.16**	**237.11**	**188.00**	**-20.7**
石化工业	Petrochemical Industry	68.78	127.30	136.39	113.26	-17.0
有色工业	Ferrous Industry	68.05	31.75	14.57	1.47	-89.9
电力工业	Power Industry	0.04	12.35	31.15	20.24	-35.0
冶金工业	Metallurgical Industry	26.31	6.42	-7.81	-9.45	
机械工业	Machinery Industry	18.85	16.54	11.48	15.64	36.2
食品工业	Food Industry	22.00	31.91	36.44	43.68	19.9
煤炭工业	Coal Industry	30.36	22.90	14.88	3.16	-78.8
利税总额（亿元）	**Total Profits and Taxes (100 million yuan)**	**654.31**	**706.09**	**677.00**	**714.08**	**5.5**
石化工业	Petrochemical Industry	283.21	363.08	358.65	380.73	6.2
有色工业	Ferrous Industry	98.97	66.49	38.46	43.90	14.2
电力工业	Power Industry	29.81	47.26	64.42	53.63	-16.7
冶金工业	Metallurgical Industry	54.90	27.06	9.41	17.94	90.7
机械工业	Machinery Industry	32.79	26.74	20.22	24.81	22.7
食品工业	Food Industry	95.13	122.92	143.87	164.53	14.4
煤炭工业	Coal Industry	59.50	52.54	41.97	28.54	-32.0
工业销售产值（亿元）	**Sales Value of Industry Products (100 million yuan)**	**5483.02**	**5949.77**	**6660.96**	**6980.52**	**4.8**
石化工业	Petrochemical Industry	1959.09	1969.96	1936.77	1930.05	-0.3
有色工业	Ferrous Industry	1026.45	1178.52	1324.03	1497.54	13.1
电力工业	Power Industry	619.99	732.80	806.12	776.39	-3.7
冶金工业	Metallurgical Industry	854.87	815.67	1024.48	1144.96	11.8
机械工业	Machinery Industry	356.93	414.05	569.82	552.85	-3.0
食品工业	Food Industry	440.03	587.42	698.25	771.12	10.4
煤炭工业	Coal Industry	225.66	251.35	301.48	307.61	2.0

14-12 各地区规模以上工业企业主要经济指标（2014）

Main Economic Indicators of Industrial Enterprises above Designated Size by Region(2014)

单位：亿元 (100 million yuan)

指标	Item	兰州市 Lanzhou	嘉峪关市 Jiayuguan	金昌市 Jinchang	白银市 Baiyin	天水市 Tianshui
企业单位数（个）	Number of Enterprises (unit)	387	49	93	149	160
亏损企业	Loss-making Enterprises	99	25	26	45	30
工业总产值（当年价格）	Gross Output Value (At Current Prices)	2839.94	929.07	808.50	667.56	248.80
按登记注册类型分	Grouped by Registration Categories					
内　资	Domestic Funded Enterprises	2717.62	929.07	808.50	644.60	241.08
港澳台商投资企业	Enterprises with Investment from Hong Kong ,Macao and Taiwan	55.70			3.41	
外商投资企业	Enterprises with Investment from Foreign	66.63			19.55	7.72
按轻重工业分	Grouped by Light and Heavy Industries					
轻工业	Light Industry	339.97	9.03	14.15	46.02	58.57
重工业	Heavy Industry	2499.97	920.04	794.35	621.54	190.23
按企业规模分	Grouped by Size of Enterprises					
大型企业	Large Enterprises	1926.64	831.35	624.89	460.07	76.54
中型企业	Medium-size Enterprises	415.98	64.23	139.99	53.65	74.96
小型企业	Small Enterprises	497.32	33.49	43.62	153.84	97.31
工业销售产值（当年价格）	Sales Value of Industry Products (At Current Prices)	2673.15	918.73	789.77	625.07	228.03
#出口交货值	Delivery Value for Export	18.29	3.64	27.09	2.45	24.32
全部就业人员年平均人数（人）	Average Annual Employed Persons (person)	197272	40513	54938	67949	40532
年末资产总计	Total Assets (Year-end)	2648.76	1678.05	1742.36	925.05	311.87
流动资产合计	Total Current Assets	1043.18	590.62	759.77	389.18	150.46
#存　货	Stock	461.15	172.79	425.06	138.41	45.65
#产成品	Finished Product	83.07	44.55	144.26	37.98	17.30
固定资产合计	Total Fixed Assets	1295.66	546.15	686.25	332.28	111.59
固定资产原价合计	Total Original Value of Fixed Assets	1956.82	889.92	864.33	507.05	142.50
累计折旧	Accumulative Total Depreciation	837.64	345.15	198.86	216.19	51.41
年末负债合计	Total Liabilities at Year-end	1702.92	1100.77	1161.95	593.48	181.87
#流动负债	Total Liquid Liabilities	1146.94	816.58	806.26	410.04	111.88
长期负债	Long-term Liabilities	547.71	266.57	353.16	171.64	55.30
年末所有者权益	Creditors'Equity at Year-end	933.62	577.26	580.21	329.29	119.44
实收资本	Actural Capital	479.31	203.54	409.31	159.33	63.28
主营业务收入	Revenue from Principal Business	2310.74	1528.72	2254.53	784.25	191.12
#主营业务成本	Cost of Principal Business	1979.40	1406.68	2187.88	736.05	157.87
主营业务税金及附加	Taxes and Extra Charges from Principal Business	179.12	4.14	3.73	3.74	1.07
其他业务利润	Other Bussiness Profits	3.67	3.48	0.52	3.71	0.88
管理费用	Management Expenses	96.01	54.87	24.74	19.96	14.24
#税　金	Tax	3.02	2.03	3.25	1.80	0.79
利润总额	Total Profits	-9.54	12.67	3.33	9.42	8.04
利税总额	Total Profits and Taxes	248.19	41.03	31.81	29.14	15.04
税金总额	Total Taxes	269.68	34.32	33.52	24.89	9.34
工业企业本年应交增值税	Value-added Tax Payable	77.30	24.21	24.75	15.91	5.89

14-12 续表 1 continued

单位：亿元 (100 million yuan)

指标	Item	武威市 Wuwei	张掖市 Jiuquan	平凉市 Pingliang	酒泉市 Jiuquan	庆阳市 Qingyang
企业单位数（个）	Number of Enterprises (unit)	208	203	121	292	111
亏损企业	Loss-making Enterprises	68	66	24	100	8
工业总产值（当年价格）	Gross Output Value (At Current Prices)	481.10	280.70	238.26	763.87	748.83
按登记注册类型分	Grouped by Registration Categories					
内　资	Domestic Funded Enterprises	476.61	272.40	238.26	753.93	747.55
港澳台商投资企业	Enterprises with Investment from Hong Kong ,Macao and Taiwan	4.48			2.87	
外商投资企业	Enterprises with Investment from Foreign		8.30		7.06	1.28
按轻重工业分	Grouped by Light and Heavy Industries					
轻工业	Light Industry	284.51	132.41	48.98	95.87	37.99
重工业	Heavy Industry	196.58	148.29	189.28	667.99	710.84
按企业规模分	Grouped by Size of Enterprises					
大型企业	Large Enterprises	111.44	10.99	75.91	213.79	660.24
中型企业	Medium-size Enterprises	79.64	64.21	95.30	58.00	15.60
小型企业	Small Enterprises	290.02	205.50	67.05	492.07	72.99
工业销售产值（当年价格）	Sales Value of Industry Products (At Current Prices)	421.98	247.73	226.08	680.81	723.81
# 出口交货值	Delivery Value for Export	1.37	0.91	0.03	1.76	2.58
全部从业人员年平均人数（人）	Average Annual Employed Persons (person)	32451	24792	46779	47351	44156
年末资产总计	Total Assets (Year-end)	457.75	334.82	395.12	1292.24	777.25
流动资产合计	Total Current Assets	177.29	155.47	117.70	450.84	139.08
# 存　货	Stock	56.47	59.14	29.92	112.55	19.20
# 产成品	Finished Product	31.65	44.19	18.44	35.46	7.82
固定资产合计	Total Fixed Assets	176.12	163.94	241.95	707.73	623.90
固定资产原价合计	Total Original Value of Fixed Assets	290.56	216.70	388.24	1052.02	892.44
累计折旧	Accumulative Total Depreciation	137.95	74.13	160.39	380.86	301.48
年末负债合计	Total Liabilities at Year-end	269.56	204.63	254.86	859.50	375.64
# 流动负债	Total Liquid Liabilities	152.09	123.43	170.61	430.69	132.88
长期负债	Long-term Liabilities	83.94	71.41	76.74	385.31	237.59
年末所有者权益	Owners' Equity at Year-end	167.90	127.70	139.35	427.67	397.85
实收资本	Actural Capital	84.92	80.50	69.33	345.34	360.32
主营业务收入	Revenue from Principal Business	357.11	179.55	204.69	490.69	645.14
# 主营业务成本	Cost of Principal Business	318.78	156.01	165.20	404.10	367.57
主营业务税金及附加	Taxes and Extra Charges from Principal Business	0.96	1.17	2.45	25.98	82.91
其他业务利润	Other Bussiness Profits	0.13	0.19	0.18	0.37	-0.21
管理费用	Management Expenses	11.00	7.51	13.73	17.82	14.43
# 税　金	Taxes	1.19	0.48	1.23	1.05	4.92
利润总额	Total Profits	6.66	4.95	8.22	13.53	162.59
利税总额	Total Profits and Taxes	10.58	10.81	25.02	51.20	291.33
税金总额	Total Taxes	5.81	7.29	19.36	40.39	134.04
工业企业本年应交增值税	Value-added Tax Payable	2.60	4.64	14.24	11.65	43.45

14-12 续表 2 continued

单位：亿元 (100 million yuan)

指标	Item	定西市 Dingxi	陇南市 Longnan	临夏州 Linxia	甘南州 Gannan
企业单位数（个）	Number of Enterprises (unit)	142	89	53	34
亏损企业	Loss-making Enterprises	28	20	10	14
工业总产值（当年价格）	Gross Output Value (At Current Prices)	137.71	133.58	85.24	32.71
按登记注册类型分	Grouped by Registration Categories				
内 资	Domestic Funded Enterprises	137.46	127.39	84.34	32.71
港澳台商投资企业	Enterprises with Investment from Hong Kong ,Macao and Taiwan		6.19	0.90	
外商投资企业	Enterprises with Investment from Foreign	0.26			
按轻重工业分	Grouped by Light and Heavy Industries				
轻工业	Light Industry	66.00	28.24	36.69	6.46
重工业	Heavy Industry	71.71	105.34	48.56	26.25
按企业规模分	Grouped by Size of Enterprises				
大型企业	Large Enterprises	4.01	27.68	9.39	
中型企业	Medium-size Enterprises	25.30	38.10	31.93	13.67
小型企业	Small Enterprises	108.40	67.81	43.92	19.05
工业销售产值（当年价格）	Sales Value of Industry Products (At Current Prices)	122.02	120.38	78.56	29.97
#出口交货值	Delivery Value for Export	0.45	0.93	0.82	0.21
全部从业人员年平均人数（人）	Average Annual Employed Persons (person)	15938	17235	11908	4809
年末资产总计	Total Assets (Year-end)	215.01	284.06	157.96	127.94
流动资产合计	Total Current Assets	83.20	96.06	58.88	28.05
#存 货	Stock	29.56	21.11	26.82	4.76
#产成品	Finished Product	12.71	9.68	21.81	1.92
固定资产合计	Total Fixed Assets	98.34	119.30	83.08	89.26
固定资产原价合计	Total Original Value of Fixed Assets	109.26	147.33	114.93	110.33
累计折旧	Accumulative Total Depreciation	26.20	37.65	48.08	23.01
年末负债合计	Total Liabilities at Year-end	129.63	165.11	108.97	96.66
#流动负债	Total Liquid Liabilities	74.90	109.08	70.30	40.32
长期负债	Long-term Liabilities	45.37	50.39	34.80	49.87
年末所有者权益	Owners' Equity at Year-end	83.61	117.20	46.95	31.03
实收资本	Actural Capital	51.71	78.95	29.73	22.53
主营业务收入	Revenue from Principal Business	114.64	113.05	69.92	30.94
#主营业务成本	Cost of Principal Business	98.32	78.99	59.96	20.97
主营业务税金及附加	Taxes and Extra Charges from Principal Business	0.37	3.54	0.29	0.16
其他业务利润	Other Bussiness Profits	0.04	0.08	0.01	0.06
管理费用	Management Expenses	4.61	7.01	2.43	2.18
#税 金	Taxes	0.24	0.22	0.14	0.03
利润总额	Total Profits	4.87	13.04	2.41	2.99
利税总额	Total Profits and Taxes	7.84	24.87	4.88	4.54
税金总额	Total Taxes	3.81	14.27	6.62	2.35
工业企业本年应交增值税	Value-added Tax Payable	2.58	8.27	2.17	1.38

14-13 各地区规模以上工业增加值及效益指标（2014）
Value-added of Industry and Main Indicators on Economic Benefit of Industrial Enterprises above Designated Size by Region（2014）

地区	Region	工业增加值（亿元）Value-added of Industry (100 million yuan)	工业增加值指数（可比价）（上年=100）Indices of Value-added of Industry（At Comparable Prices) (preceding year=100）	总资产贡献率（%）Ratio of Profits,Taxes and Interests to Average Assets (%)	资产负债率（%）Ratio of Debts to Assets (%)	流动资产周转次数（次/年）Turnover of Current Assets (time/year)	工业成本费用利润率（%）Ratio of Profits to Total Industrial Costs (%)	产品销售率（%）Sales Ratio of Products (%)
兰州市	Lanzhou	565.0	108.1	11.10	64.29	2.28	-0.43	94.13
嘉峪关市	Jiayuguan	147.8	111.3	4.77	65.60	2.65	0.81	98.89
金昌市	Jinchang	139.9	107.6	3.23	66.69	2.98	0.15	97.68
白银市	Baiyin	161.0	110.0	4.52	64.16	2.05	1.19	93.64
天水市	Tianshui	113.2	110.5	6.76	58.31	1.30	4.25	91.65
武威市	Wuwei	97.1	110.8	3.74	58.89	2.04	1.88	87.71
张掖市	Zhangye	66.6	105.4	5.19	61.12	1.16	2.81	88.26
平凉市	Pingliang	83.5	105.0	8.72	64.50	1.79	4.11	94.89
酒泉市	Jiuquan	202.8	106.8	5.72	66.51	1.10	2.96	89.13
庆阳市	Qingyang	371.0	111.3	38.55	48.33	4.68	40.65	96.66
定西市	Dingxi	26.8	110.2	5.44	60.29	1.39	4.40	88.60
陇南市	Longnan	40.1	110.0	10.54	58.13	1.18	13.56	90.12
临夏州	Linxia	19.5	107.8	4.64	68.99	1.20	3.61	92.16
甘南州	Gannan	11.6	101.1	6.57	75.55	1.11	10.19	91.62

14-14 各地区规模以上工业主要工业产品产量（2014）
Output of Major Industrial Products of Industrial Interprises above Designated Size by Region (2014)

地区	Region	原煤（万吨）Coal (10 000 tons)	天然原油（万吨）Natural Crude Oil (10 000 tons)	原油加工量（万吨）Crude Oil Processing (10 000 tons)	发电量（亿千瓦小时）Electricity (100 million kwh)	粗钢（万吨）Crude Steel (10 000 tons)	钢材（万吨）Rolled Steel (10 000 tons)	水泥（万吨）Cement (10 000 tons)	汽车（辆）Motor Vehicles (set)
兰州市	Lanzhou	629.18		916.00	185.92	383.42	432.08	1104.31	6998
嘉峪关市	Jiayuguan				108.26	687.01	665.35	207.79	
金昌市	Jinchang				77.30			195.80	
白银市	Baiyin	1107.92			171.51		2.72	573.97	
天水市	Tianshui				22.15		4.83	501.04	
武威市	Wuwei	441.33			9.30	0.16		238.73	
张掖市	Zhangye	76.71			64.20			242.59	
平凉市	Pingliang	2390.52			161.78	3.39	3.14	454.08	
酒泉市	Jiuquan	46.07	49.00	200.07	149.79			340.31	
庆阳市	Qingyang		722.97	330.38	4.72			23.11	
定西市	Dingxi				14.59			442.23	
陇南市	Longnan				28.73			389.04	
临夏州	Linxia				105.59			72.99	
甘南州	Gannan				26.09			139.53	

主要指标解释

工业　指从事自然资源的开采，对采掘品和农产品进行加工和再加工的物质生产部门。具体包括：(1) 对自然资源的开采，如采矿、晒盐等(但不包括禽兽捕猎和水产捕捞)；(2) 对农副产品的加工、再加工，如粮油加工、食品加工、缫丝、纺织、制革等；(3) 对采掘品的加工、再加工，如炼铁、炼钢、化工生产、石油加工、机器制造、木材加工等，以及电力、自来水、煤气的生产和供应等；(4) 对工业品的修理、翻新，如机器设备的修理、交通运输工具（如汽车）的修理等。

独立核算法人工业企业指从事工业生产经营活动的单位。独立核算法人工业企业应同时具备以下条件：①依法成立，有自己的名称、组织机构和场所，能够承担民事责任；②独立拥有和使用资产，承担负债，有权与其他单位签订合同；③独立核算盈亏，并能够编制资产负债表。

国有及国有控股企业　指国有企业加上国有控股企业。国有企业（即原全民所有制工业或国营工业）指企业全部资产归国家所有，并按《中华人民共和国企业法人登记管理条例》规定登记注册的非公司制的经济组织。包括国有企业、国有独资公司和国有联营企业。1957 年以前的公私合营和私营工业，后均改造为国营工业，1992 年改为国有工业，这部分工业的资料不单独分列时，均包括在国有企业内。国有控股企业是对混合所有制经济的企业进行的“国有控股”分类。它是指这些企业的全部资产中国有资产（股份）相对其他所有者中的任何一个所有者占资（股）最多的企业。该分组反映了国有经济控股情况。

轻工业　指主要提供生活消费品和制作手工工具的工业。按其所使用的原料不同，可分为两大类：(1) 以农产品为原料的轻工业，是指直接或间接以农产品为基本原料的轻工业。主要包括食品制造、饮料制造、烟草加工、纺织、缝纫、皮革和毛皮制作、造纸以及印刷等工业；(2) 以非农产品为原料的轻工业，是指以工业品为原料的轻工业。主要包括文教体育用品、化学药品制造、合成纤维制造、日用化学制品、日用玻璃制品、日用金属制品、手工工具制造、医疗器械制造、文化和办公用机械制造等工业。

重工业　指为国民经济各部门提供物质技术基础的主要生产资料的工业。按其生产性质和产品用途，可以分为下列三类：(1) 采掘（伐）工业，是指对自然资源的开采，包括石油开采、煤炭开采、金属矿开采、非金属矿开采等工业；(2) 原材料工业，指向国民经济各部门提供基本材料、动力和燃料的工业。包括金属冶炼及加工、炼焦及焦炭、化学、化工原料、水泥、人造板以及电力、石油和煤炭加工等工业；(3) 加工工业，是指对工业原材料进行再加工制造的工业。包括装备国民经济各部门的机械设备制造工业、金属结构、水泥制品等工业，以及为农业提供的生产资料如化肥、农药等工业。

根据上述划分原则，修理业中以重工业产品为修理作业对象的划为重工业，反之划为轻工业。

工业总产值　工业总产值是以货币形式表现的，工业企业在一定时期内生产的工业最终产品或提供工业性劳务活动的总价值量。它反映一定时间内工业生产的总规模和总水平。

工业增加值　指工业企业在报告期内以货币表现的工业生产活动的最终成果。

工业增加值有两种计算方法：一是生产法，即工业总产出减去工业中间投入加上应交增值税；二是收入法，即从收入的角度出发，根据生产要素在生产过程中应得到的收入份额计算，具体构成项目有固定资产折旧、劳动者报酬、生产税净额、营业盈余，这种方法也称要素分配法。本年鉴中的工业增加值是以生产法计算的。

资产总计　指企业拥有或控制的能以货币计量的经济资源，包括各种财产、债权和其他权利。资产按流动性分为流动资产、长期投资、固定资产、无形资产、递延资产和其他资产。该指标根据企业会计“资产负债表”中“资产总计”项目的期末数增列。

流动资产　指企业可以在一年内或者超过一年的一个生产周期内变现或者耗用的资产，包括现金及各种存款、短期投资，应收及预付款项、存货等。

固定资产原价　指企业在建造、购置、安装、改建、扩建、技术改造某项固定资产时所支出的全部货币总额。它一般包括买价、包装费、运杂费和安装费等。

固定资产净值　指固定资产原价减去历年已提折旧额后的净额。计算公式为：

固定资产净值 = 固定资产原价 – 累计折旧

负债合计　指企业所承担的能以货币计量，将以资产或劳务偿付的债务，偿还形式包括货币、资产或提供劳务。负债一般按偿还期长短分为流动负债和长期负债。根据会计“资产负债表”中“负债合计”的年末数填列。

所有者权益合计　指企业投资人对企业净资产的所有权。企业净资产为企业全部资产与企业全部负债的差额，包括实收资本、资本公积、盈余公积、未分配利润等。根据会计“资产负债表”中“所有者权益”项的期末数填列。

主营业务收入 指会计“利润表”中对应指标的本年累计数。未执行2001年《企业会计制度》的企业，用“产品销售收入”的本期累计数代替。

主营业务成本 指会计“利润表”中对应指标的本年累计数。未执行2001年《企业会计制度》的企业，用“产品销售成本”的本期累计数代替。

主营业务税金及附加 指会计“利润表”中对应指标的本年累计数。未执行2001年《企业会计制度》的企业，用“产品销售税金及附加”的本期累计数代替。

利润总额 指企业在生产经营过程中各种收入扣除各种耗费后的盈余，反映企业在报告期内实现的盈亏总额，包括营业利润、补贴收入、投资净收益和营业外收支净额。根据会计“利润表”中的对应指标的本期累计数填列。

本年应交增值税 指企业按税法规定，从事货物销售或提供加工、修理修配劳务等增加货物价值的活动本期应交纳的税金。指企业在报告期应交增值税额。计算公式为：

本年应交增值税＝销项税额－（进项税额－进项税额转出）－出口抵减内销产品应纳税额－减免税款＋出口退税

本年进项税额指工业企业在报告期内购入货物或接受应税劳务而支付的、准予从销项税额中抵扣的增值税额。

本年销项税额指工业企业在报告期内销售货物或提供应税劳务应收取的增值税额。

就业人员平均人数 是指报告期内每天拥有的就业人员人数。其计算公式为：

$$月平均人数=\frac{报告月内每天实有人数之和}{报告月日历日数}$$

$$季平均人数=\frac{季内各月平均人数之和}{3}$$

$$年平均人数=\frac{年内各月平均人数之和}{12}$$

总资产贡献率 反映企业全部资产的获利能力，是企业经营业绩和管理水平的集中体现，是评价和考核企业盈利能力的核心指标。计算公式为：

$$总资产贡献率(\%)=\frac{利润总额+税金总额+利息支出}{平均资金总额}\times100\%$$

公式中：税金总额为产品销售税金及附加与应交增值税之和；平均资产总额为期初期末资产之和的算术平均值。

资产负债率 该指标既反映企业经营风险的大小，也反映企业利用债权人提供的资金从事经营活动的能力。计算公式为：

$$资产负债率(\%)=\frac{负债总额}{资产总额}\times100\%$$

资产与负债均为报告期期末数。

流动资产周转次数 指一定时期内流动资产完成的周转次数，反映投入工业企业流动资金的周转速度。计算公式为：

$$流动资产周转次数=\frac{产品销售收入}{全部流动资产平均余额}$$

公式中：全部流动资产平均余额为期初和期末的流动资产之和的算术平均值。

成本费用利润率 反映企业投入的生产成本及费用的经济效益，同时也反映企业降低成本所取得的经济效益。计算公式为：

$$成本费用利润率(\%)=\frac{利润总额成本}{费用总额}\times100\%$$

公式中：成本费用总额为产品销售成本、销售费用、管理费用、财务费用之和。

产品销售率 该指标反映工业产品已实现销售的程度，是分析工业产销衔接情况，研究工业产品满足社会需求的指标。计算公式为：

$$产品销售率(\%)=\frac{工业销售产值}{工业总产值(现价)}\times100\%$$

15

建筑业

Construction

简要说明

一、本篇资料主要内容

本篇资料反映建筑业概况和发展情况。主要包括建筑业企业基本情况和生产经营情况。

二、本篇资料的统计范围

建筑业统计范围为辖区内具有建筑业资质的所有独立核算建筑业企业及所属的产业活动单位。

三、本篇资料来源

本篇资料由省统计局固定资产投资处根据国家统计局制定的《建筑业统计报表制度》整理、汇总。

15-1 建筑业企业概况
Main Indicators on Construction Enterprises

年份 Year	总计 Total	国有企业 State-owned	集体企业 Collective-owned	其他 Others
企业单位数（个） **Number of Enterprises(unit)**				
2005	933	148	156	629
2006	951	145	150	656
2007	930	134	147	649
2008	926	111	114	701
2009	919	101	110	708
2010	890	101	98	691
2011	908	92	97	719
2012	1215	103	105	1007
2013	1295	73	87	1135
2014	1348	69	86	1193
从业人员（万人） **Number of Persons Employed (10 000 persons)**				
2005	42.77	9.25	9.04	24.48
2006	43.67	8.51	9.53	25.63
2007	43.88	7.32	9.40	27.16
2008	42.03	5.66	5.39	30.97
2009	44.98	5.35	5.67	33.97
2010	45.76	6.36	4.86	34.55
2011	46.00	7.31	5.60	33.08
2012	56.26	7.49	5.81	42.96
2013	54.81	5.97	5.86	42.98
2014	58.89	7.63	6.21	45.05
建筑业总产值（万元） **Gross Output Value (10 000 yuan)**				
2005	3141700	1169235	376213	1596252
2006	3443287	1103154	486291	1853842
2007	4369039	974710	662602	2731727
2008	4812744	900868	529097	3382779
2009	5798859	987574	508935	4302350
2010	7519879	1303237	580351	5636292
2011	9256772	2262570	744144	6250058
2012	13722823	3221873	1086236	9414714
2013	17208628	2698696	1241827	13268105
2014	18145239	2818352	1329573	13997314

注：本表数据指标口径为资质以上建筑业企业。

a) Indicator caliber of data in this table refer to the construction enterprises above qualification grades.

15-2 建筑业企业主要经济指标（2014）
Main Economic Indicators on Construction Enterprises（2014）

登记注册类型	Type of Registered	企业单位数（个）Number of Construction Enterprises (unit)	从业人员（万人）Number of Employed Persons (10 000 persons)	建筑业总产值（万元）Gross Output Value of Construction (10 000 yuan)	建筑业增加值（万元）Value Added of Construction (10 000 yuan)
甘肃省	**Gansu**	**1348**	**58.89**	**18145239**	**6813441**
内资企业	Domestic Funded Enterprises	1345	58.87	18139491	6811283
国有企业	State-owned Enterprises	69	7.63	2818352	1058276
集体企业	Collective-owned Enterprises	86	6.21	1329573	499248
股份合作企业	Cooperative Enterprises	3	0.16	17579	6601
联营企业	Joint Ownership Enterprises	1		6250	2347
有限责任公司	Limited Liability Corporations	589	27.02	9228554	3465273
股份有限公司	Share-holding Corporations Ltd.	67	4.37	2042828	767071
私营企业	Private Enterprises	524	13.28	2659886	998773
其他企业	Other Enterprises	6	0.20	36469	13694
港、澳、台商投资企业	Enterprises with Investment from Hong Kong ,Macao and Taiwan	2	0.02	5595	2101
外商投资企业	Foreign Funded Enterprises	1		153	57

15-2 续表 1 Continued

登记注册类型	Type of Registered	劳动生产率（元/人）Overall Labor Productivity (yuan/person)		主营业务收入（万元）Revenue from Principal Business (10 000 yuan)	主营业务成本（万元）Cost of Project Settlement Accounts (10 000 yuan)	主营业务税金及附加（万元）Taxes and Extra Charges on Project Settlement Accounts (10 000 yuan)
		按总产值计算 In Terms of Gross Output Value	按增加值计算 In Terms of Value-added			
甘肃省	**Gansu**	**296865**	**111471**	**17544874**	**15515223**	**579344**
内资企业	Domestic Funded Enterprises	296860	111469	17541243	15512799	578395
国有企业	State-owned Enterprises	337011	126546	2791518	2605144	90198
集体企业	Collective-owned Enterprises	199504	74913	1227304	1012618	45048
股份合作企业	Cooperative Enterprises	106089	39837	18174	14177	628
联营企业	Joint Ownership Enterprises	1077586	404655	24	17	1
有限责任公司	Limited Liability Corporations	337324	126664	8923928	7894062	280780
股份有限公司	Share-holding Corporations Ltd.	457234	171689	1988920	1773503	70615
私营企业	Private Enterprises	191612	71949	2547811	2176713	90114
其他企业	Other Enterprises	183908	69057	43564	36565	1011
港、澳、台商投资企业	Enterprises with Investment from Hong Kong ,Macao and Taiwan	325291	122145	3484	2326	944
外商投资企业	Foreign Funded Enterprises	127500	47500	147	98	5

15-2 续表 2 Continued

登记注册类型	Type of Registered	营业利润（万元） Operating Profits (10 000 yuan)	利润总额（万元） Total Profits (10 000 yuan)	税金总额（万元） Total Tax (10 000 yuan)	产值利润率（%） Ratio of Profit to Gross Output Value (%)	产值利税率（%） Ratio of Output Value to Profit and Tax (%)
甘肃省	**Gansu**	**638046**	**635199**	**758301**	**3.50**	**7.68**
内资企业	Domestic Funded Enterprises	638628	635781	757349	3.50	7.68
国有企业	State-owned Enterprises	-8886	-8229	104256	-0.29	3.41
集体企业	Collective-owned Enterprises	64696	63832	64630	4.80	9.66
股份合作企业	Cooperative Enterprises	1829	1827	1264	10.39	17.58
联营企业	Joint Ownership Enterprises	3	3	2	0.05	0.08
有限责任公司	Limited Liability Corporations	342631	340652	366847	3.69	7.67
股份有限公司	Share-holding Corporations Ltd.	66202	65579	87496	3.21	7.49
私营企业	Private Enterprises	168462	168303	131561	6.33	11.27
其他企业	Other Enterprises	3691	3814	1293	10.46	14.00
港、澳、台商投资企业	Enterprises with Investment from Hong Kong ,Macao and Taiwan	-564	-564	946	-10.08	6.83
外商投资企业	Foreign Funded Enterprises	-18	-18	6	-11.76	-7.84

15-2 续表 3 Continued

登记注册类型	Type of Registered	房屋建筑施工面积（万平方米） Floor Space of Buildings under Construction (10 000 sq.m)	房屋建筑竣工面积（万平方米） Floor Space of Buildings Completed (10 000 sq.m)	#住宅 Residential Buildings	房屋建筑面积竣工率（%） Rat of Floor Space of Buildings Completed (%)
甘肃省	**Gansu**	**11531.10**	**4172.00**	**2975.16**	**36.18**
内资企业	Domestic Funded Enterprises	11531.10	4172.00	2975.16	36.18
国有企业	State-owned Enterprises	2158.26	521.83	401.01	24.18
集体企业	Collective-owned Enterprises	763.39	460.86	322.67	60.37
股份合作企业	Cooperative Enterprises	15.17	8.07	5.64	53.21
联营企业	Joint Ownership Enterprises				
有限责任公司	Limited Liability Corporations	5333.71	1934.92	1371.20	36.28
股份有限公司	Share-holding Corporations Ltd.	1698.05	556.60	375.07	32.78
私营企业	Private Enterprises	1538.40	672.33	482.18	43.70
其他企业	Other Enterprises	24.12	17.39	17.39	72.10
港、澳、台商投资企业	Enterprises with Investment from Hong Kong ,Macao and Taiwan				
外商投资企业	Foreign Funded Enterprises				

15-3 按行业分建筑企业主要指标（2014）
Main Indicators of Construction Enterprises by Sector（2014）

类别	Items	企业数（个） Number of Enterprises (unit)	年末从业人员（万人） Year-end Employed Persons (10 000 persons)	建筑业总产值（万元） Gross Output Value of Construction (10 000 yuan)	#建筑工程 Construction	#安装工程 Installation
甘肃省	**Gansu**	**1348**	**58.89**	**18145239**	**15875576**	**1642801**
房屋建筑业	Housing Industry	644	43.58	12909859	1290986	854298
土木工程建筑业	Civil Engineering Construction	320	10.64	3828650	382865	284891
铁路、道路、隧道和桥梁工程建筑	Railways,Tunnels,Highways and Bridges Buildings	135	5.93	2347001	234700	38090
水利和港口工程建筑	Water Conservancy and Harbour Buildings	76	2.11	663693	66369	11963
工矿工程建筑	Mining Engineering Buildings	25	1.30	376049	37605	127390
架线和管道工程建筑	Wired and Pipeline Engineering Buildings	50	0.92	359623	35962	103646
其他土木工程建筑	Other Civil Engineering Buildings	34	0.38	82283	8228	3801
建筑安装业	Construction Installation	145	3.01	1129838	571157	462021
建筑装饰及其他建筑业	Construction Decoration and Other Construction	239	1.66	276893	194726	41591
建筑装饰业	Construction Decoration	188	1.07	138918	83828	21383
工程准备	Engineering Preparing	17	0.16	35095	33005	
提供施工设备服务	Providing Construction Equipment Services	3	0.15	14775	1540	13224
其他未列明的建筑活动	Other Unindicated Building Industry	31	0.27	88105	76353	6985

15-3 续表 continued

类别	Items	房屋建筑施工面积（万平方米） Floor Space of Buildings under Construction (10 000sq.m)	房屋建筑竣工面积（万平方米） Floor Space of Buildings Completed (10 000sq. m)	房屋建筑竣工价值（万元） Value of Buildings Completed (10 000 yuan)	房屋建筑竣工率（%） Rate of Floor Space of Buildings Completed (%)	竣工房屋造价（元/平方米） Cost of Buildings Completed (yuan/sq.m)
甘肃省	**Gansu**	**11531.10**	**4172.00**	**6968982**	**36.18**	**1670**
房屋建筑业	Housing Industry	11124.53	3982.55	6607354	35.80	1659
土木工程建筑业	Civil Engineering Construction	187.19	94.64	178025	50.56	1881
铁路、道路、隧道和桥梁工程建筑	Railways,Tunnels,Highways and Bridges Buildings	82.97	30.53	66447	36.79	2177
水利和港口工程建筑	Water Conservancy and Harbour Buildings	49.75	48.51	84368	97.49	1739
工矿工程建筑	Mining Engineering Buildings	47.92	13.44	24940	28.04	1856
架线和管道工程建筑	Wired and Pipeline Engineering Buildings	1.23				
其他土木工程建筑	Other Civil Engineering Buildings	5.31	2.17	2270	40.92	1044
建筑安装业	Construction Installation	191.45	90.79	182637	47.42	2012
建筑装饰及其他建筑业	Construction Decoration and Other Construction	27.93	4.01	967	14.37	241
建筑装饰业	Construction Decoration					
工程准备	Engineering Preparing	3.60	3.60	800	100.00	222
提供施工设备服务	Providing Construction Equipment Services					
其他未列明的建筑活动	Other Unindicated Building Industry	24.33	0.41	167	1.70	405

15-4 建筑业房屋建筑面积

Floor Space of Buildings Constructed by Construction Enterprises

单位：万平方米 (10 000 sq.m)

年份 Year	房屋建筑面积 Floor Space of Buildings		#国有 State-owned		#集体 Collective-owned	
	施工面积 Floor Space under Construction	竣工面积 Floor Space Completed	施工面积 Floor Space under Construction	竣工面积 Floor Space Completed	施工面积 Floor Space under Construction	竣工面积 Floor Space Completed
2005	3008.48	1455.17	636.08	262.00	583.25	304.75
2006	3313.53	1638.38	804.52	311.11	557.08	363.28
2007	3788.00	1472.74	838.00	236.91	589.00	270.19
2008	3791.49	1842.81	485.63	185.15	424.29	220.34
2009	4178.20	1724.38	597.54	215.41	509.05	223.82
2010	5032.63	2013.88	804.77	230.30	471.00	256.97
2011	5925.09	2409.80	1418.58	382.33	574.60	348.14
2012	8179.58	3257.61	1714.87	514.66	679.56	378.62
2013	10319.41	3976.67	1616.24	393.28	845.32	473.32
2014	11531.10	4172.00	2158.26	521.83	763.39	460.86

15-5 建筑施工企业主要财务指标（2014）

单位：万元

项目	Item	资产总计 Total Assets	# 流动资产 Current Assets	# 固定资产 Fixed Assets
甘肃省	**Gansu**	**15209490**	**11405939**	**2382189**
按企业登记注册类型分	**By Type of Enterprises Registered**			
内资企业	Domestic Funded Enterprises	15201476	11401293	2382032
国有企业	State-owned Enterprises	1724073	1222659	327993
集体企业	Collective-owned Enterprises	621594	469764	131751
股份合作企业	Cooperative Enterprises	26344	22133	4039
联营企业	Joint Ownership Enterprises	1276	253	1023
有限责任公司	Limited Liability Corporations	8726923	6514410	1210202
股份有限公司	Share-holding Corporations Ltd.	1617711	1351624	200210
私营企业	Private Enterprises	2430189	1772627	501893
其他企业	Other Enterprises	53367	47823	4923
港、澳、台商投资企业	Enterprises with Investment from Hong Kong ,Macao and Taiwan	6440	3342	157
外商投资企业	Foreign Funded Enterprises	1574	1304	
按行业类别分	**By Sector**			
房屋建筑业	Construction of Buildings	8387978	6195758	1601731
土木工程建筑业	Civil Engineering	5168427	3958896	510490
建筑安装业	Construction Installation	1164245	882793	179882
建筑装饰和其他建筑业	Building Decoration and Other Constructions	488840	368491	90087
按隶属关系分	**By Administrative Relationship**			
中　央	Central	2090576	1602679	113946
地　方	Local	13118914	9803260	2268243
#市　属	City Owned	2048306	1618350	324162
区县属	District and County	1606833	1087775	411167

Main Financial Indicators of Construction Enterprises（2014）

(10 000 yuan)

负债合计 Total Liabilities	流动负债 Liquid Liabilities	非流动负债 Non-current Liabilities	所有者权益 Owners' Equity	实收资本 Paid-in Capitals	营业收入 Business Revenue	主营业务收入 Revenue from Principal Business	利税总额 Total Pre-tax Profits	利润总额 Total Profits
10038178	**8982890**	**696438**	**5171312**	**3259407**	**17873908**	**17544874**	**1393500**	**635199**
10043765	8981858	703057	5157711	3257002	17870277	17541243	1393130	635781
1332568	1225319	102963	391504	246913	2946339	2791518	96027	-8229
379637	315410	47595	241957	168943	1230007	1227304	128462	63832
21534	14646	6888	4810	4680	18174	18174	3091	1827
277	257	20	999	100	24	24	5	3
5839138	5096633	500588	2887785	1681590	9010549	8923928	707499	340652
1275060	1237944	25951	342650	226425	2016601	1988920	153075	65579
1155581	1052024	19053	1274608	913859	2604665	2547811	299864	168303
39970	39626		13397	14492	43918	43564	5107	3814
-5756	864	-6619	12196	1905	3484	3484	382	-564
169	169		1405	500	147	147	-12	-18
5427027	4874170	270162	2960951	1878573	12316465	12121100	964171	426208
3631272	3203532	370800	1537155	917383	4116356	4004866	352318	190741
748671	727401	6139	415574	249130	1149457	1143827	51640	12117
231208	177787	49338	257632	214321	291630	275081	25371	6134
1735196	1664322	65768	355380	295789	2012022	1962484	632156	1901
8302982	7318568	630669	4815932	2963619	15861887	15582390	761344	633298
1295689	1195476	85035	752616	480161	1892093	1880582	201769	106307
797433	620137	71224	809400	514362	2278297	2250343	279049	153387

15-6 各地县建筑业企业情况（2014）

Basic Conditions of Construction Enterprises by Region ,County (2014)

地区	Region	建筑业企业单位数（个） Number of Construction Enterprises (unit)	从业人员（人） Number of Employed Persons (person)	建筑业总产值（万元） Gross Output Value of Construction (10 000 yuan)	利税总额（万元） Total Pre-tax Profits (10 000 yuan)
兰州市	**Lanzhou**	**492**	**177675**	**8452820**	**438621**
城关区	Chengguan	346	91579	4669512	291997
七里河区	Qilihe	67	48380	2052071	92348
西固区	Xigu	40	24537	1022568	23866
安宁区	Anning	13	6407	528989	22393
红古区	Honggu	10	1490	48291	3997
永登县	Yongdeng	6	1812	37430	3293
皋兰县	Gaolan	3	940	21450	1528
榆中县	Yuzhong	5	2304	71809	4989
兰州新区	Lanzhou New Area	2	226	700	-5790
嘉峪关市	**Jiayuguan**	**26**	**5038**	**241936**	**14104**
金昌市	**Jinchang**	**39**	**30776**	**1063809**	**63345**
金川区	Jinchuan	24	29138	1014232	55485
永昌县	Yongchang	15	1638	49577	7860
白银市	**Baiyin**	**69**	**32411**	**745029**	**75122**
白银区	Baiyin	34	6676	191007	26029
平川区	Pingchuan	10	10000	265004	17400
靖远县	Jingyuan	4	7426	182051	13835
会宁县	Huining	16	4926	77967	12455
景泰县	Jingtai	5	3383	29000	5403
天水市	**Tianshui**	**86**	**37605**	**825007**	**49174**
秦州区	Qinzhou	44	21438	568556	27309
麦积区	Maiji	11	3053	48499	3249
清水县	Qingshui	2	469	8881	528
秦安县	Qinan	4	1103	27444	1197
甘谷县	Gangu	15	7599	118410	7615
武山县	Wushan	8	3301	34003	8460
张家川县	Zhangjiachuan	2	642	19215	816
武威市	**Wuwei**	**55**	**32228**	**819441**	**87251**
凉州区	Liangzhou	36	25700	649654	66968
民勤县	Minqin	8	3390	84348	11534
古浪县	Gulang	5	1424	49844	5181
天祝县	Tianzhu	6	1714	35596	3568
张掖市	**Zhangye**	**135**	**29844**	**692027**	**114715**

15–6 续表 1 continued

地区	Region	建筑业企业单位数（个）Number of Construction Enterprises (unit)	从业人员（人）Number of Employed Persons (person)	建筑业总产值（万元）Gross Output Value of Construction (10 000 yuan)	利税总额（万元）Total Pre-tax Profits (10 000 yuan)
甘州区	Ganzhou	94	16491	344114	69962
肃南县	Sunan	5	929	17819	4381
民乐县	Minle	7	2763	74913	7655
临泽县	Linze	8	1895	56718	7525
高台县	Gaotai	14	3598	96744	14495
山丹县	Shandan	7	4168	101719	10697
平凉市	**Pingliang**	**58**	**50143**	**878413**	**79646**
崆峒区	Kongtong	28	17533	256193	44926
泾川县	Jingchuan	6	2916	26602	2954
灵台县	Lingtai	2	4957	59800	3433
崇信县	Chongxin	3	2367	41248	3239
华亭县	Huating	4	2066	71091	5060
庄浪县	Zhuanglang	7	9079	165051	10737
静宁县	Jingning	8	11225	258429	9297
酒泉市	**Jiuquan**	**80**	31687	**1378355**	**134410**
肃州区	Suzhou	43	13197	354168	38817
金塔县	Jinta	7	3993	47659	8205
瓜州县	Anxi	5	1899	345005	47743
肃北县	Subei	2	367	4297	800
阿克塞县	Akesai	2	645	13313	1568
玉门市	Yumen	12	10848	313699	27877
敦煌市	Dunhuang	9	738	300214	9400
庆阳市	**Qingyang**	**79**	**57874**	**1108890**	**114674**
西峰区	Xifeng	49	26759	500904	52268
庆城县	Qingcheng	12	10297	184132	10373
环　县	Huanxian	2	2270	28342	1797
华池县	Huachi	5	3519	115399	16306
合水县	Heshui	1	460	2600	1102
正宁县	Zhengning	2	2116	19390	1910
宁　县	Ningxian	6	10527	251584	30420
镇原县	Zhenyuan	2	1926	6539	498
定西市	**Dingxi**	**70**	**46500**	**962462**	**96333**
安定区	Anding	31	15091	331719	32485
通渭县	Tongwei	6	5869	140437	18400

15-6 续表 2 continued

地区	Region	建筑业企业单位数（个）Number of Construction Enterprises (unit)	从业人员（人）Number of Employed Persons (person)	建筑业总产值（万元）Gross Output Value of Construction (10 000 yuan)	利税总额（万元）Total Pre-tax Profits (10 000 yuan)
陇西县	Longxi	9	5610	116135	9904
渭源县	Weiyuan	3	2600	27868	2883
临洮县	Lintao	13	13708	274868	27387
漳　县	Zhangxian	3	2122	27027	627
岷　县	Minxian	5	1500	44408	4647
陇南市	**Longnan**	**87**	**17202**	**327962**	**38771**
武都区	Wudu	59	10949	230804	21561
成　县	Chengxian	5	2134	28691	2697
文　县	Wenxian	3	367	2880	241
宕昌县	Tanchang	4	644	4017	352
康　县	Kangxian	3	771	3405	361
西和县	Xihe	2	648	8800	374
礼　县	Lixian	2	725	21470	11955
徽　县	Huixian	8	718	21303	345
两当县	Liangdang	1	246	6592	885
临夏州	**Linxia**	**41**	**34078**	**563595**	**81788**
临夏市	linxia	21	9883	138032	15458
临夏县	linxia	4	3439	67721	5174
康乐县	Kangle	5	869	40344	3727
永靖县	Yongjing	6	11751	217460	34174
广河县	Guanghe	2	2844	10304	3267
和政县	Hezheng	2	3382	32696	8994
东乡县	Dongxiang	1	1910	57039	10994
积石山县	Jishishan				
甘南州	**Gannan**	**31**	**5872**	**85491**	**5546**
合作市	Hezuo	17	2339	46156	2074
临潭县	Lintan	2	315	2452	171
卓尼县	Zhuoni	1	210	12000	186
舟曲县	Zhouqu	4	618	1847	310
迭部县	Diebu	4	1803	17606	1893
玛曲县	Maqu	2	163	2130	636
碌曲县	Luqu	1	424	3301	276
夏河县	Xiahe				

主要指标解释

建筑业统计单位 指从事房屋、构筑物建造和设备安装活动的法人企业。建筑业法人企业应具有建筑业资质并能够独立核算，同时其应具备以下条件：①依法成立，有自己的名称、组织机构和场所，能够承担民事责任；②独立拥有和使用资产，承担负债，有权与其他单位签订合同；③独立核算盈亏，能够编制资产负债表。

建筑业总产值 是以货币形式表现的建筑业企业在一定时期内生产的建筑业产品和提供的服务的总和。建筑业总产值包括：

（1）建筑工程产值 指列入建筑工程预算内的各种工程价值。

（2）安装工程产值 指设备安装工程价值，不包括被安装设备本身的价值。

（3）其他产值 建筑业总产值中除建筑工程、安装工程以外的产值。包括房屋构筑物修理产值、非标准设备制造产值、总包企业向分包企业收取的管理费以及不能明确划分的施工活动所完成的产值。

a. 房屋构筑物修理产值：指房屋和构筑物修理所完成的产值，但不包括被修理房屋、构筑物本身价值和生产设备的修理价值。

b. 非标准设备制造产值：指加工制造没有定型的非标准生产设备的加工费和原材料价值（如化工厂、炼油厂用的各种罐、槽，矿井生产统一使用的各种漏斗、三角槽、阀门等）以及附属加工厂为本企业承建工程制作的非标准设备的价值。

建筑业增加值 指建筑业企业在报告期内以货币形式表现的建筑业生产经营活动的最终成果。

从2004年第一次全国经济普查开始，建筑业现价增加值按生产法和分配法（收入法）两种方法计算，以收入法的计算结果为准，即从收入的角度出发，根据生产要素在生产过程中应得的收入份额计算。具体计算方法：经济普查年度建筑业增加值按照《经济普查年度GDP核算方案》计算，非经济普查年度建筑业增加值按照《非经济普查年度GDP核算方案》计算。

房屋建筑施工面积 指在报告期内施过工的全部房屋建筑面积，包括本期新开工的房屋面积、上期施工跨入本期继续施工的房屋面积、上期停缓建在本期恢复施工的房屋面积、本期竣工的房屋面积及本期施工后又停缓建的房屋面积。

房屋建筑竣工面积 指在报告期内房屋建筑按照设计要求全部完工，达到了使用条件，经验收鉴定合格，正式移交使用单位的房屋建筑面积。

年末自有机械设备净值 指本企业自有机械设备经过使用、磨损后实际存在的价值，即原值减去累计折旧后的净额。

年末自有机械设备总台数 指年末本企业（或单位）自有的直接用于工程施工的各种机械设备的台数。不包括附属辅助生产机械设备、运输机械设备、生产试验机械设备的台数。

年末自有机械设备总功率 指年末本企业（或单位）自有的直接用于工程施工的各种机械设备年末总功率、按设定能力或查定能力计算。包括施工机械本身的动力和为该机械服务的单独动力设备，如电动机等。但不包括附属辅助生产机械设备、运输机械设备、生产试验机械设备的功率。计量单位用千瓦，动力换算可按1马力＝0.735千瓦折合成千瓦数。电焊机、变压器、锅炉不计算动力。

营业收入 指企业经营主要业务和其他业务所确认的收入总额。营业收入合计包括“主营业务收入”和“其他业务收入”。

主营业务收入 指企业确认的销售商品、提供劳务等主营业务的收入。

主营业务成本 指企业经营主要业务所发生的成本总额。

主营业务税金及附加 指企业经营主要业务应负担的营业税、消费税、城市维护建设税、教育费附加等。

营业利润 指企业从事生产经营活动所取得的利润。

16

运输和邮电

Transport, Postal and Telecommunication Services

简要说明

一、本篇资料主要内容

本篇资料反映交通运输业，邮政、通信业发展的基本状况。

交通运输业资料主要包括：四种运输方式的线路里程及完成的货物和旅客运输量、周转量。

邮政、电信业资料主要包括：邮政局（所）及邮路情况，邮电通信主要电路及设备拥有量，主要的邮电业务完成情况及邮电通信发展水平资料。

二、本篇资料来源

本篇资料由省统计局服务业处搜集、加工整理。

1. 交通运输资料分别由兰州铁路局、省交通厅、东航甘肃分公司、海航甘肃分公司、省公安厅交警大队车管部门提供。

2. 邮政、电信业资料由省邮政管理局、省通信管理局提供。

16-1 交通运输业基本情况
Basic Conditions of Transport

指标	Item	2010	2011	2012	2013	2014
运输线路长度（公里）	**Length of Transport Routes (km)**	**124584**	**129401**	**137549**	**140815**	
铁路营业里程	Railways in Operation	2149	2149	2194	2286	2966
公路里程	Highways	118879	123696	131201	133597	138084
民航航线里程	Total Civil Aviation Routes	2200	2200	3240	4018	
客运量总计（万人）	**Total Passenger Traffic (10 000 persons)**	**53776**	**60906**	**64477**	**36934**	**39852**
铁路	Railways	2178	2353	2383	2522	2672
公路	Highways	51404	58355	61884	33556	36224
民航	Civil Aviation	100	102	117	771	866
旅客周转量总计（亿人公里）	**Total Passenger-Kilometers (100 million passenger-km)**	**509.6**	**594.6**	**683.4**	**613**	**624**
铁路	Railways	275.1	314.6	379.8	383.2	377.9
公路	Highways	220.1	265.1	286.4	212.0	229.0
民航	Civil Aviation	14.1	14.7	17.0	17.6	17.3
货运量总计（万吨）	**Total Freight Traffic (10 000 tons)**	**29009**	**34179**	**45856**	**51482**	**57247**
铁路	Railways	4926	5355	6313	6394	6450
公路	Highways	24050	28790	39517	45072	50780
民航	Civil Aviation	1.13	1.22	1.34	5.55	5.96
货物周转量总计（亿吨公里）	**Total Freight Ton-kilometers (100 million tons-km)**	**1607.2**	**1791.2**	**2395.9**	**2379.7**	**2516.8**
铁路	Railways	1083.0	1143.6	1489.7	1568.0	1524.0
公路	Highways	524.1	647.4	905.9	811.0	992.6
民航	Civil Aviation	0.2	0.2	0.2	0.2	0.2
民用汽车拥有量（万辆）	**Possession of Civil Motor Vehicles Owned (10 000 units)**	**126.77**	**148.76**	**174.14**	**202.77**	**231.86**
#载客汽车辆数	Number of Buses and Cars	57.52	73.30	92.32	114.92	139.91
载货汽车辆数	Number of Trucks	26.37	31.00	35.42	39.89	43.79
#普通载货汽车	Ordinary Trucks	17.92	20.94	24.10	27.16	29.57
#公路部门营运汽车	Number of Motor Vehicles Owned by Highway Departments	21.60	24.43	29.8	32.31	34.48
#私人汽车拥有量	Possession of Private Vehicles	69.33	87.61	109.9	135.70	163.35

注：1. 铁路从 2012 年 8 月起增加西安铁路局、青藏铁路公司、乌鲁木齐铁路局甘肃段统计数据。

2.2013 年起，公路数据统计口径为交通部专项调查数据，与往年不可比。

3. 民航统计口径从 2013 年 1 月起增加海航客运量、货运量。

4. 私人汽车拥有量中含三轮汽车和低速货车。

a) Since August 2012, railway data increase the statistical data of Xi'an Railway Bureau, Qinghai-Tibet Railway Company and Urumqi Railway Bureau in Gansu section.

b) Since 2013,the statistical coverage of highway data are the data from the survey of transport economics, and the data are not comparable with those in previous years.

c) The civil aviation statistics caliber from January 2013 to increase HNA passenger traffic, freight volume.

d) Possession of private vehicles including three-wheeled vehicles and low-speed trucks.

16-2 运输线路长度
Length of Transportation Routes

单位：公里 (km)

年份 Year	铁路营业里程 Length of Railways in Operation	#电气化里程 Electrified Railways	公路 Total Length of Highways	等级公路 Expressway and Class I to IV Highways	#高速 Express Way	#一级 First Class	#二级 Second Class	等外路 Highway Below Class IV	民航 Length of Civil Aviation Routes
2000	1962	1766	39344	29393				9951	2166
2001	1962	1766	39844	30283				9561	2166
2002	1961	1766	40223	30806				9417	2166
2003	1962	1766	40293	30947				9346	2198
2004	1938	1748	40751	31614				9137	2200
2005	2013	1754	41330	32792	1006	141	4969	8538	2200
2006	1987	2208	95642	42866	1060	166	4962	52776	2200
2007	2148	2208	100612	50662	1316	144	5076	49950	2200
2008	2149	2213	105638	58381	1316	147	5076	47257	2200
2009	2149	2346	114000	76631	1644	147	5494	37369	2200
2010	2149	2799	118879	85733	1993	161	5768	33147	2200
2011	2149	3054	123696	91692	2343	170	5856	32003	2200
2012	2194	3100	131201	101372	2549	178	6648	29829	3240
2013	2286	3191	133597	106812	2953	206	7309	26785	4018
2014	2966	3920	138084	114080	3262	321	7519	24004	

注：铁路营业里程为兰州铁路局甘肃境内输。电气化里程为兰州铁路局全路局数。2007 年起铁路营业里程中包括敦煌铁路 161.48 公里。(下表同)

a) Data of electrified railways refer to total railway of Lanzhou Railway Bureau. Since 2007, data in length of railways in operation included 161.48 km of the Dunhuang Railway. The same applies to the table following.

16-3 运输线路质量
Quality of Transport Routes

单位：公里 (km)

指标	Item	2010	2011	2012	2013	2014
铁路营业里程	Length of Railways in Operation	2149	2149	2194	2286	2966
# 复线里程	Double-Tracking Length	1363	1363	1400	1400	2076
复线里程比重（%）	Proportion (%)	63.42	63.42	65.15	61.24	69.98
公路线路里程	Length of Highways	118879	123696	124480	133597	138084
# 等级公路里程	Expressway and Class I to IV Highways	85733	91692	101372	106812	114080
等级公路里程比重 (%)	Proportion (%)	72.12	74.13	77.26	79.95	82.62

16-4 历年货运量和货运周转量
Freight Traffic & Freight Ton-Kilometers

年份 Year	货运量总计（万吨）Total Freight Traffic (10 000 tons)	# 铁路 Railways	# 公路 Highways	# 民航 Civil Aviation	货物周转量总计（万吨公里）Total Freight Ton-Kilometers (10 000 tons-km)	# 铁路 Railways	# 公路 Highways	# 民航 Civil Aviation
1978	4422.65	2216	2206	0.65	1755838	1639720	115549	569
1979	4196.80	2112	2084	0.80	1748310	1637919	109522	809
1980	3801.90	2059	1742	0.90	1670043	1581640	87594	809
1981	3184.47	1867	1317	0.47	1471411	1401651	69182	578
1982	3388.16	1904	1484	0.16	1629900	1546783	82556	561
1983	3454.08	2051	1403	0.08	1844799	1756788	87535	476
1984	3883.11	2192	1691	0.11	2067094	1965203	100862	1029
1985	10112.12	2414	7698	0.12	2549908	2198316	350133	1459
1986	10448.19	2384	8064	0.19	2690694	2321373	369231	90
1987	14543.28	2373	12170	0.28	2956050	2467467	488295	288
1988	14585.28	2361	12224	0.28	3307597	2671064	636195	338
1989	14317.26	2397	11920	0.26	3364697	2822220	542184	293
1990	16614.28	2386	14228	0.28	3430561	2867147	563117	297
1991	14726.32	2426	12300	0.32	3642872	3033640	608898	334
1992	17144.30	2501	14643	0.30	3913987	3127573	786101	313
1993	19193.30	2571	16622	0.30	3991162	3180172	810653	337
1994	19921.35	2571	17350	0.35	4166823	3320168	846225	430
1995	20275.00	2555	17719	1.00	4329026	3442644	885896	486
1996	20813.00	2602	18210	1.00	4355906	3427759	927744	403
1997	21236.30	2628	18608	0.30	4481783	3510000	970783	1000
1998	21613.99	2546	19035	0.39	4544182	3532400	1010587	700
1999	22059.97	2691	19333	0.47	4944052	3902035	1040687	800
2000	22722.09	2885	19800	1.09	5414243	4318100	1093800	1798
2001	23207.70	2991	20179	0.90	5731518	4589095	1140253	1615
2002	23540.99	3092	20408	0.99	5914802	4727078	1185412	1707
2003	23915.26	3158	20713	1.26	6329270	5089413	1237113	2089
2004	24776.26	3270	21460	1.26	7463255	6160593	1300096	1883
2005	25843.07	3274	22520	1.08	8550947	7175573	1373122	1532
2006	27512.32	3633	23826	1.32	9236681	7768408	1464606	1598
2007	29505.33	4126	25325	1.33	10248126	8680625	1564847	1896
2008	22742.44	4512	18201	1.44	14546351	9795759	4748432	2130
2009	25489.33	4646	20812	1.33	14770589	9871265	4897214	2076
2010	29008.83	4926	24050	1.13	16072479	10829795	5240872	1776
2011	34179.15	5355	28790	1.22	17912097	11436046	6474126	1885
2012	45856.00	6313	39517	1.34	23958822	14897305	9059411	2078
2013	51482.00	6394	45072	5.55	23796586	15682383	8112113	1989
2014	57246.75	6450	50780	5.96	25168239	15240465	9926016	1656

16-5 历年客运量和客运周转量
Passenger Traffic & Passenger-Kilometers

年份 Year	客运量总计（万人） Total Passenger Traffic (10 000 persons)	# 铁路 Railways	# 公路 Highways	# 民航 Civil Aviation	旅客周转量总计（万人公里） Total Passenger-Kilometers (10 000 passenger-km)	# 铁路 Railways	# 公路 Highways	# 民航 Civil Aviation
1978	3038	686	2324	28	517244	394470	101700	21074
1979	3374	772	2567	34	604842	459070	116453	29319
1980	3865	789	3038	38	615282	462433	137295	15554
1981	3882	751	3123	8	630667	456567	156107	17993
1982	4387	883	3494	10	671083	491181	170374	9528
1983	4871	893	3974	4	747147	551551	192306	3290
1984	5526	1026	4496	4	846471	622656	220324	3491
1985	6355	1094	5256	5	1026714	758260	264594	3857
1986	7053	1131	5910	12	1135579	817713	310882	6984
1987	8010	1173	6819	18	1227471	837559	369660	20252
1988	9550	1244	8286	20	1355410	937992	391904	25514
1989	10101	1083	9001	17	1324260	877921	426463	19876
1990	8712	860	7832	20	1170899	727603	420304	22992
1991	8845	850	7970	25	1270144	799460	442582	28103
1992	9108	874	8208	26	1305117	835667	440311	29139
1993	9580	883	8668	29	1407127	914261	458720	34146
1994	10148	926	9186	36	1506567	978776	485571	42220
1995	10547	942	9563	42	1506159	951327	504754	50078
1996	10748	841	9872	35	1524313	936886	543747	43680
1997	11234	884	10319	31	1609997	970000	575997	64000
1998	11881	886	10796	31	1761177	1079200	617471	63000
1999	12361	923	11223	35	1818744	1093499	659525	64100
2000	12907	1039	11600	76	2061583	1245700	706300	107868
2001	13921	1080	12560	70	2268380	1390319	777658	98504
2002	14750	1038	13420	72	2327182	1387254	840621	97294
2003	15004	948	13732	84	2307861	1327067	871629	106963
2004	16519	1125	15050	109	2683583	1577558	963182	140701
2005	17803	1230	16247	85	2883045	1726990	1048886	104980
2006	19066	1402	17319	100	3199586	1952819	1130009	114463
2007	20435	1566	18510	113	3489326	2135378	1209272	142336
2008	46002	1844	43962	103	4413419	2322174	1967056	122109
2009	49995	2038	47755	110	4699944	2482313	2065849	149732
2010	53776	2178	51404	100	5096087	2751326	2201455	141164
2011	60906	2353	58355	102	5945561	3145705	2650685	146981
2012	64477	2383	61884	117	6834114	3797544	2864380	170059
2013	36934	2522	33556	771	6130019	3832395	2120108	175926
2014	39852	2672	36224	866	6243066	3778665	2290169	172562

16-6 民用汽车拥有量
Possession of Civil Vehicles

单位：万辆 (10 000 units)

年份 Year	民用汽车总计 Total Possession of Civil Vehicles	载客汽车 Passenger Vehicles	大型 Large	中型 Medium	小型 Small	微型 Minicar	载货汽车 Trucks	重型 Heavy	中型 Medium	轻型 Light	微型 Mini	其他汽车 Others
2006	46.85	22.71	1.50	1.40	17.22	2.59	13.60	2.81	3.58	6.83	0.38	10.54
2007	53.23	27.18	1.57	1.44	21.76	2.42	14.71	2.98	3.72	7.74	0.27	11.34
2008	62.44	32.89	1.64	1.41	27.66	2.18	16.36	3.35	4.01	8.79	0.22	13.19
2009	105.45	43.86	1.74	1.45	38.58	2.08	20.91	4.78	4.46	11.50	0.17	40.68
2010	126.77	57.52	1.85	1.48	52.17	2.01	26.37	6.29	4.75	15.22	0.11	42.88
2011	148.76	73.30	1.97	1.51	67.67	2.14	31.00	7.40	4.88	18.64	0.08	44.46
2012	174.14	92.32	2.01	1.47	86.63	2.20	35.42	8.12	4.73	22.51	0.07	46.40
2013	202.77	114.92	2.05	1.36	109.37	2.14	39.89	8.78	4.15	26.91	0.06	47.95
2014	231.86	139.91	2.12	1.34	134.59	1.87	43.79	9.56	4.00	30.18	0.05	48.17

16-7 私人汽车拥有量
Possession of Private Vehicles

单位：万辆 (10 000 units)

年份 Year	私人汽车总计 Total Private Vehicles	载客汽车 Passenger Vehicles	大型 Large	中型 Medium	小型 Small	微型 Minicar	载货汽车 Trucks	重型 Heavy	中型 Medium	轻型 Light	微型 Mini	其他汽车 Others
2006	24.21	8.65	0.22	0.43	6.62	1.38	6.14	1.26	1.80	2.89	0.19	9.42
2007	28.75	11.72	0.18	0.41	9.84	1.29	6.96	1.30	1.90	3.61	0.15	10.07
2008	35.94	16.02	0.16	0.38	14.31	1.18	8.15	1.46	2.08	4.48	0.13	11.77
2009	51.18	25.06	0.14	0.38	23.36	1.18	11.36	1.98	2.44	6.83	0.11	14.76
2010	69.33	36.74	0.13	0.38	35.01	1.22	15.77	2.63	2.79	10.27	0.08	16.82
2011	87.61	50.28	0.12	0.38	48.41	1.38	19.06	3.06	2.93	13.01	0.06	18.26
2012	109.92	67.23	0.08	0.35	65.33	1.47	22.58	3.39	2.89	16.25	0.05	20.12
2013	135.70	87.89	0.04	0.27	86.13	1.45	26.19	3.70	2.60	19.85	0.04	21.63
2014	163.35	112.34	0.03	0.24	110.78	1.28	29.09	4.04	2.56	22.45	0.04	21.92

16-8 邮电通信行业基本情况

Basic Conditions of Postal and Telecommunication Services

指标	Item	2010	2011	2012	2013	2014
邮电业务总量（亿元）	**Business Volume of Post and Telecommunication** Services (100 million yuan)	**453.29**	**168.21**	**188.21**	**209.60**	**277.53**
邮政业务总量	Business Volume of Postal Services	8.49	7.46	8.24	11.38	13.51
电信业务总量	Business Volume of Telecommunication Services	444.81	160.75	179.97	198.22	264.02
邮政业务量						
函件（万件）	Number of Letters (10 000 pcs)	3806	3277	3560	3190	2664
包裹（万件）	Package (10 000 pcs)	90	91	94	40	89
快递（万件）	Pieces of Express Mail Services (10 000 pcs)	421	1135	1470	1789	2656
# 国内同城快递	Local Express Service		167	244	355	376
# 国内异地快递	National Express Service		964	1221	1429	2273
快递业务收入（亿元）	Revenue from Express Service (100 million yuan)		2.77	3.53	4.08	5.12
报刊期发数（万份）	Issue of Newspapers and Magazines (10 000 copies)	210	201	226	188	210
集邮业务（万枚）	Stamps for Collection (10 000 pcs)	1500	1989	1952	1738	1920
局所及通信网络	Offices and Network					
营业网点(处)	Number of Offices (unit)	1270	1325	1197	1208	1493
邮路总长度（公里）	Length of Postal Routes (km)	79639	42989	53827	56934	56708
# 汽车邮路总长度	Length of Vehicle Postal Routes	30629	33000	47437	50459	52425
铁路邮路总长度	Length of Railway Postal Routes	6010	6010	6010	6010	3837
农村投递线路总长度（公里）	Rural Delivery Routes (km)	110385	112023	134411	134717	133743
电信业务量						
长途电话业务电路（2M）	Long-distance Call Lines (2M)	214867	207351	186028	861104	1379806
长途电话（万次）	Number of Long-distance Calls (10 000 times)	31604	23447	17516	12918	11466
移动电话用户期末数（万户）	Number of Mobile Telephones Subscribers at Year-end (10 000 subscribers)	1390	1614	1764	1976	2059
#3G 移动电话用户数	3G Mobile Phone Subscribers (10 000 subscribers)	52.77	152.75	308.70	608.90	835.80
固定电话年末用户（万户）	Number of Fixed Telephone Subscribers at Year-end (10 000 subscribers)	411.90	396.44	377.76	364.33	341.3
# 城 市	Urban Fixed Telephone Subscribers	265.36	269.93	272.42	269.76	260.36
住宅	Household Fixed Telephone Subscribers	160.96	145.93	151.77	139.65	137.78
# 乡村	Rural Fixed Telephone Subscribers	146.54	126.51	105.34	94.57	80.94
住宅	Household Fixed Telephone Subscribers	126.01	104.86	84.88	74.04	60.31
公用电话（万户）	Public Telephone (10 000 subscribers)	52.19	50.14	48.19	46.93	40.41
互联网宽带接入用户（万户）	Number of Broadband Subscribers of Internet Service (10 000 subscribers)	109.52	145.63	163.30	192.15	213.90
长途电话交换机容量（路端）	Capacity of Long-distance Call Exchanges (line)	253576	337000	318000	317851	216000
局用电话交换机容量（万门）	Capacity of Office Telephone Exchanges (10 000 lines)	439	438	413	525	361
移动电话交换机容量（万户）	Capacity of Mobile Telephone Exchanges (10 000 subscribers)	1940	2399	2503	2619	2619
长途光缆线路长度（公里）	Length of Long-distance Optical Cable Lines (km)	29939	28259	29525	31099	31377

注：1. 邮政业务总量、快递的统计口径2006年以前为中国邮政集团，2007年起为规模以上（年业务收入200万元以上）邮政业法人企业数据，2011年起统计口径为年营业收入10万元以上法人企业（下表同）。

2. 电信业务总量2010年按2000年可比价格计算，2011年以后按2010年可比价格计算。

3. 营业网点1998年及以前为邮电局所，1999—2006年为邮政局所；统计口径从2002年起为邮政局所和邮政代办点，2007年起为规模以上邮政业法人企业办理业务的场所（下表同）。

4. 长途电话业务电路包括固定长途电话业务电路和移动长途电话业务电路。

5. 长途电话为本地网内区间电话通话量。

a) Statistical coverages of business volume of postal and telecommunication services and pieces of express mail services are China Post Group before 2006, and postal enterprises above designated size (with annual business revenue above 2 million yuan),Since 2011,statistical caliber is the corporate enterprises whose annual operating revenue are more than 100 thousand yuan.. The same applies to the table following.

b) Business volume of telecommunication services in 2010 was calculted at 2000 constant prices,and since 2011 was calculated at 2010 constant prices.

c) The indicator of number of postal offices referred to postal and communication offices before 1998, and referred to postal offices from 1999 to 2006; It included postal offices and postal sub-stations since 2002, and was the business sites of postal enterprises above designated size since 2007. The same applies to the table following.

d) Long-distance telephone circuits includes fixed and mobile long-distance telephone circuits.

e) Long-distance telephone is the volume within the range of local network.

16-9 邮电业务量
Business Volume of Postal and Telecommunication Services

年份 Year	邮电业务总量（万元） Business Volume of Postal and Telecommuni-cation Services (10 000 yuan)	邮政业务总量 Business Volume of Postal Services	电信业务总量 Business Volume of Telecom-munication Services	函件（万件） Number of Letters (10 000 pcs)	包裹（万件） Package (10 000 pcs)	快递（万件） Pieces of Express Mail Services (10 000 pcs)	快递业务收入（万元） Revenue from Express Service (10 000 yuan)	报刊期发数（万份） Issue of Newspapers and Magazines (10 000 copies)	集邮业务（万枚） Stamps for Collection (10 000 copies)
1995	70773			9104		29		496	4161
1996	101699			9716		48		474	4897
1997	141615			8969		61		500	7942
1998	203094			8245		72		502	10997
1999	273767			7817		79		656	11150
2000	421000			9919		101		679	10767
2001	468927			10032		104		672	8110
2002	603679			12215		128		421	4276
2003	760655			10483		196		469	2876
2004	1079503			5645		213		353	2495
2005	1359246	70225	1289021	5071	111	227		175	1700
2006	1674725	87945	1586780	4019	112	233		200	1400
2007	2192824	77052	2115772	3490	103	226		189	1427
2008	2798088	79622	2718466	3769	96	301		303	1800
2009	3618685	89399	3529286	3811	102	347		200	1600
2010	4532936	84871	4448065	3806	90	421		210	1500
2011	1682075	74612	1607463	3277	91	1135	27730	201	1989
2012	1882055	82361	1799694	3560	94	1470	35525	226	1952
2013	2095955	113795	1982160	3190	40	1789	40781	188	1738
2014	2775267	135103	2640164	2664	89	2656	51198	210	1920

注：电信业务总量 2010 年按 2000 年可比价格计算，2011 年以后按 2010 年可比价格计算。

a) Business volume of telecommunication services in 2010 was calculted at 2000 constant prices,and since 2011 was calculated at 2010 constant prices.

16–9 续表 continued

年份 Year	固定电话年末用户（万户） Number of Fixed Telephone Subscribers at Year-end (10 000 subscriber)	城市 Urban	#住宅 Residential	乡村 Rural	#住宅 Residential	公用电话（万户） Public Telephone (10 000 subscribers)	长途电话（万次） Number of Long-distance Calls (10 000 times)	移动电话用户期末数（万户） Number of Mobile Telephones Subscribers at Year-end (10 000 subscribers)	互联网宽带接入用户（万户） Broadband Subscribers of Internet (10 000 subscribers)
1995	43.32	40.26	26.73	3.06	1.14	0.50	8736		
1996	57.65	53.52	37.75	4.12	2.20	0.95	11524		
1997	73.49	67.29	49.45	6.20	3.23	1.68	14490		
1998	95.23	85.48	70.36	9.75	6.67	2.52	16850		
1999	118.15	100.26	74.74	17.88	13.13	3.52	20788		
2000	180.17	137.97	108.46	42.20	34.65	4.90	22671		
2001	250.43	183.23	135.90	67.21	57.03	5.35	27562		
2002	321.99	233.40	181.63	88.60	80.24	6.75	47792		
2003	402.30	287.30	125.44	115.00	101.54	37.61	51571		
2004	477.25	344.57	232.06	132.68	118.17	56.46	57148		
2005	548.04	395.29	252.76	152.75	135.91	71.18	66919	408	56.54
2006	607.49	432.11	280.89	175.38	156.48	67.24	51700	545	63.74
2007	585.46	394.41	252.36	191.05	62.57	67.97	106530	686	77.77
2008	519.19	334.83	213.93	184.36	166.93	56.93	108929	896	68.04
2009	453.93	285.94	145.72	167.99	147.87	54.55	42471	1194	98.30
2010	411.90	265.36	160.96	146.54	126.01	52.19	31604	1390	109.52
2011	396.44	269.93	145.93	126.51	104.86	50.14	23447	1614	145.63
2012	377.76	272.42	151.77	105.34	84.88	48.19	17516	1764	163.30
2013	364.33	269.76	139.65	94.57	74.04	46.93	12918	1976	192.15
2014	341.30	260.36	137.78	80.94	60.31	40.41	11466	2059	213.90

16-10 邮电局所数及邮递线路、邮电通信电路
Number of Postal Offices and Postal Delivery Routes, Telecommunications Services Facilities

年份 Year	营业网点（处） Number of Offices (unit)	邮路及农村投递线路总长度（公里） Length of Postal Routes and Rural Delivery Routes (km)	农村投递线路（公里） Rural Delivery Routes (km)	长话业务电路（路） Number of Long-distance Calls (line)	长途光缆线路长度（公里） Length of Long Distance Optical Cable Lines(km)
1995	1217	164629	106265	12174	2462
1996	1254	179278	106321	15253	4909
1997	1286	179241	106397	15596	6524
1998	1526	167616	105925	30742	8336
1999	1278	143249	105794	28147	8410
2000	1290	180748	105856	28650	10140
2001	1293	181034	106216	55712	12474
2002	1289	174706	105985	108971	18061
2003	1279	174599	106200	135051	20703
2004	1281	175896	106089	254790	21873
2005	1280	179404	104848	440670	19729
2006	1286	179089	104393	637300	23091
2007	1310	180592	104906	1588192	27122
2008	1269	186505	109679	3042030	27772
2009	1269	188415	110944	5269198	30106
2010	1270	190024	110385	6446010	29939
2011	1325	155012	112023	6220530	28259
2012	1197	188238	134411	5580840	29525
2013	1208	191651	134717	25833120	31099
2014	1493	190451	133743	41394180	31377

16-11 邮电通信服务水平
Postal and Telecommunication Services Available

指标	Item	2010	2011	2012	2013	2014
平均每人每年发函件数（件）	Annual Average Number of Letters Mailed per Capita (copy)	1.40	1.30	1.39	1.69	1.00
平均每百人每年订报刊数（份）	Annual Average Number of Newspaper and Magazine Subscribed per 100 Persons (copy)	8.00	7.80	8.81	6.67	8.00
固定电话普及率（部／百人）	Popularization Rate of Fixed Telephone (set/100 persons)	15.63	15.50	14.70	14.13	13.20
移动电话普及率（部／百人）	Popularization Rate of Mobile Telephone (set/100 persons)	52.75	63.13	68.80	76.67	79.40
城市固定电话普及率（部／百人）	Popularization Rate of Urban Fixed Telephone (set/100 persons)	30.83	28.34	27.27	26.03	31.61
设有邮电局、所的乡（镇）比重 (%)	Percentage of Townships with Postal and Telecommunication Offices (%)	63.70	67.00	67.00	61.23	100

16-12 各地区交通运输业基本情况（2014）
Basic Conditions of Transportation by Region(2014)

地区	Item	公路里程（公里）Length of Highways（km）	# 等级公路（公里）Expressway and Class I to IV Highways(km)	# 高速 Expressway	民用汽车拥有量（万辆）Possession of Civil Vehicles (10 000 units)	# 私人汽车 Private Vehicles
兰州市	Lanzhou	7729.49	5600.55	354.03	52.42	34.74
嘉峪关市	Jiayuguan	689.83	656.32	30.02	4.29	3.59
金昌市	Jinchang	2808.52	2798.88	160.15	5.03	4.33
白银市	Baiyin	11714.90	8142.02	245.30	16.29	12.73
天水市	Tianshui	10400.04	9635.51	248.16	15.45	13.45
武威市	Wuwei	12030.72	9049.70	330.92	12.19	10.76
张掖市	Zhangye	11120.80	8796.98	241.49	11.30	9.96
平凉市	Pingliang	10155.40	7543.24	185.64	12.86	10.33
酒泉市	Jiuquan	16823.62	15810.93	617.14	12.19	10.60
庆阳市	Qingyang	13127.26	8586.37	190.90	18.29	15.26
定西市	Dingxi	10514.99	9202.36	268.66	16.62	13.73
陇南市	Longnan	16582.48	15331.59	220.65	9.75	8.32
临夏州	Linxia	6681.08	6504.76	100.75	14.15	11.39
甘南州	Gannan	7704.69	6420.83	68.00	4.93	4.15

16-13 各地区邮电通信行业基本情况（2014）
Basic Conditions of Postal and Telecommunication Services by Region(2014)

指标	Item	邮电业务总量（万元）Business Volume of Postal and Telecom-munications Ser-vices (10 000 yuan)	邮政业务总量 Business Volume of Postal Ser-vices	电信业务总量 Business Volume of Telecommunica-tion Services	固定电话用户期末数（万户）Number of Fixed Telephone Sub-scribers at Year-end (10 000 subscrib-ers)	移动电话用户期末数（万户）Number of Mobile Telephones Sub-scribers at Year-end (10 000 subscrib-ers)	互联网用户数（万户）Number of In-terent Subscribers (10 000 subscrib-ers)
兰州市	Lanzhou	810083	48383.41	761700	95.79	461.93	64.84
嘉峪关市	Jiayuguan	61645	3374.67	58270	10.97	37.77	7.71
金昌市	Jinchang	64862	2775.55	62086	9.09	46.68	7.87
白银市	Baiyin	156177	6126.77	150050	23.53	121.87	13.65
天水市	Tianshui	254830	15606.14	239224	33.11	204.62	17.64
武威市	Wuwei	154405	6751.24	147654	21.41	123.53	13.27
张掖市	Zhangye	153815	5657.47	148158	20.17	110.15	13.02
平凉市	Pingliang	138146	6392.51	131753	30.47	111.84	16.81
酒泉市	Jiuquan	187882	7074.38	180808	15.88	179.20	10.77
庆阳市	Qingyang	185274	10158.31	175116	17.20	167.63	10.42
定西市	Dingxi	166875	7224.93	159650	20.70	138.25	12.74
陇南市	Longnan	223457	9221.09	214236	21.93	170.09	14.38
临夏州	Linxia	143027	4457.41	138570	14.89	130.01	6.81
甘南州	Gannan	74789	1898.85	72890	6.16	55.02	3.98

主要指标解释

铁路营业里程 又称营业长度（包括正式营业和临时营业里程），指办理客货运输业务的铁路正线总长度。凡是全线或部分建成双线及以上的线路，以第一线的实际长度计算；复线、站线、段管线、岔线和特殊用途线以及不计算运费的联络线都不计算营业里程。该指标可以反映铁路运输业基础设施的发展水平，也是计算客货周转量、运输密度和机车车辆运用效率等指标的基础资料。

铁路电气化里程 指在全部铁路营业里程中已安装了供电线路及设备，可以供电力机车牵引列车运行的区段的总里程。

公路里程 指在一定时期内实际达到《公路工程技术标准 JTG B01-2003》规定的技术等级的公路，并经公路主管部门正式验收交付使用的公路里程数。包括大、中城市的郊区公路，以及公路通过小城镇（指县城、集镇）街道的公路里程和公路桥梁长度、隧道长度、渡口的宽度以及分期修建的公路已验收交付使用的里程，不包括大中城市的街道、厂矿、林区生产用道和农业生产用道的里程。两条或多条公路共同经由同一路段，只计算一次，不得重复计算里程长度。按公路等级分为等级公路和等外公路，其中，等级公路分为高速公路、一级公路、二级公路、三级公路和四级公路。该指标可以反映公路建设的发展规模，也是计算运输网密度等指标的基础资料。

民用航空航线里程 指统计期间内全部民用航空航线的航线总长度。航线长度指民用航空航线的计费距离。计算航线里程可按重复和不重复两种方法，前者是指各航线长度相加的总和；后者则要扣除各航线之间相同航段重复计算的部分。

货（客）运量 指在一定时期内，各种运输工具实际运送的货物（旅客）数量。该指标是反映运输业为国民经济和人民生活服务的数量指标，也是制定和检查运输生产计划、研究运输发展规模和速度的重要指标。货运按吨计算，客运按人计算。货物不论运输距离长短、货物类别，均按实际重量统计。旅客不论行程远近或票价多少，均按一人一次客运量统计；半价票、小孩票也按一人统计。

货物（旅客）周转量 指在一定时期内，由各种运输工具运送的货物（旅客）数量与其相应运输距离的乘积之总和。该指标可以反映运输业生产的总成果，也是编制和检查运输生产计划，计算运输效率、劳动生产率以及核算运输单位成本的主要基础资料。计算货物周转量通常按发出站与到达站之间的最短距离，也就是计费距离计算。计算公式为：

货物（旅客）周转量 = Σ（货物（旅客）运输量 × 运输距离）

民用汽车拥有量 指报告期末，在公安交通管理部门按照《机动车注册登记工作规范》，已注册登记领有民用车辆牌照的全部汽车数量。汽车拥有量统计的主要分类：根据汽车结构分为载客汽车、载货汽车及其他汽车；根据汽车所有者不同，分为个人（私人）汽车、单位汽车；根据汽车的使用性质分为营运汽车、非营运汽车；根据汽车大小规格不同载客汽车分为大型、中型、小型和微型，载货汽车分为重型、中型、轻型和微型。

邮电业务总量 指以价值量形式表现的邮电通信企业为社会提供各类邮电通信服务的总数量。邮电业务量按专业分类包括函件、包件、汇票、报刊发行、邮政快件、特快专递、邮政储蓄、集邮、传真、长途电话、出租电路、移动电话、分组交换数据通信、出租代维等。计算方法为各类产品乘以相应的平均单价（不变价）之和，再加上出租电路和设备、代用户维护电话交换机和线路等的服务收入。该指标综合反映了一定时期邮电业务发展的总成果，是研究邮电业务量构成和发展趋势的重要指标。计算公式为：

邮电业务总量 = Σ（各类邮电业务量 × 不变单价）

+ 出租代维及其他业务收入

= 邮政业务总量 + 电信业务总量

移动电话用户 指通过移动电话交换机进入移动电话网、占用移动电话号码的电话用户。用户数量以报告期末在移动电话营业部门实际办理登记手续进入移动电话网的户数进行计算，一部移动电话统计为一户。

城市电话用户 指直辖市、省辖市、地级市、县级市的市区、市郊区及县城（包括县人民政府所在地的县城关区或行政建制相当于县人民政府所在地的镇）范围内接入局用交换机的电话用户数，包括分布在农村地区的独立工矿区、林区、驻军等接入局用交换机的电话用户数。

农村电话用户 指县城关区以下的集镇和农村接入局用交换机的电话用户数。

住宅电话用户 指安装在居民住宅或农民家里并按照住宅电话用户登记注册和收费的电话用户。包括私人付费、单位付费和按规定免费安装的住宅电话用户。

长途电话交换机容量 指用于接入长途电话网的电话交换机的设备额定容量，包括国际电话交换机容量。

局用交换机容量 指安装在本地电信运营商内用于接续本地固定电话的电话交换机容量，有倍增设备按倍增后的数量计数。包括现用和备用的人工或自动交换机的全部容量。

移动电话交换机容量 指移动电话交换机根据一定话务模型和交换机处理能力计算出来的最大同时服务用户的数量。

17

批发和零售业

Wholesale and Retail Trades

简要说明

一、本篇资料主要内容

本篇资料主要反映批发和零售业发展与经营状况，同时反映商品流通、商品消费、市场运行态势。主要内容包括：限额以上批发和零售业基本情况、商品流转情况、财务状况；亿元商品交易市场成交情况；社会消费品零售总额等。

二、本篇资料的统计范围

限额以上批发和零售业的法人企业、个体户，成交额在亿元以上的商品交易市场，以及参与商品零售、餐饮经营活动的各行业法人企业和产业活动单位、个体户。限额以上批发和零售业统计单位是指：批发业，年主营业务收入 2000 万元及以上；零售业，年主营业务收入 500 万元及以上。

三、本篇资料来源

本篇资料由省统计局贸易外经处加工整理。

17-1 社会消费品零售总额
Total Retail Sales of Consumer Goods

项目	Item	2010	2011	2012	2013	2014
社会消费品零售总额（亿元）	**Total Retail Sales of Consumer Goods (100 million yuan)**	**1435.53**	**1772.94**	**2064.43**	**2368.83**	**2668.33**
按城乡分	**By Urban and Rural Area**					
城镇	Urban	1156.31	1423.29	1656.76	1903.16	2142.65
# 城区	# City Subdivision	858.70	1067.30	1290.00	1398.04	1586.40
乡村	Rural	279.22	349.65	407.67	465.67	525.68
按消费形态分	**By Consumption Morphological**					
# 商品零售	Commodity Retail	1219.62	1528.33	1736.91	1993.15	2253.47
餐费收入	Income from Meals	215.91	244.61	327.52	375.68	414.86
构成（%）（总额 =100）	**Composition (%) (Total=100)**					
按城乡分	**By Urban and Rural Area**					
城镇	Urban	80.55	80.28	80.25	80.34	80.30
# 城区	City Subdivision	59.82	60.20	62.49	59.02	59.45
乡村	Rural	19.45	19.72	19.75	19.66	19.70
按消费形态分	**By Consumption Morphological**					
# 商品零售	Commodity Retail	84.96	86.20	84.14	84.14	84.45
餐费收入	Income from Meals	15.04	13.80	15.86	15.86	15.55

注：表中数据依据第三次经济普查数据进行了调整。（以下相关表同）

a）Data in the table have been adjusted according to the data of the third economic census.The same applies to the relevant tables following.

17-2 批发和零售业情况
Basic Conditions of Wholesale and Retail Trades

项目	Item	2010	2011	2012	2013	2014
批发和零售业	**Wholesale and Retail Trades**					
法人企业（个）	Number of Corporation Enterprises (unit)	705	814	1088	1320	1482
年末从业人数（人）	Engaged Persons at Year-end (person)	66546	68919	83064	91865	98015
商品购进额（亿元）	Total Purchases (100 million yuan)	1727.21	2400.08	2881.25	3030.14	3862.89
#进口额 （亿元）	Imports (100 million yuan)	1.78	7.96	6.62	11.06	32.88
商品销售额 （亿元）	Total Sales (100 million yuan)	2021.40	2642.14	3190.07	3868.09	4457.68
#出口额 （亿元）	Exports (100 million yuan)	4.00	5.67	9.48	10.47	21.66
期末商品库存额 （亿元）	Total Stock at Year-end (100 million yuan)	205.77	246.89	245.28	257.71	271.01
批发业	**Wholesalel Trade**					
法人企业（个）	Number of Corporation Enterprises (unit)	265	294	413	510	571
年末从业人数（人）	Engaged Persons at Year-end (person)	22404	24328	26848	29953	31000
商品购进额（亿元）	Total Purchases (100 million yuan)	1391.31	1929.42	2267.04	2328.71	3062.61
#进口额 （亿元）	Imports (100 million yuan)	0.99	0.79	0.04	2.13	13.15
商品销售额 （亿元）	Total Sales (100 million yuan)	1644.99	2117.56	2507.07	3040.50	3527.27
#出口额 （亿元）	Exports (100 million yuan)	3.99	5.46	8.96	10.17	21.28
期末商品库存额 （亿元）	Total Stock at Year-end (100 million yuan)	161.28	168.36	182.27	193.22	191.56
零售业	**Retail Trade**					
法人企业（个）	Number of Corporation Enterprises (unit)	440	520	675	810	911
年末从业人数（人）	Engaged Persons at Year-end (person)	44142	44591	56216	61912	67015
商品购进额（亿元）	Total Purchases (100 million yuan)	335.91	470.66	614.20	701.44	800.28
#进口额 （亿元）	Imports (100 million yuan)	0.79	7.16	6.58	8.93	19.74
商品销售额 （亿元）	Total Sales (100 million yuan)	376.41	524.58	683.00	827.59	930.41
#出口额 （亿元）	Exports (100 million yuan)	0.01	0.21	0.52	0.30	0.38
期末商品库存额 （亿元）	Total Stock at Year-end (100 million yuan)	44.49	78.54	63.00	64.50	79.46
年末零售营业面积（万平方米）	Business Area of Retail at Year-end (10 000 sq.m)	301.83	285.94	257.49	301.61	332.77

17-3 限额以上批发业企业基本情况（2014）

Basic Conditions of Enterprises above Designated Size of Wholesale Trade (2014)

项目	Item	法人企业（个）Number of Corporation Enterprises (unit)	年末从业人数（人）Engaged Persons at Year-end (persons)
批发业	**Wholesale Trade**	**571**	**31000**
按登记注册类型分	**By Status of Registration**		
内资企业	**Domestic Funded Enterprises**	**570**	**30740**
国有企业	State-owned Enterprises	26	5161
集体企业	Collective-owned Enterprises	8	583
股份合作企业	Cooperative Enterprises	4	93
联营企业	Joint Ownership Enterprises		
有限责任公司	Limited Liability Corporations	241	13068
国有独资公司	State Sole Funded Corporations	6	1309
其他有限责任公司	Other Limited Liability Corporations	235	11759
股份有限公司	Share-holding Corporations Ltd.	20	2715
私营企业	Private Enterprises	265	8994
私营独资企业	Private-funded Enterprises		
私营合伙企业	Private Partnership Enterprises		
私营有限责任公司	Private Limited Liability Corporations	255	8568
私营股份有限公司	Private Share-holding Corporations Ltd.	10	426
其他企业	Other Enterprises	4	126
港、澳、台商投资企业	**Enterprises with Funds from Hong Kong, Macao and Taiwan**	**2**	**182**
合资经营企业	Joint-venture Enterprises		
合作经营企业	Cooperative Enterprises		
独资经营企业	Enterprises with Sole Fund	2	182
投资股份有限公司	Share-holding Corporations Ltd. with Investment		
其他港澳台商投资企业	Other Enterprises with Funds from Hong Kong, Macao and Taiwan		
外商投资企业	**Foreign Funded Enterprises**	**1**	**78**
中外合资经营企业	Joint-venture Enterprises		
中外合作经营企业	Cooperation Enterprises		
外资企业	Enterprises with Sole Fund	1	78
外商投资股份有限公司	Share-holding Corporations Ltd. With Foreign Investment		
其他外商投资企业	Other Foreign Funded Enterprises		

17-3 续表 continued

项目	Item	法人企业（个）Number of Corporation Enterprises (unit)	年末从业人数（人）Engaged Persons at Year-end (persons)
按行业分	**By Sector**		
农、林、牧、产品批发	Wholesale of Agriculture,Forestry, Animal Husbandry Products	30	873
食品饮料及烟草制品批发	Wholesale of Food, Beverages and Tobaccos	123	10271
#米、面制品及食用油批发	Wholesale of Rice, Flour and Edible Oil	13	664
烟草制品批发	Wholesale of Tobaccos	16	3861
纺织、服装及家庭用品批发	Wholesale of Textiles, , Wearing Apparel and Household Articles	23	1134
#服装批发	Wholesale of Garments	6	160
文化、体育用品及器材批发	Wholesale of Culture, Sports Appliances and Equipments	7	1188
医药及医疗器材批发	Wholesale of Medicines and Medical Appliances	74	5093
矿产品、建材及化工产品批发	Wholesale of Mineral Products, Building Materials and Chemical Products	245	10065
#煤炭及制品批发	Wholesale of Coal and Related Products	20	487
石油及制品批发	Wholesale of Petroleum and Related Products	23	4164
金属及金属矿批发	Wholesale of Metal Materials	103	1958
建材批发	Wholesale of Building Materials	26	866
化肥批发	Wholesale of Chemical Fertilizer	39	1527
机械设备、五金产品及电子产品批发	Wholesale of Machinery, Hardware and Electronic Equipment	62	2239
其他批发	Other Wholesale not Classified Elsewhere	7	137

17-4 限额以上批发业企业购销存情况（2014）
Total Purchases, Sales and Stock of Enterprises above Designated Size of Wholesale Trade (2014)

单位：万元 (10 000 yuan)

项目	Item	商品购进额 Total Purchases Value	进口 Imports	商品销售额 Total Sales Value	出口 Exports	期末商品库存额 Stock (year-end)
批发业	**Wholesale Trade**	**30626074**	**131478**	**35272715**	**212819**	**1915567**
按登记注册类型分	**By Status of Registration**					
内资企业	**Domestic Funded Enterprises**	**30607443**	**131478**	**35248027**	**211473**	**1915238**
国有企业	State-owned Enterprises	2010608	188	2747194	8196	93239
集体企业	Collective-owned Enterprises	93093		93891	449	5470
股份合作企业	Cooperative Enterprises	68471		69534		7218
联营企业	Joint Ownership Enterprises					
有限责任公司	Limited Liability Corporations	7349568	33063	8148340	83459	444799
国有独资公司	State Sole Funded Corporations	402085		473214		24021
其他有限责任公司	Other Limited Liability Corporations	6947483	33063	7675126	83459	420778
股份有限公司	Share-holding Corporations Ltd.	16243640		18889869		1016762
私营企业	Private Enterprises	4814915	98228	5268875	119369	347463
私营独资企业	Private-funded Enterprises					
私营合伙企业	Private Partnership Enterprises					
私营有限责任公司	Private Limited Liability Corporations	4730163	98228	5170445	119369	342426
私营股份有限公司	Private Share-holding Corporations Ltd.	84752		98430		5038
其他企业	Other Enterprises	27148		30325		287
港、澳、台商投资企业	**Enterprises with Funds from Hong Kong, Macao and Taiwan**	**13924**		**20292**	**1346**	**18**
合资经营企业	Joint-venture Enterprises					
合作经营企业	Cooperative Enterprises					
独资经营企业	Enterprises with Sole Fund	13924		20292	1346	18
投资股份有限公司	Share-holding Corporations Ltd. with Investment					
其他港澳台商投资企业	Other Enterprises with Funds from Hong Kong,Macao and Taiwan					
外商投资企业	**Foreign Funded Enterprises**	**4707**		**4396**		**311**
中外合资经营企业	Joint-venture Enterprises					
中外合作经营企业	Cooperation Enterprises					
外资企业	Enterprises with Sole Fund	4707		4396		311
外商投资股份有限公司	Share-holding Corporations Ltd. With Foreign Investment					
其他外商投资企业	Other Foreign Funded Enterprises					

17–4 续表 continued

单位：万元 (10 000 yuan)

项目	Item	商品购进额 Total Purchases Value	进口 Imports	商品销售额 Total Sales Value	出口 Exports	期末商品库存额 Stock (year-end)
按行业分	**By Sector**					
农、林、牧、产品批发	Wholesale of Agricultural, Forestry and Livestock Products	235873	4854	255949	17742	33100
食品饮料及烟草制品批发	Wholesale of Food, Beverages and Tobaccos	3538278	64	4517739	27341	244624
# 米、面制品及食用油批发	Wholesale of Rice, Flour and Edible Oil	115955		121828		17149
烟草制品批发	Wholesale of Tobaccos	1335695	64	1943738	35	82612
纺织、服装及家庭用品批发	Wholesale of Textiles, Wearing Apparel and Household Articles	246085		255738	69388	27545
# 服装批发	Wholesale of Garments	78958		84994	59625	9979
文化、体育用品及器材批发	Wholesale of Culture, Sports Appliances and Equipments	66107		87585		48251
医药及医疗器材批发	Wholesale of Medicines and Medical Appliances	1189738	8	1300692	20	110562
矿产品、建材及化工产品批发	Wholesale of Mineral Products, Building Materials and Chemical Products	24286562	105248	27769812	20211	1374834
# 煤炭及制品批发	Wholesale of Coal and Related Products	299127		344628		25808
石油及制品批发	Wholesale of Petroleum and Related Products	17012074	7456	19814697	449	1027890
金属及金属矿批发	Wholesale of Metal Materials	4198563	6510	4480396	8457	191534
建材批发	Wholesale of Building Materials	501135		520730		12401
化肥批发	Wholesale of Chemical Fertilizer	721077	812	840984	878	78826
机械设备、五金产品及电子产品批发	Wholesale of Machinery, Hardware and Electronics	1045123	21304	1063321	78117	76261
其他批发	Other Wholesale not Classified Elsewhere	18309		21880		390

17-5 限额以上批发业企业资产及负债（2014）

Assets and Liabilities of Enterprises above Designated Size of Wholesale Trade (2014)

单位：万元 (10 000 yuan)

项目	Item	资产总计 Total Assets	#流动资产合计 Total Current Assets	#固定资产合计 Total Fixed Assets	负债合计 Total Liabilities	所有者权益合计 Total Owners' Equities
批发业	**Wholesale Trade**	**15793175**	**10476103**	**3140656**	**6988228**	**8804920**
按登记注册类型分	**By Status of Registration**					
内资企业	**Domestic Funded Enterprises**	**15787744**	**10474239**	**3140535**	**6983168**	**8804548**
国有企业	State-owned Enterprises	712624	526790	60901	69387	643237
集体企业	Collective-owned Enterprises	78645	56822	10508	70984	7661
股份合作企业	Cooperative Enterprises	22633	20444	1244	13329	9305
联营企业	Joint Ownership Enterprises					
有限责任公司	Limited Liability Corporations	2704777	2123806	261760	2092818	611959
国有独资公司	State Sole Funded Corporations	241801	54072	72504	166991	74809
其他有限责任公司	Other Limited Liability Corporations	2462977	2069734	189256	1925827	537150
股份有限公司	Share-holding Corporations Ltd.	2196968	1474473	229337	41140	2155828
私营企业	Private Enterprises	10066888	6269428	2574314	4693741	5373120
私营独资企业	Private-funded Enterprises					
私营合伙企业	Private Partnership Enterprises					
私营有限责任公司	Private Limited Liability Corporations	9916002	6175850	2566619	4576478	5339524
私营股份有限公司	Private Share-holding Corporations Ltd.	150887	93577	7695	117263	33596
其他企业	Other Enterprises	5208	2476	2472	1770	3438
港、澳、台商投资企业	**Enterprises with Funds from Hong Kong, Macao and Taiwan**	**4068**	**536**	**87**	**3514**	**554**
合资经营企业	Joint-venture Enterprises					
合作经营企业	Cooperative Enterprises					
独资经营企业	Enterprises with Sole Fund	4068	536	87	3514	554
投资股份有限公司	Share-holding Corporations Ltd. with Investment					
其他港澳台商投资企业	Other Enterprises with Funds from Hong Kong,Macao and Taiwan					
外商投资企业	**Foreign Funded Enterprises**	**1363**	**1329**	**35**	**1545**	**-182**
中外合资经营企业	Joint-venture Enterprises					
中外合作经营企业	Cooperation Enterprises					
外资企业	Enterprises with Sole Fund	1363	1329	35	1545	-182
外商投资股份有限公司	Share-holding Corporations Ltd. With Foreign Investment					
其他外商投资企业	Other Foreign Funded Enterprises					

17-5 续表 continued

单位：万元 (10 000 yuan)

项目	Item	资产总计 Total Assets	# 流动资产 Total Current Assets	# 固定资产 Total Fixed Assets	负债合计 Total Liabilities	所有者权益合计 Total Owners' Equities
按行业分	**By Sector**					
农、林、牧、产品批发	Wholesale of Agricultural, Forestry and Livestock Products	165233	134834	23027	127965	37268
食品饮料及烟草制品批发	Wholesale of Food, Beverages and Tobaccos	1245370	891477	194456	340429	904914
# 米、面制品及食用油批发	Wholesale of Rice, Flour and Edible Oil	54715	36119	13829	43901	10814
烟草制品批发	Wholesale of Tobaccos	620647	477473	45865	19291	601357
纺织、服装及家庭用品批发	Wholesale of Textiles, Wearing Apparel and Household Articles	107014	94118	8095	86218	20796
# 服装批发	Wholesale of Garments	52988	52839	87	52645	343
文化、体育用品及器材批发	Wholesale of Culture, Sports Appliances and Equipments	183213	133847	42511	134807	48406
医药及医疗器材批发	Wholesale of Medicines and Medical Appliances	637141	573582	26949	517791	119350
矿产品、建材及化工产品批发	Wholesale of Mineral Products, Building Materials and Chemical Products	13039671	8282837	2825583	5432369	7607303
# 煤炭及制品批发	Wholesale of Coal and Related Products	171509	144785	15130	133173	38336
石油及制品批发	Wholesale of Petroleum and Related Products	1772952	1289401	269038	-25049	1798000
金属及金属矿批发	Wholesale of Metal Materials	1991602	1751964	33525	1675818	315785
建材批发	Wholesale of Building Materials	802506	325187	14558	312729	489777
化肥批发	Wholesale of Chemical Fertilizer	7824014	4318911	2486355	2949710	4874304
机械设备、五金产品及电子产品批发	Wholesale of Machinery, Hardware and Electronics	405997	357814	18508	343227	62770
其他批发	Other Wholesale not Classified Elsewhere	9536	7595	1526	5422	4113

17-6 限额以上批发业企业主要财务指标（2014）
Main Financial Indicators of Enterprises above Designated Size of Wholesale Trade (2014)

单位：万元 (10 000 yuan)

项目	Item	主营业务收入 Revenue from Principal Business	主营业务成本 Cost of Principal Business	主营业务税金及附加 Taxes and Other Charges on Principal Business
批发业	**Wholesale Trade**	**41403516**	**39504616**	**108000**
按登记注册类型分	**By Status of Registration**			
内资企业	**Domestic Funded Enterprises**	**41381568**	**39486588**	**107920**
国有企业	State-owned Enterprises	2434908	1837341	79778
集体企业	Collective-owned Enterprises	85720	80413	188
股份合作企业	Cooperative Enterprises	67206	65381	3
联营企业	Joint Ownership Enterprises			
有限责任公司	Limited Liability Corporations	7534864	7194472	14289
国有独资公司	State Sole Funded Corporations	445934	419759	331
其他有限责任公司	Other Limited Liability Corporations	7088930	6774712	13958
股份有限公司	Share-holding Corporations Ltd.	16192001	16375725	2743
私营企业	Private Enterprises	15036544	13904405	10867
私营独资企业	Private-funded Enterprises			
私营合伙企业	Private Partnership Enterprises			
私营有限责任公司	Private Limited Liability Corporations	14960931	13834102	10797
私营股份有限公司	Private Share-holding Corporations Ltd.	75614	70303	70
其他企业	Other Enterprises	30325	28852	51
港、澳、台商投资企业	**Enterprises with Funds from Hong Kong, Macao and Taiwan**	17552	14464	64
合资经营企业	Joint-venture Enterprises			
合作经营企业	Cooperative Enterprises			
独资经营企业	Enterprises with Sole Fund	17552	14464	64
投资股份有限公司	Share-holding Corporations Ltd. with Investment			
其他港澳台商投资企业	Other Enterprises with Funds from Hong Kong ,Macao and Taiwan			
外商投资企业	**Foreign Funded Enterprises**	**4396**	**3564**	**17**
中外合资经营企业	Joint-venture Enterprises			
中外合作经营企业	Cooperation Enterprises			
外资企业	Enterprises with Sole Fund	4396	3564	17
外商投资股份有限公司	Share-holding Corporations Ltd. With Foreign Investment			
其他外商投资企业	Other Foreign Funded Enterprises			

17-6 续表 continued

单位：万元　(10 000 yuan)

项目	Item	主营业务收入 Revenue from Principal Business	主营业务成本 Cost of Principal Business	主营业务税金及附加 Taxes and Other Charges on Principal Business
按行业分	**By Sector**			
农、林、牧、产品批发	Wholesale of Agricultural, Forestry and Livestock Products	248230	236298	407
食品饮料及烟草制品批发	Wholesale of Food, Beverages and Tobaccos	4203146	3372390	89003
#米、面制品及食用油批发	Wholesale of Rice, Flour and Edible Oil	120865	117328	362
烟草制品批发	Wholesale of Tobaccos	1769497	1205097	79080
纺织、服装及家庭用品批发	Wholesale of Textiles, Wearing Apparel and Household Articles	246765	226853	683
#服装批发	Wholesale of Garments	79492	76478	19
文化、体育用品及器材批发	Wholesale of Culture, Sports Appliances and Equipments	167121	146476	87
医药及医疗器材批发	Wholesale of Medicines and Medical Appliances	1202903	1129587	2368
矿产品、建材及化工产品批发	Wholesale of Mineral Products, Building Materials and Chemical Products	34380240	33475846	14567
#煤炭及制品批发	Wholesale of Coal and Related Products	301598	283212	331
石油及制品批发	Wholesale of Petroleum and Related Products	16943608	17070752	3519
金属及金属矿批发	Wholesale of Metal Materials	4028056	3988374	1311
建材批发	Wholesale of Building Materials	489526	478233	817
化肥批发	Wholesale of Chemical Fertilizer	11029634	10117517	7384
机械设备、五金产品及电子产品批发	Wholesale of Machinery, Hardware and Electronics	934434	898362	732
其他批发	Other Wholesale not Classified Elsewhere	20678	18806	153

17-7 限额以上零售业企业基本情况（2014）

Basic Conditions of Enterprises above Designated Size in Retail Trade (2014)

项目	Item	法人企业（个） Number of Corporation Enterprises (unit)	年末从业人数（人） Engaged Persons at Year-end (person)
零售业	**Retail Trade**	**911**	**67015**
按登记注册类型分	**By Status of Registration**		
内资企业	**Domestic Funded Enterprises**	**906**	**65507**
国有企业	State-owned Enterprises	35	1312
集体企业	Collective-owned Enterprises	26	971
股份合作企业	Cooperative Enterprises	2	112
联营企业	Joint Ownership Enterprises	1	8
有限责任公司	Limited Liability Corporations	439	35004
国有独资公司	State Sole Funded Corporations	22	2065
其他有限责任公司	Other Limited Liability Corporations	417	32939
股份有限公司	Share-holding Corporations Ltd.	29	5283
私营企业	Private Enterprises	367	22659
私营独资企业	Private-funded Enterprises	25	948
私营合伙企业	Private Partnership Enterprises		
私营有限责任公司	Private Limited Liability Corporations	330	20970
私营股份有限公司	Private Share-holding Corporations Ltd.	12	741
其他企业	Other Enterprises	7	158
港、澳、台商投资企业	**Enterprises with Funds from Hong Kong, Macao and Taiwan**	**4**	**570**
合资经营企业	Joint-venture Enterprises		
合作经营企业	Cooperative Enterprises		
独资经营企业	Enterprises with Sole Fund	4	570
投资股份有限公司	Share-holding Corporations Ltd. with Investment		
其他港澳台商投资企业	Other Enterprises with Funds from Hong Kong,Macao and Taiwan		
外商投资企业	**Foreign Funded Enterprises**	**1**	**938**
中外合资经营企业	Joint-venture Enterprises		
中外合作经营企业	Cooperation Enterprises		
外资企业	Enterprises with Sole Fund	1	938
外商投资股份有限公司	Share-holding Corporations Ltd. With Foreign Investment		
其他外商投资企业	Other Foreign Funded Enterprises		

17−7 续表 continued

项目	Item	法人企业（个）Number of Corporation Enterprises (unit)	年末从业人数（人）Engaged Persons at Year-end (person)
按行业分	**By Sector**		
综合零售	Integrated Retail	204	24571
#百货零售	Retail of General Merchandise	116	15343
超级市场零售	Retail of Supermarkets	76	7915
食品、饮料及烟草制品专门零售	Retail of Food, Beverages and Tobaccos	68	4083
纺织、服装及日用品专门零售	Special Retail of Textiles, Garments and Daily Consumer Articles	34	3935
#服装零售	Retail of Garments	23	3142
文化、体育用品及器材专门零售	Special Retail of Culture, Sports Appliances and Equipments	81	3178
#图书报刊零售	Retail of Books Newspapers and Magazines	56	1866
医药及医疗器材专门零售	Retail of Medicines and Medical Appliances	47	7044
#药品零售	Retail of Medicines	46	7022
汽车、摩托车、燃料及零配件专门零售	Retail of Motor Vehicles, Motorcycles, Fuel and Parts	321	15825
#汽车零售	Retail of Motor Vehicles	259	11044
机动车燃料零售	Retail of Fuel of Motor Vehicles	48	4444
家用电器及电子产品专门零售	Special Retail of Household Electric Appliances and Electronic Products	84	2824
#日用家电设备零售	Retail of Household Electric Appliances	27	1252
计算机、软件及辅助设备零售	Retail of Computer, Software and Assistant Appliances	33	653
通信设备零售	Retail of Communication Equipments	5	455
五金、家具及室内装饰材料专门零售	Special Retail of Hardware, Furniture and Decoration Materials	37	4531
货摊、无店铺及其他零售	Stall,Non-shop and Other Retails	35	1024

17-8 限额以上零售业企业购销存情况（2014）

Total Purchases, Sales and Stock of Enterprises above Designated Size of Retail Trade(2014)

单位：万元 (10 000 yuan)

项目	Item	商品购进额 Total Purchases Value	进口 Imports	商品销售额 Total Sales Value	出口 Exports	期末商品库存额 Stock (year-end)
零售业	**Retail Trade**	**8002841**	**197368**	**9304052**	**3802**	**794574**
按登记注册类型分	**By Status of Registration**					
内资企业	**Domestic Funded Enterprises**	**7915905**	**197368**	**9145780**	**3802**	**788968**
国有企业	State-owned Enterprises	178615	2496	184489		13232
集体企业	Collective-owned Enterprises	136838	1	136562		22804
股份合作企业	Cooperative Enterprises	6688		6515		881
联营企业	Joint Ownership Enterprises	3802		3840		5
有限责任公司	Limited Liability Corporations	3528078	95533	3998714	2	455200
国有独资公司	State Sole Funded Corporations	297073		402419		17995
其他有限责任公司	Other Limited Liability Corporations	3231005	95533	3596295	2	437205
股份有限公司	Share-holding Corporations Ltd.	2088758		2458531		32687
私营企业	Private Enterprises	1962251	99338	2343741	3800	263577
私营独资企业	Private-funded Enterprises	55062		55586		6167
私营合伙企业	Private Partnership Enterprises					
私营有限责任公司	Private Limited Liability Corporations	1747049	91097	2125116	3800	239268
私营股份有限公司	Private Share-holding Corporations Ltd.	160140	8242	163039		18143
其他企业	Other Enterprises	10875		13389		583
港、澳、台商投资企业	**Enterprises with Funds from Hong Kong, Macao and Taiwan**	**85874**		**138490**		**5186**
合资经营企业	Joint-venture Enterprises					
合作经营企业	Cooperative Enterprises					
独资经营企业	Enterprises with Sole Fund	85874		138490		5186
投资股份有限公司	Share-holding Corporations Ltd. with Investment					
其他港澳台商投资企业	Other Enterprises with Funds from Hong Kong,Macao and Taiwan					
外商投资企业	**Foreign Funded Enterprises**	**1063**		**19783**		**420**
中外合资经营企业	Joint-venture Enterprises					
中外合作经营企业	Cooperation Enterprises					
外资企业	Enterprises with Sole Fund	1063		19783		420
外商投资股份有限公司	Share-holding Corporations Ltd. With Foreign Investment					
其他外商投资企业	Other Foreign Funded Enterprises					

17-8 续表 continued

单位：万元 (10 000 yuan)

项目	Item	商品购进额 Total Purchases Value	进口 Imports	商品销售额 Total Sales Value	出口 Exports	期末商品库存额 Stock (year-end)
按行业分	**By Sector**					
综合零售	Integrated Retail	1325892	2535	1719131		162403
#百货零售	Retail of General Merchandise	897876	1	1273209		109813
超级市场零售	Retail of Supermarkets	379671	2534	399606		47680
食品、饮料及烟草制品专门零售	Retail of Food, Beverages and Tobaccos	669281		639333	3800	103226
纺织、服装及日用品专门零售	Special Retail of Textiles, Garments and Daily Consumer Articles	82857		110170		27154
#服装零售	Retail of Garments	72343		77948		16284
文化、体育用品及器材专门零售	Retail of Culture, Sports Appliances and Equipments	331968	1588	338852	2	41656
#图书报刊零售	Retail of Books，Newspapers and Magazines	133023	1587	135026		24953
医药及医疗器材专门零售	Retail of Medicines and Medical Appliances	220685		275461		38078
#药品零售	Retail of Medicines	219285		274094		37955
汽车、摩托车、燃料及零配件专门零售	Retail of Motor Vehicles, Motorcycles, Fuel and Parts	4735105	193244	5480420		361347
#汽车零售	Retail of Motor Vehicles	2106210	190748	2383998		333550
机动车燃料零售	Retail of Fuel of Motor Vehicles	2596554	2496	3055135		21862
家用电器及电子产品专门零售	Special Retail of Household Electric Appliances and Electronic Products	356075		386999		28772
#日用家电设备零售	Retail of Household Electric Appliances	165466		169871		7196
计算机、软件及辅助设备零售	Retail of Computer, Software and Assistant Appliances	58409		64816		10151
通信设备零售	Retail of Communication Equipments	62887		63107		2944
五金、家具及室内装饰材料专门零售	Special Retail of Hardware, Furniture and Decoration Materials	144404		180731		18105
货摊、无店铺及其他零售	Stall,Non-shop and Other Retails	136575		172957		13834

17-9 限额以上零售业企业资产及负债（2014）

Assets and Liabilities of Enterprises above Designated Size of Retail Trade (2014)

单位：万元 (10 000 yuan)

项目	Item	资产总计 Total Assets	#流动资产合计 Total Current Assets	#固定资产合计 Total Fixed Assets	负债合计 Total Liabilities	所有者权益合计 Total Owners' Equities
零售业	**Retail Trade**	**8834831**	**4519637**	**3701031**	**3686366**	**5141527**
按登记注册类型分	**By Status of Registration**					
内资企业	**Domestic Funded Enterprises**	**8781694**	**4485076**	**3684358**	**3653909**	**5120847**
国有企业	State-owned Enterprises	58564	41349	11732	36486	22078
集体企业	Collective-owned Enterprises	30313	15361	11048	24430	5883
股份合作企业	Cooperative Enterprises	1161	1049	112	456	705
联营企业	Joint Ownership Enterprises	948	428	46	3	945
有限责任公司	Limited Liability Corporations	6620534	3038870	3354808	2211649	4408885
国有独资公司	State Sole Funded Corporations	79644	50907	27425	42765	36879
其他有限责任公司	Other Limited Liability Corporations	6540891	2987963	3327383	2168884	4372006
股份有限公司	Share-holding Corporations Ltd.	560450	301074	105336	283763	269749
私营企业	Private Enterprises	1502277	1081783	199388	1095753	406524
私营独资企业	Private-funded Enterprises	18939	10911	7524	8737	10202
私营合伙企业	Private Partnership Enterprises					
私营有限责任公司	Private Limited Liability Corporations	1344173	950547	183841	967959	376214
私营股份有限公司	Private Share-holding Corporations Ltd.	139165	120325	8023	119057	20108
其他企业	Other Enterprises	7447	5162	1889	1370	6077
港、澳、台商投资企业	**Enterprises with Funds from Hong Kong, Macao and Taiwan**	**47708**	**29317**	**16488**	**28719**	**18989**
合资经营企业	Joint-venture Enterprises					
合作经营企业	Cooperative Enterprises					
独资经营企业	Enterprises with Sole Fund	47708	29317	16488	28719	18989
投资股份有限公司	Share-holding Corporations Ltd. with Investment					
其他港澳台商投资企业	Other Enterprises with Funds from Hong Kong,Macao and Taiwan					
外商投资企业	**Foreign Funded Enterprises**	**5429**	**5244**	**185**	**3737**	**1692**
中外合资经营企业	Joint-venture Enterprises					
中外合作经营企业	Cooperation Enterprises					
外资企业	Enterprises with Sole Fund	5429	5244	185	3737	1692
外商投资股份有限公司	Share-holding Corporations Ltd. With Foreign Investment					
其他外商投资企业	Other Foreign Funded Enterprises					

17-9 续表 continued

单位：万元 (10 000 yuan)

项目	Item	资产总计 Total Assets	# 流动资产合计 Total Current Assets	# 固定资产合计 Total Fixed Assets	负债合计 Total Liabilities	所有者权益合计 Total Owners' Equities
按行业分	**By Sector**					
综合零售	Integrated Retail	973575	595553	191648	619449	354126
#百货零售	Retail of General Merchandise	756525	439136	156123	470785	285739
超级市场零售	Retail of Supermarkets	193597	146500	26855	137341	56255
食品、饮料及烟草制品专门零售	Retail of Food, Beverages and Tobaccos	5241740	2120450	3052392	1264816	3976924
纺织、服装及日用品专门零售	Special Retail of Textiles, Garments and Daily Consumer Articles	115696	85331	18367	86835	28861
#服装零售	Retail of Garments	89105	61989	16051	68205	20900
文化、体育用品及器材专门零售	Retail of Culture, Sports Appliances and Equipments	429776	267224	126783	169769	260007
#图书报刊零售	Retail of Books，Newspapers and Magazines	105898	76624	23138	68912	36987
医药及医疗器材专门零售	Retail of Medicines and Medical Appliances	126790	96541	12587	106391	20399
#药品零售	Retail of Medicines	124922	94678	12583	104923	20000
汽车、摩托车、燃料及零配件专门零售	Retail of Motor Vehicles, Motorcycles, Fuel and Parts	1551833	1081946	214822	1214251	330645
#汽车零售	Retail of Motor Vehicles	1329501	950990	150157	1056498	273003
机动车燃料零售	Retail of Fuel of Motor Vehicles	211724	122478	63105	151584	53202
家用电器及电子产品专门零售	Special Retail of Household Electric Appliances and Electronic Products	166220	145623	6786	109331	56889
#日用家电设备零售	Retail of Household Electric Appliances	87094	80438	2170	57682	29412
计算机、软件及辅助设备零售	Retail of Computer, Software and Assistant Appliances	31435	27770	1369	14702	16734
通信设备零售	Retail of Communication Equipments	17407	15592	666	13887	3520
五金、家具及室内装饰材料专门零售	Special Retail of Hardware, Furniture and Decoration Materials	123173	47148	55714	53244	69929
货摊、无店铺及其他零售	Stall,Non-shop and Other Retails	106029	79822	21932	62281	43748

17-10 限额以上零售业企业主要财务指标（2014）

Main Financial Indicators of Enterprises above Designated Size of Retail Trade (2014)

单位：万元 (10 000 yuan)

项目	Item	主营业务收入 Revenue from Principal Business	主营业务成本 Cost of Principal Business	主营业务税金及附加 Taxes and Other Charges on Principal Business
零售业	**Retail Trade**	**8394672**	**7518190**	**62961**
按登记注册类型分	**By Status of Registration**			
内资企业	**Domestic Funded Enterprises**	**8253245**	**7398534**	**62196**
国有企业	State-owned Enterprises	170283	156095	520
集体企业	Collective-owned Enterprises	121404	117760	447
股份合作企业	Cooperative Enterprises	6515	5563	10
联营企业	Joint Ownership Enterprises	3840	3832	5
有限责任公司	Limited Liability Corporations	3662334	3302183	35660
国有独资公司	State Sole Funded Corporations	360188	318798	2169
其他有限责任公司	Other Limited Liability Corporations	3302146	2983386	33491
股份有限公司	Share-holding Corporations Ltd.	2105958	1927065	6950
私营企业	Private Enterprises	2169713	1875831	18500
私营独资企业	Private-funded Enterprises	55675	47818	875
私营合伙企业	Private Partnership Enterprises			
私营有限责任公司	Private Limited Liability Corporations	1984418	1705883	17273
私营股份有限公司	Private Share-holding Corporations Ltd.	129620	122131	352
其他企业	Other Enterprises	13199	10206	104
港、澳、台商投资企业	**Enterprises with Funds from Hong Kong, Macao and Taiwan**	**126975**	**107236**	**707**
合资经营企业	Joint-venture Enterprises			
合作经营企业	Cooperative Enterprises			
独资经营企业	Enterprises with Sole Fund	126975	107236	707
投资股份有限公司	Share-holding Corporations Ltd. with Investment			
其他港澳台商投资企业	Other Enterprises with Funds from Hong Kong,Macao and Taiwan			
外商投资企业	**Foreign Funded Enterprises**	**14452**	**12420**	**57**
中外合资经营企业	Joint-venture Enterprises			
中外合作经营企业	Cooperation Enterprises			
外资企业	Enterprises with Sole Fund	14452	12420	57
外商投资股份有限公司	Share-holding Corporations Ltd. With Foreign Investment			
其他外商投资企业	Other Foreign Funded Enterprises			

17-10 续表 continued

单位：万元 (10 000 yuan)

项目	Item	主营业务收入 Revenue from Principal Business	主营业务成本 Cost of Principal Business	主营业务税金及附加 Taxes and Other Charges on Principal Business
按行业分	**By Sector**			
综合零售	Integrated Retail	1502535	1275665	19835
#百货零售	Retail of General Merchandise	1083115	917987	15240
超级市场零售	Retail of Supermarkets	370820	313688	4223
食品、饮料及烟草制品专门零售	Retail of Food, Beverages and Tobaccos	557647	471543	24071
纺织、服装及日用品专门零售	Special Retail of Textiles, Garments and Daily Consumer Articles	104194	81998	1333
#服装零售	Retail of Garments	73618	58309	1213
文化、体育用品及器材专门零售	Retail of Culture, Sports Appliances and Equipments	320563	266447	3395
#图书报刊零售	Retail of Books，Newspapers and Magazines	125933	101913	316
医药及医疗器材专门零售	Retail of Medicines and Medical Appliances	257991	202315	2470
#药品零售	Retail of Medicines	256625	201065	2463
汽车、摩托车、燃料及零配件专门零售	Retail of Motor Vehicles, Motorcycles, Fuel and Parts	4952022	4609709	7733
#汽车零售	Retail of Motor Vehicles	2252257	2086756	4649
机动车燃料零售	Retail of Fuel of Motor Vehicles	2660112	2488006	2442
家用电器及电子产品专门零售	Special Retail of Household Electric Appliances and Electronic Products	359403	318990	1745
#日用家电设备零售	Retail of Household Electric Appliances	151845	128960	848
计算机、软件及辅助设备零售	Retail of Computer, Software and Assistant Appliances	62265	55793	402
通信设备零售	Retail of Communication Equipments	57789	51576	129
五金、家具及室内装饰材料专门零售	Special Retail of Hardware, Furniture and Decoration Materials	170865	154716	1715
货摊、无店铺及其他零售	Stall,Non-shop and Other Retails	169451	136807	664

17-11 亿元以上商品交易市场摊位分类情况（2014）

Classification of Commodity Exchange Markets of Transaction Value over 100 Million Yuan (2014)

类别	Classification	摊位数（个） Number of Booths (unit)	成交额（万元） Turnover (10 000yuan)
总计	**Total**	**30528**	**4748229**
粮油、食品类	Grain and Oil,Food	11637	1792007
#粮油类	Grain and Oil	1091	267815
肉禽蛋类	Meat, Poultry and Eggs	704	242690
水产品类	Aquatic Products	679	265263
蔬菜类	Vegetables	7524	521925
干鲜果品类	Dried and Fresh Melons and Fruits	1469	383304
饮料类	Beverages	381	55724
烟酒类	Tobacco and Liquor	546	103436
服装鞋帽、针、纺织品类	Clothing, Shoes, Hats and Textiles	7213	516155
服装类	Clothing	5692	460776
鞋帽类	Footwear and Hats	763	23290
针、纺织品类	Knitwear and Textiles	758	32089
化妆品类	Cosmetics	388	65507
金银珠宝类	Gold, Silver and Jewellery	36	5664
日用品类	Articles for Daily Use	1373	192528
#儿童玩具类	Children Toys	152	43210
五金、电料类	Hardware & Electrical Materials	881	35282
体育、娱乐用品类	Sports & Recreational Articles	294	25228
书报杂志类	Newspapers and Magazines	273	955
电子出版物及音像制品类	E-journal and Video Products	141	4120
家用电器和音像器材类	Household Appliances and Video Equipments	537	173290
中西药品类	Traditional Chinese and Western Medicine	163	19191
#西药类	Western Medicine	12	1481
中草药及中成药类	Traditional Chinese	148	17000
文化办公用品类	Cultural and Official Goods	494	73431
家具类	Furniture	1219	75677
通讯器材类	Communication Appliances	35	8298
煤炭及制品类	Coal and Related Products	6	662
木材及制品类	Wood and Wooden Products	60	65953
石油及制品类	Petroleum and Related Products		
化工材料及制品类	Raw Chemical Materials and Related Products	76	2413
#化肥类	Fertilizer	30	193
金属材料类	Metal Materials	1671	1255667
建筑及装潢材料类	Building and Decoration Materials	1545	181560
机电产品及设备类	Mechanical & Electrical Products	164	32777
#农机类	Agricultural Machinery		
汽车类	Automobile		
种子饲料类	Seed and Feedstuff	11	1881
棉麻类	Cotton and Hemp	5	48
其他类	Others	1379	60775

17-12 各地区限额以上批发业企业基本情况和主要财务指标（2014）
Basic Conditions and Main Financial Indicators of Enterprises above Designated Size of Wholesale Trade by Region(2014)

单位：万元 (10 000 yuan)

地区	Region	法人企业（个） Number of Corporation Enterprises (unit)	年末从业人数（人） Engaged Persons at Year-end (person)	商品销售额 Total Sales	主营业务收入 Revenue from Principal Business	主营业务成本 Cost of Principal Business	主营业务税金及附加 Taxes and Other Charges on Principal Business
兰州市	Lanzhou	288	15185	27101636	23803842	23620415	10152
嘉峪关市	Jiayuguan	33	726	1592662	1361255	1343747	2463
金昌市	Jinchang	15	926	232866	225125	190412	6895
白银市	Baiyin	28	895	338431	306659	258224	7168
天水市	Tianshui	45	2076	977925	883160	660320	11450
武威市	Wuwei	22	1527	447536	10695963	9750273	11914
张掖市	Zhangye	26	1548	631121	594757	541475	5226
平凉市	Pingliang	15	954	471216	375302	328368	6642
酒泉市	Jiuquan	38	1798	1817329	1590919	1485039	8367
庆阳市	Qingyang	14	1481	536322	477292	411666	9959
定西市	Dingxi	25	1204	477022	476821	423824	9261
陇南市	Longnan	10	1354	306934	281000	209830	9710
临夏州	Linxia	10	1103	292612	287753	247472	6264
甘南州	Gannan	2	223	49105	43668	33553	2529

17-13 各地区限额以上零售业企业基本情况和主要财务指标（2014）
Basic Conditions and Main Financial Indicators of Enterprises above Designated Size of Retail Trade by Region（2014）

单位：万元 (10 000 yuan)

地区	Region	法人企业（个） Number of Corporation Enterprises (unit)	年末从业人数（人） Engaged Persons at Year-end (person)	商品销售额 Total Sales	主营业务收入 Revenue from Principal Business	主营业务成本 Cost of Principal Business	主营业务税金及附加 Taxes and Other Charges on Principal Business
兰州市	Lanzhou	224	26250	4405160	3748542	3346741	12254
嘉峪关市	Jiayuguan	32	2374	261409	220027	193775	988
金昌市	Jinchang	32	1258	237720	225550	209073	535
白银市	Baiyin	61	3609	807240	806845	724308	2324
天水市	Tianshui	94	9587	1323027	1185314	1065609	28941
武威市	Wuwei	48	1515	113448	109723	98719	290
张掖市	Zhangye	67	2495	303977	290583	265867	1242
平凉市	Pingliang	47	3916	200345	187955	165941	2372
酒泉市	Jiuquan	112	4226	530319	515235	456248	5860
庆阳市	Qingyang	80	5927	264794	248883	215392	3582
定西市	Dingxi	39	2052	407716	406666	375364	454
陇南市	Longnan	50	2276	287074	286129	259249	565
临夏州	Linxia	22	1128	57003	57061	45383	3424
甘南州	Gannan	3	402	104821	106159	96522	129

17-14 按城乡分各地县社会消费品零售总额（2014）

Total Retail Sale of Consumer Goods of Urban and Rural Areas by Region,County(2014)

单位：万元 (10 000 yuan)

地区	Region	社会消费品零售总额 Total Retail Sales of Consumer Goods	城镇 Urban	城区 City	乡村 Rural
兰州市	**Lanzhou**	**10568321**	**8930368**	**7066880**	**1637953**
城关区	Chengguan	5771794	5771794	5771794	
七里河区	Qilihe	1795800	1052222	379345	743577
西固区	Xigu	1033400	831333	212400	202067
安宁区	Anning	839700	585728	412354	253972
红古区	Honggu	209600	188221	170221	21379
永登县	Yongdeng	211700	111566	3374	100134
皋兰县	Gaolan	153849	130772	117392	23077
榆中县	Yuzhong	300479	105769		194711
兰州新区	Lanzhou New Area	252000	152964		99036
嘉峪关市	**Jiayuguan**	**505030**	**505030**	**505030**	
金昌市	**Jinchang**	**699887**	**585955**	**568163**	**113932**
金川区	Jinchuan	479602	463355	463036	16247
永昌县	Yongchang	220285	122600	105127	97685
白银市	**Baiyin**	**1634306**	**1387566**	**891502**	**246739**
白银区	Baiyin	866281	866281	613948	
平川区	Pingchuan	182935	182935	156132	
靖远县	Jingyuan	212213	140222	40799	71991
会宁县	Huining	225431	91336	52398	134096
景泰县	Jingtai	147446	106794	28224	40652
天水市	**Tianshui**	**2403098**	**1716676**	**1241766**	**686422**
秦州区	Qinzhou	790501	609317	397209	181184
麦积区	Maiji	772697	597333	573802	175365
清水县	Qingshui	67071	37843	15492	29229
秦安县	Qinan	252021	123345	88743	128676
甘谷县	Gangu	265122	169075	96966	96046
武山县	Wushan	190943	137252	48516	53691
张家川县	Zhangjiachuan	64743	42511	21038	22232
武威市	**Wuwei**	**1491522**	**997714**	**690341**	**493808**
凉州区	Liangzhou	881305	664385	543147	216920
民勤县	Minqin	213739	119694		94045
古浪县	Gulang	172377	103829	70132	68548
天祝县	Tianzhu	224101	109806	77062	114295
张掖市	**Zhangye**	**1355538**	**1024372**	**307309**	**331166**

17-14 续表 1 continued

单位：万元 (10 000 yuan)

地区	Region	社会消费品零售总额 Total Retail Sales of Consumer Goods	城镇 Urban	城区 City	乡村 Rural
甘州区	Ganzhou	738075	642125	192637	95950
肃南县	Sunan	39267	15680	4704	23587
民乐县	Minle	163387	95886	28765	67501
临泽县	Linze	123319	73375	22012	49944
高台县	Gaotai	140393	75522	22656	64871
山丹县	Shandan	151097	121784	36535	29313
平凉市	**Pingliang**	**1628415**	**1143015**	**759624**	**485401**
崆峒区	Kongtong	688207	589194	525680	99012
泾川县	Jingchuan	187679	96739	10958	90940
灵台县	Lingtai	114843	63108		51735
崇信县	Chongxin	66963	37941	27828	29023
华亭县	Huating	180916	119928	52655	60988
庄浪县	Zhuanglang	162342	94503	68920	67839
静宁县	Jingning	227466	141602	73584	85864
酒泉市	**Jiuquan**	**1627280**	**1377787**	**1196523**	**249493**
肃州区	Suzhou	688119	615791	615791	72328
金塔县	Jinta	111535	96140	50051	15395
瓜州县	Guazhou	186673	138672	59556	48001
肃北县	Subei	17499	16801	13978	698
阿克塞县	Akesai	17167	15025	15025	2142
玉门市	Yumen	246059	225115	221592	20944
敦煌市	Dunhuang	360227	270242	220531	89985
庆阳市	**Qingyang**	**1871156**	**1396632**	**1003268**	**474524**
西峰区	Xifeng	587851	470281	449815	117570
庆城县	Qingcheng	283807	187586	124716	96220
环　县	Huanxian	149029	126326	71264	22703
华池县	Huachi	101895	67137	37215	34758
合水县	Heshui	100249	70654	37537	29596
正宁县	Zhengning	136815	86193	44446	50622
宁　县	Ningxian	276540	200491	122951	76049
镇原县	Zhenyuan	234969	187964	115324	47006
定西市	**Dingxi**	**985119**	**829169**	**587101**	**155950**
安定区	Anding	323551	323551	304116	
通渭县	Tongwei	72337	56663	35234	15674

17-14 续表 2 continued

单位：万元 (10 000 yuan)

地区	Region	社会消费品零售总额 Total Retail Sales of Consumer Goods	城镇 Urban	城区 City	乡村 Rural
陇西县	Longxi	229239	195869	142281	33370
渭源县	Weiyuan	58324	40205	31172	18119
临洮县	Lintao	170111	134605	60073	35506
漳　县	Zhangxian	32469	19943	14225	12526
岷　县	Minxian	99088	58333		40755
陇南市	**Longnan**	**833160**	**635395**	**410086**	**197765**
武都区	Wudu	330186	301929	240978	28258
成　县	Chengxian	82629	58836	15655	23793
文　县	Wenxian	57495	31197	25750	26298
宕昌县	Tanchang	61465	36122	16545	25343
康　县	Kangxian	48821	29293	17576	19528
西和县	Xihe	57939	39130	22537	18809
礼　县	Lixian	120025	77959	46775	42066
徽　县	Huixian	56060	49640	17721	6420
两当县	Liangdang	18541	11290	6549	7251
临夏州	**Linxia**	**696605**	**580473**	**329742**	**116132**
临夏市	linxia	357092	357092	326525	
临夏县	linxia	63906	45909	3217	17997
康乐县	Kangle	51833	27957		23876
永靖县	Yongjing	61686	46990		14696
广河县	Guanghe	64060	42008		22052
和政县	Hezheng	30868	21758		9110
东乡县	Dongxiang	22395	13366		9029
积石山县	Jishishan	44765	25392		19373
甘南州	**Gannan**	**383874**	**316355**	**306766**	**67519**
合作市	Hezuo	133638	133638	133638	
临潭县	Lintan	39065	27273	20647	11792
卓尼县	Zhuoni	36638	25095	25095	11543
舟曲县	Zhouqu	31648	23376	20413	8272
迭部县	Diebu	30886	22761	22761	8125
玛曲县	Maqu	32243	21360	21360	10883
碌曲县	Luqu	26797	21457	21457	5340
夏河县	Xiahe	52959	41395	41395	11564

17-15 按行业分各地县社会消费品零售总额（2014）

Total Retail Sale of Consumer Goods by Sector and Region, County(2014)

单位：万元 (10 000 yuan)

地区	Region	社会消费品零售总额 Total Retail Sales of Consumer Goods	批发业 Wholesalel Trade	零售业 Retail Trade	住宿业 Hotels	餐饮业 Catering Sevices	其他 Other
兰州市	**Lanzhou**	**10568321**	**1536038**	**7294705**	**80841**	**1597736**	**59000**
城关区	Chengguan	5771794	804392	4269699	46968	608650	42085
七里河区	Qilihe	1795800	484903	1064191	15119	231586	
西固区	Xigu	1033400	8058	518008	1314	489654	16366
安宁区	Anning	839700	63954	688778	593	86375	
红古区	Honggu	209600	28413	92478	1586	87123	
永登县	Yongdeng	211700	11464	175573	3332	20781	550
皋兰县	Gaolan	153849	1806	133442	898	17702	
榆中县	Yuzhong	300479	125389	136615	496	37980	
兰州新区	Lanzhou New Area	252000	7660	215920	10535	17885	
嘉峪关市	**Jiayuguan**	**505030**	**14646**	**399984**	**6060**	**84340**	
金昌市	**Jinchang**	**699887**	**130955**	**396946**	**13000**	**158586**	**400**
金川区	Jinchuan	479602	116979	254210	9000	99153	260
永昌县	Yongchang	220285	13976	142736	4000	59433	140
白银市	**Baiyin**	**1634306**	**118872**	**1298767**	**2879**	**183025**	**30761**
白银区	Baiyin	866281	79961	692663	778	76768	16111
平川区	Pingchuan	182935	13423	120460	38	45582	3432
靖远县	Jingyuan	212213	8401	168846	391	30367	4208
会宁县	Huining	225431	14054	196793	538	9836	4210
景泰县	Jingtai	147446	3034	120006	1135	20472	2799
天水市	**Tianshui**	**2403098**	**411159**	**1574029**	**122916**	**294995**	
秦州区	Qinzhou	790501	174878	413659	53223	148741	
麦积区	Maiji	772697	207709	484871	39830	40288	
清水县	Qingshui	67071	6220	46655	5127	9069	
秦安县	Qinan	252021	6660	216642	2408	26311	
甘谷县	Gangu	265122	14514	194093	19084	37431	
武山县	Wushan	190943		168127	1837	20980	
张家川县	Zhangjiachuan	64743	1179	49982	1407	12176	
武威市	**Wuwei**	**1491522**	**120827**	**1012119**	**28279**	**296509**	**33788**
凉州区	Liangzhou	881305	50903	593602	25811	189945	21044
民勤县	Minqin	213739	37315	129853		37996	8575
古浪县	Gulang	172377	476	145240	2041	22250	2370
天祝县	Tianzhu	224101	32133	143424	427	46318	1799
张掖市	**Zhangye**	**1355538**	**322157**	**840242**	**55883**	**137256**	

17-15 续表 1 continued

单位：万元 (10 000 yuan)

地区	Region	社会消费品零售总额 Total Retail Sales of Consumer Goods	批发业 Wholesalel Trade	零售业 Retail Trade	住宿业 Hotels	餐饮业 Catering Sevices	其他 Other
甘州区	Ganzhou	738075	259740	400406	38964	38965	
肃南县	Sunan	39267	920	32247	220	5880	
民乐县	Minle	163387	9632	105321	8123	40311	
临泽县	Linze	123319	2505	106198	3210	11406	
高台县	Gaotai	140393	44524	80051	4758	11060	
山丹县	Shandan	151097	4836	116019	608	29634	
平凉市	**Pingliang**	**1628415**	**349894**	**1057094**	**45828**	**175599**	
崆峒区	Kongtong	688207	291138	329398	13222	54450	
泾川县	Jingchuan	187679	5003	133222	6199	43254	
灵台县	Lingtai	114843	21945	78105		14793	
崇信县	Chongxin	66963	1926	47772	445	16821	
华亭县	Huating	180916	3510	138607	20312	18487	
庄浪县	Zhuanglang	162342	17788	130826	947	12781	
静宁县	Jingning	227466	8585	199164	4704	15013	
酒泉市	**Jiuquan**	**1627280**	**565462**	**877243**	**30191**	**133599**	**20785**
肃州区	Suzhou	688119	153350	448733	5839	66097	14100
金塔县	Jinta	111535	63522	40090	1426	4847	1650
瓜州县	Guazhou	186673	98450	75437	7439	5127	219
肃北县	Subei	17499	7407	8607	60	1203	222
阿克塞县	Akesai	17167	14146	1710	11	1300	
玉门市	Yumen	246059	177056	50904	1187	16912	
敦煌市	Dunhuang	360227	51531	251761	14230	38112	4594
庆阳市	**Qingyang**	**1871156**	**434768**	**1193361**	**21341**	**193956**	**27730**
西峰区	Xifeng	587851	252019	263127	5776	58001	8929
庆城县	Qingcheng	283807	24848	230618	614	23778	3948
环　县	Huanxian	149029	18124	103133	7950	17532	2290
华池县	Huachi	101895	10963	76508	765	12219	1440
合水县	Heshui	100249	35396	51611	2319	9542	1381
正宁县	Zhengning	136815	24292	97403	1809	11388	1923
宁　县	Ningxian	276540	55408	176087	273	40511	4261
镇原县	Zhenyuan	234969	13719	194874	1834	20984	3558
定西市	**Dingxi**	**985119**	**43089**	**793960**	**35487**	**112582**	
安定区	Anding	323551		276587	3888	43076	
通渭县	Tongwei	72337	15807	48850	1510	6171	

17-15 续表 2 continued

单位：万元 (10 000 yuan)

地区	Region	社会消费品零售总额 Total Retail Sales of Consumer Goods	批发业 Wholesalel Trade	零售业 Retail Trade	住宿业 Hotels	餐饮业 Catering Sevices	其他 Other
陇西县	Longxi	229239		190264	15740	23235	
渭源县	Weiyuan	58324	6006	43583	1085	7650	
临洮县	Lintao	170111	5758	136321	9912	18120	
漳　县	Zhangxian	32469	8660	21558	1350	901	
岷　县	Minxian	99088	6858	76798	2003	13429	
陇南市	**Longnan**	**833160**	**93451**	**589574**	**43339**	**106796**	
武都区	Wudu	330186	7677	284941	8384	29184	
成　县	Chengxian	82629	9232	54679	3195	15523	
文　县	Wenxian	57495	9249	35503	4024	8719	
宕昌县	Tanchang	61465	15524	22119	11466	12356	
康　县	Kangxian	48821	13828	15031	6415	13547	
西和县	Xihe	57939	2256	47494	1270	6919	
礼　县	Lixian	120025	11318	90254	8065	10388	
徽　县	Huixian	56060	18554	28748	244	8513	
两当县	Liangdang	18541	5813	10805	276	1647	
临夏州	**Linxia**	**696605**	**187600**	**383721**	**7099**	**118185**	
临夏市	linxia	357092	125131	165050	5027	61884	
临夏县	linxia	63906	9056	44221		10629	
康乐县	Kangle	51833	2350	39630		9853	
永靖县	Yongjing	61686	5808	43268	1495	11115	
广河县	Guanghe	64060	31590	25325	36	7109	
和政县	Hezheng	30868	6642	19662		4564	
东乡县	Dongxiang	22395	2096	12875	513	6912	
积石山县	Jishishan	44765	4927	33690	29	6119	
甘南州	**Gannan**	**383874**	**25085**	**284720**	**7835**	**64201**	
合作市	Hezuo	133638	21902	78185	2342	29176	
临潭县	Lintan	39065	1120	30679	1641	5625	
卓尼县	Zhuoni	36638	1192	29643	597	5206	
舟曲县	Zhouqu	31648	169	28620	416	2443	
迭部县	Diebu	30886	213	23689	916	6068	
玛曲县	Maqu	32243		25614	182	6447	
碌曲县	Luqu	26797		25322	92	1383	
夏河县	Xiahe	52959	489	42968	1649	7853	

主要指标解释

社会消费品零售总额 指企业（单位、个体户）通过交易直接售给个人、社会集团非生产、非经营的实物商品金额，以及提供餐饮服务所取得的收入金额。个人包括城乡居民和入境人员，社会集团包括机关、社会团体、部队、学校、企事业单位、居委会或村委会等。

批发业 指批发商向批发、零售单位及其他企事业单位、机关团体等批量销售生活用品和生产资料的活动，以及从事进出口贸易和贸易经纪与代理的活动。批发商可以对所批发的货物拥有所有权，并以本单位、公司的名义进行交易活动；也可以不拥有货物的所有权，收取佣金的商品代理、商品代售活动；还包括各类商品批发市场中固定摊位的批发活动，以及以销售为目的的收购活动。

零售业 指百货商店、超级市场、专门零售商店、品牌专卖店、售货摊等主要面向最终消费者（如居民等）的销售活动。包括以互联网、邮政、电话、售货机等方式的销售活动，还包括在同一地点，后面加工生产，前面销售的店铺（如前店后厂的面包房）。不包括：谷物、种子、饲料、牲畜、矿产品、生产用原料、化工原料、农用化工产品、机械设备（乘用车、计算机及通信设备等除外）等生产资料的销售（列入批发业）；非零售单位附带的零售活动，如汽车修理单位销售汽车零件（列入单位主业所对应的行业类别中）；商业零售单位所在商厦的物业管理（列入物业管理）；商业零售单位所在的商品市场、商业大厦的市场管理活动（列入市场管理）。

批发和零售业商品购进、销售、库存额 指各种登记注册类型的批发和零售业企业（单位）以本企业（单位）为总体的，从国内、国外市场购进的商品总量，销售和出口的商品总量、库存的商品总量等情况。该指标可以反映商品流转过程中商品的购进、销售、库存之间的比例关系和存在的问题。

商品购进额 指从本企业（单位）以外的单位和个人购进（包括从国外直接进口）作为转卖或加工后转卖的商品金额（含增值税）。商品购进包括：（1）从工农业生产者、批发和零售业企业、住宿和餐饮业企业、出版社或报社的出版发行部门和其他服务业企业购进的商品；（2）从机关团体、事业单位购进的商品；（3）从海关、市场管理部门购进的缉私和没收的商品；（4）从居民收购的废旧商品等，不包括：（1）企业为本单位自身经营用，不是作为转卖而购进的商品，如材料物资、包装物、低值易耗品、办公用品等；（2）未通过买卖行为而收入的商品，如接受其他部门移交的商品、借入的商品、收入代其他单位保管的商品、其他单位赠送的样品、加工回收的成品等；（3）经本单位介绍，由买卖双方直接结算，本单位只收取手续费的业务；（4）销售退回和买方拒付货款的商品；（5）商品溢余。

商品销售额 指对本单位以外的单位和个人出售的商品金额（包括售给本单位消费用的商品，含增值税）。商品销售包括（1）售给城乡居民和社会集团消费用的商品；（2）售给农业、工业、建筑业、运输邮电业、服务业、公用事业等国民经济各行业用于生产、经营用的商品，包括售予批发和零售业作为转卖或加工后转卖的商品；（3）对国（境）外直接出口的商品，不包括：（1）未通过买卖行为付出的商品，如随机构变动移交给其他企业单位的商品、借出的商品、归还受其他单位委托代保管的商品、付出的加工原料和赠送给其他单位的样品等；（2）经本单位介绍，由买卖双方直接结算，本单位只收取手续费的业务；（3）购货退回的商品；（4）商品损耗和损失；（5）出售本单位自用的废旧物资。

商品库存额 对于批发和零售业法人单位和个体经营户，是指报告期末取得所有权的全部商品金额（含增值税）。这个指标反映批发和零售业的商品库存情况，以及对市场商品供应的保证程度。商品库存包括：（1）存放在批发和零售业经营单位（如门市部、批发站、经营处）仓库、货场、货柜和货架中的商品；（2）挑选、整理、包装中的商品；（3）已记入购进而尚未运到本单位的商品，即发货单或银行承兑凭证已到而货未到的商品；（4）寄放他处的商品，如因购货方拒绝承付而暂时存放在购货方的商品；（5）委托其他单位代销（未作销售或调出）尚未售出的商品；（6）代其他单位购进尚未交付的商品。不包括所有权不属于本单位的商品、委托外单位加工的商品（包括本单位所属加工厂和其他生产单位加工生产尚未收回成品的商品）、外贸企业代理其他单位从国外进口尚未付给订货单位的商品、代国家物资储备部门保管的商品等。

亿元商品交易市场成交额 指年成交额在亿元及以上的商品交易市场。商品交易市场是指经有关部门和组织批准设立，有固定场所、设施，有经营管理部门和监管人员，若干市场经营者入内，常年或实际开业三个月以上，集中、公开、独立地进行生活消费品、生产资料等现货商品交易以及提供相关服务的交易场所，包括各类消费品市场、生产资料市场等。

18

住宿、餐饮业和旅游

Hotels, Catering Services and Tourism

简要说明

一、本篇资料主要内容

本篇资料主要反映住宿和餐饮业的基本情况、经营情况和旅游产业的发展状况。主要内容包括：限额以上住宿和餐饮业基本情况、经营情况、财务状况；连锁餐饮业经营情况；旅行社、星级饭店基本情况；入境、出境旅游人数、国内旅游人数，以及国际、国内旅游收入等。

二、本篇资料的统计范围

限额以上住宿和餐饮业的企业、个体户；餐饮连锁集团；旅行社、星级饭店和旅游者。限额以上住宿和餐饮业统计单位为：年主营业务收入 200 万元及以上。

三、本篇资料来源

本篇资料由省统计局贸易外经处加工整理；旅游资料由省旅游局提供。

18-1 住宿和餐饮业情况
Basic Conditions of Hotels and Catering Services

指标	Item	2011	2012	2013	2014
住宿和餐饮业	**Hotels and Catering Services**				
法人企业（个）	Number of Corporation Enterprises (unit)	439	538	612	619
年末从业人数（人）	Engaged Persons at Year-end (person)	46037	47495	49048	46424
营业额（万元）	Business Revenue (10 000 yuan)	475084	644612	642763	649200
#餐费收入（万元）	From Meals (10 000 yuan)	302943	427770	400915	383537
年末营业面积（平方米）	Business Area of Hotel and Catering Services at Year-end (sq.m)	975936	1154096	1184172	1271471
住宿业	**Hotels**				
法人企业（个）	Number of Corporation Enterprises (unit)	203	236	266	280
年末从业人数（人）	Engaged Persons at Year-end (person)	23850	24375	24747	23855
营业额（万元）	Business Revenue (10 000 yuan)	232613	309529	335607	360556
#客房收入（万元）	From Hotel Rooms (10 000 yuan)	125805	162116	182426	200021
餐费收入（万元）	From Meals (10 000 yuan)	84876	126181	128288	129526
客房数（间）	Number of Room (room)	24207	29005	31583	40600
床位数（位）	Number of Beds (bed)	44037	51118	55345	68324
年末餐饮营业面积（平方米）	Business Area of Catering Services at Year-end (sq.m)	422824	516548	467051	568795
餐饮业	**Catering Services**				
法人企业（个）	Number of Corporation Enterprises (unit)	236	302	346	339
年末从业人数（人）	Engaged Persons at Year-end (person)	22187	23120	24301	22569
营业额（万元）	Business Revenue (10 000 yuan)	242471	335083	307156	288644
#餐费收入（万元）	From Meals (10 000 yuan)	218067	301589	272627	254012
年末餐饮营业面积（平方米）	Business Area of Catering Services at Year-end (sq.m)	553112	637548	717121	702676

18-2 限额以上住宿业企业基本情况（2014）

Basic Conditions of Enterprises above Designated Size of Hotels (2014)

项目	Item	法人企业（个）Number of Corporation Enterprises (unit)	年末从业人数（人）Engaged Persons at Year-end (person)
住宿业	**Hotels**	**280**	**23855**
按登记注册类型分	**By Status of Registration**		
内资企业	**Domestic Funded Enterprises**	**278**	**23335**
国有企业	State-owned Enterprises	54	6102
集体企业	Collective-owned Enterprises	4	356
联营企业	Joint Ownership Enterprises		
有限责任公司	Limited Liability Corporations	113	10962
国有独资公司	State Sole Funded Corporations	6	985
其他有限责任公司	Other Limited Liability Corporations	107	9977
股份有限公司	Share-holding Corporations Ltd.	6	296
私营企业	Private Enterprises	98	5486
私营独资企业	Private-funded Enterprises	12	621
私营合伙企业	Private Partnership Enterprises	2	92
私营有限责任公司	Private Limited Liability Corporations	82	4632
私营股份有限公司	Private Share-holding Corporations Ltd.	2	141
其他企业	Other Enterprises	3	133
港、澳、台商投资企业	**Enterprises with Funds from Hong Kong, Macao and Taiwan**	**1**	**179**
与港澳台商合资经营企业	Joint-venture Enterprises with Hong Kong, Macao and Taiwan	1	179
外商投资企业	**Enterprises with Foreign Investment**	**1**	**341**
中外合资经营企业	Joint-venture Enterprises	1	341
按行业分	**By Sector**		
旅游饭店	Tourist Hotel	193	19580
一般旅馆	Fonda	76	3803
其他住宿业	Others	11	472

18-3 限额以上住宿业企业经营情况（2014）
Business of Enterprises above Designated Size of Hotels (2014)

单位：万元 (10 000 yuan)

项目	Item	营业额 Business Revenue	#客房收入 From Hotel Rooms	#餐费收入 From Meals
住宿业	**Hotels**	**360556**	**200021**	**129526**
按登记注册类型分	**By Status of Registration**			
内资企业	**Domestic Funded Enterprises**	**348010**	**193046**	**124680**
国有企业	State-owned Enterprises	103615	54162	42761
集体企业	Collective-owned Enterprises	3194	2312	548
联营企业	Joint Ownership Enterprises			
有限责任公司	Limited Liability Corporations	161189	86157	56804
国有独资公司	State Sole Funded Corporations	18902	6399	3841
其他有限责任公司	Other Limited Liability Corporations	142287	79758	52964
股份有限公司	Share-holding Corporations Ltd.	2868	1405	1368
私营企业	Private Enterprises	75911	48360	22621
私营独资企业	Private-funded Enterprises	9460	4795	3974
私营合伙企业	Private Partnership Enterprises	1545	1068	360
私营有限责任公司	Private Limited Liability Corporations	63228	41178	18009
私营股份有限公司	Private Share-holding Corporations Ltd.	1678	1319	279
其他企业	Other Enterprises	1233	650	577
港、澳、台商投资企业	**Enterprises with Funds from Hong Kong, Macao and Taiwan**	**3640**	**2147**	**1368**
与港澳台商合资经营企业	Joint-venture Enterprises with Hong Kong, Macao and Taiwan	3640	2147	1368
外商投资企业	**Enterprises with Foreign Investment**	**8905**	**4829**	**3478**
中外合资经营企业	Joint-venture Enterprises	8905	4829	3478
按行业分	**By Sector**			
旅游饭店	Tourist Hotel	305198	160059	116760
一般旅馆	Fonda	50119	36500	10989
其他住宿业	Others	5239	3462	1777

18-4 限额以上住宿业企业资产及负债（2014）
Assets and Liabilities of Enterprises above Designated Size of Hotels (2014)

单位：万元 (10 000 yuan)

项目	Item	资产总计 Total Assets	#流动资产合计 Total Current Assets	#固定资产合计 Total Fixed Assets	负债合计 Total Liabilities	所有者权益合计 Total Owners' Equities
住宿业	**Hotels**	**1056263**	**257377**	**514259**	**595611**	**460652**
按登记注册类型分	**By Status of Registration**					
内资企业	**Domestic Funded Enterprises**	**1034933**	**253776**	**496530**	**581291**	**453641**
国有企业	State-owned Enterprises	172690	61118	86127	100430	72259
集体企业	Collective-owned Enterprises	7432	2513	4380	3808	3624
联营企业	Joint Ownership Enterprises					
有限责任公司	Limited Liability Corporations	627310	126276	294349	346108	281201
国有独资公司	State Sole Funded Corporations	49653	18503	28755	31215	18438
其他有限责任公司	Other Limited Liability Corporations	577656	107772	265594	314893	262763
股份有限公司	Share-holding Corporations Ltd.	16298	1222	15070	10253	6045
私营企业	Private Enterprises	205179	62099	91163	118128	87051
私营独资企业	Private-funded Enterprises	14405	7550	5118	8880	5524
私营合伙企业	Private Partnership Enterprises	1713	748	960	1144	569
私营有限责任公司	Private Limited Liability Corporations	184229	52390	84456	103891	80337
私营股份有限公司	Private Share-holding Corporations Ltd.	4833	1411	629	4213	621
其他企业	Other Enterprises	6024	549	5441	2563	3460
港、澳、台商投资企业	**Enterprises with Funds from Hong Kong, Macao and Taiwan**	**5842**	**2694**	**3148**	**1214**	**4628**
与港澳台商合资经营企业	Joint-venture Enterprises with Hong Kong,Macao and Taiwan	5842	2694	3148	1214	4628
外商投资企业	**Enterprises with Foreign Investment**	**15488**	**907**	**14581**	**13105**	**2383**
中外合资经营企业	Joint-venture Enterprises	15488	907	14581	13105	2383
按行业分	**By Sector**					
旅游饭店	Tourist Hotel	825758	223803	430940	531487	294271
一般旅馆	Fonda	210795	29305	68858	53598	157197
其他住宿业	Others	19710	4270	14461	10526	9183

18-5 限额以上住宿业企业主要财务指标（2014）

Main Financial Indicators of Enterprises above Designated Size of Hotels (2014)

单位：万元 (10 000 yuan)

项目	Item	主营业务收入 Revenue from Principal Business	主营业务成本 Cost of Principal Business	主营业务税金及附加 Taxes and Other Charges on Principal Business
住宿业	**Hotels**	**357117**	**165305**	**18343**
按登记注册类型分	**By Status of Registration**			
内资企业	**Domestic Funded Enterprises**	**344571**	**163599**	**17942**
国有企业	State-owned Enterprises	103120	49938	5584
集体企业	Collective-owned Enterprises	3194	965	163
联营企业	Joint Ownership Enterprises			
有限责任公司	Limited Liability Corporations	159128	75209	8206
国有独资公司	State Sole Funded Corporations	18851	7694	812
其他有限责任公司	Other Limited Liability Corporations	140277	67515	7394
股份有限公司	Share-holding Corporations Ltd.	2674	926	83
私营企业	Private Enterprises	75223	35917	3828
私营独资企业	Private-funded Enterprises	9318	4358	414
私营合伙企业	Private Partnership Enterprises	1545	785	90
私营有限责任公司	Private Limited Liability Corporations	62682	30275	3240
私营股份有限公司	Private Share-holding Corporations Ltd.	1678	499	84
其他企业	Other Enterprises	1233	643	78
港、澳、台商投资企业	**Enterprises with Funds from Hong Kong, Macao and Taiwan**	**3640**	**596**	**186**
与港澳台商合资经营企业	Joint-venture Enterprises with Hong Kong, Macao and Taiwan	3640	596	186
外商投资企业	**Enterprises with Foreign Investment**	**8905**	**1110**	**216**
中外合资经营企业	Joint-venture Enterprises	8905	1110	216
按行业分	**By Sector**			
旅游饭店	Tourist Hotel	302594	140469	15664
一般旅馆	Fonda	49285	21180	2454
其他住宿业	Others	5239	3656	225

18-6 限额以上餐饮业企业基本情况（2014）
Basic Conditions of Enterprises above Designated Size of Catering Sevices (2014)

项目	Item	法人企业（个）Number of Corporation Enterprises (unit)	年末从业人数（人）Engaged Persons at Year-end (person)
餐饮业	**Catering Services**	**339**	**22569**
按登记注册类型分	**By Status of Registration**		
内资企业	**Domestic Funded Enterprises**	**337**	**20285**
国有企业	State-owned Enterprises	14	913
联营企业	Joint Ownership Enterprises	1	32
有限责任公司	Limited Liability Corporations	119	7603
国有独资公司	State Sole Funded Corporations	1	10
其他有限责任公司	Other Limited Liability Corporations	118	7593
股份有限公司	Share-holding Corporations Ltd.	14	899
私营企业	Private Enterprises	182	10499
私营独资企业	Private-funded Enterprises	35	1461
私营合伙企业	Private Partnership Enterprises	2	169
私营有限责任公司	Private Limited Liability Corporations	138	8462
私营股份有限公司	Private Share-holding Corporations Ltd.	7	407
其他企业	Other Enterprises	7	339
港、澳、台商投资企业	**Enterprises with Funds from Hong Kong, Macao and Taiwan**	**1**	**98**
港澳台商独资企业	Sole Fund Enterprises from Hong Kong, Macao and Taiwan	1	98
外商投资企业	**Enterprises with Foreign Investment**	**1**	**2186**
外资企业	Enterprises with Sole Fund	1	2186
按行业分	**By Sector**		
正餐服务	Restaurant	333	20115
快餐服务	Fast Food	3	2362
饮料及冷饮服务	Beverages and Cold Drinks	2	58
其他餐饮业	Others	1	34

18-7 限额以上餐饮业企业经营情况（2014）
Business of Enterprises above Designated Size of Catering Services (2014)

单位：万元 (10 000 yuan)

项目	Item	营业额 Business Revenue	#餐费收入 From Meals
餐饮业	**Catering Services**	**288644**	**254012**
按登记注册类型分	**By Status of Registration**		
内资企业	**Domestic Funded Enterprises**	**261951**	**227318**
国有企业	State-owned Enterprises	14392	9047
联营企业	Joint Ownership Enterprises	485	485
有限责任公司	Limited Liability Corporations	84545	75445
国有独资公司	State Sole Funded Corporations	400	400
其他有限责任公司	Other Limited Liability Corporations	84145	75045
股份有限公司	Share-holding Corporations Ltd.	15261	13557
私营企业	Private Enterprises	140977	123216
私营独资企业	Private-funded Enterprises	31088	28999
私营合伙企业	Private Partnership Enterprises	2032	1397
私营有限责任公司	Private Limited Liability Corporations	100901	86592
私营股份有限公司	Private Share-holding Corporations Ltd.	6956	6229
其他企业	Other Enterprises	6290	5569
港、澳、台商投资企业	**Enterprises with Funds from Hong Kong, Macao and Taiwan**	**916**	**916**
港澳台商独资企业	Sole Fund Enterprises from Hong Kong, Macao and Taiwan	916	916
外商投资企业	**Enterprises with Foreign Investment**	**25777**	**25777**
外资企业	Enterprises with Sole Fund	25777	25777
按行业分	**By Sector**		
正餐服务	Restaurant	259219	224587
快餐服务	Fast Food	28366	28366
饮料及冷饮服务	Beverages and Cold Drinks	664	664
其他餐饮业	Others	395	395

18-8 限额以上餐饮业企业资产及负债（2014）
Assets and Liabilities of Enterprises above Designated Size of Catering Services (2014)

单位：万元 (10 000 yuan)

项目	Item	资产总计 Total Assets	#流动资产合计 Total Current Assets	#固定资产合计 Total Fixed Assets	负债合计 Total Liabilities	所有者权益合计 Total Owners' Equities
餐饮业	**Catering Services**	**393811**	**136570**	**153086**	**184189**	**209621**
按登记注册类型分	**By Status of Registration**					
内资企业	**Domestic Funded Enterprises**	**383693**	**132662**	**151710**	**179899**	**203794**
国有企业	State-owned Enterprises	17726	6593	11021	7842	9884
联营企业	Joint Ownership Enterprises	368	185	182	27	341
有限责任公司	Limited Liability Corporations	153930	47304	45593	67335	86595
国有独资公司	State Sole Funded Corporations	30	30	0	10	20
其他有限责任公司	Other Limited Liability Corporations	153900	47274	45592	67325	86575
股份有限公司	Share-holding Corporations Ltd.	20377	9150	8937	12628	7750
私营企业	Private Enterprises	184323	67084	84400	88913	95410
私营独资企业	Private-funded Enterprises	15676	3973	10718	4288	11388
私营合伙企业	Private Partnership Enterprises	690	420	269	94	596
私营有限责任公司	Private Limited Liability Corporations	156804	55747	70984	78963	77840
私营股份有限公司	Private Share-holding Corporations Ltd.	11154	6943	2430	5568	5586
其他企业	Other Enterprises	6969	2347	1577	3154	3815
港、澳、台商投资企业	**Enterprises with Funds from Hong Kong, Macao and Taiwan**	**184**	**178**	**6**	**26**	**158**
港澳台商独资企业	Sole Fund Enterprises from Hong Kong, Macao and Taiwan	184	178	6	26	158
外商投资企业	**Enterprises with Foreign Investment**	**9934**	**3730**	**1370**	**4264**	**5670**
外资企业	Enterprises with Sole Fund	9934	3730	1370	4264	5670
按行业分	**By Sector**					
正餐服务	Restaurant	379355	129869	150862	177567	201788
快餐服务	Fast Food	12472	5929	1399	5783	6689
饮料及冷饮服务	Beverages and Cold Drinks	1438	675	378	797	641
其他餐饮业	Others	546	98	447	42	504

18-9 限额以上餐饮业企业主要财务指标（2014）
Main Financial Indicators of Enterprises above Designated Size of Catering Services (2014)

单位：万元 (10 000 yuan)

项目	Item	主营业务收入 Revenue from Principal Business	主营业务成本 Cost of Principal Business	主营业务税金及附加 Taxes and Other Charges on Principal Business
餐饮业	**Catering Services**	**286975**	**158510**	**14419**
按登记注册类型分	**By Status of Registration**			
内资企业	**Domestic Funded Enterprises**	**260282**	**146564**	**12975**
国有企业	State-owned Enterprises	12392	8220	511
联营企业	Joint Ownership Enterprises	485	340	29
有限责任公司	Limited Liability Corporations	85786	48320	4897
国有独资公司	State Sole Funded Corporations	400	244	4
其他有限责任公司	Other Limited Liability Corporations	85386	48077	4893
股份有限公司	Share-holding Corporations Ltd.	15261	7364	512
私营企业	Private Enterprises	140244	78652	6820
私营独资企业	Private-funded Enterprises	31420	21068	963
私营合伙企业	Private Partnership Enterprises	2031	755	79
私营有限责任公司	Private Limited Liability Corporations	100360	52442	5591
私营股份有限公司	Private Share-holding Corporations Ltd.	6433	4388	188
其他企业	Other Enterprises	6113	3667	205
港、澳、台商投资企业	**Enterprises with Funds from Hong Kong, Macao and Taiwan**	**916**	**329**	**52**
港澳台商独资企业	Sole Fund Enterprises from Hong Kong, Macao and Taiwan	916	329	52
外商投资企业	**Enterprises with Foreign Investment**	**25777**	**11617**	**1392**
外资企业	Enterprises with Sole Fund	25777	11617	1392
按行业分	**By Sector**			
正餐服务	Restaurant	257551	144800	12865
快餐服务	Fast Food	28366	12974	1487
饮料及冷饮服务	Beverages and Cold Drinks	664	473	48
其他餐饮业	Others	395	263	18

18-10 各地区限额以上住宿业企业基本情况和主要财务指标（2014）

Basic Conditions and Main Financial Indicators of Enterprises above Designated Size of Hotels by Region（2014）

单位：万元 (10 000 yuan)

地区	Region	法人企业（个） Number of Corporation Enterprises (unit)	年末从业人数（人） Engaged Persons at Year-end (person)	营业额 Business Revenue	主营业务收入 Revenue from Principal Business	主营业务成本 Cost of Principal Business	主营业务税金及附加 Taxes and Other Charges on Principal Business
兰州市	Lanzhou	80	9260	168966	168001	69903	7768
嘉峪关市	Jiayuguan	9	793	9646	9609	2626	548
金昌市	Jinchang	4	589	6668	6622	5163	357
白银市	Baiyin	12	585	4719	4631	2011	210
天水市	Tianshui	32	2330	33867	33589	17979	1863
武威市	Wuwei	8	515	5913	5558	3284	304
张掖市	Zhangye	18	852	9492	9893	4029	485
平凉市	Pingliang	14	1442	21602	20121	9185	880
酒泉市	Jiuquan	32	2443	41751	41688	18828	2246
庆阳市	Qingyang	15	1228	15141	15048	9386	1055
定西市	Dingxi	17	1136	18728	18467	11299	869
陇南市	Longnan	22	1445	11367	11409	4948	595
临夏州	Linxia	3	540	5775	5775	3678	850
甘南州	Gannan	14	697	6921	6705	2986	315

18-11 各地区限额以上餐饮业企业基本情况和主要财务指标（2014）

Basic Conditions and Main Financial Indicators of Enterprises above Designated Size of Catering Services by Region（2014）

单位：万元 (10 000 yuan)

地区	Region	法人企业（个） Number of Corporation Enterprises (unit)	年末从业人数（人） Engaged Persons at Year-end (person)	营业额 Business Revenue	主营业务收入 Revenue from Principal Business	主营业务成本 Cost of Principal Business	主营业务税金及附加 Taxes and Other Charges on Principal Business
兰州市	Lanzhou	147	11005	147530	148567	79568	7915
嘉峪关市	Jiayuguan	7	568	6142	6080	2546	322
金昌市	Jinchang	7	374	4753	4930	2554	300
白银市	Baiyin	10	749	9146	9470	4552	435
天水市	Tianshui	32	1684	27767	27395	16192	946
武威市	Wuwei	16	908	9607	9548	6112	501
张掖市	Zhangye	8	434	5256	5400	3702	116
平凉市	Pingliang	13	819	11143	9013	6126	260
酒泉市	Jiuquan	25	1589	16505	16505	9324	921
庆阳市	Qingyang	35	2020	25735	25796	14363	1471
定西市	Dingxi	20	1359	13363	13351	6828	469
陇南市	Longnan	4	185	2001	2001	884	121
临夏州	Linxia	12	817	9021	8562	5500	584
甘南州	Gannan	3	58	675	357	260	60

18-12 旅游业发展情况
Development of Tourism

指标	Item	2011	2012	2013	2014
旅行社数（个）	**Number of Travel Agencies (unit)**	**437**	**481**	**514**	**514**
#出境旅游组团社	Number of Outbound Travel Tour Agencies	9	16	31	31
星级饭店数（个）	**Number of Star-rated Hotel (unit)**	**337**	**348**	**366**	**366**
入境旅游人数（人次）	**Number of Overseas Visitor Arrivals (person-time)**	**91080**	**102028**	**97761**	**48750**
外国人	Foreigners	54695	66940	62527	28857
港澳同胞	Chinese Compatriots from Hong Kong and Macao	13568	13563	12607	5232
台湾同胞	Chinese Compatriots from Taiwan Province	22817	21525	22627	14661
国内旅游人数（万人次）	**Number of Domestic Visitors (10 000 person-times)**	**5827**	**7824**	**10068**	**12660**
旅游收入 （亿元）	**Tourism Earnings (100 million yuan)**	**334**	**471**	**620**	**780**
国际旅游（外汇）收入（万美元）	Foreign Exchange Earnings from International Tourism (10 000 USD)	1740	2235	2039	1017
国内旅游收入（亿元）	Earnings from Domestic Tourism (100 million yuan)	333	470	619	780

18-13 国内旅游情况
Domestic Tourism

年份 Year	旅游人数（万人次） Domestic Tourists (10 000 person-times)	比上年增长 (%) Growth Rate (%)	旅游总收入（亿元） Tourism Earnings (100 million yuan)	比上年增长 (%) Growth Rate (%)
2000	733.00	15.98	18.58	15.98
2001	838.88	14.44	21.26	14.42
2002	1035.00	23.38	26.83	26.20
2003	863.31	-16.59	21.89	-18.41
2004	949.60	10.00	51.62	135.82
2005	1207.85	27.20	57.68	11.74
2006	1574.10	30.32	75.19	30.36
2007	2389.93	51.83	110.64	47.15
2008	2482.30	3.86	136.40	23.28
2009	3387.67	36.47	191.90	40.69
2010	4284.45	26.47	236.21	23.09
2011	5826.48	35.99	332.57	40.79
2012	7824.26	34.29	469.67	41.22
2013	10068.40	28.68	618.90	31.80
2014	12660.20	25.74	780.20	26.06

18-14 接待港澳台同胞和外国旅游人数
Number of Hongkong, Macao and Taiwan Chinese Compatriots and Foreign Tourists

国别	Country	2010	2011	2012	2013	2014
旅游人数（人次）	**Total (person-time)**	**70167**	**91080**	**102028**	**97761**	**48750**
港澳台同胞	Chinese Compatriots form Hongkong, Macao and Taiwan	20246	36385	35088	35234	19893
外国人	Foreigner	49921	54695	66940	62527	28857
#日本人	Japanese	14273	12628	21226	10977	4332
韩国人	South Korea	4622	6101	12537	10406	2714
菲律宾人	Filipino	176	131	131	209	264
新加坡人	Singaporean	2300	3003	2306	2589	2691
泰国人	Thai	265	754	915	948	606
印尼人	Indonesian	696	654	417	362	216
美国人	American	6025	8002	6409	7210	3678
加拿大人	Canadian	1242	1654	1813	2283	1049
英国人	British	1387	1703	1867	2576	1125
德国人	German	2413	2694	2347	2678	1222
法国人	French	2893	2922	3871	3260	1487
意大利人	Italian	828	806	962	1136	813
瑞士人	Swiss	578	634	920	1128	416
瑞典人	Swedish	180	189	302	251	186
荷兰人	Dutch	549	459	301	262	160
西班牙人	Spanish	521	445	348	408	294
澳大利亚人	Australian	2258	2189	2452	3307	1638
新西兰人	New Zealander	301	512	626	812	272
俄罗斯人	Russian	355	206	268	901	224
其他	Others	8059	9009	6922	10824	5470

18-15 国际旅游外汇收入及构成

Foreign Exchange Earning from International Tourism and Composition

单位：万美元，% (USD 10 000, %)

指标	Item	2013 数额 Value	2013 比重 Percentage	2014 数额 Value	2014 比重 Percentage
总计	**Total**	**2039.00**	**100.00**	**1017.14**	**100.00**
长途交通	Long Distance Traffic	758.51	37.20	372.27	36.60
民航	Civil Aviation	475.09	23.30	230.89	22.70
铁路	Railway	175.35	8.60	87.47	8.60
汽车	Highway	108.07	5.30	53.91	5.30
轮船	Waterway				
游览	Sightseeing	169.24	8.30	107.82	10.60
住宿	Acommodation	277.30	13.60	144.43	14.20
餐饮	Food and Beverage	150.89	7.40	88.49	8.70
商品销售	Shopping	328.28	16.10	171.90	16.90
娱乐	Entertainment	61.17	3.00	17.29	1.70
邮电通讯	Postal and Communication Services	46.90	2.30	23.39	2.30
市内交通	Local Transpotation	65.25	3.20	9.15	0.90
其他服务	Other Service	181.47	8.90	82.39	8.10

18-16 各地区国际旅游外汇及接待国际旅游人数（2014）

Foreign Exchange Earning from Tourism and Number of Foreign Tourists by Region（2014）

地区	Region	国际旅游外汇收入（万美元） Foreign Exchange Earning from Tourism (USD 10 000)	入境旅游人数（人次） Number of Overseas Visitor Arrivals (person-time)	#外国人 Foreigner
甘肃省	**Gansu**	**1017.14**	**48750**	**28857**
兰州市	Lanzhou	266.63	13166	7772
嘉峪关市	Jiayuguan	95.06	4494	3086
金昌市	Jinchang	8.18	355	315
白银市	Baiyin	1.44	46	31
天水市	Tianshui	11.34	624	370
武威市	Wuwei	31.34	1958	934
张掖市	Zhangye	43.08	2640	1603
平凉市	Pingliang	6.96	627	195
酒泉市	Jiuquan	531.29	23583	13532
庆阳市	Qingyang	0.66	39	13
定西市	Dingxi	0.21	12	12
陇南市	Longnan	0.10	6	6
临夏州	Linxia	4.17	245	165
甘南州	Gannan	16.68	955	823

主要指标解释

住宿业 指有偿为顾客提供临时住宿的服务活动。不包括：提供长期住宿场所的活动，如出租房屋、公寓等（列入房地产开发经营）。

餐饮业 指在一定场所，对食物进行现场烹饪、调制，并出售给顾客主要供现场消费的服务活动。

营业额 指住宿和餐饮业法人企业（单位）在经营活动中因提供服务或销售商品等取得的收入。包括：客房收入、餐费收入、商品销售额（含增值税）和其他收入。不包括法人企业附营的其他行业产业活动单位的餐费收入、商品销售收入等各项收入。

客房收入 指住宿和餐饮业法人企业（单位）在经营活动中因提供住宿服务取得的收入。不包括法人企业附营的其他行业产业活动单位的客房收入。

餐费收入 指住宿和餐饮业法人企业（单位）因为顾客提供就餐服务取得的收入，包括经烹饪、调制加工后出售的各种食品，如主食、炒菜、凉拌菜等的收入。不包括法人企业附营的其他行业产业活动单位的餐费收入。

住宿和餐饮业年末营业面积 指住宿和餐饮企业对外提供餐饮服务的就餐面积和从事食品加工、烹饪、调制的厨房面积，不包括办公用房和仓库等面积。按年末实有建筑面积统计。

客房数 指住宿和餐饮业连锁门店提供住宿服务的房间数，该指标按报告期内正常情况下的实有数统计。

床位数 指住宿和餐饮业连锁门店供应旅客使用的床位数，不包括临时加床和门店内部工作人员使用的床位。该指标按报告期内正常情况下的实有数统计。

入境旅游人数 指报告期内来我国观光、度假、探亲访友、就医疗养、购物、参加会议或从事经济、文化、体育、宗教活动的外国人、港澳台同胞等入境游客。统计时，外国人、港澳台同胞每入境一次统计1人次。

国内旅游人数 指在报告期内在中国（大陆）观光游览、度假、探亲访友、就医疗养、购物、参加会议或从事经济、文化、体育、宗教活动的中国（大陆）居民人数，其出游的目的不是通过所从事的活动谋取报酬。统计时，国内游客按每出游一次统计1人次。

国际旅游（外汇）收入 指入境游客在中国（大陆）境内旅行、游览过程中用于交通、参观游览、住宿、餐饮、购物、娱乐等全部花费。

国内旅游收入 又称旅游总花费，指国内游客在国内旅行、游览过程中用于交通、参观游览、住宿、餐饮、购物、娱乐等全部花费。

星级饭店 指设备、设施、服务符合《旅游饭店星级的划分与评定》（GB/T14308-2003），通过相关旅游管理部门评定，并取得星级饭店称号的饭店（含预备星级饭店）。

19

教育和科学技术

Education & Science and Technology

简要说明

一、本篇资料主要内容

本篇主要反映教育、科学技术活动的基本情况。

教育资料主要包括：高等教育（研究生教育、普通本专科教育、成人本专科、其他各类高等学历教育）；中等教育（高中阶段、初中阶段）；小学教育；教育经费情况等资料。主要包括学校数、在校学生数、招生数、毕业生数、教职工数和专任教师数；各类学校教育经费情况。

科学技术资料主要内容包括：研究与试验发展（R&D）情况、规模以上工业科技活动情况、大中型工业企业科技活动情况、科学与开发机构科技活动情况、高等学校科技活动情况、科技成果情况、专利申请及授权情况、企事业单位专业技术人员等。

二、本篇资料来源

本篇资料由省统计局社会科技处搜集、整理。

1. 教育资料由省教育厅提供。

2. 科技资料来源于省统计局《科技统计综合年报》、《大中型工业企业科技统计年报》、省人力资源和社会保障厅、省科学技术厅。

3. 专利资料由省专利局提供。

19-1 各级各类学校、教职工和专任教师情况 (2014)
Basic Statistics on Schools, Teachers and Staff and Full-time Teachers (2014)

项目	Item	学校数（所）Number of Schools (unit)	教职工数（人）Teachers and Staff (person)	专任教师（人）Full-time Teachers (person)
高等教育	**Higher Education**	**97**	**38115**	**26159**
研究生培养机构	Institutions Providing Postgraduate Programs	14		107
普通高校	Regular Higher Education Institutions	10		11
科研机构	Research Institutions	4		96
普通高等学校	Regular Higher Education Institutions	38	36944	25283
本科院校	HEIs Offering Degree Programs	16	27453	18389
专科院校	Colleges with Specialized Courses	22	9491	6894
#职业技术学院	Vocational and Technical Colleges	19	7335	5708
其他机构（教学点）	Other Institutions	(5)	3670	2731
#独立学院	Independent Institutions	(5)	3670	2731
成人高等学校	Adult HEIs	6	603	443
民办的其他高等教育机构	Other Non-government HEIs	39	568	326
中等教育	**Secondary Education**	**2259**	**174743**	**147503**
高中阶段教育	Senior Secondary Education	721	24782	62659
高　中	Senior Secondary Schools	402		43761
普通高中	Regular Senior Secondary Schools	402		43761
成人高中	Adult Senior Secondary Schools			
中等职业教育	Secondary Vocational Education	319	24782	18898
普通中专	Regular Specialized Secondary Schools	91	9760	7189
成人中专	Adult Specialized Secondary Schools	28	1358	786
职业高中	Vocational Senior Secondary Schools	125	8933	7733
技工学校	Technical Schools	81	4626	3110
其他机构（教学点）	Other Institutions	(6)	105	80
初中阶段教育	Junior Secondary Education	1538	149961	84844
普通初中	Regular Junior Secondary Schools	1537	149953	84838
职业初中	Vocational Junior Secondary Schools	1	8	6
成人初中	Adult Junior Secondary Schools			
初等教育	**Primary Education**	**9293**	**133936**	**140647**
普通小学	Regular Primary Schools	8979	133281	140476
成人小学	Adult Primary Schools	314	655	171
#扫盲班	Literacy Courses	314	655	171
工读学校	**Correctional Work-Study Schools**			
特殊教育	**Special Education Schools**	**33**	**755**	**671**
学前教育	**Pre-school Education Institutions**	**3471**	**37023**	**26097**

注：普通初中教职工数包含普通高中的教职工数，（）表示不计校数。

a)Number of staff and teachers in regular junior secondary schools includes regular senior second schools.
( ) indicates that does not count the number of schools."

19-2 各级各类学历教育学生情况(2014)
Basic Statistics on Students by Level and Type of Education (2014)

单位：人 (person)

项目	Item	招生数 New Enrollment	在校学生数 Total Enrollment	毕业生数 Graduates
高等教育	**Higher Education**	**193307**	**655571**	**362211**
研究生	Postgraduates	9870	29080	8637
博 士	Doctor's Degree	820	3370	600
硕 士	Master's Degree	9050	25710	8037
普通本专科	Undergraduates in Regular HEIs	130624	452300	118697
本 科	Normal Courses	74070	288351	64285
专 科	Short-cycle Courses	56554	163949	54412
成人本专科	Undergraduates in Adult HEIs	30761	91542	29925
本 科	Normal Courses	14644	40930	12494
专 科	Short-cycle Courses	16117	50612	17431
其他高等学历教育	Students Enrolled in Other Formal Programs	22052	82649	204952
在职人员攻读博士、硕士学位	Doctor and Master´s Degree Programs for On-the-job Personnel		6364	1903
网络本专科生	Web-based Undergraduates	21557	53499	12957
本 科	Normal Courses	8974	25540	6265
专 科	Short-cycle Courses	12583	27959	6701
学历文凭考试	Students Taking Exam Leading to Diploma			
自学考试	Students Taking Unified Exams after Completing Self-learning Programs			
其 他	Others	495	22786	191995
中等教育	**Students Received Secondary Education**	**621651**	**1940471**	**693939**
高中阶段教育	Senior Secondary Education	311695	969552	342266
高 中	Senior Secondary Schools	208136	654430	223828
普通高中	Regular Senior Secondary Schools	208136	654430	223828
成人高中	Adult Senior Secondary Schools		8641	
中等职业教育	Secondary Vocational Education	103559	315122	118438
普通中专	Regular Specialized Secondary Schools	40480	131717	48268
成人中专	Adult Specialized Secondary Schools	7272	19619	5556
职业高中	Vocational Senior Secondary Schools	40433	111266	35089
技工学校	Skilled Workers Schools	15374	52520	29525
初中阶段教育	Junior Secondary Education	309956	970919	351673
普通初中	Regular Junior Secondary Schools	309956	970919	351673
职业初中	Vocational Junior Secondary Schools			
成人初中	Adult Junior Secondary Schools			
初等教育	**Primary Education**	**280655**	**1802371**	**319335**
普通小学	Regular Primary Schools	280655	1802371	319335
成人小学	Adult Primary Schools			
#扫盲班	Literacy Courses			
工读学校	**Correctional Work-Study Schools**			
特殊教育	**Special Education Schools**	**1285**	**7635**	**818**
学前教育	**Pre-school Education Institutions**	**348770**	**620127**	**243948**

注：特殊教育学生数中包括普通中小学随班就读的学生。

a) Number of the students followed in the regular primary and secondary schools is included in the special education.

19-3 各级各类学校数

Number of School by Type and Level

单位：所 (Unit)

年份 Year	普通高等学校 Regular HEIs	普通中学 Regular Secondary Schools	高中 Senior Secondary Schools	初中 Junior Secondary Schools	职业中学 Vocational Secondary Schools	普通小学 Primary Schools	特殊教育学校 Special Education Schools	学前教育 Pre-primary Education Institutions
1995	17	1626	444	1182	190	23718	11	1235
1996	17	1657	430	1227	180	23658	11	1321
1997	17	1656	427	1229	182	22848	11	1545
1998	17	1666	421	1245	178	22634	10	1803
1999	18	1667	410	1257	177	22560	10	2040
2000	18	1689	419	1270	170	21557	12	2249
2001	25	1979	435	1544	154	17477	11	1992
2002	25	2004	438	1566	156	16648	14	2286
2003	31	2031	453	1578	140	15635	14	2276
2004	31	2054	470	1584	151	15347	14	2377
2005	33	2050	497	1553	153	14963	14	2451
2006	33	2155	495	1660	154	14685	14	2556
2007	34	2130	493	1637	162	14002	14	2457
2008	34	2103	480	1623	181	13424	15	2503
2009	34	2081	463	1618	177	12637	15	2452
2010	35	2038	452	1586	150	11582	17	2407
2011	37	2012	436	1576	147	10907	22	2457
2012	37	2033	445	1588	141	10336	28	2712
2013	37	1989	428	1561	133	9640	32	3141
2014	38	1940	402	1538	126	8979	33	3471

注：职业中学包括职业高中和职业初中（下表同）。

a) Vocational secondary schools include vocational senior and junior secondary schools. The same applies to the tables following.

19-4 各级各类学校专任教师数

Number of Full-time Teachers of Schools by Type and Level

单位：人 (person)

年份 Year	普通高等学校 Regular HEIs	普通中学 Regular Secondary Schools	高中 Senior Secondary Schools	初中 Junior Secondary Schools	职业中学 Vocational Secondary Schools	普通小学 Primary Schools	特殊教育学校 Special Education Schools	学前教育 Pre-primary Education Institutions
1995	6284	62669	12970	49699	4173	130032	224	9776
1996	6282	63912	13151	50761	4013	129823	235	8758
1997	6403	66124	13723	52401	4190	130628	248	10194
1998	6505	67774	13703	54071	4415	131473	221	10765
1999	6899	70711	14233	56478	4615	128839	297	10669
2000	7208	74082	15200	58882	4549	125172	269	11953
2001	8826	78439	16562	61877	4598	122038	271	10109
2002	10021	82709	18582	64127	4751	124017	279	10115
2003	12274	87753	21754	65999	3945	126740	294	11109
2004	13727	93024	25458	67566	4614	128725	296	9933
2005	14816	99150	29127	70023	5158	130841	303	10221
2006	16105	106106	32081	74025	5803	135491	314	10939
2007	17439	110204	33979	76225	7337	137149	345	10950
2008	18581	114963	35524	79439	7537	141371	341	12589
2009	19629	116883	36450	80433	8256	139966	380	12365
2010	20761	120689	37517	83172	7522	140381	418	13668
2011	22066	123055	38593	84462	8283	141324	484	15009
2012	23232	124844	40467	84377	8042	140235	572	17086
2013	24351	126817	42469	84348	7860	140436	692	20621
2014	25283	128599	43761	84838	7739	140476	671	26097

19-5 各级各类学校招生数

Number of Entrants of Formal Education by Type and Level of School

单位：人 (person)

年份 Year	普通高等学校 Regular HEIs	普通中学 Regular Secondary Schools	高中 Senior Secondary Schools	初中 Junior Secondary Schools	职业中学 Vocational Secondary Schools	普通小学 Primary Schools	特殊教育学校 Special Education Schools
1995	15119	337758	64113	273645	19260	525875	311
1996	15567	354996	63001	291995	19533	548661	281
1997	16313	375656	63782	311874	20593	563443	333
1998	16813	404014	69652	334362	19790	546980	842
1999	23010	455111	75439	379672	21180	538695	1049
2000	33425	508648	90840	417808	21461	552740	1094
2001	45382	547593	109805	437788	20945	601257	1644
2002	53079	590617	143666	446951	23013	609934	1231
2003	60069	621290	168181	453109	19212	572321	975
2004	66182	657600	186561	471039	26738	508787	979
2005	71572	691600	205710	485890	32313	461894	915
2006	90373	711676	207257	504419	52175	481721	1301
2007	98569	678575	204816	473759	71267	435661	1614
2008	110889	696897	210511	486386	72436	411003	2051
2009	112280	699300	216982	482318	72692	372689	1954
2010	114899	673394	219614	453780	70355	361331	2071
2011	124935	628251	221551	406700	56719	338176	1457
2012	131263	602045	226107	375938	55991	341155	1434
2013	123402	552431	218143	334288	45215	320908	1409
2014	130624	518092	208136	309956	40433	280655	1285

19-6 各级各类学校在校学生数

Number of Students Enrollment by Level and Type of School

单位：人 (person)

年份 Year	普通高等学校 Regular HEIs	普通中学 Regular Secondary Schools	高中 Senior Secondary Schools	初中 Junior Secondary Schools	职业中学 Vocational Secondary Schools	普通小学 Primary Schools	特殊教育学校 Special Education Schools	学前教育 Pre-primary Education Institutions
1995	45480	915263	168589	746674	42747	2737059	1529	409893
1996	47578	966394	176444	789950	45696	2857986	1523	403714
1997	50678	1021024	180035	840989	48111	2992795	1476	398426
1998	54014	1079819	185946	893873	48889	3092488	4003	376575
1999	62637	1185891	201138	984753	49866	3131747	4653	407489
2000	81734	1314710	229500	1085210	52573	3164603	6438	427960
2001	110898	1459845	276573	1183272	52657	3189816	9953	401681
2002	143009	1606592	346294	1260298	56483	3229371	9192	402653
2003	173391	1733035	427011	1306024	49529	3227592	7673	372225
2004	200282	1844406	499609	1344797	62506	3155535	7732	350749
2005	229459	1943839	566168	1377671	73451	3035794	8339	349407
2006	263691	2047847	603358	1444489	100062	2984425	9127	342279
2007	295992	2036640	613906	1422734	131929	2846312	11606	330213
2008	331895	2038447	618253	1420194	155909	2689631	13443	337843
2009	361490	2041628	630654	1410974	167699	2525962	13687	358748
2010	381526	2031002	646975	1384027	170001	2370406	13350	387338
2011	405306	1942478	657086	1285392	147946	2200743	9455	432181
2012	431069	1845050	664879	1180171	151327	2063549	8337	480323
2013	442963	1702496	666556	1035940	125348	1867268	8396	549800
2014	452300	1625349	654430	970919	111266	1802371	7635	620127

19-7 各级各类学校毕业生数
Number of Graduates by Level and Type of School

单位：人 (person)

年份 Year	普通高等学校 Regular HEIs	普通中学 Regular Secondary Schools	高中 Senior Secondary Schools	初中 Junior Secondary Schools	职业中学 Vocational Secondary Schools	普通小学 Primary Schools	特殊教育学校 Special Education Schools
1995	14288	252360	46948	205412	14053	319684	141
1996	13314	256098	48060	208038	12993	336205	121
1997	13140	274961	52911	222050	14884	355832	132
1998	13251	291067	54794	236273	14726	383938	258
1999	14007	305292	53867	251425	17030	424250	684
2000	13971	327787	56479	271308	15210	459255	948
2001	17000	351876	62793	289083	16785	488961	900
2002	21647	402829	72295	330534	17021	486101	712
2003	29582	456044	89040	367004	14753	481495	466
2004	39390	506391	109055	397336	16975	488842	612
2005	49886	561654	138165	423489	19144	502605	684
2006	57381	595637	164257	431380	19539	506371	701
2007	63315	628548	179335	449213	24451	478740	1089
2008	75051	645494	194146	451348	29687	485899	1664
2009	84082	655641	192269	463372	39579	492720	1965
2010	92226	649631	195045	454586	44095	474328	1850
2011	99042	660487	202234	458253	50585	426257	708
2012	102980	656260	213620	442640	43807	398700	834
2013	109192	636032	216530	419502	45569	370611	831
2014	118697	575501	223828	351673	35089	319335	818

19-8 研究生数
Number of Postgraduates

单位：人 (person)

年份 Year	招生数 Entrants	博士 Doctor's Degree	硕士 Master's Degree	在校学生数 Enrollment	博士 Doctor's Degree	硕士 Master's Degree	毕业生数 Graduates	博士 Doctor's Degree	硕士 Master's Degree
1995	689			1873	361	1512	416	76	340
1996	780			2146	440	1706	484	71	413
1997	884			2350	495	1855	601	93	508
1998	875			2563	523	2040	623	127	496
1999	1075			2874	597	2277	706	139	567
2000	1558			3579	764	2815	801	130	671
2001	2147			4781	963	3118	1096	283	813
2002	2703	448	2255	6403	1236	5167	940	168	772
2003	3634	583	3051	8555	1594	6961	1349	218	1131
2004	5073	683	4390	11496	1986	9509	1965	290	1675
2005	6146	717	5429	14895	2320	12575	2484	378	2106
2006	6710	747	5963	18069	2583	15486	3201	474	2727
2007	7117	783	6334	20034	2765	17269	4831	595	4236
2008	7502	810	6692	21580	2953	18627	5649	600	5049
2009	8463	887	7576	23469	3153	20316	6122	633	5459
2010	9098	888	8210	25609	3335	22274	6523	669	5854
2011	9307	923	8384	26973	3482	23491	7160	729	6431
2012	9804	943	8861	28306	3597	24709	8002	797	7205
2013	10116	973	9143	29412	3746	25666	8629	762	7867
2014	9870	820	9050	29080	3370	25710	8637	600	8037

19-9 高等教育学校（机构）学生数(2014)
Number of Students in Higher Education Institutions (2014)

单位：人 (person)

项目	Item	招生数 Entrants	在校生数 Enrollment	毕业生数 Graduates	授予学位数 Degrees Awarded
研究生	Postgraduates	9870	29080	8637	8290
博 士	Doctor's Degrees	820	3370	600	479
硕 士	Master's Degrees	9050	25710	8037	7811
普通本专科	Undergraduates in Regular HEIs	130624	452300	118697	62204
本 科	Normal Courses	74070	288351	64285	62204
专 科	Short-cycle Courses	56554	163949	54412	
成人本专科	Undergraduates in Adult HEIs	30761	91542	29925	497
本 科	Normal Courses	14644	40930	12494	497
专 科	Short-cycle Courses	16117	50612	17431	
在职人员攻读硕士学位	Master's Degree Programs for On-the-job Personnel	1903	6364		789
网络本专科生	Web-based Undergraduates	21557	53499	12957	
本 科	Normal Courses	8974	25540	6256	
专 科	Short-cycle Courses	12583	27959	6701	
自考助学班	Classes run by Non-government HEIs for Students Preparing for Self-directed State-administered Examinations		4295	1240	
普通预科生	College-preparatory Classes		2488		
研究生课程进修班	Postgraduates Courses			345	
进修及培训	In-service Training		190970	189828	
留学生	Foreign Students	495	1007	582	223

注：留学生指来中国学习的留学生数。
a) Foreign students refer to foreign students studying in China.

19-10 普通本科分学科学生数(2014)
Number of Regular Students for Normal Courses in HEIs by Discipline (2014)

单位：人 (person)

类别	Item	毕业生数 Graduates	招生人数 Entrants	在校学生数 Enrollment
甘肃省	**Gansu**	**64285**	**74070**	**288351**
哲 学	Philosophy	54	67	229
经济学	Economics	4773	4040	16959
法 学	Law	3788	4252	17010
教育学	Education	2857	3568	14490
文 学	Literature	7767	7670	30170
历史学	History	1053	1109	4688
理 学	Science	6780	6879	28365
工 学	Engineering	18761	23768	89407
农 学	Agriculture	1655	2218	8140
医 学	Medicine	2585	3491	15147
管理学	Administrators	10560	11884	44315
艺术学	Art	3652	5124	19431

19-11 普通专科分学科学生数(2014)
Number of Students in Undergraduate and Junior Colleges by Field of Study (2014)

单位：人 (person)

类别	Item	毕业生数 Graduates	招生人数 Entrants	在校学生数 Enrollment
甘肃省	**Gansu**	**54412**	**56554**	**163949**
农林牧渔大类	Agriculture, Forestry, Husbandry and Fishing	2912	3183	10664
交通运输大类	Transpotation and Communication	2230	2105	6418
生化与药品大类	Biochemistry and Medicine	3683	3753	10947
资源开发与测绘大类	Resources Development and Survey	3374	3026	9913
材料与能源大类	Material and Energy	1474	1979	5544
土建大类	Civil Engineering	4879	5229	14835
水利大类	Water Resources	716	669	2407
制造大类	Manufacturing	7875	8525	23896
电子信息大类	Electronic Information	3747	4098	10950
环保、气象与安全大类	Environment Protection, Meteorology and Safety	745	1073	3213
轻纺食品大类	Light,Textile and Food	595	676	2000
财经大类	Finance	6146	7304	19832
医药卫生大类	Medicine and Health	5008	6650	17962
旅游大类	Tourism	1027	1213	3372
公共事业大类	Public Service	177	358	797
文化教育大类	Culture and Education	7178	4336	14899
艺术设计传媒大类	Artistic Design and Mass Media	1095	1007	2675
公安大类	Public Security	806	877	2019
法律大类	Law	745	493	1606

19-12 成人本科分学科学生数(2014)
Number of Adult Students for Normal Courses in HEIs by Discipline (2014)

单位：人 (person)

类别	Item	毕业生数 Graduates	招生人数 Entrants	在校学生数 Enrollment
甘肃省	**Gansu**	**12494**	**14644**	**40930**
哲　学	Philosophy			
经济学	Economics	307	199	521
法　学	Law	1232	1564	3324
教育学	Education	264	454	1255
文　学	Literature	2890	1928	5594
# 外语	Foreign Language	379	181	528
历史学	History	41	57	195
理　学	Science	354	208	635
工　学	Engineering	3784	5492	16568
农　学	Agriculture	211	520	1167
医　学	Medicine	990	1040	3006
管理学	Administrators	2414	3151	8582
艺术学	Art	7	31	83

19-13 成人专科分学科学生数(2014)
Number of Adult Students for Short-cycle Courses in HEIs by Discipline (2014)

单位：人 (person)

类别	Item	毕业生数 Graduates	招生人数 Entrants	在校学生数 Enrollment
甘肃省	**Gansu**	**17431**	**16117**	**50612**
农林牧渔大类	Agriculture, Forestry, Husbandry and Fishing	1383	521	2792
交通运输大类	Transpotation and Communication	2558	3749	10866
生化与药品大类	Biochemistry and Medicine	190	286	705
资源开发与测绘大类类	Resources Development and Survey	285	135	736
材料与能源大类	Material and Energy	206	180	524
土建大类	Civil Engineering	1243	2082	5525
水利大类	Water Resources	121	44	132
制造大类	Manufacturing	1948	2021	5945
电子信息大类	Electronic Information	728	663	2338
环保、气象与安全大类	Environment Protection, Meteorology and Safety			12
轻纺食品大类	Light,Textile and Food		19	19
财经大类	Finance	3215	2029	7144
医药卫生大类	Medicine and Health	3496	1909	7356
旅游大类	Tourism	306	194	587
公共事业大类	Public Service	180	61	278
文化教育大类	Culture and Education	1101	1821	4969
艺术设计传媒大类	Artistic Design and Mass Media	162	156	241
公安大类	Public Security		5	13
法律大类	Law	309	242	430

19-14 网络本科分学科学生数(2014)
Number of Web-based Students for Normal Courses in HEIs by Discipline (2014)

单位：人 (person)

类别	Item	毕业生数 Graduates	招生人数 Entrants	在校学生数 Enrollment
甘肃省	**Gansu**	**6256**	**8974**	**25540**
哲　学	Philosophy			
经济学	Economics	646	539	1677
法　学	Law	484	538	1721
教育学	Education			
文　学	Literature	427	406	1219
#外语	Foreign Language			
历史学	History			
理　学	Science	37	68	216
工　学	Engineering	501	1469	3101
农　学	Agriculture			
医　学	Medicine	1093	2334	6031
管理学	Administrators	3068	3620	11575

19-15 网络专科分学科学生数(2014)
Number of Web-based Students for Short-cycle Courses in HEIs by Discipline (2014)

单位：人 (person)

类别	Item	毕业生数 Graduates	招生人数 Entrants	在校学生数 Enrollment
甘肃省	**Gansu**	**6701**	**12583**	**27959**
农林牧渔大类	Agriculture, Forestry, Husbandry, and Fishing			
土建大类	Civil Engineering	652	1685	2998
电子信息大类	Electronic Information	302	810	1543
环保、气象与安全大类	Environment Protection, Meteorology and Safety			
财经大类	Finance	1995	3872	7823
医药卫生大类	Medicine and Health	1113	2742	7454
旅游大类	Tourism			
公共事业大类	Public Service	2377	2994	7056
法律大类	Law	262	480	1085

19-16 技工学校数、学生数和教职工数
Number of Schools, Students, Educational Personnel of Skilled Workers Schools

单位：人 (person)

年份 Year	学校数（所） Schools (unit)	毕业生数 Graduates	招生数 Entrants	在校学生数 Enrollment	教职员工 Educational Personnel	专任教师 Full-time Teachers
2003	56	4881	6169	12356	3260	3260
2004	57	4342	10986	19336	3758	2012
2005	57	4586	11424	23971	3698	2856
2006	62	7068	12878	29781	5206	4415
2007	62	7068	12878	29781	4598	3807
2008	75	11304	24720	57631		4147
2009	78	12549	41016	71060	4205	2928
2010	78	19944	39944	91249	4525	2189
2011	78	27378	31338	94678	4468	3171
2012	79	25182	26620	96116	4553	3235
2013	80	46847	17402	66671	4555	3250
2014	81	29525	15374	52520	4626	3110

19-17 各级各类成人教育基本情况 (2014)
Basic Statistics of Adult Education by Type and Level (2014)

单位：人 (person)

类别	Item	学校数（所）Schools (unit)	毕业生数 Graduates	招生数 Entrants	在校学生数 Enrollment	教职员工 Educational Personnel	专任教师 Full-time Teachers
成人高等教育	Adult Education Schools	6	2323	2188	5838	474	331
广播电视大学	Radio and TV Universities	1	1809	1807	4798	218	134
职工高等学校	Staff Higher Education Schools	5	514	381	1040	256	197
教育学院	Education Academy						
函　授	Correspondence Education						
夜　大	Evening College Education		52	16	366		
成人脱产	Off-job Adult Education		2271	2172	5472		
成人中等专业学校	Secondary Schools for Adults	28	5556	7272	19619	1385	786
成人中学	Adult Middle School						
成人技术培训学校	Adults Technical Secondary Schools						

19-18 平均每万人口在校学生数和大中小学学生构成
Number of Students per 10 000 Population and It's Composition

年份 Year	平均每万人口在校学生数（人）Students Enrollment per 10 000 Persons (person)			大、中、小学学生占学生总数（%）Students of Different Levels as Percentage to Total Students (%)		
	大学生 University and College Students	中学生 Secondary School Students	小学生 Primary School Students	大学生 University and College Students	中学生 Secondary School Students	小学生 Primary School Students
1995	19	383	1146	0.88	16.90	50.50
1996	20	398	1177	0.82	16.00	47.20
1997	21	416	1218	0.82	15.80	46.30
1998	22	435	1245	0.88	16.80	48.20
1999	25	466	1232	1.01	18.30	48.30
2000	32	514	1238	1.26	19.40	46.70
2001	42	588	1239	2.09	27.44	59.95
2002	55	681	1246	2.57	28.91	58.13
2003	67	725	1240	3.05	33.26	56.85
2004	76	769	1205	3.73	37.49	58.78
2005	88	818	1170	4.26	39.38	56.36
2006	101	868	1145	4.78	41.06	54.16
2007	113	778	1088	5.72	39.33	54.95
2008	126	776	1023	6.56	40.29	53.15
2009	137	907	1116	6.35	41.98	51.67
2010	149	931	1103	6.83	42.65	50.52
2011	158	888	859	8.30	46.61	45.09
2012	168	721	806	9.91	42.53	47.56
2013	172	659	723	11.04	42.43	46.53
2014	175	631	699	11.66	41.89	46.45

19-19 各级学校教师负担学生数

Student-Teacher Ratio of School by Level

单位：人 (person)

年份 Year	平均每个教师负担学生数 Students Taught Each Teacher			
	普通高等学校 Regular HEIs	普通中等专业学校 Regular Secondary Vocational Schools	普通中学 Regular Secondary Schools	普通小学 Primary School
1995	7	9	15	21
1996	8	10	15	22
1997	8	10	15	23
1998	8	11	16	24
1999	9	11	17	24
2000	12	12	18	25
2001	13	14	19	26
2002	14	16	19	26
2003	14	17	20	25
2004	15	18	19	25
2005	15	20	20	23
2006	16	22	19	22
2007	17	22	18	21
2008	18		18	19
2009	18		17	18
2010	18	23	17	17
2011	19	21	16	15
2012	19	21	15	15
2013	18	18	13	13
2014	18	17	13	13

19-20 小学学龄儿童净入学率和各级普通学校毕业生升学率

Net Enrolment Ratio of School-age Children in Primary Schools and Promotion Rate of Graduates of Regular School by Levels

单位：% (%)

年份 Year	小学学龄儿童净入学率 Net Enrollment Ratio of School-age Children in Primary Schools	小学升学率 Promotion Rate from Primary Schools to Junior Secondary Schools	初中升学率 Promotion Rate from Junior Secondary Schools to Senior Secondary Schools	高中升学率 Promotion Rate from Senior Secondary Schools to Higher Education
1996	97.20	86.85		
1997	97.68	87.93		
1998	98.20	87.40		
1999	98.62	89.49		
2000	98.83	90.98		
2001	98.02	89.53	37.98	35.48
2002	98.55	91.95	43.46	38.20
2003	97.99	94.10	45.83	40.33
2004	98.27	96.36	46.95	42.16
2005	98.87	96.67	48.58	42.77
2006	98.89	99.61	48.04	44.50
2007	98.94	98.96	45.59	52.00
2008	99.14	100.10	46.64	60.00
2009	99.45	97.89	46.83	70.00
2010	99.46	95.67	48.31	71.00
2011	99.56	95.41	48.35	75.00
2012	99.68	94.29	51.08	80.00
2013	99.78	90.20	52.00	85.00
2014	99.80	97.06	59.18	90.00

注：1. 初中升高级中学包含升入技工学校。
2. 高中升学率为普通高校招生数（含电大普通班）与普通高中毕业生数之比。

a) Data on promotion rate from junior secondary schools to senior secondary schools include those entering into secondary technical schools.

b) Data on promotion rate from senior secondary schools to higher education refer to the ratio of new entrants into regular institutions of higher education (including regular classes of TV universities) to graduates of senior secondary schools.

19-21 小学辍学率和小学五年巩固率
Dropout Rate and Five-year Consolidate Rate of Primary Schools

单位：% (%)

年份 Year	小学辍学率 Dropout Rate of Primary Schools	#女生 Girls	小学五年巩固率 Five-year Consolidate Rate of Primary School	#女生 Girls
2000	1.65	1.96	71.43	72.43
2001	2.57	2.95	73.08	72.96
2002	2.44	2.57	77.67	77.73
2003	2.87	2.99	80.78	80.63
2004	2.66	2.79	83.36	82.49
2005	2.49	2.37	81.20	81.10
2006	1.06	1.26	84.92	85.10
2007	3.17	3.24	86.25	85.87
2008	2.66	2.50	88.26	88.21
2009	1.66	2.02	89.86	88.97
2010	1.60	1.71	82.86	82.07
2011	0.07	0.60	84.82	84.51
2012	0.31	0.28	83.06	82.72
2013	0.30	0.28	78.33	77.30
2014	0.14	0.12	80.00	80.47

19-22 初中辍学率和初中三年巩固率
Dropout Rate and Three-year Consolidate Rate of Junior Secondary School

单位：% (%)

年份 Year	初中辍学率 Dropout Rate of Junior Secondary School	#女生 Girls	初中三年巩固率 Three-year Consolidate Rate of Junior Secondary School	#女生 Girls
2003	3.20	2.64	92.79	93.74
2004	2.42	2.07	95.22	96.37
2005	2.50	1.95	94.66	96.27
2006	0.82	0.50	96.02	97.23
2007	3.31	2.85	93.50	94.25
2008	2.75	2.43	91.55	92.47
2009	2.00	1.67	94.04	95.29
2010	1.88	1.45	93.90	94.50
2011	0.60	0.46	91.56	92.50
2012	0.57	0.46	90.93	92.82
2013	0.66	0.53	87.39	89.04
2014	0.98	0.76	88.67	90.32

19-23 各地县幼儿园和普通小学基本情况(2014)

Basic Statistics on Kindergartens and Regular Primary Schools by Region, County (2014)

单位：人 (person)

地区	Region	幼儿园数（所）Kindergartens (unit)	在园儿童数 Children in Kindergartens	学龄儿童入学率（%）Enrollment Rate of School-age Children(%)	学校数（所）Schools (unit)	专任教师数 Full-time Teachers	招生数 Entrants	在校学生数 Enrollment	毕业生数 Graduates
兰州市	**Lanzhou**	**456**	**73353**	**100.00**	**570**	**14259**	**35404**	**203485**	**34815**
城关区	Chengguan	98	20697	100.00	82	3457	12101	68730	11490
七里河区	Qilihe	72	11876	100.00	84	2184	5803	33709	5580
西固区	Xigu	55	7566	100.00	31	1513	3458	20878	3735
安宁区	Anning	30	5039	100.00	18	800	2772	13564	2024
红古区	Honggu	19	4185	100.00	32	861	1476	9091	1482
永登县	Yongdeng	101	12757	99.98	155	2414	4566	27205	4628
皋兰县	Gaolan	22	2408	100.00	38	911	1291	8447	1622
榆中县	Yuzhong	59	8825	100.00	130	2119	3937	21861	4254
嘉峪关市	**Jiayuguan**	**57**	**7666**	**99.49**	**15**	**934**	**2549**	**16241**	**2817**
金昌市	**Jinchang**	**61**	**11931**	**100.00**	**29**	**2003**	**4313**	**28979**	**5585**
金川区	Jinchuan	30	6941	100.00	13	1001	2370	15128	2912
永昌县	Yongchang	31	4990	100.00	16	1002	1943	13851	2673
白银市	**Baiyin**	**206**	**39769**	**96.16**	**537**	**10867**	**16241**	**102198**	**20168**
白银区	Baiyin	48	6821	88.59	26	1442	2793	16990	3282
平川区	Pingchuan	21	5909	89.10	32	1422	2324	14648	2626
靖远县	Jingyuan	65	10680	100.00	161	3023	4768	27393	5115
会宁县	Huining	52	10509	100.00	225	3349	4096	29264	6744
景泰县	Jingtai	20	5850	98.39	93	1631	2260	13903	2401
天水市	**Tianshui**	**267**	**57904**	**99.49**	**1403**	**18872**	**36571**	**263164**	**48798**
秦州区	Qinzhou	43	12216	100.00	131	3351	7319	47871	7988
麦积区	Maiji	72	13339	100.00	120	3177	5504	39923	7240
清水县	Qingshui	28	6483	99.98	193	1821	3656	25284	4759
秦安县	Qinan	36	6781	99.80	260	2830	4509	35336	7315
甘谷县	Gangu	27	3919	97.67	316	3376	5599	51358	9856
武山县	Wushan	57	12035	100.00	191	2115	6273	38368	7354
张家川县	Zhangjiachuan	4	3131	100.00	192	2202	3711	25024	4286
武威市	**Wuwei**	**227**	**43983**	**100.00**	**563**	**10221**	**14999**	**106260**	**20297**
凉州区	Liangzhou	134	29046	100.00	321	5547	9605	62501	10538
民勤县	Minqin	22	2939	100.00	20	1144	1229	11091	2983
古浪县	Gulang	39	8275	100.00	140	1961	2703	21780	4647
天祝县	Tianzhu	32	3723	100.00	82	1569	1462	10888	2129
张掖市	**Zhangye**	**435**	**34188**	**100.00**	**278**	**5900**	**11697**	**73862**	**13121**

19–23 续表 1 continued

单位：人 (person)

地区	Region	幼儿园数（所）Kindergartens (unit)	在园儿童数 Children in Kindergartens	学龄儿童入学率（%）Enrollment Rate of School-age Children (%)	学校数（所）Schools (unit)	专任教师数 Full-time Teachers	招生数 Entrants	在校学生数 Enrollment	毕业生数 Graduates
甘州区	Ganzhou	101	14455	100.00	104	2301	5174	30163	5548
肃南县	Sunan	10	676	100.00	5	216	310	1703	322
民乐县	Minle	125	6623	100.00	107	1150	2064	16834	2796
临泽县	Linze	81	4170	100.00	22	713	1169	7183	1299
高台县	Gaotai	62	3478	100.00	17	594	1028	6827	1273
山丹县	Shandan	56	4786	100.00	23	926	1952	11152	1883
平凉市	**Pingliang**	**261**	**49441**	**103.97**	**963**	**12200**	**22895**	**152137**	**30603**
崆峒区	Kongtong	56	10009	100.00	171	2462	5478	37121	7673
泾川县	Jingchuan	31	6155	100.00	166	1640	2660	18301	4366
灵台县	Lingtai	58	5331	100.00	83	1004	1874	12312	2422
崇信县	Chongxin	19	2979	100.00	51	500	1071	6206	954
华亭县	Huating	33	6910	100.00	77	1414	2708	14811	2337
庄浪县	Zhuanglang	25	7472	100.00	177	2556	4124	30555	6919
静宁县	Jingning	39	10585	120.91	238	2624	4980	32831	5932
酒泉市	**Jiuquan**	**264**	**28355**	**100.31**	**158**	**4862**	**10960**	**71320**	**13071**
肃州区	Suzhou	103	12417	100.98	43	1880	4522	28536	5103
金塔县	Jinta	33	3884	100.00	19	764	1496	10403	1984
瓜州县	Guazhou	62	3481	100.00	51	730	1513	10311	1911
肃北县	Subei	1	317	99.85	2	91	102	667	129
阿克塞县	Akesai	1	370	100.00	1	70	138	812	129
玉门市	Yumen	26	3944	100.00	13	642	1604	9976	1734
敦煌市	Dunhuang	38	3942	99.52	29	685	1585	10615	2081
庆阳市	**Qingyang**	**432**	**78263**	**96.34**	**1074**	**14451**	**29206**	**170244**	**26375**
西峰区	Xifeng	64	17870	97.35	107	2582	6320	33099	4708
庆城县	Qingcheng	52	8754	97.02	29	1540	2932	15787	2405
环　县	Huanxian	46	9280	91.81	234	1894	3808	24255	4012
华池县	Huachi	19	4586	92.66	67	862	1576	8948	1340
合水县	Heshui	81	5543	94.91	29	839	1834	10449	1443
正宁县	Zhengning	39	8512	99.05	88	1364	2459	13585	1937
宁　县	Ningxian	71	12437	99.97	247	2758	5136	30457	4979
镇原县	Zhenyuan	60	11281	95.39	273	2612	5141	33664	5551
定西市	**Dingxi**	**203**	**59865**	**100.00**	**1210**	**14856**	**25389**	**177540**	**34368**
安定区	Anding	41	10862	100.00	151	2364	2553	21049	4077
通渭县	Tongwei	18	3782	100.00	242	2218	1988	21184	5924

19-23 续表 2 continued

单位：人 (person)

地区	Region	幼儿园数（所）Kindergartens (unit)	在园儿童数 Children in Kindergartens	学龄儿童入学率（%）Enrollment Rate of School-age Children (%)	学校数（所）Schools (unit)	专任教师数 Full-time Teachers	招生数 Entrants	在校学生数 Enrollment	毕业生数 Graduates
陇西县	Longxi	26	12236	100.00	171	3092	4605	30821	5592
渭源县	Weiyuan	39	7427	100.00	169	1727	2204	19451	4314
临洮县	Lintao	37	15115	100.00	195	2506	5211	30420	5030
漳　县	Zhangxian	7	5198	100.00	105	1039	2023	14411	2745
岷　县	Minxian	35	5245	100.00	177	1910	6805	40204	6686
陇南市	**Longnan**	**198**	**67857**	**98.71**	**947**	**14310**	**29414**	**194139**	**34247**
武都区	Wudu	14	21415	99.35	121	2930	6319	43112	6797
成　县	Chengxian	16	5674	99.05	79	1415	3328	17898	2808
文　县	Wenxian	30	5117	90.31	122	1329	2172	14000	2561
宕昌县	Tanchang	4	6444	99.70	108	1540	3035	22667	4167
康　县	Kangxian	16	4603	99.96	65	900	2009	11565	1516
西和县	Xihe	57	8768	99.78	169	2056	4780	32257	7180
礼　县	Lixian	24	10654	98.84	185	2819	5283	37404	6523
徽　县	Huixian	34	4191	100.00	72	1049	2194	13084	2295
两当县	Liangdang	3	991	100.00	26	272	294	2152	400
临夏州	**Linxia**	**240**	**53469**	**98.51**	**859**	**10665**	**32217**	**179345**	**24868**
临夏市	linxia	72	13059	100.00	46	1137	3985	21240	3250
临夏县	linxia	28	7260	100.00	152	1628	4956	26184	3717
康乐县	Kangle	36	7746	92.15	129	1278	3503	22751	2799
永靖县	Yongjing	25	3802	100.00	90	1512	1852	11276	2206
广河县	Guanghe	14	3591	98.40	96	1298	4135	23872	3188
和政县	Hezheng	17	4722	99.17	72	1018	3088	18013	2513
东乡县	Dongxiang	32	7000	100.00	136	1494	4573	31090	4091
积石山县	Jishishan	16	6289	98.52	138	1300	6125	24919	3104
甘南州	**Gannan**	**164**	**14083**	**98.31**	**373**	**6076**	**8800**	**63457**	**10202**
合作市	Hezuo	21	1891	100.00	14	724	1299	8391	1243
临潭县	Lintan	33	2290	92.34	113	1077	1444	12187	1821
卓尼县	Zhuoni	35	2391	100.00	89	848	1218	8487	1404
舟曲县	Zhouqu	23	2351	100.00	42	1056	1642	12314	2266
迭部县	Diebu	16	1180	99.98	51	631	737	5240	948
玛曲县	Maqu	10	816	100.00	10	453	837	5598	864
碌曲县	Luqu	10	1129	99.15	21	559	563	3763	634
夏河县	Xiahe	16	2035	100.00	33	728	1060	7477	1022

19-24 各地县普通中学基本情况(2014)

Basic Statistics on Regular Primary Schools by Region, County(2014)

单位：人 (person)

地区	Region	普通中学学校数（所）Schools (unit)	毕业生数 Graduates	招生数 Entrants	在校学生数 Enrollment	高中 Senior Secondary Schools	初中 Junior Secondary Schools	专任教师 Full-time Teachers
兰州市	**Lanzhou**	**204**	**59540**	**57685**	**178235**	**72861**	**105374**	**14179**
城关区	Chengguan	46	17416	18804	56064	21867	34197	3917
七里河区	Qilihe	23	7093	7842	22793	8485	14308	1699
西固区	Xigu	26	6974	6763	20737	9555	11182	1787
安宁区	Anning	16	4365	4044	12527	4809	7718	995
红古区	Honggu	10	2456	2403	7374	2696	4678	791
永登县	Yongdeng	41	10166	8405	27262	13332	13930	2302
皋兰县	Gaolan	14	3574	2585	8581	3456	5125	963
榆中县	Yuzhong	28	7496	6839	22897	8661	14236	1725
嘉峪关市	**Jiayuguan**	**11**	**4650**	**4911**	**15078**	**6231**	**8847**	**1074**
金昌市	**Jinchang**	**22**	**9886**	**9381**	**29027**	**11666**	**17361**	**2188**
金川区	Jinchuan	11	4520	4699	14117	5567	8550	1126
永昌县	Yongchang	11	5366	4682	14910	6099	8811	1062
白银市	**Baiyin**	**144**	**61042**	**39757**	**130214**	**62201**	**68013**	**11242**
白银区	Baiyin	16	8034	7094	21533	10854	10679	1598
平川区	Pingchuan	19	7399	4639	15023	6494	8529	1352
靖远县	Jingyuan	40	16941	9862	34918	16828	18090	3039
会宁县	Huining	49	22387	13773	43599	20700	22899	3790
景泰县	Jingtai	20	6281	4389	15141	7325	7816	1463
天水市	**Tianshui**	**261**	**74062**	**75103**	**225592**	**78455**	**147137**	**16569**
秦州区	Qinzhou	39	10836	12169	36571	12717	23854	2857
麦积区	Maiji	42	11424	11337	34008	12526	21482	2796
清水县	Qingshui	27	5709	6362	17917	5066	12851	1223
秦安县	Qinan	43	14189	12999	41848	16817	25031	2773
甘谷县	Gangu	55	15963	15515	46453	16201	30252	3338
武山县	Wushan	35	8838	10942	32101	10153	21948	2146
张家川县	Zhangjiachuan	20	7103	5779	16694	4975	11719	1436
武威市	**Wuwei**	**143**	**41590**	**36263**	**119254**	**53307**	**65947**	**8939**
凉州区	Liangzhou	75	19869	18414	58620	25762	32858	4628
民勤县	Minqin	21	7692	5709	19422	9630	9792	1419
古浪县	Gulang	28	9803	8351	28893	12264	16629	1725
天祝县	Tianzhu	19	4226	3789	12319	5651	6668	1167
张掖市	**Zhangye**	**65**	**26042**	**23225**	**74166**	**30208**	**43958**	**5845**

19–24 续表 1 continued

单位：人 (person)

地区	Region	普通中学学校数（所） Schools (unit)	毕业生数 Graduates	招生数 Entrants	在校学生数 Enrollment	高中 Senior Secondary Schools	初中 Junior Secondary Schools	专任教师 Full-time Teachers
甘州区	Ganzhou	38	10595	10144	30901	12782	18119	2629
肃南县	Sunan	6	462	405	1282	516	766	201
民乐县	Minle	6	5725	5167	16307	6746	9561	1023
临泽县	Linze	4	2995	2193	7465	2991	4474	576
高台县	Gaotai	5	3030	2351	8602	3497	5105	717
山丹县	Shandan	6	3235	2965	9609	3676	5933	699
平凉市	**Pingliang**	**170**	**52103**	**48012**	**148734**	**57767**	**90967**	**11463**
崆峒区	Kongtong	35	8761	10866	31380	10960	20420	2086
泾川县	Jingchuan	25	7779	6932	20849	7707	13142	1770
灵台县	Lingtai	18	4881	4081	13049	5455	7594	1102
崇信县	Chongxin	13	2231	1522	5070	2192	2878	514
华亭县	Huating	11	3549	3396	10543	3681	6862	928
庄浪县	Zhuanglang	29	12402	11060	34838	13352	21486	2355
静宁县	Jingning	39	12500	10155	33005	14420	18585	2708
酒泉市	**Jiuquan**	**59**	**20740**	**20910**	**64291**	**24469**	**39822**	**4735**
肃州区	Suzhou	20	8633	8778	27126	11434	15692	1916
金塔县	Jinta	6	3227	2961	9331	3154	6177	677
瓜州县	Guazhou	7	2874	3115	9028	3663	5365	613
肃北县	Subei	2	192	224	688	311	377	87
阿克塞县	Akesai	1	164	182	557	221	336	53
玉门市	Yumen	11	2494	2465	7737	2390	5347	634
敦煌市	Dunhuang	12	3156	3185	9824	3296	6528	755
庆阳市	**Qingyang**	**186**	**52934**	**44786**	**143362**	**60106**	**83256**	**12259**
西峰区	Xifeng	27	10331	9594	30081	14669	15412	2633
庆城县	Qingcheng	24	4204	3640	11631	3621	8010	1085
环　县	Huanxian	30	8648	6766	21299	8961	12338	1718
华池县	Huachi	13	2389	2161	6604	2501	4103	568
合水县	Heshui	10	2844	2122	6796	2512	4284	608
正宁县	Zhengning	18	4302	3138	11000	4481	6519	1159
宁　县	Ningxian	33	9025	7998	25912	10538	15374	2102
镇原县	Zhenyuan	31	11191	9367	30039	12823	17216	2386
定西市	**Dingxi**	**296**	**69506**	**58556**	**193205**	**86276**	**106929**	**16297**
安定区	Anding	64	12154	7739	30584	17020	13564	2911
通渭县	Tongwei	53	12279	10643	34381	15265	19116	2856

19–24 续表 2 continued

单位：人 (person)

地区	Region	普通中学学校数（所） Schools (unit)	毕业生数 Graduates	招生数 Entrants	在校学生数 Enrollment	高中 Senior Secondary Schools	初中 Junior Secondary Schools	专任教师 Full-time Teachers
陇西县	Longxi	52	13884	10745	34574	15802	18772	3013
渭源县	Weiyuan	31	7268	7016	22678	9455	13223	1834
临洮县	Lintao	46	12272	8711	31588	15921	15667	2733
漳　县	Zhangxian	18	4138	4307	13139	4539	8600	913
岷　县	Minxian	32	7511	9395	26261	8274	17987	2037
陇南市	**Longnan**	**233**	**51105**	**50845**	**152422**	**51013**	**101409**	**11643**
武都区	Wudu	40	10552	10707	32607	11503	21104	2468
成　县	Chengxian	26	4542	4013	12749	4108	8641	1083
文　县	Wenxian	24	3812	3862	11984	4190	7794	1151
宕昌县	Tanchang	24	4710	5590	15218	4101	11117	1036
康　县	Kangxian	19	2810	2679	7907	3047	4860	745
西和县	Xihe	30	9073	9851	28664	8437	20227	1789
礼　县	Lixian	39	11152	9829	29733	10314	19419	2233
徽　县	Huixian	24	3691	3604	11416	4424	6992	924
两当县	Liangdang	7	763	710	2144	889	1255	214
临夏州	**Linxia**	**103**	**36548**	**32816**	**102938**	**39641**	**63297**	**8287**
临夏市	linxia	8	6450	7440	21688	11620	10068	1469
临夏县	linxia	18	5140	4252	13443	4671	8772	1302
康乐县	Kangle	16	4500	4414	14016	5428	8588	952
永靖县	Yongjing	16	5147	3346	11207	5455	5752	1116
广河县	Guanghe	9	3275	3782	10492	3646	6846	816
和政县	Hezheng	9	3051	2524	8781	2657	6124	676
东乡县	Dongxiang	17	4949	2964	11942	2292	9650	758
积石山县	Jishishan	10	4036	4094	11369	3872	7497	1198
甘南州	**Gannan**	**43**	**15753**	**15842**	**48831**	**20229**	**28602**	**3879**
合作市	Hezuo	4	2903	2907	9112	4251	4861	626
临潭县	Lintan	10	2760	2458	8090	3114	4976	706
卓尼县	Zhuoni	10	2173	2343	7283	3332	3951	613
舟曲县	Zhouqu	6	3598	3376	10675	4192	6483	743
迭部县	Diebu	5	1376	1433	4073	1618	2455	404
玛曲县	Maqu	2	631	907	2557	802	1755	214
碌曲县	Luqu	2	877	909	2717	1108	1609	219
夏河县	Xiahe	4	1435	1509	4324	1812	2512	354

19-25 各地区普通高等学校基本情况 (2014)
Number of Regular Institutions of Higher Education by Region (2014)

单位：人 (person)

地区	Region	学校数（所） Schools (unit)	专任教师数 Full-time Teachers	招生数 Entrants	本科 Normal Courses	专科 Short-cycle Courses	在校学生数 Enrollment	本科 Normal Courses	专科 Short-cycle Courses
兰州市	Lanzhou	27	18544	89389	60360	29029	316276	233394	82882
嘉峪关市	Jiayuguan	1	195	862		862	2924		2924
金昌市	Jinchang	1	127	1032		1032	2985		2985
白银市	Baiyin	1	161	1304		1304	2870		2870
天水市	Tianshui	4	1799	11810	3753	8057	37916	14800	23116
武威市	Wuwei	2	808	6034		6034	17956		17956
张掖市	Zhangye	1	859	5689	3733	1956	19994	13963	6031
平凉市	Pingliang	1	438	1672		1672	5917		5917
酒泉市	Jiuquan	1	348	2771		2771	7472		7472
庆阳市	Qingyang	1	766	3775	3610	165	16235	15880	355
定西市	Dingxi	1	299	1627		1627	5222		5222
陇南市	Longnan	1	449	2001		2001	5731		5731
临夏州	Linxia								
甘南州	Gannan	1	490	2658	2614	44	10802	10314	488

19-25 续表 continued

单位：人 (person)

地区	Region	毕（结）业生数 Graduates with Degrees or Diplomas	本科 Normal Courses	专科 Short-cycle Courses	授予学位数 Degrees Awarded
兰州市	Lanzhou	82613	53370	29243	51961
嘉峪关市	Jiayuguan	1182		1182	
金昌市	Jinchang	761		761	
白银市	Baiyin	590		590	
天水市	Tianshui	10338	3331	7007	3057
武威市	Wuwei	4669		4669	
张掖市	Zhangye	5448	3308	2140	3149
平凉市	Pingliang	2285		2285	
酒泉市	Jiuquan	2205		2205	
庆阳市	Qingyang	3108	3018	90	2882
定西市	Dingxi	1878		1878	
陇南市	Longnan	1902		1902	
临夏州	Linxia				
甘南州	Gannan	1718	1258	460	1155

19-26 教育经费情况

Basic Statistics on Educational Funds

单位：万元 (10 000 yuan)

年份 Year	合计 Total	国家财政性教育经费 Government Appropriation for Education	#预算内教育经费 Budgetary	民办学校办学经费 Funds from Private Schools	社会捐赠经费 Donations and Fund-raising for Running Schools	事业收入 Income from Teaching Research and Other Auxiliary Activity	#学杂费 Tuition and Miscellaneous Fees	其他教育经费 Other Educational Funds
2000	535287	425021	352952	1831	11207	88887	63864	8341
2001	686750	520918	442922	4401	7428	135660	104008	18342
2002	836719	618783	538793	8872	9239	182477	132539	17348
2003	914336	652146	582181	18685	5686	212472	156053	25348
2004	1031445	727916	659017	21274	7037	248453	174186	26765
2005	1195074	847512	785026	34541	5555	273897	198727	33569
2006	1448234	1108365	1024273	41261	5451	260510	188990	32646
2007	1779095	1413920	1342179	2256	6090	326870	244610	29959
2008	2469385	2077502	2009317	1245	11587	354513	272808	24538
2009	2957602	2502298	2426498	2361	28287	395001	311653	29655
2010	3276887	2756965	2644938	7953	19834	450572	359799.9	41563
2011	3926598	3374222	3179614	4558	8132	482239	399882	57446
2012	4841482	4276671	4014241	5053	3714	494962	404867	61083
2013	5105559	4483501	4126143	4111	5444	545763	450078	66740
2014	5500815	4873620	4622912	6733	8178	547647	462768	64638

19-27 各类学校教育经费情况（2014）
Educational Funds in Various School (2014)

单位：万元 (10 000 yuan)

类别	Item	合计 Total	国家财政性教育经费 Government Appropriation for Education	# 预算内教育经费 Budgetary	民办学校中举办者投入 Funds from School Runners of Private Schools	社会捐赠经费 Donations and Fund-raising for Running Schools	事业收入 Income from Teaching Research and Other Auxiliary Activity	# 学杂费 Tuition and Miscellaneous Fees	其他教育经费 Other Educational Funds
高等学校	Institutions of Higher Education	1191349	817287	773791	1026	1625	331714	278831	39697
普通高等学校	Regular HEIs	1170013	808695	765621	1026	1625	319265	268608	39403
成人高等学校	Adults HEIs	21336	8592	8170			12450	10223	294
中等职业学校	Secondary Vocational Schools	350339	305929	284532	1937	122	33618	28353	8733
中等专业学校	Secondary Specialized Schools	272076	235387	219583	1279	7	27199	23165	8204
职业高中	Vocational Senior Secondary Schools	70443	63845	58492	578	116	5582	4710	322
技工学校	Skilled Workers Schools	147	105	105					42
成人中专学校	Adult Specialized Secondary Schools	7673	6592	6351	79		837	479	165
普通中学	Regular Secondary Schools	1728127	1628413	1524379	255	3500	89476	79028	6482
普通高中	Regular Senior Secondary Schools	661186	572968	531917	184	2659	83509	74556	1866
普通初中	Regular Junior Secondary Schools	1066940	1055445	992462	71	841	5967	4472	4617
# 农村	Rural Areas	830196	824940	790334	3	841	1187	1059	3224
普通小学	Regular Primary Schools	1736084	1726839	1660463	462	2521	2201	1534	4062
# 农村	Rural Areas	1421164	1414619	1371117	33	2488	646	279	3377
特殊教育学校	Special Education Schools	10367	9543	9354		23	15		787
幼儿园	Kindergartens	251640	169930	161744	3054	278	77862	74767	516
教育行政单位	Education Administrative Unit	103231	97526	96447		93	2421		3191
教育事业单位	Education Institution	54181	44919	42756			8666		597
其它	Others	75498	73237	69447		16	1673	256	572

19-28 科技活动基本情况
Basic Statistics on Scientific and Technological Activities

指标	Item	2010	2011	2012	2013	2014
研究与试验发展 (R&D) 投入情况	**Statistics on R&D Input**					
有 R&D 活动的单位数（个）	Number of Units with R & D Activities (unit)	331	383	428	529	585
R&D 人员（人）	R & D Personnel (person)	30321	31819	36760	37046	41135
R&D 人员全时当量 (人年)	Full-time Equivalent of R&D Personnel (man-year)	20774	21283	24290	25049	27124
R&D 经费内部支出 (万元)	Internal Expenditure on R&D (10 000yuan)	415886	485261	604762	669194	768739
R&D 经费内部支出相当于生产总值比例 (%)	Ratio of Internal Expenditure on R&D to GDP (%)	1.01	0.97	1.07	1.06	1.12
科技产出及成果情况	**Statistics on S&T Outputs and Results**					
发表科技论文 (篇)	Scientific Papers Issued (piece)	26016	24199	24083	25095	26078
出版科技著作 (种)	Publication on Science and Technology (kind)	645	699	827	892	919
专利申请受理数 (件)	Number of Patents Applications Accepted (piece)	1817	1994	2848	4103	4408
# 发明专利	Inventions	933	1002	1314	1527	1701
专利申请授权数 (件)	Number of Patents Application Granted (piece)	304	426	624	887	1018
# 发明专利	Inventions	187	281	365	383	400
有效发明专利数（件）	Number of Patents in Force (piece)	1554	2004	2491	2578	3433
专利所有权转让及许可数（件）	Number of Transfer and License of Patent Ownership (piece)	138	159	208	211	222
专利所有权转让与许可收入（万元）	Income of Transfer and License of Patent Ownership (10 000 yuan)	2015	991	4785	990	2611
植物新品种权授予数（项）	Number of New Plant Varieties Granted (item)	20	9	16	18	31
形成国家或行业标准数（项）	Number of Form the National or Industry Standards (item)	170	187	324	259	278

19-29 研究与试验发展 (R&D) 人员
R&D Personnel

单位：人 (person)

指标	Item	2010	2011	2012	2013	2014
R&D 人员	**Total**	**30321**	**31819**	**36762**	**37046**	**41135**
按学历分	**By Level of Education**					
博士毕业	Doctor	2096	2331	2838	3098	3418
硕士毕业	Master	4882	5211	6318	6321	7145
本科毕业	Under-graduate	13319	12796	14708	14452	14326
其他人员	Others	10024	11481	12898	13175	16246
女性	Female	7368	7863	9007	9455	10452
研究人员	Researchers	18739	19216	21934	22435	24340
全时人员	Full-time Equivalent	16978	17537	19590	21645	24284

19-30 研究与试验发展 (R&D) 人员全时当量
Full-time Equivalent of R&D Personnel

单位：人年 (man-year)

指标	Item	2010	2011	2012	2013	2014
R&D 人员全时当量	**Total**	**20774**	**21283**	**24290**	**25049**	**27124**
# 研究人员	Researchers	12771	12967	14471	15131	16383
按活动类型分	**By Type of Activity**					
基础研究	Basic Research	2299	2333	3004	3702	3926
应用研究	Applied Research	4890	5496	6111	5175	5356
试验发展	Experimental Development	13586	13452	15174	16172	17842

19-31 研究与试验发展(R&D)经费情况
Expenditure on R&D

单位：万元 (10 000 yuan)

指标	Item	2010	2011	2012	2013	2014
R&D 经费内部支出	**Internal Expenditure on R&D by Sources**	**415886**	**485261**	**604762**	**669194**	**768739**
按活动类型分	**By Type of Activity**					
基础研究	Basic Research	56498	68419	82948	89716	111549
应用研究	Applied Research	87531	91863	119751	100065	116062
试验发展	Experimental Development	271858	324978	402065	479413	541129
按执行部门分	**By Execution Departments**					
企业	Enterprises	223202	264063	344486	409535	473482
#大中型工业企业	Large and Medium-sized Industrial Enterprises	208652	229686	313061	322862	372912
研究与开发机构	R&D Institutions	120428	135373	175303	188770	208974
高等学校	Higher Education	62646	68605	70626	58842	73059
其他	Others	9610	17220	14347	12047	13224
按支出用途分	**By Expenditure Use**					
日常性支出	Routine Expenses	355587	392575	500554	565229	642873
#人员劳务费	Labor Cost	95801	114288	137918	169377	192990
资产性支出	Assets Expenditure	60299	92686	104207	103965	125866
#仪器和设备	Equipment	50997	65584	83439	87543	94717
按资金来源分	**By Sources of Funding**					
政府资金	Government Funds	161543	171498	218844	239490	267679
企业资金	Self-raised Funds by Enterprises	238039	290893	363611	410131	475764
国外资金	Foreign Funds	1224	376	832	1587	937
其他资金	Other Funds	15081	22493	21476	17986	24359
R&D 经费外部支出	**External Expenditure on R&D by Performer and Sources**	**35208**	**54518**	**66115**	**70365**	**106513**
#对国内研究机构支出	to Domestic Research Institutions	16414	29403	29669	37446	59303
对国内高等学校支出	to Domestic Higher Education	10888	13778	23440	19610	43558
对国内企业支出	to Domestic Enterprises	3013	4374	2231	1592	949
对境外机构支出	to Foreign Institutions	4894	6881	10694	11718	2648

19-32 研究与试验发展(R&D)项目（课题）情况
Statistics on R&D Projects (Topics)

指标	Item	2010	2011	2012	2013	2014
R&D 项目（课题）数（项）	R&D Projects(item)	10126	11545	13108	13403	13626
R&D 项目（课题）人员折合全时当量（人年）	R&D Participants(man-year)	17463	18069	21378	21834	23610
R&D 项目（课题）经费内部支出（万元）	R&D Intramural Expenditure(10 000 yuan)	296798	303735	439022	487653	559116

19-33 分行业研究与试验发展（R&D）基本情况 (2014)
Basic Statistics on R&D by Sector (2014)

行业	Sector	R&D 人员合计（人）Total R&D Personnel (person)	R&D 人员全时当量（人年）Full-time Equivalent of R&D Personnel (man-year)	R&D 经费内部支出合计（万元）Intramural Expenditure on R&D by Sources (10 000 yuan)	项目（课题）数（项）R&D Projects (item)
农、林、牧、渔业	Agriculture,Forestry,Animal Husbandry and Fishery	256	178	1058	34
采矿业	Mining	2299	1872	36569	186
制造业	Manufacturing	18483	12310	424009	1689
电力、热力、燃气及水的生产和供应业	Production and Supply of Electricity, Heat, Gas and Water	339	198	3832	19
建筑业	Construction	190	73	801	17
批发和零售业	Wholesale and Retail Trades				
交通运输、仓储和邮政业	Transport,Storage and Post				
住宿和餐饮业	Hotels and Catering Services				
信息传输、软件和信息技术服务业	Information Transmission,Software and Information Technology Services	205		544	4
金融业	Financial Intermediation				
房地产业	Real Estate				
租赁和商务服务业	Leasing and Business Services	52	7	625	8
科学研究和技术服务业	Scientific Research and Technical Services	8431	7695	222141	2677
水利、环境和公共设施管理业	Management of Water Conservancy, Environment and Public Facilities	3	3	13	1
居民服务、修理和其他服务业	Services to Households,Repair and Other Services				
教育	Education	7997	3357	73059	8769
卫生和社会工作	Health and Social Work	2862	1332	6022	218
文化、体育和娱乐业	Culture, Sports and Entertainment	18	3	67	3
公共管理、社会保障和社会组织	Public Management,Social Security and Social Organization				
国际组织	International Organizations				

19-34 研究机构情况 (2014)
Situation of Research Institutions (2014)

指标	Item	机构数（个） Number of Institutions (unit)	R&D 人员（人） R & D Personnel (person)	R&D 经费支出（万元） R & D Expenditure (10 000yuan)
甘肃省	**Gansu Province**	**693**	**17917**	**389033**
按执行部门分	**By Execution Departments**			
科研机构	Research Institutions	107	6954	208974
高等学校	Higher Education	188	1651	12649
工业企业	Industrial Enterprises	311	8014	159484
其　他	Others	87	1298	7926
按学科分	**By Field of Study**			
自然科学	Natural Science	30	3661	104612
农业科学	Agricultural Sciences	84	1995	34934
医药科学	Medical Science	68	1164	5316
工程与技术科学	Engineering and Technology Science	411	9998	227100
人文与社会科学	Humanities and Social Sciences	100	1099	17071
按行业分	**By Sector**			
农、林、牧、渔业	Agriculture,Forestry,Animal Husbandry and Fishery	16	130	701
采矿业	Mining	29	558	14974
制造业	Manufacturing	254	7336	144275
电力、热力、燃气及水的生产和供应业	Production and Supply of Electricity, Heat, Gas and Water	28	120	235
建筑业	Construction	9	57	460
批发和零售业	Wholesale and Retail Trades			
交通运输、仓储和邮政业	Transport,Storage and Post	2	12	30
住宿和餐饮业	Hotels and Catering Services			
信息传输、软件和信息技术服务业	Information Transmission,Software and Information Technology Services	2		
金融业	Financial Intermediation			
房地产业	Real Estate			
租赁和商务服务业	Leasing and Business Services	5	13	3
科学研究和技术服务业	Scientific Research and Technical Services	118	7474	214657
水利、环境和公共设施管理业	Management of Water Conservancy, Environment and Public Facilities	3	3	5
居民服务、修理和其他服务业	Services to Households,Repair and Other Services			
教育	Education	188	1651	12649
卫生和社会工作	Health and Social Work	38	552	1002
文化、体育和娱乐业	Culture, Sports and Entertainment	1	11	42
公共管理、社会保障和社会组织	Public Management,Social Security and Social Organization			
国际组织	International Organizations			

19-35 规模以上工业企业科技活动基本情况

Basic Statistics on Science and Technology Activities of Industrial Enterprises above Designated Size

指标	Item	2010	2011	2012	2013	2014
企业基本情况	**Statistics on Industrial Enterprises**					
有 R&D 活动企业数(个)	Number of Enterprises Having R&D Activities (unit)	126	138	177	291	353
有 R&D 活动企业所占比重 (%)	Ratio of Enterprises Having R&D Activities to Total Number of Enterprises (%)	6.3	10.1	10.2	14.7	16.9
研究与试验发展 (R&D) 活动	**Statitstics on R&D Activities**					
R&D 人员全时当量(人年)	Full-time Equivalent of R&D Personnel(man-year)	9561	9307	11445	12472	14380
R&D 经费内部支出(万元)	Internal Expenditure on R&D(10 000 yuan)	218590	257916	337785	400743	464410
R&D 项目数(项)	R&D Projects (item)	644	1280	1912	1731	1894
R&D 项目经费内部支出(万元)	Internal Expenditure on R&D Projects(10 000 yuan)	152320	165295	248149	302944	360341
企业办研发机构	**Statistics on R&D Institutions**					
机构数(个)	Number of R&D Institutions(unit)	161	150	187	243	311
机构人员数(人)	R&D Personnel (person)	5383	8364	12483	14559	15069
机构经费支出(万元)	Expenditure on R&D(10 000yuan)	52792	67777	208344	291521	252340
新产品开发及生产	**Statitstics on New Products Development and Production**					
新产品开发项目数(个)	Number of New Products(unit)	1182	1192	1759	1629	1817
新产品开发经费支出(万元)	Expenditure on New Products Development(10 000 yuan)	212337	273986	350314	403460	480268
新产品销售收入(亿元)	Sales Revenue of New Products(100 million yuan)	349.06	502.69	595.42	618.53	719.35
# 新产品出口	Export	253208	300885	414223	437917	431377
专利	**Statistics on Patent**					
专利申请数(件)	Patent Applications (piece)	1043	1053	1713	2440	2558
# 发明专利	Inventions	328	320	544	638	778
有效发明专利数(件)	Number of Patents in Force(piece)	402	493	855	1028	1265
技术获取和技术改造(万元)	**Statistics on Technology Acquisition and Technology Reconstruction(10 000 yuan)**					
引进国外技术经费支出	Expenditure for Acquisition of Foreign Technology	59956	53317	43646	39569	27626
引进技术消化吸收经费支出	Expenditure for Assimilation of Technology	122099	127331	67843	60150	44155
购买国内技术经费支出	Expenditure for Purchase of Domestic Technology	44929	41682	49520	29258	50034
技术改造经费支出	Expenditure for Technical Renovation	408340	419642	810067	854909	800738

19-36 大中型工业企业科技活动基本情况
Basic Statistics on Science and Technology Activities of Large and Medium-sized Industrial Enterprises

指标	Item	2011	2012	2013	2014
企业基本情况	**Statistics on Industrial Enterprises**				
有 R&D 活动企业数（个）	Number of Enterprises having R&D Activities(unit)	70	91	94	99
有 R&D 活动企业所占比重 (%)	Ratio of Enterprises having R&D Activities to Total Number of Enterprises (%)	20	27	30	33
研究与试验发展（R&D）活动	**Statitstics on R&D Activities**				
R&D 人员全时当量（人年）	Full-time Equivalent of R&D Personnel(man-year)	7886	10473	9506	11593
R&D 经费内部支出（万元）	Internal Expenditure on R&D (10 000 yuan)	229686	303061	322862	372912
R&D 项目数（项）	R&D Projects (item)	1085	1483	1306	1389
R&D 项目经费内部支出（万元）	Internal Expenditure on R&D Projects(10 000 yuan)	146081	229664	238043	281780
企业办研发机构	**Statistics on R&D Institutions**				
机构数（个）	Number of R&D Institutions(unit)	102	118	113	113
机构人员数（人）	R&D Personnel(person)	7821	11168	12305	12510
机构经费支出（万元）	Expenditure on R&D(10 000 yuan)	63786	199235	265472	212758
新产品开发及生产	**Statitstics on New Products Development and Production**				
新产品开发项目数（个）	Number of New Products(unit)	1054	1289	1272	1272
新产品开发经费支出（万元）	Expenditure on New Products Development(10 000 yuan)	258707	319071	341560	391370
新产品销售收入（万元）	Sales Revenue of New Products(10 000 yuan)	4977241	5748712	5961623	6988229
#新产品出口	Export	298145	406810	413171	428408
专利	**Statistics on Patent**				
专利申请数（件）	Patent Applications (piece)	901	1387	1864	1750
#发明专利	Inventions	261	396	444	518
有效发明专利数（件）	Number of Patents in Force(piece)	423	691	769	856
技术获取和技术改造（万元）	**Statistics on Technology Acquisition and Technology Reconstruction(10 000 yuan)**				
引进国外技术经费支出	Expenditure for Acquisition of Foreign Technology	53277	43576	39499	27324
引进技术消化吸收经费支出	Expenditure for Assimilation of Technology	127161	67318	58391	38223
购买国内技术经费支出	Expenditure for Purchase of Domestic Technology	41424	44018	28867	49876
技术改造经费支出	Expenditure for Technical Renovation	414236	801687	842366	785196

19-37 按行业分规模以上工业企业 R&D 项目情况 (2014)

R&D Projects of Industrial Enterprises above Designated Size by Industrial Sector (2014)

行业	Industry	R&D 项目数（项）R&D Projects (item)	R&D 项目人员（人）R&D Personnel (person)	R&D 项目经费支出（万元）Expenditure on R&D Project (10000 yuan)
总计	**Total**	**1894**	**19032**	**360341**
煤炭开采和洗选业	Mining and Washing of Coal	97	1025	9497
石油和天然气开采业	Extraction of Petroleum and Natural Gas	45	679	5745
黑色金属矿采选业	Mining and Processing of Ferrous Metal Ores	13	169	6967
有色金属矿采选业	Mining of and Processing Non-ferrous Metal Ores	24	184	4259
非金属矿采选业	Mining and Processing of Non-metal Ores	4	51	547
开采辅助活动	Support Activities for Mining	3	34	4431
其他采矿业	Mining of Other Ores			
农副食品加工业	Processing of Food from Agricultural Products	97	980	16738
食品制造业	Manufacture of Foods	45	473	8629
酒、饮料和精茶制造业	Manufacture of Liquor, Beverages and Refined Tea	44	395	7585
烟草制品业	Manufacture of Tobacco	5	58	2372
纺织业	Manufacture of Textile	13	88	1388
纺织服装、服饰业	Manufacture of Textile, Wearing Apparel and Accessories			
皮革、毛皮、羽毛（绒）及其制品和制鞋业	Manufacture of Leather, Fur, Feather and Related Products and Footwear	12	35	355
木材加工及木、竹、藤、棕、草制品业	Processing of Timbers,Manufacture of Wood, Bamboo,Rattan,Palm,Straw Products			
家具制造业	Manufacture of Furniture	1	60	422
造纸及纸制品业	Manufacture of Paper and Paper Products	2	65	348
印刷业和记录媒介复制业	Printing and Reproduction of Recording Media			
文教、工美、体育和娱乐用品制造业	Manufacture of Articles for Culture, Education Arts and Crafts,Sport and Entertainment Activities	1	5	28
石油加工、炼焦及核燃料加工业	Processing of Petroleum ,Coking,Processing of Nucleus Fuel	128	1164	9216
化学原料及化学制品制造业	Manufacture of Chemical Raw Material and Chemical Products	178	1281	23175
医药制造业	Manufacture of Medicines	154	1032	26915
化学纤维制造业	Manufacture of Chemical Fiber			
橡胶和塑料制品业	Manufacture of Rubber and Plastic Products	17	186	3248
非金属矿物制品业	Manufacture of Non-metallic Mineral Products	47	468	7933
黑色金属冶炼及压延加工业	Manufacture and Processing of Ferrous Metals	78	1186	53313
有色金属冶炼及压延加工业	Manufacture and Processing of Non-ferrous Metals	246	3661	84837
金属制品业	Manufacture of Metal Products	38	361	4926
通用设备制造业	Manufacture of General Purpose Machinery	64	751	10390
专用设备制造业	Manufacture of Special Purpose Machinery	209	2334	36998
汽车制造业	Manufacture of Automobile			
铁路、船舶、航空航天和其他运输设备制造业	Manufacture of Railway Equipment, Ships, Aerospace and Other Transport Equipments	2	40	360
计算机、通讯和其他电子设备制造业	Manufacture of Computers,Communicationt and Other Electronic Equipment	70	737	6575
仪器仪表制造业	Manufacture of Measuring Instruments and Machinery	5	55	608
其他制造业	Other Manufacturing			
废弃资源综合利用业	Utilization of Waste Resources			
金属制品、机械和设备修理业	Repair Service of Metal Products, Machinery and Equipment	40	148	5169
电力、热力生产和供应业	Production and Supply of Electric Power and Heat Power	17	218	3066
燃气生产和供应业	Production and Supply of Gas			
水的生产和供应业	Production and Supply of Water	2	29	30

19-38 按登记注册类型分规模以上工业企业新产品开发和生产(2014)

New Products Development and Production of Industrial Enterprises above Designated Size by Registration Status (2014)

单位：万元 (10000 yuan)

类型	Type of Registration	新产品开发项目数(项) New Products (unit)	新产品开发经费支出 Expenditure on New Products Development	新产品产值 Output Value of New Products	新产品销售收入 Sales Revenue of New Products
总计	**Total**	**1817**	**480268**	**7300694**	**7193529**
内资企业	**Domestic Funded**	**1795**	**477919**	**7246607**	**7140317**
国有企业	State-owned Enterprises	86	18511	76648	64908
#大型企业	Large-sized Enterprises				
集体企业	Collective-owned Enterprises	7	1724	9562	9362
股份合作企业	Cooperative Enterprises				
联营企业	Joint Ownership Enterprises				
有限责任公司	Limited Liability Corporations	893	269997	4016729	4132393
股份有限公司	Share-holding Corporations Ltd.	583	139320	2926165	2744788
私营企业	Private Enterprises	222	48293	216998	188526
其他企业	Other Enterprises	4	75	506	341
港澳台商投资企业	**Enterprises with Funds from Hong Kong,Macau and Taiwan**	**9**	**44**	**40799**	**40777**
合资经营企业	Joint-venture Enterprises	1	14	125	103
合作经营企业	Cooperative Enterprises			40674	40674
独资经营企业	Enterprises with Sole Fund	8	31		
投资股份有限公司	Share-holding Corporations Ltd.				
外商投资企业	**Foreign Funded Enterprises**	**13**	**2305**	**13288**	**12436**
中外合资经营企业	Joint-venture Enterprises	9	1571	13288	12436
中外合作经营	Cooperation Enterprises				
外资企业	Enterprises with Sole Foreign Funds	4	734		
外商投资股份有限公司	Share-holding Corporations Ltd.				

19-39 按行业分规模以上工业企业新产品开发和生产(2014)
New Products Development and Production of Industrial Enterprises above Designated Size by Industrial Sector (2014)

单位：万元 (10000 yuan)

行业	Industry	新产品开发项目数（项） New Products (unit)	新产品开发经费支出 Expenditure on New Products Development	新产品产值 Output Value of New Products	新产品销售收入 Sales Revenue of New Products
煤炭开采和洗选业	Mining and Washing of Coal	2	1339		
石油和天然气开采业	Extraction of Petroleum and Natural Gas	4	703	8	16
黑色金属矿采选业	Mining and Processing of Ferrous Metal Ores	5	3903	1067	
有色金属矿采选业	Mining of and Processing Non-ferrous Metal Ores	7	678	2750	1780
非金属矿采选业	Mining and Processing of Non-metal Ores	4	824	2815	2888
开采辅助活动	Support Activities for Mining	3	4294		
其他采矿业	Mining of Other Ores				
农副食品加工业	Processing of Food from Agricultural Products	145	26429	58537	52637
食品制造业	Manufacture of Foods	30	9738	21876	26149
酒、饮料和精茶制造业	Manufacture of Liquor, Beverages and Refined Tea	45	11140	30802	24191
烟草制品业	Manufacture of Tobacco	3	1890	1950	2100
纺织业	Manufacture of Textile	11	665	15030	5029
纺织服装、服饰业	Manufacture of Textile, Wearing Apparel and Accessories			180	120
皮革、毛皮、羽毛（绒）及其制品和制鞋业	Manufacture of Leather, Fur, Feather and Related Products and Footwear	13	536	100	98
木材加工及木、竹、藤、棕、草制品业	Processing of Timbers,Manufacture of Wood, Bamboo,Rattan,Palm,Straw Products				
家具制造业	Manufacture of Furniture	1	422	532	554
造纸及纸制品业	Manufacture of Paper and Paper Products	2	405	210	260
印刷业和记录媒介复制业	Printing and Reproduction of Recording Media				
文教、工美、体育和娱乐用品制造业	Manufacture of Articles for Culture, Education Arts and Crafts,Sport and Entertainment Activities				
石油加工、炼焦及核燃料加工业	Processing of Petroleum ,Coking,Processing of Nucleus Fuel	162	12613	496899	496899
化学原料及化学制品制造业	Manufacture of Chemical Raw Material and Chemical Products	135	22514	323941	231269
医药制造业	Manufacture of Medicines	149	27053	105636	92773
化学纤维制造业	Manufacture of Chemical Fiber				
橡胶和塑料制品业	Manufacture of Rubber and Plastic Products	26	7711	33224	31764
非金属矿物制品业	Manufacture of Non-metallic Mineral Products	55	12642	89993	93097
黑色金属冶炼及压延加工业	Manufacture and Processing of Ferrous Metals	109	122240	3036572	3298772
有色金属冶炼及压延加工业	Manufacture and Processing of Non-ferrous Metals	147	78814	1938429	1781410
金属制品业	Manufacture of Metal Products	41	5777	79595	77138
通用设备制造业	Manufacture of General Purpose Machinery	75	15038	92599	86132
专用设备制造业	Manufacture of Special Purpose Machinery	187	53914	339142	312470
汽车制造业	Manufacture of Automobile	1	229	11456	9505
铁路、船舶、航空航天和其他运输设备制造业	Manufacture of Railway Equipment, Ships, Aerospace and Other Transport Equipments	3	770		
电气机械及器材制造业	Manufacture of Electrical Machinery and Apparatus	244	21010	179664	145522
计算机、通讯和其他电子设备制造业	Manufacture of Computers,Communicationt and Other Electronic Equipment	102	26150	332789	317161
仪器仪表制造业	Manufacture of Measuring Instruments and Machinery	37	1576	7595	6517
其他制造业	Other Manufacturing	1	446		
废弃资源综合利用业	Utilization of Waste Resources			20	15
金属制品、机械和设备修理业	Repair Service of Metal Products, Machinery and Equipment	40	5374	97265	97265
电力、热力生产和供应业	Production and Supply of Electric Power and Heat Power	28	3432	20	
燃气生产和供应业	Production and Supply of Gas				
水的生产和供应业	Production and Supply of Water				

19-40 科学研究与开发机构科技活动基本情况
Basic Statistics on Scientific Research and Development Institutions

指标	Item	2011	2012	2013	2014
机构基本情况	**Basic Statistics on Institutions**				
机构数（个）	Number of R&D Institutions(unit)	109	107	107	107
研究与试验发展 (R&D) 投入情况	**Statistics on R&D Input**				
R&D 人员（人）	R&D Personnel(person)	6220	6601	6899	6954
R&D 人员全时当量（人年）	Full-time Equivalent of R&D Personnel(man-year)	5635	6120	6543	6414
# 基础研究	Basic Research	1430	1991	2485	2433
应用研究	Applied Research	1525	1909	1785	1608
试验发展	Experimental Development	2680	2220	2273	2373
R&D 经费内部支出（万元）	Internal Expenditure on R&D (10 000 yuan)	135373	175303	188770	208974
按活动类型分	By Type of Activity				
# 基础研究	Basic Research	45963	60648	67956	84026
应用研究	Applied Research	25998	47056	43101	48408
试验发展	Experimental Development	63412	67599	77713	76539
按资金来源分	By Sources of Funding				
# 政府资金	Government Funds	107417	148510	166147	187681
企业资金	Self-raised Funds by Enterprises	9568	12933	10459	8094
国外资金	Forein Funds	178	588	533	436
其他资金	Other Funds	18210	13272	11631	12763
研究与试验发展 (R&D) 项目（课题）情况	**Statistics on R&D Topics**				
R&D 项目（课题）数（项）	R&D Projects(item)	1746	1939	2262	2445
R&D 项目（课题）人员全时当量（人年）	Participants(man-year)	4338	5204	5322	5190
R&D 项目（课题）经费内部支出（万元）	Intramural Expenditure(10 000 yuan)	73399	116657	121391	125689
科技产出及成果情况	**Statistics on S&T Outputs and Results**				
发表科技论文（篇）	Scientific Papers Issued (piece)	4084	4158	3827	3915
# 国外发表	Published in Foreign Periodicals				
出版科技著作（种）	Publication on Science and Technology (kind)		103	91	122
专利申请受理数（件）	Number of Patents Applications Accepted (piece)	313	400	539	679
# 发明专利	Inventions	253	305	371	367
专利申请授权数（件）	Number of Patents Applications Granted (piece)	170	232	280	363
# 发明专利	Inventions	137	153	153	143

19-41 高等学校科技活动情况
Basic Statistics on Higher Education for Science and Technology Activities

指标	Item	2011	2012	2013	2014
高等学校基本情况	**Basic Statistics on Higher Education**				
R&D 机构(个)	R&D Institutions(unit)	47	47	48	48
研究与试验发展 (R&D) 投入情况	**Statistics on R&D Input**				
R&D 人员(人)	R&D Personnel(10 000 persons)	6518	7294	7654	7997
R&D 人员全时当量(人年)	Full-time Equivalent of R&D Personnel(man-year)	3091	3301	3214	3357
基础研究	Basic Research	892	983	1192	1368
应用研究	Applied Research	2020	2203	1979	1870
试验发展	Experimental Development	178	114	42	119
R&D 经费内部支出(万元)	**Internal Expenditure on R&D (10 000 yuan)**	68605	70626	58842	73059
按活动类型分	By Type of Activity				
基础研究	Basic Research	22396	22181	21748	26411
应用研究	Applied Research	37017	42004	35942	44321
试验发展	Experimental Development	9192	6441	1151	2327
按资金来源分	By Sources of Funding				
# 政府资金	Government Funds	34088	39038	38566	44743
企业资金	Self-raised Funds by Enterprises	31551	27605	16773	19632
研究与试验发展 (R&D) 项目(课题)情况	**Statistics on R&D Topics**				
R&D 项目(课题)数(项)	R&D Projects(item)	8016	8705	8906	8769
R&D 项目(课题)人员全时当量(人年)	Participants(man-year)	3090	3300	3213	3356
R&D 项目(课题)经费内部支出(万元)	Intramural Expenditure(100 million yuan)	56191	63051	52350	59709
科技产出及成果情况	**Statistics on S&T Outputs and Results**				
发表科技论文(篇)	Scientific Papers Issued (piece)	16163	15471	16951	18026
出版科技著作(种)	Publication on Science and Technology (kind)	526	661	752	747
专利申请受理数(件)	Number of Patents Applications Accepted (piece)	520	592	1007	1058
# 发明专利	Inventions	380	396	454	494
专利申请授权数(件)	Number of Patents Applications Granted (piece)	232	345	557	621
# 发明专利	Inventions	141	197	216	243

19-42 科技成果情况
Statistics on Scientific and Technological Results

指标	Item	2010	2011	2012	2013	2014
基本情况（项）	**Basic Statistics (unit)**					
鉴定项目数	Number of Appraisal Projects	972	1031	1107	800	86
登记项目数	Number of Book in Projects	1065	1108	1233	922	459
奖励项目数	Number of Prized Projects	181	182	169	150	150
成果水平（项）	**Apprais of Scientific Achievenments(unit)**					
国际领先	Keep Ahead at International Level	16	26	23	16	5
国际先进	International Advanced Level	134	139	178	139	21
国内领先	Keep Ahead at Domestically Level	681	734	773	549	51
国内先进	Domestically Advanced Level	152	137	135	100	11
国内一般	Domestically General Level		3	5	1	2
未评价	Unevaluated		9	26	71	254
应用领域（项）	**Applied Field (unit)**					
工业（交通、邮电、建筑、地质）	Industry (Transportation, Post and Telecommunications, Construction, Geology)	282	310	393	238	79
农业（林、牧、渔）	Agriculture (Forestry, Animal Husbandry and Fishery)	294	276	317	176	155
已应用项目数（项）	**Number of Adopted Project (unit)**	**790**	**849**	**956**	**765**	**306**

19-43 专利申请及授权情况
Statistics of Patent Application and Grant

单位：项 (unit)

指标	Item	申请量 Patent Applications		授权量 Patent Application Granted	
		2013	2014	2013	2014
总计	**Total**	**10976**	**12020**	**4737**	**5097**
#发明专利	Inventions	3735	4986	785	812
实用新型	Utility Models	5453	5144	3205	3538
外观设计	Designs	1788	1890	747	747
#职 务	Official	5499	5721	3167	3564
大专院校	Universities and Colleges	1141	1104	591	603
科研单位	Research Institutions	681	881	297	404
企 业	Enterprises	3594	3541	2245	2468
机关团体	Government Agencies and Organizations	83	195	34	89
非职务	Non-official	5477	6299	1570	1533

19-44 各类技术合同签订情况（2014）
Statistics of Signing Technical Contract (2014)

指标	Item	合同数（项） Number of Contracts (unit)	合同成交金额（万元） Amount of Contracts (10 000 yuan)	#技术交易额 Revenue for Technique Trade
技术开发合同	Technical Development	362	113959	72719
技术转让合同	Technical Transfer	57	63926	29650
技术咨询合同	Technical Advisory	479	25771	8324
技术服务合同	Technical Service	2469	948636	571588

19-45 各地区研究与试验发展（R&D）情况 (2014)
Basic Statistics on R&D by Region (2014)

地区	Region	有R&D活动的单位数（个） Number of Units (unit)	R&D人员（人） R&D Personnel	R&D人员折合全时人员（人年） Full-time Equivalent of R&D Personnel (man-year)	#研究人员 Researcher	按活动类型分R&D人员折合全时人员（人年）Full-time Equivalent of R&D Personnel by Type of Activity(man-year) 基础研究 Basic Research	应用研究 Applied Research	试验发展 Experimental Development
兰州市	Lanzhou	180	20923	13260	9094	3593	3777	5890
嘉峪关市	Jiayuguan	7	1413	1190	705		20	1170
金昌市	Jinchang	16	2969	2031	2002		12	2019
白银市	Baiyin	19	2549	1468	835		62	1406
天水市	Tianshui	36	3539	2196	1032	110	126	1959
武威市	Wuwei	68	1740	1154	306	17	369	769
张掖市	Zhangye	76	1362	960	450	60	47	853
平凉市	Pingliang	11	760	612	359	1	284	327
酒泉市	Jiuquan	83	2631	2265	676	60	222	1983
庆阳市	Qingyang	48	2169	1356	613	67	356	933
定西市	Dingxi	14	367	212	103		61	151
陇南市	Longnan	13	195	114	52	2	11	101
临夏州	Linxia	7	296	149	97			149
甘南州	Gannan	7	222	63	35	16	9	38

19-45 续表 continued

地区	Region	R&D经费内部支出（万元） Internal Expenditure on R&D (10 000yuan)	按活动类型分 By Type of Activity			按支出用途分 By Expenditure Use		R&D经费外部支出（万元） External Expenditure on R&D (10000yuan)
			基础研究 Basic Research	应用研究 Applied Research	试验发展 Experimental Development	日常性支出 Routine Expenses	资产性支出 Assets Expenditure	
兰州市	Lanzhou	370914	105407	96580	168928	293038	77876	8036
嘉峪关市	Jiayuguan	87635		81	87554	84009	3626	6218
金昌市	Jinchang	84661		48	84612	83111	1550	74887
白银市	Baiyin	51412		2202	49210	35339	16073	8844
天水市	Tianshui	42009	3963	2364	35682	37801	4208	471
武威市	Wuwei	16085	128	3883	12075	13513	2573	804
张掖市	Zhangye	23551	584	700	22266	20851	2700	586
平凉市	Pingliang	6367	31	1652	4683	5762	605	885
酒泉市	Jiuquan	53753	1089	6222	46442	44427	9326	1854
庆阳市	Qingyang	20988	233	1176	19579	15639	5348	1947
定西市	Dingxi	3034		288	2747	2761	274	932
陇南市	Longnan	3133	22	841	2270	2983	150	796
临夏州	Linxia	3989			3989	2502	1488	164
甘南州	Gannan	1208	92	25	1091	1138	70	91

19-46 各地区科技项目（课题）情况 (2014)
Statistics of Science and Technology Projects (Topics) by Region (2014)

地区	Region	项目（课题）数（项） Number of Projects (Topics)(unit)	项目（课题）参加人数折合全时当量（人年） Projects (Topics) Participant (man-year)	#研究人员 Researcher	项目（课题）经费内部支出（万元） Internal Expenditure of Projects (Topics)(10 000 yuan)
甘肃省	**Total**	**13626**	**23610**	**13937**	**559116**
兰州市	Lanzhou	10944	11657	7470	273280
嘉峪关市	Jiayuguan	94	1103	654	53778
金昌市	Jinchang	188	1897	1879	68343
白银市	Baiyin	175	1377	786	28056
天水市	Tianshui	635	1825	858	26680
武威市	Wuwei	167	860	234	12760
张掖市	Zhangye	357	905	420	20383
平凉市	Pingliang	92	552	337	4221
酒泉市	Jiuquan	268	1903	583	45479
庆阳市	Qingyang	383	1065	477	18593
定西市	Dingxi	59	183	86	1946
陇南市	Longnan	86	87	38	1494
临夏州	Linxia	28	140	92	3250
甘南州	Gannan	150	54	26	853

19-47 企业单位分行业各类专业技术人员(2014)
Professional and Technical Personnel of Enterprises Units by Sector and Type (2014)

单位：人 (person)

行业	Sector	总计 Total	工程技术人员 Engineering	农业技术人员 Agriculture	科学研究人员 Scientific Research	卫生技术人员 Health Care	教学人员 Teaching
总计	**Total**	**45949**	**40687**	**1002**	**164**	**3290**	**806**
农林牧渔业	Agriculture,Forestry,Animal Husbadry and Fishery	2304	1348	779	1	106	70
交通运输、仓储和邮政业	Transport, Storage and Post	2798	2781	2	2	7	6
信息传输计算机服务和软件业	Information Transmission,Computer Service and Software	43	43				
金融业	Financial Intermediation	225	212	3	1	2	7
租赁和商务服务业	Leasing and Commercial Services	100	94			2	4
科学研究技术服务和地质勘查业	Scientific Research,Technical Services and Geological Prospecting	776	765		8	2	1
水利环境和公共设施管理业	Management of Water Conservancy, Environment and Public Facilities	1150	1140	3		5	2
居民服务和其他服务业	Resident Services and Other Services	85	80		1		4
教育	Education	354	57				297
卫生社会保障和社会福利业	Health, Social Security and Social Welface	877	12	1		864	
文化体育和娱乐业	Culture, Sports and Entertainment	370	361			7	2
采矿业	Mining	7668	7379	11		7	271
制造业	Manufacturing	9947	9311	194	141	190	111
电力燃气及水的生产和供应业	Production and Supply of Electricity, Gas and Water	3334	3302	2		18	12
建筑业	Construction	13304	12965	4		319	16
批发和零售业	Wholesale and Retail Trades	302	276	2		21	3
住宿和餐饮业	Hotels and Catering Services	62	60	1		1	
房地产业	Real Estate	484	483			1	
其他行业	Other Sector	28	18		10		

注：此表为公有制经济企业专业技术人员数据。
a)Data in this table are data of professional and technical personnel of public economic enterprises.

19-48 事业单位分行业各类专业技术人员(2014)

Professional and Technical Personnel of Institutional Unit by Sector and Type (2014)

单位：人 (person)

行业	Sector	总计 Total	高级岗位 Senior Position	中级岗位 Intermediate Position	初级岗位 Primary Position	其他 Other
总计	**Total**	**488338**	**41956**	**157480**	**276894**	**12008**
农林牧渔业	Agriculture,Forestry,Animal Husbadry and Fishery	35820	2406	9556	21961	1897
交通运输、仓储和邮政业	Transport, Storage and Post	5166	758	1798	2594	16
信息传输计算机服务和软件业	Information Transmission,Computer Service and Software	162	5	27	126	4
金融业	Financial Intermediation	270	3	21	246	
租凭和商务服务业	Leasing and Commercial Services	35		9	24	2
科学研究技术服务和地质勘查业	Scientific Research,Technical Services and Geological Prospecting	9685	1834	3092	4531	228
水利环境和公共设施管理业	Management of Water Conservancy, Environment and Public Facilities	9574	802	3131	5498	143
居民服务和其他服务业	Resident Services and Other Services	519	19	111	384	5
教育	Education	324110	27668	111740	178691	6011
卫生和社会工作	Health, Social Security and Social Welface	81642	6657	22168	49744	3073
文化体育和娱乐业	Culture, Sports and Entertainment	10896	1406	3543	5667	280
采矿业	Mining	85	1	7	75	2
制造业	Manufacturing	2				2
电力燃气及水的生产和供应业	Production and Supply of Electricity, Gas and Water	469	21	134	226	88
建筑业	Construction	1087	48	288	740	11
批发和零售业	Wholesale and Retail Trades	17			17	
住宿和餐饮业	Hotels and Catering Services	18		4	14	
房地产业	Real Estate	125	2	53	65	5
公共管理、社会组织和社会保障	Public Administration and Entertainment Social Organization	8656	326	1798	6291	241

主要指标解释

普通高等学校 指按照国家规定的设置标准和审批程序批准举办的，通过全国普通高等学校统一招生考试，招收高中毕业生为主要培养对象，实施高等教育的全日制大学、独立设置的学院和高等专科学校、高等职业学校和其他机构。

成人高等学校 指按照国家规定的设置标准和审批程序批准举办的，通过全国成人高等学校统一招生考试，招收具有高中毕业或同等学历的在职从业人员为主要培养对象，利用函授、业余、脱产等多种形式对其实施高等学历教育的学校。包括职工高等学校、农民高等学校、管理干部学院、教育学院、独立函授学院、广播电视大学、其他机构等。其他机构是承担国家成人招生计划任务不计校数的机构。

小学学龄儿童净入学率 指调查范围内已入小学学习的学龄儿童占校内外学龄儿童总数（包括弱智儿童，不包括盲聋哑儿童）的比重。

研究与试验发展 (R&D) 指在科学技术领域，为增加知识总量，以及运用这些知识去创造新的应用进行的系统的创造性的活动，包括基础研究、应用研究、试验发展三类活动。国际上通常采用 R&D 活动的规模和强度指标反映一国的科技实力和核心竞争力。

基础研究 指为了获得关于现象和可观察事实的基本原理的新知识（揭示客观事物的本质、运动规律，获得新发现、新学说）而进行的实验性或理论性研究，它不以任何专门或特定的应用或使用为目的。其成果以科学论文和科学著作为主要形式。用来反映知识的原始创新能力。

应用研究 指为获得新知识而进行的创造性研究，主要针对某一特定的目的或目标。应用研究是为了确定基础研究成果可能的用途，或是为达到预定的目标探索应采取的新方法（原理性）或新途径。其成果形式以科学论文、专著、原理性模型或发明专利为主。用来反映对基础研究成果应用途径的探索。

试验发展 指利用从基础研究、应用研究和实际经验所获得的现有知识，为产生新的产品、材料和装置，建立新的工艺、系统和服务，以及对已产生和建立的上述各项作实质性的改进而进行的系统性工作。其成果形式主要是专利、专有技术、具有新产品基本特征的产品原型或具有新装置基本特征的原始样机等。在社会科学领域，试验发展是指把通过基础研究、应用研究获得的知识转变成可以实施的计划（包括为进行检验和评估实施示范项目）的过程。人文科学领域没有对应的试验发展活动。主要反映将科研成果转化为技术和产品的能力，是科技推动经济社会发展的物化成果。

R&D 人员 指参与研究与试验发展项目研究、管理和辅助工作的人员， 包括项目（课题）组人员，企业科技行政管理人员和直接为项目（课题）活动提供服务的辅助人员。反映投入从事拥有自主知识产权的研究开发活动的人力规模。

R&D 人员全时当量 指全时人员数加非全时人员按工作量折算为全时人员数的总和。例如：有两个全时人员和三个非全时人员（工作时间分别为 20%、30% 和 70%），则全时当量为 2+0.2+0.3+0.7=3.2 人年。为国际上比较科技人力投入而制定的可比指标。

R&D 经费内部支出合计 指调查单位用于内部开展 R&D 活动（基础研究、应用研究和试验发展）的实际支出。包括用于 R&D 项目（课题）活动的直接支出，以及间接用于 R&D 活动的管理费、服务费、与 R&D 有关的基本建设支出以及外协加工费等。不包括生产性活动支出、归还贷款支出以及与外单位合作或委托外单位进行 R&D 活动而转拨给对方的经费支出。

R&D 项目（课题）数 指在当年立项并开展研究工作、以前年份立项仍继续进行研究的研发项目（课题）数，包括当年完成和年内研究工作已告失败的研发项目（课题），但不包括委托外单位进行的研发项目（课题）数。

R&D 项目（课题）人员全时当量 指实际参加研发项目（课题）活动人员折合的全时当量。

R&D 项目（课题）经费内部支出 指调查单位内部在报告年度进行研发项目（课题）研究和试制等的实际支出。包括劳务费、其他日常支出、固定资产购建费、外协加工费等，不包括委托或与外单位合作进行项目（课题）研究而拨付给对方使用的经费。

研究与试验发展人员 指参与研究与试验发展项目研究、管理和辅助工作的人员，包括项目（课题）组人员，企业科技行政管理人员和直接为项目（课题）活动提供服务的辅助人员。反映投入从事拥有自主知识产权的研究开发活动的人力规模。

专业技术人员 指从事专业技术工作和专业技术管理工作的人员，即企事业单位中已经聘任专业技术职务从事专业技术工作和专业技术管理工作的人员，以及未聘任专业技术职务，现在专业技术岗位上工作的人员。包括工程技术人员，农业技术人员，科学研究人员，卫生技术人员，教学人员，经济人员，会计人员，统计人员，翻译人员，图书资料、档案、文博人员，新闻出版人员，律师、公证人员，广播电视播音人员，工艺美术人员，体育人员，艺术人员及企业政治思想工作人员，共十七个专业技术职务类别。用来反映科技人力资源情况。

专利 是专利权的简称，是对发明人的发明创造经审查合格后，由专利局依据专利法授予发明人和设计人对该项发明创造享有的专有权。包括发明、实用新型和外观设计。反映拥有自主知识产权的科技和设计成果情况。

发明（专利） 指对产品、方法或者其改进所提出的新的技术方案。是国际通行的反映拥有自主知识产权技术的核心指标。

实用新型（专利） 指对产品的形状、构造或者其结合所提出的适于实用的新的技术方案。反映具有一定技术含量的技术成果情况。

外观设计（专利） 指对产品的形状、图案、色彩或者其结合所作出的富有美感并适于工业上应用的新设计。反映拥有自主知识产权的外观设计成果情况。

20

卫生、社会服务和社会保障

Public Health, Social Services and Social Security

简要说明

一、本篇资料主要内容

本篇资料主要包括卫生、民政事业、劳动保障、残疾人事业及其他社会统计情况。

卫生主要包括：卫生机构、卫生技术人员、床位数、医院诊疗人次及入院人数、新型农村合作医疗情况。

民政事业和劳动保障资料主要包括：社会福利事业机构、人员和社会救济情况、社会保障、婚姻登记等情况。

二、本篇资料来源

本篇资料由省统计局社会科技处搜集、加工整理。

1. 卫生、新型农村合作医疗资料由省卫生和计划生育委员会提供。

2. 民政事业、劳动保障及其他社会统计数据来源于省民政厅、省人力资源和社会保障厅、省公安厅、省委统战部、省妇联、省总工会、省残联。

20-1 医疗卫生机构基本情况

Basic Statistics of Health Care Institutions

项目	Item	2012	2013	2014
卫生机构数（个）	**Number of Health Care Institutions (unit)**	**26258**	**26528**	**27902**
#医院	Hospitals	402	419	427
#综合医院	General Hospitals	264	273	275
中医医院	Hospitals Specialized in Traditional Chinese Medicine	70	73	76
中西医结合医院	Hospital of Integrated Traditional Chinese with Western Medicine	4	7	9
民族医院	Nationalities Hospitals	11	12	13
专科医院	Specialized Hospitals	53	54	54
卫生院	Health Centers	1383	1381	1378
疗养院	Sanatoriums	5	5	4
社区卫生服务中心(站)	Community Health Service Centers (Stations)	624	606	597
村卫生室	Village dinics	16707	16683	16686
门诊部	Outpatient Department	66	69	76
诊所、卫生所、医务室	Clinics	6705	6620	6523
急救中心（站）	First Aid Centers (Stations)	2	2	3
采供血机构	Blood Collection Agencies	17	17	17
妇幼保健院(所、站)	Women and Children Care Agencies	99	100	100
专科疾病防治院(所、站)	Specialized Disease Prevention & Treatment Institute	7	7	7
疾病预防控制中心（防疫站）	Centers for Disease Control and Prevention	103	103	103
卫生监督所（中心）	Health Inspection Institution(center)	93	93	92
医学科学研究机构	Medicine Scientific Research Institutions	5	5	5
医学在职培训机构	Medical-service Training Institutions	11	11	11
健康教育所	Health Education Institution	13	13	13
其他卫生机构	Other Health Institutions	10	394	1860
床位（张）	**Beds (unit)**	**111979**	**116087**	**122375**
#医院	Hospitals	76304	84511	90499
#综合医院	General Hospitals	56478	62070	65782
中医医院	Hospitals Specialized in Traditional Chinese Medicine	14500	15936	17661
中西医结合医院	Hospital of Integrated Traditional Chinese with Western Medicine	630	973	1244
民族医院	Nationalities Hospitals	496	716	818
专科医院	Specialized Hospitals	4200	4816	4994
卫生院	Health Centers	22682	23447	23814
疗养院	Sanatoriums	750	750	650
社区卫生服务中心(站)	Community Health Service Centers (Stations)	8877	3465	3473
门诊部	Outpatient Department	155	326	322
诊所、卫生所、医务室	Clinics	12		12
急救中心（站）	First Aid Centers (Stations)		12	12
妇幼保健院(所、站)	Women and Children Care Agencies	3187	3532	3561
专科疾病防治院(所、站)	Specialized Disease Prevention & Treatment Institute	12	32	32

20-1 续表 continued

项目	Item	2012	2013	2014
卫生机构人员数（人）	**Number of Health Agency Personnel (person)**	**152294**	**159645**	**178919**
卫生技术人员（人）	**Medical Technical Personnel (person)**	**111907**	**116319**	**126294**
#医院	Hospitals	57283	61257	65757
#综合医院	General Hospitals	44935	47966	51172
中医医院	Hospitals Specialized in Traditional Chinese Medicine	8190	8906	9691
中西医结合医院	Hospital of Integrated Traditional Chinese with Western Medicine	461	552	748
民族医院	Nationalities Hospitals	516	548	575
专科医院	Specialized Hospitals	3181	3285	3571
卫生院	Health Centers	24787	25517	25588
疗养院	Sanatoriums	118	114	105
社区卫生服务中心（站）	Community Health Service Centers (Stations)	6524	6562	6748
门诊部	Outpatient Department	583	659	718
诊所、卫生所、医务室	Clinics	11088	10825	10831
急救中心（站）	First Aid Centers (Stations)	89	89	100
采供血机构	Blood Collection Agencies	410	379	420
妇幼保健院（所、站）	Women and Children Care Agencies	3468	3718	4522
专科疾病防治院（所、站）	Specialized Disease Prevention & Treatment Institute	40	50	39
疾病预防控制中心	Centers for Disease Control and Prevention	3620	3650	3613
卫生监督所（中心）	Health Inspection Institution(center)	1679	1349	1409
医学科学研究机构	Medicine Scientific Research Institutions	258	241	268
医学在职培训机构	Medical-service Training Institutions	183	181	184
健康教育所	Health Education Institution	47	50	33
其他卫生机构	Other Health Institutions	1730	1678	5959
每万人口执业（助理）医师（人）	**Number of Licensed (Assistant) Doctors per 10 000 Population(person)**	**16.80**	**17.40**	**18.45**
每万人口注册护士（人）	**Number of Registered Nurses per 10 000 Population(person)**	**14.44**	**15.90**	**17.44**

20-2 卫生机构数
Number of Health Care Institutions

单位：个 (unit)

年份 Year	总计 Total	#医院 Hospitals	#卫生院 Health Centers	#疗养院 Sanatoriums	#社区卫生服务中心（站） Community Health Service Centers (Stations)	#门诊部 Outpatient Department
2007	11940	370	1343	6	299	81
2008	10737	371	1342	5	321	82
2009	10011	373	1342	5	340	74
2010	10267	378	1350	6	429	64
2011	10065	388	1381	5	575	50
2012	9551	402	1383	5	624	66
2013	9855	419	1381	5	606	69
2014	11216	427	1378	4	597	76

注：本表卫生机构数不包含村卫生室数.
a) Number of health care institutions in this table doesn't include villages clinics.

20-2 续表 continued

单位：个 (unit)

年份 Year	#诊所、卫生所、医务室 Clinics	#急救中心（站） First Aid Centers (Stations)	#专科疾病防治院（所、站） Specialized Disease Prevention & Treatment Institute	#疾病预防控制中心 Centers for Disease Control and Prevention	#妇幼保健院（所、站） Women and Children Care Agencies	#卫生监督所 Health Inspection Institution (Center)	#医学科学研究机构 Medicine Scientific Research Institutions
2007	9553	2	7	106	99	87	5
2008	7841		7	104	100	87	5
2009	7523	2	7	103	99	86	5
2010	7686	2	7	103	100	90	5
2011	7313	2	7	103	100	91	5
2012	6705	2	7	103	99	93	5
2013	6620	2	7	103	100	93	5
2014	6523	3	7	103	100	92	5

20-3 卫生机构人员数
Number of Employed Persons in Health Care Institutions

单位：人 (person)

年份 Year	总计 Total	#卫生技术人员 Medical Technical Personnel	#执业（助理）医师 Licensed (Assistant) Doctors	执业医师 Licensed Doctors	#注册护士 Registered Nurses	#药师（士） Pharmacist	#检验技师（士） Laboratory Technician	每万人口执业（助理）医师 Number of Licensed (Assistant) Doctors per 10 000 Population
2000	85167	69318					2000	14.7
2001	85774	70283			22376		2183	14.5
2002	81177	66799	29947	23007	20232	5407	3454	13.4
2003	81495	67243	29924	23172	22460	5565	3489	13.5
2004	80994	66503	29415	23199	20054	5085	3359	13.2
2005	81049	66926	29701	23222	22403	5023	3463	13.6
2006	82357	68507	30238	23656	20425	4943	33561	11.6
2007	101796	85348	35144	27523	23999	4972	4747	13.4
2008	103982	87436	36176	29015	24950	4859	5148	13.8
2009	107312	89963	36721	29907	26422	4766	5328	13.9
2010	115368	97387	38249	31309	29646	5058	5522	15.0
2011	146290	106252	41121	33382	33713	5317	5802	16.1
2012	152294	111907	43302	35173	37212	5589	5802	16.8
2013	159645	116319	43442	35813	40668	5816	6033	17.4
2014	178919	126294	47791	38667	45196	6046	6429	18.5

20-4 卫生机构床位数
Number of Beds in Health Institutions

单位：张 (unit)

年份 Year	总计 Total	医院 Hospitals	卫生院 Health Centers	疗养院 Sanatoriums	社区卫生服务中心（站） Community Health Service Centers (Stations)
2000	59441	43511	13046	985	
2001	60336	44303	13072	913	
2002	61157	44287	13064	702	170
2003	61223	44387	12715	1032	246
2004	61801	45123	12906	950	241
2005	63638	47073	12783	850	323
2006	66197	48779	13672	782	441
2007	70290	50459	15992	540	978
2008	76663	53847	18468	810	1359
2009	87412	56767	20258	690	1607
2010	94883	60961	21461	690	2117
2011	101108	67303	22273	690	2713
2012	111979	76304	22682	750	8877
2013	116087	84511	23447	750	3465
2014	122375	90499	23814	650	3473

20-4 续表 continued

单位：张 (unit)

年份 Year	门诊部 Outpatient Department	急救中心（站） First Aid Centers (Stations)	妇幼保健院（所、站） Women and Children Care Agencies	专科疾病防治院（所、站） Specialized Disease Prevention & Treatment Institute	其他卫生机构 Others	每万人口医院、卫生院床位 Number of Beds of Hospitals and Health Centers per 10 000 Population
2000	253		684		675	23.2
2001	288		695	2	827	23.4
2002	355	12	1602	26	783	23.5
2003	545	12	1566	62	535	23.5
2004	407	12	1739	61	244	23.6
2005	441	12	1811	12	130	24.5
2006	516	12	1768	18	125	25.4
2007	291	12	1804	214		26.9
2008	160	12	1911	14		29.2
2009	6041	12	2021	28	10	29.2
2010	7368	12	2246	28		32.2
2011	5725	12	2364	28	690	35.1
2012	155	12	3187	12		38.4
2013	326	12	3532	32		46.3
2014	322	12	3561	32	12	44.1

20-5 按市县分卫生机构数、床位数和卫生技术人员

Number of Health Institutions, Beds and Health Technicians by City and County

年份 Year	卫生机构数（个） Health Institutions(unit)		卫生机构床位数（张） Beds of Medical Institutions (unit)		卫生技术人员（人） Medical Technical Personnel (person)		#执业（助理）医师 Licensed (Assistant) Doctors		#注册护士 Registered Nurses	
	市 City	县 County	市 City	县 County	市 City	县 County	市 City	县 County	市 City	县 County
2000			31287	28154	35977	33341	15037	16614	11924	7526
2001			32146	28190	37069	33214	15485	16885	12440	7780
2002			32317	28619	34808	31806	14494	15331	12518	7647
2003			32877	28346	35344	31899	14692	15232	12318	7846
2004			33455	28346	35004	31499	14697	14718	12296	7758
2005			35673	27965	36444	30482	15357	14344	12470	7611
2006			37327	28870	36876	31631	15633	14605	12707	7718
2007	3771	8169	39480	30837	47418	38172	19859	15349	15958	8039
2008	3413	7324	42447	34216	48824	38875	20507	15669	16524	8426
2009	3289	6722	49327	38092	50541	39422	21003	15718	17676	8746
2010	3229	7038	53823	41060	54078	43309	21875	16374	19788	9858
2011	6957	19805	56163	44945	58569	47683	23334	17787	21933	11780
2012	7012	19246	61874	50105	62101	49806	24573	18729	23776	13436
2013	7064	19464	60460	55627	65275	51044	25349	18093	25825	14843
2014	7412	20490	62858	59517	70057	56237	26891	20900	28312	16884

注：按市县分的卫生机构床位数为医院、卫生院床位数。2011 年起卫生机构数包括村卫生室数。

a) Number of beds in health care institutions by city and county referred to beds of hospital and health centers.Since 2011,data of health care institutions include villages clinics.

20-6 医疗机构门诊、住院服务情况 (2014)
Situation of Outpatient and Hospitaliztion Services of Health Institutions (2014)

类别	Item	诊疗人次（万人次）Visits(10 000 person-times)	#门、急诊 Outpatients with Emergency Treatment	入院人数（万人）Impatients (10 000 persons)	出院人数（万人）Patients Discharged (10 000 persons)	每百门、急诊入院人数（人）Impatients Per 100 Outpatients and Emergency Visits(person)
总计	**Total**	**12330.11**	**11493.90**	**338.46**	**336.45**	**2.94**
医 院	Hospital	3761.74	3560.07	262.50	260.45	7.37
卫生院	Health Centers	1988.14	1924.93	57.28	57.27	2.98
疗养院	Sanatoriums	0.69	0.69	0.35	0.35	50.72
社区卫生服务中心（站）	Community Health Service Centers (stations)	690.54	649.33	4.62	4.73	0.71
门诊部	Outpatient Department	40.60	38.56	0.12	0.12	0.31
诊所、卫生所、医务室	Clinics	1737.40	1656.97			
妇幼保健院（所、站）	Maternity and Child Care Centers (stations)	322.47	315.59	13.58	13.54	4.30
专科疾病防治院（所、站）	Speclalized Disease Prevention and Treatment Centers (stations)	6.60	6.47			

20-7 医疗机构病床使用情况（2014）
Utilization of Beds Medical Institutions(2014)

类别	Item	病床周转次数（次）Turnoverof Beds (times)	病床工作日（日）Work Day of Beds (day)	病床使用率（%）Utilization Rate of Beds（%）	出院者平均住院日（日）Average Stay Days in Hospital(day)
总计	**Total**	**29.7**	**279.6**	**76.6**	**8.8**
医 院	Hospitals	30.5	303.7	83.2	9.5
卫生院	Health Centers	26.7	204.3	56.0	6.8
疗养院	Sanatoriums	7.2	51.5	14.1	7.1
社区卫生服务中心（站）	Community Health Service Centers (stations)	19.1	206.2	56.5	6.8
门诊部	Outpatient Department				
妇幼保健院（所、站）	Women and Children Care Agencies (stations)	39.1	237.5	65.1	5.8
专科疾病防治院（所、站）	Speclalized Disease Prevention and Treatment Centers(stations)	0.4	0.4	0.1	1.0

20-8 农村乡镇卫生院医疗服务情况
Situations of Medical Services in Township Health Centers

年份 Year	诊疗人次（万人次） Visits (10 000 person-times)	病床使用率 (%) Utilization Rate of Beds(%)	出院者平均住院日（日） Average Stay Days in Hospital (day)
2007	1453	24.03	4.4
2008	1799	51.81	4.9
2009	1653	58.62	6.0
2010	1547	54.44	6.0
2011	1763	52.94	6.4
2012	1947	58.73	6.2
2013	2089	56.97	6.4
2014	1988	55.96	6.8

20-9 社区卫生服务中心（站）医疗服务情况
Medical Services of Community Health Service Centers(Stations)

年份 Year	入院人数（人） Inpatients (person)	病床使用率 (%) Utilization Rate of Beds (%)	出院者平均住院日（日） Average Stay Days in Hospital (day)	医师日均担负诊疗人次（人次） Daily Visits Each Doctor (person-time)	医师日均担负住院床日（日） Daily Inpatients Each Doctor (day)
2007	19355	58.1	2.0	9.1	0.3
2008	24980	70.3	1.1	10.6	0.5
2009	26585	60.5	1.2	8.9	0.4
2010	25320	51.8	4.7	5.1	0.4
2011	44305	59.3	5.6	7.9	0.5
2012	51806	57.2	5.8	7.8	0.5
2013	45655	54.9	6.8	8.1	0.5
2014	47294	56.5	6.8	9.7	0.5

20-10 医院、卫生院基本情况（2014）
Basic Statistics of Hospitals and Health Centers (2014)

项目	Item	医院数（个） Hospitals (unit)	床位数（张） Beds (unit)	人员数（人） Personnel (person)	#卫生技术人员 Medical Technical Personnel	执业医师 Licensed Doctor
总计	**Total**	**1805**	**114313**	**106967**	**91345**	**27016**
医院	Hospitals	427	90499	78787	65757	22561
市	City	239	52596	53354	44513	15242
县	County	188	37903	25433	21244	7319
卫生院	Health Centers	1378	23814	28180	25588	4455

20-10 续表 continued

项目	Item	注册护士 Registered Nurses	药剂人员 Pharmacists	检验人员 Laboratory Technicians	其他 Others
总计	**Total**	**35880**	**4958**	**4961**	**13077**
医院	Hospitals	28033	3562	3989	5555
市	City	19970	2415	2638	3390
县	County	8063	1147	1351	2165
卫生院	Health Centers	7847	1396	972	7522

20-11 法定报告传染病发病及死亡情况（2014）
Pathogenesis and Death Situation of Infectious Diseases Reported (2014)

疾病名称	Diseases	发病率（1/10万） Disease Incidence (1/100 000)	死亡率（1/10万） Death Rate (1/100 000)	病死率（%） Mortality Rate (%)
鼠疫	Plague	0.01	0.0116	100.00
艾滋病	AIDS	0.88	0.1510	17.11
病毒性肝炎	Viral Hepatitis	乙肝：40.71 丙肝：25.87 甲肝：2.61	0.0116 0.0039	0.0285 0.015
麻疹	Measles	1.07	0.0039	0.36
出血热	Hemorrhagic Fever	0.11		
流行性乙型脑炎	Encephalitis B	0.10	0.0077	8.00
炭疽	Anthrax	0.21		
痢疾	Dysentery	27.61	0.0039	0.01
肺结核	Pulmonary Tuberculosis	64.45	0.2130	0.33
伤寒、副伤寒	Typhoid, Paratyphoid	0.18		
流行性脑脊髓膜炎	Epidemic Cerebrospinal Meningitis			
百日咳	Pertussis	0.19		
新生儿破伤风	Newborn Tetanus	0.03		
布病	Brucellosis	5.39		
猩红热	Scarlet Fever	3.57		
淋病	Gonorrhea	3.87		
梅毒	Syphilis	14.14	0.0039	0.03
血吸虫	Schistosomiasis			
疟疾	Malaria	0.26		

20-12 卫生总费用
Total Health Expenditure

年份 Year	卫生总费用（亿元）Total Health Expenditure (100 million yuan)	政府卫生支出 Government Health Expenditure		社会卫生支出 Social Health Expenditure		个人现金卫生支出 Out-of-pocket Health Expenditure		人均卫生总费用（元）Per Capita Health Expenditure (yuan)	卫生总费用相对于GDP比重(%) Health Expenditure as Percentage of GDP (%)
		绝对数（亿元）Level (100 million yuan)	占卫生总费用比重(%) As Percentage of Health Expenditure (%)	绝对数（亿元）Level (100million yuan)	占卫生总费用比重(%) As Percentage of Health Expenditure (%)	绝对数（亿元）Level (100million yuan)	占卫生总费用比重(%) As Percentage of Health Expenditure (%)		
2000	4.37	0.72	16.49	1.23	28.16	2.42	55.34	129.01	5.44
2001	4.61	0.97	21.13	0.85	18.52	2.78	60.35	135.32	5.27
2002	5.83	1.10	18.83	0.88	15.04	3.85	66.13	169.84	5.98
2003	79.85	17.89	22.40	18.93	23.71	43.03	53.89	305.80	6.10
2004	89.92	20.11	22.36	24.02	26.72	45.79	50.92	343.45	5.77
2005	106.61	27.12	25.44	22.07	20.70	57.42	53.86	410.91	5.51
2006	124.41	31.13	25.02	27.31	21.95	65.98	53.03	447.36	5.46
2007	147.15	45.37	30.83	31.53	21.43	70.25	47.74	562.27	5.45
2008	213.89	83.93	39.24	48.18	22.53	81.78	38.24	813.85	6.73
2009	263.98	102.42	38.80	69.80	26.44	91.76	34.76	1001.65	7.79
2010	295.38	116.54	39.45	74.22	25.13	104.62	35.42	1153.86	7.17
2011	393.60	161.60	41.06	99.25	25.22	132.75	33.73	1534.99	7.84
2012	444.72	168.88	37.97	113.94	25.62	161.91	36.41	1725.36	7.87
2013	518.21	188.17	36.31	141.28	27.26	188.75	36.43	2006.89	8.27

20-13 各地区卫生机构基本情况 (2014)
Basic Statistics of Health Institutions by Region (2014)

地区	Region	卫生机构数（个）Number of Health Institutions (unit)	#医院 Hospitals	#卫生院 Health Centers	卫生机构床位数（张）Number of Hospital Beds (unit)	#医院 Hospitals	#卫生院 Health Centers	卫生机构人员数（人）Number of Persons Engaged in Health Institutions (person)	#医院 Hospitals	#卫生院 Health Centers
兰州市	Lanzhou	2393	98	69	24873	21577	1176	39063	23708	1815
嘉峪关市	Jiayuguan	132	5	3	1759	1556	66	2838	1943	85
金昌市	Jinchang	557	13	12	2453	2175	254	4081	2459	291
白银市	Baiyin	1322	32	74	7552	5506	1462	10889	4885	2045
天水市	Tianshui	3557	35	132	12400	8736	2450	18663	7422	3102
武威市	Wuwei	1761	16	109	7969	5515	2031	11153	4771	2505
张掖市	Zhangye	1541	35	84	7421	4853	1832	9669	4406	1721
平凉市	Pingliang	2816	35	110	11516	8639	2488	15142	5800	2999
酒泉市	Jiuquan	989	31	75	5639	4091	1273	7351	3713	1232
庆阳市	Qingyang	1954	23	125	8303	5386	2462	13355	4791	3075
定西市	Dingxi	2715	33	139	13312	9478	3277	14350	4875	3483
陇南市	Longnan	5140	27	216	8465	5659	2315	16316	4751	3016
临夏州	Linxia	2108	25	130	8411	5738	2238	10606	3603	1703
甘南州	Gannan	917	19	100	2302	1590	490	5443	1660	1108

注：卫生机构数包括村卫生室数。
a）Number of health care institutions included number of village clinics.

20-14 各地区卫生技术人员数（2014）

Number of Medical Technical Personnel in Health Care Institutions by Region (2014)

单位：人 (person)

地区	Region	卫生技术人员 Medical Technical Personnel	# 执业医师 Licensed Doctors	# 执业助理医师 Licensed (Assistant) Doctors	# 注册护士 Registered Nurses	# 药师（士） Pharmacist	# 检验技师（士） Laboratory Technician
兰州市	Lanzhou	30859	11130	1122	12967	1543	1532
嘉峪关市	Jiayuguan	2489	758	74	1157	123	166
金昌市	Jinchang	3392	1120	190	1278	215	182
白银市	Baiyin	7833	2229	495	3180	356	423
天水市	Tianshui	11359	3493	805	3844	540	661
武威市	Wuwei	8189	2381	548	3246	365	414
张掖市	Zhangye	7219	2135	586	2739	293	340
平凉市	Pingliang	10552	2865	935	3532	487	447
酒泉市	Jiuquan	6049	1920	506	2299	301	278
庆阳市	Qingyang	8773	2800	721	2976	405	432
定西市	Dingxi	9208	2718	1037	2832	563	610
陇南市	Longnan	9799	2188	851	2419	439	388
临夏州	Linxia	6448	1766	675	1775	231	314
甘南州	Gannan	4125	1164	579	952	185	242

20-15 新型农村合作医疗情况

Conditions of New Cooperative Medical System

指标	Item	2010	2011	2012	2013	2014
开展新农合县（市、区)(个）	Number of Counties Implementing of NCMS(unit)	86	86	86	86	86
参加新农合人数（万人）	Number of Enrollees(10 000 persons)	1910.32	1918.27	1921.50	1930.34	1925.92
参合率 (%)	Enrollment Rate (%)	95.92	96.54	97.09	97.53	98.26
当年基金支出（亿元）	Payout at Current Year (100 million yuan)	22.61	37.89	53.88	64.46	73.22
补偿支出受益人次（万人次）	Number of Beneficiaries from Reimbursement (10 000 persons-times)	2132.41	3067.99	3899.86	3900.00	3627.04
农村医疗救助人次（万人次）	Person-times Receiving Medical Aid in Rural Areas (10 000 persons-times)	123.70	178.16	200.64	204.06	213.65
民政部门资助农村医疗合作人数（万人次）	Civil Affairs Department Subsidized Number of Rural Cooperative Medical (10 000 persons-times)	83.50	143.43	149.47	204.06	162.19

20-16 各地区新型农村合作医疗情况（2014）
Conditions of New Rural Cooperative Medical System by Region (2014)

地区	Region	县（市、区）数（个） Number of Counties (unit)	开展新农合县（市、区）(个) Number of Counties Implementing of NCMS (unit)	参加新农合人数（万人） Number of Enrollees (10 000 persons)	补偿受益人次（万人次） Number of Benificiaries from Reimbursement (10 000 person-times)	本年度筹资总额（万元） Permiums This Year (10 000 yuan)
甘肃省	**Gansu**	**87**	**86**	**1925.9**	**3627.0**	**736330.9**
兰州市	Lanzhou	8	7	114.0	128.4	44637.7
嘉峪关市	Jiayuguan	1	1	2.0	6.0	913.9
金昌市	Jinchang	2	2	22.5	23.6	8332.2
白银市	Baiyin	5	5	121.6	334.3	48419.6
天水市	Tianshui	7	7	287.9	763.5	111676.7
武威市	Wuwei	4	4	143.0	345.3	55933.5
张掖市	Zhangye	6	6	95.2	277.0	37894.8
平凉市	Pingliang	7	7	179.6	366.9	69780.5
酒泉市	Jiuquan	7	7	62.7	128.9	24887.2
庆阳市	Qingyang	8	8	217.0	229.0	77504.8
定西市	Dingxi	7	7	238.3	255.6	84823.5
陇南市	Longnan	9	9	231.1	402.5	89898.5
临夏州	Linxia	8	8	158.6	286.4	61138.5
甘南州	Gannan	8	8	52.6	79.6	20489.4

20-17 孕产妇及婴儿死亡率
Mortality Rate of Maternal and Infant

指标	Item	2010	2011	2012	2013	2014
孕产妇死亡率（1/10 万）	Maternal Mortality Rate (1/100 000)	33.23	30.72	24.30	22.96	19.47
城市	Urban	23.38	25.10	17.03	17.68	19.37
农村	Rural	37.50	33.12	27.52	25.17	19.52
婴儿死亡率（‰）	Infant Mortality Rate(‰)	10.00	8.28	7.25	6.48	5.62
城市	Urban	7.66	6.78	6.29	5.87	5.29
农村	Rural	11.02	8.93	7.67	6.73	5.76
5 岁以下儿童死亡率（‰）	Mortality Rate of Children under 5(‰)	11.35	9.53	8.61	7.73	5.62
城市	Urban	8.86	7.97	7.49	7.06	6.52
农村	Rural	12.43	10.20	9.09	8.01	6.99
新生儿死亡率（‰）	Newborn Mortality Rate(‰)	7.81	6.30	5.38	4.69	4.03
城市	Urban	5.90	5.17	4.75	4.21	3.81
农村	Rural	8.64	6.78	5.65	4.89	4.13

20-18 妇联组织及干部基本情况
Basic Conditions of Women's Federation Organizations and Cadres

指标	Item	2010	2011	2012	2013	2014
乡及乡以上妇联组织机构（个）	Women's Federation Institution of Township and above (unit)	1488	1512	1517	1478	1480
乡及乡以上妇联干部（人）	Women's Federation Cadres of Township and above (person)	2197	2148	2262	2101	2184
在干部中少数民族干部数（人）	Number of Minority Cadres (person)	276	309	324	317	311
占干部总数（%）	Percentage in Total Cadres (%)	12.6	14.4	14.3	15.1	14.2

20-19 各党派党员（成员）数
Number of Different Parties Member

项目	Item	2010	2011	2012	2013	2014
中国共产党（万人）	Communist Party of China (10 000 persons)	151	158	166	170	173
中国国民党革命委员会（人）	Revolutionary Committee of Kuomingdan (person)	2668	2772	2860	2985	3119
中国民主同盟（人）	Democracy League (person)	6444	6812	7096	7483	7848
中国民主建国会（人）	China Democratic National Construction Association (person)	2341	2430	2565	2679	2792
中国民主促进会（人）	China Association Promoting Democracy (person)	2767	2840	2990	3105	3220
中国农工民主党（人）	Chinese Peasants' and Workers' Democratic Party (person)	2041	2176	2273	2387	2503
九三学社（人）	Jiu San Society (person)	2898	3030	3180	3261	3438

20-20 工会组织情况
Basic Statistics on Trade Unions

年份 Year	工会基层组织数（个） Number of Grassroots Unions (unit)	已建立工会组织的基层单位的职工与会员人数（万人） Membership and Number of Staff and Workers in Grassroots Unions(10 000 persons)				工会专职干部人员数（人） Number of Full-time Personnel of Unions (person)
		职工人数 Number of Staff and Workers	#女职工 Female	会员人数 Membership	#女会员 Female	
1995	12251	194.29	68.44	173.91	62.31	11532
1996	12052	196.34	71.72	175.78	63.88	10020
1997	10596	173.33	61.80	155.82	54.46	8601
1998	10519	173.68	62.45	159.78	57.14	9073
1999	9788	177.23	60.71	157.06	55.36	9554
2000	10768	168.25	60.86	154.69	55.16	8714
2001	14675	177.76	63.50	163.40	56.00	6257
2002	15320	222.27	75.81	209.00	70.25	5789
2003	24291	206.12	69.16	190.43	63.72	5861
2004	23061	206.42	71.29	195.35	67.31	6279
2005	17522	219.05	75.67	207.14	70.49	5475
2006	19328	238.70	83.80	225.35	79.50	5051
2007	21642	268.76	93.14	256.68	89.44	4895
2008	24366	294.22	102.26	281.12	99.18	4890
2009	26936	312.17	105.12	301.35	102.03	5267
2010	28711	326.68	111.90	316.24	109.52	4998
2011	30422	347.28	122.48	335.97	119.19	5989
2012	33196	354.67	126.20	344.56	123.90	6336
2013	35123	370.31	131.38	358.67	129.22	6838
2014	35873	369.92	130.42	356.36	128.25	7199

20-21 刑事案件发、破案情况
Statistics on Occurred and Solved of Criminal Cases

年份 Year	刑事案件发案总数（件） Number of Criminal Cases Occurred (case)	刑事案件破案总数（件） Number of Criminal Cases Solved (case)	刑事案件破案率(%) Rate of Criminal Cases Solved (%)
2000	36481	20420	55.97
2001	42881	22546	52.58
2002	36758	19538	53.15
2003	34016	18812	55.30
2004	33099	18216	55.03
2005	31587	18473	58.48
2006	31114	18378	59.07
2007	31203	18325	58.73
2008	43037	20932	48.64
2009	46611	22365	47.98
2010	66472	26404	39.72
2011	78682	30573	38.86
2012	87084	36129	41.50
2013	89013	33814	37.98
2014	92040	30709	33.36

20-22 交通事故情况
Basic Statistics on Traffic Accidents

年份 Year	交通事故（起） Number of Traffic Accidents(case)	死亡人数（人） Number of Deaths (person)	受伤人数（人） Number of Injuries (person)	直接损失（万元） Direct Property Losses (10 000 yuan)
2000	7520	2078	5637	2927.4
2001	7929	2110	6350	3170.7
2002	7696	2188	6363	3264.9
2003	7659	2090	5948	3498.8
2004	6361	1992	5566	2512.2
2005	5414	1799	5406	2252.8
2006	4822	1695	5311	1737.9
2007	3809	1549	4293	1303.2
2008	3371	1557	3697	1447.9
2009	2937	1553	3353	1224.9
2010	3090	1501	3692	1094.7
2011	3027	1505	3578	2835.5
2012	2954	1438	3343	1659.7
2013	2915	1435	3336	1212.2
2014	3038	1432	3575	1291.2

20-23 火灾事故情况
Basic Statistics on Fire Accidents

年份 year	火灾事故（起） Number of Fire Accidents(case)	死亡人数（人） Number of Deaths (person)	受伤人数（人） Number of Injuries (person)	直接损失（万元） Direct Property Losses (10 000 yuan)
2000	2291	24	62	2542.4
2001	2736	51	88	2244.1
2002	3276	32	85	2182.8
2003	3137	31	83	1706.2
2004	3030	24	30	1959.1
2005	2599	31	41	2335.7
2006	2673	16	39	1564.5
2007	1658	15	18	1566.5
2008	1235	7	16	1932.9
2009	1198	5	6	1088.2
2010	1140	10	7	1897.2
2011	912	5	5	3773.2
2012	4388	8	1	4139.4
2013	6472	22	35	7292.0
2014	6028	9	3	5432.2

20-24 受灾情况
Disater Situation

指标	Item	2012	2013	2014
受灾面积（公顷）	Area Affected (hectare)	1185518	16068661	1272621
# 旱灾	Drought	431379	8217461	222489
洪涝灾	Flood Disaster	190757	3440159	160702
风雹灾	Wind and Hail Disaster	225911	2553613	174796
台风灾	Typhoon Disaster			
雪灾低温冷冻	Snow and Frozing	102748	1447649	714013
受灾人次（万人次）	Affected Person-times (10 000 person-times)	1172	1439	1197
直接经济损失（万元）	Direct Economic Loss (10 000 yuan)	1365401	5580939	786853

20-25 婚姻登记和离婚情况
Number of Marriages and Divorces

年份 Year	准予登记结婚（对） Registered Marriages (couples)	初婚（人） First Marriages (person)	再婚（人） Re-marriages (person)	离婚（对） Divorces (couple)	离婚率（‰） Divorce Rate (‰)
1995	155553	302938	8168	4541	0.38
1996	170379	331815	8943	4855	0.40
1997	154302	298654	9950	4409	0.36
1998	136978	262488	11468	5061	0.41
1999	133121	255203	11039	5241	0.42
2000	127799	244975	10623	5541	0.43
2001	126045	239734	12656	5790	0.45
2002	122033	227496	16570	6224	0.48
2003	118476	222219	14573	23000	1.77
2004	121187	225150	17008	21499	1.64
2005	114554	209947	19161	22260	1.72
2006	132615	245015	20215	23287	1.76
2007	115761	218565	12957	22017	1.68
2008	118023	223252	12794	22928	1.68
2009	122398	233316	11480	24742	1.88
2010	142294	269585	15003	27926	2.18
2011	169112	316838	21386	30473	2.38
2012	167518	318659	16377	32908	2.55
2013	186467	359247	13687	38500	2.98
2014	201813	391891	11735	42231	3.27

注：从 2003 年起离婚人数包含法院判决离婚人数。

a) Since 2003, number of divorce has included the number of divorce sentenced by the courts.

20-26 社会救助和优抚安置情况
Statistics on Social Relief and Preferential Treatment and Resettlement

项目	Item	2010	2011	2012	2013	2014
城镇低保人数（万人）	Number of Urban Residents Receiving Minimum Living Allowance (10 000 persons)	87.81	88.12	88.31	87.49	81.39
女性	Female	31.90	32.65	32.10	31.51	29.87
老年人	Old People	9.70	8.36	8.97	8.87	8.05
残疾人	Disabled	4.70	4.56	3.99	3.91	3.82
三无人员	"Three Noes" Personnel	1.80	1.60	1.43	1.55	1.49
在职人员	Serving Officers	3.20	2.94	2.18	1.97	1.49
灵活就业	Flexible Employment	13.90	14.84	17.57	17.30	16.54
登记失业	Registered Unemployed	22.50	21.15	19.23	18.83	16.79
未登记失业	Unregistered Unemployed	13.40	16.10	18.11	18.28	18.30
在校生	School Students	16.60	17.04	15.87	15.97	14.90
城镇居民最低生活保障资金（亿元）	Minimum Living Security Fund of Urban Households (100 million yuan)	18.95	24.92	24.37	30.22	26.98
城市“三无”救助人数（万人）	Number of Persons Receiving Temporary Relief in Urban Areas (10 000 persons)	1.80	1.60	1.43	1.55	1.49
农村低保人数（万人）	Number of Rural Residents Receiving Minimum Living Allowance (10 000 persons)	326.74	321.80	344.04	343.28	338.99
女性	Female	104.90	101.33	112.81	113.92	113.99
老年人	Old People	77.70	70.96	72.83	72.29	71.25
未成年人	Minor	70.70	55.13	55.78	55.73	54.02
残疾人	Disabled	22.30	18.77	17.45	17.09	16.90
农村居民最低生活保障资金（亿元）	Minimum Living Security Fund of Rural Households (100 million yuan)	24.27	41.91	36.60	47.96	46.68
农村五保供养人数（万人）	Number of Rural Households with Livelihood Guaranteed in Five Aspects (10 000 persons)	13.06	12.44	12.31	12.38	12.27
# 女性	Female	3.10	2.71	2.53	2.52	2.41
老年人	Old People	9.32	10.17	10.03	10.11	10.21
残疾人	Disabled	3.22	2.59	2.57	2.60	2.59
农村集中五保供养人数	Centralized	1.00	1.04	1.10	1.08	1.29
农村分散五保供养人数	Decentralized	11.60	11.40	11.20	11.29	10.99
农村传统救济人数（万人）	Number of Persons Receiving Traditional Relief in Rural Areas (10 000 persons)	1.46	2.13	2.19	2.18	3.40
优抚安置	**Preferential Treatment and Resettlement**					
优待优抚对象户数（万户）	Number of Preferential Treatment Entitled Groups Households (10 000 households)	2.81	2.53	2.60	2.38	2.55
安置义务兵、士官、复员干部人数（万人）	Number of Serviceman and Ex-seviceman Resettled（10 000 persons）	0.29	0.46	0.30	0.33	0.69
接收军队离退休人员人数（万人）	Number of Retired Veterans Resettled（10 000 persons）	0.02	0.03	0.04	0.12	0.02

20-27 社会福利事业单位基本情况（2014）
Basic Statistics on Social Welfare Institutions (2014)

项目	Item	收留抚养类机构数（个）Number of Adoption Bodies (unit)	年末床位数（张）Number of Beds at Year-end (bed)	年末收留抚养人数（人）Number of Adoption Persons at Year-end (person)	年末职工人数（人）Number of Staff and Workers at Year-end (person)
优抚事业单位	Administration Agencies for Martyrs				
复退军人精神病院	Asylum for Demobilized Soldiers	3	640		
国家办光荣院	Homes for the Disabled Veterans	4	220		
社会福利事业单位	Social Welfare Institutions				
社会福利院	Social Welfare Homes	52	6754	3289	587
光荣院	Homes for Disabled Veterans	4	220	50	32
荣誉军人康复医院	Convalescent Hospitals for Honorable Servicemen	1	21	21	48
城市养老服务机构	Service Institutions for the Aged in Urban Areas	45	7809	3438	644
农村养老服务机构	Service Institutions for the Aged in Rural Areas	215	15530	8752	941
提供住宿的社会服务机构	Social Welfare Institutions with Accommodations	432	92296		3818
老年人与残疾人服务机构	Social Welfare Institutions for Aged and Disabled	342	84900		2640

20-28 各地区社会服务基本情况（2014）
Basic Statistics on Social Service by Region (2014)

地区	Region	社会服务民政经费（万元）Civil Affairs Funds for Social Service (10 000 yuan)	农村传统救济（人）Number of Rural Persons Receiving Traditional Relief (person)	养老服务机构数（个）Number of Service Institutions for the Aged (unit)	养老服务年末收留抚养人数（人）Number of Adoption Persons for the Pension Services at Year-end (person)	养老服务床位数（张）Number of Beds for the Pension Services at Year-end (bed)	社区服务中心单位数（个）Number of Community Service Centers (unit)
甘肃省	**Gansu**	**1214834.5**	**33991**	**342**	**20305**	**88548**	**986**
省本级	Province Level	50077.7		6	325	16246	
兰州市	Lanzhou	125886.6	290	37	2838	1096	60
嘉峪关市	Jiayuguan	8957.1		6	110	1128	30
金昌市	Jinchang	16480.3		7	412	6824	2
白银市	Baiyin	82369.0	16878	25	547	11264	86
天水市	Tianshui	128999.4		34	958	6447	2
武威市	Wuwei	74771.4	226	26	2684	6315	20
张掖市	Zhangye	55867.6	12393	34	1597	5602	50
平凉市	Pingliang	80933.3	344	24	1643	4290	69
酒泉市	Jiuquan	45569.8	43	14	819	9670	274
庆阳市	Qingyang	105151.5	1085	19	4560	4826	270
定西市	Dingxi	123748.4	2337	72	1804	4624	23
陇南市	Longnan	124010.2	38	1	67	8228	31
临夏州	Linxia	142535.4	357	26	1537	1624	29
甘南州	Gannan	49115.0		11	404		40
甘肃矿区	Gansu Mining Area	361.8					

20-29 各地区抚恤及社会福利救济费用（2014）
Basic Statistics on Pensions and Social Welfare Relief Funds by Region (2014)

单位：万元　　(10 000 yuan)

地区	Region	抚恤 Pensions	城市居民最低生活保障 Urban Residents Receiving Minimum Living Allowance	农村居民最低生活保障 Rural Residents Receiving Minimum Living Allowance	自然灾害生活救助 Living Relief for Natural Disasters
甘肃省	**Gansu**	**57501.5**	**269833.7**	**466848.6**	**63562.1**
省本级	Province Level	1103.2			15432.7
兰州市	Lanzhou	10774.4	34748.9	15926.9	1882.7
嘉峪关市	Jiayuguan	486.4	1742.6	218.3	178.7
金昌市	Jinchang	800.6	6826.0	2641.0	106.0
白银市	Baiyin	4006.1	23497.6	31169.4	4497.0
天水市	Tianshui	6996.0	30357.5	56048.6	1637.7
武威市	Wuwei	3629.2	16592.5	29559.2	2732.5
张掖市	Zhangye	3292.2	19392.6	11556.7	2878.1
平凉市	Pingliang	3995.1	17280.5	30710.4	6781.1
酒泉市	Jiuquan	2327.9	13601.8	14626.3	1515.2
庆阳市	Qingyang	6565.3	15563.9	47252.8	6723.9
定西市	Dingxi	4798.4	15149.7	69930.0	6317.8
陇南市	Longnan	5295.5	17059.9	71898.0	6172.3
临夏州	Linxia	2439.5	44925.9	60225.0	5159.0
甘南州	Gannan	968.4	12863.0	25086.0	1547.4
甘肃矿区	Gansu Mining Area	23.3	231.3		

20-30 各地区城乡居民最低生活保障情况（2014）
Basic Statistics on Urban and Rural Residents Receiving Minimum Living Allowance by Region (2014)

单位：人　　(person)

地区	Region	城镇居民最低生活保障人数 Number of Urban Residents Receiving Minimum Living Allowance	#"三无"人员 Personnel of No Identity,No Address and No Source of Income	#登记失业 Registered Unemployed	#未登记失业 Unregistered Unemployed	农村最低生活保障人数 Number of Rural Residents Receiving Minimum Living Allowance
甘肃省	**Gansu**	**813897**	**14937**	**167895**	**182964**	**3389900**
兰州市	Lanzhou	69900	734	17804	18053	96561
嘉峪关市	Jiayuguan	3610	25	452	1069	646
金昌市	Jinchang	15438	422	3267	2123	12637
白银市	Baiyin	73365	894	22442	5120	227787
天水市	Tianshui	95482	816	25494	14878	403241
武威市	Wuwei	47923	1759	17285	6778	203804
张掖市	Zhangye	52498	1038	7396	5257	83472
平凉市	Pingliang	54168	2319	11174	8858	216375
酒泉市	Jiuquan	33734	507	2816	3260	108048
庆阳市	Qingyang	50648	795	15301	6770	345379
定西市	Dingxi	58608	620	12368	18081	511373
陇南市	Longnan	62878	1585	14615	18180	468639
临夏州	Linxia	156938	2993	14331	70010	541346
甘南州	Gannan	38024	426	3070	4523	170592
甘肃矿区	Gansu Mining Area	683	4	80	4	

20-31 各地区城镇社区服务网络情况（2014）
Basic Statistics on Urban Community Service Network by Region (2014)

地区	Region	社区服务中心单位数（个） Number of Community Service Centers (unit)	社区服务中心年末职工人数（人） Number of Staff and Workers of Community Service Center at Year-end (person)	城镇便民、利民服务网点（个） Number of Urban Convenience Networks (unit)
甘肃省	**Gansu**	**986**	**3099**	**5984**
兰州市	Lanzhou	60	1316	65
嘉峪关市	Jiayuguan	30	100	30
金昌市	Jinchang	2	11	
白银市	Baiyin	86	195	
天水市	Tianshui	2	9	5104
武威市	Wuwei	20	96	20
张掖市	Zhangye	50	156	41
平凉市	Pingliang	69	164	
酒泉市	Jiuquan	274	298	258
庆阳市	Qingyang	270	378	270
定西市	Dingxi	23	60	24
陇南市	Longnan	31	80	6
临夏州	Linxia	29	54	88
甘南州	Gannan	40	182	78

20-32 残疾人事业基本情况
Basic Information of Person with Disabilities

项目	Item	2010	2011	2012	2013	2014
康复	**Rehabilitation**					
视力残疾康复	Rehabilitation of Persons with Sight Disability					
免费白内障复明手术（例）	Sight-restoring Cataract Surgeries(cases)	7265	7528	7295	7331	8338
低视力者配用助视器（人）	Vision-aids Provided for Persons of Low-vision (person)	600	1082	4988	3127	3574
盲人定向行走训练数（人）	Blindman Trained with Direction Walking (person)	230	430	2601	2126	2199
聋儿康复	Rehabilitation of Children with Hearing Disability					
年收训聋儿（人）	Hearing and Speech Training(person)	312	447	385	396	478
精神病防治康复	Prevention and Treatment of Psychiatric Diseases					
开展精神病防治康复工作市县数（个）	Counties/Cities/Districts where PRMI have been Conducted (unit)	31	31	60	60	62
精神病人数（万人）	Prevention and Treatment Provided for Patients (10 000 persons)	6.48	6.30	12.10	12.00	12.13
监护率(%)	Guardianship Rate(%)	86	84	89	86	86

20-32 续表 continued

项目	Item	2010	2011	2012	2013	2014
肢体残疾康复(人)	Rehabilitation of Persons with Sight Disability Physical Disability (person)					
肢体残疾人社区康复训练数	Persons Rehabilitated at Community	860	909	1206	3872	3905
肢体残疾儿童机构康复训练数	Children Rehabilitated at Institutions	286	170	533	865	670
智力残疾康复(人)	Rehabilitation of Persons with Sight Disability Intellectual Disability(person)					
智障儿童康复训练数	Children Rehabilitated	332	375	2411	1969	2225
辅助器具供应	Supply of Assistive Devices					
免费发放的辅助器具件数(件)	Pieces of Assistive Devices Free of Charge (piece)	7571	7925	11849	11845	26311
教育	**Education**					
未入学适龄残疾儿童少年(人)	School-age Disabled Children without Schooling (person)	11611	8602	3329	3137	3618
就业	**Employment**					
城镇残疾人就业(万人)	Employment of Urban Handicapped(10 000persons)	11.28	11.61	10.88	10.6	10.7
#当年安排就业(人)	Persons Employed in the Year(person)	6042	9809	9859	8990	8523
农村残疾人就业(万人)	Employment of Rural Handicapped(10 000persons)	47.05	50.03	49.01	53.86	53.3
盲人按摩	**Massage by Persons with Visual Disability**					
按摩机构数(个)	Number of Massage Institutions(unit)	233	282	208	237	259
保健按摩人员培训(人)	Massage Therapists Training(person)	293	254	236	371	339
医疗按摩人员培训(人)	Keep-fit Massager Training (person)	50	35	64	112	116
扶贫	**Poverty Alleviation**					
农村贫困残疾人(万人)	Poor PWDs in Rural Areas(10 000persons)	38.68	100.94	100.57	100.48	105.90
本年度实际脱贫残疾人(万人)	Actual Number of Disabled Persons Shake off Poverty in the Year(10 000 persons)	9.59	10.30	10.18	9.69	9.69
社会保障	**Social Security**					
城镇社会保障措施落实情况	Implement Situation of Social Security Measures in Urban Areas					
已纳入最低生活保障范围(万人)	Covered by the Baisc Living Allowance System (10 000 persons)	8.56	8.85	11.05	11.37	42.26
残疾职工参加养老保险(万人)	Disabled Workers Participated in Pension Insurance (10 000 persons)	0.83	1.16	1.69	1.76	4.81
残疾居民参加医疗保险(万人)	Disabled Residents Participated in Medical Insurance(10 000 persons)	16.5	18.30	19.83	19.18	
农村社会保障措施落实情况	**Implement Situation of Social Security Measures in Rural Areas**					
已纳入最低生活保障范围(万人)	Covered by the Baisc Living Allowance System (10 000 persons)	23.55	42.26	35.71	33.35	35.47
参加新型农村合作医疗(万人)	Covered by the New Types of Cooperative Medical Insurance(10 000persons)	154.6	156.00	135.48	127.14	
新型农村社会养老保险(万人)	New Rural Social Pension Insurance(10 000 persons)		31.80	79.76	79.29	
残联组织建设	**Organization of the Disabled Persons' Federation**					
残疾人工作者数(人)	Workers Working for the Disabled (person)	3314	3801	3818	3993	4020
已投入使用的残疾人综合服务设施(个)	Comprehensive Service facilities for Disabled Persons been Put into Use(unit)	83	94	92	99	99

20-33 社会保险基金收支及累计结余

Revenue, Expenses and Balance of Social Insurance Fund

单位：万元 (10 000 yuan)

年份 Year	合计 Total	基本养老保险 Basic Pension Insurance	失业保险 Unemployment Insurance	城镇基本医疗保险 Basic Medical Care Insurance	工伤保险 Work Injury Insurance	生育保险 Maternity Insurance
基金收入 **Revenue**						
1990						
1995	61053	60848		101	90	14
1996	94266	93715		349	156	46
1997	124765	124078		426	183	78
1998	135667	134754		421	324	168
1999	288392	287409		453	357	173
2000	362539	361037		878	446	178
2001	426149	372816	26752	26158	297	126
2002	533371	443252	27341	62343	252	183
2003	590252	473460	29227	86925	325	315
2004	680744	538930	29968	108013	2335	1498
2005	768770	603454	33913	122647	5246	3510
2006	1041336	802548	45350	178381	11561	3496
2007	1272909	963161	47454	244994	13551	3749
2008	1593361	1139038	65240	364387	19266	5430
2009	1928964	1374014	83594	438172	25944	7240
2010	2273747	1656659	86576	492238	28762	9512
2011	3039940	2227124	114802	620985	59085	17944
2012	3253788	2331174	128708	719366	51333	23207
2013	3622603	2579881	147850	802865	60957	31050
2014	4212005	2981741	166208	951800	72288	40018
基金支出 **Expenses**						
1990						
1995	43678	43578		66	21	13
1996	82195	93715		212	31	23
1997	112622	124078		350	38	53
1998	136044	134754		374	69	98
1999	297059	287409		245	141	124
2000	368560	361037		839	286	124
2001	399340	372816	16334	14297	157	89
2002	472790	443252	19723	45717	187	88
2003	531273	473460	32138	71084	344	157
2004	575528	465062	23643	85995	535	293
2005	639453	501410	24625	110468	1856	1094
2006	799960	614418	39276	140115	4641	1510
2007	921999	708366	26033	178778	6878	1944
2008	1185827	896631	34488	242606	9346	2756
2009	1478303	1063507	60588	332770	17411	4027
2010	1744135	1269141	74598	378909	16783	4704
2011	2123277	1534152	33027	506543	42740	6815
2012	2661208	1926021	30279	653193	39895	11820
2013	3108375	2247052	26453	762692	51699	20479
2014	3548465	2585831	18794	857968	60771	25101

注：1.2007 年及以后城镇基本医疗保险基金中包括城镇职工基本医疗保险和城镇居民基本医疗保险。
2.2010 年及以后基本养老保险基金中包括城镇职工基本养老保险和城乡居民基本养老保险。
3. 工伤保险累计结余中含储备金。

a) Data of basic medical care insurance include both urban workers and urban residence from 2007.
b) Data of the basic pension insurance for 2010 and following years include the basic pension insurances for urban workers and for urban and rural residents.
c) The grand total of work injury insurance at year-end include reserve fund.

20-33 续表 continued

单位：万元 (10 000 yuan)

年份 Year	合计 Total	基本养老保险 Basic Pension Insurance	失业保险 Unemployment Insurance	城镇基本医疗保险 Basic Medical Care Insurance	工伤保险 Work Injury Insurance	生育保险 Maternity Insurance
累计结余 **Balance at Year-end**						
1990						
1995	66108	65949		47	108	4
1996	78176	77735		178	236	27
1997	90319	89632		254	381	52
1998	89939	88883		301	636	119
1999	86307	85110		177	852	168
2000	80447	78836		377	1012	222
2001	150355	73189	53024	13055	863	224
2002	210946	119376	60642	29681	928	319
2003	314408	200118	57731	54956	1126	477
2004	400752	266104	64056	65974	2936	1682
2005	530901	368146	73342	78989	6326	4098
2006	782212	560176	79423	121865	14664	6084
2007	1140053	814976	100845	188240	28095	7897
2008	1547277	1057383	131258	310096	37968	10572
2009	1998372	1367889	154264	415931	46503	13785
2010	2541256	1769817	166242	528462	58144	18591
2011	3457915	2462788	248016	642900	74491	29720
2012	4050546	2867941	346445	665153	85549	41107
2013	4577811	3215776	467841	747894	94586	51714
2014	5240005	3611686	615255	840319	106102	66644

20-34 社会保障基本情况
Basic Statistics of Social Security

单位：万人 (10 000 persons)

项目	Item	2010	2011	2012	2013	2014
基本养老保险	**Basic Pension Insurance**					
年末参加基本养老保险人数	Basic Pension Insurance Participants at Year-end					
城镇职工基本养老保险	Urban Employees Basic Pension Insurance	242.48	262.95	277.37	288.4	298.85
职工	Number of Employees	171.13	177.86	183.62	188.55	193.86
离退休人员	Number of Retirees	71.35	85.09	93.75	99.85	104.99
城乡居民基本养老保险	Basic Pension Insurance for Urban and Rural Residents	378.99	787.31	1221.4	1238.5	1240.1
失业保险	**Unemployment Insurance**					
年末参保人数	Contributors at Year-end	164.46	164.48	163.55	163.09	162.35
全年发放失业保险金（万元）	Unemployed Relief (10 000 yuan)	14673	12085	10978	13177	13166
城镇基本医疗保险	**Medical Care Insurance**					
年末参保人数	Contributors at Year-end					
城镇职工	Staff and Workers	290.22	291.06	292.97	297.05	302.6
城镇居民	Residents	298.57	299.77	323.57	325.72	328.05
工伤保险	**Work Injury Insurance**					
年末参保人数	Contributors at Year-end	130.09	150.19	158.53	167.72	175.14
年末享受待遇的人数	Beneficiaries at Year-end	1.09	1.37	1.79	1.85	2.2
生育保险	**Maternity Insurance**					
年末参保人数	Contributors at Year-end	82.00	110.13	129.52	135.07	143.7
享受待遇人数（万人次）	Beneficiaries at Year-end (10 000 person-times)	1.02	1.65	2.51	3.22	3.93

注：2012 年 8 月起，新型农村社会养老保险和城镇居民社会养老保险制度全覆盖工作全面启动，合并为城乡居民社会养老保险。

a) Since August, 2012, system of new rural old-age insurance and urban basic pension insurance have started completely, and called basic pension insurance for urban and rural residents as total.

20-35 各地区年末参加城镇职工基本养老保险人数
Urban Employees Basic Pension Insurance Contributors at Year-end by Region

单位：万人 (10 000 persons)

地区	Region	2010	2011	2012	2013	2014
甘肃省	**Gansu**	**242.48**	**262.95**	**277.37**	**288.40**	**298.85**
兰州市	Lanzhou	42.17	49.19	54.67	59.92	66.16
嘉峪关市	Jiayuguan	6.91	7.61	8.98	9.37	9.66
金昌市	Jinchang	4.32	5.55	5.86	5.99	6.00
白银市	Baiyin	9.12	11.08	12.33	13.00	13.22
天水市	Tianshui	18.65	18.67	19.43	19.79	20.12
武威市	Wuwei	7.11	9.31	10.05	11.00	11.40
张掖市	Zhangye	8.79	9.62	10.11	10.39	10.73
平凉市	Pingliang	7.19	9.75	9.80	9.82	9.99
酒泉市	Jiuquan	8.72	9.94	10.39	10.95	11.64
庆阳市	Qingyang	6.48	7.33	7.50	7.32	7.46
定西市	Dingxi	8.01	8.42	8.70	9.09	9.49
陇南市	Longnan	8.17	6.48	6.86	7.02	7.14
临夏州	Linxia	4.74	5.53	6.04	6.27	6.35
甘南州	Gannan	2.11	2.31	2.45	2.44	2.45

20-36 各地区年末参加城乡居民基本养老保险人数
Urban and Rural Residents Basic Pension Insurance Contributors at Year-end by Region

单位：万人 (10 000 persons)

地区	Region	2010	2011	2012	2013	2014
甘肃省	**Gansu**	**378.99**	**787.31**	**1221.39**	**1238.49**	**1240.13**
兰州市	Lanzhou	39.75	72.65	74.98	74.81	74.05
嘉峪关市	Jiayuguan	1.71	1.80	1.67	1.67	1.75
金昌市	Jinchang	14.11	15.83	16.03	15.87	15.99
白银市	Baiyin	31.31	48.08	72.54	74.06	73.47
天水市	Tianshui	44.81	89.62	151.96	163.27	166.73
武威市	Wuwei	30.19	84.22	88.34	88.14	87.62
张掖市	Zhangye	11.00	19.48	67.91	68.52	69.15
平凉市	Pingliang	36.04	63.85	118.52	118.45	119.36
酒泉市	Jiuquan	8.55	15.29	43.17	44.31	44.58
庆阳市	Qingyang	34.48	99.97	142.93	143.32	142.74
定西市	Dingxi	41.77	96.81	153.45	156.02	156.11
陇南市	Longnan	27.86	52.70	148.73	149.76	149.52
临夏州	Linxia	19.34	89.60	105.63	104.41	102.95
甘南州	Gannan	38.07	37.41	35.53	35.87	36.12

20-37 各地区年末参加失业保险人数
Unemployment Insurance Contributors at Year-end by Region

单位：万人 (10 000 persons)

地区	Region	2010	2011	2012	2013	2014
甘肃省	**Gansu**	**164.46**	**164.48**	**163.55**	**163.09**	**162.35**
兰州市	Lanzhou	57.31	56.12	56.06	57.36	57.27
嘉峪关市	Jiayuguan	4.45	4.35	5.16	5.36	5.38
金昌市	Jinchang	8.41	7.88	7.45	7.30	7.28
白银市	Baiyin	12.98	13.08	12.15	11.88	12.00
天水市	Tianshui	15.00	14.94	14.77	14.51	14.37
武威市	Wuwei	6.04	6.31	6.43	6.39	6.48
张掖市	Zhangye	6.64	6.94	6.92	6.85	7.00
平凉市	Pingliang	8.87	8.99	8.89	8.70	8.69
酒泉市	Jiuquan	6.67	7.18	6.90	7.03	6.52
庆阳市	Qingyang	7.86	8.16	8.28	8.27	8.26
定西市	Dingxi	8.91	8.32	8.16	8.25	8.38
陇南市	Longnan	4.88	4.87	4.37	4.26	4.82
临夏州	Linxia	4.93	4.85	4.43	4.19	4.11
甘南州	Gannan	3.18	3.29	2.74	2.76	2.81

20-38 各地区城镇基本医疗保险年末参保人数
Persons Covered of Urban Basic Medical Care Insurance at Year-end by Region

单位：万人 (10 000 persons)

地区	Region	2010	2011	2012	2013	2014
甘肃省	**Gansu**	**588.79**	**590.82**	**616.54**	**622.77**	**630.65**
兰州市	Lanzhou	159.86	169.47	173.43	182.51	191.29
嘉峪关市	Jiayuguan	15.72	15.36	25.24	16.11	15.79
金昌市	Jinchang	18.96	20.33	43.00	42.78	42.93
白银市	Baiyin	45.03	40.58	42.60	42.27	43.85
天水市	Tianshui	60.31	54.91	55.64	55.64	47.99
武威市	Wuwei	30.25	30.79	29.63	30.32	30.44
张掖市	Zhangye	28.59	29.36	29.15	28.64	28.79
平凉市	Pingliang	36.77	35.93	33.07	27.21	28.26
酒泉市	Jiuquan	30.76	31.25	30.31	30.01	28.24
庆阳市	Qingyang	29.71	27.67	27.97	29.62	28.24
定西市	Dingxi	31.01	30.76	29.71	30.21	31.28
陇南市	Longnan	29.79	30.06	29.57	28.14	27.84
临夏州	Linxia	23.80	24.83	25.94	28.93	31.61
甘南州	Gannan	14.92	15.34	13.64	13.74	13.16

20-39 各地区城镇职工基本医疗保险参保人数

Persons Covered of Urban Employees Basic Medical Care Insurance by Region

单位：万人 (10 000 persons)

地区	Region	2010	2011	2012	2013	2014
甘肃省	**Gansu**	**204.40**	**202.84**	**292.97**	**297.05**	**302.60**
兰州市	Lanzhou	49.79	49.22	79.86	82.23	84.45
嘉峪关市	Jiayuguan	6.56	5.74	8.00	8.38	8.06
金昌市	Jinchang	6.87	7.29	11.68	11.36	11.89
白银市	Baiyin	13.11	12.73	21.55	21.83	22.15
天水市	Tianshui	19.04	19.21	27.67	27.66	27.66
武威市	Wuwei	9.76	10.26	12.61	12.69	12.84
张掖市	Zhangye	9.42	9.62	13.05	12.15	12.00
平凉市	Pingliang	10.86	10.02	10.53	11.03	11.20
酒泉市	Jiuquan	10.41	10.45	13.07	12.82	11.28
庆阳市	Qingyang	11.52	7.75	13.85	13.93	14.09
定西市	Dingxi	9.28	9.24	14.02	14.52	14.92
陇南市	Longnan	10.67	10.72	13.20	13.35	13.44
临夏州	Linxia	7.84	7.84	10.22	10.33	10.68
甘南州	Gannan	4.32	4.52	6.40	6.59	6.98

20-40 各地区城镇居民基本医疗保险参保人数

Persons Covered of Urban Non-employment Basic Medical Care Insurance by Region

单位：万人 (10 000 persons)

地区	Region	2010	2011	2012	2013	2014
甘肃省	**Gansu**	**298.57**	**299.77**	**323.57**	**325.72**	**328.05**
兰州市	Lanzhou	81.17	90.42	93.57	100.27	106.84
嘉峪关市	Jiayuguan	7.27	7.65	17.24	7.73	7.73
金昌市	Jinchang	8.46	8.72	31.32	31.42	31.04
白银市	Baiyin	23.51	19.47	21.05	20.44	21.70
天水市	Tianshui	33.13	27.29	27.98	27.98	20.33
武威市	Wuwei	17.34	17.38	17.02	17.63	17.60
张掖市	Zhangye	15.49	16.05	16.10	16.49	16.79
平凉市	Pingliang	22.58	22.54	22.54	16.18	17.06
酒泉市	Jiuquan	16.91	17.42	17.24	17.19	16.96
庆阳市	Qingyang	15.14	15.01	14.12	15.69	14.15
定西市	Dingxi	18.17	17.34	15.69	15.69	16.36
陇南市	Longnan	16.37	16.37	16.37	14.79	14.40
临夏州	Linxia	14.14	14.96	15.72	18.60	20.93
甘南州	Gannan	8.89	9.16	7.21	7.15	6.18

20-41 各地区年末参加工伤保险人数
Work Injury Insurance Contributors at Year-end by Region

单位：万人 (10 000 persons)

地区	Region	2010	2011	2012	2013	2014
甘肃省	**Gansu**	**130.09**	**150.19**	**158.53**	**167.72**	**175.14**
兰州市	Lanzhou	41.01	45.27	44.67	46.28	46.18
嘉峪关市	Jiayuguan	5.10	5.43	6.43	6.47	6.85
金昌市	Jinchang	6.66	7.02	7.18	7.39	7.40
白银市	Baiyin	12.51	12.11	12.45	13.02	12.72
天水市	Tianshui	9.94	9.94	9.94	9.94	9.94
武威市	Wuwei	4.65	6.58	9.09	10.29	11.39
张掖市	Zhangye	6.44	6.81	7.70	7.49	7.88
平凉市	Pingliang	7.26	7.89	8.17	9.10	8.78
酒泉市	Jiuquan	6.01	7.13	8.66	9.50	8.85
庆阳市	Qingyang	3.26	3.66	4.77	5.69	5.81
定西市	Dingxi	4.84	6.64	7.81	8.22	8.90
陇南市	Longnan	3.57	4.11	6.33	6.90	6.70
临夏州	Linxia	1.37	3.01	3.70	3.81	4.22
甘南州	Gannan	2.07	2.21	2.50	3.02	2.95

20-42 各地区年末参加生育保险人数
Maternity Insurance Contributors at Year-end by Region

单位：万人 (10 000 persons)

地区	Region	2010	2011	2012	2013	2014
甘肃省	**Gansu**	**82.00**	**110.13**	**129.52**	**135.07**	**143.70**
兰州市	Lanzhou	34.59	41.79	44.01	45.61	45.52
嘉峪关市	Jiayuguan	3.93	4.31	5.88	6.18	7.14
金昌市	Jinchang	1.20	1.50	3.12	3.63	3.77
白银市	Baiyin	5.60	6.98	7.43	7.51	8.05
天水市	Tianshui	4.10	8.91	10.62	10.62	10.89
武威市	Wuwei	1.81	4.60	6.27	6.83	7.35
张掖市	Zhangye	6.25	6.71	6.94	6.62	7.14
平凉市	Pingliang	5.58	5.69	6.03	6.26	6.40
酒泉市	Jiuquan	0.72	0.72	5.96	6.58	6.21
庆阳市	Qingyang	5.57	8.57	8.61	8.65	8.88
定西市	Dingxi	4.75	6.24	8.04	9.89	10.29
陇南市	Longnan	0.54	2.34	4.20	4.30	4.54
临夏州	Linxia	4.22	4.91	5.28	5.35	5.64
甘南州	Gannan	2.46	2.37	2.65	2.92	3.38

主要指标解释

卫生机构 指从卫生行政部门取得《医疗机构执业许可证》，或从民政、工商行政、机构编制管理部门取得法人单位登记证书，为社会提供医疗保健、疾病控制、卫生监督服务或从事医学科研和教育等工作的单位。卫生机构包括医院、疗养院、社区卫生服务中心（站）、卫生院、门诊部、诊所（卫生所、医务室）、急救中心（站）、采供血机构、妇幼保健院（所、站）、专科疾病防治院（所、站）、疾病预防控制中心（防疫站）、卫生监督所、卫生监督检验（监测、检测）机构、医学科研机构、医学在职培训机构、健康教育所（站）等其他卫生机构。

医疗机构 指从卫生行政部门取得《医疗机构执业许可证》的机构，包括医院、疗养院、社区卫生服务中心（站）、卫生院、门诊部、诊所（卫生所、医务室）、妇幼保健院（所、站）、专科疾病防治院（所、站）、急救中心（站）和临床检验中心。

医院 包括综合医院、中医医院、中西医结合医院、民族医院、各类专科医院和护理院。

社区卫生服务中心（站） 指为本社区居民提供预防、医疗、保健、康复、健康教育、计划生育技术服务等的基层卫生机构。包括社区卫生服务中心和社区卫生服务站。

卫生人员 指在医疗、预防保健、医学科研和在职教育等卫生机构工作的职工，包括卫生技术人员、其他技术人员、管理人员和工勤人员。

卫生技术人员 包括执业（助理）医师、注册护士、药剂人员、检验和影像人员等卫生专业人员。不包括从事管理工作的卫生技术人员。

执业医师 指具有《医师执业证》及其“级别”为“执业医师”，且实际从事医疗、预防保健工作的人员，不包括实际从事管理工作的执业医师。执业医师类别分为临床、中医、口腔和公共卫生。

参加新农合人数 指根据本地新农合实施方案到年内新农合筹资截止时已缴纳新农合资金的人口数。

新农合当年基金支出 指本年度实际从新农合基金帐户中支出用于新农合补偿的资金。

新农合补偿支出受益人次 指年内新农合参合人员因病就医获得补偿的人次数，包括住院、家庭帐户形式、门诊、特殊病种大额门诊、住院正常分娩、体检和其他补偿人次之和。

新农合本年度筹资总额 指为本年度筹集的、实际进入新农合专用帐户的基金数额。包括本年度中央及地方财政配套资金、农民个人交纳资金（含民政部门及其他相关部门代缴的救助资金）、新农合基金本年度产生的全部利息收入及其他渠道实际筹集到的新农合基金额。筹资数额以进入新农合专用帐户的基金数额为准，不含上年结转额资金。

卫生总费用 是反映一个国家或地区在一定时期内（通常为1年）用于医疗卫生保健服务所消耗的资金总量。用筹资来源法测算，分为政府卫生支出、社会卫生支出、个人现金卫生支出三部分。

基本养老保险（参保）职工人数 指报告期末按照国家法律、法规和有关政策规定参加基本养老保险并在社保经办机构已建立缴费记录档案的职工人数，包括中断缴费但未终止养老保险关系的职工人数，不包括只登记未建立缴费记录档案的人数。

基本医疗保险参保人数 指报告期末按国家有关规定参加基本医疗保险的人数。包括参加保险的职工人数和退休人员人数。

失业保险参保人数 指报告期末按照国家法律、法规和有关政策规定参加了失业保险的城镇企业事业单位的职工及地方政府规定参加失业保险的其他人员的人数。

工伤保险参加人数 指报告期末依据国家有关规定参加工伤保险的职工人数。

生育保险参保人数 指报告期末依据有关规定参加生育保险的职工人数。

城镇居民最低生活保障人数 指报告期末家庭平均收入在当地规定的最低生活保障线以下的城镇居民数。包括“三无”对象、失业人员和在职、下岗、退休人员等。

农村居民最低生活保障人数 指报告期末在建立农村最低生活保障制度的地区，得到当地政府或集体给予最低生活保障的农业人口家庭人数。

农村传统救济人数 指未开展最低生活保障制度的农村地区，仍沿用传统救济制度救济的贫困人口数量。

城镇社区服务设施数 指报告期末城镇（街道办事处、居委会）设立的以非盈利为目的，为本社区居民服务，特别是为老年人、残疾人、儿童服务的社区服务中心、活动站、服务站、养老院、老年公寓（托老所），残疾人工疗站、残疾儿童日托所、家务服务站、婚姻介绍所等福利性设施以及职工社会保险管理服务的机构数。几种不同类型的社区服务单位，共用一个场所的，只能统计为一个社区服务设施。成为社区服务设施的条件：（1）是独立核算单位；（2）有固定的从业人员；（3）有一定的服务项目；（4）有一定的场所。

21

文化和体育

Culture and Sports

简要说明

一、本篇资料主要内容

本篇主要反映文化、体育、新闻出版、广播电视事业的发展情况。

文化资料主要包括文化产业基本情况、艺术表演团体、艺术表演场所、公共图书馆、博物馆、文化馆、文化站、广播、电影、电视、新闻出版等文化事业的机构、人员、经费和业务活动情况。体育资料主要包括体育系统职工和运动员情况。

二、本篇资料来源

本篇资料由省统计局社会科技处搜集、整理。艺术业、图书馆业、群众文化服务业的资料来自省文化厅；广播、电影、电视资料、新闻出版资料来自省新闻出版广电局；体育资料来自省体育局。

21-1 文化产业基本情况
Basic Statistics of Cultural Industry

项目	Item	2011	2012	2013	2014	2014 比 2013 增长（%） Growth Rate in 2014 over 2013（%）
文化产业增加值（亿元）	**Value-added of Cultural Industry (100 million yuan)**	**62.03**	**78.19**	**105.18**	**132.91**	**25.65**
其中：法人单位增加值（亿元）	Value-added of Corporate Units (100 million yuan)	52.2	65.8	93.75	118.47	
文化产业增加值占 GDP 的比重（%）	Value-added of Cultural Industry as Proportion of GDP（%）	1.24	1.38	1.66	1.94	
文化产业法人单位机构数（家）	Number of Corporate Units Institutions of Cultural Industry (uint)	3887	4730	8860	10088	
从业人员（万人）	Employed Persons (10 000 persons)	9.65	11.43	17.93	18.99	

注：2014 数据为年快报数据，最终数据以 2014 年年报数据为准。
a) Data of 2014 are wall bulletin data,the final figure will take the 2014 annual report data as the standard.

21-2 文化事业基本情况
Basic Statistics of Culture Industry

项目	Item	2010	2011	2012	2013	2014
文化事业机构数（个）	**Number of Institutions (unit)**	**4903**	**5097**	**4567**	**5014**	**5175**
文化部门	Cultural Department	1987	2068	2057	2204	2180
其他部门	Other Department	2916	3029	2510	2810	2995
文化事业人员数（人）	**Number of Employed Persons (person)**	**32645**	**36556**	**35877**	**44982**	**45037**
文化部门	Cultural Department	15374	17275	19822	24523	25395
其他部门	Other Department	17271	19281	16055	20459	19642
文化部门事业单位数（个）	**Number of Public Institutions of Culture Department(unit)**	**1987**	**2063**	**2033**	**2107**	**2180**
# 文化馆、艺术馆	Cultural Centers and Art Stations	102	103	103	103	103
公共图书馆	Public Libraries	94	100	103	103	103
博物馆	Museums	102	145	149	143	147
艺术表演场馆	Art Performance Places	27	24	25	22	22
艺术表演团体	Art Performance Troupes	82	84	103	124	190

21-3 艺术表演团体、艺术表演场馆演出情况
Statistics on Performance of Art Performance Troupes and Art Performance Places

项目	Item	2011	2012	2013	2014
艺术表演团体	**Art Performance Troupes**				
国内演出场次（千场次）	Number of Domestic Performances (1000 shows)	16.2	19.5	19.3	22.3
#农村演出场次	Rural Performances	11.0	12.6	14.5	16.1
国内演出观众人次（千人次）	Spectators of Domestic Audience (1000 person-times)	20198.7	19089.0	21900.4	21499.4
#农村观众人次	Rural Audience	15221.1	12164.0	15546.9	16727.2
艺术表演场馆	**Art Performance Places**				
演（映）出场次（千场次）	Number of Performances(1000 shows)	1.7	5.8	4.2	16.0
#艺术演出场次	Art Performances	0.7	0.3	0.2	5.8
观众人次（千人次）	Number of Audience(1000 person-times)	815.0	863.0	462.7	703.5
#艺术演出观众人次	Art Performances	345.0	352.0	135.3	373.9

21-4 博物馆基本情况
Basic Statistics on Museums

项目	Item	2011	2012	2013	2014
机构数（个）	Number of Institutions(unit)	145	149	143	147
从业人员（人）	Number of Employed Persons(person)	2503	2682	2871	3082
文物藏品（件/套）	Number of Collections(piece/set)	492348	497085	506315	543923
本年从有关部门接收文物数（件/套）	Accepted Cultural Relics from Department This Year(piece/set)	606	30	5771	200
本年修复文物数（件/套）	Cultural Relics Repaired This Year(piece/set)	297	221	413	637
基本陈列（个）	Displays (unit)	276	324	327	335
临时展览（个）	Exhibition (unit)	344	406	289	373
参观人次（千人次）	Spectators(1000 person-times)	11130	11790	17669	20078
门票销售总额（千元）	Total Sales of Ticket (1000 yuan)	3813	6497	10419	5607

21-5 公共图书馆情况
Statistics on Public Libraries

项目	Item	2011	2012	2013	2014
公共图书馆个数（个）	Number of Public Library(unit)	100	103	103	103
总藏量（千册件）	Total Collections(1000 volumes)	11596	12125	12262	13066
# 本年新购藏量	Purchased this Year	287	349	684	552
累计发放有效借书证数（个）	Accumulative Number of Library Cards Distributed(unit)	218125	257958	274283	280640
总流通人次（千人次）	Total Number of Circulation(1000 person-times)	4730	5583	6161	6584
# 书刊文献外借人次	Borrowing from Libraries	2342	2597	3043	3346
书刊文献外借册次（千册次）	Number of Books and Periodicals Lent to Readers(1000 copies-times)	3892	4469	5259	5367
阅览室座席数（个）	Seats of Reading Room(unit)	14514	15581	17403	18974

21-6 图书、杂志、报纸出版数量
Number of Books, Magazines and Newspapers Published

项目	Item	2010	2011	2012	2013	2014
图书出版	**Books Published**					
种数（种）	Number of Publication (kind)	2031	2237	2617	2906	2418
# 新出版	New Publication	1259	1365	1453	1520	1322
总印数（万册）	Printed Copies (10 000 copies)	6737	6747	6614	6573	5312
总印张（千印张）	Printed Sheets (1 000 sheets)	505394	516045	549031	573771	455833
杂志出版	**Magazines Publised**					
种数（种）	Number of Publication (kind)	128	131	131	133	133
总印数（万册）	Total Printed Copies (10 000 copies)	11082	11152	11420	11038	10871
总印张（千印张）	Printed Sheets (1 000 sheets)	455806	455728	491464	559045	542126
报纸出版	**Newspapers Publised**					
种数（种）	Number of Publication (kind)	63	63	61	61	61
总印数（万份）	Total Printed Copies (10 000 copies)	40714	45776	49990	51548	50982
总印张（千印张）	Printed Sheets (1 000 sheets)	2690631	1049583	1107370	1103325	1060569

21-7 少年儿童读物和课本出版情况
Number of Books Published for Children and Textbooks

项目	Item	2011	2012	2013	2014
种数(种)	Number of Publications (kind)				
儿童读物	Books for Children	45	55	57	54
课 本	Textbooks	62	74	76	71
总印数(万册)	Printed Copies (10 000 copies)				
儿童读物	Books for Children	63	72	69	62
课 本	Textbooks	3920	3774	3674	3517
总印张(千印张)	Printed Sheets (1 000 sheets)				
儿童读物	Books for Children	1990	2110	2017	1919
课 本	Textbooks	319352	292054	281451	273125

21-8 录像、录音制品出版品种及数量
Variety and Quantity of Publication of Video Products and Audio Products

项目	Item	品种（种）Number(kind)		数量（万盒、万张）Volume（10000 cassettes,10000 discs)	
		2013	2014	2013	2014
录像制品	**Total Video Products**	**13**	**12**	**59**	**48**
发行数量	Number Publicated			32	28
录音制品	**Total of Audio Products**	**14**	**7**	**2.2**	**0.4**
发行数量	Number Publicated			4.0	0.1
电子出版物	**Electronic Publications**	**6**	**3**	**0.6**	**0.1**
发行数量	Number Publicated			3	

21-9 出版物发行机构数和网点数
Issuing Institutions and Spots of Publication

项目	Item	2011	2012	2013	2014
发行机构（处）	**Issuing Institutions (unit)**	**2210**	**2417**	**2366**	**2392**
国有书店及国有发行点	State-owned Book Store and Issuing Spots	323	287	239	280
供销社	Supply and Marketing Cooperatives				
出版社	Press	8	8	9	9
网上书店	Online Bookstore	1	1	1	2
文化教育广电邮政系统	Cultural, Educational Broadcasting and Postal Systems	80	82	81	82
新华书店系统外批发网点	Wholesale Spots Outside Xinhua Bookstore	179	210	210	218
集体个体零售	Collective and Personal Retail	1619	1828	1826	1801
新华书店系统出版社	**Persons Engaged in Own Issuance of**				
自办发行从业人数（人）	**Presses of Xinhua Bookstore System(person)**				
全部职工	All Staff	3136	3568	3710	3097
国有书店及国有发行点	State-owned Bookstores and Issuing Spots	3032	3112	3101	2978

21-10 出版印刷生产情况
Conditions of Printing

项目	Item	2011	2012	2013	2014
企业数（个）	Number of Enterprises(unit)	105	102	96	102
工业销售产值（万元）	Industrial Sales Value(10 000 yuan)	76044	79022	75984	70731
印刷产量	Output of Printing				
黑白（万令）	Black and White(10 000 ream)	251	257	232	208
彩色（万对开色令）	Color(10 000 bisect color ream)	442	463	449	420
装订产量（万令）	Output of Bookbinding(10 000 ream)	238	244	233	197
用纸量（万令）	Amout of Paper Used(10 000 ream)	160	368	351	328
新华书店系统出版社	Persons Engaged in Own Issuance of				
自办发行从业人数（人）	Presses of Xinhua Bookstore System(person)				
全部职工	All Staff	3136	3310	3710	3097
国有书店及国有发行点	State-owned Bookstores and Issuing Spots	3032	3110	3101	2978

21-11 各地区文化事业基本情况（2014）
Basic Statistics of Culture Industry by Region(2014)

地区	Region	文化事业机构数（个）Number of Institutions (unit)	#文化部门 Cultural Department	#其他部门 Other Department	文化事业人员数（人）Number of Employed Persons (person)	#文化部门 Cultural Department	#其他部门 Other Department
兰州市	Lanzhou	733	169	564	6435	2063	4372
嘉峪关市	Jiayuguan	95	18	77	1074	604	470
金昌市	Jinchang	105	42	63	851	434	417
白银市	Baiyin	315	115	200	3684	2194	1490
天水市	Tianshui	393	202	191	3335	2259	1076
武威市	Wuwei	340	144	196	2129	946	1183
张掖市	Zhangye	313	129	184	1956	966	990
平凉市	Pingliang	374	182	192	2880	1621	1259
酒泉市	Jiuquan	469	145	324	2322	1013	1309
庆阳市	Qingyang	454	194	260	6284	3760	2524
定西市	Dingxi	371	181	190	3598	2076	1522
陇南市	Longnan	521	269	252	3172	1686	1486
临夏州	Linxia	353	195	158	2087	1467	620
甘南州	Gannan	291	153	138	2083	1403	680

注：本表不含省本级和甘肃矿区数据。

a) Data of this table excluding Provincial level and Gansu Mine Area data.

21-11 续表 continue

地区	Region	文化部门事业单位数（个）Number of Public Institutions of Culture Department(unit)	#文化馆、艺术馆 Cultural Centers and Art Station	#公共图书馆 Public Libraries	#博物馆 Museums	#艺术表演场所 Art Performance Places	#艺术表演团体 Art Performance Troupes	公共图书馆藏书量（万册、件）Total Collections of Public Library(10 000volumes)
兰州市	Lanzhou	169	9	8	11	1	4	100.15
嘉峪关市	Jiayuguan	18	1	2	4	1		24.21
金昌市	Jinchang	42	3	4	5			57.94
白银市	Baiyin	115	6	6	8		1	73.73
天水市	Tianshui	202	8	8	9	2	1	80.82
武威市	Wuwei	144	5	5	10	1	1	49.93
张掖市	Zhangye	129	8	7	12		2	60.01
平凉市	Pingliang	182	8	8	12	4		67.19
酒泉市	Jiuquan	145	8	8	9	1	2	53.69
庆阳市	Qingyang	194	9	9	16			68.49
定西市	Dingxi	181	8	8	12	1		73.88
陇南市	Longnan	269	10	10	11	2	5	87.97
临夏州	Linxia	195	9	9	13		1	35.29
甘南州	Gannan	153	9	9	12		1	26.00

21-12 广播电视事业基本情况

Basic Statistics of Radio and Television Industry

项目	Item	2010	2011	2012	2013	2014
广播	**Radio**					
广播电台（座）	Number of Broadcasting Stations (set)	4	5	3	2	2
中短波广播发射和转播台（座）	Medium and Short Wave Transmission Stations and Relay Stations (set)	30	30	30	30	30
中短波广播发射功率（千瓦）	Medium and Short Wave Transmission Power (kw)	702	702	702	702	712
发射台及转播台（座）	Transmission Stations and Relay Stations (set)	695	697	700	702	630
发射机功率（千瓦）	Power of Transmitters (kw)	234	240	242	245	254
公共广播节目套数（套）	Number of Public Radio Programs (set)	86	87	87	88	91
广播节目制作时间 （万小时）	Length of Radio Programs Produced (10 000 hours)	10.78	10.88	11.39	11.96	12.45
# 新闻节目	News Programs	2.29	2.27	2.45	2.53	2.44
专题节目	Special Subject Programs	2.77	2.75	3.14	2.85	2.76
文艺节目	Entertainment Programs	3.20	3.17	3.09	2.88	3.86
服务节目	Service Programs	0.66	1.03	1.13	0.96	0.92
县广播电视台（座）	County Broadcasting Stations (set)	76	75	77	68	68
广播节目综合人口覆盖率 (%)	Radio Coverage Rate of the Population (%)	93.47	93.70	96.89	97.69	97.89
电视	**Television**					
电视台（座）	Television Stations (set)	7	8	6	4	4
发射台及转播台（座）	Transmission Stations and Relay Stations (set)	2527	2504	2285	2285	2235
发射机功率（千瓦）	Power of Transmitters (kw)	366	356	362	372	377
电视节目套数(套)	Number of TV Programs (set)	104	106	106	106	107
# 公共电视	Public TV (set)	104	106	106	106	107
付费电视	Pay TV (set)					
电视节目制作时间 （万小时）	Length of TV Programs Produced (10 000 hours)	5.89	5.94	5.82	6.66	6.29
# 新闻节目	News Programs	1.95	2.17	1.91	2.17	2.04
专题节目	Special Subject Programs	1.58	1.67	1.65	1.81	2.02
文艺节目	Entertainment Programs	0.83	0.75	0.82	0.81	0.67
服务节目	Service Programs	0.65	0.51	0.56	0.53	0.63
电视节目综合人口覆盖率 (%)	TV Coverage Rate of Population (%)	93.72	94.05	97.56	98.04	98.35
有线广播电视用户数 （万户）	Number of Users of Cable Radio and TV (10 000 households)	206.9	220.5	201.2	207.3	206.4
# 农村	Rural	51.41	54.38	16.00	23.98	24.53
数字电视用户数	Number of Users of Digital TV	122.85	147.79	161.76	196.09	197.03
有线广播电视入户率 (%)	Popularization Rate of Cable Radio and TV (%)	27.37	28.57	26.07	27.12	25.19
# 农村	Rural	10.84	11.30	3.32	4.94	5.17
其他	**Others**					
广播电视总收入(亿元)	Revenue of Radio and TV (100 million yuan)	14.37	15.77	28.54	26.57	28.26
广播电视从业人员数 （万人）	Staff and Workers of Radio and TV (10 000 persons)	1.41	1.40	1.45	1.49	1.53

21-13 广播电视节目综合人口覆盖情况
Population Coverage of Radio and TV Programs

单位：% (%)

项目	Item	2011	2012	2013	2014
广播节目综合人口覆盖率	Population Coverage Rate of Radio Programs	93.70	96.89	97.69	97.89
# 中央广播节目	Coverage Rate of Central Radio Station	89.30	95.37	96.18	96.39
# 农村广播节目	Rural Population Coverage Rate of Radio Programs	92.35	96.25	97.26	97.50
电视节目综合人口覆盖率	Population Coverage Rate of TV Programs	94.05	97.56	98.04	98.35
# 中央电视节目	Coverage Rate of CCTV	91.24	95.96	96.62	96.98
# 农村电视节目	Rural Population Coverage Rate of TV Programs	92.75	97.02	97.65	98.02

21-14 广播节目制作播出情况
Basic Statistics on Radio Programs Produced and Broadcasted

项目	Item	2011	2012	2013	2014
公共广播节目套数(套)	Number of Public Radio Programs（set)	87	87	88	91
全年制作广播节目时间（小时）	Length of Radio Programs Produced(hour)	108777	113867	119621	124479
全年公共广播节目播出时间（小时）	Length of Public Radio Programs Broadcasted (hour)	283157	295005	309519	323484

21-15 电视节目制作播出情况
Basic Statistics on TV Program Produced and Broadcasted

项目	Item	2011	2012	2013	2014
电视节目套数(套)	Number of TV Programs(set)				
公共电视	Public TV	106	106	106	107
全年制作电视节目时间(小时)	Length of TV Progarms Produced(hour)	59424	58178	66597	62876
全年公共电视节目播出时间(小时)	Length of Public TV Programs Broadcasted (hour)	423256	435812	441916	452895
全年电视剧播出数	Number of TV Plays Broadcasted (set)				
(部)	(set)	6709	7069	6773	6646
(集)	(part)	186740	197745	196668	201021
#进口电视剧	Imported TV Play Broadcasted				
(部)	(set)	54	10	5	110
(集)	(part)	1918	478	365	3556

21-16 有线广播电视传输干线网络及用户情况
Transmission Trunk and Users of Cable Radios and TVs

项目	Item	2011	2012	2013	2014
有线广播电视传输干线网络总长(公里)	Total Length of Transmission Trunk for Cable Radios and TVs(km)	47161	47159	47334	48158
有线广播电视用户数(户)	Users of Cable Radios and TVs (household)	2204622	2011749	2073356	2064058
#数字电视用户数	Users of Digital TV Programs	1477853	1617618	1960928	1970280
#付费电视用户数	Users of Pay TV	102783	276966	326381	661346
#农村有线广播电视用户数	Users of Rural Cable Radios and TVs	543844	159762	239842	245313
有线广播电视入户率(%)	Popularization Rate of Cable TV Programs (%)	28.57	26.07	27.12	25.19
#农村有线广播电视入户率	Rural Areas	11.30	3.32	4.94	5.17

21-17 广播电视技术情况
Technology Statistics on Radio and TV

项目	Item	2011	2012	2013	2014
中、短波转播发射台（座）	Transmission and Relaying Stations of Medium and Short Wave Broadcast(unit)	30	30	30	30
中波发射机（部）	Medium Wave Transmitters(set)	59	59	59	60
短波发射机（部）	Sort Wave Transmitters(set)	2	2	2	2
调频转播发射台（座）	Relaying Stations of Frequency Modulation Broadcasting(unit)	697	700	702	630
调频转发射机（部）	Frequency Modulation Transmitters(unit)	967	981	985	894
电视转播发射台（座）	TV Transmission and Relaying Stations(unit)	2504	2285	2285	2235
电视发射机（部）	TV Program Transmitters(set)	3997	3464	3472	3318
微波实有站（座）	Microwave Stations(unit)	108	107	102	91

21-18 各地区广播电视事业基本情况 (2014)
Basic Statistics of Broadcasting and Television by Region (2014)

单位：小时 (hour)

地区	Region	公共广播节目套数（套）Number of Public Radio Programs(set)	全年制作广播节目时间 Length of Radio Programs Produced	全年公共广播节目播出时间 Length of Public Radio Programs Broadcasted	全年制作电视节目时间 Length of TV Progarms Produced	全年公共电视节目播出时间 Length of Public TV Programs Broadcasted
兰州市	Lanzhou	6	22059	30248	6377	43656
嘉峪关市	Jiayuguan	2	5882	9234	2054	16790
金昌市	Jinchang	2	2626	8268	1835	15958
白银市	Baiyin	4	4372	12566	6931	24009
天水市	Tianshui	9	7757	31797	5792	38627
武威市	Wuwei	5	4206	20736	2041	29102
张掖市	Zhangye	7	5422	24310	2643	34339
平凉市	Pingliang	8	8903	24288	6134	39434
酒泉市	Jiuquan	7	6928	20176	4181	39696
庆阳市	Qingyang	8	3380	22361	4590	24023
定西市	Dingxi	8	5078	21251	2843	30684
陇南市	Longnan	10	3037	29052	5257	37201
临夏州	Linxia	7	1409	21420	2293	16592
甘南州	Gannan	2	1703	5110	1569	9467
甘肃矿区电视台	Gansu Mine Area				266	5262

21-19 体育系统机构数、从业人员数(2014)

Number of Institutions and Engaged Persons of Physical Education System (2014)

单位：个、人 (unit,person)

指标	Item	合计 Total		省级 Provincial Level		地级 Prefectural Level		县级 County Level	
		机构数 Institutions	人数 Persons	机构数 Institutions	人数 Persons	机构数 Institutions	人数 Persons	机构数 Institutions	人数 Persons
总计	**Total**								
体育行政机关	Administrative Agencies of Physical Culture and Sports	101	589	1	42	14	179	86	362
运动项目管理部门	Sports Events Management	5	1047	4	943	1	104		
本科院校	Colleges								
职业、运动技术学院	Sports Technical Institutes								
体育运动学校	Physical Education and Sports Schools	10	491	1	109	9	382		
竞技体校	Competitive Sports School								
少儿体育运动学校（业余体校）	Spare-time Sports School	29	378			6	135	23	243
单项运动学校	Physical Education and Sports Schools								
训练基地	Training Bases								
体育场馆	Stadium and Gymnasium	553	1349						
科研所	Science and Technology Institute	1	25	1	25				
其他事业单位	Other Institutions	33	452						
其他	Others								

21-20 分技术等级运动员发展人数

Certified Athletes by Technical Grade

单位：人 (person)

项目	Item	2011	2012	2013	2014
合计	**Total**	**343**	**854**	**944**	**649**
#女	Female	106	255	285	201
运动健将	Master of Sports	19	18	20	18
#女	Female	7	7	8	8
一级运动员	First Grade	99	140	132	122
#女	Female	21	39	38	41
二级运动员	Second Grade	225	695	792	509
#女	Female	78	208	239	152

主要指标解释

文化及相关产业 指为社会公众提供文化、娱乐产品和服务的活动以及与这些活动有关联的活动的集合。根据提供文化、娱乐产品和服务活动的属性特点，划分为公益性文化活动和经营性文化活动两大类。

文化及相关产业是第三产业的重要组成部分。是在我国《国民经济行业分类》基础上的派生分类，有文化服务和相关文化服务两大类。

文化服务 主要指新闻服务，出版发行和版权服务，广播、电视、电影服务，文化艺术服务，网络文化服务，文化休闲娱乐服务，其他文化服务。

相关文化服务 主要有文化用品、设备及相关文化产品的生产，文化用品、设备及相关文化产品的销售。

非文化及相关产业 指由文化部门主办的不属于文化及相关产业的其他各类行业活动。

文化事业机构 指从事专业文化工作和为专业文化工作服务的独立建制的单位。不包括这些单位另外举办独立核算的其他机构和各部门的业余文化组织。该指标主要反映文化事业机构发展规模水平。

艺术表演团体 指由文化部门主办或实行行业管理（经文化市场行政部门审批或已申报登记并领取相关许可证），专门从事表演艺术等活动的各类专业艺术表演团体，含民间职业剧团。如话剧团、方言话剧团、滑稽剧团、儿童剧团、歌剧团、木偶团、皮影团等以及由若干剧种组成的综合性专业艺术表演团体。不包括群众业余文艺表演团体。

艺术表演场馆 指由文化部门主办或实行行业管理（经文化市场行政部门审批或已申报登记并领取相关许可证），有观众席、舞台、灯光设备，公开售票、专供文艺团体演出的文化活动场所。附属于文化部门机构内非独立核算的剧场、排演场，公开营业的也应单独统计。

22 少数民族

Minority

简要说明

一、本篇资料主要内容

本篇资料反映2个民族自治州、5个民族自治县的经济社会发展情况。重点反映了民族自治地方农牧业的发展状况以及教育、卫生方面的情况。

二、本篇资料来源

本篇资料由省统计局国民经济综合处搜集、加工整理。数据来源于省统计局相关处、省有关部门。

22-1 民族自治地方年末人口与人口自然变动情况(2014)
Total Population at Year-end and It's Natural Changes of Ethnic Minority Autonomous Areas (2014)

单位：万人、‰ (10 000 persons,‰)

地县	Region and County	常住人口 Total Population	按性别分 By Sex 男 Male	女 Female	按城乡分 By Urban and Rural 城镇人口 Urban	乡村人口 Rural	自然增长率 Natural Growth Rate
民族自治地方合计	**Total**	**323.24**	**164.49**	**158.75**	**95.35**	**227.89**	**7.68**
临夏回族自治州	Linxia	200.44	101.44	99.00	59.27	141.17	7.81
甘南藏族自治州	Gannan	70.18	36.18	34.00	20.33	49.85	7.88
肃北蒙古族自治县	Subei	1.51	0.87	0.64	0.85	0.66	5.04
阿克塞哈萨克族自治县	Akesai	1.05	0.61	0.44	1.01	0.04	7.85
肃南裕固族自治县	Sunan	3.44	1.83	1.61	1.26	2.18	6.18
天祝藏族自治县	Tianzhu	17.50	9.02	8.48	6.41	11.09	5.98
张家川回族自治县	Zhangjiachuan	29.12	14.54	14.58	6.22	22.90	7.68

22-2 民族自治地方生产总值(2014)
Gross Regional Product of Ethnic Minority Autonomous Areas (2014)

单位：万元 (10 000 yuan)

地县	Region and County	生产总值 Gross Regional Product	第一产业 Primary Industry	第二产业 Secondary Industry	第三产业 Tertiary Industry	人均生产总值（元） Per Capita GDP (yuan)
民族自治地方合计	**Total**	**4758087**	**779831**	**1610303**	**2367953**	**14774**
临夏回族自治州	Linxia	2029732	346687	496398	1186647	10166
甘南藏族自治州	Gannan	1246932	257823	283018	706091	17818
肃北蒙古族自治县	Subei	341496	4519	271368	65609	226156
阿克塞哈萨克族自治县	Akesai	150705	5141	101044	44520	166598
肃南裕固族自治县	Sunan	301424	45018	191065	65341	87879
天祝藏族自治县	Tianzhu	437593	59358	224397	153838	25077
张家川回族自治县	Zhangjiachuan	250205	61285	43013	145907	8595

22-3 民族自治地方农牧业生产基本情况

Farming and Animal Husbandry Producting Basic Statistic of Ethnic Minority Autonomous Areas

指标	Item	2010	2011	2012	2013	2014
农业总产值（亿元）	**Output Value of Agriculture(100 million yuan)**	**76.47**	**86.57**	**100.32**	**111.18**	**119.28**
农业	Agriculture	40.52	43.98	52.12	57.37	61.24
林业	Forestry	2.60	3.32	3.88	4.45	5.02
牧业	Animal Husbandry	31.25	36.87	41.41	46.10	49.37
渔业	Fishery	0.17	0.20	0.25	0.26	0.32
耕地面积（千公顷）	**Cultivated Area (1 000 hectares)**	**276.84**	**278.17**	**278.41**	**278.74**	**279.52**
# 有效灌溉面积	Irrigated Area	72.74	72.96	73.60	73.73	72.80
总播种面积（千公顷）	**Total Sown Area (1 000 hectares)**	297.45	304.31	307.30	311.73	315.53
# 粮食作物	Sown Area of Grain Crops	212.08	217.43	213.67	212.97	214.98
主要农作物产量（万吨）	**Yield of Major Farm Crops(10 000 tons)**					
粮食	Grain Crops	88.79	91.85	97.04	103.75	109.56
油料	Oil-bearing	8.51	8.63	8.66	8.89	8.93
甜菜	Beetroots	0.34	0.89	0.98	1.00	0.62
畜牧业产品产量（万吨）	**Output of Livestock Products (10 000 tons)**					
猪肉产量	Pork	3.63	3.64	3.75	3.90	4.04
牛肉产量	Beef	4.76	5.18	5.42	5.55	5.85
羊肉产量	Mutton	4.71	4.91	5.08	5.29	5.63
牛奶产量	Cow Milk	10.87	11.20	11.40	11.55	11.79
羊毛产量	Wool	0.12	0.90	0.96	0.95	0.94
农业生产条件	**Agriculture Production Condition**					
农业机械总动力（万千瓦）	Total Power of Agricultural Machinery (10 000 kw)	151.60	164.59	176.28	191.33	210.45
农村用电量（万千瓦时）	Electricity Consumed in Rural Area (10 000 kw·h)	46251.46	47920.82	49180.88	50991.36	53320.00
化肥施用量（万吨）	Chemical Fertilizer Cosumption (10 000 tons)					
按实物量计算	Consumtion of Chemical Fertilizer	11.52	11.91	12.49	12.44	12.27
按折纯量计算	Convert to Pure Amount	3.41	3.59	3.64	3.66	3.73

22-4 民族自治地方农、林、牧、渔业总产值（2014）
Gross Output Value of Farming,Forestry,Animal Husbandry and Fishery of Ethnic Minority Autonomous Area（2014）

单位：万元 (10 000 yuan)

地县	Region and County	农、林、牧、渔业总产值 Gross Output Value of Agriculture, Forestry, Animal Husbandry and Fishery	农业 Agriculture	林业 Forestry	牧业 Animal Husbandry	渔业 Fishery	农、林、牧、渔业总产值指数（上年=100） Indices
民族自治地方合计	**Total**	**1192822**	**612437**	**50156**	**493737**	**3186**	
临夏回族自治州	Linxia	565908	381609	13397	146067	3090	107.84
甘南藏族自治州	Gannan	334154	79812	31479	218642	44	105.88
肃北蒙古族自治县	Subei	9594	1982	9	7250		105.65
阿克塞哈萨克族自治县	Akesai	8445	1947	125	6219		109.69
肃南裕固族自治县	Sunan	70618	20743	1439	46065		98.56
天祝藏族自治县	Tianzhu	104126	47990	2455	49855	6	104.22
张家川回族自治县	Zhangjiachuan	99976	78354	1251	19640	46	106.09

22-5 民族自治地方牲畜头数
Number of Domestic Animals of Ethnic Minority Autonomous Areas

年份 Year	大牲畜年末数（百头） Large Animals (year-end)（100 heads）	牛 Cows	马 Horses	驴 Donkeys	骡 Mules	骆驼 Camels	羊年末数（百只） Sheep and Goats(year-end)（hundred） 山羊 Goats	绵羊 Sheep	猪年末数（百头） Hogs (year-end) (hundred)
1990	17009	13949	1379	932	628	121	7166	30920	4474
1991	16887	13864	1353	920	641	109	7179	29405	4575
1992	16994	13917	1359	940	684	94	7410	29754	4802
1993	16954	13862	1367	938	707	80	7578	29915	5048
1994	17022	13914	1368	929	738	73	7958	30472	5198
1995	17119	14016	1362	916	754	71	8204	30462	5333
1996	17126	13995	1366	910	786	69	8325	30559	5410
1997	16985	13878	1360	893	784	70	8555	30633	5542
1998	15522	13180	946	617	717	58	8107	30094	4256
1999	15418	13122	916	573	749	58	8172	28199	4393
2000	15356	13020	902	603	778	53	8444	28001	4648
2001	15137	12804	864	628	789	52	8555	27882	4797
2002	15235	12913	897	641	740	44	8581	28448	5200
2003	15330	13103	877	636	669	45	8491	29602	5464
2004	15619	13371	864	639	698	47	8414	30702	5839
2005	16435	14185	848	648	701	53	8988	32288	6146
2006	16971	14734	835	665	679	58	9368	34027	6232
2007	17776	15522	827	676	690	61	9828	36611	6077
2008	18953	16906	709	633	641	64	9165	41916	4694
2009	19356	17231	719	682	657	67	8413	44552	4863
2010	19994	17819	739	708	658	69	7872	46927	5191
2011	20171	17998	759	736	627	51	7864	48358	5281
2012	19935	17699	778	754	637	67	7516	48731	5498
2013	20186	17864	811	796	643	72	7511	49207	5697
2014	20685	18383	832	766	623	82	8050	50502	5793

注：2008 年数据为农业普查衔接数。
a)Data of 2008 was adjusted according to the National Agricultural Census.

22-6 民族自治地方固定资产投资 (2014)

Investment in Fixed Assets of Ethnic Minority Autonomous Areas (2014)

单位：万元 (10 000 yuan)

地县	Region and County	固定资产投资 Investment in Fixed Assets	第一产业 Primary Industry	第二产业 Secondary Industry	第三产业 Tertiary Industry	新增固定资产 Newly Increased Fixed Assets
民族自治地方合计	**Total**	**7053497**	**279685**	**2894591**	**3879221**	**5635912**
临夏回族自治州	Linxia	2637324	72660	575257	1989407	1725030
甘南藏族自治州	Gannan	1782183	79402	808873	893908	1794032
肃北蒙古族自治县	Subei	748299	29044	551996	167259	589520
阿克塞哈萨克族自治县	Akesai	323000	2600	300964	19436	102112
肃南裕固族自治县	Sunan	362032	4795	213218	144019	452323
天祝藏族自治县	Tianzhu	775949	60835	353065	362049	461478
张家川回族自治县	Zhangjiachuan	424710	30349	91218	303143	511417

22-7 民族自治地方社会消费品零售总额（2014）

Total Retail Sale of Consumer Goods of Ethnic Minority Autonomous Areas(2014)

单位：万元 (10 000 yuan)

地区	Region and County	社会消费品零售总额 Total Retail Sales of Consumer Goods	批发业 Wholesalel Trade	零售业 Retail Trade	住宿业 Hotels	餐饮业 Catering Sevices	其他行业 Other
民族自治地方合计	**Total**	**1443257**	**268470**	**904411**	**17058**	**249263**	**2021**
临夏回族自治州	Linxia	696605	187600	383721	7099	118185	
甘南藏族自治州	Gannan	383874	25085	284720	7835	64201	
肃北蒙古族自治县	Subei	17499	7407	8607	60	1203	222
阿克塞哈萨克族自治县	Akesai	17167	14146	1710	11	1300	
肃南裕固族自治县	Sunan	39267	920	32247	220	5880	
天祝藏族自治县	Tianzhu	224101	32133	143424	427	46318	1799
张家川回族自治县	Zhangjiachuan	64743	1179	49982	1407	12176	

22-8 民族自治地方农民人均纯收入 (2014)

Per Capita Net Income of Rural Households of Ethnic Minority Autonomous Areas(2014)

单位：元 (yuan)

地县	Region and County	农民人均纯收入 Annual Per Capita Net Income of Rural Residents	工资性收入 Income from Wages and Salaries	家庭经营纯收入 Income from Household Operations	财产性收入 Income from Properties	转移性收入 Income from Transfers
民族自治地方合计	**Total**					
临夏回族自治州	Linxia	4127	1863	1754	73	437
甘南藏族自治州	Gannan	4589	1219	2574	82	713
肃北蒙古族自治县	Subei	18000	1088	6067	335	10522
阿克塞哈萨克族自治县	Akesai	19251	3525	9158	190	6374
肃南裕固族自治县	Sunan	11972	2594	6886	158	2334
天祝藏族自治县	Tianzhu	5050	1730	2405	13	902
张家川回族自治县	Zhangjiachuan	4273	1869	2020	68	316

22-9 民族自治地方财政金融情况

Government Finance and Financial of Ethnic Minority Autonomous Areas

单位：万元 (10 000 yuan)

指标	Item	2010	2011	2012	2013	2014
财 政	**Government Finance**					
公共财政预算收入	Public Government Budget Revenue	139453	189935	248544	315706	361737
公共财政预算支出	Public Government Budget Expenditure	2014808	2475059	3010446	3250950	3403658
金 融	**Financial**					
金融机构存款余额	Deposit Balance of Financial Institutions	3946959	4894484	5918873	6972353	7890361
金融机构贷款余额	Loan Balance of Financial Institutions	1844408	2446392	3150602	4265643	5579876
城乡居民储蓄存款	Saving Deposit Balance of Urban and Rural Residents	2189572	2722856	3432221	4063183	4688243

22-10 民族自治地方教育、卫生及文化情况
Basic Statistics on Education，Health and Culture of Ethnic Minority Autonomous Areas

指标	Item	2010	2011	2012	2013	2014
教育	**Education**					
高等学校所数（所）	Institutions of Higher Education(unit)	1	1	1	1	1
专任教师数（人）	Number of Full-time Teachers(person)	403	435	456	499	490
在校学生数（人）	Number of Student Enrollment(person)	8087	8266	9087	9861	10802
中等学校所数（所）	Number of Secondary Schools(unit)	7	7	7	6	6
专任教师数（人）	Number of Full-time Teachers(person)	477	611	471	369	377
在校学生数（人）	Number of Student Enrollment(person)	5819	4986	4978	1689	4625
普通中学数（所）	Regular Secondary Schools(unit)	209	201	199	192	194
专任教师数（人）	Number of Full-time Teachers(person)	12963	13491	14404	14955	15110
在校学生数（万人）	Number of Student Enrollment（10 000 persons）	22.52	22.75	25.30	19.65	18.33
小学校所数（所）	Number of Primary School(unit)	1641	1606	1568	1555	1514
专任教师数（人）	Number of Full-time Teachers(person)	19080	20396	20429	21050	20889
在校学生数（万人）	Number of Student Enrollment（10 000 persons）	36.44	34.50	33.76	29.22	28.19
卫生	**Health**					
卫生机构数（个）	Number of Health Institutions (unit)	1208	1292	3392	3410	3878
# 医院	Hospitals	47	48	47	53	53
卫生院	Health Centers	291	293	296	295	296
社区卫生服务中心（站）	Community Health Service Centers (stations)		37	38	39	39
疾病预防控制中心（防疫站）	Centers for Disease Control and Prevention		24	24	24	24
床位（张）	Beds (unit)	9929	10451	11301	12777	12945
# 医院	Hospitals	6166	6493	7209	8510	8533
卫生院	Health Centers	3155	3320	3373	3467	3621
社区卫生服务中心（站）	Community Health Service Centers (stations)		195	189	214	219
疾病预防控制中心（防疫站）	Disease Prevention and Control Centers					
卫生机构人员数（人）	Medical institution Personnel (person)	11993	15206	15772	14631	19815
卫生技术人员（人）	Medical Technical Personnel (person)	10392	11044	11294	10429	13073
# 医院	Hospitals		4330	4535	4936	5311
卫生院	Health Centers		3413	3440	3368	3471
社区卫生服务中心（站）	Community Health Service Centers (stations)		304	346	367	378
疾病预防控制中心（防疫站）	Centers for Disease Control and Prevention		756	665	685	679
文化	**Culture**					
文化事业	Culture Institution					
机构数（个）	Number of Institution (unit)	726	722	702	755	797
人员数（人）	Personnel (person)	3611	4560	4291	5179	5096
各类文化艺术事业单位数（个）	Number of Culture and Art Institution (unit)	401	415	407	431	449
# 文化馆、艺术馆	Cultural Centers and Art Station	23	23	23	23	23
公共图书馆	Public Libraries	23	23	23	23	23
博物馆	Museums	24	29	30	30	31
艺术表演场馆	Art Performance Places	3	2	2	3	3
艺术表演团体	Art Performance Troupes	16	14	14	19	16

甘肃省第三次全国经济普查主要数据公报
（第一号）

甘肃省统计局
甘肃省第三次全国经济普查领导小组办公室
2015年3月15日

根据《国务院关于开展第三次全国经济普查的通知》（国发〔2012〕60号）和《甘肃省人民政府关于开展第三次全国经济普查的通知》（甘政发〔2012〕150号）要求，我省进行了第三次全国经济普查。这次普查的标准时点为2013年12月31日，普查时期资料为2013年年度资料。普查对象是在我省境内从事第二产业和第三产业的全部法人单位、产业活动单位和个体经营户。通过这次普查，掌握了我省第二、三产业的发展规模及布局，摸清了我省产业组织、产业结构、产业技术的现状以及各生产要素的构成，查实了服务业、战略性新兴产业、小微企业和高技术产业（制造业）的发展状况，普查数据质量达到预期目标要求。

根据《全国经济普查条例》，甘肃省统计局和甘肃省第三次全国经济普查领导小组办公室现分三个公报，将全省第三次经济普查的主要综合数据公布如下。其他普查数据将随着普查资料开发应用的进度，以不同方式陆续公布。

一、单位基本情况

2013年末，全省共有从事第二产业和第三产业活动的法人单位130872个，比2008年末（2008年是第二次全国经济普查年份，下同）增加36505个，增长38.7%；产业活动单位180354个，增加40488个，增长28.9%；有证照个体经营户539581个，增加120435个，增长28.7%（详见表1–1）。

表1–1　单位数与有证照个体经营户数

	单位数（个）	比重（%）
一、法人单位	130872	100
企业法人	67455	51.5
机关、事业法人	25125	19.2
社会团体和其他法人	38292	29.3
二、产业活动单位	180354	100
第二产业	20917	11.6
第三产业	159437	88.4
三、有证照个体经营户	539581	100
第二产业	24525	4.5
第三产业	515056	95.5

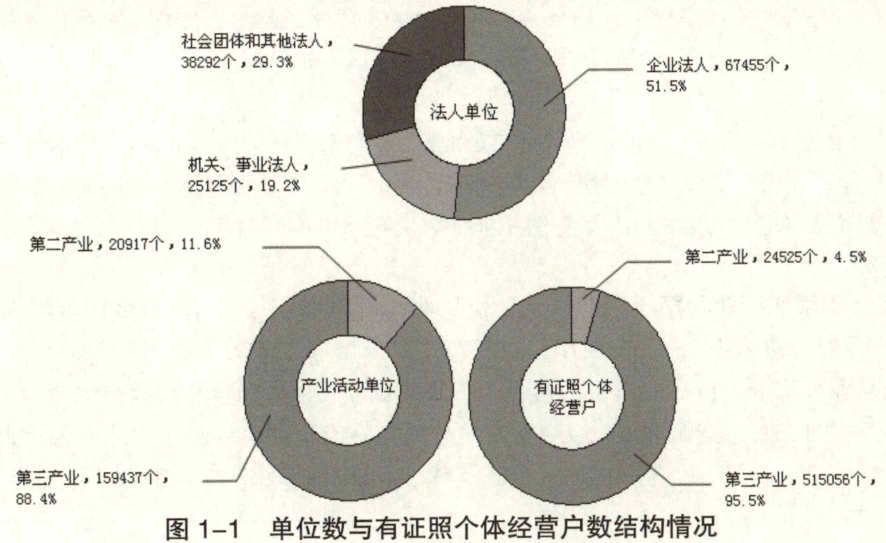

图1–1　单位数与有证照个体经营户数结构情况

2013 年末，在第二产业和第三产业法人单位中，位居前三位的行业是：公共管理、社会保障和社会组织 44564 个，占 34.1%；批发和零售业 25811 个，占 19.7%；制造业 12688 个，占 9.7%。在有证照个体经营户中，位居前三位的行业是：批发和零售业 297301 个，占 55.1%；交通运输、仓储和邮政业 107212 个，占 19.9%；住宿和餐饮业 51399 个，占 9.5%（详见表 1–2）。

表 1–2　按行业分组的法人单位与有证照个体经营户

	法人单位（个）	有证照个体经营户（个）		法人单位（个）	有证照个体经营户（个）
合计	130872	539581	房地产业	3845	295
采矿业	1779	256	租赁和商务服务业	6033	4035
制造业	12688	24340	科学研究和技术服务业	3713	2175
电力、热力、燃气及水生产和供应业	1374	1	水利、环境和公共设施管理业	1156	7
建筑业	2834	1180	居民服务、修理和其他服务业	1805	38134
批发和零售业	25811	297301	教育	9421	430
交通运输、仓储和邮政业	2520	107212	卫生和社会工作	3941	6750
住宿和餐饮业	2483	51399	文化、体育和娱乐业	3331	3359
信息传输、软件和信息技术服务业	1047	2339	公共管理、社会保障和社会组织	44564	–
金融业	655	–			

注：表中法人单位合计数含从事农、林、牧、渔服务业和兼营第二、三产业活动的农、林、牧、渔业法人单位 1872 个；有证照个体经营户合计数含从事农、林、牧、渔服务业活动的个体经营户 368 个。

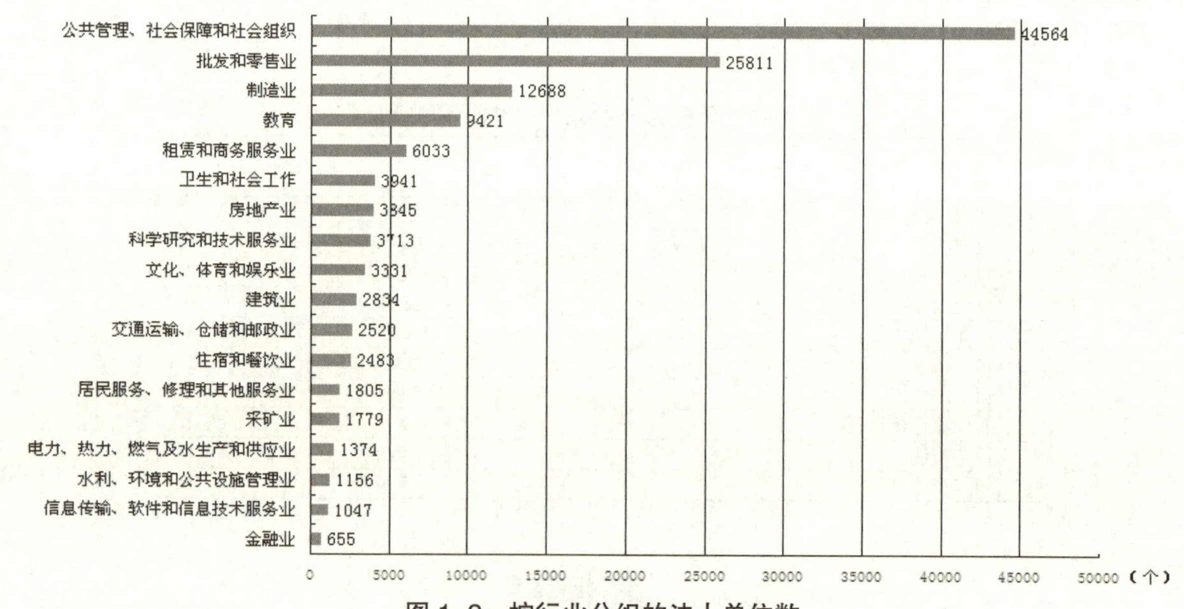

图 1–2　按行业分组的法人单位数

2013 年末，全省共有第二产业和第三产业的企业法人单位 67455 个，比 2008 年末增加 27349 个，增长 68.2%。其中，内资企业占 99.7%，港、澳、台商投资企业占 0.1%，外商投资企业占 0.2%。内资企业中，国有企业占全部企业法人单位的 2.8%，私营企业占 50.2%（详见表 1–3）。

二、从业人员

2013 年末，全省第二产业和第三产业法人单位从业人员 398.9 万人，比 2008 年末增加 71.7 万人，增长 21.9%。有证照个体经营户从业人员 106.1 万人，比 2008 年末增加 23.6 万人，增长 28.6%。

在法人单位从业人员中，位居前三位的行业是：公共管理、社会保障和社会组织 75.3 万人，占 18.9%；制造业 70.9 万人，占 17.8%；建筑业 64.2 万人，占 16.1%。在有证照个体经营户从业人员中，位居前三位的行业是：批发和零售业 51.4 万人，占 48.4%；交通运输、仓储和邮政业 17.4 万人，占 16.4%；住宿和餐饮业 18.8 万人，占 17.7%（详见表 1–4）。

表 1-3　按登记注册类型分组的企业法人单位

	企业法人单位（个）
合计	**67455**
内资企业	67227
国有企业	1914
集体企业	1642
股份合作企业	596
联营企业	145
有限责任公司	17649
股份有限公司	1902
私营企业	33865
其他企业	9514
港、澳、台商投资企业	93
外商投资企业	135

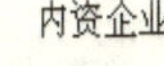

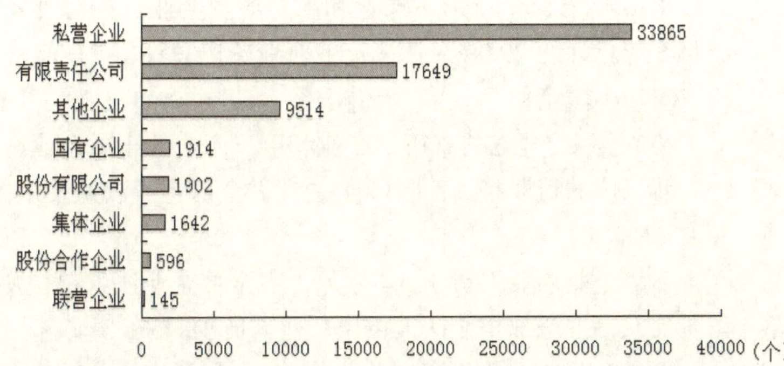

图 1-3　按登记注册类型分组的内资企业法人单位及结构

表 1-4　按行业分组的法人单位与有证照个体经营户从业人员

	法人单位从业人员（万人）	有证照个体经营户从业人员（万人）		法人单位从业人员（万人）	有证照个体经营户从业人员（万人）
合计	**398.9**	**106.1**			
采矿业	13.8	0.2	房地产业	9.6	0.1
制造业	70.9	5.7	租赁和商务服务业	11.8	0.8
电力、热力、燃气及水生产和供应业	10.5	–	科学研究和技术服务业	9.3	0.5
建筑业	64.2	0.4	水利、环境和公共设施管理业	4.6	–
批发和零售业	29.6	51.4	居民服务、修理和其他服务业	2.1	7.8
交通运输、仓储和邮政业	18.7	17.4	教育	39.6	0.2
住宿和餐饮业	8.6	18.8	卫生和社会工作	15.0	1.3
信息传输、软件和信息技术服务业	3.4	0.4	文化、体育和娱乐业	5.4	1.0
金融业	2.5	–	公共管理、社会保障和社会组织	75.3	–

注：表中法人单位从业人员合计数含从事农、林、牧、渔服务业和兼营第二、三产业活动的农、林、牧、渔业法人单位从业人员 4.0 万人；有证照个体经营户从业人员合计数含从事农、林、牧、渔服务业活动的个体经营户从业人员 0.1 万人。

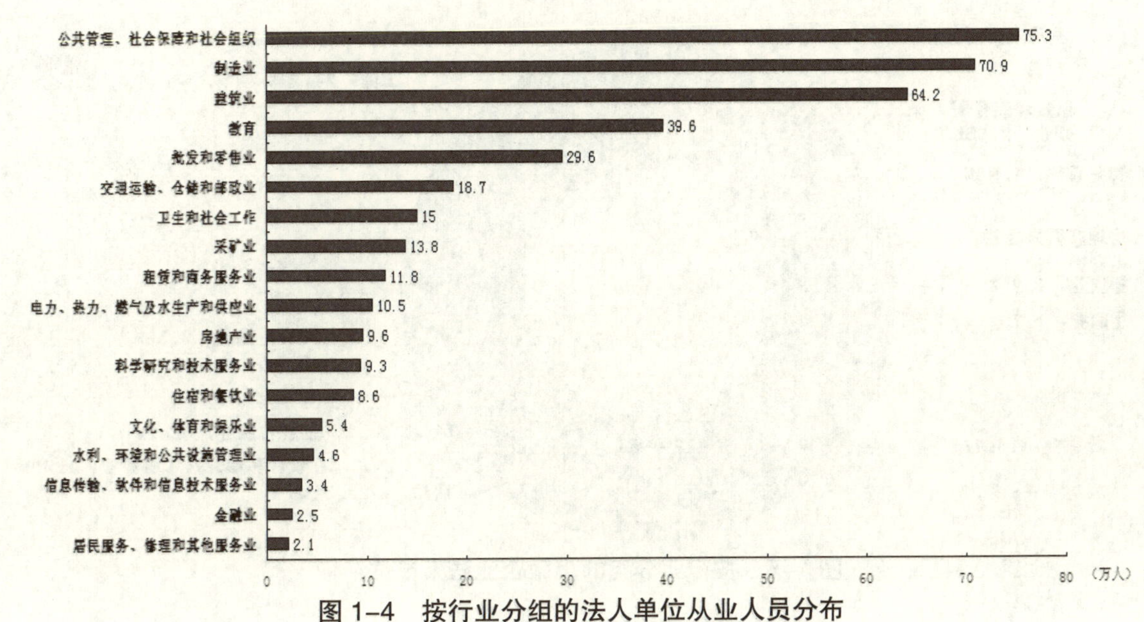

图 1-4　按行业分组的法人单位从业人员分布

三、企业资产总计

2013 年末，全省第二产业和第三产业企业资产总计 47939.6 亿元。其中，第二产业企业资产总计占全部企业资产总计的 29.0%，第三产业企业资产总计占 71.0%。

四、小微企业

2013 年末，全省共有第二产业和第三产业的小微企业法人单位 63683 个，占全部企业法人单位 94.4%。其中，位居前三位的行业是：工业 15415 个，占全部企业法人单位 22.9%；批发业 14846 个，占 22.0%；零售业 10307 个，占 15.3%。

小微企业从业人员 125.4 万人，占全部企业法人单位从业人员 49.2%。其中，位居前三位的行业是：工业 46.9 万人，占全部企业法人单位从业人员 18.4%；建筑业 22.6 万人，占 8.9%；批发业 12.1 万人，占 4.7%。

小微企业法人单位资产总计 11721.5 亿元，占全部企业法人单位资产总计 24.5%。其中，位居前三位的行业是：工业 4457.4 亿元，占全部企业法人单位资产总计 9.3%；租赁和商务服务业 2981.3 亿元，占 6.2%；批发业 1164.3 亿元，占 2.4%（详见表 1–5）。

表 1–5 按行业分组的小微企业法人单位、从业人员和资产总计

	企业法人单位（个）	从业人员（万人）	资产总计（亿元）
合计	63683	125.4	11721.5
工业	15415	46.9	4457.4
建筑业	2495	22.6	417.4
交通运输业	1641	5.4	173.9
仓储业	471	0.7	169.9
邮政业	131	0.3	4.3
信息传输业	266	0.4	31.6
软件和信息技术服务业	638	0.5	58.9
批发业	14846	12.1	1164.3
零售业	10307	8.1	357.8
住宿业	1137	2.9	132.8
餐饮业	1218	3.7	58.2
房地产开发经营	1301	2.6	1089.1
物业管理	1230	3.2	98.4
租赁和商务服务业	5318	8.8	2981.3
其他未列明行业	6709	6.6	506.4

注：表中小微企业法人单位合计数含从事农、林、牧、渔服务业和兼营第二、三产业活动的农、林、牧、渔业小微企业法人单位 560 个，从业人员 0.7 万人，资产总计 19.8 亿元。

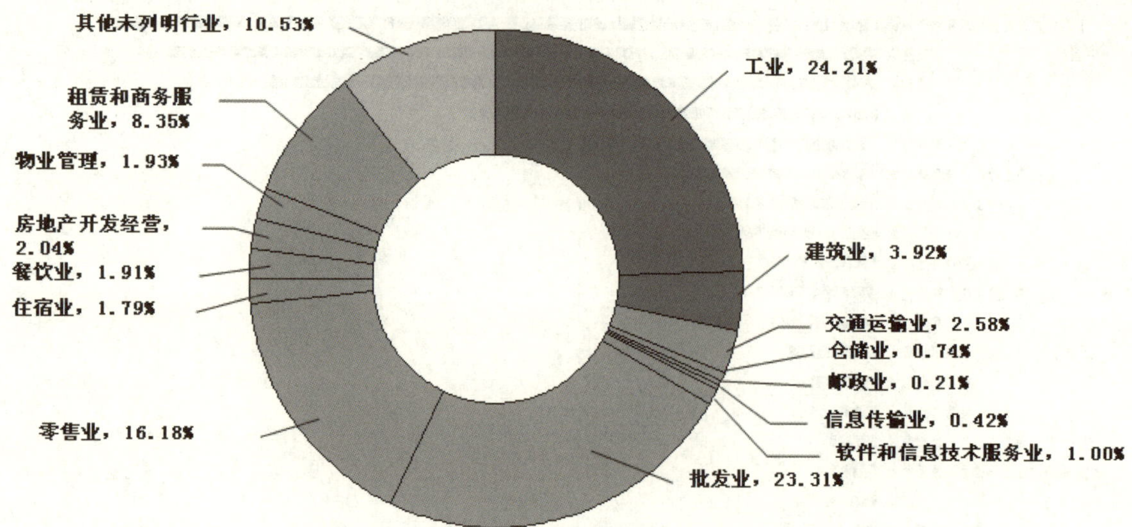

图 1–5　按行业分组的小微企业法人单位结构

五、战略性新兴产业

2013 年末，在第二产业和第三产业企业法人单位中，有战略性新兴产业活动的企业法人单位 259 个，占全部企业法人单位 0.4%。其中，节能环保产业 126 个，占全部企业法人单位 0.2%；新材料产业 50 个，占 0.1%。

有战略性新兴产业活动的企业法人单位从业人员 12.6 万人，占全部企业法人单位从业人员的 5.0%。

六、主要经济结构变化情况

2013 年末，在全省第二产业和第三产业法人单位中，企业法人单位占 51.5%，比 2008 年末提高了 9 个百分点；机关、事业法人单位占 19.2%，下降了 7.2 个百分点；社会团体和其他法人占 29.3%，下降了 1.8 个百分点。企业法人单位从业人员占全部法人单位从业人员的 63.9%，下降了 1 个百分点；机关、事业法人单位占 26.8%，下降了 1.3 个百分点；社会团体和其他法人占 9.3%，提高了 2.3 个百分点。

在法人单位中，第二产业占 14.1%，比 2008 年末下降了 1.8 个百分点；第三产业占 85.9%，提高了 1.8 个百分点。第二产业法人单位从业人员占全部法人单位从业人员的 39.6%，比 2008 年末下降了 4.7 个百分点；第三产业法人单位从业人员占 60.4%，提高了 4.7 个百分点。

注释：

［1］三次产业的划分：

第一产业是指农、林、牧、渔业（不含农、林、牧、渔服务业）。

第二产业是指采矿业（不含开采辅助活动），制造业（不含金属制品、机械和设备修理业），电力、热力、燃气及水生产和供应业，建筑业。

第三产业即服务业，是指除第一产业、第二产业以外的其他行业。第三产业包括：批发和零售业，交通运输、仓储和邮政业，住宿和餐饮业，信息传输、软件和信息技术服务业，金融业，房地产业，租赁和商务服务业，科学研究和技术服务业，水利、环境和公共设施管理业，居民服务、修理和其他服务业，教育，卫生和社会工作，文化、体育和娱乐业，公共管理、社会保障和社会组织，国际组织，以及农、林、牧、渔业中的农、林、牧、渔服务业，采矿业中的开采辅助活动，制造业中的金属制品、机械和设备修理业。

［2］单位的划分：

法人单位是指具备以下条件的单位：

（1）依法成立，有自己的名称、组织机构和场所，能够独立承担民事责任；

（2）独立拥有（或授权使用）资产或者经费，承担负债，有权与其他单位签订合同；

（3）具有包括资产负债表在内的账户，或者能够根据需要编制账户。

法人单位包括企业法人、事业单位法人、机关法人、社会团体法人和其他成员组织法人、其他法人。

产业活动单位是指具备以下条件的单位：

（1）在一个场所从事一种或主要从事一种社会经济活动；

（2）相对独立组织生产活动或经营活动；

（3）能提供收入、支出等相关资料。

有证照的个体经营户是指除农户外，生产资料归劳动者个人所有，以个体劳动为基础，劳动成果归劳动者个人占有和支配的一种经营组织。即按照《民法通则》和《城乡个体工商户管理暂行条例》规定经各级工商行政管理机关登记注册、领取《营业执照》的个体工商户。

［3］小微企业：

根据工业和信息化部、国家统计局、国家发展和改革委员会、财政部《关于印发中小企业划型标准规定的通知》（工信部联企业［2011］300 号）精神和国家统计局制定的《统计上大中小微型企业划分办法》确定。本办法按照行业门类、大类、中类和组合类别，依据从业人员、营业收入、资产总额等指标或替代指标，将我省的企业划分为大型、中型、小型、微型等四种类型。

［4］战略性新兴产业：

根据《国务院关于加快培育和发展战略性新兴产业的决定》（国发［2010］32 号）的精神和国家统计局制定的《战略性新兴产业分类（2012）（试行）》标准确定。战略性新兴产业分类是按照经济活动进行划分，是从事战略性新兴产业活动的集合，是在《国民经济行业分类》基础上，对与战略性新兴产业相关活动的再分类。

［5］表中的合计数和部分数据因小数取舍而产生的误差，均未作机械调整。

甘肃省第三次全国经济普查主要数据公报
（第二号）

甘肃省统计局
甘肃省第三次全国经济普查领导小组办公室
2015 年 3 月 15 日

根据全省第三次经济普查结果，现将我省第二产业的主要数据公布如下：

一、工业

（一）企业法人单位数和从业人员

2013 年末，全省共有工业企业法人单位 15785 个，比 2008 年末增长 24.2%；从业人员 95.0 万人，比 2008 年末增长 0.2%。

在工业企业法人单位中，内资企业 15702 个，占 99.5%；港、澳、台商投资企业 32 个，占 0.2%；外商投资企业 51 个，占 0.3%。内资企业中，国有企业 430 个，占全部企业的 2.7%；集体企业 499 个，占 3.2%；私营企业 8234 个，占 52.2%。

在工业企业法人单位从业人员中，内资企业占 98.3%，港、澳、台商投资企业占 0.6%，外商投资企业占 1.0%。内资企业中，国有企业占全部企业的 12.7%，集体企业占 2.6%，私营企业占 25.4%（详见表 2-1）。

表 2-1　按登记注册类型分组的工业企业法人单位和从业人员

	企业法人单位（个）	从业人员（万人）
合计	**15785**	**95.0**
内资企业	15702	93.5
国有企业	430	12.1
集体企业	499	2.5
股份合作企业	163	0.5
联营企业	41	0.3
有限责任公司	3948	35.7
股份有限公司	391	14.3
私营企业	8234	24.1
其他企业	1996	4.0
港、澳、台商投资企业	32	0.6
外商投资企业	51	1.0

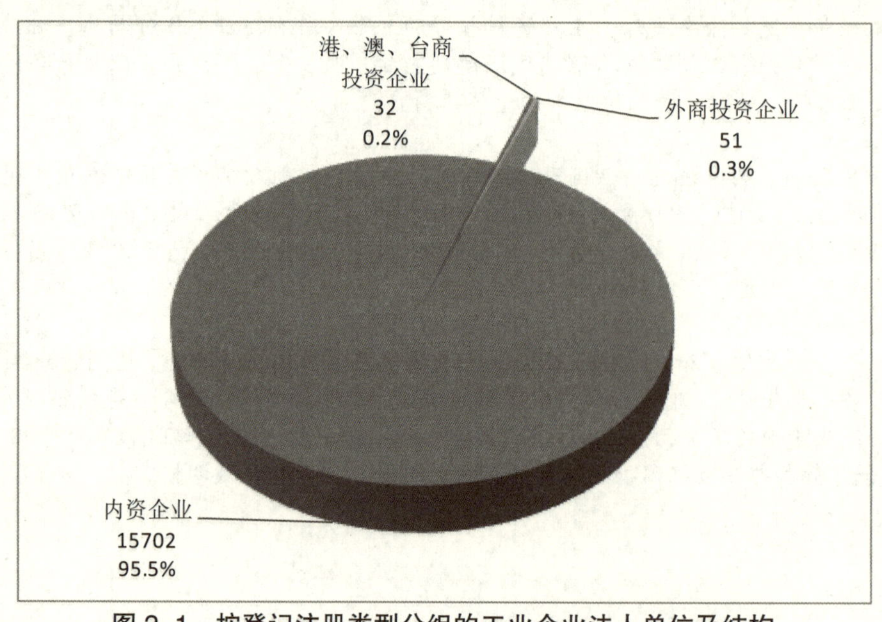

图 2-1　按登记注册类型分组的工业企业法人单位及结构

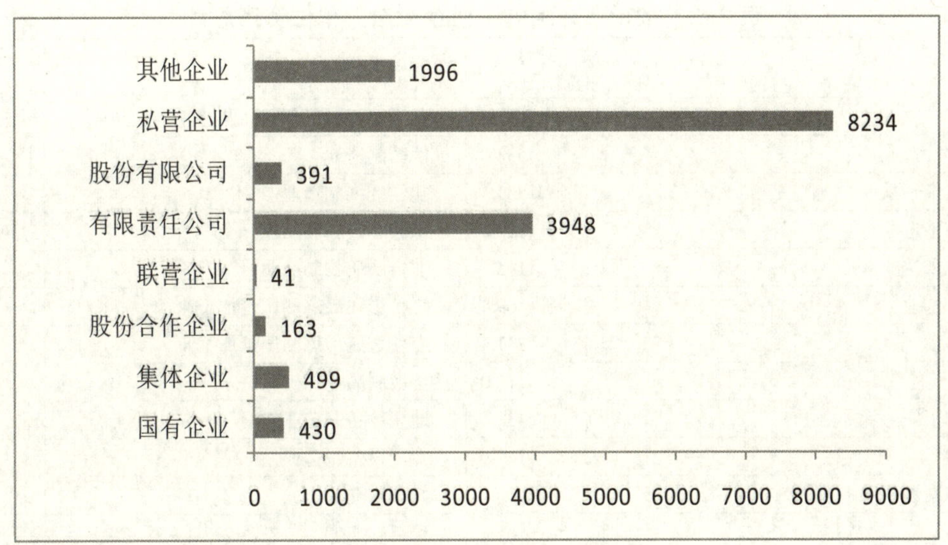

在工业企业法人单位中，采矿业1779个，制造业12680个，电力、热力、燃气及水生产和供应业1326个，分别占11.3%、80.3%和8.4%。

在工业企业法人单位从业人员中，采矿业占14.5%，制造业占74.6%，电力、热力、燃气及水生产和供应业占10.9%。在工业行业大类中，非金属矿物制品业、电力、热力生产和供应业和有色金属冶炼和压延加工业从业人员数位居前三位，分别占15.6%、9.3%和9.2%（详见表2-2）。

表2-2　按行业分组的工业企业法人单位和从业人员

	企业法人单位（个）	从业人员（万人）		企业法人单位（个）	从业人员（万人）
合计	**15785**	**95.0**	化学原料和化学制品制造业	631	5.5
煤炭开采和洗选业	238	5.7	医药制造业	403	1.9
石油和天然气开采业	11	2.6	化学纤维制造业	8	0.1
黑色金属矿采选业	234	1.0	橡胶和塑料制品业	491	1.9
有色金属矿采选业	243	1.7	非金属矿物制品业	3638	14.8
非金属矿采选业	895	1.9	黑色金属冶炼和压延加工业	293	5.2
开采辅助活动	108	0.8	有色金属冶炼和压延加工业	201	8.8
其他采矿业	50	0.1	金属制品业	710	2.0
农副食品加工业	1728	5.3	通用设备制造业	387	2.0
食品制造业	490	2.2	专用设备制造业	406	2.9
酒、饮料和精制茶制造业	428	2.5	汽车制造业	34	0.3
烟草制品业	4	0.3	铁路、船舶、航空航天和其他运输设备制造业	23	0.3
纺织业	200	1.2	电气机械和器材制造业	352	2.4
纺织服装、服饰业	110	0.6	计算机、通信和其他电子设备制造业	49	1.1
皮革、毛皮、羽毛及其制品和制鞋业	136	0.5	仪器仪表制造业	59	0.2
木材加工和木、竹、藤、棕、草制品业	171	0.2	其他制造业	97	0.7
家具制造业	151	0.2	废弃资源综合利用业	99	0.2
造纸和纸制品业	162	0.8	金属制品、机械和设备修理业	101	0.6
印刷和记录媒介复制业	648	1.2	电力、热力生产和供应业	1037	8.8
文教、工美、体育和娱乐用品制造业	404	1.5	燃气生产和供应业	132	0.6
石油加工、炼焦和核燃料加工业	66	3.2	水的生产和供应业	157	0.9

（二）资产总计

2013年末，全省工业企业法人单位资产总计12600.1亿元，是2008年末的2.5倍（详见表2-3）。

表 2–3　按行业分组的工业企业法人单位资产总计

	资产总计（亿元）		资产总计（亿元）
合计	12600.1	化学原料和化学制品制造业	523.4
煤炭开采和洗选业	533.0	医药制造业	216.3
石油和天然气开采业	531.5	化学纤维制造业	25.0
黑色金属矿采选业	129.6	橡胶和塑料制品业	95.1
有色金属矿采选业	195.1	非金属矿物制品业	695.1
非金属矿采选业	69.4	黑色金属冶炼和压延加工业	1513.1
开采辅助活动	237.4	有色金属冶炼和压延加工业	2203.9
其他采矿业	12.0	金属制品业	123.9
农副食品加工业	433.6	通用设备制造业	147.7
食品制造业	145.9	专用设备制造业	327.8
酒、饮料和精制茶制造业	200.7	汽车制造业	19.3
烟草制品业	92.3	铁路、船舶、航空航天和其他运输设备制造业	19.0
纺织业	46.7	电气机械和器材制造业	217.5
纺织服装、服饰业	6.9	计算机、通信和其他电子设备制造业	95.4
皮革、毛皮、羽毛及其制品和制鞋业	35.9	仪器仪表制造业	17.1
木材加工和木、竹、藤、棕、草制品业	7.2	其他制造业	113.6
家具制造业	8.3	废弃资源综合利用业	21.8
造纸和纸制品业	30.7	金属制品、机械和设备修理业	32.6
印刷和记录媒介复制业	34.1	电力、热力生产和供应业	2595.0
文教、工美、体育和娱乐用品制造业	23.2	燃气生产和供应业	52.3
石油加工、炼焦和核燃料加工业	700.0	水的生产和供应业	71.8

（三）资产贡献率

2013 年，全省规模以上工业企业法人单位总资产贡献率为 8.9%，比 2008 年提高 1.5 个百分点。主营业务收入利润率为 3.5%，比 2008 年提高 0.4 个百分点。其中，采矿业为 23.4%，比 2008 年下降 8.8 个百分点；制造业为 1.3%，比 2008 年上升 1.5 个百分点；电力、热力、燃气及水生产和供应业为 4.4%，比 2008 年上升 2.0 个百分点（详见表 2–4）。

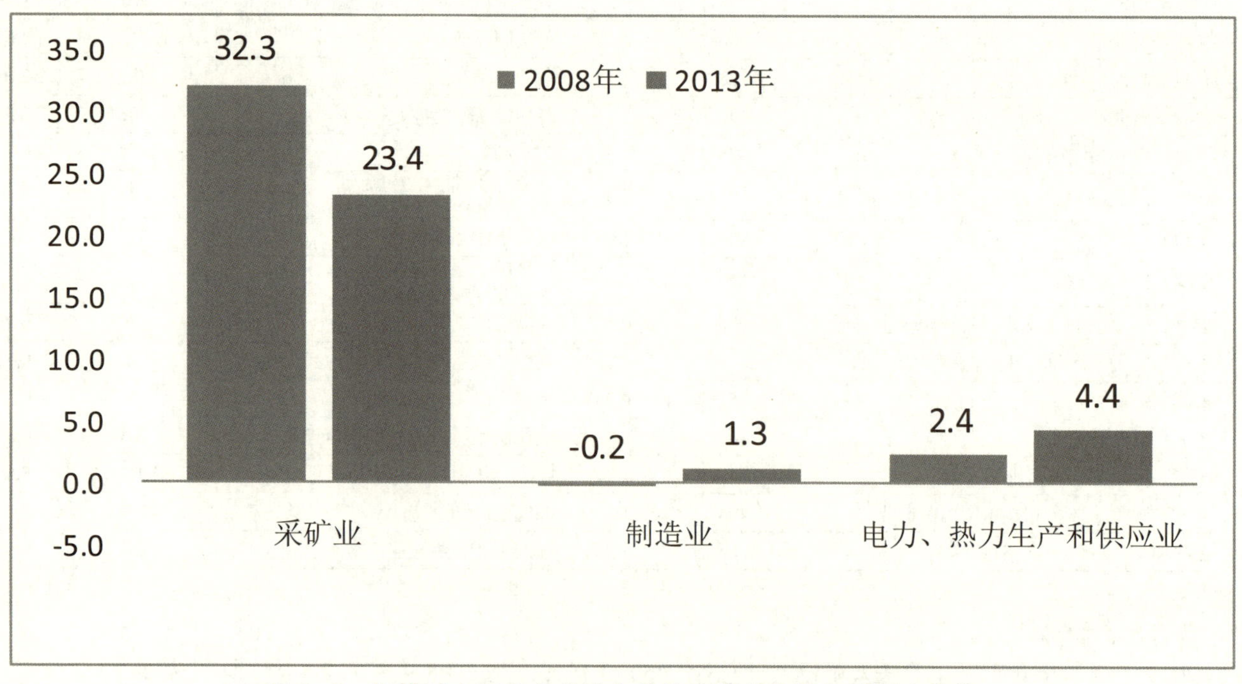

图 2–2　规模以上工业企业法人单位主营业务收入利润率变化

表 2-4　按行业分组的规模以上工业企业法人单位总资产贡献率

	总资产贡献率（%）		总资产贡献率（%）
合计	8.9	化学原料和化学制品制造业	3.4
煤炭开采和洗选业	9.5	医药制造业	12.7
石油和天然气开采业	38.4	化学纤维制造业	3.6
黑色金属矿采选业	6.3	橡胶和塑料制品业	5.7
有色金属矿采选业	8.0	非金属矿物制品业	10.5
非金属矿采选业	21.3	黑色金属冶炼和压延加工业	2.2
开采辅助活动	15.5	有色金属冶炼和压延加工业	2.6
其他采矿业	0.0	金属制品业	6.8
农副食品加工业	5.9	通用设备制造业	4.2
食品制造业	4.4	专用设备制造业	4.0
酒、饮料和精制茶制造业	9.8	汽车制造业	0.1
烟草制品业	120.7	铁路、船舶、航空航天和其他运输设备制造业	7.9
纺织业	3.2	电气机械和器材制造业	3.4
纺织服装、服饰业	26.4	计算机、通信和其他电子设备制造业	6.0
皮革、毛皮、羽毛及其制品和制鞋业	12.4	仪器仪表制造业	1.7
木材加工和木、竹、藤、棕、草制品业	1.5	其他制造业	1.9
家具制造业	6.5	废弃资源综合利用业	3.7
造纸和纸制品业	7.1	金属制品、机械和设备修理业	4.3
印刷和记录媒介复制业	6.4	电力、热力生产和供应业	5.9
文教、工美、体育和娱乐用品制造业	11.9	燃气生产和供应业	10.1
石油加工、炼焦和核燃料加工业	23.5	水的生产和供应业	2.0

（四）企业研发活动

2013 年，开展研究与试验发展（简称 R&D 或研发）活动的规模以上工业企业法人单位 291 个，比 2008 年增长 2.1 倍，占全部规模以上工业企业法人单位的 14.7%。

2013 年，规模以上工业企业法人单位 R&D 人员折合全时当量 12472 人年，比 2008 年增长 24.3%。

2013 年，规模以上工业企业法人单位 R&D 经费支出 400743 万元，比 2008 年增长 1.3 倍；R&D 经费投入强度为 0.47%，比 2008 年提高 0.01 个百分点。规模以上工业企业法人单位分行业 R&D 经费支出及投入强度情况详见表 2-5。

2013 年，规模以上工业企业法人单位全年专利申请量 2440 件，其中发明专利申请 638 件，分别比 2008 年增长 1.9 倍和 1.5 倍；发明专利申请所占比重为 26.1%，比 2008 年下降 4.2 个百分点。

表 2-5　按行业分组的规模以上工业企业法人单位 R&D 经费支出及投入强度

	R&D 经费支出（万元）	R&D 经费投入强度（%）		R&D 经费支出（万元）	R&D 经费投入强度（%）
合计	400742.9	0.47	化学原料和化学制品制造业	24548.6	0.86
采矿业	24510.7	0.33	医药制造业	22771.0	2.66
煤炭开采和洗选业	10416.1	0.48	化学纤维制造业	710.0	1.66
石油和天然气开采业	4548.2	0.13	橡胶和塑料制品业	6483.5	1.27
黑色金属矿采选业	5286.4	0.86	非金属矿物制品业	7591.3	0.24
有色金属矿采选业	3380.2	0.48	黑色金属冶炼和压延加工业	77095.3	0.54
非金属矿采选业	10.0	0.00	有色金属冶炼和压延加工业	111550.2	0.42
开采辅助活动	869.8	0.30	金属制品业	4869.3	0.79
制造业	374309.1	0.53	通用设备制造业	8772.1	1.59
农副食品加工业	16950.5	0.58	专用设备制造业	32390.4	3.60
食品制造业	5787.5	0.80	汽车制造业	1768.8	2.36

	R&D 经费支出（万元）	R&D 经费投入强度（%）		R&D 经费支出（万元）	R&D 经费投入强度（%）
酒、饮料和精制茶制造业	7690.8	0.58	铁路、船舶、航空航天和其他运输设备制造业		
烟草制品业	2791.3	0.20	电气机械和器材制造业	14907.2	0.97
纺织业	1270.5	0.57	计算机、通信和其他电子设备制造业	6984.5	1.81
纺织服装、服饰业			仪器仪表制造业	732.0	3.36
皮革、毛皮、羽毛及其制品和制鞋业	1590.0	0.59	其他制造业	222.1	0.30
木材加工和木、竹、藤、棕、草制品业			废弃资源综合利用业	466.5	0.50
家具制造业	400.0	4.67	金属制品、机械和设备修理业	4218.7	2.62
造纸和纸制品业	525.6	0.28	电力、热力、燃气及水生产和供应业	1923.1	0.02
印刷和记录媒介复制业			电力、热力生产和供应业	1916.1	0.03
文教、工美、体育和娱乐用品制造业	686.0	1.86	燃气生产和供应业		
石油加工、炼焦和核燃料加工业	10535.4	0.10	水的生产和供应业	7.0	0.01

（五）高技术产业（制造业）

2013 年末，全省共有规模以上高技术产业（制造业）企业法人单位 107 个，比 2008 年末增长 50.7%；占规模以上制造业的比重为 7.0%，比 2008 年提高 2.2 个百分点。

2013 年，规模以上高技术产业（制造业）企业法人单位 R&D 经费支出 30488 万元，比 2008 年增长 2.04 倍；占规模以上制造业的比重为 8.1%，比 2008 年提高 2.2 个百分点；R&D 经费投入强度为 2.16%，比 2008 年提高 0.3 个百分点，比规模以上制造业平均水平高 1.56 个百分点（详见表 2–6）。

2013 年，规模以上高技术产业（制造业）企业法人单位全年专利申请量 220 件，其中发明专利 77 件，分别比 2008 年增长 4.79 倍和 3.53 倍；发明专利申请所占比重为 35%，比规模以上制造业平均水平高 9 个百分点。

表 2–6 按领域分规模以上高技术产业（制造业）企业法人单位 R&D 经费支出及投入强度

	R&D 经费支出（万元）	R&D 经费投入强度（%）
高技术产业（制造业）	30488	2.16
1. 医药制造业	22771	2.66
2. 航空、航天器及设备制造业		
3. 电子及通信设备制造业	6985	1.58
4. 计算机及办公设备制造业		
5. 医疗仪器设备及仪器仪表制造业	732	3.05

二、建筑业

（一）企业法人单位数和从业人员

2013 年末，全省共有建筑业企业法人单位 2836 个，从业人员 64.2 万人，分别比 2008 年末增长 37.8% 和 29.9%。

建筑业企业法人单位中，内资企业占 99.8%，港、澳、台商投资企业占 0.1%，外商投资企业占 0.1%；内资企业中，国有企业占企业法人单位的 3.4%，集体企业占 3.9%，私营企业占 44.3%。

建筑业企业法人单位从业人员中，内资企业占 99.98%，港、澳、台商投资企业占 0.02%，外商投资企业占 0.002%。内资企业中，国有企业占企业法人单位从业人员的 11.1%，集体企业占 9.8%，私营企业占 23.7%（详见表 2–7）。

表 2–7　按登记注册类型分组的建筑业企业法人单位和从业人员

	企业法人单位（个）	从业人员（万人）
合计	2836	64.21
内资企业	2831	64.20
国有企业	96	7.15
集体企业	110	6.26
股份合作企业	13	0.50
联营企业	6	0.02
有限责任公司	1045	29.04
股份有限公司	108	5.32
私营企业	1255	15.20
其他内资企业	198	0.71
港、澳、台商投资企业	3	0.01
外商投资企业	2	0.00

建筑业企业法人单位中，房屋建筑业占 31.7%，土木工程建筑业占 22.2%，建筑安装业占 15.7%，建筑装饰和其他建筑业占 30.4%。

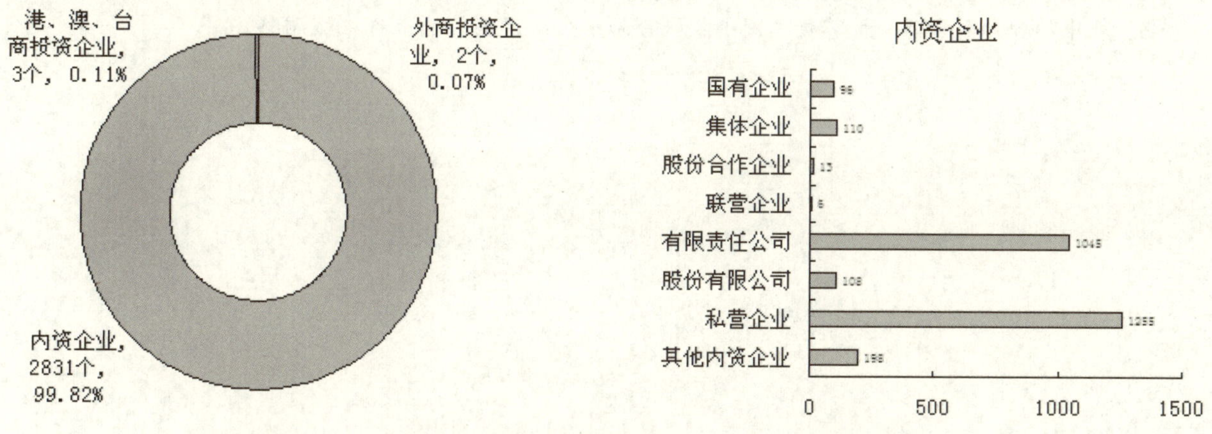

图 2–3　按登记注册类型分组的建筑业企业法人单位及结构

建筑业企业法人单位从业人员中，房屋建筑业占 72.7%，土木工程建筑业占 17.3%，建筑安装业占 6.5%，建筑装饰和其他建筑业占 3.6 %（详见表 2–8）。

表 2–8　按行业分组的建筑业企业法人单位和从业人员

	企业法人单位（个）	从业人员（万人）
合计	2836	64.2
房屋建筑业	898	46.7
土木工程建筑业	630	11.1
建筑安装业	445	4.2
建筑装饰和其他建筑业	863	2.3

（二）资产总计

2013 年末，建筑业企业法人单位资产总计 1543.8 亿元，是 2008 年末的 2.5 倍（详见表 2–9）。

表 2–9　按行业分组的建筑业企业法人单位资产总计

	资产总计（亿元）
合计	1543.8
房屋建筑业	801.3
土木工程建筑业	530.1
建筑安装业	128.8
建筑装饰和其他建筑业	83.7

注释：

［1］规模以上工业：是指全部年主营业务收入 2000 万元及以上的法人工业企业。

［2］高技术产业（制造业）：按照《高技术产业（制造业）分类（2013）》，高技术产业（制造业）具体包括医药制造业，航空、航天器及设备制造业，电子及通讯设备制造业，计算机及办公设备制造业，医疗仪器设备及仪器仪表制造业。

［3］研究与试验发展：是指在科学技术领域，为增加知识总量，以及运用这些知识去创造新的应用而进行的系统的、创造性的活动，包括基础研究、应用研究、试验发展三类活动。

［4］R&D 经费投入强度：是指 R&D 经费支出与主营业务收入之比。

［5］表中的合计数和部分计算数据因小数取舍而产生的误差，均未作机械调整。

甘肃省第三次全国经济普查主要数据公报
（第三号）

甘肃省统计局
甘肃省第三次全国经济普查领导小组办公室
2015 年 3 月 15 日

根据全省第三次经济普查结果，现将我省第三产业的主要数据公布如下：

一、批发和零售业

（一）企业法人单位数和从业人员

2013 年末，全省共有批发和零售业企业法人单位 25775 个，从业人员 29.6 万人，分别比 2008 年末增长 83.6% 和 61.5%。

在批发和零售业企业法人单位中，批发业占 58.6%，零售业占 41.4%。在批发和零售业企业法人单位从业人员中，批发业占 51.0%，零售业占 49.0%（详见表 3-1）。

表 3-1　按行业分组的批发和零售业企业法人单位和从业人员

	企业法人单位（个）	从业人员（万人）
合计	**25775**	**29.6**
批发业	15101	15.1
农、林、牧产品批发	2001	2.0
食品、饮料及烟草制品批发	1680	3.1
纺织、服装及家庭用品批发	789	0.8
文化、体育用品及器材批发	439	0.4
医药及医疗器材批发	1276	1.5
矿产品、建材及化工产品批发	4343	4.1
机械设备、五金产品及电子产品批发	3074	2.1
贸易经纪与代理	135	0.1
其他批发业	1364	1.0
零售业	10674	14.5
综合零售	1495	3.9
食品、饮料及烟草制品专门零售	975	1.3
纺织、服装及日用品专门零售	689	1.0
文化、体育用品及器材专门零售	824	0.8
医药及医疗器材专门零售	762	1.2
汽车、摩托车、燃料及零配件专门零售	1706	2.8
家用电器及电子产品专门零售	1788	1.3
五金、家具及室内装饰材料专门零售	1282	1.2
货摊、无店铺及其他零售业	1153	1.0

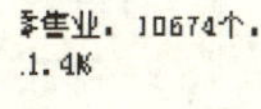

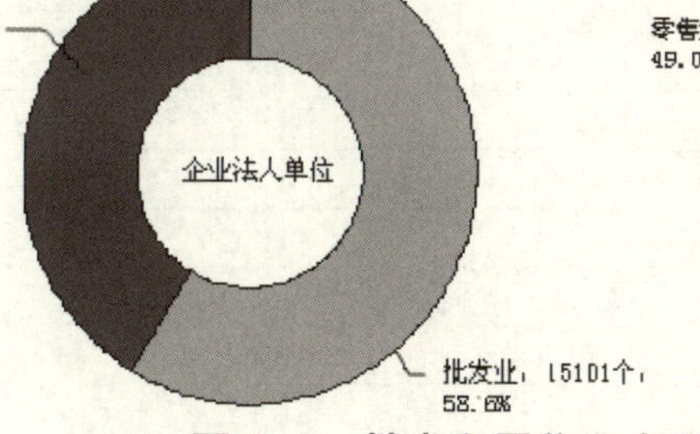

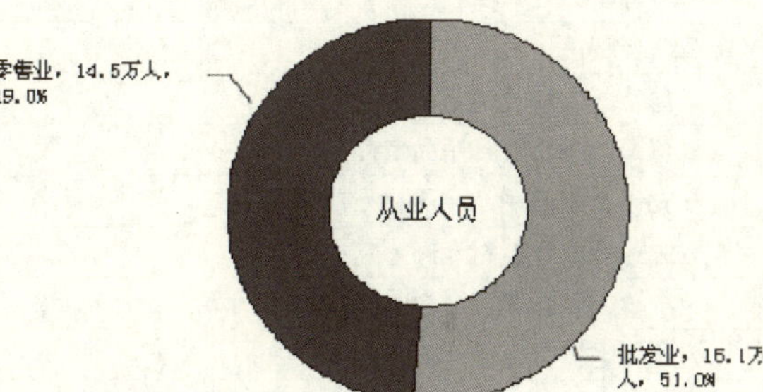

图 3-1　批发和零售业企业法人单位和从业人员结构

在批发和零售业企业法人单位中，内资企业占99.8%，港、澳、台商投资企业占0.1%，外商投资企业占0.1%。内资企业中，国有企业占企业法人单位的1.6%，股份有限公司占2.0%，有限责任公司占23.8%，私营企业占51.9%。

在批发和零售业企业法人单位从业人员中，内资企业占99.3%，港、澳、台商投资企业占0.3%，外商投资企业占0.4%（详见表3-2）。

表3-2　按登记注册类型分组的批发和零售业企业法人单位和从业人员

	企业法人单位（个）	从业人员（万人）
合计	**25775**	**29.6**
内资企业	25727	29.4
国有企业	402	1.6
集体企业	499	0.7
股份合作企业	196	0.2
联营企业	44	0.1
有限责任公司	6128	9.4
股份有限公司	524	1.3
私营企业	13375	12.1
其他企业	4559	4.0
港、澳、台商投资企业	18	0.1
外商投资企业	30	0.1

（二）资产总计

2013年末，批发和零售业企业法人单位资产总计2418.7亿元，比2008年末增长181.6%。其中，批发业企业法人单位资产总计1768.7亿元，零售业企业法人单位资产总计650.0亿元，分别比2008年末增长1.7倍和2.4倍（详见表3-3）。

表3-3　按行业分组的批发和零售业企业法人单位资产总计

	资产总计（亿元）
合计	**2418.7**
批发业	1768.7
农、林、牧产品批发	92.2
食品、饮料及烟草制品批发	177.9
纺织、服装及家庭用品批发	86.1
文化、体育用品及器材批发	43.9
医药及医疗器材批发	156.6
矿产品、建材及化工产品批发	847.9
机械设备、五金产品及电子产品批发	259.3
贸易经纪与代理	38.0
其他批发业	66.8
零售业	650.0
综合零售	119.7
食品、饮料及烟草制品专门零售	40.7
纺织、服装及日用品专门零售	22.4
文化、体育用品及器材专门零售	47.8
医药及医疗器材专门零售	28.6
汽车、摩托车、燃料及零配件专门零售	236.0
家用电器及电子产品专门零售	55.4
五金、家具及室内装饰材料专门零售	49.3
货摊、无店铺及其他零售业	50.1

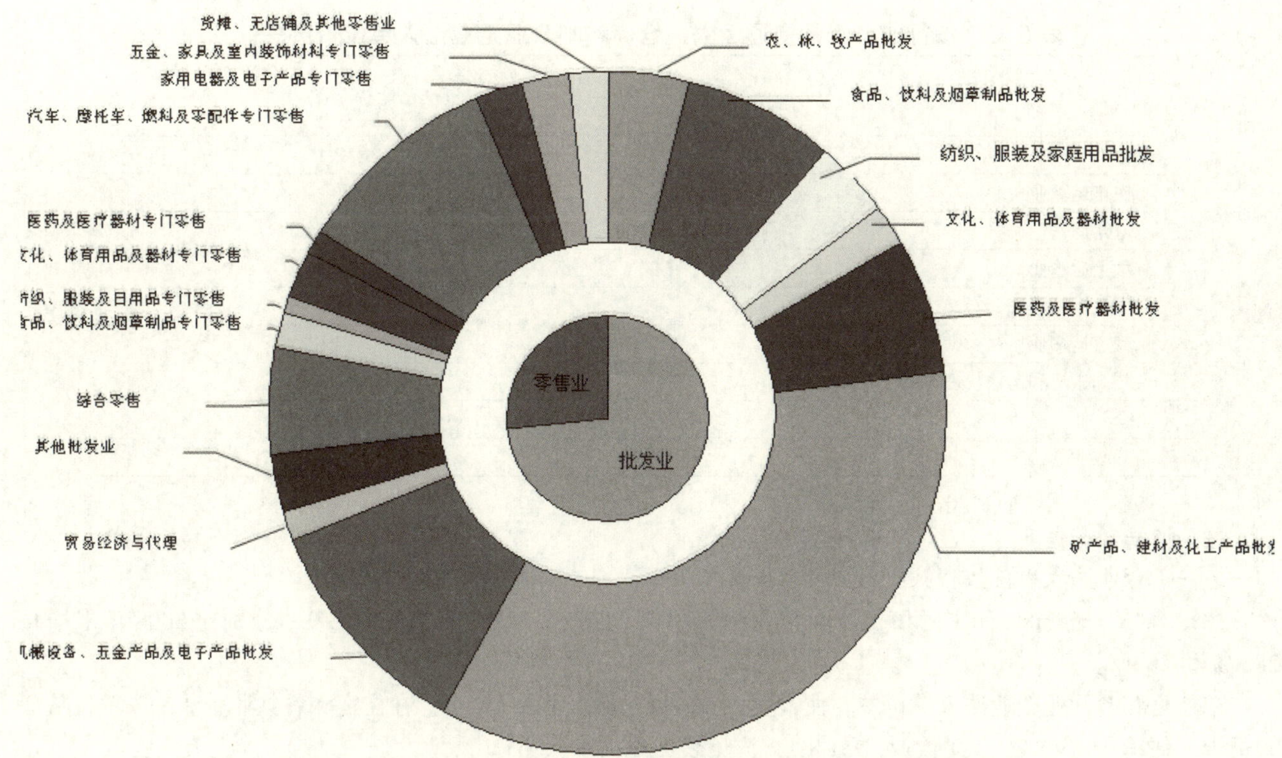

图 3-2　按行业分组的批发和零售业企业法人单位资产结构

二、交通运输、仓储和邮政业

（一）企业法人单位数和从业人员

2013 年末，全省共有交通运输、仓储和邮政业企业法人单位 2290 个，从业人员 17.23 万人，分别比 2008 年末增长 1.1 倍和 23.7%（详见表 3-4）。

表 3-4　按登记注册类型分组的交通运输、仓储和邮政业企业法人单位和从业人员

	企业法人单位（个）	从业人员（万人）
合计	**2290**	**17.23**
内资企业	2288	17.23
国有企业	155	9.38
集体企业	47	0.17
股份合作企业	21	0.07
联营企业	10	0.01
有限责任公司	694	4.05
股份有限公司	70	0.40
私营企业	962	2.57
其他企业	329	0.58
港、澳、台商投资企业	–	–
外商投资企业	2	0.01

（二）资产总计

2013 年末，交通运输、仓储和邮政业企业法人单位资产总计 2272.1 亿元，比 2008 年末增长 2.9 倍（详见表 3-5）。

表 3-5　按行业分组的交通运输、仓储和邮政业企业法人单位资产总计

	资产总计（亿元）
合计	2272.1
铁路运输业	1808.2
道路运输业	147.5
水上运输业	2.2
航空运输业	37.0
管道运输业	1.6
装卸搬运和运输代理业	61.9
仓储业	194.2
邮政业	19.7

三、住宿和餐饮业

（一）企业法人单位数和从业人员

2013 年末，全省共有住宿和餐饮业企业法人单位 2418 个，从业人员 8.5 万人，分别比 2008 年末增长 28.3% 和 26.9%。

在住宿和餐饮业企业法人单位中，住宿业占 48.7%，餐饮业占 51.3%。在住宿和餐饮业企业法人单位从业人员中，住宿业占 48.2%，餐饮业占 51.8%（详见表 3-6）。

表 3-6　按行业分组的住宿和餐饮业企业法人单位和从业人员

	企业法人单位（个）	从业人员（万人）
合计	2418	8.5
住宿业	1178	4.1
旅游饭店	382	2.6
一般旅馆	594	1.1
其他住宿业	202	0.4
餐饮业	1240	4.4
正餐服务	983	3.6
快餐服务	48	0.3
饮料及冷饮服务	46	0.1
其他餐饮业	163	0.4

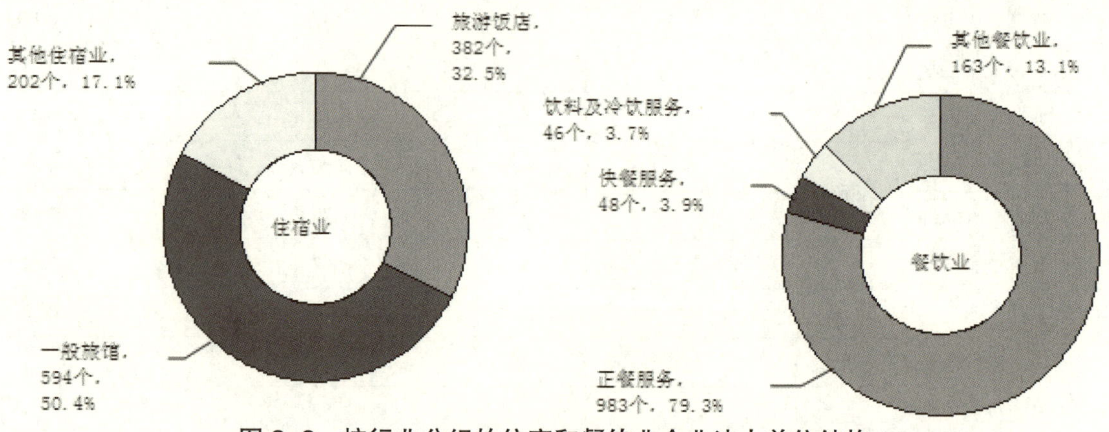

图 3-3　按行业分组的住宿和餐饮业企业法人单位结构

在住宿和餐饮业企业法人单位中，内资企业占 99.7%，港、澳、台商投资企业占 0.2%，外商投资企业占 0.1%。内资企业中，国有企业占企业法人单位的 5.5%，股份有限公司占 2.7%，有限责任公司占 26.1%，私营企业占 50%。

在住宿和餐饮业企业法人单位从业人员中，内资企业占96.8%，港、澳、台商投资企业占0.4%，外商投资企业占2.8%（详见表3-7）。

表3-7　按登记注册类型分组的住宿和餐饮业企业法人单位和从业人员

	企业法人单位（个）	从业人员（万人）
合计	**2418**	**8.5**
内资企业	2410	8.2
国有企业	132	0.9
集体企业	90	0.2
股份合作企业	20	487（人）
联营企业	4	45（人）
有限责任公司	632	2.8
股份有限公司	65	0.3
私营企业	1209	3.5
其他企业	258	0.5
港、澳、台商投资企业	5	374（人）
外商投资企业	3	0.2

（二）资产总计

2013年末，住宿和餐饮业企业法人单位资产总计为239.4亿元，比2008年末增长1.6倍。其中，住宿业企业法人单位资产总计173.2亿元，餐饮业企业法人单位资产总计66.2亿元，分别比2008年末增长1.5倍和1.7倍（详见表3-8）。

表3-8　按行业分组的住宿和餐饮业企业法人单位资产总计

	资产总计（亿元）
合计	**239.4**
住宿业	173.2
旅游饭店	122.9
一般旅馆	38.1
其他住宿业	12.2
餐饮业	66.2
正餐服务	58.0
快餐服务	1.8
饮料及冷饮服务	0.8
其他餐饮业	5.6

四、信息传输、软件和信息技术服务业

（一）企业法人单位数和从业人员

2013年末，全省共有信息传输、软件和信息技术服务业企业法人单位974个，从业人员3.31万人，分别比2008年末增长36%和76.8%。

在信息传输、软件和信息技术服务业企业法人单位中，内资企业占96.9%，港、澳、台商投资企业占0.9%，外商投资企业占2.2%。

在信息传输、软件和信息技术服务业企业法人单位从业人员中，内资企业占75.6%，港、澳、台商投资企业占5.3%，外商投资企业占19.1%（详见表3-9）。

表 3-9 按登记注册类型分组的信息传输、软件和信息技术服务业企业法人单位和从业人员

	企业法人单位（个）	从业人员（万人）
合计	**974**	**3.31**
内资企业	944	2.51
国有企业	34	0.54
集体企业	8	0.01
股份合作企业	7	0.01
联营企业	3	0.00
有限责任公司	261	0.79
股份有限公司	45	0.75
私营企业	486	0.34
其他企业	100	0.07
港、澳、台商投资企业	9	0.18
外商投资企业	21	0.63

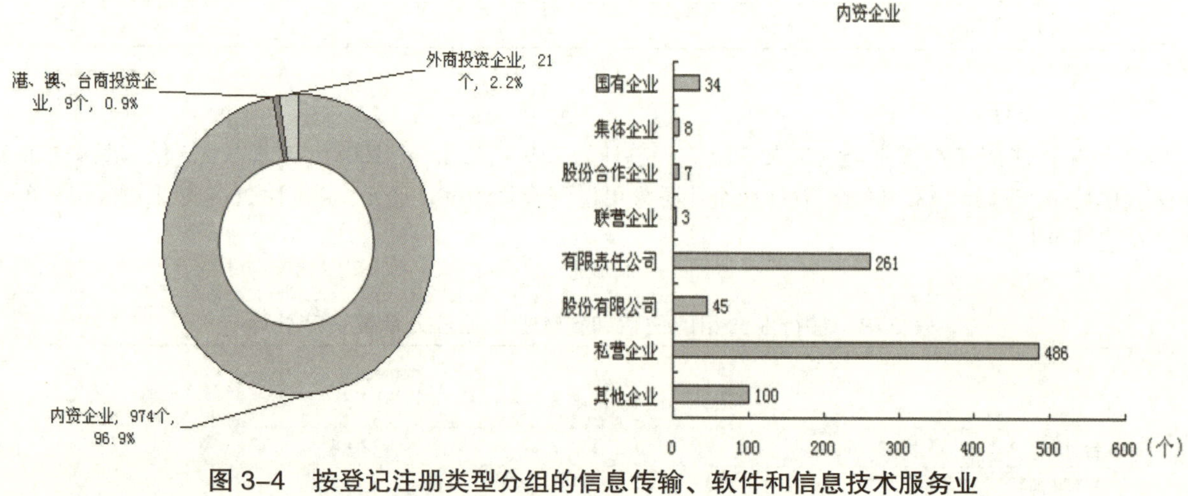

图 3-4 按登记注册类型分组的信息传输、软件和信息技术服务业

（二）资产总计

2013 年末，信息传输、软件和信息技术服务业企业法人单位资产总计 335.8 亿元，比 2008 年末增长 80.9%（详见表 3-10）。

表 3-10 按行业分组的信息传输、软件和信息技术服务业企业法人单位资产总计

	资产总计（亿元）
合计	**335.8**
电信、广播电视和卫星传输服务	257.3
互联网和相关服务	15.5
软件和信息技术服务业	63.1

五、金融业

（一）企业法人单位数和从业人员

2013 年末，全省共有金融业企业法人单位 626 个。

（二）资产总计

2013 年末，金融业企业法人单位资产总计 16996.7 亿元，比 2008 年末增长 2.4 倍。（详见表 3-11）。

表 3-11　按行业分组的金融业企业法人单位资产总计

	资产总计（亿元）
合计	**16996.7**
货币金融服务	16304.8
资本市场服务	108.2
保险业	454.8
其他金融业	128.9

六、房地产业

（一）企业法人单位数和从业人员

2013 年末，全省共有房地产业企业法人单位 3783 个，比 2008 年末增长 83.5%。其中，房地产开发经营企业 1675 个，物业管理企业 1260 个，房地产中介服务企业 643 个，分别比 2008 年末增长 55.2%、84.2% 和 1.5 倍。

2013 年末，全省房地产业企业法人单位的从业人员为 9.5 万人，比 2008 年末增长 75.6%。其中，房地产开发经营企业 4.6 万人，物业管理企业 4.0 万人，房地产中介服务企业 0.5 万人，分别比 2008 年末增长 64.9%、73.2% 和 1.4 倍（详见表 3-12）。

表 3-12　按行业分组的房地产业企业法人单位和从业人员

	企业法人单位（个）	从业人员（万人）
合计	**3783**	**9.5**
房地产开发经营	1675	4.6
物业管理	1260	4.0
房地产中介服务	643	0.5
自有房地产经营活动	136	0.3
其他房地产业	69	0.1

（二）资产总计

2013 年末，全省房地产业企业法人单位的资产总计为 2466.5 亿元。其中，房地产开发企业 2221.3 亿元，物业管理企业 112.5 亿元，房地产中介服务企业 86.1 亿元，其他房地产业 14.6 亿元（详见表 3-13）。

表 3-13　按行业分组的房地产业企业法人单位资产总计

	资产总计（亿元）
合计	**2466.5**
房地产开发经营	2221.3
物业管理	112.5
房地产中介服务	86.1
自有房地产经营活动	32.0
其他房地产业	14.6

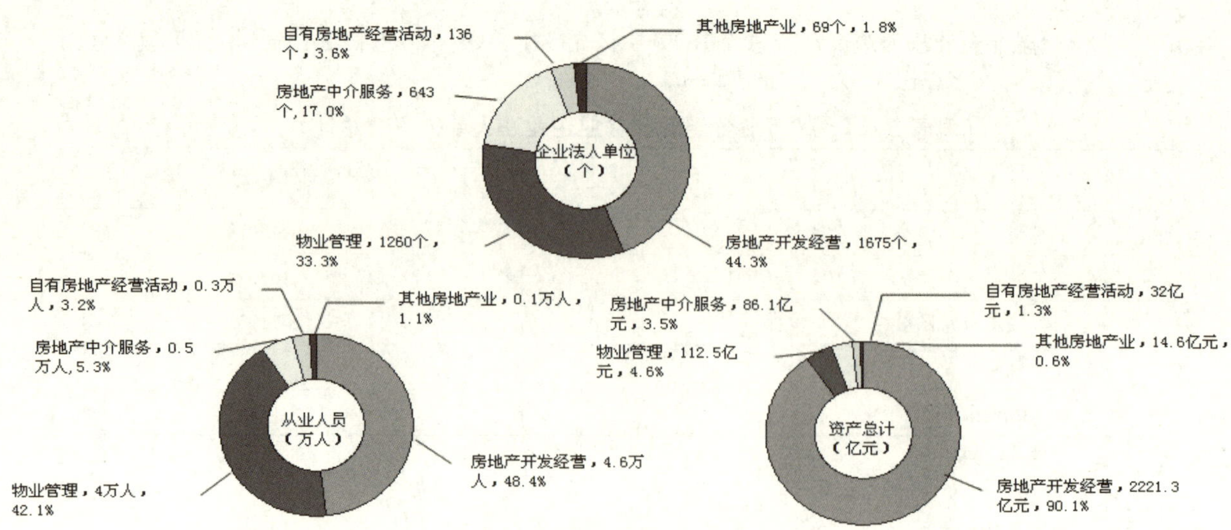

图 3-5 按行业分组的房地产业结构

七、租赁和商务服务业

（一）企业法人单位数和从业人员

2013 年末，全省共有租赁和商务服务业企业法人单位 5514 个，从业人员 11.2 万人，分别比 2008 年末增长 1.3 倍和 50.4%。

在租赁和商务服务业企业法人单位中，内资企业占 99.8%，港、澳、台商投资企业占 0.1%，外商投资企业占 0.1%。

在租赁和商务服务业企业法人单位从业人员中，内资企业占 90.6%，港、澳、台商投资企业占 0.3%，外商投资企业占 9.1%（详见表 3-14）。

表 3-14 按登记注册类型分组的租赁和商务服务业企业法人单位和从业人员

	企业法人单位（个）	从业人员（万人）
合计	5514	11.20
内资企业	5506	10.14
省有企业	156	2.01
集体企业	104	0.77
股份合作企业	53	0.04
联营企业	10	0.01
有限责任公司	1610	2.01
股份有限公司	154	0.37
私营企业	2822	4.33
其他企业	597	0.60
港、澳、台商投资企业	4	0.03
外商投资企业	4	1.02

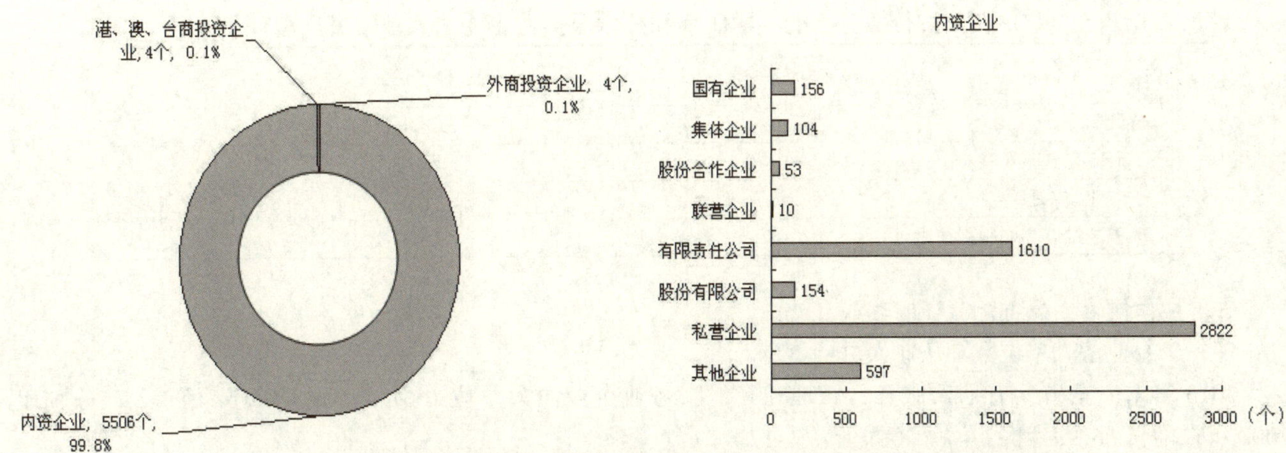

图 3-6　按登记注册类型分组的租赁和商务服务业企业法人单位及结构

（二）资产总计

2013 年末，租赁和商务服务业企业法人单位资产总计 5369.6 亿元，比 2008 年末增长 7.7 倍。

八、科学研究和技术服务业

（一）企业法人单位数和从业人员

2013 年末，全省共有科学研究和技术服务业企业法人单位 2062 个，从业人员 5.0 万人，分别比 2008 年末增长 2.0 倍和 1.3 倍。

在科学研究和技术服务业企业法人单位中，内资企业占 99.7%，港、澳、台商投资企业占 0.1%，外商投资企业占 0.2%。

在科学研究和技术服务业企业法人单位从业人员中，内资企业占 95.8%，港、澳、台商投资企业占 0.7%，外商投资企业占 3.7%（详见表 3-15）。

表 3-15　按登记注册类型分组的科学研究和技术服务业企业法人单位和从业人员

	企业法人单位（个）	从业人员（万人）
合计	2062	5.01
内资企业	2055	4.80
国有企业	165	1.42
集体企业	57	0.07
股份合作企业	23	0.03
联营企业	7	0.01
有限责任公司	596	1.48
股份有限公司	60	0.16
私营企业	909	1.18
其他企业	238	0.45
港、澳、台商投资企业	3	0.04
外商投资企业	4	0.19

（二）资产总计

2013 年末，科学研究和技术服务业企业法人单位资产总计 263.4 亿元，比 2008 年末增长 3.3 倍（详见表 3-16）。

表 3–16　按行业分组的科学研究和技术服务业企业法人单位资产总计

	资产总计（亿元）
合计	263.4
研究和试验发展	66.0
专业技术服务业	176
科技推广和应用服务业	21.4

九、居民服务、修理和其他服务业

（一）企业法人单位数和从业人员

2013 年末，全省共有居民服务、修理和其他服务业企业法人单位 1661 个，从业人员 1.85 人，分别比 2008 年末增长 66.3% 和 23.4%。（详见表 3–17）。

表 3–17　按登记注册类型分组的居民服务、修理和其他服务业企业法人单位和从业人员

	企业法人单位（个）	从业人员（万人）
合计	1661	1.85
内资企业	1660	1.85
省有企业	24	0.08
集体企业	29	0.05
股份合作企业	16	0.03
联营企业	10	0.01
有限责任公司	397	0.51
股份有限公司	31	0.05
私营企业	932	0.93
其他企业	221	0.20
港、澳、台商投资企业	–	–
外商投资企业	1	0.00

（二）资产总计

2013 年末，居民服务、修理和其他服务业企业法人单位资产总计 107.7 亿元，比 2008 年末增长 5 倍（详见表 3–18）。

表 3–18　按行业分组的居民服务、修理和其他服务业企业法人单位资产总计

	资产总计（亿元）
合计	107.7
居民服务业	10.1
机动车、电子产品和日用产品修理业	84.3
其他服务业	13.3

十、水利、环境和公共设施管理业

（一）法人单位和从业人员

2013 年末，全省共有水利、环境和公共设施管理业法人单位 1156 个。其中，行政事业及非企业法人单位 773 个。水利、环境和公共设施管理业法人单位从业人员 4.60 万人。其中，行政事业及非企业法人单位 3.44 万人。

（二）资产

2013 年末，水利、环境和公共设施管理业企业法人单位资产总计 517.8 亿元，行政事业及非企业法人单位年末资产 143.2 亿元。

十一、教育

（一）法人单位和从业人员

2013年末，全省共有教育法人单位9421个。其中，行政事业及非企业法人单位8707个。教育法人单位从业人员39.6万人。其中，行政事业及非企业法人单位38.2万人。

（二）资产

2013年末，教育企业法人单位资产总计21.8亿元，行政事业及非企业法人单位年末资产733.5亿元。

十二、卫生和社会工作

（一）法人单位和从业人员

2013年末，全省共有卫生和社会工作法人单位3941个。其中，行政事业及非企业法人单位3611个。卫生和社会工作法人单位从业人员15.0万人。其中，行政事业及非企业法人单位13.7万人。

（二）资产

2013年末，卫生和社会工作企业法人单位资产总计531.1亿元，行政事业及非企业法人单位年末资产1380.4亿元。

十三、文化、体育和娱乐业

（一）法人单位和从业人员

2013年末，全省共有文化、体育和娱乐业法人单位3331个。其中，行政事业及非企业法人单位1111个。文化、体育和娱乐业法人单位从业人员5.4万人。其中，行政事业及非企业法人单位3万人。

（二）资产

2013年末，文化、体育和娱乐业企业法人单位资产总计79.6亿元，行政事业及非企业法人单位年末资产70.4亿元。

十四、公共管理、社会保障和社会组织

2013年末，全省共有公共管理、社会保障和社会组织法人单位44562个。其中，行政事业及非企业法人单位30266个。公共管理、社会保障和社会组织法人单位从业人员75.3万人。其中，行政事业及非企业法人单位68.0万人。

注释：

表中的合计数和部分计算数据因小数取舍而产生的误差，均未作机械调整。